Kauffrau/-mann für Büromanagement

Grundlagen für die gesamte Ausbildung

von

Denise Aigner

Günter Hellmers

Sabine Holtmann

Marcel Lange

Monique Pohontsch

Ursula Wathling

Matthias Winkler

unter Mitarbeit der Verlagsredaktion

Winklers

Verwendete Symbole am Seitenrand	
Grundlagen	**Lernsituationen & Übungen**
Einstiegsfall	Lernsituation
Beispiel	Aufträge zur Lernsituation
Gesetzestext	Übungen
Formel (x=a+b)	Check-up-Fragen
Merksatz	CD-ROM Die im Lehrerhandbuch (Best.-Nr. 3554) enthaltene CD-ROM enthält ergänzende Materialien und Kopiervorlagen zu Aufgaben, Übungen und Belegen sowie methodische Alternativen (thematische Ein- und Ausstiege).
Exkurs	Einzelarbeit Die Aufgabe/Übung bietet sich für Einzelarbeit der Schülerinnen und Schüler an.
Lösung des Einstiegsfalls	Partnerarbeit Die Aufgabe/Übung bietet sich für Partnerarbeit der Schülerinnen und Schüler an.
	Gruppenarbeit Die Aufgabe/Übung bietet sich für Gruppenarbeit der Schülerinnen und Schüler an.
	Plenum Die Ergebnisse der Aufgabe/Übung können von den Schülerinnen und Schülern im Plenum präsentiert und diskutiert werden.

1. Auflage, 2014
Druck 1, Herstellungsjahr 2014

Westermann Schroedel Diesterweg
Schöningh Winklers GmbH
Postfach 33 20, 38023 Braunschweig
service@winklers.de
www.winklers.de
Grafiken: Claudia Hild, Angelburg
Druck: westermann druck GmbH, Braunschweig
ISBN: 978-3-8045-**3550**-3

Vorwort

Die **Buchreihe Kauffrau/-mann für Büromanagement** (bestehend aus vier Bänden) bietet eine umfangreiche Darstellung aller Ausbildungsinhalte und prüfungsrelevanten Themen entsprechend dem neuen Rahmenlehrplan der Kultusministerkonferenz. Die Schülerinnen und Schüler werden in vollem Umfang auf das künftige Berufsleben als Kauffrau/Kaufmann für Büromanagement vorbereitet und lernen, selbstständig, organisiert und vorausschauend Aufgaben auszuführen und den Arbeitsalltag mit allen seinen Facetten zu meistern

Dieser **Band „Grundlagen"** deckt folgende **Lernfelder** ab: **1** (Die eigene Rolle im Betrieb mitgestalten und den Betrieb präsentieren), **2** (Büroprozesse gestalten und Arbeitsvorgänge organisieren), **3** (Aufträge bearbeiten), **4** (Sachgüter und Dienstleistungen beschaffen und Verträge schließen), **5** (Kunden akquirieren und binden), **7** (Gesprächssituationen gestalten), **8** (Personalwirtschaftliche Aufgaben wahrnehmen), **9** (Liquidität sichern und Finanzierung vorbereiten), **11** (Geschäftsprozesse darstellen und optimieren), **12** (Veranstaltungen und Geschäftsreisen organisieren), **13** (Ein Projekt planen und durchführen). In diesem neuen Lernbuch werden die **Grundlagen** unter Einbeziehung zahlreicher Praxisfälle erläutert und vertieft. Es unterstützt als „Wissensspeicher" die selbstständige Arbeit der Schülerinnen und Schüler mit den Lernsituationen und Übungen (siehe hierzu den **Band „Lernsituationen & Übungen"**, Best.-Nr. 3551).

Die gesamte Buchreihe führt durch ein **modernes Modellunternehmen aus der Musikbranche** (Blum Music4You KG) vom produktiven Bereich über Einzel- und Großhandel bis zu Dienstleistungen.

Lernlandkarten zu Beginn der Themenkomplexe zeigen einen Überblick über die zu lernenden Inhalte durch Bilder – Begriffe – Botschaften – Beziehungen. So lernen die Schülerinnen und Schüler in Zusammenhängen zu denken und zu handeln.

Da **praxis- und berufsbezogene Lernsituationen** nach dem neuen Lehrplan eine zentrale Stellung in der Unterrichtsgestaltung einnehmen, stehen auch bei der fachsystematischen Wissensvermittlung in diesem **Grundlagenband** zu Beginn einzelner Kapitel **Einstiegsfälle**, die den didaktischen Bezugspunkt für Situationen darstellen, die für die Berufsausbildung bedeutsam sind. Die Kapitel schließen mit der **Lösung dieser Einstiegsfälle** ab.

Vervollständigt wird die Buchreihe durch den **Band „Rechnungswesen"** (Best.-Nr. 3552), der die **Lernfelder 6** (Werteströme erfassen und beurteilen) und **10** (Wertschöpfungsprozesse erfolgsorientiert steuern) abdeckt, sowie den **Band „Informationsverarbeitung"** (Best.-Nr. 3568), in dem mit Word, PowerPoint, Excel und Outlook die Medienkompetenzen der Schülerinnen und Schüler geübt und gefestigt werden und so zu einem erfolgreichen Bestehen der Abschlussprüfung beitragen.

Auf der dem **Lehrerband** (Best.-Nr. 3554) beigefügten **CD-ROM** bieten wir (neben ergänzendem Material, Kopiervorlagen und den Lernlandkarten) zusätzlich eine Vielzahl an **methodischen Alternativen (thematische Ein- und Ausstiege zu allen Teilkapiteln)**.

Die **Website des Modellunternehmens** www.music4youkg.de enthält aktuelle Hinweise zum Unternehmen. Dort stehen auch Datenbestände und Dokumente zum Download bereit.

Für Verbesserungsvorschläge und Anregungen sind die Verfasserinnen und Verfasser stets dankbar.

Frühjahr 2014 *Die Autorinnen und Autoren*

Inhaltsverzeichnis

1

Die eigene Rolle im Betrieb mitgestalten und den Betrieb präsentieren

Lernlandkarte 1.1 bis 1.5

1.1 Die Blum Music4You KG

1.2 Von den Bedürfnissen zum wirtschaftlichen Handeln

- Bedürfnis
- Bedarf
- Nachfrage

Märkte: Angebot und Nachfrage

Güter

- Wirtschaftsgüter
  - materielle Güter (Sachen)
    - Konsumgüter
    - Produktionsgüter
  - immaterielle Güter (Dienstleistungen, Rechte)
- freie Güter

1.3 Produktionsfaktoren

Arbeit

Boden

Kapital

1.4 Unternehmensziele und Arten von Unternehmen

- ökonomische Ziele
- ökologische Ziele
- soziale Ziele

1.5 Wirtschaftskreislauf

Die Blum Music4You KG ist ein eigenständiges Unternehmen und zugleich ein Teil der Gesamtwirtschaft.

1.1 Die Blum Music4You KG stellt sich vor

Claus Blum entwickelte Ende der 1980er Jahre seine erste E-Gitarre für einen befreundeten Gitarristen einer kleinen Kölner Band, weitere Gitarren folgten. Der gute Klang und die musikalischen Eigenschaften haben sich in der Musikszene schnell herumgesprochen. Mittlerweile geben renommierte Künstler Spezialanfertigungen bei ihm in Auftrag.

Neben seiner Leidenschaft für die E-Gitarre ist Claus Blum begeistert von Konzerten, insbesondere den technischen Arrangements von Licht und Ton. So entstand die Idee, ein Unternehmen zu gründen, das sich neben der **Herstellung und Wartung von Gitarren** als zweiter tragender Säule mit der **Organisation von Musikveranstaltungen und Events** beschäftigt. Schnell entstand in diesem Zusammenhang die dritte Unternehmenssäule, der **Vertrieb von Fanartikeln, Musikalien und Zubehör.**

Claus Blum gründete gemeinsam mit den Kommanditisten Franziska Neuroth und Alan Cooper vor einigen Jahren die Kommanditgesellschaft **Blum Music4You KG.** Inzwischen sind 23 Beschäftigte und 5 Auszubildende in dem Unternehmen.

Firma	Blum Music4You KG
Anschrift	Veilchenweg 19, 50677 Köln
Kommunikation	Telefon: 0221 386760-0 Telefax: 0221 386760-10 E-Mail: info@music4youkg.de Internet: www.music4youkg.de
Rechtsform	Kommanditgesellschaft
Komplementär	Claus Blum
Kommanditisten	Franziska Neuroth, Alan Cooper
Geschäftsführung	Claus Blum
Prokura	Egzone Zegon
Registergericht	Köln HRA 47111
Bankverbindung	Kölner Kreditanstalt AG Konto: 2 333 444 200, BLZ: 370 100 99 IBAN: DE98 3701 0099 2333 4442 00 BIC: KOEKDEKN280
Finanzamt, Steuerdaten	Finanzamt Köln Mitte (Blaubach 7, 50676 Köln), Steuernummer: 215/5870/0815, USt-IdNr: DE987654321
Geschäftsjahr	1. Januar bis 31. Dezember
Mitarbeiter/-innen	20 Angestellte; 5 Auszubildende (Kauffrau für Büromanagement, Einzelhandelskauffrau, Großhandelskaufmann, Veranstaltungskaufmann, Mediengestalterin Bild und Ton); diverse Aushilfen für Veranstaltungen
Branche und Unternehmenstätigkeit	Organisation von Konzertveranstaltungen Verkauf von CDs, DVDs, Fanartikeln und Zubehör im Laden (Ladenlokal gemietet) und über einen Onlineshop Herstellung hochwertiger E-Gitarren in eigener Werkstatt
Technische Anlagen und Maschinen	transportable Bühne, Studiomischpult, Prüfgeräte für gefertigte E-Gitarren; Ausstattung der Studio- und Livetechnik
Fuhrpark	ein Transportfahrzeug (Lkw)

Organigramm

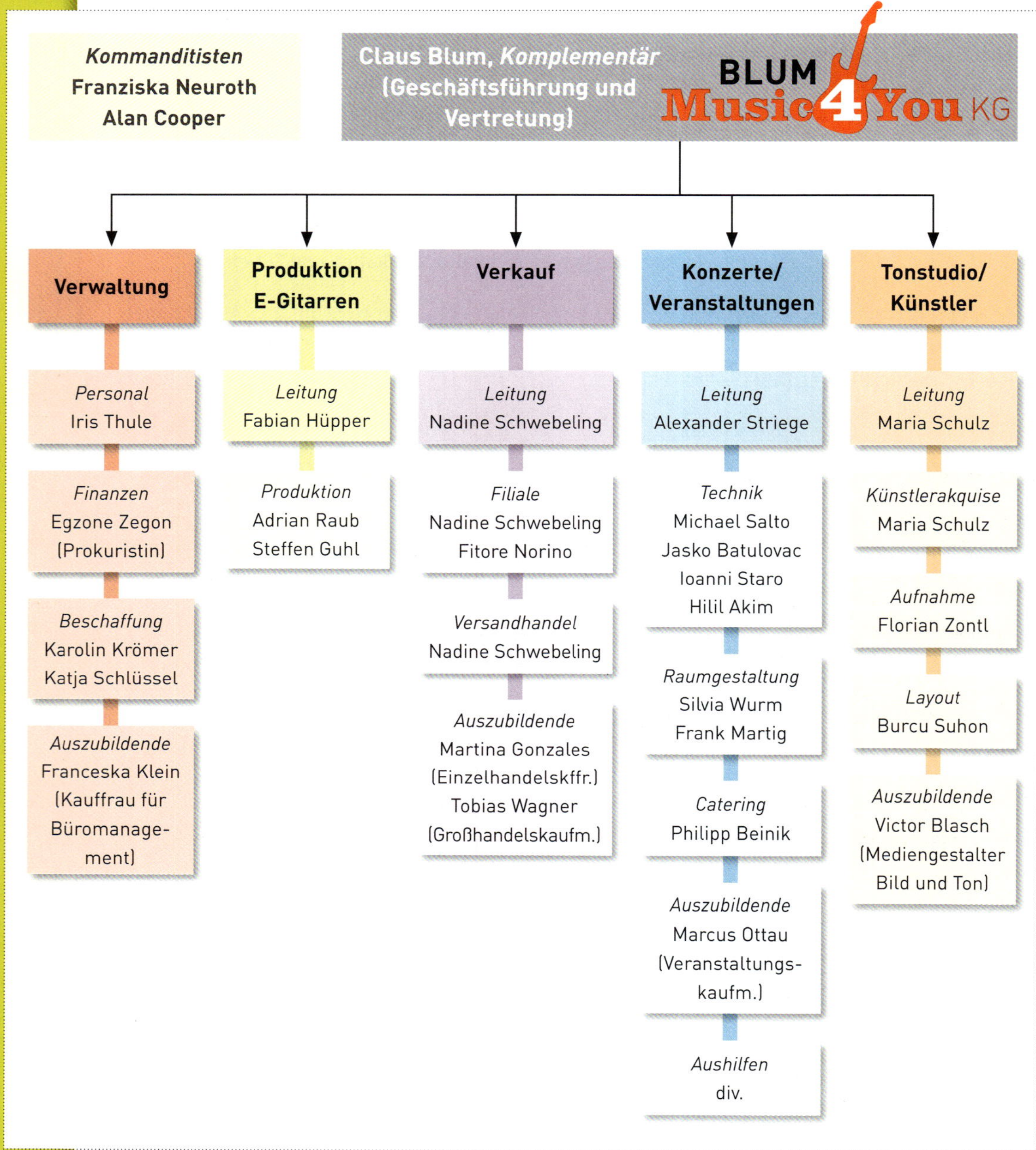

Hinweis:
Im Anhang dieses Bandes stellt sich die Blum Music4You KG genauer vor – dort finden Sie weitere Geschäftsangaben, Kunden- und Lieferantendaten, eine Artikelliste, die Bilanz sowie die Gewinn- und Verlustrechnung der Blum Music. Informieren Sie sich auch auf der Website der Blum Music4You KG: www.music4youkg.de.

1.2 Von den Bedürfnissen zum wirtschaftlichen Handeln

Einstiegsfall Fanartikel bei Blum Music – wie sieht der Bedarf dafür aus?

Nadine Schwebeling, die Verkaufsleiterin bei der Blum Music4You KG, ruft die beiden Auszubildenden Martina Gonzales und Tobias Wagner zu sich. „Es ist wieder so weit, wir müssen unser Sortiment daraufhin durchschauen, was noch aktuell ist, welche Produkte wir rausnehmen sollten und vor allem welche neuen Artikel wir in das Sortiment aufnehmen müssen. Erstellt mir bitte gemeinsam eine Liste mit Vorschlägen bis Ende dieser Woche. In diese Liste nehmt ihr die Fanartikel auf, bei denen eurer Meinung nach neue Trends zu entdecken sind; notiert aber bitte auch die Artikel, die nicht mehr gut laufen."

Martina Gonzales und Tobias Wagner setzen sich zusammen. „Wir sollten unbedingt qualitativ hochwertige Jacken aufnehmen. Die tragen sich super und halten auch viel länger", sagt Tobias. „Qualität ist eine Sache", erwidert Martina, „nur wenn keiner die Produkte kauft, da sie als Fanartikel einfach zu teuer sind, haben wir auch nichts davon. Und wenn ich ehrlich bin, würde ich keine 100,00 € für eine Jacke ausgeben und dafür aufs Kino verzichten."

1.2.1 Bedürfnisse und Bedarf

Jedes Unternehmen muss den Markt beobachten und wissen, welche Produkte am Markt nachgefragt werden und welche nicht. Nur dann kann es sein Sortiment entsprechend zusammenstellen und/oder weitere Maßnahmen zur Absatzförderung ergreifen.

Welche Produkte gefragt sind, hängt von den Wünschen der Kunden (den Nachfragern, Konsumenten) ab. Den Wunsch, ein Produkt (in der Volkswirtschaftslehre spricht man von einem Gut) zu besitzen, nennt man **Bedürfnis.** Ein Bedürfnis entsteht dann, wenn etwas fehlt.

Marketing Kap. 3.2

> **Merke** In der Volkswirtschaftslehre spricht man von einem **Bedürfnis,** wenn ein Mangel empfunden wird, der mit dem Wunsch einhergeht, diesen Mangel zu beseitigen.

Beispiel Bedürfnisse

Bedürfnisse hat jede und jeder, etwa das Bedürfnis nach Nahrung, nach einem Auto oder einer Reise. Auch das Schlafbedürfnis gehört dazu; es ist existenziell für alle Menschen. Produktionsunternehmen haben Bedürfnisse nach Rohstoffen, Arbeitskräften usw., um das Ziel ihres wirtschaftlichen Handelns erreichen zu können.

Die Wünsche eines Menschen oder eines Unternehmens sind grenzenlos. Jedoch kann immer nur ein Teil der Wünsche erfüllt werden. Wünsche, die nichts kosten, können leichter realisiert werden, als andere, bei denen die Kosten das eigene Budget übersteigen. Hier ist zu fragen, ob der sehnliche Wunsch mit eigenem Geld bezahlbar ist oder zugunsten anderer Bedürfnisse zurückgestellt werden muss. Die Konkretisierung, welche Wünsche mithilfe eines gegebenen Budgets grundsätzlich erfüllt werden könnten (die sogenannte Kaufkraft), bezeichnet man als Bedarf.

Merke Volkswirtschaftlich ausgedrückt: Mit ausreichender Kaufkraft ausgestattete Bedürfnisse nennt man **Bedarf.**

Bevor Güter oder Produkte gekauft werden, überlegen die Nachfragenden, ob sie sich leisten können, was sie wollen und brauchen. Diese Vorüberlegungen spielen sich in ihren Köpfen ab. Die Unternehmen haben bis dahin noch nichts verkauft. Sie profitieren erst dann von diesem Bedarf, wenn die Personen bei ihnen einkaufen.

Merke Erst, wenn der Nachfrager tatsächlich ins Geschäft geht und ein Produkt erwerben will, spricht man von einer **Nachfrage.**

Fallbeispiel **Welche Wünsche kann Martina Gonzales sich erfüllen?**

Die Auszubildende Martina Gonzales möchte sich unbedingt einen neuen Kinofilm anschauen. Vorher eine Pizza essen, das wäre auch nicht schlecht. Und zum Kinofilm gehört ein Eis. Eine Karibikreise steht schon lange auf ihrer Wunschliste. Doch zuerst müsste sie mal wieder richtig ausschlafen - die Party am gestrigen Abend dauerte bis in die Nacht hinein. Martina Gonzales schaut in ihr Portemonnaie: 12,00 € sind drin.

Budget von Martina Gonzales: 12,00 €		
Bedürfnisse	**Bedarf**	**Nachfrage**
Kino	6,50 €	ja
Pizza	7,00 €	nein
Eis	1,50 €	ja
Karibikreise	entfällt, da zu teuer	–
Schlafen	kostenlos	(muss nicht gekauft werden)

Ein Unternehmen muss die Bedürfnisse seiner Kunden kennen, die finanzielle Situation einschätzen und entsprechend die Preise veranschlagen – nicht zu vergessen: die Kunden zum Kauf bewegen.

1.2.2 Arten von Bedürfnissen

Bedürfnisse lassen sich in verschiedene Kategorien einteilen. Im Folgenden wird auf drei mögliche Unterteilungen eingegangen.

Bedürfnispyramide nach Maslow

Abraham Maslow, ein amerikanischer Psychologe (1908–1970), hat fünf Bedürfnisstufen der Menschen entwickelt. Als Bedürfnispyramide hat er die Rangfolge dieser Bedürfnisse abgebildet.

Die Pyramide wird von unten nach oben gelesen: Zuerst versucht ein Mensch, die Bedürfnisse der untersten Stufe zu befriedigen, dann erst die der zweiten Stufe usw. Maslow begründet dies damit, dass die überlebenswichtigen Grundbedürfnisse, wie Hunger, Durst und Schlaf, an erster Stelle der Bedürfnisbefriedigung stehen, bevor ein Mensch sich weiteren Bedürfnissen zuwendet.

Existenz-, Kultur- und Luxusbedürfnisse

Eine andere Form der Unterteilung ist die nach der Dringlichkeit der Bedürfnisse in Existenz-, Kultur- und Luxusbedürfnisse. **Existenzbedürfnisse** sind die Bedürfnisse nach Kleidung, Nahrung, Wärme. Darüber hinaus reichen die **Kulturbedürfnisse,** die eine Teilnahme am gesellschaftlichen Leben, an Bildung und einen Freizeitwert vorsehen. Unter den **Luxusbedürfnissen** werden alle Wünsche zusammengefasst, die sich der größte Teil der Gesellschaft nicht ohne Weiteres leisten kann.

Diese Unterteilung ist von den Lebensumständen der Menschen abhängig. Bedürfnisse, die in Europa zu den Kulturbedürfnissen gerechnet werden, können in anderen Ländern Luxusbedürfnisse sein.

Beispiel Kultur- und Luxusbedürfnisse

Ein Pkw gehört in Europa zu den Kulturbedürfnissen. Je nach Art des Fahrzeugs und des zur Verfügung stehenden Geldes kann es sich jedoch auch um ein Luxusbedürfnis handeln. In einem Entwicklungsland stellt ein Pkw noch immer ein Luxusbedürfnis dar.

Individual- und Kollektivbedürfnisse

Bedürfnisse lassen sich auch in Individual- und Kollektivbedürfnisse unterteilen. Wenn ein Bedürfnis durch eine einzelne Person gestillt werden kann, spricht man von einem **Individualbedürfnis.** Besteht dagegen das Bedürfnis bei vielen Menschen und kann eine Bedürfnisbefriedigung nur gemeinsam erfolgen, handelt es sich um ein **Kollektivbedürfnis.**

Beispiel Individual- und Kollektivbedürfnis

Der Kauf eines Pkws entspringt dem Bedürfnis nach Mobilität. Das ist ein Individualbedürfnis. Die Einrichtung einer Polizeidienststelle vor Ort folgt dem Kollektivbedürfnis nach Schutz vor Raubüberfällen.

1.2.3 Güter und Güterarten

Alles, was zur Bedürfnisbefriedigung beiträgt, wird als **Gut** bezeichnet. Unter diesem Oberbegriff lassen sich verschiedene Güterarten unterteilen.

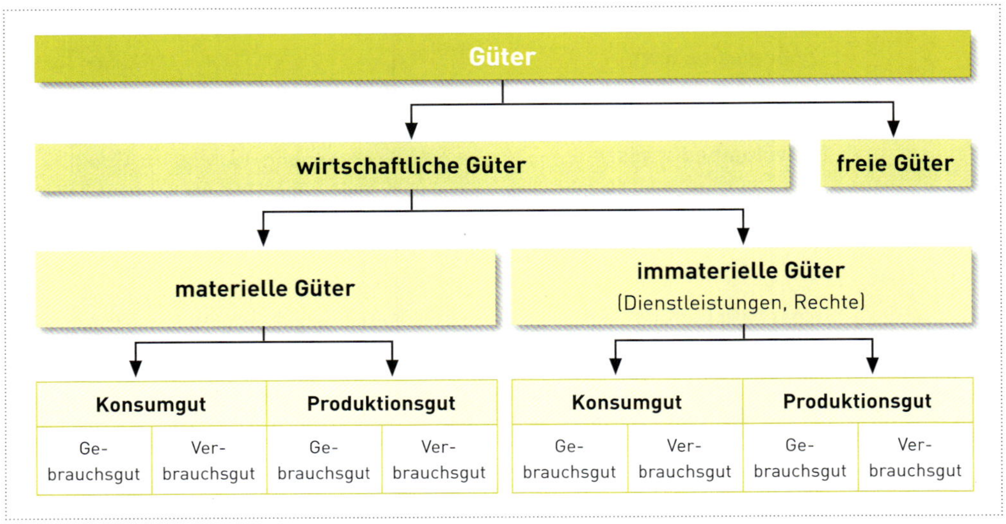

Erläuterungen zu den Güterarten:

- **Freie Güter** sind in unbegrenzter Menge vorhanden und kostenfrei, **wirtschaftliche (knappe) Güter** werden dagegen hergestellt und müssen gekauft werden.
  Beispiele: Sonnenlicht (= freies Gut) – Trinkwasser (= wirtschaftliches, knappes Gut)
- **Materielle Güter** sind stofflicher Natur, sie lassen sich anfassen; **immaterielle Güter** beruhen auf geistiger Tätigkeit und sind nicht greifbar.
  Beispiele: Buch (= materielles Gut) – Computerprogramm (= immaterielles Gut)
- **Konsumgüter** sind Güter, die einer (überwiegend) privaten Nutzung unterliegen; **Produktionsgüter** dienen dagegen einem unternehmerischen Zweck.
  Beispiele: Pkw eines Angestellten, der damit zur Arbeit fährt (= Konsumgut) – gleicher Pkw, der für Fahrten zum Kunden genutzt wird (= Produktionsgut)
- **Gebrauchsgüter** können mehrfach verwendet werden, **Verbrauchsgüter** nur einmal.
  Beispiele: Drucker (= Gebrauchsgut) – Druckerpatrone (= Verbrauchsgut).

Güter können darüber hinaus nach folgenden Kriterien unterteilt werden:

- **Komplementäre Güter** sind Güter, die sich gegenseitig ergänzen bzw. nur gemeinsam genutzt werden können.
  Beispiel: Computer und Software
- **Substitutive Güter** sind Güter, die sich gegenseitig ersetzen.
  Beispiel: Butter, Margarine
- **Homogene Güter** sind Güter, bei denen der Käufer keine persönlichen Präferenzen hat.
  Beispiel: Benzin von Tankstelle A oder Benzin von Tankstelle B
- **Heterogene Güter** sind Güter, bei denen der Käufer einer persönlichen Vorliebe nachgeht.
  Beispiel: Brötchen von Bäcker A, da diese Bäckerei in unmittelbarer Nachbarschaft liegt
- **Dienstleistungen** sind immaterielle Güter, bei denen nicht die Herstellung einer Ware im Vordergrund steht, sondern die Erbringung einer Leistung zur Deckung eines Bedarfs.
  Beispiele: Rechtsberatung bei einem Anwalt, Beauftragung einer Spedition mit der Auslieferung einer Ware
- **Rechte** sind immaterielle Güter, bei denen der Nutzer für einen in der Regel befristeten Zeitraum die kreative, eigenschöpferische Leistung eines anderen nutzen darf.
  Beispiele: Lizenzen, Patente

1.2.4 Wirtschaftliches Handeln

Jeder Mensch bzw. jedes Unternehmen hat in der Regel ein bestimmtes Budget zur Verfügung, um wirtschaften zu können. Die Anzahl der wirtschaftlichen Güter ist jedoch begrenzt. So entsteht zwischen den (knappen) Gütern und den (unbegrenzten) Bedürfnissen ein Spannungsverhältnis, das zum wirtschaftlichen Handeln zwingt. Jeder Nachfrager ist daher bemüht, eine Kombination von Gütern zu wählen, die ihm insgesamt den größten Nutzen bringen.

Merke Wirtschaftliches Handeln erfordert eine Vorgehensweise, die als Ziel die Nutzenmaximierung verfolgt.

Daraus leiten sich zwei Vorgehensweisen des **ökonomischen Prinzips** ab:

- **Minimalprinzip:** Ein gegebenes Ziel soll mit möglichst geringem Aufwand erreicht werden.
- **Maximalprinzip:** Mit vorgegebenen Mitteln soll ein größtmöglicher Nutzen erreicht werden.

Beispiel 1 Ein Unternehmen will in den asiatischen Markt

- Ein Unternehmen möchte in den asiatischen Markt einsteigen und dort 500 Neukunden werben: *Ziel* des Unternehmens ist es, 500 Neukunden zu werben mit möglichst geringen Werbekosten *(Mittel)* → Minimalprinzip.
- Das Werbebudget beträgt 1,5 Mio. €: Als *Mittel* stehen 1,5 Mio. € zur Verfügung, damit wird das *Ziel* verfolgt, so viele Neukunden wie möglich zu gewinnen → Maximalprinzip.

Beispiel 2 Marvin schreibt nächste Woche eine Klassenarbeit

- Marvin möchte unbedingt in der Klassenarbeit die Note „gut" schreiben; dafür lernt er entsprechend viele Stunden: Marvins Ziel ist die Note „gut", sein *Mittel* der geringst mögliche Aufwand beim Lernen → Minimalprinzip.
- Marvin hat zehn Stunden Zeit zum Lernen und möchte die Klassenarbeit so gut wie möglich schreiben: Marvin lernt zehn Stunden *(Mittel)* mit dem *Ziel*, eine bestmögliche Note zu erreichen → Maximalprinzip.

Lösung des Einstiegsfalls Fanartikel bei Blum Music

Bei der Auswahl des Sortiments muss sich die Blum Music4You KG an den Bedürfnissen der Kunden ausrichten. Hierzu gehören Fanartikel für solche Gruppen, die gerade aktuell sind. Das Unternehmen muss Maßnahmen ergreifen, um die Kauflust bei ihren Kunden zu steigern, damit aus einem Bedürfnis nach einem T-Shirt auch tatsächlich der Gang ins Geschäft und der Kauf des T-Shirts erfolgt. Ein T-Shirt stellt ein individuelles Kulturbedürfnis dar. Bei der Preisgestaltung wird die Blum Music auf das Budget der Kunden achten. Bei Fanartikeln handeln die meisten Käufer nach dem Minimalprinzip, es sei denn, ein Kunde möchte das T-Shirt unbedingt haben – egal zu welchem Preis. Ein T-Shirt stellt ein wirtschaftliches Gut dar, denn es wird hergestellt und muss käuflich erworben werden. Ist der Kunde eine Privatperson, ist das T-Shirt ein Konsumgut, ebenso ein Gebrauchsgut. Trägt das T-Shirt jemand von der Musikband, wird aus dem Konsumgut ein Produktionsgut.

Martina Gonzales und Tobias Wagner werden ihre Liste nach diesen Gesichtspunkten zusammenstellen und entsprechend bewerten.

1.3 Produktionsfaktoren

Einstiegsfall Eine Kappe für die Azubis

Martina Gonzales und Tobias Wagner, die Auszubildenden bei der Blum Music4You KG, sind begeistert über eine neue Näh- und Stickmaschine, die in der Werkstatt für Fanartikel bei der Blum Music steht. „Die arbeitet viel schneller als die alte Maschine und verfügt auch über mehr Programme“, sagt Tobias. „Ja“, bestätigt Martina, „das alte Gerät musste so oft repariert werden. Der Austausch war eine gute Idee. Lass uns doch eine Kappe für uns Azubis gestalten. Was benötigen wir dazu?“

Merke Unter **Produktionsfaktoren** werden alle Inputfaktoren zusammengefasst, die für ein Unternehmen notwendig sind, um die unternehmerischen Leistungen (Output) zu erbringen.

Was als Inputfaktor aufgefasst wird, hängt von der jeweiligen Sichtweise ab – der betriebswirtschaftlichen oder der volkswirtschaftlichen Sicht. Die betriebswirtschaftliche Sichtweise eignet sich besser zur Erklärung betrieblicher Prozesse.

Betriebswirtschaftliche Produktionsfaktoren

Man unterscheidet Elementarfaktoren und dispositive (= anordnende, anleitende) Faktoren. Die Arbeit wird eingeteilt in ausführende und leitende. Der Faktor Boden (wie er aus volkswirtschaftlicher Sicht bezeichnet wird) wird als Betriebsmittel aufgefasst. Solch eine Einteilung findet sich auch im Rechnungswesen wieder.

Betriebswirtschaftliche Produktionsfaktoren	
Elementarfaktoren	ausführende Arbeit *Beispiele:* Sachbearbeiter, Produktionsmitarbeiter
	Betriebsmittel *Beispiele:* Werkzeuge, Büroausstattung, Gebäude
	Werkstoffe ■ Rohstoffe = Hauptbestandteil von Erzeugnissen ■ Hilfsstoffe = Nebenbestandteil von Erzeugnissen ■ Betriebsstoffe = nicht Bestandteil von Erzeugnissen, aber zur Herstellung benötigt *Beispiele:* Holz, Leim, Strom
	Rechte *Beispiel:* Lizenz
Dispositive Arbeit	= Planung, Leitung und richtige Kombination der Elementarfunktion

Volkswirtschaftliche Produktionsfaktoren

Unabhängig von den individuellen Produktionsfaktoren eines einzelnen Betriebs fasst man in der Volkswirtschaftslehre die Materialien und Arbeitsleistungen aller Betriebe zusammen und bildet daraus drei große Gruppen von Produktionsfaktoren.

1. Produktionsfaktor Arbeit

Unter Arbeit wird jede körperliche oder geistige Tätigkeit verstanden, die darauf zielt, Geld zu verdienen. Freizeitaktivitäten stellen keine Arbeit im volkswirtschaftlichen Sinne dar.

Neben der Unterscheidung in körperliche und geistige Tätigkeiten kann jede Arbeit unterteilt werden in:
- weisungsgebundene Arbeit – weisungsgebende Arbeit
- gelernte Arbeit – ungelernte Arbeit
- selbstständige Arbeit – unselbstständige Arbeit

Im Verlauf der letzten Jahrhunderte hat der Produktionsfaktor Arbeit eine große Veränderung erlebt. Früher musste eine Familie für alles selber sorgen, heute existiert eine differenzierte Arbeitsteilung. Mit der Erfindung von Werkzeugen bis zum Einsatz von Maschinen spezialisierten sich die Arbeitsbereiche immer mehr.

2. Produktionsfaktor Boden/Natur

Standortboden: Jedes Unternehmen entscheidet, wo es seinen Betrieb ansiedelt. Der Standort ist abhängig vom Unternehmenszweck, der Unternehmensgröße und den logistischen Erfordernissen. So hat ein Möbelhaus andere Anforderungen als ein Stahl verarbeitendes Unternehmen oder ein kleiner Kiosk.

Anbau- und Abbauboden: Ein Boden, der zur Gewinnung von Rohstoffe genutzt wird, ist entweder ein Anbau- oder ein Abbauboden. Dient der Boden als landwirtschaftliche, fischereiwirtschaftliche oder forstwirtschaftliche Nutzfläche, wird er als **Anbauboden** bezeichnet. Der Boden kann immer wieder bzw. über einen längeren Zeitraum hinweg zur Gewinnung der Produkte genutzt werden. Werden dem Boden dagegen Rohstoffe entnommen, die auf lange Sicht nicht nachwachsen, zum Beispiel Erze, spricht man vom **Abbauboden.**

3. Produktionsfaktor Kapital

Unter Kapital wird jede Form des Geld- und Sachkapitals verstanden. Hierunter fallen alle Anschaffungen eines Unternehmens, die es für die Erfüllung seines Betriebszwecks benötigt – zum Beispiel Geld, Maschinen, Produktionshallen, Rohstoffe, Produkte.

Wenn ein Unternehmen in eine Halle, in Maschinen oder in Produkte investiert, wird Geldkapital in Sachkapital umgewandelt.
- **Vorratsinvestitionen:** Veränderung im Bestand der Roh-, Hilfs-, Betriebsstoffe, der Vorprodukte, der Waren, der fertigen und unfertigen Erzeugnisse
- **Anlageinvestitionen:** Austausch bestehender Anlagegüter (Ersatzinvestitionen) oder Erweiterung durch verbesserte oder zusätzliche Anlagegüter

Alle Investitionen zusammengerechnet ergeben die **Bruttoinvestitionen.** Zieht man davon die Ersatzinvestitionen ab, erhält man die **Nettoinvestitionen.**

Die Produktionsfaktoren Arbeit und Boden bezeichnet man auch als **originäre** oder **ursprüngliche Produktionsfaktoren,** da sie vorhanden sind. Kapital ist ein **derivativer** bzw. **abgeleiteter Pro-**

duktionsfaktor. Er entsteht erst durch das Zusammenspiel der beiden anderen Produktionsfaktoren. Durch die Kombination oder die Substitution der Produktionsfaktoren entstehen neue Güter, das sogenannte Sachkapital. Mit dem Verkauf der Güter wird das Sachkapital in Geldkapital umgewandelt.

In den letzten Jahren gewinnen Wissen und Bildung immer mehr an Bedeutung, insbesondere in den Industrieländern. Dieser Bereich gehört zum Produktionsfaktor Arbeit, wird aber aufgrund seiner Bedeutung besonders hervorgehoben.

Lösung des Einstiegsfalls **Eine Kappe für die Azubis**

Zur Produktion einer bestickten Kappe benötigen Martina Gonzales und Tobias Wagner die Kappen, Garne in verschiedenen Farben, eine Stickmaschine, Räumlichkeiten und Arbeitskräfte (Personal).

Volkswirtschaftlich betrachtet bezeichnet man diese Produktionsfaktoren als Arbeit (geistige und körperliche Arbeit, angelerntes Personal), Boden (Standortboden) und Kapital (Vorräte, technische Ausstattung, Raum).

1.4 Unternehmensziele und Arten von Unternehmen

Einstiegsfall **Die Blum Music – ein „besonderes" Unternehmen?**

Die Auszubildenden Marcus Ottau, Tobias Wagner und Victor Blasch treffen sich auf einer Musikveranstaltung, die von der Blum Music4You KG ausgerichtet wird. „Irgendwie ist die Blum Music schon ein besonderes Unternehmen", meint Victor Blasch. „Wie kommst du darauf?" fragt Tobias Wagner und erhält zur Antwort: „Die Blum Music bietet so viele verschiedene Produkte und Dienstleistungen an – Fanartikel, Musikalien, Konzerte, ein Tondstudio. Und heute dieses kostenlose Konzert für Nachwuchsbands. Das kostet bestimmt eine Menge Geld, ohne dass die Blum Music einen Cent dabei verdient. Außerdem sind wir drei in der Ausbildung bei Blum Music, aber alle in unterschiedlichen Berufen."

Die Blum Music4You KG bietet ein breites Sortiment an und ist auf verschiedenen Gebieten aktiv. Die Musikförderung ist dabei ein wesentlicher Bestandteil ihrer Unternehmensphilosophie. Was aber macht die Blum Music zu einem „besonderen" Unternehmen?

Unternehmensleitbild

Unternehmensleitbilder sind Prinzipien betrieblichen Handelns, die im Idealfall von den Mitarbeiterinnen und Mitarbeitern entwickelt werden und dann für alle im Unternehmen gelten. Grundlage jedes Unternehmensleitbildes ist die Unternehmensphilosophie. Oft werden die Begriffe gleichbedeutend verwendet.

Merke Die **Unternehmensphilosophie** kennzeichnet die übergeordneten Ziele und Prinzipien für die Unternehmensführung. Das **Unternehmensleitbild** ist eine schriftliche Erklärung des Unternehmens über sein Selbstverständnis und seine Grundprinzipien.

Die meisten Unternehmensziele lassen sich direkt aus dem Unternehmensleitbild ableiten. Das oberste Ziel jedes Unternehmens ist der Fortbestand (Überleben des Unternehmens). Darunter können folgende **Zielkategorien** unterschieden werden:

- **Ökonomische Ziele** (auch wirtschaftliche Ziele) beziehen sich auf Unternehmenswachstum (Steigerung des Umsatzes, Erhöhung des Marktanteils, Festigung der Kundenbindung) oder Unternehmenserfolg (Gewinn, Senkung der Produktionskosten). Sie sind oft konkret und messbar.
- **Ökologische Ziele** beschäftigen sich mit Aspekten von Umweltschutz und Nachhaltigkeit. (*Beispiele:* Reduzierung der Abgase, Verwendung umweltfreundlicher Verpackungsmaterialien)
- **Soziale Ziele** betreffen die Arbeitnehmerinnen und Arbeitnehmer und ihre Arbeitsbedingungen. (*Beispiele:* Übernahme der Auszubildenden, leistungsgerechte Entlohnung, Arbeitsplatzsicherheit)

In die Zielsetzung werden auch die Interessengruppen (Eigentümer oder andere Beteiligte wie Mitarbeiter, Anwohner, Lieferanten) einbezogen, denen Vorrang eingeräumt werden soll. In diesem Zusammenhang spielen der Stakeholder- und der Shareholder-Ansatz eine Rolle.

Merke Der **Shareholder-Ansatz** berücksichtigt die Interessen der Eigentümer bzw. Geldgeber (shareholder = Aktionär). Im **Stakeholder-Ansatz** werden die Interessen möglichst aller Gruppen einbezogen.

Arten von Unternehmen

Große Betriebe der Stahlindustrie, der Automobilindustrie, der Lebensmittelindustrie sind ebenso Unternehmen wie ein Friseursalon, ein Arzt, ein Steuerberater, eine Bank, ein Landwirt, ein Discounter, ein Kindergarten oder ein Krankenhaus. Unternehmen lassen sich nach verschiedenen Kriterien unterteilen.

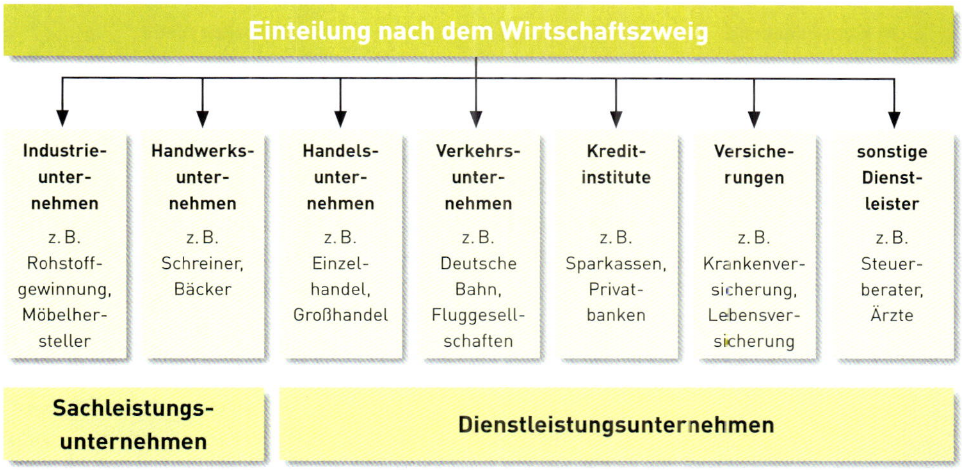

Eine Sachleistung ist die Erstellung einer (anfassbaren) Sache. Bei einer Dienstleistung fallen die „Erstellung“ und der „Verbrauch“ des Dienstes zeitlich zusammen.

Einteilung nach Wirtschaftssektoren

Primärsektor
= Urproduktion

z. B.
- Landwirtschaft
- Holzernte
- Fischfang
- Bergbau

Sekundärsektor
= produzierendes Gewerbe

z. B.
- Stahlindustrie
- Bekleidungsindustrie
- Energieunternehmen

Tertiärsektor
= Dienstleistungen

z. B.
- Großhandel
- Ärzte
- Rechtsanwalt

Der primäre Wirtschaftssektor verliert im Vergleich zu den anderen Sektoren kontinuierlich an Bedeutung. Der sekundäre Sektor war zwar bis in die 1950er Jahre gewachsen, nimmt seitdem aber ebenfalls weiter ab. Der größte Wirtschaftssektor ist der tertiäre.

Einteilung nach Gewinnstreben und Kostendeckung

gemeinwirtschaftliche Unternehmen
= kein Gewinnstreben

nicht kostendeckend
z. B.
- staatliche Kindergärten

kostendeckend
z. B.
- staatliche Krankenhäuser
- staatliche Verkehrsbetriebe
- Gewerkschaften

erwerbswirtschaftliche Unternehmen
= Gewinnstreben

kostendeckend
Gewinn erzielend
in der Regel alle privaten Unternehmen

Lösung des Einstiegsfalls – Die Blum Music – ein „besonderes" Unternehmen?

Wie lässt sich die Blum Music4You KG einordnen? Ist sie ein „besonderes" Unternehmen?

Auf der Website der Blum Music4You KG (www.music4youkg.de) ist zu lesen:

Unternehmensentwicklung

und

Unternehmensphilosophie

BLUM Music4You KG

- Claus Blum entwickelte in den 80ern seine erste E-Gitarre für einen befreundeten Gitarristen einer kleinen Kölner Band, weitere folgten. Der Klang und die musikalischen Eigenschaften haben sich in der Musikszene herumgesprochen. Mittlerweile geben bei ihm renommierte Künstler Spezialanfertigungen in Auftrag.
- Neben seiner Leidenschaft für die E-Gitarre war Claus Blum begeistert von Konzerten, insbesondere den technischen Arrangements von Licht und Ton. So entstand die Idee, ein Unternehmen zu gründen, das neben der Herstellung und Wartung von Gitarren als zweite Säule die Organisation und Ausrichtung von Musikveranstaltungen oder Events beinhaltet. Schnell entstand in diesem Zusammenhang die dritte Unternehmenssäule, der Vertrieb von Fanartikeln.
- In den letzten Jahren hat Claus Blum sich vor allem den Nachwuchskünstlern verschrieben. Er möchte ihnen die Möglichkeit geben, bekannt zu werden und stellt daher sein Tonstudio zu günstigen Konditionen Solokünstlern, Musikern und Bands zur Verfügung. Daneben unterstützt er sie im Bereich Vermarktung.

Die Blum Music4You KG ist ein privates Unternehmen, das erwerbswirtschaftlich (also auf Gewinnerzielung) ausgerichtet ist. Es ist ein Handwerksunternehmen (= Gitarrenproduktion, Erstellung von individuellem Fanequipment, Tonstudio), ein Dienstleistungsunternehmen (= Ausrichtung von Veranstaltungen) sowie ein Handelsunternehmen (= Fanshop, Versandhandel). Die KG agiert damit im sekundären und im tertiären Sektor.

Das Engagement der Blum Music4You KG im Bereich kostenloser Konzerte für Nachwuchstalente beruht auf dem Leitbild des Unternehmens und ist nicht als gemeinwirtschaftlicher Bereich einzustufen. Der Schwerpunkt des gesamten Unternehmens liegt in der Gewinnerzielung. Ziel des Unternehmens sind laut Gesellschaftsvertrag „[...] der Handel mit Waren der Musikbranche (u. a. CDs, DVDs, Fanartikel), die Herstellung von E-Gitarren sowie Dienstleistungen wie die Organisation von Konzertveranstaltungen". Diese sachlichen Ziele werden weiter konkretisiert.

1.5 Wirtschaftskreislauf

Einstiegsfall Für Arbeit gibt's Geld, fürs Geld einen Fernseher

In der Mittagspause erzählt Martina Gonzales begeistert: „Ich habe in den letzten Monaten ziemlich viel gespart. Davon werde ich mir gleich einen Fernseher kaufen. So kurbele ich die Wirtschaft an ...", lacht sie. „Und den Rest werde ich nachher erst einmal zur Bank bringen und auf mein Sparbuch einzahlen!" Tobias seufzt: „Hast du es gut. Ich muss mir ein neues Auto kaufen. Das alte kommt nicht mehr durch den TÜV. Kannst du mir nicht dein Erspartes leihen?" „Gute Idee. Aber das wird dir wohl nicht reichen ...".

1.5.1 Einfacher Wirtschaftskreislauf

Das Wirtschaftssystem einer Volkswirtschaft ist wie eine Art Tauschhandel: Güter, Arbeitsleistung und Kapital werden gegen Geld zur Verfügung gestellt.

Vereinfacht dargestellt sieht dies beispielsweise für die Blum Music so aus:

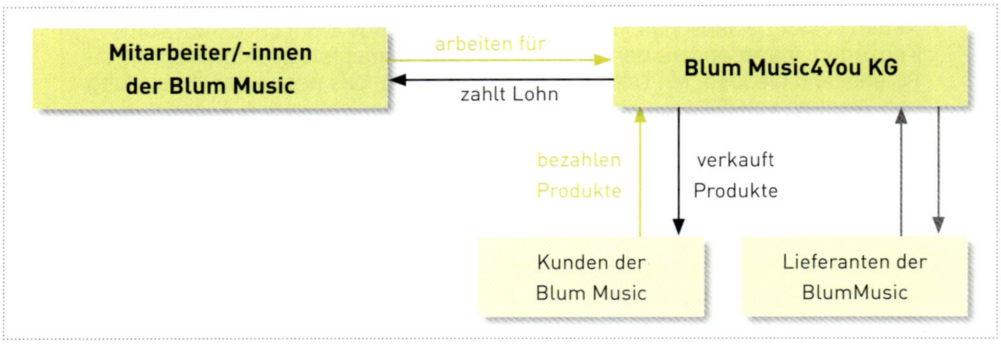

Um eine grundlegende Vorstellung von dem Zusammenspiel aller am Wirtschaftsprozess Beteiligten zu bekommen, wurden in der Volkswirtschaftslehre Modelle entwickelt, die die Realität vereinfacht darstellen. So wird nicht jeder einzelne Betrieb und nicht jeder einzelne Mensch als ein Wirtschaftssubjekt betrachtet, sondern es werden Gruppen (Wirtschaftssektoren) gebildet. Alle Betriebe, unabhängig von ihrer Branche, werden unter der Bezeichnung **Unternehmen** zusammengefasst. Die Konsumenten werden unter der Bezeichnung **Haushalte** dargestellt.[1]

1 Dargestellt wird hier der Geldstrom, nicht der Güter- bzw. der Faktorstrom.

1.5.2 Erweiterter Wirtschaftskreislauf

Neben den Haushalten und den Unternehmen sind der Staat und andere Länder (das Ausland) ebenso am Wirtschaftsprozess beteiligt. Der fiktive Pol Vermögensänderungen hat die Funktion, den Kreislauf zu schließen, indem er die imaginären Ströme in Höhe der Salden, die sich durch Zu- und Abfluss bei den Sektoren ergeben, aufnimmt.

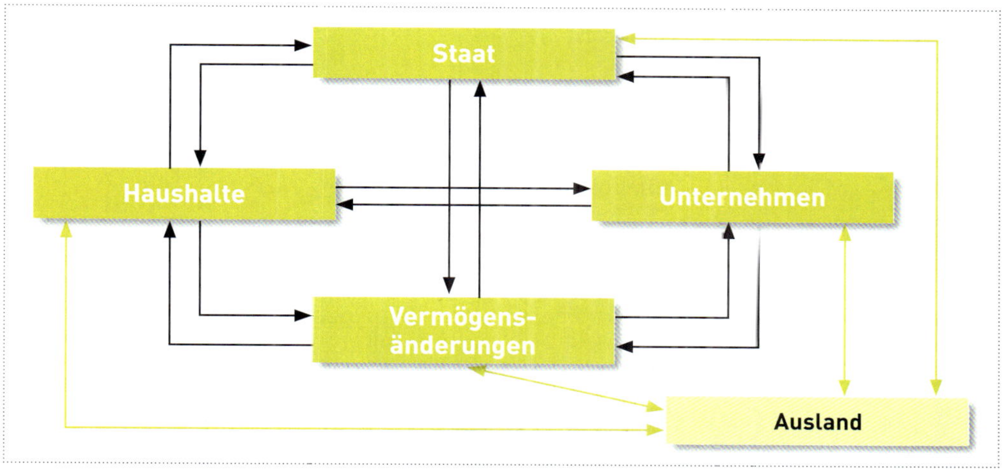

Die Haushalte und die Unternehmen führen Steuern an den Staat ab, der davon zum Beispiel Kindergeld an die Haushalte und Subventionen (Fördermittel) an die Unternehmen zahlt. Banken (= Unternehmen) verleihen Geld, das sie zuvor als Spareinlagen erhalten haben. Durch den Im- und Export von Waren und Dienstleistungen tritt das Ausland als vierter Beteiligter hinzu. Wirtschaftliche Verbindungen bestehen zwischen allen Beteiligten. Jeder ist ein Teil der Gesamtwirtschaft und damit auch abhängig von den anderen Teilnehmern.

Im Wirtschaftskreislaufmodell geht nichts verloren. Jeder Teilnehmer gibt das Geld, das er einnimmt, vollständig aus, in dem er es zum Kauf von Gütern verwendet oder anlegt.

Lösung des Einstiegsfalls **Für Arbeit gibt's Geld, fürs Geld einen Fernseher**

Martina Gonzales und Tobias Wagner zählen (volkswirtschaftlich betrachtet) zu den Haushalten. Martina verfügt im Monat über 500,00 €. Diese 500,00 € hat sie von ihrem Ausbildungsbetrieb (dem Unternehmen Blum Music4You KG) erhalten. 400,00 € gibt sie davon monatlich für Lebensmittel, Miete und Ähnliches aus. Steuern muss sie noch keine bezahlen. Die verbleibenden 100,00 € zahlt sie auf ein Sparbuch bei ihrer Bank ein. Für den Kauf des Fernsehers lässt sie sich 500,00 € vom Sparbuch auszahlen. Die Bank hat von anderen Sparern (Haushalten) noch mehr Geldanlagen. Diese kann sie als Kredite an andere Wirtschaftsteilnehmer verleihen, zum Beispiel an Tobias Wagner. Tobias kann von dem Bankkredit bei einem Unternehmen (Autohaus) ein neues Auto kaufen.

Lernlandkarte 1.6 bis 1.11

1.6 Berufsbild Kauffrau/-mann für Büromanagement

Einsatzgebiete
- Assistenz
- Organisation
- Rechnungswesen
- ...

Anforderungen und Kompetenzen

1.7 Grundlagen der dualen Ausbildung

Berufsschule – Betrieb
- BBiG
- Ausbildungsordnung
- Ausbildungsvergütung
- Berufsausbildungsvertrag
- Rechte und Pflichten

1.8 Schutzbestimmungen

1.9 Technischer Arbeitsschutz

Schutzbestimmungen
- JArbSchG
- MuSchG
- Schwerbehindertenschutz

Arbeitsschutz

1.10 Betriebliche Mitbestimmung

1.11 Tarifverträge

- Betriebsrat
- Jugend- und Auszubildendenvertretung
- Betriebsvereinbarungen
- Tarifverträge

1.6 Berufsbild Kauffrau/Kaufmann für Büromanagement

1.6.1 Aufgaben und Einsatzbereiche von Kaufleuten für Büromanagement

Die **Einsatzbereiche** von Kaufleuten für Büromanagement sind sehr vielfältig. Sie arbeiten in allen Branchen und in allen Wirtschaftszweigen, nicht nur in Industriebetrieben (neben und mit Industriekaufleuten). So finden sich Einsatzbereiche vor allem in Dienstleistungsbetrieben, im Handel oder in Handwerksbetrieben und auch im öffentlichen Dienst. Das Klischee der „Sekretärin" stellt eine gänzlich veraltete Sichtweise auf den Büroberuf dar. Kaufleute für Büromanagement müssen sich gut im Umgang mit aktueller Hard- und Software auskennen, um ihre vielseitigen Aufgaben erledigen zu können.

Zu den **Aufgaben der Kaufleute für Büromanagement** gehören:

Bürowirtschaft/ Assistenz und Organisation	■ Besprechungen organisieren und protokollieren, Telefongesprächsnotizen anfertigen ■ externen Schriftverkehr abwickeln ■ Berichte, Aufstellungen, Statistiken und Texte nach Vorgaben anfertigen ■ Dienstpläne erstellen ■ Informationen und Daten einholen, erstellen und als Präsentationen aufbereiten ■ als Ansprechpartner für Kunden und Geschäftspartner zur Verfügung stehen
Aufgaben im betrieblichen Rechnungs-wesen	■ Belege sachgerecht erfassen, Kosten dokumentieren ■ Geschäftsvorgänge buchen ■ Kostenrechnungen durchführen ■ Kalkulationen nach Anleitung durchführen ■ Finanzbedarf ermitteln ■ Kostenentwicklungen verfolgen
Auftrags- und Rechnungs-bearbeitung	■ Zahlungs- und Liefertermine überwachen ■ Aufträge entgegennehmen und bearbeiten ■ Angebote unterbreiten und einholen ■ Eingangsrechnungen kontrollieren ■ Ausgangsrechnungen erstellen ■ Zahlungen veranlassen
Aufgaben im Personal-bereich	■ Personalakten führen ■ Arbeits- und Fehlzeiten erfassen ■ Entgeltabrechnungen durchführen ■ Steuern und Sozialabgaben abführen ■ bei der Planung und Ermittlung von Personaleinsatz und -bedarf mitwirken ■ Arbeitsverträge ausstellen ■ Arbeits- und Verdienstbescheinigungen erstellen

1.6.2 Anforderungen an (angehende) Kaufleute für Büromanagement

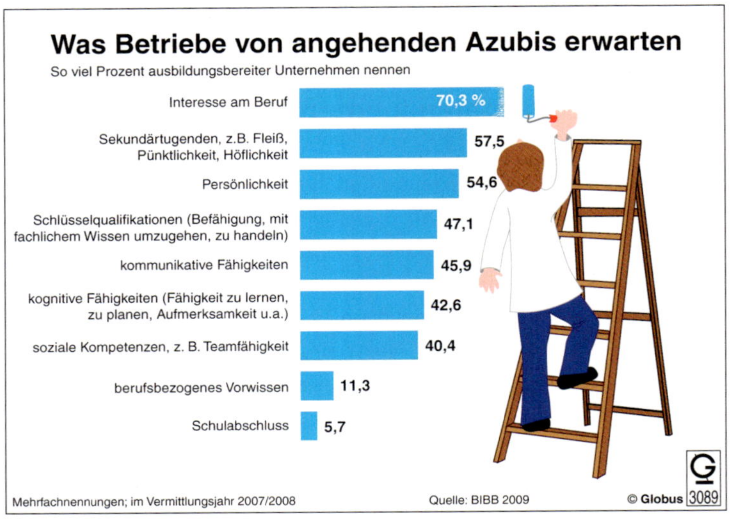

Einige Voraussetzungen sind nötig, um den Beruf lernen und ausüben zu können. Dazu zählen beispielsweise:

- Flexibilität (Wechsel zwischen einer Vielzahl unterschiedlicher Tätigkeiten wie Besucher empfangen, Telefonate führen, Präsentationen vorbereiten, Geschäftsvorgänge buchen, Arbeitszeiten erfassen)
- Organisationstalent (z. B. Führen von Urlaubslisten, Planen, Organisieren von Geschäftsreisen)
- Rechenfertigkeiten (z. B. Erstellen von Ausgangsrechnungen, Übernehmen von Aufgaben im betrieblichen Rechnungswesen, etwa Durchführen von Kostenrechnungen)
- mündliches Ausdrucksvermögen und Auffassungsgabe (z. B. Arbeiten am Empfang, Führen von Telefonaten)
- Textverständnis (z. B. Verstehen und Umsetzen von Arbeitsanleitungen und Handelsbestimmungen)
- schriftliches Ausdrucksvermögen und Rechtschreibsicherheit (z. B. Formulieren von Texten und Textbausteinen für Geschäftsbriefe, auch in englischer Sprache)[1]
- Konzentration (z. B. sorgfältiges Arbeiten trotz ablenkender Einflüsse in Großraumbüros)
- Sorgfalt (z. B. exaktes Führen und Auswerten von Statistiken und Tabellen)
- Zuverlässigkeit, selbstständige Arbeitsweise, Kritikfähigkeit

1.6.3 Kompetenzen im Berufsleben

Um den Arbeitsalltag meistern zu können, benötigt jede Arbeitnehmerin und jeder Arbeitnehmer berufliche Kompetenzen. Damit ist nicht nur fachliches Wissen gemeint, sondern zum Beispiel auch strukturiertes Denken oder angemessenes Verhalten gegenüber Kollegen in Konfliktsituationen. Die verschiedenen Kompetenzen werden in Kategorien eingeteilt und ergeben zusammen die **Handlungskompetenz,** also „die Befähigung des Einzelnen, sich in beruflichen Situationen sachgerecht durchdacht (= Fachkompetenz) sowie individuell (= Selbstkompetenz) und sozial verantwortlich (= Sozialkompetenz) zu verhalten" (nach Definition der Kultusministerkonferenz) – kurz: sich richtig zu verhalten. Aus welchen Kompetenzen sich die Handlungskompetenz zusammensetzt, das interpretieren die verschiedenen Modelle unterschiedlich. Hier wird das für die Berufsausbildung zugrundeliegende Modell vorgestellt:

1 Vgl. hierzu „Informationsverarbeitung" (Best.-Nr. 3568) sowie „Business English for the Office" (Best.-Nr. 3556).

Handlungskompetenz umfasst:

- **Sozialkompetenz:** Sozial bezieht sich immer auf die menschliche Gesellschaft, also auf den Umgang mit anderen Menschen; z. B.: Teamfähigkeit, Kommunikationsfähigkeit, Konfliktfähigkeit, Kooperationsbereitschaft.
- **Selbstkompetenz:** Selbstkompetenz bedeutet den Umgang mit sich selbst und zeigt Fähigkeiten, die sich auf die eigene Persönlichkeit und den eigenen Charakter beziehen; z. B.: Selbsteinschätzung, Konzentrationsfähigkeit, Flexibilität, Verantwortungsbewusstsein, Motivationsfähigkeit, Leistungsbereitschaft, Durchhaltevermögen.
- **Methodenkompetenz:** Sie bezieht sich auf die Fähigkeit, bestimmte Lern- und Arbeitsmethoden anzuwenden. Dabei geht es auch darum, sich ein neues Thema oder Arbeitsgebiet selbst zu erschließen; z. B.: Präsentationstechniken anwenden, Problemlösefähigkeit, Organisationsfähigkeit.
- **Sach- oder Fachkompetenz:** Menschen mit Fachkompetenz können fachliche Fertigkeiten und Kenntnisse richtig anwenden und berufstypische Aufgaben bewältigen; z. B.: Buchungssätze bilden, Gesprächsnotiz anfertigen, Angebote erstellen.

Schlüsselkompetenz

Als Schlüsselkompetenz werden Fähigkeiten bezeichnet, die keinen direkten Bezug zur konkreten Berufspraxis besitzen, sondern in verschiedenen Situationen – also berufsübergreifend – eingesetzt werden können. Schlüsselkompetenzen oder Schlüsselqualifikationen sind sozusagen die „Schlüssel“, die es Personen ermöglichen, sich an ständig ändernde Anforderungen anzupassen.

Gleichzeitig sollen Schlüsselqualifikationen Personen in die Lage versetzen, sich berufliches Wissen bei Bedarf schneller aneignen zu können. Dazu zählen Sozial-, Selbst- und Methodenkompetenz. Diese werden häufig als **Soft Skills** (engl.: weiche Fähigkeiten) bezeichnet.

Interkulturelle Kompetenz

Interkulturelle Kompetenz ist die Fähigkeit von Menschen, mit Menschen anderer Kulturkreise erfolgreich umgehen zu können. Ist diese Fähigkeit nicht oder nur begrenzt vorhanden, kann sie durch sogenanntes **interkulturelles Lernen** gefördert und gestärkt werden.

Beispiel **Schlüsselkompetenzen**

Hilil Akim ist beruflich bei Konzerten und Veranstaltungen für den technischen Aufbau der Tonanlagen zuständig. Er ist ein gläubiger Muslim. Zu seinen Gepflogenheiten gehört es, mehrmals täglich zu beten. Seine beiden Kollegen Jasko Batulovac (Serbe) und Ioanni Staro (Grieche) akzeptieren dieses Ritual ihres Kollegen und übernehmen seine Tätigkeiten, wenn es Zeit für ein Gebet ist.

Voraussetzungen für interkulturelle Kompetenzen sind Sensibilität, Verständnis anderen Verhaltens- und Denkweisen gegenüber und die Fähigkeit, den eigenen Standpunkt transparent zu vermitteln. Dazu gehört es auch, in Situationen flexibel zu reagieren, in denen es möglich ist, andererseits aber auch standhaft gegenüber Unzumutbarkeiten zu bleiben.

Interkulturelle Kompetenz[1] erfordert:

- Kenntnisse über andere Kulturkreise sowie erste Erfahrungen mit Personen und deren Verhaltensweisen.
- Neugier und Offenheit, andere Kulturen und deren Besonderheiten kennenzulernen.
- Entwicklung von Einfühlungsvermögen und Empathie, um sich in die Gefühle und Bedürfnisse anderer hineinzuversetzen.
- ein Bewusstsein über die eigenen Stärken, Schwächen und Bedürfnisse sowie den Umgang mit ihnen.
- eine kritische Betrachtungsweise und ein Hinterfragen der eigenen Vorurteile und eigener Verhaltensweisen anderen Personen, Kulturen und Nationen gegenüber.

Interkulturelle Kompetenzen gewinnen aufgrund der Globalisierung und den zunehmenden Wirtschaftsbeziehungen zu anderen Ländern immer mehr an Bedeutung. Kaufleute müssen mit den Gepflogenheiten in anderen Ländern und Kulturen vertraut sein, wenn sie dort Geschäfte anbahnen und abschließen wollen. Zu diesem Zweck bieten Weiterbildungsorganisationen (z. B. Volkshochschulen, Universitäten) interkulturelle Trainingseinheiten an.

In größeren Unternehmen gibt es – meist im Bereich Personal – Unterabteilungen mit der Bezeichnung **Diversity Management.** Diversity Management toleriert nicht nur die individuelle Verschiedenheit (engl.: diversity) der Mitarbeiterinnen und Mitarbeiter, sondern stellt diese Verschiedenheit als etwas Wertvolles heraus. Dahinter steht das geplante Zusammenbringen von Mitarbeitern aus verschiedenen Kulturen, unterschiedlichen Alters usw. Das Ziel ist, eine produktive Gesamtatmosphäre im Unternehmen zu schaffen, soziale Diskriminierungen von Minderheiten zu verhindern und Chancengleichheit zu fördern.

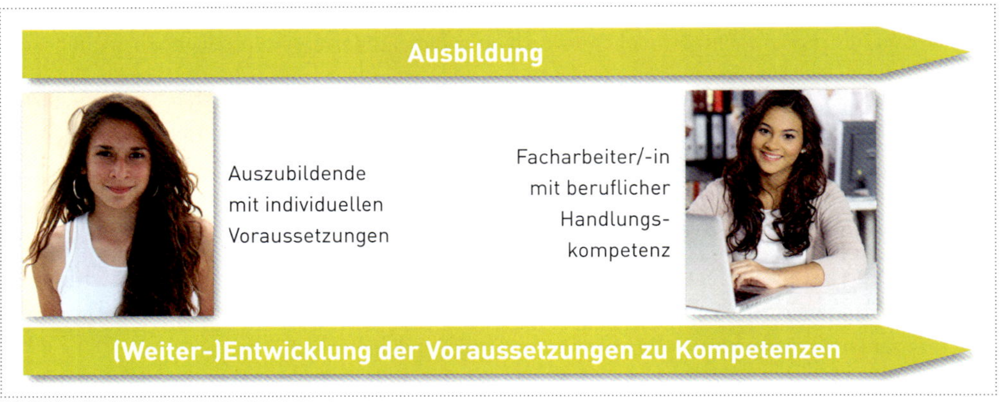

1 Siehe auch „Intercultural aspects: Traditions, social codes and habits in business" im Band „English Business for the Office" (Best.-Nr. 3556), unit 4, B.2.

1.7 Grundlagen der dualen Ausbildung

1.7.1 Lernorte

Auszubildende werden während ihrer Ausbildung an zwei Orten ausgebildet: im Ausbildungsbetrieb und in der Berufsschule. Deshalb nennt man das System der Berufsausbildung in der Bundesrepublik Deutschland auch **duales Berufsausbildungssystem.**

Im **Ausbildungsbetrieb** erwerben die Auszubildenden die im Ausbildungsrahmenplan vorgeschriebenen Kompetenzen und üben praktische Tätigkeiten ein. In der **Berufsschule** werden den Auszubildenden allgemeinbildende und berufsbezogene theoretische Lerninhalte vermittelt, die durch Richtlinien der Kultusministerien der Länder vorgeschrieben sind. Der Berufsschulunterricht kann als Teilzeitunterricht oder als Blockunterricht stattfinden. Beim Teilzeitunterricht besuchen die Auszubildenden die Berufsschule einmal oder zweimal in der Woche. An den anderen Arbeitstagen sind die Auszubildenden in ihren Ausbildungsbetrieben tätig. Beim Blockunterricht besuchen die Auszubildenden zwei oder drei Wochen lang die Berufsschule. Anschließend arbeiten sie mehrere Wochen in ihrem Ausbildungsbetrieb, ohne in dieser Zeit die Berufsschule zu besuchen.

1.7.2 Berufsbildungsgesetz (BBiG)

Gesetzliche Grundlage für alle Berufsausbildungen ist das **Berufsbildungsgesetz.** Daneben regelt das Gesetz auch die Fortbildung (Aktualisierung und Erweiterung der beruflichen Kenntnisse) und die Umschulung (Qualifizierung in einem anderen Beruf).

§

Berufsbildungsgesetz (BBiG)

Inhaltsübersicht (in Auszügen)

Teil 1 **Allgemeine Vorschriften**
- § 1 Ziele und Begriffe der Berufsbildung
- § 2 Lernorte der Berufsbildung
- § 3 Anwendungsbereich

Teil 2 **Berufsbildung**

Abschnitt 1: Ordnung der Berufsausbildung; Anerkennung von Ausbildungsberufen
- § 4 Anerkennung von Ausbildungsberufen
- § 5 Ausbildungsordnung
- § 6 Erprobung neuer Ausbildungsberufe, Ausbildungs- und Prüfungsformen
- § 7 Anrechnung beruflicher Vorbildung auf die Ausbildungszeit
- § 8 Abkürzung und Verlängerung der Ausbildungszeit
- § 9 Regelungsbefugnis

Fortsetzung siehe nächste Seite.

Abschnitt 2: Berufsausbildungsverhältnis
- § 10 Vertrag
- § 11 Vertragsniederschrift
- § 12 Nichtige Vereinbarungen
- § 13 Pflichten der Auszubildenden, Verhalten während der Ausbildung
- § 14 Pflichten der Ausbildenden; Berufsausbildung
- § 16 Zeugnis
- § 17 Vergütungsanspruch
- § 18 Bemessung und Fälligkeit der Vergütung
- § 19 Fortzahlung der Vergütung
- § 20 Probezeit
- § 21 Beendigung
- § 22 Kündigung
- § 23 Schadensersatz bei vorzeitiger Beendigung

Abschnitt 3: Eignung von Ausbildungsstätte und Ausbildungspersonal
- § 27 Eignung der Ausbildungsstätte
- § 28 Eignung von Ausbildenden und Ausbildern oder Ausbilderinnen
- § 29 Persönliche Eignung
- § 30 Fachliche Eignung
- § 31 Europaklausel
- § 32 Überwachung der Eignung
- § 33 Untersagung des Einstellens und Ausbildens
- [...]

Abschnitt 5: Prüfungswesen
- § 37 Abschlussprüfung
- § 38 Prüfungsgegenstand
- [...]
- § 43 Zulassung zur Abschlussprüfung
- § 44 Zulassung zur Abschlussprüfung bei zeitlich auseinander fallenden Teilen
- § 45 Zulassung in besonderen Fällen
- § 46 Entscheidung über die Zulassung
- § 47 Prüfungsordnung
- § 48 Zwischenprüfungen
- § 49 Zusatzqualifikationen
- § 50 Gleichstellung von Prüfungszeugnissen

Weitere Rechtsgrundlagen im dualen Berufsausbildungssystem

Ausbildungsbetrieb	Geltungsbereich	Berufsschule
Ausbildungs- ordnung	bundesweit bzw. bundesländerweit	Rahmenlehrplan bzw. Lehrplan des jeweiligen Bundeslands
	vor Ort	didaktische Jahresplanung, konkrete Stundentafel, -pläne
Ausbildungsplan	im jeweiligen Betrieb	

1.7.3 Ausbildungsordnung

Die Ausbildungsordnung dokumentiert die Inhalte sowie die zeitliche Gliederung der betrieblichen Berufsausbildung in einem staatlich anerkannten Ausbildungsberuf. Ausbildungsordnungen werden vom Bundesministerium für Wirtschaft erlassen. Sie enthalten das Ausbildungsberufsbild, den Ausbildungsrahmenplan, Angaben zur Ausbildungsdauer und zu den Zwischen- und Abschlussprüfungen. Das Ausbildungsberufsbild beschreibt diejenigen Kenntnisse und Fertigkeiten, die Gegenstand der Berufsausbildung sind. Der Ausbildungsrahmenplan regelt die Inhalte der betrieblichen Berufsausbildung verbindlich.

Ausbildungsordnung			
Ausbildungsberufsbild	Ausbildungsrahmenplan	Angaben zur Ausbildungsdauer	Angaben zur Zwischen- und Abschlussprüfung

Die aktuelle Ausbildungsordnung finden Sie auf der Homepage des Bundesministeriums für Wirtschaft und Technologie als kostenlosen Download (www.bmwi.de, Suchbegriff: Ausbildungsordnungen).

1.7.4 Ausbildungsvergütungen

Die durchschnittlichen **tariflichen Ausbildungsvergütungen** im Jahr 2013 sind in der Tabelle dargestellt (pro Monat in den einzelnen Ausbildungsjahren).

	Alte Bundesländer			Neue Bundesländer		
	1. Ausbildungsjahr	2. Ausbildungsjahr	3. Ausbildungsjahr	1. Ausbildungsjahr	2. Ausbildungsjahr	3. Ausbildungsjahr
Bürokaufmann/-kauffrau (IH)	795,00 €	859,00 €	940,00 €	715,00 €	780,00 €	860,00 €
Bürokaufmann/-kauffrau (Hw)	572,00 €	651,00 €	761,00 €	513 00 €	595,00 €	718,00 €
Kaufmann/Kauffrau für Bürokommunikation (IH)	795,00 €	859,00 €	940,00 €	715,00 €	780,00 €	860,00 €

Abkürzungen: IH = Industrie und Handel, Hw = Handwerk
Quelle: Bundesinstitut für Berufsbildung (BiBB), Tarifliche Ausbildungsvergütungen 2013

1.7.5 Berufsausbildungsvertrag

Der Ausbildungsvertrag wird zwischen dem Ausbildenden (dem Ausbildungsbetrieb) und dem Auszubildenden schriftlich abgeschlossen.

Ist der Auszubildende noch keine 18 Jahre alt, so muss ein Erziehungsberechtigter (Vater, Mutter oder Vormund) den Ausbildungsvertrag mitunterschreiben. Der abgeschlossene Ausbildungsvertrag wird anschließend der zuständigen Industrie- und Handelskammer (IHK) bzw. der Handwerkskammer vorgelegt. Die IHK bzw. die Handwerkskammer prüft, ob die Inhalte des Ausbildungsvertrags den gesetzlichen Bestimmungen entsprechen und trägt das Ausbildungsverhältnis in das Verzeichnis der Berufsausbildungsverhältnisse ein. Sie wacht darüber, dass ordnungsgemäß ausgebildet wird.

Probezeit im Arbeitsverhältnis Kap. 8.4.2

Das Berufsausbildungsverhältnis beginnt mit der **Probezeit.** Sie muss mindestens einen Monat und darf höchstens vier Monate betragen. Während der Probezeit kann das Berufsausbildungsverhältnis vom Auszubildenden oder vom Ausbildenden ohne Einhaltung einer Kündigungsfrist und ohne Angabe von Gründen gekündigt werden. Nach Ablauf der Probezeit kann das Berufsausbildungsverhältnis nur gekündigt werden,

- aus einem wichtigen Grund ohne Einhaltung einer Kündigungsfrist,
- vom Auszubildenden mit einer Kündigungsfrist von vier Wochen, wenn er die Berufsausbildung aufgeben oder sich für eine andere Berufstätigkeit ausbilden lassen will.

Das Berufsausbildungsverhältnis endet mit Ablauf der vorgeschriebenen Ausbildungszeit. Besteht der Auszubildende die **Abschlussprüfung** vor Ablauf der vereinbarten Ausbildungszeit, so endet das Ausbildungsverhältnis mit dem Bestehen der Abschlussprüfung. Besteht der Auszubildende die Abschlussprüfung nicht, so verlängert sich das Ausbildungsverhältnis auf Wunsch des Auszubildenden bis zur nächstmöglichen Wiederholungsprüfung, in der Regel ein halbes Jahr später, höchstens um ein Jahr.

Arbeitsvertrag Kap. 8.4.1

Wird der Auszubildende im Anschluss an das Berufsausbildungsverhältnis weiterbeschäftigt, ohne dass hierüber ausdrücklich ein Arbeitsvertrag vereinbart wurde, so gilt er als unbefristet eingestellt.

Die **Inhalte eines Berufsausbildungsvertrags** sind in § 11 Berufsbildungsgesetz (BBiG) festgelegt.

§

§ 11 BBiG Vertragsniederschrift

(1) Ausbildende haben unverzüglich nach Abschluss des Berufsausbildungsvertrags, spätestens vor Beginn der Berufsausbildung, den wesentlichen Inhalt des Vertrags gemäß Satz 2 schriftlich niederzulegen; die elektronische Form ist ausgeschlossen. In die Niederschrift sind mindestens aufzunehmen

1. Art, sachliche und zeitliche Gliederung sowie Ziel der Berufsausbildung, insbesondere die Berufstätigkeit, für die ausgebildet werden soll,
2. Beginn und Dauer der Berufsausbildung,
3. Ausbildungsmaßnahmen außerhalb der Ausbildungsstätte,
4. Dauer der regelmäßigen täglichen Ausbildungszeit,
5. Dauer der Probezeit,
6. Zahlung und Höhe der Vergütung,
7. Dauer des Urlaubs,
8. Voraussetzungen, unter denen der Berufsausbildungsvertrag gekündigt werden kann,
9. ein in allgemeiner Form gehaltener Hinweis auf die Tarifverträge, Betriebs- oder Dienstvereinbarungen, die auf das Berufsausbildungsverhältnis anzuwenden sind.

(2) Die Niederschrift ist von den Ausbildenden, den Auszubildenden und deren gesetzlichen Vertretern und Vertreterinnen zu unterzeichnen.

(3) Ausbildende haben den Auszubildenden und deren gesetzlichen Vertretern und Vertreterinnen eine Ausfertigung der unterzeichneten Niederschrift unverzüglich auszuhändigen.

(4) Bei Änderungen des Berufsausbildungsvertrags gelten die Absätze 1 bis 3 entsprechend.

Berufsausbildungsvertrag
(§§ 10, 11 Berufsbildungsgesetz - BBiG)

IHK Industrie- und Handelskammer

Zwischen dem Ausbildenden (Ausbildungsbetrieb)
Öffentlicher Dienst ☐ ja ☐ nein

Firmenident-Nr. | Tel.-Nr.
Anschrift des Ausbildenden
Name und Anschrift des Ausbilders (des Unternehmens)
Straße, Hausnummer
PLZ | Ort
E-Mail-Adresse des Ausbildenden
Verantwortliche/-r Ausbilder/-in Herr/Frau | geboren am

und der / dem Auszubildenden **männlich** ☐ **weiblich** ☐

Name | Vorname
Straße, Hausnummer
PLZ | Ort
Name und Anschrift, Geburtsdatum, evtl. gesetzliche Vertreter des Auszubildenden
Geburtsdatum | Geburtsort
Staatsangehörigkeit | Gesetzliche Vertreter [1]
Namen, Vornamen der gesetzlichen Vertreter
Straße, Hausnummer
PLZ | Ort

wird nachstehender Vertrag zur Ausbildung im Ausbildungsberuf
Bezeichnung des Ausbildungsberufs
mit der Fachrichtung/dem Schwerpunkt/dem Wahlbaustein etc. nach Maßgabe der Ausbildungsordnung [2]) geschlossen.

Änderungen des wesentlichen Vertragsinhaltes sind vom Ausbildenden unverzüglich zur Eintragung in das Verzeichnis der Berufsausbildungsverhältnisse bei der Industrie- und Handelskammer anzuzeigen. Die beigefügten Angaben zur sachlichen und zeitlichen Gliederung des Ausbildungsablaufs (Ausbildungsplan) sind Bestandteil dieses Vertrages. Die Vertragsparteien willigen freiwillig ein, dass personenbezogene Daten aus dem Ausbildungsvertrag an eine zentrale Datenbank der Agentur für Arbeit weitergeleitet werden. Die Übermittlung erfolgt zur Erkennung von Doppelabschlüssen. Den Vertragsparteien ist bekannt, dass bei Nichterfüllung dieser Einwilligung keine Nachteile zu befürchten sind.

A Die Ausbildungszeit beträgt nach der Ausbildungsordnung ☐ Monate. Die vorausgegangene Ausbildung/Vorbildung

Dauer der Ausbildung

wird mit ☐ Monaten angerechnet, bzw. es wird eine entsprechende Verkürzung beantragt.

Das Berufsausbildungsverhältnis beginnt am ___ endet am ___

Beginn der Ausbildung

B Die Probezeit (§ 1 Nr. 2) beträgt ☐ Monate. [3])

Probezeit

C Die Ausbildung findet vorbehaltlich der Regelungen nach D in

und den mit dem Betriebssitz für die Ausbildung üblicherweise zusammenhängenden Bau-, Montage- und sonstigen Arbeitsstellen statt (§ 3 Nr. 12).

D Ausbildungsmaßnahmen außerhalb der Ausbildungsstätte (§ 3 Nr. 12) mit Zeitangabe

Ausbildungsmaßnahmen außerhalb des Betriebs

E Der Ausbildende zahlt der/dem Auszubildenden eine angemessene Vergütung (§ 5); diese beträgt zur Zeit monatlich brutto

Vergütung

€				
im	ersten	zweiten	dritten	vierten

Ausbildungsjahr.

Öffentliche Förderung der Ausbildung (monatlich, regelmäßig > 50 % der Kosten): nein ☐ ja, ☐ wenn ja

☐ Sonderprogramme von Bund/Land/Kommune
☐ außerbetriebliche Berufsausbildung nach § 241 Abs. 2 SGB III (i.d.R. von der Bundesagentur für Arbeit geförderte Maßnahmen)
☐ außerbetriebliche Berufsausbildung für behinderte Menschen bzw. Reha nach § 100 Nr. 5 SGB III

F Die regelmäßige Ausbildungszeit (§ 6 Nr. 1) beträgt in Std.:
täglich[4]) ☐ wöchentlich ☐
Teilzeitberufsausbildung wird beantragt ja ☐

tägliche oder wöchentliche Arbeitszeit

G Der Ausbildende gewährt der/dem Auszubildenden Urlaub nach den geltenden Bestimmungen. Es besteht folgender Urlaubsanspruch:

im Jahr					
Werktage					
Arbeitstage					

Urlaubsanspruch

H Hinweis auf anzuwendende Tarifverträge und Betriebsvereinbarungen / sonstige Vereinbarungen (§ 11)

Hinweis auf Tarifverträge, Betriebsvereinbarungen

1) Vertretungsberechtigt sind beide Eltern gemeinsam, soweit nicht die Vertretungsberechtigung nur einem Elternteil zusteht. Ist ein Vormund bestellt, so bedarf dieser zum Abschluss des Ausbildungsvertrages der Genehmigung des Vormundschaftsgerichtes.
2) Solange die Ausbildungsordnung nicht erlassen ist, sind gem. § 104 Abs. 1 BBiG die bisherigen Ordnungsmittel anzuwenden.
3) Die Probezeit muss mindestens einen Monat und darf höchstens vier Monate betragen.
4) Das Jugendarbeitsschutzgesetz sowie für das Ausbildungsverhältnis geltende tarifvertragliche Regelungen und Betriebsvereinbarungen sind zu beachten.

J Die beigefügten Vereinbarungen sind Gegenstand dieses Vertrages und werden anerkannt

Ort und Datum:

Unterschrift des Ausbilders

Stempel und Unterschrift Ausbildender

Unterschrift des Auszubildenden bzw. des gesetzlichen Vertreters

Vor- und Zuname Auszubildender

Gesetzlicher Vertreter

5

H. O. Schulze KG, 96215 Lichtenfels - 06/2007 PDF

Angaben zur Kündigung auf der Rückseite

355039

Jugendarbeitsschutzgesetz Kap. 1.8.1

Der **Urlaubsanspruch** ergibt sich aus dem **Jugendarbeitsschutzgesetz** oder bei volljährigen Auszubildenden aus dem **Bundesurlaubsgesetz** (§ 3 BurlG): Auszubildende haben (wie jeder Arbeitnehmer) einen gesetzlichen Anspruch auf mindestens 24 Werktage Urlaub pro Jahr (als Werktage gelten die Wochentage Montag bis Samstag). Wenn ein Auszubildender seine Ausbildung innerhalb eines Jahres beginnt, so hat er Anspruch auf ein Zwölftel des Jahresurlaubs für jeden vollen Monat des bestehenden Ausbildungsverhältnisses. Dies gilt auch für diejenigen, die nach Beendigung ihrer Ausbildung eine Arbeitsstelle antreten. Bruchteile von Urlaubstagen, die mindestens einen halben Tag ergeben, werden auf volle Urlaubstage aufgerundet (§ 5 BurlG).

Beispiel

Die Ausbildung beginnt am 1. August. Bis Ende desselben Jahres sind es fünf volle Monate. Der Auszubildende hat einen Urlaubsanspruch von $^5/_{12}$ des Jahresurlaubs, also $^5/_{12}$ von 24 Werktagen = 9,99 Werktage, aufgerundet 10 Werktage.

1.7.6 Rechte und Pflichten während des Berufsausbildungsverhältnisses

Pflichten des Ausbildenden (= Rechte des Auszubildenden)		Pflichten des Auszubildenden (= Rechte des Ausbildenden)	
1. Ausbildungspflicht (§ 14 BBiG, § 30 BBiG)	Der Ausbildende muss dafür sorgen, dass dem Auszubildenden die Kenntnisse und Fertigkeiten vermittelt werden, die zum Erreichen des Ausbildungsziels erforderlich sind.	1. Lernpflicht (§ 13 BBiG)	Der Auszubildende muss sich bemühen, die notwendigen Kenntnisse und Fertigkeiten zu erwerben, die erforderlich sind, um das Ausbildungsziel zu erreichen.
2. Bereitstellung von Ausbildungsmitteln (§ 14 BBiG)	Der Ausbildende muss Ausbildungsmittel, die für die betriebliche Ausbildung erforderlich sind, kostenlos zur Verfügung stellen (z. B. ein Berichtsheft).	2. Befolgung von Weisungen (§ 13 BBiG)	Der Auszubildende muss die Weisungen befolgen, die ihm im Rahmen der Berufsausbildung vom Ausbildenden, vom Ausbilder oder anderen Weisungsberechtigten (z. B. dem Abteilungsleiter) erteilt werden.
3. Freistellung für den Berufsschulunterricht und die Prüfungen (§ 15 BBiG)	Der Ausbildende muss den Auszubildenden zum Besuch der Berufsschule und zur Teilnahme an den Prüfungen anhalten und freistellen. Dies gilt am Tag der Prüfung nur für den Zeitraum der Prüfung, nicht für gesamten Tag.	3. Besuch der Berufsschule (§ 13 BBiG)	Der Auszubildende muss am Berufsschulunterricht teilnehmen.

Pflichten des Ausbildenden (= Rechte des Auszubildenden)		Pflichten des Auszubildenden (= Rechte des Ausbildenden)	
4. Fürsorgepflicht (§ 14 BBiG)	Der Ausbildende darf dem Auszubildenden nur Tätigkeiten übertragen, die dem Ausbildungszweck dienen und seinen körperlichen Kräften angemessen sind. Der Auszubildende darf keinen gesundheitlichen und sittlichen Gefahren ausgesetzt werden (z. B. Mobbing), außerdem soll er charakterlich gefördert werden.	4. Führen des Berichtshefts (§ 13 BBiG)	Der Auszubildende muss ein vorgeschriebenes Berichtsheft führen und regelmäßig vorlegen.
5. Vergütungspflicht (§ 17 BBiG)	Der Ausbildende muss dem Auszubildenden eine angemessene Vergütung bezahlen.	5. Einhaltung der Betriebsordnung und sorgsamer Umgang mit Betriebsmitteln (§ 13 BBiG)	Der Auszubildende muss die für die Ausbildungsstätte geltende Ordnung einhalten und Werkzeug, Maschinen und sonstige Einrichtungen pfleglich behandeln.
6. Zeugnispflicht (§ 16 BBiG)	Der Auszubildende hat am Ende der Ausbildung ein schriftliches Zeugnis auszustellen. Das Zeugnis enthält Angaben über die Art und die Dauer der Berufsausbildung sowie über die beruflichen Kenntnisse. Auf Verlangen Auszubildender sind auch Angaben über Verhalten und Leistung aufzunehmen.	6. Schweigepflicht (§ 13 BBiG)	Der Auszubildende muss über Betriebs- und Geschäftsgeheimnisse Stillschweigen bewahren.

Ausbildende können nicht alle Aufgaben an Auszubildende delegieren; für gewisse Tätigkeiten müssen Auszubildende (wie auch die Mitarbeiter) bevollmächtigt werden. Welche **Vollmachten** hierfür infrage kommen (z. B. die **Vertretungsvollmacht**) wird in Kapitel 9.3 behandelt.

Vertretungsvollmacht Kap. 9.3

Voraussetzungen für eine Ausbildungstätigkeit

Auszubildende dürfen nur **eingestellt** werden, wenn

- der Betrieb zur Berufsausbildung geeignet ist;
- die Zahl der Auszubildenden in angemessenem Verhältnis zur Zahl der Beschäftigten steht;
- bei fehlenden eigenen Möglichkeiten (erforderliche Kompetenzen können nicht in vollem Umfang vermittelt werden) dieser Mangel durch Maßnahmen außerhalb des Betriebs (überbetriebliche Ausbildungsstätten, Entsendung in andere Betriebe) behoben werden kann.

Auszubildende dürfen nur **ausgebildet** werden, wenn

- der Ausbilder fachlich geeignet ist, das heißt, entsprechende berufliche und pädagogische Kenntnisse mit Berufsabschluss und den sogenannten AdA-Schein (AdA = Ausbildung der Ausbilder) vorweisen kann.

- der Ausbilder persönlich geeignet ist. Eine persönliche Eignung liegt nicht vor, wenn der Ausbilder beispielsweise straffällig geworden ist oder gegen das Berufsbildungsgesetz verstoßen hat oder wenn das Unternehmen Jugendliche nicht beschäftigen darf.

Ausbilder haben die Aufgabe, die Auszubildenden während der Ausbildung zu begleiten. Für diese wichtige Aufgabe müssen sie eine Prüfung vor der IHK oder der Handwerkskammer ablegen (Ausbildereignungsprüfung). Dabei werden gesetzliche Grundlagen von Ausbildung und pädagogische Fähigkeiten geprüft.

1.7.7 Gestreckte Abschlussprüfung

Die gestreckte Abschlussprüfung dient der Prüfung der erworbenen beruflichen Handlungskompetenzen der Auszubildenden. Der Teil der beruflichen Handlungskompetenz, der bereits vor dem Ausbildungsende (Mitte des zweiten Ausbildungsjahres) abschließend benotet werden kann, wird in Teil 1 der Abschlussprüfung geprüft. Dieses Ergebnis wird prozentual gewichtet (25 %) und zum Ergebnis (ebenfalls prozentual gewichtet) aus Teil 2 der Abschlussprüfung am Ende des dritten Ausbildungsjahres hinzuaddiert.

Teil 1: Mitte des zweiten Ausbildungsjahres (auf Basis der ersten 15 Monate)

	Prüfungbereiche	Zeit	Gewicht
1.	Informationstechnisches Büromanagement	120 Min.	25 %

Teil 2: Ende des dritten Ausbildungsjahres

	Prüfungbereiche	Zeit	Gewicht
2.	Kundenbeziehungsprozesse	150 Min.	30 %
3.	Fachaufgabe in der Wahlqualifikation	20 Min. (mündlich)	35 %
4.	Wirtschafts- und Sozialkunde	60 Min.	10 %

Mündliche Ergänzungsprüfung (MEP)

Bei schlechten Prüfungsleistungen in den Prüfungsbereichen 2. und 4. (Teil 2), die das Bestehen der Abschlussprüfung gefährden, ist eine mündliche Ergänzungsprüfung notwendig.

Bestehen der Abschlussprüfung

Die gestreckte Abschlussprüfung gilt als bestanden, wenn:

- das Gesamtergebnis von Teil 1 + 2 mindestens mit „ausreichend" benotet wurde;
- das Ergebnis von Teil 2 und mindestens zwei Prüfungsbereiche von Teil 2 mit mindestens „ausreichend" benotet wurden und dabei kein Prüfungsbereich von Teil 2 ein „ungenügend" aufweist.

1.7.8 Weiterbildungsmöglichkeiten für Kaufleute für Büromanagement

Kaufleute im Büromanagement benötigen weitreichende Kompetenzen, um zum Beispiel Spezialtätigkeiten ausüben oder andere Mitarbeiter betreuen zu können. Dazu eignen sich unterschiedliche **Weiterbildungen,** die zu neuen, höher wertigen Abschlüssen auf Bachelor- bzw. Master-Niveau führen wie zum Beispiel:

- Fachkaufmann/-kauffrau (in verschiedenen Fachrichtungen)
- Fachwirt/-in (in verschiedenen Fachrichtungen mit Bachelor-Niveau)
- Geprüfter Betriebswirt/-in

Zur Weiterbildung gehört auch die Teilnahme an verschiedenen **Seminaren (ohne Prüfung),** für die eine Teilnahmebescheinigung ausgestellt wird. Anbieter hierfür sind die Kammern wie auch private Weiterbildungsorganisationen. Das Angebot ist oft unübersichtlich, deshalb sollte bei der Auswahl eines Seminarangebots auf Referenzen und die Erfahrungen anderer Teilnehmer sowie die Anerkennung in der Branche geachtet werden.

Weiterbildungsmöglichkeiten gibt es als klassische Präsenzkurse mit Dozenten, als Fernlehrgänge (mit selbstständiger Lektüre der Fachliteratur) oder als E-Learning-Angebote.

Beispiel Weiterbildung in Präsenzform – Ausbildereignungsprüfung

Vorbereitung auf die IHK-Prüfung nach AEVO - berufsbegleitend
Vorbereitungslehrgang auf die IHK-Prüfung

Beschreibung

© Nerlich Images | fotolia.com

Der Lehrgang bereitet zukünftige Ausbilder auf die (IHK) Prüfung nach Ausbildereignungsverordnung AEVO vor. Unterteilt in vier Handlungsfelder werden Ihnen die erforderlichen berufs- und arbeitspädgogischen Kenntnisse, Fertigkeiten sowie rechtliche Grundlagen vermittelt.

Mit dem Bestehen der Prüfung erhalten Sie den nach § 30 Berufsbildungsgesetz vorgeschriebenen Nachweis der berufs- und arbeitspädagogischen Eignung.

Die Prüfungsgebühr wird von der IHK separat in Rechnung gestellt und beträgt derzeit 130 EUR.

Gliederung und Inhalte
- HF 1 Ausbildungsvoraussetzungen prüfen und Ausbildung planen
- HF 2 Ausbildung vorbereiten und bei der Einstellung von Auszubildenden mitwirken
- HF 3 Ausbildung durchführen
- HF 4 Ausbildung abschließen

Abschlussart
IHK-Prüfungszeugnis (nach Ablegen der Prüfung)

Unterrichtsform
Präsenzveranstaltung

Veranstalter
IHK-Bildungszentrum Dresden gGmbH

Art der Veranstaltung
Fortbildung gem. BBiG

Quelle: IHK Dresden, www.bz.dresden.ihk.de, abgerufen am 01.02.2014.

Weiterbildung wird in einigen Fällen unterteilt in **Fortbildung** (ergänzende Bildung in einem erlernten Beruf) und **Weiterbildung** (Bildung in einem anderen neuen Fachgebiet, unabhängig zum erlernten Beruf).

Die meist sehr teuren Weiterbildungen können gefördert werden, zum Beispiel mit dem Meister-BAföG. Gesetzliche Grundlage ist das **Aufstiegsfortbildungsförderungsgesetz (AFBG).** Die berufliche Fortbildung muss auf eine öffentlich-rechtliche Fortbildungsprüfung vorbereiten. Förderung wird nur für die Teilnahme an einer einzigen Maßnahme geleistet. Die Vorbereitung auf ein weiteres Fortbildungsziel wird unterstützt, wenn der Zugang dazu durch den erfolgreichen Abschluss der nach diesem Gesetz geförderten Maßnahme eröffnet worden ist. Eine Altersbeschränkung gibt es nicht. Förderfähig sind Fortbildungslehrgänge in Vollzeit und berufsbegleitende Lehrgänge in Teilzeit, als Fernunterricht und mediengestützte Lernformen.

Darüber hinaus unterstützt der Staat berufliche Weiterbildung von Erwerbstätigen mit der **Bildungsprämie.** Das Programm besteht aus den Komponenten Prämiengutschein und dem Weiterbildungssparen. Wer möchte, kann beide Komponenten auch zusammen einsetzen. Gefördert werden Fortbildungen, die beruflich weiterbringen. Die Bildungsprämie gibt es für Arbeitnehmer und Selbstständige mit einem zu versteuernden Jahreseinkommen bis 20.000,00 € (Ehepaare: 40.000,00 €). Mit dem Prämiengutschein übernimmt der Staat die Hälfte der Kurskosten – maximal aber 500,00 €. Den Rest muss der Antragsteller aus eigener Tasche beisteuern. Das Weiterbildungssparen ist interessant für Erwerbstätige, die mit vermögenswirksamen Leistungen über das Vermögensbildungsgesetz sparen. Sie können vorzeitig Geld aus dem angesparten Guthaben entnehmen.

Von der beruflichen Weiterbildung eines Mitarbeiters profitiert oft auch der Arbeitgeber. Viele Unternehmen unterstützen deshalb das Bildungsengagement ihrer Arbeitnehmer – mit Zuschüssen oder mit einem Zeitausgleich. In welcher Form der Arbeitgeber den Weiterbildungswillen unterstützt, hängt vom Einzelfall ab. Die Palette reicht von Lernzeiten am Arbeitsplatz bis hin zur vollständigen Kostenübernahme. In der Regel wird erwartet, dass sich der Arbeitnehmer für einen bestimmten Zeitraum an das Unternehmen bindet. Wenn der Arbeitnehmer innerhalb des vereinbarten Zeitraums dennoch den Arbeitsplatz wechselt, muss er die Kosten zurückzahlen. Diese Rückzahlungsverpflichtung darf den Arbeitnehmer aber nicht unangemessen benachteiligen. Die aktuelle Rechtsprechung hält für angemessen:

- bei einer Fortbildungsdauer von sechs bis zwölf Monaten: Bindung bis zu drei Jahren;
- bei einer Fortbildungsdauer von mehr als zwei Jahren: Bindung bis zu fünf Jahren.

In den meisten Bundesländern haben Arbeitnehmer auch einen gesetzlichen Anspruch auf eine bezahlte Zeit fürs Lernen. Für diesen **Bildungsurlaub** muss der Arbeitgeber seinen Mitarbeitern eine bestimmte Zahl von Tagen freigeben, damit sie an einer Weiterbildung teilnehmen können.

Das Finanzamt erkennt in der Steuererklärung unter anderem die Ausgaben für berufliche Fortbildungen wie Computer-, Rhetorik-, Sprach- oder Meisterkurse an. Um die berufliche Relevanz zu dokumentieren, sollten die Lernenden einige Unterlagen als Belege mit der Steuererklärung einreichen. Das können zum Beispiel Listen über die konkreten Kursinhalte und eine Bescheinigung des Arbeitgebers sein, in der die berufliche Bedeutung bestätigt ist.

1.8 Schutzbestimmungen für Auszubildende und Arbeitnehmer/-innen

1.8.1 Jugendarbeitsschutzgesetz (JArbSchG)

Das Gesetz zum Schutz der arbeitenden Jugend (Jugendarbeitsschutzgesetz) gilt für die Beschäftigung von Personen, die noch nicht 18 Jahre alt sind, also für Auszubildende unter 18 Jahren, aber genauso für jugendliche Arbeitnehmerinnen und Arbeitnehmer unter 18 Jahren (sogenannte „Ferienarbeiter"). Jugendliche im Sinne des Jugendarbeitsschutzgesetzes sind diejenigen, die 15 Jahre, aber noch nicht 18 Jahre alt sind. Als Kind gilt, wer noch nicht 15 Jahre geworden ist.

Exkurs

Im Jugendstrafrecht gelten andere Altersgrenzen: Hier wird als Kind eingestuft, wer unter 14 Jahre ist. Ab einem Alter von 14 Jahren bis zur Vollendung des 17. Lebensjahres gilt man als Jugendlicher und die 18- bis 21-Jährigen sind Heranwachsende.

Arbeitszeit nach JArbSchG

Arbeitszeit nach ArbZG Kap. 8.4.3

Die Beschäftigung von Kindern ist grundsätzlich verboten. Ausnahme: Kinder ab 13 Jahren dürfen täglich zwei Stunden oder wöchentlich zehn Stunden mit leichten Tätigkeiten beschäftigt werden.

Beispiel

Hannah (14 Jahre) trägt jeden Mittwoch für zwei Stunden Zeitungen aus.

Jugendliche dürfen nicht mehr als acht Stunden täglich und nicht mehr als 40 Stunden wöchentlich beschäftigt werden. Als Arbeitszeit zählt die Zeit von Beginn bis Ende der Beschäftigung ohne Pausen.

Beispiel

Max (16 Jahre, Auszubildender) arbeitet werktags von 8:00 Uhr bis 16:30 Uhr, das sind 7,5 Stunden pro Tag mit einer Stunde Pause.

Exkurs

Laut Arbeitszeitgesetz darf ein erwachsener Arbeitnehmer oder Auszubildender an sechs Tagen pro Woche nicht mehr als acht Stunden täglich, also maximal 48 Stunden wöchentlich arbeiten.

Jugendliche dürfen nur an fünf Tagen in der Woche beschäftigt werden. Die Berufsschultage gelten als Arbeitstage. Die beiden wöchentlichen Ruhetage sollen nach Möglichkeit aufeinander folgen. Wird die Arbeitszeit an einzelnen Werktagen verkürzt, kann die Arbeitszeit an anderen Tagen auf maximal 8,5 Stunden verlängert werden.

Beispiel

Anna (17 Jahre, Auszubildende) arbeitet an vier Tagen pro Woche 8,5 Stunden, sodass sie am Freitag zwei Stunden früher nach Hause gehen kann.

Die Arbeitszeit, die an einem Arbeitstag aufgrund eines gesetzlichen Feiertags ausfällt, wird auf die wöchentliche Arbeitszeit angerechnet.

Beispiel

Der Feiertag Christi Himmelfahrt fällt auf einen Donnerstag. Die Auszubildenden müssen an diesem Donnerstag nicht arbeiten und erhalten acht Stunden angerechnet.

Ruhepausen nach ArbZG Kap. 8.4.3

Jugendlichen müssen im Voraus feststehende **Ruhepausen** von mindestens 15 Minuten gewährt werden. Die Pausen betragen 30 Minuten bei einer Arbeitszeit von viereinhalb bis sechs Stunden und 60 Minuten bei mehr als sechs Stunden.

Nach Beendigung der täglichen Arbeitszeit dürfen Jugendliche nicht vor Ablauf von mindestens zwölf Stunden und nur in der Zeit von 6:00 Uhr bis 20:00 Uhr beschäftigt werden. In einigen Branchen gibt es hier jedoch Ausnahmeregelungen (so zum Beispiel in Bäckereien, in der Gastronomie oder in der Landwirtschaft).

Beispiel

Lisa (17 Jahre) hat am Donnerstag bis 20:00 Uhr gearbeitet. Sie darf am nächsten Morgen nicht vor 8:00 Uhr mit ihrer Arbeit beginnen.

An Samstagen, Sonntagen und an Feiertagen dürfen Jugendliche nicht arbeiten. Auch hier gibt es in einigen Berufen (vgl. oben) Ausnahmeregelungen. Am 24. und 31. Dezember nach 14:00 Uhr dürfen Jugendliche überhaupt nicht beschäftigt werden.

Urlaubsanspruch nach JArbSchG

Der jährliche gesetzliche Urlaubsanspruch für Jugendliche beträgt nach § 19 JArbSchG

- 30 Werktage, wenn der Jugendliche zu Beginn des Kalenderjahrs noch nicht 16 Jahre alt ist,
- 27 Werktage, wenn der Jugendliche zu Beginn des Kalenderjahrs noch nicht 17 Jahre alt ist,
- 25 Werktage, wenn der Jugendliche zu Beginn des Kalenderjahrs noch nicht 18 Jahre alt ist.

Der Urlaub soll den Berufsschülerinnen und Berufsschülern in den Berufsschulferien gewährt werden. Er wird im JArbSchG in Werktagen angegeben, das bedeutet, dass der Auszubildende sechs Urlaubstage für eine Woche Urlaub nehmen muss, auch wenn er nur fünf Tage pro Woche arbeitet.

Freistellung für den Berufsschulunterricht und die Prüfungen

§ 97 JArbSchG Berufsschule

(1) Der Arbeitgeber hat den Jugendlichen für die Teilnahme am Berufsschulunterricht freizustellen. Er darf den Jugendlichen nicht beschäftigen

1. vor einem vor 9 Uhr beginnenden Unterricht; dies gilt auch für Personen, die über 18 Jahre alt und noch berufsschulpflichtig sind,
2. an einem Berufsschultag mit mehr als fünf Unterrichtsstunden von mindestens je 45 Minuten, einmal in der Woche,
3. in Berufsschulwochen mit einem planmäßigen Blockunterricht von mindestens 25 Stunden an mindestens fünf Tagen; zusätzliche betriebliche Ausbildungsveranstaltungen bis zu zwei Stunden wöchentlich sind zulässig.

(2) Auf die Arbeitszeit werden angerechnet

1. Berufsschultage nach Absatz 1 Nr. 2 mit acht Stunden,
2. Berufsschulwochen nach Absatz 1 Nr. 3 mit 40 Stunden,
3. im Übrigen die Unterrichtszeit einschließlich der Pausen.

(3) Ein Entgeltausfall darf durch den Besuch der Berufsschule nicht eintreten.

Auszubildende unter 18 Jahren dürfen an Berufsschultagen mit sechs Unterrichtsstunden nicht mehr beschäftigt werden; dieser Tag wird mit acht Stunden Arbeitszeit angerechnet. Für den Blockunterricht gilt ab 25 Unterrichtsstunden pro Woche ein Beschäftigungsverbot.

Jugendliche sind für die Prüfungen freizustellen; dies gilt auch für den Arbeitstag unmittelbar vor der schriftlichen Abschlussprüfung.

Beispiel

Paul (16 Jahre) und Richard (18 Jahre) haben am Dienstag Abschlussprüfung. Paul hat Anspruch darauf, Montag ebenfalls freigestellt zu werden, Richard nicht, da für ihn das Jugendarbeitsschutzgesetz nicht (mehr) gilt. Wäre die Prüfung am Montag, gäbe es keinen Freistellungsanspruch.

Beschäftigungsverbote und -einschränkungen

Jugendliche dürfen nicht mit gefährlichen Arbeiten beauftragt werden, bei denen sie einer hohen Unfallgefahr, Lärm, Gefahrstoffen oder Hitze ausgesetzt sind. Ausnahmen kann es geben, wenn diese Arbeiten erforderlich sind, um das Ausbildungsziel zu erreichen, und ein Fachkundiger die Arbeit des Jugendlichen beaufsichtigt.

Akkordarbeit (die leistungsabhängige Entlohnung der Arbeit) ist nach Jugendarbeitsschutzgesetz verboten.

Akkordarbeit
Kap. 8.8.2

1.8.2 Gesetz zum Schutz der erwerbstätigen Mütter (Mutterschutzgesetz – MuSchG)

Das Mutterschutzgesetz gilt für alle schwangeren Arbeitnehmerinnen und Mütter, die vor Kurzem ein Kind bekommen haben. Das Gesetz gilt auch für Auszubildende.

Wesentliche Inhalte des Mutterschutzgesetzes sind:

Verbot bestimmter Arbeiten

- Verbot schwerer körperlicher Tätigkeiten (Heben von mehr als 10 kg)
- Verbot von Arbeiten im Umgang mit gesundheitsgefährdenden Stoffen
- Verbot von Fließarbeit und Akkordarbeit
- Verbot von stehenden Tätigkeiten, die mehr als vier Stunden täglich betragen, nach Ablauf des fünften Schwangerschaftsmonats
- Verbot von Nacht- oder Sonntagsarbeit

Mutterschutzfristen

- Sechs Wochen vor der Entbindung sind Schwangere von der Arbeit freigestellt. Sie können aber freiwillig weiterarbeiten.
- Der Mutterschutz gilt acht Wochen nach der Geburt. Hier herrscht Beschäftigungsverbot – auch freiwillig darf die junge Mutter nicht arbeiten.

Kündigungsverbot

Die Kündigung einer Arbeitnehmerin während der Schwangerschaft und bis zum Ablauf von vier Monaten nach der Geburt ist unzulässig. Wusste der Arbeitgeber zur Zeit der Kündigung nichts von der Schwangerschaft, hat die Schwangere zwei Wochen nach Zugang der Kündigung Zeit, dies dem Arbeitgeber mitzuteilen. Damit wird die Kündigung unwirksam.

Stillzeit

Stillenden Müttern ist auf ihr Verlangen die zum Stillen erforderliche Zeit, mindestens aber zweimal täglich eine halbe Stunde freizugeben. Stillzeit gilt als Arbeitszeit und darf nicht nach- oder vorgearbeitet werden.

Finanzielle Leistungen

Mutterschaftsgeld und Zuschuss zum Mutterschaftsgeld

Während des gesetzlichen Mutterschutzes zahlen die gesetzlichen Krankenkassen 13,00 € Mutterschaftsgeld pro Kalendertag. Der Arbeitgeber begleicht die Differenz zum Nettoentgelt.

Arbeitsentgelt bei Beschäftigungsverboten

Bei einem Beschäftigungsverbot (damit ist nicht die Zeit einer Arbeitsunfähigkeit [„gelber" Krankenschein] gemeint) zahlt der Arbeitgeber das Entgelt während der gesamten Zeit weiter.

Bei einer „normalen" Arbeitsunfähigkeit hat die Schwangere Anspruch auf sechs Wochen Entgeltfortzahlung.

Beispiel **Mutterschaftsgeld**

Elena Kowalski erhält ein Nettoentgelt von 45,00 € täglich. Seit sie schwanger ist, zahlt ihre Krankenkasse 13,00 € pro Tag und ihr Arbeitgeber den Differenzbetrag (45,00 € – 13,00 €) von 32,00 € pro Tag.

Exkurs **Elternzeit und Elterngeld**

Elternzeit und Elterngeld sind im Gesetz zum Elterngeld und zur Elternzeit (Bundeselterngeld- und Elternzeitgesetz – BEEG) geregelt.

Elternzeit können Mütter oder Väter in Anspruch nehmen – auch gemeinsam, um ihr Kind selbst zu betreuen. Elternzeit kann bis zum dritten Geburtstag des Kindes in Anspruch genommen werden. Stimmt der Arbeitgeber zu, können davon bis zu zwölf Monate auf spätere Zeiten übertragen werden (z. B. während des ersten Schuljahrs). Während der Elternzeit ist Teilzeitarbeit (bis zu 30 Wochenstunden) möglich. Finanzielle Unterstützung gibt es nur im ersten Jahr der Elternzeit in Form des Elterngeldes.

Elterngeld können Mütter oder Väter beantragen. Es beträgt zwischen 65 % und 100 % des Nettoeinkommens, mindestens jedoch 300,00 €, maximal 1.800,00 €. Es wird zwölf Monate gezahlt. Für eine maximale Förderung (14 Monate) müssen beide Elternteile Elterngeld beantragen. Wenn ein Elternteil alleinerziehend ist, erhält er 14 Monate Elterngeld. Familien mit mehreren Kindern erhalten einen Geschwisterbonus (10 % des Elterngeldes).

1.8.3 Schwerbehindertenschutz

Regelungen für behinderte und von Behinderung bedrohte Menschen stehen im Sozialgesetzbuch (SGB, IX. Buch). Danach sind alle Personen mit einem Behinderungsgrad von mindestens 50 % schwerbehindert. Den Grad der Behinderung stellt das Versorgungsamt fest. Schwerbehindert können beispielsweise auch Menschen sein, die eine Krebserkrankung überwunden haben.

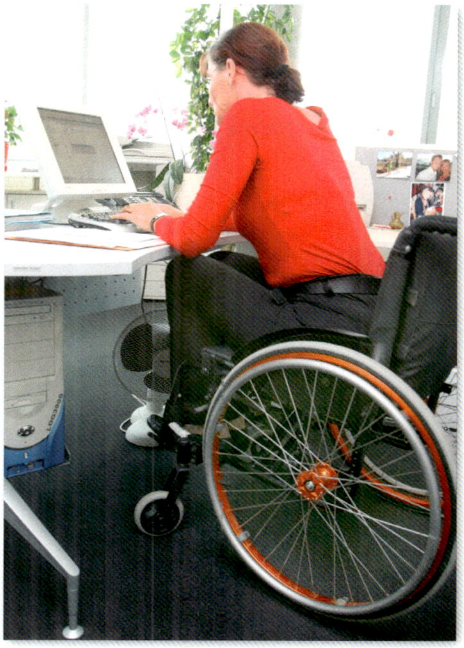

Behinderte haben es bei der Suche nach einem Arbeitsplatz ungleich schwerer als Nichtbehinderte. Aus diesem Grund hat der Staat eine Schwerbehindertenquote eingeführt, das heißt, ein Arbeitgeber, der mehr als 20 Arbeitnehmer beschäftigt, hat die Pflicht, mindestens einen Schwerbehinderten einzustellen (5 % aller Beschäftigten). Kommt ein Arbeitgeber dieser Pflicht nicht nach, muss er eine monatliche Ausgleichsabgabe zahlen – bis zu 260,00 € pro Monat.

1.9 Technischer Arbeitsschutz

Als **Arbeitsschutz** werden die Maßnahmen zum Schutz der Beschäftigten vor arbeitsbedingten Gefahren verstanden. Das angestrebte Ziel ist Arbeitssicherheit.

Arbeitsschutz dient einerseits der Vermeidung von Arbeitsunfällen und einem langfristigen Gesundheitsschutz (technischer Arbeitsschutz), andererseits dem Schutz bestimmter Beschäftigtengruppen (sozialer Arbeitsschutz). Letzterer wurde im vorangegangenen Kapitel 1.8 behandelt.

Technischer Arbeitsschutz		**Sozialer Arbeitsschutz**
Vermeidung von Arbeitsunfällen	Vermeidung arbeitsbedingter Erkrankungen (Berufskrankheiten)	Schutz bestimmter Beschäftigtengruppen
Maßnahmen		
z. B. Helmpflicht	z. B. Festlegung von Lärmgrenzen	z. B. Beachtung des Jugendarbeitsschutzgesetzes, des Mutterschutzgesetzes, des Behindertenschutzgesetzes (SGB IX)

Die rechtlichen Grundlagen des Arbeitsschutzes finden sich in einer Vielzahl von nationalen Gesetzen, die meist eine Umsetzung von **EU-Richtlinien** darstellen. Die einzelnen Gesetze werden zudem von etlichen nationalen **Verordnungen** ergänzt.

Exkurs

EU-Richtlinien sind Vorgaben der EU mit Gesetzeskraft (EU-Gesetz). Mitgliedstaaten müssen diese Vorgaben innerhalb einer bestimmten Frist (meist in Form nationaler Gesetze und/oder Verordnungen) umsetzen. **EU-Verordnungen** dagegen gelten sofort.

EU-Richtlinie	**Gesetz**	**Verordnung**
z. B. EG-Rahmenrichtlinie 89/391/EWG	z. B. Arbeitssicherheitsgesetz	z. B. Arbeitsstättenverordnung, Betriebssicherheitsverordnung, Bildschirmarbeitsverordnung, Gefahrstoffverordnung

Weitere wichtige **Gesetze im Bereich des technischen Arbeitsschutzes** sind:
- das Produktsicherheitsgesetz (ProdSG)
- das Gesetz über Betriebsräte, Sicherheitsingenieure und andere Fachkräfte für Arbeitssicherheit (Arbeitssicherheitsgesetz – ASiG)
- das Gesetz zum Schutz vor gefährlichen Stoffen (Chemikaliengesetz – ChemG)

Verordnung der Berufsgenossenschaften Kap. 2.1.1

In Deutschland wird der Arbeitsschutz von einem dualen System überwacht: Staatliche Behörden (Gewerbeaufsichtsamt, Amt für Arbeitsschutz u. a.) und Berufsgenossenschaften (Träger der gesetzlichen Unfallversicherung).

Zuständig für den Arbeitsschutz sind in den Unternehmen die Arbeitgeber, der Betriebsarzt, die Sicherheitsbeauftragten, die Fachkräfte für Arbeitssicherheit (auch als externe Berater) und der Betriebsrat.

Betriebsrat
Kap. 1.10.1

Der Arbeitgeber ist verpflichtet, für jeden Arbeitsplatz eine Arbeitsplatzanalyse durchzuführen. Voraussetzung dafür ist die **Gefährdungsbeurteilung,** das heißt die Ermittlung der Gefährdungsfaktoren und deren Bewertung. Auf dieser Grundlage sollen zielgerichtete und wirksame Arbeitsschutzmaßnahmen getroffen werden. Die Beurteilung und die Maßnahmen müssen in Betrieben ab zehn Beschäftigten dokumentiert werden.

Beispiel **Gefährdungsbeurteilung – Maßnahmen – Dokumentation**

- Gefährdung durch rutschige Böden, Lärm und falsche Körperhaltung am Arbeitsplatz.
- Arbeitsschutzmaßnahmen: Hinweisschilder, Bereitstellen von Ohrenschützern, Bereitstellen ergonomischer Arbeitsplätze
- Dokumentation der Gefährdungsbeurteilung in Form von Protokollen über Betriebsbegehungen durch Fachkräfte für Arbeitssicherheit und/oder Betriebsärzte sowie in Form von Betriebsanweisungen der Berufsgenossenschaften für die entsprechenden Tätigkeiten, für Arbeitsmittel und für Arbeitsstoffe

Symbole des technischen Arbeitsschutzes (Beispiele)

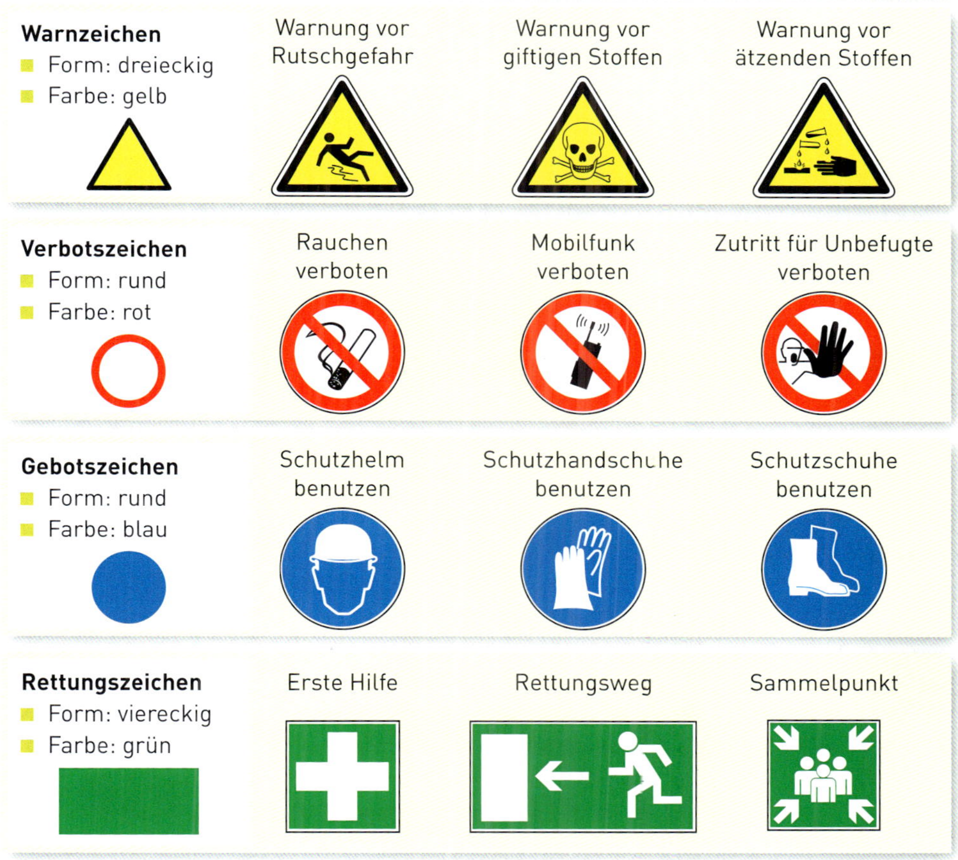

Aushangpflichtige Gesetze und Unterweisungspflicht des Arbeitgebers

Aushangpflicht besteht für Arbeitnehmerschutzgesetze. Dadurch werden alle Arbeitnehmerinnen und Arbeitnehmer über die für sie geltenden Schutzvorschriften informiert. Auszuhängen sind nur die Gesetze, die für die in dem jeweiligen Betrieb Beschäftigten gelten. So muss das Mutterschutzgesetz nur dann ausgehängt werden, wenn auch Frauen im Betrieb arbeiten.

Die Gesetze sollen für alle Arbeitnehmerinnen und Arbeitnehmer leicht zugänglich und lesbar sein (Aushang am „Schwarzen Brett"). Versäumt dies ein Arbeitgeber, so sind Geldbußen bis zu 2.500,00 € möglich.

Beschäftigte sind regelmäßig (mindestens einmal jährlich) über die Gefahren und die Schutzmaßnahmen am Arbeitsplatz zu informieren. Die Unterweisungen müssen vom Unternehmer dokumentiert werden.

Arbeitsschutz am Büroarbeitsplatz

Für angehende Kaufleute für Büromanagement ist der Arbeitsschutz am Büroarbeitsplatz besonders wichtig. Etwa 80 % aller Kosten im Bürobereich entfallen auf Personalaufwendungen. Da ist es nur folgerichtig, dass der Arbeitgeber dem Personal optimale Arbeitsbedingungen schafft, um möglichst maximale Arbeitsleistung zu erreichen. Hierfür können die Checklisten der Berufsgenossenschaften hilfreich sein.

Arbeitswelt Büro Kap. 2.1

Checkliste Büroarbeitsplatz (Auszug)
Mit dieser Checkliste können Beschäftigte die Qualität ihres Büroarbeitsplatzes überprüfen.

Gestaltungskriterium	Mögliche Maßnahmen	Arbeitsplatz entspricht Kriterium	Bemerkungen
1. Anordnung der Arbeitsmittel im Raum			
Der Arbeitsplatz ist mit Blickrichtung parallel zum Fenster aufgestellt.	Arbeitsplatz beziehungsweise Bildschirm entsprechend aufstellen.		
Die freie Bewegungsfläche am Arbeitsplatz beträgt mindestens 1,50 m².	Den Arbeitsplatz so ändern, dass die unverstellte freie Bewegungsfläche mindestens 1,50 m² beträgt.		
2. Beleuchtung und Lichtverhältnisse			
Die Beleuchtungsstärken sind ausreichend.	Beleuchtung nutzen; Sonnenschutzvorrichtungen öffnen, wenn sie nicht mehr benötigt werden; auf defekte Lampen hinweisen.		

Gestaltungskriterium	Mögliche Maßnahmen	Arbeitsplatz entspricht Kriterium	Bemerkungen
3. Raumklima			
Die Lufttemperatur kann auf etwa 20° C bis 22° C reguliert werden. (Bei hohen Außentemperaturen kann die Raumtemperatur höher sein, sie sollte jedoch stets 6° C unter der Außentemperatur liegen.)	Entsprechend der Ausrichtung der Fensterfronten, der Größe der Fenster, der Art der Verglasung sowie dem Standort des Gebäudes (Klimaregion) geeignete Sonnenschutzvorrichtungen einsetzen – zum Beispiel Jalousien oder einen außenliegenden Sonnenschutz.		
4. Arbeitstisch, Arbeitsfläche			
Die Größe der Arbeitsfläche – in der Regel die Tischfläche – beträgt mind. 1 600 x 800 mm bzw. 1,28 m^2. Bei der Verwendung von zusätzlichen Arbeitsmitteln kann eine größere Arbeitsfläche notwendig sein.	Arbeitsfläche erweitern, beispielsweise freie Arbeitsflächen schaffen – zum Beispiel aufräumen. Mit Vorgesetzten darüber sprechen.		
5. Anordnung der Arbeitsmittel am Arbeitsplatz			
Wo häufig mit Vorlagen gearbeitet wird, werden Vorlagenhalter eingesetzt, die ausreichend groß, stabil und in der Neigung verstellbar sind.	Vorlagenhalter einsetzen.		
Der Abstand zwischen den Augen und dem Bildschirm, der Tastatur und der Vorlage sollte möglichst gleich sein und mindestens 0,50 m betragen.	Arbeitsplatz entsprechend anordnen.		
Die oberste Zeile auf dem Bildschirm befindet sich in Augenhöhe oder tiefer.	Bildschirm tiefer stellen,		
6. Büroarbeitsstühle			
Form und Einstellmöglichkeiten des Arbeitsstuhls ermöglichen eine ergonomische Sitzhaltung.	Anhand des Faltblatts „Gesund arbeiten am PC" oder der Unterweisung „Büroarbeit" überprüfen. Wo notwendig, sollten Fußstützen als Ausgleich zwischen Sitzhöhe und Fußboden eingesetzt werden.		

Quelle: Verwaltungs-Berufsgenossenschaft (VBG), Checkliste Büroarbeitsplatz (www.vbg.de)

Ergonomie
Kap. 2.1.6

1.10 Betriebliche Mitbestimmung der Arbeitnehmer/-innen

Arbeitnehmerinnen und Arbeitnehmer können im Betrieb mitbestimmen. Entweder können sie selbst aktiv werden oder sich an entsprechende Stellen wenden. Für eine Mitbestimmung stehen ihnen unterschiedliche Wege offen:

- Betriebsrat
- Betriebsversammlung
- Einigungsstelle
- Wirtschaftsausschuss
- Jugend- und Auszubildendenvertretung

Die **Rechtsgrundlage** hierfür ist das **Betriebsverfassungsgesetz (BetrVG).**

1.10.1 Betriebsrat

Betriebsrat (§ 1 ff. BetrVG)		
Wahlen: alle vier Jahre	Wahlberechtigte: alle Arbeitnehmer, die das 18. Lebensjahr vollendet haben, ohne leitende Angestellte	Wählbarkeit: alle Wahlberechtigten mit mindestens sechsmonatiger Betriebszugehörigkeit

In welchen Betrieben gibt es Betriebsräte?

Ab fünf ständigen Arbeitnehmern kann ein Betriebsrat gegründet werden. Es gibt aber auch Großunternehmen, die keinen Betriebsrat haben. Jeder Beschäftigte, der 18 Jahre alt ist und dem Betrieb seit mindestens sechs Monaten angehört, kann sich zur Wahl stellen. Wahlberechtigt sind alle Arbeitnehmer/-innen des Betriebs, die das 18. Lebensjahr vollendet haben. Auch volljährige Auszubildende dürfen wählen (und auch gewählt werden), weil sie als Arbeitnehmer gelten (§ 5 Abs. 1 Satz 1 BetrVG). Leiharbeiter dürfen wählen, wenn sie länger als drei Monate im Betrieb eingesetzt werden. Leitende Angestellte hingegen dürfen nicht wählen. Es gibt keine Verpflichtung zur Wahl. Die Wahl ist allein eine Sache der Beschäftigten. Die regelmäßigen Betriebsratswahlen finden alle vier Jahre statt, immer zwischen dem 1. März und dem 31. Mai. Aber auch außerhalb dieser Periode können Neuwahlen stattfinden, wenn zum Beispiel ein Betriebsrat zurücktritt oder bisher kein Betriebsrat existiert und erstmals eine Betriebsratswahl stattfindet.

Aus wie vielen Personen besteht der Betriebsrat?

In Betrieben mit 5 bis 20 Arbeitnehmerinnen und Arbeitnehmern besteht der Betriebsrat aus einer Person, bei mehr als 20 Arbeitnehmerinnen und Arbeitnehmern aus drei Personen. Die Zahl der Betriebsratsmitglieder steigt mit der Beschäftigtenanzahl (siehe § 9 BetrVG). In Betrieben ab 200 Beschäftigten ist ein Betriebsratsmitglied von seiner Arbeit freizustellen (§ 38 BetrVG).

Beispiel **Erste Betriebsratswahl**

„Dresden. Von dieser Wahlbeteiligung träumt jeder Politiker: Rund 70 % der Mitarbeiter in Ostsachsens größter Fabrik haben sich an der ersten Betriebsratswahl des Unternehmens beteiligt. 2.694 Beschäftigte und Leiharbeiter bei Globalfoundries warfen ihre Stimmzettel in die Wahlurnen.

Die Wahl war spannend, weil gleich fünf Listen mit Kandidaten antraten. Mehr als die Hälfte der Stimmen holte die Liste, die von der Gewerkschaft IG Bergbau, Chemie, Energie unterstützt wurde: 1.448 machten dort ein Kreuz. Nun dürfen 14 Kandidaten dieser Liste in den Betriebsrat einziehen. Die zweitstärkste Gruppe, ‚Wir für Dresden', bekam vier Sitze. Der neue Betriebsrat ist mit 23 Plätzen Dresdens größte Arbeitnehmervertretung.

Der neue Betriebsrat wird in den nächsten Tagen seinen Vorsitzenden wählen sowie sechs Mitglieder bestimmen, die von der Arbeit freigestellt werden. Die übrigen erledigen ihr Amt während der vierjährigen Wahlperiode neben der Arbeit.

Gerald Voigt, Bezirksleiter der Chemiegewerkschaft, bot den Betriebsräten juristische Schulungen an [...]. Während des Wahlkampfs war der Verdacht aufgekommen, einige Bewerber seien vom Management zur Gegenkandidatur gegen die Initiatoren dieser ersten Wahl ermuntert worden.

Die Fabrik ist in den vergangenen Monaten rasch gewachsen und Arbeiter wie Ingenieure berichten von hoher Belastung. Zu den 3.200 Beschäftigten von Globalfoundries Dresden kamen laut Wahlvorstand rund 400 Leiharbeiter sowie 200 Mitarbeiter, die aus den Werken in Singapur und New York entsandt sind. 3.800 waren wahlberechtigt. Die Belegschaft ist viel größer als bisher bekannt."

Quelle: Georg Moeritz, Globalfoundries: Gewerkschafter bestimmen mit, in: Sächsische Zeitung vom 19. Oktober 2011.

In diesem Beispiel wird anhand eines Großunternehmens deutlich, welche Ursachen zu einer Betriebsratsgründung führen können. Zu den 3800 Wahlberechtigten gehören neben der Stammbelegschaft auch die Leiharbeiter und die ausländischen (entsandten) Mitarbeiter, nicht die leitenden Angestellten (§ 7 BetrVG). Das bedeutet 25 Mitglieder gemäß § 9 BetrVG. Da jedoch nicht alle Wahlberechtigten nach § 8 BetrVG wählbar sind (weil sie nicht mindestens sechs Monate im Unternehmen beschäftigt sind), ist die nächst niedrigere Mitgliederzahl (hier: 23) zugrunde zu legen (§ 11 BetrVG). Von den gewählten Mitgliedern sind gemäß § 38 BetrVG sechs Mitglieder von der Arbeit freizustellen, die restlichen erledigen ihre Aufgaben neben ihrer Arbeit. Die Kosten der Wahl trägt der Arbeitgeber. Die neu gewählten Betriebsräte sollen zunächst geschult werden, um ihre Aufgaben lösen zu können.

Allgemeine Aufgaben des Betriebsrats

- Er bestimmt mit über die Arbeitsbedingungen, über Arbeitsbeginn und Arbeitsende, die Pausenzeiten, Überstunden, den Bereitschaftsdienst, über Teilzeit und Gleitzeit usw.
- Er ist vor jeder Kündigung anzuhören.
- Er setzt sich für die Rechte der Arbeitnehmerinnen und Arbeitnehmer wie der Auszubildenden ein.

- Er setzt sich für Schulungs- und Weiterbildungsmaßnahmen im Betrieb ein.
- Er kümmert sich um soziale und personelle Angelegenheiten, um Gesundheitsschutz und Arbeitsplatzgestaltung sowie wirtschaftliche Angelegenheiten.

Rechte des Betriebsrats

Dem Betriebsrat stehen folgende Mitwirkungsrechte (je nach Reichweite) zu:

- **Informationsrecht** (das Recht des Betriebsrats, informiert zu werden)
- **Beratungsrecht** (das Recht, bestimmte Fragen mit dem Arbeitgeber zu besprechen)
- **Widerspruchsrecht** (das Recht, einer beabsichtigten personellen Maßnahme zu widersprechen, ohne sie verhindern zu können), auch **Zustimmungsverweigerungsrecht** genannt
- ein („echtes") **Mitbestimmungsrecht** (das Recht, Entscheidungen mitzugestalten)

In **wirtschaftlichen und personellen Angelegenheiten** hat der Betriebsrat ein Informationsrecht, ein Beratungsrecht und ein Widerspruchsrecht. In sozialen Angelegenheiten hat er ein Mitbestimmungsrecht, das heißt, er muss nicht nur informiert werden und kann beraten, sondern muss auch mitentscheiden.

		„Eingeschränkte" Mitbestimmung = Mitwirkung	„Echte" Mitbestimmung
Informationsrecht (§ 90 Abs. 1 BetrVG) Recht, bei betrieblichen Maßnahmen informiert zu werden	**Beratungsrecht** (§ 90 Abs. 2 BetrVG) Recht, seine Meinung und Gegenvorschläge abzugeben	**Widerspruchsrecht** (§§ 99, 102 BetrVG) Arbeitgeber darf eine Maßnahme nur mit Zustimmung des Betriebsrats durchführen = Vetorecht; umfasst nicht das Recht, Alternativvorschläge durchsetzen.	**Mitbestimmungsrecht** (§ 87 BetrVG)Recht, Arbeitgeber und Betriebsrat sind gleichberechtigt. Sie können Entscheidungen nur gemeinsam treffen. Gibt es keine Einigung, entscheidet die Einigungsstelle.
▪ geplante Neu- oder Umbauten ▪ Einführung neuer Arbeitsabläufe ▪ aktuelle wirtschaftliche und finanzielle Lage ▪ ...	▪ Stellenausschreibung ▪ Rationalisierungsmaßnahmen ▪ Stilllegungen ▪ ...	▪ Einstellungen ▪ Versetzungen ▪ Ein- und Umgruppierungen ▪ Kündigungen Bei Nichteinigung entscheidet auf Antrag das Arbeitsgericht.	▪ Sozialplan ▪ Arbeitszeit ▪ Entgeltgestaltung

Konkrete Aufgaben des Betriebsrats

- Der Betriebsrat greift Anregungen der Beschäftigten auf und beantragt Maßnahmen.
- Der Betriebsrat kann mit dem Arbeitgeber Betriebsvereinbarungen beschließen (§§ 77, 88 BetrVG).

- Der Betriebsrat beruft in jedem Kalendervierteljahr eine Betriebsversammlung ein. Dort setzt er thematische Schwerpunkte und berichtet von seiner Tätigkeit (§ 43 BetrVG).
- Der Betriebsrat führt Betriebsratssitzungen und Sprechstunden durch (§§ 30, 39 BetrVG). Diese finden während der Arbeitszeit statt.

Kündigungsschutz der Betriebsratsmitglieder

Betriebsratsmitglieder genießen während ihrer Amtszeit sowie ein Jahr danach besonderen Kündigungsschutz; sie sind also nicht kündbar (Ausnahme: fristlose [außerordentliche] Kündigung und Betriebsstilllegung).

Betriebsversammlungen (§§ 42 bis 46 BetrVG)

Der Betriebsrat lädt vierteljährlich alle Arbeitnehmerinnen und Arbeitnehmer zu einer **Betriebsversammlung** ein, auf der er seinen Tätigkeitsbericht abgibt. Leitende Angestellte dürfen nicht teilnehmen, denn sie zählen nicht als Arbeitnehmer, da sie zur Einstellung und Entlassung von Mitarbeitern berechtigt sind. Der Arbeitgeber jedoch ist einzuladen, er hat auf der Betriebsversammlung ein Rederecht und berichtet über die wirtschaftliche Lage sowie das Sozial- und Personalwesen. Die Betriebsversammlung ist nicht öffentlich. Weitere Personen (wie etwa Leiharbeitnehmer) dürfen nicht teilnehmen.

Eine **außerordentliche Betriebsversammlung** findet auf Wunsch des Arbeitgebers oder von mindestens einem Viertel der wahlberechtigten Arbeitnehmer des Betriebs statt.

Einigungsstelle (§ 76 BetrVG)

Wenn Arbeitgeber und Betriebsrat bei mitbestimmungspflichtigen Entscheidungen keine Einigung erzielen können, richten sie eine **Einigungsstelle** ein, die versucht, die Meinungsverschiedenheiten beizulegen. Sie besteht aus einem unparteiischen Vorsitzenden, den Arbeitgeber und Betriebsrat bestimmen, und einer jeweils gleichen Anzahl von Beisitzern beider Seiten. Die Kosten für die Einigungsstelle (Vergütung des Vorsitzenden) sind vom Arbeitgeber zu übernehmen.

Wirtschaftsausschuss (§ 106 ff. BetrVG)

Ein Wirtschaftsausschuss muss gebildet werden, wenn ein Unternehmen mehr als 100 Arbeitnehmer ständig beschäftigt. Er wird regelmäßig von der Unternehmensleitung über wirtschaftliche Angelegenheiten informiert und berichtet dem Betriebsrat. Der Ausschuss besteht aus drei bis sieben Mitgliedern (darunter maximal einem Betriebsratsmitglied), die vom Betriebsrat bestimmt werden.

1.10.2 Jugend- und Auszubildendenvertretung (JAV)

Jugend- und Auszubildendenvertretung (§§ 60 bis 71 ff. BetrVG)		
Wahlen: alle zwei Jahre	Wahlberechtigte: jugendliche Arbeitnehmerinnen und Arbeitnehmer unter 18 Jahren Auszubildende bis 25 Jahre	Wählbarkeit: Im Unterschied zu den Wahlberechtigten alle Arbeitnehmer und Auszubildende, die das 25. Lebensjahr noch nicht vollendet haben und mindestens sechs Monate dem Unternehmen angehören

Aufgaben der Jugend- und Auszubildendenvertretung

- Die JAV vertritt die Jugendinteressen im Betriebsrat und hat dort auch ein **Stimmrecht** bei Entscheidungen, die Jugendliche und Auszubildende betreffen.
- Sie überwacht die Einhaltung von Schutzvorschriften für Jugendliche.
- Die JAV gibt Anregungen und Beschwerden an den Betriebsrat weiter.

Kündigungsschutz der JAV-Mitglieder

JAV-Mitglieder genießen während ihrer Amtszeit sowie ein Jahr danach besonderen Kündigungsschutz, sie sind also nicht kündbar (Ausnahme: fristlose [außerordentliche] Kündigung und Betriebsstilllegung).

1.10.3 Betriebsvereinbarungen

Laut Betriebsverfassungsgesetz (§ 77 BetrVG) werden Betriebsvereinbarungen zwischen der Geschäftsleitung und dem Betriebsrat geschlossen.

Betriebsvereinbarungen können zu jedem Thema ausgehandelt werden, bei dem der Betriebsrat ein Mitspracherecht nach § 87 BetrVG hat. Das sind zum Beispiel:

- Arbeitszeiten und Pausen
- technische Einrichtungen zur Leistungsüberwachung

Freiwillige Betriebsvereinbarungen sind zu allen anderen Themen möglich (§ 88 BetrVG), beispielsweise:

- Einrichtung von Betriebskindergärten
- Maßnahmen zur Förderung der Vermögensbildung

In Arbeitsverträgen kann ein Verweis auf die Betriebsvereinbarungen aufgenommen werden: „Es gelten bestehende Tarifverträge und Betriebsvereinbarungen". Diese sind dann Bestandteile des jeweiligen Arbeitsvertrags.

Beispiel Betriebsvereinbarung bei Blum Music4You KG

Betriebsvereinbarung

Zwischen Blum Music4You KG – im Folgenden „Unternehmen" genannt – und dem Betriebsrat der Blum Music4You KG, vertreten durch den Betriebsratsvorsitzenden – im Folgenden „Betriebsrat" genannt – wird folgende Betriebsvereinbarung geschlossen:

§ 1 Zweck und Gegenstand

(1) Die elektronischen Kommunikations- und Informationssysteme Inter- und Intranet, insbesondere E-Mail (im folgenden „Kommunikationssysteme") sollen der schnelleren, umfassenden und zeitgemäßen Kommunikation und Information der Mitarbeiterinnen und Mitarbeiter des Unternehmens (im Folgenden „Mitarbeiter") untereinander sowie zu den Geschäftspartnern des Unternehmens dienen.

(2) Gegenstand dieser Betriebsvereinbarung ist die Nutzung der Kommunikationssysteme durch die Mitarbeiter.

§ 2 Geltungsbereich

Diese Betriebsvereinbarung gilt für alle Mitarbeiter unabhängig von Art und Umfang ihrer Beschäftigung, insbesondere auch für die Mitarbeiter auf Zeit.

§ 3 Nutzungsbedingungen

(1) Die Nutzung der Kommunikationssysteme durch die Mitarbeiter hat grundsätzlich zu dienstlichen Zwecken, das heißt der Kommunikation mit Geschäftspartnern und dem Abruf nützlicher Geschäftsinformationen zu erfolgen. Die Nutzung zu privaten Zwecken ist lediglich im Rahmen der Regelung in Absatz 2 gestattet.

(2) Die Kommunikationssysteme können privat genutzt werden, soweit

a) die Dringlichkeit einer Angelegenheit keinen Aufschub in die Freizeit gestattet und

b) der zeitliche Aufwand von untergeordneter Bedeutung ist. Der Zeitaufwand darf eine Stunde pro Woche nicht überschreiten. Hierunter fallen namentlich kurze E-Mails. Die Speicher- und Leistungskapazität darf durch die private Nutzung nicht beeinträchtigt werden. Die durch die private Nutzung entstehenden Kosten kann das Unternehmen von dem Mitarbeiter erstattet verlangen.

(3) Die Gewährung der privaten Nutzung der Kommunikationsdienste (E-Mail/Internet) erfolgt freiwillig. Die Gewährung steht im freien Ermessen des Arbeitgebers. Auch bei wiederholter vorbehaltloser Gewährung der Privatnutzung entsteht kein Rechtsanspruch auf Gewährung für die Zukunft

(4) Unzulässig ist jede Nutzung der Kommunikationssysteme, die [...] gegen datenschutzrechtliche, persönlichkeitsrechtliche, urheberrechtliche oder strafrechtliche Bestimmungen verstößt. [...]

§ 5 Datenerfassung und -protokollierung

[...]

§ 6 Missbrauchskontrolle

(1) Alle Mitarbeiter haben das Recht, den vermuteten oder tatsächlichen Missbrauch und Missbrauchsversuche des Kommunikationssystems durch Mitarbeiter dem Unternehmen und/oder dem Betriebsrat mitzuteilen. [...]

§ 7 Inkrafttreten, Dauer, Nachwirkung

Diese Betriebsvereinbarung tritt mit ihrer Unterzeichnung in Kraft. Sie kann mit einer Frist von drei Monaten zum Ende eines Kalenderjahres gekündigt werden. Bis zum Abschluss einer neuen Betriebsvereinbarung gilt die vorliegende Vereinbarung weiter.

Köln, den 1. Februar 20..

Claus Blum
Geschäftsführer der Blum Music4You KG

Steffen Guhl
Betriebsratsvorsitzender

1.11 Tarifverträge

Merke Ein **Tarifvertrag** ist ein schriftlicher Vertrag zwischen den Sozialpartnern (Arbeitgeber oder Arbeitgeberverband auf der einen Seite, Gewerkschaften auf der anderen) für bestimmte Geltungsbereiche.

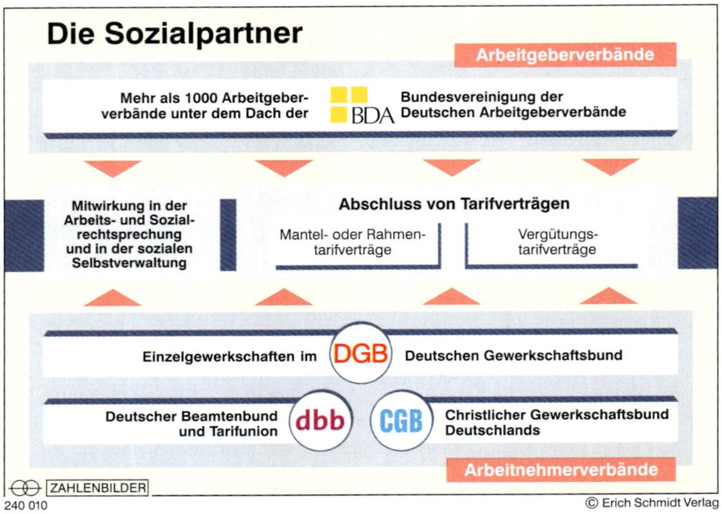

Entsprechend kann das Ergebnis ein Haus- oder Unternehmenstarifvertrag oder ein Verbandstarifvertrag für einen ganzen Wirtschaftszweig in einer Region sein. Einen Haustarifvertrag haben meist nur sehr große Unternehmen wie z. B. die Deutsche Telekom AG, aber auch kleine Unternehmen schließen Hausverträge ab. Tarifverträge dürfen nur die tariffähigen Parteien abschließen, das sind die Gewerkschaften und die Arbeitgebervereinigungen oder einzelne Arbeitgeber.

Beispiel **Tarifrunden des Jahres 2013**

Branche	Personal	Lohnforderung (Gewerkschaft)	Abschluss
Öffentlicher Dienst (Bundesländer)	630 000	6,5 % (ver.di/dbb)	2,65 % (2013), 2,95 % (2014)
Holz und Kunststoff verarbeitende Industrie	169 000	5,0 % (IG Metall)	3,0 %
Deutsche Bahn	134 000	6,5 % (EVG)	3,0 % (2013), 3,0 % (2014)
Bauhauptgewerbe	650 000	6,6 % (IG BAU)	3,2 % (West), 4 % (Ost)
Metall- und Elektroindustrie	3 443 000	5,5 % (IG Metall)	3,4 % (2013), 2,2 % (2014)
Versicherungsgewerbe	174 000	6,5 % (ver.di)	
Deutsche Post	128 000	6,0 % (ver.di)	3,1 % (2013), 2,6 % (2014)
Einzelhandel	2 109 000	6,5 % (ver.di)	
Deutsche Lufthansa	32 000	5,2 % (ver.di)	2,4 % (2013), 2,3 % (2014)
VW	95 000	5,5 % (IG Metall)	3,4 % (2013), 2,2 % (2014)

Quelle: WSI-Tarifarchiv, nach: www.tagesschau.de/wirtschaft/tarifrunde114.html (Abruf: 21.06.2013)

1.11.1 Tarifbindung

Die tariflichen Regelungen gelten nur für Mitglieder der Gewerkschaften. Das bedeutet, dass der Arbeitgeber mit den nicht gewerkschaftlich organisierten Arbeitnehmern abweichende (nachteilige) Regelungen treffen kann. Dabei könnte zum Beispiel weniger Entgelt als der Tariflohn gezahlt werden. In der Regel erhalten auch Nichtgewerkschafter Tariflohn und andere Tarifleistungen. Das ist aber nicht zwingend, es können jederzeit auch andere (ungünstigere) Regelungen getroffen werden.

Der Grundsatz, dass der Tarifvertrag zwingend nur für tarifgebundene Personen gilt, kann im öffentlichen Interesse außer Kraft gesetzt werden (§ 5 Tarifvertragsgesetz). Der Tarifvertrag kann vom Bundesarbeitsminister für **allgemeinverbindlich** erklärt werden. Dann gilt der Tarifvertrag für alle – auch für diejenigen, die nicht in einer Gewerkschaft oder einem Berufsverband organisiert sind. Von den rund 70 000 Tarifverträgen sind zurzeit (Stand: 01.01.2014) 501 allgemeinverbindlich.

Neben der Allgemeinverbindlichkeitserklärung hat der Bundesarbeitsminister die Möglichkeit, eine bestimmte Branche in das **Entsendegesetz** aufzunehmen. Damit können für alle Beschäftigten einer Branche Mindestlöhne festgelegt werden.

Beispiel Entsendegesetz

2007 wurde der Tarifvertrag zwischen der Gewerkschaft ver.di und dem Arbeitgeberverband Postdienste für Briefzusteller in das Entsendegesetz aufgenommen. Er ist nunmehr für alle Beschäftigten dieser Branchen verbindlich.

Die Tarifbindung der Beschäftigten in Deutschland hat im letzten Jahrzehnt deutlich abgenommen. 2012 arbeiteten rund 50 % der Arbeitnehmerinnen und Arbeitnehmer im Geltungsbereich eines Branchen-Tarifvertrags. Tarifverträge sind vor allem für die Entlohnung und die unmittelbaren Arbeitsbedingungen der Beschäftigten bedeutsam. Häufig heben sie auch die bestehenden gesetzlichen Mindeststandards an (zum Beispiel bei Arbeitszeiten, Urlaubsdauer und Kündigungsfristen).

1.11.2 Arten von Tarifverträgen

Nach dem Inhalt eines Tarifvertrags kann man zwischen **Rahmen- oder Manteltarifvertrag** sowie **Lohn- und Gehaltstarifvertrag** (Entgelttarifvertrag) unterscheiden.

Rahmen- oder Manteltarifvertrag	Lohn- und Gehaltstarifvertrag (Entgelttarifvertrag)
▪ Laufzeit: mehrere Jahre ▪ enthält Bestimmungen zu allgemeinen Arbeitsbedingungen: Arbeitszeit, Urlaub, Zuschläge, Mehrarbeit, Taktzeiten für Akkordlöhne, Eingruppierung in bestimmte Lohngruppen usw.	▪ Laufzeit: meist ein Jahr ▪ regeln Arbeitsentgelte: Löhne/Gehälter, Lohngruppen, Akkordlöhne

Ob ein Tarifvertrag anwendbar ist, hängt von verschiedenen Voraussetzungen und den jeweiligen Geltungsbereichen ab.

- Räumliche Geltung: Ein Tarifvertrag gilt nur innerhalb eines bestimmten geografischen Gebietes. Es gibt Werks-, Orts-, Bezirks- und Bundestarife.
- Zeitliche Geltung: Ein Tarifvertrag endet durch Zeitablauf, Kündigung oder Aufhebungsvertrag. Die Bestimmungen gelten nach Ablauf so lange weiter, bis sie durch andere Bestimmungen ersetzt werden.
- Fachliche Geltung: In jedem Unternehmen soll nur ein Tarifvertrag gelten. Dieser richtet sich nach der Branche des Hauptbetriebs.
- Persönliche Geltung: Der Tarif gilt für alle tarifgebundenen Personen. Für Nicht-Gewerkschaftsmitglieder kann der Tarif übernommen werden. Die Übernahme eines Tarifs ist gängige Praxis.

1.11.3 Ablauf von Tarifvertragsverhandlungen

Bei neuen Tarifverhandlungen fordern die Gewerkschaften meist ein höheres Entgelt, um steigende Lebenshaltungskosten auszugleichen oder einen Anteil am Unternehmensgewinn zu erhalten. Sie fordern aber auch bessere Arbeitsbedingungen. Die Gewerkschaftsseite übermittelt ihre Forderungen den Arbeitgebern. Diese legen meist ein eigenes Angebot vor. Nun beginnen die Verhandlungen. Um den eigenen Forderungen Nachdruck zu verleihen, kann es bereits jetzt zu **Warnstreiks** kommen. Kommt es trotz Bemühungen zu keiner Einigung, wird ein Schlichtungsverfahren eingeleitet – das von beiden Parteien gewollt sein muss. Die Schlichter bestehen aus einem unparteiischen (neutralen) Vorsitzenden und zwei oder mehr Personen der streitenden Parteien.

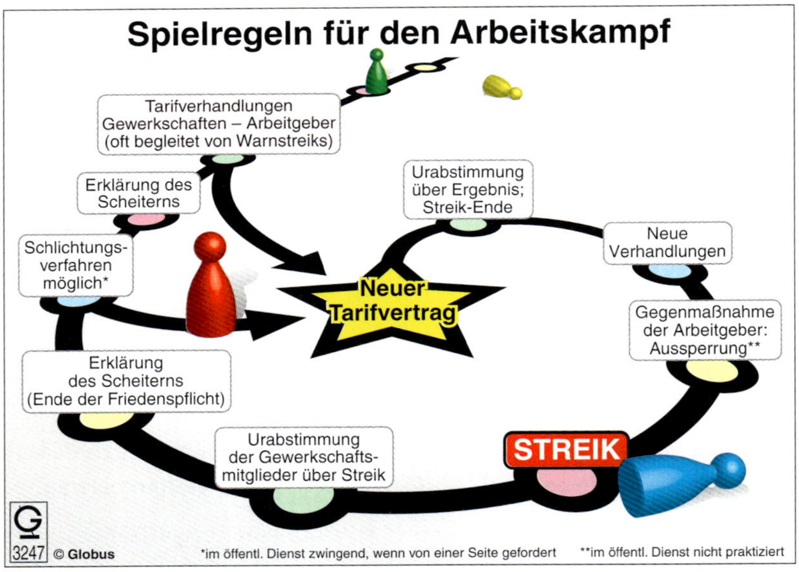

Wenn immer noch keine Einigung zustande kommt, organisiert die Gewerkschaft eine **Urabstimmung,** in der über einen möglichen Streik abgestimmt wird. Dabei müssen 75 % aller Gewerkschaftsmitglieder für einen **Streik** stimmen. Ein solcher Streik ist rechtlich anerkannt, er darf aber nur von den Gewerkschaften in Gang gebracht werden. Nur ausgewählte Unternehmen (z. B. die

Zulieferbetriebe) dürfen bestreikt werden **(Schwerpunktstreiks)** oder alle Unternehmen in einem Tarifbezirk **(Flächenstreik).** Schwerpunktstreiks sind für die Gewerkschaften meist erfolgreicher und kosten weniger als der Flächenstreik. Wilde Streiks, also Streiks, bei denen die Gewerkschaften nicht beteiligt sind, gelten als rechtswidrig.

Bei legalen Arbeitsniederlegungen erhalten die streikenden Mitarbeiter kein Entgelt vom Arbeitgeber. Gewerkschaftsmitglieder erhalten während des Streiks **Streikgeld** von ihrer Gewerkschaft. Streiks können die Produktion lahmlegen und bedeuten für die Arbeitgeber Gewinnausfälle. Dieser enorme wirtschaftliche Druck auf die Arbeitgeber ist jedoch gewollt. Der Arbeitgeber hat die (selten angewandte) Möglichkeit der **Aussperrung.** Dabei lässt er die Arbeitnehmer und Arbeitnehmerinnen nicht arbeiten und verweigert die Entgeltzahlung. Diese Möglichkeit darf der Arbeitgeber nur zu seiner eigenen Verteidigung anwenden und nicht nur gegen Gewerkschaftsmitglieder richten.

Während eines Streiks ist das Arbeitsverhältnis aufgehoben. Die Rechte und Pflichten aus dem Arbeitsvertrag gelten in dieser Zeit nicht. So muss der Arbeitnehmer seine Arbeitsleistung nicht zur Verfügung stellen und der Arbeitgeber ist nicht verpflichtet, Entgelt zu zahlen. Der Druck auf beide Seiten wird größer und führt zu weiteren Verhandlungen und letztendlich zu einem Kompromiss und einer Einigung.

Die Gewerkschaftsmitglieder stimmen in einer weiteren Urabstimmung über die Verhandlungsergebnisse und damit über das Ende des Streiks ab. 25 % der Gewerkschaftsmitglieder müssen dafür stimmen, erst dann gilt das Ergebnis als angenommen. Damit ist der Streik beendet, die Arbeitsverhältnisse werden wieder aufgenommen – zu den ausgehandelten Bedingungen des neuen Tarifvertrags.

Zusammenfassung

Ziele von Tarifverhandlungen	■ Lohn- und Gehaltserhöhungen ■ Verbesserung der Arbeitsbedingungen
Streik	■ ist ein Kampfmittel der Gewerkschaften ■ ist eine geplante Arbeitsniederlegung, um bestimmte Ziele zu erreichen ■ darf nur von Gewerkschaften begonnen werden
Aussperrung	■ ist ein Kampfmittel der Arbeitgeber ■ bedeutet, dass Arbeitnehmer nicht arbeiten dürfen und kein Entgelt erhalten

2

Büroprozesse gestalten und Arbeitsvorgänge organisieren

Lernlandkarte 2.1

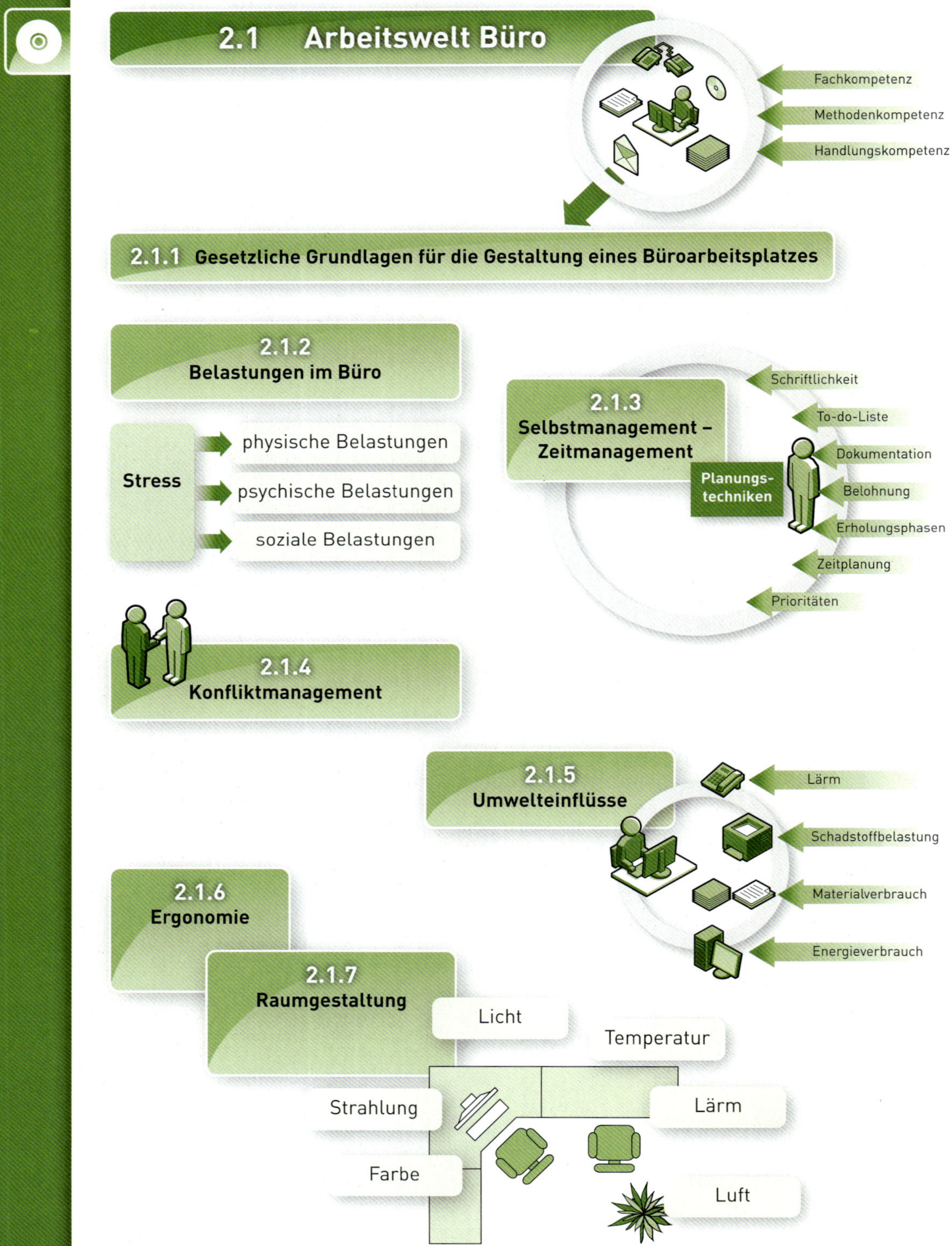

2.1 Arbeitswelt Büro

Die rasante Entwicklung in allen Bereichen des gesellschaftlichen Lebens erfordert auch im Berufsleben eine kompetenzbezogene Weiterbildung in den Bereichen Fachkompetenz, Methodenkompetenz und Handlungskompetenz. Diese Kompetenzen können nur einheitlich betrachtet werden, sie sind die Grundlage für eine wirtschaftliche Denkweise im Unternehmen.

Kompetenzen Kap. 1.6.3

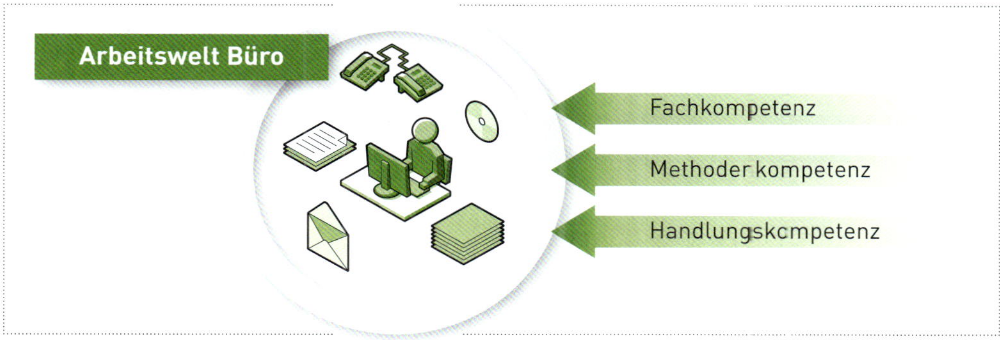

Fachkompetenz	Methodenkompetenz	Handlungskompetenz
■ fachliches Können und Wissen ■ berufsübergreifende Kenntnisse und Fähigkeiten ■ technische und technologische Fertigkeiten	■ selbstständiges Lernen und Problemhandeln ■ Informationsgewinnung und entsprechender Einsatz ■ strukturiertes und vorausschauendes Arbeiten	■ Kommunikationsfähigkeit ■ Teamfähigkeit ■ Selbstständigkeit ■ Zuverlässigkeit ■ Kritikfähigkeit ■ Motivationsfähigkeit ■ Verantwortungsbewusstsein ■ Einsatzbereitschaft

Einflussfaktoren der Arbeitswelt Büro auf die Mitarbeiterinnen und Mitarbeiter

Die Arbeitswelt – Gestaltung von Arbeitsraum, Arbeitsplatz und Arbeitszeit – hat einen großen Einfluss auf die Zufriedenheit der Mitarbeiterinnen und Mitarbeiter. Zufriedene Mitarbeiter sind leistungsfähiger und leistungsbereiter, sie sind motiviert und einsatzbereit. Die menschliche Arbeitsleistung wird durch verschiedene Faktoren beeinflusst, wie nebenstehende Grafik zeigt.

2.1.1 Gesetzliche Grundlagen für die Gestaltung eines Büroarbeitsplatzes

Arbeitsschutz Kap. 1.9

Das europäische Arbeitsschutzrecht ist die Grundlage für eine einheitliche Grundstruktur des Arbeits- und Gesundheitsschutzes. Sie legt die Richtlinien für eine Vereinheitlichung auf nationaler und internationaler Ebene fest. In Deutschland werden die Anforderungen durch Gesetze, Richtlinien und Verordnungen wie folgt festgelegt und durchgesetzt.

Gesetzliche Grundlagen zur Gestaltung eines Büroarbeitsplatzes

Gesetzliche Regelungen

- Arbeitsschutzgesetz (ArbSchG)
- Arbeitssicherheitsgesetz (ASiG)
- Arbeitsstättenverordnung (ArbStättV)
- Geräte- und Produktsicherheitsgesetz (GPSG)
- Gewerbeordnung (GewO)
- ...

Verordnungen der Berufsgenossenschaften

- Bildschirmarbeitsverordnung (BildscharbV)
- Unfallverhütungsvorschriften/Berufsgenossenschaftliche Vorschriften (UVV/BGV)
- Regeln für die Sicherheit und den Gesundheitsschutz (BGR)
- ...

Normen (DIN)

- DIN 4551/4552 Büromöbel
- DIN 4549 Büromaschinentische
- DIN EN ISO 9241 Ergonomische Anforderungen für Bürotätigkeiten mit Bildschirmgeräten (Ergonomie der Mensch-System-Interaktion)
- ...

Das **Arbeitsschutzgesetz (ArbSchG)** regelt die Durchführung von Maßnahmen des Arbeitsschutzes zur Verbesserung der Sicherheit und des Gesundheitsschutzes der Beschäftigten während der Arbeit.

Das **Arbeitssicherheitsgesetz (ASiG)** regelt die arbeitsmedizinische und sicherheitstechnische Betreuung von Unternehmen, um eine hohe Qualität von Sicherheit und Gesundheitsschutz zu erreichen.

Die **Arbeitsstättenverordnung (ArbStättV)** legt Maßnahmen fest, die der Arbeitgeber beim Einrichten und Betreiben von Arbeitsstätten in Bezug auf die Sicherheit und den Gesundheitsschutz der Beschäftigten zu beachten hat.

Die **Bildschirmarbeitsverordnung (BildscharbV)** regelt die allgemeinen Anforderungen des Arbeitsschutzgesetzes für den Bereich der Bildschirmarbeit.

Die **Unfallverhütungsvorschriften** enthalten Maßnahmen zur Unfallverhütung, zum Beispiel normgerechtes Verlegen von Elektroleitungen, Kennzeichnen von Fluchtwegen usw.

2.1.2 Belastungen im Büro

Jeder Mensch ist äußeren Einflüssen ausgeliefert, die negative oder positive Reaktionen in seinem Organismus auslösen können. So sind auch Kaufleute für Büromanagement vielen Einflussfaktoren an ihrem Büroarbeitsplatz ausgesetzt, die sich nachteilig oder auch vorteilhaft auf ihre Bürotätigkeit ausüben können. Nachteilig wirken sich physische, psychische oder soziale Belastungen aus.

Die Bewältigung des täglichen Stresses ist eine schwierige Aufgabe für jeden von uns. Meist wird erst nach einem Ausweg gesucht, wenn sich die Stressphase schon sehr genau abzeichnet, emotionale Stressreaktionen ankündigen oder deutliche Signale des Körpers zu erkennen sind.

Es gibt unterschiedliche Stressarten, benannt werden sie auch als guter und schlechter Stress. Der sogenannte gute Stress, in der Fachsprache als **Eustress** bezeichnet (nach griech. Vorsilbe „eu" für „gut"), ist eher antreibend, steht nicht für Belastung und führt zur Begeisterung für eine Sache. Beispielsweise ist die Vorbereitung einer Familienfeier mitunter sehr aufwendig und zeitintensiv, jedoch mindert die Vorfreude auf das Ereignis den Stress.

Sollte das Ereignis ein eher unangenehmes Erlebnis werden, dann ist die Vorbereitungsphase anstrengender und ermüdender und wird als **Disstress** bezeichnet (nach lat. Vorsilbe „dis" für „schlecht"). Dies bedeutet für den menschlichen Organismus Anstrengung physische und psychische Belastung sowie Verschlechterung der Lebensqualität.

Gründe für Belastungen können beispielsweise sein:

Physische Belastungen	Psychische Belastungen	Soziale Belastungen
■ unzureichende ergonomische Gestaltung des Arbeitsplatzes ■ körperliche Belastung durch Lärm, Staub, Hitze oder Kälte, schlechte Lichtverhältnisse ■ ungünstige Arbeitszeiten	■ Überforderung aufgrund ständiger Informationsflut ■ erhöhtes Arbeitstempo ■ ständige Arbeitsunterbrechungen	■ familiäre Probleme ■ lange Wegstrecken zur Arbeit ■ fehlende Anerkennung ■ Konkurrenzdruck

Alle Stressfaktoren haben auf den menschlichen Organismus Einfluss. Solange der Stress nur kurz andauert, kann er den Menschen positiv beeinflussen. Fortdauernder Stress hingegen hat oft schwerwiegende Folgen für die Arbeitnehmerinnen und Arbeitnehmer; sie werden krank und fallen als Arbeitskräfte aus. Anhaltender Stress führt zur Ermüdung und Erschöpfung; ein gestresster Mensch kann keine volle Arbeitsleistung mehr erbringen. Oft vergehen Monate, bis er in seinen gewohnten Arbeitsrhythmus wieder zurückfindet.

Symptome für einen ungesunden Stress können sein:

- starre Mimik
- nervöse Gestik
- Rückenschmerzen
- Kopfschmerzen
- Konzentrationsprobleme
- leichte Ermüdbarkeit
- Entspannungsunfähigkeit
- Herz-Kreislauf-Beschwerden
- Schlafstörungen
- chronische Müdigkeit
- Anfälligkeit für Infektionen
- Schwindelanfälle
- Atembeschwerden
- Migräne

Was hilft gegen Stress und Belastungen?

Hilfreich kann es sein,

- Entspannungstechniken zu lernen,
- eine Balance zwischen Arbeit und Freizeit zu finden,
- sich ausgewogen zu ernähren,
- sich sportlich zu betätigen – beispielsweise als Ausgleich für eine sitzende Bürotätigkeit.

Jeder Mensch ist irgendwann in seinem Leben einer Stresssituation ausgesetzt und reagiert unsicher. Wichtig in solch einer Lage ist es, sich seiner Situation bewusst zu sein, sie anzunehmen und mit angemessenen Maßnahmen darauf zu reagieren.

Burnout

Der menschliche Organismus wird von vielen äußerlichen Faktoren beeinflusst und belastet. Auswirkung langanhaltender negativer Stressfaktoren ist das Burnout-Syndrom.

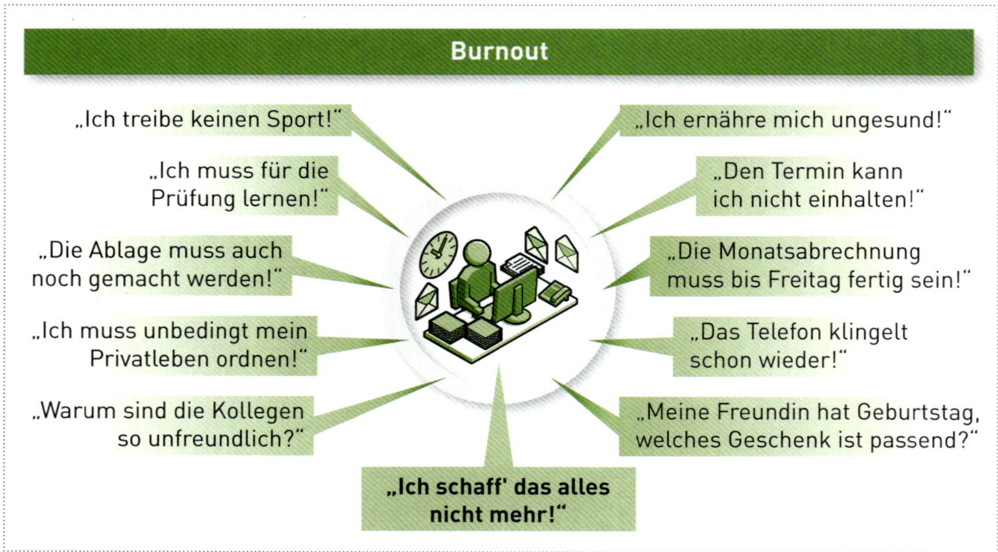

Was ist Burnout?

Burnout ist ein Erschöpfungssyndrom, das den psychischen Zustand des Betreffenden beschreibt. Das „Ausgebranntsein" (engl. „to burn out" für „ausbrennen") ist nicht unbedingt auf eine Arbeitsüberlastung zurückzuführen, sondern es können ebenso Folgen familiärer Krisen oder traumatischer Erlebnisse sein.

Burnout-Signale

Niedergeschlagenheit, Trübsinn, Antriebslosigkeit, Gereiztheit, Müdigkeit und innere Leere können Anzeichen eines Burnouts sein. Allerdings können die Symptome auch gegenteilig sein, der Mensch ist ausschließlich aktiv und findet keine Ruhe. Der Drang nach ständiger Arbeit und Bewegung überwiegt. Das Burnout verläuft meist in vier Phasen, eine rasche Erkennung führt am ehesten zum Erfolg.

Phase 1 – Signale des Körpers: Erschöpfung, Niedergeschlagenheit, Müdigkeit u. a.
Phase 2 – Minderung des Selbstvertrauens: Unlust, Antriebslosigkeit u. a.
Phase 3 – Desinteresse: Meidung sozialer Kontakte, Rückzug aus der Öffentlichkeit
Phase 4 – Depression: absoluter Rückzug, Verschwiegenheit, Angstzustände, Panik

Betroffene leiden mitunter nicht in allen Phasen, bei Früherkennung kann rasch gehandelt werden und bereits Besserung in den ersten Phasen einsetzen. Burnout ist oft ein Erschöpfungszustand nach jahrelangen Höchstleistungen mit der Tendenz zum Perfektionismus.

Was tun bei Burnout?

Grundsätzlich muss erst einmal geklärt werden, ob es sich tatsächlich um Burnout handelt. In einer gewissen Selbsteinschätzung ist jeder Mensch in der Lage, seine aktuelle Situation abzuwägen. Leider sind die Betreffenden meist erst dazu bereit, wenn sie sich in einer fortgeschrittenen Phase des Burnouts befinden. Oftmals erkennen sie damit zu spät, dass dringend Hilfe von außen (Therapeut, Arzt) notwendig ist.

In der Phase der Selbsteinschätzung ist Ehrlichkeit zum „eigenen Ich" besonders wichtig: *„Nur das, was wir selbst tatsächlich erkennen, können wir beeinflussen oder verhindern!"*

Eine allgemeine Behandlung für jedermann gibt es nicht. Aber zur Prävention einige nützliche Hinweise:

Was kann ich gegen Burnout tun?	Gestehen Sie sich ein, so kann es nicht weitergehen!
	Bekämpfen Sie die Ursachen, nicht nur die Folgen!
	Reden Sie mit einer Person Ihres Vertrauens!
	Zeigen Sie Schwäche, Perfektionismus macht krank!
	Bitten Sie jemanden um Hilfe! Nehmen Sie Hilfe an!
	Sagen Sie öfter mal „Nein"!
	Suchen Sie sich einen Ausgleich, belohnen Sie sich!
	Treiben Sie Sport! Beginnen Sie mit regelmäßigen kleinen Übungen.
	Gehen Sie in die Natur; Bewegung macht den Kopf frei!
	Vernachlässigen Sie nicht Ihre Freunde und Bekannte; soziale Kontakte wirken befreiend.

Einstiegsfall **Mobbing im Büro**

Silvia, eine junge Kauffrau für Büromanagement, plagen seit Wochen Magenschmerzen. Sie hat das Gefühl, keine Arbeit mehr mit Freude auszuführen. Ihre Kollegen lassen sie täglich spüren, dass sie ihre Aufgaben nicht akkurat erfüllt und ihr Vorgesetzter ermahnt sie immer öfter, ihre Aufgaben mit mehr Engagement zu lösen. Die Kollegen tuscheln schon ...

Silvia ist ratlos und möchte am liebsten nicht mehr zur Arbeit gehen. – Was soll sie tun?

Mobbing

Negativer Stress, Burnout, Depression, Angstzustände, Magenschmerzen, Rückenprobleme, Kopfschmerzen – Folgen von Mobbing?

Mobbing, definiert als Psychostress, hat verheerende Folgen für die Opfer. Ist das Arbeitsleben über einen längeren Zeitraum hinweg bestimmt von Feindseligkeiten, Demütigungen, Intrigen und aggressiver Kommunikation, so ist ein Fall von Mobbing zu befürchten. Mobbing findet nicht nur am Arbeitsplatz statt, auch in der Nachbarschaft oder in Vereinen und Parteien ist es nicht eben selten.

Eine steigende Tendenz ist vor allem beim sogenannten Cybermobbing zu verzeichnen, dem Mobbing im Internet. Cybermobbing weist im Grunde die gleichen Tatumstände auf, es bedient sich lediglich anderer Methoden. Die Täter/-innen nutzen Internet- und Mobiltelefondienste zum Bloßstellen und Schikanieren ihrer Opfer. Hierzu zählen im Internet E-Mail, Online-Communities, Mikroblogs, Chatrooms, Diskussionsforen, Gästebücher und Boards, Video- und Fotoplattformen, Websites und andere Anwendungen. Mobiltelefone werden für Mobbingaktivitäten genutzt, um die Opfer mit Anrufen, SMS, MMS oder E-Mails zu tyrannisieren. Die multimediale Ausstattung der Mobiltelefone mit Foto- und Videokamera, Sprachaufzeichnungsmöglichkeit und Internetzugang gibt jungen Menschen im Kontext des Mobbings Technologien an die Hand, die sie leider häufig missbräuchlich nutzen.

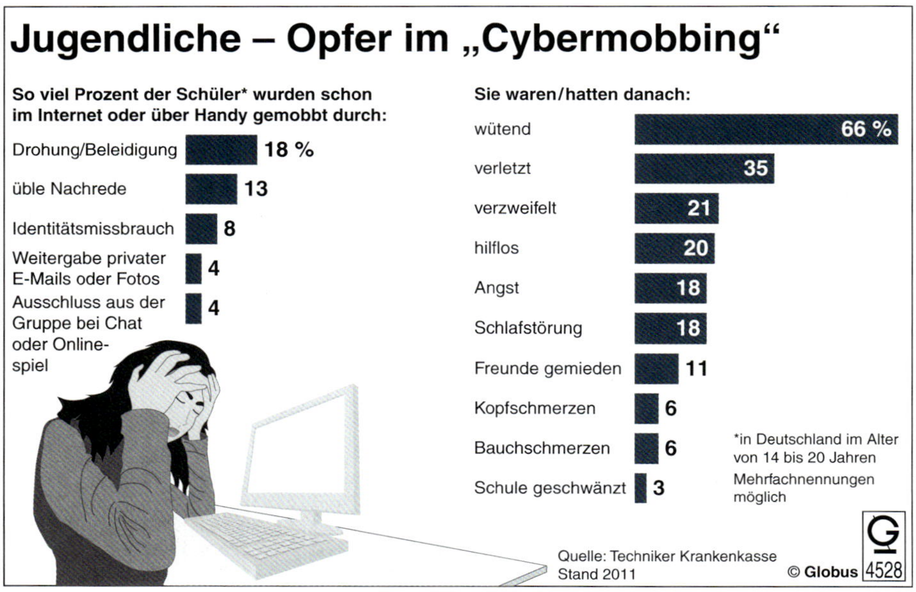

Mobbing geht uns alle an!

Die Zahl der bekannten und strafrechtlich verfolgten Mobbingfälle in Deutschland ist in den letzten Jahren enorm gestiegen. Die Dunkelziffer liegt vermutlich noch höher, da viele Opfer sich nicht zu erkennen geben, aus Angst verhöhnt zu werden. Auch Kinder sind bereits davon betroffen, sei es in der Schule, auf dem Spielplatz oder im Verein.

Mobbing-Folgen

Mobbing löst Befindlichkeitsstörungen aus, am Anfang vielleicht nur momentane Ängste, später können jedoch schwere Folgen wie Schlafstörungen, ständige Angstzustände, Depressionen, Verfolgungswahn und viele andere gesundheitliche Störungen auftreten. Deshalb ist es besonders wichtig herauszufinden, ob es sich wirklich um Mobbing handelt.

Was tun bei Mobbing?

Auch hier gilt, jeder Betroffene reagiert anders. Wichtig ist es, die Situation zu erkennen und zu handeln.

- Nehmen Sie in ein Blatt Papier und notieren alles, was Sie als Mobbing empfinden – führen Sie ein Tagebuch.
- Werden Sie offensiv! – Suchen Sie die Unterredung mit dem Mobber und führen Sie ein klares Gespräch.
- Der Betriebsrat ist ein kompetenter Ansprechpartner, der eine Problemlösung herbeiführen kann.
- Falls es keinen Betriebsrat gibt: Auch die Gewerkschaften bieten Hilfestellungen an.
- Der Arbeitgeber wird Ihnen zuhören und vermitteln.
- Anwälte stehen für Rechtsberatungen zur Verfügung.
- Reden Sie sich nicht ein, Sie seien der Grund für Mobbing, der Schuldige ist der Mobber!
- Vertrauen Sie sich jemandem an, versuchen Sie nicht, den Ärger zu schlucken, das macht krank!

2.1.3 Selbstmanagement – Zeitmanagement

Selbstmanagement

Selbstmanagement ist die Fähigkeit, die persönliche sowie berufliche Entwicklung und Lebensqualität so angenehm wie möglich zu gestalten. Die zahlreichen äußeren Einflüsse dabei unbeachtet zu lassen und den „richtigen Weg“ für das eigene Leben zu finden. Selbstmanagement bedeutet „Management des eigenen Ichs!“

Das Selbstmanagement wird durch mehrere Kriterien bestimmt. Beginnend mit der richtigen Zeiteinteilung, der Fähigkeit, das Wichtige vom Unwichtigen zu trennen und damit Prioritäten zu setzen. Die persönliche Entwicklung selbst zu bestimmen, sich selbst am besten kennenlernen, die eigenen Stärken und Schwächen zu berücksichtigen und zu nutzen, sind die Grundgedanken des Selbstmanagements. Das Zeitmanagement ist als wesentlicher Bestandteil in das Selbstmanagement integriert.

Wo beginnt Selbstmanagement?

Um ein gutes Selbstmanagement entwickeln zu können, muss man sich selbst besser kennenlernen. Wie geht das? – Selbstbeobachtung heißt die Lösung.

Welche Gedanken darf ich haben?
Welche Gefühle darf ich zeigen?
Welche Reaktion wird von mir erwartet?
Welches Verhalten wird von mir verlangt?

So denken wir oft!

So lernen wir uns kennen:

Welche Gedanken bewegen mich?
Welche Gefühle habe ich?
Welche Reaktion zeige ich?
Wie habe ich mich verhalten?

Sich selbst beobachten heißt, den eigenen Verhaltensweisen stärkere Aufmerksamkeit zu schenken und zu versuchen, die eigene Person aus der Position eines Außenstehenden wahrzunehmen und zu bewerten, mit dem Ziel, Stärken und Schwächen zu erkennen.

Mithilfe eines Selbstbeobachtungsprotokolls werden die Verhaltensweisen festgehalten, um sie später erkennen und daraus lernen zu können.

Wann?	Was?	Was denke ich?	Gefühle	Reaktionen
Montag, 18:00	für die Prüfung lernen	die Zeit ist zu kurz	traurig, lustlos	ziehe mich zurück
Freitag, 10:00	Angebote vergleichen	ich habe das Bezugskalkulationsschema vergessen ...;	angespannt, ängstlich	ich werde nervös und mache Fehler
...	...	...	...	...

Was folgt nach der Selbstbeobachtung?

Nach der Phase der Selbstbeobachtung ist es unumgänglich, ein Resümee zu ziehen und sich Fehler und Schwachstellen einzugestehen, um effektiv daran zu arbeiten. Ist ein Fehler erkannt, kann er behoben werden. Für jede Schwäche setzt man sich ein Ziel und arbeitet dauerhaft und kontinuierlich an dessen Lösung. Niemals versuchen, alles sofort besser zu machen, das gelingt nicht und der Überblick geht verloren. Zeit(-abläufe) richtig einzuteilen, zu planen und schriftlich festzuhalten ist ein erster Lösungsversuch.

Selbstmanagement und Zeitmanagement liegen sehr nah beieinander. Arbeiten, Lernen, Organisieren unter Stress beeinflussen das Ergebnis. Auch in schwierigen Situationen einen klaren Kopf bewahren und angemessen reagieren, neue Prioritäten setzen, akzeptable Bedingungen schaffen, das ist die Herausforderung. Selbstmanagement ist lernbar.

Warum Selbstkontrolle?

Alle Aufgaben, Aktivitäten und Anstrengungen bedürfen einer gewissen Selbstkontrolle. Dazu gehört die nötige Selbstdisziplin, um die gesetzten Ziele zu erreichen. Ohne Ziele kramt der Mensch vor sich hin und erreicht praktisch nichts, er dreht sich im Kreis. Das Ende zu planen und nicht offen zu lassen, ist das Ziel. Menschen, die sich immer eine Hintertür offen lassen, erreichen oft weniger als Menschen mit anspruchsvollen Zielen. Allerdings droht bei sehr ehrgeizigen Menschen die Gefahr der Selbstüberschätzung. Bei Überforderung oder Überanstrengung ist niemand mehr in der Lage, sich selbst objektiv einzuschätzen.

Wie wird die Selbstkontrolle durchgeführt?

Planung, Organisation und Durchführung kosten Energie. Energie benötigt der Mensch aber auch für eine gewisse Selbstkontrolle. Bestimmte Regeln vereinfachen den Prozess der Selbstkontrolle.

Ziele	Beispiele
■ Schriftliches Festhalten der Ziele erleichtert die Selbstkontrolle.	■ im Monat Februar für die Prüfung Lernfeld 3 wiederholen
■ Ziele anhand von Erinnerungen stets vor Augen führen	■ Post-it an den Kühlschrank ■ Erinnerungen im Terminplan, z. B. in Outlook ■ Erinnerungen beim Mobiltelefon
■ anspruchsvolle, aber erreichbare und überschaubare Ziel setzen	■ im Jahr 20.. Grundkenntnisse in der französischen Sprache lernen
■ nicht mehrere Ziele auf einmal setzen	■ bis März die Projektarbeit fertigstellen und zweimal die Woche Sport treiben
■ Nach Erreichen eines Zieles kann das nächste Ziel in Angriff genommen werden; rechtzeitig die Ziele und ihre Enddaten festlegen. ■ die Arbeit nicht aufschieben, sondern genaue Zeitangaben setzen	■ im Februar Projektarbeit fertigstellen ■ im März für die Prüfung lernen ■ ab April Montag und Donnerstag Sport treiben
■ Belohnung tut gut und motiviert; nach getaner Arbeit sich ruhig auch etwas gönnen.	■ Lernfeld 3 gelernt, mit einer Freundin am Samstag zum Shoppen gehen
■ Bestrafungen sind nicht schön, aber sie helfen; unangenehme Aufgaben werden nicht wieder verschoben.	■ diese Woche für die Klausur lernen; am Sonntag noch nicht gelernt, also platzt der Ausflug mit den Freunden
■ Schlechte Erfahrungen tragen oftmals zu erneuter Motivation bei.	■ Präsentation war oberflächlich, bei der letzten Präsentation vor der Klasse blamiert, das nächste Mal muss es besser werden
■ Die Ziele dürfen nicht in weiter Ferne liegen, sie müssen in Teilziele zerlegt werden.	■ nächstes Jahr Teil 1 der gestreckten Abschlussprüfung mit „sehr gut" bestehen

Zeitmanagement

Die Arbeitssituationen in den Büros haben sich aufgrund neuerer Technologien gravierend verändert. Computer, Laptop, Smartphone, Tablet-PC, E-Book-Reader – der elektronische Datentransfer bietet immer neue Möglichkeiten. Ständige Erreichbarkeit bedeutet aber auch, immer mehr Aufgaben in kürzerer Zeit bewältigen zu müssen. Den Alltag zu meistern, erfordert inzwischen vielen Berufstätigen Organisationstalent ab, um den stetig steigenden Anforderungen gerecht zu werden. Schwierig dabei ist die tägliche Entscheidung darüber, was zuerst erledigt werden muss und wie die Aufgaben in angemessener Zeit zu schaffen sind. Durch Planung kann man Zeit gewinnen. Planung ist der beste Weg, um aus dem Verhaltensmuster des bloßen Reagierens herauszukommen und die Dinge rechtzeitig zu erledigen, damit es erst gar nicht zu Stressreaktionen kommt.

Beispiel **Zeitplanung im Büro**

Alexander Striege (Leiter der Abteilung Konzerte/Veranstaltungen bei Blum Music) lässt die Arbeitswoche am Freitag ausklingen mit einer halben Stunde Planung für die Folgewoche. Er schreibt eine To-do-Liste mit allen unerledigten sowie neuen Aufgaben, setzt Wichtiges ganz oben auf seine Prioritätenliste und streicht unwichtige Dinge. Montag früh geht er seinen Wochenplan erneut durch und plant seinen Tagesablauf genauer, wobei er auch Pausen vorsieht und berücksichtigt, dass Unvorhergesehenes dazwischen kommen kann. Kurz vor Feierabend fragt er sich: Ist alles erledigt? Was muss morgen als Erstes angepackt werden?

Merke **Zeitmanagement** heißt, die zur Verfügung stehende Zeit systematisch zu planen, um den Berufsalltag sowie auch die private Zeit optimaler zu nutzen und sich selbst Freiraum zu schaffen.

Zeitdiebe

Menschen, die in übertriebener Weise nach Perfektion streben, möchten alles selbst tun und sind selten bereit, Arbeiten zu delegieren. Sie scheuen sich vor dem Nein-Sagen und wollen alles kontrollieren. Sie verfallen aber auch leicht den „Zeitdieben". Andere hingegen arbeiten vor sich hin, ohne zu einem Ergebnis zu kommen. Sie achten zu wenig auf wichtige, vorrangige Aufgaben, lassen sich ablenken oder bemerken nicht, wie schnell die Zeit vergeht.

Es gibt Zeitdiebe, die von den Menschen selbst verschuldet werden, aber auch Zeitdiebe, die von der Umgebung beeinflusst und kaum veränderbar sind. Was genau sind Zeitdiebe?

Zeitdiebe „stehlen" bzw. kosten wertvolle Zeit, in denen primäre Aufgaben gelöst werden könnten. Zeitdiebe zu erkennen und zu erfassen ist ein wichtiger Schritt auf dem Weg zum Erfolg. Bevor die Zeitdiebe analysiert und abgestellt werden können, müssen sie erfasst werden. Dies geschieht am besten, indem sie über einen Zeitraum von etwa einer Woche aufgeschrieben und anschließend analysiert werden. Wird diese Vorgehensweise über einen längeren Zeitraum wiederholt, erkennt man die Freiräume, um die bekannten Zeitdiebe zukünftig vermeiden zu können.

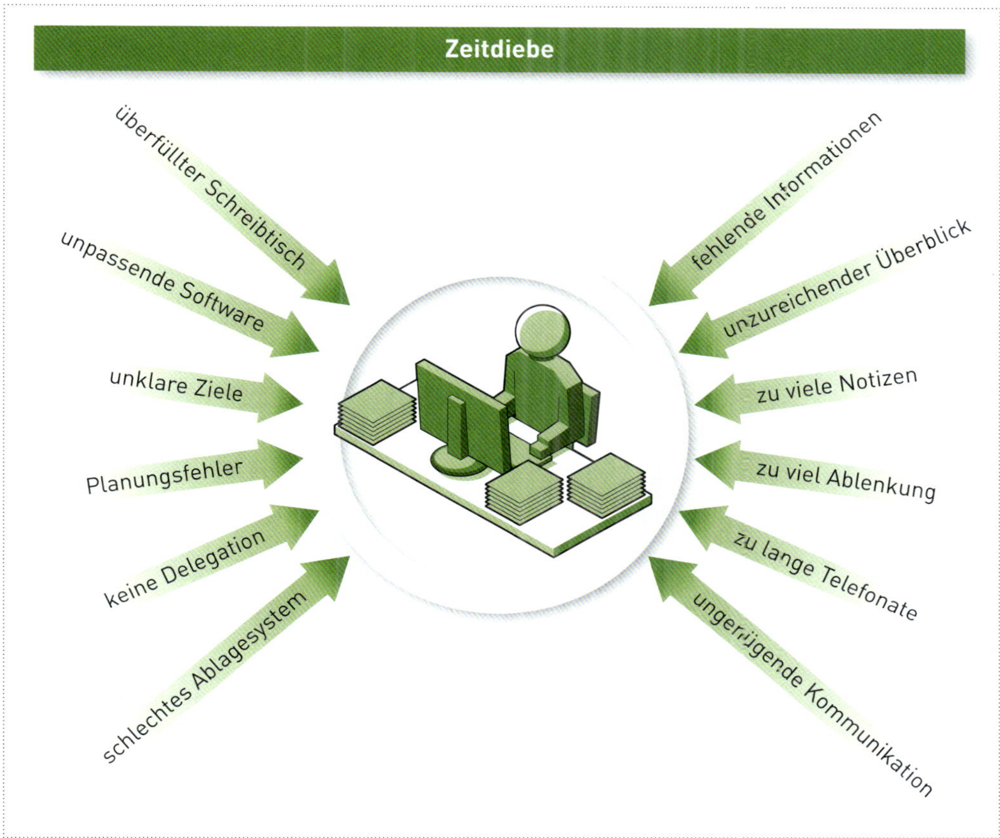

Zeit für das Wesentliche, entspanntes Arbeiten, Lust auf neue Arbeitsaufgaben? Wer kann dies schon in der Hektik des Alltags? Es ist zu schaffen, aber es bedarf der präzisen Einhaltung bestimmter Regeln. Die Zeit läuft davon und das Wesentliche ist nicht abgearbeitet oder geregelt. Niemand kann alles erledigen! Aber die wichtigen den unwichtigen Dingen vorzuziehen, ist ein erster Schritt hin zu einem erfolgreichen Zeitmanagement. Der Einsatz von Zeit- und Selbstmanagementtechniken vereinfacht das berufliche und private Leben. Diese Techniken sind erlernbar und anzuwenden.

Eisenhower-Methode

Die Eisenhower-Methode wurde vom früheren Präsidenten der Vereinigten Staaten Dwight D. Eisenhower entwickelt. Hierbei werden die wichtigen Aufgaben von den unwichtigen oder weniger wichtigen Aufgaben getrennt. Alle Aufgaben erhalten eine Einteilung in Wichtigkeit und Dringlichkeit. Anhand eines Quadranten erfolgt die Zuordnung (siehe Abbildung auf der nächsten Seite).

Die X-Achse spiegelt die Dringlichkeit einer Aufgabe wider, nicht dringende Aufgaben befinden sich im rechten Teil. Die Y-Achse gibt die Wichtigkeit der Aufgaben an, wichtige Aufgaben befinden sich dementsprechend oben, unwichtige Aufgaben im unteren Teil. Aufgaben, die sich im nicht wichtigen oder nicht dringenden Bereich befinden, werden nicht erledigt oder delegiert.

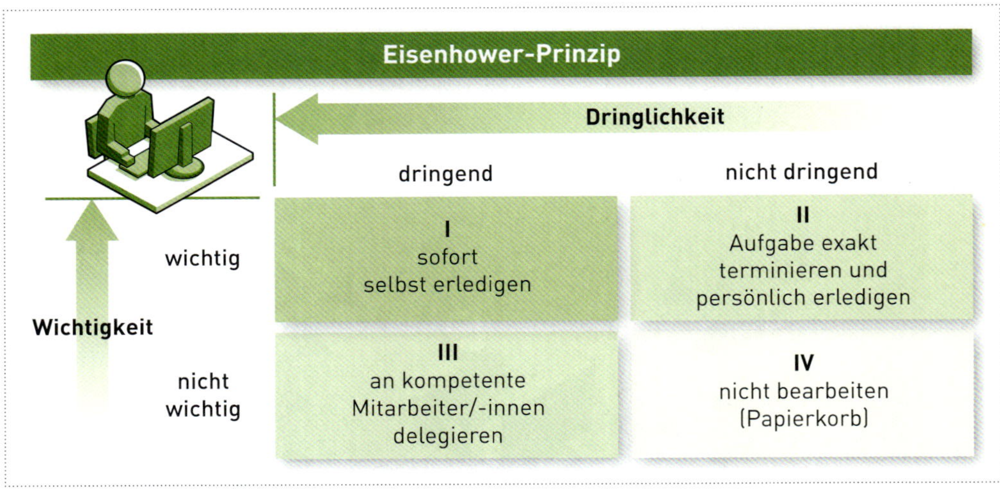

Merke Was ist wichtig? Was ist dringend? – Das Dringende vor dem Wichtigen tun!

Über die Anwendung des Eisenhower-Prinzips herrschen in der Praxis gegenteilige Meinungen. Kritisiert wird unter anderem die primäre Einteilung nach Dringlichkeit. Die wichtigsten Aufgaben sind oftmals nicht dringend, werden nach dem Eisenhower-Prinzip aber nach hinten verschoben. Bei vielen Unternehmern herrscht jedoch die Auffassung, dass die Einteilung nach Wichtigkeit oberste Priorität haben muss. Zudem stellt sich bei Mitarbeitern, die niemanden haben, an den sie Aufgaben delegieren können, eine Konkurrenzsituation zwischen den Stapeln II und III ein. Sollen erst dringende, aber weniger wichtige, oder wichtige, aber weniger dringende Aufgaben erledigt werden? – Die Eisenhower-Methode eignet sich also besser für Führungskräfte, die Arbeiten delegieren können. Außerdem ist beim Eintreten von kurzfristigen Ereignissen eine rasche Neupositionierung aller Aufgaben erforderlich.

ABC-Analyse im Zeitmanagement

Die ABC-Analyse, vom Wirtschaftswissenschaftler L. J. Seiwert entwickelt, sollte bei keiner Zeitplanung fehlen. Sie ist eine sehr aussagefähige Methode über die Effizienz der Zeiteinteilung. Mithilfe dieser Methode ist es möglich, sich einen Überblick über die eigene Zeiteinteilung zu verschaffen. Aufgaben und Aktivitäten werden in drei Gruppen – A, B und C – eingeteilt und damit gewichtet.

Der Buchstabe **A** steht für **sehr wichtige** Aufgaben, der Buchstabe **B** steht für **wichtige** Aufgaben und der Buchstabe **C** steht für **unwichtige** Aufgaben.

Die Arbeitsschritte der ABC-Analyse sehen wie folgt aus:

- Zuerst werden alle Arbeiten, die täglich erledigt werden müssen, zusammengestellt und notiert. Dies erfolgt am besten in tabellarischer Form mit der Einteilung A, B, C und dem jeweils geschätzten Zeitaufwand.
- Später werden die tatsächlichen Zeiten für die jeweiligen Kategorien summiert und ausgewertet.

Beispiel

Zu erledigende Aufgaben	A Zeit	B Zeit	C Zeit
1. Posteingangsbearbeitung	25 min		
2. Durchführung von Angebotsvergleichen		45 min	
3. Sichten der Werbeprospekte			155 min
Summe	**25 min**	**45 min**	**155 min**
Auswertung	**11,1 %**	**20 %**	**68,9 %**

Wenn die Auswertung so aussieht, wie in obigem Beispiel, muss die Zeiteinteilung überdacht werden, denn unwichtigen Aufgaben wird hier zu viel Bedeutung geschenkt: Das Sichten der Werbeprospekte (Kategorie C) benötigt über 68 % des Zeitaufwands. Die Angebotsvergleiche (Kategorie B) nehmen 20 % der Zeit in Anspruch und lediglich 11 % bleiben für die wichtigste Aufgabe im Beispiel, der Posteingangsbearbeitung (Kategorie A).

Eine optimale Zeiteinteilung hätte eine umgekehrte Verteilung: Mindestens 65 % des Zeitaufwands für sehr wichtige Aufgaben der Kategorie A, etwa 20 % für wichtige Tätigkeiten der Kategorie B und höchstens 15 % für unwichtige Dinge der Kategorie C. Letztere könnten auch delegiert werden.

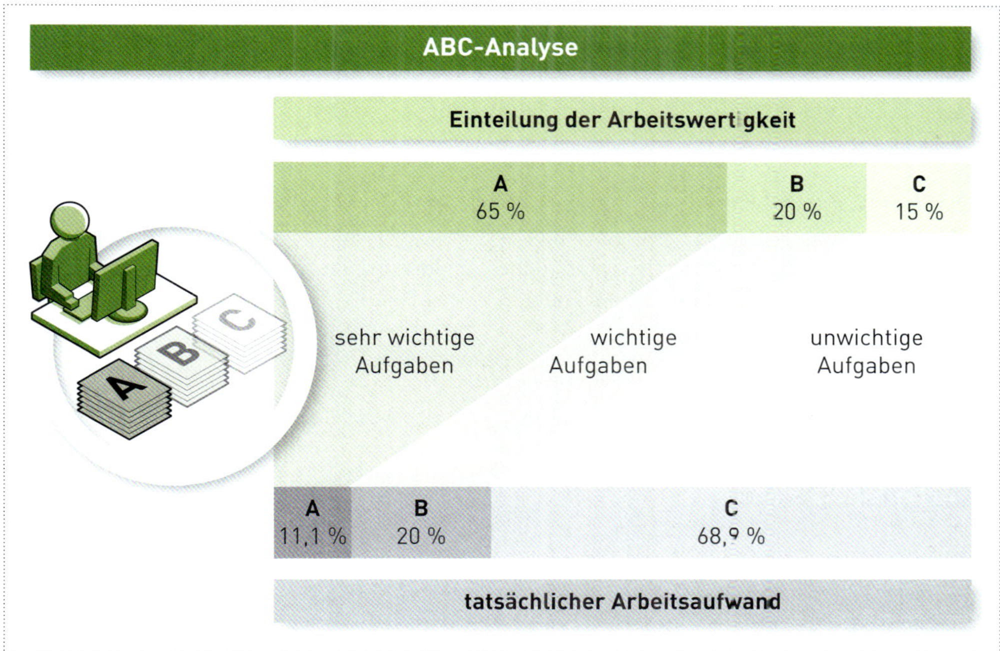

Die Abbildung zeigt deutlich, dass in obigem Beispiel der Aufgabe mit hoher Priorität viel zu wenig Aufmerksamkeit geschenkt wird und hingegen die eher unwichtige Aufgabe einen sehr großen Zeitaufwand in Anspruch nimmt.

ALPEN-Methode

Eine andere, sehr häufig angewandte Methode des Zeitmanagements ist die **ALPEN-Methode.** In insgesamt fünf Arbeitsschritten wird der Tagesplan angelegt. Er schafft damit einen stetigen Überblick über den bisherigen Tagesverlauf. Die fünf Schritte sollten in folgender Reihenfolge abgearbeitet werden.

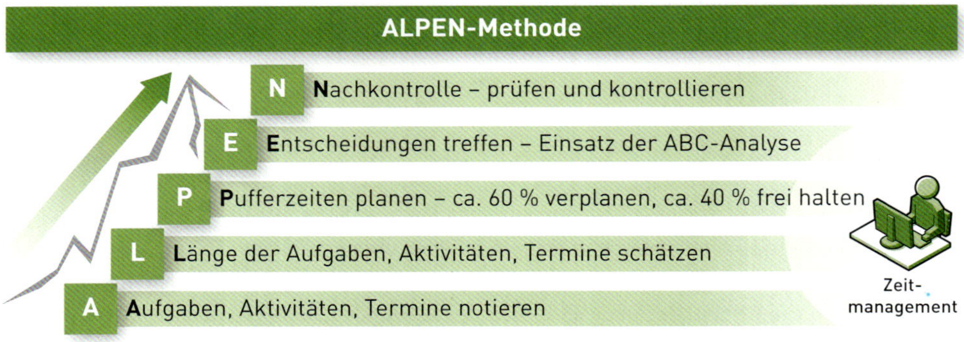

In der ALPEN-Methode findet auch die ABC-Analyse des Zeitmanagements Anwendung und bildet damit eine Grundlage zur Entscheidungsfindung.

Pareto-Prinzip

Das **Pareto-Prinzip,** benannt nach dem Wirtschaftswissenschaftler Vilfredo Pareto (1848–1923), besagt, dass durchschnittlich nur 20 % der Zeit benötigt werden, um 80 % aller Aufgaben zu schaffen. Die übrigen 20 % der Arbeitsergebnisse benötigen dagegen mit 80 % die meiste Bearbeitungszeit.

Bevor eine Aufgabe in Angriff genommen wird, sollte der Arbeitsaufwand geplant werden. Nicht immer sind nach 80 % der Bearbeitungszeit die Ergebnisse ausreichend, die verbleibenden 20 % könnten entscheidend sein. Deshalb vorher planen – **möglichst schriftlich.** Hilfreich ist eine Analyse des Arbeitsablaufs. Routinearbeiten sollten einer bestimmten Regel unterliegen, um sie effektiver zu machen.

Merke **Mit 20 % des Zeitaufwands werden 80 % der Arbeitsergebnisse erzielt.**

Arbeitsablaufanalyse

Arbeitsablaufanalysen werden zur Darstellung und anschließenden Bewertung von Arbeitsabläufen zum Beispiel in der Auftragsabwicklung, der Datenübermittlung, in Produktionsprozessen und in der Logistik genutzt. Dabei werden die Gesamtaufgaben in Teilaufgaben zerlegt.

Zu Beginn werden alle Arbeitsabläufe der Reihe nach – so, wie sie zu erledigen sind – und der bisherige Zeitaufwand notiert. Wo verstecken sich mögliche Einsparpotenziale? Eine entsprechende Auswertung zeigt dies auf, sodass die Arbeitsabläufe zukünftig optimaler ineinander greifen können.

In einer Arbeitsablaufanalyse werden die folgenden Daten erfasst:

- Wo findet die Aufgabenbearbeitung statt? (Abteilung, Arbeitsplatz)
- Was für eine Tätigkeit wird ausgeübt?
- Wer führt die Tätigkeit aus?
- Wann werden die Tätigkeiten ausgeführt?

Arbeitsablauf-
diagramm
Kap. 11.1.3

Beispiel **Arbeitsablaufanalyse: Posteingangsbearbeitung**

Arbeitsaufgabe	○	⇨	□	D	Zeitablauf	Zeitaufwand
Post abholen		x			08:00–08:15 Uhr	15 min
Post sortieren (einige Irrläufer)	x		x		08:15–08:20 Uhr	5 min
Post öffnen	x				08:20–08:25 Uhr	5 min
Post kontrollieren	x		x		08:25–08:28 Uhr	3 min
Post stempeln	x				08:28–08:30 Uhr	2 min
Post in das Eingangsbuch eintragen	x		x		08:30–08:45 Uhr	15 min
Post sortieren	x			x	08:45–08:55 Uhr	10 min
Post verteilen		x		x	08:55–09:15 Uhr	20 min
Gesamtzeitaufwand					**08:00–09:15 Uhr**	**75 min**

○ Bearbeitung ⇨ Transport □ Prüfung D Verzögerung

Auswertung der Arbeitszeitanalyse im Bereich Posteingangsbearbeitung unter Einsatz neuer Arbeitsmethoden:

Arbeitsaufgabe	D	Zeitablauf	bisheriger Zeitaufwand	Einsparmöglichkeiten	neuer Zeitaufwand
Post sortieren	x	08:45–08:55 Uhr	10 min	Einsatz von Postkörben	5 min
Post verteilen	x	08:55–09:15 Uhr	20 min	Einsatz von Bürowagen zur Einsparung von Wegezeiten	5 min
Gesamtzeitauswertung		**08:00–09:15 Uhr**	bisher **75 min**	Einsparung **10 min täglich**	neu **65 min**

Eine Auswertung der Arbeitsablaufanalyse kann ergeben, dass die Verzögerungszeiten minimiert und damit allein in der Posteingangsbearbeitung durch den Einsatz neuer Arbeitsmethoden täglich 10 Minuten eingespart werden können.

Das folgende Beispiel einer Auswertung der Arbeitsabläufe in der Blum Music4You KG zeigt deutlich, dass eine außerordentliche Arbeitszeitoptimierung möglich ist, durch Verbesserungen in der Arbeitsorganisation und den Einsatz neuer Praktiken und Datenermittlungsverfahren.

Beispiel

Arbeitsaufgabe	täglicher bisheriger Zeitverbrauch	mögliche tägliche Zeiteinsparung	Häufigkeit Monat	Häufigkeit Jahr	Einsparung monatlich	Einsparung jährlich	Einsparung jährlich	Stundensatz	Einsparung täglich	Einsparung monatlich	Einsparung jährlich
Posteingangsbearbeitung	75 min	10 min	21	252	210 min	2520 min	42 h	9,50 €	1,58 €	33,25 €	399,00 €
Einführung neues Ablagesystem	60 min	20 min	10	120	200 min	2400 min	40 h	9,50 €	3,17 €	31,67 €	380,00 €
Tagesablaufplanung mit neuer Software	30 min	20 min	21	252	420 min	5040 min	84 h	9,50 €	3,17 €	66,50 €	798,00 €
Verwendung von Mails statt Telefonaten für interne Informationsweitergabe	45 min	40 min	3	36	120 min	1440 min	24 h	9,50 €	6,33 €	19,00 €	228,00 €
Einsatz von Checklisten für Reiseplanung	30 min	25 min	5	60	125 min	1500 min	25 h	9,50 €	3,96 €	19,79 €	237,50 €
Gesamt							**215 h**				**2.042,50 €**

Planung des Arbeitsablaufs zu Beginn eines Arbeitstages

1. Zu Beginn des Arbeitstages werden alle Aufgaben in einer **Aufgabenliste** festgehalten.
2. Termine, Aufgaben, Aktivitäten werden nach Priorität geordnet und terminlich hervorgehoben.

Priorität	Aufgabe	Termin	Zeitaufwand	delegiert an ...	erledigt am ...	durch ...
mittel	Bestellung Kopierpapier	25.02.20..	10 min	Frau Klein	24.02.20..	
hoch	Einladung Weiterbildung versenden	25.02.20..	30 min	–	25.02.20.. 10:00 Uhr	Fr. Meyer
niedrig	...					

3. Für jede Aufgabe wird der vorhersehbare Zeitaufwand festgelegt. Es werden nur zeitlich überschaubare Aufgaben in den Tagesplan aufgenommen, der Terminkalender darf nicht überfüllt sein. Umfangreiche Aufgaben werden in Einzelaufgaben zerlegt.
4. Delegierbare Aufgaben werden an Mitarbeiter abgegeben, müssen allerdings überprüft werden, ob sie erledigt wurden.
5. Erledigte Aufgaben werden als solche gekennzeichnet und aus der Aufgabenliste gestrichen.
6. Um den gesamten Arbeitsablauf transparent zu halten und den Ablauf effizienter zu gestalten, ist es ratsam, ein Arbeitsprotokoll zu führen.

Planungstechniken

Bei allen genannten Zeitmanagementmethoden sind folgende Aspekte zu berücksichtigen:

- die **Schriftlichkeit**; dadurch wird das Gedächtnis entlastet.
- die **To-do-Liste;** alle Aktivitäten werden auf einer Checkliste festgehalten.
- die **Dokumentation** aller Aktivitäten, um Schwachstellen aufzudecken.
- **Prioritäten** setzen, auch NEIN sagen können.
- kurzfristige und langfristige **Zeitplanung;** sie verschafft Übersichtlichkeit.
- regelmäßige **Erholungsphasen;** sie bringen neue Energien.
- **Belohnung** für unangenehme Aufgaben; sie sind wichtig für die Selbstmotivation.

Tipps für ein erfolgreiches Zeitmanagement

- Den **Biorhythmus** beachten. Der Mensch entwickelt durch tägliche Gewohnheiten eine sogenannte „innere Uhr". Der Tages- und Nachtrhythmus wird im Gehirn gespeichert und beeinflusst die täglichen Abläufe. Wer täglich um 06:00 Uhr aufsteht, wird auch an Wochenenden oder freien Tagen bereits um 06:00 Uhr munter werden. Die „innere Uhr" ist dennoch verstellbar. Verändert sich beispielsweise der Tagesablauf, weil die Arbeit erst mittags beginnt, so braucht der Betroffene ein paar Tage, um sich an die neue Situation zu gewöhnen. Die Leistungsfähigkeit steigt im Laufe des Vormittags an und ist zwischen 10:00 Uhr und 11:00 Uhr am höchsten. Danach fällt sie steil ab und gegen 16:00 Uhr gewinnt sie nochmals an Energie. Das bedeutet, dass der Mensch in seiner **leistungsstärksten Zeit,** am Vormittag, alle wichtigen Arbeiten und Tätigkeiten verrichten sollte.

- Den **Arbeitstag in Stunden und Minuten einteilen.** Jeder weiß selbst am besten, wie viel Zeit er im Durchschnitt für die Erledigung einer Aufgabe benötigt. Er sollte sich erreichbare Ziele setzen. Ein zu voller Terminkalender demotiviert. Eigene Zeit zum Nachdenken darf nicht vergessen werden.

- Die **Zeit kontrollieren.** Eine Uhr an der Wand oder auf dem Schreibtisch kann hilfreich sein, um immer wieder an das **Zeitlimit** erinnert zu werden. Es ist nötig, kontinuierlich zu überprüfen, ob der Zeitrahmen ausreicht.
- Einen **Terminkalender** führen. Dies kann elektronisch geschehen (zum Beispiel mit MS Outlook) oder auch traditionell mithilfe eines überschaubaren Wandkalenders. Zwischen den Arbeitsterminen sollten immer wieder Ruhepausen eingeplant werden.
- Die **terminlichen Pflichten** nach **Dringlichkeiten** ordnen und farblich hinterlegen.
- Umfangreiche Arbeiten in **Teilaufgaben** gliedern und Fristen zur Bearbeitung festlegen. Den Beginn der Arbeiten aufschieben, denn aller Anfang ist schwer.
- Bei der Einteilung der täglichen Aufgabenbereiche immer eine **angenehme,** aber auch eine **unangenehme** Aufgabe planen.
- Die **Informationsflut eindämmen.** Unnötige Schriftstücke, zum Beispiel nutzlose Werbeblätter, gehören in den Papierkorb. Auch überflüssige E-Mails rauben nur Arbeitszeit und können ungelesen gelöscht werden.
- Den **Schreibtisch aufgeräumt** halten. Viele Zettel schaffen Chaos. Sie gehen möglicherweise verloren und die Sucherei kostet wiederum Zeit. Zu Beginn des Tages sollte der Schreibtisch übersichtlich sein; außer der aktuellen Ablage hat dort nichts zu suchen.
- Nur **Unterlagen,** die **aktuell bearbeitet** werden, liegen auf dem **Schreibtisch.** Fertiggestellte Aufgaben werden abgelegt und der Termin wird als erledigt markiert.
- Mindestens einmal im Monat **Ablage, Terminkalender, Akten** sowie gespeicherte **Dateien** am PC **kontrollieren.** Das **Löschen** nicht mehr benötigter Dokumente schafft Ordnung.
- **To-do-Listen** vermitteln Übersichtlichkeit! Was muss erledigt werden? Was wurde bereits erledigt? Hierfür dienen Standartsoftwarelösungen wie MS Outlook oder MS Excel.

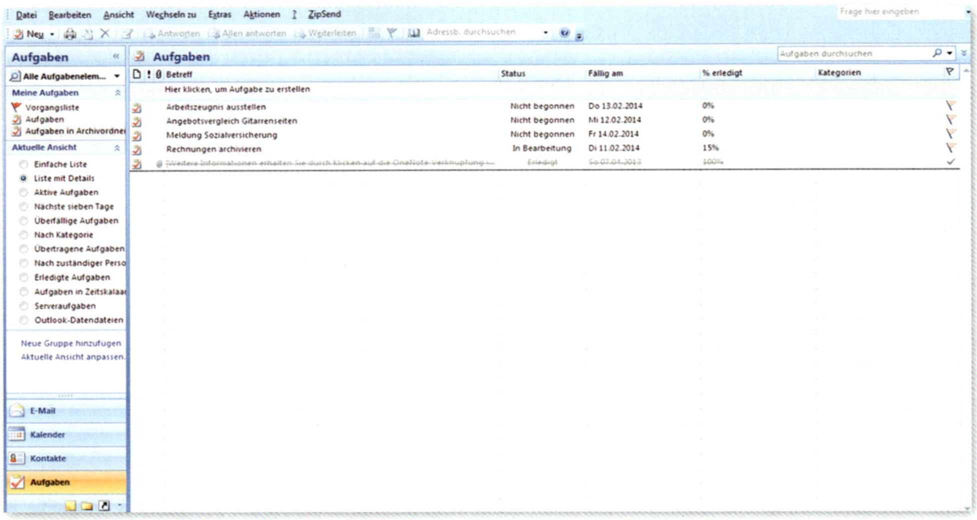

Aufgabenliste in MS Outlook

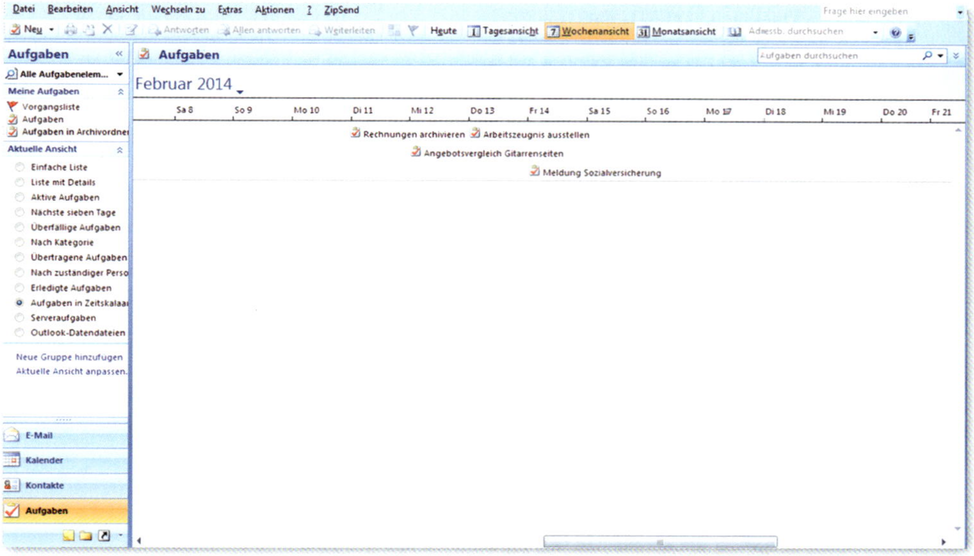

Zeitskalenansicht in MS Outlook

	A	B	C	D	E	F
1	**Aufgabe**	**Bearbeiter**	**Priorität**	**Beginn**	**Ende**	**Status**
2	Meldung Sozialversicherung	Frau K.		15.02.	15.02.	unerledigt
3	Angebotsvergleich Gitarrensaiten	Frau K.		16.02.	20.02.	unerledigt
4	Arbeitszeugnis erstellen	Frau K.		18.02.	22.02.	begonnen
5	~~Rechnungen archivieren~~	~~Frau K.~~		~~12.02.~~	~~12.02.~~	~~erledigt~~

Aufgabenliste in MS Excel

- **Wichtigen Dokumenten** einen **festen Platz im Büro zuweisen** und sie nicht zwischen gewöhnlichen Belegen liegen lassen. Kollegen und Mitarbeiter müssen den Aufbewahrungsort kennen, um einen Zugriff bei möglicher Abwesenheit der verantwortlichen Person zu gewährleisten.
- **Aufgaben delegieren,** die unwichtig sind oder nicht in den zuständiger Aufgabenbereich fallen.

Merke **Zeitmanagement** heißt, alle Termine, Aufgaben und Aktivitäten in einer bestimmten Zeit optimal zu planen, zu organisieren und zu erledigen. **Selbstmanagement** koordiniert zusätzlich die arbeitsfreie Zeit.

Für ein optimales Zeitmanagement ist es notwendig, zuerst die „Zeitdiebe" zu erfassen, auszuwerten und auszuschalten. Anschließend ist die passende Methode auszuwählen, nach der die Aufgaben entsprechend ihrer Wichtigkeit und Dringlichkeit getrennt werden. Wichtige Aufgaben haben einen hohen Stellenwert. Dringlichkeit bedeutet Eile – diese Aufgaben müssen umgehend bearbeitet werden.

Sich morgens ein paar Minuten Zeit für einen schriftlichen Tagesplan nehmen, schafft Zeitfenster für Ruhephasen und hilft, Prioritäten zu setzen, den Überblick zu behalten und Aufgaben zu delegieren.

2.1.4 Konfliktmanagement

Einstiegsfall Konflikt im Betrieb

Marcus Ottau, Auszubildender bei Blum Music, nimmt an einer Teambesprechung in der Abteilung Technik teil. Seine Kollegen Michael Salto und Hilil Akim streiten sich über die Vorbereitungen für ein bevorstehendes Konzert. Der eine plädiert für ein neues Mischpult, der andere findet dies unsinnig. Marcus mischt sich in die Auseinandersetzung ein und gerät dadurch selbst in die Schusslinie: Er verstehe nichts von diesen Dingen, wird ihm vorgeworfen. Missmutig und enttäuscht geht Marcus Ottau zurück an seinen Schreibtisch. Das Telefon klingelt, ein Kunde fragt nach einem besonderen Zubehör für seine E-Gitarre. Marcus ist genervt; ihm ist im Augenblick alles zu viel. „Das steht alles im Handbuch für E-Gitarren. Das können Sie sich von unserer Website downloaden.", antwortet er brüsk und legt auf. Der Kunde ist verärgert und beschwert sich bei Claus Blum.

Konfliktmanagement

Streitereien, Unannehmlichkeiten, Kommunikationsstörungen, Aggressionen vorbeugen, erkennen, analysieren und lösen sind die Aufgaben des Konfliktmanagements. Das Konfliktmanagement befasst sich mit Strategien und Lösungsmethoden von Auseinandersetzungen mit anderen Personen oder mit sich selbst (innerer Konflikt).

Um einen Konflikt lösen zu können, müssen zuerst die Ursachen gefunden werden. Oft sind banale Dinge Auslöser für einen Konflikt. Schon ein gegenseitiges Missverständnis kann einen Streit provozieren. Welche Motive oder ungünstigen Faktoren einen Konflikt verursachen können, zeigt folgende Grafik.

Konfliktarten

Menschen können in Konflikt geraten mit sich selbst (innerer Konflikt), mit einer anderen Person oder mehreren Personen (Gruppen).

Konflikte treten auf als

- Sachkonflikte (Unstimmigkeit an einer Sache),
- Wertekonflikte (unterschiedliche Bedürfnisse),
- Beziehungskonflikte (emotionale Auseinandersetzung, Misstrauen).

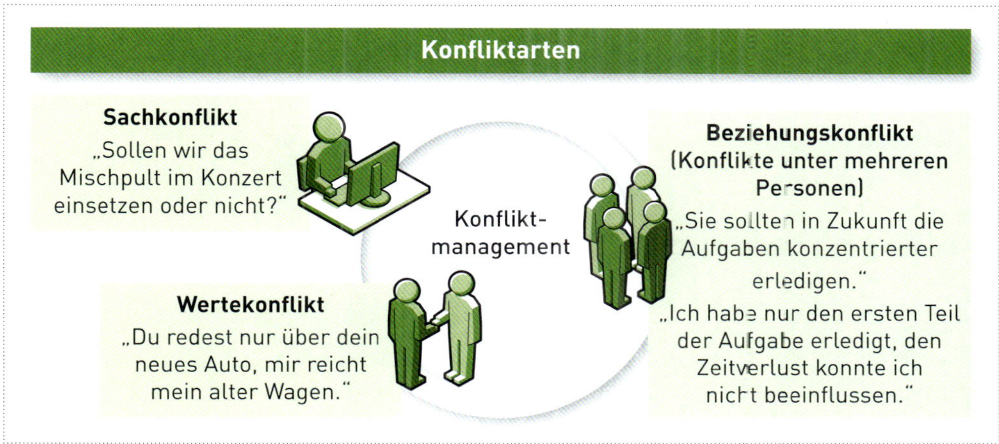

Konfliktlösung

Konflikte müssen gelöst werden, möglichst bevor sie eskalieren. Wenn die Konfliktparteien selbst sich nicht einigen können, sollten unbeteiligte Dritte klärend eingreifen, um Eskalationen zu verhindern und ein positives Ergebnis für alle Beteiligten zu finden. Dazu sind gemeinsam akzeptierte Regeln notwendig, denn nur mit einem klaren Kopf kann eine aggressive Situation entschärft werden.

Ein sachliches Konfliktgespräch am Arbeitsplatz verläuft typischerweise in drei Schritten:

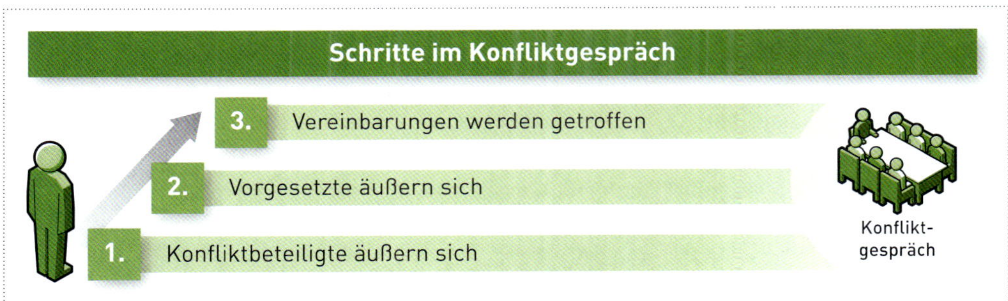

Konflikt-gespräche Kap. 7.6.2

Im ersten Schritt äußern sich die Konfliktbeteiligten, erklären ihre Standpunkte und ihr Verhalten. Sie erhalten die Möglichkeit, ihr persönliches Anliegen darzulegen und ihre Empfindungen zu zeigen. Der Vorgesetzte darf nachfragen, um die Situation besser einschätzen zu können und voreilige Schlussfolgerungen zu vermeiden.

Im zweiten Schritt schildert der Vorgesetzte seine Sicht der Angelegenheit. Dies sollte er in sachlichem Ton (ohne autoritäres Gehabe) tun und dabei seine Argumente darlegen.

Abschließend (im dritten Schritt) treffen die Konfliktparteien mit dem Vorgesetzten Vereinbarungen, die den Streit beilegen und zukünftig ähnliche Situationen verhindern sollen.

Lösung des Einstiegsfalls **Konflikt im Betrieb**

Der folgende Gesprächsverlauf wäre denkbar, um den Konflikt bei der Blum Music zu entschärfen.

1. Claus Blum ruft den Auszubildenden Marcus Ottau in sein Büro und empfängt ihn freundlich. „Schön, Sie zu sehen, Marcus. Möchten Sie eine Tasse Kaffee oder lieber Tee? - Nun erzählen Sie bitte, warum Sie gestern am Telefon so barsch gegenüber unserem Kunden reagiert haben. Nehmen Sie sich Zeit; wir sind ungestört." Marcus kann es nicht fassen - sein Chef ist weder aggressiv noch schreit er ihn an. Marcus überlegt und erklärt: „Ich möchte mich entschuldigen, Herr Blum, aber ich hatte einfach keine Geduld mehr. Mir wächst zurzeit alles über den Kopf. Der Streit über das neue Mischpult gestern, bei dem mir Unfähigkeit vorgeworfen wurde, hat mich aus der Fassung gebracht. Außerdem muss ich dringend für meine Prüfung lernen. Zuhause ist viel zu tun; meine Mutter ist schwer krank, mein Vater auf Montage und ich muss mich um den Haushalt kümmern. Dann kam der Anruf des Kunden, der sehr ungehalten nach dem Zubehörteil fragte ..."
2. Claus Blum hat geduldig zugehört und antwortet in ruhigem Ton: „Es tut mir leid, dass Ihre Mutter so krank ist und Sie zuhause aushelfen müssen. Ich kann verstehen, dass dies wie auch die bevorstehende Prüfung Sie überfordert. Aber wir werden sicher eine Lösung finden. Haben Sie eine Idee, wie Sie Ihre Zeit besser planen könnten? Wo können wir ansetzen? Wir dürfen nur nicht außer Acht lassen, unsere Kunden bestens zu bedienen - schließlich sind wir ein Dienstleistungsunternehmen. - Belastet Sie sonst noch etwas?"
3. Marcus Ottau hat Vertrauen gefasst. Er macht folgenden Vorschlag: „Herr Blum, wäre es möglich, dass ich morgens eine Stunde früher beginnen könnte, damit ich nachmittags mehr Zeit für zuhause habe und auch für meine Prüfung lernen kann? Damit wäre mir bestimmt geholfen." Claus Blum überlegt; dann stimmt er dem Vorschlag zu. „Ich bin einverstanden. Die nächsten vier Wochen können wir das einrichten. Da fällt mir ein - übernächsten Monat findet ein Präventionskurs zur Stressbewältigung statt. Daran sollten Sie teilnehmen." Marcus Ottau sagt zu und bedankt sich für das Entgegenkommen bei seinem Chef.

Bei einer Konfliktlösung gibt es nicht immer einen Gewinner oder einen Verlierer. Die Konfliktparteien sollten in einem fairen Gespräch nach einem gemeinsamen Ziel suchen oder einen Kompromiss finden. Gegenseitige Offenheit ist dafür ein notwendiges Kriterium.

Ein für beide Konfliktparteien zufriedenstellendes Ergebnis kann nur erreicht werden, wenn folgende Regeln beachtet werden:

- die aufkommende Erregung zuerst abflauen lassen.
- einen neutralen Ort für das Konfliktgespräch suchen.
- die Gesprächspartner ausreden lassen; jeder hat das Recht, angehört zu werden.
- den Konfliktbeteiligten keine Vorwürfe machen.
- andere Meinungen tolerieren.
- eigene Fehler eingestehen.
- das gemeinsame Ziel zur Lösung des Konflikts vereinbaren.
- die nächsten Schritte für eine Konfliktlösung festlegen.
- Maßnahmen abstimmen, falls die Vereinbarungen nicht eingehalten werden.

Das Konfliktmanagement kennt verschiedene **Konfliktlösungsmodelle.** Zwei davon stellen wir im Folgenden vor.

Eisberg-Modell

Das Eisberg-Modell wurde vom Wiener Neurologen und Begründer der Psychoanalyse Sigmund Freud (1856–1939) entwickelt. Freud zeigte mit dieser Methode auf, welche Konflikte für Außenstehende sichtbar und welche sich eher im Unbewussten abspielen und damit unsichtbar bleiben.

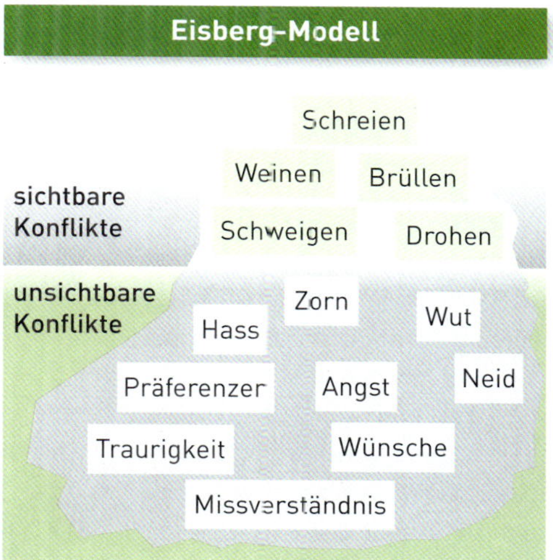

Dem Eisberg-Modell liegt die Erfahrung zugrunde, dass auch bei einem Eisberg nur ein kleiner Teil (20 %) sichtbar ist, während der wesentlich größere Teil (80 %) unter der Wasseroberfläche verborgen ist (dies erinnert an das Pareto-Prinzip). Umso schwieriger ist es, einen Konflikt zu lösen, wenn die Bedürfnisse und Neigungen der Konfliktbeteiligten sowie die Konfliktursache unbekannt sind.

Drei-Phasen-Modell

Das Drei-Phasen-Modell wurde von Kurt Lewin (1890–1947), einem deutschen Psychologen, entwickelt. Nach Lewins Modell zur Lösung sozialer Konflikte und Veränderungen in Gruppen verläuft ein Konflikt in drei Phasen (in nachstehender Reihenfolge):

Phase 1 – Auftauen: Diese Phase dient der Vorbereitung zur Veränderung in der Konfliktsituation. Die Probleme werden in der Gruppe angesprochen, Lösungen und Veränderungen mitgeteilt, Zeitpläne zur Umgestaltung festgelegt und die Konfliktbeteiligten auf die Veränderungen hingewiesen und vorbereitet.

Phase 2 – Bewegen: Die geplante Veränderung wird durchgeführt. Dabei greifen Konfliktverantwortliche in den Prozess ein und geben Instruktionen zum Verhalten der Beteiligten. Diese Phase ist ein Prozess der Veränderungen, der Konflikt kommt in Bewegung. Die Konfliktbeteiligten werden aktiv und sind zum Umdenken verpflichtet.

Phase 3 – Einfrieren: Das Einfrieren untermauert die zweite Phase der Bewegung oder Veränderung. Die Konfliktbeteiligten müssen sich an die neue Situation gewöhnen und die Ergebnisse täglich umsetzen.

Einem Konflikt zu begegnen und den Mut zu haben, ihn zu klären, bedeutet Entschlossenheit in der Auseinandersetzung. Es bedeutet nicht, jemanden zu kränken, zu beschimpfen oder ihm Vorhaltungen zu machen. Das Konfliktmanagement hat zum Ziel, in kooperativem Verhalten aller Beteiligten, das Problem offen anzusprechen und gemeinsam zu lösen.

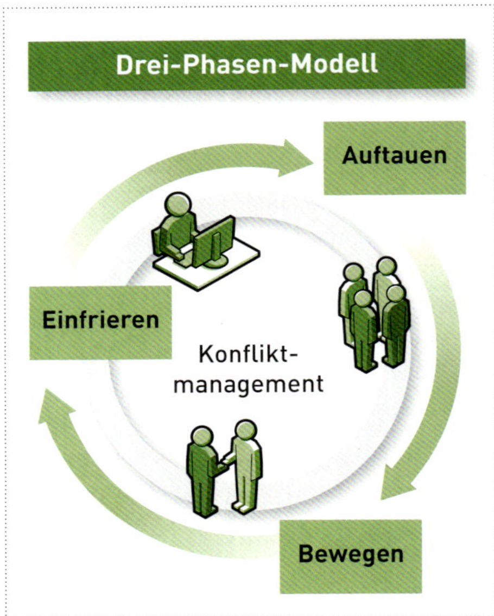

2.1.5 Umwelteinflüsse im Büro und Umweltschutz

In früheren Jahren war der Büroalltag fast ausschließlich geprägt von Papierstapeln: Akten, Dokumenten, Anschreiben – alles wurde auf Papier geschrieben, gedruckt, abgeheftet und archiviert. Inzwischen werden viele Arbeitsaufgaben auf elektronischem Wege erledigt, ein Großteil der Daten wird auf Datenträgern gespeichert, der gesamte Schriftverkehr wird in einigen Unternehmen bereits per elektronischer Datenübertragung ausgeführt. Das spart Papier und schont die Umwelt.

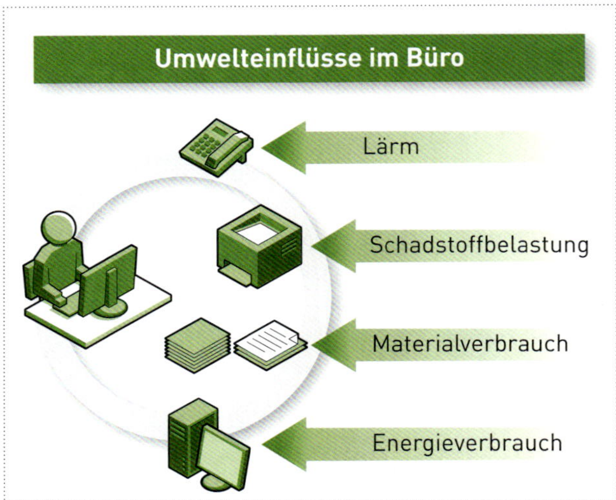

Beispiel Umweltschmutz im Büro

Tonerstaub aus Laserdruckern, Laserfax- und Kopiergeräten kann gesundheitsschädlich sein. Darüber hinaus trägt er zur Luftverschmutzung bei.

Umweltschutz ist also ein wichtiger Aspekt in der Arbeitswelt Büro. Jeder Mensch hat die Pflicht, mit seiner Umwelt schonend umzugehen, die Ressourcen gezielt einzusetzen sowie nachhaltig zu handeln. Die Belastungsquellen im Büro sollten verringert werden, nicht nur, um die Gesundheit der Menschen zu schützen, sondern auch, um eine lebenswerte Umwelt zu erhalten.

Etliche Faktoren belasten die Umwelt im Büro, einige davon sind hier genannt:

Materialverbrauch	Energieverbrauch	Schadstoffbelastung	Lärm
■ Papier ■ Schreibmaterialien ■ Toner und Entwicklereinheiten	■ Computer ■ Bildschirme ■ Kopierer ■ Faxgeräte ■ Scanner ■ Modem	Schadstoffe aus Schreibmaterialien, Teppichböden, Kopierern, Druckern, Reinigungsmitteln	durch Computer, Drucker, Kopierer

Die folgenden **Grundsätze** sind wichtig **für eine ökologische und ökonomische Arbeitsweise** im Büro. Sie reduzieren nicht nur die Gefahr von Umweltbelastungen, sondern auch die Kosten im Unternehmen.

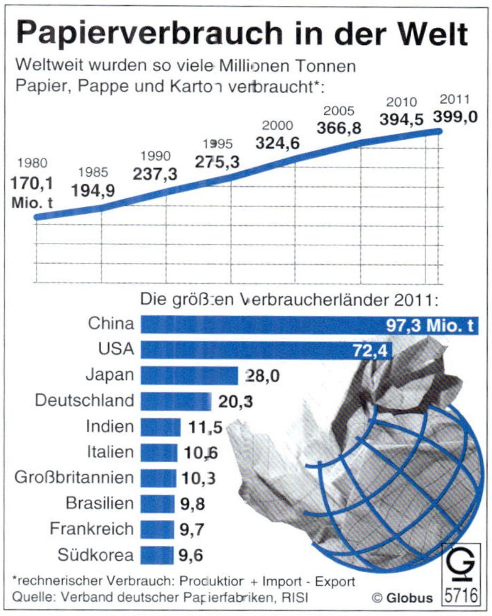

- Umweltfreundliche Produkte in der eigenen Produktpalette verwenden.
- Papierverbrauch reduzieren.
- Recyclingpapier nutzen.
- Umweltfreundliche Büromaterialien nehmen.
- Elektronische Teile und Speichermedien fachgerecht entsorgen. So gibt es inzwischen zahlreiche Unternehmen, die CDs wiederverwerten.
- Bei der Anschaffung von technischen Bürogeräten, Computern, Bildschirmen oder Druckern darauf achten, dass sie mit einem Prüfsiegel ausgestattet sind, wie zum Beispiel mit dem „Blauen Engel", dem „Grünen Punkt" oder mit „Energy Star", dem europaweiten Gütezeichen für Strom sparende Bürogeräte.
- Bildschirme ausschalten, wenn sie nicht mehr benutzt werden, um Energie zu sparen.
- Energiesparende, wartungs- und verbrauchsarme Drucker und Faxgeräte kaufen und darauf achten, dass die Geräte leise sind und wenig Emissionen erzeugen.

Die Einhaltung dieser Regeln trägt zu einer lebenserhaltenden Umwelt bei und die knappen Ressourcen werden geschont.

Prüfsiegel

Prüfsiegel sind Beschaffenheits- und Qualitätskennzeichen an Geräten, Produkten oder Materialien, die die technischen Anforderungen, Standards und sicherheitsrelevanten Eigenschaften wiedergeben. Die Kennzeichnung erfolgt direkt am Produkt oder auf einem beiliegenden Zertifikat und wird teilweise durch staatliche Behörden festgelegt.

Eine Auswahl verschiedener Prüfsiegel zeigt die folgende Übersicht.

Prüfsiegel	Symbol	Kennzeichnung
MPR II	MPR-II	■ nennt Grenzwerte, die sich auf die elektromagnetischen und elektrostatischen Felder von Monitoren beziehen
TCO 95	ECOLOGY • ENERGY TCO 95 ERGONOMICS • EMISSIONS	■ Erweiterung des Vorläufers TCO 92 und der MPR II mit strengeren Anforderungen in Energieeffizienz ■ Festlegung von Standards für Bildschirme, PCs und Tastaturen
TCO 99	ECOLOGY ENERGY TCO 99 EMISSIONS ERGONOMICS	■ Erweiterung von TCO 95 ■ Festlegung ergonomischer und ökologischer Standards für Bildschirme, Flachdisplays, PCs und Tastaturen
TCO 03	TCO Development TCO'03 DISPLAYS www.tcodevelopment.com	■ Erweiterung der bisherigen TCO-Zertifizierungen für LCD-Bildschirme, Rechner, Notebooks, Tablets
TCO Certified	TCO CERTIFIED	■ Erweiterung von TCO 03 um den Aspekt sozialer Verantwortung ■ Gütesiegel für Anwenderfreundlichkeit und Ergonomie, Umweltverträglichkeit, aktive soziale Verantwortung
Ergonomie geprüft	TÜV Rheinland Product Safety ERGONOMIE GEPRÜFT ERGONOMICS APPROVED	■ Kennzeichnung für Büromöbel, Bildschirme und Software → für Büromöbel – Erfüllung ergonomischer Anforderungen → für Bildschirme – elektrische Sicherheit → für Software – Bedienerfreundlichkeit
CE-Zeichen	CE	■ Kennzeichnung für PCs, Radios, Fernsehen, Haushaltsgeräte über die elektromagnetische Verträglichkeit
GS-Zeichen	GS geprüfte Sicherheit	■ bedeutet geprüfte mechanische Sicherheit und elektrische Sicherheit durch den TÜV
Energy Star	energy	■ Kennzeichnung zur Einhaltung der Stromsparkriterien der amerikanischen Umweltschutzbehörde EPA (Environmental Protection Agency)
DGUV Test	DGUV Test Sicherheit geprüft tested safety	■ Einhaltung der Anforderungen an Sicherheit und Gesundheitsschutz ■ verwendet meist bei der Prüfung von Strahlungen
ECO-Kreis	Sicherheit Ergonomie EMV Lärm Recycling Schadstoffarm Energiesparend TÜV 2004 TÜV Rheinland Group	■ beinhaltet verschiedene Prüfsiegel → CE-Zeichen zur elektromagnetischen Verträglichkeit → Ergonomie geprüft → GS-Zeichen für sicherheitstechnische Arbeitsmittel → Inhalte des Blauen Engels

Prüfsiegel	Symbol	Kennzeichnung
Blauer Engel		Umweltschutzzeichen für Nachhaltigkeit ■ Energieverbrauch, Energiesparfunktion ■ Umweltverträglichkeit, Recyclingfähigkeit ■ Lärmemission
Grüner Punkt		■ Verpackungskennzeichnung für recyclingfähiges Material
ISO-Symbol		■ Kennzeichnung von umweltbelastenden Batterien
Europäisches Umweltzeichen		■ Kennzeichnung für Computer, Systemeinheiten, Bildschirme und Tastaturen für → Energieverbrauchsanforderungen nach Energy Star → Langlebigkeit → recycelbare Konstruktion → umweltfreundliche Materialien → Emissionsgrenzwerte für elektromagnetische Strahlung → Geräuschemission → kostenlose Rücknahme

Büromaterialien

Einige Büromaterialien können negative Auswirkungen auf die Gesundheit der Arbeitnehmerinnen und Arbeitnehmer haben. Gesundheitsgefährdende Stoffe sind auch in lösungsmittelhaltigen Büromaterialien zu finden, vor allem in Textmarkern, Klebstoffen, Faserschreibern und Reinigungsmitteln.

Zum Schutz wurden deshalb von den staatlichen Behörden Grenzwerte für die Inhalte dieser Stoffe festgelegt. Hersteller sind angehalten und verpflichtet, diese Festlegungen einzuhalten.

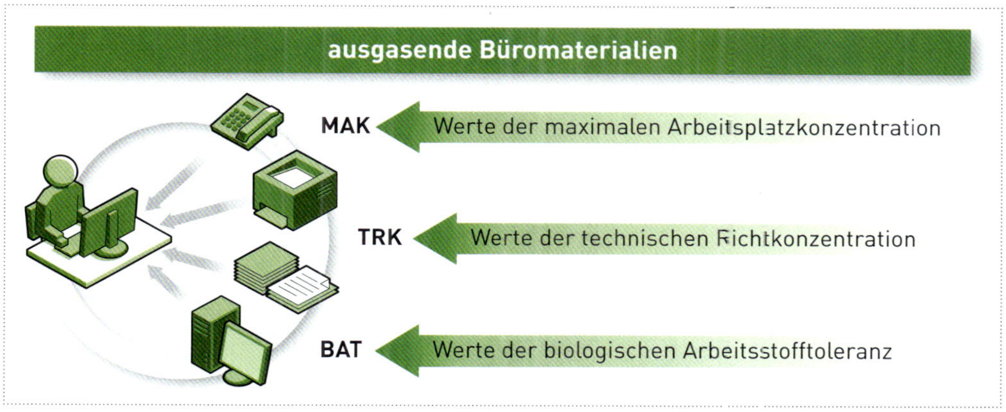

2.1.6 Ergonomie

Der Begriff Ergonomie ist eine Ableitung aus den beiden griechischen Wörtern *ergon* = Arbeit und Leistung sowie *nomos* = Gesetze und Lehre.

Merke **Ergonomie** ist die Wissenschaft von der menschlichen Arbeit; sie zielt darauf ab, den technischen Fortschritt den Menschen anzupassen durch eine humane Arbeitsgestaltung. Ergonomie ist die Lehre zur Erforschung der physiologischen und psychologischen Auswirkungen der Arbeit auf den Menschen.

Die Erkenntnisse aus der Lehre der Ergonomie bilden die Grundlage für die Gesetze, Verordnungen und Richtlinien zur Arbeitsgestaltung und zum Gesundheitsschutz. Die Berufsgenossenschaften haben als Träger der gesetzlichen Unfallversicherungen etliche Sicherheitsregeln für Büroarbeitsplätze erlassen.

Ergonomisch eingerichtete Büroarbeitsplätze

Ergonomisch eingerichtete Büroarbeitsplätze tragen dazu bei, berufsbedingte Krankheiten zu mindern, die Arbeitsleistung und Motivation der Mitarbeiterinnen und Mitarbeiter zu erhöhen sowie Unfälle zu vermeiden. Alle Bürobereiche – der Büroraum, die Beleuchtung, das Mobiliar, das Raumklima und die Bürogeräte – sind so zu gestalten, dass sie Gesundheit und Wohlbefinden der Beschäftigten nicht beeinträchtigen. Entsprechend berücksichtigen die Büroarbeitsplatzregelungen bestimmte Anforderungen für die Sicherheit und die Aufstellung von

- Schreibtischen und sonstigen Arbeitstischen,
- Bürostühlen und -sesseln, Fußstützen, Konzepthaltern,
- Büroschränken, Büroregalen, Beistellmöbeln, Leitern, Trittleitern,
- Büromaschinen, Bürogeräten und allen elektrischen Anschlüssen der Maschinen und Geräte.

Sie geben Hinweise zur richtigen Sitzhaltung an Arbeitstischen sowie zur ergonomischen Einstellung von Arbeitsmitteln.

Die **richtige Sitzhaltung** ist eine grundlegende Voraussetzung, um Rückenleiden mit Spätfolgen zu vermeiden. Besonders lang anhaltende sitzende Tätigkeiten sind häufiger Auslöser für gesundheitliche Schäden und Berufskrankheiten. Hier können ergonomisch gestaltete Büroarbeitsplätze den Gesundheitsschäden vorbeugen. Ausreichende körperliche Bewegung ist dabei genauso wichtig wie zum Beispiel eine abwechselnd sitzende oder stehende Bürotätigkeit, denn die Haltungsänderungen wirken Rückenproblemen entgegen und verringern das Risiko einer Überbeanspruchung der Muskulatur.

Regeln für richtiges Sitzen

- Füße vollständig auf den Boden aufstellen.
- Ober- und Unterschenkel bilden einen rechten Winkel, die Sitzhöhe entsprechend einstellen.
- Arme locker auf den Tisch auflegen.
- Rücken gerade halten und den Lendenbereich an die Rückenlehne des Stuhls anlehnen.
- Sitzhaltung häufig ändern und Sitzfläche vollständig ausnutzen.
- Rückenlehne unblockiert benutzen.

Der Drei-Zonen-Arbeitsplatz

Der Drei-Zonen-Arbeitsplatz ist eine günstige Alternative, um eine ständig sitzende Tätigkeit im Büro zu vermeiden, so kann beispielsweise die Ablage stehend verrichtet werden.

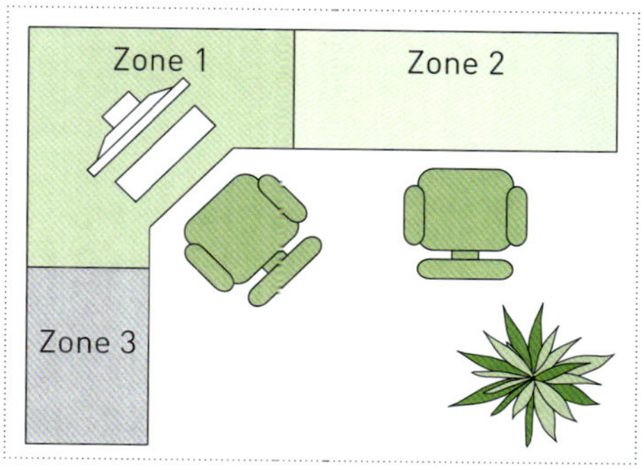

Zone 1: Bildschirmarbeitsplatz

Zone 2: Platz für sitzende Tätigkeiten

Zone 3: Platz für stehende Tätigkeiten

Der Bürostuhl

Die Sitzfläche und die Rückenlehne des Arbeitsstuhls sollten körpergerecht geformt sein. Auch soll die gesamte Sitzfläche ausgenutzt werden und zu zwei Drittel die Oberschenkel stützen. Die Rückenlehne sollte den Rücken im unteren und mittleren Bereich abstützen. Die Wölbung der Rückenlehne muss dabei auf die individuellen Körpermaße eingestellt werden, um im Lendenbereich die Wirbelsäule stützen zu können.

Die **Mindestanforderungen an einen Bürostuhl** fordert DIN 4551:
- Sitztiefe 38 cm bis 44 cm
- Breite der Rückenlehne 36 cm bis 48 cm
- Kippsicherung des Stuhls bei zurückgeneigter Rückenlehne
- stufenlos verstellbare Sitzhöhe von 42 cm bis 53 cm
- stufenlos verstellbare Rückenlehne von 17 cm bis 23 cm über dem Sitz
- fünf gebremste Rollen bei einem Bürodrehstuhl mit Standsicherheit
- antistatisches und rutschfestes Material
- zusätzliche Anforderung für Bürostühle mit Armlehnen: Länge der Armlehne mindestens 20 cm, Breite mindestens 4 cm und Höhe über dem Sitz 20 cm bis 25 cm

Bei der Anschaffung von Bürostühlen ist unbedingt auf das geforderte Prüfsiegel zu achten. Entscheidende Prüfsiegel sind das GS-Zeichen, das Ergonomie-geprüft-Zeichen sowie das DGUV-Test-Zeichen.

Die Fußstützen

Zu einer ergonomischen Sitzhaltung können Fußstützen beitragen. Wenn die Arbeitstische nicht höhenverstellbar sind, sollten unbedingt Fußstützen genutzt werden. Sie schaffen den Ausgleich zwischen Tischhöhe und Fußhöhe. Die **Fußstützen** müssen die ergonomischen Richtlinien nach DIN 4556 erfüllen.

- Verstellhöhe bis zu 11 cm über dem Fußboden
- Höhe der vorderen Kante 5 cm
- Fußstellfläche mindestens 45 cm breit, mindestens 35 cm tief
- Neigung mindestens 5° bis zu 15°
- rutschfestes Obermaterial

Die Fußstützen sind dann richtig eingestellt, wenn der Mitarbeiter dieselbe Haltung einnimmt wie bei einem höhenverstellbaren Arbeitstisch.

Der Arbeitstisch

Die richtige Tischhöhe ermöglicht eine ergonomische Sitzhaltung. Unterschiedliche Körpergrößen der Menschen erfordern den Einsatz höhenverstellbarer Arbeitstische. Bevor eine Mitarbeiterin ihre Tätigkeit beginnt, sollte sie sich von der ergonomisch richtigen Einstellung ihres Arbeitsplatzes überzeugen.

Arbeitstische bieten dann eine ergonomisch günstige Arbeitshaltung, wenn sie genügend Beinfreiheit und eine ausreichende Arbeitsfläche bieten. Folgende Anforderungen werden nach DIN 4543 und DIN 4549 an einen **ergonomischen Arbeitstisch** gestellt:

- Größe der Arbeitsfläche mindestens 160 cm mal 80 cm (nach DIN 4543)
- höhenverstellbar von 68 cm bis 76 cm (Empfehlung)
- Höhe der nicht verstellbaren Tische 72 cm (nach DIN 4549)
- Standsicherheit und gerundete Ecken und Kanten
- Anschlussmöglichkeiten für elektronische Bürogeräte
- einfach zu reinigen
- geringe Wärmeleitfähigkeit
- reflexionsarme Arbeitsfläche
- genügend Beinfreiraum (nach DIN 4549): Höhe mindestens 65 cm, Breite mindestens 58 cm, Tiefe mindestens 60 cm
- Tischtiefe von 80 cm bei normalen Bürotätigkeiten ohne die Nutzung von PC und Bildschirm ausreichend; Tischtiefe von mindestens 90 cm bei der Anwendung herkömmlicher Bildschirme; Tischtiefe von 80 cm bei Flachbildschirmen

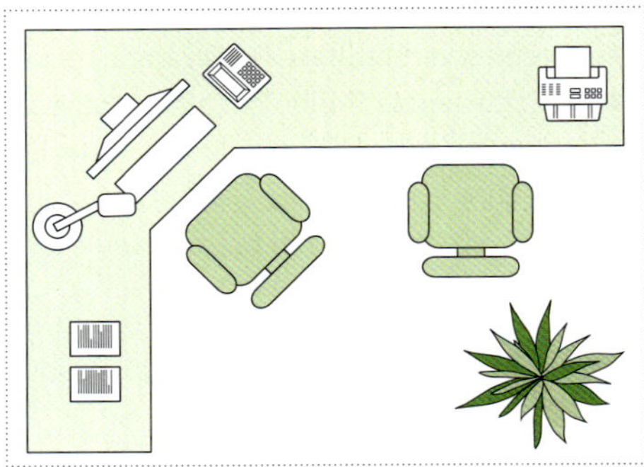

Die **Anordnung der Arbeitsmittel** auf dem Schreibtisch sollte so gestaltet sein, dass die am häufigsten verwendeten Arbeitsgeräte im unmittelbaren Griffbereich zu finden sind.

Bildschirmarbeitsplätze

Gesetzliche Grundlagen Kap. 2.1.1

Die Ausstattung der Büroarbeitsplätze ist in Gesetzen und Verordnungen festgelegt. Die Sicherheitsregeln für Büroarbeitsplätze werden durch die Bildschirmarbeitsverordnung ergänzt und regeln die Ausstattung und Gestaltung von Büroräumen mit Bildschirmarbeitsplätzen. Dazu gehören Arbeitsmittel wie Bildschirmgeräte, Bildschirmarbeitstische, Tastaturen und Arbeitsvorlagenhalter.

Wer täglich und regelmäßig am PC arbeitet, verändert seinen Blickwinkel bis zu 30 000 Mal, der Blick wechselt zwischen Bildschirm, Tastatur und Arbeitsunterlagen hin und her. Deshalb ist es sinnvoll, die Arbeit kurzzeitig zu unterbrechen, den Blick vom Bildschirm zu nehmen und tief durchzuatmen. Regelmäßige Entspannungsübungen lockern die Muskulatur auf.

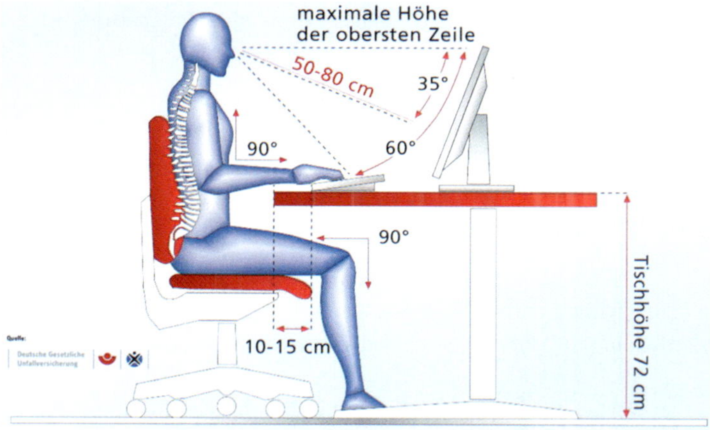

Der Bildschirm

Im Handel sind verschiedene Bildschirmmodelle und -größen erhältlich. Die Entscheidung über Modell und Größe des Bildschirms hängt von der jeweiligen Tätigkeit ab. Für Zeichnungen oder Grafiken eignen sich besonders große Bildschirme.

Die **Bildschirmdarstellung** muss

- flimmerfrei, entspiegelt, scharf und deutlich sein,
- eine ausreichende Größe haben,
- reflexionsarm und blendungsfrei sein.

Der Bildschirm muss dreh- und neigbar sowie strahlungsarm, die Helligkeit sowie die Kontraste müssen einstellbar sein.

Flachbildschirme sind aus den Büros nicht mehr wegzudenken. Sie werden hauptsächlich in den Größen 17 Zoll, 19 Zoll und 21 Zoll angeboten. Ein Flachbildschirm mit einer Größe von 17 Zoll reicht für normale Büroanwendungen völlig aus. Bei der Neuanschaffung von Bildschirmen ist unbedingt zu achten auf die Prüfsiegel Ergonomie-geprüft-Zeichen, MPR II sowie TCO.

Vorteile Flachbildschirm	Nachteile Flachbildschirm
■ platzsparend ■ geringer Stromverbrauch ■ keine elektromagnetische Strahlung ■ geringe Hitzeentwicklung ■ scharfe Bilddarstellung ■ flimmerfrei ■ längere Lebensdauer (bis zu 50 000 Stunden) ■ größere Sichtbildfläche	■ Auflösung vom Hersteller vorgegeben ■ Reaktionszeit des LCD-Bildschirms *(LCD = Liquid Crystal Display = Flüssigkristallbildschirm)* für manche Anwendungen zu langsam ■ blickwinkelabhängiger Kontrast ■ Pixelfehler möglich

Die Einrichtung von Bildschirmarbeitsplätzen erfordert ein hohes Maß an Wissen über die Ergonomie im Büro. Bei der **Gestaltung eines Arbeitsplatzes mit LCD-Monitoren** sollten folgende Grundsätze beachtet werden:

- Sichtabstand zum Monitor mindestens 50 cm bis 80 cm je nach Größe des Bildschirms
- Sichtabstand 50 cm bis 60 cm bei 15-Zoll-LCD-Bildschirmen
- Sichtabstand 70 cm bei 19-Zoll-LCD-Bildschirmen
- Sichtabstand 80 cm bei 21-Zoll-LCD-Bildschirmen
- Der Bildschrim ist seitlich zum Fenster oder zum Lichteinfall aufgestellt.
- Die oberste Bildschirmzeile liegt wenig unterhalb der Augenhöhe.
- Die Darstellung auf dem Bildschirm ist immer „positiv", das bedeutet dunkle Schrift auf hellem Untergrund.

Bei allen Bildschirmarbeitsplätzen sollte zwischen Tischkante und Tastatur ein Abstand von mindestens 20 cm eingehalten werden, um die Unterarme bequem auflegen zu können.

Die Tastatur

Eine ergonomische Tastatur erleichtert nicht nur die Arbeit, sie macht auch ein entspanntes Arbeiten erst möglich. Probleme mit der Rückenmuskulatur, den Händen und Armen oder mit den Augen können Folge einer zwanghaften Fehlhaltung durch eine unergonomische Tastatur sein. Die Gelenke werden enorm belastet, Spätfolgen sind nicht auszuschließen. Für eine richtige Verwendung der Tastatur existieren bestimmte Empfehlungen und Richtlinien. So sind in DIN EN 2137 (Teile 1 bis 11) klare Anforderungen an die Tastaturbelegung vorgegeben. Alle im Handel erhältlichen alphanumerischen Tastaturen haben dieselbe Belegung wie bisherige Schreibmaschinen.

Die Anforderungen an eine **ergonomische Tastatur** legt die Bildschirmarbeitsverordnung fest. Dazu gehören die folgenden Kriterien:

- Die Tastatur ist vom Bildschirmgerät getrennt.
- Der Anschlag der Tasten soll relativ leicht sein; er sollte niemals 100 g pro Anschlag übersteigen, die Richtwerte geben 40 g bis 100 g pro Anschlag vor.
- Die Beschriftung der Tasten hebt sich vom Untergrund deutlich ab und ist gut lesbar.
- Die Tastatur hat eine reflexionsarme Oberfläche und wird leicht schräg (bis maximal 15° Neigung) aufgestellt.
- Die Arbeitsfläche vor der Tastatur ermöglicht ein Auflegen der Hände, günstig sind Handballenauflagepolster zur Schonung der Gelenke und der Muskulatur.
- Neue, moderne Tastaturen sind zweigeteilt, in der Mitte der Tastatur befindet sich eine Wölbung, um eine angenehme Fingerhaltung zu erreichen.
- Außerdem liegen bei dieser Form der Tastatur die Hände weiter auseinander, sodass Hände und Unterarm eine Linie bilden und die Hand nicht mehr seitlich abgeknickt werden muss.

Die Maus

Eine ergonomisch geformte Maus passt sich der Hand an; sie ist in verschiedenen Größen erhältlich. Der vordere Mausteil sollte niedriger sein als der hintere, der Mittelteil ist leicht gewölbt und füllt die hohle Hand aus. Für Linkshänder gibt es extra gestaltete Mäuse. Mäuse mit Kabel werden inzwischen durch schnurlose optische Mäuse ersetzt; sie bieten eine angenehme Alternative zur herkömmlichen Maus. DIN EN ISO 9241 legt die ergonomischen Anforderungen an Eingabegeräte fest.

Eine Maus muss sich leicht führen lassen. Die Maus wird körpernah bewegt, der Unterarm liegt dabei auf der Arbeitsfläche auf. Dies beugt Schädigungen der Arm- und Handnerven vor.

Der Vorlagenhalter

Ein Vorlagenhalter muss stabil und verstellbar sein, eine Neigung von 15° bis 17° ist empfehlenswert, um eine ergonomische Körperhaltung zu gewährleisten. Die Höhe des Vorlagenhalters sollte verstellbar sein, damit die Augen in gleicher Höhe zum Bildschirm schauen können. Dadurch werden unangenehme Kopfbewegungen vermieden. Im Handel erhältliche Vorlagenhalter haben oft eine zusätzliche Lesehilfe in Form von Linealen.

Software-Ergonomie

Merke **Software-Ergonomie** ist die Anpassung der Softwarebeschaffenheit an die psychischen Eigenschaften der an Computern arbeitenden Menschen.

Die Bildschirmarbeitsverordnung regelt unter anderem die Anforderungen an die Software. Diese muss benutzerfreundlich sein und bestimmte Eigenschaften aufweisen. Zum Nachweis dieser Grundsätze gibt es ein offizielles deutsches Prüfverfahren, in dem mithilfe eines Prüfhandbuchs die Gebrauchstauglichkeit getestet wird.

Gebrauchstauglichkeit einer Software bedeutet: Die Software ermöglicht eine Arbeitsweise, die die gestellten Arbeitsanforderungen effektiv und optimal erreicht. Der Benutzer kann seine Aufgabe mit der entsprechenden Software zielgerichtet auf einfachem Wege effizient erfüllen. Der Stressfaktor wird dabei abgebaut und der gesamte Arbeitsaufwand verringert. Eine Software muss einfach zu bedienen und gut verständlich sein, der Benutzer soll auf geringe Fehler aufmerksam gemacht werden und möglichst Korrekturvorschläge erhalten. Außerdem sollte eine Software motivierende Eigenschaften zur Nutzung enthalten. DIN EN ISO 9241 schreibt die ergonomischen Anforderungen für Bürotätigkeiten mit Bildschirmgeräten vor.

2.1.7 Raumgestaltung

Die unterschiedlichsten Faktoren wie Raumtemperatur, Luftzirkulation, Lichtverhältnisse usw. haben einen Einfluss darauf, ob sich ein Mensch in seiner Arbeitsumgebung wohlfühlt oder gesundheitlich belastet wird. Welche Faktoren dabei eine Rolle spielen, zeigt die folgende Übersicht.

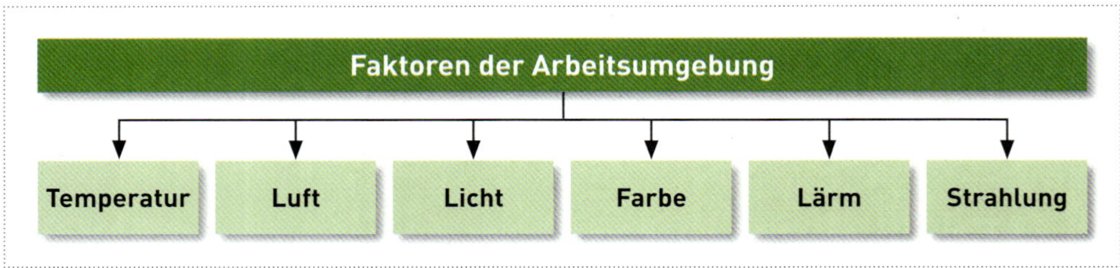

Raumtemperatur

Eine für den menschlichen Organismus angenehme Raumtemperatur beträgt 21° bis 22° Celsius. Bei sehr hohen Außentemperaturen sollte die Raumtemperatur um 6° Celsius niedriger liegen. Scheint die Sonne direkt in den Raum, heizt er sich zusätzlich auf. Hier können Sichtblenden, Jalousien oder ähnliche Lichtschutzvorrichtungen Abhilfe schaffen.

Luft

Die relative Luftfeuchtigkeit in Räumen sollte im Bereich zwischen 40 % bis 60 % liegen. Zu hohe Luftfeuchtigkeit führt zu rascher Ermüdung, eine zu niedrige möglicherweise zu Atemwegserkrankungen.

Luftzirkulation

Die Mitarbeiterinnen und Mitarbeiter dürfen keiner Zugluft ausgesetzt sein. Die Luftgeschwindigkeit sollte den Wert von 0,1 Metern pro Sekunde bis maximal 0,15 Metern pro Sekunde nicht überschreiten. Moderne Belüftungssysteme sorgen für ein gesundes Raumklima, sie entziehen der Luft Schadstoffe und schaffen einen ausreichenden Luftaustausch.

Licht

Schlechte Lichtverhältnisse führen zu Ermüdungszuständen und beanspruchen das Auge unnötig. Um dem vorzubeugen, hat die Verwaltungs-Berufsgenossenschaft die folgenden Richtlinien für die Lichtstärke in Büroräumen (gemessen in Lux) festgelegt.

- Die allgemeine Raumbeleuchtung sollte 500 Lux betragen.
- Für Büroräume mit viel Tageslicht sind gegebenenfalls 300 Lux ausreichend.
- In Großraumbüros ist eine Beleuchtungsstärke von 750 Lux empfehlenswert.

Beispiel Lichtstärke Lux

Ein Lux entspricht ungefähr der Lichtstärke einer Kerze, wenn sie etwa einen Meter vom Auge entfernt aufgestellt ist.

Die geltende Norm DIN 5035 „Beleuchtung mit künstlichem Licht" wurde im Jahr 2002 durch die europäische Norm DIN EN 12464-1 teilweise abgelöst, andere Teile wurden beibehalten. Darin enthalten sind **Anforderungen an einen richtig beleuchtenden Arbeitsplatz,** zum Beispiel:

- Licht soll möglichst schräg einfallen, in der Regel von links oben.
- Arbeitsplatzleuchten sind nur anzubringen, wenn das Licht von rechts einfällt.
- Zusätzliche Beleuchtungskörper dürfen nicht blenden.
- Scharfe und lange Schatten am Arbeitsplatz sind zu vermeiden.
- Der Arbeitsbereich soll möglichst gleichmäßig ausgeleuchtet sein.
- Die Beleuchtung muss flimmerfrei sein.

Farbgestaltung

Die Farbgestaltung im Büro ist immer zweckbestimmt. Farben haben eine psychologische Wirkung auf den Menschen und beeinflussen sein Verhalten. Auch Raumschmuck wie Bilder und Pflanzen wirken auf das menschliche Wohlbefinden. Farbgestaltung und Arbeitsplatzbeleuchtung sollten bei der Raumgestaltung aufeinander abgestimmt werden. Helle Farben lassen die Räume licht und freundlich erscheinen, beruhigende Farben begünstigen eine gleichbleibende Stimmung und anhaltende Arbeitsbereitschaft.

Farben beeinflussen nicht nur die psychische Stimmungslage der Menschen, sondern auch sein Distanz-, Temperatur- und sein Helligkeitsempfinden.

Farbe		Psychologische Wirkung	Temperaturwirkung
Blau		beruhigend	sehr kalt
Grün		sehr beruhigend	kalt
Rot		sehr anregend	warm
Gelb		anregend	sehr warm
Orange		anregend	sehr warm
Braun		anregend	neutral

Lärm

Lärmbelastungen am Arbeitsplatz sind nicht nur störende Faktoren, sondern haben auch einen entscheidenden Einfluss auf die psychische und physische Verfassung des Menschen. So nimmt bei ständiger Lärmbelästigung die Konzentrationsfähigkeit enorm ab und die Leistungsfähigkeit wird negativ beeinflusst.

Lärm wird in Dezibel (dB(A)) gemessen. Das „A" steht für das menschliche Hörempfinden. Die Verwaltungs-Berufsgenossenschaft hat Werte festgelegt, die die Lärmbelastungen am Arbeitsplatz einschränken. Hier einige Empfehlungen der Fachwelt für Höchstwerte in Büros:

- bei überwiegend geistiger Tätigkeit 55 dB(A),
- bei einfachen oder überwiegend mechanisierten Bürotätigkeiten 70 dB(A),
- bei allen anderen Tätigkeiten 85 dB(A).

Die Darstellung zeigt zum Vergleich verschiedene Größen der Lärmbelastungen für den menschlichen Organismus.

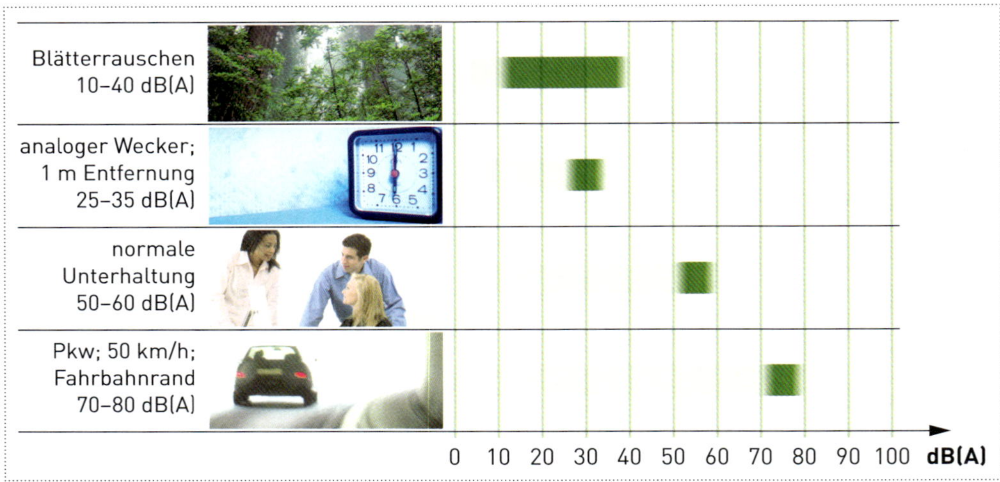

Zur **Verringerung der Lärmbelästigungen** im Büro sind verschiedene Maßnahmen möglich, beispielsweise

- die Verwendung von antistatischen Teppichböden,
- die Verwendung von Textiltapeten aus Naturfasern,
- der Einbau von schalldämmenden Türen und Fenstern,
- abgehängte Decken zur Verbesserung der Akustik.

Strahlung

Elektrosmog ist ein Sammelbegriff für elektromagnetische Felder, die beim Gebrauch von elektrischen Geräten, beim Stromverbrauch und bei der Funkübertragung von Fernsehen, Radio und Mobiltelefonen entstehen. Diese elektromagnetischen Felder wirken auf den menschlichen Organismus ein und können den Stoffwechsel beeinflussen etwa durch optische Störungen.

Die folgenden Maßnahmen dienen dem Schutz der Menschen am Büroarbeitsplatz, sie können die gesundheitlichen Risiken durch Elektrosmog mindern oder sogar vermeiden:

Prüfsiegel Kap. 2.1.5

- Bildschirme entsprechen der Norm TCO.
- Zu elektrischen Geräten ist ein möglichst großer Abstand einzuhalten.
- Drucker und Scanner stehen getrennt vom Arbeitsplatz in anderen Räumen.
- Herkömmliche Bildschirme möglichst durch Flachbildschirme ersetzen.
- Beim Kauf neuer Geräte strahlungsarme Produkte wählen.
- Auf schnurlose Telefone sollte verzichtet werden.
- Sinnvoll ist eine Vernetzung per Kabel anstatt eines Funknetzes (WLAN).
- Head-Sets mit reduziertem Elektrosmog einsetzen.
- Für ausreichende Luftfeuchtigkeit sorgen.
- Antistatische Teppichböden verwenden.

Arbeitsräume und ihre Größe

Ein Arbeitsraum sollte eine Mindestfläche von 8 m² betragen bei einer freien Bewegungsfläche am Arbeitsplatz von mindestens 1,50 m². Zweckbestimmte Möbel gehören zur Grundausstattung eines Arbeitszimmers, Türen, Schubladen usw. sollten problemlos zu öffnen sein. Es gibt keine ausdrückliche Regelung für eine Arbeitsraumgestaltung und -größe. Die Empfehlungen seitens der Berufsgenossenschaften für einen Mindestluftraum in Arbeitszimmern lauten: bei sitzender Tätigkeit 12 m^3, bei stehender Tätigkeit 15 m^3 Luftraum.

Arbeitsräume sind unterschiedlich groß, je nachdem, wie viel Mitarbeiterinnen und Mitarbeiter diese nutzen. Drei Grundformen werden unterschieden: das Einpersonenbüro, das Mehrpersonenbüro und das Großraumbüro.

Ein **Einpersonenbüro** ermöglicht ein konzentriertes, ungestörtes Arbeiten. Vertrauliche Gespräche sind bedenkenlos möglich, dies ist zum Beispiel für Personalverantwortliche eines Unternehmens vorteilhaft. Als nachteilig wird ein Einpersonenbüro dann von Mitarbeitern empfunden, wenn sie isoliert von ihrer Arbeitsumgebung sind; das kann kommunikative Probleme mit sich bringen. Vor allem Vorgesetzte und Führungskräfte nutzen Einpersonenbüros, aber auch Mitarbeiter, die häufig Kundenbesuche oder -beratungen haben, sitzen beispielsweise allein in ihrem Büro.

Ein **Mehrpersonenbüro** besteht aus zwei oder mehreren Arbeitsplätzen. Das Mehrpersonenbüro eignet sich vor allem für Tätigkeiten, die Teamarbeit erfordern. Ein wesentlicher Vorteil ist die gemeinschaftliche Nutzung der Arbeitsmittel wie zum Beispiel Kopierer, Scanner, Akten. Allerdings sind in einem Büro mit mehreren Personen persönliche Kontakte zu Kunden oder anderen Mitarbeitern nur bedingt möglich, da sie die anderen im Büro stören könnten. Bei individuellen Gesprächen suchen die betreffenden Personen besser einen Beratungsraum auf.

Großraumbüros haben mindestens eine Fläche von 400 m^2 mit vielen Arbeitsplätzen. Ursprünglich sollte diese Art der Büros die Teamarbeit und Kommunikation unter den Mitarbeitern fördern, jedoch stellte man später fest, dass eine ungestörte Arbeitsweise in einem Großraumbüro kaum möglich ist. Die Belastungen durch Lärm, ausschließlich künstliche Beleuchtung und ungünstige klimatische Bedingungen erhöhen gesundheitliche Probleme. Abhilfe können künstliche Abtrennungen zwischen den einzelnen Arbeitsplätzen schaffen.

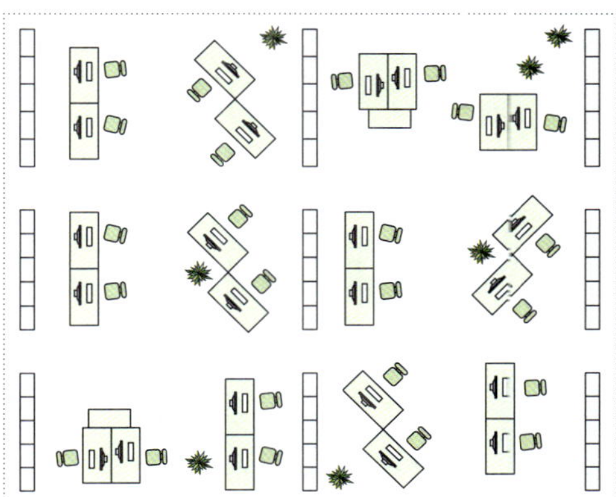

So entstanden aus den Großraumbüros teilweise ganze **Bürolandschaften.** Die einzelnen Arbeitsplätze sind hier durch Raumteiler, Abtrennungen, grüne Bereiche voneinander abgegrenzt, sodass eine ruhigere Arbeitsatmosphäre entsteht. Durch Stellwände, Raumgliederungs- und Einrichtungselemente kann ein Raum-in-Raum-System geschaffen werden.

Ein **Kombibüro** ist eine Kombination aus Einzelbüro, der sogenannten Arbeitskoje, und einer Gemeinschaftszone. Kombibüros eignen sich insbesondere dann, wenn sowohl konzentrierte Einzelarbeit als auch Teamarbeit oder Gruppengespräche innerhalb eines bestimmten Tätigkeitsbereichs erforderlich sind. Die Geräuschkulisse wird gedämpft durch räumliche Abtrennungen. Die Arbeitskojen haben Fenster, so ist eine optimale Beleuchtung gewährleistet.

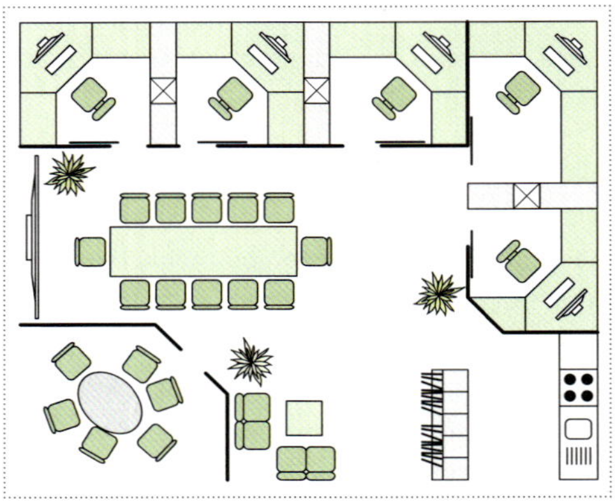

Büromöbel – modular einsetzbar

Die Gestaltung eines Büroraums richtet sich nach den zu verrichtenden Tätigkeiten. Je vielfältiger die Büroarbeiten sind, umso anspruchsvoller sollte auch die Ausstattung sein. Die Büromöbel können miteinander verkettet oder neu zusammengefügt werden, modular gestaltetes Mobiliar kann ausgetauscht oder neu kombiniert werden.

Moderne Arbeitsplätze passen sich den Körpermaßen und Körperhaltungen der Arbeitenden an. Im Idealfall wird die Größe des Arbeitsplatzes mit den Maßen der jeweiligen Arbeitsperson abgestimmt. Eine individuelle Kombination des Mobiliars schafft Büroarbeitsplätze, die auf die Menschen zugeschnitten sind. So können sie den unterschiedlichen funktionellen Anforderungen besser gerecht werden.

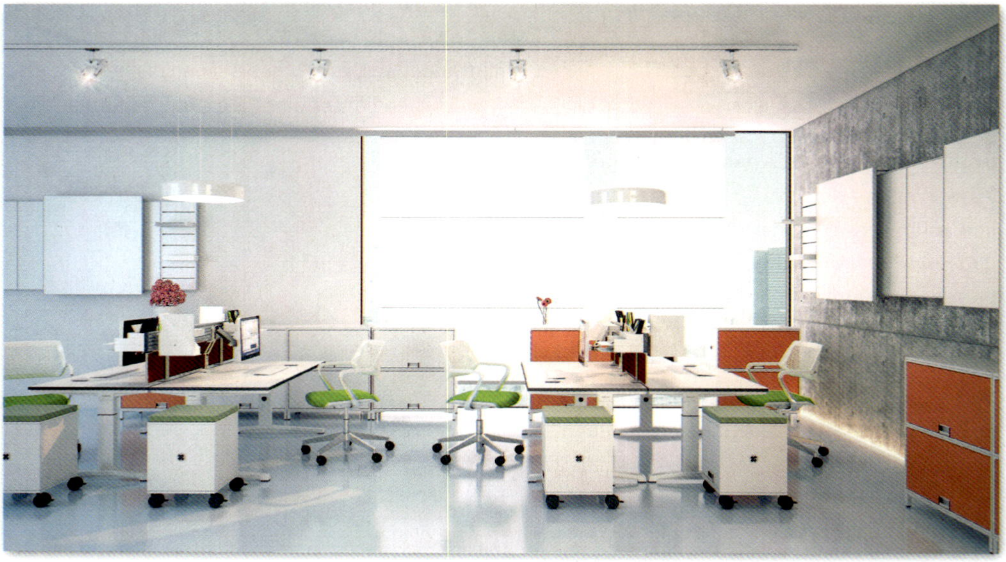

Lernlandkarte 2.2 bis 2.4

2.2 Bürotechnik

- Drucker
- Kopierer
- Scanner

2.3 Telekommunikation

- Telefon
- Mobilfunk
- Telefax
- Internet und Intranet

2.4 Schriftgutverwaltung

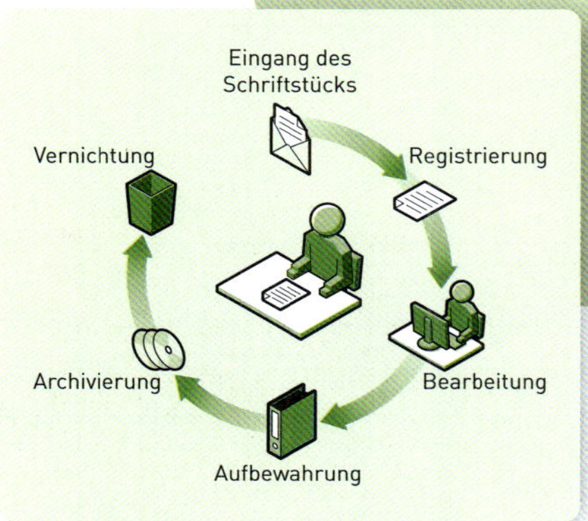

2.2 Bürotechnik – Drucken, Kopieren, Scannen

Seit Jahrzehnten gibt es die Vision des „papierlosen Büros", das nach der kompletten Umstellung sämtlicher papiergebundener Dokumente auf elektronische Medien eines Tages Wirklichkeit werden könnte. In der gegenwärtigen Büropraxis allerdings – und das ist durch aktuelle wissenschaftliche Studien belegt – steigt der Papierverbrauch weiter an, obwohl viele Dokumentmanagement-Softwarelösungen bestrebt sind, die Nutzer und Nutzerinnen bei der elektronischen Archivierung zu unterstützen und die Anzahl der Papierdokumente im Büro zu reduzieren.

Die Gründe für den steigenden Papierverbrauch liegen auf der Hand: Während das Vervielfältigen eines Dokuments früher relativ umständlich war (Abtippen mit Schreibmaschine, schlecht lesbare Durchschläge usw. – ein enormer Aufwand, der sich oft nicht lohnte), ist heutzutage das Vervielfältigen mit einem Fotokopierer oder durch mehrfachen Ausdruck sehr schnell und einfach. Infolgedessen wird ein Dokument „mal eben schnell" kopiert oder ausgedruckt, sodass der Papierverbrauch insgesamt ansteigt.

Eine Studie des Druckerherstellers Lexmark ergab, dass jährlich fast 700 Mrd. Seiten unnötig ausgedruckt werden. Der typische Papierverschwender ist laut dieser Studie männlich und zwischen 18 und 34 Jahren alt. Das gedankenlose Drucken und Kopieren verursacht allein in Europa jährlich 1,4 Mrd. € Kosten, verbraucht 10 Mrd. kW/h Energie und sorgt für 655 000 t Kohlenstoffdioxid (CO_2).

Von 1950 bis heute stieg der Papierverbrauch allein in Deutschland um über 700 %, auf derzeit rund 250 kg je Einwohner und Jahr. Damit gehört Deutschland zu den größten Papierverbrauchern weltweit und der Stapel Papier, der in der BRD jedes Jahr verbraucht wird, reicht locker bis zum Mond:
mittlere Entfernung Erde – Mond: 384 000 km
1 Blatt A4-Papier = 5 g; 1 000 Blatt = 5 kg = 11 cm Höhe
250 kg Jahresverbrauch je Einwohner · 80 Mio. Einwohner = 440 000 km

Aktuelle Zahlen siehe: www.umweltbundesamt-daten-zur-umwelt.de.

2.2.1 Drucker

Um wichtige Unterlagen zu diversen Geschäftsvorfällen oder Ergebnisse unterschiedlichster betrieblicher Aktivitäten in schriftlicher Form zu dokumentieren, werden im Büroalltag Ausdrucke auf Papier erstellt, verteilt und archiviert. Dabei stehen bei der Auswahl eines Druckers die folgenden Leistungsmerkmale im Vordergrund:

Leitfaden für Druckerauswahl nach Leistungsmerkmalen	
Druckermerkmale	**Erläuterungen**
Druckqualität (Auflösung)	Eines der wichtigsten Merkmale bei der Auswahl eines Druckers ist die Qualität der gelieferten Ausdrucke, dabei sollte unter objektiven Gesichtspunkten im Büroalltag darauf geachtet werden, dass die Ausdrucke mindestens in Briefqualität (Schreibmaschinenqualität) erzeugt werden. Die Druckqualität eines Geräts hängt stark von der jeweiligen Druckerauflösung ab. Die Druckerauflösung wird in Farbpunkten pro Zoll (dots per inch, dpi) angegeben. Je mehr Punkte pro Zoll, desto feiner ist im Allgemeinen die Druckausgabe. Der absolute Mindestwert beträgt 600 dpi. Die meisten Tintenstrahldrucker bieten eine Auflösung von etwa 720 dpi bis 2880 dpi. Die Druckerauflösung ist nicht identisch mit der Bildauflösung, steht jedoch mit ihr in Zusammenhang. Um ein Foto in guter Qualität auf einem Tintenstrahldrucker auszugeben, sollte eine Bildauflösung von mindestens 300 dpi gewählt werden.
Druckgeschwindigkeit	Die Druckgeschwindigkeit wird in ppm angezeigt (pages per minute, Seiten pro Minute). Ein Wert von mindestens 10 Seiten pro Minute (Text in Schwarz-Weiß) ist angemessen. Allerdings erreichen Hochleistungsdrucker bei Texten in Schwarz-Weiß Werte von 15 oder 17 Seiten pro Minute und über 10 Seiten pro Minute bei Farbdrucken.
Papiereinzug (Druckformate)	Eine Papierkapazität von mindestens 100 Blatt sowie die Unterstützung verschiedener Papierformate und -typen (Fotos, Umschläge, Visitenkarten, größere Formate [A3] usw.) sind inzwischen Standard.
Anschlüsse	In der Büropraxis ist ein Drucker mit Verbindung über eine USB-Schnittstelle der Mindeststandard, den die allermeisten Drucker auch einhalten. Mittlerweile ist auch ein kabelloser Druck möglich, beispielsweise von einem Mobiltelefon oder einem mobilen PC.
Betriebskosten	Achten Sie auf niedrige Betriebskosten (zum Beispiel die durchschnittliche Anzahl gedruckter Seiten pro Tintenpatrone) sowie eine konstante Druckqualität bei längerer Nutzung.
Nützliche Funktionen	Bestimmte Druckeroptionen können – je nach Bedarf im Büro – sehr nützlich sein. Hierzu zählen beispielsweise das direkte Drucken von Webseiten, das Abschließen eines Ausdrucks, wenn eine Farbe in einer Druckpatrone verbraucht ist, sowie eine Abbruchtaste zum schnellen Stoppen unerwünschter Ausdrucke.
Umweltverträglichkeit	In Büroräumen wird geistig gearbeitet und ein Drucker darf dabei nicht stören, deshalb sollte ein leiser Betrieb gewährleistet sein. Lärmarme Geräte sollten unbedingt bevorzugt werden. Mittlerweile gibt es Geräte, deren Lärmwerte unterhalb der Grenzen (maximale Geräuschabgabe im Leerlauf von Arbeitsplatzrechnern von 48 dB(A) Schalldruckpegel und eine maximale Schallleistung von 75 dB(A) bei Bürogeräten) des „Blauen Engels" liegen. Ein Schwarz-Weiß-Laserdrucker darf nach den Prüfkriterien bei 25 Seiten/Minute maximal 60 dB(A) und ein Farblaserdrucker 62 dB(A) Schallleistungspegel aufweisen. **Geräte mit mehr als 63 dB(A) Schallleistungspegel gehören nicht an einen Arbeitsplatz** mit geistigen Tätigkeiten. Angaben dazu finden sich im Datenblatt des Geräts bzw. der Bedienungsanleitung. Ferner sollte ein Drucker möglichst wenig Emissionen (Ozon, Tonerstaub) produzieren. Empfehlenswert sind energiesparende, wartungs- und verbrauchsarme Geräte.

Lärm im Büro
Kap. 2.1.2

Druckerarten

Nadeldrucker

Ein Nadeldrucker erzeugt die Druckzeichen in Form einer Matrix. Dünne Nadeln (zwischen 9 und 48 Stück) drucken unter hoher Geräuschentwicklung (sehr lauter Betrieb) über ein Farbband einzelne Punkte auf das Papier, aus denen sich die Druckzeichen zusammensetzen (entspricht einem Punktraster = Matrix). Je mehr Nadeln der Drucker aufweist, desto klarer wird das Schriftbild. Nadeldrucker sind mittlerweile für das Büro überholt und finden nur noch in Einzelfällen als Listendrucker (Formulardruck mit Durchschlägen) Verwendung. Dabei können bei einem Druckvorgang neben dem Original bis zu fünf Kopien als Durchschläge erstellt werden.

Tintenstrahldrucker

An vielen Büroarbeitsplätzen ist der Einsatz von Tintenstrahldruckern empfehlenswert und völlig ausreichend. Sie verwenden zumeist ungiftige, wasserlösliche Tinte. Die Geräte sind kostengünstig, verbrauchen wenig Energie und ihr Lärmpegel ist gering. Zur weiteren Lärmminderung können schallisolierende Unterlagen benutzt werden. Der Tintenstrahldrucker erzeugt die einzelnen Schriftzeichen ebenfalls in Form einer Matrix, indem Tinte auf das Papier „gespritzt" wird. Dabei hängt die Druckqualität von der Düsenanzahl ab. Geräte mit 24 Spritzdüsen und mehr erreichen Druckergebnisse, die nahe an die Qualität von Laserdruckern heranreichen. Inzwischen gibt es auch Geräte mit fest eingebautem Druckkopf, sodass nur die Tinte nachgefüllt werden muss und dadurch weniger Plastikmüll anfällt. Fast alle bekannten Druckerhersteller bieten heute Farbdrucker als Tintenstrahldrucker an. Dabei werden ausgehend von den Grundfarben Schwarz, Cyan (Blau), Magenta (Rot) und Gelb alle weiteren Farbtöne erzeugt.

Gel-Drucker

Seit dem Jahr 2006 sind Gel-Drucker auf dem Markt, die statt Tinte ein Gel mit Farbpigmenten „aufsprühen". Sie bieten eine gute Alternative zu den Farbtintenstrahldruckern, insbesondere durch ihre höhere Lichtbeständigkeit und die etwas bessere Farb- und Druckqualität. Das Gel ist gesundheitlich unbedenklich und wischfest. Nachteilig sind im Vergleich zum Tintenstrahldrucker der langsamere Betrieb sowie die etwas höheren Anschaffungskosten.

Tintenstrahl- und Gel-Drucker drucken nicht sehr schnell, das kann im Büroalltag zu Problemen führen, wenn mit großen Papiermengen gearbeitet wird. Sie können im Druck lauter sein als Laserdrucker.

Laserdrucker

Wer im Büro hohe Ansprüche an die Druckqualität und -geschwindigkeit stellt, ist in der Regel mit einem Laserdrucker gut beraten. Die Geräte arbeiten verhältnismäßig leise und mittlerweile sind auch Farblaserdrucker erschwinglich. Die Druckkosten je Seite sind aber deutlich höher als bei Schwarz-Weiß-Druckern und die Farblaserdrucker sind etwas lauter.

LED- oder LCD/LCS-Drucker

Als neue Technikgeneration auf dem Markt gelten LED-Drucker (Light Emitting Diode = Licht emittierende Diode) und LCD/LCS-Drucker (Liquid Crystal Display/Shutter = Flüssigkristallanzeige). Sie verfügen über eine hohe Druckqualität und bedrucken schnell größere Papiermengen. Bei dieser Technik übernimmt eine mit LEDs (Leuchtdioden) oder mit LCD-Elementen besetzte Schiene über der Trommel die Aufgabe des Laserstrahls. Je nach Auflösung kann es sich um einige tausend Leuchtdioden handeln, die auf einer LED-Leiste von der Breite des Druckformats angeordnet sind. Die Leuchtdioden übertragen das Ladungsbild, das dem Druckbild entspricht, zeilenweise auf die walzenförmige Bildtrommel, indem sie die Oberfläche durch Belichtung elektrostatisch aufladen. Bei der Trommeldrehung wird der elektrisch geladene Toner an den geladenen Stellen aufgenommen und auf das Papier übertragen. Dieses wird ebenfalls elektrisch geladen. Die Fixierung des Toners erfolgt durch Hitzeeinwirkung und Druck. Der überschüssige Toner wird von einer Abstreifvorrichtung abgestreift und im Resttonerbehälter gesammelt.

Die Druckauflösung von LED-Druckern ist direkt abhängig von der Anzahl der Leuchtdioden und liegt beispielsweise bei 5000 Leuchtdioden bei etwa 600 dpi. Da LED-Drucker das Druckbild vorher seitenweise aufbereiten, benötigen sie für die Druckseiten je nach Auflösung mehrere Megabyte.

LED-Geräte haben weniger bewegliche Teile und im Unterschied zu Laserdruckern gelten diese Drucker daher als weniger reparaturanfällig. Nach Angaben der Hersteller muss die Trommel während der gesamten Lebensdauer des Geräts nicht ausgewechselt werden. Als einziges Verbrauchsmaterial fällt demnach Toner an, sodass die höheren Anschaffungskosten vertretbar erscheinen.

Multifunktionsdrucker

Multifunktionsdrucker („MuFus") haben sich aufgrund der technischen Entwicklung in den letzten Jahren zu einer praxistauglichen Alternative zu den Stand-alone-Geräten entwickelt und gehören aktuell auch zu den am stärksten beworbenen Druckertypen. Sie finden bei Nutzern in Büros Anklang, die oft wegen eingeschränkter Räumlichkeiten eine Vielzahl an Peripheriegeräten vermeiden wollen, und denen es zudem bei den einzelnen Funktionen nicht unbedingt auf höchste Leistung ankommt.

Grundsätzlich kann zwischen zwei Arten von Kompaktgeräten unterschieden werden: Tintenstrahl- und Lasermodelle. Laser-MuFus beeindrucken mit einem schnellen, hochwertigen Textdruck sowie günstigen Seitenkosten bei hohen Druckvolumen. Leistungsfähige Multifunktionsgeräte für Büroteams arbeiten mit der Lasertechnologie, sie sind netzwerkfähig und bieten die Möglichkeit der personenbezogenen Ausdruckabforderung per Code-Eingabe von jedem Netzwerkdrucker und damit ausreichenden Datenschutz.

Vorentscheidend beim Kauf ist die Wahl zwischen einem **3-in-1-Gerät** (Drucken, Scannen, Kopieren) und einem **4-in-1-Modell** mit zusätzlichem **Fax-Modul.** Letztere finden hauptsächlich in

(Heim-) Büros Verwendung, die den Kauf eines separaten Faxgeräts somit umgehen. Als zweckdienlich erweisen sich im Büroalltag **Kombigeräte mit WLAN-Modul** (WLAN = Wireless Local Area Network = Computernetzwerk mit Funktechnik). Die kabellose Einbindung des Druckers in das PC-/EDV-Netzwerk ist laut Testberichten zunehmend problemlos und selbst von Laien zu bewältigen.

Drucken in der Zukunft

Dass bedienerfreundliche und effiziente Drucktechniken schnell Eingang in die Büros finden und sich entsprechend gut verkaufen, haben die Druckerhersteller längst erkannt und setzen deshalb auf technische Neuerungen, die eine Einsparung von Druck- und Wartungskosten sowie effizienteres Arbeiten versprechen. Als neuester Druckservice wurde auf dem amerikanischen Markt zuletzt eine Lösung für Smartphones angeboten, die das Ausdrucken von Dokumenten direkt von mobilen Endgeräten aus erlaubt (Diese Technik wird seit dem dritten Quartal 2010 auch in Europa angeboten.) Um ein Dokument zu drucken, wird dieses vom Smartphone aus per E-Mail an eine festgelegte E-Mail-Adresse gesendet. Der Absender erhält daraufhin einen sechsstelligen Code, den er wiederum auf dem gewünschten Drucker eingeben muss. Der Druckauftrag kann folglich auf jedem im Netzwerk befindlichen Drucker ausgeführt werden, ohne dass dem Nutzer die IP-Adresse oder der Name des Druckers bekannt sein müssen.

Die Vision einer papierlosen Bürozukunft (vgl. Kapiteleinstieg zu 2.2) steht immer noch im Raum und schon jetzt gibt es eine Reihe von automatisierten Tools (Dienstprogrammen), die das Scannen und die anschließende digitale Verwaltung von Dokumenten erleichtern. Dabei setzen die Druckerhersteller auf Wort- und Zeichenerkennungstechnologien, die in der Lage sind, zwischen handschriftlichen und getippten Dokumenten zu unterscheiden. Auch das automatische Auslesen sowie das Einspeisen von Informationen in Datenbanken soll weiter verbessert werden. Ein vollwertiger Papierersatz ist in naher Zukunft aber weiterhin nicht in Sicht. Elektronisches Papier (E-Papier) ist eine vielversprechende Alternative. Bis die Technologie aber soweit ist, dass sie von den haptischen (tast- und fühlbaren) Eigenschaften, der Lesbarkeit und Farbendarstellung sowie den anfallenden Kosten mit Papier mithalten kann, wird es noch eine Weile dauern. Deshalb liegt die Höhe des Papierverbrauchs in einem Büro nach wie vor in der Hand verantwortungsbewusster Kaufleute für Büromanagement, für die aktiver Umweltschutz kein Fremdwort sein sollte.

2.2.2 Kopierer

Kopierverfahren

Wie Untersuchungen zeigen, steigt neben dem Druck- auch das Kopiervolumen in den Büros weiter an. Die Gründe hierfür wurden weiter oben bereits erläutert (vgl. Kapiteleinstieg 2.2). In nahezu allen Unternehmen werden täglich eine Vielzahl von Rechnungen, Belegen, Briefen, Aktennotizen, Rundschreiben und anderes mehr fotokopiert – wobei es korrekterweise elektrofotografiert, statt umgangssprachlich fotokopiert, heißen müsste.

In einem Kopierer wird mithilfe der **Elektrofotografie** (auch **Xerografie**) durch Belichtung eines Fotoleiters mit dem optischen Abbild einer Vorlage (zum Beispiel einer Rechnung) ein „Bild“ aus elektrischen Ladungen erzeugt (vgl. Abb. 1 und 2), das nachfolgend dazu benutzt wird, auf Papier Toner aufzutragen (Entwicklung, 3) und so eine Kopie der Vorlage herzustellen. Das heutzutage ausschließlich verwendete Verfahren benutzt fotoempfindliche Trommeln, deren Tonerbild nach der Entwicklung in Pulverform auf den Träger (Papier, Kopierfolie) übertragen (4) und thermisch fixiert wird (5) . Das Verfahren arbeitet mit trockenem Toner, es wird daher auch **Xerografie** (griechisch für „trocken schreiben“) genannt.

Xerografie

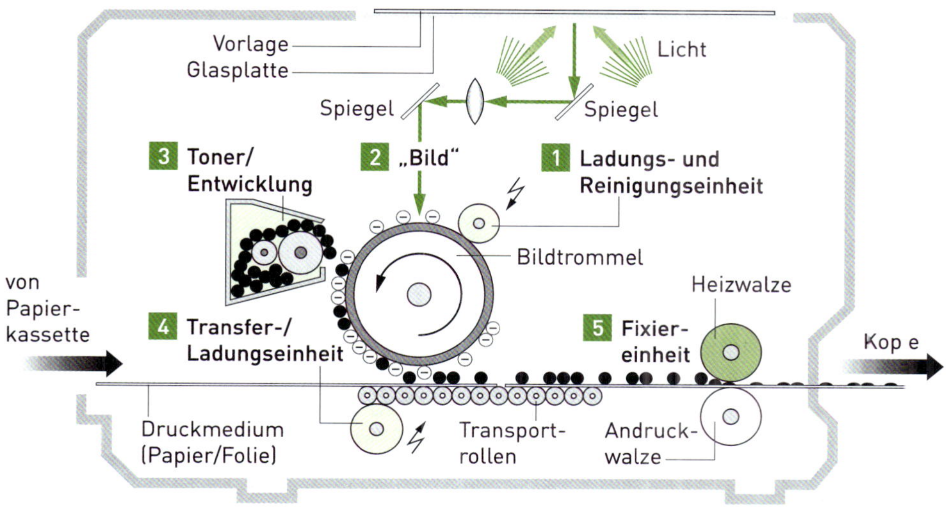

Arten von Kopierern

Kopierer können nach verschiedenen Kriterien unterschieden werden:

Kopierer

verwendete Technik
- analoge Kopierer
- digitale Kopierer

Größe
- Tischkopierer
- Bürokopierer

Farben
- Schwarz-Weiß
- farbig (4 Grundfarben)

Bis Mitte der 1980er Jahre wurden ausschließlich **analoge Kopierer** hergestellt. Seither werden sie immer mehr von digitalen Kopierern verdrängt, sodass die meisten Hersteller inzwischen keine analogen Kopierer mehr auf den Markt bringen.

In den älteren, analogen Kopierern erfolgt die Entwicklung der Trommel direkt vom Original über ein Objektiv und einen Spiegel. Das Abbild der Vorlage wird optisch auf der Trommel abgebildet. Belichtung und Entwicklung laufen gleichzeitig ab.

Der **digitale Kopierer** besteht dagegen aus zwei getrennten Einheiten, dem **Scanner** und dem **Druckwerk,** die aber auch in einem Gerät untergebracht sind. Beim Digitalkopierer wird die Vorlage mit dem Scanner digitalisiert „eingelesen" und zwischengespeichert. Das gespeicherte Bild der Vorlage wird anschließend elektronisch an das Laserdruckwerk übertragen und ausgedruckt. Der Vorteil der Digitaltechnik liegt darin, dass Seiten aus dem Zwischenspeicher mehrfach kopiert werden können, ohne dass die Vorlage erneut belichtet werden muss. Ferner können zusätzliche Funktionen wie Drucken, Faxen, Scannen und Versenden von Vorlagen per E-Mail genutzt werden (= Multifunktionsgerät; vgl. oben Multifunktionsdrucker). Ein weiterer Vorteil ist die Möglichkeit der Zwischenbearbeitung einer Kopie im Gerät. Die hier am häufigsten eingesetzte Funktion ist die Kantenschärfung für Schriften, die das bei analogen Systemen bekannte Problem der Randunschärfen eliminiert und insbesondere bei Schriftstücken eine erhebliche Verbesserung der Qualität bedeutet.

Kleine **Tischkopierer** sind relativ günstig und sollten bei einem monatlichen Bedarf von bis zu 750 Kopien Verwendung finden. Die großen **Bürokopierer** sind zwar teurer, aber auch erheblich leistungsfähiger. Bei starker Auslastung im Büro sparen sie Zeit und Geld. Die neueren Modelle sind in der Regel zudem Multifunktionsgeräte (einschließlich Scanner und Drucker), sodass sie im Büroeinsatz bei Engpässen am Drucker Abhilfe schaffen können.

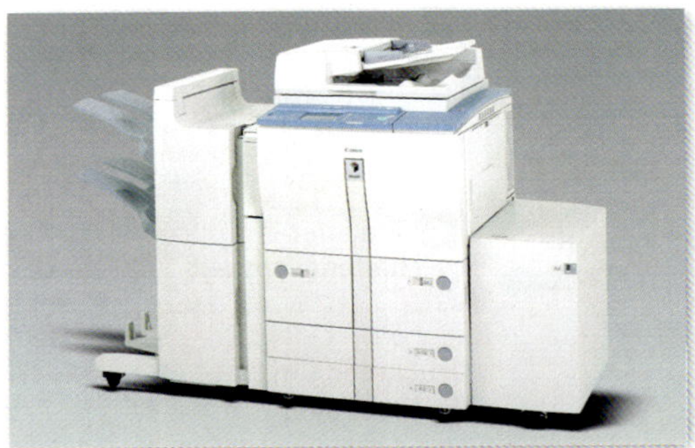

Schwarz-Weiß-Kopierer sind in Anschaffung und Verbrauch (Kosten je Kopie) natürlich günstiger als Farbkopierer. Letztere sind in den vergangenen Jahren bei der Anschaffung zwar deutlich günstiger geworden, allerdings ist zu bedenken, dass für anspruchsvolle Farbkopien schwereres (und somit teureres) Papier und vier Tonerkartuschen (Schwarz – Blau – Rot – Gelb) zum Einsatz kommen, sodass höhere Verbrauchskosten entstehen.

Leitfaden für Kopiererauswahl

Die Funktionsvielfalt der „neuen Generation" von Digitalkopierern eröffnet weitere sinnvolle und die Arbeit erleichternde Anwendungsmöglichkeiten, birgt aber auch reichhaltige Manipulationsmöglichkeiten. So können auf Kopien beispielsweise Informationsinhalte unterdrückt oder hinzugefügt werden, sodass im Grunde keine Kopie, sondern ein neues (manipuliertes) Original entsteht.

Merke Das Kopieren von Geldscheinen steht unter Strafe. Die Hersteller haben teilweise Funktionen eingebaut, die solche Kopien unterbinden oder erschweren.

Um den Missbrauch mit Fotokopierern einzudämmen, hinterlegen einige Kopiergerätehersteller elektronische Kennungen (den sogenannten „Machine Identification Code") auf den Kopien. Das geschieht beispielsweise, indem die Seriennummer des Geräts, die auf der Rückseite der Vorlagenglasplatte für das menschliche Auge unsichtbar eingeätzt ist, bei jedem Kopiervorgang mit erfasst wird. Diese Sicherheitsmaßnahmen ermöglichen Herstellern und staatlichen Ermittlungsbehörden (Polizei, Nachrichtendienst) Rückschlüsse auf das Kopiergerät sowie den Standort und eventuell sogar auf den Personenkreis, der Zugang zu diesem Kopierer hat.

Die Auswahl an Geräten auf dem Markt ist so groß, dass bei der Anschaffung eines Kopierers vorher gut überlegt werden sollte, welche Bürokriterien einzuhalten sind bzw. welche Funktionen benötigt werden:

Kriterien/Funktionen	Fragen zur Erläuterung
Anschaffung	Wird das Gerät gekauft, gemietet oder geleast?
Anzahl	Wie viele Kopien werden benötigt?
Arbeitsgeschwindigkeit	Wie schnell werden die Kopien gebraucht?
Ausbaufähigkeit	Können bei veränderten Anforderungen im Büro bisher nicht vorhandene Funktionen nachgerüstet werden?
Bedienungsführung	Ist der Kopierer in der Handhabung unkompliziert und leicht zu bedienen?
Bildbearbeitung	Sollen eingelesene Vorlagen verbessert/verändert werden können?
Duplex-Druck	Können mehrseitige Vorlagen beidseitig bedruckt werden?
Finisher und Sorter	Sollen Kopien auch automatisch sortiert und geheftet werden?
Kosten	Was kostet eine Kopie? – In welcher Höhe fallen verbrauchsunabhängige (Abschreibung, Wartungskosten) und verbrauchsabhängige (Toner, Verschleißteile) Kosten an?
Kostenkontrolle	Ist der Kopierer mit einem elektronischen Zähler versehen der eine Kontrolle des Kopiervolumens erlaubt?
Lochung	Ist eine automatische Lochung der Kopien möglich?
Multifunktionsgerät	Soll der Kopierer auch drucken, faxen und scannen können?
Papierfächer	Sind unterschiedliche Papierformate (Briefumschläge, Großformate usw.) für die Büroarbeit notwendig?
Service	Wer bietet den besten Service (Störungsbeseitigung) an?
Sicherheit	Soll unberechtigte Nutzung durch ein Passwort verhindert werden?
Stand-by-Modus	Schaltet das Gerät nach einer bestimmten Zeit automatisch in einen Strom sparenden Ruhemodus?
Umweltverträglichkeit	Welche Emissionswerte für Ozon und Tonerstaub (und evtl. andere Schadstoffe) hat das Gerät? Ist ein geräuscharmer Betrieb möglich?
USB-Anschluss	Ist für den direkten Computeranschluss am Drucker eine USB-Schnittstelle vorhanden?
Zoomfunktion	Muss vergrößert oder verkleinert werden?

2.2.3 Scanner

Ein **Scanner** (engl. to scan = abtasten) ist ein Datenerfassungsgerät, das es ermöglicht, ein Dokument oder Objekt auf systematische und regelmäßige Weise zu digitalisieren. Der Scanner nimmt die analogen Information der Vorlage mithilfe von Sensoren auf und übersetzt diese anschließend mit Analog-Digital-Wandlern in eine digitale Form. So können sie zum Beispiel mit Computern verarbeitet, analysiert oder visualisiert werden.

Scanner arbeiten in der Regel nach folgendem Prinzip: Die Bildvorlage wird beleuchtet und das reflektierte Licht wird über eine Stablinse, die das reflektierte Licht bündelt und das Streulicht eliminiert, an einen optisch-elektronischen Zeilensensor geleitet. Die analogen Lichtsignale werden pixelweise durch Analog-Digital-Wandlung in Digitalsignale umgewandelt, während gleichzeitig entweder die Vorlage oder die Sensoroptik schrittweise senkrecht zur Sensorausdehnung bewegt wird. Bei der Abtastung mit einem Flächensensor können die gesamte Vorlage oder Teile (eingeschränkte Flächen) der Vorlage gleichzeitig gescannt werden.

Scannerarten

Aus der Vielzahl der unterschiedlichen Scannertypen (zum Beispiel 3D-Scanner, Buch-Scanner, Dia-Scanner, Handscanner u. a.) werden hier nur die für allgemein übliche Büroarbeiten verwendeten Scanner vorgestellt.

Einzugscanner

Der Einzugscanner ist im Grunde wie ein Faxgerät aufgebaut, verfügt aber zusätzlich über eine Graustufeneinteilung und eine Farberkennung. Der Nachteil ist der automatische Einzug, der ausschließlich Verarbeitung von Einzeldokumenten (bzw. Stapeln davon) eines bestimmten Formats (meist DIN A4) erlaubt. Außerdem kann es beim Einzug glatter Vorlagen (zum Beispiel Fotos) zu Randverzerrungen kommen.

Flachbettscanner

Der Flachbettscanner ist gegenwärtig der gebräuchlichste Scannertyp, der vor allem wegen seines guten Preis-Leistungs-Verhältnisses im Bürobereich zum Einsatz kommt. Er arbeitet nach dem gleichen Prinzip wie ein Kopiergerät (vgl. Kapitel 2.2.2 Kopierer). Die Vorlage wird auf eine Glasscheibe gelegt und lichtempfindliche Sensoren werden während des Abtastens unter der Glasscheibe entlang geführt. Diese Methode erlaubt es, neben Fotos und Bildern auch sperrige Objekte wie zum Beispiel Bücher abzutasten. Um ein scharfes Bild zu erreichen, muss die Vorlage ganz flach auf der Glasplatte aufliegen. Die Auflösung liegt bei guten Geräten bei bis zu 8 000 dpi.

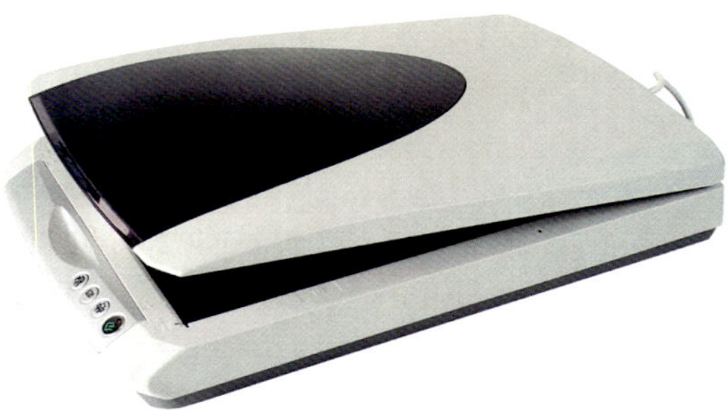

Trommelscanner

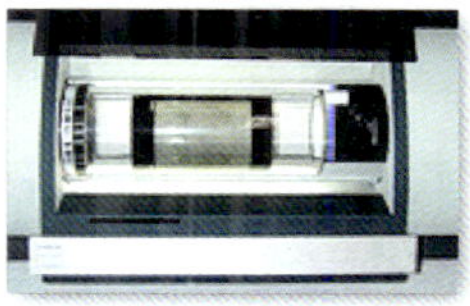

Obwohl der Trommelscanner der älteste Scannertyp ist, liefert er mit einer Auflösung von ca. 12 000 dpi die besten Ergebnisse. Die sehr gute Qualität rechtfertigt in bestimmten Arbeitsbereichen die hohen Anschaffungskosten der ziemlich großen Geräte. Sie werden daher im professionellen Umfeld der Foto- und Bildbearbeitung, des Layouts und der Drucktechnik eingesetzt.

Bei diesem Scannertyp wird die Vorlage auf einer gleichmäßig rotierenden Trommel fixiert und punktförmig be- und durchleuchtet. Dabei bewegt sich parallel zur Rotationsachse eine Abtasteinheit. Sie leitet das Licht der Vorlage über eine Optik und über Farbfilter zu den Fotomultiplern (Lichtsensoren, die die Intensität der Farbe erfassen) weiter. Daher verfügt der Trommelscanner über eine höhere Lichtempfindlichkeit als der Flachbettscanner. Auch bei sehr dunklen Bildern werden die Kontraste noch wahrgenommen.

Scannersoftware

Damit die Scanner bedient und die von den Geräten auf den PC übertragenen digitalen Informationen auch weiterverarbeitet werden können, gehört bei Scannern zum Lieferumfang in der Regel auch eine entsprechende Software (Scansoftware, zum Beispiel PaintShop Pro, CorelTrace, Adobe PhotoShop CS usw.). Mithilfe dieser Scansoftware können viele Funktionen wie Bildgröße, Prescan (Vorschau), Helligkeit, Kontrast, Farben/Farbprofile usw. eingestellt und die Daten oder Bilder auf gängige Formate (PDF, TIFF, JPEG u. a.) abgespeichert werden.

Neben der handelsüblichen Scannersoftware bieten spezielle Bildbearbeitungsprogramme die Möglichkeit der professionellen Erstellung, Korrektur und Manipulation digitaler Bilder.

Im Bürobereich hat sich darüber hinaus der Einsatz von OCR-Software (Optical Character Recognition) bewährt. Diese optische Zeichenerkennung kann nach dem Einscannen einer Textseite aus dem digitalen Bild die Buchstaben, Zahlen und Zeichen „ablesen“ und beispielsweise in eine Worddatei verwandeln, die weiterbearbeitet werden kann, sodass lästiges Abtippen von nur in Papierform vorliegenden Texten entfällt. Die „neue“, fertige Textdatei muss allerdings noch einmal aufmerksam auf Fehler hin untersucht werden, da die Buchstabenerkennung – vor allem bei schlechten Vorlagen – nicht immer fehlerfrei funktioniert.

2.3 Telekommunikation

2.3.1 Telefon

Das Kommunikationsmittel Telefon ist heutzutage aus dem Bürobereich nicht mehr wegzudenken. Die Geschichte des Telefons beginnt in Deutschland gegen Ende des 19. Jahrhunderts. Schon vor etwa einhundert Jahren waren handhabbare Telefongeräte auf dem Markt, die weitgehend problemlos funktionierten.

Zunächst wurde in den Büros nur mit Außenstehenden (Kunden, Lieferanten, Geschäftspartnern usw.) telefoniert, aber im Laufe der Jahrzehnte wurde das Telefon auch immer mehr genutzt, um innerhalb der Betriebe Informationen zwischen den einzelnen Stellen auszutauschen. In der Praxis werden dazu heute Telefonanlagen eingesetzt, die von verschiedenen Herstellern mit unterschiedlichen Funktionen angeboten werden. Grundsätzlich enthält ein Telefonsystem aber immer die drei folgenden Hauptkomponenten:

- eine Apparatur zur Umsetzung von Schall in elektrische Signale und zurück sowie Komponenten zur Steuerung der Verbindung, also den eigentlichen Telefonapparat;
- die Fernsprech-Vermittlungsanlage (Ortsvermittlungsstelle);
- den Übertragungskanal (Funkkanal).

Die modernen Telekommunikationstechnologien funktionieren über sogenannte **Netze.** Darunter sind technische Übertragungswege zu verstehen, auf denen die Sprache – aber auch Bilder, Daten, Texte – von einem Endgerät (zum Beispiel Telefon) zum anderen „übertragen" werden. Die **Netzbetreiber** bieten auf dem freien Markt unterschiedliche Kommunikationsdienstleistungen über die öffentlichen Netze an. Diese unterscheiden sich nach Sprache (zum Beispiel Telefon), Text (beispielsweise Fax) und Daten (Datex-P). Die Bundesnetzagentur (BNetzA) mit Sitz in Bonn (technische Zentrale in Mainz) ist seit der Auflösung der staatlichen Monopole für Post und Telekommunikation (1998) für den Wettbewerb auf dem Netzmarkt für Telekommunikation verantwortlich.

Hausinterne Netze, auch Nebenstellenanlagen genannt, dienen der innerbetrieblichen Kommunikation und haben neben der Gebührenfreiheit noch den Vorteil, die Ortsnetze vom geschäftsinternen Nachrichtenfluss zu entlasten und die Anschlusskosten (nur wenige Festnetzanschlüsse nach „draußen") niedrig zu halten. Betriebsinterne, lokale Netze (Local Area Network = LAN) verbinden über Kabelverbindungen und elektronische Datenvermittlungsstellen (EDV) Kommunikationsendgeräte und Computer miteinander, sodass firmenintern alle Daten ausgetauscht werden können und die vernetzten Nutzer alle Endgeräte (zum Beispiel Drucker) gemeinsam nutzen können. Die Kabelverbindungen können auch durch Funknetze ersetzt werden, sodass ein drahtloses Netz (Wireless LAN = WLAN) entsteht. Letzteres lässt aber in Fragen der Datensicherheit gegenwärtig noch arg zu wünschen übrig (Telefonate sind leicht abzuhören, schlechter Datendiebstahlschutz).

ISDN-Anschluss

Das globale, die Welt umspannende Telefonnetz ist ein sehr komplexes System, das über Kabelverbindungen, Kupfer- und Glasfaserleitungen oder Funkkanäle die akustischen Signale rund um den Globus trägt. Das Netz ist heute weitgehend digitalisiert, das heißt, dass die Daten in modernen Geräten durch die Kombination der Ziffern 0 und 1 dargestellt werden. Bei der früher (und zum Teil auch noch heute) verwendeten analogen Darstellung von Daten waren die Übergänge fließend, wie nachstehende Abbildung vereinfachend zeigt:

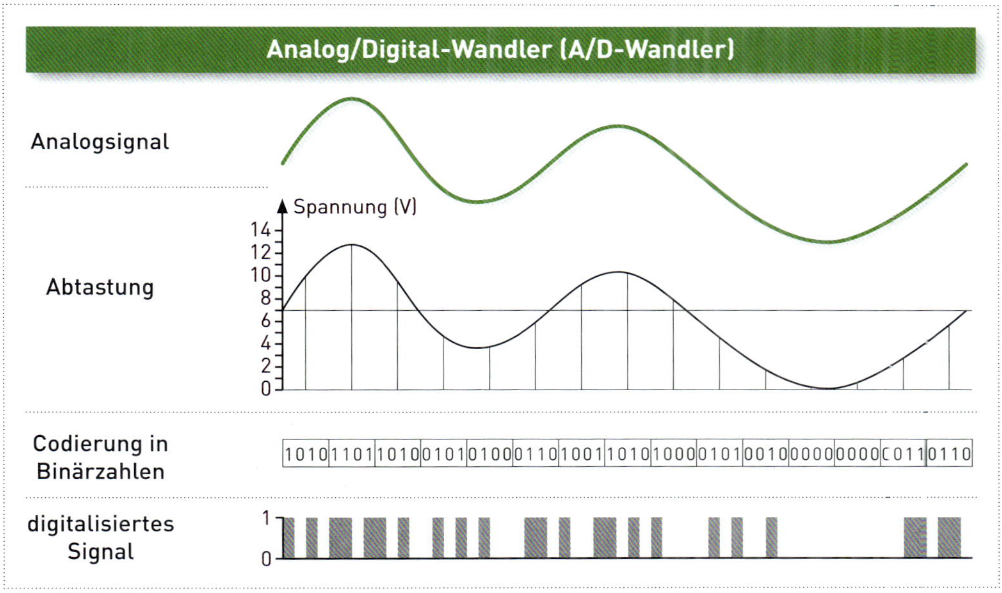

Seit der Digitalisierung der Netze arbeiten nur noch die Anschlussleitungen und die Endgeräte analog:

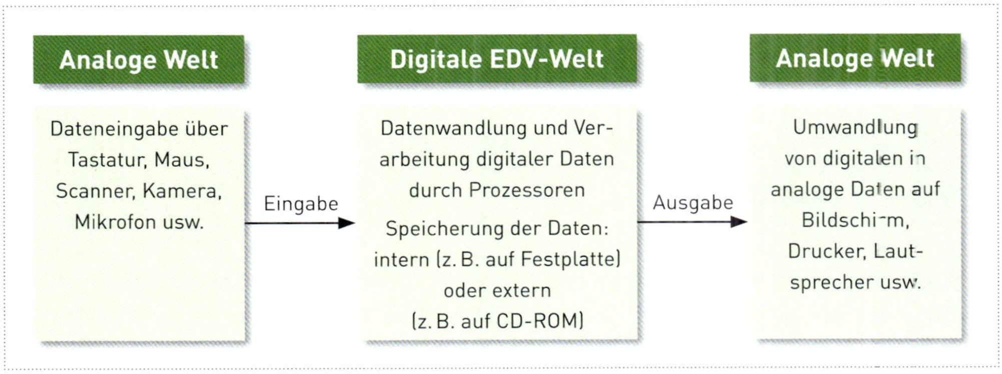

Mit der weltweiten Digitalisierung einhergehend haben sich in Büros und Unternehmen die ISDN-Anschlüsse durchgesetzt. **ISDN** ist das englischsprachige Kürzel für „Integrated Services Digital Network" (zu Deutsch etwa: einheitliches Dienstleistungsdigitalnetz). Eine ISDN-Anschluss-Einheit (IAE) ist einfach nur die Anschlussdose für Endgeräte. Ein ISDN-Basisanschluss verfügt über zwei Datenkanäle und es können bis zu acht verschiedene Geräte angeschlossen werden (zum Beispiel Telefon, Fax, Computer usw.). Und es können auch mehrere Dienste gleichzeitig genutzt werden. Ein Büro ohne ISDN-Anschluss ist heute kaum noch vorstellbar: Sprache, Texte, Bilder und Daten können in hoher Qualität schnell übermittelt werden. Die Dienste sind über eine einzige Rufnummer zu erreichen und alle Geräte können an eine einheitliche Telekommunikationssteckdose angeschlossen werden.

Leitfaden für die Auswahl eines Telefonsystems

Der Markt für Telefone und Telefonanlagen ist in den letzten Jahren stark gewachsen, sodass er kaum noch zu überblicken ist. Umso notwendiger ist es, sich bei der Einrichtung eines Büros einen Kriterienrahmen für die Anschaffung zu entwickeln, der auf die betrieblichen Anforderungen zugeschnitten ist. Nachstehender 4-Schritt-Leitfaden ist daher nur als Anregung für die Entwicklung eines betriebsspezifischen Leitfadens zu verstehen:

1. Überblick verschaffen	Sich über verschiedene Medien (Werbebroschüren, Herstellerunterlagen, Internet u. a.) und in Telefonläden oder auf Messen einen ersten Überblick über die marktgängigen Anlagen und Modelle verschaffen.
2. Ermittlung der betriebsbedingten optimalen Anlagengröße	Vorstellungen klar auf die betrieblichen Anforderungen hin überprüfen. Mindestausstattungen festlegen, die reibungslosen Bürobetrieb garantieren.
3. Funktionen und Anwendungen	Eine ausgereifte Telefonanlage, die bereits in vergleichbaren Unternehmen ihre Funktionstüchtigkeit unter Beweis gestellt hat, vermeidet Störungen und ist benutzerfreundlich. Telefonanlagen mit technischen „Kinderkrankheiten" und fragwürdig-sinnfreien Funktionen, deren Bedienung hochkompliziert ist, sind für den Büroalltag untauglich.
4. Wirtschaftlichkeit	Preis-Leistungs-Verhältnis prüfen; Kostenvergleiche (monatlich anfallende Kosten) anstellen; Kauf oder Miete der Anlage abwägen (finanzielle oder steuerliche Gesichtspunkte berücksichtigen).

2.3.2 Mobilfunk

Ein Mobiltelefon – auch Handy oder Funktelefon genannt – ist ein tragbares Telefon, das über Funk mit dem Telefonnetz verbunden und daher ortsunabhängig eingesetzt werden kann. Aufgebaut wie normale verkabelte Telefone besitzen Mobiltelefone zusätzlich einen Sendeempfänger (Antenne) und eine eigene Stromversorgung (einen Akkumulator oder kurz Akku genannt). Zum Betrieb ist eine SIM-Karte (engl.: **S**ubscriber **I**dentity **M**odule – eine Chipkarte) notwendig, die zur Identifizierung gegenüber dem Mobilfunknetz genutzt wird.

GSM

Das GSM (**G**lobal **S**ystem for **M**obile Communications) ist das Mobilfunknetz-Standardsystem, das in Europa zum Telefonieren und für Kurzmitteilungen (Short Messages) genutzt wird. Es ist der erste Standard der sogenannten zweiten Generation als Nachfolger der analogen Systeme der ersten Generation (in Deutschland: A-Netz, B-Netz und C-Netz) und ist der weltweit am meisten verbreitete Mobilfunkstandard. In Deutschland wurde GSM 1992 eingeführt und stellt die technische Grundlage der D- und E-Netze dar, die zur großen Verbreitung von Mobiltelefonen in den 1990er Jahren beitrugen. Laut Angaben der weltweiten Vereinigung der GSM-Mobilfunkanbieter (GSM Association) sind mittlerweile mehr als zwei Milliarden Menschen mobiltelefonisch erreichbar.

UMTS/CDMA 2000

Die nächste (dritte) Generation der Handys basiert auf zwei konkurrierenden Standards: UMTS (**U**niversal **M**obile **T**elecommunications **S**ystem – eine Weiterentwicklung von GSM) und CDMA 2000 (CDMA = **C**ode **D**ivision **M**ultiple **A**ccess). Dieser Standard wird hauptsächlich in den USA verwendet. Sowohl UMTS als auch CDMA 2000 arbeiten mit dem sogenannten Codemultiplexverfahren, das die gleichzeitige Übertragung verschiedener Datenströme auf einem gemeinsamen Frequenzbereich sowie höhere Datenübertragungsgeschwindigkeit und höhere Nutzerzahl ermöglicht. UMTS und CDMA sind zueinander aber nicht kompatibel. Inzwischen ist der UMTS-Nachfolgestandard LTE (**L**ong **T**erm **E**volution) in Betrieb genommen worden.

Wie bei vielen anderen technischen Geräten geht auch bei den Mobiltelefonen der Trend zum Multifunktionsgerät. Mit vielen Handys ist es mittlerweile möglich, Daten via Datenkabel oder WLAN zwischen dem Mobiltelefon und einem anderen elektronischen Gerät (zum Beispiel einem Computer) zu übertragen. Zudem kann das Handy als Mobilfunkmodem für den mobilen Zugang zum Internet eingesetzt werden, da moderne Handys auch einen Browser zum Internetsurfen haben. Mit den Browsern der neuesten Handygeneration (Smartphone) ist es auch möglich, HTML-Webseiten relativ komfortabel zu betrachten. Viele neuere Mobiltelefone besitzen zudem auch noch ein integriertes E-Mail-Programm.

2.3.3 Telefax

Ein Fax (Kurzform von Telefax, wiederum Verkürzung von Telefaksimile, übersetzt: Fernabbildung) ist die Übertragung eines oder mehrerer Dokumente in Form eines in Pixel gerasterten Bildes über das Telefonnetz. Dabei ist jedes Faxdokument eine Bilddatei.

Als Sender und Empfänger dienen dabei meistens analoge Faxgeräte (ISDN-Faxgeräte sind in der Anschaffung deutlich teurer und setzen sich daher auf dem Markt noch nicht durch). Telefaxe kann man auch vom PC aus verschicken und empfangen, wenn diese mit dem Netz verbunden sind.

Mithilfe eines Faxgeräts lassen sich Dokumente originalgetreu übertragen. Das Empfangsgerät erzeugt eine Fernkopie der übertragenen Vorlage. Faxgeräte funktionieren in vier Schritten:

- Der Scanner tastet die Vorlage ab und gibt die Daten an die Zentraleinheit weiter.
- Die Zentraleinheit (Mikroprozessorsystem) regelt den Datenverkehr zwischen Scanner, Drucker und Modem und überwacht die Bedienelemente.
- Das Modem überträgt und empfängt die Faxdaten im synchronen Betrieb.
- Der Drucker gibt die Faxdaten auf Papier wieder.

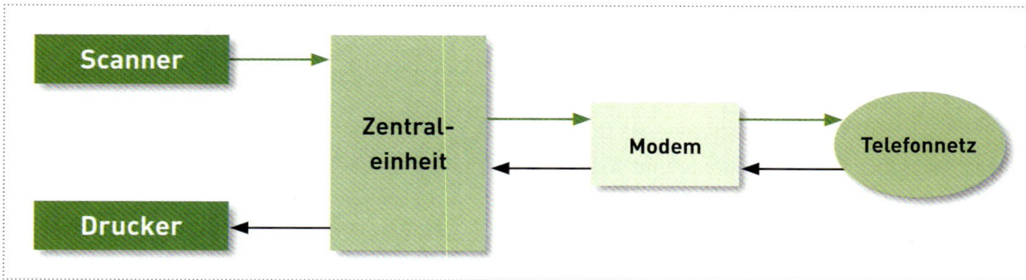

Willenserklärung
Kap. 4.13.1

Von großer Bedeutung für die Akzeptanz des Faxgeräts im Bürobereich war eine Änderung der Rechtslage in Deutschland. Seit Mitte der 1990er Jahre erkennen Gerichte den Zugang einer Willenserklärung gemäß § 130 BGB auch dann an, wenn die Willenserklärung durch ein Fax übermittelt wird.

Ein Dokument, das per Fax verschickt wurde, gilt im Regelfall als rechtlich bindend. Allerdings gilt dies nicht für Verträge oder Dokumente, für die eine originale Namensunterschrift gesetzlich erforderlich ist. So sind beispielsweise schriftliche Kündigungen per Fax nicht rechtswirksam. Viele Unternehmen räumen aber ihren Kunden inzwischen die Möglichkeit der Kündigungen per Fax ein. Probleme ergeben sich im Büroalltag jedoch, wenn ein Empfänger behauptet, er habe das Telefax, aus welchen Gründen auch immer, nicht erhalten. Daher sollten im Bürobereich folgende Empfehlungen berücksichtigt werden:

- Sende- und Empfangsbestätigungen und alle Fehlerprotokolle sorgfältig aufbewahren. Bei Sendeprotokollen reicht auch ein Sendejournal.
- Unleserliche Faxeingänge oder eingegangene inhaltslose (leere) Seiten sammeln.
- Vor Wochenenden, Feiertagen oder Urlaub dafür sorgen, dass ausreichend Papier im Faxgerät vorhanden ist.
- Einwandfreie Funktion gelegentlich überprüfen; ein Defekt am Empfangsgerät geht im Streitfall zu Lasten des Empfängers.

Mit der allgemeinen Verbreitung des Internet im letzten Jahrzehnt wurde das Telefax zwar zunehmend durch die E-Mail-Nachricht verdrängt, aber da die Vorteile eines Telefax, die geringere Spam-Anfälligkeit sowie die im Arbeitsablauf einfachere Handhabung immer noch gegeben sind, wird das Fax im Unternehmensbereich vermutlich noch längere Zeit Verwendung finden.

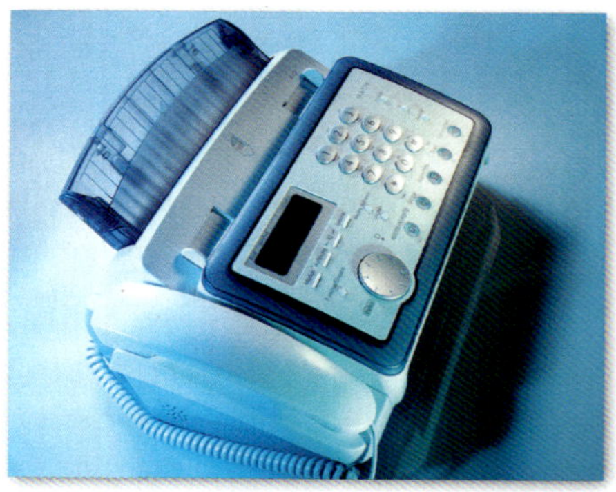

2.3.4 Internet und Intranet

Internet

Das Internet (engl.: Intermediate Network, auf Deutsch: Zwischennetz) gilt vielen Kommunikationswissenschaftlern als größte Veränderung des Informationswesens seit der Erfindung des Buchdrucks mit vielfältigen Auswirkungen auf etliche Bereiche des alltäglichen Lebens.

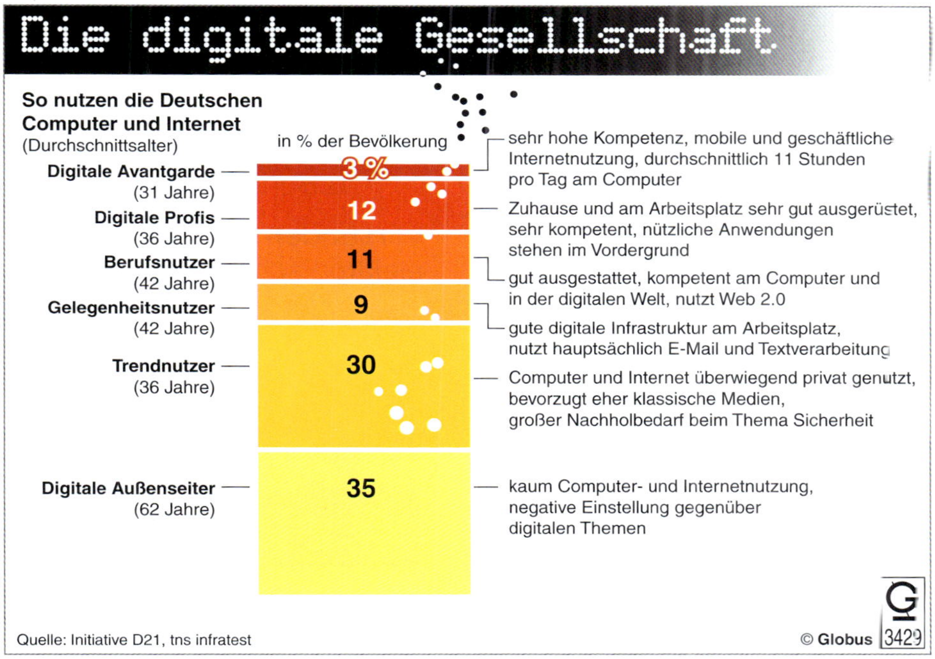

Das Internet entstand in den 1960er Jahren aus einem militärischen Netzwerk der USA und wurde 1972 öffentlich präsentiert. Zunächst schlossen sich Universitäten und Forschungseinrichtungen an, sodass ein weltweites „Wissenschaftsnetz" entstand. Mittlerweile ist das Internet ein allgemeines Informations- und Kommunikationsmedium, das von kritischen Beobachtern auch schon als „informationelle Müllhalde" bezeichnet wurde. So sagte der bekannte Fernsehmoderator Günther Jauch im März 2009 in einem Interview, das Internet verleite zu der Fehleinschätzung, dass man nichts mehr selber wissen und demzufolge auch nichts mehr lernen müsse, weil ja alles abrufbar sei. Das Gegenteil sei aber richtig, denn um das Wichtige vom „Schrott" trennen zu können, helfe allein Bildung weiter.

Solange es im Internet – im Gegensatz zu anderen Netzwerkdiensten – keine Internetbetreiber (Provider) gibt, die sich ihrer gesellschaftspolitischen Verantwortung bewusst sind und fast ohne Einschränkung alle Inhalte im Netz zulassen, solange bleibt es allein dem einzelnen Internetnutzer überlassen, zwischen nützlicher Informationsplattform und „Müllhalde" (wie Gewaltverherrlichung, Pornografie, Rassismus, Betrügereien, Idiotie aller Arten) zu unterscheiden.

Das World Wide Web (www) ist ein Teil des Internets mit einer grafischen Benutzeroberfläche. Das Internet ermöglicht die Nutzung von Internetdiensten wie E-Mail, Dateiübertragung und in letzter Zeit zunehmend auch Radio und Fernsehen.

An vielen Büroarbeitsplätzen gehört der Internetzugang mittlerweile zur standardmäßigen Arbeitsplatzausstattung. Die Mitarbeiterinnen und Mitarbeiter können bestimmte Informationen (zum Beispiel Preisvergleiche, Bahnverbindungen, Börsenkurse und vieles mehr) schnell und exakt zusammentragen und sogar den Geschäftsverkehr (Kauf und Verkauf von Waren und Dienstleistungen) elektronisch abwickeln. Mithilfe des Onlinebanking können auch die Bankgeschäfte vom Büro aus rund um die Uhr erledigt werden.

Internettelefon am Computerarbeitsplatz

An manchen Büroarbeitsplätzen ist eine Internettelefon-Software auf dem PC installiert, an dem ein Headset angeschlossen werden kann. Damit sind kostenlose Gespräche zwischen Computernutzern mit derselben Internettelefonsoftware möglich. Allerdings sollte der Sprachqualität zuliebe ein DSL-Anschluss und wegen des hohen Datenaufkommens eine Flatrate zur Verfügung stehen.

Onlinebrief und De-Mail

Um die Kommunikation über das Internet künftig so sicher wie mit dem „klassischen" Brief zu gestalten, bietet die Deutsche Post seit dem Sommer 2010 den **Onlinebrief** an. Das Grundprinzip sieht vor, dass der Kunde den gewünschten Brief elektronisch an die Post übermittelt. Dazu soll er alle Geräte mit Internetanschluss (auch Handys) nutzen können. Empfänger mit Internetanschluss erhalten die Nachricht auf elektronischem Weg. Bei den anderen druckt die Post den Brief aus, steckt ihn in einen Umschlag und stellt ihn wie einen gewöhnlichen Brief zu. Dieses zweigleisige Verfahren soll den neuen Onlinebrief vor allem für Unternehmen und Behörden attraktiv machen, weil diese sicher sein können, dass ihre Nachricht den Empfänger auf jeden Fall erreicht. Vor allem Großkunden sollen durch den Onlinebrief Kosten beim Druck und Versand sparen können.

Die bei normalen E-Mails im Internet fehlende Sicherheit will die Deutsche Post mithilfe einer Verschlüsselung der Nachrichten bei der Übermittlung gewährleisten. Zusätzlich müssen alle Absender und Empfänger ihre Identität nachweisen, wenn sie eine Internetbriefadresse beantragen. Dazu müssen sie in einer Filiale ihren Personalausweis oder Reisepass vorlegen.

Neben der Deutschen Post bieten auch die Deutsche Telekom und einige Privatanbieter einen neuen Internetdienst an. Im Spätsommer 2010 begann die (zunächst kostenlose) Registrierung für rechtssichere E-Mail-Adressen. De-Mailadressen erkennt man an der einheitlichen Endung: „de-mail.de". Im Einsatz ist De-Mail seit 2012. Die Dienstleistung der beim Bundesamt für Sicherheit in der Informationstechnik (BSI) zertifizierten Anbieter besteht aus drei Komponenten: Maildienst, Dokumentablage („De-safe") und Identitätsnachweis („De-dent").

Die Deutsche Post und die privaten Anbieter haben mit ihren neuen Onlineprodukten vor allem den Markt für elektronische Geschäftspost im Visier, denn deutschlandweit werden jährlich bis zu zehn Milliarden Geschäftsbriefe verschickt.

Intranet

Das Intranet (lat. intra = innen und engl. net = Netz) ist ein betriebsinternes Rechnernetz (Firmennetzwerk), das im Gegensatz zum Internet nicht öffentlich, aber trotzdem mit dem Internet verbunden ist. Es nutzt das Internet als Übertragungsmedium und bietet den Netzwerkteilnehmern (nach Festlegung durch den Arbeitgeber/Vorgesetzten) auch Zugang zum Internet. Im firmeninternen Intranet können verschiedene Firmensitze (Filialen, Produktionsstätten usw.), Außendienstmitarbeiter, freie Mitarbeiter usw. miteinander vernetzt werden. Mittlerweile können neben festen PC-Arbeitsplätzen auch Laptops und moderne Handys in ein Firmennetzwerk integriert werden.

Üblicherweise werden Intranets dort eingesetzt, wo viele – auch räumlich weit entfernte – Mitarbeiter über aktuelle Informationen, Meldungen und Absprachen informiert werden müssen. Außerdem finden sich in den meisten firmeninternen Intranets wichtige Dokumente, Vorlagen und Formulare, die für die Arbeit im Betrieb einfach heruntergeladen, ausgedruckt oder bearbeitet werden können.

Vor allem größere und mittlere Unternehmen verfolgen mit einem firmeneigenen Intranet die nachstehenden Ziele:

- innerbetrieblichen Informationsfluss beschleunigen,
- alltägliche Arbeiten vereinfachen, indem alle Abteilungen auf die gemeinsame Datenbank zugreifen können und nicht nach Formularen oder Listen suchen müssen,
- Arbeitsabläufe und Vorgänge automatisieren,
- Nutzung des Internets optimieren,
- diverse Auswertungsmöglichkeiten zur Verfügung stellen.

2.4 Schriftgutverwaltung

Mehr Zeit für das Wesentliche ...

Massen von Schriftgut beschäftigen täglich die Mitarbeiterinnen und Mitarbeiter von Unternehmen. Nichts ist wichtiger als ein geordneter Schreibtisch und eine sinnvolle Schriftgutablage, um den gesamten Büroprozess zu optimieren. Das aufwändige Suchen nach Schriftgut kostet Zeit und bringt unnötigen Ärger mit sich. Jedes Schriftstück hat seine Eigenarten und muss unterschiedlich behandelt werden. Der Lebenszyklus eines Schriftstücks zeigt die Phasen, die jedes Schriftgut durchläuft.

Lebenszyklus eines Schriftstücks

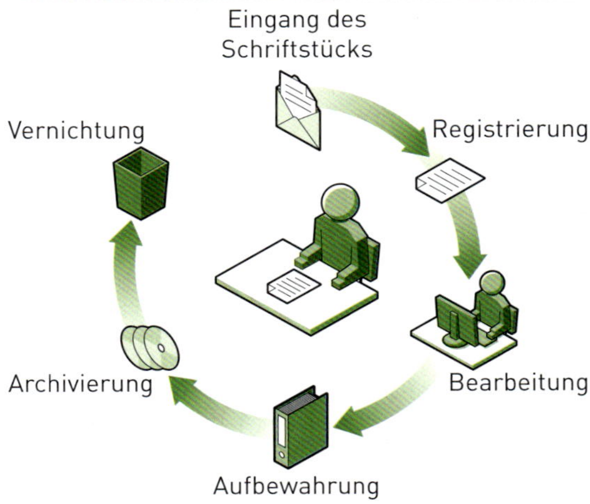

2.4.1 Registratur

Auch im Zeitalter des technischen Fortschritts ist es notwendig, verschiedene Schriftstücke zu verwalten, aufzubewahren oder zu archivieren. Eine organisierte, gut durchdachte Schriftgutverwaltung erleichtert nicht nur die tägliche Arbeit, sondern sie reduziert die Kosten, minimiert den Verwaltungsaufwand und optimiert den gesamten Prozess entlang der Wertschöpfungskette.

Merke Die **Registratur** ist die geordnete Aufbewahrung und Ablage von Akten und Dokumenten im Unternehmen.

Die **Aufgaben einer Registratur** bestehen vor allem in

- der Bereitstellung aller erforderlichen Informationen am jeweiligen Arbeitsplatz,
- der Gewährleistung eines zeitnahen Zugriffs sowie
- der Vermeidung von Fehlerquellen.

Aufbewahrungsfristen von Schriftgut

Der Gesetzesgeber hat im Handelsgesetzbuch (§§ 257, 261 HGB) und der Abgabenordnung (§ 147 AO) **Aufbewahrungsfristen** für Schriftgut festgelegt. Dazu gehören beispielsweise alle Handelsbücher, die Inventare, die Eröffnungsbilanzen, die Jahresabschlüsse ebenso wie alle Buchungsunterlagen. Dies hat vor allem steuerliche Gründe, denn Unternehmensgewinne sind steuerpflichtig, das heißt, alle steuerrelevanten Unterlagen müssen zehn Jahre aufbewahrt werden, Handelsbriefe sechs Jahre.

Außer den gesetzlich vorgeschriebenen gibt es aber auch betriebliche Gründe, Schriftstücke aufzubewahren. Der tägliche Schriftverkehr sowie Aktennotizen zu laufenden Geschäftsvorfällen sind ebenso zu archivieren wie Dokumente, die als Beweismittel gegenüber Behörden oder Geschäftspartnern dienen. Bewährt hat sich dabei eine Einstufung nach der **Wertigkeit** der Schriftstücke: Schriftgut mit Dauerwert, mit Gesetzeswert, mit Prüf- oder mit Tageswert.

Bei den meisten Schriftstücken (mit Ausnahme von Jahresabschlüssen und Bilanzen) ist es erlaubt, das Datenmaterial auf Datenträgern zu speichern und zu archivieren. Das spart natürlich Platz und vereinfacht die Aufbewahrung.

Registraturarten

Die verschiedenen Registraturarten unterscheiden sich nach ihrer späteren Verwendung und der Art ihres Zugriffs.

Registraturart	Wertigkeit und Art der Aufbewahrung
Arbeitsplatzregistratur	■ hohe Priorität (Tageswert) ■ aktuelle Unterlagen, die stets zur Verfügung stehen müssen
Zentralregistratur	■ mittlere Priorität (Prüfwert) ■ Unterlagen, die nicht mehr dem aktuellen Zugriff dienen, jedoch erreichbar bleiben müssen
Altablage	■ sehr geringe Priorität (Gesetzeswert) ■ erledigte Unterlagen, die jedoch aus gesetzlichen oder betrieblichen Gründen aufbewahrt werden müssen
Archiv	■ Unterlagen mit Dauerwert

Ablagearten

Ablagearten

Loseblattablage
Schriftgut wird in Behälter eingelegt, z. B. in Sichthüllen, Mappen, Taschen, Aktendeckeln.

Vorteile
- zeitsparend
- kostengünstiger
- wenig Platzbedarf

Nachteile
- evtl. Suchzeiten
- Schriftstücke können verloren gehen

geheftete Ablage
Schriftgut muss für die Ablage vorbereitet, z. B. gelocht werden und wird in Ordnern oder Heftern abgeheftet.

Vorteile
- schneller Zugriff bei organisierter Ablage
- sichere Aufbewahrung
- verlustloser Aktenumlauf

Nachteile
- hoher Zeitaufwand

Aktenführung

Die **Aktenführung** innerhalb jedes Unternehmens wird unterschiedlich gehandhabt. Meist entscheidet der betriebliche Aufgabenbereich über die entsprechende Art der Aktenführung. Eine **Einzelakte** ist vorwiegend in den Bereichen der Personalwirtschaft zu finden. Die Aktenführung per **Sammelakte** beinhaltet größtenteils längerfristige Vorgänge zu einem bestimmten Themenbereich. So werden beispielsweise alle Vorgänge eines Kunden in einer Sammelakte geführt.

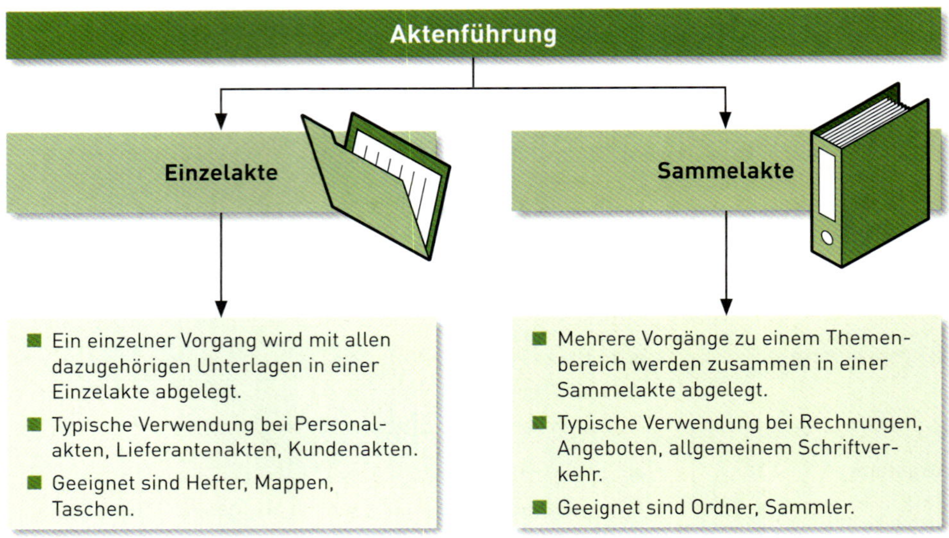

Registraturformen

Welche Form einer Registratur gewählt wird, hängt vom Nutzungszweck des Schriftguts ab (zum Beispiel rascher Zugriff am Arbeitsplatz oder Archivierung) und von den vorhandenen Schriftgutbehältern sowie ihrer Aufbewahrung in den Registraturmöbeln. Über den Einsatz der entsprechenden Registratur entscheiden außerdem die Größe des Büroraums, die anfallenden Arbeitsaufgaben der Mitarbeiterinnen und Mitarbeiter sowie die Anschaffungskosten.

Registraturform	Schriftgut	Schriftgutbehälter	Beispiele
liegende Registratur 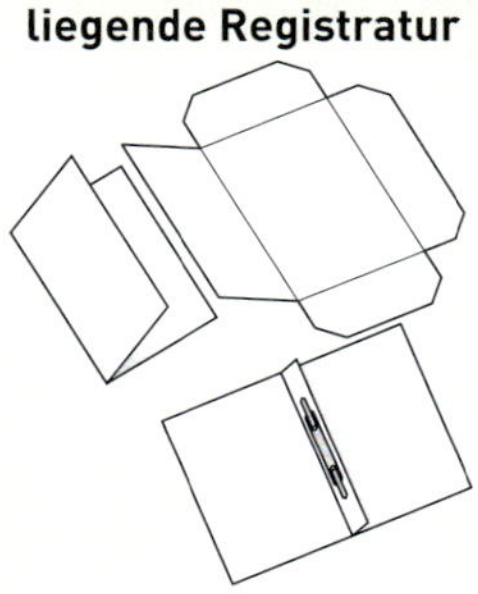	loses Schriftgut	■ Aktendeckel ■ Jurismappe/Aktenmappe	■ einzeln zu bearbeitende Schriftstücke
	geheftetes Schriftgut	■ Schnellhefter	■ Unterlagen für Kunden
	Vorteile: gute Raumausnutzung, schnelle Ablage, geringe Anschaffungskosten **Nachteile:** umständliche Handhabung, hoher Suchbedarf		

Registraturform	Schriftgut	Schriftgutbehälter	Beispiele
stehende Registratur 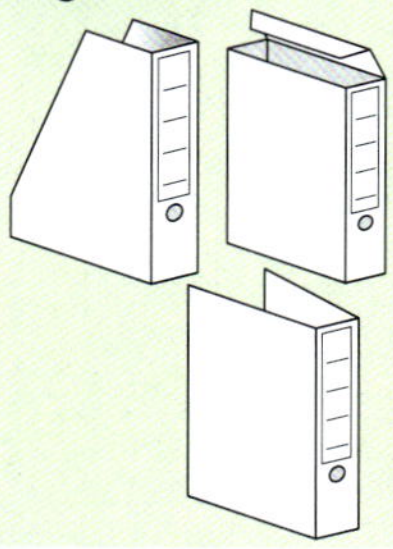	loses Schriftgut	▪ Stehsammler ▪ Kassetten ▪ Archivschachteln	▪ Prospekte ▪ Kataloge ▪ Zeitungen
	geheftetes Schriftgut	▪ Ordner	▪ Angebote ▪ Rechnungen ▪ Lieferscheine ▪ Verträge
	Vorteile: gute Übersichtlichkeit, geringe Anschaffungskosten **Nachteile:** schlechter Halt in Sammlern, nur für ein Format geeignet		
vertikal hängende Hängeregistratur 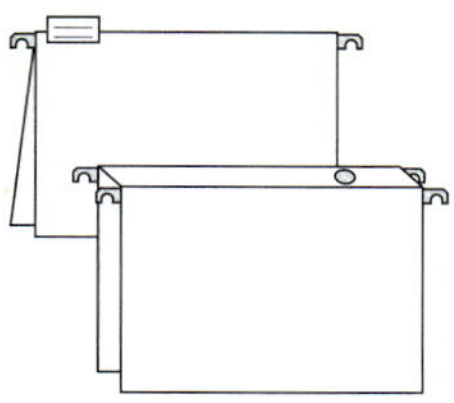	gelochtes Schriftgut hintereinander (vertikal) hängend	▪ Hängehefter, gelocht und an Schienen ▪ Hängeordner, gelocht und an Schienen	▪ Einzelvorgänge ▪ Kundenakten ▪ Lieferantenakten
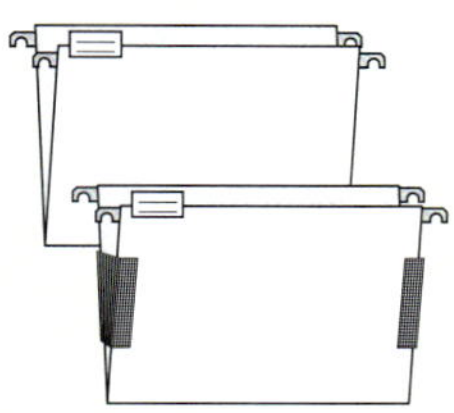	ungelochtes Schriftgut hintereinander (vertikal) hängend	▪ Hängemappen, ungelocht in Mappen eingelegt ▪ Hängetaschen, ungelocht in Taschen eingelegt, die seitlich durch sog. Frösche befestigt sind	▪ Personalakten ▪ juristische Unterlagen
	Vorteile: sehr gute Übersichtlichkeit, schneller Zugriff **Nachteile:** großer Raumbedarf, hohe Anschaffungskosten		
lateral hängende Pendelregistratur 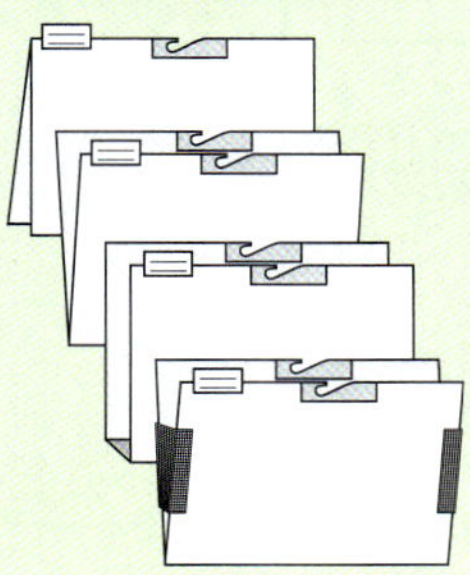	Schriftgut hängt nebeneinander (lateral) auf Schienen	▪ Pendelhefter ▪ Pendelmappen ▪ Pendelsammler ▪ Pendeltaschen	▪ Einzelakten ▪ Projektarbeiten
	Vorteile: gute Raumausnutzung bis zur Griffhöhe **Nachteile:** geringe Übersichtlichkeit, Zeitaufwand für Beschriftungen, langsamer Zugriff		

Registraturmöbel

Jede Registraturform braucht das passende Mobiliar. Die Auswahl der Registraturmöbel ist nicht nur eine Frage der Kosten und des Platzbedarfs, sondern auch der künftigen Zugriffszeiten auf das Schriftgut. Bei der Anschaffung wie beim Einsatz von Registraturmöbeln stellen sich folgende Fragen:

- Wie oft muss auf das Schriftgut zugegriffen werden?
- Wie lange muss das Schriftgut aufbewahrt werden?
- Wie hoch ist die physische Belastung der Mitarbeiterinnen und Mitarbeiter?

Registraturmöbel

Schreibtisch
- Auf dem Schreibtisch werden Ablagekörbe genutzt.
- Der Unterschrank des Schreibtischs kann als Hängeregistratur verwendet werden.

Beistellmöbel
- Feststehende, aber auch fahrbare Beistellmöbel sind zur Registratur geeignet.

Regal
- Jede Regalform kann für die Registratur verwendet werden.

Paternoster
- Paternoster (oder sogenannte Umlaufregale) sind eine sehr gute Alternative für eine effektive Registratur.
- Paternoster sind besonders platzsparend.

Registerschrank
- Registerschränke eignen sich für alle Registraturarten.
- Sie können einzeln oder in Gruppen aufgestellt werden.

Kosten der Registratur

Registraturen verursachen Kosten; diese können mit dafür entscheidend sein, welche Registraturform in einem Büro angeschafft wird.

Registraturkosten

Personalkosten
- machen etwa 75 % der gesamten Registraturkosten aus
- betreffen das Ablegen und das Suchen von Schriftstücken durch die Mitarbeiterinnen und Mitarbeiter

Raumkosten
- betragen etwa 20 % der gesamten Registraturkosten
- beziehen sich auf die Miete der Räume und die Abschreibungen für Gebäude

Materialkosten
- umfassen etwa 5 % der gesamten Registraturkosten
- betreffen die Anschaffung der Schriftgutbehälter und der Registraturmöbel

Der Anteil der Personalkosten an den Gesamtkosten der Registratur ist sehr hoch, deshalb ist es wichtig, die effektivste Registraturart einzusetzen, die das Ablegen und das Wiederfinden von Schriftgut erleichtert sowie die physische Belastung der Mitarbeiterinnen und Mitarbeiter verringert.

2.4.2 Arbeits- und Organisationsmittel

Der ökologische Aspekt, etwa die Verwendung umweltfreundlicher Materialien, spielt beim Einsatz von Arbeits- und Organisationsmitteln im Büro neben der Wirtschaftlichkeit eine wichtige Rolle. Eine gute Wahl der richtigen Arbeitsmittel trägt viel dazu bei, dass der Büroablauf reibungslos funktioniert und die Ablage besser organisiert ist.

Schriftgutbehälter

Zur Verfügung steht eine Vielzahl von Schriftgutbehältern; hier eine Auswahl im Überblick:

Schriftgutbehälter	Schriftgut	Vorteile	Nachteile
Loseblattablage			
Einsteckmappe 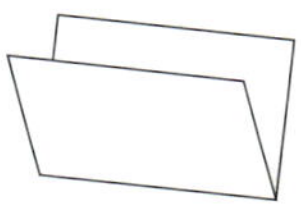	loses Schriftgut	■ schnelle Ablage ■ geringe Materialkosten	■ geringe Übersichtlichkeit ■ zeitaufwendiges Suchen
Aktendeckel 	loses Schriftgut		
Sichthüllen 	loses Schriftgut		
Jurismappe 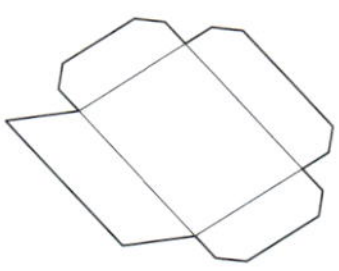	loses Schriftgut		
Schnellhefter 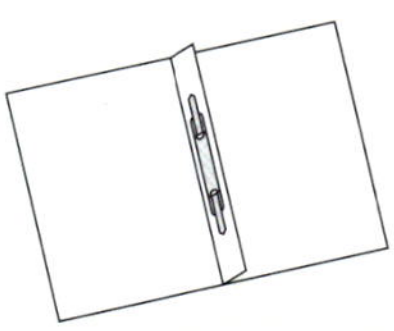	loses Schriftgut und geheftetes Schriftgut	■ geringe Materialkosten ■ sicherer Aktenumlauf	■ hoher Zeitaufwand zum Abhefter und damit hohe Personalkosten
Stehende Registratur			
Stehsammler 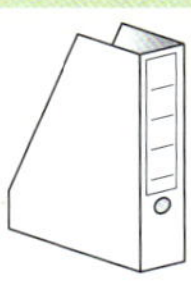	loses Schriftgut und geheftetes Schriftgut	■ geringe Materialkosten ■ schnelle Ablage	■ nicht für alle Formate geeignet ■ Suche innerhalb der Sammler notwendig
Archivschachteln 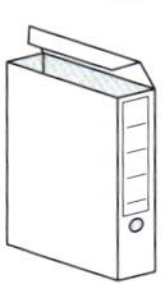	loses Schriftgut und geheftetes Schriftgut		

Fortsetzung Tabelle siehe nächste Seite

Schriftgutbehälter	Schriftgut	Vorteile	Nachteile
Ordner 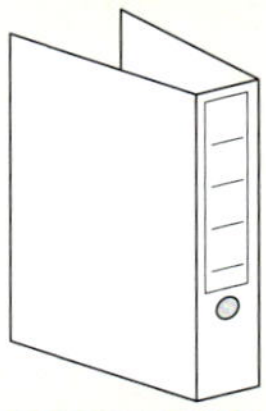	geheftetes Schriftgut	■ hohe Übersichtlichkeit ■ schneller Zugriff ■ sicherer Aktenumlauf	■ hoher Zeitaufwand zum Abheften und Beschriften ■ hohe Personalkosten
Hängeregistratur			
Hängetasche 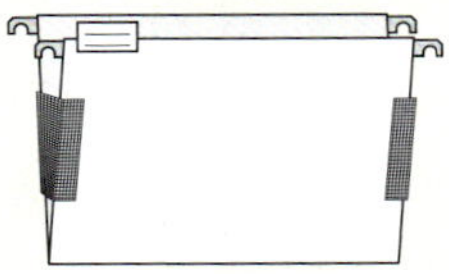	loses Schriftgut	■ hohe Übersichtlichkeit ■ schneller Zugriff ■ sicherer Aktenumlauf	■ hoher Zeitaufwand zum Abheften und Beschriften, damit hohe Personalkosten ■ höhere Materialkosten ■ hoher Platzbedarf
Hängemappe 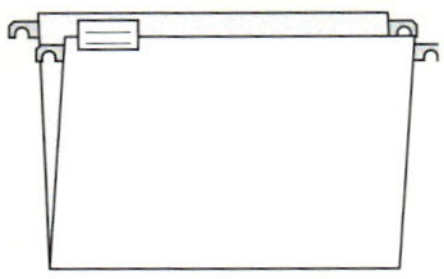	loses Schriftgut, seitlich offen		
Hängesammler 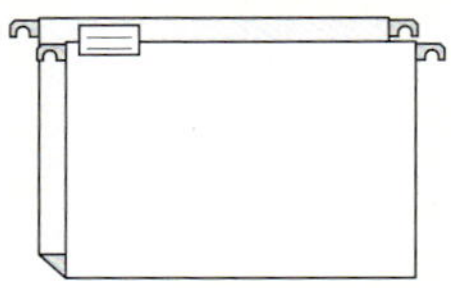	loses Schriftgut, für besonders schwere Unterlagen geeignet	■ hohe Flexibilität zur Verwendung von Mappen und Heftern ■ schneller Zugriff	■ höhere Materialkosten ■ bei nicht geheftetem Schriftgut zeitaufwendige Suche innerhalb des Sammlers
Hängeordner 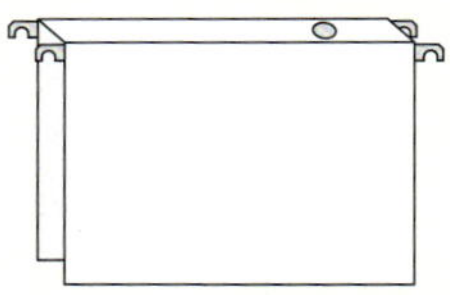	geheftetes Schriftgut	■ hohe Übersichtlichkeit ■ schneller Zugriff ■ sicherer Aktenumlauf	■ hoher Zeitaufwand zum Abheften und damit hohe Personalkosten
Pendelregistratur			
Pendelmappe 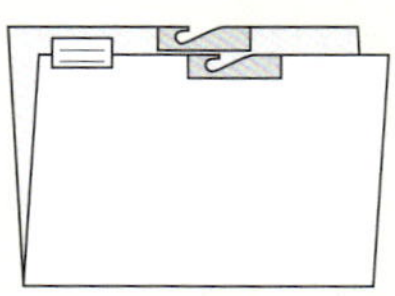	loses Schriftgut	■ hohe Übersichtlichkeit durch Reiter ■ schneller Zugriff ■ sicherer Aktenumlauf ■ geringe Materialkosten	■ geringe Aufnahme von Schriftstücken
Pendeltasche 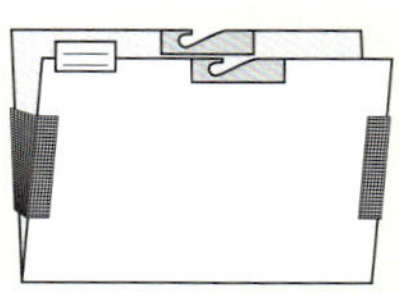	loses Schriftgut	■ geringe Materialkosten ■ sicherer Aktenumlauf	■ geringe Aufnahme von Schriftstücken

Schriftgutbehälter	Schriftgut	Vorteile	Nachteile
Pendelhefter 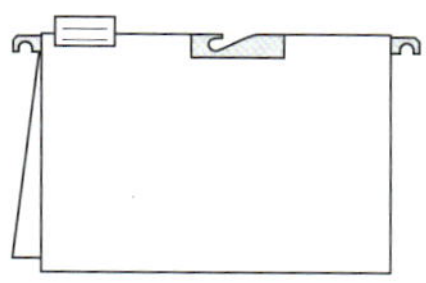	gelochtes und geheftetes Schriftgut	■ hohe Übersichtlichkeit ■ schneller Zugriff ■ sicherer Aktenumlauf ■ geringe Materialkosten	■ hoher Zeitaufwand zum Abheften und Beschriften, damit hohe Personalkosten ■ geringe Aufnahme von Schriftstücken
Pendelsammler 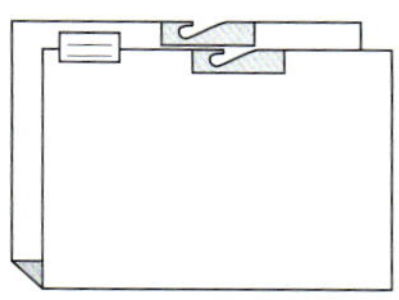	loses Schriftgut in Form von Einzel- und Sammelakten	■ hohe Aufnahmemenge ■ hohe Flexibilität zur Verwendung von Mappen und Heftern ■ hohe Materialkosten	■ schwierige Handhabung beim Aktenumlauf

Organisationsmittel

Die Schriftgutbehälter müssen übersichtlich beschriftet sein, damit ein zeitnahes Auffinden der Akten und Dokumente sowie ein reibungsloser Büroablauf gewährleistet sind. Verschiedene Organisationsmittel stehen zur Auswahl.

Organisationsmittel	Verwendung
Register 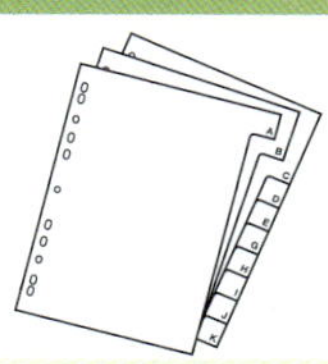	■ als Trennung zwischen einzelnen Vorgängen ■ zum Teil farbliche Gestaltung ist hilfreich zum schnelleren Auffinden
Trennblätter 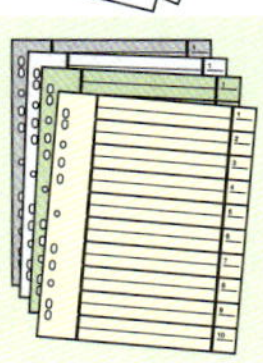	■ als Trennung zwischen einzelnen Vorgängen ■ Registertaben können in verschiedenen Längen ausgeschnitten werden.
Reiter 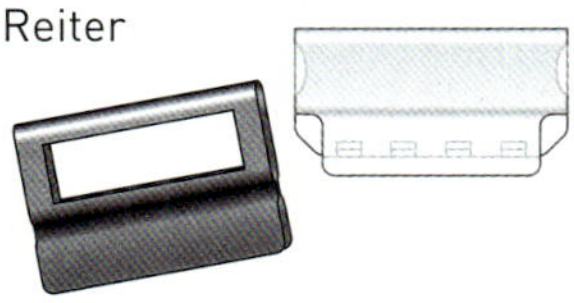	■ auf Register aufsteckbar ■ aus Kunststoff ■ mehrfach zu beschriften
Selbstklebende Tabs 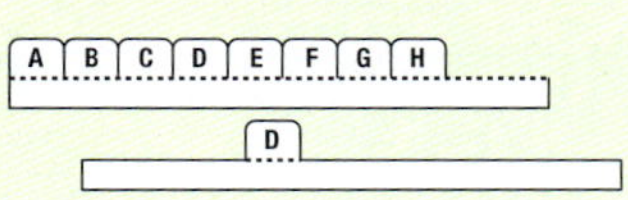	■ als selbstklebende Tabs zum Beschriften von Hängeregistraturen ■ variabel zuschneidbar

Fortsetzung Tabelle siehe nächste Seite

Organisationsmittel	Verwendung
Sichtstreifen für Pendelleiste 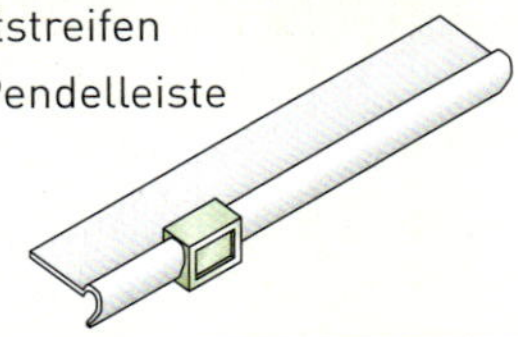	■ als Sichtleiste für Pendelregistratur ■ mit Beschriftungsstreifen
Signal für Hängeregistratur 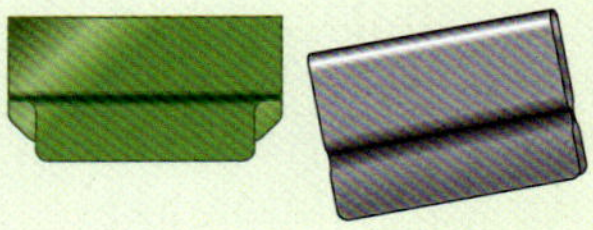	■ als Signale für Hängeregistratur ■ zum Einstecken in die Registraturleiste
Stecksignal für Einstellmappen 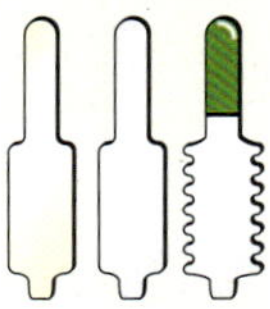	■ zum Einstecken in Schlitzstanzungen im sichtbaren Teil des Schriftgutbehälters

Die vielfältigen Arbeits- und Organisationsmittel vereinfachen den Arbeitsprozess im Büro und tragen zu einer rationellen Arbeitsweise bei. Der Benutzer entscheidet über den Einsatz des speziellen Schriftgutbehälters sowie dessen Kennzeichnung. Wie oben bereits erläutert, machen die Personalkosten den größten Anteil an den Registraturkosten insgesamt aus; eine Kostenreduzierung kann aber erfolgen durch die richtige Wahl der jeweiligen Registraturform mit den entsprechenden Organisationsmitteln.

2.4.3 Ordnungssysteme

Mehr Zeit für das Wesentliche ...

Das ist eine Aussage, die überall in der Registratur zutrifft, denn das Ordnen von Informationen ist Sinn und Zweck jeder Registratur.

Es gibt nichts Ärgerlicheres, als durch langwieriges Suchen von Akten und Dokumenten kostbare Zeit zu verschwenden.

Ordnungssysteme unterstützen eine effektive Ablagemethode im Büro. Je nach Art des Schriftguts werden bestimmte Ordnungsmerkmale eingesetzt; wichtig dabei ist, die Terminierung der Schriftstücke zu beachten.

Für eine erste Orientierung können personen-, unternehmens- und sachbezogene Merkmale dienen (siehe Grafik auf der folgenden Seite).

Abhilfe einer chaotischen Ablage schafft aber auch ein Aktenplan.

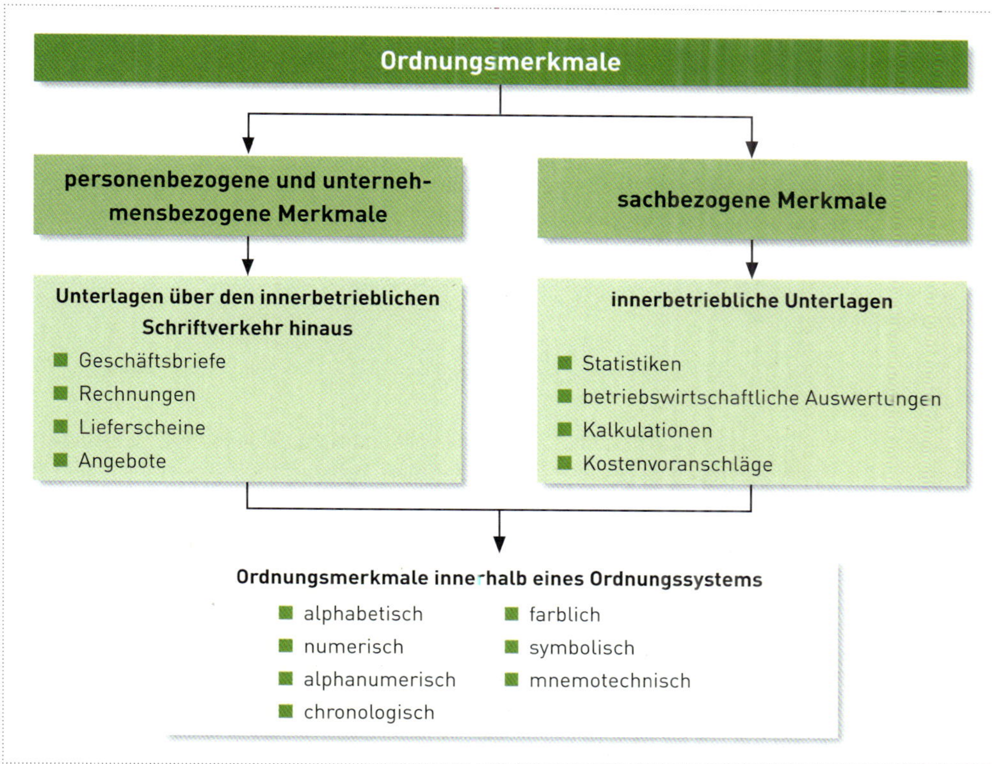

Aktenplan

Aktenpläne werden oft in Unternehmen oder Behörden mit sehr viel Schriftverkehr geführt. Sie sind ein aufgabenbezogenes, mehrstufiges Ordnungssystem mit hierarchischer Gliederung. Einen Aktenplan zu führen bedeutet, das Schriftgut nach Themenbereichen und innerhalb dieser Themenbereiche nach vielfältigen Unterteilungen zu ordnen. Die Aufteilung eines Aktenplans kann so aussehen wie in der nebenstehenden Grafik. Die Auflistung aller Themenbereiche kann alphabetisch erfolgen, zusätzliche Begriffe müssen eingeordnet werden können. Der Aktenplan kann also stetig erweitert werden, er muss klar strukturiert sein, damit die jeweilige Akte schnell gefunden wird. Ein Aktenplan muss von dem Unternehmen selbst erarbeitet und auf die jeweilige Struktur zugeschnitten werden.

Herkömmliche und elektronische Ordnungssysteme müssen den schnellen Zugriff auf die benötigten Informationen gewährleisten.

Alphabetische Ordnung

Bei einer alphabetischen Sortierung werden Zeichenfolgen (Namen o. Ä.) entsprechend der Reihenfolge der Buchstaben im Alphabet geordnet. Die alphabetische Ordnung ist eine sehr verständliche Methode, die in der Registratur häufig angewendet wird, jedoch müssen einige Besonderheiten beachtet werden. Vorteilhaft ist, dass das Ablegen sowie das Auffinden von alphabetisch geordneten Dokumenten übersichtlich und von jedem Mitarbeiter ohne besondere Vorkenntnisse nachzuvollziehen ist. Allerdings hat die alphabetische Ordnung den Nachteil, dass unter Umständen zusammenhängende Vorgänge auseinandergerissen werden und später schwieriger wieder auffindbar sind.

Beispiel

Die alphabetische Ordnung ist ein häufig verwendetes Ordnungsschema in Lexika, Telefonbüchern oder Branchenbüchern. Als Ordnungsmerkmale dienen hier meist Namen oder Bezeichnungen.

Geregelt ist die einheitliche alphabetische Ordnung in den Normen:

- DIN 5007-1: Ordnen von Schriftzeichenfolgen, Teil 1: Allgemeine Regeln für die Aufbereitung (ABC-Regeln)
- DIN 5007-2: Ordnen von Schriftzeichenfolgen, Teil 2: Ansetzungsregeln für die alphabetische Ordnung von Namen

A B C D E F G H I J K L M N O P Q R S T U V W X Y Z

- Ä/ä und ae sind gleich
- Ö/ö und oe sind gleich
- Ü/ü und ue sind gleich

Ordnen von Namen

Bei gleichen Anfangsbuchstaben ist der zweite Buchstabe das nächste entscheidende Ordnungsmerkmal.

Bauer → Beier → Decker → Diller → Meusel → Miller → Millher

Doppelnachnamen

Der zweite Teil des Nachnamens wird wie ein Vorname behandelt.

Bauer-Müller, Walter → Bauer, Torsten → Bauer, Volker

Vornamen und Nachnamen gleichen sich

Ordnungsmerkmal wird der Wohnort oder die PLZ, danach folgt die Straße als Ordnungsmerkmal.

Bauer, Torsten	**98617 Meiningen**	**Helenenweg 2**
Bauer, Torsten	**98617 Meiningen**	**Hohe Leite 7**
Bauer, Torsten	**98617 Meiningen**	**Marktplatz 4**

Namensteile und akademische Titel

Namensteile wie „von" folgen dem Vornamen, akademische Titel wie „Dr." folgen dem Namensteil.

Bauer, Torsten → Bauer, Uwe von, Dr. → Bauer, Volker

Ordnung von Umlauten

Umlaute werden wie folgt festgelegt.

ä = ae ö = oe ü = ue ß = ss

Härder, Olaf	=	**Haerder, Olaf**
Möller, Max	=	**Moeller, Max**
Hüter, Torsten	=	**Hueter, Torsten**
Saß, Werner	=	**Sass, Werner**

Verbindungen zwischen Namen

Verbindungen zwischen Namen wie „&" oder „und" bleiben unberücksichtigt.

Bauer, Lutz → Bauer & Meier Bau GmbH → Bauer, Torsten → Bauer, Volker

Sonderzeichen/Zahlen

Sonderzeichen stehen immer vor Zahlen, danach folgen Buchstaben.

+Büro → 345 Baustoffhandel → Bauer, Torsten → Bauer, Volker

Numerische Ordnung

Die numerische Ordnung ist eine Ordnung nach Ziffern und Zahlen. Fortlaufende Nummern kennzeichnen die einzelnen Dokumente. Meist wird bei der kleinsten Ziffer begonnen und aufsteigend geordnet.

Beispiel

1 → 2 → 3 → ... → 1 000

Alphanumerische Ordnung

Die alphanumerische Ordnung ist ein Ordnungssystem aus alphabetischen und numerischen Merkmalen. Der Buchstabe kennzeichnet oftmals einen Vorgang und die Ziffer gibt die Reihenfolge an.

Beispiel

Rechnung = R Reihenfolge = 1 R1

Chronologische Ordnung

Die chronologische Ordnung ist in zeitlicher Reihenfolge sortiert. In einer kaufmännischen Ablage wird häufig zuerst nach Alphabet sortiert und innerhalb der alphabetischen Ordnung nach Datum abgelegt. Der Kaufmann bezieht sich immer auf das letzte Schreiben und dieses liegt obenauf.

Ordnung nach Farben

Eine Ordnung nach Farben begünstigt ein schnelleres Auffinden des Schriftguts. So werden beispielsweise Schriftgutbehälter mit unterschiedlichen Farben genutzt. Innerhalb dieser Registraturmittel wird alphabetisch geordnet.

Ordnung nach Symbolen

Eine Ordnung von Materialien nach Symbolen wird im kaufmännischen Bereich weniger angewendet.

Mnemotechnische Ordnung

Das Wort Mneme ist griechischen Ursprungs und bedeutet Gedächtnis. Mnemotechnik ist ein Verfahren (eine Technik), sich etwas leichter einzuprägen zum Beispiel durch Lern- oder Merkhilfen. Die Ordnung nach mnemotechnischen Merkmalen bedeutet also ein Ordnungssystem nach Merkhilfen. Zwischen dem Ordnungsmerkmal und dem Vorgang besteht eine gedankliche Verbindung. In Büros werden meist zusätzliche Ordnungsmerkmale verwendet, so werden verschiedene Vordrucke in unterschiedlichen Farben aufbereitet, sodass die Mitarbeiter gedanklich sofort nachvollziehen können, welchen Vordruck sie verwenden müssen.

2.4.4 Elektronische Ablagesysteme und Speichermedien

Die Unmengen an Schriftgut in den Unternehmen erfordern mittlerweile elektronische Ablagesysteme. Es ist kaum noch möglich, alle Schriftstücke in Papierform aufzubewahren, zum Teil werden gesamte Geschäftsvorfälle auf elektronischem Weg vollzogen. Eine Aufbewahrung kann durch verschiedene Speichermedien erfolgen.

Das **Speichermedium** muss auch nach Jahren noch zu gebrauchen sein; selbst wenn sich die Betriebssysteme ändern, muss ein Zugriff auf das Speichermedium gewährleistet sein.

Speichermedien unterscheiden sich nach ihrer Art der Speicherung, zum Beispiel mechanisch oder optisch, sowie nach der Zugriffsgeschwindigkeit, nach ihrer Speicherkapazität und ihrer Lebensdauer.

Das am häufigsten verwendete Speichermedium ist nach wie vor das Papier. Darüber hinaus übernehmen mechanische, optisch lesbare sowie fotografische Speichermedien eine immer größere Bedeutung bei den elektronischen Ablagesystemen.

Speichermedien

Papier	mechanische Speichermedien	optische Speichermedien	fotografische Speichermedien
■ Schriftgut am Arbeitsplatz, in der Registratur sowie im Archiv in Papierform	■ Festplatte ■ Magnetband ■ Magnetkarte ■ Magnetstreifen	■ CD-ROM ■ CD-RW ■ DVD-ROM ■ HD DVD ■ Blue-ray-Disk	■ Mikrofilm ■ Mikroplanfilm (Mikrofiche)

Das Speichermedium **Papier** hat seinen Wert trotz der zunehmenden digitalen Speicherung des Datenaufkommens noch nicht verloren. Das Papier hat eine sehr lange Lebensdauer und wird in allen Bereichen des Büros weiterhin eine übergeordnete Rolle spielen.

Die ältere Gruppe der **mechanischen Speichermedien** wie **Magnetband, Magnetkarte** sowie **Magnetstreifen** wurde im Laufe der letzten Jahre größtenteils durch optische Speichermedien ersetzt. Daten wurden auf magnetisierbares Material wie Bänder oder Platten geschrieben. Inzwischen sind aufgrund der unaufhaltsamen technischen Weiterentwicklung bessere und sicherere mechanische Speichermedien auf den Markt gebracht worden, die sogenannten **CAS-Systeme** (Content Addressed Storage). Sie ermöglichen ein Speichern auf Festplatten, die zwar gelesen, aber nicht mehr verändert werden können. Dies beugt Datenverlusten vor.

Die **optischen Speichermedien** ermöglichen eine Sicherstellung hoher Datenaufkommen.
- CD-ROM (Compact Disc Read-Only Memory)
- Speicherkapazität von etwa 670 MB bis 879 MB
- Lebensdauer kann noch nicht definitiv nachgewiesen werden.

CD-RW (Compact Disc ReWritable)
- wiederbeschreibbare CD-ROM
- weniger zur Datensicherung geeignet aufgrund ihrer Wiederbeschreibbarkeit
- Speicherkapazität wie CD-ROM

DVD-ROM
- Nachfolger der CD-ROM mit höherer Speicherkapazität bis zu 15 GB Speicherplatz
- Lebensdauer etwa zehn Jahre

HD-DVD (High Density Digital Versatile Disc)
- Nachfolger der DVD-ROM
- Speicherkapazität bis 51 GB
- vorwiegend für Filmmaterial geeignet

Blu-ray-Disk
- Nachfolger der DVD mit höherer Speicherkapazität bis zu 50 GB
- Lebensdauer von etwa 30 bis 50 Jahren

Fotografische Speichermedien werden vor allem zur Archivierung von Daten genutzt, um die Aufbewahrung und Sicherheit von Unterlagen und Dokumenten über einen sehr langen Zeitraum zu gewährleisten. Bis vor wenigen Jahren wurde das Schriftgut fotografiert, stark verkleinert und auf einem Rollfilm oder einer Filmlochkarte gespeichert. Heute werden die Schriftstücke meist per Computer digitalisiert.

Der **Mikrofilm** ist eine altbewährte Speicherform:
- Lebensdauer bei richtiger Lagerung bis zu 500 Jahren
- Archivierung auf Rollfilmen (Spulen in Archivboxen oder Kassetten) oder in Jackets (Filmtaschen, in denen die Rollen in einzelne Filmstreifen zerschnitten abgelegt werden)

Der **Mikroplanfilm (Mikrofiche)** speichert optische Daten als Mikrofilmaufnahmen im Format A6.
- Je nach Nutzungszweck werden kleine oder größere Abbildungen gespeichert.
- Auf einem Mikroplanfilm befinden sich meist viele Abbildungen in stark verkleinerter Form.

Der Verband Organisations- und Informationssysteme e.V. (VOI) hat „Merksätze zur revisionssicheren elektronischen Archivierung" herausgegeben, die die **„Anforderungen an die Ordnungsmäßigkeit beim Betrieb einer elektronischen Archivierung"** regeln und in engem Zusammenhang stehen mit anderen Grundsätzen, wie den „Grundsätzen ordnungsmäßiger Buchführung (GoB)" und den „Grundsätzen ordnungsmäßiger DV-gestützter Buchführungssysteme (GoBS)".

1. Jedes Dokument muss nach Maßgabe der rechtlichen und organisationsinternen Anforderungen ordnungsgemäß aufbewahrt werden.
2. Die Archivierung hat vollständig zu erfolgen – kein Dokument darf auf dem Weg ins Archiv oder im Archiv selbst verloren gehen.
3. Jedes Dokument ist zum organisatorisch frühestmöglichen Zeitpunkt zu archivieren.
4. Jedes Dokument muss mit seinem Original übereinstimmen und unveränderbar archiviert werden.
5. Jedes Dokument darf nur von entsprechend berechtigten Benutzern eingesehen werden.
6. Jedes Dokument muss in angemessener Zeit wiedergefunden und reproduziert werden können.
7. Jedes Dokument darf frühestens nach Ablauf seiner Aufbewahrungsfrist vernichtet, das heißt aus dem Archiv gelöscht werden.
8. Jede ändernde Aktion im elektronischen Archivsystem muss für Berechtigte nachvollziehbar protokolliert werden.
9. Das gesamte organisatorische und technische Verfahren der Archivierung kann von einem sachverständigen Dritten jederzeit geprüft werden.
10. Bei allen Migrationen und Änderungen am Archivsystem muss die Einhaltung aller zuvor aufgeführten Grundsätze sichergestellt sein.

Quelle: VOI – Verband Organisations- und Informationssysteme e.V., www.voi.de, abgerufen am 07.06.2010

Elektronische Ablagesysteme nehmen mehr und mehr an Bedeutung zu und liefern den Unternehmen erhebliche Vorteile:

- Kostenersparnis durch weniger Papierverbrauch und geringere Raumkosten für Registraturen
- Verringerung der Transportwege des Materials
- Zugriff von allen Arbeitsplätzen auf das elektronische Ablagesystem, dadurch entfällt eine doppelte Ablage
- Auskunftsfähigkeit der einzelnen Mitarbeiter wird durch schnellen Zugriff auf die Daten erhöht.

2.4.5 Dokumentenmanagementsysteme

Dokumentenmanagementsysteme wurden entwickelt, um den ständig steigenden Geschäftsvorfällen in Unternehmen wie der Prämisse der gesetzlich vorgeschriebenen Aufbewahrungsfristen gerecht zu werden. Die folgenden Jahre werden bestimmt sein durch immer größere Datenaufkommen, durch Schriftverkehr per E-Mail, Informationsübermittlung durch Data-Warehouse-Anwendungen (Datenbanken) sowie Dokumente unterschiedlichster Formate. Dies erfordert ein angepasstes Managementsystem, das sämtliche Prozesse entlang der Wertschöpfungskette effizient verwaltet, archiviert und im Bedarfsfall vernichtet. Das **Dokumentenmanagementsystem** übernimmt hierbei folgende Aufgaben:

- die Erfassung von Dokumenten
- das zeitnahe Auffinden aller Dokumente
- Ablage von Dokumenten an den dafür notwenigen Arbeitsplätzen
- Verwaltung der Geschäftskorrespondenz
- Archivierung kaufmännischer Schriftstücke wie Angebote, Rechnungen, Lieferscheine
- Erstellung von Dokumentationen über den Dokumentenlebenszyklus

Jedes Dokument unterliegt einem Dokumentenlebenszyklus, der auf elektronischem Wege verfolgt werden kann. Der **Dokumentenlebenszyklus** (Document Lifecycle), beschreibt den Prozess, den ein Dokument von der Erstellung über die Verwendung bis zum Löschen bzw. bis zum Sichern durchläuft. Die nachfolgende Abbildung stellt einen Dokumentenlebenszyklus dar, der in der Praxis abweichen kann.

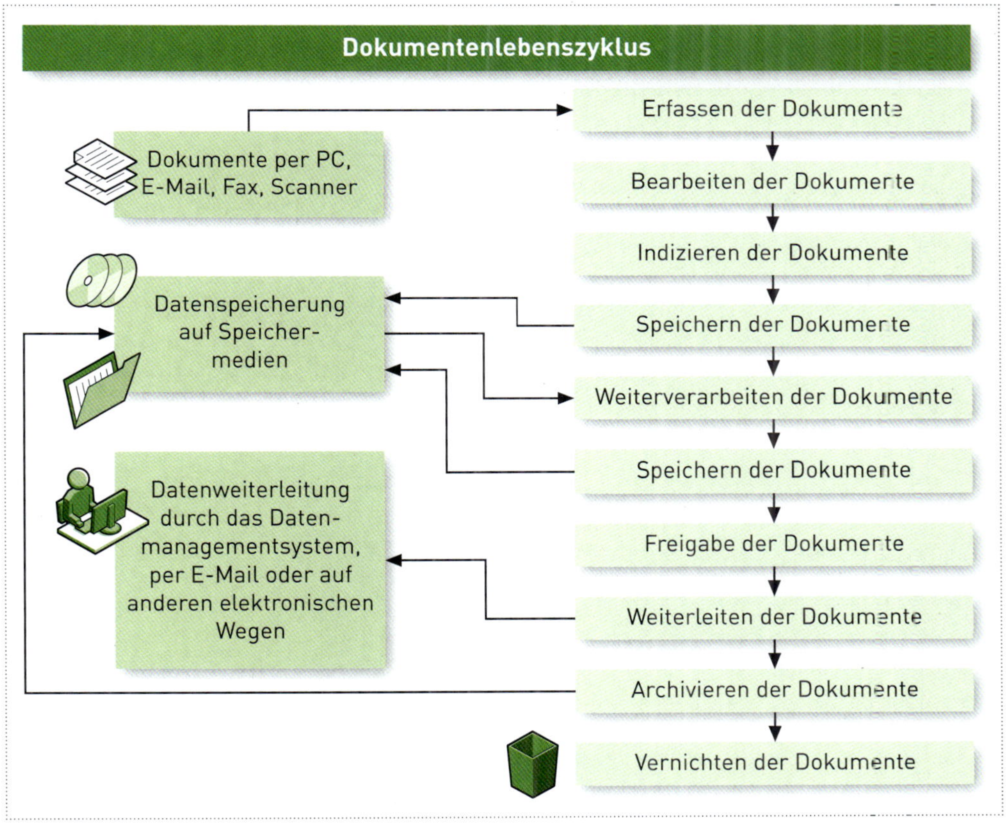

Erfassen der Dokumente: Die Dokumente müssen, bevor sie in das Datenmanagementsystem eingefügt werden können, digitalisiert werden. E-Mails werden in Textdokumente eingefügt, Schriftstücke in Papierform eingescannt, zum Teil sind hierbei Texterkennungsprogramme im Einsatz, um die Dokumente später weiter zu bearbeiten.

Indizieren der Dokumente: Daten indizieren (*lat. indicare* = anzeigen, auf etwas hinweisen) bedeutet, die Daten in ein bestimmtes Format einzuteilen, um später rasch darauf zugreifen zu können. Allen Dokumenten werden bestimmte Merkmale zugewiesen; eine sehr oft verwendete Methode ist die Vergabe eines Index, damit kann das Dokument eindeutig identifiziert werden. Häufig werden Barcodes verwendet, die an den Schriftstücken angebracht werden.

Beispiel Barcode

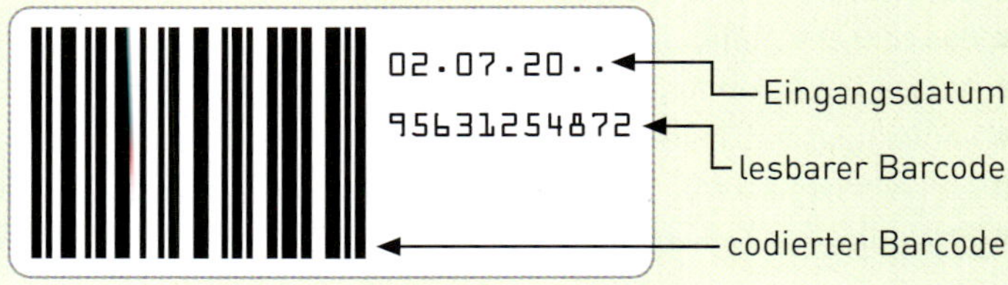

Eine andere Methode ist das Speichern nach numerischen Größen, zum Beispiel nach Rechnungsnummern. Außerdem ermöglichen die Systeme eine Volltextsuche, sodass Wortgruppen oder auch einzelne markante Wörter angezeigt werden.

Speichern, Weiterleiten und Archivieren der Dokumente: Das Schriftgut wird auf elektronischem Weg auf verschiedenen, unternehmensabhängigen Speichermedien gespeichert. Durch eine vorherige Vergabe von Indizes oder anderen Merkmalen ist ein rasches Auffinden der Daten möglich. Die Dokumente werden je nach Bedarf weitergeleitet und archiviert. Die Weiterleitung kann per Intranet oder über einen Internetdienst erfolgen. Zur Archivierung stehen wieder verschiedene Speichermedien zur Verfügung.

Die **Vorteile von Dokumentenmanagementsystemen** liegen auf der Hand. Sie gestalten den gesamten Leistungsprozess effektiver und sind Grundlage einer quantitativen und qualitativen Verbesserung der Ressourcenausschöpfung. Sie zeichnen sich vor allem durch eine hohe Durchlaufzeit von Geschäftsvorfällen aus und entsprechen dem Standard der modernen Zeit. Eine verbesserte Verfügbarkeit von Informationen, mehr Kundenzufriedenheit, eine günstigere Mitarbeitermotivation, die Einsparung von Raumkosten sowie eine Erleichterung der Arbeitsbedingungen sind die Folge.

Workflow-Management-Systeme

Workflow-Management-Systeme sind die direkten Nachfolger der Dokumentenmanagementsysteme. Sie verknüpfen den Prozess zwischen Datenaufnahme, Datenbearbeitung und Datenweiterleitung. Mit diesem weiterführenden System ist es möglich, durch eine Schnittstelle zwischen dem Dokumentenmangamentsystem und dem Workflow-Management-System die gesamten Geschäftsprozesse von der Angebotserstellung bis hin zur Rechnungslegung elektronisch zu bearbeiten.

Das Workflow-Management-System steuert den Arbeitsablauf zwischen den einzelnen Arbeitsplätzen. Es stellt sicher, dass die richtigen Daten zur richtigen Zeit am richtigen Ort zur Verfügung stehen. So werden Vorgänge von Mitarbeitern, die beispielsweise im Urlaub sind, an den jeweils zuständigen Mitarbeiter automatisch weitergeleitet. Damit entstehen keine Wartezeiten, der Geschäftsprozess kann ohne Ausfälle weitergeführt werden.

Vorteile von Workflow-Management-Systemen:

- Schaffung einer hohen Transparenz im Unternehmen
- Schonung der vorhandenen Ressourcen
- Qualitätsverbesserung
- Erhöhung der Flexibilität
- enorme Entlastung der Mitarbeiterinnen und Mitarbeiter
- bessere Wettbewerbsposition

Dokumentenmangementsysteme steuern die Daten, sie bestimmen den Ort und den Inhalt des Dokuments.

Workflow-Management-Systeme steuern die Entstehung des Dokuments und leiten sie dem entsprechenden Nutzer zu.

Alle elektronischen Systeme in den Unternehmen stellen besondere Sicherheitsmaßregeln für die Einhaltung des Datenschutzes sowie der Datensicherheit dar.

2.4.6 Datenschutz und Datensicherheit

Die elektronische Datenübertragung nimmt einen immer größeren Stellenwert ein und ist aus den Unternehmen kaum noch wegzudenken. Dieser Fortschritt erfordert eine erhöhte Sicherheit im Umgang mit der elektronischen Datenübermittlung, der Datenbearbeitung sowie der Datenspeicherung. Der Weg der Daten ist vielen Gefahren ausgesetzt – zum Beispiel durch den Zugriff auf einzelne Datenpakete durch Unbefugte, eine Verfälschung der Daten oder sogar deren Vernichtung.

Datensicherheit ist nicht nur ein unternehmensinternes Thema, sondern ein gesamtgesellschaftliches, nationales und internationales Problem. Deshalb wurden zahlreiche Gesetze und Verordnungen erlassen, um einen umfassenden Datenschutz und eine hinreichende Datensicherheit zu gewährleisten.

Datensicherung Kap. 2.5.3

Datenschutz und Datensicherheit

Datenschutz

- Schutz der persönlichen Daten
- Daten dürfen nur im Einverständnis des Betreffenden gespeichert werden

Festlegungen

- EU-Datenschutzrichtlinie
- Bundesdatenschutzgesetz
- Landesdatenschutzgesetz

Datensicherheit

- Daten müssen in jedem Unternehmen so gesichert werden, dass ein Zugriff von außen auf keinen Fall möglich ist

Festlegungen

- DIN Normenausschuss Informationstechnik und Anwendungen (DIN NIA)
- individuelle betriebliche Regelungen zur Datensicherung

Datenschutz

Aufgabe des Datenschutzes ist es, die persönlichen Daten jedes Einzelnen so zu schützen, dass er allein über die Verwendung seiner Daten bestimmen kann. Der Umgang mit personenbezogenen Daten darf dieses Recht nicht beeinträchtigen. Die Speicherung und Verarbeitung personenbezogener Daten ist daher nur zulässig, wenn ein Gesetz oder eine andere Rechtsvorschrift sie erlaubt und der Betroffene einwilligt.

Schutz personenbezogener Daten Kap. 8.5.2

Personenbezogene Daten sind Angaben über die
- persönlichen Verhältnisse wie Name, Geburtsdatum, Ausbildung einer natürlichen Person,
- sachliche Verhältnisse wie Schulden einer natürlichen Person.

Personenbezogene Daten dürfen grundsätzlich nur für solche Zwecke verarbeitet werden, für die sie erhoben wurden. Die betreffende Person muss darüber informiert werden.

Ist die betreffende natürliche Person mit der Speicherung ihrer Daten einverstanden, gelten für sie folgende Rechte bei der Speicherung ihrer personenbezogenen Daten:

Auskunftsrecht
- Recht auf Auskunft über die zu ihrer Person gespeicherten Daten
- Recht auf Widerspruch gegen die Verarbeitung ihrer personenbezogenen Daten

Berichtigungsrecht
- Recht auf Berichtigung, wenn die Daten unrichtig gespeichert sind

Sperrungsrecht
- Recht auf Sperrung, wenn die Betroffene die Richtigkeit bestreitet und sich weder die Richtigkeit noch die Unrichtigkeit feststellen lässt

Löschungsrecht
- Recht auf Löschung, insbesondere wenn die Speicherung unzulässig war
- Recht auf Folgenbeseitigung

Schadensersatzrecht
- Recht auf Schadensersatz
- Recht, sich an den Bundesbeauftragten bzw. den jeweils zuständigen Landesbeauftragten für den Datenschutz zu wenden, wenn die betroffene Person der Ansicht ist, bei der Verarbeitung ihrer personenbezogenen Daten seien ihre Rechte verletzt worden

Diese Rechte können weder durch Verträge noch durch sonstige Rechtsgeschäfte ausgeschlossen oder beschränkt werden.

Für die **Überwachung und Einhaltung des Datenschutzes** sind folgende Institutionen verantwortlich:
- Landes- und Bundesdatenschutzbeauftragte
- betriebliche bzw. behördliche Datenschutzbeauftragte
- zuständige Aufsichtsbehörde
- betreffende natürliche Person selbst, indem sie ihre Daten kontrolliert

Datensicherheit

Zum eigentlichen Datenverarbeitungs- und -übertragungssystem gehören Hardware und Software. Jedes Unternehmen ist verantwortlich, die Sicherheit aller Daten zu gewährleisten und entsprechende Maßnahmen zu treffen. Die Datensicherheit erstreckt sich aber auch auf die Räumlichkeiten sowie die Mitarbeiter. Zu schützende Daten kann es auf Arbeitsplatzrechnern, Zentralrechnern, Bildschirmen, verschiedenen Speichermedien und Kommunikationsleitungen geben.

Es müssen klare Verantwortlichkeiten und Berechtigungen im Unternehmen definiert sein, um unberechtigte Zugriffe zu vermeiden. So werden beispielsweise durch folgende Anordnungen eindeutige **Verfahrensregeln** festgelegt:

- eindeutige Arbeitsplatzbeschreibungen
- Festlegung von Benutzerberechtigungen
- transparente Arbeitsanweisungen
- geregelte Normen
- eindeutige Dokumentationen
- Festlegung von Zuständigkeiten in Krisensituationen

Datensicherheit verursacht Kosten. Darunter fallen Kosten für technische Lösungen, wie entsprechende Soft- und Hardware, für Personalkosten sowie für die Ausstattung der Büroräume. Die Schutzmaßnahmen müssen jedoch in einem ausgewogenen Verhältnis stehen zu den befürchteten und möglichen Schäden – dieses Prinzip der Verhältnismäßigkeit ist sehr wichtig.

Im Vordergrund steht definitiv der Schutz der jeweiligen Daten. Bei der Einführung eines Datenverarbeitungssystems im Unternehmen ist die erste Maßnahme immer ein Datensicherheitskonzept.

Im Einzelnen sind folgende Aspekte zur **Vorbeugung gegen Missbrauch personenbezogener Daten** und **Maßnahmen zur Datensicherheit** zu beachten:

- Überwachung des Einsatzes der Datenverarbeitungsprogramme durch einen Beauftragten für Datenschutz im Unternehmen
- Ermittlung des Schutzbedarfs einzelner Bereiche im Unternehmen
- sensible Auswahl des geeigneten Personals beim Umgang mit personenbezogenen Daten
- Schulung der Mitarbeiterinnen und Mitarbeiter hinsichtlich der Vorschriften zum Datenschutz und der Datensicherheit
- Verwendung vertrauenswürdiger Software
- Verwendung eines Virenschutzprogramms
- Nutzung von aktuellen Updates
- Schutz vor Spionageangriffen während des Onlinezugangs mit einer Firewall
- Anwendung von Sicherheitsfunktionen der Software durch Vergabe von Passwörtern und Benutzereinschränkungen
- regelmäßige Sicherung der Daten
- Misstrauen gegen fremde Datenträger
- E-Mails unbekannter Herkunft nicht öffnen
- niemals Passwörter, PIN oder TAN auf Festplatten speichern

Lernlandkarte 2.5 bis 2.9

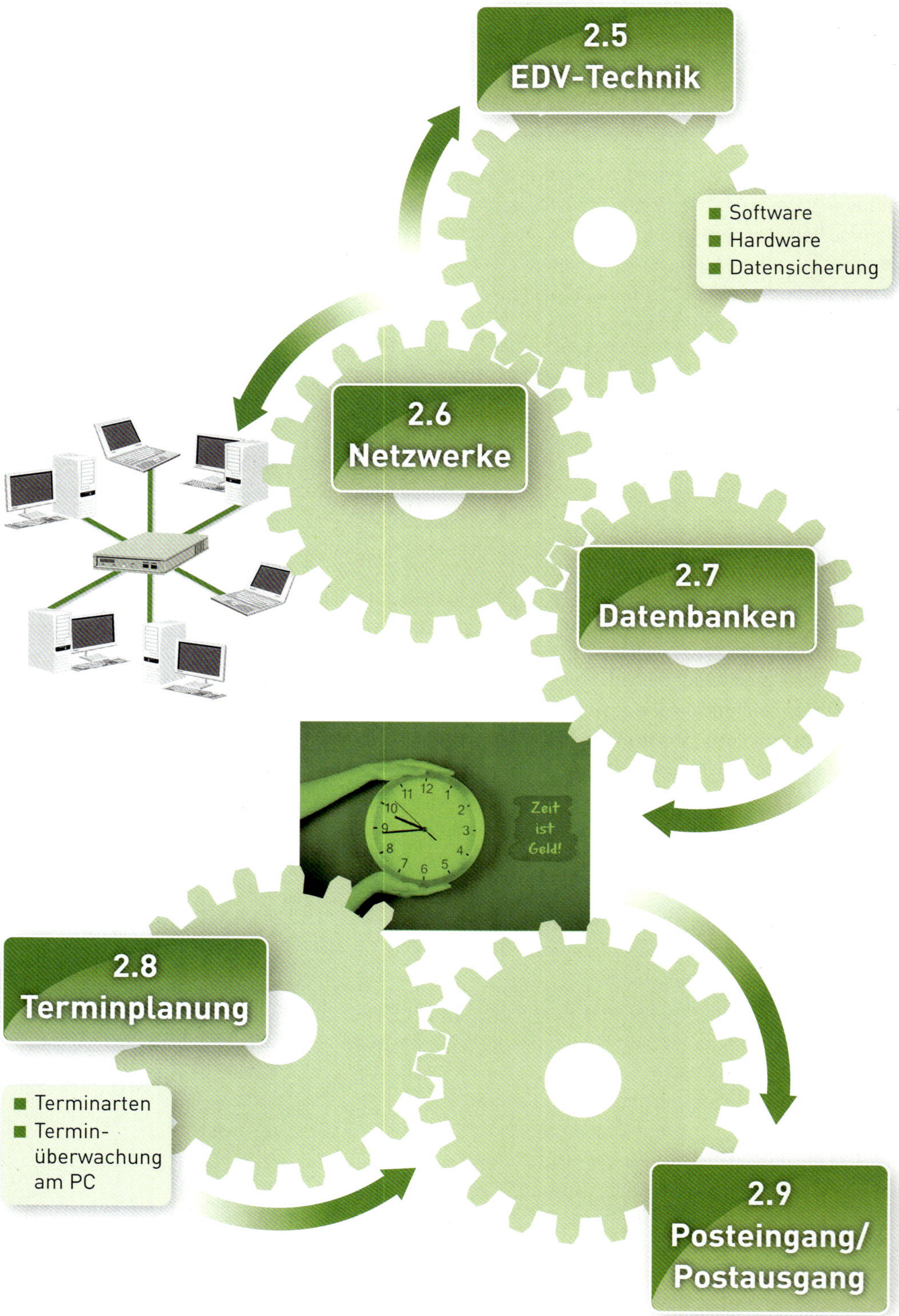

2.5 EDV-Technik – Soft- und Hardware

Das papierlose Büro gibt es nicht, darauf wurde in Kapitel 2.2 aus verschiedenen Blickwinkeln bereits eingegangen. Dennoch gewinnt die elektronische Dokumentenverwaltung zunehmend immer größere Bedeutung im Büroalltag. Das Management papiergebundener Dokumente wurde ausführlich in Kapitel 2.2 und 2.4 behandelt; im Folgenden gehen wir näher auf die EDV-Technik im Allgemeinen, ihre Einbindung in Netzwerke und Datenbanksysteme ein.

2.5.1 Software

Eine **Software** ist ein Computerprogramm. Elektronische Dokumente fallen daher nicht unter den Begriff Software, sondern unter Daten. **Computerprogramme** sind eine Abfolge von Befehlen, die in einer Programmiersprache geschrieben und danach in eine für Computerhardware verständliche Form („Maschinensprache" – Code aus binären Zahlen) übersetzt (kompiliert) wurden.

Softwareprogramme sind zu unterscheiden in
- Betriebssysteme und
- Anwenderprogramme.

Betriebssysteme

Das Betriebssystem ist die Basissoftware, die den Computer erst zu einem funktionierenden Gerät macht. Ohne Betriebssystem können Anwenderprogramme weder installiert noch ausgeführt werden. Es bildet die Grundlage, das Gerüst, in dem alle weiteren Programme zum Laufen gebracht werden. Nicht nur Personalcomputer im Büro oder die Großrechner eines Unternehmens, auch Mobiltelefone oder die Fahrwerkselektronik eines Autos benötigen ein Betriebssystem. Das Betriebssystem wird während des Startvorgangs (dem sogenannten Booten) in den Arbeitsspeicher geladen. Es kann immer nur ein Betriebssystem auf einem Computer ausgeführt werden.

Die Auslastung des Computers wird im Windows-Task-Manager angezeigt.

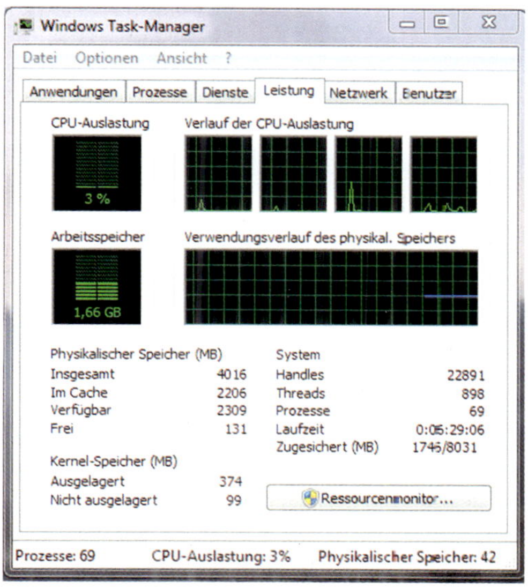

Betriebssysteme haben mehrere Aufgaben, diese laufen in der Regel im Hintergrund ab. Zu den **Aufgaben von Betriebssystemen** gehören:
- Verwaltung des Speicherplatzes (Festplatten, virtueller Speicher usw.), Dateizugriff
- Zuweisung von Arbeitsspeicher
- Aufteilung der Prozessorleistung auf verschiedene Programme, Multitasking
- Schnittstelle von Soft- und Hardware (Ein- und Ausgabe koordinieren, Peripheriegeräte verwalten)

- Registrierung, Dateizuordnung (Welcher Dateityp wird mit welchem Programm geöffnet?)
- Kommunikation mit anderen Computern über ein Netzwerk

Weitere Aufgaben, bei denen **ein Dialog mit dem Benutzer** erforderlich ist – im Unterschied zu den vorhergehenden Aufgaben – sind:
- Starten und Beenden von Programmen
- Fehlerbehandlung (Beenden abgestürzter Programme)
- Zugriff auf Speichermedien
- Zugriff auf Einstellungen der Hardware und die Systemeinstellungen

Verschiedene Betriebssysteme	
MS-DOS	MicroSoft Disk Operating System = das ursprüngliche PC-Betriebssystem von Microsoft
Windows	Ursprünglich eine grafische Erweiterung für das Betriebssystems MS-DOS, erst später ein eigenständiges Betriebssystem. Windows liegt inzwischen in vielfachen Versionen vor: 1997: Windows NT 4.0 1998: Windows 98 2000: Windows 2000, Windows ME (Millenium Edition) 2001: Windows XP 2007: Windows Vista 2010: Windows 7 2013: Windows 8
Linux	Open-Source-Betriebssystem 1991 veröffentlichte der Finne Linus Torvalds die Unix-Variante Linux mitsamt dem Code, der daraufhin von Programmierern auf der ganzen Welt weiterentwickelt wurde. Die eigentliche Lizenz ist kostenlos, es gibt allerdings verschiedene „Distributionen" mit zusätzlichen Werkzeugen, grafischen Oberflächen usw.
Mac-OS **Mac OS X**	Betriebssystem für Apple-Macintosh-Rechner („Mac") Das Mac-OS wurde 1984 eingeführt und war das erste kommerzielle Betriebssystem mit einer grafischen Benutzeroberfläche (Abk.: GUI, engl. für Graphical User Interface) und mit Maus-Bedienung. Nach Version 9 kam 2001 die erste Version der aktuellen mit „Mac OS X" bezeichneten Betriebssysteme heraus.
Novell Netware	Netzwerkbetriebssystem von Novell Inc.
OS/2	OS/2 entstand Mitte der 1980er Jahre als Gemeinschaftsprojekt von IBM und Microsoft. Nach dem Ausstieg von Microsoft 1990 wurde es bis Mitte der 1990er Jahre von IBM weiterentwickelt.
Unix	entstand 1971 als Multiuser-Betriebssystem für Großrechner. Unix war der Nachfolger des 1969 entwickelten „Unics" und der Vorläufer heutiger Systeme wie Linux oder Solaris.
Solaris	neuerer Ableger von Unix

Nach: Klickdichschlau.at, www.klickdichschlau.at, Internetabruf 12.09.2013

Anwenderprogramme

Es gibt sehr viele Anwenderprogramme, dazu gehören bekannte Anwendungen wie Internetbrowser oder Textverarbeitungsprogramme, aber auch sehr spezialisierte, eigens dafür entwickelte Anwendungen. Hier einige Anwendungen und Beispiele (nicht vollständig):

Anwendungsbereich	Beispiele	
Textverarbeitung	Microsoft Word Corel WordPerfect	Lotus Word Pro Write (OpenOffice)
Tabellenkalkulation	Microsoft Excel Corel Quattro Pro	Lotus 1-2-3 Calc (OpenOffice)
Datenbanken	Microsoft Access FileMaker	MySql Oracle
Präsentationen	Microsoft PowerPoint Lotus Freelance	Starimpress
Internetbrowser	Microsoft Internet Explorer Mozilla/Firefox	Opera Safari (Mac)
E-Mail, Organizer	Microsoft Outlook/Outlook Express	Lotus Notes, Organizer
Grafik	Adobe Photoshop Macromedia Fireworks/Freehand	Corel Draw
Webdesign	Macromedia Dreamweaver/ Flash/ ...	Adobe GoLive Microsoft Frontpage
Businessanwendungen (ERP-Software)	SAP Oracle	Sage

ERP = Enterprise Resource Planning = Planung (des Einsatzes/der Verwendung) der Unternehmensressourcen
Apps = Anwendungsprogramme für Smartphones (= Mobiltelefone + PDA)

2.5.2 Hardware

Vereinfacht gesagt gehört alles, was angefasst werden kann, zur Hardware. Computerhardware ist ausschließlich mit entsprechender Software benutzbar. Die Datenträger, auf denen sich die Software befindet, zum Beispiel Flash-Speicher (USB-Stick) oder Festplatte, sind dagegen Hardware.

Verschiedene Hardwaretypen werden nach dem **EVA-Prinzip** unterschieden:

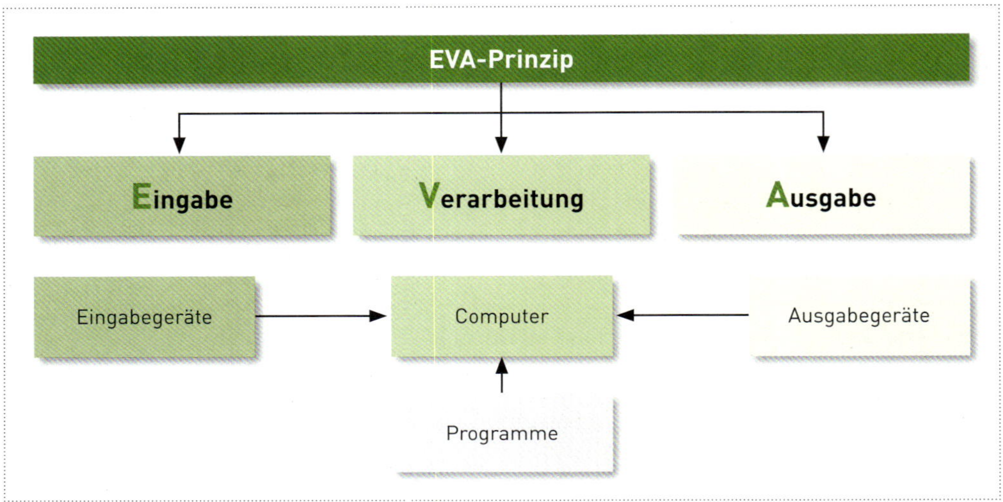

Zentraleinheit

Die wichtigste Hardwarekomponente ist die Zentraleinheit. Diese ist jedoch nicht gleichzusetzen mit dem PC-Gehäuse, sondern nur ein Teil davon.

Die Zentraleinheit besteht aus:

- **Hauptplatine** (auch Mainboard oder Motherboard genannt) mit verschiedenen Mikrochips und Schaltungen sowie Schnittstellen (Busse) zwischen den Komponenten und zu den Peripheriegeräten.
- **ROM-Speicher** als Chip auf dem Mainboard (enthält beim PC das Basic-Input-Output-System, kurz BIOS). Bei Waschmaschinen, CD-/DVD-Playerm, Mobiltelefonen usw. befinden sich im ROM-Speicher auch das Betriebssystem und die Anwendungsprogramme.
- **Prozessor** (CPU = Central Processing Unit): Die **Taktfrequenz** des Prozessors wird meist als **Hauptmerkmal für die Leistung eines Computers** angesehen. Sie wird in Hertz (Hz) angegeben. Derzeit sind Prozessoren mit etwa zwei bis vier Gigahertz (ein GHz = eine Milliarde Hertz) im Einsatz. Prozessoren entwickeln beim Betrieb eine enorme Hitze. Daher wird auf den Prozessor immer noch ein Kühler aufgesteckt. Für die Leistung des Computers spielt neben der Taktfrequenz des Prozessors die Bauart (Prozessorarchitektur) eine große Rolle. Intel und AMD sind die beiden größten Hersteller.
- **Arbeitsspeicher (RAM):** RAM steht für Random Access Memory. Bevor der Computer mit einem Programm arbeiten kann, muss es von der Festplatte in den Arbeitsspeicher geladen werden. Die Größe des Arbeitsspeichers ist daher besonders wichtig für die Leistung des Rechners. Derzeit sind Arbeitsspeicher mit mehreren hundert Megabytes bis hin zu Gigabytes im Einsatz.

Die Schnittstellen auf einen Blick:

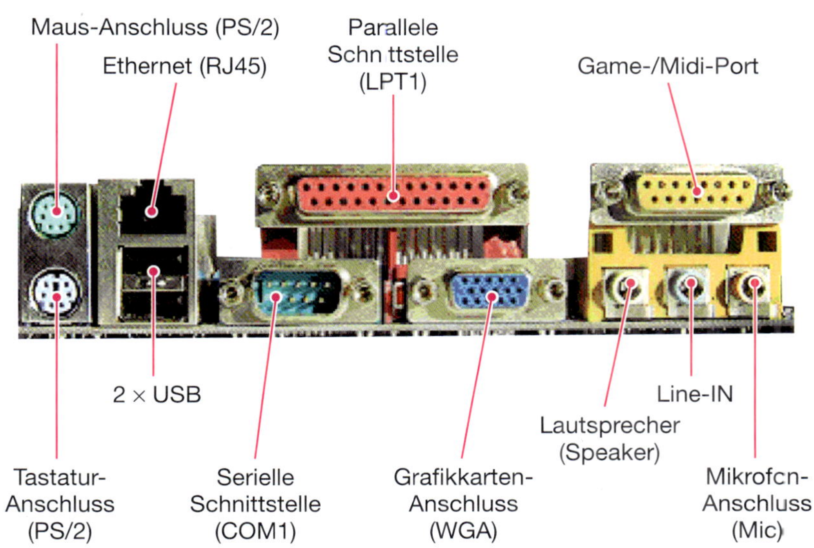

Die Zentraleinheit auf einen Blick:

CPU = Central Processing Unit = Prozessor; **PCI** = Peripheral Component Interconnect = ein Datenübertragungsstandard zur Verbindung von Peripheriegeräten mit dem Prozessor

Peripheriegeräte

Geräte, die an die Zentraleinheit angeschlossen werden, bezeichnet man als Peripheriegeräte. Zu den Peripheriegeräten zählen:

- Eingabe- und Ausgabegeräte
- PCI-Karten (Soundkarte, Grafikkarte, ...)
- Laufwerke, Speicherkarten-Lesegeräte (Cardreader)

Viele Peripheriegeräte gibt es wahlweise intern (PCI-Karte, Festplatte) oder extern als Gerät, das ein eigenes Gehäuse besitzt und meist an den USB-Anschluss des PCs angeschlossen wird (zum Beispiel externe Festplatten, eine Maus).

Eingabegerät	Ausgabegerät	Ein- und Ausgabegerät gleichzeitig
■ Tastatur	■ Monitor	■ Modem
■ Zeigegeräte	■ Drucker, Plotter	■ Touchscreen
– Maus	■ Videobeamer	
– Trackball	■ Lautsprecher	
– Touchpad		
– Grafiktablett		
■ Joystick		
■ Scanner		
■ Webcam		
■ Mikrofon		

2.5.3 Datensicherung

Eine **regelmäßige Datensicherung** ist in jedem Unternehmen unerlässlich, um sämtliche Daten vor Verlust, Beschädigung, unerlaubtem Zugriff und Verfälschung zu sichern. Dazu gehören:

- personenbezogene Daten
- Kundendaten (Anschriften, Ansprechpartner, Konditionen, Umsätze)
- technisches Wissen (Produktideen, Versuchsberichte, Herstellungsverfahren)
- kaufmännisches Wissen (Kalkulationen, Einkaufskonditionen, Steuerunterlagen)

Datenschutz und Datensicherheit Kap. 2.4.6

Schutz personenbezogener Daten Kap. 8.5.2

Die **Datensicherung** kann auf verschiedene Art erfolgen.

Datensicherung

regelmäßige Sicherung angefallener Daten (Backup)
→ zum Schutz vor Verlust der Daten

Zugangskontrollen über Passwörter bzw. offene getragene Ausweise
→ zum Schutz vor unerlaubtem Zugriff

Plausibilitätskontrollen während der Dateneingabe
→ zum Schutz vor Verfälschung

Prüfziffernverfahren bei Electronic Banking
→ zum Schutz vor Verfälschung

Datensicherheit beim Umgang mit Daten

- Sperren Sie Ihren Computer vor dem Zugriff Unberechtigter. Die Tastenkombinationen hierfür sind in den verschiedenen Betriebssystemen unterschiedlich.
- Speichern Sie Ihre Daten nach jeder wesentlichen Änderung.
- Bei wieder beschreibbaren Datenträgern formatieren Sie die bereits benutzten Datenträger vor einer erneuten Weitergabe (kein „Quickformat"). Am besten verwenden Sie neue Datenträger.
- Datenträger, die nur einmalig verwendet werden können (zum Beispiel CD-ROM), können nicht gelöscht werden. Übergeben Sie diese der EDV-Abteilung zur Vernichtung der Daten und einer fachgerechten Entsorgung.

Speichermedien Kap. 2.4.4

Datensicherheit im E-Mail-Umgang

- Vertrauliche Informationen gehören grundsätzlich nicht in eine E-Mail. E-Mails ohne eine spezielle Sicherheitsmaßnahme sind wie Postkarten – jeder kann sie lesen. Ist eine digitalisierte Verschlüsselung der E-Mail nicht möglich, so ist der Postweg immer noch der sicherere Weg zur Übermittlung von vertraulichen Informationen.
- **Spam** sind unverlangt zugestellte E-Mails, die in Ihrem Posteingang landen. In den meisten Fällen handelt es sich dabei um lästige Werbung für dubiose Angebote. In schlimmeren Fällen wird eine solche E-Mail eingesetzt, um in betrügerischer Absicht die Adressaten in die Irre zu führen und zur Herausgabe von sensiblen Informationen zu bewegen. Dies nennt man dann auch **Phishing.** Gehen Sie mit Ihrer persönlichen E-Mail-Adresse sorgsam um. Auf der Website Ihres Unternehmens sollten keine persönlichen E-Mail-Adressen publiziert werden.

De-Mail Kap. 2.3.4

Datensicherheit im Internet

- Webseiten oder Programme können unter Umständen Daten ausspionieren, löschen, verändern oder Computerabstürze bewirken. Schließen Sie alle Pop-up-Fenster, die sich automatisch öffnen. Wenn Installationsaufforderungen erscheinen, klicken Sie auf „Nein" oder „Abbrechen". Ihr Zugangsprogramm zum Internet (Browser) kann in den Internetoptionen (siehe Abbildung) so eingestellt werden, dass die Risiken minimiert werden.
- Vertrauen Sie bei Downloads nur bekannten, seriösen und sicheren Internetseiten.
- Geben Sie möglichst keine persönlichen Daten und Angaben im Internet bekannt – nur, wenn es unerlässlich ist und Sie wissen, wer die Betreiber der jeweiligen Website sind und Sie ihnen vertrauen. Achten Sie darauf, dass persönliche Angaben möglichst verschlüsselt übertragen werden. Sie können dies erkennen an der Bezeichnung https:// und dem Zeichen in Ihrem Zugangsprogramm zum Internet (Browser).

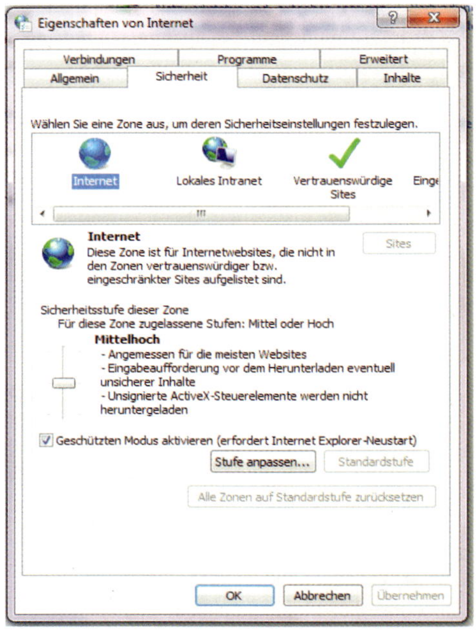

Datensicherheit im Umgang mit Passwörtern

- Geben Sie niemandem Ihre Passwörter weiter! Bei einem Datenmissbrauch können Sie verantwortlich gemacht werden, sofern Sie fahrlässig mit Passwörtern umgegangen sind.
- Ändern Sie Ihre selbst gewählten Passwörter regelmäßig.

2.6 Netzwerke

Netzwerke haben einen festen Platz in der Kommunikation – in Unternehmen wie auch im privaten Bereich.

Merke Als **Netzwerk** wird ein räumlich verteiltes System von Geräten (meist von Computern, aber auch von Druckern) bezeichnet, die miteinander verbunden sind. Ziel ist es, gemeinsam auf Daten und Ressourcen (Drucker) zuzugreifen oder Daten schneller auszutauschen.

Computer werden zum Beispiel über Kabel miteinander verbunden (vernetzt). Dabei können Nutzer vernetzter Computer auf Festplatten der anderen Computer zugreifen und deren Dateien und Programme nutzen. Die Klassifizierung von Netzwerken erfolgt anhand von zwei Kriterien – der Größe und der Verbindungsart.

Größe		Drahtlose Verbindungsart	
PAN	Personal Area Network kennzeichnet verbundene Geräte in unmittelbarer Nähe des Computers (Maus, Mobilfunkgerät,auch mit Freisprecheinreichtungen, PDA)	**WPAN**	Wireless PAN via Bluetooth (Reichweite 10 m bis 30 m) *Wireless = drahtlos*
LAN	Local Area Network Einsatz im Privatbereich und Unternehmen	**WLAN**	Wireless LAN via IEEE 802.11 a/b/g/N (Reichweite bis 100 m) *IEEE = Institute of Electrical and Electronics Engineers, Norm zur Kommunikation in Funknetzwerken, auch WiFi*
WAN	Wide Area Network Einsatz, um LANs in einem größeren geographischen Bereich miteinander zu verbinden	**WWAN**	Wireless WAN via UMTS; GPRS, WiMAX (Reichweite bis 30 km) *UMTS = Universal Mobile Telecommunications System* *GPRS = General Packet Radio Service* *WiMAX = Worldwide Interoperability for Microwave Access*
		Verbindungsart mit Draht	
		Fast Ethernet	Fast Ethernet: 100 Mbit/s über Twisted-Pair-Kabel oder Glasfaserkabel
		Gigabit Ethernet	Gigabit Ethernet: 10 Gbit/s über Glasfaser- oder Kupferkabel *Ethernet = kabelgebundene Datennetztechnik*

Vorteile von Netzwerken

Das Arbeiten in einem Netzwerk bringt bedeutende Vorteile.

- **Einheitliche Datenbestände:** Verändert ein Netzwerknutzer eine Datei auf einem Netzlaufwerk, greifen alle anderen sofort auf die geänderte Datei zu. Auf die Daten kann von allen gleichzeitig zugegriffen werden („Die Datei 0815.docx wird gerade von Benutzer XY bearbeitet und kann nur schreibgeschützt geöffnet werden."). So wird verhindert, dass von einer Datei zeitgleich mehrere Versionen hergestellt werden.
- **Hohe Datensicherheit durch zentrale Datensicherung:** Dateien werden zentral auf einem Großrechner (Server oder Host) gespeichert und täglich gesichert. Außerdem haben nur berechtigte Personen (über Nutzernamen- und Kennwortabfrage) Zugriff zum Netzwerk.
- **Geringer Administratorenaufwand:** Der Systemverwalter kann über Fernwartungstools (Beispiel: VNC = Virtual Network Computing) Software aufspielen oder Aktualisierungen vornehmen, ohne direkt vor Ort zu sein.
- **Geringere Hardwarekosten:** Teure periphere Geräte wie Farblaserdrucker müssen nur einmal angeschafft werden und können von allen Netzwerkcomputern benutzt werden.
- **Geringere Softwarekosten:** Ein Programm muss nur einmal auf einem Computer installiert werden und kann von allen Netzwerkcomputern mit genutzt werden. Wichtig ist dabei, dass das

Datenschutz und Datensicherheit Kap. 2.4.6

Programm als Netzwerklizenz erworben wurde. Die Benutzeranzahl kann dabei beschränkt werden (zum Beispiel auf zehn User), die das Programm gleichzeitig verwenden können. Möglich ist aber auch eine Netzwerklizenz ohne jede Einschränkung.

Aufbau von Netzwerken

Beim Aufbau von Netzwerken ist zu überlegen, wie die einzelnen Komponenten des Netzwerks miteinander verbunden sein sollen und der Zugriff auf Daten und Ressourcen erfolgen soll. Man überlegt sich die Netzwerktopologie, die Art und Weise, wie Computer miteinander verbunden sind. Man unterscheidet Bus-, Stern- und Ringstrukturen. In der Praxis findet man oft Mischungen.

Busstruktur	Sternstruktur	Ringstruktur
		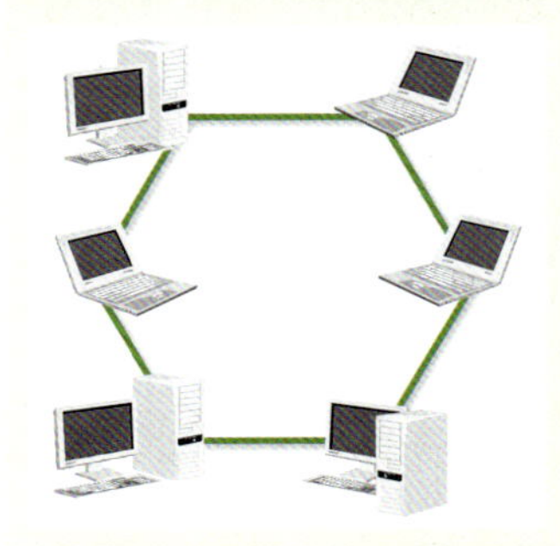
Ein Bus ist ein System zur Datenübertragung zwischen mehreren Teilnehmern über einen gemeinsamen Übertragungsweg. Alle Computer benutzen eine Leitung, sind einer nach dem anderen über ein Kabel verbunden. Diese Topologie kann auch ohne Zentralrechner betrieben werden.	An einen zentralen Knoten (Hub oder Switch = Verteilersteckdose zur Verbindung von Computern) sind mehrere Computer angeschlossen. Sollen Daten zwischen zwei Computern ausgetauscht werden, läuft dies immer über die „Zentrale". Diese Topologie ist bei kleinen Netzen – etwa LANs im Privatbereich – weit verbreitet.	Jeder Computer ist mit zwei weiteren verbunden. Eine Information durchläuft den Ring, bevor sie beim Empfänger ankommt. Jeder Computer kann als Repeater (Verstärker) arbeiten, also eingehende Signale verstärken. Die Topologie wird für LANs nur noch selten genutzt.
(+) leicht erweiterbar	(+) leicht erweiterbar (+) hohe Übertragungsgeschwindigkeit	(+) Überbrückung großer Entfernungen möglich (+) Datenaustausch sicherer als Bus- oder Sternstruktur
(–) je mehr Teilnehmer, desto geringere Übertragungsgeschwindigkeit (–) Ausfall des Netzes, wenn Kabel an einer Stelle getrennt wird	(–) Ausfall des Netzes, wenn Zentralknoten ausfällt (–) je mehr Teilnehmer, desto geringere Übertragungsgeschwindigkeit	(–) Ausfall des Netzes, wenn angeschlossene Computer ausfallen (–) technisch aufwendig

Hierarchie der Computer im Netzwerk

Peer-to-peer-Netzwerke bestehen aus gleichrangigen Computern. Sie erlauben die wechselseitige Nutzung von Laufwerken und Peripheriegräten. Benötigt wird dazu eine Netzwerkkarte und eine (Kabel-)Verbindung, ein Netzwerkbetriebssystem ist nicht notwendig, Drucker- oder Laufwerksfreigaben sind möglich.

Beispiel

Skype oder ICQ (engl. für „I seek you" = Ich suche dich)

Client-Server-Netzwerke (serverzentrierte Netzwerke) bestehen aus einem übergeordneten Zentralcomputer (Server) und Arbeitsstationen (Clients). Die Clients nutzen die vom Server bereitgestellten Daten und Programme. In diesen Netzen kann zum einen nur mit Daten und Programmen, die der Server zur Verfügung stellt, gearbeitet werden, zum anderen besteht die Möglichkeit, neben der ersten Arbeitsweise auch unabhängig vom Netzwerkanschluss arbeiten zu können. Der Benutzer arbeitet mit Programmen und Daten, die auf seinem Computer gespeichert sind.

Viele Unternehmen arbeiten mit Client-Server-Netzwerken. Dafür brauchen sie folgende Ausstattung an **Hardwarekomponenten:**

- einen **Server** mit einer großen Kapazität von RAM-Speicher und Festplatte. Bei den untergeordneten Computern **(Workstations)** wird nur ein kleiner Arbeitsspeicher und eine kleine Festplatte benötigt. Es zeichnet sich jedoch ab, dass der Unterschied zwischen Workstation und gewöhnlichem PC immer kleiner wird, da die PCs immer leistungsfähiger werden und PCs als Clients eingesetzt werden.
- eine **Netzwerkkarte.** Diese dient als Verbindungsstelle (Schnittstelle) zwischen Computer und Netz. Moderne PCs besitzen bereits integrierte Netzwerkkarten.

Netzwerkkarte

- **Übertragungsleitungen.** Zur kabelgebundenen Übertragung werden beispielsweise sogenannte Koaxialkabel (Twisted Pair Kabel) genutzt. Für große Datenmengen sind Glasfaserkabel (Lichtleiterkabel) besser geeignet. Es werden jedoch besondere Lichtsende- und Empfangsstationen (elektrooptische Wandler) benötigt. Übertragungen sind auch ohne Kabel möglich – durch Infrarot oder Funksignale. Es wird eine Funkverbindung durch einen Wireless Access Point zu einem Netz hergestellt, der mit einem Kabel an das Netz angeschlossen ist.
- einen **Verteiler.** Bei der sternförmigen Netzwerkanordnung wird ein zentraler Netzwerkknoten benötigt, der die Daten verteilt – etwa ein Server oder ein **Hub** (Gerät zur Verbindung von Netzwerkknoten im Computernetzwerk). Es gibt passive (nur Datenverteilung) und aktive (Datenverteilung und Signalverstärkung) Verteiler. **Router** sind intelligente Verteiler, die ein Datenpaket entsprechend seines Ziels in einen bestimmten Netzwerkstrang leiten oder bei Netzüberlastungen Alternativwege auswählen. Durch **Bridges** (engl., Brücke) und Switches (engl., Schalter) werden Verbindungen im Netzwerk ähnlich einer Stromverteilersteckdose hergestellt.

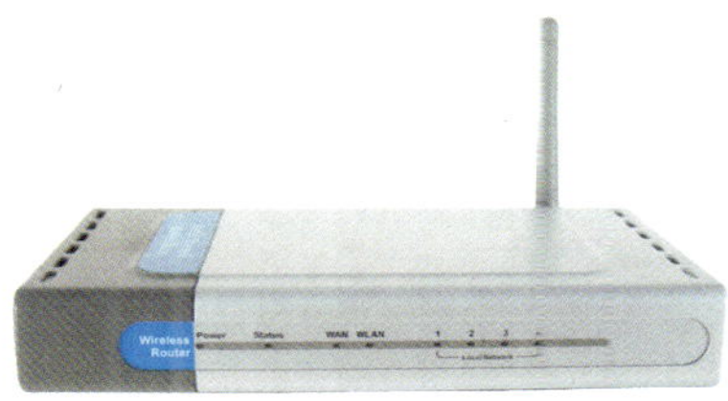

Wireless Router

Als **Software** für das Client-Server-Netzwerk wird ein Netzwerkbetriebssystem (zum Beispiel Netware von NOVELL, Windows NT, Windows 2000 von Microsoft) benötigt, das nur auf dem Server installiert ist. Aufgabe ist es, die den Netzwerkbenutzern zur Verfügung gestellten Ressourcen zu verwalten. Dies ist vor allem die Verwaltung des von allen Benutzern gemeinsam genutzten Massenspeichers sowie die Steuerung der Schreib-/Lesezugriffe auf die Datenbestände. Darüber hinaus werden Druckaufträge von Netzwerkbenutzern in Warteschlangen eingereiht und nacheinander auf dem gemeinsam genutzten Drucker ausgegeben.

2.7 Datenbanken

Schlüsselbegriffe

Merke Eine **Datenbank** (engl. database) kann man sich vorstellen als ein elektronisches Archiv für eine strukturierte und speicherplatzsparende Aufbewahrung großer Mengen zusammengehöriger Daten. Mithilfe des **Datenbankmanagementsystems,** der Anwendungs- und Verwaltungssoftware, können gleichzeitig verschiedene Nutzer auf den Datenbestand zugreifen, ihn bearbeiten und erneut speichern. Das **Datenbanksystem** umfasst beide Elemente und dient der Beschreibung, der Speicherung und Wiedergewinnung der umfangreichen Datenmengen.

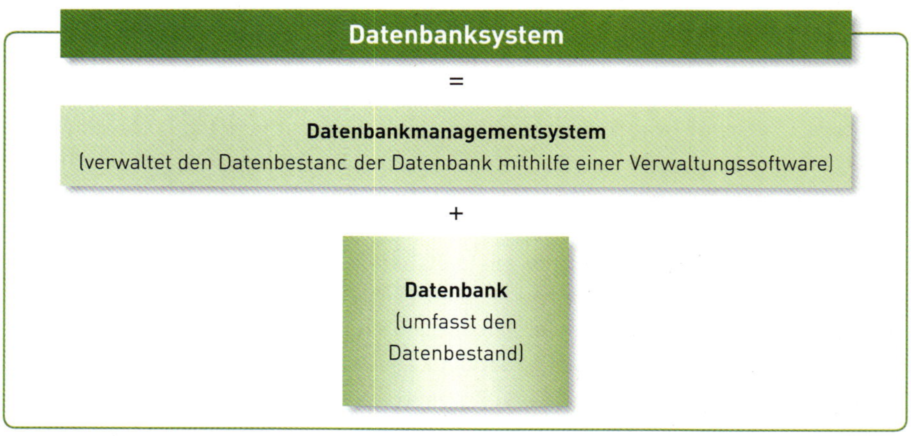

Umgangssprachlich wird der Begriff Datenbank häufig falsch verwendet und irrtümlich gebraucht für das Datenbankmanagementsystem oder das Datenbanksystem insgesamt. Eine Datenbank ist jedoch nur ein Teil des Datenbank*systems,* und dieses wiederum kann nur funktionieren und verwaltet werden mithilfe einer entsprechenden Datenbank*software.*

Beispiel

- Kontenverwaltung bei Banken und Versicherungen
- Fahrplanauskunft
- Bibliotheksverwaltung
- Suchmaschinen
- Ressourcenplanung in Unternehmen (ERP-Systeme).

Beispiele für Datenbankmanagementsysteme für Privatanwender sowie Klein- und Mittelbetriebe sind Microsoft Access oder OpenOffice Base. Größere Unternehmen arbeiten mit DB2 von IBM, Oracle von Oracle, SQL-Server von Microsoft. Auf Webservern bildet meist die OpenSource-Datenbank MySQL die Basis für datenbankbasierte Internetanwendungen.

Die Art der Datenspeicherung und der Datenverwaltung ist abhängig von dem jeweiligen **Datenbankmodell.** Das bekannteste ist das relationale Datenbankmodell (siehe unten). Daneben gibt es noch das hierarchische und das netzwerkartige Datenbankmodell, auf die hier aber nicht näher eingegangen wird.

Zur Abfrage und Verwaltung der Daten bietet ein Datenbanksystem eine **Datenbanksprache** an. Die am meisten verbreitete Datenbanksprache SQL (Structured Query Language) wird von allen aktuellen Datenbanksystemen verstanden. Auch in Microsoft Access oder OpenOffice Base können Abfragen in SQL formuliert werden.

Grundanforderungen an ein Datenbanksystem

Jedes Datenbanksystem muss drei wesentliche Anforderungen erfüllen: Datenschutz, Datenintegrität und Systemzuverlässigkeit.

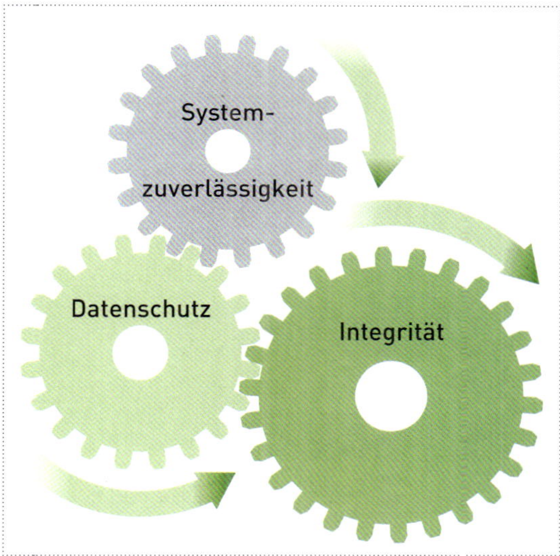

- **Datenschutz:** Die Daten werden vor unberechtigten Zugriffen geschützt. Unberechtigte Nutzer dürfen die Daten weder sichten noch manipulieren können.
- **Datenintegrität:** Widersprüchliche Eingabedaten eines Benutzers werden durch Plausibilitätskontrollen zurückgewiesen. Der Datenbestand wird durch gleichzeitige Zugriffe (Mehrbenutzerbetrieb) nicht verfälscht. Der Datenbestand ist widerspruchsfrei und richtig, das heißt, die Integrität der Daten ist gewährleistet.
- **Systemzuverlässigkeit:** Die Software funktioniert zuverlässig (es gibt keine Systemabstürze) und ist leicht zu warten. Die Möglichkeit besteht, die interne Datenorganisation zu ändern, ohne dass der Benutzer seine Anwendungsprogramme ändern muss. Die Reorganisation des Datenbanksystems bleibt vom Benutzer unbemerkt.

Entwickler, Anwender und Administratoren von Datenbanken

In jedem Büro eines Unternehmens werden Daten gesammelt, verwendet und gespeichert. Kaufleute für Büromanagement führen beispielsweise als **Anwender** die Dateneingabe, die Datenpflege oder eine Datenabfrage durch. Ein unternehmensinterner **Datenbankadministrator** ist zuständig, den jeweiligen Anwendern ihren entsprechenden Zugang zu bestimmten Daten einzurichten. Er sorgt auch dafür, die Datenbank (den Datenbestand) wiederherzustellen, falls versehentlich das System abstürzt oder die Daten verloren gehen. Professionelle Datenbanken werden von professionellen **Datenbankentwicklern** erstellt.

Datenbankentwickler	Datenbankanwender	Datenbankadministratoren
■ entwerfen den Aufbau einer Datenbank.	■ geben die Daten ein, ■ pflegen die Daten, ■ führen Datenabfragen durch.	■ vergeben Benutzerrechte. ■ sichern die Datenbestände.

Wir beschränken uns im Folgenden darauf, einen groben Überblick über den Aufbau einer Datenbank zu vermitteln.

Aufbau einer Datenbank in Tabellen

Mithilfe einer Datenbank werden große Datenmengen gesammelt, organisiert, unterschiedlich ausgewertet und dauerhaft gespeichert. Im Gegensatz zu Tabellenkalkulationsprogrammen, in denen Daten je nach Art der Auswertung lediglich unterschiedlich angeordnet werden, wird in Datenbanken zwischen **Datenbestand** und **Datenverwaltung** bzw. **Datenauswertung** getrennt.

Die **Daten** (Informationen) werden in **Tabellen** organisiert – in Listen mit Zeilen und Spalten. Eine einfache Datenbank enthält möglicherweise nur eine einzige Tabelle. Für die meisten Datenbanken werden jedoch mehrere Tabellen benötigt. So gibt es Tabellen, in denen Informationen zu Artikeln gespeichert werden, weitere, in denen Informationen zu Bestellungen abgelegt sind und wiederum andere mit Informationen zu Kunden.

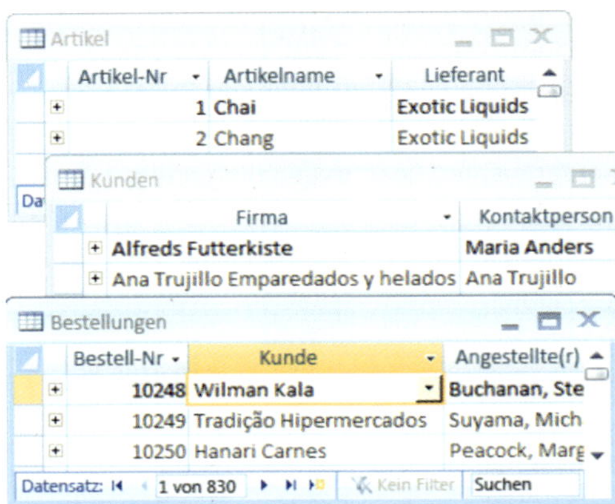

Von einer **relationalen Datenbank** spricht man, wenn Daten aus verschiedenen Tabellen verknüpft werden können.

Beispiel Relationale Datenbank

Bestimmte Artikel werden entsprechenden Lieferanten zugeordnet. So hat beispielsweise die Blum Music4You KG hat den Artikel „Klangregler" in ihrer Datenbank dem Lieferanten „F & S GmbH" zugeordnet.

Eine relationale Datenbank muss bestimmte **Mindestanforderungen** erfüllen:

- Alle Daten werden in Tabellen („Relationen") dargestellt. Alle Datensätze einer Tabelle (= einer Zelle) bestehen aus denselben Feldern.

Begriff	Bedeutung
Relation	Tabelle mit bestimmter Anzahl von Spalten und Zeilen
Attribut	Eigenschaft einer Spalte der Tabelle
Attributwert	Inhalt eines Datenfelds
Tupel	Zeile einer Tabelle = ein Datensatz

Beispiel

Relation: Inhalt der Tabelle Kontaktpersonen
Attribut: z. B. *Vorname*
Attributwert: z. B. *Thorsten*
Tupel (Datensatz): z. B. 3, *Thorsten Kundt, +49 06181 456789999*

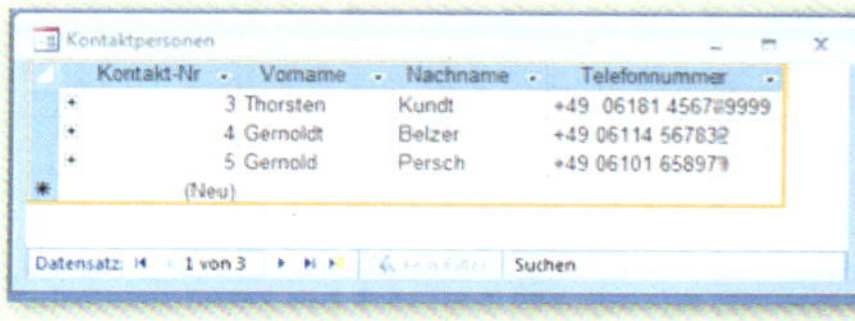

- Alle Daten müssen bearbeitet werden können. Tabellen müssen über mindestens ein Attribut verknüpft werden.

Beispiel

Über das Attribut *Kontakt-Nr.* sind alle Tabellen miteinander verknüpft.

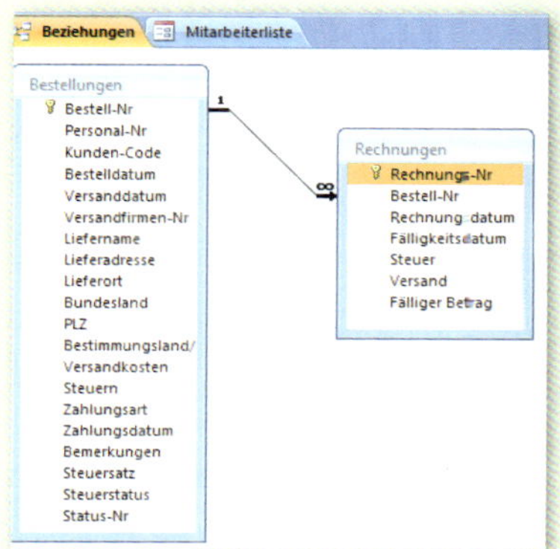

Durch **Verknüpfungen** werden die Daten aus mehreren Tabellen zusammengeführt.

Datenbanken planen, entwerfen und mit ihnen arbeiten

Um mit Datenbanken richtig arbeiten zu können, ist es hilfreich, den Datenbankentwicklern bei der Planung einer Datenbank mal über die Schulter zu schauen. Denn nur, wenn die Anwender und Nutzer einer Datenbank wissen, welche Informationen in der Datenbank enthalten sind, wie diese Daten miteinander verknüpft und auf die entsprechenden Tabellen und Spalten aufgeteilt sind, gelingt die Arbeit mit und der Zugriff auf Datenbanken.

Für den **Entwurfsprozess einer Datenbank** gelten bestimmte Prinzipien.

1. Doppelte Informationen (sie werden auch als redundante Daten bezeichnet) sind immer zu vermeiden. Sie verschwenden Platz und die Wahrscheinlichkeit von Fehlern und Inkonsistenzen steigt.
2. Informationen müssen richtig und vollständig sein. Wenn die Datenbank falsche Informationen enthält, enthalten alle Berichte, für die Informationen aus der Datenbank abgerufen werden, ebenfalls falsche Informationen.

1. Prinzip: Vermeidung von Redundanz	Mehrfache Einträge desselben Sachverhalts (= Redundanzen) sind zu vermeiden. Ist dies nicht möglich, müssen bei Änderungen in einem Datensatz alle anderen Einträge desselben Sachverhalts auch geändert werden. Wird eine Änderung vergessen, führt dies zu einem inkonsistenten (widersprüchlichen) Datenbestand und Speicherplatz wird verschwendet.
2. Prinzip Gewährleistung von Integrität	Alle Daten müssen „integer" (= unbescholten und wahr), also richtig und vollständig sein. Redundanzen erschweren die Richtigkeit und Übereinstimmung, die den Wert einer Datenbank bestimmen.

Nach: Microsoft Office. Grundlagen des Datenbankentwurfs, http://office.microsoft.com/de-de/access-help/grundlagen-des-datenbankentwurfs-HA001224247.aspx, Internetabruf 24.09.2010

So wird eine Datenbank entworfen:

Zweck festlegen

Zuerst wird festgelegt, welchen Zweck die Datenbank erfüllen soll, welche Erwartungen für die Verwendung da sind und welche Benutzer auf die Datenbank Zugriff erhalten sollen.

erforderliche Informationen suchen

Alle benötigten Informationen werden zusammengesucht – zum Beispiel Bestellungen, Kundeninformationen (auch in Papierform).

Informationen in Tabellen aufteilen

Die gesammelten Informationen werden aufbereitet. Einzelne Fakten und Daten werden nur ein Mal aufgezeichnet. Gleiche Informationen (zum Beispiel eine Lieferantenadresse, die sich an mehreren Stellen wiederholt) werden in einer Tabelle separat gespeichert.

Detailinformationen in Spalten umwandeln

Nun werden die Spalten innerhalb der Tabelle bestimmt und die Detailinformationen ihnen zugeordnet. In einer Tabelle „Kunden" wären dies etwa Name, Adresse, Ort, Postleitzahl, E-Mail usw. Dabei wird immer die kleinste, logische Einheit als Spalte gewählt (etwa die Postleitzahl). Zu berechnende Daten (zum Beispiel Umsatz) werden nicht als Tabellenspalte eingerichtet.

Primärschlüssel angeben

Ein Primärschlüssel wird angegeben. Dies kann beispielsweise eine Tabellenspalte sein, durch den die einzelnen Zeilen eindeutig identifiziert werden (zum Beispiel die Artikelnummer).

Tabellenbeziehungen einrichten

Nun werden die Informationen in aussagekräftiger Weise kombiniert, dazu werden Tabellenbeziehungen verwendet (wie zum Beispiel 1:1-Beziehungen, 1:n-Beziehungen, m:n-Beziehungen).

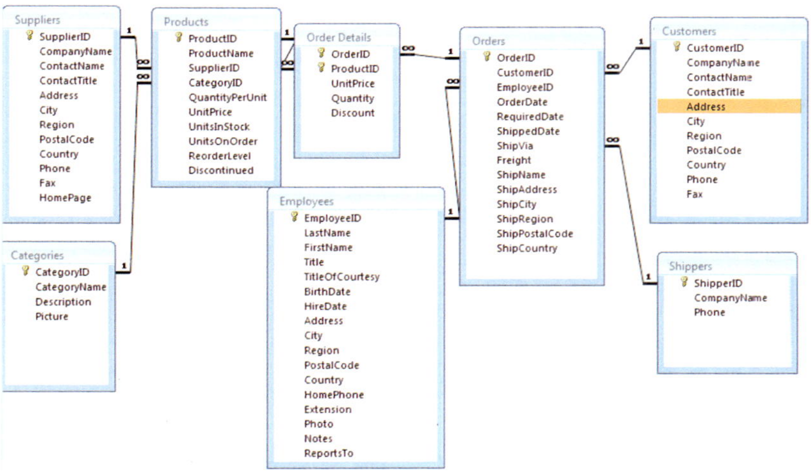

Entwurf überarbeiten

Die Tabelle wird mit Beispieldaten gefüllt, die Felder und Beziehungen werden vervollständigt und geprüft und die Testphase beginnt: Funktionieren die Abfragen? Können neue Datensätze eingefügt werden? Gibt es möglicherweise Duplizierungen?

Normalisierungsregeln festlegen

Nacheinander werden alle festgelegten Regeln für die Datenbank geprüft, angewendet und so die endgültige Tabellenstruktur festgelegt. Dieser Prozess wird als „Normalisierung der Datenbank" bezeichnet. Bei jedem Schritt muss sichergestellt sein, dass der Datenbankentwurf einer der sogenannten „Normalformen" entspricht.

Eine Datenbank mit Microsoft Access erstellen

Im Gegensatz zu anderen Programmen **muss man bei einer neuen Datenbank** gleich als **ersten Schritt Dateinamen und Speicherort festlegen** (Dateiendung: .accdb). Später bei der Dateneingabe sind die Pfade bereits vorgegeben – jede Eingabe wird unmittelbar in die Datenbankdatei geschrieben.

Das geht so: Erstellen einer Datenbank > Erstellen von **Tabellen** mit festgelegten Datenstrukturen > Eingeben von Daten in Tabellen > Auswerten der Daten in **Abfragen** (inklusive rechnerische Verknüpfung) oder Serienbriefen > Präsentation der Abfragen in Berichten.

Beispiel Datenbank BlumMusic4You.accdb

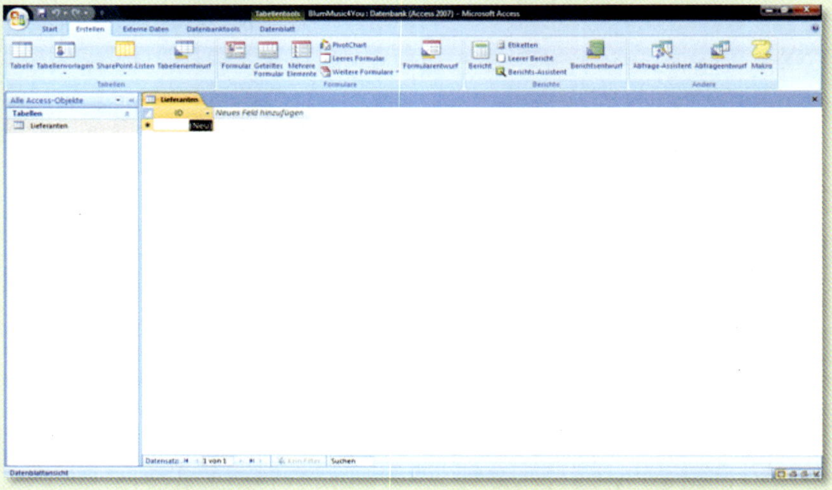

Die abgebildete Datenbank heißt **BlumMusic4You.accdb.** Durch Anklicken innerhalb des Tabellenreiters/der Lasche Erstellen gibt es die Möglichkeit, neue **Tabellen, Formulare, Berichte** oder **Abfragen** zu erstellen.

Einige zentrale Begriffe im Zusammenhang mit Datenbanken

Tabelle	Die einzelnen Tabellen werden zunächst entworfen, das heißt, es wird festgelegt, welche Spalten es gibt, welche Formate dort eingegeben werden können (Buchstaben oder Zahlen, maximale Zeichenanzahl). Danach erfolgt die Dateneingabe. Eine Tabelle mit Daten gleicht einer Tabelle in einem Tabellenkalkulationsprogramm.
Formulare	Die Dateneingabe ist mithilfe von Formularen wesentlich komfortabler und anwendungsfreundlicher zu gestalten.
Abfrage	Abfragen bilden den eigentlichen Nutzen einer Datenbank. Dabei werden die Daten nach verschiedenen Kriterien sortiert.
Berichte	Berichte sind Abfragen in ausdruckbarer Form, sie können leicht mit einem Assistenten realisiert werden.

2.8 Terminplanung

Ein **Termin** (von lat.: terminus) ist ein festgelegtes Kalenderdatum; im Wirtschaftsleben in der Regel ein bestimmter Zeitpunkt (ein festgelegter Tag mit genauer Uhrzeit), beispielsweise zur Zahlung, Leistung oder Lieferung. Oftmals wird im Büroalltag auch von einer **Deadline** (aus dem Englischen wörtlich: „Todeslinie", eine Linie, die nicht überschritten werden darf) gesprochen. Sie bezeichnet den Ablaufzeitpunkt einer **Frist** (juristisch), den **Stichtag** oder das Schließen eines **Zeitfensters** (technisch).

Allgemein spricht man beim Überschreiten eines Termins von **Verspätung,** beim Einhalten von **fristgemäß** oder **fristgerecht,** und beim Aufschub eines Termins von **Vertagung.** Der Umstand, dass vereinbarte Termine eingehalten werden müssen, wird als **Termindruck** bezeichnet.

Verstrichene Fristen führen rechtlich zum **Verzug,** woraus sich für Geschäftspartner – je nach Vertragslage – Entschädigungsansprüche (zum Beispiel Konventionalstrafen) ergeben können. Bei versäumten Zahlungen muss mit **Säumniszuschlägen** bzw. **Zinsen** und **Mahngebühren** gerechnet werden. Eine richtige Terminplanung gehört deshalb zur grundlegenden Organisation eines jedes Betriebs.

Um die Terminplanung möglichst sachgerecht und exakt zu gestalten, sollte zunächst ermittelt oder abgeschätzt werden, wie viel Zeit eine Aufgabe in Anspruch nimmt, damit die Termine auch eingehalten werden können und es nicht zu **Terminüberschneidungen** kommt. Zur Vorstrukturierung können folgende Fragen hilfreich sein:

- Handelt es sich um die Einhaltung einer Frist oder um einen Besprechungstermin?
- Können die Termine direkt hintereinander gelegt werden oder müssen Erholungs- oder Arbeitsphasen zwischengeschaltet werden?
- Wie viel Arbeitszeit muss für die täglich anfallende Arbeit eingeplant werden?
- Müssen Pufferzeiten (zum Beispiel für unvorhergesehene Ereignisse, Krankheitsfälle) eingeplant werden?

Stress im Büro
Kap. 2.1.2

Schlechtes Termin- und Zeitmanagement zählt mit zu den häufigsten Ursachen für Arbeitsstress. Hier gilt es, klare Prioritäten (Vorrangstufen) zu setzen: Was ist wichtig? Kann ein Termin verschoben werden? Was lässt sich an andere abgeben? Zu einer guten Terminplanung gehört auch, den Arbeitstag sorgfältig zu planen, ohne dabei zu vergessen, dass auch ein Zeitfenster für Unerwartetes nötig ist.

Merke Eine übersichtliche und konsequente Terminplanung hilft, Stress (Arbeitsüberlastung) zu vermeiden, und erleichtert in hohem Maße die Zusammenarbeit im Team.

2.8.1 Terminarten

Bei den Terminarten wird zwischen **feststehenden (fixen)** Terminen und **beweglichen (variablen)** Terminen unterschieden.

Fixe Termine sind zum Beispiel:
- Steuer- und Abgabenzahlungen
- Zahlungsverpflichtungen (Darlehenstilgung, Leasingraten usw.)
- festgelegte Liefertermine
- Messen und Ausstellungen
- Ferien- und Urlaubstermine
- Hauptversammlungen
- Jubiläen

Feststehende (fixe) Termine müssen möglichst frühzeitig in die Terminplanung eingetragen werden, um Überschneidungen zu vermeiden.

Zu den **beweglichen (variablen) Terminen** gehören u. a.:
- Besprechungen (mit Mitarbeitern und/oder Geschäftspartnern)
- Geschäftsreisen
- Sitzungen und Tagungen
- geschäftliche Verabredungen (Essen, Firmenbesuche u. a.)
- Bestell- und Liefertermine

Die variablen Termine müssen mit den fixen Terminen abgestimmt werden. Zur besseren Unterscheidung können fixe und variable Termine verschiedenfarbig gekennzeichnet werden.

Eine weitere Unterteilung bezieht sich auf die Zeiträume der Termine. Es gibt **kurzfristige** (Tage, Wochen), **mittelfristige** (Monate, Quartal, Halbjahr) und **langfristige** (Jahre, Jahrzehnte) Termine. Auch die Gewichtung kann eine Rolle spielen – bei **normalen** (kann bei Gelegenheit erledigt werden), **dringenden** (Zahlungstermine) und **wichtigen** (Besprechungen mit Kunden wegen Bestellungen) Terminen. Die Zuordnung hierbei dürfte jedoch nicht immer leicht fallen.

Da die Wahrnehmung von Terminen oft im Zusammenhang mit wichtigen betrieblichen Entscheidungen steht (zum Beispiel Großaufträge „an Land ziehen", Zukunftsinvestitionen planen usw.), ist es für ein Unternehmen von großer Bedeutung, welche Mitarbeiter zu welchem Zeitpunkt an welchen Aufgaben arbeiten. Bei der Terminplanung sollten deshalb auch die vier W-Fragen beantwortet werden:
- **Wer** soll die Aufgabe erfüllen? → ausführende Person
- **Wann** soll die Aufgabe erledigt werden? → genauer Zeitpunkt
- **Was** soll gemacht werden? → Inhalt, Aufgabe, Zweck und Ziel
- **Wie** soll die Aufgabe erfüllt werden? → Wege zum Ziel

2.8.2 Terminüberwachung

Kaufleute für Büromanagement haben im beruflichen Alltag zahlreiche Termine einzuhalten. Dafür brauchen sie ein sicheres System zur systematischen Terminüberwachung. Hier können vom bewährten Terminkalender über PC-Programme (zum Beispiel die Kalenderfunktion bei MS-Outlook) bis hin zum EDV-gesteuerten Programm die verschiedensten Hilfsmittel eingesetzt werden.

Terminkalender

Dem Verwendungszweck entsprechend werden Terminkalender als Tages-, Monats- oder Jahreskalender geführt und finden als Wand-, Tisch- oder Taschenkalender Verwendung. Tageskalender eignen sich vor allem für die stundenweise Planung des Arbeitstages, während Monats- und Jahreskalender eine gute Übersicht bei der Terminplanung bieten.

Als Alternative zum herkömmlichen Terminkalender gelten sogenannte **Terminplanbücher.** Sie dienen dazu, Termine und Tätigkeiten genauer und ausführlicher zu planen und aufeinander abzustimmen. Sie können alle wichtigen Informationen (zum Beispiel zu verschiedenen Projekten) enthalten und sind so bei Besprechungen, auf Geschäftsreisen oder im Büroalltag stets griffbereit.

Großformatige Terminplaner

Für eine langfristige und übersichtliche Planung von Terminen kann ein Terminplaner im Großformat eine große Hilfe sein. Er sollte idealerweise frei zugänglich an der Wand hängen.

Das Jahr ist auf dem Terminplaner nach Monaten, Wochen und Tagen eingeteilt. Zur besseren Übersicht sind die Wochen nummeriert und die Wochenenden und Feiertage farblich hervorgehoben.

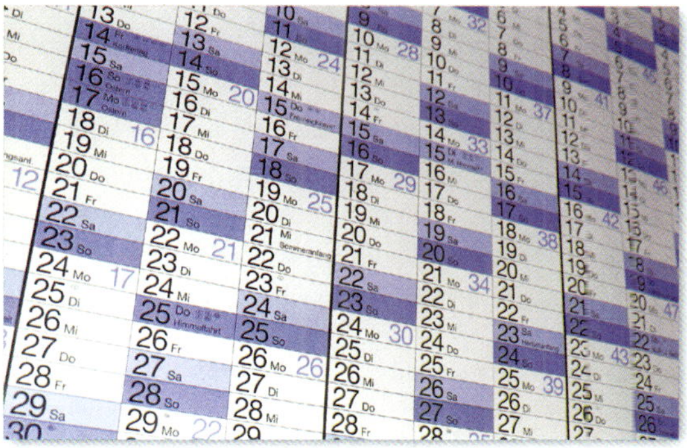

Plantafel

Auch Plantafeln (Steck- oder Magnettafeln) eignen sich sehr gut zur langfristigen Terminüberwachung. Es gibt sie als Jahres-, Monats- oder Wochenplaner. Feststehende Termine können mithilfe unterschiedlicher Farben übersichtlich dargestellt werden. Plantafeln eignen sich auch als Reservierungs- und Belegungsplaner (zum Beispiel für Kurse, Urlaubsplanung) oder als Einsatzplaner (Personaleinsatz, Projektplanung usw.). Plantafeln sollten aber nicht für jedermann frei zugänglich sein. Unbefugte könnten sonst sehr schnell großen Schaden anrichten.

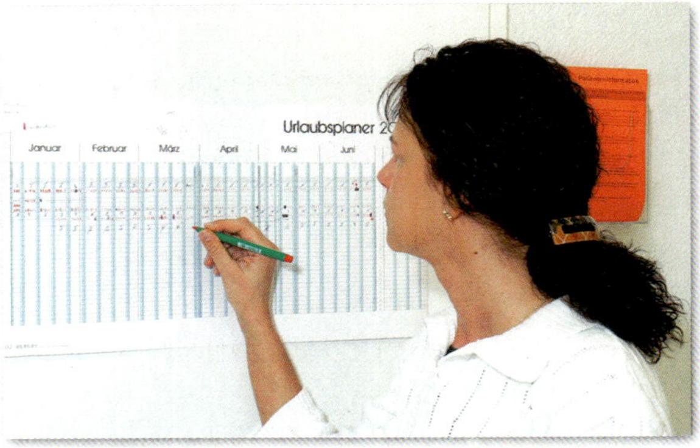

Terminmappen (Wiedervorlagemappen)

Müssen Schriftstücke zu einem späteren Zeitpunkt wieder bearbeitet und/oder vorgelegt werden, so ist die Terminmappe ein ideales Hilfsmittel. Sie ist nach Tagen (1 bis 31) und Monaten (1 bis 12) eingeteilt und eignet sich aufgrund dieser Struktur auch gut als Schreibtischordner: Formulare, Briefe und Unterlagen, die am heutigen Tag nicht mehr bearbeitet werden können, wandern in der Terminmappe einfach einen Tag nach hinten. So ist der Schreibtisch aufgeräumt und wichtige Papiere gehen nicht „irgendwie" verloren.

2.8.3 Terminplanung und -überwachung mit dem PC

Auf dem Softwaremarkt für Personalcomputer gibt es mittlerweile viele gute Terminverwaltungsprogramme und in den „Office"-Paketen verschiedener Hersteller sind ebenfalls entsprechende Terminplaner enthalten. In der Regel sind sie nach kurzer Einarbeitung leicht zu bedienen und bieten meist ähnliche Funktionen an. Die betrieblichen Rahmenbedingungen bestimmen im Einzelnen, welche Funktionen – wie Kalenderfunktion, Alarmfunktion, Terminüberschneidungsprüfung usw. – der elektronische Terminkalender aufweisen soll. Darüber hinaus müssen für eine effektive Nutzung bestimmte technische und organisatorische Voraussetzungen (zum Beispiel Netzwerkversion für mehrere Nutzer, Passwortschutz u. a.) erfüllt werden.

MS Outlook vgl. Informationsverarbeitung Kap. 6

Auch die weit verbreitete Benutzeroberfläche MS-Windows bietet einen elektronischen Terminkalender an. Unter *Microsoft Office Outlook* kann im Menü „Ansicht" zwischen Monats-, Wochen- oder Tageskalender ausgewählt werden. Termine können in farblich unterschiedlicher Markierung gesetzt, verschoben und gelöscht werden. Die Nutzer erhalten zudem automatische Terminerinnerungen (Voreinstellung möglich). Wenn die Terminplanung in einem vernetzten EDV-System organisiert ist, können Mitarbeiter/-innen ihren Kolleginnen und Kollegen Terminvorschläge machen und die Software prüft, ob dieser Termin bei allen (im EDV-Netz) Beteiligten frei ist, und trägt ihn automatisch bei jedem Teilnehmer ein.

2.9 Posteingang und Postausgang

Allgemeine Postdienstleistungen

Die ersten postähnlichen Stationen gab es im 14./15. Jahrhundert. Diese Stationen dienten dem Austausch der Pferde und Boten und wurden als „posta“ bezeichnet. Daraus entstand der heutige Begriff Post.

Alle postrelevanten Aufgaben wurden bis 1994 von der Deutschen Bundespost wahrgenommen. Danach gründeten sich weitere Unternehmen:

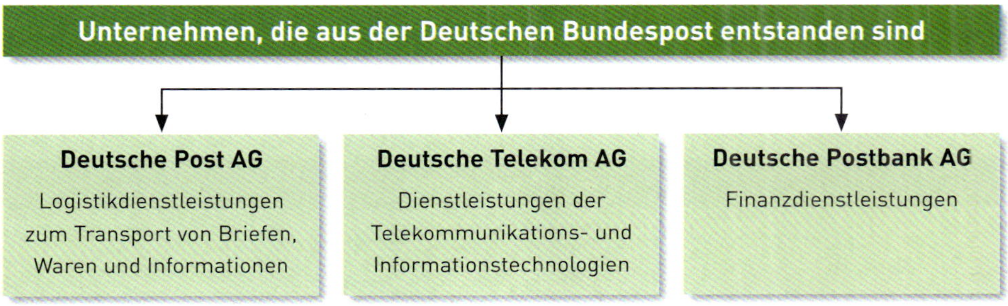

In den **Allgemeinen Geschäftsbedingungen der Deutschen Post AG** sind die wesentlichen Leistungen und ihre Haftung im Schadensfall festgelegt.

Wesentliche **Bestandteile dieser AGBs** sind:

- Die Deutsche Post AG ist berechtigt, die Annahme einer Sendung zu verweigern, wenn diese nicht den Inhalten der AGBs entspricht.
- Die Deutsche Post liefert die Sendung an den Adressaten und an den Bestimmungsort, der auf der Sendung steht. Sie ist jedoch berechtigt, die Sendung an den Ehepartner oder eine empfangsbevollmächtigte Person zu übergeben.
- Gewöhnliche Sendungen gelten als zugestellt, wenn sie in einen für den Empfänger bestimmten Hausbriefkasten eingeworfen werden.
- Übergabeeinschreiben oder Sendungen mit dem Zusatzvermerk „Eigenhändig“ dürfen nur an zum Empfang bevollmächtigte Personen erfolgen.
- Alle postlagernden Sendungen werden beim zuständigen Zustellpostamt 14 Werktage zur Abholung bereitgehalten, Nachnahmesendungen 7 Werktage.

Postbearbeitung im Unternehmen

Die Postbearbeitung im Unternehmen ist möglicherweise die erste Schnittstelle zwischen den Kunden und den Lieferanten. Sie nimmt dadurch eine wesentliche Stellung ein und ist maßgeblich am Zeitmanagement des Unternehmens beteiligt.

Eine gut strukturierte und organisierte Posteingangsbearbeitung ermöglicht

- einen raschen und strikten Informationsfluss,
- eine geringe Fehlerquelle bei der Übermittlung der Informationen.

Die Postbearbeitung im Unternehmen erfolgt meist über eine zentrale Stelle, bei kleinen Unternehmen können auch einzelne Mitarbeiter für einen bestimmten Zeitrahmen für die Erledigung dieser Tätigkeiten freigestellt werden.

2.9.1 Posteingang

Postzustellung

Für welche Art der Postzustellung sich ein Unternehmen entscheidet, ist vom zeitlichen Aspekt sowie vom Postvolumen abhängig. Die Postzustellung erfolgt beispielsweise nicht immer zur selben Zeit, sodass die Informationen zu unterschiedlichen Tageszeiten ankommen. Ist der Umfang des Schriftverkehrs sehr hoch, ist eine Zustellung über das Postfach ungünstig, dann bietet sich eine Selbstabholung in eigenen Behältern (den sogenannten Postkörben) an. Dies kann mehrmals am Tag erfolgen.

Postzustellung

- erfolgt durch Zustellung der Deutschen Post AG
- Selbstabholung in eigenen Behältnissen bei der Deutschen Post AG
- Selbstabholung im angemieteten Postfach der Deutschen Post AG

Postvollmacht

Die Abholung der Post bedarf einer Postvollmacht. Diese muss auf den Empfangsberechtigten ausgestellt sein. Der Empfangsberechtigte legt die Postvollmacht bei Abholung vor. Postvollmachten sind zeitlich begrenzt.

Eine **besondere Postvollmacht** ist dadurch gekennzeichnet, dass die Unterschrift des Empfangsberechtigten beglaubigt bei der Post hinterlegt sein muss.

Postvollmacht

allgemeine Postvollmacht

- berechtigt zur Abholung aller gewöhnlichen Sendungen
- Vollmacht ist bei der Postfiliale hinterlegt

besondere Postvollmacht

- berechtigt zum Abholen von Sendungen mit dem Vermerk
  - **Eigenhändig**
  - **nachzuweisende Sendungen**
  - **Einschreiben**
  - **Wertsendungen**

Posteingangsbearbeitung

Die Bearbeitung des Posteingangs wird unternehmensspezifisch organisiert.

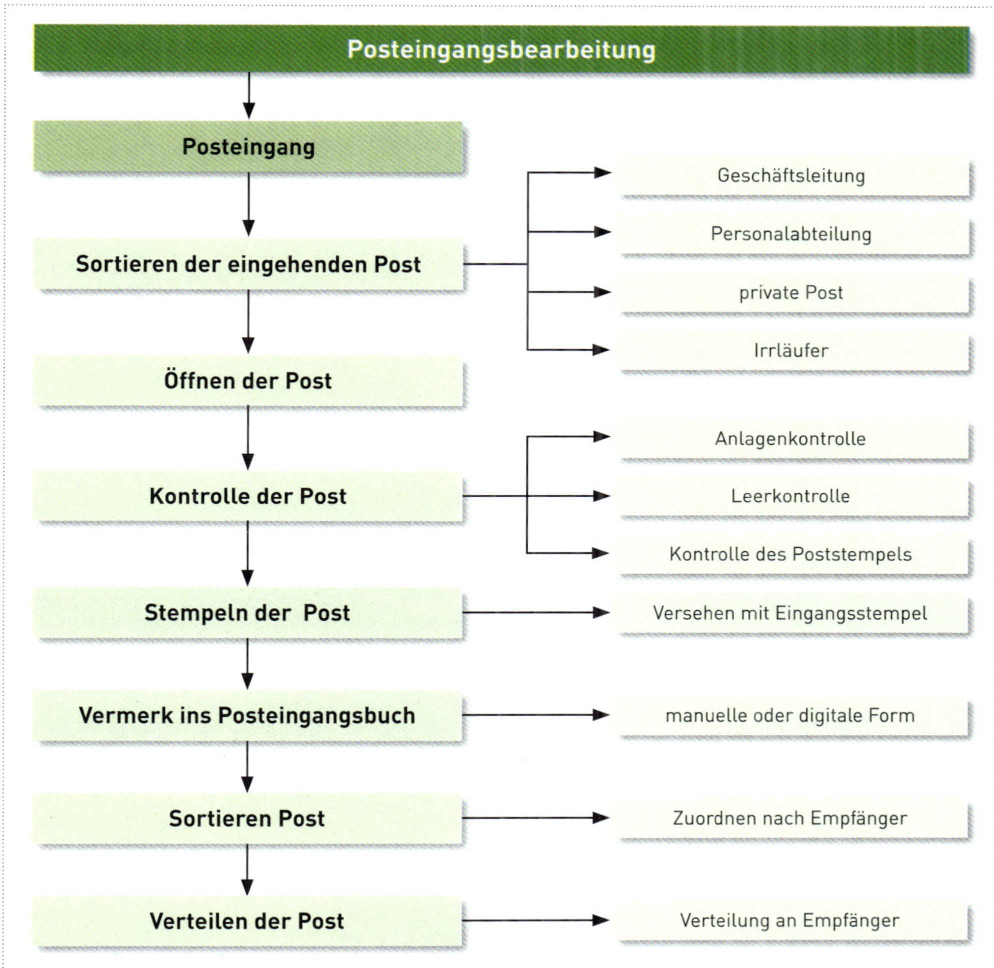

Öffnen der Eingangspost

In der Regel reicht ein Brieföffner aus, um die eingehende Briefpost zu öffnen. Für umfangreichere Sendungen gibt es weitere Hilfsmittel, zu achten ist dabei in jedem Fall, dass die Inhalte der Umschläge beim Öffnen nicht beschädigt werden.

Sortieren der Eingangspost

Eine Sachbearbeiterin, die die Eingangspost entgegennimmt, hat darauf zu achten:

Merke Nur **Geschäftspost** darf geöffnet werden. Sendungen, die an die Geschäftsleitung oder die Personalabteilung adressiert sind, müssen ungeöffnet an die entsprechenden Abteilungen weitergeleitet werden.

Auch **private Post** muss ungeöffnet an die entsprechenden Mitarbeiter gegeben werden. Private Post ist daran zu erkennen, dass der Empfängername noch vor der Firma im Adressfeld steht.

Eingangspost

private Post	geschäftliche Post
Herr Torsten Bauer Bauer & Meier GmbH Helenenstraße 3 98617 Meiningen	Bauer & Meier GmbH Herr Torsten Bauer Helenenstraße 3 98617 Meiningen

Irrläufer, das heißt falsch zugestellte Sendungen, werden an die Post oder an den entsprechenden Briefdienst zurückgegeben.

Kontrollieren der Eingangspost

Kontrolle der Eingangspost

Anlagenkontrolle	Leerkontrolle	Kontrolle des Poststempels
■ Die im Schriftstück aufgeführten Anlagen müssen der Sendung vollständig beigefügt sein. ■ Bei Unvollständigkeit der Anlagen erfolgt ein Vermerk auf dem Schriftstück.	■ Prüfen, ob die Briefumschläge vollständig geleert wurden.	■ Das Datum des Poststempels darf zeitlich nur geringfügig abweichen vom Eingangsdatum.

Bevor das Schriftgut an die entsprechenden Abteilungen und Sachbearbeiterinnen weitergeleitet wird, sind die Schriftstücke mit ihren jeweiligen Anlagen zusammenzuheften. Dies sollte jedoch bei wichtigen Dokumenten (Verträgen, Urkunden) oder Zeugnissen unterbleiben; hier reicht eine einfache Büroklammer aus.

Bei Unstimmigkeiten, beispielsweise wenn Anlagen fehlen oder Post- und Eingangsstempel zeitlich zu weit auseinander liegen, ist es wichtig, das Kuvert an das Schriftstück zu heften. Das erleichtert spätere Recherchen.

Stempeln der Eingangspost

Jedes eingehende Dokument muss mit einem Eingangsstempel mit aktueller Datumsangabe versehen werden. Der Posteingangsstempel wird rechts neben dem Anschriftenfeld angebracht.

Ausgenommen sind hierbei wiederum Dokumente wie Zeugnisse, Urkunden, Patente usw. Der Posteingangsstempel hält den genauen Posteingang und die innerbetriebliche Lauf- und Bearbeitungszeit des entsprechenden Schriftstücks fest.

Zuordnen der Eingangspost an Empfänger

Die geöffnete, mit dem Posteingangsstempel versehenen Schriftstücke werden den einzelnen Empfängern zugeordnet. Als Hilfsmittel stehen hierfür Mappen, Postkörbe oder entsprechende Büromöbel wie Regale mit Postfächern zur Verfügung.

Verteilen der Eingangspost

Die sortierte Eingangspost wird dem entsprechenden Empfänger zugeleitet. Dafür stehen unterschiedliche Möglichkeiten zur Verfügung: entweder auf manuellem Weg durch Botengänge des Postbearbeiters oder durch Postbeförderungsanlagen wie Rohrpost, Förderbandanlagen, Schienenförderanlagen oder selbst fahrende Umlaufwagen.

Rohrpost	■ für einzelne Belege geeignet ■ schneller Transport durch Rohrleitungen ■ angetrieben durch Druck- oder Saugluftsysteme
Förderbandanlagen	■ für mengenmäßig größere Schriftgutbeförderung geeignet ■ langsamer Transport auf Fließbändern
Schienenförderanlagen	■ für mengenmäßig große Schriftgutbeförderung geeignet ■ Transport erfolgt in verschließbaren Behältern. ■ schneller Transport auf einem Schienennetz in horizontaler und vertikaler Richtung ■ angetrieben durch elektronische Steuerung und Eingabe des Empfangsorts
selbst fahrende Umlaufwagen	■ für mengenmäßig große Schriftgutbeförderung geeignet ■ Umlaufwagen befördern nach Eingabe des Bestimmungsorts das Schriftgut selbstständig zu den entsprechenden Arbeitsplätzen. ■ Einsatz auch in mehrgeschossigen Bürogebäuden möglich

Elektronische Posteingangsbearbeitung

In Unternehmen mit sehr viel Schriftverkehr und einem hohen Posteingangsvolumen ist es möglich, die Posteingangsbearbeitung auf elektronischem Wege durchzuführen. Voraussetzung dafür ist ein **Posteingangssystem,** das in der Lage ist, die Post

- zu öffnen,
- zu entnehmen,
- zu erfassen,
- zu scannen,
- zu archivieren,
- zu verteilen.

Infolgedessen stehen den Mitarbeitern sehr zeitnah die Informationen an ihren Arbeitsplätzen zur Verfügung. Für das Unternehmen ergeben sich daraus folgende Vorteile:

- Zeiteinsparung durch automatische Posteingangstätigkeiten
- weitgehender Ausschluss von Fehlerquellen
- effektiver Informationsfluss
- gleichzeitige Archivierung des Schriftguts

Die elektronische Postbearbeitung ermöglicht einen effizienten Arbeitsablauf und gewährleistet hohe Flexibilität sowie eine Reduzierung der Kosten.

2.9.2 Postausgang

Die Postausgangsbearbeitung wird in den Unternehmen unterschiedlich gehandhabt. Es besteht die Möglichkeit, alle Postausgänge von einer zentralen Stelle aus zu bearbeiten oder die Tätigkeiten in den Abteilungen, wo die ausgehende Post bearbeitet wird, zu erledigen. Wenn eine Poststelle im Unternehmen eingerichtet ist, werden alle ausgehenden Sendungen dorthin weitergeleitet und verschickt.

Postausgangsbearbeitung

Adressieren der Ausgangspost

Je nach der Menge und Art ausgehender Post wird unterschieden in Tagespost und Massenpost (Infopost). Die Tagespost umfasst verschiedenartige Sendungen, die Massenpost gleichartige. Die Adressierung der Tagespost erfolgt in der Regel gleich beim Verfassen des Geschäftsbriefs. Anschriften werden im **Anschriftfeld** aller Schriftstücke und auf Briefhüllen in gleicher Anordnung geschrieben. Die Vorgaben aus DIN 5008 sind dabei zu beachten.

Für die Adressierung von Massenpost besteht die Möglichkeit, Serienbriefe zu erstellen – dabei werden die Empfängeranschriften aus einer vorhandenen Datenbank automatisch übernommen – oder Adressetiketten zu schreiben und auf die Sendung zu kleben. Die Etikettenbeschriftung kann per Kopierer oder direkt über das Computersystem erfolgen.

Schriftgut im Postausgang

Tagespost	Massenpost
▪ tägliches Schriftgut	▪ Serienpost ▪ große Schriftgutmenge

Zusammentragen und Kontrollieren der Ausgangspost

Entweder tragen (in größeren Unternehmen) vorhandene Beförderanlagen die Ausgangspost zusammen oder Boten übernehmen dies.

Bevor nun die Ausgangspost versandfertig gemacht wird, ist sie zu kontrollieren:
- Ist die **Anschrift** des Empfängers richtig und vollständig geschrieben?
- Sind alle erforderlichen **Unterschriften** an der richtigen Stelle geleistet worden?
- Sind alle **Schriftsätze vollzählig** (Anzahl der Seiten, Anlagen)?

Falzen der Briefeinlagen

Schon aus Kostengründen bietet es sich an, Geschäftsbriefe in einem Briefformat zu verschicken, das je nach Gewicht und Porto am günstigsten ist. Entsprechend müssen die Schriftstücke gefalzt werden. Je nach Umschlagsgröße und gewünschten Einlageformaten gibt es verschiedene Falzvarianten:

Bruch- oder Einfachfalz

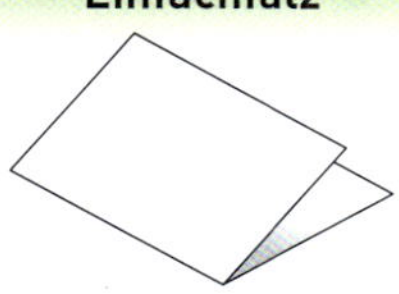

Papier wird nur einmal gefaltet.

Wickelfalz

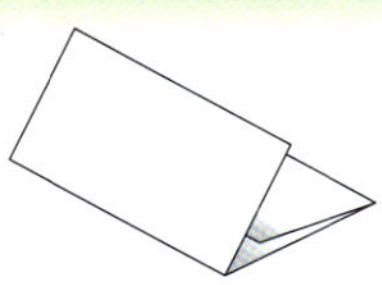

Papier wird zweimal gewickelt, es entstehen zwei Brüche.

Zickzack- oder Leporellofalz

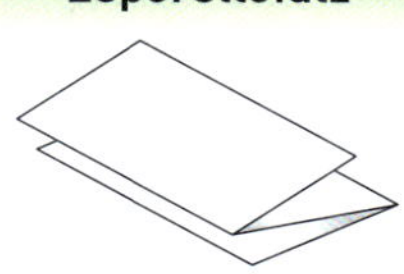

Papier wird abwechselnd nach vorn und hinten gefalzt, es entstehen zwei oder mehrere Brüche.

Fenster- oder Altarfalz

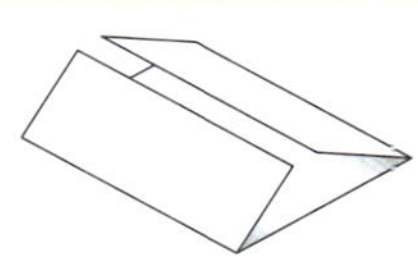

Papier wird zweimal gefalzt und kann wie ein Fenster aufgeklappt werden

Das Falzen der Geschäftspost kann durch Falz- und Kuvertiermaschinen erfolgen. Das Falzen des Schriftguts reduziert die Materialkosten im Büro, so können große Formate in kleineren Briefhüllen versendet werden, auch die Portogebühren verringern sich. Dokumente, wie Urkunden, Zeugnisse, Patente, verschiedene Verträge, dürfen jedoch nicht gefalzt und müssen in ihrer Originalgröße versandt werden.

Kuvertieren und Schließen der Ausgangspost

Sind die Briefeinlagen gefaltet und zusammengelegt, werden sie eingetütet; diesen Vorgang nennt man auch kuvertieren (= mit einem Briefumschlag versehen). Zur Kuvertierung der Ausgangspost stehen verschiedene Kuverts und Versandtaschen zur Verfügung. Versandtaschen sind besonders verstärkt, um umfangreichere Briefinhalte vor Transportschäden zu schützen. Dabei werden festere Papierarten verwendet, die auch bei starker Beanspruchung nicht zerreißen.

Briefhüllen und Versandtaschen gibt es in unterschiedlichen Varianten – mit oder ohne Sichtfenster, selbstklebende, haftklebende sowie solche aus umweltschonenden Materialien. DIN 678 legt die verschiedenen Standardgrößen von Briefumschlägen fest.

Briefhüllenformat	Abmessungen Höhe x Breite in mm	Papierformat der Briefeinlagen
C3	324 x 458	A3
C4	229 x 324	A4
C5	162 x 229	A5 oder A4 gefaltet
C6	114 x 162	A6 oder A4 einmal längs und einmal quer gefaltet
DL	110 x 220	$^{1}/_{3}$ A4 quer gefaltet
B6	125 x 176	C6 Umschlag
B5	176 x 250	C5 Umschlag
B4	250 x 353	C4 Umschlag
E4	280 x 400	A4 ungefaltet oder B4 Umschlag

Die Kuvertierung kann manuell oder maschinell erfolgen. Bei der manuellen Kuvertierung ist es wichtig, den Falz nach unten in die Briefhülle einzulegen, damit beim Öffnen das Schriftstück nicht beschädigt wird. Die maschinelle Kuvertierung erfolgt durch Kuvertiermaschinen. Oft wird dabei der gesamte Arbeitsablauf automatisiert – von der Falzmaschine bis hin zur Frankiermaschine.

Wenn die Ausgangspost in die optimalen Briefhüllen oder Versandtaschen kuvertiert ist, werden diese verschlossen; dies kann mittels Briefschließmaschinen geschehen.

Wiegen und Frankieren der Ausgangspost

Das Wiegen der Ausgangspost erfolgt entweder manuell, mit elektronischen Briefwaagen oder in einer Postausgangsstraße. Frankiert werden kann nur, wenn die Post vorher gewogen wurde. Wird die Post manuell gewogen, muss das Porto selbst berechnet werden. Elektronische Briefwaagen zeigen das Gewicht und das dazugehörige Porto gleich mit an. Aber nicht nur das Gewicht zählt für das richtige Porto, auch zusätzliche Leistungen (beispielsweise Einschreibesendungen, Expresszustellung u. a.) müssen bei der Portoberechnung berücksichtigt werden.

Nun geht's ans Frankieren. Eine Briefmarke auf einen Brief zu kleben, das ist schnell erledigt. Hunderte von Briefen zu frankieren dauert schon sehr viel länger. Frankiermaschinen nehmen diese zeitaufwändige Arbeit ab. Sie müssen allerdings bei der Post angemeldet werden. Frankiert werden kann die Ausgangspost aber auch durch eine bar freigemachte (bar gezahlte) Frankierung ohne Verwendung von Postwertzeichen (zum Beispiel „Entgelt bezahlt") in den Filialen der Deutschen Post oder eines anderen Postdienstleisters. Auch eine Freimachung durch elektronische Datenverarbeitungssysteme ist möglich.

Vermerk im Postausgangsbuch

Jede das Unternehmen verlassende Sendung wird in ein Postausgangsbuch eingetragen, das manuell, aber auch elektronisch geführt werden kann. Eingetragen werden Ausgangsdatum, Empfänger, Sendungsart und die zuständige Abteilung. Das ist sinnvoll zur Nachverfolgung der Sendungen oder für eine spätere Beweisführung.

Poststraßen

Alle im Posteingang und Postausgang notwendigen Tätigkeiten können durch maschinell unterstützte Poststraßen ausgeführt werden. Der Einsatz solcher Maschinen, wie Adressiermaschine oder Brieffalzmaschine, kann in einer Reihe erfolgen, das heißt, sie werden zu einer Straße zusammengestellt und die Postbearbeitung erfolgt ausschließlich automatisch. Möglich ist aber auch, die Maschinen einzeln aufzustellen und dazwischen liegende Arbeitsgänge manuell zu erledigen.

Der Einsatz von Poststraßen ist aber nur rentabel, wenn das Aufkommen des täglichen Schriftguts so hoch ist, dass die Maschinen ausgelastet sind, denn die Investition in eine Poststraße ist recht hoch und diese Kosten müssen sich wieder amortisieren.

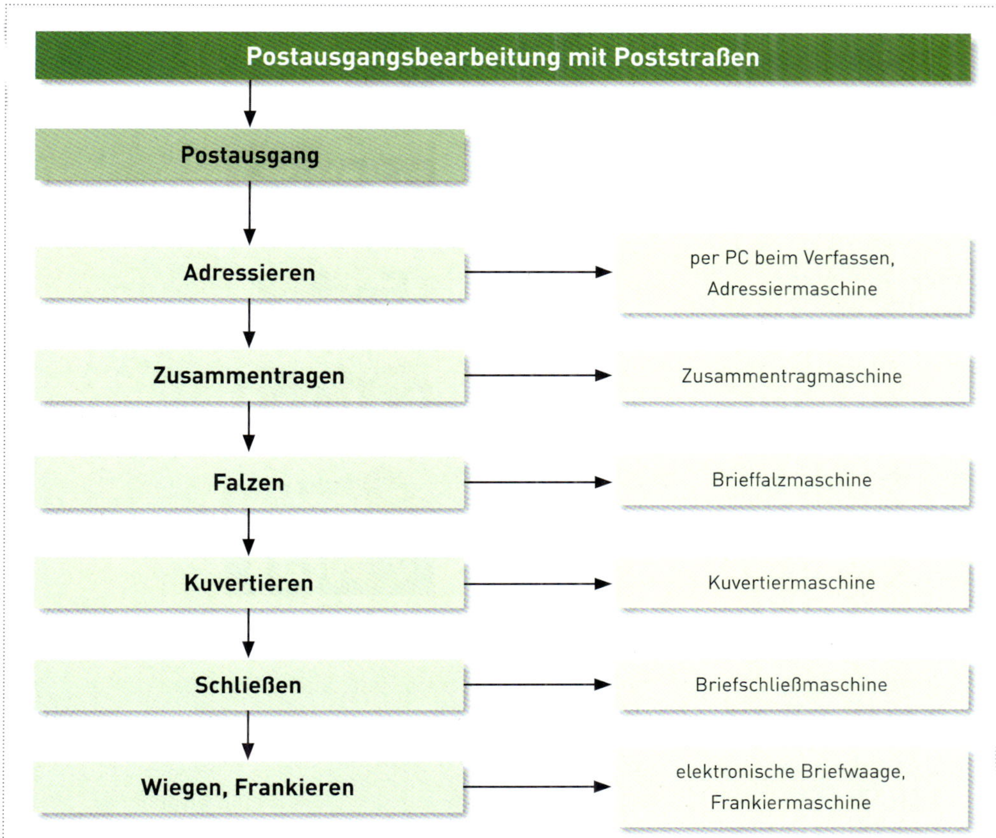

Postversand

Der Versand von Briefen, Päckchen, Paketen muss nicht zwingend durch die Dienste der Deutschen Post AG ausgeführt werden. Das Monopol der Deutschen Post wurde durch ein Gesetz der Bundesregierung aufgehoben. Inzwischen gibt es mehrere Anbieter für Postdienstleistungen. Einen großen Teil an logistischen Dienstleistungen haben neben der Deutschen Post AG die sogenannten KEP-Dienste (Kurier-, Express- und Postdienste) übernommen. Durch die weltweite Globalisierung sind die Transportaufkommen enorm gestiegen, die Unternehmen haben große logistische Prozesse zu organisieren.

Die Beförderung von Geschäftsbriefpost erfolgt nach wie vor häufig durch die Dienste der Deutschen Post AG. Inzwischen übernehmen aber auch die alternativen Postdienste diese Leistungen, holen beispielsweise die Ausgangspost in den Unternehmen täglich ab, wiegen und frankieren sie (ohne Aufpreis). Welchen Postdienstleister ein Unternehmen wählt, liegt allein in seiner Entscheidung.

Kurier-, Express, Postdienste
Deutsche Post Deutsche Post AG
DHL Deutsche Post DHL
Hermes Logistik Gruppe Deutschland GmbH
UPS United Parcel Service Deutschland Inc. & Co. OHG
DPD Dynamic Parcel Distribution GmbH & Co. KG
FedEx Federal Express Corporation
TNT Express GmbH
trans-o-flex Schnell-Lieferdienst GmbH & Co. KG
GLS Gerneral Logistics Systems

Sendungsarten und Formate

Die Deutsche Post AG hat die gebräuchlichsten Sendungsarten standardisiert.

Besondere Leistungen und Sonderformate bietet sie zusätzlich an, beispielsweise den Versand inhaltsgleicher Briefe durch Infopost oder Postwurfsendungen. Diese sind preisgünstiger als die gewöhnlichen Versandbriefe.

Brief/Postkarte	Deutsche Post	
Postkarte	Länge Breite Flächen-gewicht	140–235 mm 90–125 mm 150–500 g/m²
Standardbrief	Länge Breite Höhe Gewicht	140–235 mm 90–125 mm bis 5 mm bis 20 g
Kompaktbrief	Länge Breite Höhe Gewicht	100–235 mm 70–125 mm bis 10 mm bis 50 g
Großbrief	Länge Breite Höhe Gewicht	100–353 mm 70–250 mm bis 20 mm bis 500 g
Maxibrief	Länge Breite Höhe Gewicht	100–353 mm 70–250 mm bis 50 mm bis 1 000 g

Zusatzleistungen	Deutsche Post
Einschreiben	■ **Eigenhändig** Zustellung erfolgt persönlich nur an den Empfänger. ■ **Einschreiben, Einwurf** Zustellung in den Briefkasten oder das Postfach wird dokumentiert. ■ **Rückschein** Empfänger bestätigt Empfang mit Originalunterschrift.
Nachnahme	■ Auslieferung der Sendung erfolgt nur gegen Bezahlung des Warenpreises.
Vorausverfügung	■ Bei Unzustellbarkeit der Sendung wird die Sendung entweder dem Empfänger nachgesendet oder an den Absender zurückgeleitet.

Sonderformate	Deutsche Post
Infobrief	■ Versand von inhaltsgleichen Informationen ■ Mindestmenge 50 Sendungen
Infopost	■ Versand von inhaltsgleichen Informationen, Datenträgern, kostenlosen Proben, Produktmustern, Werbeartikeln ■ Mindestmenge 50 Sendungen für denselben Leitbereich (die ersten drei Ziffern der Postleitzahl sind in der Regel gleich) oder ■ Mindestmenge 250 Sendungen für dieselbe Leitregion (Übereinstimmung der ersten beiden Stellen der Postleitzahl) oder ■ 4 000 Sendungen nach Postleitzahl in auf- oder absteigender Reihenfolge
Postwurfsendung	■ inhaltsgleiche Sendungen ■ flächendeckende, genau strukturierte Verteilung z. B. für Werbeinformationen
Warensendung	■ Versand von Waren, Proben, Mustern ■ kann zusätzlich kurze inhaltliche Angaben sowie Rechnung und Zahlungsvordruck enthalten
Büchersendung	■ Versand von Büchern, Broschüren, Notenblättern, Landkarten ■ kann zusätzlich Rechnung und Zahlungsvordruck enthalten ■ darf keinen geschäftlichen Zweck erfüllen
Blindensendung	■ portofreier Versand ■ Schriftstücke in Blindenschrift, Tonaufzeichnungen oder sonstigen Magnetträgern ■ dürfen nicht verschlossen sein ■ Zusatz Blindensendung als Aufschrift

Detaillierte Informationen gibt es auf der Internetseite www.deutschepost.de.

3

Aufträge bearbeiten

Lernlandkarte 3.1

3.1 Auftragsbearbeitung

Begriff „Auftrag“
= Bestellung des Kunden

verwandte Themen:

Kaufvertrag mit dem Kunden

Absatzpolitik
- Kunden betreuen
- neue Kunden gewinnen

Finanzbuchhaltung
Buchen von
- Ausgangsrechnungen
- Rechnungskorrekturen
- Zahlungseingängen

Controlling
- Absatz, Umsatz, Rohgewinn
- Warengruppen, Kundengruppen, Regionen

Beschaffung
- Bestellen von Artikeln, Materialien usw.

Bestellungen sind beim Lieferanten „Aufträge“.

3.1.1 Auftragsbearbeitung als Geschäftsprozess

- **exemplarische Darstellung eines typischen Absatzprozesses**
- **grafische Darstellung als „ereignisgesteuerte Prozesskette“**

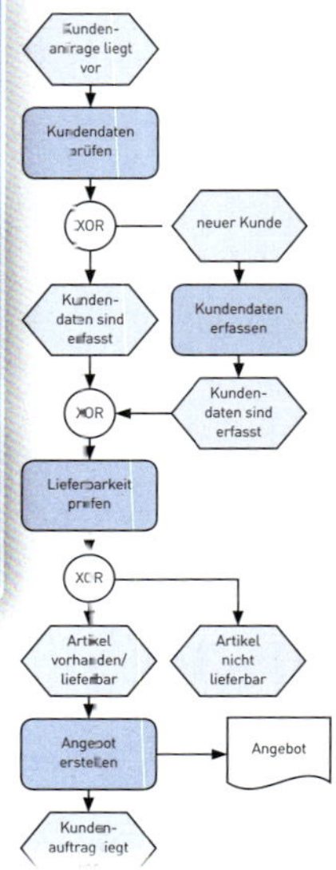

3.1.2 Belegerstellung

- **Angebot**
- **Auftragsbestätigung**
- **Lieferschein**
- **Rechnung**
- **Gutschrift**

3.1.3 Warenwirtschaftssystem

- **Module:** Beschaffung, Lagerhaltung, Absatz
- **Kunden- und Artikeldaten pflegen**
- **Verkaufsbelege erstellen**
- **Lagerbestände führen**
- **Kommissionierung und Tourenplanung unterstützen**
- **Termine überwachen**
- **Daten statistisch aufbereiten**

3.1 Auftragsbearbeitung

Die Auftragsbearbeitung ist ein betrieblicher Prozess auf der Absatzseite. Der Betrieb nimmt Kundenaufträge entgegen, fertigt Belege für die erbrachten Leistungen (Lieferung oder Dienstleistung) an und erstellt die Ausgangsrechnung (Fakturierung).

Aus der Sicht des Kunden sind die Aufträge **Bestellungen,** aus der Sicht des Lieferanten sind die Bestellungen **Aufträge.**

Da es sich auf der Absatzseite in der Regel um einen **Käufermarkt** handelt, besteht eine wesentliche betriebliche Aufgabe darin, neue Kunden zu gewinnen und vorhandene Kunden zu pflegen, um möglichst viele Kundenaufträge hereinzuholen.

Käufermarkt Kap. 5.3

3.1.1 Auftragsbearbeitung als Geschäftsprozess

Die Abwicklung der Kundenaufträge erfolgt in den Betrieben unterschiedlich – je nach Branche, der Größe des Betriebs oder der verwendeten Software. Jeder Betrieb legt fest, wie die Abwicklung grundsätzlich erfolgen soll. Diese grundsätzliche Festlegung wird als **Geschäftsprozess** bezeichnet. Geschäftsprozesse können mithilfe von **ereignisgesteuerten Prozessketten (EPK)** dargestellt werden.

EPK ▸ Glossar

Beispiel **Geschäftsprozess Auftragsbearbeitung der Blum Music im Bereich „Raritäten"**

Die Blum Music4You KG pflegt intensiv ihre Kontakte zu unterschiedlichen Lieferanten der Musikbranche. Dadurch ist das Unternehmen in der Lage, selten nachgefragte, besondere Musikstücke zu beschaffen. Die Nachfrager sind in der Regel Einzelhändler, die die Wünsche einzelner Kunden erfüllen möchten. Die Blum Music hat diese Artikel in der Warengruppe „Raritäten" zusammengefasst. Für die Auftragsbearbeitung in diesem Bereich setzt die Blum Music ein professionelles Warenwirtschaftssystem ein.

Der Geschäftsprozess Auftragsbearbeitung im Bereich Raritäten ist in der folgender Grafik als EPK skizziert.

Darstellung von Geschäftsprozessen mit EPK Kap. 11.2.2

Die Symbole der ereignisgesteuerten Prozesskette bedeuten:

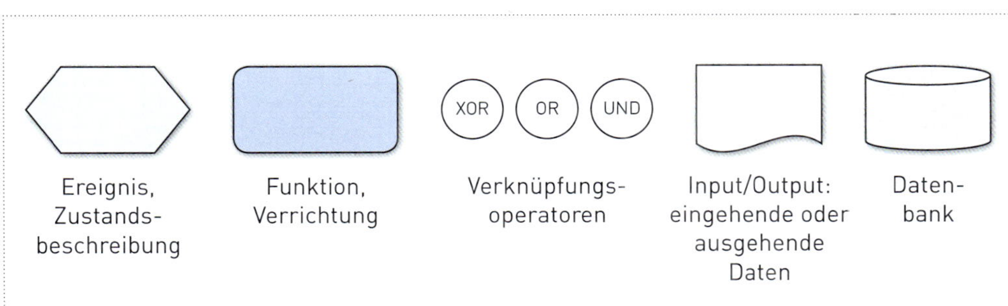

Geschäftsprozess „Auftragsbearbeitung im Bereich Raritäten" der Blum Music4You KG

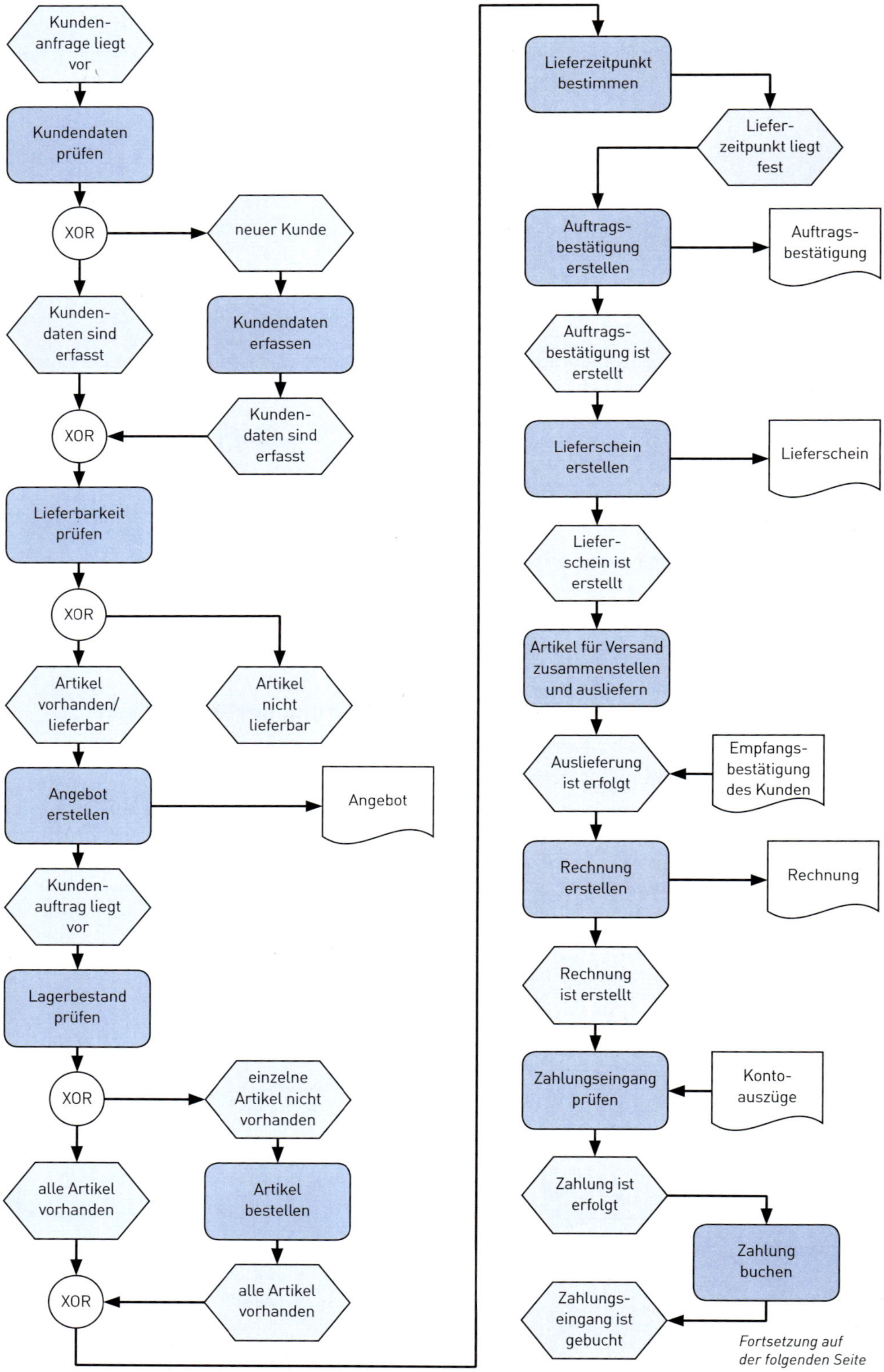

Fortsetzung auf der folgenden Seite

Teilprozess Reklamation

Fortsetzung von Vorseite

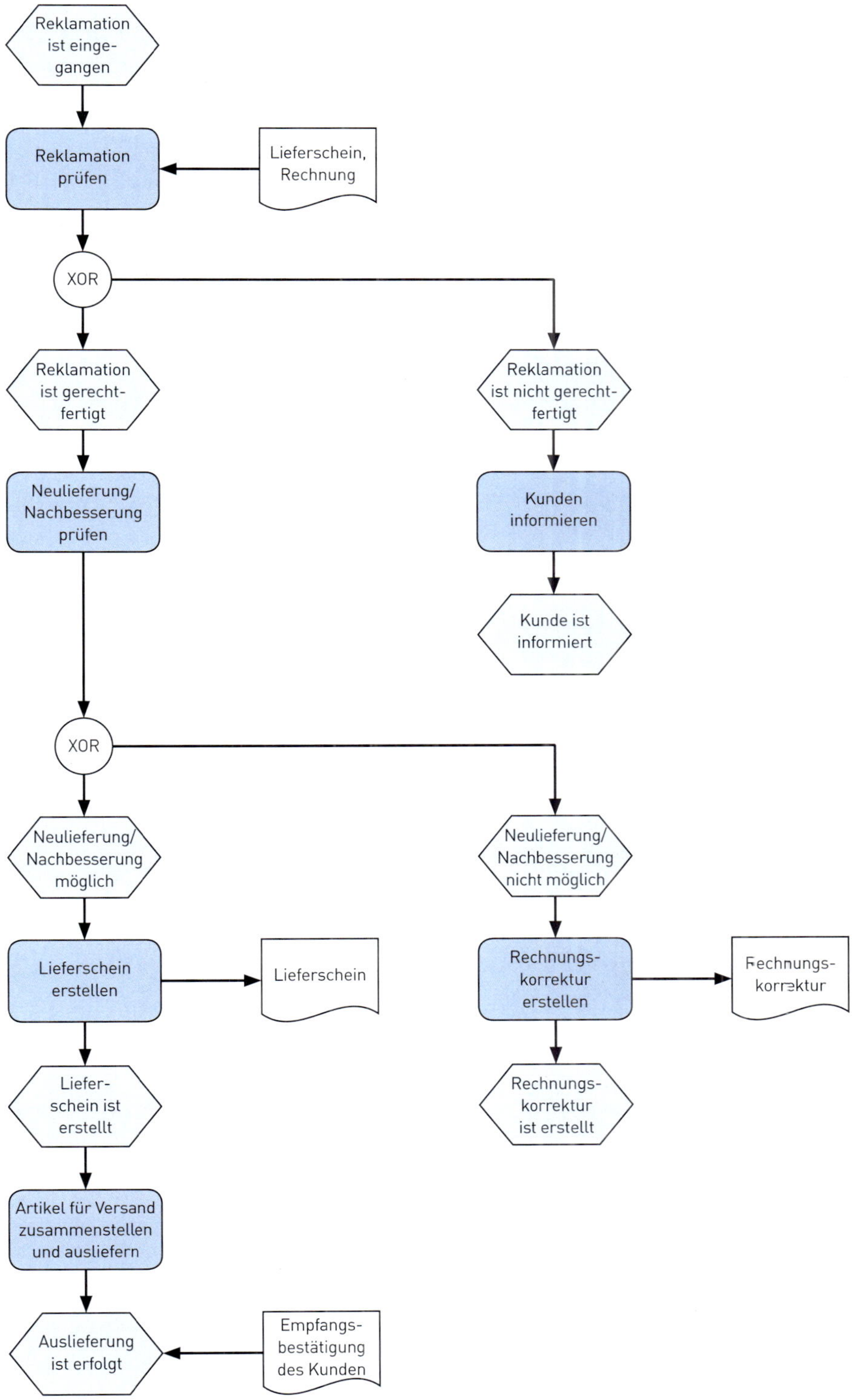

Rechnungskorrektur ▸ Glossar

Ergänzende Hinweise zum Geschäftsprozess Auftragsbearbeitung

Im Beispiel der Auftragsbearbeitung der Blum Music werden die fünf Belege Angebot, Auftragsbestätigung, Lieferschein, Rechnung und **Rechnungskorrektur** nacheinander erstellt, gedruckt und dem Kunden zugeschickt. In der betrieblichen Praxis kann der Auftragsbearbeitungsprozess von dem oben aufgeführten Geschäftsprozess abweichen.

Abweichungen kann es beispielsweise in folgenden Fällen geben:

- Der Betrieb erstellt nicht alle Belege, sondern nur die jeweils benötigten, zum Beispiel aus folgenden Gründen:
  - Ein Kunde bestellt direkt aufgrund von Prospekten, Preislisten oder über Onlineangebote ▸ für den Betrieb entfällt das individuelle, schriftliche Angebot.
  - Die Lieferung erfolgt sofort nach Auftragseingang ▸ eine Auftragsbestätigung ist nicht nötig.
  - Ein Kunde nimmt die Waren sofort mit ▸ der Lieferschein entfällt.
  - Ein Kunde bezahlt die Ware sofort (Barverkauf) ▸ der Betrieb schreibt keine Rechnung. Als Beleg dient die Ausgangsquittung (der Kassenbon).
- Einzelne Belege können zusammengefasst werden. Wenn der Betrieb unverzüglich nach Auftragseingang ausliefert, dann kann er einen Beleg „Rechnung/Lieferschein" (statt zwei getrennten Belegen) der Ware beilegen.
- Größere Betriebe erstellen die Belege mithilfe des Warenwirtschaftssystems. Kleinere Betriebe verwenden für die Belegerstellung ihre Textverarbeitungssoftware oder eine spezielle Auftragsbearbeitungssoftware, die nicht netzwerkfähig ist und keine Schnittstellen zur Lagerbestandsführung und zur Finanzbuchhaltung hat, aber die Belegerstellung und die Pflege der Kunden- und Arikeldaten ermöglicht.

Warenwirtschaftssystem Kap. 3.1.3

3.1.2 Belegerstellung im Rahmen der Auftragsbearbeitung

Im Rahmen eines Auftragsbearbeitungsprozesses werden Kundenaufträge entgegengenommen. Der Betrieb klärt nun, ob bzw. wann er liefern oder eine Leistung bringen kann. Er initiiert die Durchführung der Lieferung bzw. Dienstleistung, begleitet sie und stellt sie in Rechnung. Die dabei zu erstellenden Belege sind Angebot, Auftragsbestätigung, Lieferschein, Rechnung und Rechnungskorrektur.

Im Folgenden ist beispielhaft erläutert, wie die Belege für einen einzelnen Kundenauftrag bei der Blum Music erstellt werden.[1]

Beispiel Beleg: Angebot

Am 2. Mai 20.. geht bei der Blum Music4You KG eine Anfrage per E-Mail ein. Die Karl Habben GmbH, ein Musikeinzelhandelsbetrieb aus Oldenburg, fragt an, ob die Flaschenpost-Box lieferbar sei. Es handelt sich um vier CDs und eine DVD eines Mitschnitts der Gruppe „Combo Flaschenpost" aus dem Jahr 1988. Die Gruppe bezeichnet ihre Musikrichtung als Weltmusik. Die Karl Habben GmbH hat mehrere Interessenten für diesen Artikel und bittet um ein Angebot für die Lieferung von fünf Exemplaren.

1 Zur Gestaltung von Geschäftsbriefen nach DIN 5008 siehe den Band „Informationsverarbeitung" (Best.-Nr. 3568), dort Kapitel 3.3.

Nach einem Telefonat mit der Verkaufsabteilung des Lieferanten 2020 Sound AG werden zehn Flaschenpost-Boxen bestellt. Die Sendung geht am 5. Mai 20.. bei der Blum Music ein. Nach der Wareneingangsprüfung wird der Artikel im Lager deponiert und die Artikeldaten werden im Warenwirtschaftssystem erfasst.

Bei der Karl Habben GmbH handelt es sich um einen neuen Kunden. Die Blum Music übernimmt die Daten im Kundenstamm ihres Warenwirtschaftssystem:

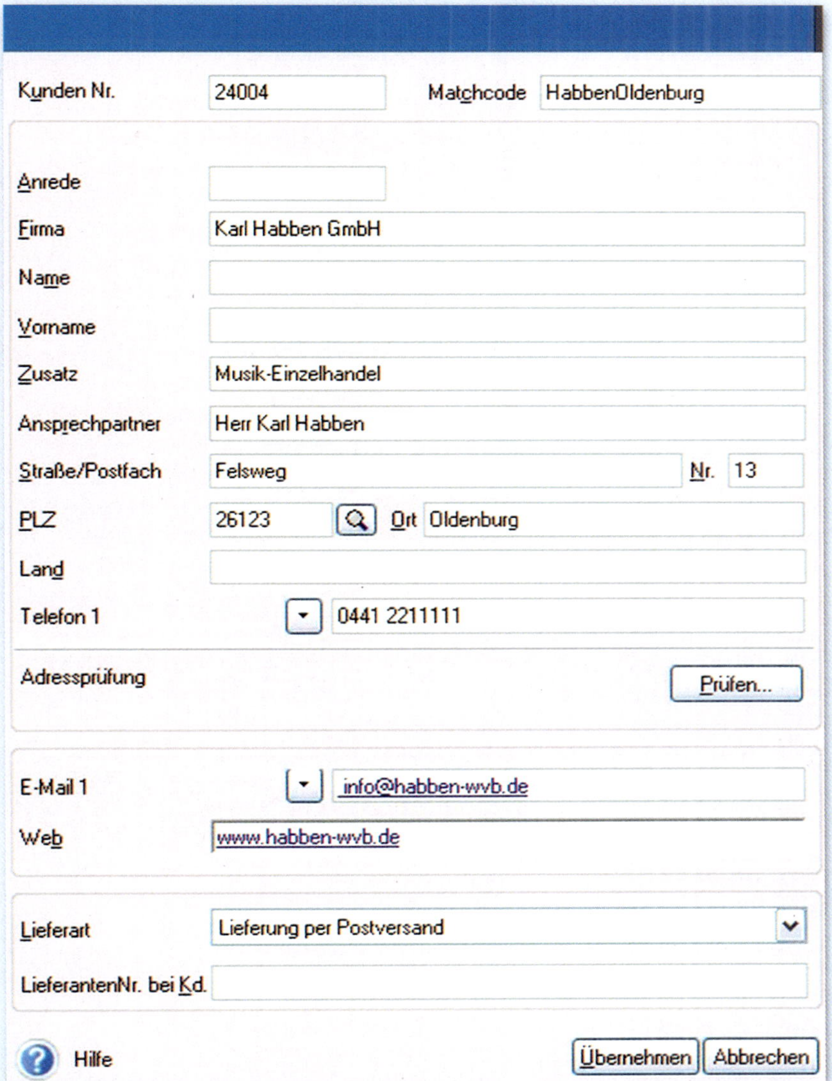

Erfassungsmaske des Warenwirtschaftssystems nach Erfassung der Daten eines neuen Kunden

Nach der Erfassung der Kundendaten schreibt die Blum Music das Angebot. Für jede Position werden die Artikelnummer und die Menge eingetragen, alle anderen Daten übernimmt das Warenwirtschaftssystem aus den Artikelstammdaten. Das Angebot wird ausgedruckt und am 5. Mai 20.. der Karl Habben GmbH gesendet.

BLUM Music4You KG

Blum Music4You KG • Veilchenweg 19 • 50677 Köln

Musikeinzelhandel
Karl Habben GmbH
Felsweg 13
26123 Oldenburg

Angebot

Angebot Nr.	Ihre Anfrage vom	**Kundennummer**		**Datum**
10101	02.05.20..	24097		05.05.20..

Pos.	Artikel-nummer	Artikelbezeichnung	Menge	ME	Einzelpreis €	Rabatt %	Gesamtpreis €
001	20202	Combo Flaschenpost Flaschenpost-Box, 4 CD + 1 DVD	5	Stück	110,00		550,00
Zwischensumme							550,00

Gesamtrabatt %	Gesamtrabatt €	Nettopreis €	USt. %	USt. €	**Bruttopreis €**
		550,00	19,0	104,50	**654,50**

Zahlbar innerhalb von 8 Tagen mit 3 % Skonto, innerhalb von 30 Tagen netto.
Die Lieferung erfolgt frei Haus.

Mit freundlichen Grüßen

Blum Music4You KG

Claus Blum

Claus Blum

Blum Music4You KG
Veilchenweg 19, 50677 Köln
Telefon: 0221 386760-0
Telefax: 0221 386760-10
E-Mail: info@music4youkg.de
Internet: www.music4youkg.de

Geschäftsführung: Claus Blum
Handelsregister Köln
HRA 47111
USt-IdNr.: DE 987 654 321
Steuernummer: 215 587 00815

Kölner Kreditanstalt AG
Konto: 2 333 444 200
BLZ: 370 100 99
IBAN: DE98 3701 0099 2333 4442 00
BIC: KOEKDEKN280

Beispiel **Beleg: Auftragsbestätigung**

Am 6. Mai 20.. ruft Karl Habben bei der Verkaufsleiterin der Blum Music an. Karl Habben möchte das Angebot vom 5. Mai 20.. annehmen, jedoch nur, wenn die Blum Music ihm einen Rabatt einräumt. Die Gesprächsteilnehmer einigen sich auf einen Gesamtrabatt von 10 %. Am gleichen Tag geht bei der Blum Music die folgende Bestellung von der Karl Habben GmbH per E-Mail ein.

Senden | An... info@music4youkg.de
Cc...
Konto | Betreff: Bestellung

Sehr geehrte Damen und Herren,

wir bestellen:

5 Exemplare der Flaschenpost-Box gemäß Ihrem Angebot Nr. 10101 vom 5. Mai 20.. .

Bitte berücksichtigen Sie den telefonisch vereinbarten Gesamtrabatt von 10 %.

Mit freundlichen Grüßen

Karl Habben GmbH
i. A. Sabine Thalman

Tel.: +49 441 2211111
Fax: +49 441 2211119
E-Mail: info@habben-wvb.de
Internet: www.habben-wvb.de

Felsweg 13, 26123 Oldenburg
Handelsregister Oldenburg HRB 65666
Geschäftsführer: Karl Habben

Im Warenwirtschaftssystem der Blum Music ist der Artikel in der Artikelliste folgendermaßen aufgeführt:

Artikelnr.	Kurztext	Matchcode	Bestand	Einheit	Preis 1
20201	Peking Motel, Live in Berlin, 14. Aug. 1987, 4 CDs	PekingMotel	15,00	Stück	92,00
20202	Combo Flaschenpost: Flaschenpostbox, 4 CDs + DVD	Flaschenpost	10,00	Stück	110,00

Nun kann die Blum Music die Auftragsbestätigung mithilfe des Warenwirtschaftssystems aus den Daten des Angebots erstellen. Dazu ruft die Verkaufsleiterin Nadine Schwebeling das Angebot auf und übernimmt die Daten in die Auftragsbestätigung. Neu einzutragen sind nur der telefonisch vereinbarte Rabattsatz und das voraussichtliche Lieferdatum. Die Auftragsbestätigung wird gedruckt und am 8. Mai 20.. der Karl Habben GmbH gesendet.

Fortsetzung siehe nächste Seite.

BLUM Music4You KG

Blum Music4You KG • Veilchenweg 19 • 50677 Köln

Musikeinzelhandel
Karl Habben GmbH
Felsweg 13
26123 Oldenburg

Auftragsbestätigung

Auftragsnummer	Ihre Bestellung vom	**Kundennummer**		**Datum**
20101	06.05.20..	24097		08.05.20..

Pos.	Artikel-nummer	Artikelbezeichnung	Menge	ME	Einzelpreis €	Rabatt %	Gesamtpreis €
001	20202	Combo Flaschenpost Flaschenpost-Box, 4 CD + 1 DVD	5	Stück	110,00	10,0	495,00
Zwischensumme							495,00

Gesamtrabatt %	Gesamtrabatt €	Nettopreis €	USt. %	USt. €	**Bruttopreis €**
		495,00	19,0	94,05	**589,05**

Zahlbar innerhalb von 8 Tagen mit 3 % Skonto, innerhalb von 30 Tagen netto.
Die Lieferung erfolgt frei Haus.

Mit freundlichen Grüßen

Blum Music4You KG

Nadine Schwebeling
Nadine Schwebeling

Blum Music4You KG
Veilchenweg 19, 50677 Köln
Telefon: 0221 386760-0
Telefax: 0221 386760-10
E-Mail: info@music4youkg.de
Internet: www.music4youkg.de

Geschäftsführung: Claus Blum
Handelsregister Köln
HRA 47111
USt-IdNr.: DE 987 654 321
Steuernummer: 215 587 00815

Kölner Kreditanstalt AG
Konto: 2 333 444 200
BLZ: 370 100 99
IBAN: DE98 3701 0099 2333 4442 00
BIC: KOEKDEKN280

Beispiel **Beleg: Lieferschein**

Die Sachbearbeiterin in der Abteilung Vertrieb der Blum Music übernimmt die Daten aus der Auftragsbestätigung und erzeugt mit wenigen Mausklicks den Lieferschein. Die Auslieferung an die Karl Habben GmbH erfolgt am 10. Mai 20.. über einen Paketversanddienstleistungsbetrieb.

BLUM Music4You KG

Blum Music4You KG • Veilchenweg 19 • 50677 Köln

Musikeinzelhandel
Karl Habben GmbH
Felsweg 13
26123 Oldenburg

Lieferschein

Auftragsnummer	Auftragsdatum	**Kundennummer**	**Lieferscheinnummer**	**Lieferscheindatum**
20101	08.05.20..	24097	30101	10.05.20 .

Pos.	Artikel-nummer	Artikelbezeichnung	Menge	ME	Bemerkungen
001	20202	Combo Flaschenpost Flaschenpost-Box, 4 CD + 1 DVD	5	Stück	

Versandart
Paketdienst

Ware vollständig und unbeschädigt erhalten:

Datum: ____________ Unterschrift: ____________________________

Der Lieferschein wird in dreifacher Ausfertigung erstellt. Ein Exemplar dient dem Lagermitarbeiter als Grundlage für die Zusammenstellung der Lieferung (Kommissionierung) und bleibt anschließend in der Lagerverwaltung der Blum Music. Das zweite Exemplar lässt der Fahrer nach Übergabe der Waren vom Empfänger gegenzeichnen. Der Paketdienstleistungsbetrieb sendet diese „Empfangsbestätigung" der Vertriebsabteilung der Blum Music. Der dritte Durchschlag bleibt beim Empfänger.

Beispiel **Beleg: Rechnung**

Die Blum Music4You KG fakturiert zweimal pro Woche. Die Ware an die Karl Habben GmbH wurde korrekt ausgeliefert; der vom Empfänger unterschriebene Lieferschein liegt vor. Die Blum Music startet den Fakturierlauf und erstellt die folgende Rechnung.

BLUM Music4You KG

Blum Music4You KG • Veilchenweg 19 • 50677 Köln

Musikeinzelhandel
Karl Habben GmbH
Felsweg 13
26123 Oldenburg

Rechnung

Bei Zahlung bitte stets angeben:

Auftragsnummer	Liefer- oder Leistungsdatum	**Kundennummer**	**Rechnungsnummer**	**Datum**
20101	10.05.20..	24097	40101	16.05.20..

Pos.	Artikel-nummer	Artikelbezeichnung	Menge	ME	Einzelpreis €	Rabatt %	Gesamtpreis €
001	20202	Combo Flaschenpost Flaschenpost-Box, 4 CD + 1 DVD	5	Stück	110,00		550,00
Zwischensumme							550,00

Gesamtrabatt %	Gesamtrabatt €	Nettopreis €	USt. %	USt. €	**Bruttopreis €**
10,0	55,00	495,00	19,0	94,05	**589,05**

Zahlbar innerhalb von 8 Tagen mit 3 % Skonto, innerhalb von 30 Tagen netto.
Die Lieferung erfolgt frei Haus.

mangelhafte Lieferung Kap. 4.14.4

Fakturierung bedeutet, dass Rechnungen geschrieben werden auf Grundlage der vorliegenden Empfangsbestätigung (dem vom Empfänger unterschriebenen Lieferschein). Manuelle Änderungen müssen nur vorgenommen werden, wenn die Daten auf dem Lieferschein nicht zutreffen. Das wäre zum Beispiel der Fall, wenn ein im Lieferschein angegebener Artikel gar nicht oder nur in abweichender Menge ausgeliefert werden konnte bzw. der Kunde einzelne Artikel nicht angenommen hat.

Wenn der Kunde berechtigterweise reklamiert, nachdem er die Rechnung erhalten hat, so ist ein weiterer Beleg zu erstellen: die Rechnungskorrektur.

Beispiel Beleg: Rechnungskorrektur

Die Karl Habben GmbH teilt telefonisch mit, dass sich an einer der gelieferten Flaschenpost-Boxen mehrere Kratzer an der CD-Hülle befinden. Die Blum Music sagt die Rücknahme der betroffenen Box ohne weitere Prüfung des Sachverhalts sofort zu, denn sie möchte den neuen Kunden nicht verlieren. Als Ausgleich für die bereits zugestellte Rechnung Nr. 40101 vom 16. Mai 20.. erstellt die Blum Music4You KG die folgende Rechnungskorrektur:

BLUM Music4You KG

Blum Music4You KG • Veilchenweg 19 • 50677 Köln

Musikeinzelhandel
Karl Habben GmbH
Felsweg 13
26123 Oldenburg

Rechnungskorrektur

Auftragsnummer	Datum Rechnungskorrektur	**Kundennummer**	**Rechnungsnummer**	**vom**
			betrifft folgende Rechnung:	
20101	26.05.20..	24097	40101	16.05.20..

Pos.	Artikel-nummer	Artikelbezeichnung	Menge	ME	Einzelpreis €	Rabatt %	Gesamtpreis €
001	20202	Combo Flaschenpost Flaschenpost-Box, 4 CD + 1 DVD	1	Stück	110,00	10,0	99,00
Zwischensumme							99,00

Gesamtrabatt %	Gesamtrabatt €	Nettopreis €	USt. %	USt. €	**Bruttopreis €**
		99,00	19,0	18,81	**117,8**

Ergänzende Hinweise zu den Belegen

Das **Angebot** und die **Auftragsbestätigung** können jeweils die für das Zustandekommen des Kaufvertrags notwendige Willenserklärung bilden. Stimmt die Bestellung des Kunden vollständig mit dem Angebot überein, ist der Kaufvertrag abgeschlossen. Die Auftragsbestätigung hat dann keine rechtliche Wirkung mehr. Weicht die Bestellung des Kunden jedoch vom Angebot ab, kommt erst durch die Auftragsbestätigung (sofern sie mit der Bestellung übereinstimmt) ein Kaufvertrag zustande. In diesem Fall ist die Bestellung ein neuer Antrag und die Auftragsbestätigung ist eine „Bestellungsannahme".

Kaufvertrag
Kap. 4.13

Der **Lieferschein** wird auch als Warenbegleitpapier bezeichnet. Er enthält in der Regel nur die Mengen und Bezeichnungen der Artikel. Preise werden nicht angegeben.

Gutschrift
▸ Glossar

Rechnungen, Rechnungskorrekturen und **Gutschriften** werden in der Finanzbuchhaltung gebucht. Es gibt detaillierte Vorschriften für die Erstellung dieser Belege. Rechnungen müssen nach dem Umsatzsteuergesetz mindestens die folgenden Bestandteile enthalten:

- Name und Anschrift des leistenden Unternehmens
- Name und Anschrift des Rechnungsempfängers
- Steuernummer oder Umsatzsteueridentifikationsnummer
- Rechnungsdatum
- Rechnungsnummer
- Menge und Beschreibung der gelieferten Ware oder Art und Umfang der erbrachten Leistung
- Datum der Lieferung oder Leistung
- Rechnungsnettobetrag, angewendeter Umsatzsteuersatz und Umsatzsteuerbetrag

Für Kleinbetragsrechnungen mit einem Gesamtbetrag unter 150,00 € gelten vereinfachte Vorschriften.

3.1.3 Warenwirtschaftssysteme zur Unterstützung der Auftragsbearbeitung

Warenwirtschaftssysteme
Kap. 4.2

Warenwirtschaftssysteme sind Anwendungsprogramme, die die Beschaffung, die Lagerhaltung und den Absatz eines Betriebs unterstützen. Sie können Bestandteil einer „integrierten Unternehmenssoftware"[1] sein. Es handelt sich in der Regel um Mehrplatzsysteme, die Software läuft also auf miteinander vernetzten Personalcomputern. Der einzelne Sachbearbeiter meldet sich mit Benutzername und Passwort an und bekommt Zugriff auf einzelne Module der Software.

Funktionen eines Warenwirtschaftssystems		
Beschaffung	**Lagerhaltung**	**Absatz**
■ Pflege der Liefererdaten ■ Erstellen der Einkaufsbelege: – Bestellungen – Eingangsrechnungen	■ Pflege der Artikeldaten ■ Führen der Lagerbestände ■ Erstellen von Kommissionierungslisten ■ Tourenplanung	■ Pflege der Kundendaten ■ Erstellen der Verkaufsbelege – Angebote – Auftragsbestätigungen – Lieferscheine – Rechnungen – Gutschriften

Die Leistungen der Warenwirtschaftssysteme zur Unterstützung der Auftragsbearbeitung bestehen im Wesentlichen in der Verwaltung der Verkaufsbelege:

- Bei der Erstellung eines neuen Belegs greift das Warenwirtschaftssystem auf vorhandene Stammdaten (Kunden, Artikel) zurück. Diese Daten müssen nicht neu eingegeben werden.

1 Bestandteile einer „integrierten Unternehmenssoftware" sind – neben dem Warenwirtschaftssystem – die Finanzbuchhaltung, die Lohn- und Gehaltsbuchhaltung, die Anlagenbuchhaltung und in Fertigungsbetrieben die Produktionsplanung und -steuerung.

- Neue Belege werden aus bereits vorhandenen Belegen erzeugt. Zum Beispiel wird eine Rechnung mit wenigen Mausklicks aus dem vorliegenden Lieferschein erstellt.
- Sämtliche Belege bleiben (bis zur Löschung durch den Anwender) im System gespeichert. Jederzeit kann festgestellt werden, ob dieser Beleg gedruckt, versendet, gebucht oder storniert wurde.
- Bereits erstellte Belege können nach Kunden, Artikel, Zeiträumen ausgewählt dargestellt werden. Während eines Gesprächs mit einem Kunden stehen der Sachbearbeiterin damit die wichtigsten aktuellen Daten zur Verfügung.

Pflege der Stammdaten

Für die Auftragsbearbeitung sind insbesondere die Kunden- und die Artikelstammdaten von Bedeutung.

Zu den **Kundenstammdaten** gehören:

- Kundennummer
- Firma, Adresse, Ansprechpartner (bei gewerblichen Kunden)
- Name, Adresse (bei Privatkunden)
- Lieferadresse bei Abweichung von der Rechnungsadresse
- Kommunikationsdaten Telefon, Telefax, E-Mail, Internetadresse
- Bankverbindung
- vereinbarte Zahlungs- und Lieferbedingungen (erscheinen als Hinweis auf den Belegen)
- vereinbarte Rabattsätze (werden bei der Berechnung der Gesamtbeträge auf den Belegen berücksichtigt)
- zugeordnete Gebiete, Außendienstmitarbeiter

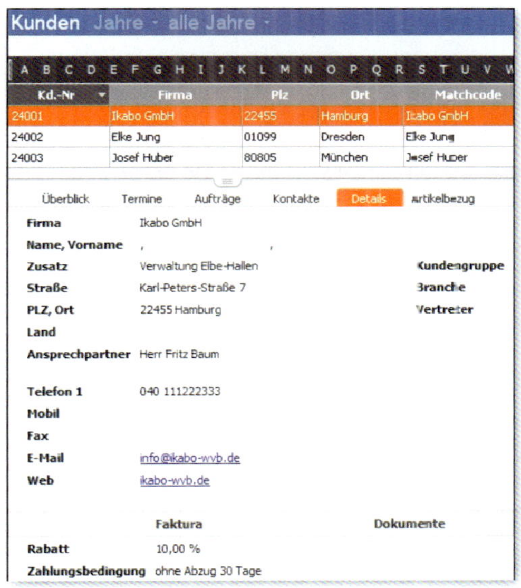

Darüber hinaus können weitere Daten für jeden Kunden geführt werden:

- Termine
- Umsätze
- Bemerkungen für interne Zwecke

Zu den **Artikelstammdaten** gehören:

- Artikelnummer
- Bezeichnung
- Mengeneinheit (Stück, kg, Liter, ...)
- zugeordnete Lieferanten und deren Einkaufspreise
- Verkaufspreise nach Preisgruppen

Darüber hinaus können weitere Daten für jeden Artikel geführt werden:
- aktueller und verfügbarer Lagerbestand
- Kalkulationsdaten (Rohgewinn)
- Absatzmengen und Umsätze
- Fotos

Neben den Kunden- und Artikeldaten können aber auch die Lieferantendaten für die Auftragsbearbeitung eine Rolle spielen. Für die Erstellung eines Angebots kann es notwendig sein, Lieferzeiten und Einkaufspreise für Artikel/Materialien zu berücksichtigen.

Zu den **Lieferantenstammdaten** gehören:
- Lieferantennummer
- Firma, Adresse, Ansprechpartner
- Kommunikationsdaten Telefon, Telefax, E-Mail, Internetadresse
- Bankverbindung
- vereinbarte Zahlungs- und Lieferbedingungen
- vereinbarte Rabattsätze
- Kreditrahmen

Darüber hinaus können weitere Daten für jeden Lieferanten geführt werden:
- Termine
- Umsätze
- Bemerkungen für interne Zwecke

Führen der Lagerbestände

Sämtliche Zugänge und Abgänge im Lager werden im Rahmen einer Lagerbuchhaltung erfasst. Die Buchungen erfolgen in Mengeneinheiten (im Gegensatz zur Finanzbuchhaltung, in der ausschließlich in Geldeinheiten gebucht wird). Für die Buchung der Lagerzugänge liegen in der Regel Waren- oder Materialeingangsscheine vor. Die Buchung der Lagerabgänge erfolgt im Rahmen der Auftragsbearbeitung: Mit der Erstellung des Lieferscheins (in Ausnahmen mit der Erstellung der Rechnung) wird der Lagerbestand angepasst.

x=a+b

aktueller Lagerbestand = alter Lagerbestand – Menge aus Lieferschein

Neben dem aktuellen Lagerbestand wird in vielen Betrieben ein verfügbarer Lagerbestand geführt:

x=a+b

verfügbarer Lagerbestand = aktueller Lagerbestand
+ Menge, die bereits bei Lieferanten bestellt ist
– Menge, die bereits Kunden zugesagt wurde

Rechnungswesen Kap. 6.9.1

Aktuelle Lagerbestände sind Soll-Bestände. Die Soll-Bestände müssen regelmäßig (mindestens einmal im Jahr) nach Durchführung der Inventur den Ist-Beständen angepasst werden.

Kommissionierung

Kommissionierung bedeutet das Zusammenstellen von Artikeln für eine Auslieferung – zum Beispiel die Beladung eines Lkw oder die Übergabe der Warensendung an einen Paketdienst. In großen, unübersichtlichen Lägern kann dieser Vorgang durch eine **Kommissionierungsliste** unterstützt werden, die vom Warenwirtschaftssystem auf der Grundlage des Lieferscheins erstellt wird. In der Kommissionierungsliste sind die Artikel in der Reihenfolge der Lagerorte einzelner Artikel aufgeführt.

Lagerhaltung
Kap. 4.5

Tourenplanung

Wenn die Auslieferung mit eigenen Lkws erfolgt, muss die Strecke so geplant werden, dass Leerfahrten vermieden, Termine mit Kunden eingehalten und möglichst wenige Kilometer gefahren werden. Diese Optimierungsaufgabe kann durch ein Modul des Warenwirtschaftssystems unterstützt werden. Häufig verwenden die Unternehmen jedoch eine eigenständige Tourenplanungssoftware, die unabhängig von dem eingesetzten Warenwirtschaftssystem ist.

Exkurs Übergabe der Buchungen mittels integrierter Unternehmenssoftware

Rechnung und Rechnungskorrektur sind die Belege, die in der Finanzbuchhaltung gebucht werden müssen. Steht eine integrierte Unternehmenssoftware zur Verfügung, können die bei der Belegerstellung erzeugten Buchungen automatisch an die Finanzbuchhaltung weitergeleitet werden. Die Buchung jeder einzelnen Ausgangsrechnung

Debitorenkonto	an Umsatzerlöse
	an Umsatzsteuer

wird per Mausklick aus der Fakturierung an die Finanzbuchhaltung übergeben. Die Buchung der Ausgangsrechnung muss dann nicht mehr manuell erfasst werden.

Buchen der Ausgangsrechnung
Rechnungswesen, Kap. 6.6

Zusammenfassung

- Die **Auftragsbearbeitung** ist ein betrieblicher Prozess auf der Absatzseite, der in der Regel mit einer Anfrage des Kunden beginnt und mit der Zustellung der Rechnung endet.
- Die zu erstellenden **Belege** sind Angebot, Auftragsbestätigung, Lieferschein, Rechnung und (im Falle einer anzuerkennenden Reklamation) die Rechnungskorrektur. Es gibt Betriebe, die grundsätzlich alle aufgeführten Belege erstellen und den Kunden zusenden. Andere Betriebe verwenden nur einen Teil dieser Belege.
- Die Auftragsbearbeitung wird in den Betrieben in der Regel durch installierte **Anwendungsprogramme** unterstützt; dies können zum Beispiel Module einer integrierten Unternehmens-

software, ein Warenwirtschaftssystem oder eine spezielle Auftragsbearbeitungssoftware sein. Hat ein Betrieb keine entsprechende Software installiert, die die Auftragsbearbeitung unterstützt, dann werden die Belege mithilfe einer Textverarbeitungssoftware erstellt.

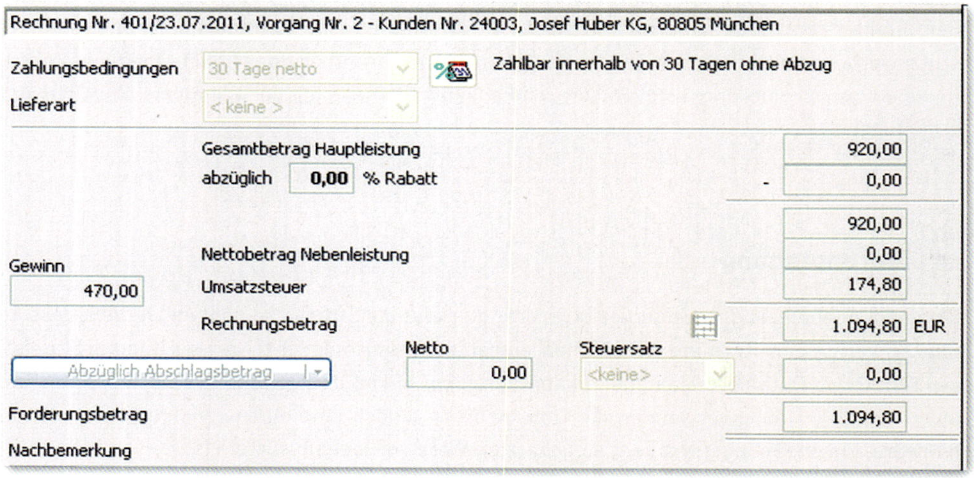

- Neue Belege werden in der Regel aus den Daten bereits vorliegender Belege erzeugt.
- **Fakturierung** bezeichnet das Erstellen von Rechnungen.
- **Rechnungen** und **Rechnungskorrekturen** sind die Belege, die in der Finanzbuchhaltung gebucht werden müssen. Im Umsatzsteuergesetz sind die Mindestbestandteile einer Rechnung aufgeführt.
- Mit der Erstellung der **Lieferscheine** werden die in der Lagerbestandsführung geführten Soll-Bestände angepasst.
- Neben der Belegerstellung ist die Pflege der **Kunden- und Artikeldaten** Bestandteil der Auftragsbearbeitung.

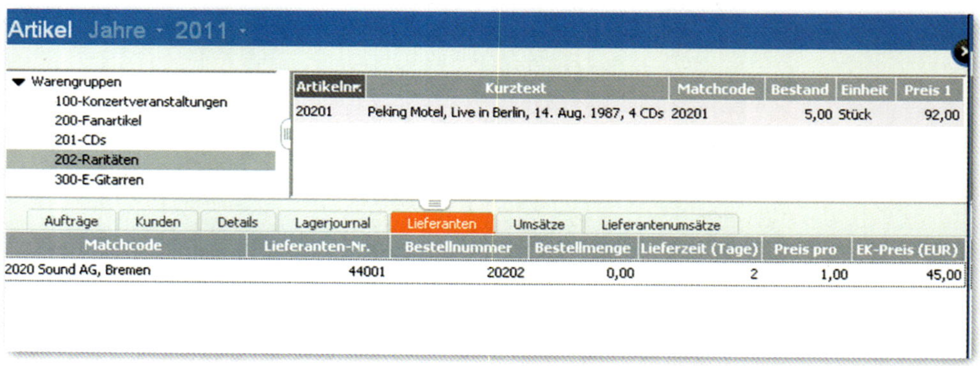

- **Kommissionierung** ist das Zusammenstellen der Artikel für eine Auslieferung.
- Der Auftragsbearbeitungsprozess ist eng verbunden mit der Beschaffung, der Lagerhaltung und der Finanzbuchhaltung.

▸ Lernlandkarte 3.2 bis 3.6

3.2 Marketing

Marketinginstrumente

3.3 Produkt- und Sortimentspolitik
- Produktpolitik
- Produktlebenszyklus
- Portfolioanalyse
- Sortimentspolitik

3.4 Preispolitik und Preisfestlegung
- Verkaufspreise für eigene Produkte
- kostenorientierte Preisfestlegung
- Nachfrage- und konkurrenzorientierte Preisfestlegung

Kaufmännisches Rechnen im Verkauf

3.5 Vertriebspolitik (Distributionspolitik)

direkte Absatzwege
- Reisender
- Handelsvertreter
- Verkaufsniederlassung

indirekte Absatzwege
- Großhandel
- Einzelhandel

Kommunikationspolitik (→ Kap. 5)

Werbung
- Grundsätze
- Werbearten
- Werbemittel/Werbeträger
- Werbemethoden
- Werbeplan
- Erfolgskontrolle

3.6 Rechtliche Rahmenbedingungen des Absatzes

- Gesetz gegen den unlauteren Wettbewerb
- Preisangabenverordnung
- Produkthaftungsgesetz
- Markengesetz
- Geschmacksmustergesetz
- Gebrauchsmustergesetz
- Kreislaufwirtschafts- und Abfallgesetz
  - Abfallvermeidung
  - Abfallverwertung
  - Abfallbeseitigng
- Verpackungsverordnung
- Gefahrstoffverordnung

3.2 Marketing

Einstiegsfall (1) Marketingstrategie für die Blum Music4You KG

Die Blum Music-Abteilungsleiterinnen und -Abteilungsleiter für Produktion, Verkauf Fanartikel, Konzerte/Veranstaltungen und Tonstudio/Künstler treffen sich mit dem Geschäftsführer Claus Blum zu einem Meeting, um die aktuelle Unternehmenslage zu besprechen und Ziele zu vereinbaren. In der Sitzung wird unter anderem darüber diskutiert,

- dass der Umsatz bei einigen Fanartikeln stark nachgelassen hat,
- dass die Künstler bei Konzerten stärker als früher auf die Kosten achten und
- dass die Neuheiten bei den E-Gitarren vielen potenziellen Kunden nicht bekannt sind.

Claus Blum möchte den Bekanntheitsgrad des Unternehmens und dessen Produkte in der Musikszene erhöhen. Auf einem Unternehmerforum hat er von vielen positiven Beispielen gehört. Immer wieder war dabei die Rede von einem gezielten Marketing.

Lösung des Einstiegsfalls (1) S. 225

Die Abteilungsleiterinnen und Abteilungsleiter haben den Vorschlag aufgegriffen und wollen innerhalb von 14 Tagen für ihren Bereich jeweils eine Marketingstrategie entwickeln, beim nächsten Treffen sollen diese vorgestellt werden, um daraus eine Marketingstrategie für das gesamte Unternehmen abzuleiten.

Begriff des Marketings

Markt (Angebot und Nachfrage) Kap. 5.4

Das **Marketing** befasst sich mit dem Verkauf von Produkten und Dienstleistungen. Hierbei richtet die Unternehmensführung das betriebliche Handeln auf die gegenwärtigen und die zukünftigen Erfordernisse des Absatzmarkts aus. Diesen Aktivitäten liegt immer die Frage zugrunde: „Welches Produkt verlangt der Markt?" Im Mittelpunkt stehen dabei die Ansprüche der Käufer. Um diesen zu genügen, sind systematisch gewonnene Daten und Informationen über den Markt entscheidend. Erfolgreiches Marketing wird wie folgt gekennzeichnet:

Modellunternehmen Blum Music Anhang

Merkmal	Erläuterung (mit Beispielen aus der Blum Music)
Kundenorientierung	Die Wünsche und Bedürfnisse der Kunden stehen im Mittelpunkt.
Unternehmensorganisation	Das gesamte Unternehmen passt sich den Anforderungen der Kunden an.
Segmentierung des Markts	Aufteilen des gesamten Absatzmarkts in Teilmärkte: ■ geografisch (z. B. nach Bundesländern) ■ Kundengruppen (z. B. Jugendliche, Erwachsene) ■ Produkte (z. B. Events, Fanartikel, Gitarren)

Merkmal	Erläuterung (mit Beispielen aus der Blum Music)
Wettbewerbsvorteil	Erzielung eines Wettbewerbsvorteils (z. B. durch eine Produktverbesserung: Gitarren mit besonders robusten Saiten oder herausragendem Klang)
Markterschließung	Suchen nach neuen Märkten, um diese für sich zu erschließen (z. B. die Organisation von Musikveranstaltungen oder die Vermittlung von Nachwuchsbands per Internet)
Orientierung an Zielen	Alle Unternehmensaktivitäten werden an den Marketingzielen ausgerichtet.

Marketing bezieht sich hauptsächlich auf den Absatzmarkt. Zudem erfasst es aber auch Maßnahmen auf den sonstigen Märkten, in denen ein Unternehmen aktiv ist:

Weitere Marketingmärkte	Erläuterung
Personalmarketing (Arbeitsmarkt)	alle Maßnahmen des Unternehmens, gute neue Mitarbeiter zu gewinnen und bereits vorhandene zu halten
Finanzmarketing (Kapitalmarkt)	Beschaffung günstiger Kredite und Geldanlagen

Das Marketing hat verschiedene Instrumente zur Verfügung, um die Marketing- und Unternehmensziele zu erreichen. Die Zusammenfassung verschiedener Instrumente wird als **Marketingpolitik** bezeichnet. Das optimale Zusammenspiel der Marketinginstrumente ist der sogenannte **Marketingmix.**

Folgende **Marketinginstrumente** werden unterschieden:
- Produkt- und Sortimentspolitik (→ Kap. 3.3)
- Preispolitik (Preisfestlegung) (→ Kap. 3.4 und Rechnungswesen Kap. 10.1)
- Distributions- oder Vertriebspolitik (→ Kap. 3.5)
- Kommunikationspolitik (→ Kap. 5.7)

und nachfolgend näher erläutert. Die Ausführungen zur Kommunikationspolitik finden Sie lehrplangemäß in Kapitel 5.

Kommunikationspolitik Kap. 5.7

3.3 Produkt- und Sortimentspolitik

3.3.1 Produktpolitik

Merke Die **Produktpolitik** betrifft die Produktgestaltung sowie Fragestellungen der **Sortimentspolitik** wie Neuentwicklungen (Produktinnovation und Produktvariation) und Produktaufgabe (Produktelimination).

Einstiegsfall (2) Produktpolitik zur Umsatzsteigerung bei Blum Music

Lösung des Einstiegsfalls S. 204

Claus Blums Ziel ist es, die Produkte und Dienstleistungen der Blum Music den Bedürfnissen und Wünschen seiner Kunden entsprechend zu gestalten und die Blum-Music-Produkte marktfähig zu halten. Nach dem Geschäftsleitungsmeeting trifft sich Nadine Schwebeling (Abteilung Verkauf Fanartikel) mit den Auszubildenden Tobias Wagner und Martina Gonzales. Zusammen überlegen sie, was in der Produkt- und Sortimentspolitik unternommen werden kann, um den Umsatz der Fanartikel zu steigern. Martina Gonzales berichtet, dass sie in der Berufsschule zurzeit das Thema Marketing behandelt. Da ihr das Thema sehr liegt, möchte sie einen Vorschlag zur Produkt- und Sortimentspolitik ausarbeiten und vorstellen. Nadine Schwebeling ist begeistert. Als Präsentationstermin wird der nächste Montag festgelegt.

Produktgestaltung

Die Produktpolitik beginnt mit der Produktgestaltung. Die Gestaltung eines Produkts entscheidet maßgeblich über den späteren Markterfolg, dazu gehört auch die Verpackungsgestaltung. Ziel der Produktgestaltung ist, sich von der Konkurrenz und deren Produkten deutlich und positiv abzuheben. Folgende Punkte müssen daher bei der Produktgestaltung beachtet werden:

Produktgestaltung

Qualität	Aufmachung	Markierung	Verpackung
Die Bedürfnisse, Erwartungen und Ansprüche der Kunden sollen erfüllt werden.	Auf das äußere Erscheinungsbild des Produkts (Aussehen, Form, Farbe, Konsistenz) ist zu achten.	Ziel ist, eine Signalwirkung am Markt durch eine eindeutige Kennzeichnung zu erzeugen (z. B. über den Namen).	Die Verpackung dient dem Schutz des Produkts und kann werbewirksam gestaltet werden.

Beispiel

Die Kunden der Blum Music wünschen sich eine bessere Klangqualität und eine längere Haltbarkeit der Verschleißstücke. Die E-Gitarre soll sich in der Aufmachung von Gitarren anderer Wettbewerber unterscheiden. Claus Blum plant, ein unverwechselbares farbliches Aussehen des Gitarrenkorpus zu gestalten. Die Gitarre erhält den Namen „Jimmy". Die Verpackung soll einem Kunden sofort ins Auge fallen und Neugierde wecken. Als Möglichkeit zieht Claus Blum die Form einer „Birne" für den Gitarrenkasten in Betracht.

Produktinnovation

Innovation (aus lat. innovatio) bedeutet Neuerung. Die **Produktinnovation** beschäftigt sich mit neuen Produkten, die möglichst erfolgreich auf den Markt gebracht werden. Dabei hat ein Unternehmen die folgenden Möglichkeiten.

Möglichkeiten der Produktinnovation			
eigene Produkte und Dienstleistungen entwickeln	Produkte fremder Unternehmen nachahmen und verändern	Lizenzen anderer Unternehmen erwerben	Know-how und/ oder Produkte austauschen durch Unternehmenskooperation oder -übernahme

Beispiel

Die Blum Music4You KG entwickelt mit Unterstützung eines berühmten Rockgitarristen eine E-Gitarre. Diese Gitarre erhält ein individuelles, mit dem Künstler abgestimmtes Design. Die Unterschrift des Rockstars wird auf jede Gitarre gedruckt. Das neue Produkt wird werbewirksam auf dem Markt platziert. Verkaufsargument der Blum Music: Alle Fans, die E-Gitarre spielen möchten wie ihr Vorbild, kaufen das neue Produkt.

Produktvariation

Ein bereits bestehendes Produkt wird verändert. Die Vorteile sollen dabei erhalten bleiben, aber durch die Veränderung(en) müssen neue Kaufanreize beim Kunden geschaffen werden. Diese Art der Produktpolitik wird in der Phase der Marktsättigung zur Abwehr von Produkten der Mitbewerber nötig. Damit die Produktvariation zum gewünschten Erfolg führt, ist hier genauso wie bei der Innovation eine gezielte Marktforschung notwendig.

Produktlebenszyklus
Kap. 3.3.2

Möglichkeiten der Produktvariation

Veränderung der Qualität	Variation des verwendeten Materials	Veränderung des Aussehens	Leistungen kombinieren
z. B. Hölzer und Elektronikbauteile verwenden, die einen besonders guten Klang erzeugen	z. B. vergoldete Klangregler	z. B. Gitarrenkorpus in unterschiedlichen Lackierungen	z. B. bei Musikevents neue Gitarren zum Testen an die Musiker verleihen

Beispiel

Die BlumMusic4You KG möchte auch Kunden ansprechen, die viel Wert auf Luxus und Einzigartigkeit legen. Hierzu soll eine bisher hergestellte E-Gitarre so verändert werden, dass ihr hervorragender Klang erhalten bleibt, der Kunde aber trotzdem das Gefühl hat, sich von der Masse abzuheben. Die Klangregler werden vergoldet gefertigt und in jedem Regler kann auf Wunsch ein Edelstein eingefasst werden. Die Saiten werden ebenfalls vergoldet oder mit einer Platinschicht überzogen angeboten.

Produktelimination

Produkte, die veraltet und/oder nicht mehr wirtschaftlich sind, werden aus dem Programm genommen. Das Produktprogramm wird bereinigt. Die Schwierigkeit bei der Elimination ist, den richtigen Zeitpunkt dafür zu finden. Folgende Punkte können eine Entscheidung beeinflussen:

Entscheidungsfaktoren bei einer Produktelimination

Kostenanalyse	Rentabilitätsanalyse	quantitative Kriterien	qualitative Kriterien
Welche Kosten verursacht das Produkt? Welchen Anteil trägt es an den fixen Kosten?	Erwirtschaftet das Produkt einen Gewinn?	■ sinkender Marktanteil ■ geringer Umsatzanteil am Gesamtumsatz ■ sinkender Deckungsbeitrag	■ negativer Einfluss auf das Firmenimage durch Veralterung ■ nachlassende Wirkung der Marketingaktivitäten

Ein Problem, das sich bei einer Eliminationsentscheidung stellt, liegt darin begründet, dass bestimmte Produkte eng mit dem Firmennamen verbunden sind. Wird dieses Produkt aus dem Programm entfernt, könnten Kunden verloren gehen. Zudem ist es möglich, dass ein „schwaches" Produkt den Umsatz eines anderen Produkts fördert.

Beispiel

Die Blum Music4You KG hat bei einer Überprüfung der Fanartikel festgestellt, dass die Plastikgetränkebecher von den Kunden nicht mehr nachgefragt werden. Auch zusätzliche Werbung konnte den Umsatz nicht steigern. Die Plastikbecher werden aus dem Sortiment entfernt.

Produktdifferenzierung

Eine bereits angebotene Produktgruppe wird erweitert. Die Kunden sollen dadurch einen Zusatznutzen erhalten. Ziel der Differenzierung ist den Kundenwünschen, darunter auch Sonderwünschen, Rechnung zu tragen.

Beispiel

Claus Blum organisiert für verschiedene Newcomer-Bands Musikveranstaltungen. Bisher werben die Bands in Eigenregie für ihre Veranstaltung. Claus Blum nimmt diese Dienstleistung zusätzlich in sein Programm auf.

Produktdiversifikation

Bei der Produktdiversifikation handelt es sich um eine Programmerweiterung. Das Produzieren und Verkaufen von Produkten ist immer mit einem finanziellen Risiko verbunden (der Erfolg des Kapitaleinsatzes ist ungewiss). Um das Unternehmerrisiko möglichst gering zu halten, kann das Produktionsprogramm um neue, bisher nicht angebotene Waren und Dienstleistungen erweitert werden. Das Unternehmen baut sich ein sogenanntes „zweites Standbein" auf.

Produktdiversifikation kann horizontal, vertikal oder diagonal (lateral) erfolgen:

- horizontal: Erweiterung auf der gleichen Wirtschaftsstufe
- vertikal: Erweiterung auf der nachgelagerten Wirtschaftsstufe
- diagonal: Erweiterung durch unterschiedliche, nicht zusammenhängende Wirtschaftsbereiche

Beispiel **Programmerweiterung bei Blum Music**

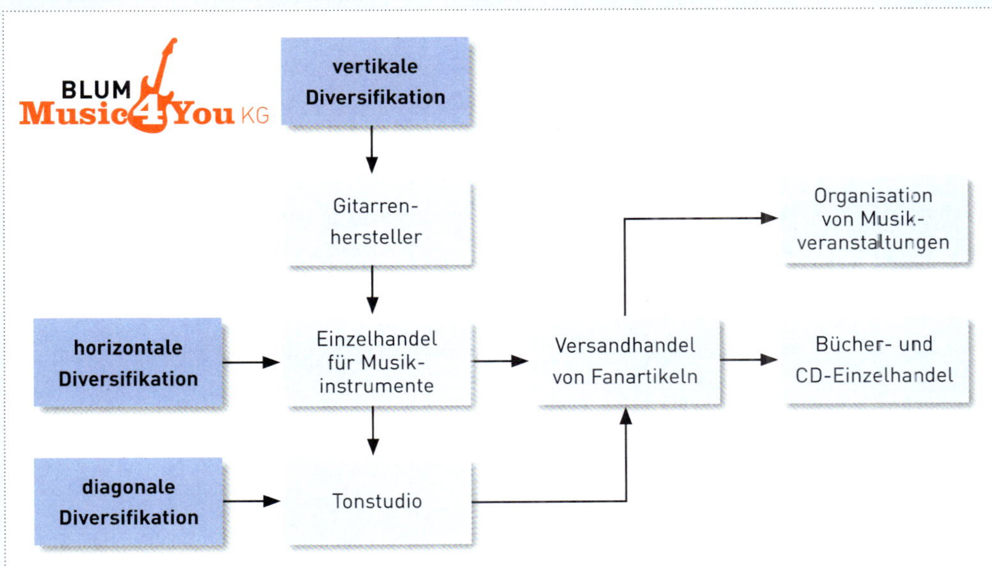

Lösung des Einstiegsfalls (2) Produktpolitik zur Umsatzsteigerung bei Blum Music

vgl. S. 200

Die Auszubildende Martina Gonzales stellt folgende Punkte für eine gelungene Produktpolitik vor:

- Als **Produktinnovation** könnte eine neue E-Gitarre mit individuellem Design und Unterstützung eines bekannten Rockgitarristen angeboten werden.
- Die **Produktvariation** könnte sein, die bereits bestehenden E-Gitarren mit einer USB-Schnittstelle auszustatten, sodass diese mit einem PC verbunden werden können.
- Zur Steigerung des Wiedererkennungswerts und der höheren Individualität soll die neue E-Gitarre den **Namen** „Jimmy" bekommen und als **Verpackung** dient der Gitarrenkasten in Form einer Birne.
- Bei den Fanartikeln könnten zusätzlich für jede Band „Karten-Quartetts" angeboten werden. Auf diesen werden wichtige Daten der Künstler und Besonderheiten der Personen dargestellt. Die Kartenspiele könnten auch Sammelcharakter entwickeln. Bei jedem Einkauf bei Blum Music über 100,00 € gibt es ein Kartenspiel nach Wahl gratis dazu **(Produktdifferenzierung).**
- Eine mögliche **Produktdiversifikation** wäre das Herstellen von kleineren E-Gitarren für Kinder.

3.3.2 Produktlebenszyklus

Der Lebenszyklus oder die Lebensdauer eines Produkts beginnt bei dessen Markteinführung und endet mit dessen Elimination (Bereinigung). Maßeinheiten für die jeweilige Phase sind grundsätzlich die Gewinn- und Umsatzentwicklungen.

Ziel des Modells eines Produktlebenszyklus ist es, Marketingmaßnahmen gezielt und effektiv einzusetzen. Hierzu ist es hilfreich, die aktuelle Phase eines Produktlebenszyklus bestimmen zu können.

Folgende idealtypische Phasen werden unterschieden:

Phase	Kennzeichen der Phase
Einführung (1)	■ geringe Umsätze ■ Produkt ist am Markt noch unbekannt. ■ Marketingaktivität: Bekanntmachen des Produkts beim Kunden durch gezielte Werbung
Wachstum (2)	■ Umsatz- und Gewinnboom, falls das Produkt ein Verkaufserfolg ist ■ Immer mehr Wettbewerber treten als Nachahmer auf, die das Produkt nachbauen. Dies hat gegebenenfalls Auswirkungen auf die Preispolitik (Preissenkung). ■ Marketingaktivitäten: Preispolitik verändern und Zusatznutzen für den Kunden generieren
Reife (3)	■ Umsatz erreicht seinen Höhepunkt. ■ Konkurrenten werden immer umfangreicher. ■ Gewinn geht durch Preissenkung und Kostensteigerung stark zurück. ■ Marketingaktivitäten: vermehrte Werbung, Preissenkung, verbesserte Ausstattung des Produkts

Phase	Kennzeichen der Phase
Sättigung	■ Umsatz und Gewinn sinken ständig. ■ Käufer sind meist sehr preisbewusst. ■ Marketingaktivitäten: Produktvariation und -differenzierung
Rückgang	■ Umsatz sinkt stark. ■ Gewinne sind nicht mehr zu erzielen. ■ Produkt wird bereinigt, sobald ein Nachfolger produziert wurde. ■ Die Phase sollte nur kurz andauern, damit die Kunden nicht zur Konkurrenz abwandern, die möglicherweise bereits ein neues Produkt auf den Markt bringt. ■ Marketingaktivität: Produktelimination

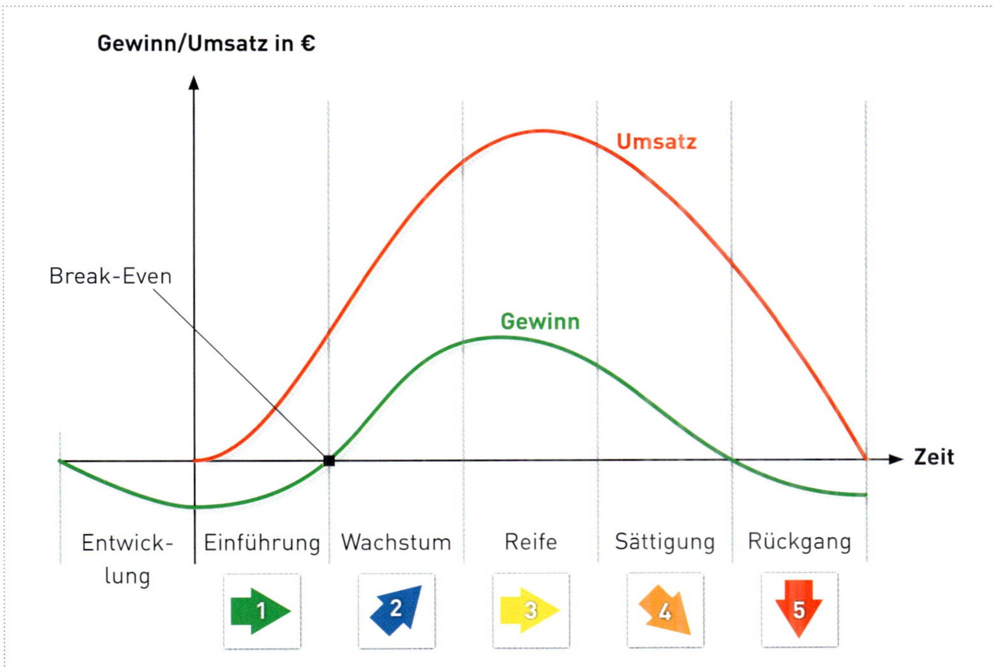

Das theoretische Lebenszyklusmodell kommt zwar in der Praxis häufig vor, ist aber nicht allgemein gültig. Diverse – mitunter auch unvorhergesehene – Faktoren (zum Beispiel neue Erfindungen, trendige Moden, der Zeitgeist, sich plötzlich verändernde Marktbedingungen) können den Verlauf des Produktlebenszyklus entscheidend verändern, sodass sich Umsatz- und Gewinnkurve auch weitab vom idealtypischen Modell bewegen können.

3.3.3 Portfolioanalyse

Die Geschäftsleitung eines Unternehmens möchte nicht nur wissen, in welcher Lebensphase sich ein Produkt befindet, sondern auch, wie die Wettbewerbssituation aller Produkte ist. Für einen Gesamtüberblick über alle diese Informationen ist die Portfolioanalyse sinnvoll.

Aufgrund der **Portfolioanalyse** kann ein Unternehmen erkennen, wie viele und welche Produkte in der Marketingfachsprache sogenannte Question Marks, Stars, Cash Cows und Poor Dogs sind. Als Konsequenz aus der Portfolioanalyse sollte jedes Unternehmen dafür sorgen, dass es immer über ausreichend Question Marks, Stars und Cash Cows verfügt. Nur so können die Poor Dogs dem Unternehmen nicht schaden.

Das Instrument der Portfolioanalyse ist die Portfoliomatrix:

Portfolio-matrix	Niedriger Marktanteil in %	Hoher Marktanteil in %
Hohes Markt-wachstum in %	**Question Marks (Fragezeichen)** ■ Produkte geben Hoffnung auf stetig wachsende Marktanteile. ■ meist neue Produkte ■ Entwicklung ist unklar. ■ **Maßnahmen:** beobachten und eliminieren oder ausbauen	**Stars (Stene)** ■ Erfolgsprodukte ■ hoher Umsatz und niedriger Gewinn ■ **Maßnahmen:** investieren und Umsatz steigern
Niedriges Marktwachs-tum in %	**Poor Dogs (Arme Hunde)** ■ unbedeutende Marktstellung ■ geringe positive Marktaussichten ■ **Maßnahmen:** eliminieren, verkaufen oder halten, falls andere Produkte negativ durch ein Herausnehmen beeinflusst würden	**Cash Cows (Milchkühe)** ■ erfolgreiche Produkte, die Gewinn erzielen ■ Wachstum ist nur noch in sehr geringem Umfang möglich – Markt ist nahezu gesättigt. ■ **Maßnahmen:** Marktanteil halten und Gewinn abschöpfen („melken")

3.3.4 Sortimentspolitik

Das **Sortiment** ist die Gesamtheit aller angebotenen Waren und Dienstleistungen eines Unternehmens. Die **Sorte** (zum Beispiel Plastikbecher von der Band „Antipasti") ist dabei die kleinste Einheit, die sich nur nach Äußerlichkeiten wie Farbe, Größe und Gewicht unterscheiden. Diese werden zu **Artikeln** („Antipasti"-Plastikbecher mit 300 ml und 500 ml) zusammengefasst. Ähnliche Artikel bilden eine **Warengruppe** (Fanartikel der Band „Antipasti").

Umfang des Sortiments	
Begriffe	**Erläuterungen mit Beispielen**
Sortimentstiefe	
tiefes Sortiment	Eine Warengruppe hat viele Artikel. Die Auswahl ist sehr umfangreich. *Beispiel:* Die Blum Music4You KG bietet bei den Fanartikeln der Band „Teacher-TOK" neben T-Shirts und Bechern auch Action-Figuren der Bandmitglieder, Jacken, Pullover usw. an.

Umfang des Sortiments	
Begriffe	**Erläuterungen mit Beispielen**
flaches Sortiment	Eine Warengruppe hat nur wenige Artikel. Die Auswahl ist überschaubar. *Beispiel:* Die Blum Music4You KG verkauft auch Fanartikel der Band „Antipasti". Sie bietet nur bedruckte T-Shirts und Plastikbecher an.
Sortimentsbreite	
breites Sortiment	Es gibt viele Warengruppen. *Beispiel:* Die Blum Music4You KG bietet von vielen erfolgreichen Bands Fanartikel an, verkauft E-Gitarren und andere Musikinstrumente, zudem organisiert sie Musikveranstaltungen.
schmales Sortiment	Es gibt nur eine oder wenige Warengruppen. *Beispiel:* Die Blum Music4You KG bietet nur Fanartikel der Bands „Teacher-TOK" und „Antipasti" an und zudem E-Gitarren.
Sortimentspflege	
Übersortiment	Das Warenangebot ist zu umfangreich. Es verursacht hohe Kosten durch Kapitalbindung.
Untersortiment	Das Warenangebot ist zu gering. Der Umsatz geht zurück, da nicht die Produkte angeboten werden, die der Kunde wünscht.
Sortiments-bereinigung	Unrentable Artikel werden aus dem Sortiment genommen. Durch die Bereinigung wird Platz für neue Artikel geschaffen.

3.4 Preispolitik (Preisfestlegung)

3.4.1 Festlegung des Verkaufspreises für die eigenen Produkte

Jedes Unternehmen muss für die auf dem Absatzmarkt angebotenen Waren, Dienstleistungen oder Produkte den Preis verlangen, der zumindest langfristig die eigenen Kosten deckt.

Das Institut für Handelsforschung ermittelt regelmäßig die Kostenstrukturen im Handel.

Neben der Umsatzsteuer und dem Gewinn (beides sind keine Kosten) beträgt der Kostenanteil des durchschnittlichen Verkaufspreises über 80 %. Davon wiederum macht der Einkaufspreis der Waren mehr als die Hälfte aus. Dabei handelt es sich um Durchschnittswerte für den Textileinzelhandel. Auch wenn die Werte in anderen Branchen abweichen, sind die Kostenstrukturen im gesamten Groß- und Einzelhandel doch ähnlich.

Abhängig von der Position des Unternehmens auf dem Absatzmarkt unterscheidet man zwischen kostenorientierter und nachfrage- und konkurrenzorientierter Festlegung des Verkaufspreises.

Kostenorientierte Preisfestlegung

Verkäufermarkt Kap. 5.3

Kostenrechnung Rechnungswesen, Kap. 10.2

Unternehmen mit einer starken Position auf dem Absatzmarkt können den Preis verlangen, der die eigenen Kosten deckt und zusätzlich einen möglichst hohen Gewinn ermöglicht. Das ist zum Beispiel der Fall, wenn es sich bei dem Absatzmarkt um einen Verkäufermarkt handelt. Diese komfortable Position auf dem Absatzmarkt ist aufgrund der Wettbewerbssituation eher selten. Beispiele dafür, dass Unternehmen als Alleinanbieter ihre Preise durchsetzen können, gibt es im Bereich der Versorgung (Energie, Wasser), bei Produkten auf sehr hohem technischem Niveau (Präzisionsmaschinen) oder bei sehr erfolgreichen Marken (Sportwagen). Die Kalkulation geht von den eigenen Kosten aus, wie die Einkaufspreise der Materialien oder Waren, und ermittelt den Verkaufspreis, zu dem das Produkt oder die Ware angeboten werden soll. Es liegt eine **Vorwärtskalkulation** vor.

Nachfrage- und konkurrenzorientierte Preisfestlegung

Auf den meisten Absatzmärkten befinden sich die Anbieter in einer starken Wettbewerbssituation. Die Nachfrager, also die Käufer, können wählen, welche Produkte sie bei welchem Anbieter erwerben wollen. Für die Festlegung des Verkaufspreises bedeutet das, dass die Unternehmen den Marktpreis ermitteln müssen, der auf dem Absatzmarkt vorhanden ist, und sich bei der Preisfestlegung für die eigenen Produkte nach diesen Marktpreisen richten müssen. Die Kalkulation geht von dem zu erzielenden Verkaufspreis aus und ermittelt die für diesen Preis maximalen Kosten. Berechnet wird zum Beispiel der höchstmögliche Einkaufspreis der Materialien oder der Waren. Es liegt eine **Rückwärtskalkulation** vor.

Zusammenfassung

Arten der Preisfestlegung	kostenorientiert	nachfrage- und konkurrenzorientiert
Wettbewerbs-situation	Das Unternehmen hat eine starke Position, zum Beispiel durch eine Monopolstellung.	Die Nachfrager haben eine starke Position. Das Unternehmen hat starke Mitbewerber.
Marktsituation	eher Verkäufermarkt	eher Käufermarkt
Kalkulation	Bestimmend ist die Deckung der eigenen Kosten, zusätzlich wird ein möglichst hoher Gewinn angestrebt. → **Vorwärtskalkulation**	Bestimmend ist der vorliegende Marktpreis, von dem das Unternehmen ausgehen muss. → **Rückwärtskalkulation**

Die Preiskalkulation sowie die Kalkulation von Dienstleistungen und selbst erstellten Erzeugnissen wird im Rahmen der Kosten- und Leistungsrechnung im Kapitel 10.2 des Rechnungswesens-Bandes (Best.-Nr. 3552) umfassend behandelt.

Kosten- und Leistungsrechnung Rechnungswesen, Kap. 10.2

3.4.2 Kaufmännisches Rechnen im Verkauf

Die erforderlichen Berechnungen im Zusammenhang mit der Preisfestlegung werden in der betrieblichen Praxis überwiegend mithilfe von Tabellenkalkulationssoftware[1] durchgeführt. Allerdings fallen auch immer wieder Problemstellungen an, zu deren Lösung keine vorbereitete Tabelle zur Verfügung steht. An dieser Stelle werden deshalb Verfahren der Dreisatz- und der Prozentrechnung vorgestellt. Beide Verfahren werden im Verkauf, aber auch in anderen kaufmännischen Abteilungen, eingesetzt.

Dreisatzrechnung

Wenn Zuordnungen zwischen Größen einer festen Gesetzmäßigkeit unterliegen, bietet sich die Dreisatzrechnung als Lösungsverfahren an. Diese Zuordnungen sind entweder proportional (je mehr ... desto mehr) oder antiproportional (je mehr ... desto weniger).

Beispiel Proportionale Zuordnung

Bei der Angebotserstellung für die Nutzung des Tonstudios setzt die Blum Music4You KG einen festen Stundensatz an. Dauer der Nutzung und der Angebotspreis bilden eine proportionale Zuordnung: Verdoppelt sich die Nutzungsdauer, verdoppelt sich auch der Angebotspreis.

Einem Kunden werden für eine 3,5-stündige Nutzung 490,00 € in Rechnung gestellt. Welchen Preis wird die Blum Music verlangen, wenn ein anderer Kunde das Tonstudio 5,5 Stunden nutzt?

1 Erläuterungen zur Tabellenkalkulation mit Excel finden Sie im Band „Informationsverarbeitung" (Best.-Nr. 3568), Kapitel 5.

Lösung mithilfe der Dreisatzrechnung:

Schritt 1: Darstellung der proportionalen Zuordnung
3,5 Stunden kosten 490,00 €

Schritt 2: Berechnung für eine Einheit der ersten Größe
1 Stunde kostet x €

$$x = \frac{490{,}00}{3{,}5} = 140{,}00$$

Der Stundensatz beträgt 140,00 €.

Schritt 3: Berechnung für das neue Vielfache der ersten Größe
5,5 Stunden kosten 5,5 · 140,00 € = **770,00 €.**

Die Lösungsschritte lassen sich in drei Sätzen (deshalb „Dreisatzrechnung") darstellen:

Angabesatz: 3,5 Stunden 490,00 €

Fragesatz: 5,5 Stunden x €

Antwortsatz: $x = \frac{5{,}5 \cdot 490{,}00}{3{,}5} = 770{,}00$
5,5 Stunden kosten 770,00 €.

Dabei gelten folgende Regeln:
- Gleiche Mengeneinheiten stehen untereinander.
- Die gesuchte Größe x steht (im Fragesatz) unten rechts.
- Die Größe über x steht auf dem Bruchstrich.
- Proportionale Zuordnung: Größe aus Fragesatz in den Zähler, Größe aus Angabesatz in den Nenner.

Beispiel Antiproportionale Zuordnung

Für das Drucken der Ausgangsrechnungen setzt ein Unternehmen zwei baugleiche Laserdrucker ein. Die Anzahl der Drucker und die Druckdauer für einen einzelnen Druckauftrag bilden eine antiproportionale Zuordnung: Verdoppelt sich die Anzahl der Drucker, sinkt die benötigte Zeit auf die Hälfte.

Für einen Druckauftrag über 870 Rechnungen benötigen die beiden vorhandenen Drucker 18 Minuten. Wie viel Zeit benötigt der Druckauftrag, wenn **drei** baugleiche Drucker eingesetzt werden?

Lösung mithilfe der Dreisatzrechnung:

Schritt 1: Darstellung der antiproportionalen Zuordnung
2 Drucker benötigen 18 Minuten

Schritt 2: Berechnung für eine Einheit der ersten Größe
1 Drucker benötigt x Minuten
$x = 2 \cdot 18 = 36$
Ein Drucker benötigt 36 Minuten.

Schritt 3: Berechnung für das neue Vielfache der ersten Größe

3 Drucker benötigen x Minuten

$x = \frac{36}{3} = 12$

Drei Drucker benötigen **12 Minuten.**

Die Lösungsschritte in drei Sätzen dargestellt:

Angabesatz: 2 Drucker 18 Minuten

Fragesatz: 3 Drucker x Minuten

Antwortsatz: $x = \frac{2 \cdot 18}{3} = 12$

Drei Drucker benötigen 12 Minuten.

Dabei gilt für antiproportionale Zuordnungen die Regel: Größe aus Angabesatz in den Zähler, Größe aus Fragesatz in den Nenner.

Zusammenfassung

	Proportional	Antiproportional
Merkmal	je mehr ... desto mehr ... Verdoppelt sich die erste Größe, verdoppelt sich auch die zweite Größe. Verdreifacht sich die erste Größe, verdreifacht sich auch die zweite Größe.	je mehr ... desto weniger . . Verdoppelt sich die erste Größe, sinkt die zweite Größe auf die Hälfte. Verdreifacht sich die erste Größe, sinkt die zweite Größe auf ein Drittel.
Von der Vielheit auf die Einheit	durch Dividieren	durch Multiplizieren
Von der Einheit auf die Vielheit	durch Multiplizieren	durch Dividieren

Prozentrechnung

Rechnen mit der Grundgleichung

Angaben in „Prozent" bedeuten Angaben „für Hundert". Dabei wird grundsätzlich das Verhältnis von zwei Teilgrößen (Grundwert und Prozentwert) als relativer Zahlenwert (Prozentsatz) dargestellt.

Die Grundgleichung der Prozentrechnung lautet:

$$\text{Prozentwert} = \frac{\text{Grundwert} \cdot \text{Prozentsatz}}{100}$$

x=a+b

Die Verwendung der Grundgleichung wird auch als „Prozentrechnung vom Hundert" bezeichnet.

Verwendet man die üblichen Abkürzungen (Grundwert: G, Prozentwert: P, Prozentsatz: p) und wandelt die Grundgleichung jeweils nach der gesuchten Größe um, ergeben sich die folgenden drei Gleichungen:

x=a+b

Gesucht ist der Prozentwert: $P = \frac{G \cdot p}{100}$

Gesucht ist der Grundwert: $G = \frac{P \cdot 100}{p}$

Gesucht ist der Prozentsatz: $p = \frac{P \cdot 100}{G}$

Beispiel **Rechnungen mit Umsatzsteuer**

Rechnungen der Blum Music4You KG an Kunden im Inland müssen grundsätzlich die gesetzlich festgelegte Umsatzsteuer ausweisen. Die Höhe der Umsatzsteuer ist durch einen Prozentsatz bestimmt (19 % oder 7 %) und bezieht sich auf den Netto-Rechnungsbetrag (= Nettopreis). Der Nettopreis ist also immer der Grundwert, der 100 % entspricht.

Auszug aus dem Rechnungsformular der Blum Music4You KG:

Gesamtrabatt %	Gesamtrabatt €	Nettopreis €	USt %	USt €	Bruttopreis €

1. Berechnung des Prozentwerts:

Wie hoch ist die Umsatzsteuer, wenn bei einem Umsatzsteuersatz von 19 % der Nettopreis 4.950,00 € beträgt?

Lösung:

$$P = \frac{G \cdot p}{100} = \frac{4.950,00 \cdot 19}{100} = 940,50$$

Die Umsatzsteuer beträgt **940,50 €.**

2. Berechnung des Grundwerts:

Wie hoch ist der Nettopreis, wenn die Umsatzsteuer bei einem Umsatzsteuersatz von 19 % 589,00 € beträgt?

Lösung:

$$G = \frac{P \cdot 100}{p} = \frac{589,00 \cdot 100}{19} = 3.100,00$$

Der Nettopreis beträgt **3.100,00 €.**

3. Berechnung des Prozentsatzes:

Wie hoch ist der Umsatzsteuersatz, wenn die Umsatzsteuer 36,40 € und der Nettopreis 520,00 € betragen?

Lösung:

$$p = \frac{P \cdot 100}{G} = \frac{36,40 \cdot 100}{520,00} = 7$$

Der Umsatzsteuersatz beträgt **7 %.**

Prozentrechnung vom vermehrten Grundwert

Nicht immer ist der Grundwert als 100 %-Betrag gegeben. In den Ausgangsrechnungen der Blum Music4You KG sind – den gesetzlichen Vorgaben gemäß – folgende Beträge angegeben: Nettobetrag, Umsatzsteuersatz, Umsatzsteuerbetrag und Bruttobetrag. Dabei besteht für einen Nettopreis von zum Beispiel 1.000,00 € folgender Zusammenhang:

	%	€
Nettopreis	100	1.000,00
+ Umsatzsteuer	19	190,00
Bruttopreis	119	1.190,00

Ist der Bruttopreis gegeben und sind Nettopreis und Umsatzsteuerbetrag gesucht, handelt es sich um ein Beispiel für eine Prozentrechnung vom vermehrten Grundwert oder „Prozentrechnung auf Hundert".

Beispiel **Prozentrechnung vom vermehrten Grundwert („auf Hundert")**

Wie hoch sind der Nettopreis und der Umsatzsteuerbetrag, wenn bei einem Umsatzsteuersatz von 7 % der Bruttopreis 706,20 € beträgt?

	%	€
Nettopreis	100	?
+ Umsatzsteuer	7	?
Bruttopreis	107	706,20

Als Lösungsansatz bietet sich die Dreisatzrechnung an. Angaben in Prozent sind immer proportionale Zuordnungen.

107 % 706,20 €
100 % x €

$$x = \frac{100 \cdot 706{,}20}{107} = 660{,}00$$

Der Nettopreis beträgt 660,00 €.

Der Umsatzsteuerbetrag lässt sich als Differenz aus Nettopreis und Bruttopreis ermitteln:

706,20 – 660,00 = 46,20

Die Umsatzsteuer beträgt 46,20 €.

Der Umsatzsteuerbetrag lässt sich ebenfalls mithilfe der Dreisatzrechnung ermitteln:

107 % 706,20 €

7 % x €

Das Ergebnis für x führt ebenfalls zum Umsatzsteuerbetrag von 46,20 €.

Prozentrechnung vom verminderten Grundwert

Im Kalkulationsschema der Blum Music4You KG wird der Bareinkaufspreis (= Überweisungsbetrag) nach Abzug von Skonto aus dem Zieleinkaufspreis (= Rechnungsbetrag) ermittelt. Dabei besteht für einen Zieleinkaufspreis von zum Beispiel 1.000,00 € folgender Zusammenhang:

	%	€
Zieleinkaufspreis	100	1.000,00
– Lieferantenskonto	3	30,00
Bareinkaufspreis	97	970,00

Ist der Bareinkaufspreis gegeben und sind Zieleinkaufspreis und Lieferantenskonto gesucht, handelt es sich um ein Beispiel für eine Prozentrechnung vom verminderten Grundwert oder „Prozentrechnung im Hundert".

Beispiel **Prozentrechnung vom verminderten Grundwert („im Hundert")**

Wie hoch sind Zieleinkaufspreis und Lieferantenskonto, wenn bei einem Skontosatz von 2,5 % der Bareinkaufspreis 185,25 € beträgt?

	%	€
Zieleinkaufspreis	100	?
– Lieferantenskonto	2,5	?
Bareinkaufspreis	97,5	185,25

Lösung mithilfe der Dreisatzrechnung:

97,5 % 185,25 €
100 % x €

$$x = \frac{100 \cdot 185{,}25}{97{,}5} = 190{,}00$$

Der Zieleinkaufspreis beträgt 190,00 €.

Der Skontobetrag lässt sich als Differenz aus Zieleinkaufspreis und Bareinkaufspreis ermitteln:

190,00 – 185,25 = 4,75

Der Lieferantenskonto beträgt 4,75 €.

Der Skontobetrag lässt sich ebenfalls mithilfe der Dreisatzrechnung ermitteln:

97,5 % 185,25 €
2,5 % x €

Das Ergebnis für x führt ebenfalls zum Skontobetrag von 4,75 €.

Zusammenfassung

	Grundgleichung	Vermehrter Grundwert	Verminderter Grundwert
Merkmal	Der gegebene (oder gesuchte) Grundwert entspricht einem Prozentsatz von 100 %.	Der gegebene Grundwert entspricht einem Prozentsatz über 100 %.	Der gegebene Grundwert entspricht einem Prozentsatz unter 100 %.
Möglicher Lösungsansatz	Beträge in die (evtl. umgestellte) Grundgleichung einsetzen: $P = \frac{G \cdot p}{100}$	Beispiel Dreisatz: 120 % 612,00 € 100 % x € x = 510,00	Beispiel Dreisatz: 90 % 297,00 € 100 % x € x = 330,00
Mögliche Bezeichnung	Prozentrechnung vom Hundert	Prozentrechnung auf Hundert	Prozentrechnung im Hundert

3.5 Vertriebspolitik (Distributionspolitik)

Bei diesem Marketinginstrument geht es um die Frage, wie die Produkte in den Handel und zum Endverbraucher kommen.

Merke Ziel bei der **Distributionspolitik** ist es, die Produkte und Dienstleistungen zum richtigen Zeitpunkt, in der richtigen Qualität und in der richtigen Menge den Verbrauchern zur Verfügung zu stellen.

Distributionspolitik			
akquisitorische Distribution (Kundenanwerbung)		**körperliche Distribution (Logistik)**	
Entscheidungen treffen bezüglich	**Absatzorganen** ■ Reisender ■ Vertreter ■ Vertragshändler **Absatzwegen** ■ direkter Absatz (Verkaufsabteilung) ■ indirekter Absatz: (Groß- und Einzelhandel)	Entscheidungen treffen bezüglich	**Transportmitteln** ■ Lkw (eigener oder Spediteur) ■ Flugzeug (Übersee) ■ Bahn ■ Schiff (Übersee) **Lagersysteme** ■ Zentrallager ■ dezentrales Lager ■ an ein Logistikunternehmen ausgliedern

Einstiegsfall (3) Neue Absatzwege für Blum-Music-Gitarren

Fabian Hüpper (Leiter Produktion E-Gitarren) bespricht mit Nadine Schwebeling (Leiterin Verkauf Fanartikel), wie die neuen E-Gitarren in der Musikwelt bekannter gemacht werden könnten. Der höhere Bekanntheitsgrad soll direkt positive Auswirkungen auf die Absatzmenge haben. Bisher kümmert sich Fabian Hüpper selbst um den Vertrieb der E-Gitarren. Nadine Schwebeling rät ihm: „Informiere dich über mögliche Absatzwege. Dass du die Produktion und den Vertrieb organisierst, ist nicht optimal." „Ich weiß", entgegnet der Produktionsleiter, „aber die Absatzmenge der E-Gitarren steigt erst langsam. Die Kosten des Verkaufs dürfen also nicht hoch sein." Die beiden Abteilungsleiter beauftragen die Auszubildende Martina Gonzales, einen praktikablen Vorschlag auszuarbeiten.

Lösung des Einstiegsfalls S. 224

Absatzwege

Absatzwege sind alle Wege, die die Produkte eines Unternehmens an die Endverbraucher bringen. Bei der Wahl des optimalen Absatzwegs sind die Kosten, die Absatzchancen und Umweltschutzaspekte zu berücksichtigen.

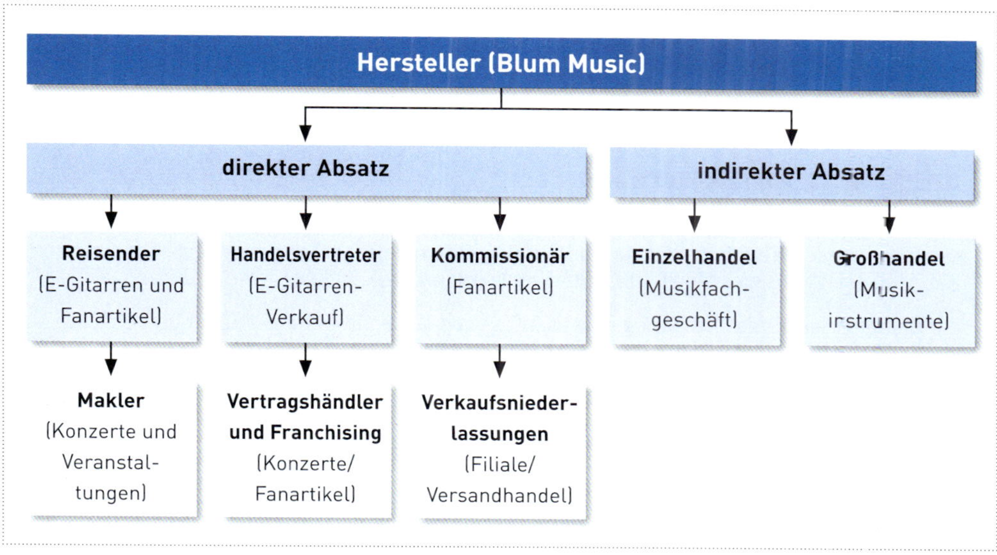

Vorteile direkter Absatzwege

- Die Kapitalbindungskosten sind gering, da nur wenige Vorräte eingelagert werden.
- Der direkte Kontakt zum Kunden ermöglicht eine direkte Beeinflussung.
- Kunden können relativ schnell beliefert werden.
- Kosten und Gewinne der Händler bleiben beim Hersteller.

Nachteile direkter Absatzwege

- Eine schnelle Reaktion auf Nachfrageänderungen ist nicht möglich, da beim direkten Absatz weniger Vorräte gebildet werden als beim Handel.
- Die Transportkosten sind höher, da nur relativ geringe Mengen geliefert werden und die Touren nicht gebündelt werden können.
- Durch den hohen Organisationsaufwand und die zusätzlichen Aufwendungen für die „Mitarbeiter" ist diese Form des Absatzes kostenintensiv und eignet sich meist nur für große Unternehmen.

Vorteile indirekter Absatzwege

- Auf Wünsche der Kunden kann schnell reagiert werden, da Vorräte gebildet werden.
- Transportkosten sind geringer, da nur relativ große Mengen an den Handel geliefert werden und die Touren gebündelt werden können.
- Der Organisationsaufwand und die zusätzlichen Aufwendungen für die „Mitarbeiter" sind eher niedrig. Diese Art des Absatzes eignet sich für kleine und mittelständische Unternehmen.

Nachteile indirekter Absatzwege

- Die Kapitalbindungskosten sind aufgrund der Lagerhaltung hoch.
- Zum Kunden besteht kein direkter Kontakt, daher ist auch keine direkte Beeinflussung möglich.
- Kosten und Gewinne muss der Hersteller mit dem Händler teilen.

3.5.1 Direkte Absatzwege

Reisender

§ 55 HGB Abschlussvertreter

(1) Die Vorschriften des § 54 finden auch Anwendung auf Handlungsbevollmächtigte, die Handelsvertreter sind oder die als Handlungsgehilfen damit betraut sind, außerhalb des Betriebs des Prinzipals Geschäfte in dessen Namen abzuschließen.

(2) Die ihnen erteilte Vollmacht zum Abschluss von Geschäften bevollmächtigt sie nicht, abgeschlossene Verträge zu ändern, insbesondere Zahlungsfristen zu gewähren.

(3) Zur Annahme von Zahlungen sind sie nur berechtigt, wenn sie dazu bevollmächtigt sind.

(4) Sie gelten als ermächtigt, die Anzeige von Mängeln einer Ware, die Erklärung, dass eine Ware zur Verfügung gestellt werde, sowie ähnliche Erklärungen, durch die ein Dritter seine Rechte aus mangelhafter Leistung geltend macht oder sie vorbehält, entgegenzunehmen; sie können die dem Unternehmen (Prinzipal) zustehenden Rechte auf Sicherung des Beweises geltend machen.

Reisende gehören als Absatzmittler zum direkten Absatzweg. Ihre rechtliche Stellung im Unternehmen ist zu vergleichen mit der von kaufmännischen Angestellten. Zusätzlich sind sie Handlungsbevollmächtigte (§ 54 HGB). Das bedeutet:

Der Reisende kann ...	Der Reisende erhält ...
■ als Abschlussreisender Kaufverträge abschließen. ■ Zahlungen bei entsprechender Vollmacht annehmen. ■ Mängelrügen entgegennehmen und dabei Beweise sichern.	■ ein festes Gehalt (Fixum). ■ zusätzlich eine Provision (meist einen prozentualen Anteil vom erbrachten Umsatz). ■ zudem Spesen, meist aufgrund von Belegen.

Vor- und Nachteile des Reisenden gegenüber dem Handelsvertreter

Vorteile	Nachteile
■ Seine ganze Arbeitskraft steht nur einem Unternehmen zur Verfügung. ■ Er konzentriert seine Arbeit auf die Produkte eines Unternehmens. ■ Er ist bei kurzfristigen Einsätzen flexibel einsetzbar.	■ Ein Vertriebssystem mit Reisenden ist kostenintensiv. ■ Er kennt nur die Produkte und Strategien eines Unternehmens. Er kann nicht auf Erfahrungen mit anderen Unternehmen zurückgreifen, um im Verkauf erfolgreicher zu werden.

Beispiel Reisender

Die Blum Music4You KG setzt für den Verkauf von Gitarren und Fanartikeln neben ihrem Versandhandel einen Reisenden ein. Der Reisende betreut die Kunden persönlich, die einen großen Anteil am Gesamtumsatz der Blum Music erbringen. Zudem soll der Reisende neue Kunden akquirieren (werben).

Handelsvertreter

§ 84 HGB Begriff des Handelsvertreters

(1) Handelsvertreter ist, wer als selbstständiger Gewerbetreibender ständig damit betraut ist, für einen anderen Unternehmer Geschäfte zu vermitteln oder in dessen Namen abzuschließen. Selbstständig ist, wer im Wesentlichen frei seine Tätigkeit gestalten und seine Arbeitszeit bestimmen kann.

(2) Wer, ohne selbstständig im Sinne des Absatzes 1 zu sein, ständig damit betraut ist, für einen Unternehmer Geschäfte zu vermitteln oder in dessen Namen abzuschließen, gilt als Angestellter.

(3) Der Unternehmer kann auch ein Handelsvertreter sein.

[...]

Folgende **Arten des Handelsvertreters** können unterschieden werden nach:

Vertretungsmacht		Tätigkeitsgebiet			Aufgabengebiet
Abschlussvertreter	**Vermittlungsvertreter**	**Platzvertreter**	**Bezirks- oder Gebietsvertreter**	**Reisevertreter**	
Er schließt Verträge im Namen und auf Rechnung des Auftraggebers ab.	Er darf Verträge vermitteln, aber nicht für den Auftraggeber abschließen.	Er ist zuständig für einen Ort.	Er ist zuständig für ein bestimmtes Gebiet (Landkreis/Bezirk).	Seine Zuständigkeit wird von Fall zu Fall neu festgelegt.	Warenvertreter
Er hat Inkassovollmacht.					Versicherungsvertreter
Beide können Mängelrügen und Mitteilungen über nicht angenommene Waren entgegennehmen.					Schifffahrtsvertreter (Sonderform § 92 c HGB)
					Transportvertreter

Der Handelsvertreter hat nach § 86 und § 86 a HGB folgende Rechte und Pflichten:

Pflichten des Handelsvertreters	Pflichten des Auftraggebers = Rechte des Vertreters
■ **Bemühen** um Abschluss oder Vermittlung von Geschäften ■ **Interessenwahrung** des Auftraggebers ■ **Informationspflicht** gegenüber dem Auftraggeber bezüglich Abschlüssen und Vermittlungen ■ **Sorgfaltspflicht**	■ die benötigten **Unterlagen** zur Verfügung stellen: – Muster – Zeichnungen – Preislisten – Werbedrucksachen – Geschäftsbedingungen ■ **Informationspflicht** über Annahme oder Ablehnung eines vermittelten oder abgeschlossenen Geschäfts ■ **Informationspflicht** über Abänderungen des vermittelten Geschäfts ■ Zahlung einer **Provision** ■ Erstellung eines **Buchauszugs** zur Kontrolle der monatlichen Provisionsabrechnung

Beispiel Handelsvertreter

Da der Reisende der Firma Blum Music hohe Personalkosten verursacht, ist die Prokuristin Egzone Zegon der Meinung, dass bei der Vermittlung von Fanartikeln auch die Verpflichtung eines selbstständigen Handelsvertreters ausreicht. Der Vorteil ist, dass der Handelsvertreter lediglich eine Provision bei erfolgreicher Vermittlung bekommt. Sollte das Geschäft mit den Fanartikeln nicht wirtschaftlich sein, kann der Vertrag mit dem Handelsvertreter problemlos gekündigt werden.

Kommissionär

§ 383 HGB Kommissionär; Kommissionsvertrag

(1) Kommissionär ist, wer es gewerbsmäßig übernimmt, Waren oder Wertpapiere für Rechnung eines anderen (des Kommittenten) in eigenem Namen zu kaufen oder zu verkaufen.

[...]

Der Kommissionär schließt mit dem Auftraggeber (Kommittenten) einen Kommissionsvertrag ab. Der Kommissionär kann dabei ständig oder von Fall zu Fall eingesetzt werden. Unterschieden werden der Einkaufs- und der Verkaufskommissionär.

Pflichten des Kommissionärs	Rechte des Kommissionärs
■ **Sorgfaltspflicht** ■ **Informationspflicht** über Kommissionsgeschäfte und bei **Selbsteintritt** (der Kommissionär erwirbt die Ware für sich) ■ **Haftung** für Schäden an der Ware in seiner Obhut ■ **Weisungen** des Kommittenten müssen grundsätzlich befolgt werden.	■ Eine **Provision** ist fällig, sobald das Geschäft ausgeführt wurde – auch bei Selbsteintritt. ■ Der Kommissionär hat das Recht, das Gut des Kommittenten zu kaufen oder als Einkaufskommissionär selbst zu liefern **(Selbsteintritt).**

Pflichten des Kommissionärs	Rechte des Kommissionärs
■ Die **Abrechnung** eines jeden Kommissionsgeschäfts muss genau erfolgen. Der Erlös ist dem Kommittenten herauszugeben.	■ Sämtliche **Aufwendungen,** die der Kommissionär zur Erfüllung seines Vertrags tätigen muss, sind diesem vom Kommittenten zu **ersetzen.** ■ Bei unrechtmäßiger Nichtzahlung der Provision kann der Kommissionär die in seiner Obhut befindliche Ware **pfänden.**

Beispiel Kommissionär

Die Blum Music4You KG beauftragt für den Verkauf ihrer E-Gitarren die Instruments GmbH. Sie stellt ihr 100 E-Gitarren zur Verfügung, die von der Instruments GmbH innerhalb von 12 Monaten verkauft werden sollen. Die Blum Music bleibt Eigentümer der Ware und erhält alle E-Gitarren, die nicht verkauft werden konnten, am Ende der Vertragslaufzeit zurück. Die Instruments GmbH erhält für jede verkaufte E-Gitarre die vereinbarte Provision.

Handelsmakler

§ 93 HGB Handelsmakler

(1) Wer gewerbsmäßig für andere Personen, ohne von ihnen auf Grund eines Vertragsverhältnisses ständig damit betraut zu sein, die Vermittlung von Verträgen über Anschaffung oder Veräußerung von Waren oder Wertpapieren, über Versicherungen, Güterbeförderungen, Schiffsmiete oder sonstige Gegenstände des Handelsverkehrs übernimmt, hat die Rechte und Pflichten eines Handelsmaklers.

(2) Auf die Vermittlung anderer als der bezeichneten Geschäfte, insbesondere auf die Vermittlung von Geschäften über unbewegliche Sachen, finden, auch wenn die Vermittlung durch einen Handelsmakler erfolgt, die Vorschriften dieses Absatzes keine Anwendung.

Pflichten des Handelsmaklers	Rechte des Handelsmaklers
■ Nach Abschluss eines Vertrags hat er eine **Schlussnote** an die Vertragsparteien zu senden. ■ Er hat die ihm überlassenen Warenproben aufzubewahren, bis das Geschäft erledigt ist. ■ Er darf keine Zahlungen entgegennehmen. ■ Er hat ein Tagebuch über die von ihm abgeschlossenen Verträge zu führen.	■ Wird die **Schlussnote angenommen,** ist die Vertragspartei an den Vertrag gebunden, die die Schlussnote angenommen hat. ■ Er erhält einen Maklerlohn (Courtage). Dieser ist von Käufer und Verkäufer je zur Hälfte zu zahlen.

Beispiel Handelsmakler

Claus Blum möchte den Versandhandel von Fanartikeln und E-Gitarren ausbauen. Hierzu benötigt er Lagerfläche. Da die Absatzentwicklung in diesem Geschäftsbereich stetig steigt, müsste die Lagergröße flexibel sein. Claus Blum beauftragt einen Makler mit der Suche nach einem geeigneten Grundstück.

Betriebseigene Verkaufsniederlassungen

Verkaufsniederlassungen sind in der Regel Verkaufsbüros oder Verkaufsfilialen, die vom Unternehmen eingerichtet werden. Ziel ist die Sicherstellung des Absatzes innerhalb eines Absatzgebiets durch eigene Filialen. Verkaufsniederlassungen sind nicht nur auf das Inland beschränkt, sondern können auch dazu dienen, international den Verkauf der Produkte und Dienstleistungen zu steigern und zu sichern.

Vorteile dieses Absatzwegs ergeben sich daraus, dass zum einen die Beratung und der Service, vor allem bei technischen Produkten, gewährleistet werden kann. Zum anderen wirkt sich ein Verkauf über eigene Verkaufsstellen positiv auf das Markenimage aus.

Der Hauptnachteil gegenüber anderen Formen des direkten Absatzes sind die hohen Kosten für den Aufbau eines eigenen Vertriebsnetzes.

Beispiel

Der größte Absatzmarkt für E-Gitarren sind die USA. Da Claus Blum von seiner E-Gitarre überzeugt ist, will er auch den amerikanischen Markt erschließen. Hierzu soll eine Verkaufsstelle in New York eingerichtet werden. Die potenziellen Kunden haben so einen direkten Ansprechpartner für Beratung und Service.

Betriebsgebundene Einrichtungen

Zur Vermeidung der hohen Kosten beim Aufbau eines eigenen Vertriebsnetzes werden des Öfteren selbstständige Kaufleute (Werksvertretung), Vertragshändler oder Franchisenehmer von Unternehmen eingesetzt. Es besteht eine enge vertragliche Bindung, bei der der Hersteller eines Produkts weitgehende Vorschriften machen kann, zum Beispiel bei Rabatten, Zahlungs- und Lieferbedingungen und bei der grundsätzlichen Preisfestsetzung. Zudem können das Sortiment, die Lagergröße und die Einführung eines Kundendienstes vorgegeben werden.

Der Nachteil dieses Absatzweges ist, dass die Absatzorgane hohe umsatzabhängige Kosten verursachen, da diese ihre Geschäftskosten selber zu tragen haben.

Vertragshändler	Werksvertretung
■ selbstständiger Kaufmann ■ durch langfristigen Vertrag an den Hersteller gebunden ■ erhält Alleinvertriebsrecht für einen Bezirk ■ weitere Rechte: Überlassung von Mustern, Übernahme von Werbemaßnahmen u. a. ■ gebunden an: – das Sortiment – den Vertrieb (Vorgabe der Kundenart) – Mindestverkaufsmenge – Mindestlagermenge	■ selbstständiger Händler ■ Verkaufspreis darf vom Hersteller nicht vorgegeben werden. ■ erhält Vollmacht, die Produkte des Herstellers zu verkaufen ■ erhält eine Provision ■ Werksvertreter sind an die Weisungen des Herstellers gebunden.

Beispiel Vertragshändler statt Werksvertretung im Einsatz für Blum Music

Die Blum Music4You KG möchte in Süddeutschland ihren Marktanteil bei E-Gitarren vergrößern. Hierzu soll ein **Vertragshändler** eingesetzt werden. Der Vertragshändler soll hauptsächlich im Großraum München tätig werden.
Die Blum Music4You KG hat sich gegen eine **Werksvertretung** entschieden, da die Produktpalette der Blum Music noch nicht umfangreich genug ist. – Werksvertretungen werden hauptsächlich im Automobilbereich eingesetzt.

Franchising

- Vertrag zwischen Franchisegeber und -nehmer

Der **Franchisegeber** ...

- besitzt eine Firma, einen Handelsnamen, einen Produktionsbetrieb;
- verfügt über eine Produktgruppe oder ein originelles Geschäftskonzept;
- erteilt dem Franchisenehmer eine Lizenz, die Produkte oder Dienstleistungen rechtlich selbstständig herzustellen;
- unterstützt den Franchisenehmer bei Serviceleistungen und Know-how;
- kann dem Franchisenehmer Gebietsschutz erteilen.

Der **Franchisenehmer** ...

- übernimmt die Leistungen des Franchisegebers und ist zur Geheimhaltung verpflichtet;
- zahlt eine einmalige Eintrittsgebühr, eine laufende umsatzabhängige Gebühr und ggf. eine Werbegebühr;
- muss Kontrollen des Franchisegebers zulassen.

Beispiel Blum Music als Franchisenehmer

In der Sparte der Fanartikel ist die Blum Music4You KG als Franchisenehmer tätig. Sie hat die Berechtigung, die Artikel bestimmter Bands als Alleinvertreter im gesamten Bundesgebiet zu vertreiben.

Electronic Commerce

Electronic Commerce (abgekürzt: **E-Commerce**) ist ein DV-gestütztes Verkaufsgeschäft. Der Verkauf von Produkten erfolgt meist über das Internet. Der Kunde kann direkt im Web bestellen und erhält die Ware von einem Paketdienstleister zugesandt. Bei dieser Art von Geschäften ist darauf zu achten, dass der Käufer, sofern er ein Verbraucher ist, ein Widerspruchsrecht von mindestens 14 Tagen nach Anlieferung der Ware hat. Falls die Geschäftsbedingungen des Verkäufers nicht zur Kenntnis genommen werden können oder diese nicht eindeutig sind, erhöht sich das Widerspruchsrecht nach Fernabsatzgesetz auf sechs Monate.

Widerruf bei Fernabsatz Kap. 4.12.6

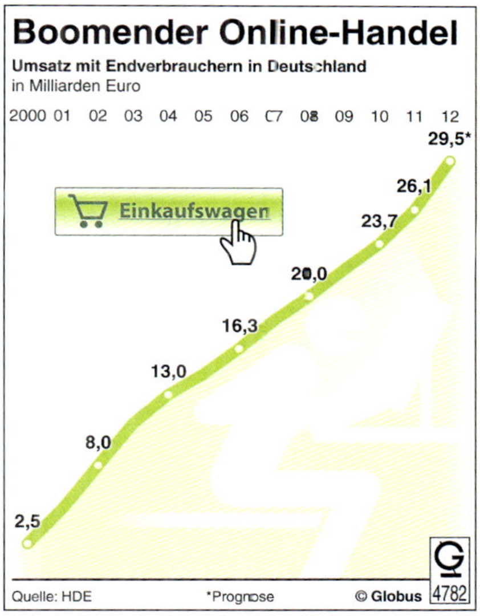

Beispiel E-Commerce

Die Blum Music verkauft die Fanartikel über ihren Versandhandel. Früher hatte die Blum Music hauptsächlich gedruckte Kataloge an Kunden versandt. Doch die Kosten für die Katalogherstellung sind sehr hoch, sodass die Blum Music die Fanartikel hauptsächlich über den hauseigenen Onlineshop vertreibt. So werden auch Verbraucher angesprochen, die nicht in der Kundendatei der Blum Music gelistet sind. Großkunden erhalten auch weiterhin gedruckte Kataloge des aktuellen Sortiments.

3.5.2 Indirekte Absatzwege

Großhandel (indirekter Absatz)

Großhändler bestellen beim produzierenden Industrieunternehmen, um die Produkte dann an Einzelhändler oder andere gewerbliche Kunden weiterzuverkaufen. Der Großhandel darf nicht an Verbraucher verkaufen.

Beispiel

Die Blum Music4You KG verkauft die produzierten E-Gitarren an einen Musikgroßhändler. Dieser beliefert Musikfachgeschäfte oder andere Einzelhändler, die Instrumente in ihrem Sortiment anbieten.

Einzelhandel (indirekter Absatz)

Einzelhändler können ihre Produkte entweder direkt beim produzierenden Unternehmen bestellen oder über den Großhandel. Verkauft werden die Produkte dann an die Endverbraucher.

Beispiel

Im Großraum Köln verkauft die Blum Music die E-Gitarren direkt an die Musikfachgeschäfte. Der Vertrieb über den Einzelhandel spart Geld und gewährleistet besseren Service und fachkundige Beratung.

Lösung des Einstiegsfalls (3) Neue Absatzwege für Blum-Music-Gitarren

vgl. S. 216

Die Blum Music4You KG ist ein mittelständisches Unternehmen, das sich noch im Wachstum befindet. So sind die Kosten der Absatzwege ein wesentlicher Faktor, der zu berücksichtigen ist. Zudem ist es das Ziel der Blum Music, ihre E-Gitarren-Marke noch bekannter zu machen.

Martina Gonzales schlägt folgende Absatzwege vor:

- Einsatz eines Reisenden für den Bereich Norddeutschland. Sobald der Umsatz stark ansteigt, kann ein weiterer Reisender eingesetzt werden und die Gebiete werden neu aufgeteilt.
- Für den Bereich Süddeutschland soll in München eine Verkaufsniederlassung gegründet werden. Das Umsatzpotenzial in diesem Bereich scheint dafür geeignet zu sein. Eine weitere

Verkaufsniederlassung könnte in den USA gegründet werden. Hier bietet sich die Stadt New York für einen Start an.

- Die weiteren Gebiete in Süd- und Ostdeutschland sollen über Handelsvertreter abgedeckt werden. Falls sich der Umsatz nicht wie geplant entwickelt, können die Verträge gekündigt werden.
- Im Großraum Köln werden die großen Musikfachgeschäfte direkt von der Blum Music beliefert.
- Das europäische Ausland soll durch ausgewählte Großhändler abgedeckt werden.

Lösung des Einstiegsfalls (1) Marketingstrategie für Blum Music

vgl. S. 198

Zur Erinnerung: Die Abteilungsleiter von Blum Music hatten gemeinsam mit dem Geschäftsführer Claus Blum vereinbart, eine Marketingstrategie zu entwickeln, um die Blum Music mit ihren Produkten in der Musikszene bekannter zu machen. Ausgehend davon, dass der Umsatz bei einigen Fanartikeln stark nachgelassen hat, die Künstler bei Konzerten stärker als früher auf die Kosten achten und die Neuheiten bei den E-Gitarren vielen potenziellen Kunden nicht bekannt sind, haben die Abteilungsleiter ihre Ergebnisse zusammengetragen, eine Strategie entwickelt und präsentieren nun die folgenden Marketinginstrumente mit Umsetzungsempfehlungen. Hauptziel der Umsetzung ist eine optimale Abstimmung der einzelnen Marketinginstrumente zu einem gelungenen **Marketingmix.**

Produktpolitik

- Ausstattung der E-Gitarren mit USB-Schnittstellen
- Die Gitarre „Jimmy“ erhält als Verpackung einen „Birnen“-Kasten.

Preispolitik

- Die Preisbildung richtet sich nach den Kosten für E-Gitarre und nach den Durchschnittspreisen des Markts.
- Für Zusatznutzen, wie beispielsweise eine USB-Schnittstelle, wird ein Preisaufschlag berechnet.
- Anfängern wird die Möglichkeit eines Mietkaufs angeboten. Sie mieten die Gitarre für 24 Monate zu einem festen Preis und können sie anschließend kaufen. Die Mietzahlungen werden auf den Kaufpreis angerechnet.

Distributionspolitik

- Einsatz eines Reisenden für Norddeutschland
- Gründung einer Verkaufsniederlassung in München

Kommunikationspolitik

Kommunikationspolitik Kap. 5.7

- drei Mal im Jahr ein Tag der offenen Tür mit einem Musikereignis auf dem Gelände der Blum Music
- Planung und Durchführung eines Gitarrenwettbewerbs an den Kölner Musikschulen
- Flyer an den Musikschulen verteilen
- Aufbau und Einführung einer Corporate Identity

3.6 Rechtliche Rahmenbedingungen des Absatzes

3.6.1 Gesetz gegen den unlauteren Wettbewerb (UWG)

Wettbewerbsrecht Kap. 5.6

Das Gesetz gegen den unlauteren Wettbewerb (UWG) dient dem Schutz der Mitbewerber, der Verbraucher sowie der sonstigen Marktteilnehmer vor unlauteren geschäftlichen Handlungen, zum Beispiel dem Schutz vor Täuschung, Irreführung oder unwahren Angaben. Das UWG schützt zugleich das Interesse der Allgemeinheit an einem unverfälschten Wettbewerb.

§

§ 3 UWG Verbot unlauterer geschäftlicher Handlungen

(1) Unlautere geschäftliche Handlungen sind unzulässig, wenn sie geeignet sind, die Interessen von Mitbewerbern, Verbrauchern oder sonstigen Marktteilnehmern spürbar zu beeinträchtigen.

(2) Geschäftliche Handlungen gegenüber Verbrauchern sind jedenfalls dann unzulässig, wenn sie nicht der für den Unternehmer geltenden fachlichen Sorgfalt entsprechen und dazu geeignet sind, die Fähigkeit des Verbrauchers, sich auf Grund von Informationen zu entscheiden, spürbar zu beeinträchtigen und ihn damit zu einer geschäftlichen Entscheidung zu veranlassen, die er andernfalls nicht getroffen hätte.

[...]

Beispiele

Unlautere Handlungen	Beispiele
Einschränken der Entscheidungsfreiheit	Ein Unternehmen übt auf den Verbraucher Druck in menschenverachtender Weise aus. Es beabsichtigt dadurch, Einfluss auf die Entscheidung des Verbrauchers zu nehmen.
Ausnutzen von Verbrauchern	Das Unternehmen nutzt ein geistiges oder körperliches Gebrechen des Verbrauchers, seine geschäftliche Unerfahrenheit, eine Zwangslage oder seine Leichtgläubigkeit aus.
Verkaufsfördermaßnahmen	Bei Verkaufsfördermaßnahmen wie Preisnachlässen, Zugaben oder Geschenken sind die Bedingungen für die Inanspruchnahme nicht klar und eindeutig.
Preisausschreiben	Bei Preisausschreiben und Gewinnspielen mit Werbecharakter sind die Teilnahmebedingungen nicht klar und eindeutig.
	Die Teilnahme eines Verbrauchers wird von dem Erwerb einer Ware oder der Inanspruchnahme einer Dienstleistung abhängig gemacht.

Unlautere Handlungen	Beispiele
Mitbewerber	Waren, Dienstleistungen o. Ä. des Mitbewerbers werden herabgesetzt oder verunglimpft.
	Ein Unternehmen verbreitet unwahre Behauptungen über Mitbewerber, um diesen in Misskredit zu bringen oder seinen Ruf zu schädigen.
	Mitbewerber werden gezielt behindert.
Plagiate	Ein Unternehmen ahmt Waren und Dienstleistungen nach, sodass eine vermeidbare Täuschung entsteht.

§ 5 UWG Irreführende geschäftliche Handlungen

(1) Unlauter handelt, wer eine irreführende geschäftliche Handlung vornimmt. Eine geschäftliche Handlung ist irreführend, wenn sie unwahre Angaben enthält oder sonstige zur Täuschung geeignete Angaben [...] enthält.

[...]

Beispiele

Ein Unternehmen unternimmt irreführende geschäftliche Handlungen, wenn es ...

- bei den wesentlichen Merkmalen einer Ware oder Dienstleistung täuscht (zum Beispiel bei der Verfügbarkeit, der Art, der Ausführung, den Vorteilen, den Risiken, bei Testergebnissen und Verwendungsmöglichkeiten des Produkts).
- täuschende Aussagen oder Symbole verwendet, die im Zusammenhang mit direktem oder indirektem Sponsoring stehen.
- über den Anlass des Verkaufs, den Preis oder die Art und Weise seiner Berechnung täuscht.
- nicht erwähnt, dass ein Ersatzteil oder eine Reparatur nötig sind, um das erworbene Produkt verwenden zu können.

§ 6 UWG Vergleichende Werbung

(1) Vergleichende Werbung ist jede Werbung, die unmittelbar oder mittelbar einen Mitbewerber oder die von einem Mitbewerber angebotenen Waren oder Dienstleistungen erkennbar macht.

[...]

Beispiele

Der Vergleich der Werbung bezieht sich auf die gleiche Zweckbestimmung.

- Der Vergleich führt zu einer Gefahr von Verwechslungen zwischen dem Werbenden und einem Mitbewerber.
- Der Vergleich beeinträchtigt den Ruf des Mitbewerbers.
- Der Vergleich verunglimpft die Waren, Dienstleistungen und Tätigkeiten des Mitbewerbers.

§ 7 UWG Unzumutbare Belästigung

(1) Eine geschäftliche Handlung, durch die ein Marktteilnehmer in unzumutbarer Weise belästigt wird, ist unzulässig. Dies gilt insbesondere für Werbung, obwohl erkennbar ist, dass der angesprochene Marktteilnehmer diese Werbung nicht wünscht.

[...]

Beispiele

Unzumutbare Belästigung	Zumutbare Belästigung
■ Werbung unter Verwendung eines Fernabsatzmittels (nicht Telefon oder E-Mail), durch das der Verbraucher hartnäckig angesprochen wird, obwohl er dies erkennbar nicht wünscht ■ Werbung mithilfe des Telefons, obwohl der Verbraucher nicht eingewilligt hat ■ Werbung mithilfe elektronischer Post, Faxgerät oder Anrufmaschine, obwohl der Verbraucher nicht eingewilligt hat ■ Werbung mit einer Nachricht, bei der die Identität des Absenders ganz oder teilweise verheimlicht wird	■ Der „Belästigende" hat vom Verbraucher selbst die (elektronische) Postadresse erhalten. ■ Der „Belästigende" verwendet die Adresse des Verbrauchers zur Direktwerbung für eigene, ähnliche Waren oder Dienstleistungen. ■ Der Kunde hat der Verwendung seiner Adressdaten nicht widersprochen. ■ Der Kunde wird bei der Erhebung seiner Adresse und bei jeder Verwendung klar und deutlich darauf hingewiesen, dass er der Verwendung jederzeit ohne Zusatzkosten widersprechen kann.

Das UWG enthält als Anhang zu § 3 Abs. 3 dreißig Verhaltensverbote, die in jedem Fall unzulässige geschäftliche Handlungen darstellen. Diese „Schwarze Liste" ist seit dem 31. Dezember 2008 in Kraft. (Siehe: www.gesetze-im-internet.de/uwg_2004/anhang_26.html)

3.6.2 Verbraucherschutzgesetze und -verordnungen

Merke **Verbraucherschutz** ist die Summe aller Maßnahmen zum Schutz des Endverbrauchers vor den Praktiken der Anbieter, die die Interessen des Konsumenten negativ beeinträchtigen.

UWG Kap. 3.6.1
GWB Kap. 5.6.1

Neben dem Gesetz gegen den unlauteren Wettbewerb (siehe Kapitel 3.6.1) und dem Gesetz gegen Wettbewerbsbeschränkungen (siehe Kapitel 5.6.1) gibt es weitere Regelungen zum Schutz von Verbrauchern.

Preisangabenverordnung (PAngV)

- Waren in Schaufenstern und Schaukästen sind mit einem gut lesbaren Preisschild bzw. einer entsprechenden Beschriftung zu versehen.

- Preise für den Endverbraucher sind einschließlich der Umsatzsteuer anzugeben.
  Beispiel: Eine E-Gitarre kostet 2.000,00 € brutto.
- Mit den Preisen werden die übliche Verkaufseinheit und die Gütebezeichnung angegeben.
  Beispiel: Der Preis gilt für eine Gitarre.
- Kreditinstitute müssen die Jahreszinsen für Kredite angeben.
  Beispiel: Der effektive Jahreszins beträgt 6 %.

Produkthaftungsgesetz (ProdHaftG)

- Das Produkthaftungsgesetz gilt in allen EU-Ländern.
- Die Bestimmungen beziehen sich auf den Ersatz für Folgeschäden, die durch den Ge- und Verbrauch eines Produkts an anderen Sachen oder Personen entstehen.
  Beispiel: Bei der Benutzung einer E-Gitarre erhält der Benutzer einen Stromschlag und muss behandelt werden.
- Derjenige, der ein fehlerhaftes Produkt ausliefert, haftet für Personen- und Sachschäden, die durch den Gebrauch dieses fehlerhaften Produkts verursacht werden.
- Die Verjährung beginnt drei Jahre, nachdem der Geschädigte Kenntnis vom Schaden erlangt hatte.
- Schadensersatz wird bei Personenschäden bis zu einer Höhe von maximal 80 Mio. € gezahlt; bei Sachschäden gilt der Schadensersatz unbegrenzt.
- Ansprüche erlöschen zehn Jahre, nachdem der Hersteller das Produkt vom Markt genommen hat.

Gewerbliche Schutzrechte	Patent	Gebrauchsmuster	Marke	Geschmacksmuster
Gegenstand des Rechtsschutzes:	**Erfindungen** (Gegenstände, Stoffe, Herstellungs- und Arbeitsverfahren)	**Erfindungen** (Neuerungen an Gegenständen, keine Verfahren)	**Wort-, Bild-, Hörmarken, 3D-Marken** zur Kennzeichnung und Unterscheidung von Waren oder Dienstleistungen	**Erscheinungsform** eines ganzen Erzeugnisses oder eines Teils davon
Voraussetzungen:	Neuheit, Erfindungshöhe, gewerbliche Anwendbarkeit	Neuheit, Erfindungshöhe, gewerbliche Anwendbarkeit	Unterscheidungskraft	Neuheit und Eigenart
Erteilung der Schutzrechte durch:	**Deutsches Patent- und Markenamt**			
Schutzdauer:	20 Jahre	3 Jahre (Verlängerung bis höchstens 10 Jahre)	10 Jahre (Verlängerung um jeweils weitere 10 Jahre)	25 Jahre (muss alle 5 Jahre aufrechterhalten werden)

nationale Schutzverfahren

ZAHLENBILDER

128 710

Markengesetz (MarkenG)

- Das Markengesetz dient der Abgrenzung der Marken verschiedener Anbieter.
  Beispiele: Abbildungen, Wörter, Formen von Waren

- Als Marke können alle Zeichen geschützt werden, die der Unterscheidung dienen.
  Beispiele: Namen oder besondere Bezeichnungen von Druckschriften, Film- und Bühnenwerken
- Geschäftliche Beziehungen können geschützt werden.
- Geografische Herkunftsangaben können geschützt werden.
  Beispiel: Champagner

Geschmacksmustergesetz (GeschmMG)

- Das Geschmacksmustergesetz schützt die aus individueller Kreativität hervorgegangene ästhetische Leistung für die Produktgestaltung.
  Beispiele: Porzellanwaren, Tapeten
- Die maximale Schutzdauer des Geschmacksmusters beträgt 25 Jahre. Nach jeweils fünf Jahren muss eine Aufrechterhaltungsgebühr gezahlt werden.
- Durch dieses Gesetz werden auch bewegliche Sachen geschützt, die den Farb- oder Formensinn des Betrachters ansprechen

Gebrauchsmustergesetz (GebrMG)

- Das Gebrauchsmustergesetz schützt die technische Leistung eines Produkts.
  Beispiel: eine E-Gitarre, die nicht zerstört werden kann
- Das Gebrauchsmuster wird beim Patentamt kostenpflichtig in die Gebrauchsmusterrolle eingetragen.
- Das Gebrauchsmuster gilt für drei Jahre und kann höchstens bis zu zehn Jahren verlängert werden.
- Das Gebrauchsmuster schützt Neuerungen von Arbeitsgeräten und Gebrauchsgegenständen.

3.6.3 Abfallvermeidung, Abfallverwertung, Abfallbeseitigung

In allen Arbeits- und Lebensbereichen fällt immer mehr Abfall an, der vermieden, verwertet, recycelt und beseitigt werden muss. Nachhaltiges Wirtschaften spart Kosten, schont die Umwelt und ist ein wesentlicher Aspekt aller Geschäftsprozesse.

In der Bundesrepublik Deutschland ist die Kreislaufwirtschaft umfassend durch Gesetze geregelt. Um die Vermeidung, Verwertung und Beseitigung von Abfall ökologisch zu gestalten, wurden folgende **rechtliche Grundlagen** durch die Bundesregierung erlassen.

Kreislaufwirtschafts- und Abfallgesetz (KrW-/AbfG)	Verpackungsverordnung (VerpackV)	Verordnung zum Schutz vor Gefahrstoffen (Gefahrstoffverordnung – GefStoffV)
■ Ziel des KrW-/AbfG ist die Rückführung von Abfällen in den Produktionskreislauf.	■ Ziel der VerpackV ist die Vermeidung, Verwertung und Beseitigung von Abfällen. ■ Die Vermeidung hat Vorrang vor der Wiederverwendung, Verwertung und Beseitung von Abfällen.	■ Die GefStoffV gilt für das Inverkehrbringen, Herstellen und den Umgang von gefährlichen Stoffen zum Schutz von Personen und der Umwelt.

Gesetzlich sind die Prioritäten festgelegt, wie mit den Abfallmengen umzugehen ist.

1. Abfallvermeidung
↓
2. Abfallverwertung
↓
3. Abfallbeseitigung

Abfallvermeidung

Abfallvermeidung ist die effektivste Möglichkeit, um Abfallverwertung und Abfallertsorgung gering zu halten, Kosten zu sparen und die Umwelt zu schonen. Unternehmen sind aufgefordert, möglichst wenig Verpackungsmaterial einzusetzen und keine schadstoffhaltigen Produkte zu verwenden. Je geringer der Abfall ist, umso geringer sind die Kosten für Abfallverwertung und Abfallentsorgung. Dadurch können die natürlichen Ressourcen und die Umwelt geschont werden.

Abfall kann vermieden werden durch
- schonenden Einsatz der Ressourcen,
- Veränderung der Produktgestaltung seitens der Unternehmen,
- Aufklärung und Überzeugung der Kunden, um das Konsumverhalten zu verändern.

Abfallverwertung

Die Abfallverwertung umfasst alle Maßnahmen, die im Abfall noch enthaltenen Wertstoffe energetisch oder stofflich zu verwerten.

Abfallverwertung

stoffliche Verwertung = Recycling (Rückgewinnung von Rohstoffen aus Abfällen)	energetische Verwertung = Verbrennung von Abfällen zur Energiegewinnung

Abfallentsorgung/-beseitigung

Nicht verwertbare Abfälle müssen von der Kreislaufwirtschaft beseitigt werden. Die Beseitigung erfolgt durch
- Lagerung auf Deponien,
- biologischen Abbau,
- Verbrennung von Restmüll.

4

Sachgüter und Dienstleistungen beschaffen und Verträge schließen

Lernlandkarte 4.1 und 4.2

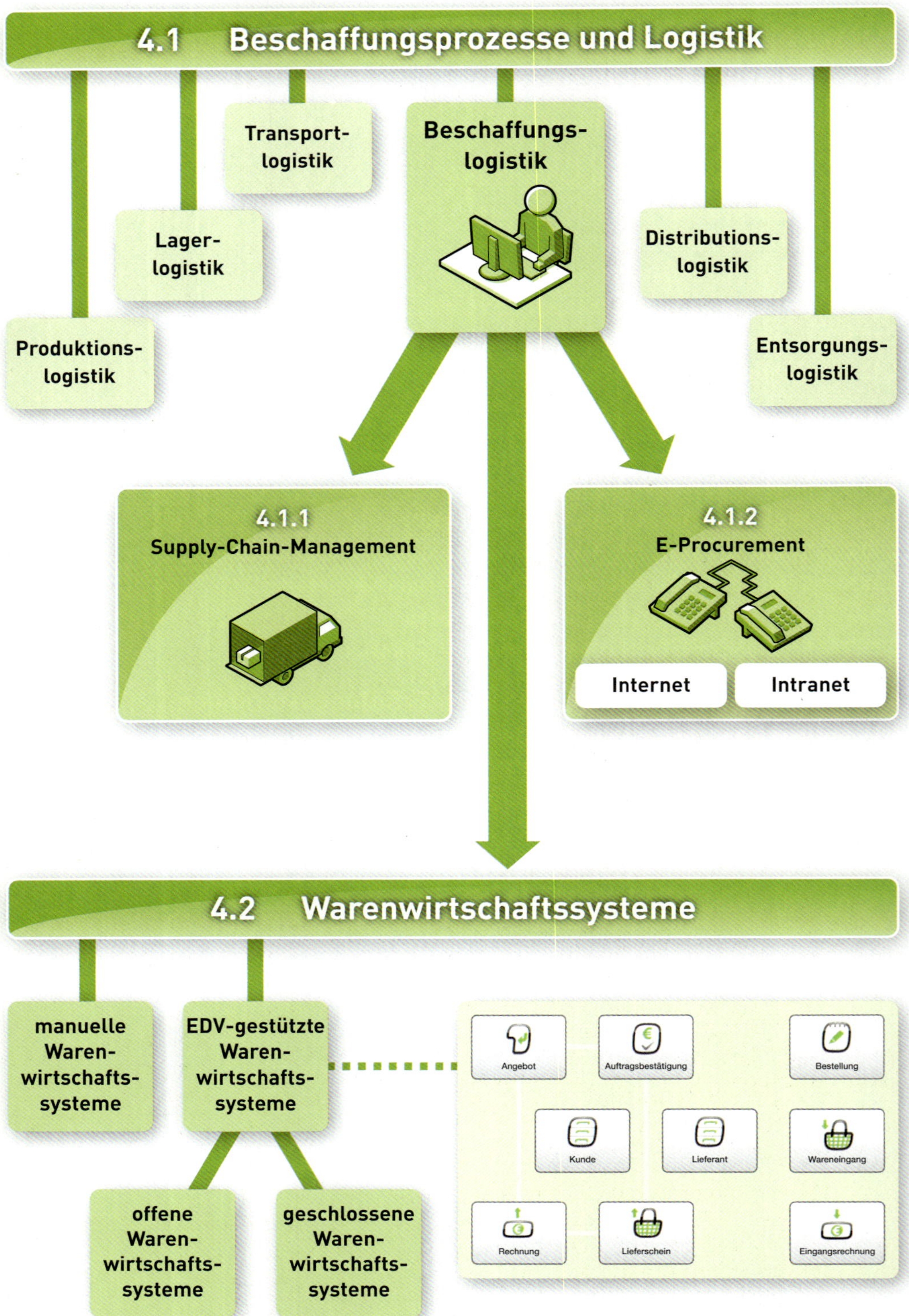

4.1 Beschaffungsprozesse und Logistik

Logistische Prozesse beeinflussen das Wirtschaftsleben. Das Wachstum der Globalisierung, der Kostendruck auf die Unternehmen und die zunehmende Konkurrenz treiben die Logistik in Industrie, Handel und Dienstleistung an.

Merke **Logistik** umfasst die Planung, Steuerung, Organisation, Abwicklung und Kontrolle des Güter-, Waren- und Informationsflusses bis hin zur personellen Strategie eines Unternehmens vom Beschaffungsmarkt bis hin zum Absatzmarkt.

Logistik kommt in unterschiedlichen Bereichen zum Einsatz.

Logistische Einsatzbereiche	Logistische Maßnahmen
Beschaffungslogistik	→ optimale Beschaffung der Werkstoffe, Produkte und Waren
Produktionslogistik	→ optimale Gestaltung des Produktionsprozesses bis zur Fertigstellung des Produkts
Lagerlogistik	→ ökonomische Auswahl des Lagerstandorts, der Lagerorganisation, der Lagersysteme und der Lagertechnik
Transportlogistik	→ optimale Gestaltung eines ökonomischen Transportwegs
Distributionslogistik	→ optimale Gestaltung des Warenabsatzes bis hin zur Kundenbelieferung
Entsorgungslogistik	→ optimierte ökonomische und ökologische Entsorgung von Altstoffen

Die Abstimmung aller Geschäftsprozesse ist eine wesentliche Voraussetzung für eine sachlich und zeitlich optimale Logistikkette. Dabei ist es unverzichtbar, Lieferanten, Kunden und Dienstleister einzubeziehen. Die Anforderungen an die Logistik werden wichtiger und inhaltsreicher, damit die weltweiten Warenströme bewältigt werden können.

4.1.1 Supply-Chain-Management

Im Mittelpunkt der logistischen Prozesse steht die **Wertschöpfungskette,** engl.: **Supply Chain** (auch Versorgungskette oder Lieferkette genannt). Sie umfasst den Weg einer Ware oder einer Dienstleistung bis zum Endverbraucher einschließlich der in jeder Stufe entstandenen Wertsteigerung (Mehrwertsteigerung).

Die Optimierung der Wertschöpfungskette mithilfe des **Supply-Chain-Managements** ist ein fundamentales Ziel jedes Unternehmens. Dazu gehören die Beschaffung, die Lagerung, der Transport bis hin zur Kundenbelieferung (Absatz), die Kommunikations- und Informationstechniken, die Instandhaltung, die Forschung und die Entwicklung sowie die Entsorgung. Der Markt erwartet von seinen Beteiligten eine bedarfsgerechte Versorgung, einen umfassenden Service und möglichst weitreichende Zusatzleistungen.

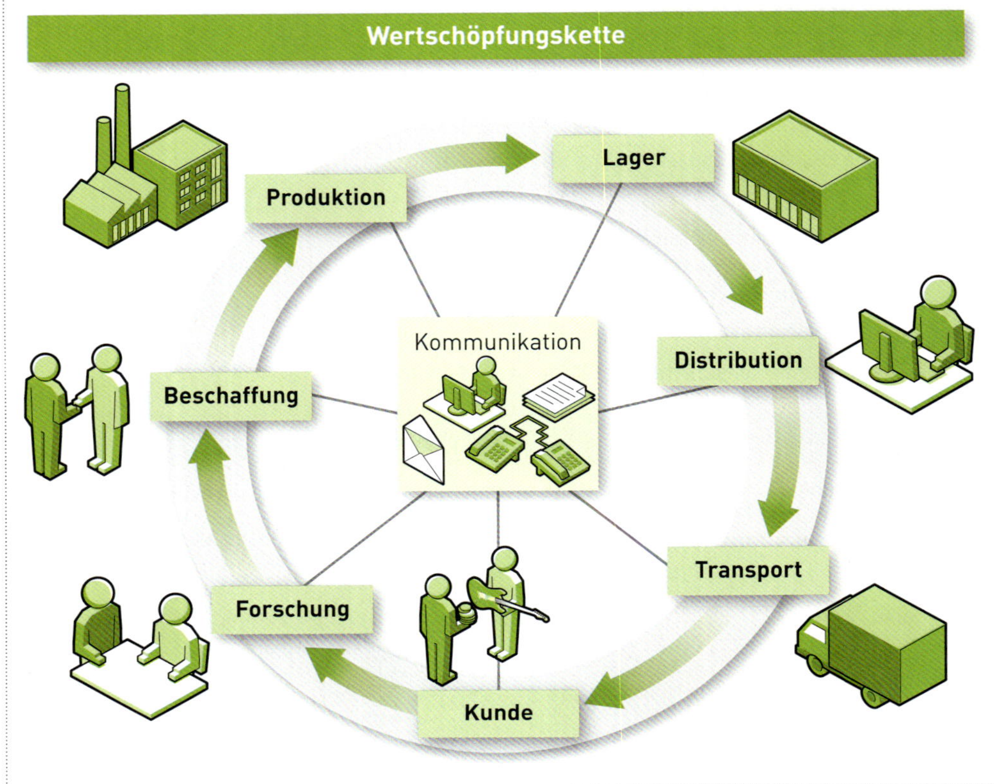

Merke **Supply-Chain-Management** (Lieferkettenmanagement) bedeutet die Planung und Steuerung des gesamten Geschäftsprozesses von der Auswahl der Lieferanten, der Beschaffung sowie der logistischen Umsetzung der Waren-, Informations- und Geldflüsse innerhalb der Wertschöpfungskette vom Hersteller bis hin zum Endverbraucher.

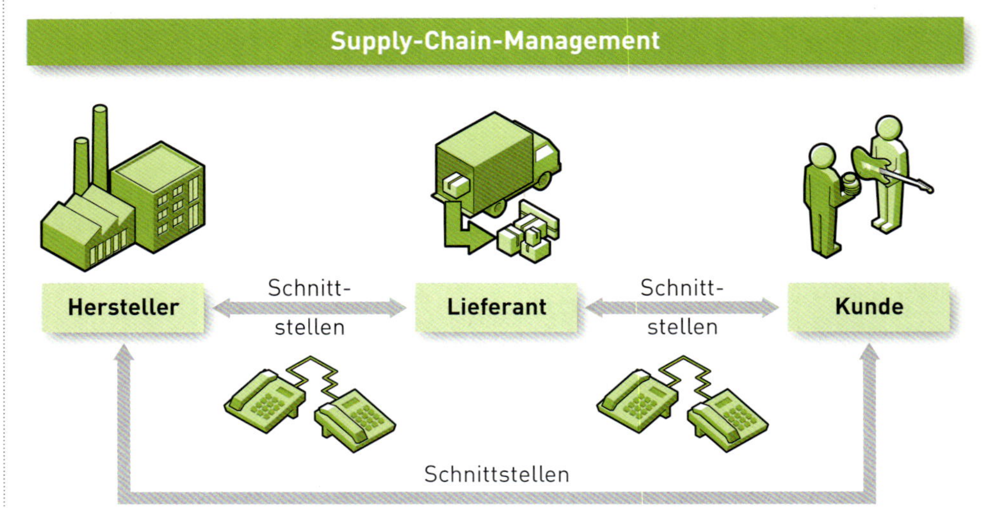

Das Supply-Chain-Management (SCM) als Managementkonzept zur Steigerung der Wettbewerbsfähigkeit wird in der Praxis verstärkt eingesetzt, um die Schwachpunkte an den Schnittstellen zwischen den beteiligten Unternehmen zu beseitigen und die Prozesskette zu beschleunigen.

Durch die hohe Sättigung des Marktes, den sich ständig beschleunigenden technischen Fortschritt sowie die immer größere Markttransparenz für den Kunden sind die Unternehmen gezwungen, nach neuen Vertriebswegen zu suchen, um ihre Wettbewerbsfähigkeit zu erhalten oder zu erweitern.

Der Beschaffungsprozess auf elektronischem Wege schafft in den Unternehmen die Grundlage dafür, flexibel auf die Anforderungen der Kunden zu reagieren. Mit einer exakten Einkaufsabwicklung sowie effizienten, kostengünstigen und schnellen Vertriebswegen steigt die Erfolgschance der Unternehmen.

Supply-Chain-Management-Systeme schaffen die Voraussetzung für eine komplexe Informationstransparenz.

4.1.2 E-Procurement

Auf die veränderten Bedingungen und die steigenden Anforderungen am Markt reagieren viele Unternehmen mit der Einführung komplexer Softwarelösungen. Die vorhandenen Geschäftsprozesse werden durch **E-Business-Systeme** optimiert. Mit einem Internetgeschäft werden die Unternehmen flexibler und können schneller und rationeller auf Kundenwünsche eingehen. Der Bereich der **elektronischen Beschaffung** wird ausgebaut; das **E-Procurement** ist im Laufe der technischen Entwicklung ein wesentlicher Bestandteil der Beschaffung geworden. Es bezeichnet eine optimale Form der Zusammenarbeit von Lieferanten und Kunden. Der Kunde hat die Möglichkeit, über das Internet oder über ein Intranet, das zwei Unternehmen verbindet, Güter und Dienstleistungen zu beschaffen.

E-Business
▸ Glossar

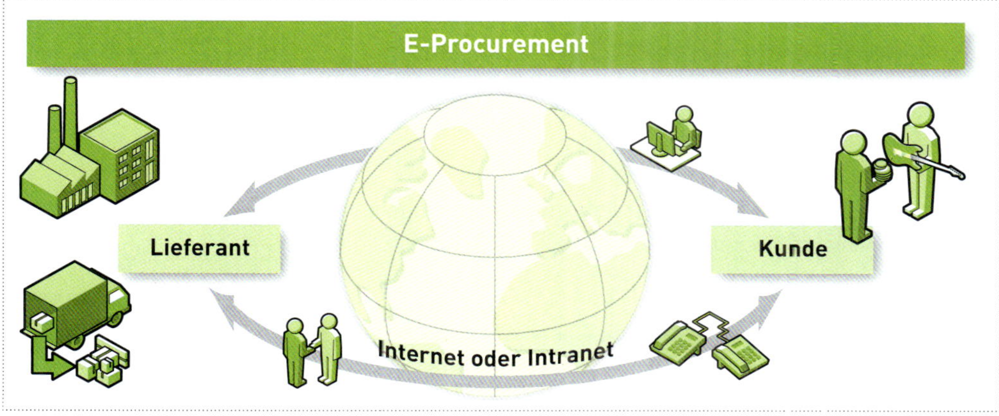

Zur Nutzung der elektronischen Dienste stehen verschiedene Anwendungen zur Verfügung. Kataloge können online aufgerufen werden; Anfragen, Angebote und Bestellungen werden online ausgeführt; der aktuelle Lieferstatus kann online geprüft werden. Oft sind die Firmennetze der Unternehmen miteinander verbunden oder die Lieferanten verwenden die gleichen Softwaresysteme wie ihre Kunden, was die Zusammenarbeit vereinfacht.

Die Beschaffungsvorgänge werden durch die Möglichkeit des E-Procurement vereinfacht, die Beschaffungskosten werden reduziert, zum Beispiel durch geringeren Papierverbrauch und erhebliche Zeitersparnis. Der Kunde hat dabei den Vorteil, die Lieferfähigkeit sofort prüfen zu können. Die Angebote oder Bestellungen werden durch eine **elektronische Signatur** verbindlich.

Verschiedene E-Procurement-Anbieter unterstützen die Unternehmen bei der Suche nach geeigneten Softwarelösungen für die Bestellabwicklung.

4.2 Warenwirtschaftssysteme

Warenwirtschaftssysteme Kap. 3.1.3

Elektronische Warenwirtschaftssysteme sind computerunterstützte Systeme zur artikelgenauen, wert- und mengenmäßigen Warenverfolgung im Unternehmen. Die ständige Weiterentwicklung der Kommunikationsmedien eröffnet neue Möglichkeiten und Perspektiven. Der Weg der Ware vom Hersteller bis hin zum Endverbraucher kann durch diese technisch anspruchsvollen Kommunikationsmittel überwacht und gelenkt werden.

Merke **Warenwirtschaftssysteme** beinhalten den gesamten Warenfluss in einem Unternehmen, der mittels moderner elektronischer Datenverarbeitungsanlagen erfasst, kontrolliert und gesteuert werden kann.

Der Waren- und Belegdurchlauf in einem Unternehmen kann in manueller Form erfolgen, allerdings sind heute fast alle Unternehmen mit Computertechnik ausgestattet, sodass alle Vorgänge in elektronischer Form erfasst werden.

Der Markt bietet dazu verschiedene Softwaremöglichkeiten an. Diese umfassen alle Daten- und Warenflüsse vom Einkauf, über die Lagerung, den Verkauf und das Rechnungswesen.

Bestandteile von Warenwirtschaftssystemen

Warenwirtschaftssysteme umfassen die computergestützte Bewirtschaftung des gesamten Warenflusses

- vom Auftrag bis zur Auslieferung,
- vom Wareneingang über die Lagerverwaltung bis hin zum Warenausgang,
- vom Tagesumsatz bis zum Jahresumsatz.

Sie beinhalten darüber hinaus

- die Korrespondenz mit Kunden und Lieferanten,
- die gesamte Kommunikation über Telefon, E-Mail und Telefax,
- jegliche Statistiken über die Unternehmenstätigkeit.

Symbole in Warenwirtschaftssystemen

Symbole unterstützen die Arbeit in Warenwirtschaftssystemen. Verschiedenen Anwendungen sind bestimmte Symbole zugeordnet:

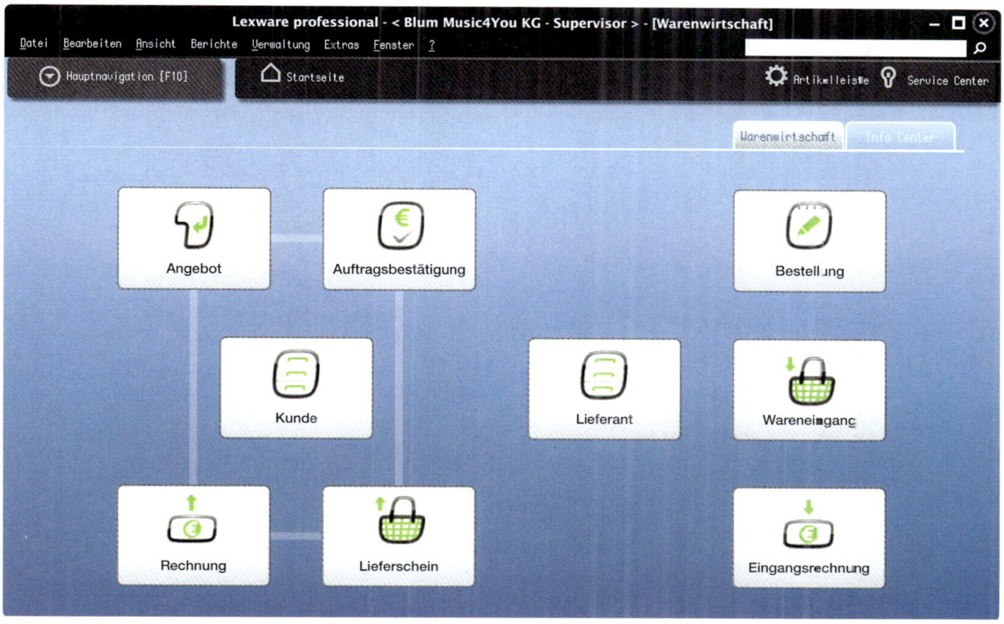

Stammdaten in Warenwirtschaftssystemen

Die Stammdaten in einem Warenwirtschaftssystem bestehen vorwiegend aus folgenden Angaben:

- Artikelstamm
- Lagerorte
- Lieferantenstamm
- Kundenstamm
- Preislisten
- Wechselkurse
- Zahlungsbedingungen
- Lieferbedingungen
- Versandarten

Die meisten Warenwirtschaftssysteme bieten ferner Schnittstellen zu öffentlichen Institutionen und anderen Unternehmen an, um Daten weiterzuleiten oder eine automatische Nachbestellung auszulösen.

Offene und geschlossene Warenwirtschaftssysteme

Grundsätzlich werden offene und geschlossene Warenwirtschaftssysteme unterschieden. Die **geschlossenen Warenwirtschaftssysteme** sind nur im eigenen Unternehmen anwendbar, dabei werden die Waren und Dienstleistungen der einzelnen Bereiche in der Beschaffung, im Verkauf, im Lager und in der Buchhaltung erfasst.

Beispiel Arbeitsauftrag via Intranet

Die Arbeitsabläufe werden über ein firmeneigenes Intranet gesteuert. Ein Mitarbeiter erhält sprachgesteuert über ein Headset zum Beispiel einen Kommissionierungsauftrag im Lager gemeldet. Er führt den Auftrag mithilfe des Intranets aus.

In einem **offenen Warenwirtschaftssystem** werden die Informationen zwischen verschiedenen Unternehmen ausgetauscht. So besteht die Möglichkeit, den Verbleib der Ware nachzuprüfen und Rechnungen, Lieferscheine sowie andere Frachtpapiere online zu versenden.

Beispiel Elektronische Kassensysteme

Der Einsatz von elektronischen Kassensystemen (zum Beispiel Scannerkassen) ermöglicht eine sofortige Warenbestandsaufnahme. Diese offenen Systeme sind in der Lage, die Abverkäufe zu erfassen, zu speichern und neue Ware zu bestellen.

Einsatzbereiche von Warenwirtschaftssystemen

In offenen Warenwirtschaftssystemen werden meist folgende Unternehmenstätigkeiten über das elektronische System abgewickelt.

Einkauf	■ Anfragen erstellen ■ Angebote einholen ■ Bestellungen auslösen
Verkauf	■ Anfragen bearbeiten ■ Angebote erstellen ■ Lieferscheine und Rechnungen erzeugen
Lagerhaltung	■ Wareneingang erfassen ■ Warenausgang erfassen ■ Warenbestand erfassen – automatisches Melden bei Erreichung von Mindest-, Melde- und Höchstbeständen
Buchhaltung	■ Zahlungsbelege erstellen ■ Zahlungsaufforderungen und Mahnungen erstellen ■ Inventurlisten erstellen

Die Vorgänge werden erfasst, gespeichert, statistisch ausgewertet und ausgegeben, sie vereinfachen die Berechnung des Betriebsergebnisses. Insofern besteht die Möglichkeit, einen raschen Überblick über die Rentabilität des Unternehmens zu erhalten. Einen optimal ökonomischen Arbeitsablauf bieten besonders die offenen Warenwirtschaftssysteme. Aufbereitete Daten können umgehend an Institutionen, wie zum Beispiel an das Finanzamt, übermittelt werden.

Vor- und Nachteile von Warenwirtschaftssystemen

Vorteile von Warenwirtschaftssystemen	Nachteile von Warenwirtschaftssystemen
■ laufende Bestandsüberwachung ■ schnellere Einkaufsdisposition ■ schneller Informationsfluss ■ kurzfristige Erfolgskontrolle ■ optimierte Personaleinsatzplanung ■ ökologischer Nutzen – geringerer Papierverbrauch	■ hohe Investitionskosten ■ geschultes Personal ■ Kosten für Pflege und Wartung ■ bei Systemausfall Stillstand des Informations- und Warenflusses ■ technische Ausstattung beeinflusst betriebliche Entscheidungen

Zusammenfassung

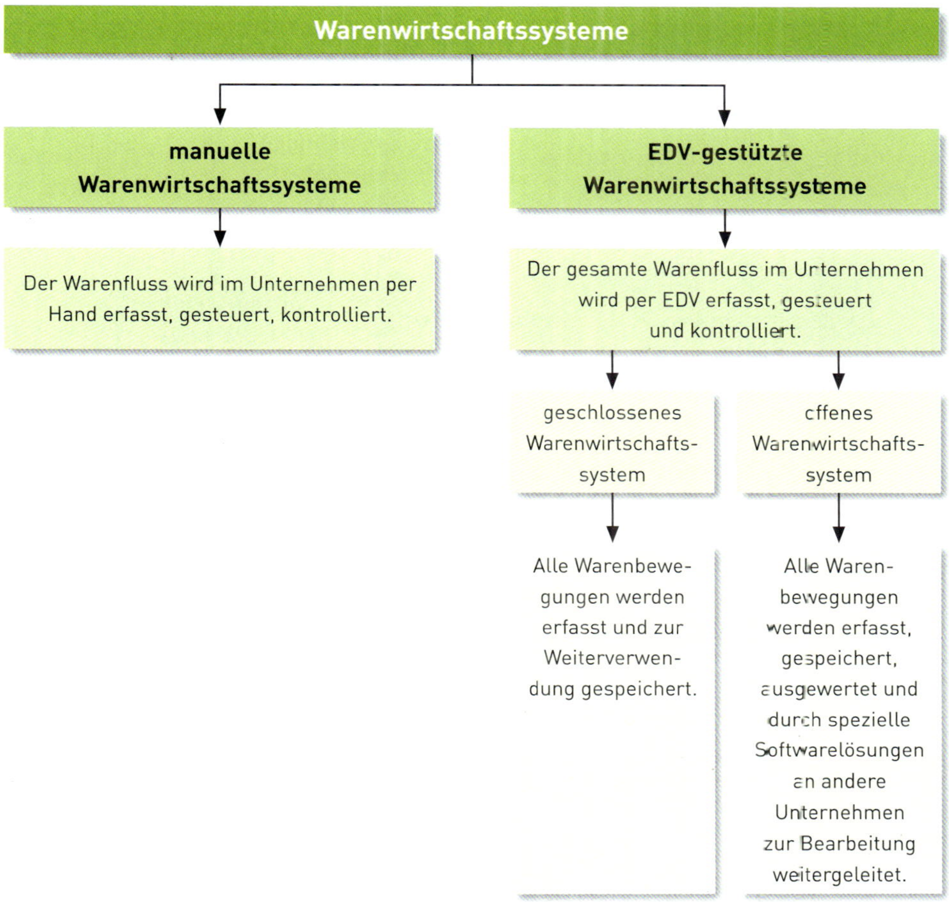

Lernlandkarte 4.3 und 4.4

4.3 Beschaffung

- die richtige Ware
- in der richtigen Güte
- in der richtigen Menge
- zum richtigen Preis
- zu den richtigen Zahlungsbedingungen
- zu den richtigen Lieferungsbedingungen
- mit minimalen Kosten

4.3.1 Organisation der Beschaffung

- dezentrale Beschaffung
- zentrale Beschaffung
- Objektprinzip
- Funktionsprinzip

4.3.2 Beschaffungswege

- direkte Beschaffung
- indirekte Beschaffung

4.3.3 Make or buy – Eigenherstellung oder Fremdbezug

machen oder ? kaufen?

4.3.4 Beschaffungsprinzipien

- Einzelbeschaffung
- fertigungssynchrone Beschaffung
- Vorratsbeschaffung

4.4 Bedarfsermittlung

4.4.1 Bedarfsarten

- Nettobedarf
- Bruttobedarf

4.4.2 Bezugsquellenermittlung

- interne Bezugsquellen
- externe Bezugsquellen

4.4.3 Bedarfsermittlung

- verbrauchsgesteuerte Bedarfsermittlung
- bedarfsgesteuerte Bedarfsermittlung

4.3 Beschaffung als Teil der betrieblichen Wertschöpfungskette

Der Unternehmensbereich Beschaffung spielt eine zentrale Rolle, um die unternehmerischen Ziele erfüllen zu können. Hauptaufgabe der Abteilung Beschaffung ist es, eine termingerechte Bereitstellung von Werkstoffen, Gütern oder Waren in der richtigen Art und Menge zu minimalen Kosten zu garantieren.

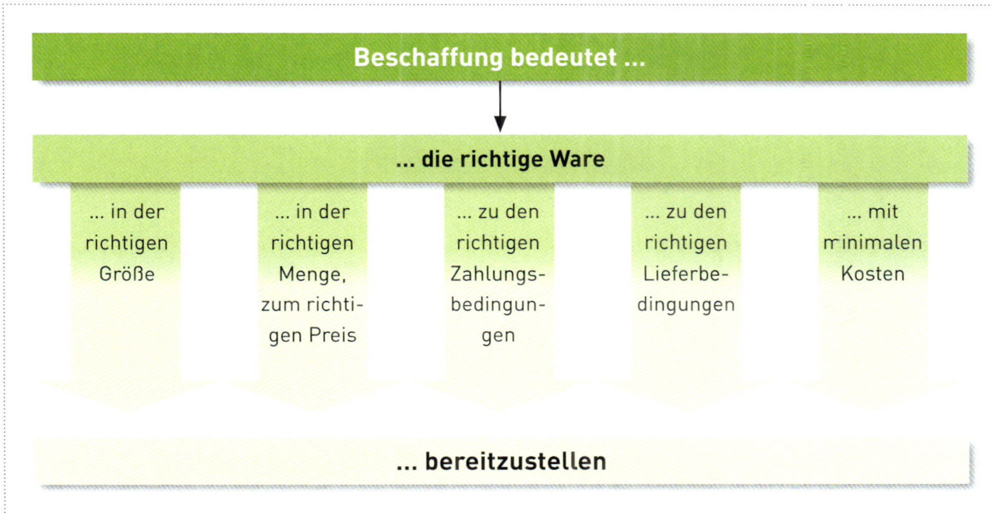

Im Rahmen der **Beschaffungsplanung** müssen folgende Fragen geklärt werden, bevor eine Bestellung ausgelöst wird:

- Welche Umsatzziele sind geplant?
- Wohin führt die Marktentwicklung?
- Wie hoch ist die Liquidität?
- Welche Lagerkapazitäten stehen zur Verfügung?
- Wie viel Personal wird benötigt?
- Was soll eingekauft werden?
- Wie viel soll eingekauft werden?
- Wann soll eingekauft werden?
- Welches Kapital steht zur Verfügung?
- Welche Mindestabnahmemengen geben uns die Lieferanten vor?
- Werden Preisänderungen am Markt erwartet?
- Wird sich das Nachfrageverhalten unserer Kunden ändern?
- Wie verhält sich die Konkurrenz?
- Wo soll eingekauft werden?
- Welche Materialien sind notwendig?

Sind diese Fragen beantwortet, beginnt der Beschaffungsprozess mit dem Ziel einer optimalen Gestaltung des gesamten Leistungsprozesses.

Der **Beschaffungsprozess** besteht im Einzelnen aus folgenden Teilaufgaben:

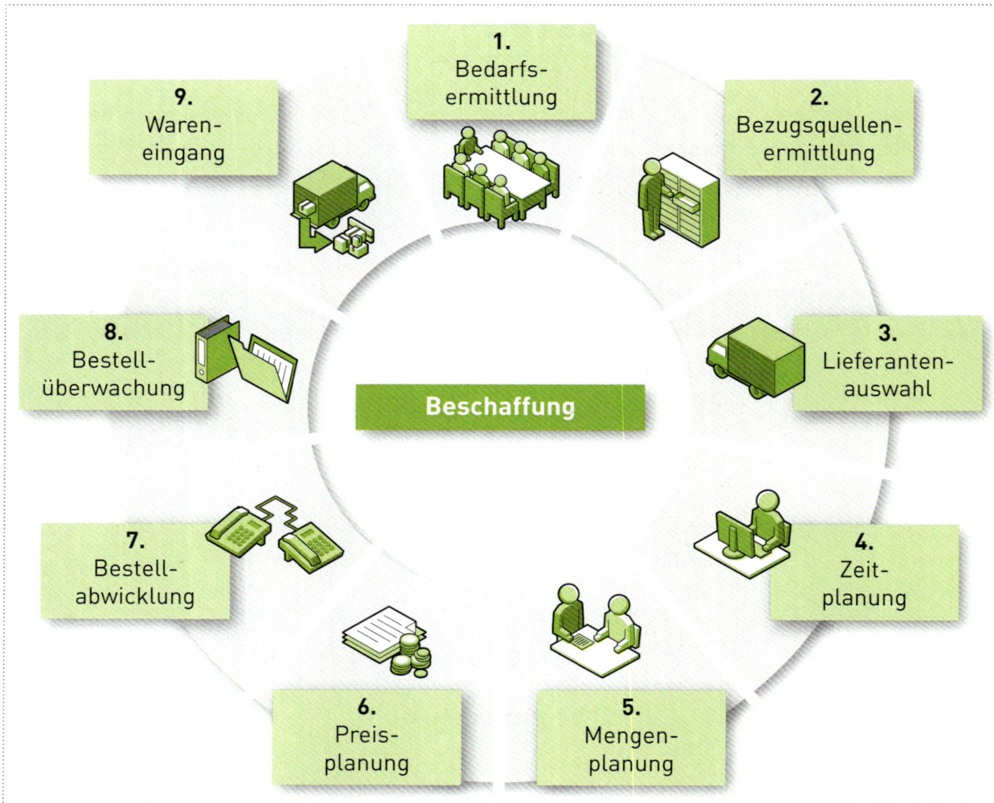

Merke Die **Beschaffung** umfasst die Versorgung des Unternehmens in allen Bereichen und ist ein wesentlicher Teil der betrieblichen Wertschöpfungskette. Die Aufgaben der Beschaffungsabteilungen konzentrieren sich auf die Versorgung des Unternehmens mit Roh-, Hilfs- und Betriebsstoffen sowie mit Fertigprodukten, Dienstleistungen, Energien und mit Rechten.

Der Einkauf ist der entscheidende Ausgangspunkt der unternehmerischen Tätigkeit und steht am Anfang des betrieblichen Leistungsprozesses. Im Bereich der Beschaffung bestehen große Möglichkeiten zur Gewinnoptimierung; sie legt damit den Grundstein für den Unternehmenserfolg.

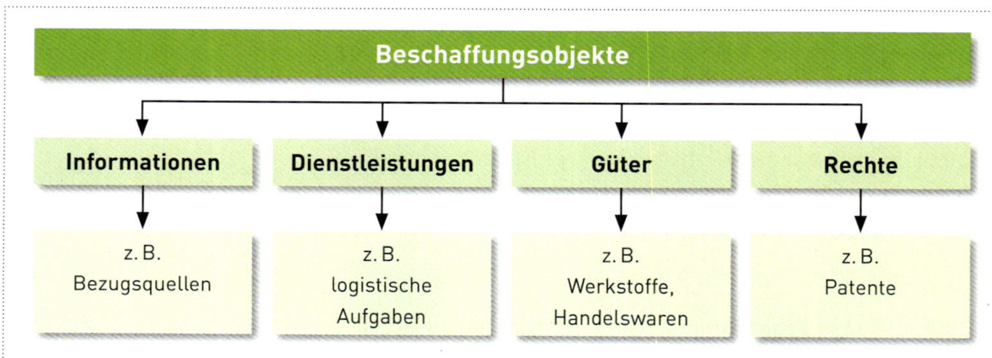

4.3.1 Organisation der Beschaffung

Die Beschaffung in einem Unternehmen kann auf unterschiedliche Weise erfolgen. Wie sie organisiert wird, hängt auch von der Gesamtorganisation des Unternehmens ab.

Äußere Organisation der Beschaffung

Organisation der Beschaffung

zentrale Beschaffung

Die Beschaffung erfolgt für das gesamte Unternehmen durch eine einzige Stelle.

dezentrale Beschaffung

Die Beschaffung erfolgt durch einzelne Filialunternehmen oder Betriebsteile.

Die zentrale und die dezentrale Beschaffung des Unternehmens sind Aspekte der äußeren Organisation des Unternehmens.

Zentrale und dezentrale Beschaffung

Vorteile zentrale Beschaffung

- Möglichkeiten der Rabattgewährung durch große Abnahmemengen
- bessere Überwachung und Kontrollmöglichkeiten der Lieferungen
- effiziente Überwachung der Lagerbestände
- Einsatz von qualifiziertem Fachpersonal
- bessere Marktübersicht

Vorteile dezentrale Beschaffung

- schnelle Reaktion auf mögliche Kundenwünsche
- hohes Fachwissen von Spezialisten vor Ort
- stärkere Abstimmung auf Spezialbereiche im Unternehmen

Innere Organisation der Beschaffung

Stellenbildung Kap. 11.1.2

Die betriebliche Organisation eines Unternehmens erfolgt durch die Stellenbildung. So weist die Stellenbildung im Unternehmen jedem Mitarbeiter einen bestimmten Aufgabenbereich zu. Im Beschaffungsbereich unterscheiden sich die Aufgaben durch das Funktionsprinzip und das Objektprinzip.

Innere Organisation der Beschaffung

Funktionsprinzip

- Die Aufteilung der Tätigkeitsbereiche erfolgt nach den verschiedenen Aufgaben innerhalb der Abteilung Einkauf.
- Die Mitarbeiter erfüllen nur Teilbereiche des gesamten Beschaffungsprozesses.

Objektprinzip

- Die Aufteilung der Tätigkeitsbereiche erfolgt nach den zu beschaffenden Werkstoffen und Waren.
- Die Mitarbeiter nehmen alle Tätigkeiten des Beschaffungsprozesses wahr.

4.3.2 Beschaffungswege

Die Beschaffung ist eine Grundaufgabe im Unternehmen; die Beschaffungswege werden durch die betrieblichen Ziele, die wirtschaftliche Situation oder auch durch den Standort des Unternehmens bestimmt.

Beschaffungswege

direkte Beschaffung

Bezug beim Urproduzenten oder Hersteller

Vorteile

- bessere Konditionen und Preisvorteile
- Kostenvorteile durch Einsparung von Transportwegen
- Verringerung von Umlade- und Zwischenlagerungskosten

indirekte Beschaffung

Bezug über den Handel, Beschaffungshelfer oder Importeur

Vorteile

- bessere Marktübersicht durch Händler, Beschaffungshelfer und Importeure
- keine schwierige Vorauswahl mehr nötig
- kleine Abnahmemengen möglich

4.3.3 Make or buy – Eigenherstellung oder Fremdbezug

Make or buy (engl.) heißt übersetzt „machen oder kaufen". Dies wird als Entscheidungsalternative im Unternehmen angesehen, die richtige Ware in der geforderten Menge und Qualität zum richtigen Zeitpunkt und zum günstigsten Preis entweder selbst herzustellen oder von einem Fremdanbieter zu beschaffen.

Entscheidend sind die Kostenfaktoren, die über Eigenherstellung oder Fremdfertigung bestimmen. Es kann von Vorteil sein, zum Beispiel Produktteile von einem anderen Hersteller fertigen zu lassen, wenn dieser über wirtschaftlich bessere technische Voraussetzungen oder zuverlässigere Lieferanten verfügt und die gewünschte Menge zum richtigen Termin in guter Qualität kostengünstiger herstellen kann. So spielt der Fremdbezug eine immer größere Rolle in Wirtschaftsunternehmen.

Ausschlaggebende **Einflussgrößen für die Entscheidung „make or buy“,** also die Wahl zwischen Eigenherstellung oder Fremdbezug der erforderlichen Mittel für den betrieblichen Leistungsprozess, sind:
- Kernkompetenzen des Unternehmens
- Herstellungs- und Transportkosten
- Kapitalbedarf
- Entwicklungskosten
- Produktionskapazität
- qualitative Aspekte
- Zuverlässigkeit des Lieferanten
- eigenes Personal (Qualifizierung der Mitarbeiter)
- Verminderung des Unternehmerrisikos
- Unternehmensimage

Die Gründe für die Alternative „make or buy“ können vielfältig sein, sie müssen immer aus Sicht des beschaffenden Unternehmens betrachtet werden. Vor einer Entscheidung muss sehr genau die Kernkompetenz des Unternehmens bedacht und geprüft werden, ob es sinnvoll ist, ein Produkt selbst herzustellen oder womöglich anderweitig kostengünstiger zu beschaffen. Die Unternehmen sollten sich darauf konzentrieren, wofür sie die besten Voraussetzungen mitbringen.

Eigenherstellung

Eine vollständige **Eigenfertigung** in den Unternehmen ist fast nur noch in speziellen Bereichen der Wirtschaft zu finden, so zum Beispiel in der Raumfahrt.

Vorteile Eigenherstellung	Nachteile Eigenherstellung
■ intensiver Kundenkontakt	■ hohe Entwicklungskosten
■ direkte Serviceangebote möglich	■ erhebliche Investitionskosten
■ keine Abhängigkeit von Zulieferern	■ hohe Personalkosten aufgrund qualifizierter Mitarbeiter
■ Imagevorteil	■ finanzielles Risiko bei Innovationen
■ große Flexibilität	■ großer Kapitalbedarf
■ geringe Logistikkosten	

Fremdbezug

Der Trend hin zum **Fremdbezug** steigt durch die Globalisierung des Weltmarkts enorm an. Einige Unternehmen betreiben ein vollständiges Outsourcing (Auslagerung von Geschäftsprozessen) für ihre Fertigungsbereiche. Dies ist möglich, da die Preise zum Beispiel in osteuropäischen oder asiatischen Ländern mitunter so gering sind, dass sich eine Eigenfertigung in Deutschland nicht mehr lohnt – trotz hoher Transportkosten aus den entfernten Ländern und Produktionsstätten.

Merke **Outsourcing** bedeutet die Auslagerung gesamter Geschäftsprozesse, einzelner Aufgabenbereiche sowie Dienstleistungen, um sich auf die eigenen Kernkompetenzen konzentrieren zu können und Unternehmenskosten einzusparen.

Outsourcing wird in allen Bereichen der Wirtschaft durchgeführt, insbesondere in den Bereichen der Informations- und Telekommunikationstechnologie, der Produktion sowie dem Transportwesen. Durch Outsourcing bzw. einen Fremdbezug können sich aber auch Nachteile für Unternehmen ergeben, denn sie werden abhängig von ihren Zulieferern. Qualitätseinbußen und ein sinkendes Firmenimage können die Folgen sein.

Neben der Fremdbeschaffung von Roh-, Hilfs- und Betriebsstoffen sowie Waren werden auch Dienstleistungen oder Rechte (zum Beispiel Lizenzen) geordert.

Vergleich Eigenherstellung und Fremdbezug

Ein Unternehmer muss vor seiner Entscheidung über „make or buy" die jeweiligen Kosten ermitteln. Hierfür gibt es unterschiedliche Wege: die rechnerische und/oder die grafische Ermittlung.

Beispiel Eigenherstellung oder Fremdbezug

Vergleich der Kosten bei Eigenherstellung oder Fremdbezug bei einer Menge von 200, 500, 800, 1 000, 1 500, 2 000 oder 2 500 Stück eines Artikels

Kosten der Eigenherstellung:

- Fixkosten (z. B. Miete, Abschreibungen, Wartung von Maschinen) .... 10.000,00 €
- variable Kosten je Stück (z. B. Kosten für Rohstoffe) .... 5,00 €

Kosten bei Fremdbezug:

- Fixkosten .... 0,00 €
- variable Kosten je Stück .... 25,00 €

Rechungswesen Kap. 10.2.3

Merke Die **Gesamtkosten** setzen sich aus den **fixen** und den **variablen Kosten** zusammen.

Fixkosten sind feste Kosten, die in jedem Unternehmen entstehen, damit überhaupt produziert oder verkauft werden kann. Es handelt sich hierbei um konstante Kosten, die sich nur mit der Struktur des Unternehmens verändern (zum Beispiel Mieten oder Pachten).

Variable Kosten sind veränderliche Kosten, die in der Höhe variieren. Sie verändern sich in Abhängigkeit vom Beschäftigungsgrad (zum Beispiel Akkordlöhne, Energiekosten) bzw. der Produktionsmenge.

Beispiel (Fortsetzung) Rechnerische Ermittlung von „make or buy“

Fremdbezug	=	Eigenherstellung	*Rechenschritt*
25,00 € · x	=	10.000,00 € + 5,00 € · x	– 5,00 €
20,00 € · x	=	10.000,00 € · x	: 20,00 €
x	=	500 Stück	

Die rechnerische Ermittlung zeigt, dass ab einer Menge von 500 Stück die Eigenherstellung kostengünstiger ist.

Beispiel (Fortsetzung) Grafische Ermittlung von „make or buy“

	Eigenherstellung			Fremdbezug		
Menge (Stück)	Fixkosten	variable Kosten	Gesamtkosten	Fixkosten	variable Kosten	Gesamtkosten
200	10.000,00 €	1.000,00 €	11.000,00 €	0,00 €	5.000,00 €	5.000,00 €
500	10.000,00 €	2.500,00 €	12.500,00 €	0,00 €	12.500,00 €	12.500,00 €
800	10.000,00 €	4.000,00 €	14.000,00 €	0,00 €	20.000,00 €	20.000,00 €
1 000	10.000,00 €	5.000,00 €	15.000,00 €	0,00 €	25.000,00 €	25.000,00 €
1 500	10.000,00 €	7.500,00 €	17.500,00 €	0,00 €	37.500,00 €	37.500,00 €
2 000	10.000,00 €	10.000,00 €	20.000,00 €	0,00 €	50.000,00 €	50.000,00 €
2 500	10.000,00 €	12.500,00 €	22.500,00 €	0,00 €	62.500,00 €	62.500,00 €

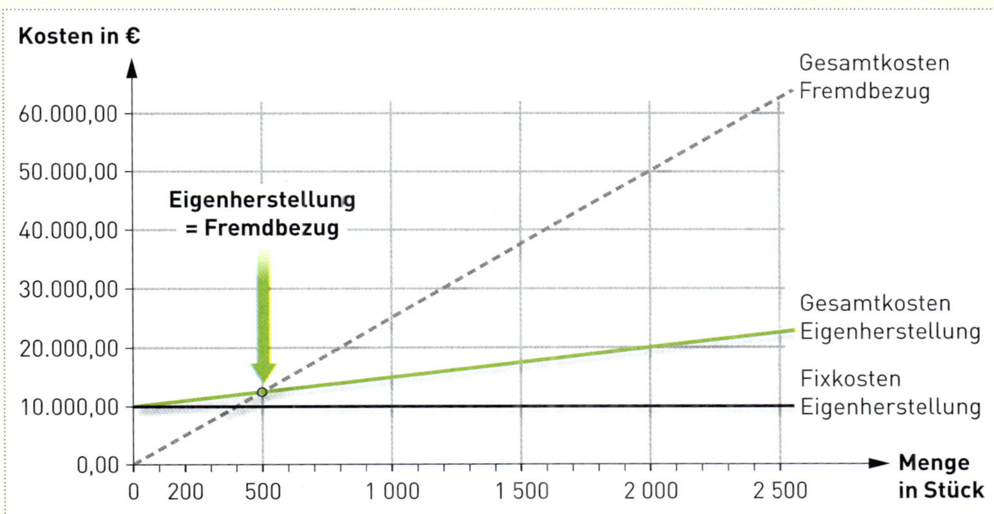

Auch die grafische Ermittlung zeigt, dass die Eigenherstellung ab einer Menge von 500 Stück wirtschaftlicher ist.

4.3.4 Beschaffungsprinzipien

Beschaffungsprinzipien sind grundsätzliche Festlegungen darüber, auf welche Weise (nach welchem Prinzip) Werkstoffe oder Handelswaren beschafft werden. Das Unternehmen legt dabei einen wichtigen Grundstein für seine wirtschaftliche Tätigkeit. Häufig wendet ein Unternehmen auch mehrere Prinzipien bei der Beschaffung an.

Beschaffungsprinzipien

- **Einzelbeschaffung**
- **fertigungssynchrone Beschaffung**
- **Vorratsbeschaffung**

Einzelbeschaffung

Eine Einzelbeschaffung im Unternehmen erfolgt dann, wenn der Bedarf vorliegt, beispielsweise beim Auftragseingang eines Kunden. Nachdem der Kunde seine Bestellung abgegeben hat, erfolgt die Beschaffung der notwendigen Materialien durch den Auftragnehmer. Diese Form der Beschaffung erfordert jedoch äußerst zuverlässige Lieferanten, sonst sind Störungen im Produktionsablauf, Kunden- und Gewinnverluste zu befürchten.

Vorteile Einzelbeschaffung	Nachteile Einzelbeschaffung
■ geringe Kapitalbindung ■ kurze Lagerdauer ■ geringe Lagerhaltungskosten ■ geringes Lagerrisiko	■ Produktionsstillstand bei Lieferschwierigkeiten ■ keine Rabattgewährung bei kleinen Mengenabnahmen möglich ■ Kundenverluste bei Lieferengpässen

Fertigungssynchrone Beschaffung

Bei einer fertigungssynchronen Beschaffung werden die benötigten Werkstoffe, Halbfabrikate oder Fertigerzeugnisse kurzfristig vor der Weiterverarbeitung oder Weiterverwendung angeliefert. Die Güter lagern auf dem Transportmittel, zum Beispiel einem Lkw oder der Bahn.

Just-in-time-Verfahren Kap. 4.6.3

Diese Form der Beschaffung wird auch als **Just-in-time-Beschaffung** (just in time = zur rechten Zeit) bezeichnet. Im Lager verbleiben lediglich **Sicherheitsbestände.** Diese Sicherheitsbestände werden auch als Mindestbestand oder eiserner Bestand bezeichnet. Auf sie darf nur in Ausnahmefällen zugegriffen werden.

Die **Voraussetzungen für eine fertigungssynchrone Beschaffung** sind:
- zuverlässige Lieferanten
- sichere Beförderungszeiten und geringes Transportrisiko
- garantierte Liefertermine
- sorgfältige Organisation des Einkaufs
- ausgereifte Informations- und Kommunikationssysteme

Vorteile fertigungssynchrone Beschaffung	Nachteile fertigungssynchrone Beschaffung
■ geringe Lagerhaltungskosten, da nur noch Sicherheitsbestände gelagert werden ■ Einsparung von Transportkosten zwischen den Lagern der einzelnen Betriebsstätten ■ Verringerung der Durchlaufzeiten ■ Erhöhung der Liquidität (geringe Kapitalbindungskosten) ■ Minderung des Lagerrisikos (Verderb, Veralten, Schwund) ■ Ausgleich des Lieferverzugs durch Konventionalstrafen	■ Risiko des Lieferverzugs ■ Produktionsstillstand bei Lieferschwierigkeiten ■ Kundenverluste bei Lieferverzug ■ keine Rabattgewährung bei kleinen Mengen ■ erhöhtes Verkehrsaufkommen = hohe Umweltbelastung ■ Abhängigkeit von Zulieferern und Preisen auf dem Rohstoffmarkt ■ gesellschaftspolitische Probleme (Streiks)

Vorratsbeschaffung

In vielen Bereichen unserer Wirtschaft ist weder eine Einzelbeschaffung noch eine fertigungssynchrone Beschaffung möglich; hier ist die Vorratsbeschaffung eine Alternative. Bei der Vorratsbeschaffung werden große Mengen auf Lager genommen und stehen jederzeit zur Weiterverarbeitung oder zur -veräußerung zur Verfügung. Das Lager dient damit als Puffer. Sinnvoll ist diese Art der Beschaffung, wenn durch große Mengenabnahmen hohe Rabatte erzielt werden können oder wenn es sich um preisgünstige Güter handelt mit der Erwartung eines eventuellen Preisanstiegs in der Zukunft. Bei einigen Gütern ist eine Vorratshaltung unabdingbar, da diese zu anderen Zeitpunkten nicht beschafft werden können. Hierbei handelt es sich meist um saisonale Güter wie Obst, Gemüse und Getreide.

Die Anzahl der zu beschaffenden Werkstoffe und Waren wird meist aus Schätzungen der letzten Periode oder des Bedarfsverlaufs ermittelt.

Vorteile Vorratsbeschaffung	Nachteile Vorratsbeschaffung
■ kostengünstiger Einkauf durch große Mengen ■ kein Produktionsausfall ■ ständige Lieferbereitschaft ■ zufriedene Kunden	■ hohe Lagerbestände, hohe Kapitalbindung ■ erhebliche Zins- und Lagerhaltungskosten ■ hohes Risiko an Qualitätsverlusten, Verderb und Veralterung

4.4 Bedarfsermittlung

Aufgabe der Bedarfsermittlung in der Produktion ist die Bestimmung des benötigten Materialbedarfs. Um diesen Bedarf nach Art, Qualität und Menge zu ermitteln, gibt es verschiedene Methoden. Bevor diese näher erläutert werden, sind die Unterschiede bei den Materialarten zu klären.

4.4.1 Bedarfsarten

Die Beschaffungsprozesse der Unternehmen sind so verschiedenartig wie die unternehmerischen Ziele und Aufgaben. Unternehmen in der Industrie beschaffen Werkstoffe (Roh-, Hilfs- und Betriebsstoffe) für ihre laufende Produktion. Handelsbetriebe müssen Fertigprodukte (Handelswaren) zur Verteilung an den Endverbraucher bereitstellen.

Für die Disposition (Planung für den Einsatz von Material u. a.) in der Beschaffung sind folgende Materialarten zu unterscheiden:

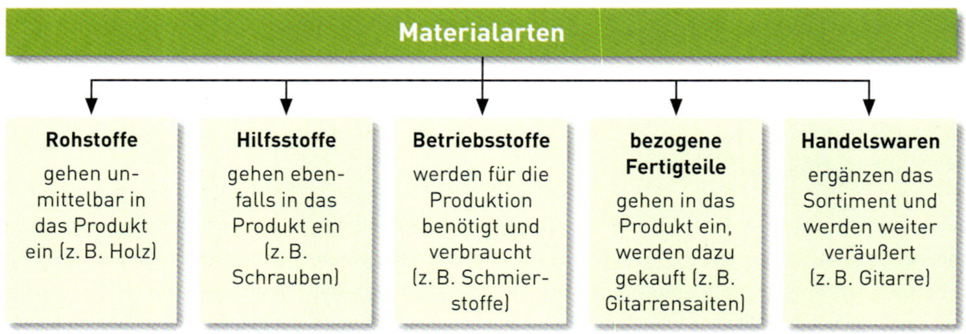

Bedarfsarten im Beschaffungsprozess

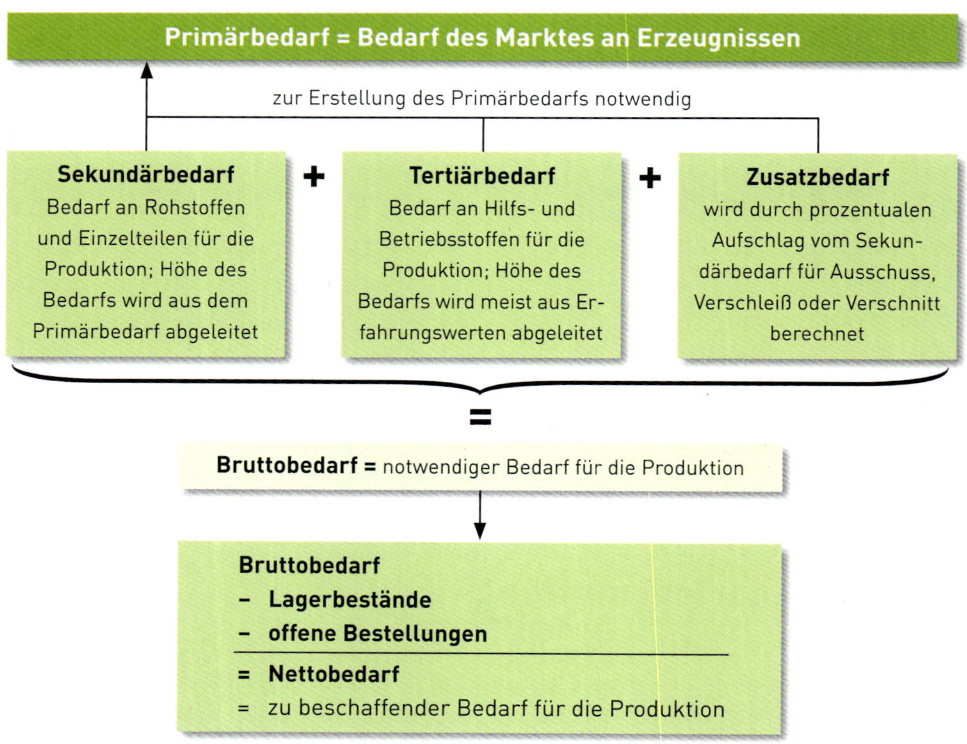

4.4.2 Bezugsquellenermittlung und Lieferantenauswahl

Die Ermittlung von Lieferanten nimmt in der Beschaffung einen hohen Stellenwert ein, da qualitativ und quantitativ hochwertige Produkte über den Unternehmenserfolg entscheiden.

Merke Die **Bezugsquellenermittlung** ist ein Teilprozess der Beschaffung. Ihre Aufgabe ist es, geeignete Lieferanten (= Bezugsquelle) für benötigte Güter oder Dienstleistungen zu finden.

Gründe dafür, eine neue Bezugsquelle zu suchen, können zum Beispiel sein:

- Das Sortiment soll erweitert werden.
- Der bisherige Lieferant ist lieferunfähig.
- Das Unternehmen ist nicht mehr zufrieden mit dem bisherigen Lieferanten.
- Die Zahlungs- und/oder Lieferkonditionen des Lieferanten haben sich verschlechtert.

Grundsätzlich werden die Bezugsquellen nach internen und externen Informationsquellen unterschieden. Die **internen Bezugsquellen** können im Unternehmen von den Mitarbeitern sofort genutzt werden, sie sind im Unternehmen bereits vorhanden. Die **externen Bezugsquellen** hingegen betreffen Informationen von außen, die erst eingeholt werden müssen.

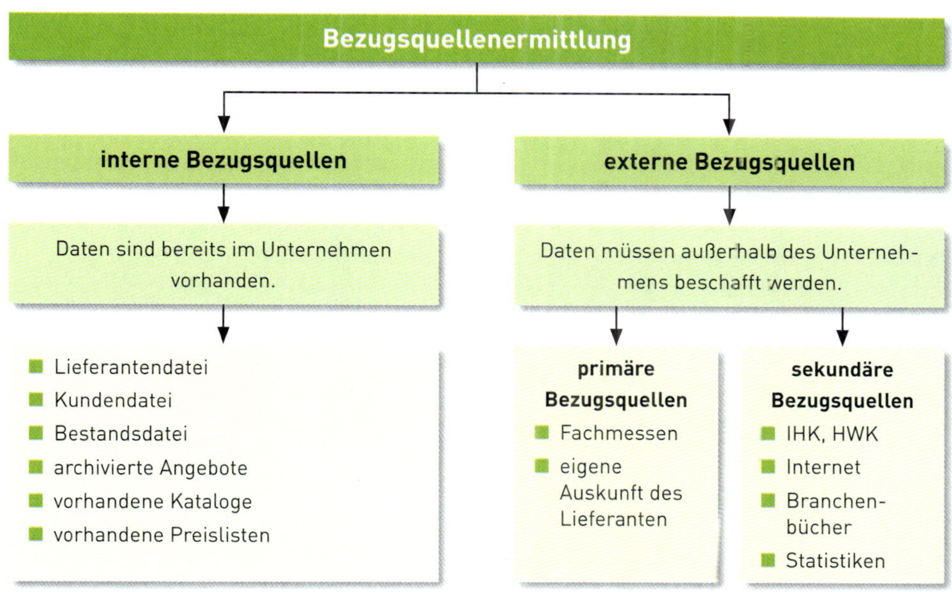

Zur Ermittlung einer geeigneten Bezugsquelle lässt sich ein Unternehmen unter anderem von folgenden Kriterien leiten:

- Welchen Umfang hat der zu beschaffende Bedarf?
- Welcher Bezugspreis ist zu erlangen?
- Wie sind die Liefer- und Zahlungsbedingungen des Anbieters?
- Welche Qualität der Ware ist erforderlich?
- Wird von dem Anbieter auch die Konkurrenz beliefert?

- Welche Garantieleistungen bietet der Lieferant?
- Werden Serviceleistungen erbracht?

Hat der Unternehmer bisher keinerlei Erfahrungen mit dem ausgewählten Lieferanten, so wird er versuchen, genauere Informationen einzuholen und die Stellung des Anbieters am Markt zu prüfen. Hilfreiche Auskünfte dabei geben beispielsweise die Industrie- und Handelskammern (www.dihk.de), die Handwerkskammern (www.handwerkskammer.de) oder verschiedene Fachverbände.

Bezugsquellendatei

Bezugsquellendateien beinhalten Daten von Lieferanten, ihren Produkten oder Materialien nach der Art und ihren Merkmalen, Preise, Liefer- und Zahlungsbedingungen, Rabatte und weitere wichtige Informationen. Heutzutage werden die Bezugsquellen eines Unternehmens fast ausschließlich in elektronischer Form gespeichert und weiter verwendet. Dies ermöglicht einen stetig aktuellen Überblick über alle relevanten Lieferanten- und Kundendaten.

Beispiel **Bezugsquellendatei (Auszug) aus dem Warenwirtschaftssystem der Blum Music4You KG**

Lieferantenliste			
Lieferantennr:	44001		
Name 1:	2020 Sound AG	Ansprechp.:	Herr Malte Schmidt
Name 2:	Großhandel CDs, DVDs	E-Mail 1:	info@soundag-wvb.com
Straße:	Weserdeich 2	E-Mail 2:	M.Schmidt@soundag-wvb.com
PLZ, Ort:	28777 Bremen	Telefon:	0421 22233-0
Lieferantennr:	44002		
Name 1:	F & S GmbH	Ansprechp.:	Frau Antje Geber
Name 2:	Instrumentenhandel	E-Mail 1:	Antje.Geber@f-und-s-wvb.de
Straße:	Südweg 8	E-Mail 2:	info@f-und-s-wvb.de
PLZ, Ort:	91060 Erlangen	Telefon:	09131 343434
Lieferantennr:	44003		
Name 1:	Elektro-Jakowski e. K.	Ansprechp.:	Herr Karl Flau
Name 2:		E-Mail 1:	Info@jakowski-wvb.de
Straße:	John-Lennon-Straße 4	E-Mail 2:	Flau@jakowski-wvb.de
PLZ, Ort:	26135 Oldenburg	Telefon:	0441 507734

Warenwirtschaftssysteme Kap. 4.2

Da die Bezugsquellendatei meist in das Warenwirtschaftssystem eingebettet ist, kann der Mitarbeiter aus der Bezugsquellendatei heraus beispielsweise eine Anfrage an den Lieferanten senden, eine Bestellung auslösen oder eine Mängelrüge bearbeiten. Für die Unternehmen und ihre Mitarbeiter ist das eine effiziente Arbeitsweise.

4.4.3 Verbrauchs- und bedarfsgesteuerte Bedarfsermittlung

Zur Ermittlung des Bedarfs nach der Methode der **verbrauchsgesteuerten Bedarfsermittlung** werden die Verbrauchswerte der Vergangenheit genommen. Im Handel werden diese Werte aus Umsätzen und Nachfragehäufigkeiten ermittelt. Diese Art der Bedarfsermittlung ist nur sinnvoll, wenn der Bedarf oder Verbrauch kontinuierlich oder nicht vorhersehbar ist.

Die **bedarfsgesteuerte Bedarfsermittlung** (auch als programmorientierte Bedarfsermittlung bezeichnet) ist eine exakte Bedarfsermittlung nach einem bereits vorhandenen konkreten Bedarf. Der zu ermittelnde Bedarf wird anhand von Kundenaufträgen, die bereits im Unternehmen vorliegen, sowie aus Stücklisten oder aus Rezepturen zur Herstellung von Gütern (zum Beispiel Backwaren) exakt berechnet.

Beispiel Bedarfsgesteuerte Bedarfsermittlung bei Blum Music4You KG

Eine Kernkompetenz der Blum Music ist die Herstellung von E-Gitarren. Die Produktion der Gitarren erfolgt in Einzelanfertigung und nach Kundenwünschen. Der Gitarrenhals, die Kopfplatte und der Gitarrenkorpus werden eigens hergestellt, die anderen notwendigen Teile wie Kippschalter für Tonabnehmer, Bassregler, Höhenregler, Lautstärkeregler, Saiten, Verstärker, Schaltungstechnik u.a. stammen aus fremdbezogener Beschaffung.

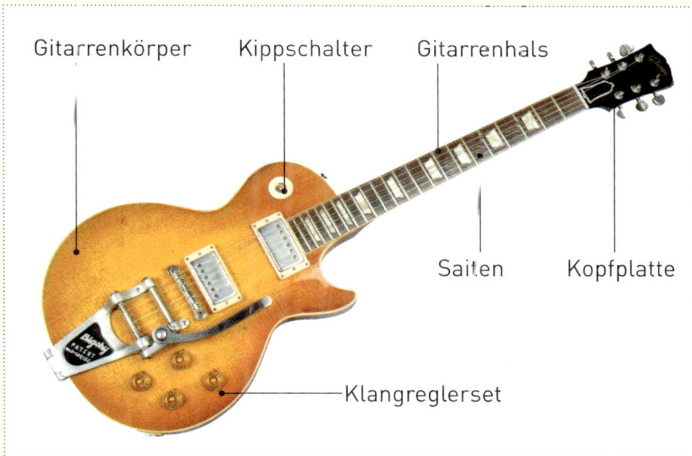

Herkunft und Anzahl einiger Materialien zur Herstellung einer E-Gitarre	
Rohstoffe	Bezogene Fertigteile
■ Ahornholzblock für Korpus in Größe 5 cm x 50 cm x 30 cm (7,5 dm³) ■ Ahornholzblock für Gitarrenhals in Größe 3 cm x 5 cm x 60 cm (0,9 dm³)	■ Kippschalter für Tonabnehmer ■ Klangreglerset, bestehend aus zwei Bassreglern, einem Höhenregler, einem Lautstärkeregler ■ Saiten ■ Schraubenset

Nach Eingang einer Bestellung von neun Stück E-Gitarren des Modells „Keith“ zum Preis von 3.400,00 € durch eine Musikschule, muss anschließend bei Blum Music geprüft werden, wie hoch der Bedarf an Rohstoffen sowie fremd bezogenen Bauteilen ist.

Fortsetzung Beispiel siehe nächste Seite.

Eine E-Gitarre besteht unter anderem aus

- einem Gitarrenkorpus,
- einem Gitarrenhals,
- sechs Saiten,
- zwei Bassreglern und
- einem Höhenregler,
- einem Lautstärkeregler,
- einem Kippschalter,
- einem Schraubenset.

Der Lagerbestand weist laut Warenwirtschaftssystem für diese benötigten Materialien folgende Mengen auf:

Blum Music4You KG	Material-nummer	Bezeichnung	Mindest-bestand	Melde-bestand	Höchst-bestand
Lagerbe-standsdatei	**50001**	**Ahornblock 0,9**	**2**	**6**	**20**
Datum	*Beleg*	*Mitarbeiter*	*Zugang*	*Abgang*	*Bestand*
31.12.20..	Inventur	Müller			4
25.02.20..	369/02	Danz	15		19
02.03.20..	421/03	Müller		16	3

Blum Music4You KG	Material-nummer	Bezeichnung	Mindest-bestand	Melde-bestand	Höchst-bestand
Lagerbe-standsdatei	**50002**	**Ahornblock 7,5**	**2**	**6**	**15**
Datum	*Beleg*	*Mitarbeiter*	*Zugang*	*Abgang*	*Bestand*
31.12.20..	Inventur	Müller			15
05.06.20..	399/06	Schreiber		7	8
04.07.20..	486/07	Schreiber		6	2

Blum Music4You KG	Material-nummer	Bezeichnung	Mindest-bestand	Melde-bestand	Höchst-bestand
Lagerbe-standsdatei	**50010**	**Klang-reglerset**	**24**	**30**	**60**
Datum	*Beleg*	*Mitarbeiter*	*Zugang*	*Abgang*	*Bestand*
31.12.20..	Inventur	Müller			27
03.06.20..	401/06	Schreiber	14		41
03.07.20..	484/07	Schreiber		16	25

Blum Music4You KG	Material-nummer	Bezeichnung	Mindest-bestand	Melde-bestand	Höchst-bestand
Lagerbe-standsdatei	**50020**	**Saiten**	**60**	**80**	**180**
Datum	*Beleg*	*Mitarbeiter*	*Zugang*	*Abgang*	*Bestand*
31.12.20..	Inventur	Schreiber			144
05.06.20..	409/06	Danz	36		180
04.07.20..	501/07	Müller		96	84

Blum Music4You KG	Material-nummer	Bezeichnung	Mindest-bestand	Melde-bestand	Höchst-bestand
Lagerbe-standsdatei	**50011**	**Kippschalter**	**8**	**12**	**30**
Datum	*Beleg*	*Mitarbeiter*	*Zugang*	*Abgang*	*Bestand*
31.12.20..	Inventur	*Müller*			12
08.06.20..	389/06	*Danz*	18		30
07.07.20..	492/07	*Müller*		16	14

Blum Music4You KG	Material-nummer	Bezeichnung	Mindest-bestand	Melde-bestand	Höchst-bestand
Lagerbe-standsdatei	**60000**	**Schrauben-set**	**120**	**140**	**270**
Datum	*Beleg*	*Mitarbeiter*	*Zugang*	*Abgang*	*Bestand*
31.12.20..	Inventur	*Müller*			138
10.06.20..	406/06	*Schreiber*		102	36
08.07.20..	563/07	*Schreiber*	234		270

Bedarfsermittlung zur Herstellung von neun Stück E-Gitarren Modell „Keith“:

Rohstoff/Fertigbauteil	**Ahorn-block 0,9**	**Ahorn-block 7,5**	**Saiten**	**Klang-reglerset**	**Kipp-schalter**	**Schrau-benset**
Bruttosekundärbedarf pro Gitarre	1 Stück	1 Stück	6 Stück	1 Stück	1 Stück	1 Stück
Bruttosekundärbedarf für 9 E-Gitarren	9 Stück	9 Stück	54 Stück	9 Stück	9 Stück	9 Stück
– verfügbarer Lagerbestand = (Lagerbestand – Mindestbestand)	1 Stück	–	24 Stück	1 Stück	6 Stück	150 Stück
Nettosekundärbedarf	8 Stück	9 Stück	30 Stück	8 Stück	3 Stück	vorhanden

Die Ermittlung notwendiger Bauteile zur Herstellung eines Produkts nach Auftragseingang mithilfe der bedarfsgesteuerten Bedarfsermittlung hat ein geringes unternehmerisches Risiko zur Folge. Die Kapitalbindung ist sehr niedrig, da die Rohstoffe und die Fertigbauteile erst nach Auftragseingang beschafft werden müssen. Sie werden bei Herstellung des Produkts direkt verarbeitet und die Ware wird sofort verkauft. Das Lagerhaltungsrisiko und die Lagerhaltungskosten sind gering, die Liquidität des Unternehmens ist gesichert.

Lernlandkarte 4.5

4.5 Lagerhaltung

4.5.1 Aufgaben der Lagerhaltung

- Sicherungsaufgabe
- Überbrückungsaufgabe
- Veredelungsaufgabe
- Umformungsaufgabe
- Spekulationsaufgabe

4.5.2 Formen der Lagerhaltung

- Eigenlagerung
- Fremdlagerung

4.5.3 Arten der Lagerhaltung

- **zentrale Lager**
- **dezentrale Lager**

4.5.4 Kosten der Lagerhaltung

- **Personal**
- **Ware**
- **Transportmittel**
- **Fehlmengenkosten**
- **Lagerräume**

4.5.5 Lagerkennzahlen

- Wareneinsatz
- Lagerbestand
- Umschlagshäufigkeit
- Lagerzinssatz
- Lagerdauer
- Lagerzinsen

4.5 Lagerhaltung

Lagerhaltung ist in allen Bereichen unseres Lebens zu finden. Private Haushalte, Unternehmen und Händler benötigen Lager, um stets produktionsfähig und verkaufsbereit zu sein. Die Beschaffung in einem Unternehmen kann zeitlich und mengenmäßig nicht bei allen Gütern so organisiert werden, dass ein unmittelbarer Weiterverkauf möglich ist. Lager sind mitunter teuer und kostenintensiv. Die Lagerhaltung als Bestandteil des logistischen Prozesses im Unternehmen hat großen Einfluss auf die Planung, Organisation, Steuerung und Kontrolle des Material- und Warenflusses.

Die **Lagerlogistik** umfasst insbesondere die Standortwahl eines Lagers, die Gestaltung der Lagerorganisation, die Lagersysteme sowie die Lagertechnik.

4.5.1 Aufgaben der Lagerhaltung

Merke Die **Lagerhaltung** umfasst alle Tätigkeiten, die mit einer Ware im Zusammenhang stehen, dazu gehören die Warenannahme, der Warenversand, die Warenprüfung, die Ein- und Auslagerung, die Warenlagerung selbst, die Kommissionierung, die Warenpflege und die Inventur.

Die Lagerhaltung überbrückt die zeitliche Differenz zwischen der Bedarfsmeldung und dem Wareneinsatz in der Produktion oder den zeitlichen Ausgleich zwischen Beschaffung der Ware und Absatz beim Kunden.

Durch den ständigen Kostendruck auf die Unternehmen ergeben sich **Zielkonflikte bei der Lagerhaltung.** Zum einen wollen die Kunden ihre Lieferung sofort erhalten, das setzt immer kürzere Liefertermine voraus. Zum anderen kann es sich kein Unternehmen leisten, alle Waren ständig auf Lager zu haben, denn die Lagerhaltungskosten wären viel zu hoch. Einen sehr großen Lagerbestand zu führen ist unwirtschaftlich. Es entstehen zwangsläufig hohe Kapitalbindungskosten, das gefährdet die Liquidität des Unternehmens.

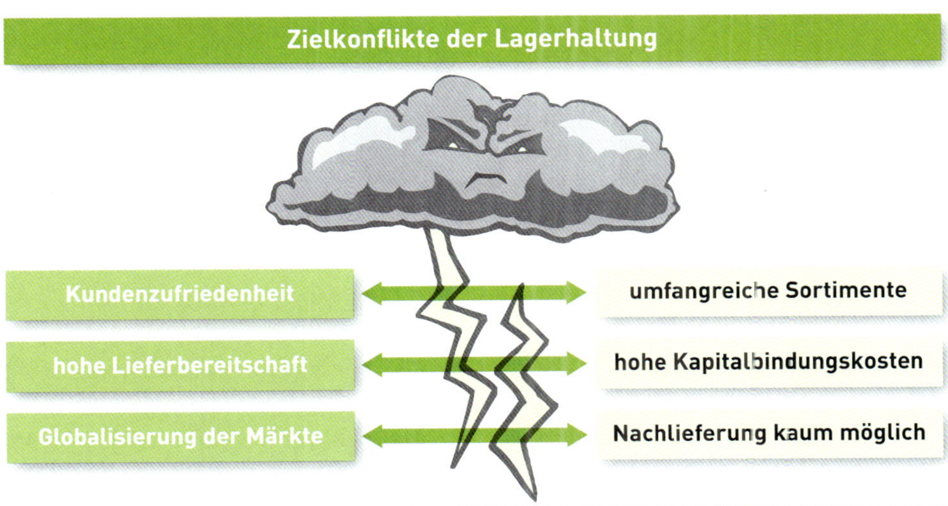

Eine planmäßig organisierte Lagerhaltung hat wesentliche Vorteile für das Unternehmen:

- Gewährleistung der Liefer- und Verkaufsbereitschaft
- Preisvorteile bei Abnahme von großen Mengen
- Kundenzufriedenheit und Kundenbindung und damit ein höheres Absatzpotenzial
- Realisierung der Umsatzziele und Erweiterung des Marktanteils

Aufgaben der Lagerhaltung

Sicherungsaufgabe	Überbrückungsaufgabe	Veredelungsaufgabe	Umformungsaufgabe	Spekulationsaufgabe
Gewährleistung der Lieferbereitschaft bei Engpässen seitens der Zulieferer (Sicherheitsbestand)	Zeitabstände zwischen Herstellung und Verwendung müssen überbrückt werden (z. B. Erntegüter).	Während der Lagerung findet bei manchen Gütern der Reifeprozess statt (z. B. bei Käse oder Wein).	Verschiedene Artikel werden nach Kundenwünschen zu Verpackungseinheiten zusammengestellt.	Bei zu erwartenden Preissteigerungen werden Vorräte angelegt.

4.5.2 Formen der Lagerhaltung

Jedes Unternehmen hat ein Lager oder beauftragt ein anderes Unternehmen, die Güter einzulagern. Unterschiedliche Unternehmensziele entscheiden über die Form der Lagerhaltung.

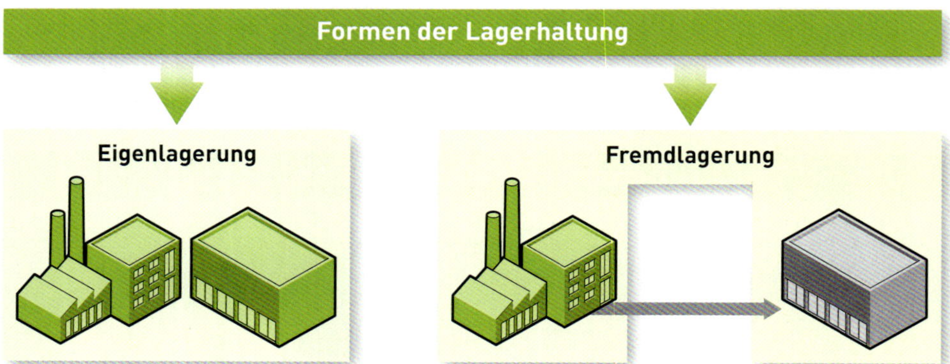

Eigenlagerung

Die Eigenlagerung kann in keinem Betrieb vollkommen ausgeschlossen werden, sie ist für jedes Unternehmen zwingend notwendig, selbst wenn nur geringe Bestände in einem Reserve- oder Handlager aufbewahrt werden. Wichtig hierbei ist die Menge der gelagerten Güter. Es kann durchaus der Fall sein, dass es kostengünstiger ist, einen externen Lagerhalter mit der Aufgabe der Lagerung zu beauftragen.

Fremdlagerung

Eine Fremdlagerung ist sinnvoll, wenn
- die Lagerbestände nicht konstant sind,
- die Lagerkapazitäten bei Belieferung überschritten werden,
- die notwendigen Lagereinrichtungen im eigenen Betrieb nicht zur Verfügung stehen (zum Beispiel Kühleinrichtungen)
- die Fremdlagerung kostengünstiger ist als eine Investition zur Errichtung eines eigenen Lagers.

Das Fremdlager wird von einem Lagerhalter geführt, der nach dem Handelsgesetzbuch ein selbstständiger Kaufmann ist. Der Lagerhalter übernimmt die Aufgaben der Eigenlagerung, die Aufbewahrung, die Pflege und die Auslagerung der Güter.

Fremdlagerung

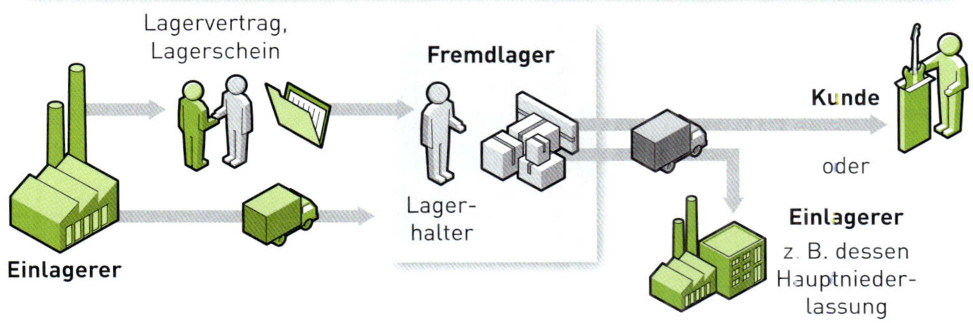

Die Ware gelangt von der Produktion zum Lager und wird weiter zum Kunden befördert oder in den eigenen Betrieb (Hauptniederlassung) zurückgeführt.

Zwischen dem Lagerhalter und dem Eigentümer der Ware wird ein **Lagervertrag** geschlossen. Mit dieser Vereinbarung verpflichtet sich der Lagerhalter:
- das Gut ordnungsgemäß zu lagern,
- das Gut auf Verlangen des Einlagerers zu versichern,
- für das Gut bei Schäden und bei Verlust zu haften.

Arten von Rechtsgeschäften und Verträgen Kap. 4.12.4

Die **gesetzlichen Grundlagen der Fremdlagerung** sind der Lagervertrag sowie der Lagerschein, der das Eigentum des Einlagerers verbrieft.

Vorteile Fremdlagerung	Nachteile Fremdlager
■ Reduzierung der eigenen Lagerhaltungskosten, z. B. der Personalkosten ■ keine unnötigen Lagerkosten, z. B. Miete bei Bestandsminderung ■ keine Investitionen für Lagerneubau ■ Standortvorteile aufgrund der Kundennähe des Lagers	■ zusätzliche Transportkosten zwischen dem eigenen Unternehmen und dem Fremdlager ■ hohe Kommunikationskosten

Beispiel Kostenvergleich Eigenlagerung und Fremdlagerung

Vergleich der Kosten bei Eigen- oder Fremdlagerung bei einer Menge von 2500, 3000, 3500, 4000, 4500 oder 5000 Stück eines Artikels

Kosten der Eigenlagerung:
- Fixkosten .... 45.000,00 €
- variable Kosten .... 5,00 € je Stück

Kosten der Fremdlagerung:
- Fixkosten .... 0,00 €
- variable Kosten .... 15,00 € je Stück

Rechnerische Ermittlung des Kostenvergleichs

Fremdlagerung	=	Eigenlagerung	*Rechenschritt*
15,00 € · x	=	45.000,00 € + 5,00 € · x	– 5,00 €
10,00 € · x	=	45.000,00 € · x	: 10,00 €
x	=	4500 Stück	

Die rechnerische Ermittlung zeigt, dass eine Fremdlagerung bis 4500 Stück wirtschaftlich ist.

Grafische Ermittlung des Kostenvergleichs

	Eigenlagerung			Fremdlagerung		
Menge (Stück)	Fixkosten	variable Kosten	Gesamtkosten	Fixkosten	variable Kosten	Gesamtkosten
2500	45.000,00 €	12.500,00 €	57.500,00 €	0,00 €	37.500,00 €	37.500,00 €
3000	45.000,00 €	15.000,00 €	60.000,00 €	0,00 €	45.000,00 €	45.000,00 €
3500	45.000,00 €	17.500,00 €	62.500,00 €	0,00 €	52.500,00 €	52.500,00 €
4000	45.000,00 €	20.000,00 €	65.000,00 €	0,00 €	60.000,00 €	60.000,00 €
4500	45.000,00 €	22.500,00 €	67.500,00 €	0,00 €	67.500,00 €	67.500,00 €
5000	45.000,00 €	25.000,00 €	70.000,00 €	0,00 €	75.000,00 €	75.000,00 €

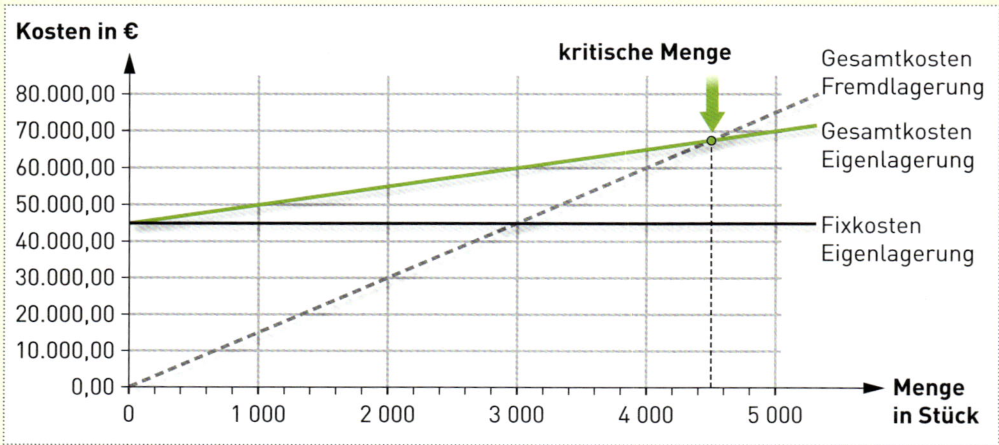

Die grafische Ermittlung zeigt ebenfalls, dass die Fremdlagerung bis zu einer Stückzahl von 4500 sinnvoll ist. Die **kritische Menge** ist dann erreicht, wenn die Eigenlagerung gegenüber der Fremdlagerung nicht mehr wirtschaftlich ist, weil die Kosten zu hoch sind.

4.5.3 Arten der Lagerhaltung

Die Art der Lagerhaltung kann einen entscheidenden Einfluss auf die wirtschaftliche Situation eines Unternehmens haben. Die Organisation der Lagerprozesse spielt deshalb eine bedeutende Rolle bei der Erreichung unternehmerischer Ziele. Die kontinuierliche und termingerechte Belieferung der Produktion oder der Kunden erfordert exakte Überlegungen hinsichtlich der **Lagerstandorte.**

Wird der Bedarf an Werkstoffen, Fertigprodukten oder Handelswaren von einem Ort aus versorgt, dann handelt es sich um ein **zentrales Lager.** Im Gegensatz dazu werden **dezentrale Lager** in den Zweigniederlassungen oder einzelnen Filialen errichtet, um vor allem die Transportzeiten und -kosten zu verkürzen.

Lagerstandorte

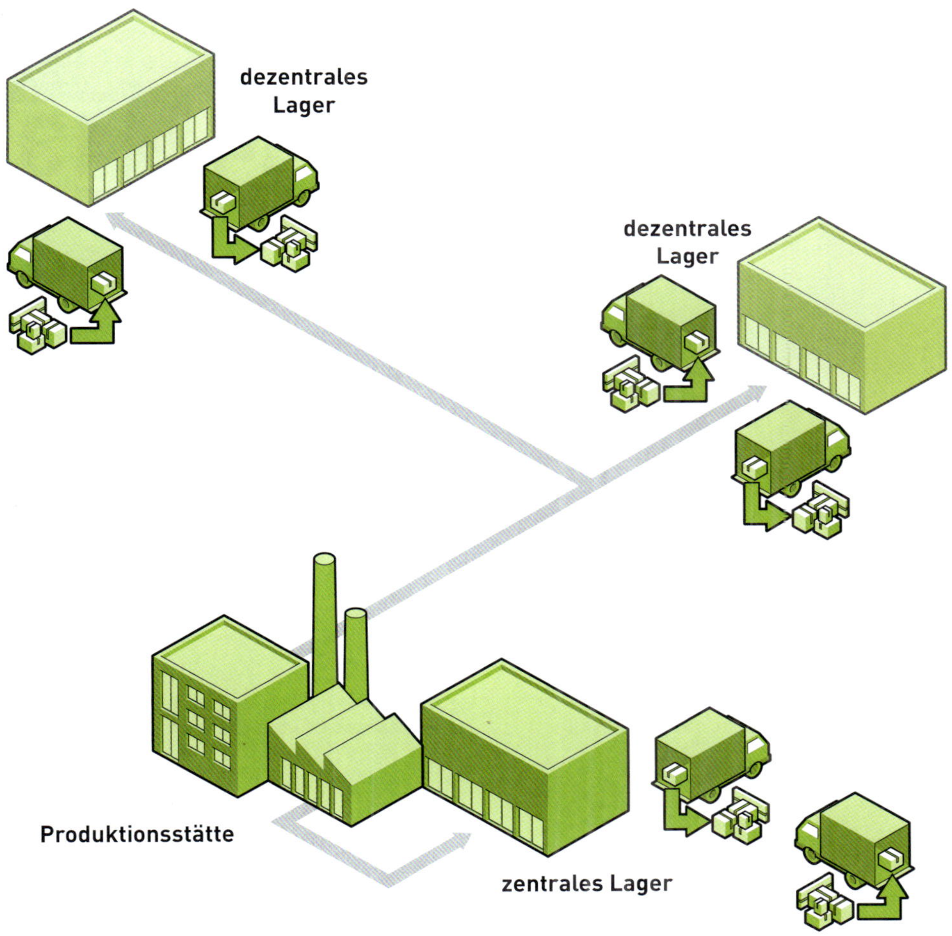

Ware gelangt von der Produktion entweder direkt in das zentrale Lager in unmittelbarer Nähe oder in ein dezentrales Lager, das näher an den Märkten (bei den Kunden) gelegen ist.

Vorteile eines zentralen Lagers	Nachteile eines zentralen Lagers
■ Verringerung der Lagerkosten und der Lagerbestände ■ Verminderung des Kapitalbedarfs, da der Mindestbestand nur einmal gehalten werden muss ■ bessere Bestandsübersicht ■ optimale Lagerraumausnutzung ■ wirtschaftliche Ausnutzung der Lagereinrichtungen und der Transportmittel ■ Rabattgewährung bei Kauf großer Mengen	■ lange Transportwege zu den Zweigniederlassungen oder zum Kunden ■ hohe Beschaffungskosten (z. B. Bestellkosten, Bezugskosten) ■ beträchtlicher Organisationsaufwand im Einkauf ■ hohe Kommunikationskosten (z. B. aufgrund häufigerem Kontakt zu anderen Betriebsstätten)

Mehrere Fußballfelder groß ist das neue Warenverteilzentrum eines Versandunternehmens. Das Logistikzentrum versorgt Thüringen, Sachsen, Berlin, Bayern und Baden-Württemberg mit Möbeln und Elektrogeräten.

Vorteile eines dezentralen Lagers	Nachteile eines dezentralen Lagers
■ kürzere Transportwege im Produktionsprozess ■ besserer Kommunikationsfluss im Bereich der einzelnen Lager ■ Einsatz spezifischer Lagereinrichtungen möglich ■ Kundennähe des Lagers	■ keine Rabattgewährung im Einkauf ■ hohe Lagerkosten ■ erheblicher Personalaufwand ■ keine optimale Auslastung der Lagereinrichtungen und Transportmittel

4.5.4 Kosten der Lagerhaltung

Die Lagerhaltung verursacht Kosten unabhängig von der Höhe des Umsatzes. Der Unternehmer muss die Lagerkosten im Blick behalten und stets prüfen, ob es sinnvoll ist, die Ware über einen kurzen oder langen Zeitraum zu lagern. Ware muss nicht nur ein- und ausgelagert werden, sondern sie muss auch regelmäßig gepflegt werden. Außerdem muss sie gegen Schäden (Feuer, Unfall usw.) versichert werden.

Die folgenden Kosten entscheiden mit über die Wirtschaftlichkeit der Lagerhaltung.

Personalkosten

- Personalkosten für Auftragsbearbeitung, Terminüberwachung und Lagerarbeiten

\+

Kosten für die gelagerte Ware

- Kapitalbindungskosten für den Materialvorrat (z. B. Zinsen)
- Wertminderung (z. B. bei Schwund, Verlust, Preisverfall, Verderb)

\+

Kosten für Transport- und Fördermittel

- Abschreibungen
- Wartungs- und Reparaturkosten
- Betriebskosten (z. B. Benzin, Strom)

\+

Kosten für die Lagerräume

- Miete, Pacht, Versicherung für Gebäude und Einrichtungen
- Abschreibungen für Gebäude und die Lagereinrichtung
- Kosten für Energie, Heizung, Wasser
- Instandhaltungskosten

\+

Fehlmengenkosten

- Beschaffung von Ersatzgütern
- entgangener Gewinn/Umsatz
- Konventionalstrafen

= Kosten der Lagerhaltung

Die **direkten Lagerkosten** werden wie folgt gegliedert:

Kosten der Einlagerung	
+ Kosten der Auslagerung	→ Personalkosten
+ Kosten für Transport- und Förderfahrzeuge	→ Flurförderfahrzeuge
	→ Regalbediengeräte
= Umschlagkosten	

Fortsetzung Tabelle siehe nächste Seite

+ Lagerkosten der gelagerten Ware	→ Zinsen → Abschreibungen
+ Lagerverwaltungskosten	→ Versicherung, Löhne
+ Kommissionierkosten	→ Personalkosten
= Lagerkosten	

Um die Lagerkosten im Rahmen zu halten und die finanzielle Situation des Unternehmens nicht zu gefährden, müssen die Güter mit möglichst geringen Kosten für das Personal, das Material sowie die Betriebsmittel bereitgestellt werden.

Die Kosten für Lagerräume sind fixe Kosten, sie verändern sich nicht mit der Verminderung des Warenbestands. Variable Kosten hingegen sind die Kosten für die Lagerung der Ware, da sie bei Erhöhung des Warenbestands ansteigen. Werden sehr hohe Mengen an Gütern gelagert, ist zwar stets eine Lieferbereitschaft gesichert, die Kosten der Lagerung und somit die Preise der Produkte würden aber erheblich steigen. Ein zu geringer Warenbestand kann Probleme bei den Kundenbestellungen mit sich bringen; die Liefer- und Verkaufsbereitschaft ist nicht mehr gewährleistet, es besteht die Gefahr, Kunden zu verlieren. Dieser **Zielkonflikt** zwischen stetiger **Lieferbereitschaft** und **Lagerkosten** kann nur durch eine zuverlässige mengen- und wertmäßige Erfassung der Lagerbestände sowie durch laufende Lagerkontrollen mithilfe von Lagerkennzahlen in Übereinstimmung gebracht werden.

Lagerkontrollen

Merke Stetige **Lagerkontrollen** umfassen alle Maßnahmen zur qualitäts-, mengen- und wertmäßigen Überprüfung des aktuellen Lagerbestands.

Inventur Rechnungswesen Kap. 6.9

Die **Inventur** bedeutet eine mengen- und wertmäßige Erfassung des Lagerbestands, die der Kaufmann nach Handelsgesetzbuch (§ 240 HGB) in jedem Geschäftsjahr durchführen muss. Durch verschiedene Tätigkeiten – Messen, Zählen, Wiegen usw. – wird der tatsächliche Lagerbestand überprüft und mit dem Soll-Bestand der Buchführung verglichen. Etwaige Fehlbestände oder Qualitätsverluste müssen ausgebucht werden, sodass der Soll-Bestand und der Ist-Bestand übereinstimmen.

Die **Lagerkennzahlen** werden heute oftmals mithilfe der Warenwirtschaftssysteme ermittelt, sie können aber auch manuell nach erfolgter Inventur oder auf der Grundlage einer Bestandsaufnahme erfasst werden. Hierbei wird die Wirtschaftlichkeit des Unternehmens in Bezug auf seine Lagerbestände geprüft, um anschließend Maßnahmen für die weitere Verfahrensweise festlegen zu können.

Die **qualitätsmäßige Kontrolle** des Warenbestands wird meist mit Stichproben durchgeführt. Dabei wird geprüft, ob die Produkte durch die Lagerhaltung nicht an Qualität verlieren; gegebenenfalls müssen Waren aus dem Bestand genommen und ausgebucht werden.

4.5.5 Lagerkennzahlen

Die Lagerkennzahlen eines Unternehmens geben nicht nur Auskunft über die Lieferbereitschaft, sondern sie zeigen auch die Wirtschaftlichkeit sowie die Risiken der Lagerhaltung auf.

Zu **geringe Lagerbestände** bedrohen die Lieferfähigkeit des Unternehmens, es besteht die Gefahr, Kunden zu verlieren und im Umsatz Verluste zu machen. Zusätzliche teure Bestellungen müssen ausgeführt werden.

Lagerbestand mit Excel berechnen Informationsverarbeitung Kap. 5.2.2

Zu **hohe Lagerbestände** führen zu Liquidationseinschränkungen, da das Kapital an die im Lager befindliche Ware gebunden ist.

Kennzahlen sind Verhältniszahlen, die Aussagen über zahlenmäßig erfassbare Tatsachen geben. Es liegen Daten aus abgelaufenen Perioden zugrunde, mit denen Kennzahlen für vorausschauende Maßnahmen ermittelt werden.

Wareneinsatz

Der Wareneinsatz stellt den jährlichen Verbrauch oder Verkauf eines Produkts dar.

$$\text{Wareneinsatz} = \text{Jahresanfangsbestand} + \text{Lagerzugänge} - \text{Jahresendbestand}$$

x=a+b

Durchschnittlicher Lagerbestand

Der durchschnittliche Lagerbestand ist der Bestand an Waren, der sich im Laufe einer Periode im Lager befindet. Laufende Warenzugänge und Warenabgänge verändern den Lagerbestand stetig. Mithilfe dieser Kennzahl kann die Kapitalbindung im Lager berechnet werden.

Berechnung aus den Werten der Jahresinventur

$$\text{Durchschnittlicher Lagerbestand} = \frac{\text{Jahresanfangsbestand} + \text{Jahresendbestand}}{2}$$

x=a+b

Berechnung aus den Werten der Monatsinventur

$$\text{Durchschnittlicher Lagerbestand} = \frac{\text{Jahresanfangsbestand} + \text{12 Monatsendbestände}}{13}$$

x=a+b

x=a+b

Berechnung aus den Werten der Quartalsinventur

$$\text{Durchschnittlicher Lagerbestand} = \frac{\text{Jahresanfangsbestand} + 4\ \text{Quartalsendbestände}}{5}$$

Umschlagshäufigkeit

Die Umschlagshäufigkeit gibt Auskunft darüber, wie oft die Ware in einem Lager innerhalb einer Periode (meist ein Jahr) umgeschlagen wird.

x=a+b

$$\text{Umschlagshäufigkeit} = \frac{\text{Verbrauch oder Wareneinsatz (pro Periode)}}{\text{durchschnittlicher Lagerbestand}}$$

Durchschnittliche Lagerdauer

Die durchschnittliche Lagerdauer gibt an, wie lange sich Produkte durchschnittlich im Lager befinden. Ferner kann abgelesen werden, wie viele Verbrauchsperioden ein durchschnittlicher Lagerbestand abdeckt.

x=a+b

$$\text{Durchschnittliche Lagerdauer} = \frac{\text{durchschnittlicher Lagerbestand} \cdot 360\ \text{Tage}}{\text{Wareneinsatz (pro Jahr)}}$$

Oder:

x=a+b

$$\text{Durchschnittliche Lagerdauer} = \frac{360\ \text{Tage}}{\text{Umschlagshäufigkeit}}$$

Lagerzinssatz

Der Lagerzinssatz gibt an, wie viel Prozent Zinsen das im durchschnittlichen Lagerbestand gebundene Kapital während der durchschnittlichen Lagerdauer kostet. Er ist die Grundlage zur Berechnung der Lagerzinsen.

x=a+b

$$\text{Lagerzinssatz} = \frac{\text{durchschnittliche Lagerdauer} \cdot \text{marktüblicher Zinssatz (p. a.)}}{360\ \text{Tage}}$$

Lagerzinsen

Die Lagerzinsen geben an, wie viel das im Lager befindliche Gut (= Kapitalbindung) während der durchschnittlichen Lagerdauer kostet.

x=a+b

$$\text{Lagerzinsen} = \frac{\text{durchschnittlicher Lagerbestand} \cdot \text{Lagerzinssatz}}{100}$$

Beispiel **Berechnung Lagerkennzahlen**

Nachfolgend ist eine Lagerfachkarte dargestellt, die den Lagerbestand des Artikels Gitarrengurte ausweist. Anhand dieser Lagerfachkarte werden die Lagerkennzahlen berechnet. Es wird von einem marktüblichen Zinssatz von 3 % ausgegangen.

Lagerfachkarte				
Artikelnummer **10009**	Warengruppe **8**		Einkaufspreis **3,60 €**	Verkaufspreis **7,99 €**
GTIN-Nummer[1] **40203010009**				
Artikelbezeichnung **Gitarrengurte**				
Lagerort 2.3.1				
Datum	**Belegnummer**	**Zugang (St.)**	**Abgang (St.)**	**Bestand (St.)**
01.01.20..	Inventur			783
12.02.20..	239	614		1 397
14.02.20..	341		85	1 312
13.03.20..	619		61	1 251
18.03.20..	412		469	782
15.05.20..	297		136	646
16.06.20..	567	820		1 466
17.06.20..	639		637	829
17.07.20..	891	400		1 229
22.08.20..	622		315	914
06.10.20..	648		12	902
02.11.20..	813		250	652
13.12.20..	934		324	328

Berechnung des durchschnittlichen Lagerbestands

$$\text{Durchschnittlicher Lagerbestand} = \frac{783 \text{ St.} + 328 \text{ St.}}{2} = 555{,}5 \text{ Stück}$$

Der jährliche durchschnittliche Lagerbestand beträgt 556 Stück.

Berechnung der Umschlagshäufigkeit

$$\text{Wareneinsatz} = 783 \text{ St.} + 1\,834 \text{ St.} - 328 \text{ St.} = 2\,289 \text{ Stück}$$

$$\text{Umschlagshäufigkeit} = \frac{2\,289 \text{ St.}}{556 \text{ St.}} = 4{,}116906475 = 4$$

Die Umschlagshäufigkeit beträgt 4, das bedeutet, der Artikel verlässt etwa vier Mal jährlich das Lager.

Berechnung der durchschnittlichen Lagerdauer

$$\text{Durchschnittliche Lagerdauer} = \frac{556 \text{ St.}}{2\,289 \text{ St.}} \cdot 360 \text{ Tage} = 87{,}4 \text{ Tage}$$

Die durchschnittliche Lagerdauer des Artikels 10009 beläuft sich auf 88 Tage im Jahr.

Berechnung von Lagerzinssatz und Lagerzinsen

$$\text{Lagerzinssatz} = \frac{88 \text{ Tage} \cdot 3\,\%}{360 \text{ Tage}} = 0{,}007\overline{3}\,\%$$

Der Lagerzinssatz beträgt $0{,}007\overline{3}$ %.

$$\text{Lagerzinsen} = \frac{556 \text{ St.} \cdot 0{,}007\overline{3}\,\%}{100} = 4{,}08 \text{ € je Stück}$$

Die Lagerzinsen betragen je Stück 4,08 €.

1 GTIN = Global Trade Item Number; eine Nummer für die weltweit eindeutige Identifizierung von Artikeln und Dienstleistungen (hat die EAN-Nummern abgelöst).

Lernlandkarte 4.6 bis 4.8

4.6 Bestellverfahren

4.6.1 Bestellpunktverfahren

- Mindestbestand
- Meldebestand
- Höchstbestand

4.6.2 Bestellrhythmusverfahren

4.6.3 Just in time

- optimale Lagerhaltung

4.6.4 Kanban

- Holprinzip

4.7 Beschaffungsmenge

4.7.1 Zielkonflikt bei der Ermittlung von Bestellmengen

hohe Bestellmenge ↔ Konflikt ↔ geringe Bestellmenge

4.7.2 Optimale Bestellmenge

geringe Bestellkosten → ✓ ← geringe Lagerkosten

4.8 ABC-Analyse

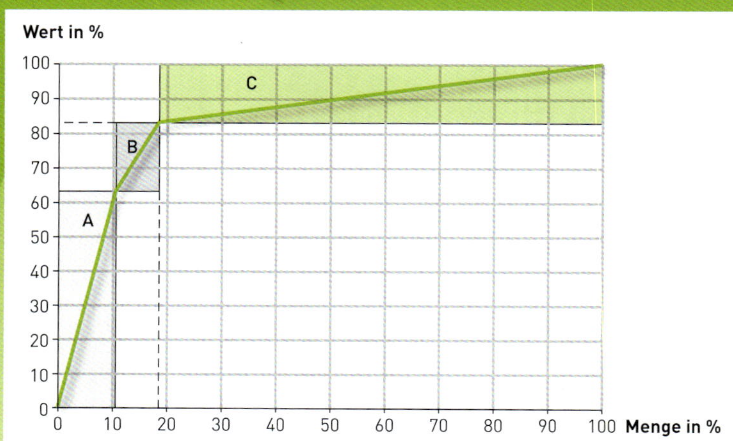

4.6 Bestellverfahren

Die Beschaffungskosten haben im Unternehmen einen beträchtlichen Einfluss auf das Betriebsergebnis. Zu den Beschaffungskosten zählen nicht nur die Werte der Güter (der Beschaffungspreis), sondern auch die Beschaffungsnebenkosten wie zum Beispiel die Löhne für das Personal, das die Bestellungen auslöst und die Wareneingänge verfolgt, oder auch die Kosten für die Arbeitsmaterialien der Mitarbeiter.

Merke **Beschaffungskosten** = Gesamtheit der Kosten, die zur Beschaffung der betrieblich notwendigen Güter und Dienstleistungen aufgewendet werden müssen.

Eine sinnvolle Wahl des Bestellverfahrens ist ein wichtiges Kriterium zur Sicherung des Unternehmensziels. Grundsätzlich wird zwischen Bestellpunktverfahren und Bestellrhythmusverfahren unterschieden.

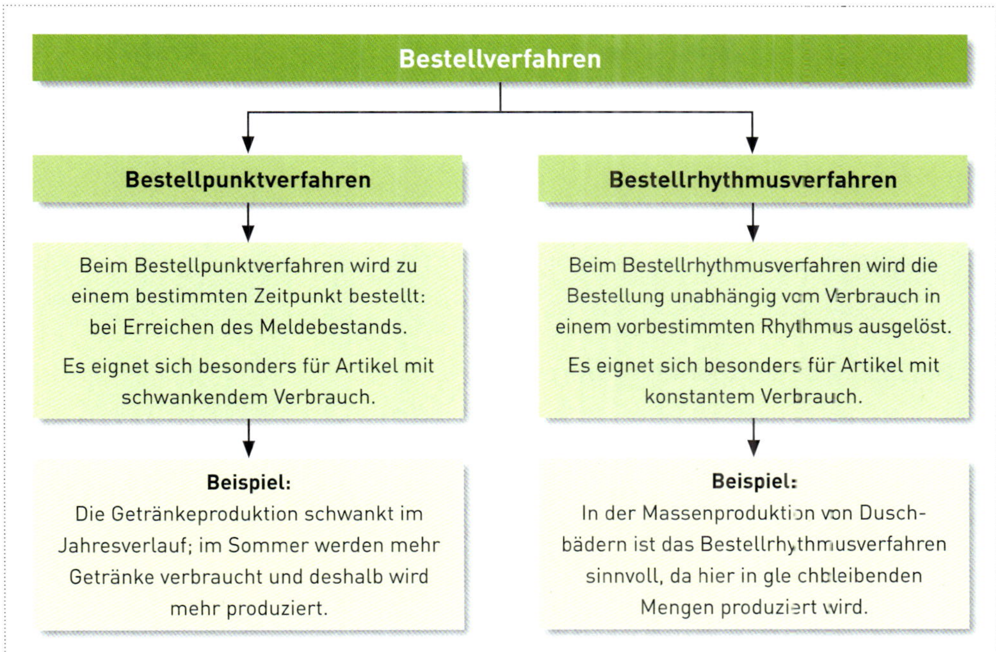

4.6.1 Bestellpunktverfahren

Das Bestellpunktverfahren findet dann Anwendung, wenn der Bedarf unregelmäßig und nicht vorhersehbar ist.

Meldebestand

Beim Bestellpunktverfahren wird ein **Meldebestand** festgelegt; sobald dieser erreicht ist, geht eine Meldung an die Einkaufsabteilung, die eine Bestellung auslöst. Der Meldebestand muss so bestimmt sein, dass der noch vorrätige Bestand bis zum Eintreffen der Lieferung ausreicht. Zu berücksichtigen sind die Lieferzeit, der tägliche Verbrauch und der Mindestbestand des jeweiligen Artikels.

Merke Bei Erreichen des **Meldebestands** muss eine Bestellung ausgelöst werden, um eine bedarfsgerechte Versorgung der Produktion zu gewährleisten. Er wird in der Praxis auch **Bestellpunkt** oder **Signalzahl** genannt.

Zur Berechnung des Meldebestands wird folgende Formel zugrunde gelegt:

x=a+b

Meldebestand = Tagesverbrauch · Lieferzeit + Mindestbestand

Bestellzeitpunkt

Der **Bestellzeitpunkt** ist der Termin, an dem der Meldebestand erreicht wird. Bis zum Eintreffen der Lieferung wird der Bestand bis auf den **Mindestbestand** zurückgefahren. Nach Wareneingang wird das Lager in der Regel bis auf den **Höchstbestand** aufgefüllt.

Berechnung des Bestellzeitpunkts:

x=a+b

Bestellzeitpunkt = ø Bedarf einer Periode · Beschaffungszeit + Mindestbestand

Beispiel Bestellpunktverfahren

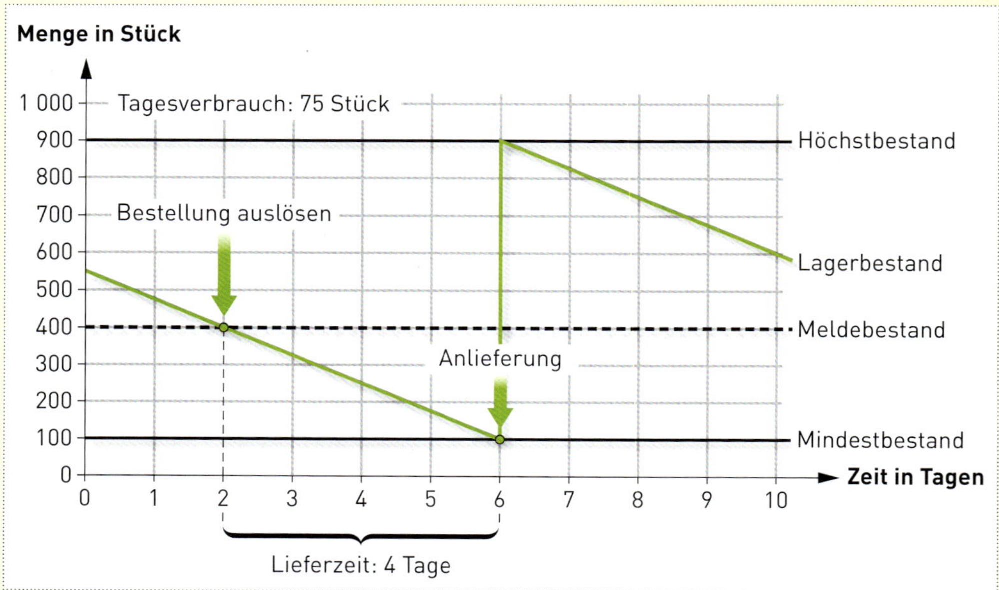

Mindestbestand

Merke Der **Mindestbestand** (auch Sicherheitsbestand oder eiserner Bestand) ist der Lagerbestand, auf den nur in Notfällen oder Ausnahmesituationen zugegriffen werden darf. Um bei verspäteten Lieferungen oder zusätzlichen Aufträgen die Produktionsbereitschaft zu gewährleisten, wird dieser Bestand vom Unternehmen festgelegt. In der Regel beträgt der Mindestbestand den dreimaligen Tagesverbrauch eines Artikels.

Berechnungsmöglichkeiten des Mindestbestands:

Mindestbestand = Tagesverbrauch · 3 oder: Meldebestand – (Tagesverbrauch · Lieferzeit)

Höchstbestand

Merke Der **Höchstbestand** ist der Bestand, der sich maximal auf Lager befinden darf. In der Regel wird der Höchstbestand bei Eintreffen von Lieferungen erreicht. Diese vorgegebene Höhe des Bestands ist unbedingt einzuhalten, um die Lagerkosten (Kapitalbindung) möglichst gering zu halten.

Mit folgender Formel lässt sich der Höchstbestand ermitteln:

Höchstbestand = Mindestbestand + Wareneingang bei Lieferung (optimale Bestellmenge)

Beispiel Berechnung der Bestandsarten

Zur Berechnung des Meldebestands werden die folgenden Daten auf der Grundlage der letzten Jahresauswertung zugrunde gelegt.

Tagesverbrauch	550 Stück
Lieferzeit	7 Tage

Berechnung Mindestbestand:

Tagesverbrauch · 3 = 1 650 Stück

Berechnung Meldebestand:

Meldebestand = Tagesverbrauch · Lieferzeit + Mindestbestand
= 550 Stück · 7 Tage + 1 650 Stück
= 5 500 Stück

Berechnung Höchstbestand:

Höchstbestand = Mindestbestand + Wareneingang bei Lieferung

Bei der Berechnung des Höchstbestands ist immer davon auszugehen, dass jedes Lager ein bestimmtes Fassungsvermögen aufweist und dieses nicht überschritten werden darf.

Optimale Bestellmenge Kap. 4.7.2

4.6.2 Bestellrhythmusverfahren

Das Bestellrhythmusverfahren basiert auf einer verbrauchsorientierten Methode, das heißt, die Bestellung erfolgt **in regelmäßigen Zeitabschnitten** unabhängig vom aktuellen Lagerbestand. Die Zeitintervalle zwischen den einzelnen Bestellvorgängen sind konstant.

Voraussetzung für dieses Verfahren ist ein regelmäßiger Verbrauch, der bekannt sein muss. Die Höhe der Bestellmenge orientiert sich am täglichen Verbrauch und der Lieferzeit. Bei jeder Lieferung wird das Lager maximal bis zum Höchstbestand aufgefüllt.

Beispiel Bestellrhythmusverfahren

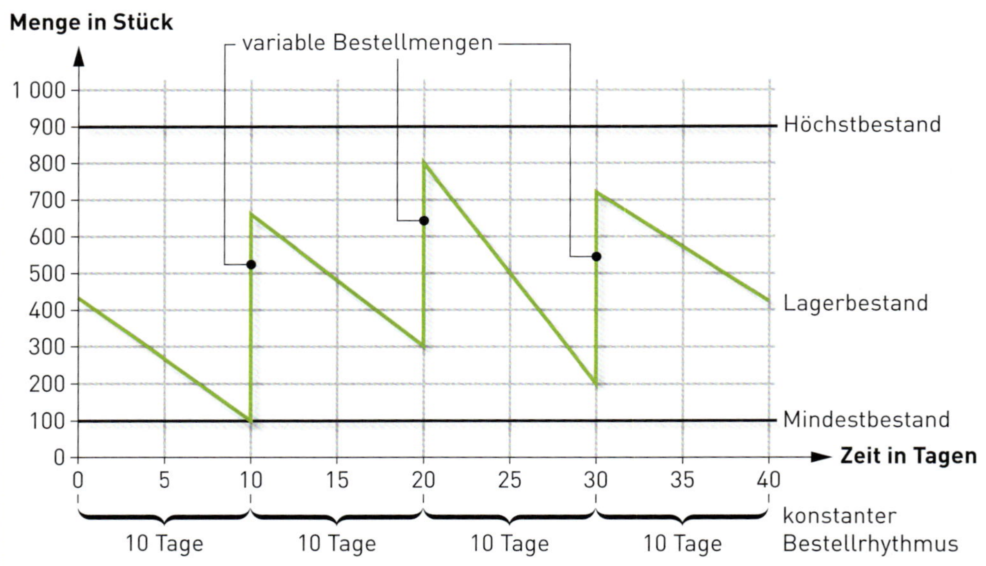

Vorteile Bestellrhythmusverfahren	Nachteile Bestellrhythmusverfahren
■ geringer Beschaffungsaufwand ■ einfache Organisation ■ Reduzierung der Bestellkosten (Bezugskosten und Personalkosten)	■ hohe Lagerbestände und Lagerhaltungskosten ■ Fehlmengenkosten, wenn unvorhersehbare Nachfrage besteht ■ bei steigenden Umsätzen keine Versorgung möglich

4.6.3 Just-in-time-Verfahren

Das Just-in-time-Verfahren ermöglicht eine Produktion oder Versorgung fast ohne Lagerhaltung. Alle notwendigen Materialien, Güter oder Produkte werden von den Zulieferbetrieben erst bei Bedarf direkt zur Weiterverarbeitung in die Produktionsstätte geliefert. Just in time (engl.) bedeutet „gerade zur richtigen Zeit, rechtzeitig".

Der Zulieferer muss sich vertraglich verpflichten, innerhalb der vereinbarten Vorlaufzeit zu liefern. Am Produktionsort selbst wird nur so viel Material gelagert, wie unbedingt notwendig ist, um die Produktion aufrecht zu halten. Das bedeutet für den Produzenten geringe Lagermengen, weniger Lagerkosten, aber auch ein erhöhtes Ausfallrisiko. Eine geringe Vorhaltung von Produktionsgütern und Werkstoffen bedarf einer äußerst korrekten und aktuellen Bestandsführung mittels eines Warenwirtschaftssystems.

Warenwirtschaftssysteme Kap. 4.2

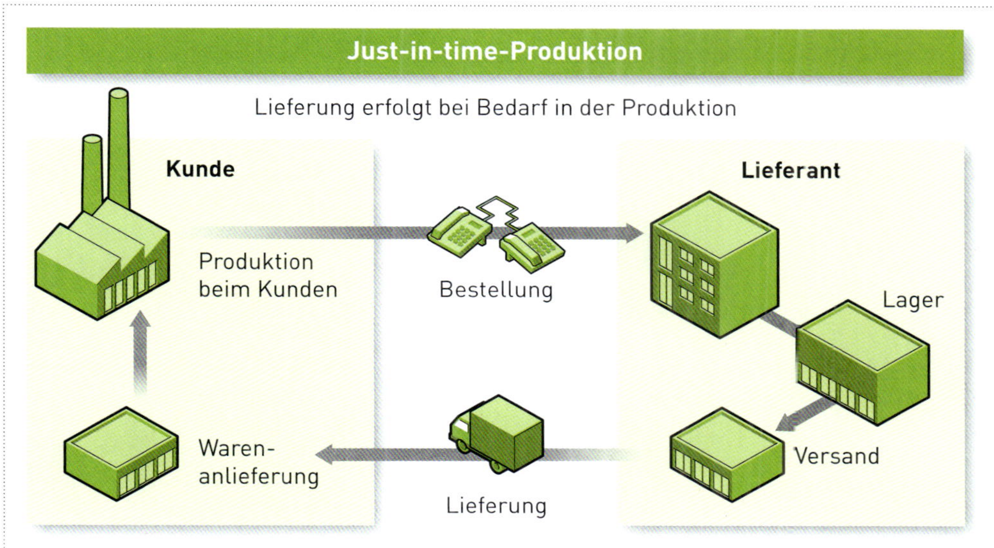

Vorteile Just-in-time-Verfahren	Nachteile Just-in-time-Verfahren
■ geringe Lagerbestände ■ keine unnötige Kapitalbindung ■ Einsparung von Lagerhaltungskosten ■ geringer Personalbedarf ■ Verringerung des Lagerrisikos	■ Ausfallrisiko bei ausbleibender Lieferung zum richtigen Zeitpunkt ■ Lieferschwierigkeiten ■ Qualitätsverluste/mangelnde Kontrolle ■ stetige Organisation

4.6.4 Kanbanverfahren

Das Kanbanverfahren stammt aus Japan und ist eine Form der verbrauchsorientierten Beschaffung mit dem Ziel, eine hohe Kapazitätsauslastung der Produktionsmittel zu erreichen. Wenn Material am entsprechenden Arbeitsplatz benötigt oder der Mindestbestand unterschritten wird, erhält der Lieferant eine Aufforderung, neues Material anzuliefern. Diese Bestellung wird mittels eines **Kanban** (japanisch: Karte) erteilt. Diese Kanbans sind Auftragsträger und Lieferbegleitpapiere zugleich.

Der Mitarbeiter entnimmt das an dem Lagerfach oder Lagerbehälter (Kanbanbehälter) angebrachte Kanban und gibt es in einen Behälter zu bereits vorher ausgestellten Anforderungskarten. Diese Karten werden von zuständigen Mitarbeitern gescannt, die entsprechenden Inhalte wie Kundennummer, Artikelnummer, Menge usw. sind in codierter Form auf dem Kanban enthalten und die Bestelldaten werden automatisch an den Lieferer gesandt. Im Lager steht für die Zeit der Bestellung bis zur Lieferung ein weiterer Lagerbehälter mit den entsprechenden Teilen zur Verfügung, die bis zum Eintreffen der Ware verarbeitet werden.

Das Kanbansystem gleicht einem Holprinzip. Die Ressourcen werden über die Karten auf Bedarf bereitgestellt, das Kanban „holt" die Nachlieferung zur Produktion.

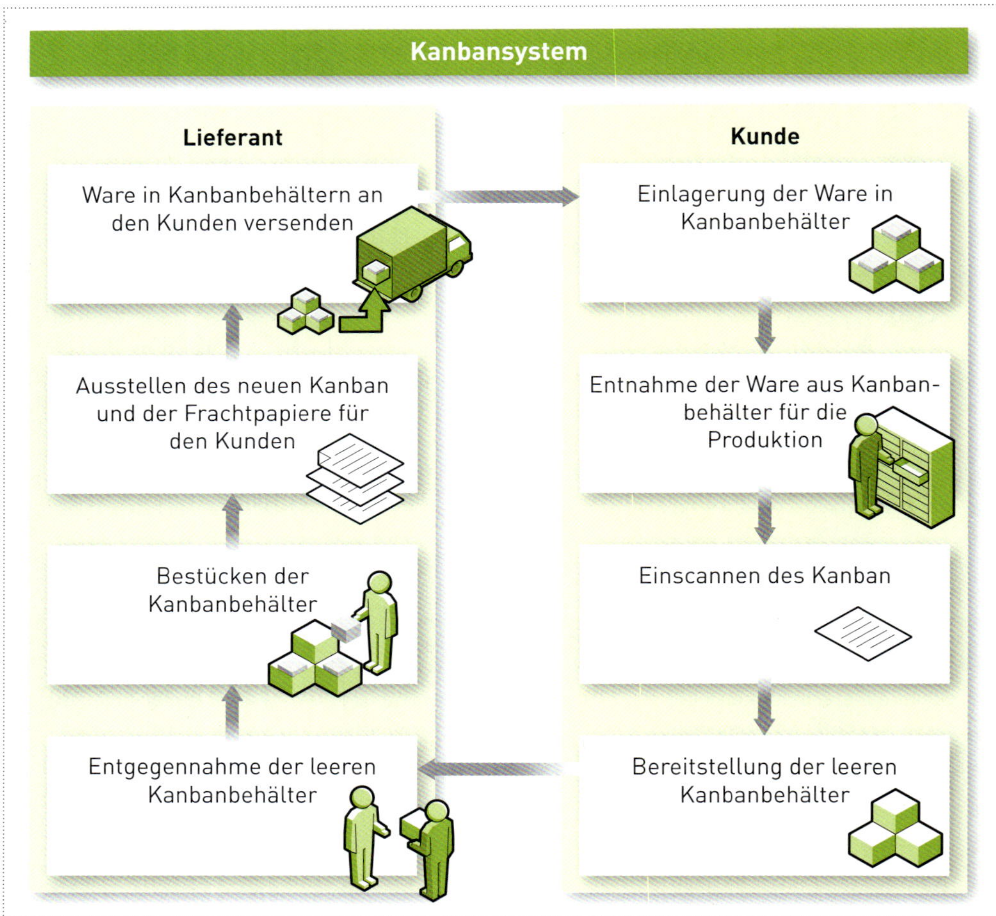

4.7 Beschaffungsmenge

Zwischen den einzelnen Zielen eines Unternehmens treten gelegentlich Konflikte auf. Auch im Beschaffungsprozess gibt es Zielkonflikte. Einer besteht darin, zwischen einer hohen oder einer geringen Bestellmenge zu entscheiden.

4.7.1 Zielkonflikt bei der Ermittlung von Bestellmengen

Unternehmen stehen vor der Aufgabe, ihre Beschaffungsprozesse so zu organisieren, dass die Versorgung mit allen für den betrieblichen Leistungsprozess erforderlichen Mitteln und Dienstleistungen gewährleistet ist. Das bedeutet einerseits, entsprechend große Vorräte zu schaffen, sodass die **Produktionsbereitschaft und Lieferfähigkeit gesichert** ist. Andererseits müssen die **Vorräte so niedrig wie möglich** gehalten werden, sodass kein Kapital unnötig gebunden wird und die **Beschaffungs- und Lagerhaltungskosten möglichst niedrig** bleiben. Reichen jedoch die Vorräte nicht aus, entstehen Fehlmengenkosten, es kommt zu Produktionsausfällen oder Kundenverlusten.

Zielkonflikt bei Bestellmengenermittlung

Ziel des Unternehmens = Kostenminimierung

Für **große Bestellmengen gilt**: weniger Bestellvorgänge, damit geringere Bestellkosten; Erzielung von Mengenrabatten sowie günstige Zahlungs- und Lieferbedingungen.

Für **kleine Bestellmengen gilt**: geringe Raumkosten, geringe Personalkosten, geringes Lagerrisiko, geringe Kapitalbindung.

Vorsicht bei großen Bestellmengen!
Es entstehen **hohe Lagerhaltungskosten**, eine lange **Lagerdauer**, das **Lagerrisiko** steigt, die Liquidität des Unternehmens ist gefährdet.

Dieser Konflikt beeinflusst alle Tätigkeiten im Rahmen der Bedarfsplanung, die über den Umfang der Lagerbestände und Lagerkosten und damit auch über den Erfolg des Unternehmens entscheiden. Eine **optimale Bestellmenge** ist anzustreben.

4.7.2 Optimale Bestellmenge

Merke Die **optimale Bestellmenge** ist die Menge, bei der die Gesamtkosten (die Summe aus Lager- und Bestellkosten) bei einer verschiedenen Anzahl von Bestellvorgängen am geringsten sind.

Optimale Bestellmenge

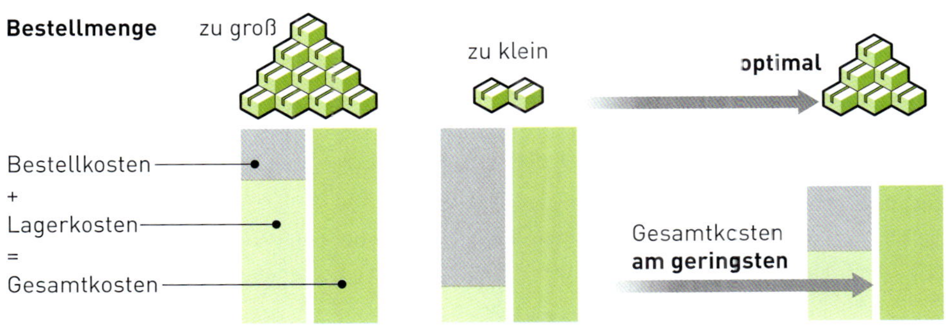

Kosten der Lagerhaltung Kap. 4.5.4

Die **Gesamtkosten** setzen sich zusammen aus:

- **Bestellkosten** = fixe Kosten, die für jede einzelne Bestellung anfallen. Sie verteilen sich auf die Stückzahl der zu bestellenden Menge und sinken bei steigender Bestellmenge.
- **Lagerkosten** = variable Kosten, die sich aus dem Lagerzins (Zinsen für das gebundene Kapital) und den übrigen Lagerkosten (zum Beispiel Miete, Energie, Warenpflege usw.) zusammensetzen. Die Lagerkosten steigen proportional zur Bestellmenge.

Die berechnete optimale Bestellmenge ist aber nur ein **Richtwert,** der den engen Zusammenhang von Bestellmenge und Lagerkosten verdeutlicht.

Andlersche Formel ▸ Glossar

Zur **Ermittlung der optimalen Bestellmenge** können verschiedene Methoden angewandt werden:

- tabellarische Berechnung
- grafische Ermittlung
- Ermittlung mithilfe der Andlerschen Formel

Tabellarische Ermittlung der optimalen Bestellmenge

Beispiel Ermittlung der optimalen Bestellmenge

Der jährliche Bedarf an Filetgarn, Artikel 543, für die Produktion von Fanshirts beträgt 12 000 Spulen. Der Einstandspreis pro Spule beträgt 3,50 €.

Die Bestellkosten pro Lieferung betragen 45,00 €, der Lagerhaltungskostensatz beträgt 3 %. Der Lagerhaltungskostensatz bezieht sich auf die Gesamtbestellmenge des Jahres.

Wir gehen davon aus, dass der durchschnittliche Lagerbestand immer die Hälfte der Bestellmenge ist, und wollen prüfen, wie hoch die Gesamtkosten bei 1, 2, 4, 6, 8, 10 oder 12 Bestellungen sind.

Anzahl der Bestellungen	Bestell-menge je Bestellung	Bestell-kosten je Bestellung	Durch-schnittlicher Lagerbe-stand/Menge	Durch-schnittlicher Lagerbe-stand/Wert	Lager-kosten	Gesamt-kosten
1	12 000 St.	45,00 €	6 000 St.	21.000,00 €	630,00 €	675,00 €
2	6 000 St.	90,00 €	3 000 St.	10.500,00 €	315,00 €	405,00 €
4	3 000 St.	180,00 €	1 500 St.	5.250,00 €	157,50 €	337,50 €
6	2 000 St.	270,00 €	1 000 St.	3.500,00 €	105,00 €	375,00 €
8	1 500 St.	360,00 €	750 St.	2.625,00 €	78,75 €	438,75 €
10	1 200 St.	450,00 €	600 St.	2.100,00 €	63,00 €	513,00 €
12	1 000 St.	540,00 €	500 St.	1.750,00 €	52,50 €	592,50 €

Die tabellarische Berechnung zeigt, dass bei einer Anzahl von vier Bestellvorgängen die Gesamtkosten, die sich aus Bestell- und Lagerkosten (3 % von 5.250,00 €) zusammensetzen, mit 337,50 € am geringsten sind und damit die optimale Bestellmenge bei einer Bestellhäufigkeit von 4 und einer Bestellmenge von 3 000 Stück für das Unternehmen die kostengünstigste Variante ist.

Grafische Ermittlung der optimalen Bestellmenge

Mithilfe eines Kostengraphen lässt sich die optimale Bestellmenge ebenso ermitteln.

Die optimale Bestellmenge liegt am **Minimum der Gesamtkostenkurve** und am **Schnittpunkt zwischen Lagerkostengerade und Bezugskostenkurve.**

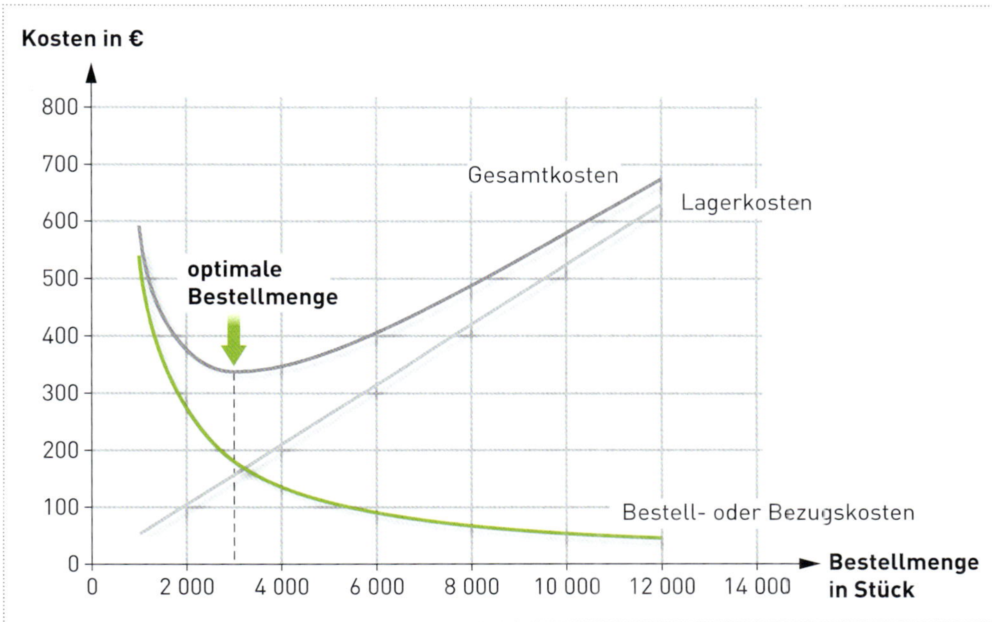

Ermittlung der optimalen Bestellmenge mithilfe der Andlerschen Formel

Eine weitere Möglichkeit zur Berechnung der optimalen Bestellmenge bietet die Andlersche Formel. Der Name weist auf den deutschen Ingenieur Kurt Andler hin, der diese Formel 1929 entwickelt hat. Um die Berechnung nach der Andlerschen Formel durchführen zu können, werden folgende Größen benötigt:

- Jahresverbrauchsmenge
- Einstandspreis
- Bestellkosten
- Lagerhaltungskostensatz

$$\textbf{Optimale Bestellmenge} = \sqrt{\frac{200 \cdot \text{Jahresbedarf} \cdot \text{Bestellkosten}}{\text{Einstandspreis} \cdot \text{Lagerhaltungskostensatz}}}$$

$$= \sqrt{\frac{200 \cdot 12\,000 \text{ Stück} \cdot 45{,}00\text{ €}}{3{,}50\text{ €} \cdot 3\,\%}}$$

$$= 3\,207 \text{ Stück}$$

Das Ergebnis liegt in dem Bereich der tabellarischen Ermittlung.

Die aufgezeigten Methoden zur Berechnung der optimalen Bestellmenge sind Annäherungswerte; letztlich entscheidet aber die Marktnachfrage darüber, nach welchen Vorgaben die Anbieter den Nachschub bzw. die Fertigung zu gestalten haben.

Zusammenfassung

Bei zu **hohen Bestellmengen** entstehen hohe Lagerbestände, die wiederum hohe Lagerkosten verursachen.

Bei zu **geringen Bestellmengen** ergeben sich Fehlmengenkosten, wenn nicht genügend Güter auf Lager sind, dadurch Produktionsausfälle entstehen oder einige Kunden die bestellte Ware nicht rechtzeitig erhalten.

Anwendung findet die Berechnung der optimalen Bestellmenge vor allem bei sehr großen Mengen und hochwertigen Lagergütern.

Diese Methode kann bei Saisonartikeln nicht genutzt werden, da hier die Nachfragemenge zu stark variiert.

Um die optimale Bestellmenge berechnen zu können, müssen folgende Bedingungen gegeben sein:
- Die Bedarfsmenge ist bekannt.
- Die Lagerhaltungskosten sind bekannt und konstant.
- Die Beschaffungskosten sind bekannt und konstant.

4.8 ABC-Analyse

Die ABC-Analyse ist ein Ordnungsverfahren zur Klassifizierung und wirtschaftlichen Bewertung der Güter im Unternehmen. Sie wird in verschiedenen Bereichen in der Praxis angewandt, zum Beispiel in der Beschaffung, in der Lagerhaltung, im Bereich des Marketings. Mithilfe der ABC-Analyse wird eine große Anzahl von Daten vereinfacht dargestellt, um Schlussfolgerungen für die Zukunft zu ziehen (Wirtschaftlichkeitskontrolle).

Die ABC Analyse hat zum Ziel:
- die Kosten des Unternehmens zu reduzieren sowie
- Verbesserungsmöglichkeiten für die unternehmerischen Tätigkeiten aufzuzeigen.

In der Beschaffung ist das vorrangige Ziel, den Beschaffungsaufwand so gering wie möglich zu halten.

Die Vorgehensweise bei der ABC-Analyse erfolgt in drei Schritten:
1. Erfassung des Datenmaterials (z. B. Verbrauchswerte)
2. Sortierung des Datenmaterials
3. Auswertung des Datenmaterials

Der Begriff „ABC-Analyse" resultiert daher, dass die benötigten Güter entsprechend ihrer Bedeutung für den Unternehmenserfolg in die drei Klassen A (hochwertige Artikel mit hohem Umsatzanteil, aber geringer Mengenanteil), B (mittlerer Wert- bzw. Mengenanteil) und C (geringwertige Artikel mit niedrigem Umsatzanteil, aber hohem Mengenanteil) eingeteilt werden.

Eine ABC-Analyse kann wertmäßig oder mengenmäßig erfolgen; das wird an nachfolgendem Beispiel deutlich. Die Klassifizierungen (prozentuale Anteile der Güter) werden in der Praxis vom Unternehmer selbst festgelegt. Er kann beispielsweise folgende Vorgaben machen:

Artikelnummer	Wertanteil	Gesamtmenge	Einteilung der Güter
1	70 %	15 %	A
2	15 %	30 %	B
3	15 %	55 %	C

Beispiel Berechnung der ABC-Analyse

Zur Herstellung von Fanshirts benötigt die Blum Music4You KG monatlich verschiedene Materialien (Artikel 1 bis 5) von Zulieferern mit unterschiedlichen Einstandspreisen. Der Beschaffungsaufwand ist für alle Artikel gleich, da diese alle zum selben Zeitpunkt bestellt werden. Deshalb lässt die Abteilungsleiterin Karolin Krömer einen Vorschlag zur Reduzierung dieses Aufwands von ihrer Mitarbeiterin erarbeiten.

Berechnung der ABC-Analyse:

Tab. 1

Artikel-nummer	Verbrauch je Stück	Einstands-preis in €	Gesamt-preis in €	Mengen-anteil in %	Wertanteil in %	Rangfolge
1	1090	14,00	15.260,00	**8,0**	**19,9**	**B**
2	890	27,00	24.030,00	**6,6**	**31,4**	**A**
3	7500	1,00	7.500,00	**55,3**	**9,8**	**C**
4	3570	1,50	5.355,00	**26,3**	**7,0**	**C**
5	520	47,00	24.440,00	**3,8**	**31,9**	**A**
gesamt	13570	–	76.585,00	100,0	100,0	

Tab. 2

Artikelübersicht nach prozentualen Verbrauchswerten						
Artikel-nummer	**Verbrauch je Stück**	**Einstands-preis in €**	**Verbrauchs-wert in €**	**Wertanteil in %**	**Kumulierter Anteil**	**Rangfolge**
5	520	47,00	24.440,00	**31,9**		**A**
2	890	27,00	24.030,00	**31,4**	**63,3**	**A**
1	1090	14,00	15.260,00	**19,9**	**19,9**	**B**
3	7500	1,00	7.500,00	**9,8**		**C**
4	3570	1,50	5.355,00	**7,0**	**16,8**	**C**
gesamt	13570	–	76.585,00	100,0	100,0	

Tab. 3

Artikelübersicht nach prozentualen Verbrauchsmengen						
Artikelnummer	**Verbrauch je Stück**	**Einstandspreis in €**	**Verbrauchswert in €**	**Mengenanteil in %**	**Kumulierter Anteil**	**Rangfolge**
5	520	47,00	24.440,00	**3,8**		**A**
2	890	27,00	24.030,00	**6,6**	**10,4**	**A**
1	1090	14,00	15.260,00	**8,0**	**8,0**	**B**
3	7500	1,00	7.500,00	**55,3**		**C**
4	3570	1,50	5.355,00	**26,3**	**81,6**	**C**
gesamt	13570	–	76.585,00	100,0	100,0	

Grafische Darstellung der ermittelten ABC-Analyse

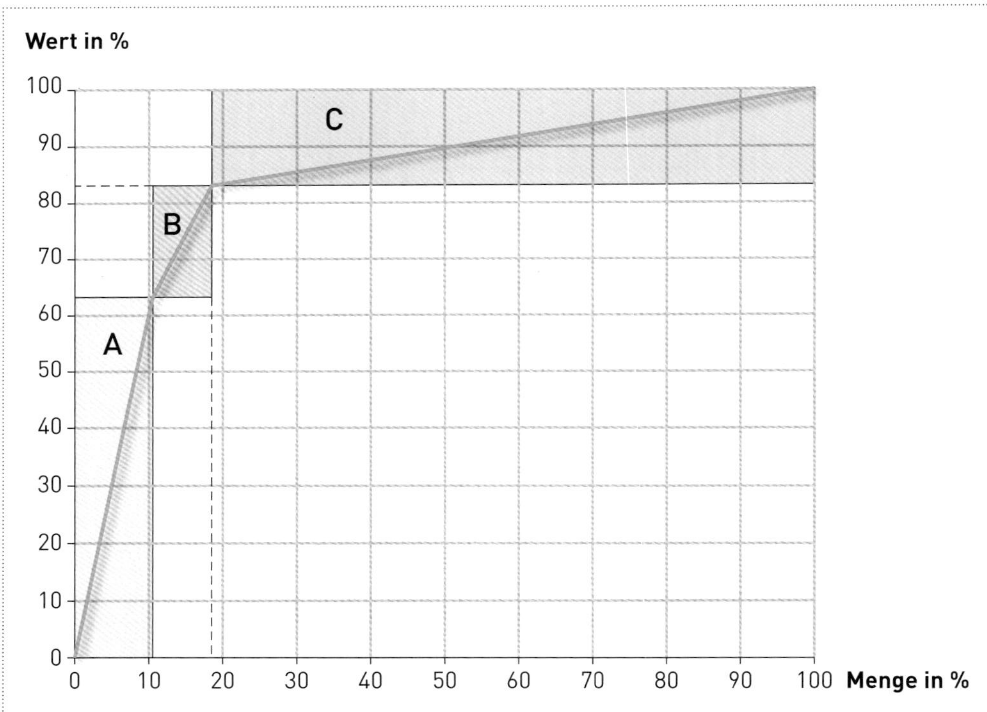

Nach der Berechnung der ABC-Analyse ist zu erkennen, welche Güter im Beschaffungsprozess besonders beachtet werden sollten. Im Beispiel sind dies in der wertmäßigen Betrachtung die Artikelnummern 5 und 2 als A-Güter (vgl. Tab. 2). Es handelt sich um hochwertige Güter; sie bedürfen einer besonderen Behandlung sowohl im Beschaffungsprozess, außerdem sollte ein besonderes Augenmerk auf die Warenpflege sowie die Positionierung dieser Güter im Lager gelegt werden.

Zur Auswertung der ABC-Analyse sind von der Geschäftsleitung die prozentualen wertmäßigen Anteile festgelegt worden: A-Güter 80 %, B-Güter 15 %, C-Güter 5 %. Danach richten sich in Zukunft die unternehmerischen Tätigkeiten im Beschaffungsprozess.

Merke Die **ABC-Analyse** ist ein Verfahren zur wirtschaftlichen Bewertung der zu beschaffenden bzw. zu lagernden Güter.

Von den einzelnen Gütern wird der jeweilige prozentuale Anteil am Gesamtverbrauch berechnet. Auf dieser Basis wird den Gütern eine Rangfolge der Verbrauchswerte und -mengen zugeordnet, nach denen sie üblicherweise in die Klassen A, B und C eingeteilt werden, woher das Verfahren auch seinen Namen hat.

A-Güter sind hochwertige Artikel und haben meist einen geringen Anteil an der Gesamtmenge, nehmen dafür aber einen wertmäßig hohen Stellenwert ein. Mit diesen Gütern wird ein relativ hoher Anteil des Kapitals gebunden, deshalb sind sie besonders zu behandeln. Das bedeutet für die Beschaffung:

- eine genaue Disposition dieser Güter
- falls möglich eine fertigungssynchrone Beschaffung
- geringe Mindestbestände im Lager
- kleine Bestellmengen bei häufigen Bestellungen

B-Güter haben einen ausgewogenen Anteil am Wert- und Mengenanteil des Gesamtvolumens. Eine Entscheidung zur Behandlung dieser Güter muss individuell vorgenommen werden.

C-Güter haben einen sehr hohen mengenmäßigen Anteil im Unternehmen, der Wertanteil ist aber sehr gering. Deshalb bedürfen diese Artikel keiner besonderen Beachtung; daraus folgt für die Beschaffung:

- Disposition in hohen Stückzahlen
- wenige Bestellvorgänge, um Beschaffungskosten zu sparen
- Festlegung höherer Mindestbestände

Präzise und aktuelle Daten der Warenbewegung sind grundsätzlich die Voraussetzung, um eine ABC-Analyse zu erstellen.

Die grobe Einteilung in drei Klassen und das Fehlen von qualitativen Faktoren können sich beim Einsatz der ABC-Analyse in der Praxis als nachteilig erweisen.

Lernlandkarte 4.9 bis 4.11

4.9 Bestellprozess

4.9.1 Angebotsvergleich

quantitativ
- Listenpreis
- Rabatt
- Skonto
- ...

qualitativ
- Qualität
- Lieferzeit
- Servicegrad
- ...

Methoden der Angebotsentscheidung

4.9.2 Bezugskalkulation

4.9.3 Nutzwertanalyse

	Listenpreis
–	Lieferantenrabatt
=	Zieleinkaufspreis
–	Lieferantenskonto
=	Bareinkaufspreis
+	Bezugskosten
=	**Bezugspreis**

4.10 Bestellüberwachung

Wareneingangskontrolle

Wareneingangsprüfung

Bestellmengenkontrolle

Warenwirtschaftssysteme

Lieferterminkontrolle

Schnittstelle zum Lager

4.11 Beschaffungspolitik aus ökologischer Sicht

Ökonomie

Kosten

Gewinn

Ökologie

Ressourcen

Umwelt

4.9 Bestellprozess

Auf eine Anfrage folgt ein Angebot. Liegen dem Unternehmen mehrere Angebote vor, ist es Aufgabe des zuständigen Mitarbeiters, das beste Angebot zu ermitteln. Dabei werden die Angebote mehrerer Lieferanten miteinander verglichen sowie auf sachliche und rechnerische Richtigkeit geprüft.

4.9.1 Angebotsvergleich

Bei einem **Angebotsvergleich** ist nicht nur der Preis ausschlaggebend, sondern auch die Qualität, die Lieferfähigkeit und die Zuverlässigkeit des Lieferanten werden berücksichtigt, genauso wie Serviceleistungen und ökologische Gesichtspunkte. Das preiswerteste Angebot muss nicht unbedingt auch das beste Angebot sein. Die Entscheidung wird von den Bedürfnissen des Unternehmens beeinflusst, so kann beispielsweise ein preislich hochwertiges Angebot angenommen werden, wenn qualitative Faktoren entscheidend sind.

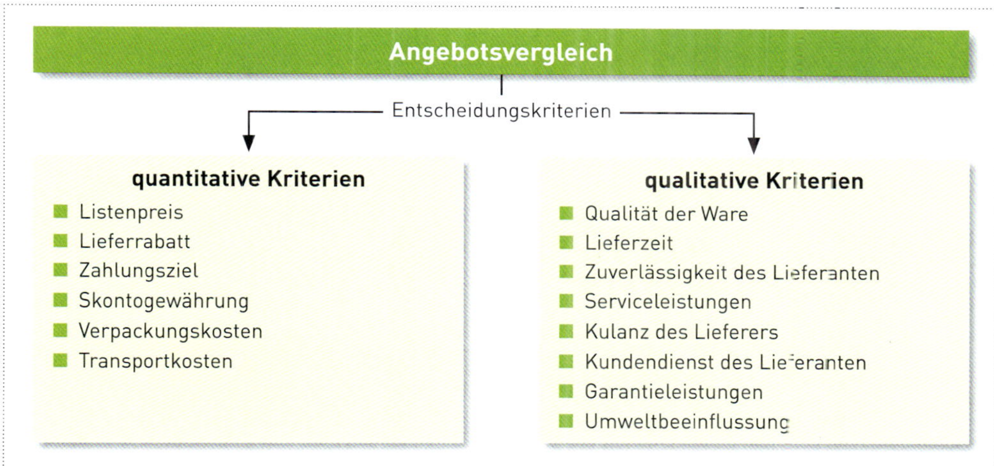

Methoden für die Angebotsauswahl

Ziel jedes Kaufmanns ist, einen optimalen Gewinn zu erwirtschaften. Nur so kann das Unternehmen erfolgreich sein. Die Unternehmensgewinne liegen in der Spanne zwischen dem Einkaufspreis und dem späteren Verkaufspreis. Dabei müssen die eigenen Kosten kalkuliert werden, denn sie schmälern den Gewinn. Außerdem sind bei der Festlegung der Verkaufspreise die finanziellen Möglichkeiten der Kunden zu bedenken. Ist der Preis zu hoch, wird der Käufer wahrscheinlich einen anderen Anbieter suchen. Um einen möglichst günstigen Anbieter zu finden, stehen dem Unternehmer bereits beim Einkauf verschiedene Methoden zur Verfügung.

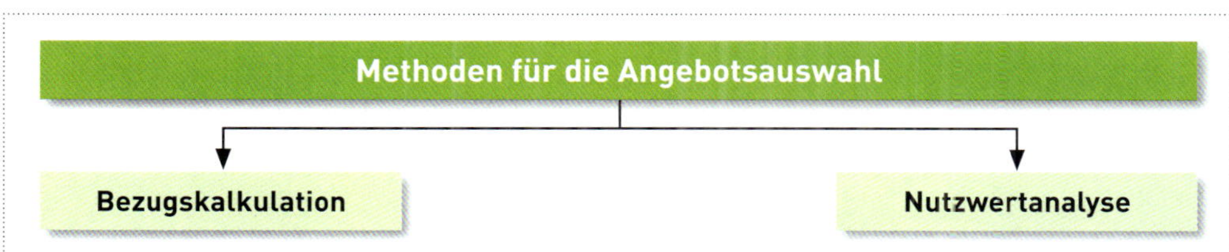

4.9.2 Bezugskalkulation (quantitativer Angebotsvergleich)

Um einen möglichst günstigen Einstandspreis zu erzielen, ist zunächst die rechnerische Ermittlung – die **Bezugskalkulation** – vorzunehmen. Dabei werden die angebotenen Preise auf eine einheitliche Vergleichsbasis gebracht. Preisnachlässe sind abzuziehen, eigens zu tragende Kosten müssen hinzugerechnet werden (Bezugskosten). Der quantitative Angebotsvergleich auf rechnerischer Basis erfolgt mittels des nachfolgenden **Schemas der Bezugskalkulation:**

Preiskalkulation
Rechnungswesen
Kap. 10.1

Bezugskalkulation = Einkaufskalkulation	Listenpreis/Angebotspreis – Lieferantenrabatt = Zieleinkaufspreis – Lieferantenskonto = Bareinkaufspreis + Bezugskosten (Transportkosten/Verpackungskosten) **= Bezugspreis**

Beispiel Angebotsvergleich

Karolin Krömer, Abteilungsleiterin im Einkauf der Firma Blum Music4You KG, erhält auf ihre Anfragen über DVD-Rohlinge zwei Angebote, die sie auswerten und eine Entscheidung über die preiswertere Einkaufsmöglichkeit treffen muss.

Kaiserkino GmbH • Mühlhäuser Str. 12 • 99867 Gotha

Kaiserkino GmbH
Großhandel für Tonstudios

Blum Music4You KG
Frau Krömer
Veilchenweg 19
50677 Köln

Ihr Zeichen, Ihre Nachricht vom	Unser Zeichen	Telefon, Name 03621 394790-	Datum
krö 15.03.20..	ju 19.03.20..	20 Frau Jung	19.03.20..

Angebot

Sehr geehrte Frau Krömer,

laut Ihrer Anfrage vom 15. März d. J. bieten wir Ihnen nachfolgende Artikel zu den genannten Konditionen an:

Artikelbezeichnung	Artikelnummer	Anzahl/Stück	Einzelpreis
DVD Rohlinge, DVD-R LightScribe	23671	500	0,18 €
DVD Rohlinge, DVD-R 16 x Speed	45367	1 000	0,16 €
DVD Rohlinge, DVD-RW	23675	4 000	0,10 €
DVD Rohlinge, DVD-R/-RW 8 cm	42647	5 000	0,07 €

Die Lieferung erfolgt per: ☒ Post ☐ Bahn ☐ Spedition ☐ Kurierdienst

Bei einem Bestellwert ab 500,00 € gewähren wir Ihnen einen Rabatt von 8 %, bei Zahlung innerhalb 10 Tagen Skonto von 2 %. Für Verpackung und Versand berechnen wir 37,00 € pauschal.

Ihre Bestellung werden wir sofort nach Eingang ausführen.

Mit freundlichen Grüßen

Kaiserkino GmbH

Sabine Jung

Sabine Jung, Verkaufsleiterin

3550286

Freizeit Müller & Co. KG • Winterallee 3 • 40474 Düsseldorf

Freizeit Müller & Co. KG

Blum Music4You KG
Frau Krömer
Veilchenweg 19
50677 Köln

Ihr Zeichen, Ihre Nachricht vom	Unser Zeichen	Telefon, Name	Datum
krö 15.03.20..	pe 21.03.20..	0211 44719-11 Frau Peter	21.03.20..

Angebot

Sehr geehrte Frau Krömer,

Ihre Anfrage vom 15. März 20.. haben wir erhalten und bieten Ihnen die Artikel wie folgt an:

Artikelbezeichnung	Anzahl/Stück	Einzelpreis
DVD Rohlinge DVD-R LightScribe	500	0,16 €
DVD Rohlinge DVD-R 16 x Speed	1 000	0,15 €
DVD Rohlinge DVD-RW	4 000	0,14 €
DVD Rohlinge DVD-R/-RW 8 cm	5 000	0,09 €

Sie erhalten unsere Artikel innerhalb von 3 Tagen mit einem Rabatt von 5 % als Neukunde sowie einer Versandpauschale von 85,00 €. Bei Zahlung innerhalb von 10 Tagen gewähren wir 2 % Skonto.

Mit freundlichen Grüßen

Freizeit Müller & Co. KG

Magdalene Peter

Magdalene Peter, Vertrieb

Karolin Krömer vergleicht die beiden Angebote und erstellt zuerst eine **Bezugskalkulation.**

	Angebot 1 Kaiserkino GmbH	Angebot 2 Freizeit Müller & Co. KG
Listeneinkaufspreis	1.000,00 €	1.240,00 €
– Lieferantenrabatt	80,00 €	62,00 €
= Zieleinkaufspreis	920,00 €	1.178,00 €
– Lieferantenskonto	18,40 €	58,90 €
= Bareinkaufspreis	901,60 €	1.119,10 €
+ Bezugskosten	37,00 €	85,00 €
= Bezugspreis	**938,60 €**	**1.034,10 €**

Fazit: Angebot 1 ist nach der Bezugskalkulation die preiswertere Variante.

4.9.3 Nutzwertanalyse (qualitativer Angebotsvergleich)

Eine Entscheidung allein auf der Grundlage eines rechnerischen Vergleichs ist nicht ratsam. Qualitative Faktoren spielen bei der Entscheidungsfindung eine große Rolle. Ein qualitativer Angebotsvergleich, der die Qualität der Artikel als Basis nimmt, ist die **Nutzwertanalyse.** Dabei werden verschiedene Bewertungskriterien gemäß ihrer Bedeutung gewichtet.

Bewertungskriterien können unter anderem sein:

- Lieferantentreue
- Lieferantennähe
- Qualität der Produkte
- Umweltverträglichkeit
- Kulanz des Verkäufers bei Reklamationen
- Service- und Dienstleistungen

Jedem Kriterium wird ein bestimmter prozentualer Anteil am Gesamtwert zugeordnet. Dieser Anteil bestimmt die Punkte, die je Kriterium den einzelnen Lieferern zuzuordnen sind. Nach der Analyse können die Lieferer entsprechend der Kriterien ausgewertet und eine Entscheidung zugunsten des qualitativ besseren Artikels kann getroffen werden.

Beispiel (Fortsetzung Kap. 4.9.2) Nutzwertanalyse

Gewichtungskriterien	Faktorgewichtung	Lieferanten			
		Großhandel Kaiserkino GmbH		Großhandel Freizeit Müller & Co. KG	
		Teilnutzenwert	gewichtet	Teilnutzenwert	gewichtet
Qualität der Produkte	0,3	8	2,4	6	1,8
Lieferantennähe	0,2	0	0	10	2,0
Lieferantentreue	0,4	9	3,6	4	1,6
umweltschonende Materialien	0,1	6	0,6	7	0,7
Gesamtnutzenwert			**6,6**		**6,1**

Punktebewertung: 1 (= schlecht) bis 10 (= sehr gut)

Fazit: Der Großhandel Kaiserkino GmbH ist nach der Nutzwertanalyse der qualitativ bessere Lieferant, dessen Artikel den Bewertungskriterien, die sich die Blum Music4You KG aufgestellt hat, am ehesten entsprechen. Die Entscheidung ist damit getroffen: Karolin Krömer wählt den Lieferanten Kaiserkino GmbH. Die Argumente des günstigeren Preises, der Qualität der Produkte und der Lieferantentreue sind für die Blum Music sehr wichtig. Die Lieferantennähe spielt dabei keine Rolle.

4.10 Bestellüberwachung

Materialfluss und Informationsfluss in der Beschaffungslogistik sind in folgender Prozesskette dargestellt.

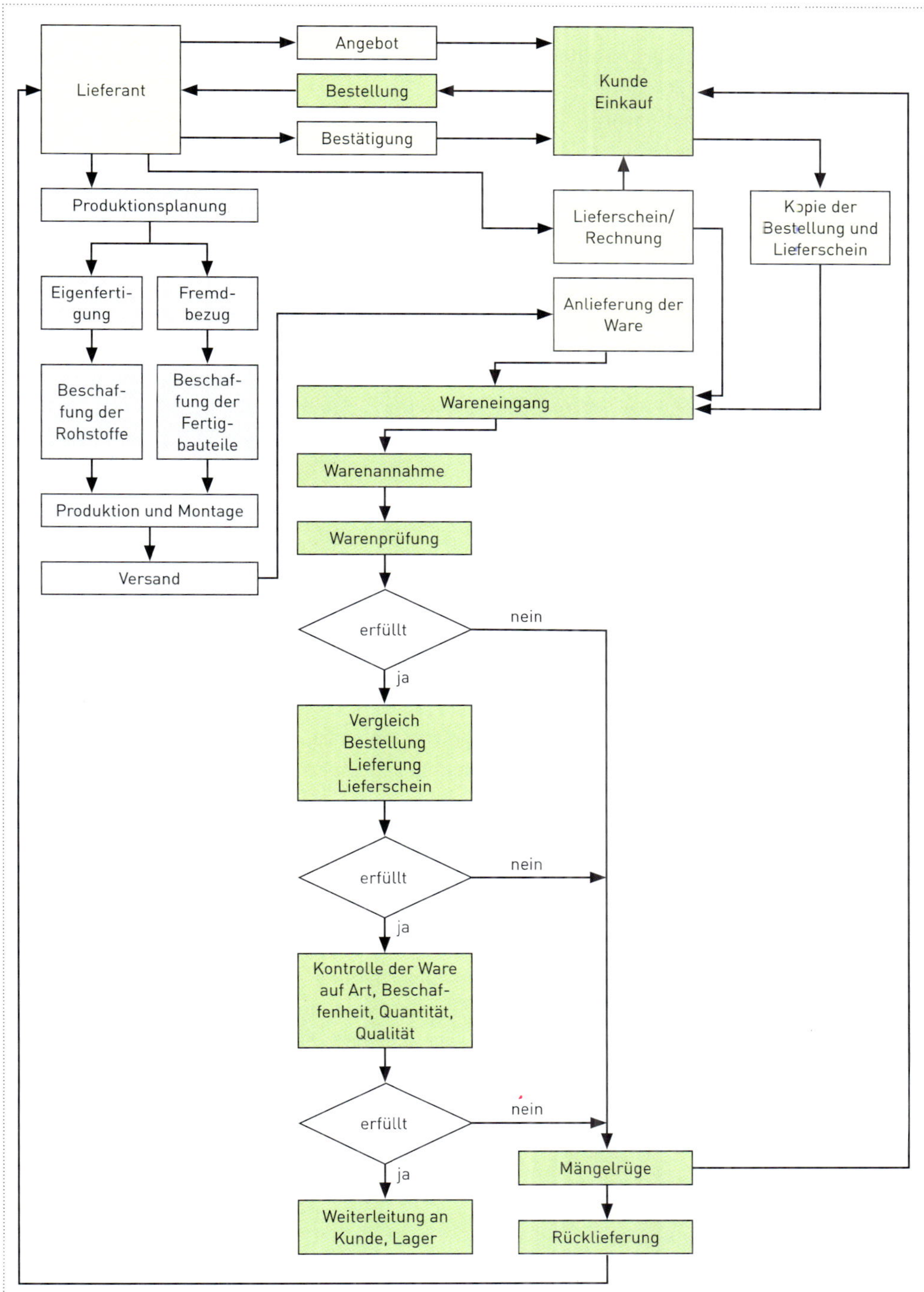

Wareneingangskontrolle

Waren werden mit verschiedenen Transportmitteln (Bahn oder Lkw) angeliefert. Jeder Kaufmann hat die Pflicht, eine Warensendung beim Wareneingang auf Art, Menge, Güte und Beschaffenheit zu prüfen (§ 377 HGB). Wenn die Warenanlieferung durch eine Spedition erfolgt, muss der Kaufmann die Ware in Anwesenheit des Überbringers prüfen.

Das bedeutet eine ausdrückliche Prüfung

- des äußeren Zustands der Ware,
- der richtigen Empfängeranschrift,
- der Anzahl der Packstücke,
- der Unversehrtheit der Verpackung.

Die Prüfung erfolgt durch genaue Besichtigung der Ware und der entsprechenden Kontrollpapiere wie Lieferschein oder Frachtpapiere.

Störungen beim Kaufvertrag Kap. 4.14

Bei Schäden kann der Kaufmann gegenüber dem Spediteur sofort eine Tatbestandsaufnahme verlangen. Er kann die Abnahme der Ware verweigern oder unter Vorbehalt entgegennehmen. Wird die Wareneingangskontrolle nicht gewissenhaft durchgeführt, verliert der Kaufmann möglicherweise die Rechte bei einer Störung des Kaufvertrags. Stellt der Käufer zu einem späteren Zeitpunkt Mängel an der Ware fest, dann muss er eine Mängelrüge an den Verkäufer senden und seine Forderungen und Rechte geltend machen.

Bestellmengenkontrolle

Warenwirtschaftssysteme Kap. 4.2

In der Praxis wird die Bestellmengenkontrolle per EDV durchgeführt. Die Abteilung Einkauf muss täglich in der Lage sein, die Bestellungen zu überwachen, um einen reibungslosen Ablauf im Unternehmen zu garantieren. Spezielle Softwarelösungen bieten hierbei eine einfache Handhabung und einen garantiert schnellen Überblick über die Wareneingänge. Beim Einsatz von Warenwirtschaftssystemen werden offene Bestellungen automatisch angezeigt, sodass der Einkäufer stets einen aktuellen Überblick hat und sofort agieren kann.

Lieferterminkontrolle

Die Lieferterminkontrolle ist die Schnittstelle zur Lagerhaltung, denn sie gibt die Meldung des Wareneingangs an die Abteilung Einkauf weiter. Gemeldet wird meist über das Warenwirtschaftssystem oder auch mithilfe der eingegangenen Lieferscheinkopien. Die Lieferterminkontrolle ist ein unverzichtbarer Bestandteil für die Beschaffungsabteilung, denn die Bestellungen müssen termingenau abgeschlossen und deren Erfüllung überprüft werden. Ansonsten wäre der Leistungsprozess des Unternehmens gefährdet.

4.11 Beschaffungspolitik aus ökologischer Sicht

Der für das Überleben der Menschheit unverzichtbare umweltpolitische Wandel schlägt sich auch in der Beschaffungspolitik nieder. Sowohl ökonomische als auch ökologische Aspekte sind in den Beschaffungsprozessen zu berücksichtigen.

Ökonomie der Beschaffung bedeutet, die entsprechenden notwendigen Materialien, Erzeugnisse oder Produkte kosteneffizient zu beschaffen, um möglichst hohe Erlöse erwirtschaften zu können.

Ökologische Beschaffung hingegen sollte immer unter dem Schutz der natürlichen Ressourcen erfolgen, um die Lebensqualität der Menschen nicht zu gefährden und eine lebenswerte Umwelt zu erhalten.

Ökologische Gesichtspunkte der Beschaffungspolitik eines Unternehmens

Einhaltung staatlicher Auflagen bei Beschaffungstätigkeiten
- Einhaltung gesetzlicher Umweltschutzbestimmungen
- Kreislaufwirtschafts- und Abfallgesetz
- Verpackungsverordnung

Berücksichtigung der Kundenwünsche hinsichtlich ökologischer Materialien und Produkte
- Vermeidung/Verringerung von Abfällen
- Herstellung umweltfreundlicher Produkte

Abfallpolitik Kap. 3.6.3

Verringerung des Transportaufkommens zwecks Schonung der Umwelt
- effiziente Ausnutzung der Transportmittel
- Großmengenabnahme

Reduzierung von Verpackungen
- Verwendung recycelfähiger Verpackungsmaterialien
- Einsatz von Mehrwegverpackungen

Die Nachfrage nach ökologisch und sozial verantwortbar hergestellten Produkten wird zunehmend zur gesellschaftlichen Innovation und verantwortungsbewusste Unternehmer greifen die Nachhaltigkeit von Wertschöpfungsketten auf, um einen zukunftsfähigen Konsum zu gewährleisten.

Lernlandkarte 4.12

4.12 Rechtsgeschäfte und Verträge

4.12.1 Rechtsgebiete

Öffentliches Recht

Überordnung
Staat
↓
Bürger
Unterordnung

- Strafrecht
- Steuerrecht
- Sozialrecht

Privates Recht

- Zivilrecht
- Handels- und Gesellschaftsrecht

Gleichordnung
Bürger ↔ Bürger

4.12.2 Rechtssubjekte und Rechtsobjekte

Rechtssubjekte und Personengesellschaften sind rechtsfähig

- Personengesellschaften
- juristische Personen

natürliche Personen
- geschäftsunfähig
- beschränkt geschäftsfähig
- geschäftsfähig

Arten rechtsfähiger Subjekte

- Unternehmer/Kaufleute
- Verbraucher

Rechtsobjekte

- Sachen
- Tiere
- Rechte
- sonst. Gegenstände

4.12.3 Rechtliche Einzelfallregelungen

- Vertrag
- Rechtsgeschäft
- Willenserklärung

4.12.4 Arten von Rechtsgeschäften und Verträgen

Arten von Rechtsgeschäften (RG)

- einseitiges RG
- zwei- oder mehrseitiges RG = Vertrag
  einseitig oder zweiseitig verpflichtend
- Vertragsarten

4.12.5 Vertragsfreiheit und ihre Grenzen

Abschlussfreiheit	Abschlusszwang, -verbot oder -gebot
Inhaltsfreiheit	Schutzregelungen
Formfreiheit	Formzwang

4.12.6 Nichtige, anfechtbare, widerrufbare Rechtsgeschafte

Willenserklärung

- von Anfang an unwirksam
- durch Anfechtung rückwirkend unwirksam
- durch Widerruf rückgängig gemacht

4.12 Rechtsgeschäfte und Verträge

In der deutschen Rechtsordnung unterscheidet man zwei Rechtsgebiete: das Privatrecht und das öffentliche Recht. Diese Unterscheidung geht zurück auf das römische Recht, in dem „ius privatum" und „ius publicum" voneinander abgegrenzt wurden.

Das deutsche Privatrecht wiederum wird von einer Reihe von rechtsstaatlichen Prinzipien geprägt. Eines davon ist die Privatautonomie bzw. Vertragsfreiheit: die Freiheit von Personen, rechtliche Einzelfälle durch Willenserklärungen, Rechtsgeschäfte oder Verträge weitgehend nach ihrem Willen zu gestalten.

4.12.1 Rechtsgebiete

Einstiegsfall Graffiti an der Wand

Der 19-jährige Marco T. sprüht Graffiti an eine Hauswand der Wohnungsbaugenossenschaft „Gemeinnützige Siedlungsgenossenschaft in Neustadt (e. G.)". Als er das Bild fast fertig gesprüht hat, kommt die Polizei.

Welche Rechtsfolgen können auf Marco T. zukommen?

Öffentliches Recht

Handelt der Staat oder eine seiner Institutionen, dann geschieht dies nach öffentlich-rechtlichen Vorschriften – so jedenfalls, wenn Täter bestraft oder Steuern erhoben werden. Das öffentliche Recht regelt grundsätzlich das Verhältnis des Bürgers zum Staat oder die staatliche Organisation selbst, zum Beispiel die Befugnisse von Bundestag und Bundesrat oder das Verfahren von Justiz und Verwaltung.

Merke Im **öffentlichen Recht** ist der Einzelne dem Staat **untergeordnet.** Öffentlich-rechtliche Vorschriften **zwingen** den Bürger dazu, sich den staatlichen Anordnungen zu fügen.

Beispiel

Eltern können sich nicht aussuchen, ob ihr sechsjähriges Kind zur Schule geht oder nicht; durch die Schulgesetze der Bundesländer besteht Schulpflicht.

Privatrecht

Das Privatrecht regelt die **Rechtsverhältnisse gleichberechtigter Personen** zueinander. Privatrechtliche Vorschriften zwingen die Beteiligten nicht, sie können vertraglich etwas anderes regeln als im Gesetz vorgesehen. Privatrechtliche Vorschriften sind nachgiebig, sie können durch Vereinbarungen abgeändert werden. Diese **nachgiebigen Vorschriften** nennt man auch dispositiv, da das Gesetz eine Dispositionsfreiheit einräumt.

Merke Im **privaten Recht** sind Personen **gleichgeordnet.** Privatrechtliche Vorschriften sind meist **dispositiv.**

Im Privatrecht gilt **Privatautonomie** – also die Freiheit des Einzelnen, Rechtsverhältnisse weitgehend nach seinem Willen zu gestalten. Eine wichtige Ausprägung der Privatautonomie ist die **Vertragsfreiheit.** Jeder kann frei darüber entscheiden, ob er Verträge schließen will, mit wem er sie schließen will (Abschlussfreiheit), was im Vertrag geregelt werden soll (Inhaltsfreiheit) und in welcher Form dies geschehen soll (Formfreiheit).

Arten des Privatrechts

Zum Privatrecht gehören insbesondere das **bürgerliche Recht (Zivilrecht), Teile des Arbeitsrechts** und das **Wirtschafts(privat)recht.** Das Wirtschaftsrecht umfasst insbesondere das Handels- und das Gesellschaftsrecht.

Während das **Handelsrecht** Rechte und Pflichten von Kaufleuten regelt, normiert das **Gesellschaftsrecht** beispielsweise Gründung und Aufbau von Unternehmensformen wie die Aktiengesellschaft oder die Gesellschaft mit beschränkter Haftung. Das Bürgerliche Gesetzbuch (BGB) ist das wichtigste Gesetz des bürgerlichen Rechts (Zivilrechts). Es wurde am 1. Januar 1900 in Kraft gesetzt und ist trotz vieler Änderungen in wesentlichen Teilen gleich geblieben.

Der Begriff Zivilrecht stammt aus dem römischen Recht: „Cives“ ist lateinisch und heißt Bürger.

Gliederung des Bürgerlichen Gesetzbuchs (BGB)

Das BGB gliedert sich in fünf Teile, die der Gesetzgeber „Bücher“ nennt.

Buch 1: Allgemeiner Teil	Grundsätze, die für alle Bücher von Bedeutung sind
Buch 2: Recht der Schuldverhältnisse (Schuldrecht)	■ Allgemeines Schuldrecht Begründung, Inhalt und Beendigung von Schuldverhältnissen ■ Besonderes Schuldrecht – Pflichten aus einzelnen vertraglichen Schuldverhältnissen (z. B. Kauf-, Werk-, Miet- oder Reisevertrag) oder – Pflichten aus gesetzlichen Schuldverhältnissen wie die Schadensersatzpflicht bei unerlaubten Handlungen (z. B. bei verbotenen Graffiti)
Buch 3: Sachenrecht	Rechtsbeziehungen zwischen Rechtssubjekten (Personen) und Rechtsobjekten (Sachen, Rechte), z. B. Besitz und Eigentum an Sachen
Buch 4: Familienrecht	Rechtsbeziehungen bei Verwandtschaft, Verlobung, Ehe, Scheidung, Unterhaltspflicht, elterlicher Sorge
Buch 5: Erbrecht	gesetzliche Erbfolge sowie Erbschaft durch Rechtsgeschäfte (Testament)

Lösung des Einstiegsfalls Graffiti an der Wand

Jedem Sprayer drohen grundsätzlich zwei rechtliche Folgen:	
Er muss dem betroffenen Eigentümer, hier der Wohnungsbaugenossenschaft, Schadensersatz leisten, d. h. die Graffiti selbst beseitigen oder die Kosten dafür ersetzen.	Er könnte vor Gericht wegen Sachbeschädigung und Hausfriedensbruch zu einer Strafe verurteilt werden oder mindestens dem Ordnungsamt ein Bußgeld zahlen.
Diese Rechtsfolgen stammen aus verschiedenen Rechtsgebieten:	
Schadensersatz aus dem Gebiet des **Privatrechts.**	**Strafe und Bußgeld** aus dem Gebiet des **öffentlichen Rechts.**

4.12.2 Rechtssubjekte und Rechtsobjekte

Einstiegsfall Testament der Elfriede S.

Elfride S. lebt alleine und hat keine näheren Verwandten. Nach ihrem Tod wird ein von ihr handschriftlich verfasstes und unterschriebenes Testament aufgefunden.

Erben sollen zu gleichen Teilen werden:
- die langjährige Haushaltshilfe Marta T.,
- das erste Enkelkind der Marta T., dessen Geburt in wenigen Monaten bevorsteht,
- der am Ort eingetragene Tierschutzverein „Hilfe für Tiere in Not e. V.“,
- ihre treue Hündin Molly.

Wie ist die Rechtslage?

Rechtssubjekte

Rechtssubjekte sind natürliche und juristische Personen. Sie sind Träger von Rechten und Pflichten. Sie sind rechtsfähig.

Natürliche Personen

Merke Als natürliche Personen bezeichnet das Gesetz (§§ 1 bis 14 BGB) alle lebenden Menschen.

Rechtsfähigkeit und Handlungsfähigkeit

Ein Mensch ist rechtsfähig, das bedeutet, er ist Träger von Rechten und Pflichten. Die Rechtsfähigkeit wiederum ist die Voraussetzung, als handlungsfähig zu gelten.

§ 1 BGB Beginn der Rechtsfähigkeit

Die Rechtsfähigkeit des Menschen beginnt mit der Vollendung der Geburt.

Das Tatbestandsmerkmal **„Vollendung der Geburt"** wird dahingehend ausgelegt, dass der Körper des Kindes vollständig aus dem Mutterleib ausgetreten und das Kind lebend geboren sein muss. Allerdings sind auch ungeborene Kinder teilweise rechtsfähig. Sie werden verfassungs- und strafrechtlich geschützt, beispielsweise durch das Abtreibungsverbot gemäß § 218 Strafgesetzbuch. Außerdem ist ein ungeborenes Kind erbfähig (§ 1923 Abs. 2 BGB).

Die Rechtsfähigkeit **endet** mit dem **Tod.**

Die Frage, wann der Tod eingetreten ist, hat sich durch die Fortschritte der Medizin im Laufe der Zeit geändert. Heute steht fest, dass der Tod ein Prozess ist. Der Todeszeitpunkt wird medizinisch und rechtlich durch einen andauernden Ausfall der Großhirnfunktionen definiert. Von diesem Todesbegriff geht auch das Transplantationsgesetz aus. Eine Leiche muss nach dem Bestattungsrecht der Länder bestattet werden. Sie darf als Sache nur behandelt werden, wenn sie medizinischen oder wissenschaftlichen Zwecken dienen soll.

Merke Alle Menschen, unabhängig von ihrer Staatsangehörigkeit, ihrem Alter, ihrem Geschlecht und ihrem körperlichen oder geistigen Zustand, sind gleichermaßen rechtsfähig.

Rechtsfähigkeit

ist die Fähigkeit, Träger von Rechten und Pflichten zu sein.

Sie ist die Voraussetzung der ...

Handlungsfähigkeit,

die Fähigkeit, durch eigenes Handeln Rechtswirkungen hervorzurufen.
Die Handlungsfähigkeit ist nach dem Lebensalter unterschiedlich ausgeprägt.

Sie umfasst u. a.

- **Geschäftsfähigkeit,** die Fähigkeit, für sich selbst Rechtsgeschäfte abschließen zu können.
- **Deliktsfähigkeit,** die Fähigkeit, für unerlaubte Handlungen Schadensersatz leisten zu müssen.

Wer handelt für eine nicht handlungsfähige Person?

gesetzliche(r) Vertreter bei ...

- ehelichen Kindern: **beide Eltern** (§ 1629 BGB)
- Entziehung des Sorgerechts: **der Vormund** (§ 1773 BGB)
- nichtehelichen Kindern: **die Mutter oder beide Eltern** (§ 1626 a BGB)
- geschäftsunfähigen Volljährigen: **der Betreuer** (§ 1896 BGB)

Menschen können Eigentümer sein, Schuldner werden und sie können erben. Im Privatrecht gibt es grundsätzlich keine Beschränkung der Rechtsfähigkeit.

Im öffentlichen Recht gibt es Differenzierungen, so unterscheidet das Grundgesetz bei den Grundrechten zwischen Bürgerrechten, die nur für Staatsbürger der Bundesrepublik Deutschland gelten, und Menschenrechten, die für jedermann gelten.

Natürliche Personen erlangen ihre Rechtsfähigkeit mit der Geburt; ihre Handlungsfähigkeit richtet sich dagegen nach ihrem Lebensalter. **Handlungsfähig** ist jemand, der durch eigenes Handeln Rechtswirkungen auslöst, wie bei der Deliktsfähigkeit oder der Geschäftsfähigkeit.

Nur jemand, der geschäftsfähig ist, kann auch Rechtsgeschäfte für sich selbst tätigen: zum Beispiel etwas leihen, kaufen oder verschenken. Die **Geschäftsfähigkeit** richtet sich nach dem Alter. Geschäftsunfähig ist ein Kind bis zur Vollendung des siebten Lebensjahres; als beschränkt geschäftsfähig gelten Kinder und Jugendliche vom siebten Geburtstag bis zur Vollendung des 18. Lebensjahres. Erst ab dem Alter von 18 Jahren ist eine Person unbeschränkt geschäftsfähig.

Geschäftsfähigkeit Kap. 4.12.6

Juristische Personen

Merke Die juristische Person ist eine Schöpfung des Gesetzgebers. Sie entsteht durch den Zusammenschluss von Personen oder die Bildung eines Stiftungsvermögens.

Eine Grundlage dafür stellt das Grundrecht der Vereinigungsfreiheit dar, das allen Deutschen garantiert, Vereine und Gesellschaften bilden zu können.

Eine juristische Person ist eine Personenvereinigung oder ein Zweckvermögen mit gesetzlich anerkannter Selbstständigkeit und rechtlich geschütztem Namen. Ihr Bestand ist grundsätzlich unabhängig von den Zu- und Abgängen von Mitgliedern oder Gesellschaftern, sie verfügt über ein eigenes Vermögen. Eine juristische Person handelt durch ihre gesetzlich oder durch Satzung bestimmten Organe (so zum Beispiel eine Mitgliederversammlung, ein Vorstand, die Geschäftsführer).

Merke Eine juristische Person ist stets rechts- und geschäftsfähig. Sie wird durch ihre **Organe** vertreten.

Wer mit einer juristischen Person Verträge abschließt, muss die ihm zustehenden Ansprüche gegen die juristische Person selbst geltend machen. So haftet eine juristische Person (etwa eine Kapitalgesellschaft oder eine Stiftung) gegenüber einem Gläubiger mit ihrem Gesellschaftsvermögen, nicht mit dem Privatvermögen ihrer Gesellschafter oder Mitglieder. Eine Person, die mit einem Verein Geschäfte abschließt, kann ihre Geldforderung also nicht bei einigen vermögenden Vereinsmitgliedern eintreiben, sondern muss sich an den Verein und das Vereinsvermögen halten.

Arten von juristischen Personen

Die folgende Grafik zeigt, welche verschiedenen Arten von juristischen Personen unterschieden werden und wie eine juristische Person rechtsfähig wird.

Personengesellschaften sind zwar rechts- und geschäftsfähig, können also zum Beispiel klagen und verklagt werden, gelten aber nicht als juristische Personen, denn die Gesellschafter haften den Gläubigern der Gesellschaft meist auch mit ihrem Privatvermögen.

Juristische Personen

des privaten Rechts

Handels- und Gesellschaftsrecht

Kapitalgesellschaften
- Aktiengesellschaften (AG)
- Gesellschaften mit beschränkter Haftung (GmbH)
- ...

Genossenschaften (eG)
- Wohnungsbaugenossenschaften
- Volks- und Raiffeisenbanken
- ...

Versicherungsvereine auf Gegenseitigkeit (VVaG)

Zivilrecht

Vereine (e. V.)
(§§ 21–79 BGB)
- Mietervereine
- Verbraucherzentralen
- ...

Stiftungen
(§§ 80–88 BGB)
- Stiftung Warentest
- ...

Personengesellschaften
keine juristischen Personen, aber mit Rechtsfähigkeit ausgestattet

- Offene Handelsgesellschaft (OHG)
- Kommanditgesellschaft (KG)
- Partnerschaftsgesellschaft (PartG)
- ...

- Gesellschaft bürgerlichen Rechts (GbR o. BGB-G) (§§ 705–740 BGB)
- ...

des öffentlichen Rechts (§ 89 BGB)

Anstalten
- Rundfunkanstalten der Länder
- ...

Körperschaften

Gebietskörperschaften
- Bund
- Länder
- Gemeinden
- Landkreise
- ...

Personenkörperschaften
- Sozialversicherungsträger (Krankenkassen, Berufsgenossenschaften, Bundesagentur für Arbeit, Deutsche Rentenversicherung)
- Kammern (Industrie- und Handelskammer, Handwerkskammer)
- Universitäten
- ...

Stiftungen
- Stiftung Preußischer Kulturbesitz
- ...

Erlangung der Rechtsfähigkeit

Juristische Personen des privaten Rechts und Personengesellschaften
durch Eintragung in ein Register (Vereinsregister, Handelsregister, Genossenschaftsregister) oder bei Stiftungen durch die Genehmigung des Bundeslandes (§ 80 BGB)

Juristische Personen des öffentlichen Rechts
durch öffentlich-rechtlichen Gründungsakt, d. h. per Gesetz oder Einzelfallregelung (Verwaltungsakt)

Gruppen von Rechtssubjekten: Verbraucher, Unternehmer, Kaufmann

Das BGB unterscheidet die Begriffe Verbraucher und Unternehmer.

Merke **Unternehmer** ist jede natürliche oder juristische Person, die auf einem Markt planmäßig und auf Dauer Leistungen gegen ein Entgelt anbietet.

Der zivilrechtliche Unternehmerbegriff ist vom handelsrechtlichen Begriff des **Kaufmanns** bzw. der Kauffrau zu unterscheiden. Der Kaufmannsbegriff ist wesentlich enger gefasst. So fallen zum Beispiel die freien Berufe (Ärzte, Steuerberater, Architekten, Künstler usw.) ebenso wie Klein- und Handwerksbetriebe nicht darunter.

§ 1 HGB Kaufmann kraft Betätigung

(1) Kaufmann im Sinne dieses Gesetzbuchs ist, wer ein Handelsgewerbe betreibt.

(2) Handelsgewerbe ist jeder Gewerbebetrieb, es sei denn, dass das Unternehmen nach Art oder Umfang einen in kaufmännischer Weise eingerichteten Geschäftsbetrieb nicht erfordert.

Ein Kaufmann nach HGB ist immer auch Unternehmer im Sinne des BGB, aber nicht jeder Unternehmer ist zugleich Kaufmann. Umgekehrt können Unternehmer, sofern sie für private Zwecke Rechtsgeschäfte abschließen, Verbraucher sein. Allerdings gilt dies nur für natürliche Personen.

Gruppen von Rechtssubjekten		
Verbraucher (§ 13 BGB)	**Unternehmer** (§ 14 BGB)	**Kaufmann** (§§ 1 ff. HGB)
natürliche Person	**natürliche Person** oder **juristische Person** oder **rechtsfähige Personengesellschaft**	**natürliche Person,** die einen kaufmännisch eingerichteten Geschäftsbetrieb als Handelsgewerbe betreibt, oder **juristische Person** des privaten Rechts oder **rechtsfähige Personengesellschaft,** die ein Handelsgewerbe betreibt und im **Handelsregister** eingetragen ist
... sofern er Rechtsgeschäfte abschließt für ...		
private Zwecke	seine gewerbliche oder selbstständige Tätigkeit	sein Handelsgewerbe

Rechtsobjekte

Merke Sachen, sonstige Gegenstände, Tiere und Rechte sind Rechtsobjekte. Rechtsobjekte haben keine eigenen Rechte und Pflichten.

Sachen sind **körperliche Gegenstände,** sie können fest, flüssig oder gasförmig sein.

Sonstige Gegenstände, aber keine Sachen, sind beispielsweise Licht, elektrische Energie, Fernwärme, Software, Know-how und Werbeideen.

Man kann Sachen in verschiedenen Kategorien ordnen. Wichtig ist hier insbesondere die Unterscheidung zwischen einfachen und wesentlichen Bestandteilen einer Sache. Wesentliche Bestandteile einer Sache stellen nur einen Teil einer Gesamtsache dar.

Beispiel

Die Tischplatte eines Schreibtisches ist ein **wesentlicher Bestandteil** des Tisches, keine selbstständige Sache. Wird die Platte entfernt, ist der Schreibtisch zerstört. – Das Gebäude auf einem Grundstück ist wesentlicher Bestandteil des Grundstücks. Dies gilt auch für alle mit dem Grundstück oder Gebäude fest verbundenen Bestandteile, wie Pflanzen auf dem Grundstück, Dachstuhl des Gebäudes usw.

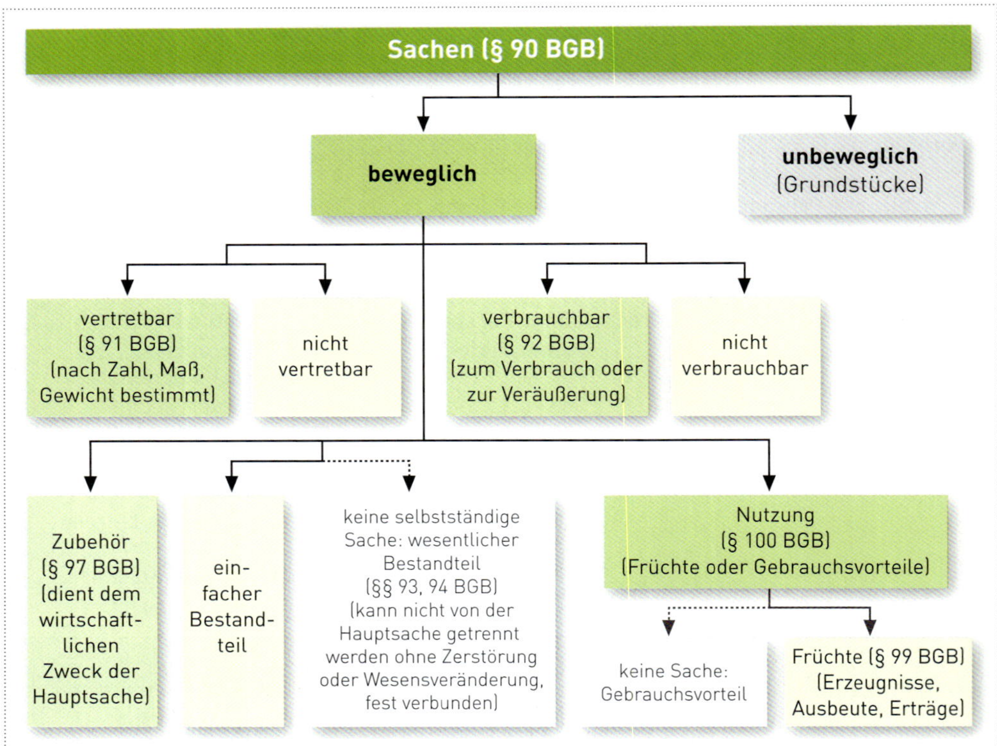

Tiere werden als Mitgeschöpfe anerkannt und genießen im Grundgesetz und durch den Tierschutz eine gewisse Sonderstellung. Sie werden zivilrechtlich aber meist wie Sachen behandelt. Ausnahmeregelungen sind selten.

Artikel 20 a GG (Staatsziel Tierschutz)

Der **Staat** schützt auch in Verantwortung für die künftigen Generationen die **natürlichen Lebensgrundlagen** und **die Tiere** im Rahmen der verfassungsmäßigen Ordnung durch die Gesetzgebung und nach Maßgabe von Gesetz und Recht durch die vollziehende Gewalt und die Rechtsprechung.

§ 90 a BGB Tiere

Tiere sind **keine Sachen.** Sie werden durch besondere Gesetze geschützt. Auf sie sind **die für Sachen geltenden Vorschriften entsprechend anzuwenden, soweit nicht etwas anderes bestimmt** ist.

§ 903 BGB Befugnisse des Eigentümers

Der Eigentümer einer Sache kann, soweit nicht das Gesetz oder Rechte Dritter entgegenstehen, mit der Sache nach Belieben verfahren und andere von jeder Einwirkung ausschließen. Der Eigentümer eines Tieres hat bei der Ausübung seiner Befugnisse die besonderen Vorschriften zum Schutz der Tiere zu beachten.

Bei **Rechten** werden relative und absolute Rechte unterschieden.

Rechte

relative Rechte	**absolute Rechte**
bestehen gegenüber einer bestimmten Person oder Personengruppe	wirken gegenüber allen Personen

Beispiele

Der Verkäufer einer Sache hat gegenüber dem Käufer einen Anspruch auf Zahlung des vereinbarten Kaufpreises.

Der Eigentümer eines Grundstücks kann jedermann von der Nutzung seines Grundstücks ausschließen.

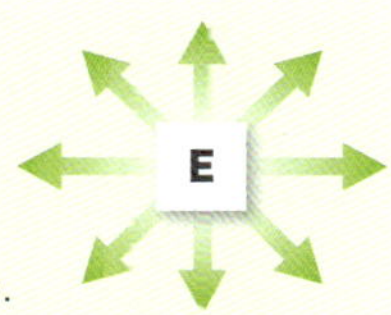

Lösung des Einstiegsfalls **Testament der Elfriede S.**

- Ist Marta T. Erbin von Elfriede S. geworden?
  Ja. Es liegt ein gültiges handschriftliches (eigenhändig geschriebenes) Testament vor. Marta ist erbfähig, denn sie ist als lebender Mensch eine natürliche Person und damit rechts- und erbfähig.

- Kann das ungeborene Enkelkind von Marta T. erben?
  Ja, wenn es lebend zur Welt kommt. Nach § 1923 Abs. 2 BGB gelten auch solche Menschen als erbfähig, die zum Zeitpunkt des Erbfalles zwar gezeugt, aber noch nicht geboren sind.

- Ist der Tierschutzverein „Hilfe für Tiere in Not e. V.“ Erbe von Elfriede S. geworden?
  Ja. Ein ins Vereinsregister ordnungsgemäß eingetragener Verein (§ 21 BGB) ist eine juristische Person des privaten Rechts und als solche rechts- und erbfähig.

- Ist die Hündin von Elfriede S. Erbin geworden?
  Nein. Eine Hündin ist gemäß § 90 a BGB ein Tier und damit ein Rechtsobjekt, kein Rechtssubjekt. Ein Tier ist weder rechts- noch erbfähig, also kann die Hündin von Elfriede S. nicht erben. (Wollte Elfriede S. ihre Hündin nach ihrem Tod versorgt wissen, könnte sie zum Beispiel Marta T. als Erbin einsetzen und diesen Erbteil im Testament mit einer entsprechenden Auflage versehen. Oder Elfriede S. könnte testamentarisch verfügen, dass mit einem bestimmten Anteil ihres Vermögens eine Stiftung zu gründen sei mit dem Zweck, die Hündin zu versorgen.)

4.12.3 Rechtliche Einzelfallregelungen

Einstiegsfall Ein folgenschwerer Brief

Bei einer Geburtstagsfeier bittet Wilfried S. seinen Bekannten Hanno F., einen Brief für ihn einzustecken. F. sagt zu, vergisst den Brief jedoch und gibt ihn erst drei Tage später zur Post. S. entgeht dadurch ein wichtiger Geschäftsabschluss; er fordert von F. Schadensersatz.

Zu Recht?

Viele, aber nicht alle menschlichen Handlungen haben rechtliche Wirkungen. Wichtige Instrumente rechtswirksamer Regelungen des Privatrechts sind die **Willenserklärung,** das **Rechtsgeschäft** und der **Vertrag.**

Realakte sind dagegen bloße Tathandlungen. An sie knüpfen sich Rechtsfolgen an, ohne dass eine Willenserklärung vorliegen muss. Beispielsweise führt eine Körperverletzung als unerlaubte Handlung möglicherweise zum Schmerzensgeldanspruch nach BGB (privatrechtliche Rechtsfolge) sowie zur Bestrafung der Körperverletzung nach Strafgesetzbuch (öffentlich-rechtliche Rechtsfolge).

Willenserklärungen

Eine Willenserklärung stellt die Äußerung eines Willens dar und ist auf eine bestimmte rechtliche Wirkung gerichtet.

Merkmale einer Willenserklärung		
subjektiv: Wille	**objektiv: Erklärung**	
Rechtsbindungswille	**Äußerung**	
objektiv erkennbarer Wille, (irgend-)ein Rechtsgschäft abzuschließen	ausdrücklich: mündlich, schriftlich, sonstige Formen	konkludentes, schlüssiges Handeln
liegt nicht vor bei:		
unverbindlichen Erklärungen: bloße Willensäußerungen, Gefälligkeiten	Schweigen	
Folge: keine Willenserklärung		

Merke **Kennzeichen der Willenserklärung: Wille und Erklärung**
Wichtige Merkmale einer Willenserklärung sind:
- der Wille zu einer rechtlichen Bindung muss gewollt bzw. erkennbar sein,
- die Willenserklärung muss geäußert werden.

Rechtsbindungswille

Die Willenserklärung unterscheidet sich von rechtlich unverbindlichen Willensäußerungen. Ob eine Äußerung eine rechtswirksame Willenserklärung darstellt, hängt von dem Willen der äußernden Person, aber auch von den Umständen ab, in der die Erklärung abgegeben wird.

Man unterscheidet bei den unverbindlichen Erklärungen **einfache Willensäußerungen** (zum Beispiel „Wir wollen gemeinsam eine Diät machen!") und **Gefälligkeitserklärungen.**

Auf einen Rechtsbindungswillen und damit auf die rechtliche Wirksamkeit der Erklärung kann geschlossen werden, wenn die Angelegenheit oder die anvertraute Sache wirtschaftlich bedeutend ist und der Erklärende sich dessen bewusst sein müsste. Wenn kein Rechtsbindungswille vorliegt, geht es oft um Gefälligkeiten. Gefälligkeitsverhältnisse sind typischerweise unentgeltlich, aber nicht jede unentgeltliche Leistung ist rechtlich unverbindlich, wie einige Rechtsgeschäfte zeigen.

Beispiel **Rechtsgeschäfte – unentgeltlich, aber nicht unverbindlich**
Schenkung (§ 516 BGB), Leihe (§ 598 BGB), Auftrag (§ 662 BGB)

Fehlt der Rechtsbindungswille und damit erkennbar die Absicht, mit der Erklärung rechtliche Folgen auslösen zu wollen, liegt grundsätzlich keine Willenserklärung vor. Das unterscheidet rechtsgeschäftliches Handeln bzw. eine Willenserklärung von reinen Gefälligkeitserklärungen und -handlungen.

Erklärung/Äußerung

Willenserklärungen können ausdrücklich, das heißt **mündlich, schriftlich oder in sonstiger Form** (zum Beispiel durch notarielle Beurkundung) abgegeben werden. Die Äußerung ist durch **konkludentes, schlüssiges Handeln** möglich. Wenn sich jemand am Kiosk eine Zeitung nimmt und, ohne ein Wort zu sagen, bezahlt, dann liegen zwei übereinstimmende Willenserklärungen und somit ein Kaufvertrag vor. Ist jedoch keine Äußerung erkennbar, liegt zivilrechtlich auch keine Willenserklärung vor. Im Zweifel gilt Schweigen als Ablehnung.

Arten von Willenserklärungen

Merke
Es gibt **empfangsbedürftige** und **nicht empfangsbedürftige** Willenserklärungen.

Zugang der Willenserklärung		
Zugang erforderlich: empfangsbedürftige Willenserklärung (erst bei Zugang wirksam, § 130 BGB)		**Zugang entbehrlich:** nicht empfangsbedürftige Willenserklärung (schon bei Abgabe wirksam)
unter Anwesenden (mündlich, telefonisch, Aushändigung)	**unter Abwesenden**	
Beispiel: Die schriftliche Kündigung des Arbeitsvertrags wird persönlich übergeben.	Beispiel: Die schriftliche Kündigung wird per Brief übersandt.	Beispiel: Ein handschriftliches Testament wird verfasst und abgeheftet.

Merke **Zugang** bedeutet, dass die Willenserklärung in den **Einflussbereich** des Empfängers gelangt ist und dieser unter **gewöhnlichen Umständen** von der Willenserklärung **Kenntnis** nehmen kann.

Zusammenfassung

Nichtigkeit von Willenserklärungen Kap. 4.12.6

Eine **Willenserklärung** stellt die Äußerung eines Willens dar und ist auf eine bestimmte rechtliche Wirkung gerichtet. Es gibt empfangsbedürftige und nicht empfangsbedürftige Willenserklärungen.

Keine Willenserklärungen sind:
- Realakte (Tathandlungen, wie z. B. das Schlagen eines Menschen oder die Wegnahme einer Sache),
- Gefälligkeitserklärungen und einfache Willensäußerungen,
- willenlose Bewegungen,
- Schweigen; nur im Handelsrecht gilt Schweigen in einigen Fällen als Zustimmung.

Rechtsgeschäfte und Verträge

Willenserklärung	Rechtsgeschäft	Vertrag
ist gekennzeichnet durch ■ (Rechts-bindungs-)Wille ■ Erklärung	■ besteht aus mindestens einer Willenserklärung oder einem Realakt (Tathandlung) ■ zur Begründung, Änderung oder Auflösung eines Rechtsverhältnisses	■ besteht aus mindestens zwei übereinstimmenden Willenserklärungen von zwei Vertragsparteien 1. Willenserklärung = Antrag 2. Willenserklärung = Annahme

Eine Willenserklärung ist Bestandteil eines Rechtsgeschäfts. Ein Vertrag kommt zustande, wenn zwei übereinstimmende Willenserklärungen mindestens zweier Personen (Vertragsparteien) vorliegen. Manchmal wird statt von übereinstimmenden Willenserklärungen auch von wechselseitigen, sich deckenden Willenserklärungen gesprochen.

Mehr als zwei Vertragsparteien gibt es, wenn sich beispielsweise vier Gesellschafter bei der Gründung einer Gesellschaft zusammenschließen. Dann müssen vier übereinstimmende Willenserklärungen vorliegen.

Lösung des Einstiegsfalls **Ein folgenschwerer Brief**

Hat S. gegen F. einen Anspruch auf Schadensersatz für die geschäftlichen Einbußen wegen Verletzung einer Pflicht aus einem vertraglichen Auftrag?

Nein, eine vertragliche Schadensersatzpflicht scheidet aus. Da keine zwei übereinstimmenden Willenserklärungen vorliegen, gibt es keinen Vertrag. S. hat F. bei einer Feier darum gebeten, einen Brief einzustecken, und F. hat zugestimmt. F. hat aber nicht bewusst eine rechtlich relevante Willenserklärung abgegeben. Rechtsgeschäfte werden in der Regel nicht auf Geburtstagsfeiern abgeschlossen. Im Übrigen hat S. es versäumt, auf die wirtschaftliche Bedeutung des Briefes hinzuweisen. F. hat somit keine Willenserklärung abgegeben, sondern wollte S. lediglich eine rechtlich unverbindliche Gefälligkeit erweisen.

4.12.4 Arten von Rechtsgeschäften und Verträgen

Ein-, zwei- oder mehrseitige Rechtsgeschäfte

Rechtsgeschäfte können einseitig, zweiseitig oder mehrseitig sein. **Einseitige Rechtsgeschäfte** bestehen aus einer einzigen Willenserklärung. Bei einseitigen Rechtsgeschäften führt also bereits die Willenserklärung einer Person zu rechtlichen Wirkungen. Hier sind wiederum empfangsbedürftige und nicht empfangsbedürftige einseitige Rechtsgeschäfte zu unterscheiden.

Beispiel

Ein handgeschriebenes Testament ist bereits wirksam, sobald es aufgesetzt ist. Es kommt nicht darauf an, ob es jemand liest oder lesen kann. Die Kündigung eines Mietvertrags wird dagegen erst mit Zugang beim Empfänger, also dem Mieter, wirksam. Wenn der Vermieter die Kündigung nicht abschickt, entstehen keine rechtlichen Wirkungen, das Mietverhältnis wird nicht aufgelöst.

Bei **mehrseitigen Rechtsgeschäften** liegen empfangsbedürftige Willenserklärungen zweier oder mehrerer Personen vor. Die häufigste Art mehrseitiger Rechtsgeschäfte sind die Verträge. Sie kommen durch zwei oder mehrere übereinstimmende Willenserklärungen zustande. Verträge bilden die typischen zwei- oder mehrseitigen Rechtsgeschäfte des Privatrechts. Man findet sie im Zivilrecht, im Handels- und Gesellschaftsrecht, im Arbeitsrecht usw. (so zum Beispiel Kaufverträge, Mietverträge, Gesellschaftsverträge oder Dienst- und Arbeitsverträge).

Ein- oder zweiseitig verpflichtende Verträge

Wenn in einem Rechtsgeschäft nur eine Partei zu etwas verpflichtet ist, wie zum Beispiel ein Schenker im Schenkungsvertrag, spricht man von einem **einseitig verpflichtenden Vertrag.** Gehen beide Vertragsparteien eine Pflicht ein, handelt es sich um **zweiseitig verpflichtende Verträge.** Stehen die Pflichten in einem unausgewogenen Verhältnis zueinander, geht es um **unvollkommen zweiseitig verpflichtende Verträge** – zum Beispiel um einen unentgeltlichen Vertrag wie die Leihe, bei der der Entleiher lediglich die Pflicht hat, die entliehene Sache pfleglich zu behandeln und nach der Leihzeit zurückzugeben (§§ 598 ff. BGB), aber für die Leihe nichts bezahlen muss. Dort, wo Leistung und Gegenleistung wirtschaftlich gleichgewichtig sind, handelt es sich um **vollkommen zweiseitig verpflichtende oder gegenseitige Verträge.** Gegenseitige, meist entgeltliche Verträge, können zum einmaligen Leistungsaustausch verpflichten, zum Beispiel der Kaufvertrag (§ 433 BGB), oder ein Dauerschuldverhältnis begründen, wie beim Dienst- oder Arbeitsvertrag (§ 611 BGB). Gegenseitige Verträge sind gekennzeichnet durch das Gegenleistungsprinzip „do ut des", lateinisch für „ich gebe, damit du gibst".

Beispiel **Leihe und Miete als zweiseitig verpflichtende Verträge**

Der unentgeltliche Leihvertrag ist zwar zweiseitig verpflichtend, diese Pflichten stehen aber nicht in einem ausgewogenen Verhältnis zueinander (= unvollkommen zweiseitig verpflichtender Vertrag). Wenn der Gebrauch der Sache gegen Entgelt erfolgt, liegt ein Mietvertrag vor (= gegenseitiger Vertrag).

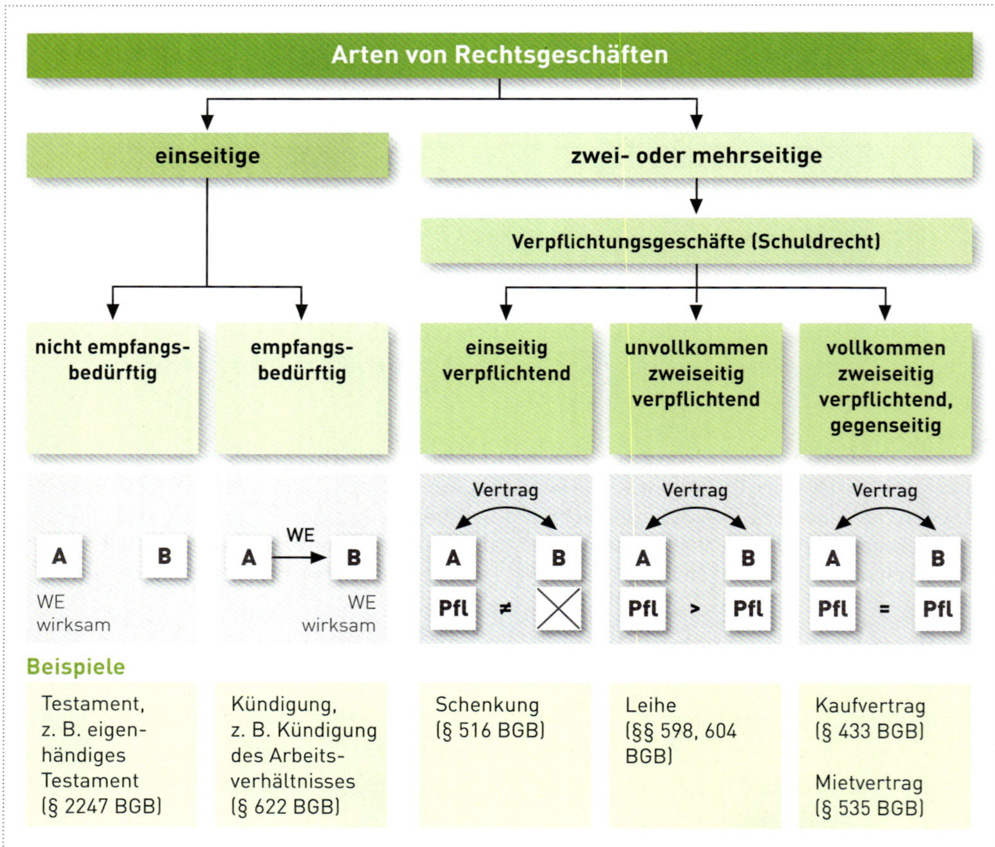

vgl. Kap. 4.12.3

Vertragsarten

Grundsätzlich gilt für Abschluss, Inhalt und Form eines Vertrags ein wesentliches Prinzip der Privatautonomie: die Vertragsfreiheit, das heißt, natürliche oder juristische Personen und Personengesellschaften können ihre Rechtsverhältnisse in beliebiger Form begründen, ausgestalten und beenden. Im Zivilrecht gilt die Vertragsfreiheit mit ihren Ausprägungen Formfreiheit, Abschlussfreiheit und Inhaltsfreiheit insbesondere im Schuldrecht. Hier sind die gesetzlichen Regelungen für vertragliche Schuldverhältnisse dispositiv, das heißt, die Vertragsparteien können je nach ihren Bedürfnissen gesetzliche Regelungen für eine Vertragsart abändern, Vertragstypen mischen oder neue Vertragsarten entwickeln.

Gesetzlich geregelte Vertragsarten, Mischformen und neue Vertragstypen

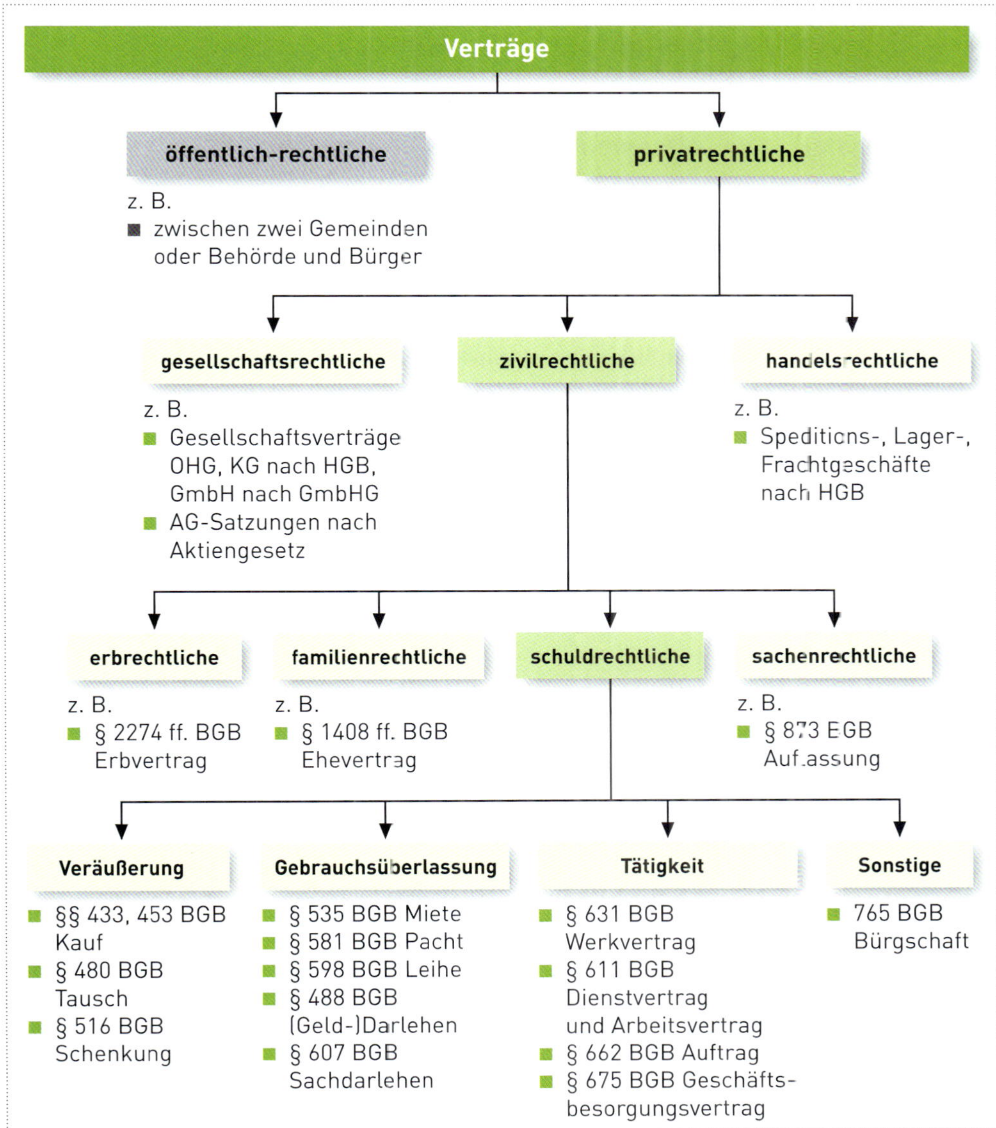

Da das BGB mittlerweile seit weit über 100 Jahren in Kraft ist, haben sich viele neue Vertragstypen herausgebildet, die zum Teil in das BGB Eingang gefunden haben (beispielsweise der Fernabsatzvertrag [§ 312 b BGB] oder der Reisevertrag [§ 651 a BGB]). Manche Verträge werden aber nach wie vor ohne gesetzliche Normen nur durch Regelungen im Vertrag selbst bestimmt – wie die sogenannten Allgemeinen Geschäftsbedingungen (etwa in Leasingverträgen) oder waren von jeher Mischformen gesetzlicher Vertragsarten (Bewirtungsvertrag in einer Gaststätte).

4.12.5 Vertragsfreiheit und ihre Grenzen

Einstiegsfall Die seltsamen Launen des A.

Der Sonderling Alfons Adler betreibt das Antiquariat Alfons Adler e. K. Folgende Dinge tragen sich zu:

1. Die Stadtbibliothek möchte A. billig einen großen Posten ausgesonderter Bücher verkaufen. A. soll ein Angebot abgeben. A. weigert sich mit der Begründung, mit dem Staat mache er grundsätzlich keine Geschäfte. Der Bibliotheksleiter ist empört, weil er die Bücher nun vernichten muss. Er meint, dies würde noch ein behördliches Nachspiel haben.
2. Sabine Krause möchte ein Buch bei A. kaufen. Doch A. hängt sehr an diesem Buch und verlangt einen überhöhten Kaufpreis. K. findet das unerhört und droht A. mit einer Klage.
3. Ronald Bartz will A. ein wertvolles Werk aus dem 15. Jahrhundert abkaufen. Über den Preis sind sich beide schnell einig. B. besteht wegen des hohen Werts des Buches aber auf dem Abschluss eines schriftlichen Kaufvertrags. A. weigert sich, bis auf sein Testament wolle er in seinem Leben nichts mehr schreiben; dann verkaufe er eben nicht. B. ist aufgebracht.

Wie ist die Rechtslage?

Grundsatz der Vertragsfreiheit

Vertragsfreiheit als Teil der Privatautonomie

Das Privatrecht unterliegt grundsätzlich der Privatautonomie. Damit haben die Rechtssubjekte (natürliche und juristische Personen) die Möglichkeit, ihre Rechtsbeziehungen untereinander eigenverantwortlich zu regeln, also auch die gesetzlichen Vorschriften in weiten Teilen nach ihren Bedürfnissen durch Rechtsgeschäfte zu verändern oder zu ersetzen. Die gesetzliche Erbfolge kann aufgrund der Testierfreiheit bis auf Pflichtteilsansprüche ausgeschlossen werden, Verträge können entsprechend der Vertragsfreiheit andere Regelungen als das Gesetz vorsehen, natürliche Personen können aufgrund der Vereinigungsfreiheit Vereine und Gesellschaften gründen.

Privatautonomie			
Vereinigungsfreiheit	**Testierfreiheit**	**Eigentumsfreiheit**	**Vertragsfreiheit**
verfassungsrechtliche Garantie im Grundgesetz			
Artikel 9 (1) Alle Deutschen haben das Recht, Vereine und Gesellschaften zu bilden.	**Artikel 14** (1) Das Eigentum und das Erbrecht werden gewährleistet. Inhalt und Schranken werden durch Gesetze bestimmt.	**Artikel 14** (1) Das Eigentum und das Erbrecht werden gewährleistet. Inhalt und Schranken werden durch Gesetze bestimmt. (2) Eigentum verpflichtet. Sein Gebrauch soll zugleich dem Wohle der Allgemeinheit dienen. (3) Eine Enteignung ist nur zum Wohle der Allgemeinheit zulässig ...	**Artikel 2** (1) Jeder hat das Recht auf freie Entfaltung seiner Persönlichkeit, soweit er nicht die Rechte anderer verletzt und nicht gegen die verfassungsmäßige Ordnung oder das Sittengesetz verstößt.
Beispiele im BGB			
§ 21 BGB nicht wirtschaftlicher Verein	§ 1937 BGB Testament	§ 903 BGB Befugnisse des Eigentümers	§ 311 Abs. 1 BGB rechtsgeschäftliche Schuldverhältnisse § 138 Abs. 1 BGB sittenwidriges Rechtsgeschäft
Allgemeiner Teil	**Sachen- und Erbrecht**		**Allgemeiner Teil und Schuldrecht**

Vertragsfreiheit als Ausprägung des Liberalismus

Die Entscheidung des Gesetzgebers für die Vertragsfreiheit, die den Leistungs- und Güteraustausch weitgehend den Verhandlungen der Vertragsparteien überlässt, spiegelt den Gedanken des freien Spiels der Kräfte auf dem Markt, also die Freiheit des Wettbewerbs, wider. Hinter dem Grundsatz der Vertragsfreiheit steht somit eine durch den Liberalismus des 18. und 19. Jahrhunderts geprägte Vorstellung: Wenn der Einzelne in freier Entscheidung seine wirtschaftlichen und rechtlichen Verhältnisse gestaltet und dabei seine eigenen Interessen wahrnimmt, ist es für alle in der Gemeinschaft von Vorteil. Voraussetzung dafür ist allerdings, dass in den Vertragsverhandlungen jeder seine Interessen wirksam geltend machen, das heißt, sie wenigstens zum Teil durchsetzen kann; andernfalls muss die Möglichkeit bestehen, auf einen anderen Vertragspartner auszuweichen. Doch das ist damals wie heute nicht immer gegeben. Häufig herrscht ein Machtgefälle zwischen den Vertragsparteien.

Vertragsgerechtigkeit als Grenze der Vertragsfreiheit

Uneingeschränkte Vertragsfreiheit kann dem wirtschaftlich Mächtigeren dazu verhelfen, seine Interessen dem Schwächeren aufzuzwingen. Der Staat muss in dieser Situation lenkend in die Marktbeziehungen eingreifen, um Vertragsgerechtigkeit zu schaffen, das heißt, das Gleichgewicht zwischen den beteiligten Partnern wieder herzustellen.

Formfreiheit und Formzwang

Zur Erleichterung und Beschleunigung des Geschäftsverkehrs herrscht im Privatrecht grundsätzlich Formfreiheit, das heißt, Rechtsgeschäfte sind ohne Beachtung einer bestimmten Form gültig. Willenserklärungen können **ausdrücklich,** zum Beispiel schriftlich, mündlich, durch elektronische Übermittlung oder durch **schlüssiges Handeln,** etwa durch eindeutige Mimik oder Gestik, abgegeben werden. Ein Kaufvertrag kann dementsprechend durch schriftliche, mündliche, per E-Mail bzw. Fax abgegebene Willenserklärungen oder durch bloßes Nicken abgeschlossen werden. Nur in Ausnahmefällen ist durch das Gesetz eine bestimmte Form der Abgabe der Willenserklärungen vorgeschrieben.

Arten des Formzwangs			
Textform (§ 126 b BGB)	Schriftstück ohne Originalunterschrift		Formvorschriften werden strenger ↓
Schriftform (§ 126 BGB)	**einfache Schriftform** Schriftstück mit Originalunterschrift	**eigenhändige Schriftform** gesamtes Dokument handgeschrieben, mit Originalunterschift	
elektronische Form (§ 126 a BGB)	Dateien mit qualifizierter elektronischer Signatur einer staatlich anerkannten Zertifzierungsstelle, ersetzt Schriftform		
Beglaubigung der Echtheit einer Unterschrift	**öffentliche Beglaubigung** durch einen Notar (§ 129 BGB, §§ 39 ff. BeurkG)	**amtliche Beglaubigung** durch eine Behörde (§ 65 BeurkG)	
notarielle Beurkundung (§ 128 BGB, BeurkG)	Niederschrift von Willenserklärungen in Gegenwart des Notars vorgelesen, genehmigt, unterschrieben (§§ 9, 13 BeurkG)		
Abgabe vor einer zuständigen Stelle	Willenserklärung z. B. vor dem Standesbeamten		

Merke Zwecke von Formvorschriften

Mit Formzwängen verbindet der Gesetzgeber bestimmte Absichten:

- Die **Beweissicherungsfunktion** der Form vermeidet spätere Streitigkeiten über Bestehen und Inhalt des Rechtsgeschäfts.
- Die **Warnfunktion** soll den leichtfertigen Abschluss von bedeutsamen Rechtsgeschäften vermeiden.
- Die **Beratungsfunktion** sichert zum Beispiel bei der notariellen Beurkundung neutrale und sachkundige Gespräche über die Konsequenzen des Rechtsgeschäfts.

Vertraglich vereinbarte Form

Nicht nur das Gesetz, auch die Vereinbarungen von Vertragsparteien können vorsehen, dass für Rechtsgeschäfte eine bestimmte Form eingehalten werden soll (vereinbarte oder gewillkürte Form, § 127 BGB). Die Beteiligten setzen sich dann selbst einem Formzwang aus.

Rechtsfolgen von Formmängeln

Nichtigkeit oder Heilung

Meist führt die Nichteinhaltung einer Formvorschrift zur Nichtigkeit des Rechtsgeschäfts (§ 125 BGB). Allerdings gibt es Ausnahmen. In einigen Fällen wird jedoch das zunächst formnichtige Verpflichtungsgeschäft durch spätere Erfüllung oder Bestätigung „geheilt", das heißt nachträglich wirksam. Dies gilt insbesondere dann, wenn die vom Gesetzgeber beabsichtigte Warn- und Beratungsfunktion keinen Sinn mehr ergeben würde.

Beispiel Heilung des Formmangels beim Schenkungsversprechen

Bernd verspricht seiner Freundin Sina, ihr zur bestandenen Abschlussprüfung einen Pkw zu schenken. Die Schenkung ist nichtig (§ 125 Satz 1 BGB), da die notarielle Beurkundung von Schenkungsversprechen vorgeschrieben ist (§ 518 Abs. 1 BGB). Durch die Bewirkung der versprochenen Leistung kann der Formmangel jedoch geheilt werden (§ 518 Abs. 2 BGB). Wenn Bernd den Pkw mit Schlüssel und Fahrzeugpapieren an Sina übergibt, wird die Schenkung wirksam.

Strengere Form ersetzt meist die mildere Form ...

Häufig kann die „strengere" die „mildere" Form ersetzen. Auch dies ist angesichts der Funktionen der Formvorschriften sinnvoll, denn die strengere Form erfüllt den gesetzgeberischen Zweck in höherem Maß.

Beispiel Form der Gehaltsabtretung

Lehrer Friedebald L. will einen Teil seines Gehalts an eine Menschenrechtsorganisation abtreten. Die Abtretung ist der Gehaltsstelle in beglaubigter Form zuzuleiten, damit Willen und Identität des L. eindeutig festgestellt werden können (§ 411 BGB). L. lässt die Gehaltsabtretung sogar von einem Notar beurkunden. Die Abtretung ist wirksam (§ 129 Abs. 2 BGB).

... jedoch nicht bei vereinbarter Form

AGB Kap. 4.13.3

Dass die strengere Form gesetzgeberische Zwecke besser erfüllt, gilt jedoch nicht für die durch ein Rechtsgeschäft bestimmte Form. In Allgemeinen Geschäftsbedingungen darf zum Beispiel keine strengere als die Schriftform für Anzeigen oder Erklärungen vorgeschrieben werden (§ 309 Nr. 13 BGB). Hier sind den Möglichkeiten, die Form zwischen den Parteien frei vereinbaren zu können (§ 127 BGB), gesetzliche Grenzen gesetzt. So kann der stärkere Vertragspartner dem schwächeren keine Vertragsbedingungen aufzwingen, die diesen unangemessen benachteiligen.

Beispiel Form der Mängelrüge

Möbelhaus M. schreibt im „Kleingedruckten" auf der Rückseite des Kaufvertragsvordrucks, dass Mängelrügen in öffentlich beglaubigter Form abzugeben sind. Käufer K. hat bei M. einen Sessel gekauft, doch bereits bei der ersten Benutzung bricht ein Bein des Sessels ab. K. kann formfrei, das heißt mündlich, telefonisch, schriftlich oder per E-Mail den Beschaffenheitsmangel rügen und Nacherfüllung verlangen (§ 439 Abs. 1 BGB). Die Bestimmung im Kaufvertragsvordruck ist unwirksam; der übrige Vertrag bleibt wirksam (§§ 439 Abs. 1, 309 Nr. 13, 306 Abs. 1 BGB).

Lösung des Einstiegsfalls Die seltsamen Launen des A.

In allen drei Fällen gilt für das Antiquariat Alfons Adler e. K. die uneingeschränkte Vertragsfreiheit.

1. A. kann sich frei entscheiden, ob und mit wem er einen Kaufvertrag schließen will. Er kann von der Stadt nicht zum Vertragsabschluss über die ausgesonderten Bücher gezwungen werden. (▸ Abschlussfreiheit).
2. A. kann seine Preise nach Belieben kalkulieren, er muss nicht zu einem angemessenen Preis verkaufen. Wucher ist nur gegeben, wenn der Tatbestand des § 138 Abs. 2 BGB zutrifft, also zum Beispiel eine Zwangslage vorliegt. Davon ist hier nicht auszugehen. (▸ Abschlussfreiheit, Inhaltsfreiheit)
3. Ein Kaufvertrag über bewegliche Sachen kann grundsätzlich formfrei abgeschlossen werden, selbst wenn es sich um Millionenwerte handelt. A. ist nicht verpflichtet, den Vertrag schriftlich abzuschließen. (▸ Abschlussfreiheit, Formfreiheit)

Zusammenfassung

Vertragsfreiheit

heißt, sich entscheiden zu können, ...

... ob und mit wem man Verträge abschließt:	... worüber man Verträge abschließt:	... auf welche Weise man Verträge abschließt:
Abschlussfreiheit	**Inhaltsfreiheit**	**Formfreiheit**

Aber: Zwingende Normen setzen der Freiheit **Grenzen.**

- **Kontrahierungszwang: Abschlusszwang** für (öffentliche) Monopolbetriebe, z. B. Entwässerung, Abfallentsorgung
- **Kontrahierungsverbot** z. B. Verbot von Kinderarbeit
- **Kontrahierungsgebot** z. B. Einstellung von Schwerbehinderten

Schutzregelungen für
- Arbeitnehmer
- Mieter
- Verbraucher
- Kinder und Jugendliche

Formvorschriften
- Abgabe vor einer zuständigen Stelle
- notarielle Beurkundung
- Beglaubigung
- elektronische Form
- Schriftform
- Textform

Warum gibt es diese **Schranken der Vertragsfreiheit?**

Sicherstellung von ...

Vorsorge für die Bevölkerung	Schutz der Schwächeren vor Ausbeutung durch den wirtschaftlich Stärkeren	Beweis, Warnung, Beratung

Rechtsfolge bei einem **Verstoß gegen die Schranken:**
meist **Nichtigkeit** des Vertrags

4.12.6 Nichtige, anfechtbare oder widerrufbare Rechtsgeschäfte

Nichtigkeit von Willenserklärungen

Willenserklärungen und Rechtsgeschäfte können aus unterschiedlichen Gründen nichtig, das heißt von Anfang an unwirksam sein: Ein nicht Geschäftsfähiger gibt eine Willenserklärung ab, das abgeschlossene Rechtsgeschäft hat schwerwiegende inhaltliche Mängel, es wurde beim Abschluss gegen Formvorschriften verstoßen u.a. Ein Überblick und Beispiele sind der folgenden Abbildung zu entnehmen.

Gründe für die Nichtigkeit von Rechtsgeschäften						
fehlende Geschäftsfähigkeit		**inhaltliche Mängel des Rechtsgeschäfts**		**Verstoß gegen Formvorschriften**	**bewusstes Auseinanderfallen von subjektivem (Rechtsbindungs-) Willen und objektiver Erklärung**	
Geschäftsunfähigkeit oder vorübergehende Geistesstörung (§§ 104–105 a BGB)	beschränkte Geschäftsfähigkeit (§§ 106–113 BGB)	Verstoß gegen gesetzliches Verbot (§ 134 BGB)	Verstoß gegen die guten Sitten, Wucher (§ 138)	Verstoß gegen gesetzliche oder vereinbarte Form (§ 125 BGB)	Scheingeschäft (§ 117 BGB)	Scherzgeschäft (§ 118 BGB)
Beispiele						
Der volltrunkene B. verleiht seinen nagelneuen Porsche an den wildfremden F. (nichtig nach § 105 Abs. 2 BGB)	V. kündigt seinen Ausbildungsvertrag ohne Einwilligung der Eltern. (nichtig nach § 111 BGB, da § 113 BGB nicht gilt!)	Unternehmer U. verkauft trotz des EU-Handelsembargos Waffen an den Iran.	Kredithai K. vergibt Kredite an Mittellose mit einem Vertragszins, der 110 % über dem marktüblichen Zins liegt. (nichtig, da Wucher nach § 138 Abs. 2 BGB)	Vater P. bürgt mündlich für die Wohnungsmiete seines Sohnes. (nichtig gemäß §§ 766, 125 BGB)	B. verkauft ihrer Freundin U. ihre Eigentumswohnung. Damit U. Steuern spart, wird beim Notar ein geringerer als der eigentlich vereinbarte Preis angegeben.	Lehrer L. schließt mit Schüler S. zur Veranschaulichung einen Leihvertrag über seinen BGB-Kommentar ab. (Erklärung erfolgt nicht „ernstlich“ und ist nichtig.)

Wenn eine Person, die nicht geschäftsfähig ist, ihren Willen erklärt, führt dies unter Umständen zur Nichtigkeit des Rechtsgeschäfts. **Geschäftsunfähige** (Minderjährige unter sieben Jahren oder dauernd Geisteskranke, § 104 BGB) können keine rechtswirksamen Erklärungen abgeben. Grundsätzlich sind sämtliche Willenserklärungen von Geschäftsunfähigen nichtig. Eine Ausnahme gilt für geringwertige Geschäfte des täglichen Lebens bei geisteskranken volljährigen Geschäftsunfähigen, hier wird das Rechtsgeschäft wirksam, sobald Leistung und Gegenleistung bewirkt wurden (§ 105 a BGB).

Beschränkt Geschäftsfähige (Minderjährige ab dem 7. bis zum 18. Geburtstag, § 106 BGB) sind in bestimmten Fällen befugt, selbst wirksame Rechtsgeschäfte vorzunehmen, also zum Beispiel die Schenkung von Geld anzunehmen oder einen Kaufvertrag mit ihrem Taschengeld abzuschließen. In vielen Fällen ist aber die Zustimmung des gesetzlichen Vertreters zum wirksamen Abschluss eines Rechtsgeschäfts erforderlich. Lehnen die gesetzlichen Vertreter, meist die Eltern, den Abschluss des Rechtsgeschäfts ab, ist es nichtig. Wenn die Eltern verstorben sind oder ihnen das elterliche Sorgerecht vom Familiengericht entzogen wurde, bestimmt das Gericht einen Vormund, der die Vertretung des Minderjährigen übernimmt.

Kann ein Volljähriger aufgrund einer psychischen Krankheit oder einer körperlichen, geistigen oder seelischen Behinderung seine Angelegenheiten nicht selbst erledigen, bestellt das Betreuungsgericht einen Betreuer. Handelt es sich um einen dauernd Geisteskranken, ist dieser gemäß § 104 Nr. 2 BGB geschäftsunfähig. Betreute, die lediglich für bestimmte Aufgabenkreise der Einwilligung ihres Betreuers bedürfen, sind bei derartigen Rechtsgeschäften beschränkt Geschäftsfähigen gleichgestellt.

Näheres zu den Stufen der Geschäftsfähigkeit ist dem folgenden Schaubild zu entnehmen.

Geschäftsfähigkeit

Geburt — 7. Geburtstag — 18. Geburtstag — Lebensalter

Geschäftsunfähigkeit	beschränkte Geschäftsfähigkeit	Geschäftsfähigkeit
Rechtsfolge: Rechtsgeschäfte sind **nichtig** (§ 105 BGB)	**Rechtsfolge:** Rechtsgeschäfte bedürfen zur Wirksamkeit grundsätzlich der **Zustimmung** der gesetzlichen Vertreter (§§ 107, 182 BGB) vorherige Zustimmung: **Einwilligung** ([§ 107 BGB] zwingend erforderlich bei einseitigen Rechtsgeschäften [§ 111 BGB]) nachträgliche Zustimmung: **Genehmigung** ([§ 108 BGB] (Rechtsgeschäfte sind bis zur Entscheidung schwebend unwirksam) Ausnahmen: ■ lediglich rechtlich vorteilhafte Rechtsgeschäfte (§ 107 BGB) ■ Rechtsgeschäfte mit Zustimmung der gesetzlichen Vertreter im Rahmen – der überlassenen Mittel, z. B. Taschengeld (§ 110 BGB) – des selbstständigen Erwerbsgeschäfts (§ 112 BGB) – der „Arbeitsmündigkeit" (§ 113 BGB)	**Rechtsfolge:** Rechtsgeschäfte sind **wirksam** Ausnahme bei Volljährigen, die ■ geschäftsunfähig sind (Betreute mit krankhafter Störung der Geistestätigkeit [§§ 1896, 104 Nr. 1 BGB, 105 Abs. 1, 105 a BGB]) ■ beschränkt Geschäftsfähigen gleichgestellt sind (unter Einwilligungsvorbehalt stehende Betreute [§ 1903 Abs. 1 BGB])

Warum gibt es **Einschränkungen** und **Altersgrenzen** bei der Geschäftsunfähigkeit?

- Schutz des Minderjährigen vor nachteiligen Rechtsgeschäften
- Wahrung des elterlichen Erziehungsrechts, der Vermögenssorge
- Rechtsklarheit durch feste Altersgrenzen für den Vertragspartner
- Die fortschreitende Entwicklung des Minderjährigen wird berücksichtigt.

Anfechtbarkeit von Willenserklärungen

Bei der Abgabe von Willenserklärungen kann man sich irren. Beispielsweise kann das Erklärungsbewusstsein fehlen: Der Betroffene ist sich darüber nicht klar, dass er mit seiner Äußerung eine rechtswirksame Willenserklärung abgegeben hat.

Beispiel „Trierer Weinversteigerung" – Erklärungsirrtum

Der ortsunkundige Gast winkt bei einer Weinversteigerung in einem Lokal seinem Freund und erhält den Zuschlag für einen Posten Weinflaschen.

Derartige Fälle sind allerdings selten. Häufiger fehlt es an einem bestimmten Geschäftswillen.

Beispiel „Kalte Ente" – Inhaltsirrtum

Ein Gast bestellt im Restaurant eine „kalte Ente" im Glauben, als Imbiss kaltes Entenfleisch zu erhalten. Tatsächlich handelt es sich aber um ein Getränk.
Hier will der Betroffene zwar ein Rechtsgeschäft abschließen, aber ein anderes: Der Gast will Ente essen statt alkoholhaltige Bowle trinken.

Derartige irrtümlich abgegebene Willenserklärungen sind zum Schutz des Geschäftsverkehrs zunächst einmal wirksam. Dennoch soll der Erklärende nicht unwiderruflich gegen seinen Willen an das Rechtsgeschäft gebunden sein: Unter bestimmten Voraussetzungen gewährt das Gesetz ein **Anfechtungsrecht wegen Irrtums.**

Die Anfechtung ist aber ausgeschlossen beim sogenannten **Motivirrtum,** der vorliegt, wenn der Erklärende bei Abgabe seiner Willenserklärung von falschen Motiven bzw. Beweggründen ausgeht. Ebenso wenig ist ein Irrtum über die Höhe des Preises einer Sache Anfechtungsgrund, nur Irrtümer über preis- bzw. wertbildende und verkehrswesentliche Eigenschaften berechtigen zur Anfechtung (§ 119 Abs. 2 BGB).

Beispiel Motiv- und Preisirrtümer – keine Anfechtbarkeit

Motivirrtum: Kauft die Braut ein Hochzeitskleid und die Hochzeit kommt nicht zustande, kann sie den Kaufvertrag nicht wegen Eigenschaftsirrtums anfechten.
Irrtum über den Preis: Nach dem Kauf eines Schreibtisches stellt der Käufer fest, dass derselbe Schreibtisch bei einem anderen Büroausstatter um 50,00 € billiger ist. Die Anfechtung wegen Eigenschaftsirrtums ist ausgeschlossen: Der Preis ist keine Eigenschaft der Sache.

Durch die **Anfechtungserklärung** wird dem Erklärenden die Möglichkeit gegeben, seine Willenserklärung wieder rückgängig zu machen. Die Anfechtung zerstört die Willenserklärung rückwirkend; das Rechtsgeschäft wird von Anfang an nichtig (§ 142 Abs. 1 BGB).

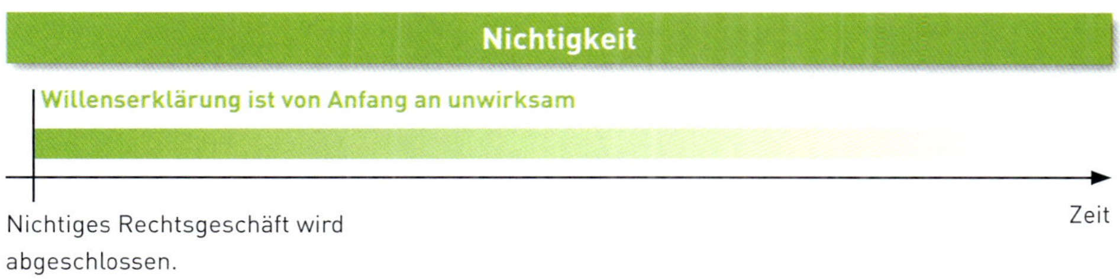

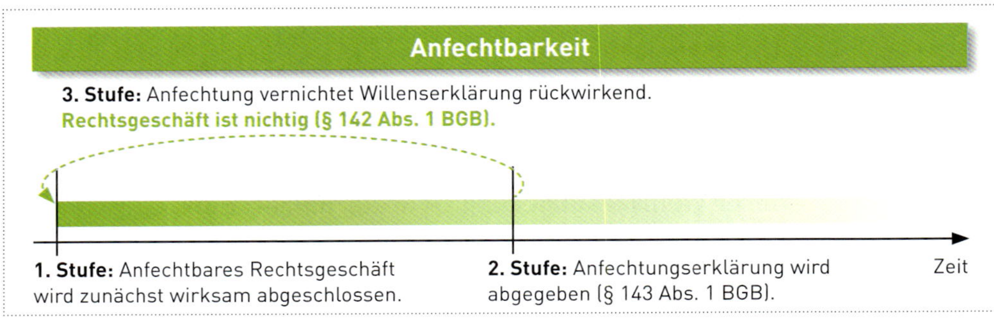

Allerdings muss der wegen Irrtums Anfechtende dem anderen den durch die Anfechtung entstehenden **Vertrauensschaden** ersetzen (§ 122 Abs. 1 BGB). Zu ersetzen ist der Schaden, der dadurch entsteht, dass der andere auf die Gültigkeit des Rechtsgeschäfts vertraut hat.

Beispiel Vertrauensschaden bei Irrtumsanfechtung

Eine vermögende Frau kennt sich in Kunstepochen nicht aus. Sie bestellt beim Antiquitätenhändler einen Barockschrank, obwohl sie Biedermeier meint. Der Händler liefert den Schrank ins Haus. Als die Käuferin den wuchtigen Schrank sieht, erkennt sie ihren Irrtum. Sie ficht ihre Willenserklärung wegen Inhaltsirrtums an (§ 119 Abs. 1 BGB). Sie muss dem Händler jedoch den Vertrauensschaden ersetzen, das heißt, die Kosten für den vergeblichen Transport tragen (§ 122 Abs. 1 BGB).

Die Anfechtungserklärung muss innerhalb der **Anfechtungsfrist** abgegeben werden. Grundsätzlich muss die Anfechtung unverzüglich, das heißt ohne schuldhaftes Zögern, nach Kenntnis des Anfechtungsgrundes erfolgen (§ 121 BGB). Die Anfechtung ist jedoch ausgeschlossen, wenn seit Abgabe der Willenserklärung zehn Jahre verstrichen sind.

Neben der Irrtumsanfechtung gibt es noch die Möglichkeit der Anfechtung einer Willenserklärung wegen **arglistiger Täuschung** oder **widerrechtlicher Drohung** (§ 123 BGB). Unter arglistiger Täuschung versteht man ein Verhalten, das bei anderen eine falsche Vorstellung hervorruft, bestärkt oder aufrecht erhält. Die Täuschung kann in einem Tun (zum Beispiel Zurückstellen des Tachos beim Autoverkauf) oder einem Unterlassen bestehen (zum Beispiel Verschweigen, dass es sich um einen Unfallwagen handelt). Ein Unterlassen bzw. ein Verschweigen ist aber nur dann ein Anfechtungsgrund, wenn der Erklärende eine Rechtspflicht zur Aufklärung hat. Dies ist der Fall, wenn es sich um besonders bedeutende Tatsachen für den Abschluss des Rechtsgeschäfts handelt. Grundsätzlich ist jede Täuschung widerrechtlich, allerdings gibt es Ausnahmen.

Beispiel Gerechtfertigte Täuschung – keine Anfechtbarkeit

Der Arbeitgeber fragt den Bewerber nach Vorstrafen, die im Bundeszentralregister bereits gelöscht sind. Nach Löschung des Eintrags im Bundeszentralregister gilt man rechtlich als unbestraft. Wenn der Bewerber die Frage falsch beantwortet, handelt es sich nicht um eine arglistige Täuschung, weil die Frage des Arbeitgebers unzulässig ist. Der Bewerber ist nicht verpflichtet, die Frage wahrheitsgemäß zu beantworten oder keine Antwort zu geben, weil der Arbeitgeber ihn dann nicht einstellen würde. Hier ist quasi eine „Notlüge" erlaubt. Die Täuschung wäre nicht widerrechtlich und eine Anfechtung des Arbeitsvertrags gemäß § 123 BGB durch den Arbeitgeber nicht möglich.

Außerdem muss bei der Täuschung Arglist vorliegen, das heißt, dass die Täuschung vorsätzlich erfolgte. Der Täuschende muss wissen und wollen, dass der Getäuschte eine Willenserklärung abgibt, die er ohne Täuschung möglicherweise so nicht abgegeben hätte.

Eine widerrechtliche Drohung berechtigt ebenfalls zur Anfechtung. Drohung ist das Inaussichtstellen eines künftigen Übels.

Beispiel Widerrechtliche Drohung – Anfechtbarkeit

Der rabiate Vermieter droht seinem Mieter, dass er ihn verprügeln wird, wenn er seine Wohnung nicht kündigt. Seine Kündigung könnte der Mieter später wegen widerrechtlicher Drohung anfechten (§ 123 BGB).

Täuschung oder Drohung können zugleich strafrechtliche Folgen nach sich ziehen. Sie erfüllen oft die Tatbestände des Betrugs bzw. der Erpressung.

Einzelheiten zur Anfechtung sind dem folgenden Schaubild zu entnehmen.

Gründe für die Anfechtbarkeit von Rechtsgeschäften

- **unbewusstes Auseinanderfallen von subjektivem (Rechtsbindungs-) Willen und objektiver Erklärung = Irrtum**
- **rechtswidrig herbeigeführte Willenserklärungen**

	Inhaltsirrtum (§ 119 Abs. 1 BGB)	Eigenschaftsirrtum (§ 119 Abs. 2 BGB)	„Motivirrtum"	Erklärungsirrtum (§ 119 Abs. 1 BGB)	Übermittlungsirrtum (§ 120 BGB)	arglistige Täuschung (§ 123 BGB)	widerrechtliche Drohung (§ 123 BGB)
	Man weiß, was man sagt, weiß aber nicht, was es wirklich bedeutet.	Man hat falsche Vorstellungen über verkehrswesentliche Eigenschaften der Person oder Sache.	Die Beweggründe für den Abschluss des Rechtsgeschäfts sind falsch. **KEINE ANFECHTUNG MÖGLICH!**	Man will eine Erklärung dieses Inhalts nicht abgeben: Fälle des Versprechens, Verschreibens, Vergreifens, Verhörens.	Eine Person (Bote) oder eine Einrichtung übermitteln die Willenserklärung falsch.	Man wird durch Vorspiegelung oder Entstellung von Tatsachen zum Abschluss des Rechtsgeschäfts gebracht.	Man wird durch widerrechtliches Inaussichtstellen eines künftigen Übels in eine Zwangslage versetzt.
Beispiele bzw. Erläuterungen	A. bestellt in einem Kölner Restaurant einen „halven Hahn" und meint ein halbes Brathähnchen. Ihm wird statt dessen ein Käsebrötchen serviert.	Verkehrswesentlich sind wert- bzw. preisbildende Eigenschaften, wie Echtheit eines Bildes, Bebaubarkeit eines Grundstücks, Kreditwürdigkeit einer Person. Nicht aber: Irrtum im Preis selbst!	Herr S. spekuliert auf Gewinne durch die gute Baukonjunktur. Er kauft Aktien der R.-Bau AG. Kurz nach dem Kauf wird die AG zahlungsunfähig und insolvent.	Die Sekretärin B. vertippt sich in der schriftlichen Bestellung. Statt einer bestellt sie zehn Paletten Papier.	Eine E-Mail wird von einem „Hacker" abgefangen und kommt verfälscht beim Empfänger an.	A. wird als Kraftfahrer eingestellt. Etwas später stellt sich heraus, dass er auf die Frage nach Vorstrafen gelogen hat und wegen Trunkenheit am Steuer verurteilt wurde.	Die Krankenhaus-Notaufnahme des Privatpatienten P. wird davon abhängig gemacht, dass er ein Formular über Wahlleistungen (ärztliche Sonderhonorare) unterschreibt.

Gesetzliches Widerrufsrecht bei Fernabsatzverträgen

Fernabsatzverträge sind dadurch gekennzeichnet, dass sich Unternehmer und Verbraucher nicht persönlich begegnen (§ 312 b BGB). Der Verbraucher sieht die Ware vor Vertragsabschluss nicht und kann ihre Eigenschaften nicht prüfen. Grundlage seiner Kaufentscheidung sind allein die Informationen des Verkäufers. Daher muss der Unternehmer besondere Informationspflichten erfüllen (§ 312 c BGB; Artikel 246 Einführungsgesetz zum BGB). Der Unternehmer hat zum Beispiel

- seine Identität und Unternehmensregisternummer anzugeben,
- wesentliche Merkmale, insbesondere den Gesamtpreis, der Ware oder Dienstleistung mitzuteilen,
- über das Widerrufs- oder Rückgaberecht des Verbrauchers zu belehren.

Ein Kaufvertrag im **elektronischen Geschäftsverkehr** (§ 312 g BGB) liegt vor, wenn der Vertrag von einem Unternehmer mit einem Kunden über elektronische Kommunikationsmittel, in der Regel über das Internet, abgeschlossen wird. Wichtig ist, dass der Kunde Verbraucher oder Unternehmer sein kann. Zum Schutz des Kunden werden dem Verkäufer besondere Pflichten auferlegt. Der Unternehmer muss zum Beispiel

- technische Möglichkeiten zur Korrektur von Eingabefehlern im Internet gewährleisten,
- die Vertragsbestimmungen bzw. die Allgemeinen Geschäftsbedingungen so bereitstellen, dass sie abgerufen, abgespeichert und ausgedruckt werden können,
- den Zugang der Bestellung unverzüglich per E-Mail bestätigen.

Ein **gesetzliches Widerrufsrecht** besteht bei Lieferung von Waren und bei Erbringung von Dienstleistungen im Fernabsatz nur, wenn der Kunde Verbraucher ist (§ 312 d BGB). Das Widerrufsrecht gibt dem Verbraucher die Möglichkeit, sich ohne Grund aus dem Fernabsatzvertrag mit dem Unternehmer zu lösen. Der Verbraucher soll dadurch beispielsweise vor übereilt geschlossenen Verträgen geschützt werden.

Kein Widerrufsrecht besteht unter anderem bei
- speziell für einen Kunden angefertigten Gegenständen,
- verderblichen Waren,
- entsiegelten Datenträgern von Audio-, Videoaufzeichnungen und Software.

Die **Widerrufserklärung** ist eine Willenserklärung, die keine Begründung enthalten muss. Der Verbraucher muss grundsätzlich innerhalb von **zwei Wochen nach Erhalt der Ware** in Textform oder durch schlüssiges Handeln (Rücksendung der Ware) widerrufen. Die rechtzeitige Absendung innerhalb der Frist reicht aus.

Vertragliches Rückgaberecht bei Fernabsatzverträgen

Anstelle des Widerrufsrechts kann bei Verträgen über die Lieferung von Waren das gesetzliche Widerrufsrecht im **Kaufvertrag,** zum Beispiel in AGB, durch ein **Rückgaberecht** ersetzt werden. Die Rückgabe ist **keine Willenserklärung,** sondern ein **tatsächliches Handeln.** Der Vorteil für den Unternehmer ist, dass er nicht nur einen Brief oder eine E-Mail mit dem Widerruf des Fernabsatzvertrags erhält, sondern in jedem Fall seine Ware zurückbekommt. Beim Widerruf wartet er möglicherweise vergeblich auf eine spätere Rücksendung seiner Ware und muss diese erst einklagen. Die Rückgabe erfolgt durch Rücksenden bzw. durch Rücknahmeverlangen bei nicht paketversandfähigen Waren innerhalb von zwei Wochen nach Erhalt der Ware. Die rechtzeitige Absendung der Sache genügt.

Gefahr und Kosten bei Rücksendungen

Merke
- Die **Gefahr** für die zurückgesandte Ware trägt stets der Unternehmer.
- Bei der **Rückgabe** trägt die Rücksendekosten stets der Unternehmer.
- Beim **Widerruf** trägt der Verbraucher die Rücksendekosten nur, wenn dies vertraglich ausdrücklich vereinbart wurde und der Preis der Ware unter 40,00 € liegt.

Das nachfolgende Schaubild fasst Wesentliches zusammen.

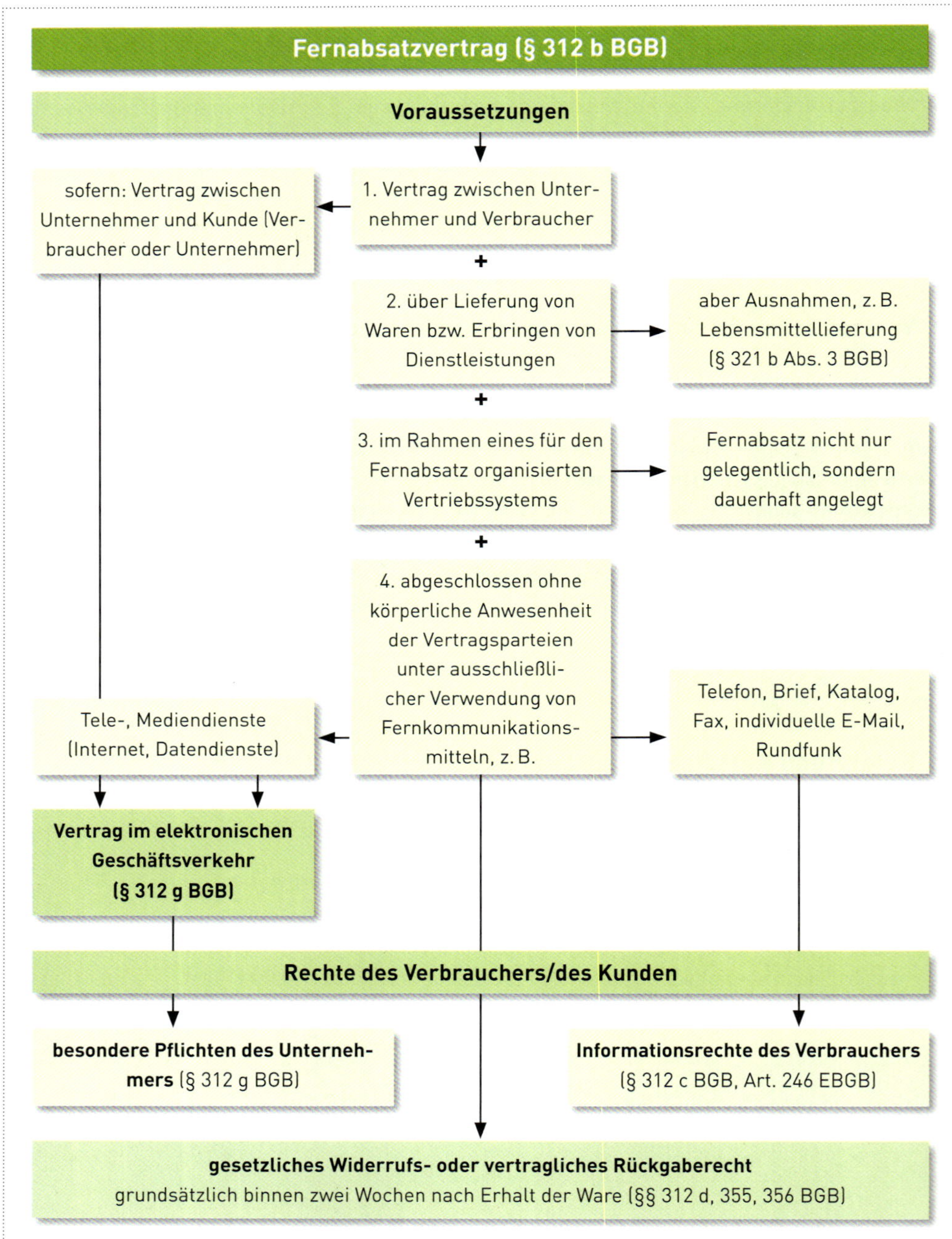

Lernlandkarte 4.13

4.13 Kaufverträge – Abschluss, Inhalt, Erfüllung

4.13.1
Zustandekommen von Kaufverträgen

1. Willenserklärung = Antrag

Käufer → Verkäufer
Käufer ← Verkäufer

2. Willenserklärung = Annahme

4.13.2
Inhalt von Kaufverträgen

- Art, Beschaffenheit, Güte, Menge der Ware
- Verpackungs- und Versandkosten
- Preis und Preisnachlässe
- Liefer- und Zahlungsfristen

4.13.3
Allgemeine Geschäftsbedingungen (AGB)

4.13.4
Erfüllung von Kaufverträgen

- Verpflichtungsgeschäft
- Erfüllungsgeschäft Ware
- Erfüllungsgeschäft Geld

Übergabe (Übergang Besitz)
+
Einigung (Vertrag)
=
Übergang (Eigentum)

4.13.5
Gutgläubiger Eigentumserwerb an beweglichen Sachen

4.13.6
Eigentumsvorbehalt – Funktion und Arten

Schuldverhältnisse beim Kaufvertrag (§ 433 BGB)

Verkäufer		Käufer
Schuldner	1. Warenschuld	Gläubiger
Gläubiger	2. Geldschuld	Schuldner

4.13.7
Erfüllungsort, Gefahrübergang und Gerichtsstand

4.13 Kaufverträge – Abschluss, Inhalt, Erfüllung

4.13.1 Zustandekommen von Kaufverträgen – Antrag und Annahme

Vertrag als wichtigste Art des Rechtsgeschäfts

Die wichtigsten rechtsgeschäftlichen Schuldverhältnisse stammen aus Verträgen. In einem Vertrag verpflichtet sich mindestens eine der Vertragsparteien, bestimmte Leistungen zu erbringen. Der Vertrag kommt durch **zwei übereinstimmende Willenserklärungen** der Vertragsparteien zustande. Die zeitlich erste Willenserklärung ist der Antrag, die zweite die Annahme. Beim Kaufvertrag kann der Antrag vom Käufer oder Verkäufer stammen.

Kaufvertragsabschluss durch zwei übereinstimmende Willenserklärungen

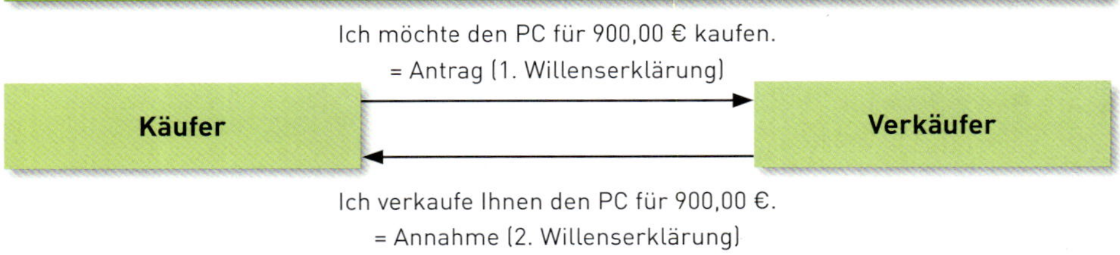

Antrag und Annahme

Geschäftsbriefe in der Praxis, siehe Informationsverarbeitung Kap. 3.5

Antrag und Annahme sind in der Regel **empfangsbedürftige Willenserklärungen,** das heißt, sie werden erst mit **Zugang** wirksam. Zugang heißt, die Willenserklärung ist in den Machtbereich des Empfängers gelangt und dieser hat unter gewöhnlichen Umständen die Möglichkeit, von der Willenserklärung Kenntnis zu nehmen. Der Antrag richtet sich normalerweise an eine bestimmte Person und enthält grundsätzlich alle wesentlichen Vertragselemente: Art, Menge und Preis der Leistung.

Merke Ein Antrag muss so bestimmt sein, dass ein **„Ja" als Annahme** des Vertrags ausreicht.

Verspätete oder geänderte Annahme

Eine **verspätete Annahme** lässt den Antrag erlöschen (§§ 146, 150 BGB). Sie gilt jedoch zugleich als neuer Antrag. Eine **geänderte Annahme** gilt als Ablehnung und wiederum als neuer Antrag.

Bindung an den Antrag

Ein wirksamer Antrag ist bindend, das heißt, der Antragende kann die Willenserklärung nach dem Zugang nicht mehr einseitig abändern oder widerrufen. Der Empfänger des Antrags kann innerhalb der gesetzlichen Annahmefrist (§ 147 BGB) entscheiden, ob der Vertrag unter den im Antrag genannten Bedingungen zustande kommt oder nicht. Der Gesetzgeber berücksichtigt hierbei die Interessen beider Parteien: Dem Erklärungsempfänger wird Rechtssicherheit durch die Bindungswirkung des Antrags garantiert (§ 145 BGB); dem Erklärenden wird durch die gesetzlichen Annahmefristen eine zeitliche Begrenzung dieser Bindungswirkung eingeräumt (§ 147 GBG).

Einschränkung oder Ausschluss der Bindung an den Antrag

Allerdings kann der Antragende auch selbst die Bindungswirkung ausschließen oder einschränken. Die Bindungswirkung wird **ausgeschlossen,** wenn dem Empfänger vor oder spätestens gleichzeitig mit dem Antrag ein Widerruf des Antrags zugeht (§ 130 BGB).

Die Bindung wird **zeitlich beschränkt,** wenn der Antragende vertraglich eine Annahmefrist bestimmt (§ 148 BGB), zum Beispiel „Das Angebot gilt zwei Wochen". Die Frist beginnt dann mit dem Datum des Antrags, nicht mit dessen Zugang. Durch sogenannte **Freizeichnungsklauseln** im Antrag wird die Bindungswirkung für einzelne Vertragselemente **inhaltlich eingeschränkt** (zum Beispiel „solange Vorrat reicht" – beschränkte Menge) oder **ganz ausgeschlossen** („freibleibendes Angebot").

Unverbindliche Aufforderungen zur Abgabe eines Antrags

„Unverbindliche Angebote" und **„Anfragen"** sind keine wirksamen Anträge, sondern nur Aufforderungen zur Abgabe eines Antrags **an bestimmte Personen,** da ihnen wesentliche Elemente der Willenserklärung fehlen. Sie äußern keinen verbindlichen Willen, der auf rechtliche Wirkung – nämlich auf den Abschluss eines Vertrags – gerichtet ist. Das gleiche gilt für Aufforderungen zur Abgabe eines Antrags **an die Öffentlichkeit:** Prospekte, Kataloge, Preisschilder, und Schaufensterauslagen. Offerten mit Festpreisen in Onlineshops sind an einen unbestimmten Personenkreis gerichtet und ebenfalls rechtlich unverbindlich. Erst die Bestellung des Kunden ist der Antrag.

Kaufmännische Bezeichnungen für Antrag und Annahme

Im Geschäftsverkehr werden meist kaufmännische Bezeichnungen verwendet statt der rechtlichen Begriffe „Antrag", „Annahme" oder „Aufforderung zur Abgabe eines Antrags". Allerdings kann sich hinter dem kaufmännischen Begriff „Bestellung" rechtlich ein Antrag oder eine Annahme verbergen, deshalb muss für jeden Fall geprüft werden, welcher tatsächliche Vorgang welche rechtliche Wirkung hat.

Angebot Kap. 3.1.2

Kaufmännische Bezeichnung und rechtliche Bedeutung			
Aktivität geht aus vom ... →			
Käufer:	Anfrage (Käufer)	Angebot (Verkäufer)	*Bestellung* (Käufer)
Verkäufer:	Katalog (Verkäufer)	*Bestellung* (Käufer)	Bestellannahme (Verkäufer)
	= unverbindliche Aufforderung zur Abgabe einer Willenserklärung	**= 1. Willenserklärung/ Antrag**	**= 2. Willenserklärung/ Annahme**

Sonderfälle

Ausnahmsweise kann ein Antrag auch an die Öffentlichkeit gerichtet sein. Dies wird für Warenautomaten, Geldautomaten, Zapfsäulen an Tankstellen und Auslagen im Selbstbedienungsladen unterstellt. Es handelt sich um Anträge an Jedermann bzw. an Berechtigte. Als Annahme gilt die Inanspruchnahme des Automaten; im Selbstbedienungsladen gilt die Vorlage der Ware an der Kasse als Annahme.

Verkaufsofferten in Online-Auktionsplattformen wie E-Bay werden zwar nicht als Antrag, aber als vorweg erklärte Annahme des höchsten Angebots angesehen: Hier erfolgt die Annahme also zeitlich vor dem Antrag. Sie richtet sich an den Höchstbietenden.

Abschluss des Kaufvertrags

Verträge entstehen durch zwei übereinstimmende Willenserklärungen: **Antrag** und **Annahme**

Antrag	**kein Antrag**
■ enthält alle wesentlichen Angaben (Ware – Menge – Preis) und kann mit einem einfachen „Ja" angenommen werden ■ richtet sich grundsätzlich an eine bestimmte Person; Ausnahme: Antrag an die Allgemeinheit (Warenautomaten, Angebote im Selbstbedienungsladen)	■ Aufforderungen zur Abgabe eines Antrags an die Öffentlichkeit (Preisschilder, Schaufensterauslagen, Prospekte) ■ Aufforderung zur Abgabe eines Antrags an bestimmte Personen (Anfragen)

Grundsatz: Anträge sind bindend! (§ 145 BGB)
Ausnahmen: Ausschluss bzw. Einschränkung der Bindungswirkung durch Handeln des ...

Antragenden:
- Freizeichnungsklausel (z. B. „solange Vorrat reicht", „unverbindlich", „Weiterverkauf vorbehalten", „ohne Obligo")
- rechtzeitiger Widerruf (§ 130 Abs. 1 BGB), Zugang spätestens gleichzeitig mit dem Antrag
- Fristsetzung (§ 148 BGB)

Annehmenden:
- Ablehnung des Antrags (§ 146 BGB)
- abgeänderte Annahme (§§ 150 Abs. 2, 146 BGB) → gilt als neuer Antrag!
- verspätete Annahme (§§ 146, 150 Abs. 1 BGB) → gilt als neuer Antrag!

unter Anwesenden	**unter Abwesenden**	**bei Fristsetzung**
(§ 147 Abs. 1 BGB), beispielsweise mündlich, schlüssiges Handeln, telefonisch: wenn Annahme nicht sofort erfolgt	(§ 147 Abs. 2 BGB), beispielsweise schriftlich, Fax, E-Mail: wenn Annahme nicht innerhalb eines angemessenen Zeitraums erfolgt („regelmäßige Umstände": grundsätzlich zweimal Beförderungszeit zuzüglich angemessener Bedenkzeit)	(§ 148 BGB), beispielsweise mündlich oder schriftliche Fristsetzung: wenn außerhalb der gesetzten Frist angenommen wird

Beispiele Kaufvertrag – ja oder nein?

	Tatsächliche Vorgänge → rechtliche Wirkung			Kaufvertrag?
1	Katalog geht ein → Aufforderung zur Abgabe eines Antrags (Verkäufer)	schriftliche Bestellung erfolgt → Antrag unter Abwesenden (Käufer)	Lieferung fünf Tage nach Bestellung → rechtzeitige Annahme unter Abwesenden (Verkäufer)	ja
2	Ware im Schaufenster → Aufforderung zur Abgabe eines Antrags (Verkäufer)	mündliche Äußerung des Kaufwunschs → Antrag unter Anwesenden (Käufer)	mündliche Mitteilung: Ware leider falsch ausgepreist, Preis 50,00 € höher → geänderte Annahme = Ablehnung und neuer Antrag (Verkäufer)	nein

	Tatsächliche Vorgänge → rechtliche Wirkung				Kaufvertrag?
3	schriftliches „freibleibendes Angebot“ geht ein → Aufforderung zur Abgabe eines Antrags (Verkäufer)	Bestellung wird per Fax gesandt → Antrag unter Abwesenden (Käufer)	Bestellannahme geht zwei Tage später per E-Mail ein → rechtzeitige Annahme unter Abwesenden (Verkäufer)		ja
4	telefonische Anfrage → Aufforderung zur Abgabe eines Antrags (Käufer)	Angebot geht per Brief zu → Antrag unter Abwesenden (Verkäufer)	schriftliche Bestellung geht zwei Monate später ein → verspätete Annahme unter Abwesenden = neuer Antrag (Käufer)		nein
5	Festpreisangebot im Onlineshop → Aufforderung zur Abgabe eines Antrags (Verkäufer)	Bestellung im Internet → Antrag unter Abwesenden (Käufer)	automatische E-Mail mit Zugangsbestätigung des Onlineshops → *keine* Willenserklärung (Verkäufer)	Lieferung erfolgt drei Tage später → rechtzeitige Annahme (Verkäufer)	ja

4.13.2 Inhalte von Kaufverträgen

Beschaffenheit der Ware

Die Art einer Ware wird durch einen handelsüblichen Namen gekennzeichnet, z. B. „E-Gitarre Ahorn 725“. Die Beschaffenheit und Güte der Ware kann durch folgende Kriterien bestimmt werden:

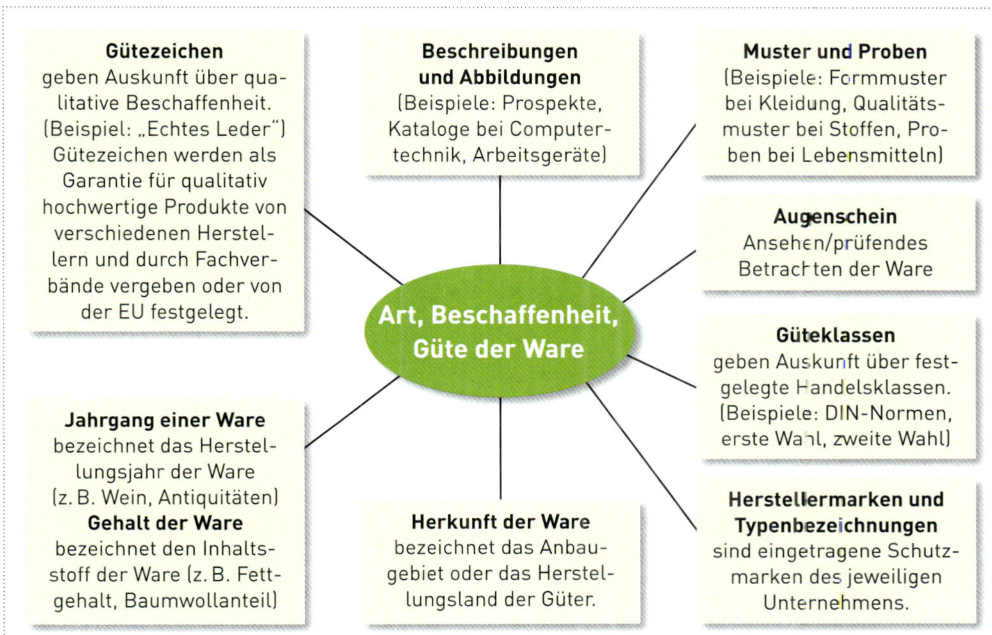

Das Bürgerliche Gesetzbuch legt fest, dass eine Sache frei von Sachmängeln zu liefern ist, mit einer Beschaffenheit, die der Käufer verlangen kann. Bei **Gattungsschulden** ist eine Sache **mittlerer Art und Güte** zu beschaffen (§ 243 BGB).

Rechtssubjekte und Rechtsobjekte Kap. 4.12.2

Gattungsschulden sind meist vertretbare Sachen (Sachen, die durch Gegenstände gleicher Art ersetzt werden können, § 91 BGB). Heutzutage sind fast alle Güter Serienprodukte und damit vertretbare Sachen: Neuwagen, Computer, Kleider „von der Stange", Lebensmittel. Gattungsschulden werden nur nach generellen Merkmalen in Produkt- oder Leistungsbeschreibungen bestimmt wie Typ, Sorte, Preis. Es wird nur ein mittlerer Qualitätsmaßstab zugrunde gelegt. Der Verkäufer hat hier die Auswahl, welche Sachen er liefern will.

Eine **Stück- oder Speziesschuld** wird dagegen durch individuelle Eigenschaften bestimmt. Meist handelt es sich um nicht vertretbare Sachen: gebrauchte Gegenstände, Einzelstücke wie Maßanzüge oder Originalgemälde.

Merke Meist sind neue Serienprodukte Gattungsschulden; Einzelstücke und gebrauchte Sachen sind Stückschulden.

Menge der Ware

Die Menge der Ware wird in handelsüblichen Bezeichnungen oder gesetzlichen Maßeinheiten angegeben. Die Bestellmenge bestimmt häufig den Preis der Ware, so werden bei großen Abnahmemengen erfahrungsgemäß Rabatte gewährt.

Beispiele Maßeinheiten für Mengen

- handelsübliche Bezeichnungen: Stück, Dutzend, Gros, Sack, Pack, Kiste, Ballen, Palette, ...
- gesetzliche Maßeinheiten: m, m^2, m^3, g, kg, l, hl, ...

Verpackungskosten der Waren

Sind die Verpackungskosten vertraglich nicht geregelt, trägt der Verkäufer die Kosten der Warenübergabe, der Käufer die Kosten der Warenabnahme und Versendung (§ 448 BGB, § 380 HGB).

Das bedeutet, der **Verkäufer** trägt die Kosten für
- das Abpacken der Ware einschließlich Messen und Wiegen,
- die Verkaufsverpackung, direkte Umhüllung der Ware,
- die Umverpackung, zum Beispiel die Zusammenfassung mehrerer Verkaufseinheiten.

Der **Käufer** trägt die Kosten der Transportverpackung, zum Beispiel für Paletten und Kisten.

Merkmale	Verpackungsarten		
	Verkaufsverpackung	**Umverpackung**	**Transportverpackung**
Verwendung	→ umhüllt direkt die Ware → dient der Übergabe an den Käufer → z. B. Zahncremetube	→ zusätzliche Verpackung um die Verkaufsverpackung → dient der Zusammenfassung von Verkaufsverpackungen, der Werbung und dem Schutz vor Diebstahl → z. B. Schachtel um Zahncremetube	→ dient der Erleichterung des Transports, dem Schutz der Ware auf dem Transportweg vom Hersteller zum Handel → z. B. Container, Paletten, Kartons, Kisten
Kosten	→ sind vom Verkäufer zu tragen	→ sind vom Verkäufer zu tragen	→ sind vom Käufer zu tragen → werden oft als Pfandleihsysteme eingesetzt
Entsorgung	→ Zum Schutz der Umwelt sind Hersteller und Verbraucher grundsätzlich zur Rücknahme und zur Wiederverwendung oder zur stofflichen Verwendung der Verpackungen verpflichtet.		

Verpackungsverordnung Kap. 3.6.3

Die Kosten der Ware beziehen sich auf das Nettogewicht der Ware (§ 380 HGB). Die **Tara** (das Gewicht der Verpackung) darf bei der Preisberechnung nicht berücksichtigt werden.

x=a+b

	Nettogewicht	(Reingewicht der Ware)
+	Tara	(Gewicht der Verpackung)
=	Bruttogewicht	(Ware und Verpackung = Rohgewicht oder Gesamtgewicht)

Vertraglich können die beiden Parteien auch andere Festlegungen treffen. Mögliche Regelungen können sein:

Vertragliche Regelungen zu Verpackungskosten

Nettogewicht einschließlich Verpackung
- Verpackungskosten sind im Preis enthalten.
- Kosten der Verpackung trägt der Verkäufer.

Nettogewicht ausschließlich Verpackung
- Verpackungskosten werden zusätzlich berechnet.
- Kosten der Verpackung trägt der Käufer.
- Verpackung kann leihweise oder gegen Entgelt dem Käufer überlassen werden.

Bruttogewicht einschließlich Verpackung
- „brutto für netto"
- Käufer zahlt Nettogewicht und Tara zum Verkaufspreis.
- Verpackung wird Eigentum des Käufers.

Versandkosten der Ware

Gesetzlich gilt: „Warenschulden sind Holschulden", das heißt, der Käufer muss die Ware beim Verkäufer abholen. Dort liegt der sogenannte Leistungs- oder Erfüllungsort für die Warenschuld. Im Geschäftsverkehr ist jedoch die Vereinbarung einer Schickschuld bzw. eines Versendungskaufs üblich. Dabei ist gesetzlich festgelegt, dass der Käufer die Transportkosten und die Gefahr trägt. Die **Gefahr,** die der Ware während der Versendung droht, sind zufällige Beschädigung, Verderb, Zerstörung oder Verlust.

§

§ 448 BGB Kosten der Übergabe und vergleichbare Kosten

(1) Der **Verkäufer** trägt die Kosten der **Übergabe** der Sache, der **Käufer** die Kosten der **Abnahme** und der **Versendung** der Sache nach einem anderen Ort als dem Erfüllungsort.
(Hervorhebungen nicht im Original)

Die Vertragspartner können auch andere vertragliche Regelungen, als es das Gesetz vorschreibt, festlegen. Im **nationalen Geschäftsverkehr** ist die Vereinbarung bestimmter Kostentragungsklauseln üblich. Nach diesen Klauseln trägt die Kosten ganz oder teilweise der Verkäufer. Den Erfüllungsort und den Gefahrübergang für die Ware ändern sie grundsätzlich nicht – er bleibt beim Verkäufer (vgl. § 269 Abs. 3 BGB).

§

§ 269 BGB Leistungsort

(3) Aus dem Umstand allein, dass der Schuldner die Kosten der Versendung übernommen hat, ist **nicht** zu entnehmen, dass der Ort, nach welchem die Versendung zu erfolgen hat, der Leistungsort sein soll. *(Hervorhebung nicht im Original)*

Vertragliche Klauseln zu Versandkosten

Verkäufer	Anfuhr/ Verladung	Versandstation		Empfangsstation	Zufuhr	**Käufer**
Versandkosten / vertragliche Regelung	Rollgeld I bzw. Hausfracht (Versand)	Beladekosten	Fracht	Entladekosten	Rollgeld II	
„ab Werk" „ab Lager"	**Käufer übernimmt ...**		alle Beförderungskosten			
„unfrei" „ab hier"	Verkäufer	... Beförderungskosten ab Versandstation einschließlich Beladekosten				
„frei Waggon" „frei Schiff"	Verkäufer		... Beförderungskosten ab Versandstation ohne Beladekosten			
„frei" „frei dort" „frachtfrei"	Verkäufer			... Beförderungskosten ab Empfangsstation		
„frei Haus" „frei Lager"	Verkäufer					... keine Beförderungskosten

Durch die weltweite Vernetzung bzw. Globalisierung nimmt der Warenverkehr über die Grenzen der Europäischen Union stetig zu. Um den grenzüberschreitenden Verkehr zu vereinheitlichen, hat die Internationale Handelskammer (ICC – International Chamber of Commerce) die Aufteilung der Transportkosten sowie den Ort des Gefahrenübergangs für die Ware durch International Commercial Terms, kurz **Incoterms ® 2010,** festgelegt. Diese Bestimmungen des **internationalen Geschäftsverkehrs** sind gesetzlich nicht fixiert, sie haben nur Gültigkeit, wenn Verkäufer und Käufer sie in ihren Vertrag aufnehmen. Vereinbaren die beiden Vertragspartner eine Incoterm-Klausel, ist sie gleichzeitig die Berechnungsgrundlage für den Zoll. Rechtlich stellen Incoterms Allgemeine Geschäftsbedingungen dar.

Die **Incoterms ® 2010** wurden zuletzt 2010 reformiert und gliedern sich nach Transportart in zwei Gruppen auf.

Incoterms ® 2010		
Klauseln für alle Transportarten (Land, Luft oder Wasser) bei multimodalen Containertransportarten		
EXW	Ex Works	ab Werk
FCA	Free Carrier	frei erster Frachtführer
CPT	Carriage Paid To	frachtfrei bis Bestimmungsort auf dem Landweg
CIP	Carriage and Insurance Paid To	frachtfrei und versichert bis Bestimmungsort
DAT	Delivered at Terminal	Lieferung frei bis Terminal Bestimmungsort/-hafen
DDP	Delivered Duty Paid	Lieferung frei bis Bestimmungsort (verzollt)
DAP	Delivered at Place	Lieferung frei bis Bestimmungsort
Klauseln für den See- und Binnenschifftransport		
FAS	Free Alongside Ship	frei Längsseite Seeschiff, vor der Verladung
FOB	Free on Board	frei an Bord Verschiffungshafen, bei Überschreiten der Schiffsreling
CFR	Cost and Freight	Verkäufer trägt Kosten und Fracht bis Bestimmungshafen.
CIF	Cost, Insurance, Freight	Verkäufer trägt Kosten, Fracht und Versicherung bis Bestimmungshafen.

Quelle: Internationale Handelskammer ICC – International Chamber of Commerce; www.icc-deutschland.de

Preis der Ware

Der Preis der Ware ist der in Geld ausgedrückte Wert eines Gutes. Bei Preisangaben sind grundsätzlich zwei Möglichkeiten zu unterscheiden.

- **Nettopreis:** Der Nettopreis ist der ausgewiesene Warenwert exklusive der gesetzlichen Mehrwertsteuer.
- **Bruttopreis:** Der Bruttopreis bestimmt den Wert der Ware inklusive der gesetzlichen Mehrwertsteuer.

In Deutschland besteht seit dem Jahr 1985 eine **Preisangabenverordnung (PAngV),** die alle Besonderheiten für den Verkauf an Endverbraucher regelt. Diese Festlegungen dienen vor allem dem Verbraucherschutz. Dort heißt es, dass alle Waren, die an Verbraucher veräußert werden, mit dem Bruttopreis (= Nettopreis + Umsatzsteuer) auszuzeichnen sind. Außerdem müssen dem Verbraucher weitere Preisbestandteile kenntlich gemacht werden. Preisangabepflichten bestehen für alle Waren in Verkaufsräumen, Warenauslagen (Schaufenstern, Verkaufsständen, sichtbar ausgestellten Produkten) sowie für Waren, die dem Kunden per Katalog oder visuell vorgestellt werden. Außerdem müssen alle Waren, die im Internet angeboten oder angepriesen werden, mit Bruttopreisen ausgewiesen werden.

Buchen von Nachlässen Rechnungswesen Kap. 6.5, 6.6

Der Preis der Ware wird vertraglich bestimmt. Es gibt hierbei verschiedene **Nachlassarten:**

- **Rabatt:**
  - Mengenrabatt: bei großen Abnahmemengen
  - Treuerabatt: Preisnachlass für Stammkunden
  - Sonderrabatt: Preisnachlass für besondere Anlässe (zum Beispiel bei Jubiläen)
  - Wiederverkäuferrabatt: Preisnachlass an Abnehmer zum Weiterverkauf (zum Beispiel für Einzelhändler)
  - Naturalrabatt:
    - Preisnachlass in Form von Waren
    - Verkäufer liefert zur bestellten Warenmenge Ware kostenlos hinzu = Draufgabe
    - Verkäufer berechnet nicht die gesamte Lieferung = Dreingabe
- **Bonus:** nachträglicher Preisnachlass, wenn der Käufer einen Mindestumsatz erreicht hat
- **Skonto:** Verkäufer gewährt bei rascher Bezahlung der Ware Preisnachlass

Liefer- und Zahlungsfristen

In der Regel bestimmen vertragliche Liefer- und Zahlungsbedingungen die Art, die Kosten und den Zeitpunkt der Leistung durch Verkäufer und Käufer. Eine vertragliche Regelung geht der gesetzlichen vor.

Nach dem Gesetz gilt, dass die Leistung sofort, das heißt bereits bei Abschluss des Vertrags, erbracht werden kann. Ist nichts Abweichendes geregelt, werden demnach bereits beim Abschluss des Kaufvertrags die Warenschuld und die Geldschuld fällig (§ 271 BGB).

Merke Gesetzliche Leistungszeit = **sofort** (bei Vertragsabschluss).

Die Lieferung der Ware hat also sofort nach Auftragsannahme zu erfolgen, wenn vertraglich nichts anderes vereinbart wird. Zwischen den Vertragsparteien können jedoch anderweitige Regelungen getroffen werden.

Vertragliche Regelungen der Lieferzeit

Sofortkauf	Terminkauf oder Kauf zu einem bestimmten Zeitpunkt	Fixkauf	Kauf auf Abruf
Verkäufer muss unverzüglich nach Abschluss des Kaufvertrags liefern.	Lieferung muss innerhalb einer vereinbarten Frist erfolgen.	Lieferung muss zu einem genau festgelegten Zeitpunkt erfolgen (Fixkaufklauseln: genau, fix, präzise, prompt).	Käufer verlangt Teillieferungen innerhalb einer bestimmten Frist.

Ebenso gilt: Ist vertraglich über den Zeitpunkt der Zahlung nichts vereinbart, so kann der Verkäufer die sofortige Zahlung bei Vertragsabschluss nach Übergabe der Ware verlangen. Handelt es sich bei einem festgelegten Zahlungstermin um einen Samstag, Sonntag oder gesetzlichen Feiertag, so ist immer der nächste Werktag der Zahltag.

Zahlungsbedingungen können vertraglich vereinbart werden.

Vertragliche Regelungen der Zahlungszeit

vor Lieferung	bei Lieferung	nach Lieferung
■ Anzahlung oder Vorauszahlung ■ Zahlung erfolgt vor Übergabe der Ware Beispiel: „gegen Vorauskasse"	■ Barkauf ■ Zahlung erfolgt bei Übergabe der Ware Beispiel: „gegen Nachnahme"	■ Zielkauf ■ Zahlung erfolgt innerhalb einer vereinbarten Frist Beispiel: „zahlbar innerhalb von 30 Tagen, innerhalb von 8 Tagen 2 % Skonto"

4.13.3 Allgemeine Geschäftsbedingungen (AGB)

Einstiegsfall Weinhandel mit AGB

Weinhändler Manfred W. e. K. aus Würzburg bietet seinem Privatkunden Gerd K. aus Köln schriftlich mehrere Sorten Rot- und Weißwein an. Hierbei weist er ausdrücklich auf die Gültigkeit seiner Allgemeinen Geschäftsbedingungen hin, die in seinem Geschäft zur Einsicht ausliegen würden. K.

bestellt mehrere Flaschen, W. übersendet eine Auftragsbestätigung. Sind die AGB von W. wirksam geworden? Würde sich etwas ändern, wenn K. Unternehmer wäre?

Anmerkung: Die Vorschriften über Fernabsatzverträge werden hierbei nicht berücksichtigt.

Begriff der AGB

Inhalte in Allgemeinen Geschäftsbedingungen sind zum Beispiel Verpackungs- und Versandkosten, Lieferungs- und Zahlungsfristen, Eigentumsvorbehalt (sichert dem Verkäufer das Eigentum an der Ware, bis der Käufer vollständig bezahlt hat), Erfüllungsort für die Leistung und Gerichtsstand bei Streitigkeiten. AGB können Normen des BGB ersetzen.

Umgangssprachlich spricht man bei den Allgemeinen Geschäftsbedingungen vom sogenannten Kleingedruckten, das sich vorzugsweise auf der Rückseite von Vertragsformularen findet. Die korrekte Definition findet sich im Gesetz.

§

§ 305 BGB Einbeziehung Allgemeiner Geschäftsbedingungen in den Vertrag

(1) Allgemeine Geschäftsbedingungen sind alle für eine **Vielzahl** von Verträgen **vorformulierten Vertragsbedingungen,** die eine Vertragspartei **(Verwender)** der anderen Vertragspartei **bei Abschluss eines Vertrages stellt.** [...]

(Hervorhebungen nicht im Original)

Wichtig sind hierbei die folgenden vier Merkmale:

1. **Vielzahl von Verträgen:** Eine Vielzahl liegt in der Regel bei mindestens drei bis fünf Verträgen vor.
2. **vorformulierte Vertragsbedingungen:** Vertragsbedingungen gelten als vorformuliert, wenn sie für eine mehrfache Verwendung abgefasst sind.
3. **vom Verwender gestellt:** Vom Verwender wird gesprochen, weil beide Vertragspartner – der Anbieter oder der Nachfrager der Leistung – AGB verwenden können. „Stellen" heißt in diesem Zusammenhang, dass die Vertragsbedingungen nicht frei ausgehandelt werden.
4. **bei Abschluss eines Vertrags:** Die AGB werden nur wirksam, wenn sie zum Vertragsbestandteil werden. Dies ist nach Abschluss des Vertrags nicht mehr möglich.

Bei Verbraucherverträgen gelten Sondervorschriften (§ 310 Abs. 3 BGB): Bei Verträgen zwischen einem Unternehmer und einem Verbraucher gelten die AGB grundsätzlich als vom Verwender „gestellt", selbst wenn sie auf Vorschlag eines Dritten, zum Beispiel eines Notars, in den Vertrag aufgenommen wurden. Außerdem genügt sogar die einmalige Verwendung von vorformulierten Vertragsbedingungen, eine Vielzahl muss nicht vorliegen.

Bedeutung von AGB

Allgemeine Geschäftsbedingungen spielen im Geschäftsverkehr der Unternehmer mit Verbrauchern, aber auch von Unternehmern untereinander, eine wesentliche Rolle. Sie sind in fast allen Wirtschaftszweigen üblich: Banken, Versicherungen, Handelsbetrieben, Speditionen usw. Selbst Verbraucher schließen manchmal Verträge mit AGB ab (Gebrauchtwagenverkauf mit Vertragsvordruck).

Für die Wirtschaft sind Allgemeine Geschäftsbedingungen wichtig. In der Ökonomie haben AGB wesentliche Funktionen:

- Standardisierung durch die Vereinheitlichung von Massenverträgen (Zeit- und Kostenersparnis)
- schnelle Anpassungsmöglichkeit an den wirtschaftlichen und technischen Wandel, zum Beispiel durch Entwicklung und Ausgestaltung von neuen, gesetzlich nicht geregelten Vertragsarten (zum Beispiel Leasing, Factoring)
- Eingrenzung und Kalkulation des Geschäftsrisikos (zum Beispiel Eigentumsvorbehalt)

Leasing, Factoring Kap. 9.6.8

Merke Rationalisierung, Modernisierung und Risikobegrenzung sind durch Allgemeine Geschäftsbedingungen möglich.

AGB nutzen die Vertrags*freiheit*. Der zivilrechtliche Grundsatz der Vertragsfreiheit ermöglicht dem Einzelnen, seine Rechtsgeschäfte frei zu gestalten. Das heißt, dass die Vertragschließenden durch die Vereinbarung von AGB als Vertragsbestandteil die Regelungen des BGB für den jeweiligen Vertrag ersetzen können. Allgemeine Geschäftsbedingungen führen den Inhalt des Vertrags genauer aus, der Verwender nutzt hierbei die Inhaltsfreiheit.

Vertragsfreiheit und ihre Grenzen Kap. 4.12.5

Aber: AGB können die Vertrags*gerechtigkeit* gefährden.

AGB bestehen häufig aus einer Vielzahl von Klauseln und sind oft selbst für erfahrene Verbraucher nicht zu verstehen. Sofern Anbieter oder Nachfrager den Vertragspartnern AGB aufzwingen können, die einseitig ihren Interessen dienen, besteht die Gefahr der Benachteiligung der anderen Vertragspartei, insbesondere dann, wenn nicht auf andere Vertragspartner ausgewichen werden kann. Dieser Aushöhlung der Vertragsfreiheit hat der Gesetzgeber Grenzen gesetzt, die den Missbrauch verhindern sollen. Mit den gesetzlichen Kontrollvorschriften (§§ 305 bis 310 BGB) zu den AGB soll eine unangemessene Benachteiligung des Vertragspartners durch AGB-Klauseln verhindert werden.

Kontrolle von AGB

Die Überprüfung, ob AGB wirksam geworden sind oder nicht, folgt dem dargestellten Schema.

Ausführlichere Erläuterungen und Beispiele zum Prüfschema siehe Lernsituationen & Übungen, Kap. 4.13.3

AGB-Prüfschema

1. Wirksamer **(Verbraucher-)Vertrag** und **AGB-Kontrollvorschriften** (§§ 305 ff. BGB) anwendbar?
2. Liegen **AGB** nach § 305 Abs. 1 BGB vor (bzw. gelten Sonderregelungen für Verbraucherverträge)?
3. Sind die AGB im Ganzen bzw. einzelne Klauseln **Vertragsbestandteil** geworden (§ 305 Abs. 2 BGB)?
   a) Ausdrücklicher Hinweis, Möglichkeit zur Kenntnisnahme, Einverständnis?
   b) Individualabrede oder überraschende Klausel (§§ 305 b, c BGB)?
4. Ist der **Inhalt** der AGB wirksam?
   a) Klauselverbot ohne Wertungsmöglichkeit (§ 309 BGB)?
   b) Klauselverbot mit Wertungsmöglichkeit (§ 308 BGB)?
   c) Verbot durch Generalklausel (§ 307 BGB)?

5. Ergebnis/Rechtsfolge: Nichteinbeziehung und Unwirksamkeit von AGB oder Wirksamkeit der AGB

Lösung des Einstiegsfalls **Weinhandel mit AGB**

(mit Bezug auf die Nummern des Prüfschemas)

a) Zu prüfen ist, ob die AGB im Kaufvertrag zwischen Manfred W. e. K. und Gerd K. wirksam geworden sind.

1. Zum Abschluss eines Kaufvertrags sind zwei übereinstimmende Willenserklärungen erforderlich: Antrag und Annahme. Das Angebot von W. könnte einen Antrag darstellen. Allerdings ist anzunehmen, dass das Angebot nicht so konkret formuliert wurde, dass K. nur mit Ja antworten muss, um den Vertrag abzuschließen. Damit ist das Angebot eine Aufforderung zur Abgabe eines Antrags, die Bestellung von K. stellt den Antrag und die Bestellannahme die Annahme dar. Ein Kaufvertrag liegt also vor. Der Kaufvertrag ist zugleich Verbrauchervertrag. Die §§ 305 ff. BGB sind anwendbar.
2. Da der Verwender W. dem anderen Vertragspartner, hier K., vorformulierte Vertragsbedingungen stellt, liegen AGB vor.
3. W. hat in seiner Aufforderung zur Abgabe des Antrags zwar ausdrücklich auf die Geltung der AGB hingewiesen, zugleich allerdings auf die Einsichtnahme in seinem Ladengeschäft in Würzburg verwiesen. Da K. in Köln lebt, verschafft ihm W. nicht die Möglichkeit, vom Inhalt der AGB in zumutbarer Weise Kenntnis zu nehmen.
4. (entfällt)
5. Ergebnis: Damit sind die AGB des W. nicht Vertragsbestandteil geworden. Der Vertrag bleibt im Übrigen wirksam und richtet sich nach den gesetzlichen Vorschriften.

b) Wenn K. Unternehmer wäre, könnte eine stillschweigende Einbeziehung der AGB vorliegen, wenn sie branchenüblich sind oder wenn laufende Geschäftsbeziehungen bestehen.

4.13.4 Erfüllung von Kaufverträgen – Verpflichtungs- und Erfüllungsgeschäft

Verpflichtungsgeschäft und Erfüllungsgeschäfte bei beweglichen Sachen

Vorbereitung des Leistungsaustauschs: Verpflichtungsgeschäft

Wie schon dem Wortlaut des § 433 BGB zum Kaufvertrag zu entnehmen ist, verpflichten sich die Vertragsparteien zum gegenseitigen Austausch von Sachen gegen Geld. Allgemein gilt, dass ein **Verpflichtungsgeschäft** gegeben ist, wenn sich eine Person verpflichtet, einer anderen gegenüber eine Leistung zu erbringen, also einer dem anderen etwas schuldet. Verpflichtungsgeschäfte sind im zweiten Buch des BGB, dem Recht der Schuldverhältnisse, kurz: **Schuldrecht,** geregelt. Dazu gehören die **schuldrechtlichen Verträge** wie **Kauf, Schenkung, Miete, Werkvertrag, Dienstvertrag** usw. Das schuldrechtliche Verpflichtungsgeschäft bereitet den Austausch von Waren und Dienstleistungen vor und bildet den rechtlichen Grund für den späteren Austausch. Mit dem Abschluss des Verpflichtungsgeschäfts Kaufvertrag geht das Eigentum an der gekauften Sache *nicht* vom Verkäufer an den Käufer über. Hierzu bedarf es eines weiteren Geschäfts, nämlich eines Verfügungs- bzw. Erfüllungsgeschäfts.

Verwirklichung des Leistungsaustauschs: Erfüllungsgeschäft

Der **Eigentumsübergang** an der gekauften beweglichen Sache vollzieht sich durch **Einigung und Übergabe (§ 929 BGB).** Eine vertragliche Einigung über den Eigentumsübergang der Sache muss durch zwei übereinstimmende Willenserklärungen erfolgen. Hinzu kommt die Übergabe, eine Handlung bzw. ein Realakt, durch die der Verkäufer dem Käufer den Besitz verschafft. Eigentum und Besitz sind im dritten Buch des BGB, dem **Sachenrecht,** geregelt.

Sachenrechtliche Grundbegriffe	
Besitz	**Eigentum**
tatsächliche Herrschaft über eine Sache (§ 854 BGB)	rechtliche Herrschaft über eine Sache (§ 903 BGB)

§ 985 BGB Herausgabeanspruch
Der Eigentümer kann von dem Besitzer die Herausgabe der Sache verlangen.

Beispiel Eigentümer – Besitzer

Ein Dieb ist zwar Besitzer, aber nicht Eigentümer der gestohlenen Sache. Der Eigentümer kann die Herausgabe der Sache verlangen.

Die **Übereignung** ist ein Erfüllungsgeschäft (§ 929 BGB). Während Verpflichtungsgeschäfte nur Pflichten des Schuldners bzw. Forderungen des Gläubigers entstehen lassen, führt ein Erfüllungsgeschäft unmittelbar zur **Übertragung, Belastung, Änderung oder Aufhebung eines Rechts.** Das Erfüllungsgeschäft verwirklicht den Austausch von Gütern und Dienstleistungen.

Strikte Trennung der Verpflichtungs- und Erfüllungsgeschäfte

Auch die Bargeschäfte des täglichen Lebens, zum Beispiel der Kauf einer Zeitung am Kiosk, bestehen aus rechtlich zu trennenden Verpflichtungs- (Kaufvertrag) und Erfüllungsgeschäften (Übereignung des Geldes, Übereignung der Zeitung). Diese juristische **Trennung** eines einheitlichen Lebenssachverhalts **in** unterschiedliche, grundsätzlich **unabhängig voneinander bestehende Verpflichtungs- und Erfüllungsgeschäfte** nennt man **Trennungs- bzw. Abstraktionsprinzip.** Erkennbar wird die Trennung, wenn die Rechtsgeschäfte zu verschiedenen Zeitpunkten abgewickelt werden: Zunächst wird der Kaufvertrag abgeschlossen, Tage später erfolgt die Lieferung und Übereignung der Ware, wiederum einige Tage später die Zahlung des Kaufpreises.

Merke Drei Rechtsgeschäfte beim Barkauf beweglicher Sachen = 1. Verpflichtungsgeschäft Kaufvertrag + 2. Erfüllungsgeschäft Ware + 3. Erfüllungsgeschäft Geld

Bei verschiedenen zugrunde liegenden Verpflichtungsgeschäften (Schenkung, Kauf, Tausch, Darlehen) findet dasselbe Erfüllungsgeschäft statt, nämlich die Übereignung einer beweglichen Sache nach § 929 BGB.

Beispiel Schreibtischkauf und Abstraktionsprinzip

K. will am 20. September im Fachgeschäft V. einen hochwertigen Schreibtisch kaufen. Der Verkäufer rät ihm zu einem Schreibtisch der Marke „Solido". K. entscheidet sich für einen Schreibtisch dieser Marke in Silbergrau für 400,00 €. Da der Schreibtisch als Ausstellungsstück im Schaufenster des Geschäfts steht, wird vereinbart, dass der Schreibtisch am 25. September nach der Umdekoration an K. geliefert wird. Außerdem erhält K. auf seine Bitte Zahlungsaufschub bis zum 28. September, an dem er das Geld bar zahlen will. Alle Vorgänge laufen wie vereinbart ab.

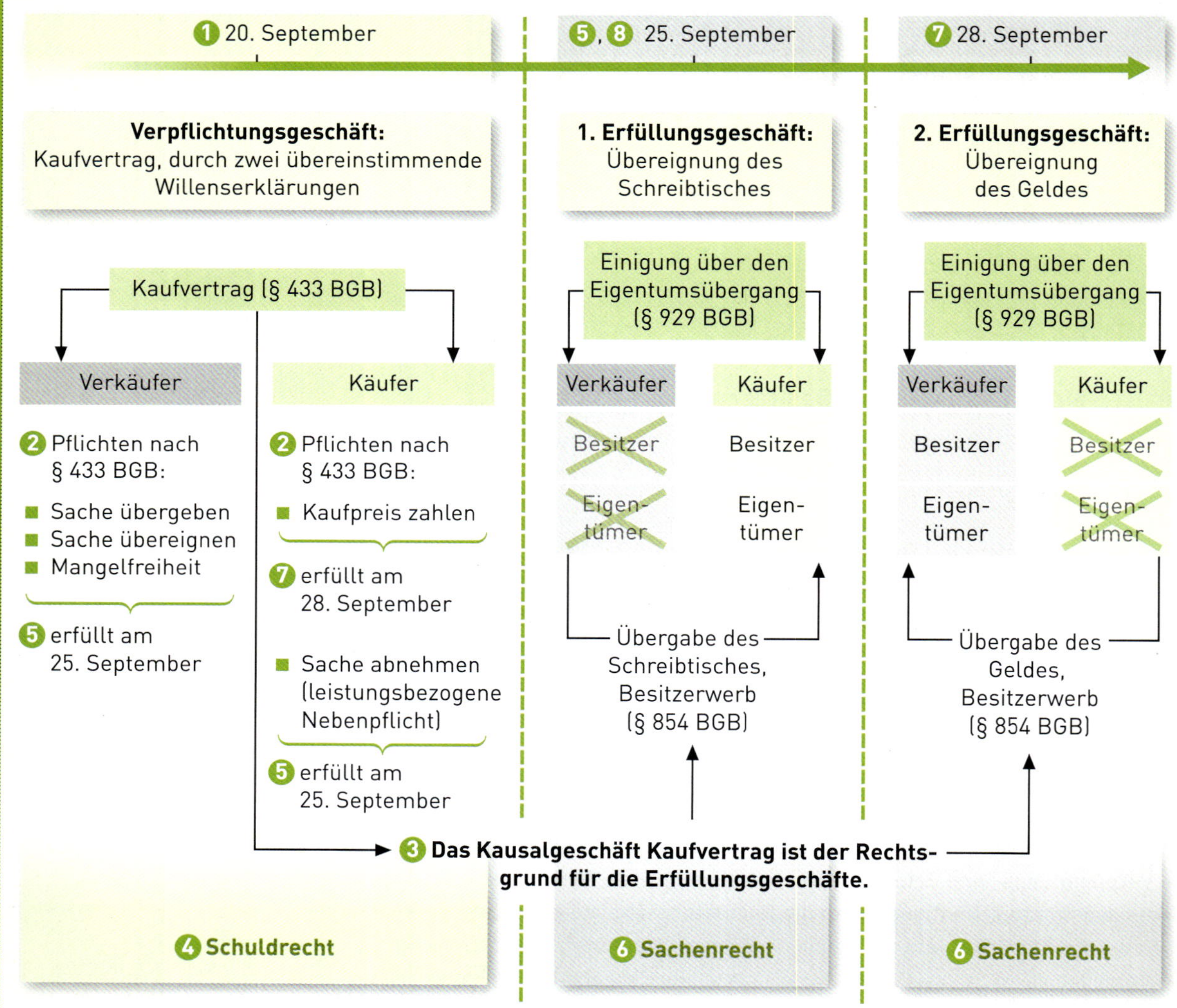

Verpflichtungs- und Erfüllungsgeschäfte sind grundsätzlich getrennt bzw. abstrakt voneinander!

Verpflichtungsgeschäft und Erfüllungsgeschäfte bei unbeweglichen Sachen

Die Veräußerung einer unbeweglichen Sache, also eines Grundstücks, besteht ebenfalls aus einem Verpflichtungsgeschäft und Erfüllungsgeschäften. Wegen des meist hohen Werts von Immobilien sind hier vom Gesetzgeber strenge Formvorschriften vorgesehen: Das Verpflichtungsgeschäft

Kaufvertrag ist notariell zu beurkunden (§ 311 b Abs. 1 BGB). Das Erfüllungsgeschäft **Auflassung** (entspricht der Einigung) ist ebenfalls notariell zu beurkunden und die **Eintragung ins Grundbuch** findet auf Veranlassung des Notars beim zuständigen Grundbuchamt beim Amtsgericht statt. Die Art der Zahlung des Kaufpreises ist nicht besonders gesetzlich geregelt.

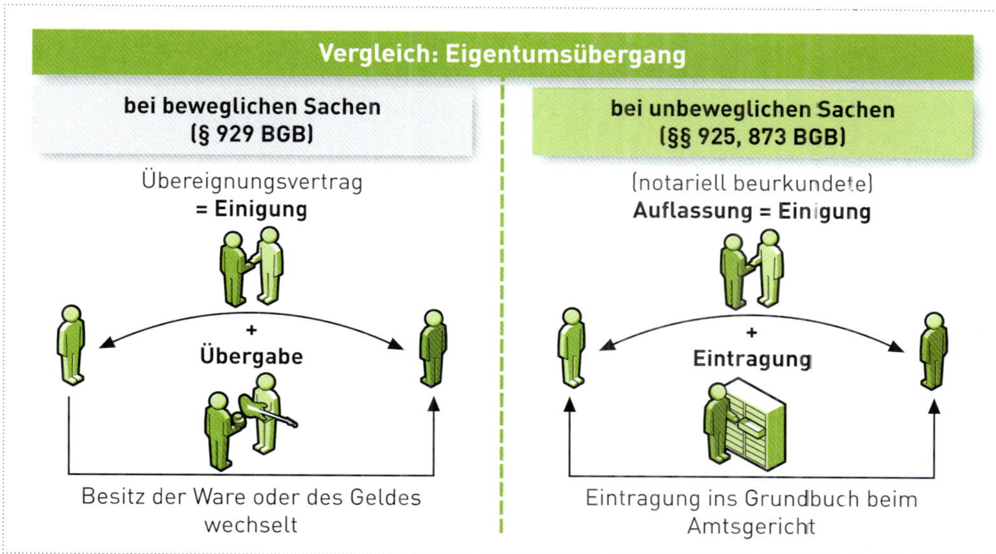

4.13.5 Gutgläubiger Eigentumserwerb an beweglichen Sachen

Einstiegsfall Das verschwundene Buch

Emil (E.) verleiht ein Buch an Vicky (V.), diese verkauft und übergibt es Katharina (K.).

Alternativen:

a) K. weiß nicht, dass das Buch E. gehört.
b) Im Innendeckel des Buchs steht „Eigentum von Emil“.

1. Zu a) und b): Ist K. Eigentümerin geworden? Kann E. die Herausgabe des Buchs verlangen (§ 985 BGB)?
2. Wie wäre zu entscheiden, wenn V. das Buch E. gestohlen hätte?

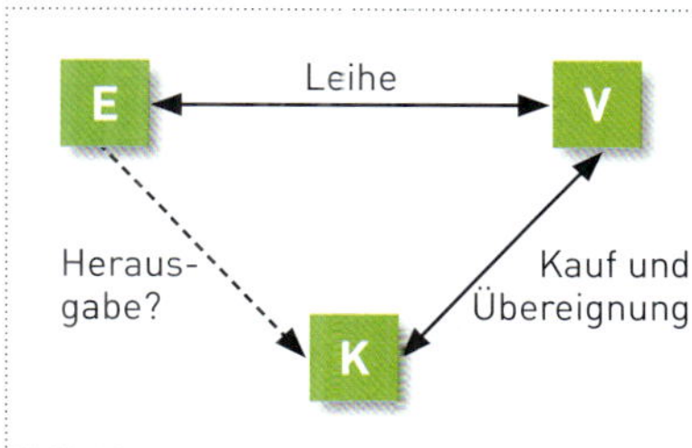

Zum Eigentumserwerb hat der Eigentümer die bewegliche Sache zu übergeben und sich mit dem Erwerber über den Eigentumserwerb zu einigen (§ 929 BGB). Was gilt jedoch, wenn der Verkäufer gar nicht der Eigentümer, sondern lediglich der Besitzer der Sache ist?

Gutgläubiger Erwerb ...

Der Erwerber wird auch dann Eigentümer, wenn die Sache gar nicht dem Veräußerer gehört, wenn er „in gutem Glauben“ ist (§ 932 BGB). Das heißt, wenn der Käufer nicht weiß und auch nicht wissen konnte, dass dem Verkäufer die Sache gar nicht gehört, dann wird er Eigentümer. Ist der Käufer aber bösgläubig (er weiß, dass dem Verkäufer die Sache nicht gehört) oder grob fahrlässig (er hätte es wissen können), wird er nicht Eigentümer.

... aber nicht an gestohlenen Sachen

Der gutgläubige Erwerb ist ausgeschlossen, wenn es sich um gestohlene, verloren gegangene oder abhanden gekommene Sachen handelt (§ 935 Abs. 1 BGB). Allerdings gilt diese Regel nicht für Geld und Inhaberpapiere. Gestohlene Geldscheine, Münzen und Inhaberschecks kann man stets gutgläubig erwerben (§ 935 Abs. 2 BGB).

Interessenabwägung durch den Gesetzgeber

Gibt der Eigentümer seine Sache freiwillig einem Dritten und dieser veräußert die Sache, schützt der Gesetzgeber das Interesse des gutgläubigen Erwerbers und erleichtert damit den **Geschäftsverkehr.** Der ursprüngliche Eigentümer wusste schließlich, wem er die Sache anvertraut. Geht dem Eigentümer seine Sache aber unfreiwillig verloren, schützt der Gesetzgeber den ursprünglichen Eigentümer vor dem Verlust seines **Eigentums.**

Damit **Geld** seine Funktion als anerkanntes gesetzliches Zahlungsmittel erfüllen kann, muss es im Geschäftsverkehr problemlos übereignet werden können. Der Erwerber eines Geldscheins kann kaum überprüfen, ob der vorige Besitzer wirklich der Eigentümer des Scheins ist oder ob dieser zum Beispiel aus einem Bankraub stammt.

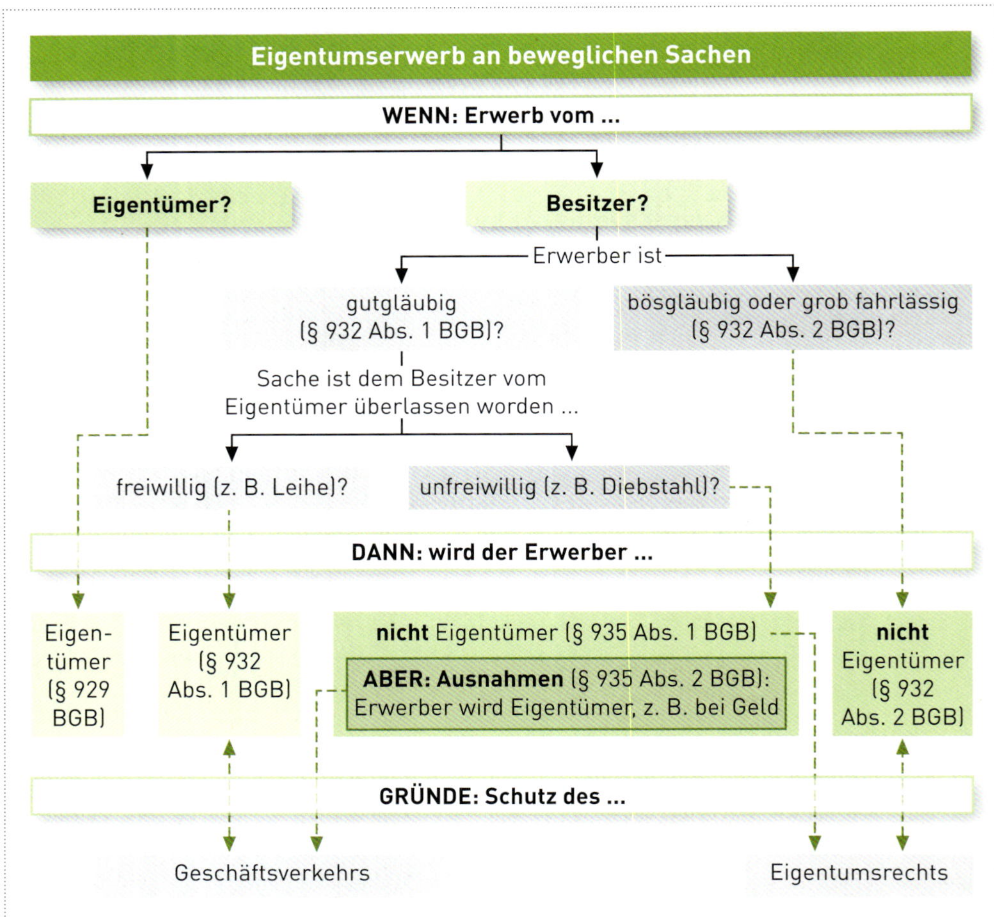

Guter Glaube an das Eigentum oder die Verfügungsbefugnis

Das **Zivilrecht** geht von der Vermutung aus, dass der Besitzer einer beweglichen Sache auch der Eigentümer ist (§ 1006 BGB). Entsprechend schützt das BGB den guten Glauben des Erwerbers an das Eigentum des Veräußerers. Kaufleute veräußern häufig Waren, die ihnen gar nicht gehören, zum Beispiel in Kommissionsgeschäften. Deshalb schützt das **Handelsrecht** sogar den guten Glauben an die bloße Befugnis des Veräußerers, die Ware zu verkaufen.

§ 366 HGB

(1) **Veräußert** [...] **ein Kaufmann** im Betrieb seines Handelsgewerbes **eine ihm nicht gehörige bewegliche Sache,** so finden die Vorschriften des Bürgerlichen Gesetzbuchs zugunsten derjenigen, welche Rechte von einem Nichtberechtigten herleiten, auch dann Anwendung, wenn der gute Glaube des Erwerbers **die Befugnis des Veräußerers** [...], **über die Sache für den Eigentümer zu verfügen,** betrifft.

(Hervorhebungen nicht im Original)

Der Beweggrund des Gesetzgebers für den verstärkten Schutz des gutgläubigen Erwerbers ist wiederum, den Geschäfts- bzw. Handelsverkehr zu erleichtern.

Lösung des Einstiegsfalls **Das verschwundene Buch**

1. a) V. ist nicht die Eigentümerin des Buches, der Eigentumserwerb von K. durch ein Rechtsgeschäft scheidet deshalb aus (§ 929 BGB). K. wird aber Eigentümerin, wenn sie gutgläubig ist (§ 932 BGB), also davon ausgeht, das V. nicht nur Besitzerin, sondern auch Eigentümerin des Buches ist. Da dies der Fall ist, hat sie gutgläubig Eigentum am Buch erworben. E. hat das Eigentum verloren und kann von V. Schadensersatz verlangen.
   b) Der gutgläubige Eigentumserwerb ist ausgeschlossen, wenn der Erwerber wusste oder infolge grober Fahrlässigkeit nicht wusste, dass die Sache nicht dem Veräußerer gehört (§ 929 Abs. 2 BGB). K. hätte aufgrund des Vermerks „Eigentum von Emil" von dem rechtmäßigen Eigentümer E. Kenntnis haben können. E. ist weiterhin Eigentümer und kann das Buch von der Besitzerin K. herausverlangen (§ 985 BGB).
2. Der gutgläubige Eigentumserwerb von abhanden gekommenen Sachen ist ausgeschlossen (§ 935 Abs. 1 BGB). Da V. das Buch gestohlen hat, kann K. das Buch demnach nicht gutgläubig erwerben. E. ist weiterhin Eigentümer und kann das Buch von K. herausverlangen (§ 985 BGB).

4.13.6 Eigentumsvorbehalt – Funktion und Arten

Eigentumsvorbehalt: Eigentum an der Ware vorbehaltlich der Zahlung

Der Eigentumsübergang an der Ware erfolgt durch Einigung und Übergabe (§ 929 BGB), und zwar gesetzlich grundsätzlich unabhängig von der Zahlung des Kaufpreises. Beim Verkauf einer beweglichen Sache sichert der Verkäufer seinen Anspruch auf Zahlung des Kaufpreises meist durch die vertragliche Vereinbarung eines **Eigentumsvorbehalts.**

Durch die Vereinbarung eines Eigentumsvorbehalts im Verpflichtungsgeschäft Kaufvertrag werden die nach dem Abstraktionsprinzip streng voneinander getrennten Erfüllungsgeschäfte miteinander verbunden. Die **Einigung,** also der Übereignungsvertrag der Ware, kann wie jeder andere Vertrag mit einer Bedingung verbunden werden (§ 158 Abs. 1 BGB). Der Eigentumsvorbehalt ist eine derartige Bedingung. Die Bedingung beim Übereignungsvertrag über die Warenschuld wird erfüllt, wenn die Übereignung des Geldes durch Einigung und Übergabe vollzogen wurde (§ 929 BGB).

Beispiel **Eigentumsvorbehalt als aufschiebende Bedingung für das Erfüllungsgeschäft**

K. unterschreibt am 20. September im Fachgeschäft V. einen Kaufvertrag über einen Schreibtisch der Marke „Solido" für 400,00 €. In den Allgemeinen Geschäftsbedingungen des Vertrags findet sich die Klausel: „Die verkaufte Ware bleibt bis zur vollständigen Zahlung des Kaufpreises unser Eigentum." Der Schreibtisch wird am 25. September an K. geliefert. Nach Überweisung seines Gehalts zahlt K. am 28. September im Fachgeschäft bar.

K. wird durch den Eigentumsvorbehalt am 25. September lediglich Besitzer und erst am 28. September Eigentümer des Schreibtisches.

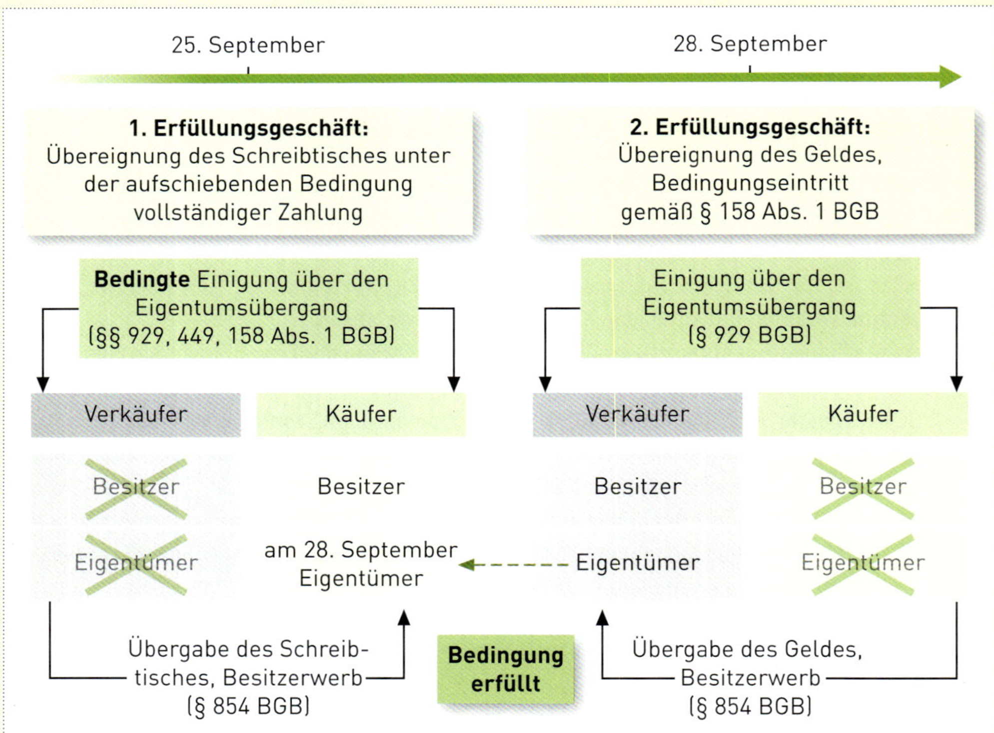

Arten des Eigentumsvorbehalts

Der oben erläuterte **einfache Eigentumsvorbehalt** gilt nur für die verkaufte Sache selbst.

Der einfache Eigentumsvorbehalt erlischt, wenn der Kaufpreis vollständig bezahlt ist. Er wird unwirksam, wenn die Ware

- an einen gutgläubigen Dritten weiterveräußert oder verpfändet (§ 932 BGB),
- weiter verarbeitet (§ 950 BGB),
- mit einer unbeweglichen oder beweglichen Sache verbunden (§§ 946, 947 BGB),
- mit gleichen beweglichen Sachen untrennbar vermischt (§ 943 BGB),
- verbraucht oder vernichtet wurde.

Bei dem **verlängerten Eigentumsvorbehalt** stehen dem Verkäufer weitere Rechte zu. Der Käufer darf die Ware weiterverkaufen oder verarbeiten. Der Verkäufer erhält dabei die aus dem Weiterverkauf entstehenden Forderungen oder das Eigentum an dem neu hergestellten Gegenstand.

Der **erweiterte Eigentumsvorbehalt** wird auch als Kontokorrentvorbehalt bezeichnet. Der Eigentumsvorbehalt erlischt hier erst, wenn alle Forderungen des Verkäufers gegen den Käufer beglichen sind.

Erläuterungen und Beispiele siehe Lernsituationen & Übungen Kap. 4.13.6

4.13.7 Erfüllungsort, Gefahrübergang und Gerichtsstand

Einstiegsfall Verzögerung beim Maschinenkauf

V. in Verden verkauft K. in Krefeld eine Fertigungsmaschine. V. hat sich im Kaufvertrag zur „Lieferung frei Werk" zum 31. Januar verpflichtet. V. übergibt die Maschine am 30. Januar einem Spediteur zur Beförderung. Aufgrund eines Streiks der Speditionsmitarbeiter trifft die Maschine erst am 14. Februar im Werk von K. ein.

a) Welche Art der Schuld liegt bei der Warenschuld vor (Hol-, Bring-, Schickschuld bzw. Versendungskauf)?
b) Wo liegen Erfüllungsort und Gerichtsstand für die Maschine? Wo findet der Gefahrübergang statt?
c) Ist die Warenschuld rechtzeitig geleistet worden, das heißt die Leistungshandlung zur rechten Zeit vollzogen worden?
d) Wo liegen Erfüllungsort, Gerichtsstand, Gefahrübergang für die Geldschuld?

Erlöschen von Schuldverhältnissen durch Erfüllung

Bei jedem gegenseitigen Verpflichtungsgeschäft gibt es zwei Schuldner und zwei Gläubiger, so auch beim Kaufvertrag. Damit gibt es auch zwei Schuldverhältnisse, eines für die Warenschuld und eines für die Geldschuld.

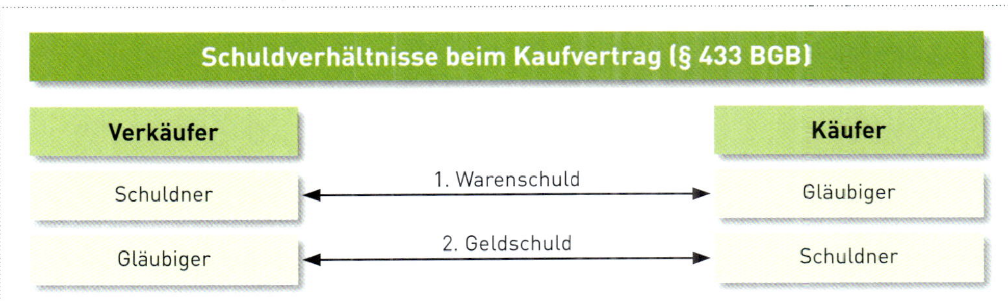

Der „natürliche Tod" des Schuldverhältnisses ist die Erfüllung (§ 362 BGB). Der Schuldner hat dabei seine Leistung dem Gläubiger **zur rechten Zeit, in richtiger Art und Weise und am rechten Ort** zu erbringen.

Bewirkt der Schuldner die Leistung, muss der Gläubiger ihm auf seinen Wunsch ein schriftliches Empfangsbekenntnis über den Erhalt der Leistung ausstellen (§ 368 BGB). **Quittungen** sind insbesondere bei Geldschulden, die per Barzahlung beglichen werden, üblich. Für den Beweis, dass der Schuldner geleistet hat, genügt unter Umständen auch ein Beleg ohne eigenhändige Unterschrift („Bon").

Häufig werden Geldleistungen heute unbar beglichen. Bei Einkauf mit Zahlung per Zahlungskarte tritt die Erfüllung jedoch nicht schon an der Kasse, sondern erst durch die Gutschrift auf dem Konto des Verkäufers ein. Dasselbe gilt für Schecks und Überweisungen.

„Leistung zur rechten Zeit": Leistungszeit

Liefer- und Zahlungsfristen Kap. 4.13.2

Die Leistungszeit ist normalerweise vertraglich vereinbart, zum Beispiel durch individuelle Liefer- und Zahlungsfristen oder generell durch AGB. Ist abweichend nichts geregelt, werden bereits beim Abschluss des Kaufvertrags die Warenschuld und die Geldschuld fällig (§ 271 BGB). Die Leistungszeit bezieht sich in der Regel auf den Erfüllungsort: Für die Rechtzeitigkeit der Leistung ist die Vornahme der Leistungshandlung am Erfüllungsort maßgeblich.

„Leistung in der richtigen Art und Weise": Leistungsgegenstand

Sachen und Rechte können Gegenstand von Kaufverträgen sein. Bei den Sachen können vertretbare und nicht vertretbare Sachen geschuldet werden (§ 91 BGB). Die übliche Anschauung im Wirtschaftsverkehr entscheidet darüber, ob bewegliche Sachen vertretbar sind oder nicht. Heutzutage sind fast alle Güter Serienprodukte und damit vertretbare Sachen: Neuwagen, Computer, Lebensmittel. Vertretbare Sachen sind meist Gattungsschulden, nicht vertretbare Sachen meist Stückschulden.

Bei einer **Gattungsschuld** muss der Schuldner die vertragsgemäß geschuldeten Waren aus der Gattung auswählen und bereitstellen. Wie und wo der Schuldner das „seinerseits Erforderliche" zu tun hat, richtet sich nach der Art der Schuld (Hol-, Bring- oder Schickschuld) bzw. dem Erfüllungsort.

Pflichten des Verkäufers einer Gattungsware		
Holschuld	**Schickschuld/Versendungskauf**	**Bringschuld**
Sachen **auswählen** (mittlere Art und Güte, § 243 Abs. 1 BGB)		
+		
aussondern (die für den Käufer bestimmten Sachen bereitlegen)		
+		
bereitstellen (am Wohn-/Geschäftssitz zur Verfügung stellen und Empfänger zur Abholung auffordern)	**abschicken** (am eigenen Wohn-/Geschäftssitz an den Transporteur übergeben)	**bringen** (dem Empfänger die Sachen an seinem Wohn-/Geschäftssitz anbieten)

Die **Geldschuld** stellt keine Gattungsschuld, sondern eine Schuld eigener Art dar.

Geldschulden können durch Barzahlung, das heißt durch Einigung und Übergabe der erforderlichen Banknoten und Münzen (§ 929 BGB), erfüllt werden. Gesetzliches Zahlungsmittel sind Banknoten. Zur Zahlung durch Banküberweisung ist der Schuldner berechtigt, wenn der Gläubiger seine Kontoverbindung durch Abdruck auf dem Vertrag, auf Briefen oder Rechnungen bekannt gegeben hat.

„Leistung am rechten Ort“: Erfüllungsort, Gefahrübergang und Gerichtsstand

Wo der **Erfüllungsort** liegt, richtet sich in erster Linie nach der vertraglichen Vereinbarung. Ist nichts vereinbart, gilt die gesetzliche Regelung. Die Bestimmung des Erfüllungsorts ist in mehrfacher Hinsicht von Bedeutung.

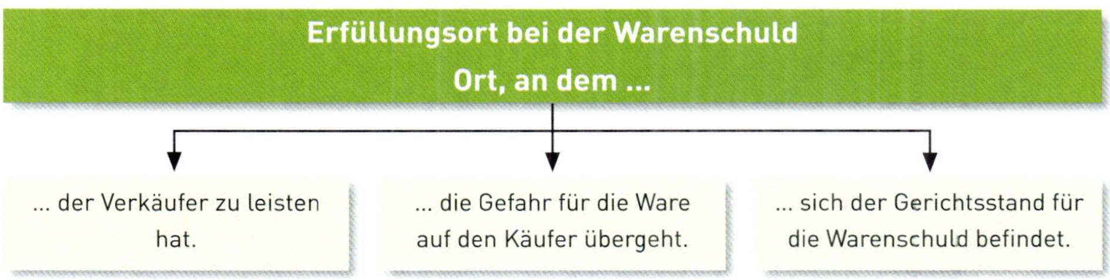

Die Vertragsparteien müssen grundsätzlich nur für Leistungsstörungen eintreten, die sie vorsätzlich oder fahrlässig verursacht und somit verschuldet haben. Aber auch der Fall, dass weder Schuldner noch Gläubiger die Verschlechterung oder die Vernichtung der Leistung zu vertreten haben, muss geregelt sein: Wer soll haften, wenn die Ware auf dem Transport unverschuldet beschädigt wird oder das Geld bei der Übermittlung verloren geht? Fraglich ist dann, ob neu zu liefern oder zu zahlen ist. Hier treten die Regelungen für die **Gefahr** ein, die zufällige Ereignisse betreffen. Sobald ein Verschulden der Vertragsparteien vorliegt, gelten die Vorschriften für Leistungsstörungen, zum Beispiel die Schadensersatzpflicht (§ 280 BGB).

Der Erfüllungsort ist nach § 29 Zivilprozessordnung (ZPO) zugleich der besondere Gerichtsstand. Der **Gerichtsstand** betrifft die **örtliche Zuständigkeit** des Gerichts, das ist der Ort, an dem im Streitfall geklagt werden muss. Abweichende Vereinbarungen sind für den Gerichtsstand nur möglich, wenn die Vertragsparteien Kaufleute oder juristische Personen des öffentlichen Rechts sind.

§ 29 ZPO Besonderer Gerichtsstand des Erfüllungsorts

(1) Für Streitigkeiten aus einem Vertragsverhältnis und über dessen Bestehen ist das Gericht des Ortes zuständig, an dem die streitige Verpflichtung zu erfüllen ist.

(2) Eine Vereinbarung über den Erfüllungsort begründet die Zuständigkeit nur, wenn die Vertragsparteien Kaufleute, juristische Personen des öffentlichen Rechts oder öffentlich-rechtliche Sondervermögen sind.

Die **sachliche Zuständigkeit** betrifft die zuständige Gerichtsbarkeit und das Gericht, bei dem in erster Instanz zu klagen ist. Sie richtet sich nach Art und Umfang der Streitigkeit. Für zivil- und handelsrechtliche Streitigkeiten sind die Amts- oder Landgerichte zuständig.

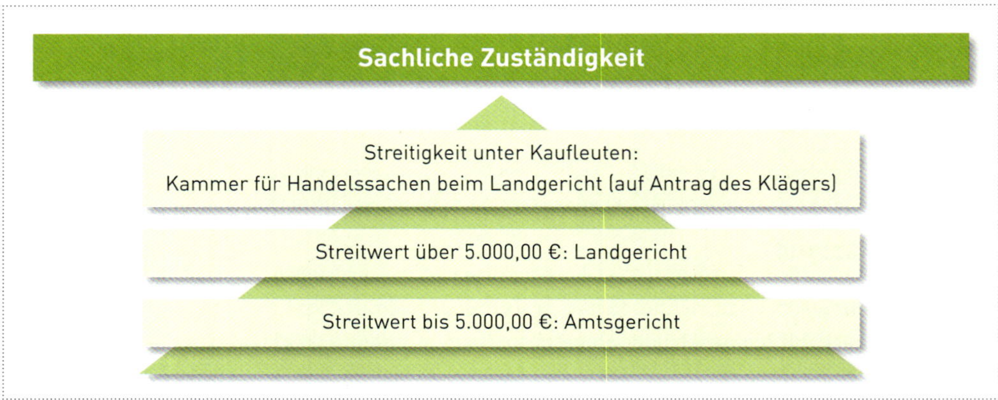

▼ Beispiel Sachliche und örtliche Zuständigkeit des erstinstanzlichen Gerichts

Käufer K. aus Kreuznach bestellt bei V. in Vöhringen eine Werkzeugmaschine im Wert von 15.000,00 €. Vertragliche Absprachen werden nicht getroffen. Bei Streitigkeiten um die Warenschuld gilt: Es handelt sich um eine Holschuld, das heißt, der Erfüllungsort und der Gerichtsstand für die Werkzeugmaschine liegen in Vöhringen (= örtliche Zuständigkeit).

Da der Streitwert über 5.000,00 € liegt, ist nicht das Amtsgericht, sondern das Landgericht zuständig (= sachliche Zuständigkeit). Sofern der Käufer klagt, kann er die Kammer für Handelssachen beantragen.

▼ Warenschuld als gesetzliche Holschuld

Für die Warenschuld gilt, dass sie grundsätzlich eine gesetzliche Holschuld (§ 269 BGB) darstellt, das heißt, der Gläubiger hat die Leistung auf seine Kosten und seine Gefahr beim Schuldner abzuholen.

Der Erfüllungsort und der Gerichtsstand befinden sich beim Wohnsitz oder Unternehmenssitz des Schuldners. Der Schuldner hat seine Leistungshandlung vollzogen, wenn er die Sache ausgesondert, sie dem Gläubiger zur Abholung bereitgestellt, ihn vom Übergabetermin informiert und der Gläubiger die Gelegenheit zur Abholung hat.

▼ Beispiel Gesetzliche Holschuld

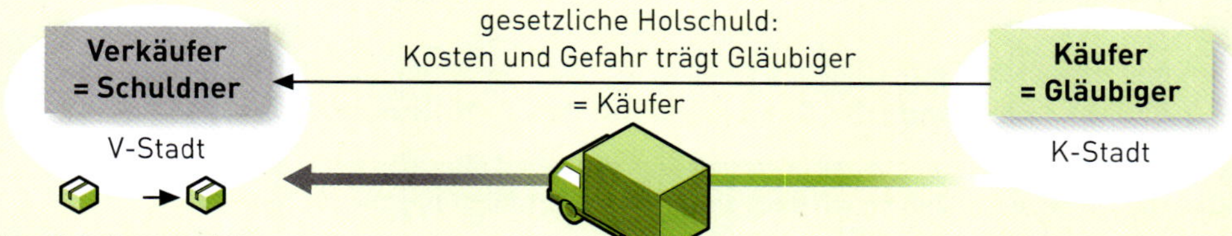

Bereitstellen der Ware
Erfüllungsort (§ 269 Abs. 1 und 2 BGB) = Gerichtsstand
Gefahrübergang bei Übergabe (§ 446 BGB)

Warenschuld als vertragliche Bringschuld

Bei der vertraglich vereinbarten Bringschuld verhält sich alles spiegelbildlich wie bei der Holschuld. Erfüllungsort und Gerichtsstand befinden sich beim Gläubiger. Der Schuldner muss dem Gläubiger die Sache auf seine Kosten und seine Gefahr an dessen Wohnort oder Niederlassung bringen.

Beispiel Vertragliche Bringschuld

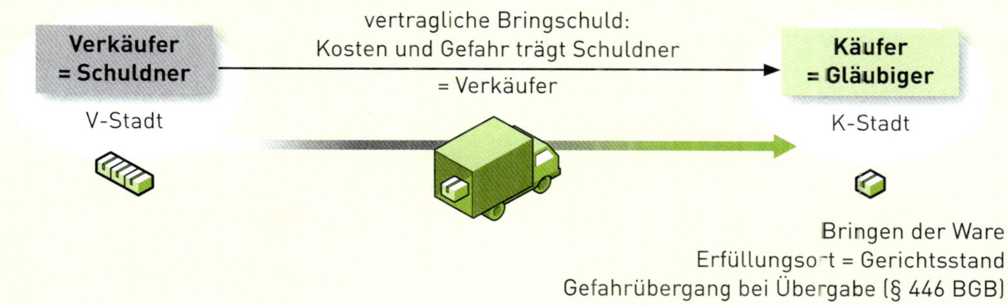

Warenschuld als vertragliche Schickschuld/Versendungskauf

Die Schickschuld ist quasi eine Sonderform der Holschuld. Wie bei der gesetzlichen Holschuld liegen bei der Schickschuld Erfüllungsort und Gerichtsstand beim Schuldner. Der Schuldner hat vertraglich zusätzlich die Nebenpflicht übernommen, die Ware an den Gläubiger zu versenden. Häufig übernimmt der Schuldner darüber hinaus noch freiwillig ganz oder teilweise die Kosten für den Transport (zum Beispiel durch die Klausel: „Lieferung frei Haus"). Aus alledem ist aber nicht zu schließen, dass er auch das Risiko für den Transport, das heißt die Gefahr für die Ware, tragen will und dass sich der Erfüllungsort ändern soll – (§ 269 Abs. 3 BGB lesen!).

Der Erfüllungsort bleibt also wie bei der Holschuld beim Schuldner. Hier sind die Leistungshandlungen vorzunehmen, das heißt die Aussonderung und Verpackung der Ware, ggf. die Wahl eines Transportunternehmers und die Übergabe der Ware an denselben. Sobald die Ware dem Transporteur übergeben ist, geht die Gefahr an den Käufer über.

Wenn bei der Warenschuld des Kaufvertrags eine Schickschuld vorliegt, spricht man vom Versendungskauf (§ 447 BGB). Hier geht die Gefahr nicht bei Übergabe an den Käufer, sondern bereits bei Übergabe an den Transporteur über.

Beispiel Schickschuld

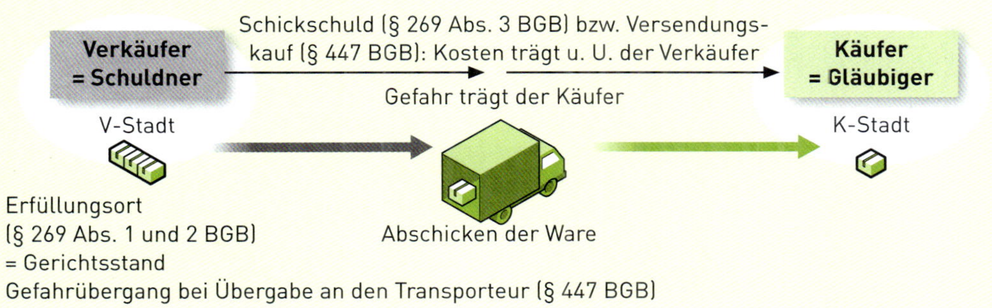

Ausnahme: Verbrauchsgüterkauf

Die Regelung des Versendungskaufs ist jedoch ausgeschlossen, wenn ein Verbrauchsgüterkauf vorliegt. Kauft ein Verbraucher von einem Unternehmer eine bewegliche Sache zur Versendung, trägt nicht der Käufer, sondern der Verkäufer die Versendungsgefahr (vgl. § 474 Abs. 2 BGB). Wenn die Sache beim Käufer nicht ankommt, muss er nicht zahlen.

Merke Beim Verbrauchsgüterkauf trägt stets der Verkäufer die Versendungsgefahr.

Gesetzliche Regelung bei der Geldschuld

Der gesetzliche Erfüllungs-/Leistungsort für die Geldschuld ist wie bei der Warenschuld der Wohnsitz des Schuldners. Das Gesetz bestimmt nämlich, dass die Regeln über den Leistungsort unberührt bleiben, also auch für die Geldschuld gelten (§§ 270 Abs. 4, 269 Abs. 1 BGB).

Das heißt für den Kaufvertrag, dass Erfüllungsort und Gerichtsstand für die Geldschuld beim Geldschuldner, also beim Käufer, liegen. Der Schuldner trägt die Kosten für die Übermittlung des Geldes und vor allem die **Verlustgefahr** für das Geld. Sollte das Geld bei der Übermittlung verloren gehen, muss der Schuldner/Käufer nochmals leisten (§ 270 Abs. 1 BGB). Damit stellt die gesetzliche Geldschuld eine Mischung zwischen Schick- und Bringschuld dar.

Beispiel Gesetzliche Geldschuld

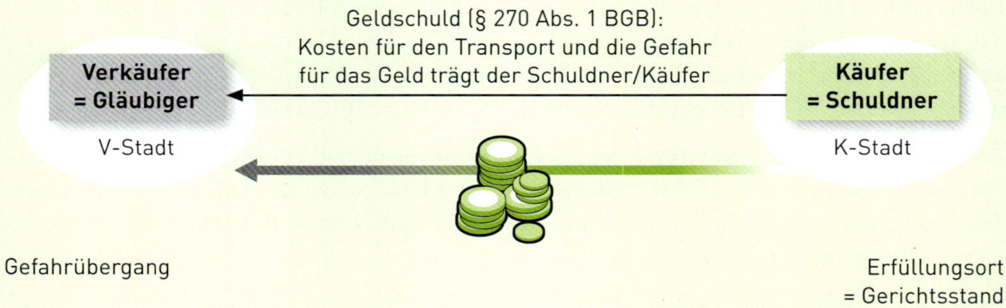

Merke Erfüllungsort (Gerichtsstand) und Gefahrübergang fallen ausnahmsweise räumlich auseinander:

- bei der gesetzlichen Regelung für die Geldschuld;
- bei der Warenschuld bei Verbrauchsgüterkäufen.

Wie bei Warenschulden kann auch hinsichtlich der Geldschuld vertraglich eine abweichende Regelung getroffen werden. Geldforderungen aus Nachnahmesendungen sind zum Beispiel keine Schick- sondern **Holschulden.** Dasselbe gilt für Zahlungen im Lastschriftverfahren und Kartenzahlungen. Hier hat der Schuldner nur für die erforderliche Deckung auf seinem Konto zu sorgen. Die Einziehung des Geldes ist Sache des Gläubigers. Der Gefahrübergang ist dann beim Wohnsitz des Schuldners/Käufers, das heißt, das Verzögerungs- und Verlustrisiko für die Geldübermittlung trägt der Gläubiger/Verkäufer.

Zusammenfassung

Schuldverhältnisse beim Kaufvertrag		
Wohn-/Geschäftssitz beim / Art der Schuld	**Verkäufer**	**Käufer**
Warenschuld	**Schuldner**	**Gläubiger**
1. gesetzliche Holschuld (§ 269 BGB)	Erfüllungsort, Gerichtsstand, Gefahrübergang	
2. vertragliche Bringschuld		Erfüllungsort, Gerichtsstand, Gefahrübergang
3. vertragliche Schickschuld/Versendungskauf (§ 447 BGB)	Erfüllungsort, Gerichtsstand, Gefahrübergang *bei Übergabe an Transporteur*	
4. gesetzliche Regelung zum Verbrauchsgüter-Versendungskauf (§ 474 Abs. 2 BGB)	Erfüllungsort, Gerichtsstand	*Gefahrübergang*
Geldschuld	**Gläubiger**	**Schuldner**
1. gesetzliche Regelung zur Geldschuld (§ 270 BGB)	*Gefahrübergang*	Erfüllungsort, Gerichtsstand
2. vertragliche Holschuld		Erfüllungsort, Gerichtsstand, Gefahrübergang

Lösung des Einstiegsfalls **Verzögerungen beim Maschinenkauf**

V. in Verden verkauft K. in Krefeld eine Fertigungsmaschine. V. hat sich zur „Lieferung frei Werk" zum 31. Januar verpflichtet. V. übergibt die Maschine am 30. Januar einer Spedition zur Beförderung. Aufgrund eines Streiks der Mitarbeiter der Spedition trifft die Maschine erst am 14. Februar im Werk von K. ein.

a) Für die Warenschuld (Maschine) ist ein Versendungskauf (§ 447 BGB) vereinbart worden. Die Übernahme der Transportkosten durch V. („Lieferung frei Werk") bedeutet nicht, dass eine Bringschuld gewollt ist (vgl. § 269 Abs. 3 BGB).

b) Erfüllungsort und Gerichtsstand für die Warenschuld liegen in Verden. Der Gefahrübergang vollzieht sich bei Übergabe an den Spediteur in Verden (§ 447 BGB).

c) Für die Vornahme der Leistungshandlung am Erfüllungsort, die Bereitstellung der Maschine und die Übergabe an den Spediteur, ist der 31. Januar vereinbart worden. V. hat die Übergabe sogar schon am 30. Januar vollzogen, das heißt, er hat rechtzeitig geleistet. Auf das Datum der Auslieferung in Krefeld kommt es nicht an.

d) Erfüllungsort und Gerichtsstand für die Geldschuld liegen in Krefeld, der Gefahrübergang in Verden.

Lernlandkarte 4.14

4.14 Kaufverträge – Leistungs- bzw. Erfüllungsstörungen

4.14.1 Überblick über Leistungsstörungen

Arten von Leistungsstörungen

Wenn jede Vertragspartei ihre Pflichten rechtzeitig und einwandfrei erfüllt, ist die Abwicklung von Verträgen problemlos. Das ist der Regelfall. Manchmal kommt es aber zu Schwierigkeiten: Der Schuldner leistet gar nicht, zu spät oder schlecht – oder der Gläubiger will die angebotene Leistung nicht annehmen. Dann ist die Erfüllung des Verpflichtungsgeschäfts gestört: Man spricht von **Leistungs- oder Erfüllungsstörungen.**

Unmöglichkeit: Wenn der Warenschuldner gar nicht leistet, weil die Sache zum Beispiel verschwunden oder zerstört ist, liegt eine Unmöglichkeit der Leistung vor. Bei der Geldschuld gibt es keine Unmöglichkeit.

Schuldnerverzug – Lieferungs- oder Zahlungsverzug: Leistet der Schuldner verspätet, zum Beispiel nicht am vereinbarten Termin, sondern erst einige Zeit später, handelt es sich um einen Schuldnerverzug, sofern bestimmte weitere Voraussetzungen vorliegen. Man unterscheidet beim Kauf Lieferungsverzug bei der Warenschuld und Zahlungsverzug bei der Geldschuld.

Beispiele

- **Lieferungsverzug:** Laut Kaufvertrag sollte im Mai geliefert werden. Der Warenschuldner (= Verkäufer) liefert schuldhaft erst im Juni.
- **Zahlungsverzug:** Laut Kaufvertrag und Rechnung sollte eine Ware am 1. März bezahlt werden. Der Geldschuldner (= Käufer) zahlt nicht rechtzeitig.

Gläubigerverzug – Annahmeverzug: Nimmt der Käufer die gekaufte Sache gar nicht ab, obwohl zur richtigen Zeit und am richtigen Ort geliefert wurde, liegt ein Annahmeverzug vor. Da der Käufer der Warengläubiger ist, spricht man auch vom sogenannten Gläubigerverzug. Zugleich ist der Käufer jedoch ausdrücklich verpflichtet, die Ware abzunehmen (vgl. § 433 Abs. 2 BGB). Er schuldet die rechtzeitige Abnahme und kann somit zugleich im Schuldnerverzug sein.

Beispiel

Gekaufte und am vereinbarten Termin gelieferte Möbel werden vom Käufer nicht abgenommen, da er die Lieferung vergessen hat (= Gläubigerverzug, zugleich Schuldnerverzug).

Schlechtleistung/mangelhafte Lieferung: Leistet der Warenschuldner zwar rechtzeitig, aber nicht ordnungsgemäß, spricht man von Schlechtleistung oder mangelhafter Lieferung.

Beispiel Beschaffenheitsmängel

Die gekauften Trekkingschuhe sind entgegen der Behauptung des Verkäufers nicht wasserdicht. (Die vereinbarte Beschaffenheit fehlt.)
Die neue PC-Tastatur ist nicht funktionsfähig. (Die übliche Beschaffenheit fehlt, die Sache ist nicht für die gewöhnliche Verwendung geeignet.)

Zusammenfassung

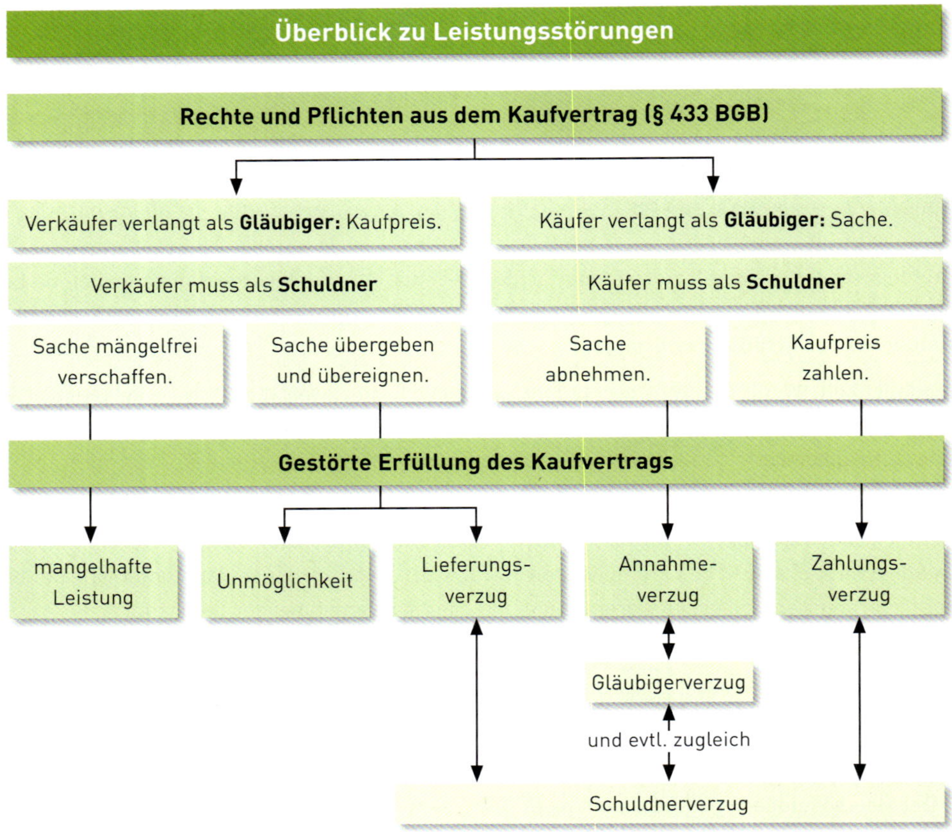

Rechte bei Leistungsstörungen

Wenn der Schuldner seine Pflichten nicht erfüllt, also die geschuldete Leistung gar nicht, verspätet oder schlecht erbringt, kann der Gläubiger Rechte geltend machen.

Schadensersatz

Bei den vertraglichen Schadensersatzansprüchen werden zwei Arten unterschieden: **Schadensersatz neben oder statt der Leistung.** Wie die Bezeichnung nahe legt, kann beim Schadensersatz neben der Leistung die Leistung – beim Kaufvertrag die Übergabe und Übereignung der Sache – noch erbracht werden. Es ist aber durch die vom Schuldner zu vertretende Pflichtverletzung ein Schaden entstanden, der neben der Leistung ersetzt werden muss. Der Gläubiger hat hier also zwei Ansprüche: den **Anspruch auf Erfüllung der Leistung** und den **Schadensersatzanspruch neben der Leistung** (§ 280 BGB).

Beispiel Erfüllung und Schadensersatz neben der Leistung

Der gekaufte Rasenmäher wird vom Verkäufer schuldhaft nicht rechtzeitig geliefert. Der Käufer erhält den Rasenmäher verspätet (= Erfüllung der Leistung) und mietet sich in der Zwischenzeit einen Ersatzmäher. Die Miete stellt er dem Verkäufer in Rechnung (= Schadensersatz neben der Leistung).

Wenn der Schuldner die Leistung nicht erfüllt, kann der Gläubiger unter bestimmten Voraussetzungen **Schadensersatz statt der Leistung** verlangen. Hier tritt der Schadensersatzanspruch an die Stelle der Leistung; der Anspruch auf die Leistung wird quasi in einen Schadensersatzanspruch umgewandelt. Der Gläubiger hat nur noch einen Anspruch: Schadensersatzanspruch statt der Leistung (§ 281 BGB).

Beispiel Schadensersatz statt der Leistung

Der gekaufte Rasenmäher wird schuldhaft nicht rechtzeitig geliefert. Der Käufer mahnt und setzt eine Nachfrist zur Lieferung. Der Verkäufer liefert weiterhin nicht. Der Käufer deckt sich bei einem anderen Händler mit demselben Rasenmähermodell ein. Allerdings ist dieser Rasenmäher teurer. Der Mehrpreis aus diesem sogenannten Deckungskauf ist vom säumigen Verkäufer zu tragen (= Schadensersatz statt der Leistung).

Rücktritt

Ein Vertragspartner kann, wenn es durch Gesetz oder Vertrag zugelassen ist, einseitig den Rücktritt vom Vertrag erklären (§ 323 BGB). Rücktritt heißt, dass der Vertrag rückgängig gemacht wird und die vertraglichen Ansprüche bzw. Pflichten erlöschen. Die Vertragspartner müssen die erhaltenen Leistungen zurückgeben (§ 346 BGB).

Beispiel

Wie im obigen Beispiel, nur ist der Ersatzmäher billiger. Es ist kein Schaden entstanden. Der Käufer tritt vom ursprünglichen Kauf zurück (= Rücktritt).

Rücktritt und Schadensersatzansprüche schließen sich nicht aus (§ 325 BGB).

Ersatz vergeblicher Aufwendungen

Anstelle des Schadensersatzes statt der Leistung kann der Gläubiger den Ersatz der Aufwendungen verlangen, die er im Vertrauen auf den Erhalt der Leistung gemacht hat und billigerweise (= gerechtfertigt, zumutbar) machen durfte (§ 284 BGB).

Beispiel Schadensersatz oder vergebliche Aufwendungen

Ein Kaufvertrag über ein Gemälde für 1.000,00 € wird abgeschlossen und durch die Schuld des Verkäufers nicht erfüllt, obwohl der Käufer ihm noch eine angemessene Nachfrist gesetzt hat.

- Der Käufer wollte das Bild an einen Kunden für 1.500,00 € weiterverkaufen. Durch die Leistungsstörung entgeht ihm Gewinn (= unfreiwilliger Vermögensverlust, Schadensersatz statt der Leistung, § 281 BGB).
- Der Käufer wollte das Bild behalten und hatte dafür bereits einen Rahmen für 200,00 € bestellt (= freiwilliges Vermögensopfer, Ersatz vergeblicher Aufwendungen).

Merke Der **Schadensersatz** gleicht einen **unfreiwilligen** Vermögensverlust aus. Ausgaben, die der Gläubiger **freiwillig** getätigt hat, sind **vergebliche Aufwendungen.**

4.14.2 Schuldnerverzug beim Kaufvertrag: Lieferungs- und Zahlungsverzug

Einstiegsfall Unpünktliche Papierlieferung

Laut Kaufvertrag vom 10. Mai 20.. soll die Mokros GmbH an die Druckerei Willuhn OHG 10 Papierrollen „Bestprint" für den Offsetdruck liefern. Die Lieferklausel lautet „schnellstmöglich". Am 25. Mai 20.. ist die Lieferung immer noch nicht eingetroffen. Ein Mitarbeiter der Willuhn OHG ruft daraufhin am selben Tag bei der Mokros GmbH an.

a) Die Mokros GmbH teilt mit, dass der Hersteller noch nicht geliefert hätte und bittet um Geduld.
b) Die Mokros GmbH teilt mit, dass sie Ware dieser Marke leider nicht mehr führen.
c) Abwandlung: Die Lieferklausel lautet „Lieferung genau am 20. Mai".

Liegt in den Fällen a) bis c) Verzug vor? Welche Rechte kann die Willuhn OHG jeweils geltend machen?

Voraussetzungen des Schuldnerverzugs

Leistet der **Schuldner** verspätet, handelt es sich um einen Schuldnerverzug, sofern bestimmte Voraussetzungen vorliegen. Beim Kaufvertrag unterscheidet man den Lieferungs- und Zahlungsverzug. Entsteht dem Gläubiger durch diese Pflichtverletzung des Schuldners ein Schaden, kann er ihn unter bestimmten Bedingungen ersetzt verlangen. Dabei sind folgende Voraussetzungen zu prüfen (§§ 280, 286 BGB):

1. Es liegt ein wirksamer **Vertrag** zugrunde.

2. Die **Leistung** wird vom Schuldner **nicht erbracht,** obwohl sie möglich ist (also keine Unmöglichkeit der Leistung vorliegt). Bei der Geldschuld kann praktisch nie Unmöglichkeit vorliegen. Außerdem muss die Leistung **fällig** sein. Die Leistungszeit kann vertraglich vereinbart sein oder es ist nach Gesetz sofort beim Abschluss des Vertrags zu leisten (§ 271 BGB).

3. Eine **Mahnung** (= einseitige empfangsbedürftige Erklärung an den Schuldner) ist erfolgt. Die Erhebung einer Klage sowie die Zustellung eines gerichtlichen Mahnbescheids bei der Geldschuld stehen der Mahnung gleich. Eine Mahnung ist in einigen Fällen nicht notwendig.

Beispiele Keine Mahnung erforderlich (§ 286 Abs. 2 BGB)

Lieferungsverzug	Zahlungsverzug
Nr. 1 Leistungszeit nach dem Kalender bestimmt/Termin- oder Fixkauf	
„Lieferung am 5. März 20.." „Lieferung fix am 5. März 20.."	„Zahlungseingang bis Mitte Januar"
Nr. 2 Leistungszeit ab einem Ereignis nach dem Kalender berechenbar	
„Lieferung zwei Tage nach telefonischem Abruf"	„Zahlung innerhalb von zwei Wochen nach Lieferung"

Lieferungsverzug	Zahlungsverzug
Nr. 3 Leistungsverweigerung	
Der Verkäufer teilt telefonisch mit, dass er die bestellte Ware nicht mehr führt.	Der Käufer übersendet ein Fax, in dem er mitteilt, dass er zahlungsunfähig ist.
Nr. 4 Besondere Gründe	
Besondere Dringlichkeit der Leistung: Der Käufer bestellt telefonisch einen Bauzaun zur sofortigen Sicherung einer tiefen Grube, die durch Unterspülung der Erdoberfläche bei einem Wasserrohrbruch auf seinem Grundstück entstanden ist. Der Bauzaun wird auch am nächsten Tag nicht geliefert.	**Gründe im Verhalten des Schuldners:** Der Käufer zieht um, ohne einen Nachsendeantrag bei der Post zu stellen. Die Mahnung kommt als unzustellbar zurück.
„Selbstmahnung“: Der Verkäufer ruft an und kündigt die Lieferung bestellter Druckertonerkartuschen für den nächsten Tag an. Die Lieferung erfolgt nicht.	**„Selbstmahnung“:** Der Käufer ruft an und kündigt die Zahlung für den nächsten Tag an. Die Zahlung erfolgt nicht.

Für den **Zahlungsverzug** gelten Sonderregelungen. Ohne Mahnung kommt der Entgeltschuldner „automatisch“ **30 Tage nach Fälligkeit und Zugang einer Rechnung** in Verzug. Die 30-Tages-Frist gilt gegenüber Verbrauchern nur, wenn der Unternehmer in der Rechnung darauf hingewiesen hat.

Falls der Zeitpunkt des Rechnungszugangs unsicher ist, kommt ein Unternehmer spätestens 30 Tage nach Fälligkeit und Empfang der Gegenleistung in Verzug.

Beispiel Keine Mahnung erforderlich – Spezialfall Entgeltforderungen (§ 286 Abs. 3 BGB)

Verzug 30 Tage nach Fälligkeit und Rechnungszugang: Der Verbraucher Harry Kühn hat beim Tischler Volkmann am 5. Mai drei Holzfenster bestellt, die am 30. Mai geliefert werden. Die Rechnung von Tischler Volkmann wird bei der Lieferung übergeben.

a) Die Rechnung enthält einen Hinweis auf die gesetzliche 30-Tages-Frist.
Rechtsfolge: Fälligkeit 5. Mai, Rechnungszugang 30. Mai, das heißt, Fristbeginn mit Ablauf des 30. Mai (24:00 Uhr), Fristende 29. Juni (24:00 Uhr), Verzug ab 30. Juni (00:00 Uhr).

b) Die Rechnung enthält keinen Hinweis auf die 30-Tages-Frist.
Rechtsfolge: Ohne Mahnung kein Verzug!

4. Damit Verzug eintritt, muss schließlich noch das **Vertretenmüssen** der Nichtleistung hinzukommen. Dieses wird vom Gesetzgeber grundsätzlich unterstellt. Vertretenmüssen heißt, der Schuldner muss grundsätzlich für die von ihm verschuldete, also vorsätzlich oder fahrlässig verursachte Nichtleistung einstehen. Wenn der Schuldner die Verzögerung ausnahmsweise nicht zu vertreten hat und dies nachweisen kann, kann er einen Entlastungsbeweis führen. Manchmal muss der Schuldner auch ohne Verschulden haften, das heißt, Vertretenmüssen liegt vor, obwohl der Schuldner nicht einmal fahrlässig war.

Die Leistungspflicht bei Warenschulden, die **Gattungsschulden** sind (in der Regel alle neuen Serienprodukte), unterliegt einer strengen Haftung. Das Vertretenmüssen liegt unabhängig von Vorsatz oder Fahrlässigkeit grundsätzlich vor. Der Verkäufer hat das Beschaffungsrisiko zu tragen und muss liefern, solange die Leistung aus der Gattung noch möglich ist.

Bei **Geldschulden** liegt Vertretenmüssen meist vor, weil jeder für seine Zahlungsfähigkeit einstehen muss. Hierzu gilt unter Juristen folgender Merkspruch: „Geld hat man zu haben!" Nur in seltenen Fällen wird es einen Entlastungsbeweis für eine unpünktliche Zahlung geben.

Merke **Vertretenmüssen** liegt grundsätzlich vor
- mit Verschulden bei Vorsatz oder Fahrlässigkeit,
- auch ohne Verschulden bei Geld- und Gattungsschulden.

Beispiele Vertretenmüssen

- **Bloße Lieferungsverzögerung – kein Verzug:** Tischler Volkmann kann die drei bestellten Holzfenster nicht wie am 5. Mai vereinbart rechtzeitig am 30. Mai an den Verbraucher Harry Kühn ausliefern, da seine Mitarbeiter seit dem 7. Mai in einen von ihrer Gewerkschaft ausgerufenen, unbefristeten Streik getreten sind.
  → Kein Vertretenmüssen und kein Verschulden, da keine Fahrlässigkeit, wenn der Streik nicht vorhersehbar und vermeidbar war.
- **Bloße Zahlungsverzögerung – kein Verzug:** Verbraucher Harry Kühn kann die Rechnung des Tischlers Volkmann nicht bezahlen, da er wegen eines schweren Autounfalls im Koma liegt.
  → Ausnahmefall! Kein Vertretenmüssen und kein Verschulden, finanzielle Leistungsfähigkeit liegt zwar vor, aber keine Fahrlässigkeit hinsichtlich der Nichtzahlung.
- **Lieferungsverzug:** Tischler Volkmann kann die drei bestellten Holzfenster nicht wie vereinbart an den Verbraucher Kühn ausliefern, da er zwischenzeitlich einen anderen Kunden beliefert hat.
  → Vertretenmüssen und Verschulden, Vorsatz wegen Wissen und Wollen der Vertragsverletzung
- **Zahlungsverzug:** Verbraucher Harry Kühn kann die Rechnung des Tischlers Volkmann nicht bezahlen, weil er inzwischen unverschuldet arbeitslos geworden ist.
  → Vertretenmüssen trotz fehlendem Verschulden, da für finanzielle Leistungsfähigkeit gehaftet wird!

Zusammenfassung

Voraussetzungen des Schuldnerverzugs nach §§ 280 Abs. 1, 286 BGB		
Lieferungsverzug		**Zahlungsverzug**
1. **Vertrag** liegt vor (§ 280 Abs. 1 BGB).	=	1. **Vertrag** liegt vor (§ 280 Abs. 1 BGB).
2. **Nichtlieferung** (obwohl Leistung noch möglich ist) **trotz Fälligkeit** (§ 286 Abs. 1 BGB) entsprechend	=	2. **Nichtzahlung** (obwohl Leistung von Geld stets möglich ist!) **trotz Fälligkeit** (§ 286 Abs. 1 BGB) entsprechend
▪ vertraglicher Vereinbarung *oder* ▪ gesetzlicher Leistungszeit: sofort (§ 271 BGB).	=	▪ vertraglicher Vereinbarung *oder* ▪ gesetzlicher Leistungszeit: sofort (§ 271 BGB).
3. **Mahnung** (Klage) nach § 286 Abs. 1 BGB *oder*	=	3. **Mahnung** (Mahnbescheid, Klage) nach § 286 Abs. 1 BGB *oder*
Verzug **ohne Mahnung** nach § 286 Abs. 2 BGB bei: ▪ kalendermäßig bestimmter Leistungszeit (Termin- oder Fixkauf), Nr. 1 ▪ nach Ereignis kalendermäßig berechenbarer Leistungszeit, Nr. 2 ▪ Leistungsverweigerung, Nr. 3 ▪ besonderen Gründen, Nr. 4	=	Verzug **ohne Mahnung** nach § 286 Abs. 2 BGB bei: ▪ kalendermäßig bestimmter Leistungszeit, Nr. 1 ▪ nach Ereignis kalendermäßig berechenbarer Leistungszeit, Nr. 2 ▪ Leistungsverweigerung, Nr. 3 ▪ besonderen Gründen, Nr. 4 *oder*
	≠	Verzug **ohne Mahnung** nach § 286 Abs. 3 BGB ▪ 30 Tage nach Fälligkeit und Rechnungszugang ▪ bei Unsicherheit über Rechnungszugang spätestens jedoch 30 Tage nach Empfang der Gegenleistung ▪ Aber: Ein Verbraucher muss darauf hingewiesen werden!
(4.) **Vertretenmüssen** (§§ 286 Abs. 4, 276 BGB) ▪ Verschulden liegt vor bei: – Vorsatz (absichtlichem Handeln), – Fahrlässigkeit (Handeln ohne erforderliche Sorgfalt). ▪ Vertretenmüssen liegt bei Übernahme eines Beschaffungsrisikos (bei Gattungsschuld) grundsätzlich vor (§ 276)!	=	(4.) **Vertretenmüssen** (§§ 286 Abs. 4, 276 BGB) Vertretenmüssen liegt bei Geldschulden grundsätzlich vor! = „Geld hat man zu haben".

Merke **Schuldnerverzug** ist die zu vertretende Nichtleistung trotz Vertrag, Fälligkeit und Mahnung.

Rechte des Gläubigers bei Schuldnerverzug

Sofern Schuldnerverzug vorliegt, hat der Gläubiger im Wesentlichen folgende Rechte: vorrangig den Schadensersatz neben der Leistung oder nachrangig Schadensersatz statt der Leistung oder Aufwendungsersatz sowie Rücktritt. Zunächst soll dem säumigen Schuldner noch die Chance gegeben werden, den abgeschlossenen Vertrag zu erfüllen, das heißt, zu liefern oder zu zahlen.

Vorrangig: Erfüllung der Leistung und Schadensersatz neben der Leistung

Vorerst bleibt der Anspruch auf **Erfüllung der Leistung** bestehen. Der Gläubiger erwartet die Leistung des Schuldners und kann zusätzlich **Schadensersatz neben der Leistung** verlangen (§§ 280 Abs. 1, 2, 286 BGB). Der Schadensersatz neben der Leistung umfasst den Ersatz der Schäden, die auf die Verzögerung zurückzuführen sind, die während des Wartens auf die Leistung – also neben der (verspäteten) Leistung – entstehen.

Verzögerungsschäden können beim **Lieferungsverzug** zum Beispiel die Mahnkosten ab der zweiten Mahnung, die Miete für einen Ersatzgegenstand oder ein entgangener Gewinn sein. Da der durch die verspätete Warenlieferung entgangene Gewinn schwierig zu ermitteln ist, werden im Geschäftsverkehr für eine nicht rechtzeitige Erfüllung häufig Vertragsstrafen, sogenannte **Konventionalstrafen,** vereinbart.

Beispiele **Schadensersatz neben der Leistung bei Lieferungsverzug (§ 280 Abs. 1 BGB)**

- **Ersatz des entgangenen Gewinns** (§ 252 BGB): Tischler Volkmann kommt mit der Lieferung von 50 Holzfenstern an den Baumarkt Kruse GmbH zwei Wochen in Verzug. Dem Baumarkt Kruse GmbH entgeht dadurch Umsatz. Da pro Woche durchschnittlich zehn Holzfenster verkauft werden, kann die Kruse GmbH die Differenz zwischen Einkaufs- und Verkaufspreis für bis zu 20 Holzfenster dem Tischler Volkmann als entgangenen Gewinn in Rechnung stellen.
- **Zahlung einer vereinbarten Vertragsstrafe** (§§ 339, 341 BGB): In dem vom Baumarkt Kruse GmbH und Tischler Volkmann abgeschlossenen Vertrag ist für den Fall des Lieferungsverzugs eine Vertragsstrafe von 0,2 % des Kaufpreises pro Tag vereinbart worden. Da Tischler Volkmann zwei Wochen mit seiner Leistung in Verzug war, muss er 2,8 % der Kaufsumme als Vertragsstrafe an die Kruse GmbH zahlen. Kruse GmbH kann stattdessen den Betrag der Strafe direkt mit der Kaufpreisforderung aufrechnen (§ 387 ff. BGB), das heißt, er zahlt Tischler Volkmann statt 100 % nur 97,2 % der Kaufsumme.

Mahnverfahren Kap. 9.5.1

Beim **Zahlungsverzug** werden mindestens die Verzugszinsen ersetzt, das heißt, ob dem Geldgläubiger tatsächlich ein Schaden entstanden ist oder nicht, ist gleichgültig, er kann mindestens die gesetzlichen Verzugszinsen verlangen (sogenannter **abstrakter Schaden,** § 288 BGB).

Gesetzliche Verzugszinsen (§ 288 BGB)	
zwischen Unternehmern	gegenüber Verbrauchern
Basiszinssatz + 8 %	Basiszinssatz + 5 %

Der **Basiszinssatz** wird halbjährlich von der Deutschen Bundesbank festgesetzt. Er wird im Bundesanzeiger und im Internet veröffentlicht (jeweils zum 1. Januar und 1. Juli). Durch den Bezug auf den Basiszinssatz wird erreicht, dass sich die Höhe des gesetzlichen Verzugszinssatzes jeweils an das herrschende Zinsniveau am Geldmarkt anpasst. Es können sogar höhere Zinsen gefordert werden, wenn sie vertraglich vereinbart wurden. Der Ausgleich eines weitergehenden Schadens kann verlangt werden, wenn der Schaden nachweisbar ist, z. B. Mahnkosten, Anwaltsgebühren.

Berechnung der Verzugszinsen

x=a+b

Zinsformel unter Kaufleuten

Zinsbetrag in € =

$$\frac{\text{Kapital (k)} \cdot \text{Zinssatz (p)} \cdot \text{Tage (t)}}{100 \cdot 360 \text{ Tage}}$$

Achtung:
Die Monate werden jeweils zu 30 Tagen berechnet.

Gesetzlicher Verzugszinssatz:
§ 288 Abs. 2 BGB: 8 % über Basiszinssatz

Allgemeine Zinsformel

Zinsbetrag in € =

$$\frac{\text{Kapital (k)} \cdot \text{Zinssatz (p)} \cdot \text{Tage (t)}}{100 \cdot 365 \text{ Tage}}$$

Achtung:
Die Monate werden taggenau berechnet.

Gesetzlicher Verzugszinssatz:
§ 288 Abs. 1 BGB: 5 % über Basiszinssatz

Nachrangig: Leistung entfällt und Rücktritt; Schadensersatz statt der Leistung oder Aufwendungsersatz

Der **Rücktritt** kommt infrage, wenn der Gläubiger auf die Leistung nicht mehr warten und sich vom Vertrag lösen will. Der Rücktritt ist selbst dann möglich, wenn der Schuldner die **Verzögerung nicht zu vertreten** hat, er also die Verspätung der Leistung weder fahrlässig noch vorsätzlich verursacht hat. Umgekehrt darf der **Gläubiger** jedoch die **Verspätung nicht selbst verursacht** haben, zum Beispiel durch einen Annahmeverzug. Eine wesentliche Voraussetzung für den Rücktritt ist der Ablauf einer vom Gläubiger gesetzten, angemessenen Frist, um dem Schuldner noch eine Möglichkeit zu geben, seine vertragliche Verpflichtung zu erfüllen.

Diese Nachfristsetzung ist wiederum in einigen Fällen überflüssig. Dies gilt bei endgültiger Leistungsverweigerung des Schuldners, beim Vorliegen besonderer Umstände oder bei Fixgeschäften. **Fixgeschäfte** liegen vor, wenn der Gläubiger auf die Einhaltung der vereinbarten Leistungszeit besonderen Wert legt und dies durch eine Vereinbarung (Klauseln wie „fix", „prompt", „präzise") im Vertrag unterstrichen hat. Beiden Vertragsparteien ist klar, dass mit der zeitgerechten Leistung das Geschäft „stehen und fallen" soll. Fixgeschäfte sind nicht mit **Termingeschäften** zu verwechseln. Bei nur kalendermäßig bestimmter Leistungszeit („Lieferung am ...") ist die Nachholung der Leistung noch möglich und eine Nachfristsetzung daher notwendig.

▼ Beispiele Rücktritt ohne Fristsetzung beim Lieferungsverzug (§ 323 Abs. 2 BGB)

- **Nr. 1 Leistungsverweigerung:** Tischler Volkmann teilt dem Baumarkt Kruse GmbH mit, dass er Holzfenster nicht mehr herstellt.
- **Nr. 2 Fixgeschäft:** Im Kaufvertrag zwischen Tischler Volkmann und der Kruse GmbH war die Lieferung der Holzfenster für den 30. Mai „fix" vereinbart. Tischler Volkmann liefert am 30. Mai nicht.
- **Nr. 3 Besondere Umstände:** Tischler Volkmann soll dem Baumarkt Kruse GmbH Osterhasen aus Holz für den Verkauf als Gartendekoration liefern. Tischler Volkmann liefert nicht rechtzeitig vor Ostern. Die Osterhasen sind als Saisonartikel unverkäuflich.

Wenn der Gläubiger den Rücktritt vom Vertrag erklärt hat, entfällt der Anspruch auf die Leistung. Beim Rücktritt wird das gesamte Geschäft rückgängig gemacht, also schon erfolgte Teilzahlungen oder -lieferungen werden zurückgegeben (§ 346 BGB). Rücktritt ist beim **Zahlungsverzug** selten. Er kommt nur in Betracht, wenn die Sache vom Käufer noch nicht weiterveräußert wurde und der Verkäufer mit der Zahlung nicht mehr rechnet. In diesem Fall kann der Verkäufer nach Ablauf der Nachfrist vom Vertrag zurücktreten und sich die Sache zurückholen.

Schadensersatz statt der Leistung: Auch für den Schadensersatzanspruch ist eine wesentliche Voraussetzung der fruchtlose Ablauf einer vom Gläubiger gesetzten Frist. Wie beim Rücktritt ist die Fristsetzung in den oben erörterten Fällen nicht erforderlich (§ 281 BGB). Der Gläubiger kann aber im Gegensatz zum Rücktritt den Schadensersatz statt der Leistung nur verlangen, wenn der Schuldner die Leistungsverzögerung zu vertreten hat.

Beispiele Schadensersatz statt der Leistung bei Verzug (§§ 280 Abs. 3, 281 Abs 1 BGB)

- **Lieferungsverzug – Deckungskauf:** Tischler Volkmann liefert nicht rechtzeitig, Baumarkt Kruse GmbH mahnt und setzt eine Frist. Tischler Volkmann liefert weiterhin schuldhaft nicht. Nach Ablauf der Frist kauft die Kruse GmbH die 50 Holzfenster bei einem anderen Lieferanten zu einem höheren Preis. Den Mehrpreis stellt die Kruse GmbH dem Tischler Volkmann als Schadensersatz in Rechnung.
- **Zahlungsverzug – Wertminderung zurückerhaltener Ware:** Tischler Volkmann liefert rechtzeitig, aber der Baumarkt Kruse GmbH zahlt den Kaufpreis nicht. Nach erfolglosem Ablauf einer gesetzten Zahlungsfrist tritt Tischler Volkmann vom Vertrag zurück und holt die von ihm gelieferten Fenster wieder ab. Zwei Fenster sind im Baumarkt beschädigt worden und nicht mehr verkäuflich. Diesen Schaden kann er von der Kruse GmbH als Schadensersatz fordern.

Merke Grundsätzlich wird ein entstandener und berechenbarer Vermögensschaden, der **konkrete Schaden,** ersetzt. Der **abstrakte Schaden,** der nicht tatsächlich entstanden sein muss (gesetzliche Verzugszinsen, § 288 Abs. 1 BGB) oder nicht genau berechnet werden kann (entgangener Gewinn, § 252 Abs. 2 BGB), darf nur ausnahmsweise in den gesetzlich vorgeschriebenen Fällen angesetzt werden.

Ersatz vergeblicher Aufwendungen: Wenn dem Gläubiger kein unfreiwilliger Vermögensverlust entstanden ist, also kein Schaden vorliegt, er aber freiwillige Auslagen im Vertrauen auf die rechtzeitige Leistung hatte, kann er Ersatz seiner vergeblichen Aufwendungen verlangen. Die Voraussetzungen sind die gleichen wie beim Schadensersatz statt der Leistung.

Beispiel Ersatz vergeblicher Aufwendungen beim Lieferungsverzug (§ 284 BGB)

Der Baumarkt Kruse GmbH mietet für die Präsentation der Holzfenster bei einer Verkaufsmesse einen Stand. Da Tischler Volkmann die Fenster nicht rechtzeitig liefert, sind die Mietaufwendungen vergeblich gewesen. Tischler Volkmann muss die Mietaufwendungen ersetzen.

Zusammenfassung

Eine Übersicht zu den Voraussetzungen und Rechten aus dem Schuldnerverzug bietet das zusammenfassende Schaubild auf der nächsten Seite.

Rechte des Gläubigers beim Schuldnerverzug

Vorrangig: Erfüllung der Leistung und		Nachrangig: Leistung entfällt und				
Schadensersatz neben der Leistung (§ 280 Abs. 1, 2, § 286 BGB)		**Schadensersatz statt der Leistung (§ 280 Abs. 3, § 281 BGB)**	**ODER**	**Ersatz vergeblicher Aufwendungen (§§ 281, 284 BGB)**	**UND**	**Rücktritt (§ 323 BGB)**
Voraussetzungen						
0. Schaden neben der Leistung	=	0. Schaden statt der Leistung	≈	0. (angemessene) vergebliche Aufwendungen	≠	0. –
1. Vertrag	=	1. Vertrag	=	1. Vertrag	=	1. Vertrag
2. Pflichtverletzung durch Nichtleistung trotz Fälligkeit	≈	2. Nichtleistung trotz Fälligkeit (Leistung nicht erbracht)	=	2. Nichtleistung trotz Fälligkeit (Leistung nicht erbracht)	=	2. nicht vom Gläubiger verursachte Nichtleistung trotz Fälligkeit (Leistung nicht erbracht)
3. Mahnung oder Entbehrlichkeit der Mahnung	≈	3. (Mahnung mit Fristsetzung, s. 5.)	=	3. (Mahnung mit Fristsetzung, s. 5.)	=	3. (Mahnung mit Fristsetzung, s. 5.)
(4.) Vertretenmüssen	=	(4.) Vertretenmüssen	=	(4.) Vertretenmüssen	≠	(4.) – (kein Vertretenmussen!)
		5. Fristsetzung (zugl. Mahnung) und Fristablauf oder Entbehrlichkeit der Frist	=	5. Fristsetzung (zugl. Mahnung) und Fristablauf oder Entbehrlichkeit der Frist	=	5. Fristsetzung (zugl. Mahnung) und Fristablauf oder Entbehrlichkeit der Frist

Lösung des Einstiegsfalls **Unpünktliche Papierlieferung**

Laut Kaufvertrag vom 10. Mai 20.. soll die Mokros GmbH an die Druckerei Willuhn OHG 10 Papierrollen „Bestprint" für den Offsetdruck liefern. Die Lieferklausel lautet: „schnellstmöglich". Am 25. Mai 20.. ist die Lieferung immer noch nicht eingetroffen. Ein Mitarbeiter der Willuhn OHG ruft daraufhin am selben Tag bei der Mokros GmbH an.

a) Die Mokros GmbH teilt mit, dass der Hersteller noch nicht geliefert hätte und bittet um Geduld.

Voraussetzungen:
1. Kaufvertrag vom 10. Mai
2. Fälligkeit und Nichtlieferung
3. telefonische Mahnung der Willuhn OHG bzw. sogenannte Selbstmahnung der Mokros GmbH
4. Vertretenmüssen (da Gattungsschuld) – Verzug liegt ab 25. Mai vor.

Vorrangige Rechte: Erfüllung und Schadensersatz neben der Leistung, zum Beispiel entgangener Gewinn

b) Die Mokros GmbH teilt mit, dass sie Ware dieser Marke leider nicht mehr führen.

Voraussetzungen:
1. Kaufvertrag
2. Fälligkeit und Nichtlieferung
3. Mahnung entfällt wegen Leistungsverweigerung.
4. Vertretenmüssen
5. Nachfristsetzung entfällt wegen Leistungsverweigerung – Verzug ab 25. Mai.

Nachrangige Rechte: Schadensersatz statt der Leistung und/oder Rücktritt bzw. als Alternative Ersatz vergeblicher Aufwendungen und/oder Rücktritt

Beispiel: Kauf gleichartiger, aber teurerer Papierrollen beim anderen Lieferanten (Deckungskauf) – Preisdifferenz ist Schadensersatz statt der Leistung

c) Abwandlung: Die Lieferklausel lautet „Lieferung genau am 20. Mai".

Voraussetzungen:
1. Kaufvertrag
2. Fälligkeit und Nichtlieferung
3. Mahnung entfällt wegen kalendermäßig bestimmter Leistungszeit mit Fixkaufklausel.
4. Vertretenmüssen
5. Nachfristsetzung entfällt wegen Fixkaufklausel – Verzug ab 20. Mai.

Nachrangige Rechte: Schadensersatz statt der Leistung und/oder Rücktritt bzw. als Alternative Ersatz vergeblicher Aufwendungen und/oder Rücktritt

Beispiel: Kauf gleichartiger, aber günstigerer Geräte beim anderen Lieferanten – Rücktritt, da kein Schaden

4.14.3 Gläubigerverzug beim Kaufvertrag: Annahmeverzug

Einstiegsfall Erfolglos angebotenes Papier

Laut Kaufvertrag vom 10. Mai 20.. soll die Mokros GmbH an die Druckerei Willuhn OHG zehn Papierrollen „Bestprint“ für den Offsetdruck liefern.

a) Die Lieferklausel lautet „Lieferung frei Haus am 20. Mai“. Die Mokros GmbH fährt die Kopierer mit eigenem Lkw zum genannten Termin an. Der Leiter der Druckerei ist wegen eines akuten Blinddarmdurchbruchs gerade ins Krankenhaus eingeliefert worden; andere Mitarbeiter verweigern die Annahme der Lieferung. Der Lkw muss zum Lager der Mokros GmbH zurückfahren. Dabei gerät der Lkw auf eine Ölspur und stürzt einen Abhang hinunter. Den Fahrer trifft keine Schuld, der Verursacher der Ölspur ist nicht zu ermitteln. Das Papier ist stark beschädigt und nicht mehr einsetzbar.
b) Abwandlung: Lieferklausel „frei Haus, schnellstmöglich“. Die Mokros GmbH ruft am 17. Mai bei der Druckerei an und teilt mit, dass man das Papier ab sofort liefern könnte. Der Leiter der Druckerei lehnt die Annahme ohne Begründung ab.

- Liegt in a) und b) Gläubigerverzug vor?
- Welche Rechte kann die Mokros GmbH aus dem Gläubigerverzug jeweils geltend machen?
- Kann die Mokros GmbH im Fall b) vom Vertrag zurücktreten?

Voraussetzungen des Gläubiger-/Annahmeverzugs

Die Erfüllung einer Leistung kann verzögert sein, weil der Schuldner die Leistung nicht rechtzeitig erbringt (= Schuldnerverzug) oder der Gläubiger die ordnungsgemäß angebotene Leistung nicht annimmt (= Gläubiger-/Annahmeverzug). Die **Voraussetzungen** und Rechtsfolgen von Schuldner- und Gläubigerverzug unterscheiden sich in einigen Punkten. In beiden Fällen muss als Voraussetzung jedoch ein **Vertrag** vorliegen und der Schuldner muss die Leistung noch erbringen können, also darf die Erfüllung des Kaufvertrags nicht zum Beispiel durch Zerstörung oder Diebstahl des geschuldeten Gegenstands unmöglich geworden sein.

Beim **Schuldnerverzug** ist der Schuldner zur Leistungszeit nicht zur Leistung bereit: Er liefert oder zahlt beim Kauf nicht rechtzeitig **(Nichtlieferung/-zahlung).** Beim **Gläubigerverzug** ist der Gläubiger zur Leistungszeit nicht zur Leistung bereit: Der Käufer nimmt die Sache nicht rechtzeitig ab **(Nichtannahme).** Während beim Schuldnerverzug die Leistung fällig und grundsätzlich angemahnt werden muss, hat beim Gläubigerverzug der Schuldner dem Gläubiger die Leistung erfolglos angeboten.

Merke Das **Angebot** zur Vertrags**erfüllung** (§ 293 BGB) darf nicht mit dem **Antrag** beim Vertrags**abschluss** verwechselt werden (§ 145 BGB).

Der Schuldner muss die Leistung grundsätzlich **tatsächlich anbieten,** das heißt, er muss die geschuldete Sache dem Gläubiger in der richtigen Art, Güte und Menge am rechten Ort und zur rechten Zeit in der Weise anbieten, dass der Gläubiger „nur noch zuzugreifen“ braucht (§ 294 BGB).

Beispiel Kein ordnungsgemäßes Angebot bei Mängeln

Die Petermann KG liefert der Druckerei Willuhn OHG am vereinbarten Termin Druckfarbe an. Beim Ausladen stellt ein Mitarbeiter der Druckerei fest, dass die gelieferte Farbe nicht die bestellte ist, sondern dass es sich um eine andere Marke handelt. Die Annahme wird abgelehnt. Da es sich um eine mangelhafte Lieferung (Angebot der falschen Art – Falschlieferung) handelt, liegt kein Annahmeverzug der Druckerei vor.

Wenn die Leistungszeit nicht bestimmt ist, muss der Schuldner die Leistung vorher angekündigt haben, sonst führt eine unverhoffte Lieferung nicht zum Gläubigerverzug.

Beispiel Vorübergehende Annahmeverhinderung (§ 299 BGB)

Die Petermann KG will der Druckerei Willuhn OHG am 31. Dezember um 16:00 Uhr Druckfarbe liefern. Allerdings trifft der Fahrer niemanden mehr an. Es ist zuvor kein Liefertermin vereinbart worden und die Petermann KG hat die Lieferung auch nicht angekündigt. Die Druckerei kommt daher nicht in Annahmeverzug.

„Nur noch zugreifen" heißt bei der Bringschuld, dass der Schuldner die Sache am Wohn- oder Geschäftssitz des Gläubigers anbieten muss; bei der Schickschuld muss die Sache von der Transportperson dem Gläubiger an dessen Wohnsitz gebracht werden. Bei der Holschuld genügt aber ein **wörtliches Angebot,** da der Gläubiger die geschuldete Sache selbst abzuholen hat (§ 295 BGB). Ein wörtliches Angebot reicht auch aus, wenn der Gläubiger die Annahme der Leistung abgelehnt hat. Schließlich ist in seltenen Fällen das Angebot sogar überflüssig (entbehrliches Angebot), wenn der Gläubiger eine kalendermäßig bestimmte oder bestimmbare notwendige Handlung nicht erbracht hat.

Beispiel Entbehrliches Angebot (§ 296 BGB)

Die Druckerei Willuhn OHG hat von der Stadt Neustadt den Auftrag erhalten, zum 750-jährigen Jubiläum der Stadt eine Chronik zu drucken. Laut Vertrag sollen die für die Chronik notwendigen Texte, Fotos und Urkunden spätestens bis zum 15. Juli bei der Druckerei vorgelegt werden, damit die Druckerei mit den Arbeiten für ein Musterexemplar beginnen kann. Die Unterlagen treffen jedoch nicht rechtzeitig ein. Die Stadtverwaltung kommt mit Ablauf des 15. Juli in Gläubigerverzug, ohne dass die Druckerei ihre Leistung tatsächlich oder wörtlich anbieten muss.

Während fast alle Rechte beim Lieferungsverzug ein Vertretenmüssen voraussetzen, kommt es darauf beim Gläubigerverzug gar nicht an. Es ist **kein Vertretenmüssen** erforderlich, das heißt, es ist gleichgültig, ob der Gläubiger die Nichtannahme vorsätzlich, fahrlässig oder gar nicht verschuldet hat.

Die nachstehende Tabelle enthält einen Vergleich der Voraussetzungen.

Voraussetzungen von Gläubiger- und Schuldnerverzug		
Annahmeverzug (§ 293 ff. BGB)		**Lieferungsverzug (§§ 280, 286 BGB)**
1. Vertrag	=	**1. Vertrag**
2. Nichtannahme (obwohl Leistung möglich ist trotz Fälligkeit)	≈	**2. Nichtlieferung** (obwohl Leistung möglich ist) trotz Fälligkeit
3. ordnungsgemäßes **Angebot** der Leistung ***tatsächliches*** Angebot zur rechten Zeit/bei Fälligkeit, am rechten Ort, in rechter Art und Weise (§ 294 BGB) *oder* ***wörtliches*** Angebot, wenn der Gläubiger die Sache abzuholen hat (Holschuld) oder die Annahme verweigert (§ 295 BGB) *oder* ***entbehrliches*** Angebot: Der Gläubiger hat eine notwendige Handlung zum vereinbarten Termin nicht erbracht (§ 296 BGB)	≈	**3. Mahnung** (Klage) *oder* Verzug ohne Mahnung
kein Vertretenmüssen erforderlich	≠	**(4.) Vertretenmüssen**

Rechte des Verkäufers bei Nichtannahme

Gläubigerverzug und Schuldnerverzug beim Kaufvertrag

Die Annahme der Leistung stellt bei vielen Verträgen (Werkvertrag, Mietvertrag usw.) keine ausdrückliche Pflicht des Gläubigers gegenüber dem Schuldner dar. Der Gläubiger schadet sich in erster Linie selbst, wenn er seine Mitwirkung an der Leistung des Schuldners nicht erbringt. Beim Kaufvertrag stellt die Abnahme der Kaufsache gemäß § 433 Abs. 2 BGB jedoch eine gesetzliche Pflicht des Käufers dar. Das heißt, die nicht rechtzeitige Abnahme der gekauften Sache durch den Käufer erfüllt regelmäßig die Voraussetzungen des Gläubigerverzugs (Käufer = Gläubiger der Ware) und zugleich die des Schuldnerverzugs (Käufer = Schuldner der Abnahme der Ware).

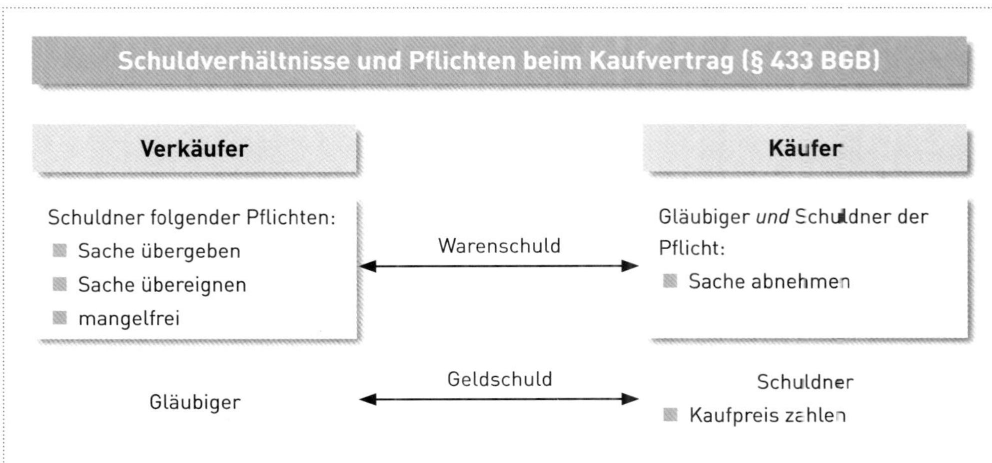

Merke Bei verschuldeter Nichtabnahme der Kaufsache ist der Käufer zugleich im Gläubiger- und Schuldnerverzug.

Rechte des Verkäufers aus dem Gläubigerverzug

Wenn der Gläubiger, also beim Kaufvertrag der Käufer, die Sache nicht abnimmt, kommen als gesetzliche Rechte des Verkäufers aus dem Gläubigerverzug beim Handelskauf vor allem die **Hinterlegung** der Sache, die **öffentliche Versteigerung** oder der **freihändige Verkauf** nach vorheriger Androhung in Betracht.

Die Androhung der öffentlichen Versteigerung oder des freihändigen Verkaufs der Sache zum Markt- oder Börsenpreis ist zwar formfrei, erfolgt aus Beweisgründen aber am besten per Fax oder per E-Mail, jeweils mit Zugangsbestätigung. Eine Versteigerung oder ein freihändiger Verkauf bringt jedoch gewöhnlich weniger ein, als der vereinbarte Kaufpreis zuzüglich sämtlicher Lagerkosten und sonstiger Aufwendungen ausmacht. Der noch offene Betrag kann als Restkaufpreis aus dem Kaufvertrag eingefordert werden. Sofern ausnahmsweise ein Mehrerlös erzielt wird, ist er dem Gläubiger herauszugeben.

Der Verkäufer kann dem Käufer auch mitteilen, dass er die Ware hinterlegt hat und ihn beim zuständigen Amts- oder Landgericht auf Abnahme der Sache, Zahlung des Kaufpreises sowie auf Ersatz der Lagerkosten verklagt. Der Verkäufer ist darüber hinaus berechtigt, weitere **Mehraufwendungen** wie Transportkosten geltend zu machen.

Da der Annahmeverzug vom Gläubiger verursacht wird, gesteht der Gesetzgeber dem Schuldner während dieser Zeit gewisse **Haftungserleichterungen** zu. Die Gefahr für die Sache geht zum Zeitpunkt des ordnungsgemäßen Angebots vom Verkäufer auf den Käufer über. Das bedeutet: Wird die Sache danach zufällig (unverschuldet) zerstört oder beschädigt, geht das zu Lasten des Käufers. Trotz Erhalts einer beschädigten oder zerstörten Sache behält der Verkäufer den Anspruch auf die Gegenleistung, das heißt, der Käufer muss den Kaufpreis in unverminderter Höhe zahlen. Sogar wenn die Sache durch leichte Fahrlässigkeit des Verkäufers zerstört oder beschädigt wird, muss der Verkäufer dafür nicht haften und behält den Kaufpreisanspruch.

Rechte des Verkäufers aus dem Schuldnerverzug

Oft hat der Gläubiger einer nicht angenommenen Sache das Interesse, den Vertrag rückgängig zu machen und sich einen neuen Vertragspartner zu suchen. Dies ist aber nach den allgemeinen Regelungen des Gläubigerverzugs, die für alle Vertragsarten gelten, nicht ohne Weiteres möglich. Die Rechte aus dem **Gläubigerverzug** sind nicht so weitreichend wie beim Schuldnerverzug, einen Rücktritt vom Vertrag sieht das Gesetz beim Gläubigerverzug nicht vor. Ein Schuldner kann also die von ihm geschuldete, nicht angenommene Leistung nicht einfach anderen anbieten.

Wie bereits festgestellt wurde, stellt beim Kaufvertrag jedoch die Nichtabnahme einer ordnungsgemäß angebotenen Leistung zugleich eine Pflichtverletzung des Schuldners dar. Der Käufer schuldet nämlich die Abnahme der Sache. Nimmt er nicht rechtzeitig ab, befindet er sich in Schuldnerverzug. Sofern der Verkäufer dem Käufer erfolglos eine angemessene Frist zur Abnahme der Kaufsache gesetzt hat, ist der **Rücktritt** möglich. Wenn die Nichtabnahme vom Käufer zu vertreten/verschuldet war, kann der Verkäufer darüber hinaus Schadensersatz geltend machen.

Die wesentlichen Rechte des Verkäufers bei Nichtannahme der Ware durch den Käufer sind dem nachstehenden Schaubild zu entnehmen.

Rechte des Verkäufers bei Nichtannahme der Ware trotz ordnungsgemäßem Angebot

aus dem Gläubigerverzug

bei allen Kaufverträgen

Milderung der Haftung	Gefahrübergang	Aufwendungsersatz
Verkäufer haftet nur noch für Vorsatz und grobe Fahrlässigkeit (§ 300 Abs. 1 BGB).	Gefahrübergang auf den Käufer bei ordnungsgemäßem Angebot (§ 300 Abs. 2 BGB)	Käufer muss Verkäufer Mehraufwendungen ersetzen (§ 304 BGB).
Beispiele/Erläuterungen		
Auf der Rückfahrt nach erfolglosem Angebot wird der neue Pkw aufgrund eines Unfalls auf eisglatter Fahrbahn aufgrund leichter Fahrlässigkeit beschädigt: Verschlechterung der Leistung, aber kein Mangel/keine Gewährleistung. Der Kaufpreisanspruch bleibt bestehen.	Auf der Rückfahrt nach erfolglosem Angebot wird der Pkw aufgrund eines umstürzenden Baums ohne Verschulden völlig zerstört: Die Leistung ist unmöglich, der Kaufpreisanspruch bleibt bestehen.	Kosten für erfolglose Anfahrt, Mahnungen und Androhungen, Lagerkosten, sonstige Kosten für die Erhaltung der Sachen

aus dem Schuldnerverzug

Rücktritt (§ 323 BGB)	Schadensersatz statt der Leistung (§ 281 BGB)
zusätzliche Voraussetzungen	
Fristsetzung und Fristablauf oder Entbehrlichkeit der Frist	Vertretenmüssen und Fristsetzung und Fristablauf oder Entbehrlichkeit der Frist

speziell beim Handelskauf (§§ 373, 381 HGB)

Hinterlegung	Selbsthilfeverkauf nach Androhung (ohne Androhung: bei Verderb und Gefahr)	
	öffentliche Versteigerung	freihändiger Verkauf
Beispiele/Erläuterungen		
Waren, Wertpapiere, herzustellende Sachen werden im Lagerhaus hinterlegt oder in eigene Verwahrung genommen.	Waren, Wertpapiere, herzustellende Sachen können versteigert werden. Die Versteigerung erfolgt durch Gerichtsvollzieher, Notare oder öffentlich bestellte Versteigerer.	Freihändiger Verkauf ist nur zulässig, sofern die Sache einen Börsen- oder Marktpreis hat. Er erfolgt durch öffentlich bestellte Handelsmakler.

Lösung des Einstiegsfalls Erfolglos angebotenes Papier

Voraussetzungen des Gläubigerverzugs

a) Kaufvertrag vom 10. Mai, Lieferung „am 20. Mai", Druckereileiter im Krankenhaus, Papier wird auf der Rückfahrt schuldlos zerstört
   1. Vertrag in Form eines Versendungskaufs/einer Schickschuld „frei Haus" liegt vor.
   2. Nichtannahme der Leistung ist gegeben, da das Papier am 20. Mai von den Mitarbeitern nicht entgegengenommen wurde.
   3. Ordnungsgemäßes tatsächliches Angebot gem. § 294 BGB zur richtigen Zeit (20. Mai), am richtigen Ort (am Wohn-/Geschäftssitz des Gläubigers), in der richtigen Art, Güte und Menge (Papier).

b) Kaufvertrag vom 10. Mai, Lieferung schnellstmöglich, Anruf am 17. Mai, Druckereileiter lehnt Annahme ab
   1. Vertrag liegt vor.
   2. Nichtannahme gegeben, da Annahme verweigert.
   3. Ordnungsgemäßes wörtliches Angebot (hier telefonisch am 12. Mai), da Druckereileiter Annahme verweigert hat.

   Ergebnis: Die Voraussetzungen des Gläubigerverzugs sind bei a) und b) gegeben.

Rechte aus dem Gläubigerverzug

a) Gefahrübergang für die Papierlieferung am Geschäftssitz der Mokros GmbH, Leistungsanspruch erloschen (kein Verschulden des Fahrers), Kaufpreisanspruch der Mokros GmbH bleibt trotzdem bestehen.

b) allgemein: Gefahrübergang und Haftungsmilderung *und, da zweiseitiger Handelskauf,* Hinterlegung im Lagerhaus *oder* bei der Mokros GmbH; oder Selbsthilfeverkauf durch öffentliche Versteigerung nach Androhung *und* Ersatz von Mehraufwendungen für Lagerkosten.

Voraussetzungen des Rücktritts im Fall b)

1. Vertrag liegt vor.
2. Nichtleistung des Schuldners in Form der Nichtannahme durch die Druckerei, obwohl ordnungsgemäß wörtlich angeboten wurde, Fälligkeit der Leistung „schnellstmöglich", also sofort.
3. Fristsetzung nicht erforderlich, da Leistungsverweigerung vorliegt.

Ergebnis: Voraussetzungen des Rücktritts sind bei b) gegeben.

4.14.4 Schlechtleistung beim Kaufvertrag: mangelhafte Lieferung

Wenn der Verkäufer nicht ordnungsgemäß leistet, spricht man von einer **Schlechtleistung.** Wenn die gekaufte Sache selbst einen Mangel aufweist, handelt es sich um eine Verletzung der **Hauptpflicht** aus dem Kaufvertrag.

Der Verkäufer kann aber auch Nebenpflichten nicht oder schlecht erfüllen. **Nebenpflichten** ergänzen meist die Hauptpflicht. Sie gewährleisten die Vorbereitung, Durchführung und Sicherung der Hauptleistung zum Beispiel durch Verpacken, Versenden oder Versichern der Ware, Übergabe einer geeigneten Gebrauchsanweisung, Bereithalten von Ersatzteilen usw. Die schlechte Erfüllung von Haupt- oder Nebenpflichten zieht unterschiedliche Rechte des Käufers nach sich.

Voraussetzungen der mangelhaften Lieferung

1. Ein Mangel liegt vor

Ein **Rechtsmangel** ist gegeben, wenn ein am Vertrag nicht beteiligter Dritter aufgrund eines privaten oder öffentlichen Rechts das Eigentum, den Besitz oder den Gebrauch des Kaufgegenstands beeinträchtigen kann.

Beispiel Rechtsmangel (§ 435 BGB)

Ein Grundstück wird verkauft und dem Käufer übereignet. Es stellt sich heraus, dass bereits zum Zeitpunkt des Eigentumsübergangs eine Verpflichtung zur Veräußerung des Grundstücks an die Gemeinde zum Straßenbau existierte.

Sachmängel kann man in Beschaffenheitsmängel und sonstige Mängel gliedern. Bei den **Beschaffenheitsmängeln** können wiederum mehrere Arten unterschieden werden. Schrittweise wird zunächst geprüft, ob der jeweilige Mangel vorliegt oder nicht.

Sachmängel – Beschaffenheitsmängel (§ 434 Abs. 1 BGB)	
Prüfungsschritte	**Beispiele**
1. Der Sache fehlt die **vereinbarte Beschaffenheit.**	Eine Waschmaschine für ein Krankenhaus sollte das Wasser aus hygienischen Gründen auf 100° C aufheizen. Tatsächlich werden nur 70° C erreicht.
2. Die Sache ist ungeeignet für die **vorausgesetzte Verwendung.**	Die gekaufte Haushaltswaschmaschine sollte unterbaufähig sein. Die gelieferte Waschmaschine ist jedoch ein Standgerät.
3. Die Sache ... ■ ist ungeeignet zur **gewöhnlichen Verwendung oder** besitzt nicht die **übliche Beschaffenheit** oder	Die Waschmaschine ist nicht funktionsfähig, sie heizt das Wasser nicht auf.
■ entspricht nicht **Werbeaussagen oder der Kennzeichnung.**	Die Waschmaschine soll nach Werbeprospekt des Herstellers selbst Handwäsche ohne Beschädigung waschen. Die neue Seidenbluse und der Kaschmirschal sind nach der Wäsche jedoch eingelaufen.

Liegt kein Beschaffenheitsmangel vor, kommen die **sonstigen Sachmängel** in Betracht. Hier ist zu beachten, dass nur Montagemängel und mangelhafte Montageanleitungen zu den typischen Mangelgewährleistungsrechten des Kaufrechts führen, mangelhafte Bedienungs- und Gebrauchsanleitungen werden nicht als Mangel der Ware erfasst. Allerdings liegt hier eine Nebenpflichtverletzung vor, die einen Schadensersatzanspruch neben der Leistung auslösen kann (Beispiele dazu siehe unten).

Sachmängel – sonstige Mängel (§ 434 Abs. 2, 3 BGB)	
Mangelart	**Beispiele**
mangelhafte Montage	Der Fachhändler führt die vereinbarte Montage der bei ihm gekauften Industriewaschmaschine nicht fachgerecht aus. Die Gerätesicherung brennt daraufhin bald nach der Inbetriebnahme durch.

Fortsetzung Tabelle siehe nächste Seite

Sachmängel – sonstige Mängel (§ 434 Abs. 2, 3 BGB)	
Mangelart	**Beispiele**
mangelhafte Montageanleitung	Der Käufer einer Haushaltswaschmaschine führt die Montage selbst mit der Montageanleitung des Herstellers aus. Durch eine fehlerhafte Beschreibung in der Anleitung entfernt der Käufer eine Transportsicherung nicht und das Gerät funktioniert nicht.
Falschlieferung	Statt der bestellten Waschmaschine mit 7 kg Fassungsvermögen wird ein Modell mit nur 5 kg geliefert.
Zuweniglieferung	Für einen Waschsalon werden statt der bestellten fünf nur zwei Waschmaschinen geliefert.

Zusammenfassung

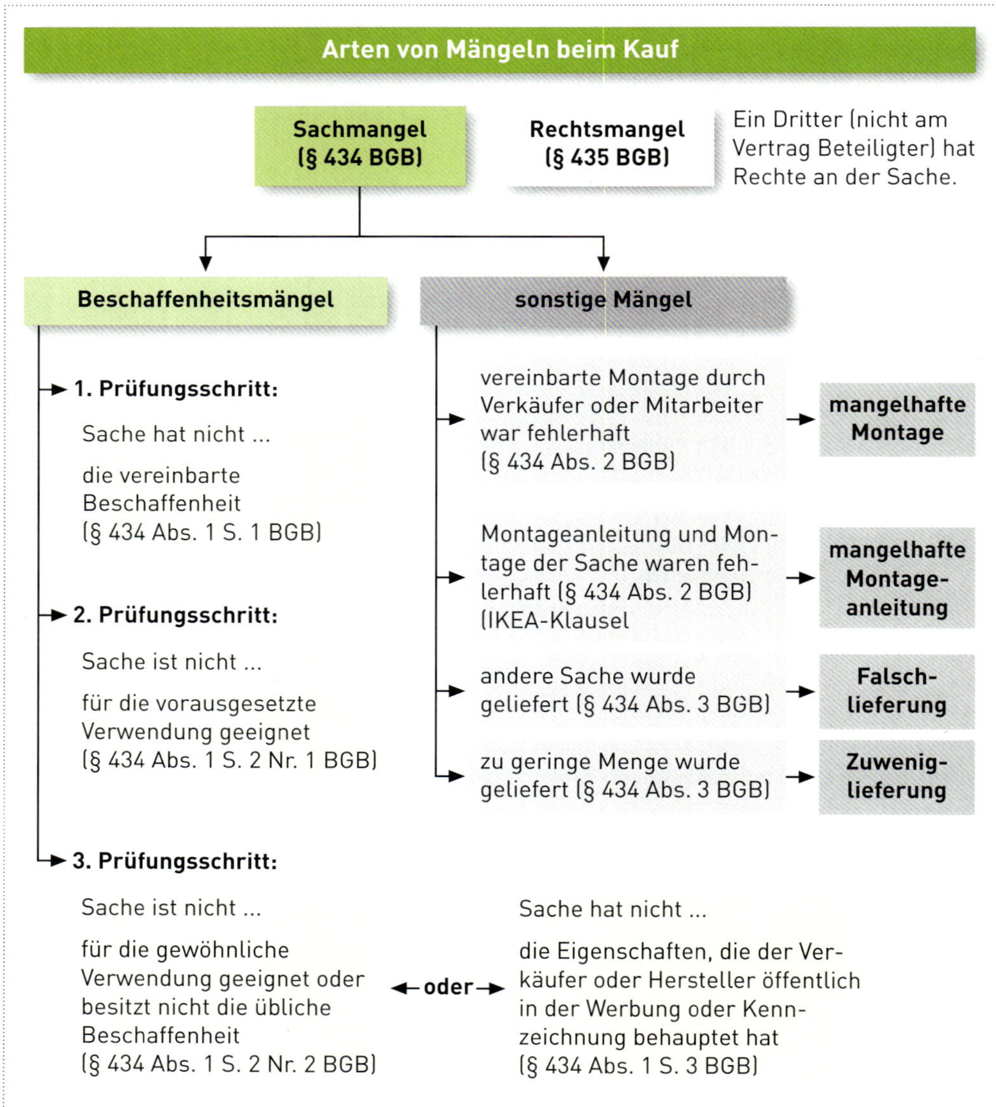

2. Der Mangel war bei Gefahrübergang vorhanden

Wenn der Käufer Rechte geltend machen will, muss der Mangel schon beim Gefahrübergang vorhanden gewesen sein oder seine Ursache muss bereits bestanden haben. In der Regel wird die **Übergabe an den Käufer** der entsprechende Zeitpunkt sein, so jedenfalls bei Hol- und Bringschulden (§ 446 BGB). Bei Schickschuld bzw Versendungskauf ist die **Übergabe an den Transporteur** maßgeblich (§ 447 BGB), es sei denn, es handelt sich um einen Verbrauchsgüterkauf. Wenn der Käufer den Mangel bereits bei der Übergabe erkennt, kann er die Annahme verweigern, ohne in Annahmeverzug zu geraten.

Rechte des Käufers bei mangelhafter Lieferung

Vor- und nachrangige Gewährleistungsrechte

Stellt der Käufer einen Mangel fest, muss er dem Verkäufer zunächst noch eine weitere Gelegenheit zur Erfüllung des Vertrags geben. Dieses vorrangige Gewährleistungsrecht nennt man **Nacherfüllung.** Weitere, nachrangige Rechte kommen erst in Betracht, wenn die Nacherfüllung unmöglich ist oder nicht gelingt.

Vorrangig: Nacherfüllung durch Nachbesserung oder Ersatzlieferung

Die Nacherfüllung umfasst die **Beseitigung des Mangels (Nachbesserung)** oder die **Lieferung einer mangelfreien Sache (Ersatzlieferung).** Nachbesserung erfolgt, wenn der Verkäufer den Mangel unentgeltlich beseitigt; es kann sich dabei um die Reparatur oder beim Montagemangel um den sachgerechten Aufbau der Sache handeln. Ersatzlieferung ist die unentgeltliche Nachlieferung einer gleichen, mangelfreien Sache.

Beispiele Nacherfüllung (§ 437 Nr. 1, § 439 Abs. 1 BGB)

- **Nachbesserung:** Ein Netbook läuft nach kurzer Zeit heiß und „stürzt ab". Der Käufer wählt Nachbesserung. Der Verkäufer rüstet das Netbook mit einem hochwertigen Kühlelement nach.
- **Ersatzlieferung:** Ein PC startet nicht. Der Käufer wählt Ersatzlieferung. Der Verkäufer liefert ein neues, mangelfreies Gerät.

Der **Käufer wählt das Nacherfüllungsrecht** aus und macht es gegenüber dem Verkäufer geltend. Das Nacherfüllungsverlangen gegenüber dem Verkäufer stellt eine formfreie, empfangsbedürftige Willenserklärung dar. Der Käufer muss für die Nacherfüllung keine Frist setzen, er sollte es aber tun.

Scheitern der Nacherfüllung

Ersatzlieferung ist beim Gattungskauf möglich, beim Stückkauf in der Regel nicht, denn es wird meist eine nicht vertretbare Sache, also ein Einzelstück, geschuldet. Ersatzlieferung ist dann ausgeschlossen, der Käufer kann nur Nachbesserung wählen. Wenn beim Stückkauf nun ein **unbehebbarer Mangel** vorliegt, ist die Nachbesserung ebenfalls ausgeschlossen. Damit ist die Nacherfüllung insgesamt unmöglich.

Beispiel Unmöglichkeit der Nacherfüllung beim Stückkauf (§ 439 Abs. 3, § 275 BGB)

Bei einem Kauf zwischen Privatleuten wird ein Gebrauchtwagen als unfallfrei verkauft. Bei einem Werkstattbesuch wird festgestellt, dass der Pkw einen Unfallschaden aufweist.

Die vom Käufer gewählte Art der Nacherfüllung oder die Nacherfüllung generell kann der Verkäufer darüber hinaus verweigern, wenn sie nur mit unverhältnismäßig hohen Kosten möglich ist. Hierbei sind insbesondere der Wert der mangelfreien Ware (hoch oder niedrig?) und das Ausmaß des Mangels (erheblich oder unerheblich?) zu berücksichtigen.

Beispiel **Unverhältnismäßige Kosten der Nacherfüllung (§ 439 Abs. 3 BGB)**

Der Verkäufer verweigert die Nacherfüllung bei einer defekten billigen Digitaluhr, weil seine Kosten bei Nachbesserung oder Ersatzlieferung erheblich höher wären als der Wert der Uhr selbst.

Schließlich kann die Nacherfüllung misslingen, weil selbst **zwei Nachbesserungsversuche** den Mangel nicht beseitigt haben. Bei der Ersatzlieferung schlägt die Nacherfüllung fehl, wenn die Sache denselben Mangel oder einen anderen Mangel aufweist. Die Nacherfüllung ist außerdem ausgeschlossen, wenn sie dem Käufer nicht zumutbar ist, zum Beispiel, wenn der Wert oder die Brauchbarkeit der Ware durch die entstehende Zeitverzögerung erheblich beeinträchtigt werden.

Beispiel **Unzumutbarkeit der Nacherfüllung für den Käufer (§ 440 S. 1 BGB)**

Ein Produkt soll auf einer Messe präsentiert werden; die Nacherfüllung würde zu lange dauern.

Schließlich ist die Nacherfüllung gescheitert, wenn der Käufer dem Verkäufer eine angemessene **Frist zur Nacherfüllung** gesetzt hat und der Verkäufer diese nicht einhält.

Scheitert die Nacherfüllung aus einem dieser Gründe, stehen dem Käufer die nachrangigen Rechte zu.

Nachrangig: Rücktritt oder Minderung sowie Schadensersatz oder Aufwendungsersatz

Scheitert die Nacherfüllung, also die Nachbesserung oder die Ersatzlieferung, kommen für den Käufer die nachrangigen Ansprüche auf Minderung oder Rücktritt sowie Schadens- oder Aufwendungsersatz infrage. Der Käufer kann gegen Rückgabe der Ware sein Geld zurückverlangen (Rücktritt) oder die Herabsetzung des Kaufpreises (Minderung) fordern. Ist dem Käufer durch die mangelhafte Ware ein Schaden entstanden, so kann er Schadensersatz verlangen. Sind ihm freiwillige Aufwendungen entstanden, die durch die Mangelhaftigkeit der Sache vergebens waren, ist Aufwendungsersatz möglich.

Beispiele **Nachrangige Rechte nach gescheiterter Nacherfüllung (§ 437 Nr. 2 und 3 BGB)**

Der Käufer hat beim Händler einen neuen Pkw gekauft. Trotz zweier Nachbesserungsversuche ist ein erheblicher Mangel am Pkw vom Verkäufer nicht behoben worden. Die Nacherfüllung gilt als gescheitert (§ 440 BGB).

Minderung (§ 437 Nr. 2, § 441 BGB): Der Mangel am Pkw beeinträchtigt die Fahrtüchtigkeit des Wagens nicht. Der Käufer will den Wagen behalten, aber den Kaufpreis entsprechend reduzieren. Er hat Anspruch auf Minderung.

Rücktritt (§ 437 Nr. 2, §§ 440, 323 BGB): Der Käufer erklärt den Rücktritt und macht damit den Kaufvertrag rückgängig, denn er kann den von ihm ausgewählten Pkw bei einem anderen Händler um 1.500,00 € günstiger kaufen.

Schadensersatz statt der Leistung (§ 437 Nr. 3, §§ 440, 281 BGB): Der Käufer kann den von ihm ausgewählten Pkw bei anderen Händlern nur um 1.500,00 € teurer kaufen. Er hat einen Anspruch auf Schadensersatz statt der Leistung von 1.500,00 €, das heißt auf einen Ersatz des Mehrpreises.

Ersatz vergeblicher Aufwendungen (§ 437 Nr. 3, §§ 440, 284 BGB): Der Käufer will auf den Neukauf eines Pkw ganz verzichten. Der neu abgeschlossene Mietvertrag für eine Garage muss nun ebenfalls gekündigt werden. Es fallen Mietaufwendungen für drei Monate von 150,00 € an. Der Käufer kann sich vom Verkäufer diese vergeblichen Aufwendungen ersetzen lassen.

Rücktritt oder Minderung

Erklärt der Käufer den Rücktritt, wird der Kaufvertrag rückgängig gemacht. Die Rücktrittserklärung ist eine empfangsbedürftige Willenserklärung.

Voraussetzungen für den Rücktritt sind eine nicht vertragsgemäße, **mangelhafte Leistung,** das Vorliegen eines **erheblichen Sachmangels** und grundsätzlich der Ablauf einer vom Käufer gesetzten, angemessenen **Frist** für die Nacherfüllung. Außerdem darf der Käufer nicht selbst für den Mangel verantwortlich sein. Die Rechtsfolgen des Rücktritts sind das Erlöschen der beiderseitigen Leistungspflichten und die Rückgewährung empfangener Leistungen: mangelhafte Ware zurück – Geld zurück.

Der Rücktritt ist nicht mit dem sogenannten **Umtausch** zu verwechseln. Die Rückgabe mangelfreier Ware ist eine vertragliche Kulanzleistung, die viele Händler ihren Kunden innerhalb einer bestimmten Frist gewähren.

Merke „Vom Umtausch ausgeschlossen" heißt nicht „von der Mangelgewährleistung ausgeschlossen".

Statt zurückzutreten kann der Käufer **Minderung** geltend machen. Minderung bedeutet Herabsetzung des Kaufpreises. Die Minderung wird durch eine empfangsbedürftige Erklärung ausgeübt. Die Voraussetzungen für Rücktritt und Minderung sind nahezu gleich, mit der Ausnahme, dass eine **Minderung auch für unerhebliche Mängel** möglich ist.

Während Rücktritt und Minderung sich gegenseitig ausschließen, sind Schadens- oder Aufwendungsersatzansprüche grundsätzlich neben Minderung bzw. Rücktritt möglich.

Schadens- oder Aufwendungsersatz

Die Voraussetzungen des Schadens- oder Aufwendungsersatzes entsprechen im Wesentlichen denen des Rücktritts, mit dem Unterschied, dass hierfür zusätzlich das **Vertretenmüssen** des Verkäufers vorliegen muss. Wenn ein Mangel vorliegt, wird vom Gesetzgeber jedoch unterstellt, dass der Schuldner – der Verkäufer – diese Pflichtverletzung zu vertreten hat (vgl. § 280 Abs. 1 S. 2 BGB). Der Schuldner muss dann die Schäden oder Aufwendungen ersetzen. Wenn er beweisen kann, dass er nicht vorsätzlich oder fahrlässig handelte, haftet er nicht.

Ein Vertretenmüssen ist stets zu bejahen, wenn der Verkäufer zumindest fahrlässig nicht verhindert hat, dass der Käufer eine mangelhafte Sache erhält. Der Verkäufer muss den Mangel der Sache nicht selbst verursacht haben. Je teurer und hochwertiger die gekaufte Sache ist, desto höher sind die Sorgfaltspflichten des Verkäufers. Er hat die Sache vor der Auslieferung auf Man-

Beschaffenheit der Ware
Kap. 4.13.2

gelfreiheit zu überprüfen. Ausnahmsweise muss der Verkäufer sogar ohne Verschulden für die Mängelfreiheit haften. Dies ist der Fall, wenn er eine vertragliche **Garantie** für bestimmte Eigenschaften der Sache übernommen hat.

Den **Schadensersatz statt der Leistung** verlangt der Käufer beim sogenannten Mangelschaden. Dieser Schaden wäre bei ordnungsgemäßer Nacherfüllung nicht entstanden oder bleibt nach der Rückgabe des gelieferten Kaufgegenstandes übrig. Wie beim Rücktritt ist die vollständige Rückgängigmachung des Vertrags durch Rückgabe der Sache verbunden mit dem Schadensersatz statt der „ganzen" Leistung jedoch nur bei erheblichen Mängeln möglich.

Beispiele Schadensersatz statt der Leistung für Mangelschäden (§ 437 Nr. 3, § 281 BGB)

Schadensersatz statt der Leistung: Eine gekaufte Druckmaschine ist aufgrund eines Mangels nicht einsatzbereit. Die Druckerei rügt den Mangel sofort beim Lieferanten und setzt eine Frist zur Nacherfüllung. Nach erfolglosem Ablauf der Frist lässt die Druckerei die Maschine selbst durch einen Handwerksbetrieb reparieren. Die entstandenen Kosten muss der Verkäufer ersetzen.

Schadensersatz statt der ganzen Leistung: Nach erfolglosem Ablauf der Frist zur Nacherfüllung kauft die Druckerei eine ähnliche Druckmaschine bei einem anderen Hersteller zu einem höheren Preis. Der Verkäufer erhält seine defekte Maschine zurück und muss die Mehrkosten für die neue Maschine ersetzen.

Schadensersatz neben der Leistung erhält der Käufer für sogenannte **(Mangel-)Folgeschäden,** die der Verkäufer zu vertreten hat. Entstehen durch den Mangel der Kaufsache oder durch eine Nebenpflichtverletzung Schäden an anderen Rechtsgütern, so kann der Käufer diese als Schadensersatz neben der Leistung ersetzt verlangen.

Beispiele Schadensersatz neben der Leistung für Folgeschäden

Mangelfolgeschaden: Die mangelhafte Druckmaschine hat ein Leck, aus dem die Farbe ausläuft. Die Farbe ruiniert eine Rolle mit einer Tonne Papier, die auf der Maschine montiert war. Die Kosten für das Papier muss der Verkäufer ersetzen.

Folgeschaden durch Nebenpflichtverletzung: Bei der Lieferung der Druckmaschine wird durch Unachtsamkeit eines Mitarbeiters des Verkäufers der Fußboden der Druckerei beschädigt. Für die Reparatur muss der Verkäufer aufkommen.

Anstelle des Schadensersatzes für unfreiwillige Vermögenseinbußen kann der Käufer – neben dem Rücktritt oder der Minderung – Aufwendungsersatz für freiwillige Vermögensnachteile verlangen.

Beispiel Aufwendungsersatz

Ein Grundstück wird verkauft. Nach Abschluss des notariell beurkundeten Kaufvertrags stellt der Käufer fest, dass der Erdboden verseucht ist. Nacherfüllung ist nicht möglich. Der Käufer tritt vom Vertrag zurück und macht die Beurkundungskosten gegenüber dem Verkäufer als vergebliche Aufwendungen geltend.

Zusammenfassung

Gewährleistungsrechte bei mangelhafter Lieferung (§ 437 BGB)

Recht bei Folgeschäden (§ 437 Nr. 3)

Vorrangiges Recht bei Mängeln: Nacherfüllung (§ 437 Nr. 1, § 439 BGB)

Mangelbeseitigung: Nachbesserung **ODER** **Lieferung einer mangelfreien Sache: Ersatzlieferung**

Voraussetzungen gemäß §§ 434, 439, 440 BGB
1. Mangel liegt vor. 2. Mangel war bei Gefahrübergang vorhanden.

Bei Scheitern der Nacherfüllung:
- für den Käufer unzumutbar oder für den Verkäufer unverhältnismäßig
- Mangel ist nicht behebbar oder Ersatzlieferung ist ausgeschlossen.

Nachrangige Rechte (§ 437 Nr. 2, 3 BGB)

Voraussetzungen

Schadensersatz *neben* der Leistung (§ 280 Abs 1 BGB)		**Schadensersatz *statt* der Leistung** (§ 280 Abs 3, § 281 BGB)	**ODER**	**Ersatz vergeblicher Aufwendungen** (§§ 281, 284 BGB)	**UND**	**Rücktritt** (§ 323 BGB)	**ODER**	**Minderung** (§ 441 BGB)
0. Schaden (Mangelfolgeschaden)	=	0. Schaden (Mangelschaden)	≈	0. angemessene vergebliche Aufwendungen	≠	–	=	–
1. Vertrag	=	1. Vertrag	=	1. Vertrag	≈	1. Vertrag	≈	1. Kaufvertrag
2. Pflichtverletzung durch Schlechtleistung der Hauptpflicht (Mangel) oder einer Nebenpflicht	=	2. (ggf. erheblicher) Mangel (Leistung nicht wie geschuldet erbracht.)	=	2. Mangel (Leistung nicht wie geschuldet erbracht.)	≈	2. nicht vom Gläubiger verursachter erheblicher Mangel (Leistung nicht vertragsgemäß erbracht.)	≈	2. auch geringfügiger Mangel
(4.) Vertretenmüssen	=	(4.) Vertretenmüssen	=	(4.) Vertretenmüssen	≠	(4.) – (kein Vertretenmüssen!)	=	(4.) – (kein Vertretenmüssen!)
		5. Fristsetzung und Fristablauf oder Entbehrlichkeit der Frist	=	5. Fristsetzung und Fristablauf oder Entbehrlichkeit der Frist	=	5. Fristsetzung und Fristablauf oder Entbehrlichkeit der Frist	=	5. Fristsetzung und Fristablauf oder Entbehrlichkeit der Frist

Sonderfälle: Garantie oder Gewährleistungsausschluss

Garantie zusätzlich zur Mangelgewährleistung

Wenn der Verkäufer eine vertragliche Garantie übernommen hat, haftet er für die in der Garantieerklärung zugesicherten Eigenschaften unabhängig von seinem Verschulden (§ 276 Abs. 1 BGB). Garantien ergänzen die gesetzlichen Rechte des Käufers bei der Mangelgewährleistung. Der Verkäufer oder ein Dritter – Hersteller, Großhändler oder Importeur der Sache – übernimmt die Gewähr dafür, dass die verkaufte Sache eine bestimmte Eigenschaft bzw. Beschaffenheit hat („wasserdicht") oder dass die Sache bestimmte Fehler nicht aufweist („rostfrei"). Wenn die Beschaffenheitszusicherung mit einer Zeitangabe verbunden ist, handelt es sich um eine Haltbarkeitsgarantie („mindestens haltbar bis ...").

Dem Käufer stehen die Rechte aus der Garantie unabhängig von seinen gesetzlichen Rechten zu. Umfang und Dauer der Rechte ergeben sich aus der Garantieerklärung (§ 443 Abs. 1 BGB). Das Versprechen des Garantiegebers, für die benannten Eigenschaften einstehen zu wollen, kennzeichnet die Garantie. Bloße Anpreisungen („hochfeine Qualität") stellen keine Garantie dar.

Ausschluss der Mängelgewährleistung

Grundsätzlich können die Mängelgewährleistungsrechte vertraglich beschränkt oder ausgeschlossen werden. Dies geschieht häufig bei Kaufverträgen über Grundstücke oder über gebrauchte Sachen unter Verbrauchern („Pkw gekauft wie gesehen").

Der **vertragliche Ausschluss** oder die Beschränkung der Mängelgewährleistung ist jedoch nicht zulässig, wenn es sich um einen **Verbrauchsgüterkauf** handelt (Verkäufer einer beweglichen Sache ist Unternehmer, Käufer ist Verbraucher, §§ 475 ff. BGB). Ein **gesetzlicher Ausschluss** der Mangelgewährleistung ist vorgesehen, wenn der Käufer den Mangel der Kaufsache bereits beim Vertragsschluss kennt (Kauf von Waren „2. Wahl", § 442 Abs. 1 BGB).

Gewährleistungsfristen

Seine Rechte kann der Käufer nicht unendlich lange beanspruchen, der Verkäufer kann die Haftung für Mängel nach Ablauf der sogenannten Gewährleistungsfrist verweigern. Die maßgeblichen Verjährungsfristen sind der Tabelle zu entnehmen:

<table>
<tr><th colspan="3">Beginn und Dauer der Verjährungsfristen für Mängel (§ 438 Abs. 1, 2 BGB)</th></tr>
<tr><td>bewegliche Sachen und Grundstücke</td><td>Bauwerke und dafür verwendete Sachen</td><td>dingliche (im Grundbuch eingetragene) Rechte</td></tr>
<tr><td>2 Jahre ab Übergabe/ Ablieferung</td><td>5 Jahre ab Ablieferung/ Übergabe</td><td rowspan="3">30 Jahre ab Übergabe des Grundstücks</td></tr>
<tr><th colspan="2">Verjährung arglistig verschwiegener Mängel (§ 438 Abs. 3)</th></tr>
<tr><td>3 Jahre ab Ende des Jahres, in dem der Käufer von der Arglist Kenntnis bekam (§§ 195, 199 BGB)</td><td>3 Jahre ab Ende des Jahres, in dem der Käufer von der Arglist Kenntnis bekam, jedoch nicht früher als die 5-jährige Verjährungsfrist</td></tr>
<tr><th colspan="3">Gewährleistung beim Verbrauchsgüterkauf (§ 475 Abs. 2, § 474 BGB)</th></tr>
<tr><td colspan="2">neue Sachen mindestens 2 Jahre</td><td>gebrauchte Sachen mindestens 1 Jahr</td></tr>
</table>

4.14.5 Besonderheiten bei unterschiedlichen Kaufvertragsarten

Unterscheidung nach den Vertragsparteien

Die Regelungen zum Kaufvertrag (§ 433 ff. BGB) werden in manchen Fällen durch Sonderregelungen ergänzt, je nachdem, wer Vertragspartei ist.

Kaufvertragsarten nach Vertragsparteien

Merkmale \ Vertragsart		bürgerlicher Kauf	Verbrauchsgüterkauf	einseitiger Handelskauf		zweiseitiger Handelskauf
Vertragsparteien	Verkäufer	Verbraucher (§ 13 BGB)	Unternehmer (§ 14 BGB)	Kaufmann (§ 1 ff. HGB)	Nichtkaufmann	Kaufmann
	Käufer	Verbraucher	Verbraucher	Nichtkaufmann	Kaufmann	Kaufmann
Sonderregelungen		keine Gewährleistungsbeschränkung durch AGB bei neuen Sachen (§ 309 Nr. 8 b) BGB)	diverse verbraucherschützende Regelungen (§ 474 ff. BGB)	für den Kaufmann gelten die Regelungen des Handelskaufs (§§ 373–379 HGB)		Prüfungs- und Rügepflicht bei Mängeln (§ 377 HGB)

Sonderregelungen beim zweiseitigen Handelskauf

Wenn für beide Vertragsparteien der Kauf ein Handelsgeschäft ist, das heißt, es handelt sich um Geschäfte von Kaufleuten, die zum Betrieb ihres jeweiligen Handelsgewerbes gehören, spricht man von einem **zweiseitigen Handelskauf.** Hier muss der Käufer die Ware unverzüglich nach Ablieferung durch den Verkäufer untersuchen **(unverzügliche Prüfung).** Sollte sich ein Mangel zeigen **(offener Mangel),** muss der Käufer unverzüglich den Verkäufer benachrichtigen **(unverzügliche Rüge).** Unterlässt der Käufer die Rüge oder rügt er zu spät, gilt die Ware als genehmigt und er verliert seine Gewährleistungsrechte. Wird ein nicht offensichtlicher Mangel erst später erkannt (versteckter, verdeckter Mangel), muss er unverzüglich, jedoch spätestens binnen zwei Jahren gerügt werden (§ 377 HGB, § 438 Abs. 1 Nr. 3 BGB).

Mängelgewährleistung im zweiseitigen Handelskauf (§ 377 HGB)

offener Mangel bei unverzüglicher Prüfung, z. B. durch Stichprobe, erkennbar	**versteckter Mangel** kann erst später festgestellt werden	**arglistig verschwiegener Mangel**
sofortige Rüge, sonst keine Gewährleistung	Rüge unverzüglich nach Entdeckung, Gewährleistungsfrist 2 Jahre ab Ablieferung	Rüge innerhalb von 3 Jahren nach Kenntnis der Arglist (Fristbeginn am Jahresende)

Werden an der Ware Mängel gerügt und soll die Ware zurückgegeben werden, ist der Kaufmann zur **Aufbewahrung** bis zur Abholung verpflichtet, es sei denn, es handelt sich um verderbliche Sachen. Hier ist der Notverkauf zulässig.

Sonderregelungen beim Verbrauchsgüterkauf

Merke Beim Verbrauchsgüterkauf (§ 474 BGB) muss es sich nicht um Verbrauchsgüter bzw. Sachen handeln, die zum Verbrauch bestimmt sind (§ 92 BGB).

Beim Verbrauchsgüterkauf geht es um den Erwerb beweglicher Sachen. Der Käufer ist Verbraucher (§ 13 BGB), der Verkäufer Unternehmer (§ 14 BGB). Kaufverträge zwischen Verbrauchern und zwischen Unternehmern oder Kaufleuten werden demnach ebenso wenig wie Rechtskäufe oder Grundstückskäufe erfasst.

Für Verbrauchsgüterkäufe gilt § 447 BGB – Gefahrübergang beim Versendungskauf – nicht. Damit ist eine **Veränderung der Gefahrtragung bei Versendung von Sachen** verbunden. Beim Versendungskauf geht die Gefahr des zufälligen Verlusts oder der Beschädigung mit der Übergabe an den Transporteur an den Käufer über. Geht die Ware beim Transport verloren oder wird sie beschädigt, muss der Käufer trotzdem zahlen. Dies ist für Verbrauchsgüterkäufe ausgeschlossen.

Beispiele

Versendungskauf (§ 447 BGB): Großhändler Bureau-Exclusive GmbH in Dortmund versendet auf Wunsch des Einzelhändlers Erhardt e. K. in Münster zehn Aktenvernichter per Lkw. Bei Übergabe der Aktenvernichter an den Spediteur in Dortmund geht die Gefahr an Erhardt e. K. über. Die Transportgefahr trägt der Einzelhändler. Werden die Aktenvernichter beim Transport beschädigt, muss er den vollen Kaufpreis an den Großhändler zahlen.

Versendung beim Verbrauchsgüterkauf (§ 474 Abs. 2 BGB): Herr Haasis aus Erfurt kauft im Urlaub Möbel beim Händler Möbelgut AG in Bad Segeberg. Die Möbel werden nach Erfurt geliefert. Herr Haasis muss die Möbel nicht bezahlen, wenn sie bei ihm mit Transportschäden ankommen.

Der Unternehmer kann **Mängelgewährleistungsrechte** des Verbrauchers **nicht von vornherein ausschließen.** Die Ansprüche auf Nachbesserung sowie Rücktritt oder Minderung können nicht beschränkt oder ausgeschlossen werden. Die **Gewährleistungsfristen** von zwei Jahren für neue und ein Jahr für gebrauchte Sachen dürfen nicht unterschritten werden. Außerdem gilt während der ersten sechs Monate nach der Übergabe der Sache eine **Beweislastumkehr** zugunsten des Verbrauchers. Tritt nämlich während der sechs Monate nach Übergabe ein Sachmangel auf, wird vermutet, dass der Mangel bereits bei Gefahrübergang vorhanden war. Der Unternehmer muss im Streitfall beweisen, dass der Mangel zum Beispiel durch zufällige Beschädigung oder unsachgemäßen Gebrauch des Käufers entstanden ist.

Beispiel **Beweislastumkehr (§ 476 BGB – entgegen § 363 BGB)**

Fünf Monate nach dem Kauf tritt am Handy von Frau Reinke ein Defekt im Display auf. Der Händler erklärt, der Mangel sei auf Bedienungsfehler der Kundin zurückzuführen. Frau Reinke bestreitet das und fordert die Ersatzlieferung eines neuen Handys. Wenn der Händler seine Behauptung nicht beweisen kann, muss er kostenlos nacherfüllen.

Fernabsatzvertrag
Verträge im elektronischen Geschäftsverkehr
Kap. 4.12.6

Unterscheidung nach den Vertriebsformen

Kaufverträge, die außerhalb eines Ladengeschäfts vorbereitet und abgeschlossen werden, sind Haustürgeschäfte, Fernabsatzverträge und Verträge im elektronischen Geschäftsverkehr.

Vertragsarten nach Vertriebsform					
Merkmale / Vertragsart		Haustürgeschäft	Fernabsatzvertrag	Vertrag im elektronischen Geschäftsverkehr	
Vertragsparteien	Verkäufer	Unternehmer (§ 14 BGB)	Unternehmer	Unternehmer	Unternehmer
	Käufer	Verbraucher (§ 13 BGB)	Verbraucher	Kunde: Verbraucher	Kunde: Unternehmer
Regelungen		§ 312 BGB	§§ 312 b ff. BGB	§ 312 g BGB	

Haustürgeschäfte, das heißt entgeltliche Verträge, die an der Haustür und in ähnlichen Situationen, wie bei Kaffeefahrten, am Arbeitsplatz, auf der Straße oder in öffentlichen Verkehrsmitteln, abgeschlossen werden, bringen die Gefahr mit sich, dass die Kunden beim Vertragsabschluss überrumpelt werden. Deshalb gibt es Verbraucher schützende Regelungen, durch die den Kunden das Recht zum Widerruf des Vertrags bzw. das Recht zur Rückgabe der gekauften Ware eingeräumt wird.

Arten von Probekäufen

Außer den bereits angesprochenen Kaufvertragsarten kann man noch viele weitere unterscheiden. Zuweilen handelt es sich dabei um Begriffe für Sonderformen, die sich im kaufmännischen Geschäftsverkehr entwickelt haben, wie zum Beispiel dem Kauf auf Probe.

Arten von Probekäufen		
Kauf auf Probe Verkäufer gestattet, Ware bei Nichtgefallen zurückzugeben	**Kauf nach Probe** Käufer bestellt Ware nach einem vom Verkäufer vorgelegten Muster	**Kauf zur Probe** Kauf einer kleinen Menge zur Prüfung, spätere Nachbestellung möglich
Kauf mit einer aufschiebenden Bedingung (Billigung/Zustimmung innerhalb einer vereinbarten Frist) (§§ 454 f., 158 BGB)	Eigenschaften des Musters gelten als vereinbarte Beschaffenheit (§ 434 Abs. 1 S. 1 BGB).	Keine rechtlichen Besonderheiten, regulärer Kaufvertrag (kaufmännische Praxis)

5

Kunden akquirieren und binden

alyse
C1
C2
ON
C/CE
+/–
1
0

Lernlandkarte 5.1

5.1 Grundlagen der Marktwirtschaft

5.1.1 Modelle von Wirtschaftsordnungen

Freie Marktwirtschaft
- Privateigentum an Produktionsmitteln
- Ausbeutung der Menschen
- Gewerbefreiheit
- Nachfrager bestimmen den Preis
- Wettbewerbsfreiheit

Zentralverwaltungswirtschaft
- staatliches Eigentum an Produktionsmitteln
- keine Demokratie
- Planwirtschaft
- geringes Güterangebot
- kein Wettbewerb

5.1.2 Soziale Marktwirtschaft in der Bundesrepublik Deutschland

Soziale Marktwirtschaft
- Privateigentum an Produktionsmitteln
- soziale Sicherheit
- Generationenvertrag
- freie Berufswahl
- gleiche Wettbewerbsbedingungen

- Wettbewerbspolitik
- Strukturpolitik
- Konjunkturpolitik
- Einkommens- und Vermögenspolitik
- Sozialpolitik
- Umweltpolitik

stetige Veränderungen

5.1.3 Konjunkturbewegungen in der Marktwirtschaft

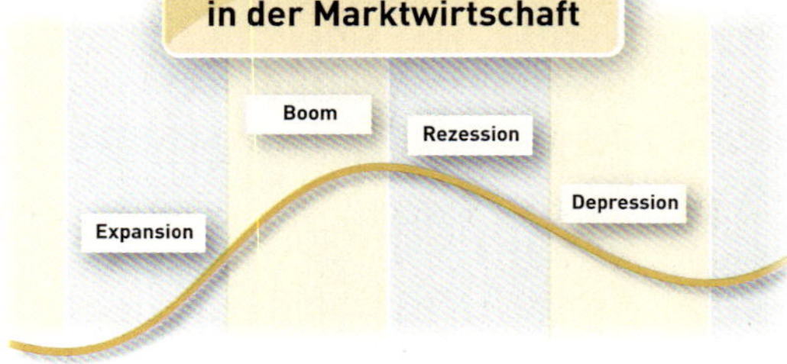

Grundlage der politischen Arbeit der Bundesregierung

5.1.4 Indikatoren als Messinstrumente von Konjunkturbewegungen

Frühindikatoren
- Geschäftsklimaindex
- Index der Auftragseingänge

Gegenwartsindikatoren
- Index der Produktion
- Umsätze im Einzelhandel

Spätindikatoren
- Arbeitslosenquote
- Bruttonationaleinkommen

5.1 Grundlagen der Marktwirtschaft

Jede Gesellschaft benötigt einen Ordnungsrahmen, um klare Regeln für das Miteinander festzulegen.

Eine Gesellschaftsordnung umfasst die Regeln, die in einer Wirtschaft festgelegt sind. Sie setzt sich aus mehreren Bereichen zusammen:

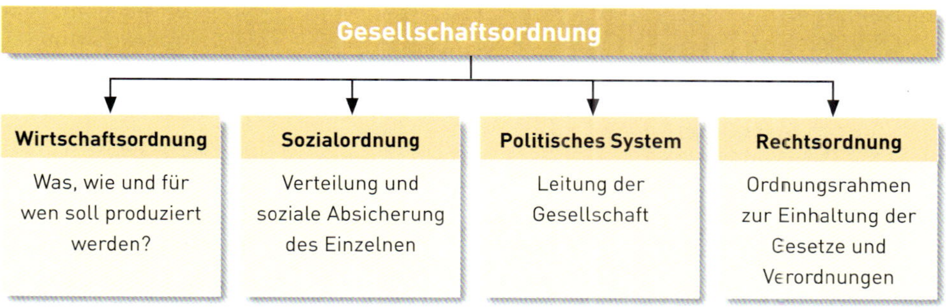

Die Gestaltung der Gesellschaftsordnung hängt im Wesentlichen davon ab, ob die Freiheit des Einzelnen nach dem **Individualprinzip** im Vordergrund steht oder der Staat als Vertreter des Einzelnen nach dem **Kollektivprinzip** handelt. Das Ziel des Individualismus ist die freie Entfaltung der Persönlichkeit in gesellschaftlicher und wirtschaftlicher Beziehung. Im Gegensatz zum Kollektivprinzip kann der Einzelne selbst über sein Leben bestimmen. In der Gesellschaftsordnung des Kollektivprinzips muss sich jeder Mensch dem Staat und der Gesellschaftsordnung beugen, die Interessen der Gesellschaft sind nicht immer dieselben wie die des Einzelnen.

Eine Wirtschaftsordnung ist Teil des Gesellschaftssystems eines Staates. Wirtschaften ist ein bewusster, sorgsamer Umgang mit den vorhandenen knappen Mitteln.

> Merke Eine **Wirtschaftsordnung** legt den Aufbau und den Ablauf wirtschaftlicher Handlungen fest.

5.1.1 Modelle von Wirtschaftsordnungen

Wirtschaftsordnungen können nach zwei Merkmalen unterschieden werden: nach den Eigentumsrechten an Produktionsmitteln (= Modell der freien Marktwirtschaft) und nach dem Planungsmechanismus (= Modell der Zentralverwaltungswirtschaft).

Modell der freien Marktwirtschaft

Das Modell der freien Marktwirtschaft richtet sich nach dem Prinzip des Liberalismus. Die Wirtschaftssubjekte entscheiden in alleiniger Verantwortung, jedes Individuum trifft seine Entscheidungen aufgrund der eigenen Zielvorstellungen: die Unternehmer mit dem Ziel der Gewinnmaximierung, die Nachfrager mit dem Zweck, einen höchstmöglichen Nutzen zu erreichen.

Freie Marktwirtschaft

Die **Merkmale der freien Marktwirtschaft** lassen sich wie folgt beschreiben:

- Der Staat greift in keiner Weise in das Wirtschaftsleben ein.
- Angebot und Nachfrage bestimmen ausschließlich die Preisbildung und die Verwendung der Produktionsfaktoren, es herrscht freie Konkurrenz.
- Die Produktionsmittel sind Privateigentum.
- Die Unternehmen und die Haushalte haben Entscheidungsfreiheit.
- Exporte und Importe bestimmen die Unternehmen selbst.

In einer Gesellschaft mit freier Marktwirtschaft gibt es Gewerbefreiheit, Wettbewerbsfreiheit, freie Preisbildung sowie eine uneingeschränkte Verfügungsgewalt über die Produktionsmittel durch die Unternehmer.

Die Geschichte zeigt jedoch, dass das uneingeschränkte Heraushalten des Staates aus der Wirtschaft zu Krisen und Arbeitslosigkeit führt. Es bedarf deshalb auch in der Marktwirtschaft einer Politik, um die Wirtschaft konstant aufrechtzuerhalten.

Vorteile der freien Marktwirtschaft	**Nachteile der freien Marktwirtschaft**
▪ freie Entfaltung und unbegrenzte Freiheiten des Einzelnen ▪ Nachfrager bestimmen den Preis. ▪ keine Überproduktionen von Gütern, da der Nachfrager die Angebotsmenge bestimmt ▪ hohe Effizienz in der Güterproduktion ▪ Marktteilnehmer bestimmen durch ihre Leistungsbereitschaft ihr Einkommen selbst. ▪ schneller Wandel des technischen Fortschritts durch Konkurrenzdruck	▪ Ausbeutung und kaum Entwicklungschancen schwacher Marktteilnehmer ▪ keine soziale Absicherung bei Arbeitsunfähigkeit des Arbeitnehmers ▪ keine staatlich oder tariflich garantierten Mindestlöhne (oder nur in einzelnen Branchen) ▪ Gefahr der Monopolbildung ▪ verstärkter Konkurrenzdruck auf kleinere Unternehmen ▪ heftige wirtschaftliche Konjunkturschwankungen, da die freie Marktwirtschaft instabil ist

Modell der Zentralverwaltungswirtschaft

Das Modell der Zentralverwaltungswirtschaft ist eine Wirtschaftsordnung, in der ein Plan den Ablauf und die Lenkung der Wirtschaftsprozesse bestimmt. Der Staat übernimmt die leitende Rolle, es gibt keine einzelwirtschaftlichen Entscheidungen. Alle Aufgaben werden von staatlicher Seite festgelegt, koordiniert und verteilt. Die Wirtschaftssubjekte müssen sich den erstellten Plänen unterordnen und werden mitunter auch gezwungen, die Ziele zu erreichen.

Die **Zentralverwaltungswirtschaft** zeichnet sich durch besondere Merkmale aus.

- Das höchste Ziel des wirtschaftlichen Handelns in der Zentralverwaltungswirtschaft ist die **Planerfüllung.**
- Die Lenkung, Leitung und Kontrolle des gesamten Wirtschaftsprozesses einschließlich der Bereiche Bildung, Wissenschaft, soziale Einrichtungen, Banken und Versicherungen erfolgt durch die zentrale Verwaltung, den Staat.
- Die Produktionsmittel sind kein Privateigentum, sondern Staatseigentum (das auch Kollektiveigentum genannt wird).
- Die hergestellten Güter und Produkte werden zentral verteilt, der Staat ist für die Abstimmung von Angebot und Nachfrage zuständig.
- Die Wirtschaft wird einzig und allein durch den Staat und dessen Politik geleitet.

Vorteile der Zentralverwaltungswirtschaft	Nachteile der Zentralverwaltungswirtschaft
▪ keine Arbeitslosigkeit ▪ keine Konjunkturschwankungen ▪ preiswerte Güter des Grundbedarfs (Grundnahrungsmittel, Wohnraum, Energie)	▪ Staat greift stetig in das Wirtschaftsleben ein. ▪ kein Privateigentum an Produktionsmitteln ▪ keine Anreize für Arbeitnehmer ▪ keine Auswahl an Konsumgütern ▪ Mangel an Demokratie ▪ Mangel an technischem Fortschritt

5.1.2 Soziale Marktwirtschaft in der Bundesrepublik Deutschland

Ordoliberalismus
▸ Glossar

Die Wirtschaftsordnung der Bundesrepublik Deutschland ist die Soziale Marktwirtschaft. Sie basiert auf der Idee des **Ordoliberalismus**, einer marktwirtschaftlichen Ordnung mit sozialem Charakter. Die Soziale Marktwirtschaft verfolgt das Ziel, Freiheit und soziale Gerechtigkeit in einer Wirtschaftsordnung zu vereinen. Der Wirtschaftswissenschaftler Alfred Müller-Armack prägte 1947 die Idee und den Begriff der Sozialen Marktwirtschaft.

„Wir sprechen von ‚Sozialer Marktwirtschaft', um diese dritte wirtschaftspolitische Form zu kennzeichnen. Es bedeutet dies, dass uns die Marktwirtschaft notwendig als das tragende Gerüst der künftigen Wirtschaftsordnung erscheint, nur dass dies eben keine sich selbst überlassene liberale Marktwirtschaft, sondern eine bewusst gesteuerte, und zwar sozial gesteuerte Marktwirtschaft sein soll."[1]

Die Soziale Marktwirtschaft begann 1948 im westlichen Teil Deutschlands, eingeführt durch den damaligen Bundeswirtschaftsminister Ludwig Erhard (1897–1977), der später (1963) auch Bundeskanzler der Bundesrepublik Deutschland wurde. Mit der Währungsreform setzte er 1948 ein Zeichen für Veränderung („Wirtschaftswunder").

In der Zeit von 1948 bis 1967 wurden grundlegende Gesetze verabschiedet, unter anderen

- das Grundgesetz der BRD (1949),
- das Tarifvertragsgesetz (1949),
- das Bundesbankgesetz (1957),
- das Gesetz gegen Wettbewerbsbeschränkungen (1958) sowie
- das Sozialhilfegesetz (1961).

1 Alfred Müller-Armack: Wirtschaftslenkung und Marktwirtschaft. Hamburg 1947. S. 88.

Die Soziale Marktwirtschaft ist ein System, das auf den Grundlagen der freien Marktwirtschaft beruht und diese verbindet mit Merkmalen einer Zentralverwaltungswirtschaft.

Im Grundgesetz der Bundesrepublik Deutschland sind die grundsätzlichen Freiheiten eines jeden Menschen sowie die sozialen Bestimmungen fest verankert.

§

Artikel 2 Grundgesetz

(1) Jeder hat das Recht auf die freie Entfaltung seiner Persönlichkeit, soweit er nicht die Rechte anderer verletzt [...]

Artikel 14 Grundgesetz

(2) Eigentum verpflichtet. Sein Gebrauch soll zugleich dem Wohle der Allgemeinheit dienen.

Die **Soziale Marktwirtschaft** zeichnet sich durch folgende **Merkmale** aus:

- Die Produktionsmittel sind in privater Hand.
- Jeder Mensch hat das Recht auf Gewerbefreiheit sowie das Recht, Gewinn zu erwirtschaften.
- Die Preisbildung erfolgt am Markt, die Nachfrage bestimmt das Angebot.
- Es besteht freie Lohnbildung, Vertragsfreiheit und freie Wahl des Berufs- und Arbeitsplatzes; dadurch entsteht ein funktionsfähiger Wettbewerb.
- Der Staat regelt die Verteilung des Erwirtschafteten durch die Bildung von Solidarkassen (Kranken-, Renten-, Pflege- und Arbeitslosenversicherung).
- Der Staat vergibt Subventionen bei unvermeidlichem Strukturwandel.

Die **Politik in einer Sozialen Marktwirtschaft** bedient sich folgender **Instrumente:**

Wettbewerbspolitik

GWB Kap. 5.6.1

UWG Kap. 3.6.1

- Der Staat übernimmt die Aufgabe, den marktwirtschaftlichen Wettbewerb zu schützen. Dazu hat er ein Gesetz für einen fairen Wettbewerb und gegen Wettbewerbsbeschränkungen erlassen.
- Dieses Gesetz fordert gleiche Wettbewerbsbedingungen für alle Marktteilnehmer und lässt keine Monopolbildung einzelner Unternehmen zu.
- Neben dem Kartellgesetz wurden zum Schutz des Verbrauchers sowie zur Schaffung gerechter Wettbewerbsbedingungen weitere Gesetze (Mieterschutzgesetz) erlassen.

Strukturpolitik

- Die Wirtschaftsstruktur einer Volkswirtschaft spiegelt den Aufbau der Wirtschaft wider.
- Dazu gehören unter anderem die Infrastruktur, die Wirtschaftsbranchen, die Wirtschaftsregionen, die Verteilung der Arbeitskräfte sowie die Bildung.
- Die wirtschaftlichen Rahmenbedingungen werden vom Staat geschaffen, ausgewählte benachteiligte oder strukturschwache Wirtschaftszweige werden subventioniert und gefördert.
- Die Strukturen einer Wirtschaft unterliegen einem stetigen Wandel und der Staat schafft durch seine Strukturpolitik bessere Bedingungen.
- Der Staat nimmt Einfluss auf sektoraler und regionaler Ebene.

Konjunkturbewegungen Kap. 5.1.3

Konjunkturpolitik

- Jede Wirtschaftsordnung unterliegt Konjunkturschwankungen.
- In der Sozialen Marktwirtschaft greift der Staat bewusst in das Wirtschaftsgeschehen ein, in konjunkturschwachen Zeiten vergibt er Aufträge an Unternehmen, um die Wirtschaft anzukurbeln.

Einkommens- und Vermögenspolitik

- Die Menschen, die am Wirtschaftsleben aus unterschiedlichen Gründen nicht mehr teilnehmen können (zum Beispiel alte oder kranke Menschen), werden abgesichert.
- Durch eine höhere Besteuerung der Besserverdienenden werden sozial schwache Menschen unterstützt.

Sozialpolitik

- Das System der Sozialversicherung ist aufgebaut nach dem Grundsatz des Generationenvertrags.
- Die Generationen unterstützen sich und erarbeiten für sich und die anderen die Lebensgrundlage.
- So wird beispielsweise die Rentenversicherung durch die Abgaben der arbeitenden Bevölkerung getragen; sie erarbeiten sich damit selbst einen Anteil an der Versicherung, wenn sie diese benötigen.
- Eine gesetzliche Pflichtversicherung dient dem Schutz der Menschen bei Krankheit oder Arbeitslosigkeit.

Umweltpolitik

- Die Umweltpolitik ist ein wichtiges Thema der staatlichen Politik geworden.
- Die politische Zielrichtung ist die Erhaltung der natürlichen Lebensgrundlagen der Menschen; diese hat oberste Priorität.
- Aus diesem Grund wurden zahlreiche Gesetze und Verordnungen geschaffen, zum Beispiel das Umweltrahmengesetz, das Gesetz zur Vermeidung, Verwertung und Beseitigung von Abfällen oder das Chemikaliengesetz.

Abfallvermeidung Kap. 3.6.3

Vorteile der Sozialen Marktwirtschaft	Nachteile der Sozialen Marktwirtschaft
■ soziale Sicherung ■ soziale Gerechtigkeit ■ Chancengleichheit für alle ■ geordneter Wettbewerb für alle Marktteilnehmer ■ freie Berufswahl und freie Wahl des Arbeitsplatzes	■ Anstieg der Arbeitslosigkeit ■ keine freie Entwicklung ■ Chancengleichheit ist nicht immer zu verwirklichen. ■ Viele Menschen empfinden die Vermögensverteilung als Ungerechtigkeit. ■ unterliegt Konjunkturschwankungen

5.1.3 Konjunkturbewegungen in der Marktwirtschaft

Jeder volkswirtschaftliche Prozess unterliegt ständigen Veränderungen. Die Wachstumsraten in einer Volkswirtschaft können jährlich ansteigen, aber auch sinken.

Merke Die ständigen kurz-, mittel- und langfristigen Veränderungen und Schwankungen in einer Wirtschaft bezeichnet man als **Konjunktur.** Mithilfe der Konjunkturpolitik greift der Staat in die Wirtschaft ein und versucht, die gesamtwirtschaftlichen Schwankungen auszugleichen.

Wenn die Wirtschaft sich in einem konjunkturellen Aufschwung befindet, steigen die Wachstumsraten, die Arbeitslosenquote ist gering, die Kapazitäten in den Unternehmen sind weitgehend ausgelastet, die Menschen können mehr konsumieren, der Staat kann seine Steuereinnahmen erhöhen. In Zeiten schwacher Konjunktur tritt das Gegenteil ein, die Nachfrage nach Gütern sinkt, die Lagerbestände steigen enorm an, die Produktion muss drosseln, die Menschen verlieren ihre Arbeit.

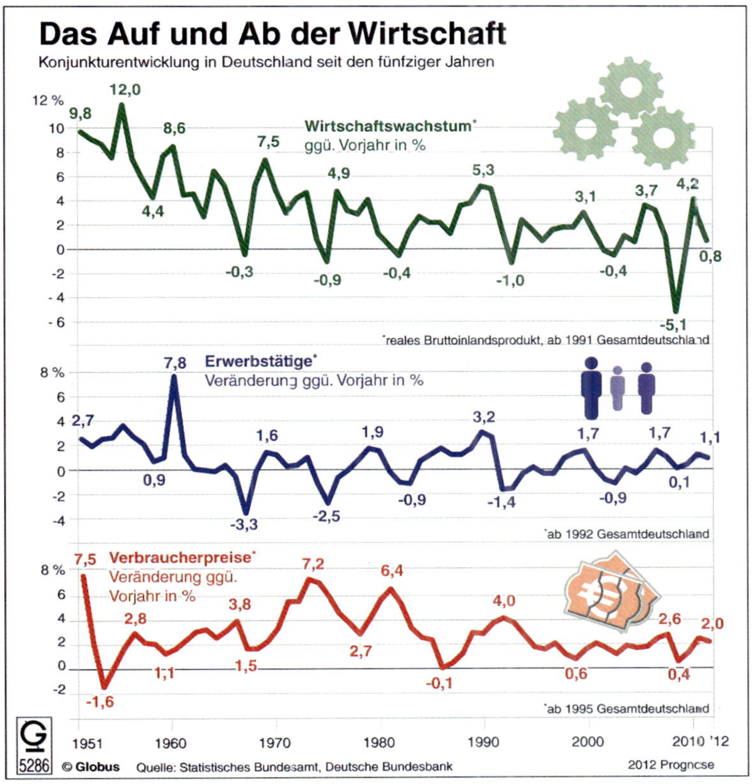

Konjunkturschwankungen gibt es in jeder Wirtschaftsordnung, sie entstehen aus verschiedenen Gründen.

Strukturelle Schwankungen – lange Wellen

Strukturelle Schwankungen oder sogenannte lange Wellen wurden bereits im Jahr 1926 von dem russischen Wirtschaftswissenschaftler Kondratieff festgestellt. Durch eine über Jahre hinweg beobachtete Entwicklung wurde deutlich, dass in einem Zeitraum von 50 bis 60 Jahren regelmäßige Konjunkturschwankungen auftreten. Verursacht werden diese Konjunkturschwankungen durch die Veränderungen in der Wirtschaft und dem unaufhaltsamen technischen Fortschritt.

Beispiel Strukturelle Schwankungen

Die Computerbranche und die Telekommunikation entwickeln sich rasend schnell; alle paar Jahre kommen neue Geräte und Programme auf den Markt, die bald schon wieder von neueren Techniken überholt werden.

Saisonale Schwankungen

Saisonale Schwankungen treten innerhalb eines Jahres relativ gleichmäßig und kurzfristig auf. Sie sind auf den Wechsel der verschiedenen Jahreszeiten zurückzuführen; so können beispielsweise im Winter keine Baumaßnahmen im Freien durchgeführt werden, wenn es die Witterung nicht zulässt. Saisonale Schwankungen betreffen immer nur Teilbereiche der Wirtschaft, die sich kurze Zeit später wieder erholen.

Konjunkturelle Schwankungen

Konjunkturelle Schwankungen sind rhythmisch wiederkehrende Veränderungen des Wirtschaftsgeschehens. Sie dauern über mehrere Jahre (etwa vier bis zwölf Jahre) und betreffen das gesamte Wirtschaftsleben einer Volkswirtschaft. Mithilfe der Auswertung der Veränderung des realen Bruttoprodukts in einem sogenannten Zyklus werden die Schwankungen dargestellt. Dieser Konjunkturverlauf besteht aus vier Phasen:

- Aufschwung (Expansion)
- Hochkonjunktur (Boom)
- Abschwung (Rezession)
- Tiefstand (Depression)

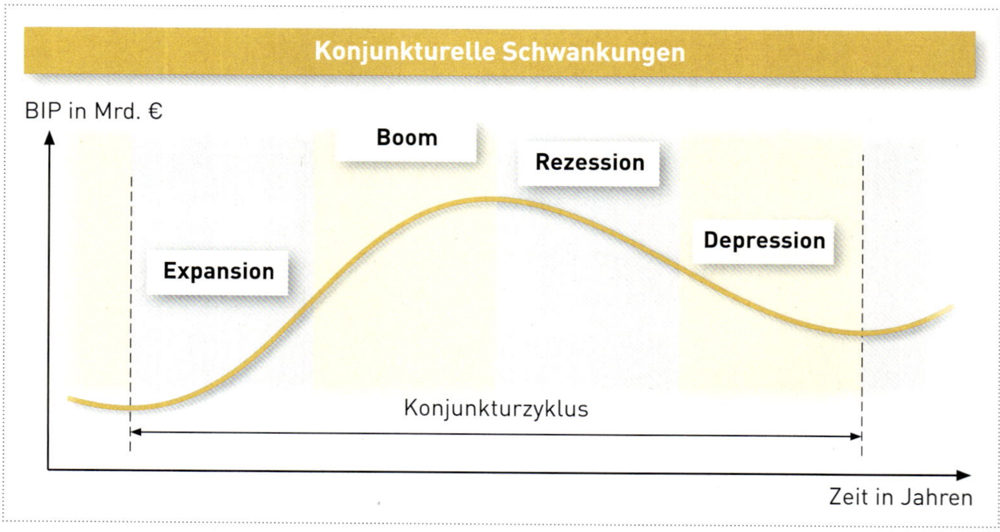

Die **Phasen des Konjunkturverlaufs** sind durch folgende Merkmale gekennzeichnet:

Aufschwung (Expansion)

- Die Auslastung der Kapazitäten in der Produktion nimmt zu.
- Die Unternehmer investieren und stellen Arbeitskräfte ein.
- Die Arbeitslosenquote nimmt ab.
- Die Unternehmen erwirtschaften Gewinne und reagieren mit Lohn- und Gehaltssteigerungen.
- Die Nachfrage am Markt nimmt zu. Die Menschen geben mehr Geld aus und sparen weniger. Die Stimmung ist optimistisch.
- Die Preise steigen gering, da die Menschen konsumfreudiger werden, das heißt die Kaufkraft nimmt zu.
- Durch verstärkte Investitionen, Umsatzzuwächse der Unternehmen und höhere Einkommen der Arbeitnehmer profitiert der Staat durch steigende Steuereinnahmen.
- Die Banken erhöhen ihre Zinssätze.

Hochkonjunktur (Boom)

- Die Produktion ist ausgelastet.
- Die Unternehmen haben mitunter lange Lieferzeiten und Lieferschwierigkeiten aufgrund der hohen Nachfrage.
- Die Unternehmer investieren.
- Die Arbeitnehmer sind voll beschäftigt; sie müssen teilweise Überstunden leisten, neue Arbeitnehmer werden eingestellt, die Löhne und Gehälter steigen.
- Die Stimmung der Menschen am Markt ist sehr optimistisch.
- Die Unternehmer erzielen hohe Gewinne und lassen die Preise ansteigen.
- Die Menschen konsumieren sehr viel und sparen kaum.
- Die Banken verlangen hohe Zinssätze, da die Konsumenten auf Kredite zurückgreifen.
- Der Staat ist der Nutznießer, er hat sehr hohe Steuereinnahmen.

Abschwung (Rezession)

- Die Kapazitäten der Produktion sind nicht mehr ausgelastet, die Auftragseingänge nehmen ab.
- Die Unternehmer investieren nicht mehr.
- Die Unternehmen können die Arbeitskräfte nicht mehr halten, es kommt zu Entlassungen. Die Arbeitslosenquote nimmt zu. Die Löhne und Gehälter können nicht mehr erhöht werden.
- Die Unternehmer verzeichnen Umsatzverluste, die Gewinne fallen.
- Die Preise müssen reduziert werden, um die Kunden zum Kauf zu animieren.
- Die Menschen werden pessimistischer, sie geben kaum noch Geld aus und sparen vermehrt.
- Die Banken müssen ihre Zinssätze senken, um Anreize für Kredite zu schaffen.
- Der Staat verliert an Steuereinnahmen.

Tiefstand (Depression)

- Die Auftragseingänge in der Produktion gehen zurück, die Kapazitäten in der Produktion sind nicht mehr ausgelastet; es kommt zum Produktionsstillstand.
- Die Unternehmer investieren nicht mehr und müssen weitere Arbeitnehmer entlassen; Massenarbeitslosigkeit droht.
- Die Umsätze der Unternehmer gehen drastisch zurück, sie erwirtschaften kaum noch Gewinne; die Lagerbestände sind hoch wie nie.
- Die Preise fallen, die Nachfrage ist nur noch gering und das Angebot übersteigt die Nachfrage.
- Viele Unternehmen müssen Insolvenz anmelden.
- Die Menschen sind pessimistisch, sie halten ihr Geld zurück und sparen.
- Die Banken versuchen, durch niedrigere Zinsen die Kreditvergabe noch lukrativer zu gestalten.
- Der Staat hat kaum noch Steuereinnahmen zu verzeichnen und muss mit entsprechenden Maßnahmen versuchen, die Wirtschaft anzukurbeln.

5.1.4 Indikatoren als Messinstrumente von Konjunkturbewegungen

Mithilfe von Indikatoren werden die einzelnen Konjunkturphasen in der Wirtschaft bestimmt. Sie sind Beurteilungskriterium oder Messinstrument zur Feststellung von Konjunkturschwankungen und helfen gleichzeitig dem Staat und den Unternehmen, auf die Bewegungen im Wirtschaftsprozess angemessen zu reagieren.

Frühindikatoren

Merke **Frühindikatoren** zeigen relativ früh, in welche Richtung sich die wirtschaftliche Situation in den nächsten Monaten bewegen wird.

Zu den Frühindikatoren gehört beispielsweise der **Geschäftsklimaindex.** Dieser Index wird vom Institut für Wirtschaftsförderung IFO durch Befragungen von ausgewählten Unternehmern ermittelt. Anhand dieser Befragungen wird die wirtschaftliche Stimmung am Markt beurteilt.

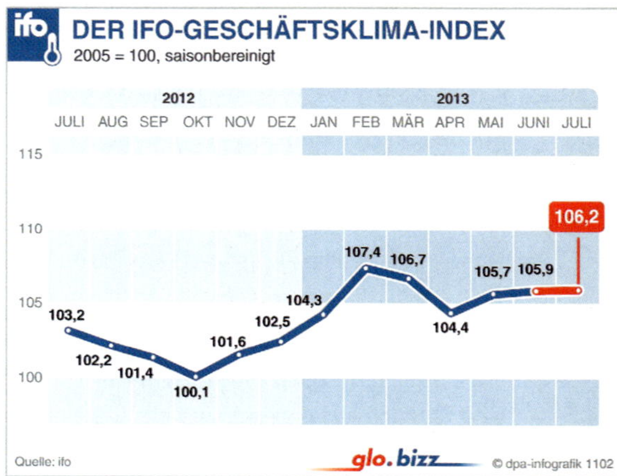

Eine weitere Möglichkeit der Einschätzung der konjunkturellen Lage am Markt ist der **Index der Auftragseingänge.** Er erfasst die wirtschaftliche Situation der Volkswirtschaft nach dem Umfang der jeweiligen Auftragseingänge. Gehen die Auftragseingänge in den Unternehmen zurück, dann kündigt sich mit größter Wahrscheinlichkeit ein Abschwung an.

Gegenwartsindikatoren

Merke **Gegenwartsindikatoren** beschreiben die aktuelle Wirtschaftslage und ihre künftige Entwicklung.

Ein wichtiger Gegenwartsindikator ist der **Index der Produktion.** Die gegenwärtige Auslastung der Produktion ist ein vorrangiger Index zur Bestimmung der gesamtwirtschaftlichen Situation; er wird ermittelt durch das Bruttonationaleinkommen **der Volkswirtschaft.**

Bruttonational-einkommen
▸ Glossar

Hinzu kommt der **Index der Kapazitätsauslastung** der Unternehmen. Er beziffert die derzeitige Auftragslage und ihre weitere Entwicklung.

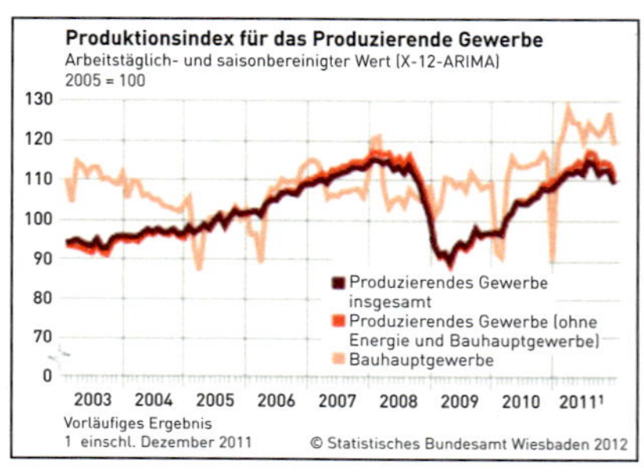

Auch die **Umsätze im Einzelhandel** gehören zu den Gegenwartsindikatoren. Sie spiegeln die Stimmung unter den Käufern wider. Geht die Nachfrage zurück, stehen den Menschen nicht mehr genügend finanzielle Mittel zur Verfügung, ihre Stimmung ist pessimistisch und die Konjunktur rückläufig. Die Menschen neigen zum Sparen und halten ihr Geld zurück.

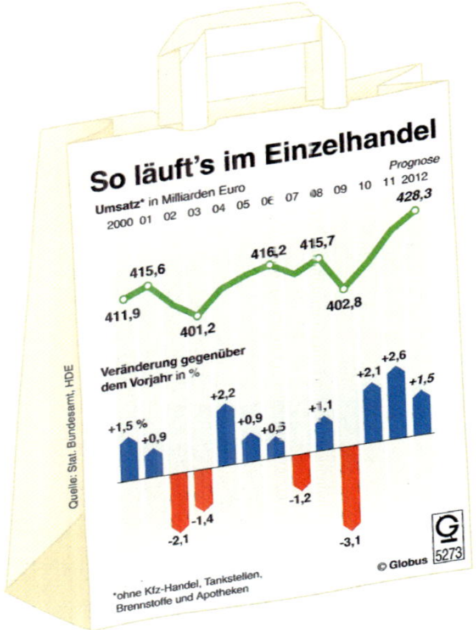

Der **Index der Importe und Exporte** beziffert die gesamtwirtschaftliche Produktion. Mithilfe der Auftragseingänge, der Arbeitslosenquoten, des Preisniveaus, der Konsumnachfrage sowie der aktuellen Zinssätze können die gegenwärtige wirtschaftliche Situation belegt und entsprechende konjunkturpolitische Maßnahmen eingeleitet werden.

Spätindikatoren

> **Merke** **Spätindikatoren** zeigen die Entwicklungen der Wirtschaft in der Vergangenheit. Sie dienen als Erfolgskontrolle in der Konjunkturpolitik.

Der **Preisindex der Lebenshaltung** ist ein wichtiger Spätindikator. Er beziffert die realen Preissteigerungen in einem bestimmten Zeitabschnitt und gibt Auskunft über die Entwicklung der Volkswirtschaft.

Die **Wachstumsrate des Bruttonationaleinkommens** und die **Arbeitslosenquote** sind Indizes für die politische Arbeit der Bundesregierung. Mithilfe dieser Indizes können Rückschlüsse auf die Konjunkturentwicklung einer Volkswirtschaft gezogen werden. Das wiederum ermöglicht den Wirtschaftspolitikern, strategische Entscheidungen zu treffen.

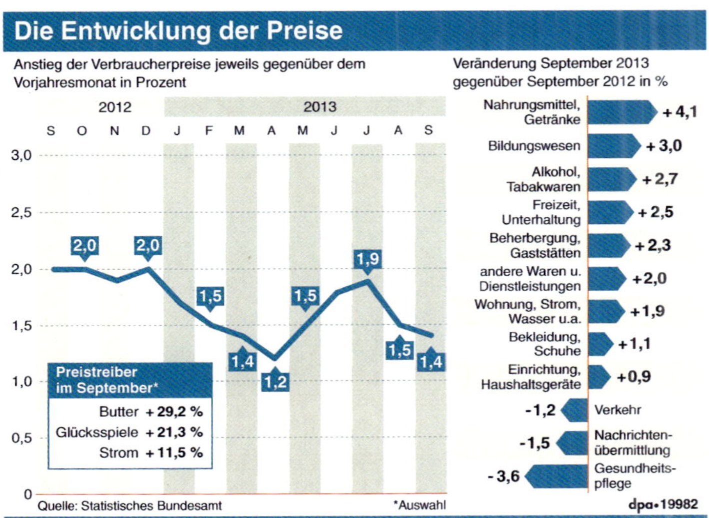

Lernlandkarte 5.2

5.2 Marktforschung

5.2.1 Gebiete der Marktforschung → Bedarfsforschung → **5.2.2 Kundenstruktur und Kundenanalyse**

5.2.3 Methoden der Marktforschung

Primärforschung
- Vollerhebung
- Teilerhebung

- Interview
- Fragebogen
- Panel

Sekundärforschung

unternehmensintern
- Umsatzstatistiken
- Preislisten

unternehmensextern
- Branchenstatistiken
- Veröffentlichungen von Marktforschungsinstituten

Die Ergebnisse der Marktforschung werden zu Marktprognosen verarbeitet.

5.2.4 Marktprognose
- kurzfristig
- langfristig

bestimmt den Einsatz der

Marketinginstrumente

- 3.3 Produkt- und Sortimentspolitik
- 3.4 Preispolitik und Preisfestlegung
- 3.5 Vertriebspolitik (Distributionspolitik)
- 5.7 Kommunikationspolitik

5.2 Marktforschung

Merke **Marktforschung** ist die Beschaffung von Informationen über die Absatzmärkte eines Unternehmens, die Zielgruppen sowie die Konkurrenzsituation.

Auf Grundlage der Marktforschungsergebnisse wird der Absatz geplant und eine Absatz- oder Marketingstrategie festgelegt.

Bei der Marktforschung werden folgende **Bereiche** unterschieden:
- **Marktanalyse:** zeitpunktorientierte Untersuchung aller Einflussfaktoren des Markts
- **Marktbeobachtung:** zeitraumorientierte Entwicklung des zu untersuchenden Markts
- **Marktprognose:** zukunftsorientierte Aussagen auf die mögliche Entwicklung des Markts auf Basis einer Analyse oder Beobachtung

5.2.1 Gebiete der Marktforschung

Gebiete der Marktforschung	Erläuterungen
Bedarfsforschung	■ Informationen über tatsächliche und mögliche Kunden ■ Ziel: die Erlangung von Kenntnissen der Absatzchance eines Produkts oder Dienstleistung ■ Teilgebiete: Tatsachen-, Meinungs- und Motivforschung ■ Tatsachenforschung: objektive Daten über den Markt wie Marktgröße, Anzahl der möglichen Kunden, Bestand an möglichen Ersatzgütern usw. ■ Meinungs- und Motivforschung: Daten über Kundenmeinung zu den eigenen und Konkurrenzprodukten, Gründe für eine Kaufentscheidung (Grund- und Zusatznutzen)
Konjunkturforschung	■ Trends der Zukunft erkennen ■ saisonale und konjunkturelle Schwankungen analysieren
Absatzforschung	■ Informationen über die Stellung des eigenen Unternehmens am Markt ■ Informationen über Wirkung der eingesetzten Marketingstrategien ■ Analyse u. a. folgender Fragestellungen: – Wie kommen das Produkt selbst oder Veränderungen am Produkt beim Kunden an? – Wie reagiert der Kunde auf Änderungen in der Preispolitik? – Wie erfolgreich waren Werbemaßnahmen?
Konkurrenzforschung	■ Informationen über tatsächliche und mögliche Mitbewerber am Markt ■ Tatsachenforschung: Konkurrenzprodukte, Vor- und Nachteile, Größe des Marktanteils, mögliche Entwicklungen u. Ä. ■ Verhaltensforschung: aggressive oder zurückhaltende Mitbewerber, schnell oder langsam reagierende Konkurrenz in Bezug auf die durchgeführten Marketingmaßnahmen

5.2.2 Kundenstruktur und Kundenanalyse

Die Kundenstruktur eines Unternehmens ist vielfältig. Alle Kunden wollen gewonnen, umworben und „gepflegt" werden. Die Unternehmen brauchen „gute" Kunden und tun viel dafür, um sie zu halten. Zur Unterscheidung werden die Kunden in **Kundentypen** eingeteilt:

Neukunden haben bisher erst einmalig bei einem Unternehmen Produkte gekauft oder Dienstleistungen in Anspruch genommen. Diese Kunden umwirbt das Unternehmen mit dem Ziel, sie durch gezielte Marketingmaßnahmen als Bestandskunden zu gewinnen.

Als **Bestandskunden** bezeichnet man **Stammkunden,** die mehr als einmal Produkte oder Dienstleistungen erworben haben. Bestandskunden kaufen regelmäßig ein. Diese Kunden sollen langfristig an das Unternehmen gebunden werden.

Kunden-ABC-Analyse

Kaufmotive
Kap. 1.2.1

Deckungsbeitrag
Rechnungswesen
Kap. 10.2.3

ABC-Analyse
Kap. 4.8

Kunden sind in ihrem **Kaufverhalten** nicht alle gleich. Manche Kunden generieren viel Umsatz oder einen hohen Deckungsbeitrag und manche wenig. Einige bezahlen ihre Rechnungen immer pünktlich, andere lassen sich Zeit und müssen gegebenenfalls angemahnt werden. Um eine geeignete Struktur in die Kundenliste zu bekommen, müssen diese sinnvoll eingeteilt werden. Dies geschieht in Unternehmen durch die **Kunden-ABC-Analyse.** Hierbei werden die Umsätze oder Deckungsbeiträge der Kunden in einer Periode (im Normalfall ein Jahr) gegenübergestellt.

- **A-Kunden** sind relativ gering in ihrer Anzahl, bringen aber den höchsten Umsatz, das heißt, mit 20 % der Kunden erzielt das Unternehmen etwa 75 % der Gesamterlöse. Daher ist diese Gruppe auch die wichtigste für ein Unternehmen. Geht aus dieser Gruppe ein Kunde verloren, ist möglicherweise das gesamte Unternehmen bedroht.
- **B-Kunden** sind zahlenmäßig stärker vertreten, erzielen aber einen geringeren Gewinn, das heißt, das Unternehmen erwirtschaftet mit 30 % der Kunden 15 % des Gesamtumsatzes. Diese Kunden sollten durch Marketingmaßnahmen zu A-Kunden werden.
- **C-Kunden** machen rund 50 % aller Kunden aus; sie erwirtschaften aber nur einen Umsatz von 5 %. Durch gezielte Maßnahmen kann versucht werden, aus C-Kunden B-Kunden zu machen. Gelingt dies nicht, muss das Unternehmen überlegen, ob es sinnvoll ist, sich von diesen Kunden zu trennen.

Kunden	Umsatz	Maßnahmen
A-Kunden	ca. 75 %	■ individuelle Kundenbindung ■ persönliche Betreuung (wöchentlich) ■ gezielte Werbung ■ individuelle Preispolitik ■ Werbegeschenke (Giveaways)
B-Kunden	ca. 20 %	■ regelmäßige Besuche durch Außendienstmitarbeiter (monatlich) ■ Kundenbeziehung intensivieren

Kunden	Umsatz	Maßnahmen
C-Kunden	ca. 5 %	■ Kunden zu B- oder A-Kunden machen ■ Werbung verstärken ■ Kundenbesuch (quartalsweise) ■ Kunden eventuell aufgeben ■ kostengünstige Maßnahmen wählen

Beispiel

Die BlumMusic4You KG erzielte im letzten Geschäftsjahr 1.350.000,00 € Umsatzerlöse. Claus Blum möchte wissen, wie sich die Umsätze auf seine Kunden verteilen. Zur besseren Übersicht hat Egzone Zegon eine Kunden-ABC-Analyse durchgeführt:

Kunde	Umsatz in €	Umsatz in %	Umsatz in % (kumuliert)	Einteilung A/B/C	Anteil am Kundenstamm
Ikabo GmbH	668.800,00	50,0	50,0	A	20 %
Event 3000 GmbH	343.700,00	25,0	75,0	A	
Musikschule Köln	100.000,00	7,4	82,4	B	
ProMusic AG	90.000,00	6,7	89,1	B	30 %
Josef Huber KG	80.000,00	5,9	95,0	B	
Sonnen AG	20.000,00	1,5	96,5	C	
Interspiel GmbH	18.400,00	1,4	97,9	C	
Musikschule Warendorf	11.900,00	0,9	98,8	C	50 %
Musikversand OHG	11.900,00	0,9	99,7	C	
Elke Jung	5.300,00	0,4	100,1	C	
Gesamt	**1.350.000,00**				

Der Kunden-ABC-Analyse sind aber Grenzen gesetzt. Sie kann nur als grobe Kundeneinteilung dienen, denn sie bezieht sich nur auf eine Größe – den Umsatz. Die Dauer der Geschäftsbeziehung zum Kunden, mögliche Entwicklungs- oder Innovationspotenziale werden nicht berücksichtigt. Zufriedene C-Kunden könnten beispielsweise durch Mundpropaganda dazu beitragen, neue Kunden für das Unternehmen zu gewinnen.

Beispiel

Anhand der obigen Tabelle wäre die Kundin Elke Jung mit dem geringsten Umsatz eine (nach der Kunden-ABC-Analyse) „unwichtige" Kundin, auf die verzichtet werden könnte. Dies würde den Umsatz der Blum Music nicht gefährden. Allerdings ist Elke Jung eine langjährige Stammkundin, mit der die Blum Music gute Geschäftsbeziehungen pflegt.

Dagegen erwirtschaftet die Blum Music mit der Event 3000 GmbH einen hohen Umsatz, aber Claus Blum ärgert sich über deren schlechte Zahlungsmoral und die in der Regel komplizierten Geschäftsbeziehungen.

5.2.3 Methoden der Marktforschung – verwendete Informationsquellen

Die Primär- und die Sekundärforschung bedienen sich verschiedener Informationsquellen. Im Gegensatz zur Primärforschung werden bei der Sekundärforschung keine neuen Daten erhoben. Vorhandene Daten werden gesammelt, aufbereitet und ausgewiesen. Weil dies in den Unternehmen relativ schnell und kostengünstig zu machen ist, wird die sekundäre Marktforschung häufig angewandt.

Sekundärforschung

Die Daten, die für die Marketingkonzeption herangezogen werden, sind nicht speziell für die Marktforschung erhoben worden. Grund der Datenerhebung waren andere Zwecke, wie zum Beispiel Umsatzstatistiken für das Absatzcontrolling.

Die Daten können mithilfe von unternehmensinternen und unternehmensexternen Quellen gewonnen werden:

Unternehmensinterne Quellen	Unternehmensexterne Quellen
▪ Umsatzstatistiken ▪ Berichte von Außendienstmitarbeitern ▪ Deckungsbeitragsrechnungen ▪ Preislisten aus dem Einkauf ▪ Lagerbestandszahlen ▪ Unterlagen der Kosten- und Leistungsrechnung ▪ Kundenstatistiken	▪ Branchenstatistiken ▪ Statistiken z. B. des Statistischen Bundesamts ▪ Prospekte und Kataloge von Mitbewerbern ▪ Messen und Ausstellungen ▪ Veröffentlichungen der IHK und anderer Kammern ▪ Veröffentlichungen von Unternehmensverbänden ▪ Veröffentlichungen von Marktforschungsunternehmen ▪ Firmenveröffentlichungen (z. B. Bilanzen, Jahresberichte usw.)

Primärforschung

Die Daten werden durch eigene Erhebungen direkt am Entstehungsort gewonnen. Hierbei handelt es sich meist um Befragungen und Beobachtungen.

Arten der Erhebung	Erläuterungen
Vollerhebung	▪ Erfassung der Gesamtmenge, z. B. alle Gitarrenschüler ▪ sehr aufwendig ▪ nicht immer möglich, da die Gesamtmasse eventuell zu hoch ist
Teilerhebung	▪ Erfassung einer Stichprobe der Gesamtmenge ▪ Auswahl nach Zufall ▪ Auswahl nach vorheriger Analyse der Struktur der Gesamtmenge mit dem Ziel, ein möglichst genaues Abbild der Gesamtmenge zu erreichen

Methode der Befragung	Erläuterungen
Interviews (mündlich)[1]	■ Interviewer benötigt die Fähigkeit, die gewünschten Informationen aus den Befragten „herauszuholen“. ■ Es gibt kein festes Frage- und Antwortschema. ■ Eine schnelle Auswertung ist nicht möglich. ■ Die Methode ist sehr kostenintensiv.
Fragebogen (schriftlich)	■ Zur Erhöhung der Rücklaufquote werden Preise unter allen Rücksendern ausgelobt. ■ Es gibt ein festes Frage- und Antwortschema. ■ Eine schnelle Auswertung ist möglich. ■ Die Erfassung von großen Gruppen kann gewährleistet werden.
Panel Wichtigste Arten: **Handelspanel** **Verbraucherpanel**	■ Sonderform einer standardisierten Befragung ■ Befragung ein und derselben Gruppe von Personen über einen längeren Zeitraum hinweg zum gleichen Thema. ■ Meinungs- und Verhaltensänderungen der befragten Personen können festgestellt werden, da die Befragung über einen längeren Zeitraum durchgeführt wird. ■ Möglichkeit, neue Marktentwicklungen aufzudecken ■ Handelspanel: Befragung von Handelsunternehmen, über welche Absatzwege welche Waren in welcher Menge verkauft werden. ■ Verbraucherpanel: Befragung von Einzelpersonen über ihre Einkäufe

Formulargestaltung siehe Informationsverarbeitung Kap. 3.9

5.2.4 Marktprognose

Die Ergebnisse der Marktforschung werden zu Marktprognosen aufbereitet.

Merke Eine **Prognose** ist eine auf Forschungsergebnisse gestützte Vorhersage der Marktentwicklung.

Unterschieden werden kurzfristige und langfristige Prognosen.

Kurzfristige Prognosen	Langfristige Prognosen
■ Vorhersagen von wenigen Wochen bis maximal einem Jahr ■ Vorgabe und Anpassung von Absatzzielen an die zu erwartende Marktentwicklung ■ geben Hinweise auf Maßnahmen, die ergriffen werden müssen, um die Ziele zu erreichen *Beispiel:* Monatsumsätze	■ Vorhersagen bis zu zehn Jahren und mehr ■ geben Hinweise auf langfristige Marktentwicklungen ■ zeigen die Richtung der Marktentwicklung und decken noch nicht ausgeschöpfte Marktlücken auf ■ wichtig für Absatzwege, Werbung und die Sortimentsgestaltung

1 Ein Interview auf Englisch führen, siehe „Business English for the Office“ (Best.-Nr. 3556), unit 3.

Lernlandkarte 5.3 bis 5.6

5.3 Grundlagen des Markts

Markttypen (Bedingungen?)	Marktarten (Gegenstand?)	Marktformen (Teilnehmer?)
Vollkommene Märkte	Faktor-/Beschaffungsmärkte + Absatz-/Gütermärkte	Monopol 
Unvollkommene Märkte	Märkte mit Sonderbedingungen, z. B. Arbeitsmarkt, Geld- und Kapitalmarkt	Oligopol 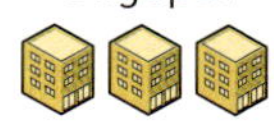
		Polypol 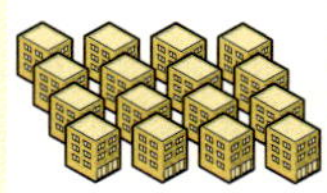

5.4 Angebot und Nachfrage

Bestimmungsfaktoren von Angebot und Nachfrage

Größenänderung/ Folge im Preis-Mengen-Diagramm	Marktseite: Angebot	Marktseite: Nachfrage
Preisänderung des Guts: Bewegung auf der Kurve	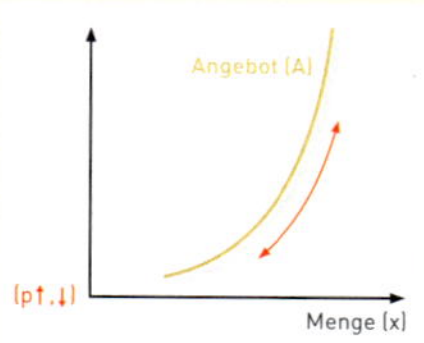	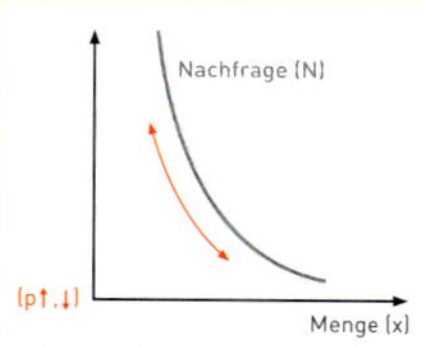
Änderungen sonstiger Faktoren (Einkommen der Haushalte, Preise anderer Güter, Kosten, Steuern, wirtschaftliche Erwartungen usw.): Verschiebung der Kurve	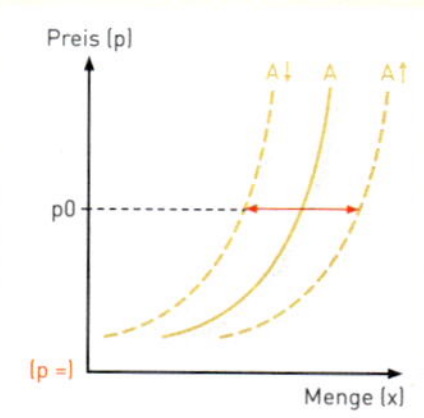	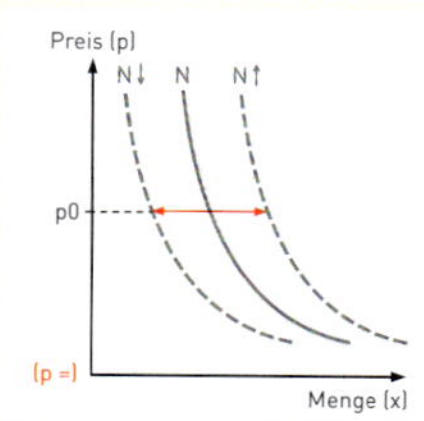

5.5 Preis und Preisbildung

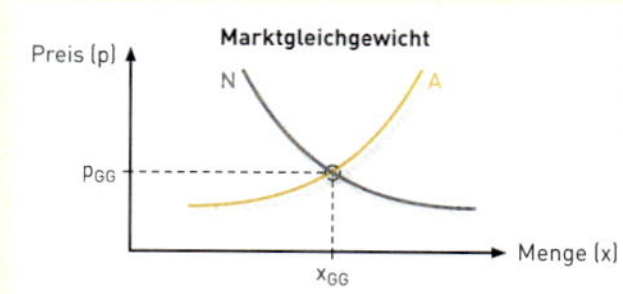

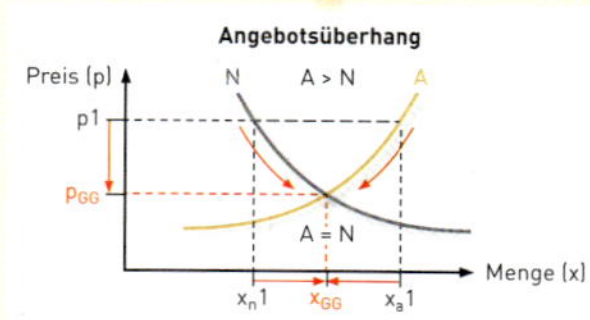

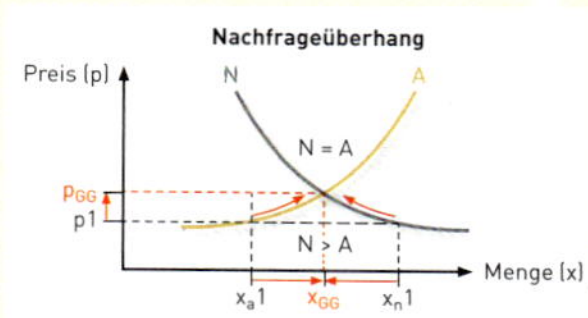

5.6 Wettbewerb

5.6.1 Einflussnahme auf den Wettbewerb	5.6.2 Wettbewerbsstrategie

5.3 Grundlagen des Markts

5.3.1 Modelle als Vereinfachungen der Wirklichkeit

Nahezu alle Wissenschaften benutzen Modelle, damit sie Dinge oder Vorgänge beschreiben, erklären oder vorhersagen können. Dies gilt auch für die Ökonomie. Neben gedanklichen Modellen gibt es auch gegenständliche Modelle, zum Beispiel ein Globus für die Erde, eine Straßenkarte, Auto- oder Flugzeugmodelle. Modelle haben aber ihre Tücken, weil sie niemals die ganze Wirklichkeit, sondern immer nur einen Teil davon erfassen.

Merke Ein **Modell** ist eine Hilfskonstruktion, die für einen bestimmten Zweck wesentliche Ausschnitte der Wirklichkeit abbildet und der Problemlösung dient.

5.3.2 Märkte als Orte des Zusammentreffens von Angebot und Nachfrage

Aus dem Spannungsverhältnis von knappen, wirtschaftlichen Gütern und unbegrenzten Bedürfnissen entsteht die Notwendigkeit planvollen Wirtschaftens nach dem ökonomischen Prinzip. Der Austausch von knappen Gütern und Produktionsfaktoren vollzieht sich auf Märkten. Märkte können real existieren (Wochenmarkt, Internetbörse) oder nur als Modell in der ökonomischen Theorie vorkommen.

Von den Bedürfnissen zum wirtschaftlichen Handeln Kap. 1.2

Merke Ein **Markt** ist der oft nur gedachte Ort, an dem Angebot und Nachfrage zusammentreffen und sich der Preis eines Guts oder eines Produktionsfaktors bildet.

Anbieter und Nachfrager von Gütern verfolgen unterschiedliche Interessen. Anbieter wollen möglichst hohe Erlöse erzielen und Nachfrager möglichst wenig ausgeben. Den Ausgleich zwischen diesen gegensätzlichen Interessen übernimmt der Preis, der sich auf Märkten bildet.

5.3.3 Marktarten: Beschaffungs- und Absatzmärkte, Faktor- und Gütermärkte

Man unterscheidet Faktormärkte und Gütermärkte:

Produktionsfaktoren Kap. 1.3

- Auf **Faktormärkten** werden Produktionsfaktoren gehandelt. Es sind die **Beschaffungsmärkte** von Unternehmen, die als Nachfrager von Produktionsfaktoren auftreten. Aus volkswirtschaftlicher Sicht werden die Produktionsfaktoren Arbeit, Boden/Natur und Kapital beschafft. Aus betriebswirtschaftlicher Sicht werden die Produktionsfaktoren Betriebsmittel, Werkstoffe und Arbeitskräfte beschafft.
- Auf **Gütermärkten** werden Sachgüter, Dienstleistungen und Rechte gehandelt. Aus Sicht der Unternehmen sind Gütermärkte stets **Absatzmärkte.** Unternehmen handeln als Anbieter von Sachgütern und Dienstleistungen. Sofern sie von privaten Haushalten nachgefragt werden, sind die Güter Konsumgüter. Werden die Güter von anderen Unternehmen erworben, ist das Produktionsgut des Anbieters zugleich der Produktionsfaktor des Nachfragers.

Beispiel Marktarten

1. Die Schadow GmbH stellt Mitarbeiter ein, kauft Maschinen und Werkstoffe, um Eventbedarf zu produzieren. Sie beschafft Produktionsfaktoren.

2. Die Schadow GmbH liefert der Blum Music4You KG ein Lichtmischpult.
   a) Aus Sicht der Schadow GmbH: Sie setzt ihr Produktionsgut an die Blum Music4You KG ab.
   b) Aus Sicht der Blum Music4You KG: Sie beschafft einen Produktionsfaktor Kapital bzw. ein Betriebsmittel.
3. Die Schadow GmbH liefert Gerd Hallmann ein Laserlicht für seinen Partykeller. Die Schadow GmbH setzt ihr Konsumgut an den Haushalt ab.

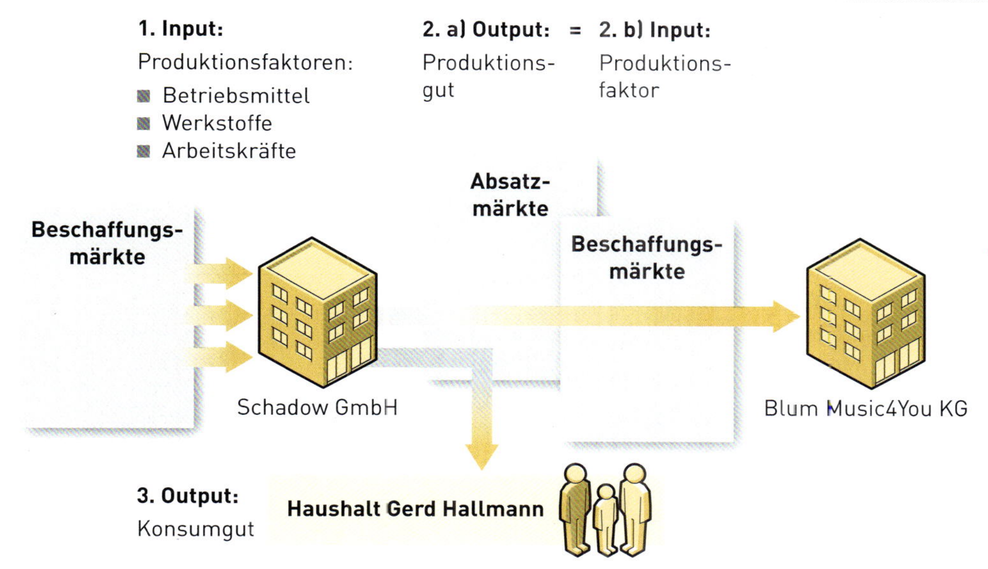

Merke Aus der Sicht von Unternehmen sind Faktormärkte auf der Beschaffungsseite, Gütermärkte auf der Absatzseite angesiedelt.

Reale Märkte haben vielerlei Bezeichnungen. Bestimmte Märkte begegnen uns häufig in den Wirtschaftsnachrichten: „Entspannung auf dem Arbeitsmarkt", „Die Preise auf dem Immobilienmarkt ziehen an", „Die Nachfrage auf den Konsumgütermärkten stagniert" usw. Die wichtigsten Märkte und ihre Zuordnung zu den Marktarten sind der folgenden Tabelle zu entnehmen.

Markt	Marktart			
	Beschaffungsmarkt	**Faktormarkt**	**Absatzmarkt**	**Gütermarkt**
Arbeitsmarkt	X	X		
Immobilienmarkt	X	X		
Kapitalmarkt (für langfristige Kredite und Wertpapiere)	X für sonstige Unternehmen	X für sonstige Unternehmen	X für Banken	X für Banken
Produktionsgütermärkte (= Investitionsgütermärkte)	X für Kunden, die Unternehmen sind	X für Kunden, die Unternehmen sind	X für Lieferanten	X für Lieferanten
Konsumgütermärkte			X	X

5.3.4 Marktformen: Monopol, Oligopol, Polypol

Man spricht von Marktformen, sofern die Märkte nach der Anzahl der Marktteilnehmer auf der Anbieter- und der Nachfragerseite unterschieden werden. Wenn man die Anzahl der Anbieter und die Anzahl der Nachfrager jeweils einteilt in „einen Anbieter"/„einen Nachfrager", „wenige Anbieter"/„wenige Nachfrager", „viele Anbieter"/„viele Nachfrager", dann ergibt sich ein Schema mit neun Marktformen. Zur Vereinfachung kann man grundsätzlich von „vielen Nachfragern" ausgehen, dann bleiben drei Marktformen auf der Anbieterseite übrig:

- Monopol (monos [gr. allein], polein [gr. verkaufen])
- Oligopol (oligos [gr. wenige])
- Polypol (poly [gr. viele])

5.3.5 Markttypen: Vollkommene und unvollkommene Märkte

Eine wichtige Funktion von Märkten ist die Preisbildung. Die Untersuchung der Preisbildung in der Realität ist kompliziert. Um die Entwicklung des Marktpreises besser zu verstehen, benutzt die Wirtschaftswissenschaft ein Modell, das die Wirklichkeit vereinfacht. Es handelt sich um ein gedankliches Modell, den **vollkommenen Markt,** mit dessen Hilfe grundlegende Prinzipien beschrieben und erklärt werden können. In der Wirklichkeit gibt es nur **unvollkommene Märkte.**

Folgende Annahmen liegen dem vollkommenen Markt zugrunde:

Bedingungen	
eines vollkommenen Markts (Modell)	**unvollkommener Märkte (Wirklichkeit)**
Die Güter sind völlig gleichartig (homogen) und teilbar. Die Nachfrager haben keine Präferenzen (Vorlieben in räumlicher, zeitlicher oder persönlicher Art).	Die Güter sind verschieden, haben z. B. Qualitätsunterschiede, sind No-Name-Produkte oder Markenwaren. Vorlieben bestehen räumlich (für Anbieter in der Nähe), zeitlich (saisonale Preisschwankungen), persönlich (langjährige Geschäftsbeziehung).

Bedingungen	
eines vollkommenen Markts (Modell)	**unvollkommener Märkte (Wirklichkeit)**
Anbieter und Nachfrager verhalten sich stets vernunftgemäß (rational) nach dem ökonomischen Prinzip.	Das Käuferverhalten kann irrational sein. (Beispiel: Teures Parfum wird bevorzugt.)
Es herrscht Markttransparenz, d. h. die Marktbedingungen sind für alle Marktteilnehmer durchschaubar.	Es besteht keine Markttransparenz (die Preise sind unterschiedlich, die Anbieter nicht alle bekannt).
Raum und Zeit spielen keine Rolle.	Örtliche Bedingungen (das Gut ist am Ort vorhanden oder nicht vorhanden) und zeitliche Faktoren (das Gut ist sofort verfügbar oder nicht verfügbar) sind wichtig.

Um den Mechanismus der Marktpreisbildung durch die wechselseitige Anpassung von Angebot und Nachfrage verständlich zu machen, benutzt die Ökonomie einen vollkommenen Markt mit sehr vielen Markteilnehmern (Polypol).

Im **Modell des vollkommenen Polypols** hängen Angebot und Nachfrage ausschließlich von der Höhe des Preises eines Guts ab. Wenn man nach und nach die einschränkenden Bedingungen des Modells aufhebt, nähert man sich in der Betrachtung immer mehr der Preisbildung auf den unvollkommenen Märkten und damit der Wirklichkeit an.

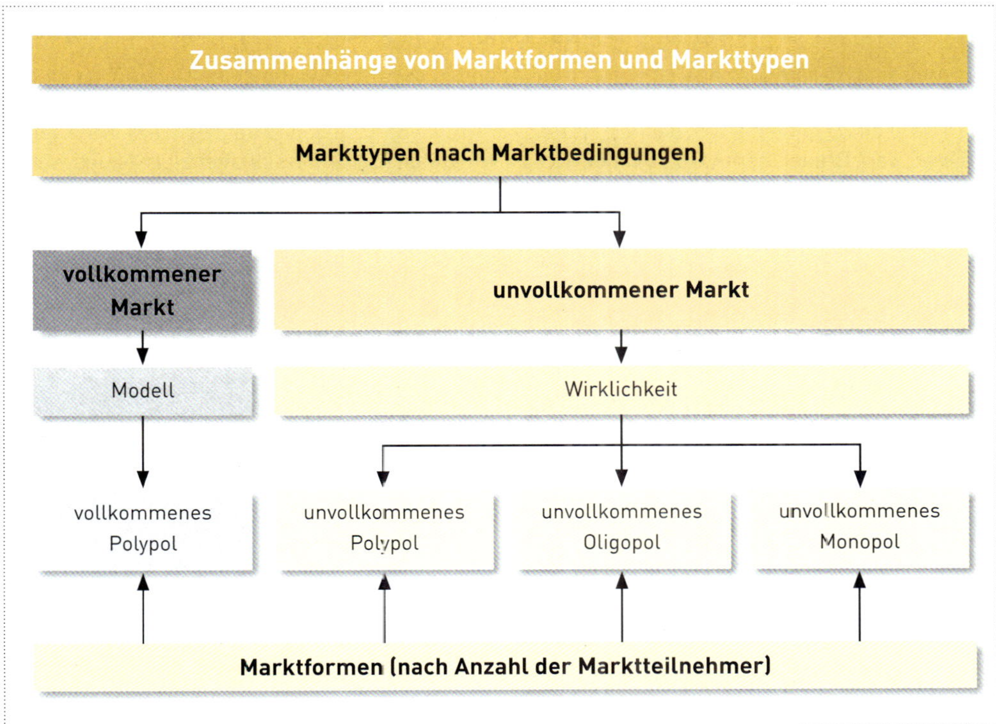

5.4 Angebot und Nachfrage

5.4.1 Angebot im vollkommenen Polypol

Märkte, die den Bedingungen des Modells des vollkommenen Polypols nahekommen, sind Börsen oder Internetauktionen. Da die Marktprozesse dort nicht besonders anschaulich verlaufen, stelle man sich im Folgenden vereinfacht vor, der Cola-Markt auf einem Straßenfest sei ein vollkommenes Polypol.

Beispiel **Bestimmungsfaktoren eines Angebots für Cola auf einem Straßenfest**

Ein Anbieter kauft 0,2 l Cola zum Einstandspreis von 0,25 €. Er möchte die Cola gern für 2,00 € je Becher verkaufen, um einen möglichst hohen Gewinn zu erzielen (so sein individueller Plan). Der Angebotspreis muss die Kosten der Ware, einen angemessenen Gewinn und die vom Staat erhobenen Steuern abdecken. Wenn die Passanten dem Cola-Anbieter nichts abkaufen, muss dieser überlegen, ob er den Preis senkt, um nicht auf der Ware sitzenzubleiben. Er würde sonst weder Umsatz noch Gewinn machen. Er muss also die Pläne der Nachfrager berücksichtigen, um seinen Gewinn zu maximieren. Tut er dies nicht, wird er aus dem Markt verdrängt.

Merke
Umsatz = Preis · Absatz (= abgesetzte/verkaufte Menge)
Gewinn = Umsatz – Kosten

Beispiel **Individuelles und aggregiertes (= zusammengefasstes) Angebot**

Der Imbissinhaber Herr Ahaus ist der einzige Anbieter, der bereit wäre, seine Cola für einen geringen Preis von 0,50 € pro Becher zu verkaufen. Er würde zu diesem Preis 100 Becher verkaufen (→ Preis 0,50 €: Angebot 100 Becher). Zu einem Preis von 0,75 € pro Becher wäre ein zweiter Anbieter, Herr Breuer, bereit, 100 Becher Cola zu verkaufen. Der Imbissinhaber Herr Ahaus würde natürlich auch einen Becher Cola für 25 ct mehr verkaufen (→ Preis 0,75 €: Angebot 200 Becher). Bei einem Preis von 1,00 € je Becher fänden sich mit Herrn Crone und Herrn Dittrich weitere Anbieter, die jeweils 300 Becher verkaufen würden, Imbissinhaber Herr Ahaus würde zu diesem Preis statt 100 Becher sogar 400 Becher, Herr Breuer 100 Becher verkaufen wollen (→ Preis 1,00 €: Angebot 1 100 Becher).

Angebot von Cola auf einem Straßenfest

Preis in € je Becher	individuelles Angebot in Bechern				aggregiertes Angebot in Bechern
	Ahaus	Breuer	Crone	Dittrich	
0,50	100	0	0	0	100
0,75	100	100	0	0	200
1,00	400	100	300	300	1 100

Wenn der Preis für ein Gut auf dem Markt steigt, signalisiert dies den Anbietern steigende Gewinne pro Gütereinheit und deshalb sind sie bereit, mehr Güter anzubieten. Ihre angebotene Menge des Guts (x) steigt also mit steigendem Preis (p). Außerdem gilt: Je höher der Preis ist, desto mehr Anbieter sind bereit, in den Markt einzutreten und Güter anzubieten.

Fortsetzung Beispiel

Angebot von Cola auf einem Straßenfest					
Preis in € je Becher	aggregiertes Angebot = möglicher Absatz in Bechern	möglicher Umsatz in €	Kosten in €	möglicher Gewinn in €	möglicher Gewinn in € je Becher
0,50	100	50,00	25,00	25,00	0,25
0,75	200	150,00	50,00	100,00	0,50
1,00	1 100	1.100,00	275,00	825,00	0,75

Merke Das **„Gesetz des Angebots"** lautet:
Bei steigendem Preis (p) steigt die angebotene Menge (x): wenn p ↑ dann x ↑ .
Bei sinkendem Preis (p) sinkt die angebotene Menge (x): wenn p ↓ dann x ↓ .

Das „Gesetz des Angebots" – eine **Bewegung auf der Kurve** im Preis-Mengen-Diagramm

Wenn der Preis steigt (hier: p1 → p2), steigt die Angebotsmenge (hier: x1 → x2).

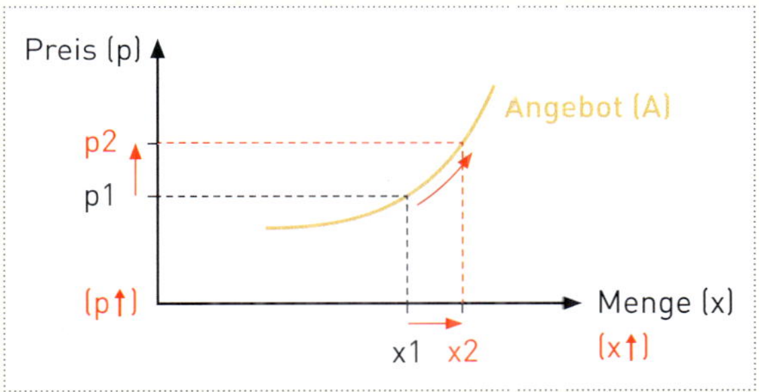

Das Angebot ist neben dem Preis auch abhängig von anderen Faktoren (zum Beispiel im Fall des Imbissbetreibers vom Einkaufspreis des Guts, den abzuführenden Steuern und dem angestrebten Gewinn). Diese Einflussgrößen werden jedoch in der Kurve selbst nicht abgebildet. So führen beispielsweise steigende Kosten der Verkäufer zu einer Verschiebung der Angebotskurve nach links. Wer mehr Kosten für das Produkt in Einkauf oder Herstellung aufwenden muss, wird zum gleichen Preis weniger verkaufen bzw. einige Verkäufer werden das Gut nicht mehr anbieten.

Steigende Kosten für das Gut – eine **Verschiebung der Angebotskurve**

Wenn die Kosten der Anbieter steigen, sinkt die angebotene Menge des Guts, sofern der Preis konstant bleibt. Die Angebotskurve verschiebt sich nach links.

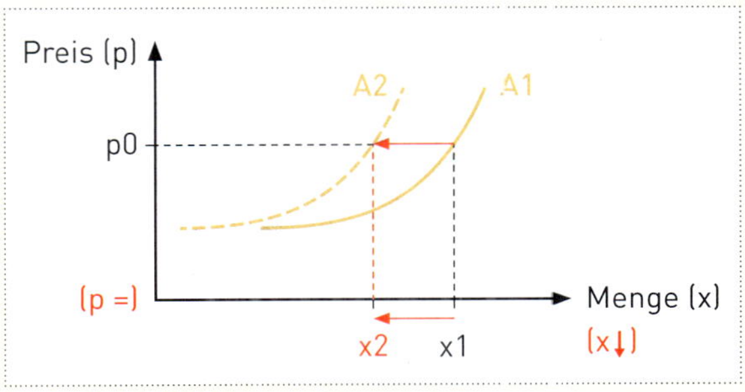

5.4.2 Nachfrage im vollkommenen Polypol

Beispiel **Individuelle und aggregierte (= zusammengefasste) Nachfrage**

Die Cola-Trinker sind die Nachfrager auf dem Cola-Markt des Straßenfests. Zu einem Preis von 3,00 € für einen Becher Cola würde nur Herr Zock einen Becher am Imbiss kaufen wollen. Für 2,50 € würden sowohl Herr Zock als auch Frau Yagar jeweils einen Becher kaufen. Zu einem Preis von 2,25 € wären Herr Xenakis und Frau Wohmann bereit, einen Becher zu kaufen. Frau Yagar würde zu diesem Preis weiterhin einen, Herr Zock sogar zwei Becher nachfragen.

Nachfrage von Cola auf einem Straßenfest

Preis in € je Becher	individuelle Nachfrage in Bechern				aggregierte Nachfrage in Bechern
	Zock	Yagar	Xenakis	Wohmann	
3,00	1	0	0	0	1
2,50	1	1	0	0	2
2,25	2	1	1	1	5

Mit sinkendem Preis sind immer mehr Nachfrager bereit, immer mehr Güter zu kaufen. Umgekehrt: Mit steigendem Preis wird weniger nachgefragt, denn je teurer das Gut ist, desto weniger Personen wollen kaufen. Sie müssten sonst wegen ihrer begrenzten Mittel auf andere Güter, die sie nachfragen wollen, verzichten. Einige Nachfrager werden stärker auf substitutive (austauschbare) Güter (beim Cola-Beispiel: Limonaden, Fruchtsäfte o. Ä.) ausweichen. Wieder andere werden sich das Gut gar nicht mehr leisten können.

Merke Das **„Gesetz der Nachfrage"** lautet:
Bei steigendem Preis (p) sinkt die nachgefragte Menge (x): wenn p ↑ dann x ↓.
Bei sinkendem Preis (p) steigt die nachgefragte Menge (x): wenn p ↓ dann x ↑.

Die Summe der geplanten Nachfragemenge aller Nachfrager zu den jeweiligen Preisen ergibt die Nachfragekurve oder -funktion. Die nachgefragte Menge ist abhängig von der Höhe des Preises.

Das „Gesetz der Nachfrage" – eine **Bewegung auf der Kurve** im Preis-Mengen-Diagramm

Wenn der Preis steigt (hier: p1 → p2), sinkt die Nachfragemenge (hier: x2 ← x1).

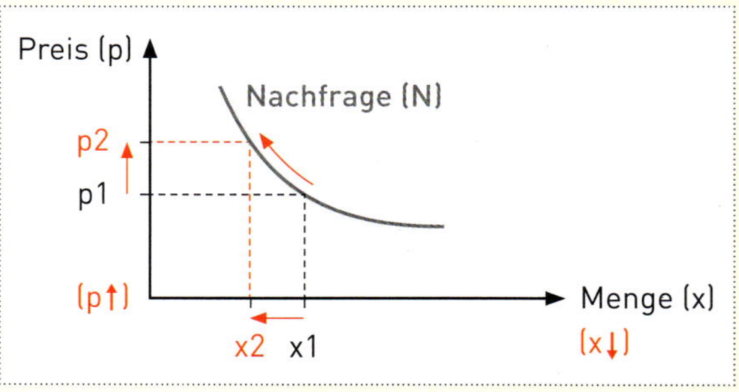

Auch die Nachfrage ist abhängig von anderen Faktoren, die in der Nachfragekurve nicht abgebildet werden (Einkommen, Präferenz/Wichtigkeit des Guts, Preise der Substitutionsgüter, technische Entwicklung usw.). Zum Beispiel führt ein steigendes Einkommen der Käufer zu einer Verschiebung der Nachfragekurve nach rechts. Wer mehr Einkommen zur Verfügung hat, kann zum gleichen Preis mehr kaufen.

Steigendes Einkommen der Nachfrager – eine **Verschiebung der Nachfragekurve**

Wenn das Einkommen der Nachfrager steigt, steigt die nachgefragte Menge des Guts bei gleichbleibendem Preis. Die Nachfragekurve verschiebt sich nach rechts.

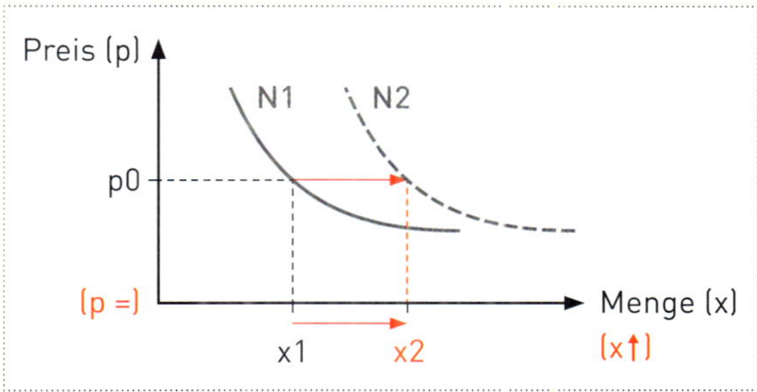

Zusammenfassung

Bestimmungsfaktoren von Angebot und Nachfrage		
Größenänderung/ Folge im Preis-Mengen-Diagramm	**Marktseite**	
	Angebot	**Nachfrage**
Preisänderung des Guts: Bewegung auf der Kurve	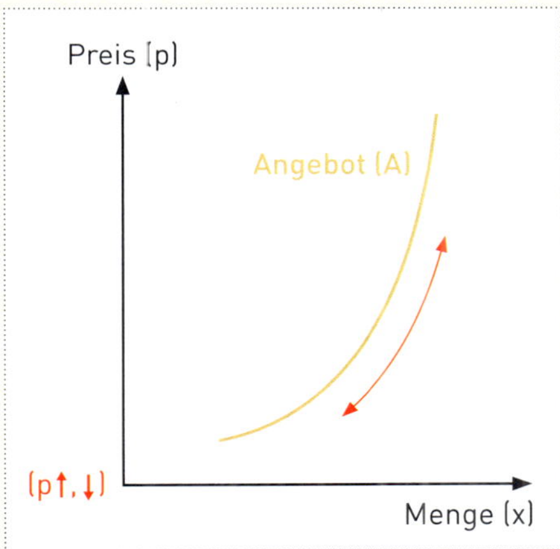	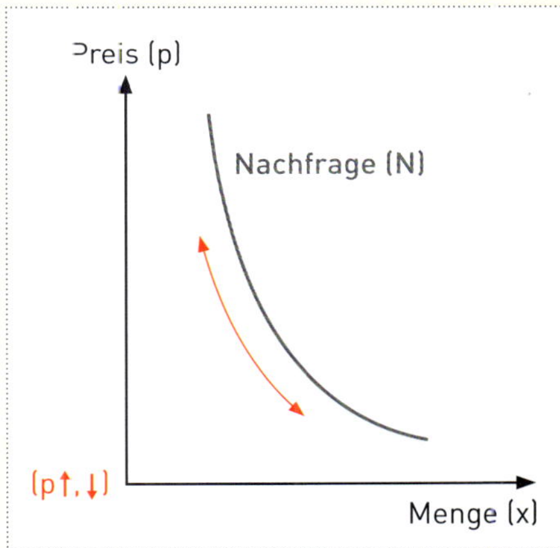
Änderungen sonstiger Faktoren (Einkommen der Haushalte, Preise anderer Güter, Kosten, Steuern, wirtschaftliche Erwartungen usw.): Verschiebung der Kurve	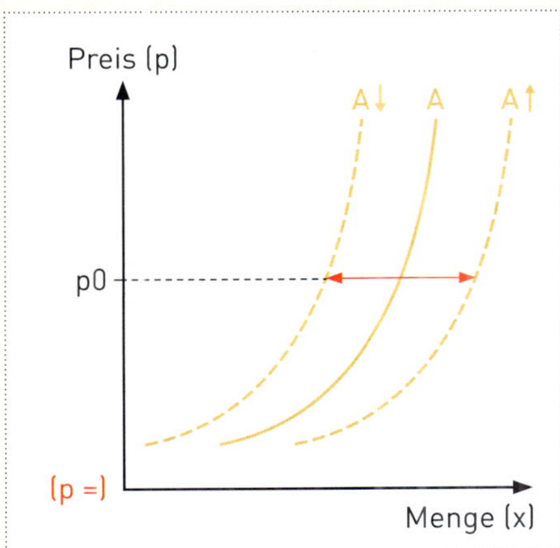	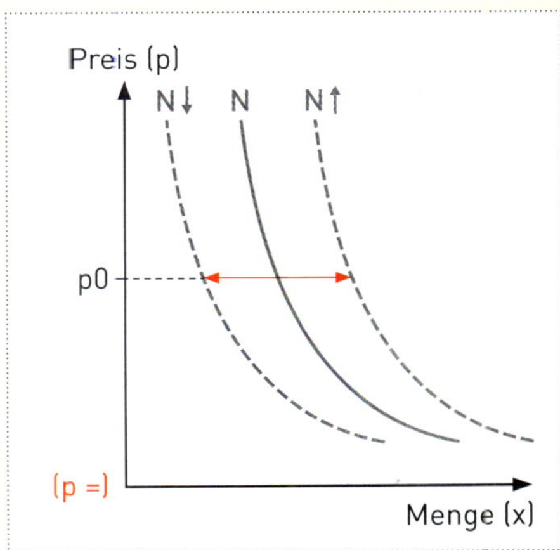

5.4.3 Atypische Nachfrageverläufe in unvollkommenen Märkten

Im Modell des vollkommenen Polypols reagieren die Nachfrager auf Preisänderungen sofort mit Änderungen ihrer nachgefragten Menge. Nach dem „Gesetz der Nachfrage" gilt: Steigt der Preis, sinkt die Nachfrage, sinkt der Preis, steigt die Nachfrage. Man spricht bei diesem typischen Verlauf von einer (preis-)elastischen Nachfrage.

Merke Die **Preiselastizität der Nachfrage** beschreibt den Zusammenhang zwischen Preis- und Mengenänderung. Sie gibt an, um wie viel Prozent die Nachfrage nach einem Gut sinkt, wenn der Preis um ein Prozent steigt.

$$\text{Preiselastizität der Nachfrage} = \frac{\text{prozentuale nachgefragte Menge}}{\text{prozentuale Änderung des Preises}}$$

Atypische Nachfrage

unelastische Nachfrage	Snob-Effekt	vollkommen elastische Nachfrage

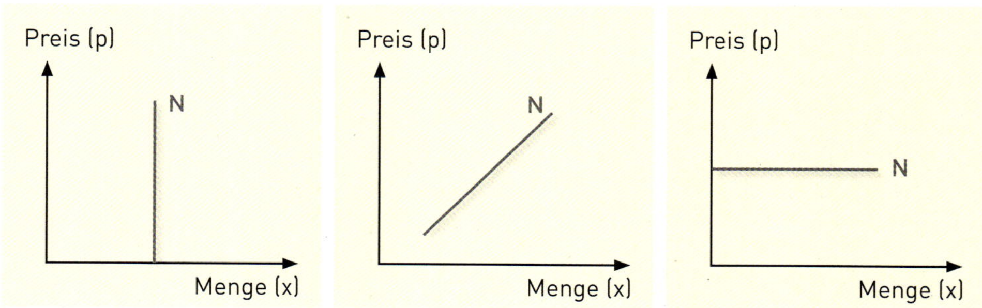

- **Unelastische bis vollkommen unelastische Nachfrage:** Die Nachfrage nach einem Gut verändert sich auch bei steigendem Preis kaum oder gar nicht. Die Nachfrager haben wenige oder keine Möglichkeiten, auf Substitutionsgüter auszuweichen. Die Preiselastizität ist nahe null (z. B. Heizöl, Benzin, Strom, nicht entbehrliche Grundnahrungsmittel).

- **Snob-Effekt:** Die Nachfrage reagiert untypisch. Mit steigendem Preis wird mehr nachgefragt. Die Nachfrage ist invers (= umgekehrt) preiselastisch. Der Konsument fragt nach, weil er davon ausgeht, dass
  - nur wenige andere das Gut erwerben können (z. B. hochwertiges Parfum),
  - das Gut ein Statussymbol darstellt (z. B. Pkw der Premiumklasse),
  - der hohe Preis die höhere Qualität des Guts widerspiegelt (z. B. Villa am See).

- **Elastische Nachfrage bis vollkommen elastische Nachfrage:** Die Nachfrage reagiert auf Preisveränderungen stark bis sehr stark. Die Nachfrager weichen auf Substitutionsgüter aus oder kaufen gar nichts. Die Preiselastizität ist > 1 (z. B. Butter verteuert sich und die Verbraucher weichen auf Margarine aus; Nachfrager verzichten bei Preissteigerungen auf entbehrliche Luxusgüter).

5.5 Preis und Preisbildung

5.5.1 Gleichgewicht im vollkommenen Polypol

Überträgt man Angebots- und Nachfragekurve in ein gemeinsames Diagramm, so schneiden sich die Kurven in einem Punkt, der den Gleichgewichtspreis und die Gleichgewichtsmenge abbildet. Beim Gleichgewichtspreis ist das Angebot gleich der Nachfrage, das heißt, die von den Anbietern vorgesehenen Angebotsmengen entsprechen den von den Nachfragern gewünschten Nachfragemengen. Es gibt weder überschüssige Nachfrage noch ein zu großes Angebot. Der Markt ist geräumt, die angebotene Menge wird nachgefragt.

Marktgleichgewicht

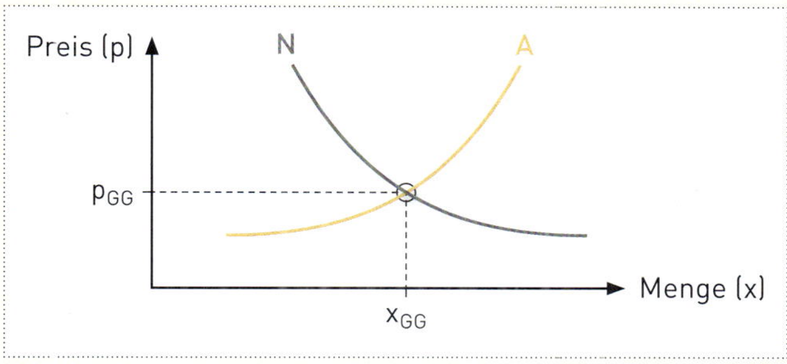

Um den Anpassungsmechanismus der vollkommenen Konkurrenz besser zu verstehen, kann man sich auch mit dem Modell des französischen Ökonomen Léon Walras behelfen: Ein Auktionator bringt Angebot und Nachfrage zum Ausgleich, indem er Preise ausruft, sich die jeweils angebotenen bzw. nachgefragten Mengen notiert und schließlich den Preis festlegt, bei dem Angebots- und Nachfragemengen gleich sind. So ähnlich geht es heute bei Versteigerungen (Fisch- oder Blumenmärkten, Kunstwerken), beim Aktienhandel der Börse oder bei Internetauktionen zu.

5.5.2 Ungleichgewichte und Tendenz zum Gleichgewicht

Bei einem **Preis über dem Gleichgewichtspreis** entsteht ein **Angebotsüberschuss** (A > N), das heißt, die Anbieter können einen Teil ihrer Ware nicht wie geplant absetzen und sind bereit, den Preis für die Ware zu senken. Dies reizt die Nachfrager, ihre Nachfrage zu erhöhen. Der sinkende Preis veranlasst die Anbieter schließlich dazu, weniger anzubieten. Das Ungleichgewicht verringert sich schrittweise, bis sich ein Gleichgewicht eingependelt hat.

Marktungleichgewicht: Angebotsüberhang – „Käufermarkt"

Anpassungsprozess:
A > N → p↓ → N↑,
A↓ → A = N

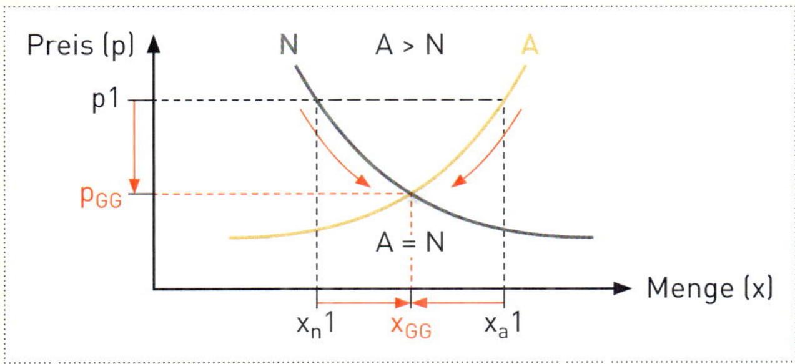

Bei einem **Preis unter dem Gleichgewichtspreis** entsteht ein **Nachfrageüberschuss** (N > A), das heißt, die Nachfrager können einen Teil ihrer geplanten Nachfrage nicht decken und sind bereit, mehr für das Gut zu zahlen. Der steigende Preis bringt die Anbieter dazu, die angebotene Menge schrittweise zu erhöhen, die Nachfrager reduzieren schließlich ihre nachgefragte Menge. Das Ungleichgewicht wird immer kleiner, bis sich ein Gleichgewicht eingestellt hat.

Marktungleichgewicht: Nachfrageüberhang – „Verkäufermarkt"

Anpassungsprozess:
N > A → p↑ → N↓,
A↑ → A = N

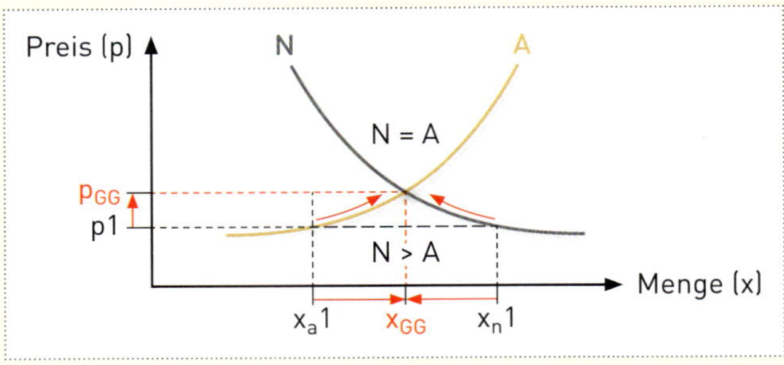

Beide Ungleichgewichtssituationen streben also zum **Gleichgewicht**. Im vollkommenen Polypol vollzieht sich dieser wechselseitige Anpassungsprozess von Angebot und Nachfrage den Modellannahmen entsprechend sofort, ohne Zeitverzögerung. Der Preismechanismus sorgt für die Abstimmung der Pläne der Anbieter und Nachfrager.

Merke Beim Gleichgewichtspreis wird der Markt geräumt, das heißt, es wird alles abgesetzt, was angeboten wird.
Der Umsatz (Preis mal abgesetzter Menge) wird maximiert.

5.5.3 Preisbildung in verschiedenen Marktformen

Im **Monopol** hat ein Alleinanbieter keine Konkurrenz. Er kann seine Preise ohne Rücksicht auf andere Anbieter festsetzen. Der Absatz des Guts hängt allein von der Nachfrage zu dem jeweils gewählten Preis ab.

Merke Ein Monopolist ist ein Preis- bzw. Mengenfixierer.

Im **Oligopol** hängt der Preis vom Verhalten der Anbieter ab. Folgende Möglichkeiten kommen in Betracht:

- Preisruhe: Der Preis wird wegen erwarteter Reaktionen der Konkurrenten weder erhöht noch gesenkt.
- Preisführerschaft: Ein Anbieter erhöht den Preis, die Konkurrenten ziehen mit.
- Preiskampf: Ein Anbieter senkt den Preis, die Konkurrenten senken den Preis ebenfalls. Der Preiskampf kann bis zur Marktverdrängung von Konkurrenten führen.

Preisabsprachen der Konkurrenten sind deshalb nicht unwahrscheinlich, sie sind aber vom Gesetzgeber untersagt (verbotenes Kartell). Gleichförmiges bzw. abgestimmtes Verhalten der Anbieter (Beispiel: Kraftstoffpreise an den Tankstellen) kann nicht untersagt werden, wenn keine Vereinbarung nachgewiesen werden kann.

Merke Ein Oligopolist ist ein Preisfixierer mit begrenztem Spielraum. Dieser Spielraum wird durch die Konkurrenten eingeschränkt.

Im **Polypol,** unter den Bedingungen des vollkommenen Markts, können die Anbieter den Preis nicht beeinflussen. Sie müssen den herrschenden Marktpreis akzeptieren und können nur durch die Wahl ihrer individuellen Angebotsmengen reagieren. Sie sind Mengenanpasser. Im unvollkommenen Polypol haben die Anbieter durch die Unterschiedlichkeit der Güter einen geringen Preisspielraum. Wird der Preis zu hoch, wandern die Nachfrager zur Konkurrenz ab.

Merke Anbieter im vollkommenen Polypol sind Mengenanpasser. Anbieter im unvollkommenen Polypol haben einen geringen Preisspielraum.

Zusammenfassend lässt sich sagen, dass Anbieter keinen oder kaum Einfluss auf den Marktpreis haben, wenn es viele sind (Polypol), dass Anbieter Einfluss nehmen können, wenn es nur wenige gibt (Oligopol) oder dass ein Anbieter den Marktpreis bestimmen kann, wenn er allein ist (Monopol).

5.5.4 Funktionen der Preise in einer Marktwirtschaft

Der Preis hat die Aufgabe, Angebot und Nachfrage auf einem Markt zum Ausgleich zu bringen. Man kann dabei bestimmte Funktionen des Preises unterscheiden.

Funktionen von Preisen auf Märkten

Funktion	Erläuterung
Bewertung/ Information	Der Nachfragepreis zeigt die Zahlungsbereitschaft der Käufer für das Gut. Sie müssen dafür Einkommen aufwenden und auf andere Güter verzichten. Der Angebotspreis berücksichtigt u. a. die Herstellungs- oder Anschaffungskosten des Guts. Sind sie durch den Marktpreis nicht gedeckt, werden die Anbieter auf ein anderes Gut umschwenken.
Signal	Der Preis bzw. die Entwicklung des Preises signalisiert, wie sich die angebotenen und nachgefragten Mengen des Guts auf dem Markt verändern. Zum Beispiel zeigt ein steigender Preis, dass das Gut auf dem Markt knapp ist. Die Verkäufer erhöhen die angebotene Menge, die Käufer senken ihre Nachfrage.
Anreiz	Hohe bzw. steigende Preise stellen einen Anreiz für den Anbieter dar, zusätzliche Mengen eines Guts bereitzustellen. Dies kann durch Abbau von Lagerbeständen oder durch Produktion bzw. Einkauf des Guts geschehen.
Koordinierung/ Ausgleich	Der Preismechanismus räumt den Markt, das heißt, die geplanten Angebots- und Nachfragemengen werden aufeinander abgestimmt. Produziert ein Unternehmen zu teuer oder zu viele Güter, so nehmen die Nachfrager diese Güter nicht ab. Das Unternehmen muss seine Pläne ändern, um wettbewerbsfähig zu bleiben.

Fortsetzung Tabelle siehe nächste Seite

Funktionen von Preisen auf Märkten		
Funktion		**Erläuterung**
Innovation		Der Preis signalisiert Gewinnchancen. Neue Produkte (z. B. Handy, E-Book, Medikamente) und Technologien (z. B. zur Nutzung der Wind- und Sonnenenergie) werden entwickelt, um Gewinn zu erwirtschaften.
auf Faktormärkten	Lenkung/ Allokation	Der Preis für Güter zeigt ihre Knappheit an und lenkt Produktionsfaktoren in zukunftsträchtige Branchen um. Wenn ein neues Gut besonders begehrt ist, wird die Herstellung des Guts ausgeweitet. Dazu müssen Produktionsfaktoren bereitgestellt werden: Unternehmen werden errichtet, Arbeitskräfte eingestellt und Investitionen getätigt.
	Sub-stitution	Auch der Preis auf den Märkten für Produktionsfaktoren kann sich verändern. Steigt der Preis für Strom sehr stark, werden Unternehmer in energiesparende Technologien investieren. Wenn Maschinen günstiger produzieren, werden Arbeitskräfte entlassen („Rationalisierung").

5.6 Wettbewerb

5.6.1 Einflussnahme auf den Wettbewerb

Kein Wettbewerb im Modell

Das Geschehen auf realen Märkten ist nicht so mechanisch und harmonisch, wie es das Modell des vollkommenen Polypols vielleicht glauben macht. Nach den Modellbedingungen können weder Anbieter noch Nachfrager den Preis beeinflussen. Sie müssen den Preis als gegeben hinnehmen und können nur ihre persönliche Angebots- bzw. Nachfragemenge ändern. Ein Ökonom hat das Modell abschätzig als „Schlafmützenkonkurrenz" bezeichnet, weil jede individuelle Anstrengung eines Anbieters aufgrund der Marktbedingungen von vornherein zum Scheitern verurteilt ist. Ein Wettbewerb der Anbieter lohnt sich nicht.

Merke **Wettbewerb** bedeutet, dass Anbieter um Nachfrager konkurrieren, zum Beispiel mithilfe des Preises, der Qualität oder des Kundendienstes für die angebotenen Güter.

Wettbewerb in der Realität

Marketing Kap. 3.2

Bei unvollkommenen Märkten wird die Preisbildung durch die jeweiligen Unvollkommenheiten beeinflusst. Haben die Nachfrager Vorlieben, hat der Anbieter einen gewissen Preiserhöhungsspielraum. Gibt es nur einen Anbieter, kann dieser den Preis festlegen. Der Wettbewerb zwischen den Marktteilnehmern auf realen Märkten kann sogar zum (Konkurrenz-) Kampf werden. Mit den „Waffen" der Anbieter im Wettbewerb beschäftigt sich das **Marketing,** ein Teilgebiet der Betriebswirtschaftslehre. Die Marketinginstrumente dienen dazu, Güter im Markt abzusetzen und damit die Marktposition des Unternehmens zu verbessern.

Regelung und Kontrolle des Wettbewerbs

Freier Wettbewerb fördert technischen Fortschritt, gibt Impulse zur Qualitätssteigerung, hat sinkende Preise zur Folge und damit eine Steigerung des Wohlstands. Die Wirtschaftswissenschaften beschäftigen sich deshalb mit der Erklärung und der Aufrechterhaltung des Wettbewerbs auf den Märkten: der Wettbewerbstheorie und der Wettbewerbspolitik (dies sind Zweige der Volkswirtschaftslehre). Die Rechtswissenschaft deckt mit dem Wettbewerbs- und Kartellrecht das Gebiet der Regelung und Kontrolle des Wettbewerbs auf Märkten ab.

Ziel des Wettbewerbsrechts

Damit niemand die Wettbewerbsfreiheit zum Schaden anderer Wettbewerber und Verbraucher missbraucht, wurde das Wettbewerbsrecht erlassen. Ziel des Wettbewerbsrechts, insbesondere des Gesetzes gegen Wettbewerbsbeschränkungen (GWB) und des Gesetzes gegen den unlauteren Wettbewerb (UWG), ist die Sicherung eines funktionierenden Wettbewerbs auf Märkten. Das Wettbewerbsrecht ist für unsere Wirtschaftsordnung, die soziale Marktwirtschaft, wichtig. Während das UWG eher bei zu viel und bei unfairem Wettbewerb eingreift, schützt das GWB vor zu wenig Wettbewerb durch die Marktbeherrschung eines oder weniger Unternehmen.

Folgende Maßnahmen sieht das Gesetz gegen Wettbewerbsbeschränkungen (GWB) vor:
- Kartellverbot (Preis-, Mengen- oder Gebietsabsprachen zwischen Unternehmen)
- Fusionskontrolle (Überwachung vor Zusammenschlüssen von Unternehmen, um Marktbeherrschung zu verhindern)
- Missbrauchsaufsicht (Verbot des Machtmissbrauchs durch marktbeherrschende Unternehmen)

Überwacht wird die Einhaltung des GWB durch das Bundeskartellamt und die Landeskartellämter.

UWG Kap. 3.6.1

Marktbeherrschung nach dem Gesetz gegen Wettbewerbsbeschränkungen (GWB)

Marktbeherrschung wird nach § 19 GWB vermutet, wenn z. B. ein Unternehmen einen Marktanteil von einem Drittel oder mehr hat:

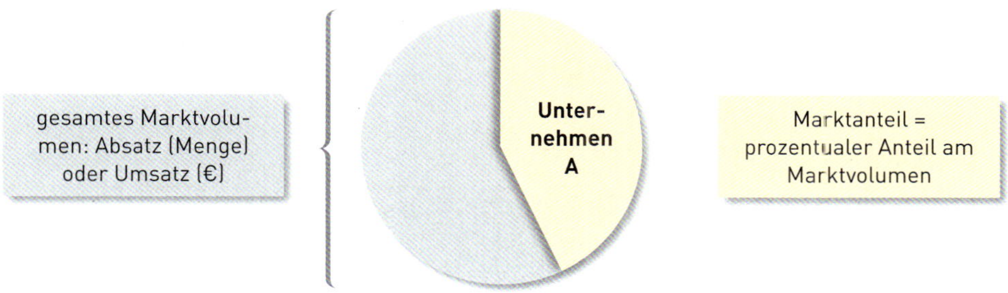

5.6.2 Wettbewerbsstrategie

Wettbewerbsstrategien dienen dazu, den Marktanteil des Unternehmens auszubauen und sich Wettbewerbsvorteile gegenüber der Konkurrenz zu verschaffen. Es werden grundsätzlich die folgenden drei Strategien unterschieden.

Kostenführerschaft

Bei der Strategie der Kostenführerschaft ist das Ziel, unter allen Wettbewerbern der kostengünstigste zu sein. Die kann realisiert werden, wenn Vorteile wie Standort oder bewusste Rationalisierung ausgenutzt werden. Der Erfolg dieser Strategie ist abhängig von der Größe des Unternehmens im Vergleich zu seinen Wettbewerbern.

Beispiel

Für die Blum Music4You KG bietet sich die Kostenführerschaft grundsätzlich nicht an, da das Unternehmen wahrscheinlich zu klein ist. Lediglich im regionalen Umfeld wäre diese Strategie denkbar, vorausgesetzt, dass die Blum Music größer als die Konkurrenz in der näheren Umgebung ist.

Differenzierung

Durch die Strategie der Differenzierung versucht sich ein Unternehmen von den Wettbewerbern zum Beispiel durch herausragende Produktqualität, Service, Zusatzdienstleistungen usw. abzugrenzen.

Beispiel

Die Blum Music4You KG stellt ihre E-Gitarren aus besseren Materialien als die Konkurrenz her, somit ist die Lebensdauer der Instrumente länger und die Kunden sehen einen Zusatznutzen in dem Produkt.

Nischenstrategie

Mit dieser Strategie konzentriert sich das Unternehmen auf Produkte, Regionen oder Kunden, die bisher von der Branche vernachlässigt wurden, um eine Nische auszufüllen. Nische bedeutet dabei, ein Segment oder einen Schwerpunkt zu besetzen, der bisher noch nicht von anderen Unternehmen bearbeitet wurde. Diese Nische sollte sich nach Kundenwünschen orientieren. Die Nischenstrategie kann nicht separat als einzige Wettbewerbsstrategie genutzt werden, sondern ist immer mit der Strategie der Differenzierung verbunden.

Beispiel

Oft möchten Kunden der Blum Music4You KG wissen, ob es möglich sei, Einsteigerinstrumente wie Kinder-E-Gitarren auch zu leasen. Claus Blum recherchiert im Raum Köln, ob diese Möglichkeit schon von anderen Unternehmen geboten wird. Da das nicht der Fall ist, beschließt er, Leasing als Zusatzservice anzubieten, um so Neukunden zu finden und Bestandskunden an sich zu binden.

Lernlandkarte 5.7

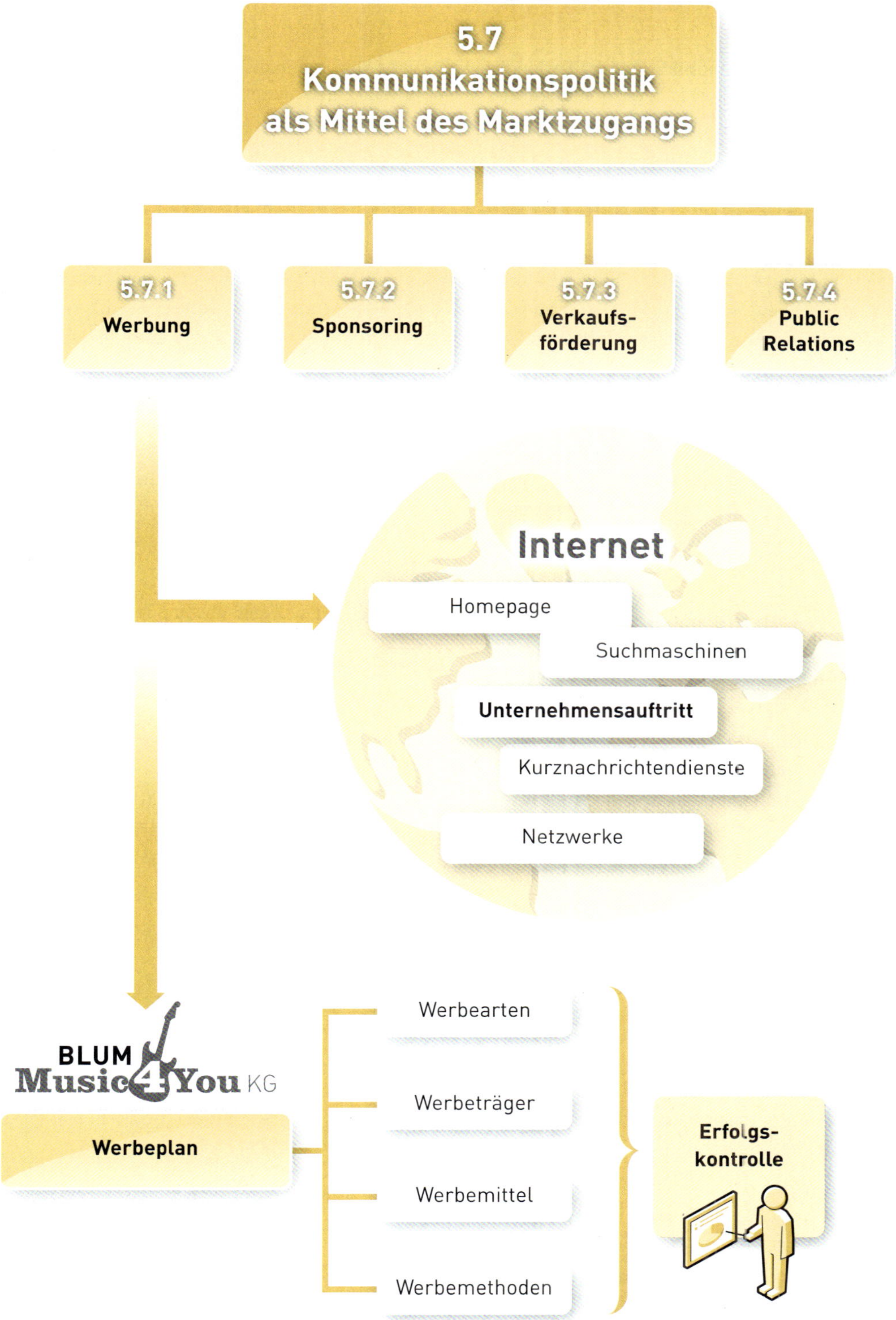

5.7 Kommunikationspolitik als Mittel des Marktzugangs

Merke **Kommunikationspolitik** ist die Gesamtheit aller Maßnahmen, um die potenziellen Kunden (= die Zielgruppen) eines Unternehmens so zu beeinflussen, dass diese die Produkte des Unternehmens kaufen.

Die Kommunikationspolitik umfasst dabei die Koordination von Werbung, Verkaufsförderung und Öffentlichkeitsarbeit. Jedes Unternehmen sollte dabei bestrebt sein, ein einheitliches Unternehmensbild nach außen und nach innen zu tragen. Dieser einheitliche Auftritt wird als Corporate Identity bezeichnet (früher hieß es auch „Stil des Hauses"). Dadurch soll das Unternehmen von seiner Umwelt als soziales System mit selbstbestimmten Werten und einer Unternehmenskultur (Selbstverständnis) im Grunde wie eine Person (die Persönlichkeit eines Unternehmens) wahrgenommen werden.

Einstiegsfall **Werbung für Blum Music**

Claus Blum möchte den Bekanntheitsgrad der Blum Music4You KG erhöhen. Vor allem die von ihm hergestellte E-Gitarre soll in der Musikszene noch stärkeren Anklang finden. Er setzt dabei auf den Musikernachwuchs. Als zusätzliche Marke will er die Veranstaltung von Konzerten und Events etablieren. Der Name Blum Music soll einen hohen Wiedererkennungswert erhalten.

Da Claus Blum nicht alles auf einmal erreichen kann, kümmert er sich zunächst um folgende Punkte:
- Erstellen eines Werbeplans
- Public Relations
- Sponsoring
- Einführung einer Corporate Identity für die Blum Music

5.7.1 Werbung

Werbung versucht, Verbraucher sowohl gezielt (direkt) als auch unbewusst (indirekt) zu einem bestimmten Handeln zu veranlassen. Ziel ist dabei vor allem, den Absatz von Waren und Dienstleistungen eines Unternehmens zu erhöhen. Die Absatzwerbung soll neue Kunden gewinnen.

Um die Kunden direkt bewerben zu können, muss die Zielgruppe ausgewählt und eingegrenzt werden – die Werbung muss gezielt „gestreut" werden. Streugebiet, Streuzeit und Streukreis sind zu benennen.

Streugebiet	Streuzeit	Streukreis
Wo soll geworben werden? → Werbegebiet: z. B. lokal, regional, national, international	Wann soll geworben werden? → Werbezeit: z. B. das ganze Jahr über, zu bestimmten Jahreszeiten, an bestimmten Tagen, zu einer bestimmten Tageszeit	Wer soll erreicht werden? → Zielgruppe: z. B. Händler, Gewerbetreibende, Endverbraucher

Streuverluste entstehen dann, wenn die Zielgruppe von den Werbemaßnahmen des Unternehmens nicht erreicht wird. Streuverluste können grundsätzlich mithilfe eines detaillierten Werbeplans vermieden werden.

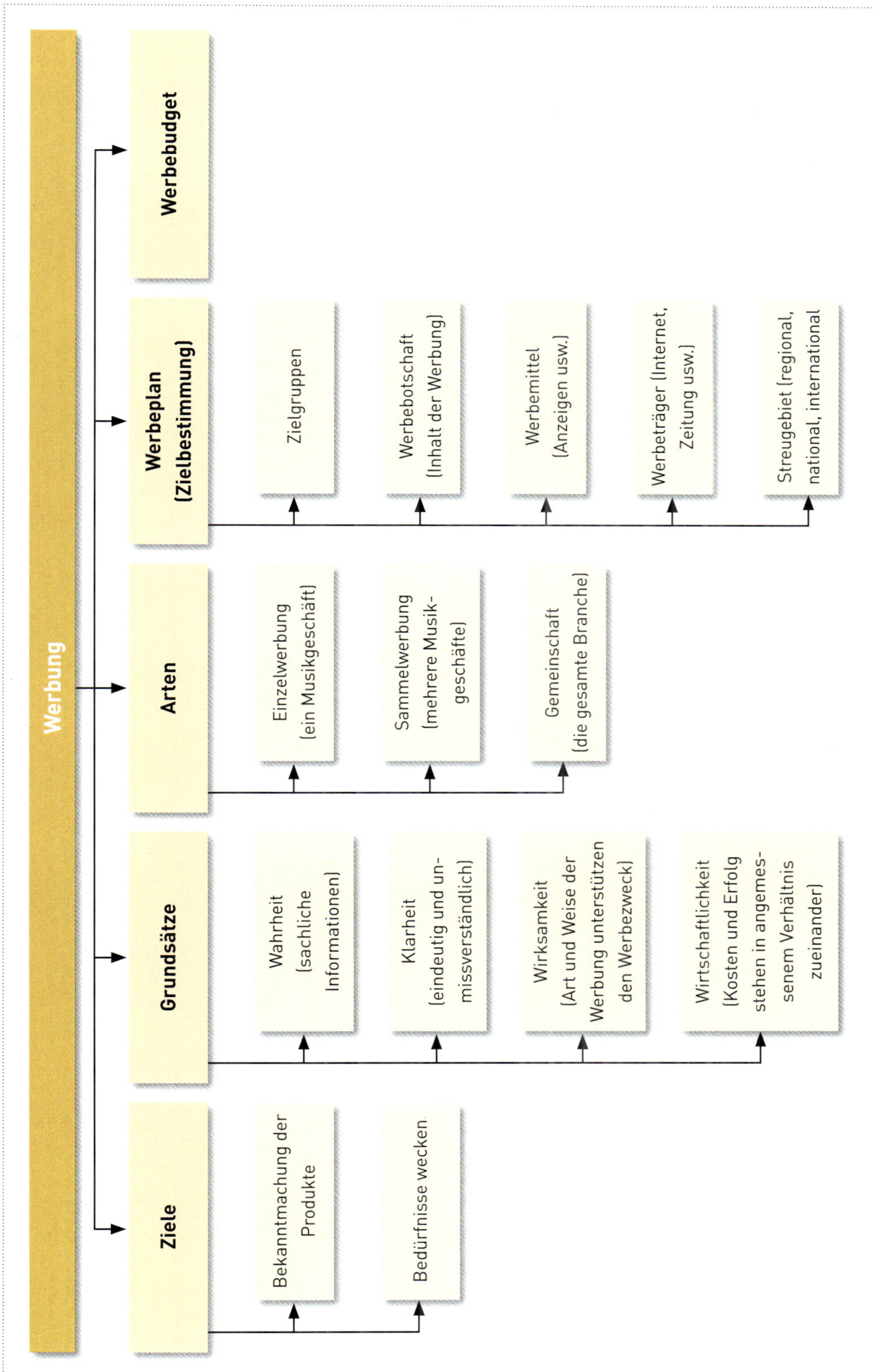
Werbung
Ziele
Bekanntmachung der Produkte
Bedürfnisse wecken
Grundsätze
Wahrheit (sachliche Informationen)
Klarheit (eindeutig und unmissverständlich)
Wirksamkeit (Art und Weise der Werbung unterstützen den Werbezweck)
Wirtschaftlichkeit (Kosten und Erfolg stehen in angemessenem Verhältnis zueinander)
Arten
Einzelwerbung (ein Musikgeschäft)
Sammelwerbung (mehrere Musikgeschäfte)
Gemeinschaft (die gesamte Branche)
Werbeplan (Zielbestimmung)
Zielgruppen
Werbebotschaft (Inhalt der Werbung)
Werbemittel (Anzeigen usw.)
Werbeträger (Internet, Zeitung usw.)
Streugebiet (regional, national, international)
Werbebudget

Aufgaben und Ziele der Werbung

Damit Werbung effektiv und wirtschaftlich ist, muss sie auf den Lebenszyklus eines Produkts abgestimmt werden. Durch eine genaue Abstimmung kann die Einführungsphase bei neuen Produkten verkürzt und die Lebensdauer eines Produkts verlängert werden.

Produktlebenszyklus Kap. 3.3.2

Phasen des Lebenszyklus	Aufgaben der Werbung
Einführungsphase	**Einführungswerbung** ■ Bekanntmachung neuer Produkte ■ latente Bedürfnisse wecken ■ neue Märkte erschließen und neue Kunden gewinnen
Wachstumsphase	**Wachstumswerbung** ■ Erhöhung des Marktanteils ■ Kunden von Mitbewerbern abziehen ■ Erhöhung der Bekanntheitsgrads
Reifephase **Sättigungsphase**	**Stabilisierungswerbung** ■ Abwehren von aggressiven Mitbewerbern ■ Stabilisierung der eigenen Marktstellung
Rückgangsphase	**Erinnerungswerbung** ■ Produkte und Dienstleistungen des Unternehmens bei den Kunden in Erinnerung bringen ■ Kunden zurückgewinnen

Psychologische Werbeziele und die AIDA-Formel		
Psychologische Stufen	**AIDA-Stufen**	**Erläuterungen**
1. Bekanntmachung	Attention (Aufmerksamkeit erregen)	■ Produktvorstellung ■ Kunde wird über die Existenz des Produkts informiert.
2. Information	Interest (Interesse am Produkt wecken)	■ Kunde erhält zusätzliche Produktinformationen (Nutzen).
3. positives Produktimage schaffen	Desire (Kaufwunsch wecken)	■ Kunde soll die Produktinformationen positiv bewerten.
4. Kaufhandlung des Kunden auslösen	Action (Kaufhandlung des Kunden auslösen)	■ Kunde kauft das Produkt oder die Dienstleistung.

Grundsätze der Werbung

Grundsätze der Werbung

Stetigkeit, Einheitlichkeit, Einprägsamkeit	Wahrheit	Wirtschaftlichkeit	Wirksamkeit	Klarheit
Einen einheitlichen Stil verfolgen bedeutet, den Wiedererkennungswert steigern.	Werbung darf keine Unwahrheiten enthalten.	Die Kosten müssen in angemessenem Verhältnis zum möglichen Erfolg stehen.	Die Art und Weise der Werbung muss den Werbezweck unterstützen – Streuverluste vermeiden.	Den Kunden eindeutig über die Vorzüge eines Produkts informieren.

Werbearten

Folgende Arten werden unterschieden:

- **Einzelwerbung** (Werbung eines Unternehmens)
- **Sammel-/Verbundwerbung** (mehrere unterschiedliche Unternehmen werben gemeinsam)
- **Gemeinschaftswerbung** (mehrere Unternehmen einer Branche werben gemeinsam)

Beispiele

Die Blum Music wirbt in **Einzelwerbung** für ihre neu entwickelte E-Gitarre. In einer Anzeige für ein großes Benefizkonzert werden alle Sponsoren und beteiligten Unternehmen erwähnt **(Verbundwerbung).** Der Musikverband wirbt in Fernsehspots, um das Interesse am Erlernen eines Musikinstruments zu wecken. Die Gitarre im Werbespot stammt von der Blum Music4You KG **(Gemeinschaftswerbung).**

Werbemittel und Werbeträger

Die Aufgaben der Werbung können nur erfolgreich gelöst werden, wenn die Werbebotschaft die potenziellen Kunden auch erreicht. Hierzu stehen der Werbung zahlreiche Werbemittel und -träger zur Verfügung.

- **Werbeträger** sind Kommunikationseinrichtungen, die dazu dienen, die Werbung zu verbreiten.
- **Werbemittel** sind die verschiedenen Ausdrucksformen bzw. Darstellungen der Werbung.

Beispiele

Werbemittel		
visuell	**akustisch**	**audio-visuell**
Plakat	Kundengespräch	Kinospot
Werbebrief (Mailing)	Werbetext	Fernsehspot
Inserat (Anzeige)	Radiospot	Internetauftritt

Fortsetzung Beispiele siehe nächste Seite.

Serienbrief siehe Informationsverarbeitung Kap. 3.11

Werbeträger	Werbemittel für die einzelnen Werbeträger		
	visuell	**akustisch**	**audio-visuell**
Schrift	■ Werbebrief ■ Mailing ■ Flyer ■ Prospekt ■ Produkt- und Firmenname		■ Fernsehspot ■ Kinospot ■ Internet ■ Imagefilm
Ton	■ Messe ■ Ausstellung	■ Radiospot ■ Kundengespräch	
Bild	■ Plakat ■ Werbebanner ■ Schaltfläche	■ Messe ■ Ausstellung	
Ware	■ Schaufensterauslage ■ Verkaufsraumauslage ■ Ausstellungsgegenstand		■ Produktpräsentation
Vergünstigungen	■ Preisnachlässe ■ individuelle Zahlungs- und Lieferbedingungen ■ Garantien	■ Werbegeschenke ■ Prämien ■ Serviceleistungen	

Werbemethoden

Ziel einer Werbemethode ist, die eigene Werbung so ausdrucksstark und/oder effektvoll zu gestalten, dass sie sich von anderen Werbungen unterscheidet und abhebt. Die Werbemethode sollte so einprägsam beim potenziellen Kunden ankommen, dass dieser das Produkt, die Firma oder den Namen in Erinnerung behält.

Methoden der Werbung sind unter anderen:

- Werbespots in Bild und Ton
- Wiederholung einer Werbebotschaft
- Productplacement (bestimmte Fernsehsendungen mit bestimmten Markenartikeln ausstatten)
- Leitbilderwerbung (Leitbilder = berühmte Persönlichkeiten aus Film, Sport und Fernsehen)

Beispiel

Die Blum Music stattet eine berühmte Rockband mit ihren E-Gitarren aus. Bei jedem Fernsehauftritt dieser Band sind die Gitarren der Blum Music zu erkennen. Die Gitarristen sind Leitbilder der Jugend und des Gitarristennachwuchses. Ihre Fans möchten die gleichen Gitarren wie ihre Vorbilder erwerben.

Unternehmensauftritt im Internet

Der klassische Auftritt eines Unternehmens im Web 2.0 ist die eigene Homepage. Hier kann der potenzielle Kunde umfangreiche Informationen erhalten und die Möglichkeiten eines Onlineshops nutzen. Damit mögliche Kunden auch zur Internetseite gelangen, muss diese bekannt gemacht werden. Soziale Netzwerke (Social Networks, wie zum Beispiel Facebook, Twitter oder Google+) bieten hier für Unternehmen neue Möglichkeiten an, sich zusätzlich im Internet zu präsentieren. Dadurch können die Unternehmen ihren Bekanntheitsgrad steigern und sich einer größeren Öffentlichkeit positiv darzustellen.

Werbung im Internet

Die Möglichkeiten, Werbung im Internet zu schalten, sind zahlreich. Hier bieten sich verschiedene Formen an, den User gezielt anzusprechen. Durch Sammlung persönlicher Daten wird Werbung im Internet immer personalisierter und ist nur selten eine Massenansprache wie beispielsweise die Fernseh- oder Zeitschriftenwerbung.

Werbemöglichkeiten im Internet			
	Banner-Werbung	**Re-Targeting**	**Targeting**
Ablauf	= dominierende Werbeform Banner werden auf der Internetseite eingeblendet. Ein Klick führt zum Angebot. Platzierung erfolgt im Umfeld der gewünschten Zielgruppe.	= Banner mit Werbebotschaft, die vermutlich zum Kunden passt Hinweis auf Angebote, die den Kunden bereits interessierten Einsatz von Cookies (Programme zur Registrierung der Besucheraktivitäten)	= personalisierte Werbung (targeting = engl., genaue Zielgruppenansprache) Merkmale des Besuchers auf einer Website werden gespeichert. Bei erneutem Besuch wird die Werbung an den Besucher angepasst. ist datenschutzrechtlich umstritten durch die große Informationsspeicherung
Kosten	hoch Bezahlung nach Sichtkontakt	hoch Bezahlung pro Klick	geringer Bezahlung pro Klick
Erfolg	gering Klicks sind selten.	mittel Klicks sind häufiger.	hoch, da geringe Streuverluste

Möglichkeiten des Targeting		
Keyword Advertising	**ortsbasiert**	**verhaltensbasiert**
Suchmaschinen nutzen diese Art, um sich zu finanzieren. Suchbegriffe werden eingegeben. Gezielte Bannerwerbung erscheint. Anzeigen werden neben der Ergebnisliste präsentiert.	Grundlage ist die IP-Adresse – Bestimmung des ungefähren Standorts. Werbung für Angebote der näheren Umgebung Werbung in der passenden Landessprache Hinweis auf die nächstgelegene Filiale	Cookies zeichnen das Surfverhalten im Internet auf. Analyse des Inhalts der besuchten Websites. Zuordnung zu einer Zielgruppe Anzeige von Werbung, die den Kunden sehr wahrscheinlich interessiert.

Werbeplan

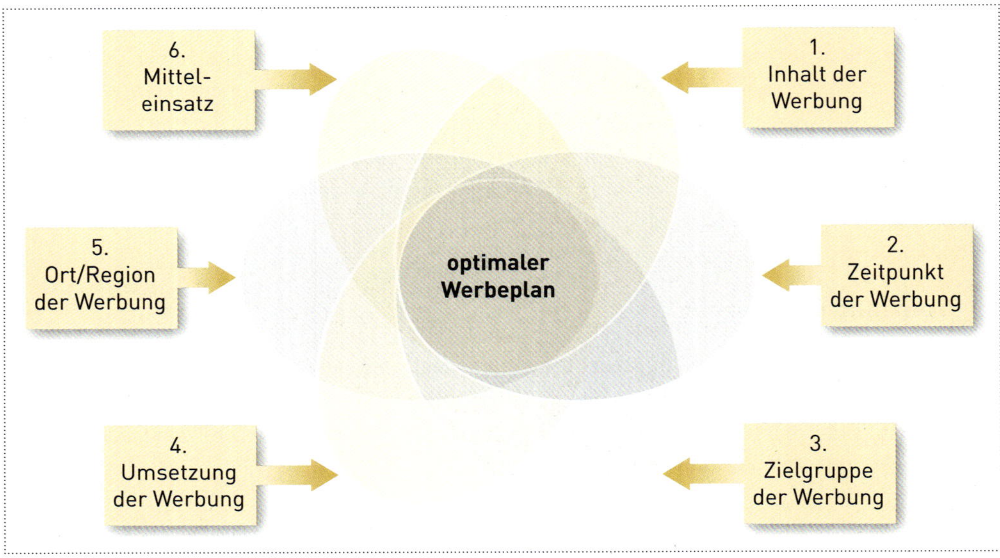

Der optimale Werbeplan	
Gegenstand	**Erläuterungen und Beispiele**
Inhalt	■ Was soll der Zielgruppe mitgeteilt werden? ■ Der Inhalt ist die Werbebotschaft. ■ Welchen Nutzen hat das Produkt? *Beispiel:* Die Blum Music möchte die Umworbenen von der hohen Qualität ihrer neu entwickelten E-Gitarren überzeugen.
Zeitpunkt	■ Tageszeit der Werbung festlegen ■ Beginn und Dauer der Werbung kalendermäßig festlegen ■ zeitlichen Umfang der Vorbereitungen berücksichtigen *Beispiel:* Die Blum Music möchte in der Adventszeit Zeitungsanzeigen und Radiospots für die E-Gitarre buchen, um am Weihnachtsgeschäft stärker teilhaben zu können.
Zielgruppe	■ die Personengruppe, die beworben werden soll (Streukreis) ■ Hilfe bei der Zielgruppenbildung kommt von der Marktforschung. ■ Streuverluste sollen bei der Werbeplanung möglichst vermieden werden. (Dies wäre zum Beispiel der Fall, wenn Flyer in allen Kölner Pflegeheimen verteilt würden, denn die Bewohner gehören nicht zu den potenziellen Käufern einer E-Gitarre.) *Beispiel:* Die Blum Music verteilt Flyer an weiterführende Schulen und Musikschulen.
Umsetzung	■ Welche Werbemittel und Werbeträger sollen eingesetzt werden? ■ Soll die Werbung in Bild, Ton und/oder Schrift erfolgen? *Beispiel:* Die Blum Music stattet die Teilnehmer einer Casting-Show mit ihrer E-Gitarre aus. Die Show wird im Fernsehen übertragen.

Der optimale Werbeplan	
Gegenstand	**Erläuterungen und Beispiele**
Ort/Region	■ geografischer Raum für die Umsetzung der Werbung (Streugebiet) ■ Das Streugebiet bestimmt häufig die Auswahl des Werbemittels. *Beispiel:* Die Blum Music möchte ihre Firma im Großraum Köln bekannter machen. Sie schaltet im regionalen Köln-Radio Werbespots. Zudem werden Anzeigen in der regionalen Presse geschaltet.
Mitteleinsatz/ Werbebudget oder Werbeetat	■ Planung der Kosten der Werbung ■ Wie viel Prozent vom Umsatz soll für Werbung ausgegeben werden? ■ Entscheidung treffen zwischen prozyklischem oder antizyklischem Verhalten: Wenn der Umsatz stark zunehmen sollte, wird auch der Mitteleinsatz erhöht (prozyklisch); wenn der Umsatz rückläufig ist, werden trotzdem die Werbekosten erhöht (antizyklisch). *Beispiel:* Die Blum Music gibt 5 % des Umsatzes für Werbung aus.

Erfolgskontrolle der Werbung

Durch den Einsatz von Werbemaßnahmen sollen wirtschaftliche Ziele erreicht werden. Im Normalfall sind dies Umsatz- und/oder Gewinnsteigerungen. Werbung verursacht zum Teil hohe Kosten, daher ist es wichtig, den wirtschaftlichen Erfolg zu kontrollieren.

Kennziffern des wirtschaftlichen Werbeerfolgs

$$\text{Wirtschaftlichkeit der Werbung} = \frac{\text{Umsatzsteigerung (in €)}}{\text{Werbeaufwand (in €)}}$$

$$\text{Marktanteil (in \%)} = \frac{\text{Umsatz}}{\text{Gesamtumsatz des Markts}} \cdot 100$$

Ein Problem bei der Messung des wirtschaftlichen Erfolgs ist, dass dieser nicht allein von der Werbung abhängt, sondern von der gesamten Marketingstrategie des Unternehmens. Alle Marketinginstrumente müssen optimal aufeinander abgestimmt sein. Weitere Einflussfaktoren auf den Unternehmensumsatz sind zum Beispiel die Konjunktur oder Modeerscheinungen. Möchte ein Unternehmen vorab eine relativ zuverlässige Erfolgskontrolle der Werbung, muss es diese auf einem Testmarkt durchführen. Der Testmarkt ist dabei eine möglichst genaue Abbildung des realen Vergleichsmarkts, nur mit weniger Kunden. Auf diesem Testmarkt wird die Werbung durchgeführt, um zu sehen, welche wirtschaftlichen Auswirkungen erfolgen.

Beispiel

Die Blum Music4You KG hat im letzten Jahr eine Umsatzsteigerung von 150.000,00 € erwirtschaftet. Das Werbebudget betrug 80.000,00 €. Der Faktor für die Wirtschaftlichkeit der Werbung liegt somit bei 1,9. Das bedeutet, dass durch die Werbung die Umsatzsteigerung fast doppelt so hoch war wie der Mitteleinsatz für die Werbeaktionen. Die Kennzahl vergleicht Claus Blum jetzt mit den Zahlen der Mitbewerber und stellt zufrieden fest, dass die durchschnittliche Wirtschaftlichkeit der Werbung bei Musikinstrumenten bei einem Faktor von 1,5 lag.

5.7.2 Sponsoring

Ein Unternehmen kann als Förderer (Sponsor) tätig werden. Gefördert werden Personen, Vereine und/oder sonstige Organisationen. Sponsoring findet meist in den Bereichen Sport, Kultur, Bildung, Umweltschutz und Fernsehen (Programmsponsoring) statt. Im Gegensatz zu Spenden, bei denen keine Gegenleistung verlangt wird, erwartet ein förderndes Unternehmen eine Gegenleistung in Form von Werbung.

Das Hauptziel besteht darin, das Unternehmen in ein positives Bild bei den Empfängern der Werbebotschaft zu stellen. Weitere **Ziele des Sponsoring** sind:

- Unternehmensimage verbessern
- Bekanntheitsgrad des Unternehmens oder einer Marke steigern
- gesellschaftliche Verantwortung des Sponsors dokumentieren

Beispiel Bildungssponsoring

Mehr als 80 deutsche Unternehmen sind in der Initiative Wissensfabrik (www.wissensfabrik-deutschland.de) zusammengeschlossen. Vordringliches Ziel des Arrangements ist es, durch konkrete Initiativen die Lese-, Schreib- und Technikkompetenz der Schüler zu fördern, das naturwissenschaftliche und unternehmerische Denken der Schüler zu verbessern und junge Gründer bei der Umsetzung ihrer Geschäftsideen zu unterstützen. Die Projekte der Wissensfabrik und das Engagement der Mitglieder haben bis heute bundesweit 70 Start-up-Unternehmen, 440 000 Kinder und Schüler sowie 8 500 Lehrer erreicht.

5.7.3 Verkaufsförderung

Merke **Verkaufsförderungen** sind zeitlich begrenzte Maßnahmen, die zum einen die Werbung und zum anderen die Arbeit der Absatzorgane und des Handels koordinieren, unterstützen und ergänzen.

Sales Promotion

Die Sales Promotion hat die Gewinnung neuer Kunden zum Hauptziel. Die Maßnahmen dieser Art der Verkaufsförderung ergänzen die Werbung und die Öffentlichkeitsarbeit (PR).

Möglichkeiten von Sales Promotion:

Zielgruppe	Möglichkeiten
eigener Vertrieb	■ Schulungen durchführen: Produktschulungen, Verkaufstraining und Rhetorik ■ Ideenwettbewerbe der Mitarbeiter ■ Verkaufsprämien/Umsatzbeteiligung ■ Erfahrungsaustausch der Verkäufer

Zielgruppe	Möglichkeiten
Groß- und Einzelhandel	■ Tagungen ■ Beratung und Schulung der Mitarbeiter im Groß- und Einzelhandel ■ Produktvorführungen ■ Prospekte ■ Händlerpreisausschreiben
Endverbraucher	■ Preisausschreiben ■ „Alt gegen Neu" – Gutscheinaktion ■ kostenlose Proben ■ Produktvorführung ■ Werksbesichtigung

After Sales Promotion

Diese Form der Verkaufsförderung beschäftigt sich mit der Kundenbindung mit dem Ziel, einen neuen Kunden durch diese Maßnahmen längerfristig an das Unternehmen zu binden. Möglichkeiten von After Sales Promotion:

- Erinnerungsbesuch von Außendienstmitarbeitern bei den Kunden
- Newsletter per E-Mail
- kleine Geschenke, zum Beispiel zu Weihnachten

5.7.4 Public Relations (PR)

Maßnahmen der Öffentlichkeitsarbeit eines Unternehmens beziehen sich auf das Image des Unternehmens in der Öffentlichkeit. Leitgedanke dabei ist:

Merke **Tue Gutes und sprich darüber!**

Public Relations sind nicht direkt auf den Absatz ausgerichtet.

PR-Maßnahmen

PR-Maßnahmen können so oft und in so vielfältigen Aktionen umgesetzt werden, wie nur möglich; grundsätzlich sind ihnen dabei keine Grenzen gesetzt. Gefragt ist die Kreativität des einzelnen Unternehmens. Hierbei stehen sinnvolle PR-Aktivitäten im Vordergrund. Hauptaspekt aller PR-Maßnahmen ist die Information der Öffentlichkeit durch die Presse. Basis dafür ist ein guter Kontakt zu Presse und Medien.

Beispiele

PR-Maßnahmen können beispielsweise sein:
- Tag der offenen Tür
- Förderung des Gemeinwohls durch Spenden
- Förderung von Projekten in Entwicklungsländern (Bildungsstandards heben)
- Berichte in der Presse

Wirksamkeit von PR-Maßnahmen

Ob eine PR-Aktion wirtschaftlich erfolgreich war oder nicht, ist nicht ganz einfach zu messen. Fakt ist, dass PR-Aktivitäten Kosten verursachen. Durch Umfragen kann festgestellt werden, ob das Unternehmensimage nach gezielten PR-Maßnahmen verbessert wurde. Gute Öffentlichkeitsarbeit kann helfen, die Wettbewerbsfähigkeit zu steigern.

Corporate Identity (CI)

Corporate Identity (Unternehmensidentität) geht über die reine Öffentlichkeitsarbeit hinaus. Corporate Identity ist eine ganzheitliche Unternehmenspolitik. Mit einem einheitlichen Erscheinungsbild präsentiert sich das Unternehmen in der Öffentlichkeit und bei seinen Geschäftspartnern. Die Kommunikation, das Verhalten und das Aussehen werden aufeinander abgestimmt und ganzheitlich dargestellt.

Mit einer optimalen CI-Abstimmung sollen folgende Ziele erreicht werden:
- Wiedererkennungswert des Unternehmens steigern
- Innen- und Außenwirkung des Unternehmens positiv beeinflussen
- Zusammenarbeit mit Lieferanten, Kunden, Presse, Öffentlichkeit verbessern
- Mitarbeiter und Kunden identifizieren sich mit dem Unternehmen.

Aspekte der Corporate Identity	Erläuterungen
Corporate Behaviour	**Verhalten** des Unternehmens und seiner Mitarbeiter ■ Regeln und Grundsätze der Zusammenarbeit, Führungsstil und Arbeitsabläufe werden aufgestellt und von allen einheitlich umgesetzt. ■ Einheitliches (gleiches) Verhalten wird nach außen getragen. Jede Filiale oder Niederlassung zeigt die gleichen Verhaltensweisen.
Corporate Communications	**Unternehmenskommunikation** ■ Ziel: Öffentlichkeit und Mitarbeiter informieren und ggf. eine positive Einstellung zum Unternehmen bilden. ■ Informationen, Kommunikationsverhalten, Umgangston und verwendete Begriffe sind identisch.
Corporate Design	einheitliches **Erscheinungsbild** nach innen und außen ■ einheitliche(s) Hausfarben, Dienstkleidung, Unternehmensfarben, Firmenlogo, Fahrzeuge usw. ■ einheitliches Architekturdesign bei Gebäuden und Messeständen ■ Grundlage ist ein Konzept, das sich von anderen Unternehmen unterscheidet und das Auftreten des Unternehmens unverwechselbar macht.

Lösung des Einstiegsfalls Werbung für Blum Music

Die Blum Music4You KG fördert die Ausrichtung eines Wettbewerbs für den Gitarrennachwuchs der Musikschulen in Köln. Sie plant die Veranstaltung und übernimmt alle Kosten. Die Gewinner erhalten eine neue E-Gitarre der Blum Music. Zum Nachwuchswettbewerb wird die Presse eingeladen. Für alle Interessierten besteht die Möglichkeit, sich die Produktion von E-Gitarren in der Werkstatt bei Blum Music an festgelegten Tagen anzuschauen. Zudem ist mehrmals im Jahr ein Tag der offenen Tür geplant mit einem Musikevent, zu dem Nachwuchsbands eingeladen werden. Für Kinder wird eine Musikschule zum Kennenlernen von Musikinstrumenten eingerichtet.

Ein möglicher Werbeplan für Blum Music	
Inhalt	▪ Die Blum Music möchte die hohe Qualität ihrer neu entwickelten E-Gitarre in den Vordergrund stellen. ▪ Die Blum Music soll einen positiven Wiedererkennungswert erhalten.
Zeitpunkt	▪ Die Blum Music wird in der Adventszeit Zeitungsanzeigen und Radiospots für die E-Gitarre buchen, um am Weihnachtsgeschäft stärker teilhaben zu können. ▪ In den Musikschulen werden Flyer ausgelegt.
Zielgruppe	▪ Musikernachwuchs
Umsetzung	▪ Flyer, Zeitungsanzeigen und Radiospots werden eingesetzt.
Ort/Region	▪ Der Großraum Köln ist als erstes Streugebiet ausgewählt.
Mitteleinsatz	▪ Der Werbeetat für die geplanten Aktionen beträgt 250.000,00 €.

Corporate Identity Blum Music	
Corporate Behaviour	▪ Arbeitsabläufe werden vereinheitlicht. ▪ Regeln für die Zusammenarbeit und das Auftreten nach außen werden gemeinsam mit den Abteilungen aufgestellt.
Corporate Communications	▪ Die Mitarbeiter erhalten ein Telefontraining, um ihre Sprachkompetenz zu schulen und einen firmeneigenen Kommunikationsstil zu fördern.
Corporate Design	▪ Eine Werbeagentur wird damit beauftragt, ein Logo für die Blum Music zu entwerfen. Zudem legt die Blum Music einheitliche Unternehmensfarben fest.

7

Gesprächssituationen gestalten

Lernlandkarte 7.1 bis 7.6

7.1 Kommunikationsformen

- Was bedeutet Kommunikation?
- **7.1.1 Verbale Kommunikation**
  - Sprache
  - Stimme
  - Sprechtempo
- **7.1.2 Nonverbale Kommunikation**
  - Körpersprache
  - Mimik
  - Gestik

7.2 Kommunikationsmodelle

- **7.2.1 Vier-Ohren-Modell von Friedemann Schulz von Thun**
- **7.2.2 Axiome von Paul Watzlawick**

7.3 Gesprächsarten und Gesprächsphasen

Gesprächsarten

- Fördergespräch
- Kritikgespräch
- Informationsgespräch
- Problemlösungsgespräch
- Vorstellungsgespräch

Gesprächsphasen

- Kontaktaufnahme
- Informationsphase
- Argumentationsphase
- Beschlussphase
- Abschlussphase

7.4 Kommunikationsregeln

- Ehrlichkeit
- Wertschätzung
- Achtung
- Blickkontakt
- Körperhaltung
- Gestik
- Mimik
- Distanz

7.5 Gespräche erfolgreich führen

- **7.5.1 Überzeugend argumentieren**
- **7.5.2 Fragetechniken**

7.6 Einwandbehandlung

- **7.6.1 Einwänden erfolgreich begegnen**
- **7.6.2 Konfliktgespräche**

7.1 Kommunikationsformen

„Das menschliche Gehirn ist eine großartige Sache. Es funktioniert bis zu dem Zeitpunkt, wo du aufstehst, um eine Rede zu halten."

Mark Twain (1835–1910)

Der amerikanische Schriftsteller Mark Twain beschreibt die Kommunikation als verhältnismäßig „schwierig" und etwas „Außergewöhnliches". Kommunizieren bedeutet nicht nur reden, sondern auch denken und dementsprechend handeln.

Merke **Kommunikation** findet in allen Bereichen unseres Lebens statt. Sie bezeichnet den Austausch von Informationen zwischen verschiedenen Individuen.

Kommunikative Kompetenz Kap. 2.1

In beruflichen sowie außerberuflichen Situationen werden kommunikative Kompetenzen benötigt. Grundsätzlich gibt es zwei **Formen der Kommunikation:**

- **Monolog:** Hier spricht nur eine Person, die sich an Zuhörer wendet (z. B. bei einer Rede, Präsentation oder Unterweisung).
- **Dialog:** Eine Person spricht mit einer anderen. Der Dialog dient der Verständigung der Gesprächspartner untereinander (z. B. Kundengespräch, Beratungsgespräch).

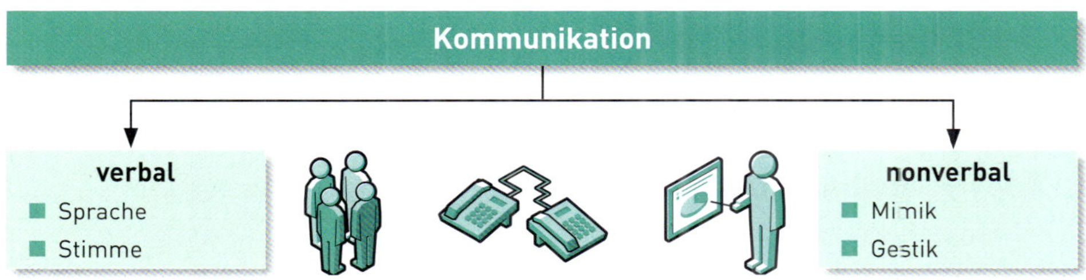

Kommunikation kann verbal oder nonverbal sein. Denn auch ohne Worte ist eine Kommunikation möglich; so verraten beispielsweise Tränen in den Augen Freude oder auch Traurigkeit.

Sprache, Worte, Töne, Mimik usw. sind bestimmende Kriterien der Kommunikation. Aber auch andere Faktoren spielen eine große Rolle – beispielsweise das äußere Erscheinungsbild eines Menschen. Auch dadurch entsteht „Kommunikation". Eine der Situation angemessene Kleidung sowie höfliche Umgangsformen, ebenso Körperpflege und Hygiene beeinflussen den ersten Eindruck eines Gesprächspartners. Deshalb wird in einigen Branchen auch Businesskleidung vorausgesetzt. In keinem Fall ist Freizeitkleidung im Büro erwünscht; auch der Umgang mit Schmuck und Accessoires sollte sparsam erfolgen. Das Äußere muss dem Anlass angemessen sein. Das richtige Outfit im Büro besteht meist aus Basiskleidungsstücken, mit denen variiert werden kann. Grelle, schrille

Farben haben hier nichts zu suchen. Übertriebenes Make-up ist ebenso unangepasst wie zu starkes Parfüm.

Auch wenn die Kleidung nicht direkt vorgeschrieben ist, so gelten ungeschriebene Gesetze. Ein Kaufmann oder eine Kauffrau für Büromanagement hat nicht in Jogginghose zur Arbeit zu erscheinen. Unauffällig, der Situation angepasst und gepflegt heißt hier die Devise.

Faktoren einer erfolgreichen Kommunikation

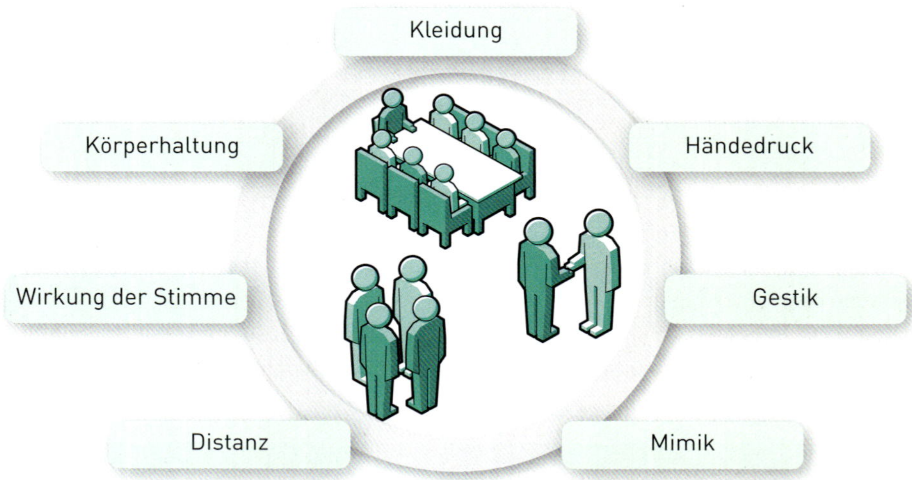

▸ 7.1.1 Verbale Kommunikation

Verbale (sprachliche) Kommunikation ist geprägt von den „Bausteinen der Sprache" und deren Einflussfaktoren. Sie zu beherrschen, zeichnet gute Kommunikation aus.

- **Aussprache:** deutlich und fehlerfrei sprechen ohne Dialekt
- **Stimmlage:** nicht monoton und abgehackt sprechen; die Stimme nicht zu tief oder zu hoch klingen lassen; wichtige Gesprächspunkte betonen
- **Wortschatz:** abwechslungsreiche Wörter wählen; verständlich sprechen; Fachbegriffe nur dann verwenden, wenn sie der Gesprächspartner auch versteht
- **Sprechtempo:** ein angemessenes Sprechtempo wählen; dem Gesprächspartner die Möglichkeit einräumen nachzufragen
- **Lautstärke:** laute und deutliche Aussprache, damit der Gesprächspartner ohne Anstrengung zuhören kann
- **gesprächsfördernd:** Betonung; entsprechende Pausen; Fachbegriffe; Lautstärke; ausformulierte Sätze
- **gesprächsstörend:** undeutliche Aussprache; zu leises Sprechen; zu viele Fachtermini; zu wenig Pausen; zu lange Sätze; zu schnelles Sprechen

Verbale Kommunikation muss verständlich und eindeutig sein. Ansonsten kann es zu Missverständnissen kommen, die im Nachhinein mehr Probleme schaffen als klären.

7.1.2 Nonverbale Kommunikation

Eine nonverbale (nichtsprachliche) Kommunikation (z. B. die Körperhaltung wie hängende Schultern oder ein ausweichender Blickkontakt) „spricht" mit dem Gegenüber ebenso wie unsere Sprache. Sie „sendet" Botschaften, aus denen der „Empfänger" „ablesen" kann, in welcher Stimmung sich der „Sender" befindet, ob er ängstlich ist, sich freut, emotional reagiert oder abweisend wirkt.

Doch was gehört alles zur nonverbalen Kommunikation?

Nonverbale Kommunikation

Körpersprache

Körperhaltung

offene Körperhaltung
- entspannte Körperhaltung
- geöffnete Armhaltung
- gelockerte Beinhaltung

geschlossene Körperhaltung
- angespannte Körperhaltung
- verschlossene Arme
- starre Beinhaltung

Mimik

Gesichtsausdruck einer Person
- findet vor allem um Auge und Mund statt
- lässt die Gefühlslage des Menschen erkennen

Gestik

körperliche Signale einer Person
- findet vor allem mit Armen und Beinen statt
- wird bestimmt durch das Selbstbewusstsein sowie das Temperament des Menschen

Wie sich Körpersprache und Mimik deuten lassen, zeigen die folgenden Beispiele.

Körpersprache	Interpretation
Arme verschränken	→ Ablehnung, Verschlossenheit
Kopf einziehen	→ Ängstlichkeit, Nervosität
Beine im Sitzen übereinanderschlagen	→ Aufbau von Sympathie
Füße um die Stuhlbeine legen	→ Unsicherheit, Halt suchend
Spitzdach mit den Händen formen	→ Abwehr gegen Einwände
sich die Hände reiben	→ selbstgefällig, selbstzufrieden
Oberkörper weit nach vorne beugen	→ Halt suchend, Interesse zeigend
mit dem Finger auf die Person zeigen	→ Angriff, Wut
Hand zur Faust verkrampfen	→ Wut, Zorn

Fortsetzung Tabelle siehe nächste Seite

Körpersprache	Interpretation
Oberkörper weit zurücklehnen	→ Ablehnung, Desinteresse
Augenbrauen heben	→ Unglaubwürdigkeit
weite Armbewegung	→ Sicherheit
enge Armbewegung	→ Unsicherheit
mit den Fingern trommeln	→ Nervosität, Zeitdruck, ermahnend: „zur Sache kommen"
leiser (langsamer) sprechen, Zittern der Stimme	→ unsicher, Aufschub heischend

Dies sind nur einige Beispiele nonverbaler Kommunikation. Zu beachten ist, dass bestimmte Körperhaltungen oder Mienenspiele nicht immer Ausdruck von Abwehr, Arroganz oder Zuversicht sind. Körpersprache kann gewollt als auch ungewollt sein; oft nimmt der Mensch eine körperlich bequeme Haltung ein und sein Gegenüber deutet dies als Missachtung seiner Person. Auch die Mimik oder das Mienenspiel einer Person, die sichtbare Oberfläche der Gesichtszüge sagen viel aus. So deuten beispielsweise starke Gesichtsfalten im Augenbrauenbereich auf große Anspannung.

7.2 Kommunikationsmodelle

Der Erfolg einer Sache wird entscheidend durch die Art und Weise der Kommunikation bestimmt. Jedes Gespräch zwischen einem „Sender" und einem „Empfänger" findet auf unterschiedlichen **kommunikativen Ebenen** statt und bestimmt die Aufnahme der Nachrichten auf beiden Seiten.

Diese Kommunikationsebenen sowie die Möglichkeiten eindeutiger Verständigung zwischen den Gesprächspartnern lassen sich in unterschiedlichen Modellen aufzeigen. Diese Modelle betrachten und gestalten Kommunikation im zwischenmenschlichen Bereich.

7.2.1 Vier-Ohren-Modell von Friedemann Schulz von Thun

Das Modell von **Friedemann Schulz von Thun** beschreibt die Ebenen der Kommunikation als Kommunikationsquadrat (auch als **Vier-Ohren-Modell** bezeichnet):

Worüber wird informiert?

Das Gespräch läuft auf rein sachlicher Ebene ab und enthält Sachinformationen, Daten und Fakten.

Beispiel: „Ich bin bereits seit 9:00 Uhr im Haus."

Welche Empfindungen werden vermittelt?

Der Sender teilt seine Gefühle, Ängste oder Emotionen mit.

Beispiel: „Ich habe Angst, wenn ich allein im Haus bin."

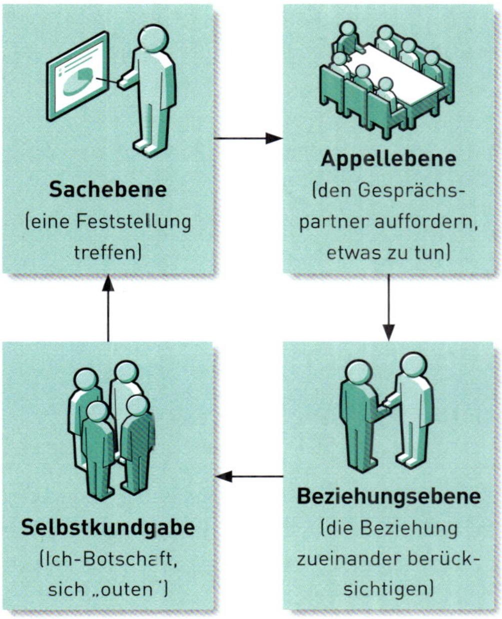

Wovon soll überzeugt werden?

Hier handelt es sich um eine Aufforderung an den Empfänger, etwas zu unternehmen.

Beispiel: „Mir wäre es recht, wenn ich nicht allein im Haus bin."

Welche Erwartungen stehen im Raum?

Die Beziehungsebene teilt Sinnesempfindungen, Emotionen und Erwartungen des Senders an den Empfänger mit.

Die vier Kommunikationsebenen werden ungleichmäßig im Laufe eines Gesprächs vermittelt. Die Wortwahl, der Tonfall sowie die Körpersprache des „Senders" bestimmen den Verlauf eines Gesprächs. Das kann zu Missverständnissen führen.

Beispiel

Sabrina Böhmer, Auszubildende zur Kauffrau für Büromanagement im ersten Lehrjahr in der Blum Music4You KG, ist angespannt und mürrisch. Sie hat das Gefühl, dass sie nicht genug Praxis für ihre Prüfung sammeln kann, da sie nur solche Aufgaben zugeteilt bekommt, die andere nicht machen wollen. Sie bearbeitet die Ablage und archiviert die Unterlagen. Von anderen Azubis hört sie, dass sie bereits komplexere Büroaufgaben übernehmen dürfen. Sabrina Böhmer bittet um ein Gespräch bei ihrer Ausbilderin, Iris Thule. Am Montagmorgen ist es so weit:

Sabrina Böhmer (SB): „Guten Tag, Frau Thule. Ich freue mich, dass Sie für mich Zeit haben."

Iris Thule (IT): „Hallo, Sabrina! Na klar habe ich Zeit für Sie. Am Freitagnachmittag hatte ich noch einen Termin, sonst hätte ich Sie bereits am Freitag zu mir gebeten. Berichten Sie. Was haben Sie für Sorgen?"

SB: „Demnächst steht eine Zwischenprüfung an und ich weiß nicht, ob ich bereits alles dafür gelernt habe. Ich will mich nicht beschweren, aber ich habe den Eindruck, ich bekomme nur Ablage- und Archivierungsarbeiten. Andere dürfen bereits viel mehr machen, zum Beispiel Angebote schreiben. Könnten Sie nicht mal mit Frau Krömer sprechen?"

IT: „Gut, dass Sie das Thema ansprechen und ehrlich sind. Natürlich sollen Sie genügend lernen. Ich werde mit Frau Krömer sprechen und sie bitten, dass Sie in Zukunft mehr Einblick in die diversen Geschäftsprozesse in der Abteilung Beschaffung erhalten und auch selbstständig Aufgaben übernehmen können. Ist das für Sie in Ordnung?"

SB: „Ja, vielen Dank. Ich bin froh, dass Sie mich verstehen. Nun muss ich aber wieder los, Frau Krömer wartet sicher schon auf mich."

Dieses Beispiel zeigt die vier Ebenen der Kommunikation nach Friedemann Schulz von Thun:

- **Sachebene:** Sabrina darf nur die Ablage bearbeiten und Unterlagen archiveren. Sie möchte auch Angebote schreiben und andere Tätigkeiten ausführen.
- **Selbstkundgabe:** Sabrina hat Angst, die Zwischenprüfung nicht zu bestehen, wenn sie nicht genug Praxiserfahrung sammeln kann.
- **Beziehungsebene:** Sabrina wendet sich an ihre zuständige Abteilungsleiterin, zu der sie Vertrauen hat.
- **Appellebene:** Sabrina bittet um Hilfe. („Könnten Sie mit Frau Krömer sprechen?")

Die vier Ebenen spielen eine große Rolle in der Kommunikation. Der Empfänger der Informationen merkt bereits während des Gesprächs, welche Wünsche der Sender äußert und welches Vertrauen er ihm entgegenbringt.

7.2.2 Axiome von Paul Watzlawick

Ein anderes Kommunikationsmodell hat der Kommunikationswissenschaftler **Paul Watzlawick** (1921–2007) entwickelt. Er stellte fünf Grundregeln (auch Axiome genannt) der Kommunikation auf. Ein Axiom ist ein Grundsatz, der nicht bewiesen werden muss und oft paradox erscheint. Paul Watzlawick beschreibt dies folgendermaßen:

1. **„Man kann nicht nicht kommunizieren."**
   Es ist nicht möglich, Kommunikation völlig einzustellen, denn wer nicht verbal kommuniziert, tut es nonverbal.
   Beispiel: Ein Schüler antwortet im Unterricht nicht und schaut nach unten. Der Lehrer geht davon aus, dass er die Antwort nicht weiß.

2. **„Jede Kommunikation hat einen Inhalts- und einen Beziehungsaspekt."**
   Die Inhaltsebene liefert die Information; die Beziehungsebene stellt die Beziehung der Gesprächspartner her.
   Beispiel: Ein Schüler fragt seine Mitschülerin, ob sie ihre Hausarbeit wirklich selbst geschrieben habe. Er zweifelt also ihr Können an.

3. **„Kommunikation ist immer Ursache und Wirkung."**
   Eine Kommunikation verläuft immer kreisförmig. Der Partner erhält eine (positive oder negative) Antwort auf eine (positiv oder negativ) gestellte Frage.
   Beispiel: Der Lehrer tadelt einen Schüler in grober, unangemessener Form. Die Reaktion des Schülers ist abweisend, er zeigt keine Reue.

4. **„Menschliche Kommunikation bedient sich analoger und digitaler Modalitäten."**
   Analoge Kommunikation ist mehrfach deutbar; sie geschieht auf der Beziehungsebene.
   Beispiel: Das Lächeln eines Lehrers kann bedeuten, dass er sich über die Leistung eines Schülers freut oder aber über dessen schlechte Leistung schmunzelt.
   Digitale Informationen sind reine Informationsübermittlungen.
   Beispiel: Eine Schülerin hält ein Referat in Geschichte.

5. **„Kommunikation ist symmetrisch oder komplementär."**
   Beziehungsebenen sind unterschiedlich, symmetrisch oder komplementär. Auf der symmetrischen Ebene bestehen sehr große Unterschiede; die Partner bemühen sich, diese möglichst klein zu halten.
   Beispiel: Zwei Schülerinnen sind verschiedener Meinung, versuchen jedoch, die andere zu verstehen und gemeinsam eine Lösung zu finden.
   Auf der komplementären Ebene ergänzen sich die Gesprächspartner.
   Beispiel: Eine Schülerin ist ausgeglichen, die andere hingegen sehr emotional.

Paul Watzlawick beschreibt in seiner Kommunikationstheorie die Verschiedenartigkeit der Menschen sowie die Unausgeglichenheit der Kommunikation durch unterschiedliche Sichtweisen und die emotionalen Gefühle der Gesprächspartner.

Eisberg-Modell
Kap. 2.1.4

Nach dem sogenannten **Eisberg-Modell** (vgl. hierzu die Ausführungen in Kapitel 2.1.4) findet nur ein kleiner Teil der Kommunikation auf der „sichtbaren" Sach- oder Inhaltsebene statt; der größere Teil hingegen auf der „unsichtbaren" Beziehungsebene mittels Gefühlen, Emotionen usw. Die Sachebene vermittelt lediglich die Fakten eines Gesprächs, die Beziehungsebene verdeutlicht die Ängste, Wünsche und Werte einer Kommunikation. Deshalb bestimmen diese Kriterien oft einen Gesprächsverlauf und lassen den sachlichen Inhalt in den Hintergrund treten. Sobald sich ein Gespräch zu sehr auf die Beziehungsebene verlagert, könnte es eskalieren; dann muss zwingend Sachlichkeit angemahnt werden, um die Kommunikation erfolgreich beenden zu können.

7.3 Gesprächsarten und Gesprächsphasen

Jede Kommunikation verläuft unterschiedlich. Es gibt kein einheitliches Rezept für eine positive Gesprächsführung. Die Gesprächspartner verfolgen eigene Ziele, sie treffen Vereinbarungen, erteilen Aufträge oder suchen Problemlösungen.

Man unterscheidet mehrere **Gesprächsarten;** einige sind hier dargestellt:

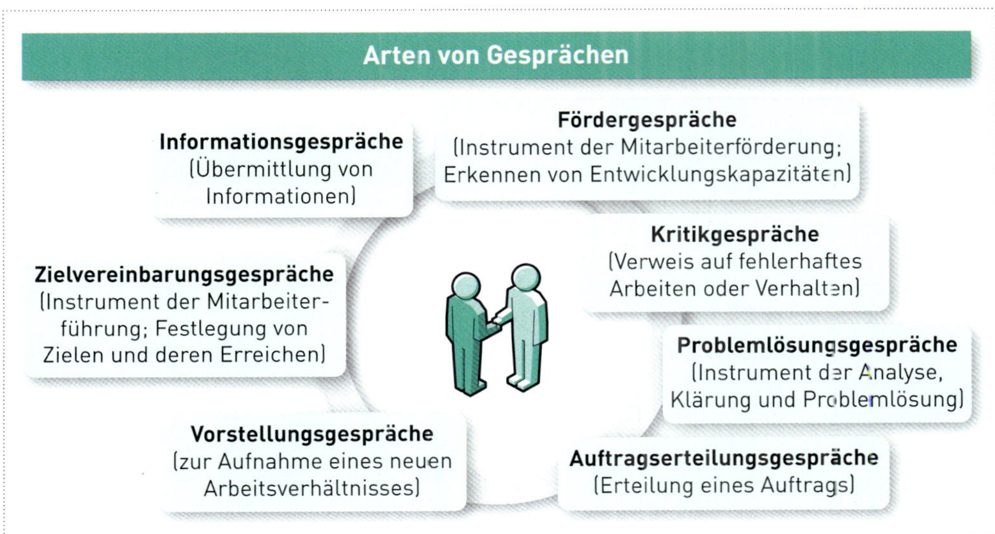

Gespräche erfolgen in der Regel in fünf **Phasen.** Der Verlauf der Kommunikation entscheidet oft über den Erfolg eines Gesprächs. Die folgende Übersicht zeigt den Verlauf der einzelnen Phasen sowie deren Inhalte:

Phasen eines Gesprächs

Phase	Inhalte
Kontaktaufnahme	→ persönliche Begrüßung → nette Worte → freundliche Mimik und Gestik
Informationsphase	→ Gesprächsinhalt mitteilen → Zeitplan beachten → Fragen zu möglichen Einwänden notieren
Argumentationsphase	→ Inhalte austauschen und diskutieren → möglichen Einwänden argumentativ begegnen
Beschlussphase	→ Ergebnisse und Ziele gemeinsam festlegen → Entscheidungen dokumentieren → Termine zur Ergebniskontrolle festlegen und erfassen
Abschlussphase	→ positive Verabschiedung, auch bei negativen Eregebnissen des Gesprächs

7.4 Kommunikationsregeln

Ein Gespräch wird geprägt durch vielerlei Faktoren.

Faktoren eines Gesprächs

Gesprächspartner
- Toleranz
- Wertschätzung des Gesprächspartners
- Offenheit
- Ehrlichkeit
- Zuhören
- Zulassen anderer Meinungen

äußere Umstände
- Ort des Gesprächs
- sorgfältige Auswahl der Gesprächsteilnehmer
- Zeitpunkt des Gesprächs
- Räumlichkeit
- störungsfreie Atmosphäre

Es gibt zahlreiche Ratgeberbücher für erfolgreiche Kommunikation. In allen bilden bestimmte Regeln die Grundlage für eine gute Gesprächsführung. Sie können wie folgt beschrieben werden:

Regeln der Kommunikation

- den Gesprächspartner/die Gesprächspartnerin achten und wertschätzen
- Ehrlichkeit wahren
- höflich, freundlich und respektvoll miteinander umgehen
- positive Einstellung gegenüber dem Gesprächspartner einnehmen
- Blickkontakt zum Gesprächspartner halten
- offene Körperhaltung einnehmen
- inhaltlich korrekt und sachlich argumentieren
- klare, einfache Kommunikation
- deutliche Aussprache
- zuhören und ausreden lassen
- andere Meinungen akzeptieren
- Verständnisfragen zulassen oder stellen
- sich entschuldigen bei Fehlverhalten
- Entschuldigungen annehmen
- Distanzzonen einhalten

Distanzzonen erleichtern die inhaltliche Gesprächsführung:

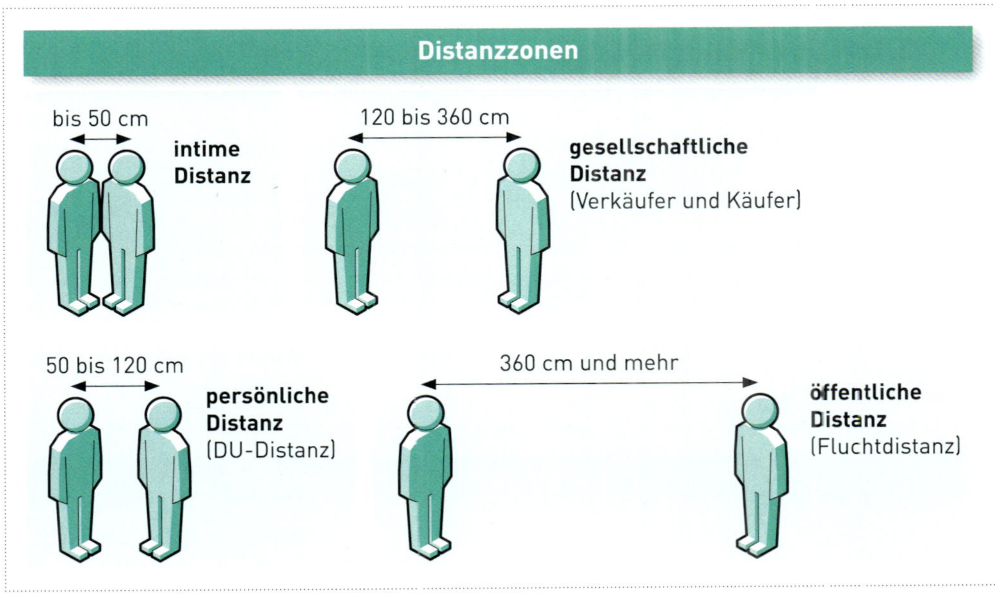

Kommunikative Regeln sowie die Achtung des Gesprächspartners sind prägnante Faktoren für eine positive Gesprächsführung. Hierzu gehört auch der entsprechende Abstand zum Partner sowie die nonverbale Haltung. Die Körpersprache ist ein wichtiges Signal gegenüber dem Gesprächspartner. Ein verstohlener ängstlicher Blick, verschränkte Arme oder ein lasziver Händedruck verringern die positive Ausstrahlung jedes Menschen.

7.5 Gespräche erfolgreich führen

Der Büroalltag besteht vorwiegend aus kommunikativen Phasen. Deshalb ist es besonders wichtig, die richtige Ebene im Kundenkontakt zu finden und gemeinsam an der Lösung von Problemen zu arbeiten.

Ziele eines positiven Gesprächs sind vor allem Information, Vermittlung, Beratung und Überzeugung des Gesprächspartners. Gespräche werden vorbereitet und geplant, Informationen bereitgelegt. Im Alltag allerdings sind die spontan geführten Gespräche am häufigsten – ein Kunde fragt nach der Qualität eines gewünschten Produkts; eine Kundin reklamiert eine mangelhafte Lieferung; ein Mitarbeiter beschwert sich über ständige Überstunden usw. Auch diese unverhofft eintretenden Gespräche müssen gewissenhaft geführt werden.

7.5.1 Überzeugend argumentieren

Die richtige **Argumentation** ist wesentlicher Bestandteil eines Gesprächs – sei es in einem Beratungsgespräch, einem Kritikgespräch oder einem Fördergespräch.

Merke **Argumentieren** bedeutet, eine Behauptung zu belegen und zu begründen.

Die überzeugende Darstellung einer Situation beeinflusst den Gesprächspartner wesentlich. Um ihm den Nutzen zu verdeutlichen, ist es notwendig, eine logische Reihenfolge in der Argumentation einzuhalten.

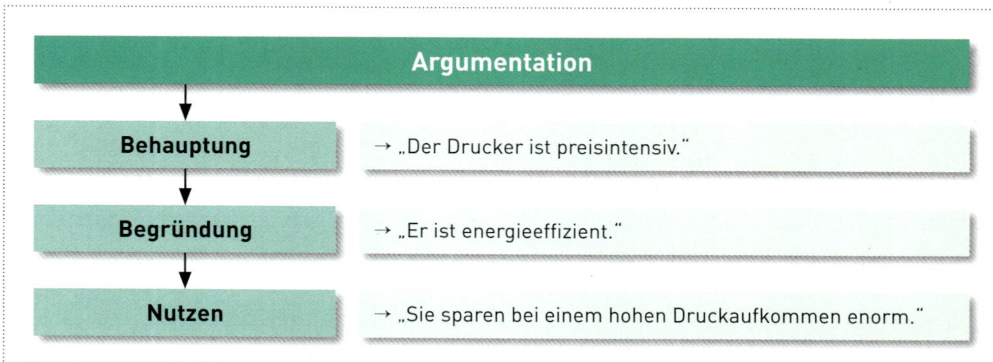

Die Argumentation muss fachlich korrekt sein, der Gesprächspartner soll Vertrauen aufbauen. Argumentieren bedeutet nicht nur, fachliche Inhalte zu vermitteln, sondern ebenso eine positive Ausstrahlung zu erzeugen.

Wenn folgende **Grundsätze** eingehalten werden, wird das Gespräch zu dem gewünschten Abschluss kommen:
- positiv argumentieren
- verständlich argumentieren
- informativ argumentieren
- orientiert am Gesprächspartner argumentieren

Beispiel Verkaufsgespräch

Kunde: „Ich habe bei Ihnen einen Drucker gekauft und benötige dringend Toner."

Verkäufer: „Sind Sie mit dem Gerät zufrieden? Dann schauen wir, welcher Toner infrage kommt. Inzwischen gibt es viele neuartige Toner."

Kunde: „Kann ich denn andere Toner als bisher verwenden?"

Verkäufer: „Ja, das ist möglich. Ich zeige Ihnen mal, welche Toner für Ihren Drucker passen. Dabei gibt es natürlich Preisunterschiede und Sie sollten auch auf einige Dinge achten ..."

Kunde: „Das ist interessant. In der Bedienungsanleitung für den Drucker steht nichts über diese Möglichkeiten."

Verkäufer: „So ergeht es vielen Kunden. Inzwischen ist die Technik weit fortgeschritten. Ich freue mich, wenn ich Ihnen hier weiterhelfen kann. [...] Für welchen Toner entscheiden Sie sich?"

Kunde: „Ich nehme den preisgünstigeren. Die Ausdrucke sind meist nur Unterlagen für den internen Bereich. Danke für Ihre gute Beratung!"

7.5.2 Fragetechniken

Die Art der Fragestellung kann den Informationsgehalt einer Antwort bestimmen.

Fragetechnik/Frageart	Erläuterung	Beispiel
geschlossene Frage	Die Antwort ist eindeutig: ja oder nein.	„Sind Sie zufrieden mit unserem Angebot?"
offene Frage	Die Antwort ist informativ; der Gesprächspartner muss sich entscheiden.	„Welche Bücher lesen Sie am liebsten?"
Alternativfrage	Der Gesprächspartner wählt seine Antwort alternativ aus.	„Wollen wir Mittwoch oder Donnerstag telefonieren?"
Kontrollfrage	Die Gesprächspartner verständigen sich, ob sie übereinstimmen.	„Meinen Sie auch, dass die Qualität schlecht ist?"

Fortsetzung Tabelle siehe nächste Seite

Fragetechnik/Frageart	Erläuterung	Beispiel
Motivationsfrage	Der Gesprächspartner wird motiviert, eine zustimmende Antwort zu geben.	„Werden Sie das Angebot annehmen, wenn ich Ihnen zusätzlich Rabatt erlasse?"
Suggestivfrage	Die Antwort wird durch die Art der Frage beeinflusst.	„Sie sind bei uns schon lange Kunde und ich werde Ihnen entgegenkommen. Nehmen Sie das Angebot an?"
Gegenfrage	Der Gefragte kontert mit einer eigenen Frage, um dem Gespräch eine andere Wendung zu geben und es selbst führen zu können.	Verkäufer: „Wann können Sie die Ware abholen?" Kunde: „Könnten Sie die Ware denn auch liefern?"
Informationsfrage	Der Antwort soll informieren.	„Wann haben Sie unser Angebot erhalten?"
rhetorische Frage	Der Fragende möchte Aufmerksamkeit erlangen.	„Was könnten wir tun? Wir senden Ihnen die Ware zu und berechnen Ihnen 12,00 € Versandkosten."

7.6 Einwandbehandlung

7.6.1 Einwänden erfolgreich begegnen

Einstiegsfall Beschwerde eines Kunden

Martina Gonzales ist im Kundenservice Verkauf bei Blum Music4You KG eingesetzt. Ein Kunde ruft an und beschwert sich über den „miserablen Klang" einer von Blum Music gelieferten E-Gitarre. Der Kunde ist ungehalten und fordert einen Preisnachlass. Martina Gonzalez findet nicht die richtigen Worte; sie bemüht sich zu vermitteln und eine Lösung anzubieten. Überzeugende Argumente fehlen ihr aber. Ihre Stimme klingt ernst, aber nicht gerade freundlich, denn sie fühlt sich gekränkt. Der Kunde lässt sie kaum zu Wort kommen und legt abrupt auf.

Was hat Martina Gonzales falsch gemacht?

Zuerst gilt es in obigem Fall zu klären, ob die Beschwerde des Kunden vielleicht nur ein **Vorwand** war, um nicht den vollen Preis für die E-Gitarre zahlen zu müssen. Vorwände schiebt der Kunde beispielswiese dann in den Vordergrund, um ein Motiv vorweisen zu können, den Preis herunterzuhandeln. Vorwände hören sich meist auch logisch an, umso aufmerksamer muss der Verkäufer zuhören und darf den Vorwand nicht als **Einwand** akzeptieren.

Scheineinwand (auch Vorwand) und echter Einwand unterscheiden sich wie folgt:

- Der **echte Einwand** im Verkauf richtet sich häufig z. B. gegen das Angebot, die Qualität, den Preis, das Personal oder das Unternehmen im Allgemeinen oder die Verkäufer im Konkreten.
- Der **Scheineinwand** ist ein vorgetäuschter Einwand. Der Gesprächspartner ist unentschlossen, möchte seinen Einwand nicht nennen; er möchte das Gespräch und die Situation beenden.

Welcher Einwand ist ein echter Einwand?

Beispiel für den Einwand eines Kunden	Interpretation	Echter Einwand oder Scheineinwand?
„Das Kopierpapier ist viel zu dünn, es reißt im Kopierer."	Der Einwand richtet sich gegen die Qualität des Papiers.	echter Einwand
„Ich will mir die Sache noch einmal überdenken; ich komme morgen wieder."	Der Einwand zeigt die Unentschlossenheit des Kunden.	Scheineinwand
„Sie lesen mir doch nur die Bedienungsanleitung vor."	Der Einwand richtet sich gegen mangelnde Kompetenz des Verkäufers.	echter Einwand
„Sind das alles Multifunktionsdrucker in Ihrem Angebot?"	Die Frage zielt auf das gesamte Angebot des Unternehmens.	echter Einwand
„Die Konkurrenz bietet diesen Drucker billiger an."	Der Einwand zielt auf einen möglicherweise zu hohen Preis.	echter Einwand

Jede Handlung hat Folgen. Kompetent geführte Gespräche lassen mögliche Zweifel schwinden und können Einwänden entgegentreten. Die Einhaltung von **Grundregeln** bei der Einwandbehandlung in frontalen wie in telekommunikativen Gesprächen führt meist zu einer einvernehmlichen Lösung. Der Einwand des Gesprächspartners bietet die Chance, die Gründe für die Unstimmigkeiten zu erkennen; das wiederum ist Voraussetzung, sie zukünftig zu vermeiden. Dem Gesprächspartner sollte auch bei einem Scheineinwand das Gefühl vermittelt werden, dass er ernst genommen wird und jederzeit willkommen ist. Zuhören ist dafür ein wichtiger Aspekt. Die Situation kann durch eine freundliche Stimme, nette Geste und aufgeschlossene Mimik entschärft werden. **Auch am Telefon ist ein Lächeln zu hören!**

Manchmal ist es notwendig, ein Telefongespräch auch in **Englisch** zu führen – zum Beispiel, wenn ein englischsprechender Kunde sich über eine falsche Lieferung beschwert. In dem Band „Business English for the Office" (Best.-Nr. 3556) gibt es dazu folgende Hinweise (unit 3, S. 61):

Dealing with Complaints

When people are very angry the best way to calm them down is to make them feel that they are heard. So stay polite and listen closely to what the customer needs.

- Find out what the customer wants.
- Show understanding.
- Find out details.
- Offer assistance.
- Close the call.

Echte Einwände lassen sich entkräften. Entsprechende Methoden können hilfreich sein und lassen neue Chancen entstehen.

Methoden der Einwandbehandlung in einem Verkaufsgespräch	
Ja-Aber-Methode	Der Verkäufer stimmt dem Einwand des Kunden zu, antwortet aber mit einem Gegenargument. *Beispiel:* „Das Produkt ist zwar teuer, hat aber eine Mindestlaufzeit von zehn Jahren."
Rückfragemethode	Der Verkäufer hinterfragt den Einwand des Kunden. Der Kunde fühlt sich dadurch ernst genommen und kann seine Wünsche äußern. *Beispiel:* „Warum gefällt Ihnen das Gerät nicht mehr?"
Bumerangmethode	Der Verkäufer lässt den Kundeneinwand zu, wandelt ihn aber zu seinem Vorteil um (wie ein Bumerang, der zurückfliegt). *Beispiel:* „Sie haben durch den Kauf den Vorteil, ein nagelneues, hochwertiges Produkt zu erhalten."
Referenzmethode	Der Verkäufer argumentiert gegen den Einwand, indem er auf die Erfahrung anderer verweist, die mit dem Produkt zufrieden sind. *Beispiel:* „Die Stiftung Warentest hat diesen Drucker als sehr energiesparend bewertet."
Vorwegnahme-methode	Der Verkäufer erwähnt von selbst den höheren Preis (er nimmt den Einwand des Kunden vorweg), weist aber sofort auf die Vorteile für einen Kauf des Produkts hin. *Beispiel:* „Der Drucker ist preisintensiv, aber er verbraucht weniger Toner als vergleichbare Drucker."
Vorteil-/Nachteil-Methode	Der Verkäufer hört sich die Einwände des Kunden an und antwortet, indem er Vor- und Nachteile nennt. *Beispiel:* „Ja, Sie haben recht, der Drucker ist laut, aber dafür druckt er sehr schnell."
Vergleichsmethode	Der Verkäufer behandelt den Einwand, indem er auf vergleichbare Produkte hinweist und die Vorteile herausstellt. *Beispiel:* „Der Drucker mit diesen Funktionen kostet 495,00 €; der Drucker mit gleichen Funktionen der Marke ... kostet 545,00 €.

Nicht jeder Einwand ist zu entkräften. Das bedeutet täglich neue Herausforderungen, Kundenbeschwerden und Reklamationen kompetent zu behandeln und Lösungen zu finden. Der Kunde ist und bleibt das „Herzstück" aller Geschäftsprozesse im Unternehmen. In allen Bereichen eines Unternehmens gibt es (mal mehr, mal weniger) Kontakt zu den Kunden, aber auch zu den Vorgesetzten und Mitarbeitern. Nicht nur berufliches Fachwissen, sondern auch kommunikatives Geschick bestimmen den Büroalltag und sind Voraussetzung für Freude am Arbeitsplatz.

Kleine Checkliste für eine erfolgreiche Einwandbehandlung:

- Hören Sie dem Gesprächspartner aufmerksam zu; lassen Sie ihn ausreden und seine Einwände vorbringen. Wägen Sie Pro und Kontra ab, machen Sie sich Notizen und gehen Sie dem Problem auf den Grund.
- Stellen Sie die richtigen Fragen, die konkret auf die Einwände eingehen und zeigen, dass Sie das Problem erkannt haben.
- Beobachten Sie die Emotionen Ihres Gegenübers. Überlegen Sie, bevor Sie antworten.
- Beantworten Sie die Einwände konkret und sachlich. Lenken Sie die Aufmerksamkeit Ihres Gesprächspartners auf die Vorteile und sichtbaren Ergebnisse.
- Prüfen Sie das Ergebnis Ihrer Einwandbehandlung. Finden Sie heraus, ob Fragen offengeblieben sind und der Gesprächspartner weiterhin Vertrauen zu Ihnen hat.

Was für die Einwände und Beschwerden gilt, findet auch in der Behandlung von **Reklamationen** Anwendung. Wie Reklamationen zu bearbeiten sind, dazu finden Sie nähere Ausführungen in Kapitel 3.1 „Auftragsbearbeitung".

Reklamationen
Kap. 3.1

7.6.2 Konfliktgespräche

Das Wort „Konflikt" stammt aus dem Lateinischen (conflictus) und bedeutet aneinander schlagen oder zusammenstoßen. Unterschiedliche Ansichten, unvereinbare Ziele oder Vorstellungen prallen aufeinander – die Menschen geraten in einen Konflikt. An Konflikten können zwei oder mehrere Personen beteiligt sein, entsprechend wird bei den **Konfliktparteien** unterschieden zwischen **Paarkonflikt, Dreieckskonflikt** oder **Gruppenkonflikt.** Die Auslöser von Konflikten können sehr verschieden sein: eine unterschiedliche soziale Herkunft, andere kulturelle und religiöse Anschauungen, gegensätzliche Wertvorstellungen oder auch Missverständnisse in der Kommunikation sowie Meinungsverschiedenheiten. Hieraus können sich unterschiedliche Konfliktarten herausbilden: **Zielkonflikte** (bei verschiedenen Vorstellungen), **Wertekonflikte** (z. B. bei unterschiedlichen ethischen Grundsätzen), **Verteilungskonflikte** (z. B. bei ungleichen Vergütungen), **Rollenkonflikte** (z. B. bei ungerechten Zuweisungen).

Auch im Berufsalltag können sich bereits an kleinen Begebenheiten Konflikte entzünden:

Beispiele

„Warum weiß meine Kollegin immer alles besser?"
„Wieso muss ich immer die Kaffeetassen spülen?"
„Wer hat schon wieder das Papier im Kopierer nicht nachgefüllt?"

In Kapitel 2.1.4 „Konfliktmanagement" sind wir bereits darauf eingegangen, welche Faktoren dazu führen können, dass Konflikte entstehen; wir haben Möglichkeiten für Konfliktlösungen aufgezeigt und einige Modelle hierfür genannt. Insofern konzentrieren wir uns an dieser Stelle auf die **Gestaltung von Konfliktgesprächen** und entwickeln entsprechende Konfliktstrategien.

Konfliktmanagement
Kap. 2.1.4

Wer gibt schon gerne seine Fehler zu? Wenn es möglich scheint, einem drohenden Konflikt aus dem Wege zu gehen, ihn zu vermeiden, werden wir dies tun. Ist der Konflikt jedoch unvermeidlich, ist eine nützliche **Konfliktstrategie** zu entwickeln.

Eine **Vermeidungsstrategie** stellt sich meist unbewusst ein, wenn der Konfliktpartner die Auseinandersetzung scheut und sich dem Konflikt entziehen möchte. Eine Lösung zu finden, ist hierbei kaum möglich.

Eine **Pokerstrategie** streben eher Führungskräfte an, die ihre Machtstellung ausnutzen und Druck auf die Konfliktparteien ausüben. Dies ist jedoch keine positive Konfliktlösung.

Die **Problemlösungsstrategie** greift das Konfliktproblem ursächlich auf und führt die Konfliktparteien gemeinsam zu einer für alle Beteiligten zufriedenstellenden Lösung. Diese Strategie ist die beste Methode, um Konflikte aus dem Weg zu räumen.

In einem **Konfliktgespräch** geht es nicht um Schuldzuweisungen. Ziel ist es vielmehr, gemeinsam Lösungsvorschläge zu erarbeiten, mit denen alle Beteiligten „leben" können. Hierzu erweist sich das Konfliktgespräch als passendes Instrument. Sind die Konfliktpartner emotional zu sehr aufgeladen und können keine gemeinsame Gesprächsgrundlage finden, sollte ein unparteiischer Vermittler hinzugezogen werden. Wichtig ist, dass jeder Gesprächspartner seine Meinung sagen darf, dabei aber die allgemeinen Kommunikationsregeln einhalten muss. Erfolgreiche Konfliktgespräche folgen etwa der unten dargestellten Abfolge:

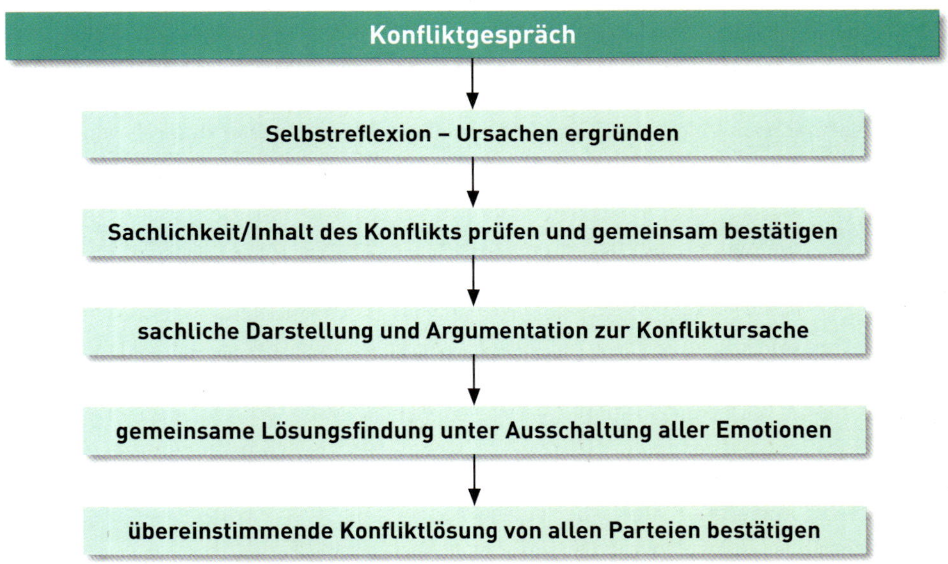

Kleine Checkliste für konstruktive Konfliktgespräche:

- Kommunikationsregeln beachten!
- angenehme Räumlichkeiten ohne Störung von außen schaffen
- keine Konfliktgespräche unter Zeitdruck führen
- keine Schuldzuweisungen machen

- sachlich und nur auf den Konflikt bezogen argumentieren
- Ich-Form im Gespräch nutzen; die eigene Situation beschreiben, nicht aus der Sicht anderer sprechen
- alle Beteiligten ausreden lassen und ihnen die Gelegenheit geben, ihren Standpunkt darzulegen
- eine offene Körperhaltung einnehmen
- Gestik und Mimik „neutral" einsetzen

Lösung des Einstiegsfalls **Beschwerde eines Kunden**

Martina Gonzales fühlte sich von dem Kundengespräch überrumpelt und war gekränkt. Doch das darf sie sich nicht anmerken lassen. Was hätte Sie besser machen können? Zuerst den Kunden ausreden lassen, ihm zuhören. Dann aber sachlich klar und bestimmt darauf hinweisen, dass alle bei Blum Music hergestellten E-Gitarren einer sorgfältigen Qualitätsprüfung unterliegen, bevor sie das Haus verlassen. Da Martina als Azubi keine Fachargumente parat haben kann, sollte sie dem Kunden vorschlagen, seine Einwände an den Produktionsleiter, Herrn Hüpper, weiterzuleiten. Der würde sich darum kümmern und ihn zurückrufen. „Geben Sie mir bitte Ihr Rufnummer? Dann meldet sich Herr Hüpper bei Ihnen, um eine Lösung zu finden." So hätte Martina Gonzales das unangenehme Gespräch dennoch zufriedenstellend beenden können.

Zusammenfassung

Gesprächssituationen gestalten – das gehört zu den wichtigsten Aufgaben im Büroalltag. Dabei spielen Fachwissen, Erfahrung und die eigene Geschicklichkeit im Umgang mit Gesprächspartnern eine wichtige Rolle. Die Bereitschaft, täglich neue Herausforderungen anzunehmen, weitere Erfahrungen zu sammeln, flexibel zu reagieren sowie engagiert und verantwortungsbewusst zu handeln sind wesentliche Bausteine für eine konstruktive Gesprächsgestaltung. Eine positive Lernbereitschaft, sich auf fachlicher Ebene fortzubilden, ist ebenso notwendig wie die gesetzlichen und betrieblichen Regelungen zu kennen, zu verstehen, anzuwenden und zu vermitteln. Der Sachverhalt muss verständlich dargestellt und frei von jeglichen Emotionen vorgetragen werden – zielorientiert, abgestimmt auf die Wünsche des Gesprächspartners und nach den Unternehmensvorgaben. Gegenseitiges Vertrauen, Kontinuität, Offenheit sowie Fairness sind der Schlüssel für eine klare Kommunikation.

8

Personalwirtschaftliche Aufgaben wahrnehmen

8.9 Beendigung von Arbeitsverhältnissen

Lernlandkarte 8.1 bis 8.9

Hauptaufgabe der **Personalwirtschaft** eines Unternehmens ist dessen optimale Versorgung mit Mitarbeiterinnen und Mitarbeitern, die betreut, geführt und entlohnt werden. Die Personalabteilung gehört zu den Unterstützungsabteilungen im Unternehmen. Sie führt verschiedene Unterstützungsprozesse (Supportprozesse) durch. Zu den bekanntesten Prozessen gehören die Personalbeschaffung und die Personalauswahl sowie die Entgeltabrechnung. Weitere wichtige Aufgaben sind Personalbetreuung und Personalentwicklung sowie die Sicherstellung einer optimalen Personalführung in den einzelnen Fachabteilungen. Ebenfalls zu den Aufgaben gehört der Personalabbau (Entlassungen).

Diese Aufgaben werden in diesem Lernfeld nach ihrer zeitlichen Abfolge vorgestellt.

Ziele der Personalwirtschaft	
Wirtschaftliche Ziele	Soziale Ziele
■ Arbeitskräfte beschaffen, einstellen und erhalten ■ Arbeitskräfte bei fehlendem Bedarf oder Fehlverhalten entlassen ■ Arbeitskräfte für optimale Arbeitsleistung motivieren ■ ...	■ leistungsgerechte Entlohnung sicherstellen ■ Gesundheits- und Altersvorsorge anbieten ■ Personal (weiter-)entwickeln ■ Arbeitsschutz gewährleisten ■ ...

8.1 Personalplanung

Unter Personalplanung – genauer **Personalbedarfsplanung** – werden alle Tätigkeiten zusammengefasst, die eine begründete Entscheidung zur Einstellung oder Kündigung von Mitarbeiterinnen und Mitarbeitern ermöglichen. Dabei analysiert man den vorhandenen Personalbestand (= Ist-Bestand) und versucht, den zukünftigen Personalbestand (= Soll-Bestand) möglichst genau zu ermitteln. Hierzu stehen verschiedene Möglichkeiten zur Verfügung.

Merke **Ziel der Personalplanung** ist es, die richtigen Mitarbeiter zur richtigen Zeit an den richtigen Orten bereitstellen zu können.

Dabei sind der **quantitative** und der **qualitative Personalbedarf** zu unterscheiden.

quantitativer Personalbedarf	qualitativer Personalbedarf
= zahlenmäßige Ermittlung des Bedarfs	= anforderungsbezogene Ermittlung des Bedarfs anhand Stellenbeschreibungen oder Anforderungsprofilen

Planung des quantitativen Personalbedarfs

Für die Planung des quantitativen Personalbedarfs sind zwei grundlegende Werte erforderlich: der Personalbestand (= Ist-Bestand) sowie der zukünftige Personalbestand (= Soll-Bestand). Aus diesen beiden Werten lässt sich dann durch einfache Subtraktion der zukünftige Personalbedarf (bzw. auch ein möglicher Personalüberschuss) ermitteln:

x=a+b

zukünftiger Personalbestand (= Soll-Bestand) – aktueller Personalbestand (= Ist-Bestand) = Personalbedarf

Ermittlung des zukünftigen Personalbestands (= Soll-Bestand)

Es gibt verschiedene Möglichkeiten, um zu einem nachvollziehbaren Wert für den zukünftigen Personalbestand zu kommen. Drei Varianten stellen wir kurz vor.

Stellenplanmethode	Kennzahlenmethode
Grundlage ist ein Stellenplan (= Organigramm), der zukünftig angepasst wird, um die bekannten Änderungen im Unternehmen einzuarbeiten.	Grundlage sind betriebliche Kennzahlen aus Umsatz und Absatz.

Beispiel Stellenplanmethode

Stellenbestand 1. Januar	Einkauf	Fertigung	Rechnungswesen	Vertrieb	Summe
Änderungen im Unternehmen	3	54	2	10	= 69
Einführung eines neuen Produkts				+ 2	+ 2
Erweiterung Fertigung	+ 1	+ 3			+ 4
neue Vertriebsniederlassung				+ 1	+ 1
neues Fertigungsverfahren		– 5			– 5
Ausweitung der Servicezeit im Vertrieb				+ 1	+ 1
Stellenbestand 31. Dezember	4	52	2	14	= 72
Angaben in Anzahl der Mitarbeiterin/Mitarbeiter (MA)					**= 72 MA Soll-Bestand**

Beispiel Kennzahlenmethode

Gegeben ist:

$$\frac{\text{Kennzahl Reklamationen pro Jahr}}{\text{Vertriebsmitarbeiter}} = \text{Anzahl Reklamationen pro MA}$$

Letztjähriger Wert:

$$\frac{\text{1 000 Reklamationen pro Jahr}}{\text{10 Vertriebsmitarbeiter}} = \text{100 Reklamationen pro MA}$$

Erwartete Reklamationen aktuelles Jahr: 1 440

Berechnung: $$\text{100 Reklamationen pro MA} = \frac{\text{1 500 Reklamationen}}{x}$$

$$\mathbf{x = \text{15 MA Soll-Bestand}}$$

Die Bedarfsrechnung wird nun erweitert:

- feststehende Abgänge ... erhöhen den Bedarf + Abgänge
  Beispiele: Kündigungen, Pensionierung, Elternzeit, Mutterschutz
- feststehende Zugänge ... verringern den Bedarf – Zugänge
  Beispiele: Übernahme Auszubildender, Rückkehr aus Mutterschutz, Elternzeit

Planung des qualitativen Personalbedarfs

Bei der qualitativen Personalbedarfsplanung werden die Qualität (die Anforderungen an den Stelleninhaber) beschrieben. Dazu werden Stellenbeschreibungen oder Anforderungsprofile entwickelt. In dem Anforderungsprofil sind die fachlichen, sozialen und persönlichen Anforderungen aufgelistet und mit ihrem jeweiligen **Ausprägungsgrad** in einer Skala dargestellt.

Vom Soll-Personalbestand zum Nettopersonalbedarf

Soll-Personalbestand
– Ist-Personalbestand
+ Abgänge
– Zugänge
= **Nettopersonalbedarf**

→ **Ersatzbedarf:** Stelle besteht bereits.
Auslöser: Ruhestand, Elternzeit, Kündigung

→ **Neubedarf:** Stelle wurde neu geschaffen.
Auslöser: Kapazitätserweiterung, Arbeitszeitverkürzung, Hochkonjunktur

→ **Minderbedarf:** MA-Anzahl > Stellenanzahl
Auslöser: Rezession (Wirtschaftskrisen), Rationalisierung, Standortverlagerung

Merke Der **Nettopersonalbedarf** gibt an, wie viele Mitarbeiter (MA) „beschafft“ bzw. „abgebaut“ werden müssen.

Neben den erwähnten Beispielen für Bestandsänderungen gibt es weitere Faktoren, die den Personalbedarf beeinflussen.

Konjunkturbewegungen Kap. 5.1.3

Externe Einflüsse	Interne Einflüsse
■ gesamtwirtschaftliche Entwicklung (Konjunktur, Kaufverhalten) ■ Entwicklung im eigenen Marktumfeld (Mitbewerber) ■ technische Innovationen ■ gesetzliche Änderungen (Tarifverträge, Arbeitszeitregelungen)	■ Unternehmensziele ■ Produktions-/Absatzzahlen ■ neue Fertigungsverfahren/Rationalisierungen ■ Betriebsklima

Betriebliche Mitbestimmung der AN Kap. 1.10

Bevor der nächste Schritt – die Personalbeschaffung oder der Personalabbau – getan wird, ist der Betriebsrat über die Personalplanung und deren Ergebnisse zu informieren (§ 92 Betriebsverfassungsgesetz). Nach dem Informationsrecht hat der Betriebsrat das Recht, einen eigenen Vorschlag zur Personalplanung vorzulegen. Der Arbeitgeber ist nicht verpflichtet, den Vorschlag des Betriebsrats umzusetzen.

Merke Bei der Personalplanung muss der Betriebsrat informiert werden und darf eigene Vorschläge unterbreiten.

8.2 Personalbeschaffung

Nachdem im Rahmen der Personalplanung ermittelt wurde, wie viele Mitarbeiterinnen und Mitarbeiter für ein Unternehmen benötigt werden (= Nettopersonalbedarf), beginnt die Personalbeschaffung. Dabei ist zu unterscheiden, ob es sich um einen kurzfristigen oder einen langfristigen Personalbedarf handelt.

	Kurzfristiger Personalbedarf	Langfristiger Personalbedarf
Interne Maßnahmen	■ Überstunden ■ Urlaubssperre ■ kurzfristige Versetzung	■ Übernahme Auszubildende ■ Versetzung mit Weiterbildung
Externe Maßnahmen	■ befristete Arbeitsverträge ■ Personalleasing	■ Neueinstellung

Personalmarketing

Marketing Kap. 3.2

Der Begriff **Personalmarketing** wird oft falsch verwendet. Ähnlich wie beim Produktmarketing sollen mit dem Personalmarketing bestimmte gewünschte Zielgruppen für das angebotene „Produkt Arbeitsplatz" angesprochen werden. Dabei geht es einerseits um die Ausrichtung der Personalpolitik von Unternehmen an den Interessen der Beschäftigten mit dem Ziel, diese zu motivieren und an das Unternehmen zu binden. Andererseits knüpft das Personalmarketing an den Interessen potenzieller Mitarbeiterinnen und Mitarbeiter an, um neue Arbeitskräfte anzusprechen und zu rekrutieren. Das Ziel des Personalmarketings ist somit ausgerichtet auf eine langfristige Versorgung der Unternehmen mit qualifizierten und motivierten Mitarbeitern.

Merke **Personalmarketing** ist die Orientierung der gesamten Personalpolitik eines Unternehmens an den Bedürfnissen gegenwärtiger (vorhandener) und künftiger (noch einzustellender) Mitarbeiterinnen und Mitarbeiter mit dem Ziel, die gegenwärtig Beschäftigten zu halten, zu motivieren und neue Mitarbeiterinnen und Mitarbeiter zu gewinnen. Personalmarketing umfasst also mehr als nur Personalbeschaffung.

Im Personalmarketing wird unterschieden:

nach innen gerichtetes Personalmarketing	nach außen gerichtetes Personalmarketing
Maßnahmen gegenüber den internen Mitarbeiterinnen und Mitarbeitern, die die Attraktivität des Unternehmens und des Arbeitsplatzes erhalten bzw. steigern. Ziel ist es, das Engagement der internen Mitarbeiterinnen und Mitarbeiter zu erhalten sowie aktiv zu fördern.	Maßnahmen, die darauf ausgerichtet sind, die Attraktivität eines Unternehmens potenziellen Mitarbeiterinnen und Mitarbeitern gegenüber zu steigern und neue Mitarbeiterinnen und Mitarbeiter zu rekrutieren (sogenannte „Employer Branding“). Ziel ist eine positive Arbeitgeberdarstellung (Imageverbesserung).
Daraus ergeben sich Aufgaben für die folgenden Bereiche	
■ Personalbetreuung ■ Personalentwicklung ■ Personalführung ■ Personalentlohnung	■ Personalbeschaffung

Im Zusammenhang des nach außen gerichteten Personalmarketings stellt sich die Frage: Wie werden neue Mitarbeiterinnen und Mitarbeiter für das Unternehmen gewonnen? Ziel ist eine Personalbeschaffung (oder auch Personalgewinnung), die geeignete Mitarbeiterinnen und Mitarbeiter für die zu besetzenden Stellen erreichen kann. Der Personalabteilung stehen dabei zwei Wege zur Verfügung:

- die interne Personalbeschaffung und
- die externe Personalbeschaffung.

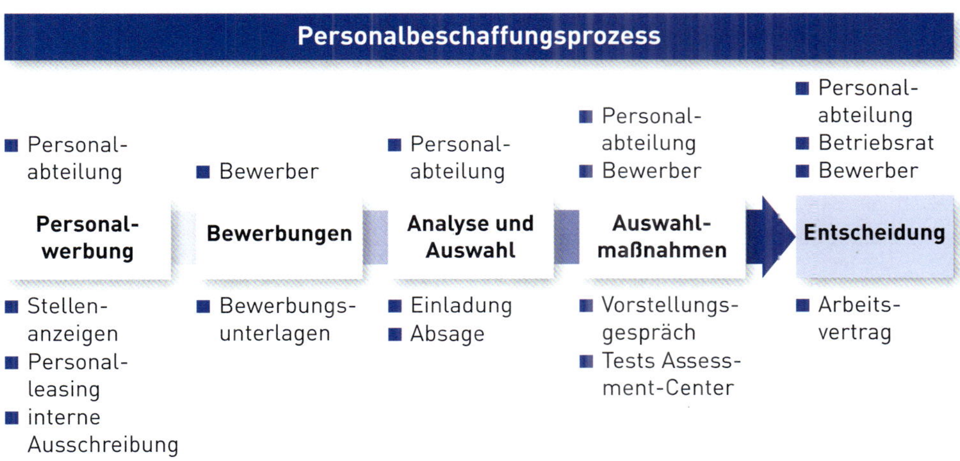

8.2.1 Interne Personalbeschaffung

Möglichkeiten für interne Personalbeschaffung

- Interne Stellenausschreibung
- Direktansprache

Interne Stellenausschreibung

Interne Stellenausschreibungen können am Schwarzen Brett ausgehängt, im Intranet, in Rundschreiben oder Unternehmenszeitungen veröffentlicht werden. Gemäß § 93 BetrVG kann der Betriebsrat verlangen, dass Stellen zunächst intern ausgeschrieben werden müssen. Daraus leitet sich nicht ab, dass interne Bewerber immer externen Bewerbern vorzuziehen sind.

Beispiel Stellenausschreibung

Stellenausschreibung

Zum 1. April 20.. ist die Stelle

einer Sachbearbeiterin/eines Sachbearbeiters

für die Mitarbeit im Projekt „Stadtteilerweiterung" befristet zu besetzen.

Das Aufgabengebiet umfasst im Wesentlichen folgende Schwerpunkte:

- das Führen und Verwalten von Sachkonten entsprechend dem Finanzierungsplan (Reisekostenabrechnung, Kalkulation und Überwachung der Mittelverwendung);
- organisatorische Aufgaben (Vorbereitung von Beratungen, Tagungen, Terminabsprachen, Erstellung und Verwaltung von Schriftsätzen).

Sie werden in einem Team arbeiten, in dem neben Zuverlässigkeit und Umsichtigkeit auch ein hohes Maß an Verantwortungsbewusstsein vorausgesetzt wird.

Das Aufgabengebiet wird entsprechend der Entgeltgruppe 6 des aktuellen Tarifvertrags vergütet.

Sie sollten sich bewerben, wenn Sie über eine Ausbildung als Verwaltungsfachangestellte/Verwaltungsfachangestellter bzw. eine vergleichbare Ausbildung verfügen. Schwerbehinderte und diesen gleichgestellte behinderte Menschen werden ausdrücklich aufgefordert, sich zu bewerben.

Soweit Sie die vorgenannten Voraussetzungen erfüllen, bitten wir Sie um Zusendung Ihrer aussagekräftigen Bewerbungsunterlagen unter der Kennziffer 1223 bis zum 23. Februar 20.. an Stadtverwaltung Köln, Personalabteilung, Bonner Str. 1, 50670 Köln.

Als Ansprechpartnerin steht Ihnen Frau Dr. Anne Brungs, Telefon +49 221 34567-430 zur Verfügung.

AGG Kap. 8.4.5

Wie bei externen, so müssen auch interne Stellenausschreibungen nach dem Allgemeinen Gleichbehandlungsgesetz (AGG) geschlechtsneutral formuliert werden.

Direktansprache

PIS
Kap. 8.5.3

Als einfaches, aber wirkungsvolles Instrument zur Personalbeschaffung gilt die Direktansprache. Diese ist jedoch nur möglich, wenn im Unternehmen geeignete Kandidatinnen und Kandidaten vorhanden und deren Qualifikationen bekannt sind. Entsprechende Informationen liefern Personalinformationssysteme (PIS), die wiederum ihre Informationen aus Personalentwicklungsplänen und -beurteilungen beziehen.

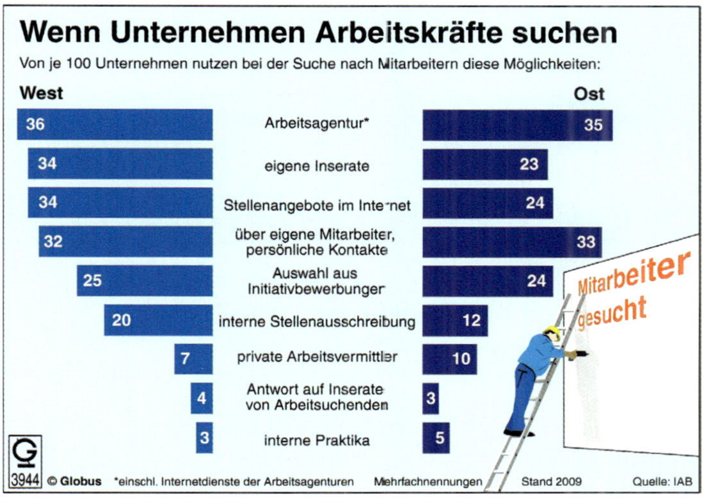

Vor- und Nachteile interner Stellenbesetzung

Sowohl für die Arbeitnehmerinnen und Arbeitnehmer als auch für das Unternehmen ergeben sich durch eine interne Stellenbesetzung zahlreiche Vor- und Nachteile:

Vorteile einer internen Stellenbesetzung	Nachteile einer internen Stellenbesetzung
■ Arbeitnehmerinnen und Arbeitnehmer erhalten Entwicklungs- und Aufstiegschancen. ■ Motivation der Arbeitnehmerinnen und Arbeitnehmer wird positiv beeinflusst. ■ Bindung der Arbeitnehmerinnen und Arbeitnehmer an das Unternehmen. ■ Die Personalbeschaffung erfolgt schnell und kostengünstig. ■ Die Arbeitnehmerin/der Arbeitnehmer kennt das Unternehmen und die Unternehmensphilosophie (→ kürzere Einarbeitungszeit). ■ Das Unternehmen kennt die Mitarbeiterin/den Mitarbeiter mit Stärken und Schwächen (→ geringes Fehlbesetzungsrisiko).	■ Die interne Besetzung hinterlässt eine wiederum zu besetzende Stelle. ■ Die neue Stelleninhaberin/der neue Stelleninhaber hat durch die Betriebszugehörigkeit eine gewisse „Betriebsblindheit“ erworben. ■ Möglicherweise entstehen Weiterbildungskosten, um die Mitarbeiterin/den Mitarbeiter für die neue Stelle zu qualifizieren. ■ Abgelehnte Mitarbeiterinnen und Mitarbeiter reagieren enttäuscht. ■ Es treten Spannungen und Rivalitäten unter den Bewerberinnen und Bewerbern auf. ■ Vorgesetzte könnten weniger geeignete Mitarbeiterinnen und Mitarbeiter absichtlich „wegloben“.

8.2.2 Externe Personalbeschaffung

Möglichkeiten externer Personalbeschaffung		
Stellenanzeigen in Zeitungen/Zeitschriften	Stellenanzeigen auf Unternehmenswebsites	Stellenanzeigen in Onlinejobbörsen
Vermittlung durch die Agentur für Arbeit	Vermittlung durch Personalberater/Headhunter	Auswahl aus vorhandenem Bewerberpool
Inanspruchnahme von Personalleasing (Zeitarbeitsunternehmen)	Kooperation mit Bildungseinrichtungen	Hochschulmarketing (mit Messen, Praktika, Diplomarbeiten)

Personalbeschaffung mittels Stellenanzeigen

Bei der Veröffentlichung einer Stellenanzeige – als Print- und als Onlineanzeige – muss die Personalabteilung folgende Fragen vorab beantworten:

1. Welche Inhalte wollen wir veröffentlichen?
2. Wie soll die Anzeige gestaltet sein?
3. Wo (in welchem Medium) wollen wir die Anzeige schalten?
4. Sind alle rechtlichen Rahmenbedingungen eingehalten?

Zu 1.: Inhalte einer Stellenanzeige

	Informationen, die eine Stellenanzeige enthalten sollte:
Wir sind ...	Angaben über das Unternehmen → Branche, Mitarbeiterzahl, Standorte
Wir haben ...	Angaben zur ausgeschriebenen Stelle → Bezeichnung, Einstellungstermin, Vollzeit/Teilzeit
Wir suchen ...	Angaben zum Anforderungsprofil der Bewerberin/des Bewerbers → Ausbildung, Berufserfahrung, fachliche Qualifikationen (wie z. B. Ausbildernachweis, IHK-Bilanzbuchhalter) = Hard Skills, persönliche Eigenschaften und Kompetenzen = Soft Skills
Wir bieten ...	Angaben zu den angebotenen Leistungen → Entgelt mit Sonderzahlungen, Tarifbindung, Urlaub, Arbeitszeit und Arbeitszeitmodelle, Sozialleistungen
Wir bitten um ...	Angaben zu Art und Umfang der Bewerbung → Bewerbungsfrist, Ansprechpartner, schriftlich/per E-Mail

AGG Kap. 8.4.5

Merke Die Bestimmungen des Allgemeinen Gleichbehandlungsgesetzes (AGG) sind zu beachten. Ansonsten könnten abgelehnte Bewerber Schadensersatzklagen einreichen.

Zu 2.: Gestaltung einer Stellenanzeige

Eine optisch ansprechende Gestaltung der Anzeige ist von immenser Bedeutung, um die Zielgruppe erreichen zu können. Wir leben in einem Zeitalter der Informationsüberflutung, da ist es wichtig, gezielt zu werben und die eigene Anzeige von anderen positiv hervorzuheben. Die Kandidatin bzw. der Kandidat soll angesprochen und zu einer Bewerbung animiert werden. Durch eine positiv auffallende Stellenanzeige werden die Chancen eines guten Bewerbungsrücklaufs erhöht.

Zu den gestalterischen Möglichkeiten gehören:

- ansprechende Bilder und/oder das Firmenlogo als sogenannte Eyecatcher (engl., Blickfänger);
- die Verwendung der Corporate-Design-Farben des Unternehmens;
- gut lesbare Schriftarten und Schriftgrößen;
- ein „schlanker" Text (keine Füllwörter, wenige Aufzählungspunkte – maximal vier bis sechs).

Zu 3.: Veröffentlichung von Stellenanzeigen

Im **Printbereich** sind es vor allem Tageszeitungen (regionale und überregionale), kostenlose Wochenzeitungen oder Fachzeitschriften, in denen Stellenanzeigen veröffentlicht werden. Die Preise lassen sich über die Mediadaten des entsprechenden Printmediums recherchieren. Die regionale Tageszeitung mit dem Stellenteil (meist in der Wochenendausgabe) ist (noch) immer die am zweithäufigsten genutzte Form der Personalbeschaffung.

Im **Onlinebereich** gibt es die Möglichkeit, Stellenanzeigen auf der eigenen Website des Unternehmens oder auf Onlinestellenbörsen wie stepstone.de, jobscout24.de, monster.de oder stellenanzeigen.de, zu veröffentlichen. Eine Stellenanzeige auf der eigenen Website hat den Vorteil, dass diese keine externen Kosten verursacht, setzt aber voraus, dass die Homepage von Stellensuchenden aktiv angesteuert wird. Die Onlinestellenbörsen bieten verschiedene Preismodelle für eine Anzeigenschaltung an. Eine 30-Tage-Anzeige kostet etwa zwischen 300,00 € und 700,00 €.

Möglich ist aber auch die Veröffentlichung der Stellenanzeige in mehreren Print- und Onlinemedien gleichzeitig. In diesem Fall spricht man von einer Crossmedia-Veröffentlichung. Crossmedia (engl. cross = quer, media = Medien) bezeichnet eine medienübergreifende Kommunikation.

Zu 4.: Beachtung der rechtlichen Rahmenbedingungen

Neben dem bereits erwähnten **Allgemeinen Gleichbehandlungsgesetz (AGG)**, das bei der Formulierung einer Stellenanzeige in jedem Fall zu beachten ist, muss auch das **Betriebsverfassungsgesetz (BetrVG)** berücksichtigt werden.

§

§ 93 BetrVG Ausschreibung von Arbeitsplätzen

Der Betriebsrat kann verlangen, dass Arbeitsplätze, die besetzt werden sollen, allgemein oder für bestimmte Arten von Tätigkeiten vor ihrer Besetzung innerhalb des Betriebs ausgeschrieben werden.

Das **Gesetz über Teilzeitarbeit und befristete Arbeitsverträge (TzBfG)** schreibt vor, Arbeitsplätze auch als Teilzeitarbeitsplätze auszuschreiben, wenn sich der Arbeitsplatz dafür eignet. Ziel ist es, die Teilzeitarbeit zu fördern. Strafen bei Missachtung dieser Regelung sind im Gesetz nicht vorgesehen.

Beispiel **Stellenanzeige**

So könnte eine gelungene Stellenanzeige aussehen:

KAFFEE GETRUNKEN

KUNDEN BEGEISTERT

GLETSCHER GERETTET

EINE AUFGABE, DIE SINN MACHT:

CENTRAL CUSTOMER SERVICE MANAGER (M/W)

Jobnummer A-B-123 – Standort: Musterstadt

Mit diesem Job verändern Sie die Welt. Arbeiten Sie im Bereich Sales bei Musterfirma, einem weltweit führenden Unternehmen der Solarindustrie, an einer großen Vision: Saubere Energie für alle. Mit Sitz im Solar Valley in Musterstadt (Wirtschaftsregion Beispiel) und derzeit 2 200 Mitarbeitern machen wir die Photovoltaik zu einer der wichtigsten Energiequellen.

Ihre Aufgaben: einen zentralen konzernweiten Bereich Customer Service aufbauen / Prozesse einführen und KPIs definieren / Mitarbeiterschulungen in Customer Service, sowohl national als auch international, durchführen / die Vertriebsmitarbeiter durch Bearbeitung aller eingehenden Anfragen von Kunden und Partnern unterstützen / eine Kundenserviceleitung, die für die Bearbeitung sämtlicher Anfragen zuständig ist, einrichten / alle Anfragen priorisieren und an die zuständigen Mitarbeiter weiterleiten sowie eine Erfolgskontrolle durchführen / eng mit dem Vorstand sowie den Bereichen Marketing und Vertrieb, Produktmanagement und SCM zusammenarbeiten

Ihr Profil: erfolgreich abgeschlossenes, betriebswirtschaftlich oder technisch ausgerichtetes Studium / grundlegende Erfahrungen im Aufbau und der Weiterentwicklung eines Customer Service-Bereiches im B2B-Umfeld / einschlägige Führungserfahrung sowie Kenntnisse in der Mitarbeiterentwicklung und Training im Customer Service-Bereich / Kenntnisse in SAP oder anderen CRM-Tools wünschenswert / sicheres Beherrschen der gängigen MS-Software / analytische und serviceorientierte Arbeitsweise / hohes Maß an Eigenmotivation und unternehmerischem Denken / verhandlungssichere Englischkenntnisse, weitere Fremdsprachen erwünscht

Sie wollen mit uns Großes bewegen?
Dann bewerben Sie sich bevorzugt online.

MUSTERFIRMA
MUSTERMANN

www.musterfirma.dot
personal@musterfirma.dot

Quelle: StepStone Online-Anzeigenratgeber für Personalverantwortliche, www.stepstone.de/Ueber-StepStone/presse/upload/StepStone-Online-Anzeigenratgeber-2011.pdf (Abruf 12.02.2014)

Personalbeschaffung über die Vermittlung der Bundesagentur für Arbeit

Bundesagentur für Arbeit

In der Bundesrepublik Deutschland gibt es etwa 175 Agenturen für Arbeit (AA), die mit ihrer Tätigkeit auf regionale Bereiche festgelegt sind. An der Spitze der Arbeitsagenturen steht die Bundesagentur für Arbeit (BA) mit ihrem Sitz in Nürnberg. Zu den Tätigkeiten dieser Behörde gehören die **Berufsberatung,** die **Vermittlung von Ausbildungsstellen** sowie die **Arbeitsvermittlung.** Sucht ein Unternehmen neue Mitarbeiter, kann es sich an die regionale Arbeitsagentur wenden und dort eine Stellenanzeige veröffentlichen oder aus einer Liste suchender Arbeitnehmerinnen und Arbeitnehmer passende Mitarbeiter heraussuchen. Dieses Angebot ist kostenlos. Alternativ (und auch kostenlos) kann die Arbeitsagentur mit der Personalauswahl beauftragt werden. Der Aufbau der **Jobbörse** ähnelt den bereits erwähnten Onlinestellenbörsen, bei denen Bewerberinnen und Bewerber ihre Profile hinterlegen und Unternehmen ihre Kandidaten verwalten können.

JOBBÖRSE

Neben dieser staatlichen Behörde (Bundesagentur für Arbeit) bieten zahlreiche **private Arbeitsvermittler** ihre Vermittlungsdienste an und bringen Arbeitsuchende mit Stellen anbietenden Unternehmen zusammen. Diese private Arbeitsvermittlung ist seit 1994 erlaubt und seit 2002 genehmigungsfrei. Zur privaten Arbeitsvermittlung ist jede natürliche oder juristische Person zugelassen, vorausgesetzt, die Tätigkeit ist beim Gewerbeamt gemeldet. Häufig erhalten die Arbeitsuchenden einen **Vermittlungsgutschein** – ein Dokument, in dem sich zum Beispiel die Bundesagentur für Arbeit verpflichtet, dem privaten Arbeitsvermittler einen bestimmten Betrag (in der Regel 2.000,00 €) zu zahlen, wenn dieser den Bewerber in eine mindestens 15 Wochenstunden umfassende, sozialversicherungspflichtige Beschäftigung vermittelt.

Personalbeschaffung mithilfe von Zeitarbeitsunternehmen

Eine weitere Möglichkeit, Personal zu beschaffen, ist das **Personalleasing,** auch Arbeitnehmerüberlassung genannt. Bei der Arbeitnehmerüberlassung gibt es einen Verleiher, einen Leiharbeitnehmer und einen Entleiher, die miteinander vertraglich gebunden sind. Die sich daraus ergebenden **rechtlichen Abhängigkeiten** zeigt die folgende Übersicht:

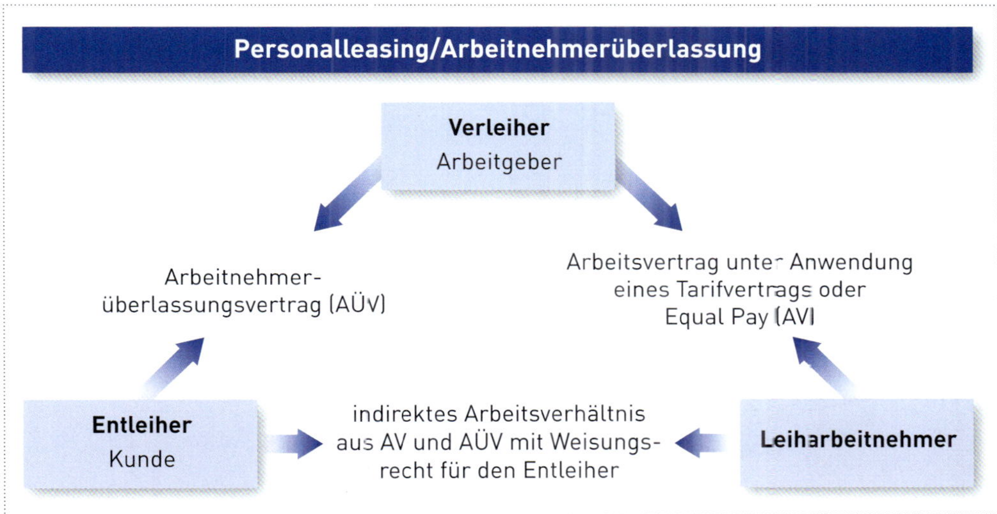

Die gewerbliche Arbeitnehmerüberlassung ist im **Arbeitnehmerüberlassungsgesetz (AÜG)** geregelt. Die Bedeutung dieser Beschäftigungsform hat in den letzten Jahren stark zugenommen, denn sie hat für die Unternehmen einige Vorteile: etwa eine kurzfristige Verfügbarkeit von Arbeitskräften (zum Beispiel bei krankheitsbedingten Ausfällen) ohne vorherige Personalauswahl. Aber auch ein schneller Personalabbau bei Überkapazitäten ist für die Unternehmen vorteilhaft. Abgerechnet werden die tatsächlich geleisteten Arbeitsstunden.

Allerdings haben Fälle des missbräuchlichen Einsatzes der Arbeitnehmerüberlassung dem Ansehen dieses arbeitsmarktpolitischen Instruments geschadet. In die gesetzliche Regelung hat die Bundesregierung daher eine sogenannte „Drehtürklausel" aufgenommen. Sie verhindert, dass Stammbeschäftigte entlassen und anschließend unmittelbar oder nach kurzer Zeit als Zeitarbeitskräfte wieder in ihrem ehemaligen Unternehmen oder einem anderen Unternehmen desselben Konzerns zu schlechteren Arbeitsbedingungen als die Stammbeschäftigten eingesetzt werden. Unternehmen müssen die Leiharbeitnehmer nicht nach dem Equal-Pay-Prinzip bezahlen. Dieses Prinzip des gleichen Entgelts (equal pay) wird durch eine Tarifbindung des Zeitarbeitunternehmens unterlaufen. Außerdem nutzen einige Unternehmen die Möglichkeiten der Zeitarbeit nicht nur, um Auftragsspitzen abzufedern, sondern auch um Personalkosten zu sparen. Darüber hinaus muss das entleihende Unternehmen keine Kündigungsfristen einhalten oder Abfindungen zahlen.

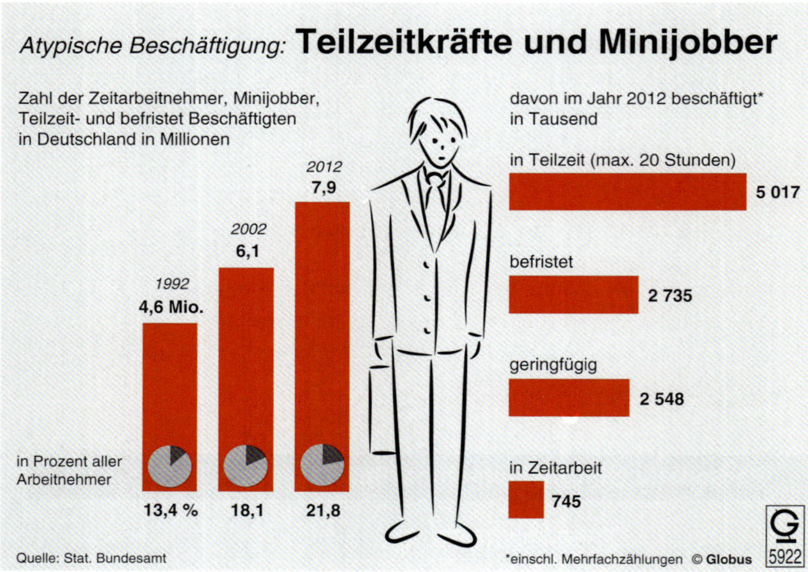

Beispiel

Ein Drogerieunternehmen entließ Teile der Stammbelegschaft und ersetzte das fehlende Personal mit schlechter bezahlten Leiharbeiternehmern. Auf Druck von Kunden und der Öffentlichkeit wurde diese Entscheidung der Geschäftsleitung wieder rückgängig gemacht.

Personalbeschaffung durch die Vermittlung von Personalberatern

Beauftragt ein Unternehmen eine Personalberatung mit der Personalsuche, erstellt der Personalberater zuerst in einem Vor-Ort-Gespräch das Anforderungsprofil für die zu besetzende Stelle. Der Personalberater (auch Headhunter genannt) schließt dann einen Vertrag mit dem Unternehmen. Mithilfe des Anforderungsprofils überprüft nun der Personalberater seinen eigenen (internen) Datenbestand potenzieller Kandidaten und gibt zusätzlich diverse Stellenanzeigen auf. Eine weitere Möglichkeit, geeignete Kandidaten zu finden, nutzt der Personalberater, indem er potenzielle Kandidaten in anderen Unternehmen direkt anspricht und „abwirbt". Der Personalberater wählt zwei bis fünf geeignete Kandidaten aus, die er dem suchenden Unternehmen präsentiert. Anhand dieser Vorauswahl trifft das Unternehmen seine Personalentscheidung.

Personalbeschaffung durch Headhunter ist eine teure Variante, denn deren Honorare liegen zwischen 25 % und 35 % eines Jahresbruttoentgelts der zu besetzenden Stelle. Deshalb wird eine Personalberatung eher bei Fach- und Führungskräften beauftragt, also in Bereichen, in denen es für einzelne Unternehmen schwierig ist, qualifizierte Kandidaten zu erreichen. Das Spezialwissen und die Kontakte der Headhunter unterstützen sie dabei.

Vor- und Nachteile externer Personalbeschaffung

Die externe Beschaffung neuer Mitarbeiterinnen und Mitarbeiter bietet Vor- und Nachteile. Die Vorteile der externen Personalbeschaffung entsprechen den Nachteilen der internen Personalbeschaffung.

Vorteile externer Personalbeschaffung	Nachteile externer Personalbeschaffung
■ Die Anzahl der externen Bewerberinnen und Bewerber ist größer als die der internen, daher bestehen größere Auswahlmöglichkeiten. ■ Die Kenntnisse und Erfahrungen externer Mitarbeiterinnen und Mitarbeiter können genutzt werden. ■ Externe Mitarbeiterinnen und Mitarbeiter sind nicht „betriebsblind"; sie bringen deshalb neue Impulse mit in das Unternehmen. ■ Externe Bewerberinnen und Bewerber werden unter Umständen eher als Führungskräfte anerkannt als interne, die bereits bekannt sind. ■ Externe Bewerberinnen und Bewerber sind nicht vorbelastet und können Herausforderungen möglicherweise neutraler begegnen.	■ Bewerbersuche und -auswahl sind zeit- und kostenaufwendig. ■ Es besteht ein höheres Fehlbesetzungsrisiko als bei internen (bereits bekannten) Bewerberinnen und Bewerbern. ■ Durch die Einstellung externer Bewerberinnen und Bewerber werden interne Mitarbeiterinnen und Mitarbeiter demotiviert. ■ Neueinstellungen können zu schlechterem Betriebsklima führen. ■ Externe Bewerberinnen und Bewerber stellen unter Umständen höhere Gehaltsforderungen als interne. ■ Externe Bewerberinnen und Bewerber kennen das Unternehmen und seine Arbeitsweise nicht; sie benötigen deshalb Einarbeitungszeit.

Zusammenfassung

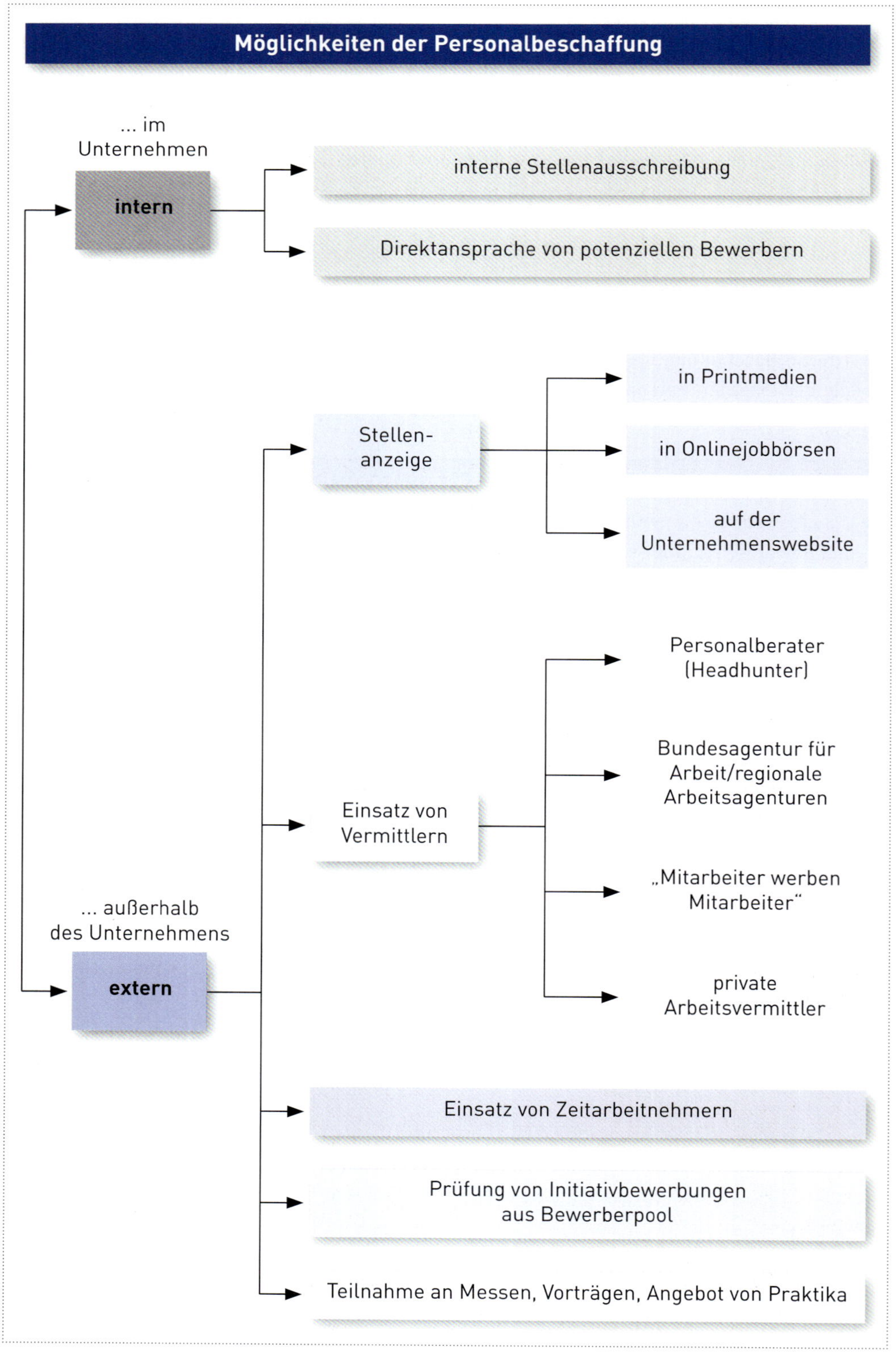

8.3 Personalauswahl

Mithilfe eines Auswahlprozesses werden die externen oder internen Bewerberinnen und Bewerber ermittelt, für die die ausgeschriebene Stelle am besten passt. Das Auswahlverfahren kann sich in mehrere Stufen gliedern und je nach Bedarf ausgebaut oder verkürzt werden.

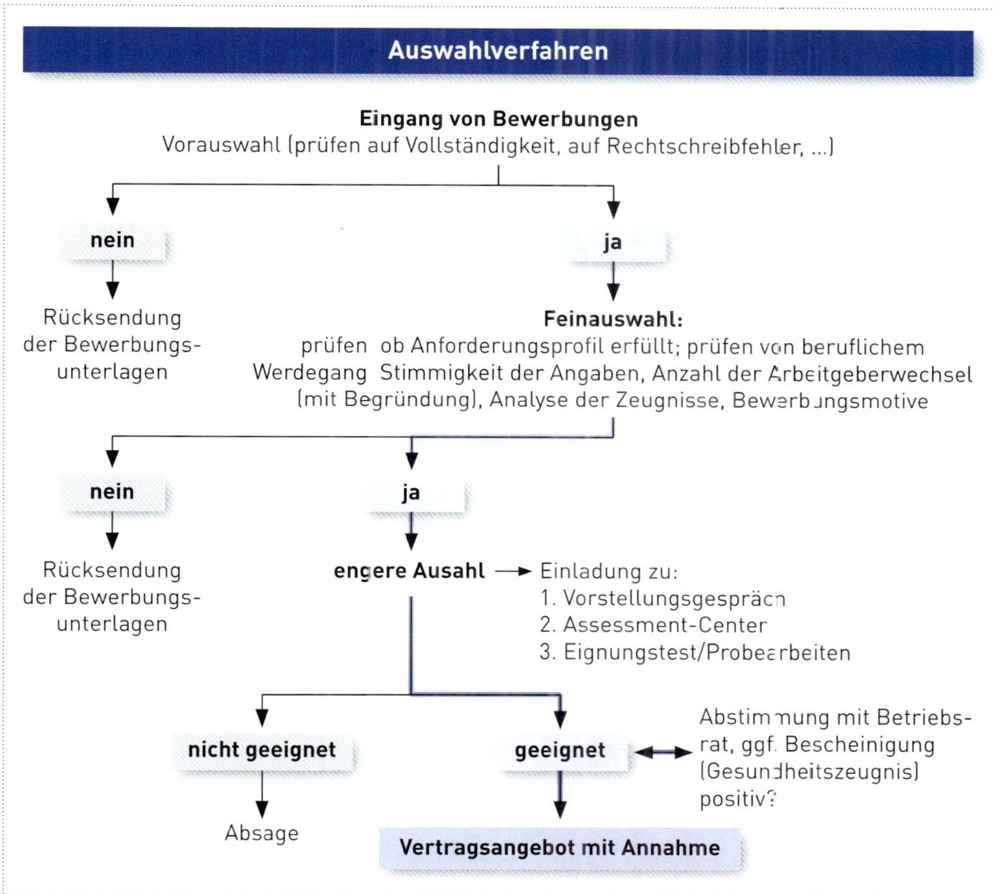

Die einzelnen Stationen in diesem Auswahlverfahren mit ihren jeweiligen Erfordernissen werden im Folgenden näher betrachtet.

8.3.1 Beurteilung der Bewerbungsunterlagen

Eine **vollständige Bewerbung** enthält die folgenden Bestandteile:

- Anschreiben mit nachvollziehbaren Bewerbungsgründen
- vollständiger tabellarischer Lebenslauf
- Bewerbungsfoto
- Kopie der Schulabschlusszeugnisse
- Kopien aller Ausbildungszeugnisse (Berufsausbildung, Hochschulausbildung)
- Kopien aller Teilnahmebescheinigungen von relevanten Weiterbildungen
- Kopien aller Arbeitszeugnisse

Die Unterlagen sind chronologisch in einer Bewerbungsmappe zu ordnen. Es gibt zwar keine Vorschriften für die Reihenfolge, bewährt hat sich jedoch diejenige, bei der das aktuellste Dokument obenauf liegt.

Die Personalverantwortlichen in den Unternehmen haben oft wenig Zeit für eine Vorauswahl. Der erste Eindruck einer Bewerbungsmappe kann hier schon entscheidend sein. Die Zeit und Aufmerksamkeit der Chefs ist limitiert. Zwei Drittel der deutschen Personalverantwortlichen entscheidet in gerade einmal fünf bis zehn Minuten, ob eine Bewerbung aussortiert wird oder in die engere Wahl kommt.

Bewertung der Bewerbungsunterlagen

Die Vollständigkeit und die äußere Form der Bewerbungsunterlagen (Anschreiben ohne Rechtschreibfehler!) sind erste wichtige Kriterien, die im Auswahlverfahren zur Geltung kommen. Daneben gibt es weitere Kriterien, die für eine Beurteilung herangezogen werden:

- **Inhalt des Anschreibens:** Begründung der Bewerbung, Ausdrucksform
- **Lebenslauf:** schulischer und beruflicher Werdegang (darunter auch mögliche Stellenwechsel), bestehende Lücken, Auffälligkeiten
- **Zeugnisse:** Noten in „Schlüsselfächern", aber auch in Nebenfächern
- **Arbeitszeugnisse:** qualifizierte Arbeitszeugnisse mit Überblick zu den Tätigkeiten und „Dekodierung" der Zeugnissprache

8.3.2 Arbeitszeugnisse

Es gibt zwei **Formen von Arbeitszeugnissen:** das einfache und das qualifizierte.

Inhalte des einfachen Arbeitszeugnisses	Inhalte des qualifizierten Arbeitszeugnisses
■ Name, Geburtsdatum ■ Dauer des Beschäftigungsverhältnisses ■ Art der Beschäftigung und der Aufgaben	■ Name, Geburtsdatum ■ Dauer des Beschäftigungsverhältnisses ■ Art der Beschäftigung und der Aufgaben ■ Beurteilung der Arbeitsleistung ■ Beurteilung des Sozialverhaltens

Nur ein qualifiziertes Arbeitszeugnis enthält also Angaben über das Verhalten und die Leistung des Beschäftigten. Eine **Beurteilung der Arbeitsleistung** erfolgt in der Regel nach typischen Kriterien wie Arbeitsweise, Arbeitsbereitschaft und Arbeitsergebnissen. Eine **Beurteilung des Sozialverhaltens** (Führung) wertet das Verhalten gegenüber Kunden, Vorgesetzten, Mitarbeitern und Kollegen.

Nicht zu den gesetzlichen Mindestbestandteilen eines Arbeitszeugnisses gehören Angaben über den Grund für die Beendigung des Beschäftigungsverhältnisses (Eigenkündigung, [fristlose] Kündigung durch Arbeitgeber, Aufhebungsvertrag). Ebenso zählen die Schlussformel (Dank, Zukunftswünsche und Bedauern) nicht dazu. Sie werden aber in der Praxis häufig angewandt.

Anspruch auf ein schriftliches Arbeitszeugnis

Jeder Arbeitnehmer hat bei Beendigung des Arbeitsverhältnisses (also bei ausgesprochener Kündigung) **Rechtsanspruch** auf ein schriftliches **Abschlusszeugnis.** Allerdings muss er das Zeugnis beantragen; es besteht keine Bringpflicht des Arbeitgebers. Der Rechtsanspruch auf ein qualifiziertes Arbeitszeugnis ist in § 109 der Gewerbeordnung (GewO) geregelt. Er steht auch leitenden Angestellten (nach § 5 Abs. 3 BetrVG), Teilzeitkräften, Aushilfen, Beschäftigten mit befristeten Arbeitsverträgen und Praktikanten zu.

§ 109 GewO Zeugnis

(1) Der Arbeitnehmer hat bei Beendigung eines Arbeitsverhältnisses Anspruch auf ein schriftliches Zeugnis. Das Zeugnis muss mindestens Angaben zu Art und Dauer der Tätigkeit (einfaches Zeugnis) enthalten. Der Arbeitnehmer kann verlangen, dass sich die Angaben darüber hinaus auf Leistung und Verhalten im Arbeitsverhältnis (qualifiziertes Zeugnis) erstrecken.

Ein Arbeitnehmer kann sich auch ein **Zwischenzeugnis** ausstellen lassen, er muss hierfür allerdings einen triftigen Grund nennen.

Beispiel Triftige Gründe für ein Zwischenzeugnis

Versetzung, Vorgesetztenwechsel, Abbruch der Ausbildung bei Auszubildenden, maßgebliche Änderungen der Aufgaben, bei Zeitarbeitsunternehmen: Versetzung in ein anderes Entleihunternehmen, wesentliche Änderungen der Arbeitszeit, Insolvenz des Unternehmens

Auszubildende haben Anspruch auf ein schriftliches Zeugnis nach § 16 Abs. 1 Berufsbildungsgesetz (BBiG).

§ 16 BBiG Zeugnis

(1) Ausbildende haben den Auszubildenden bei Beendigung des Berufsausbildungsverhältnisses ein schriftliches Zeugnis auszustellen. [...]

Formulierungen in Arbeitszeugnissen

Das, was in Arbeitszeugnissen geschrieben steht, muss wahr sein; es muss klar und verständlich formuliert sein – so schreibt es § 109 Abs. 2 Gewerbeordnung vor.

§ 109 GewO Zeugnis

(2) Das Zeugnis muss klar und verständlich formuliert sein. Es darf keine Merkmale oder Formulierungen enthalten, die den Zweck haben, eine andere als aus der äußeren Form oder aus dem Wortlaut ersichtliche Aussage über den Arbeitnehmer zu treffen.

(3) Die Erteilung des Zeugnisses in elektronischer Form ist ausgeschlossen.

Allerdings steckt ein Arbeitgeber bei den Formulierungen eines Arbeitszeugnisses mehr oder weniger in einer Zwickmühle. Einerseits soll er die tatsächlich erbrachte Leistung des Mitarbeiters bescheinigen. Andererseits muss ein Arbeitszeugnis immer wohlwollend formuliert sein, um das berufliche Fortkommen des Arbeitnehmers nicht zu gefährden. Aufgrund dieses Dilemmas hat sich im Laufe der Zeit eine eigene Zeugnissprache entwickelt, mit der auch negative Verhaltensweisen oder Leistungen eines Mitarbeiters positiv ausgedrückt werden können.

Zeugnissprache

Merke Da jeder Arbeitnehmer das Recht auf ein wohlwollendes und wahrheitsgemäßes Arbeitszeugnis hat, werden negative Aussagen „verschlüsselt" und bilden den sogenannten „Zeugniscode".

Ein Beispiel hierfür ist die allgemeine Beurteilung der Arbeitsleistung eines Mitarbeiters.

Formulierungen zur Beurteilung der Arbeitsleistung	
sehr gute Leistungen	*... stets zu unserer vollsten Zufriedenheit ...*
gute Leistungen	*... stets zu unserer vollen Zufriedenheit ...* *... zu unserer vollsten Zufriedenheit ...*
befriedigende Leistungen	*... zu unserer vollen Zufriedenheit ...*
ausreichende Leistungen	*... zu unserer Zufriedenheit ...*
mangelhafte Leistungen	*... hat sich bemüht, den Anforderungen gerecht zu werden ...*
Weitere Beispiele aus der Zeugnissprache	
mangelhafte Leistungsfähigkeit	*... war immer mit Interesse bei der Sache ...*
mangelnde Leistungsbereitschaft	*... erledigte alle Arbeiten mit großem Fleiß und Interesse ...* *... zeigte für ihre/seine Arbeit Verständnis ...*
mangelndes Kooperationsverhalten	*... war sehr tüchtig und wusste sich gut zu verkaufen ...*
berufliche Unfähigkeit	*... bemühte sich, den Anforderungen gerecht zu werden ...*
völliges Versagen	*... war wegen ihrer/seiner Pünktlichkeit stets ein gutes Vorbild ...*
Faulheit	*... hat sich im Rahmen ihrer/seiner Fähigkeiten eingesetzt ...*
gutes Verhältnis zu Vorgesetzten mit hoher Wertschätzung	*... hatte persönliches Format ...*
Probleme mit Vorgesetzten	*... galt im Kollegenkreis als toleranter Mitarbeiter ...*
ausgeprägte Zielstrebigkeit	*... hatte den Blick für das Wesentliche ...*

Diese Beispiele zeigen, wie stark Text und eigentliche Bedeutung voneinander abweichen. Dementsprechend gründlich sollte ein Arbeitszeugnis auch von dem Beurteilten mithilfe eines Fachmanns oder Fachbuchs gelesen werden. Enthält ein Zeugnis nämlich Unwahrheiten, so hat der Arbeitnehmer das Recht, diese vom Arbeitgeber auf Verlangen richtigstellen zu lassen. Weigert sich der Arbeitgeber, das Zeugnis zu ändern, bleibt noch der Weg über das Arbeitsgericht.

Zusammenfassend sollte bei einem Arbeitszeugnis auf folgende Dinge geachtet werden, um eine negative Beurteilung zu vermeiden:

- Wichtige Inhalte dürfen weder fehlen noch bewusst weggelassen werden.
- Selbstverständliches (Pünktlichkeit) sollte nicht über Gebühr betont werden.
- Wichtiges muss vor Unwichtigem stehen.
- Eine kurze, knappe Würdigung als eine Form der Geringschätzung ist zu vermeiden.

8.3.3 Methoden der Personalauswahl

Bewerberinnen und Bewerber, die in die engere Wahl einer Stellenbesetzung einbezogen werden, erhalten in der Regel eine Einladung des Unternehmens zur Teilnahme an einem

- Testverfahren,
- Vorstellungsgespräch,
- Assessment-Center.

Diese drei Methoden der Personalauswahl werden am häufigsten angewendet, um die Eignung der Bewerber für die zu besetzende Stelle beurteilen zu können.

Testverfahren

Testverfahren sind bei vielen Unternehmen beliebt, obwohl ihre Aussagekraft zunehmend kritisch gesehen wird. Ein Grund dafür ist der fehlende Arbeitsplatzbezug. Bei **Intelligenztests** wird die geistige Leistungsfähigkeit mithilfe von Raumvorstellung oder Kombinationsfähigkeit gemessen. **Leistungstests** geben Aufschluss zu Konzentration und Belastungsfähigkeit. Im Bereich der **Persönlichkeitstests** werden Persönlichkeitsfragebögen verwendet. Hier nehmen die Bewerber eine Selbsteinschätzung hinsichtlich der Kriterien Einstellungen, Verhalten und Gefühle vor. In der Auswertung werden die Ergebnisse kategorisiert.

Vorstellungsgespräch

Gespräche erfolgreich führen Kap. 7.5

Ein Vorstellungsgespräch ist die am häufigsten angewendete Methode bei der Personalauswahl. Es ist aufgrund des persönlichen Kennenlernens von Bewerber und Unternehmen unverzichtbar. Allerdings passieren auch Fehlentscheidungen. Um diese zu vermeiden, sind die richtigen Fragen und die richtigen Beurteilungskriterien bedeutsam. So können eine mögliche Manipulation durch den Bewerber oder ungewollte Einflüsse wie Sympathieeffekte minimiert werden.

Zu den Mängeln eines Vorstellungsgesprächs zählen:

- eine oberflächliche Vorbereitung
- zu geringer Arbeitsplatzbezug
- eine Überbewertung negativer Informationen
- Beurteilungsfehler durch den/die Interviewer

Deshalb sind eine gute Vorbereitung, eine passende Durchführung und gelungene Auswertung sehr wichtig, um die verschiedenen Bewerber tatsächlich vergleichen zu können. Ein wesentlicher Vorteil des Vorstellungsgesprächs ist das gegenseitige, persönliche Kennenlernen.

Immer mehr Unternehmen nutzen auch **Telefoninterviews** als Auswahlinstrument.[1] Die Unternehmen verfolgen damit einerseits das Ziel, den aufgrund der Bewerbungsunterlagen gewonnenen Eindruck zu festigen; andererseits wird versucht, weitere Informationen vor allem über die kommunikativen Fähigkeiten des Bewerbers zu erfahren. Um den Nachteil des fehlenden Arbeitsplatzbezugs auszugleichen, ist man dazu übergegangen Gespräche um eine arbeitsplatznahe Situation zu erweitern (multimodales Interview).

1 Vgl. „Dealing with an invitation for an interview“; Business English for the Office (Best.-Nr. 3556), unit 1, B 2.

Module eines Vorstellungsgesprächs

Module mit Beispielfragen	Erläuterungen und Bedeutung
Gesprächsbeginn *„Haben Sie gut hergefunden?"*	informelle Unterhaltung, angenehme und offene Atmosphäre schaffen, Klärung des Ablaufs → Bedeutung: Eisbrecher
Selbstvorstellung des Bewerbers *„Stellen Sie sich bitte kurz vor."*	kleiner Vortrag zu beruflichem Hintergrund → Bedeutung: Passen die persönlichen Voraussetzungen zu den Anforderungen der gesuchten Stelle?
Berufsorientierung und Unternehmenswahl *„Was hat Ihnen an der letzten Stelle gefallen?"*	standardisierte Fragen zu Berufswahl, Bewerbungsgründen, Fachwissen → Bedeutung: Aufschluss über Motivation/Probleme
freier Gesprächsteil *„Warum bewerben Sie sich gerade bei uns?"*	Anknüpfung an vorangegangene Themenbereiche mit offenen Fragen → Bedeutung: Sind spezielle Beweggründe erkennbar?
anforderungsbezogene Fragen *„Wie oft sind Ihre Projekte im letzten Jahr in Verzug gekommen?"*	aus der Anforderungsanalyse abgeleitete Fragen zu vergangenem Verhalten → Bedeutung: Konkretisierung des in der nahen Vergangenheit liegenden Verhaltens
Informationen über die Stelle und das Unternehmen	bedarfsgerechte Informationen für den Bewerber über die Tätigkeiten, den Arbeitsplatz und das Unternehmen
situative Fragen *„Sie haben in einer wichtigen Sache eine falsche Entscheidung getroffen, die dem Unternehmen viel Geld kosten wird. Sie befürchten, dass Ihr Vorgesetzter sehr verärgert sein wird, wenn er davon erfährt. Was tun Sie?"*	Simulation arbeitsplatztypischer Aufgaben (zum Beispiel Verkaufsgespräch führen) Bewertung der Antworten: ■ Antwort (0 Punkte): *„Vielleicht gelingt es mir, die Sache bald wieder in Ordnung zu bringen, sodass er gar nichts davon erfährt."* ■ Antwort (2 Punkte): *„Ich informiere meinen Vorgesetzten. Ich versuche ihm verständlich zu machen, wie es dazu kommen konnte."* ■ Antwort (4 Punkte): *„Ich informiere ihn und erkläre, was passiert ist. Dann mache ich Vorschläge, was ich tun kann, den Schaden gering zu halten."*
Gesprächsschluss *„Inwieweit käme für Sie auch eine andere Stelle bei uns infrage?"*	Fragen des Bewerbers, weiteres Vorgehen → Bedeutung: Prüfen der Flexibilität

Fragetechniken Kap. 7.5.2

Fragen in einem Vorstellungsgespräch

Der Bewerber hat in einem Vorstellungsinterview die Pflicht, auf zulässige Fragen wahrheitsgemäß zu antworten. Darüber hinaus gibt es aber auch unzulässige Fragen, auf die ein Bewerber unwahre Antworten geben darf. **Unzulässige Fragen** sind Fragen nach Heirat, Kinderwunsch, Schwangerschaft, Krankheiten, Parteizugehörigkeit, Mitgliedschaft in Vereinen und Verbänden, Gewerkschaftszugehörigkeit, Religionszugehörigkeit und Vorstrafen.

Je nach Job und Branche gibt es Ausnahmen, bei denen der potenzielle Arbeitgeber doch solche unzulässigen Fragen stellen darf. So muss ein Bewerber über seine Vorstrafen Auskunft erteilen, wenn dies für den potenziellen Job von Bedeutung sein könnte. Eine Vorstrafe wegen Trunkenheit am Steuer muss bei einer Tätigkeit angegeben werden, bei der Autofahren zu den vereinbarten Aufgaben gehört. Nach aktuellen Erkrankungen darf gefragt werden, wenn diese ein möglicher Hinderungsgrund sein könnten, die Tätigkeiten vereinbarungsgemäß auszuführen. Auch ansteckende Krankheiten dürfen nicht verschwiegen werden. Wenn sich aus der Erkrankung ergibt, dass der Bewerber in absehbarer Zeit (auch nur zeitweise) arbeitsunfähig werden könnte, so muss er dies auf Nachfrage ebenfalls zugeben. Fragen nach einer Schwerbehinderung sind zulässig. Dagegen ist eine Auskunft über eine Behinderung nur nötig, wenn diese einen konkreten Bezug zum Arbeitsplatz hat. Darüber hinaus kann eine kirchliche Einrichtung beispielsweise auch nach der Religionszugehörigkeit fragen.

Empfehlungen zur Verbesserung der Aussagekraft von Vorstellungsgesprächen:

- (Halb)strukturierte Gespräche führen und entsprechende Gesprächsleitfäden arbeitsplatzbezogener Fragen und Situationsaufgaben vorbereiten.
- Vorher festlegen, was positiv oder negativ bewertet wird.
- Interviewer schulen, um Beurteilungsfehler zu vermeiden.
- Ein Gespräch durch mehrere Personen bewerten lassen.

Assessment-Center

Personalbeurteilung Kap. 8.7.3

Bei einem Assessment-Center (engl., Beurteilungsseminar) werden Bewerber an mehreren Tagen zu verschiedenen Aufgaben anhand bestimmter Kriterien von mehreren Beobachtern beurteilt. In verschiedenen Übungen werden echte Arbeitsplatzsituationen simuliert. Mit diesem Personalauswahlverfahren wird versucht, die Nachteile von Testverfahren und Vorstellungsgesprächen auszugleichen.

Damit ein Assessment-Center aussagekräftige Ergebnisse liefern kann, sind einige **Voraussetzungen** zu erfüllen:

- Die ausgewählten Übungen müssen die Beurteilungskriterien auch messen (keine „Partyspielesammlung").
- Die Beurteilungskriterien entsprechen dem Anforderungsprofil der zu besetzenden Stelle.
- Die Beobachter müssen hinsichtlich möglicher Beurteilungsfehler geschult werden.
- Die Rahmenbedingungen (Rückmeldungsgespräche für jeden Teilnehmer) müssen sichergestellt werden.

Typische Übungen solcher Assessment-Center sind:

- Präsentationen (Selbst- oder Produktpräsentation), Kriterien: Auftreten, sprachlicher Ausdruck, Kommunikationsfähigkeit
- Rollenspiele, Kriterien: sprachlicher Ausdruck, Kommunikationsfähigkeit, soziales Verhalten, Konfliktverhalten
- Gruppenarbeit, Kriterien: Durchsetzungskraft, Initiative, Konfliktverhalten, soziales Verhalten
- Gruppendiskussion, Kriterien: Initiative, sprachlicher Ausdruck, Kommunikationsfähigkeit, Überzeugungskraft
- Postkorbübung, Kriterien: Stresstoleranz, Ausdauer, Organisation
  Bei dieser Übung erhalten die Teilnehmer einen „Postkorb" mit etwa 20 Dokumenten, die bearbeitet werden müssen. Die Übung ist so angelegt,

wichtig und dringend	nicht wichtig, aber dringend
wichtig, aber nicht dringend	nicht wichtig und nicht dringend

Eisenhower-Prinzip Kap. 2.1.3

dass keiner alle Aufgaben allein schaffen kann, sondern jeder überlegen muss, welche Aufgaben Priorität haben. Zur Priorisierung hat sich das sogenannte „Eisenhower-Prinzip" bewährt, das heißt die Sortierung der Aufgaben in vier Quadranten nach den Kriterien wichtig/nicht wichtig – dringend/nicht dringend. Die wichtigen, dringenden Aufgaben sind zu erledigen. Die nicht wichtigen und nicht dringenden ebenso wie die privaten Dinge sollten unbearbeitet bleiben.

Die Vorbereitung, Durchführung und Nachbereitung solcher Assessment-Center ist sehr aufwendig. Neben der Personalauswahl kommen sie auch bei der Führungskräfteentwicklung zum Einsatz, um Potenzial für neue Aufgaben zu messen.

Zu den **Vorteilen eines Assessment-Centers** zählen umfassendere Informationen als beim Interview (damit sinkt das Fehlbesetzungsrisiko), das Erkennen und Anzeigen von Kompetenzen und Fähigkeiten sowie die Prüfung konkreter Arbeitsplatzsituationen. Als Vorteil für die Teilnehmer ist das Rückmeldegespräch über ihre Stärken und Schwächen zu nennen.

Nachdem die Bewerber eine oder mehrere Personalauswahlmethoden durchlaufen haben, ist von den Verantwortlichen eine möglichst objektive und richtige Entscheidung zu treffen. Ob die Entscheidung richtig war, wird sich relativ schnell zeigen. Eine gut überlegte und richtig angewendete Methode trägt viel dazu bei, dass Personalentscheidungen keine reinen „Bauchentscheidungen" sind.

Zusammenfassung

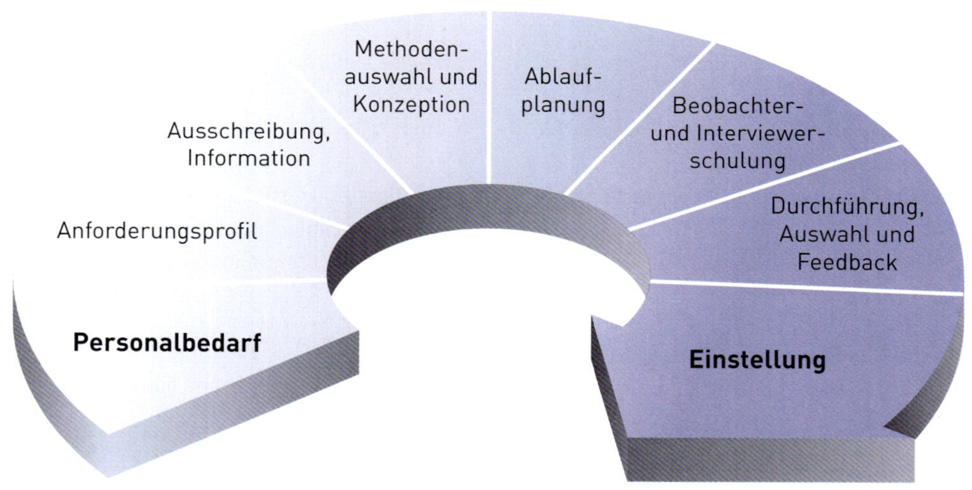

8.4 Personaleinstellung – Arbeitsvertrag und weitere arbeitsrechtliche Grundlagen

Das Arbeitsrecht regelt alle Normen eines Arbeitsverhältnisses. Grundlagen sind u. a. Gesetze, europäische Richtlinien, Arbeitsverträge, Tarifverträge und Betriebsvereinbarungen.

Betriebsvereinbarungen, Tarifverträge Kap. 1.10.3, 1.11

8.4.1 Arbeitsvertrag

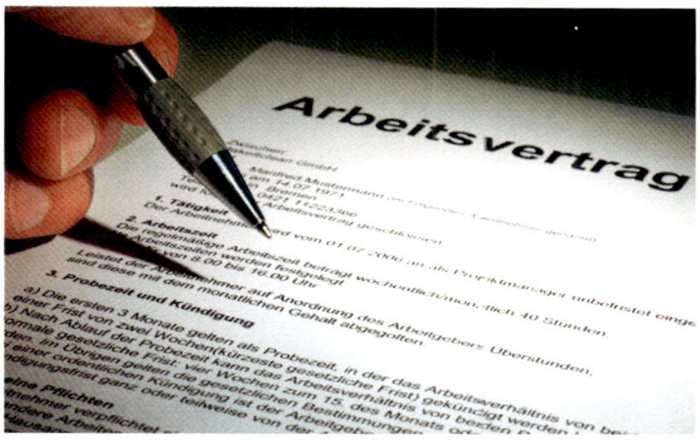

Der Arbeitsvertrag ist ein privatrechtlicher Vertrag zwischen Arbeitnehmer und Arbeitgeber. Er kommt wie jeder andere Vertrag auch durch zwei übereinstimmende Willenserklärungen zustande. Der Arbeitnehmer verpflichtet sich zur Leistung von Arbeit, der Arbeitgeber zur Zahlung von Entgelt. Es müssen daher mindestens die zu erbringende Leistung und die Höhe des Arbeitsentgelts geklärt sein.

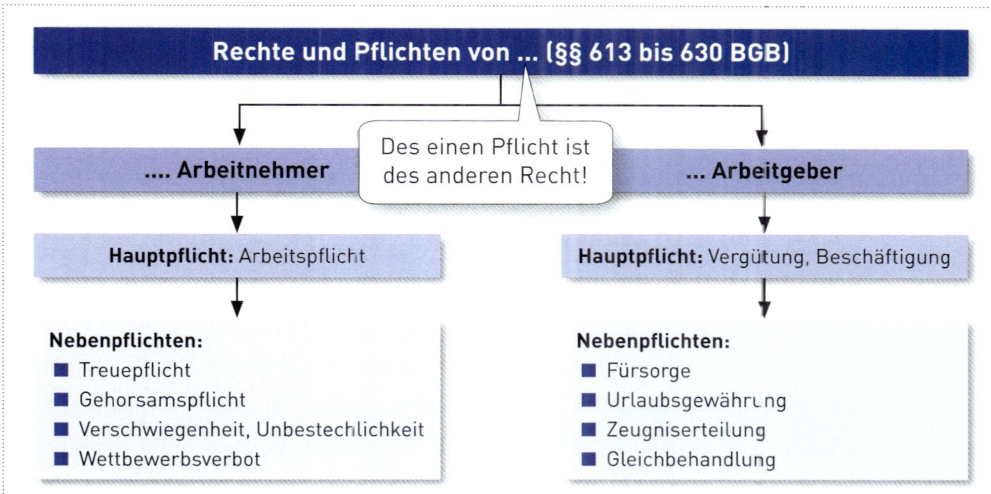

Der Arbeitgeber ist zudem verpflichtet, dem Arbeitnehmer spätestens einen Monat nach Beginn des Arbeitsverhältnisses eine von ihm unterzeichnete Niederschrift über wesentliche Vertragsinhalte zu geben. Rechtsgrundlage ist das **Nachweisgesetz.**

Nach § 2 Nachweisgesetz müssen mindestens die folgenden Angaben schriftlich festgehalten werden:

- Name und Anschrift der Vertragsparteien
- Beginn der Tätigkeit (bei befristeten Verträgen das voraussichtliche Ende)
- Arbeitsort und Beschreibung der Tätigkeit
- Zusammensetzung und Höhe des Entgelts einschließlich der Sonderzahlungen
- Arbeitszeit und Dauer des Erholungsurlaubs
- Kündigungsfrist
- Hinweis auf geltende Tarifverträge und Betriebsvereinbarungen

Diese Angaben gelten nur für den Nachweis des Arbeitgebers, nicht zwingend für einen Arbeitsvertrag, werden aber oft in Arbeitsverträgen verwendet. Für einen Arbeitsvertrag gibt es keine **Formvorschrift,** auch ein mündlich geschlossener Arbeitsvertrag ist gültig. In der Praxis überwiegen aber schriftliche Arbeitsverträge. Ausnahmen bilden befristete Verträge, die schriftlich (mit Unterschrift) abgeschlossen werden müssen. Befristete Verträge, die mündlich abgeschlossen werden, gelten als unbefristet.

Rechte des Betriebsrats Kap. 1.10

Personelle Einzelmaßnahmen – wie die Einstellung oder Kündigung von Mitarbeitern – benötigen die Zustimmung des Betriebsrats (§ 99 und § 102 BetrVG). Der Betriebsrat kann verlangen, dass die zu besetzenden Stellen erst intern im Unternehmen ausgeschrieben werden. Ebenso muss der Betriebsrat den Richtlinien über die Personalauswahl und den Personalfragebögen an die Bewerber zustimmen. Bei der eigentlichen Bewerberauswahl hat er jedoch kein Mitspracherecht.

Merke

- Ein Arbeitsvertrag unterliegt keinen Formvorschriften (anders ist dies bei befristeten Verträgen).
- Der Arbeitgeber muss ein schriftliches Dokument mit Mindestinhalten nachweisen.
- Vor einer Einstellung ist die Zustimmung des Betriebsrats notwendig.

Tarifverträge Kap. 1.11

Der **individuelle Arbeitsvertrag** zwischen Arbeitgeber und Arbeitnehmer muss ...

in bestimmten Betrieben ... mindestens so arbeitnehmerfreundlich sein wie ...

- die **Betriebsvereinbarung**
  Arbeitgeber ←→ Betriebsrat

in bestimmten Branchen ... mindestens so arbeitnehmerfreundlich sein wie ...

- die **Tarifverträge**[1]
  Arbeitgeber(verband) ←→ Gewerkschaft

in allen Unternehmen ... mindestens so arbeitnehmerfreundlich sein wie ...

- die **Arbeitsgesetze des Staates**
  Arbeitsschutzgesetz (ArbSchG)
  Arbeitszeitgesetz (ArbZG)
  Betriebsverfassungsgesetz (BetrVG)
  Bundesdatenschutzgesetz (BDSG)
  Bundeselterngeld- und Elternzeitgesetz (BEEG)
  Bundesurlaubsgesetz (BUrlG)
  Entgeltfortzahlungsgesetz (EFZG)
  Jugendarbeitsschutzgesetz (JArbSchG)
  Kündigungsschutzgesetz (KSchG)
  Mutterschutzgesetz (MuSchG)
  Nachweisgesetz (NachWG)
  Schwerbehindertenrecht (SGB 9)
  Teilzeit- und Befristungsgesetz (TzBfG)

↑ Regelungen werden für Arbeitnehmer günstiger = **Günstigkeitsprinzip**

1 Rahmentarifvertrag = Tätigkeitsbeschreibungen, die in Entgeltgruppen eingeteilt sind
Entgelttarifvertrag = Entgelte, Urlaubsgeld, Sonderzahlung
Manteltarifvertrag = allgemeine Arbeitsbedingungen (z. B. Urlaubsdauer)

Musterarbeitsvertrag

zwischen
(Arbeitgeber/-in)
und
(Arbeitnehmer/-in)

wird folgender Arbeitsvertrag geschlossen:

1. Tätigkeitsbereich
... *(Arbeitnehmer/-in)* wird als ... *(Berufsbezeichnung)* eingestellt. Der Mitarbeiter/die Mitarbeiterin ist verpflichtet, auch andere zumutbare Arbeiten auszuführen, soweit sie im Betriebsablauf anfallen. Eine Umstellung auf Wechselschicht bzw. Akkordarbeit ist möglich.

2. Beginn der Arbeit/Probezeit
Das Arbeitsverhältnis beginnt am ... *(Datum)* und ist auf unbestimmte Zeit abgeschlossen. Da in der Probezeit – längstens für die Dauer von sechs Monaten des Arbeitsverhältnisses – das Kündigungsschutzgesetz nicht zur Anwendung kommt, ist eine erleichterte Kündigung möglich. Die Kündigungsfrist beträgt zwei Wochen.

3. Entgelt
Für den Tätigkeitsbereich wird zurzeit folgende betriebsübliche Vergütung (Lohn/Gehalt) gezahlt: ... *(Betrag)* Euro brutto pro ... *(Stunde/Woche/Monat)*.
Der Arbeitnehmer/die Arbeitnehmerin wird in die Entgeltgruppe ... des ... *(Tarifvertrags)* in der jeweils gültigen Fassung eingruppiert. Tarifliche Zulagen werden derzeit in Höhe von ... Euro gezahlt.

4. Arbeitszeit
Die regelmäßige wöchentliche Arbeitszeit beträgt zurzeit ... Stunden. Beginn und Ende der täglichen Arbeitszeit richten sich nach der betrieblichen Einteilung.

5. Arbeitsfähigkeit
... *(Arbeitnehmer/-in)* versichert, arbeitsfähig zu sein und nicht den Bestimmungen des Schwerbehindertengesetzes zu unterliegen.

6. Nebenbeschäftigung
Jede entgeltliche oder das Arbeitsverhältnis beeinträchtigende Nebenbeschäftigung ist nur mit Zustimmung des Arbeitgebers zulässig. „Schwarzarbeit" ist verboten, da sie gegen die Interessen des Betriebs verstößt; sie führt zur Kündigung.

7. Urlaub
Der Urlaubsanspruch beträgt ... Arbeitstage (bei fünf Tagen pro Woche) im Kalenderjahr.
Die rechtliche Behandlung des Urlaubs richtet sich im Übrigen nach den Bestimmungen des Bundesurlaubsgesetzes.
Der gesetzliche Jahresurlaub beträgt derzeit 24 Werktage (bei sechs Tagen pro Woche).

8. Arbeitsverhinderung
Ist der Mitarbeiter/die Mitarbeiterin verhindert, ist der Betrieb unverzüglich zu informieren. Bei Krankheit ist außerdem eine ärztliche Bescheinigung ab dem vierten Arbeitstag vorzulegen; dies gilt auch, wenn die Krankheit weniger als vier Tage dauert und der Arbeitgeber dies wünscht.

9. Kündigungsfristen
Die gesetzliche Kündigungsfrist beträgt beiderseitig vier Wochen zum 15. oder zum Ende eines Kalendermonats. Für eine Kündigung durch den Arbeitgeber beträgt die Kündigungsfrist, wenn das Arbeitsverhältnis in dem Unternehmen oder Betrieb
- zwei Jahre bestanden hat, einen Monat zum Ende eines Kalendermonats,
- fünf Jahre bestanden hat, zwei Monate zum Ende eines Kalendermonats,
- acht Jahre bestanden hat, drei Monate zum Ende eines Kalendermonats.

Die Frist beginnt mit dem folgenden Tag, nachdem die Kündigung zugegangen ist.

10. Vertragsbruch/Abschlussklausel/Vertragsänderung
Für den Fall eines Vertragsbruchs hat der Mitarbeiter/die Mitarbeiterin dem Betrieb eine Vertragsstrafe von 30 % des monatlichen Bruttolohns zu zahlen. Alle Ansprüche aus dem Arbeitsverhältnis müssen innerhalb von drei Monaten nach Fälligkeit geltend gemacht werden.

Änderungen dieses Vertrags bedürfen der Schriftform.

11. Sonstige Vereinbarungen

...

____
(Ort/Datum)

_______________________________ _______________________________
Arbeitgeber/-in (Unterschrift) Mitarbeiter/-in (Unterschrift)

Ein neu eingestellter Arbeitnehmer/eine neu eingestellte Arbeitnehmerin muss bei Arbeitsbeginn die folgenden Arbeitspapiere mitbringen:

- Lohnsteuerkarte
- Sozialversicherungsausweis
- Nachweis der Krankenversicherung
- Bescheinigung des vorherigen Arbeitgebers über den im laufenden Jahr gewährten Urlaub
- Arbeitsbescheinigung vom vorherigen Arbeitgeber
- Kontoverbindung für die Entgeltzahlung und gegebenenfalls für die vermögenswirksame Leistung

8.4.2 Probezeit – die ersten Tage am neuen Arbeitsplatz

Die Probezeit dient dazu, dass sich Arbeitgeber und Arbeitnehmer zu Beginn eines Arbeitsverhältnisses kennen lernen und herausfinden, ob sie zueinander passen. Die Probezeit ist nicht gesetzlich vorgeschrieben, sondern wird über einen Arbeitsvertrag ausgehandelt. Es können maximal sechs Monate festgelegt werden.

Während der Probezeit gilt eine verkürzte Kündigungsfrist. Sie beträgt zwei Wochen zu jedem Wochentag, kann aber durch einen Tarifvertrag oder einen Arbeitsvertrag verlängert werden. Eine weitere Verkürzung unter zwei Wochen ist nicht möglich, hier gilt das Günstigkeitsprinzip für Arbeitnehmer. Das Kündigungsschutzgesetz gilt in der Probezeit nicht, sondern greift erst ab sechs Monaten Beschäftigungsdauer und bei mindestens zehn Beschäftigten im Betrieb. Wie bei jeder anderen Kündigung ist der Betriebsrat zu hören, ohne Anhörung ist eine Kündigung während der Probezeit unwirksam. Besonderer Kündigungsschutz bei Schwangeren besteht auch während der Probezeit. Der Schwangeren darf auch während der Probezeit nicht gekündigt werden, allerdings muss der Arbeitgeber von der Schwangerschaft Kenntnis haben bzw. die Schwangere muss innerhalb von zwei Wochen nach der Kündigung die Schwangerschaft anzeigen.

Berufsausbildungsvertrag Kap. 1.7.5

Bei Auszubildenden wird grundsätzlich eine Probezeit vereinbart (§ 20 BBiG) – mindestens einen Monat, maximal vier Monate. Während der Probezeit kann das Berufsausbildungsverhältnis jederzeit ohne Einhalten einer Kündigungsfrist gekündigt werden.

Merke

- Eine Probezeit kann für maximal sechs Monate vereinbart werden.
- Die gesetzliche Kündigungsfrist in der Probezeit beträgt zwei Wochen.
- Ausnahmen bestehen bei Auszubildenden (keine Kündigungsfrist) und bei Schwangeren (ihnen kann nicht gekündigt werden).

Beispiel Kündigung einer Schwangeren während der Probezeit

unzulässige Fragen im Bewerbungsgespräch Kap. 8.3.3

Eine schwangere Bewerberin lügt im Vorstellungsgespräch auf die Frage nach einer bestehenden Schwangerschaft und wird eingestellt. Als die Schwangerschaft nicht mehr zu übersehen ist, will der Arbeitgeber ihr in der Probezeit kündigen. Aber er kann es nicht, denn die Frage nach einer bestehenden Schwangerschaft im Vorstellungsgespräch ist verboten. Die Bewerberin durfte in diesem Fall also die Unwahrheit sagen.

8.4.3 Arbeitszeit und Arbeitszeitmodelle

Arbeitszeitmodelle sind ein wichtiges Thema in der Personalwirtschaft, aber auch in der Produktionswirtschaft. Immer leistungsfähigere und auch kostenintensivere Maschinen sollen möglichst rund um die Uhr ausgelastet werden. Deshalb ist auch das typische Arbeitszeitmodell von acht Stunden täglich, montags bis freitags, nicht mehr zeitgemäß; flexiblere Arbeitszeiten setzen sich immer mehr durch.

Die Unternehmen sind in der Arbeitszeitgestaltung dabei gebunden an
- das Arbeitszeitgesetz sowie das Teilzeit- und Befristungsgesetz,
- die Tarifverträge und die Betriebsvereinbarungen.

Arbeitszeitgesetz (ArbZG)

Begriffe (§ 2 Abs. 1 bis 3 ArbZG)
- Arbeitszeit = Beginn bis zum Ende der Arbeit abzüglich Ruhepausen
- Arbeitnehmer im Sinne dieses Gesetzes sind Arbeiter und Angestellte sowie Auszubildende.
- Nachtzeit im Sinne dieses Gesetzes ist die Zeit von 23 Uhr bis 6 Uhr, in Bäckereien und Konditoreien die Zeit von 22 bis 5 Uhr.
- Werktage sind alle Wochentage außer Sonntag und den gesetzlichen Feiertagen (also Montag bis Samstag). Daraus folgt, dass in Deutschland maximal 48 Stunden pro Woche gearbeitet werden darf.
- Arbeitstage sind die Tage, an denen tatsächlich gearbeitet wird.

Tägliche Arbeitszeit (§ 3 ArbZG)
- maximal acht Stunden pro Arbeitstag; Ausnahme: Verlängerung auf zehn Stunden, wenn innerhalb von sechs Monaten ein Ausgleich erfolgt und eine durchschnittliche Arbeitszeit von acht Stunden pro Tag erreicht wird.

Ruhepausen (§ 4 ArbZG)
- bei mehr als sechs Stunden Arbeitszeit: mindestens 30 Minuten Pause
- bei mehr als neun Stunden Arbeitszeit: mindestens 45 Minuten Pause
- Pausen können in Abschnitte von 15 Minuten aufgeteilt werden.

§

§ 3 ArbZG Arbeitszeit der Arbeitnehmer

Die werktägliche Arbeitszeit der Arbeitnehmer darf acht Stunden nicht überschreiten. Sie kann auf bis zu zehn Stunden nur verlängert werden, wenn innerhalb von sechs Kalendermonaten oder innerhalb von 24 Wochen im Durchschnitt acht Stunden werktäglich nicht überschritten werden.

§ 5 ArbZG Ruhezeit

(1) Die Arbeitnehmer müssen nach Beendigung der täglichen Arbeitszeit eine ununterbrochene Ruhezeit von mindestens elf Stunden haben. [...]

Sonn- und Feiertagsarbeit (§§ 9 bis 11 ArbZG)
- Sonn- und Feiertagsarbeit ist grundsätzlich verboten. Es gibt aber Ausnahmen, zum Beispiel, wenn eine durchgehende Produktion erforderlich ist, in Gaststätten oder in der Landwirtschaft.

- Ein Ersatzruhetag in der Woche ist vorgeschrieben, mindestens 15 Sonntage im Jahr müssen arbeitsfrei bleiben.

Teilzeit- und Befristungsgesetz (TzBfG)

Das Gesetz über Teilzeitarbeit und befristete Arbeitsverträge kommt ebenfalls bei der flexiblen Arbeitszeitgestaltung zur Anwendung. Hier die wichtigsten Regelungen:

Wer hat Anspruch auf Teilzeitarbeit?
- Jeder Arbeitnehmer in einem Betrieb ab 15 Beschäftigten hat darauf Anspruch.
- Der Arbeitgeber muss zustimmen.

Was muss bei einem Antrag auf Teilzeitarbeit beachtet werden?
- Die Abgabefrist beträgt mindestens drei Monate vor dem gewünschten Beginn.
- Es gelten keine Formvorschriften.
- Die Stundenreduzierung wie die Stundenverteilung müssen detailliert angegeben sein.

Unter welchen Bedingungen darf der Arbeitgeber die Teilzeittätigkeit ablehnen?
Nur, wenn wichtige betriebliche Erfordernisse (zum Beispiel unverhältnismäßig hohe Kosten für einen Ersatz) entgegenstehen. Die Rechtsprechung legt hier strenge, arbeitnehmerfreundliche Maßstäbe an.

Welche Probleme können Teilzeitverträge mit sich bringen?
- Sie gelten als Karrierebremse.
- Teilzeitarbeit wird unterdurchschnittlich bezahlt.
- Teilzeitbeschäftigte haben bisher keinen Anspruch auf Vollbeschäftigung.

Arbeitszeitmodelle für flexible Arbeitszeiten

Flexible Arbeitszeitgestaltung bedeutet, die Beschäftigten an den Anlagen und in den Prozessen so einzusetzen, dass eine optimale Auslastung der Anlagen gegeben ist oder auf Nachfrageschwankungen schnell reagiert werden kann (weniger Arbeitszeit bei weniger Aufträgen).

Vorteile einer flexiblen Arbeitszeitgestaltung	
für die Arbeitgeber	**für die Arbeitnehmer**
■ bessere Auslastung der Maschinen ■ höhere Produktivität ■ schnelle Reaktionsmöglichkeiten auf Nachfrageschwankungen ■ verlängerte Ansprechzeiten ■ weniger teure Überstunden	■ Selbstbestimmung von Dauer und Lage der Arbeitszeiten ■ unter Umständen längere Pausen ■ bessere Vereinbarkeit zwischen Beruf und Privatleben ■ mehr Verantwortung, höhere Arbeitsmotivation und -zufriedenheit

Mit dem Begriff „flexible Arbeitszeit" werden verschiedene Arten von Arbeitszeitmodellen umschrieben. Einige davon stellen wir im Folgenden vor.

Arbeitszeitkonten

In Arbeitszeitkonten werden bestimmte Sollarbeitszeiten festgelegt, zum Beispiel 38 Stunden pro Woche, 1 500 Stunden pro Jahr. Die persönliche Arbeitszeit wird abgerechnet, Zeitguthaben oder -schulden sollen ausgeglichen werden.

Arbeiten auf Abruf

Hierbei gibt es keine festen Arbeitszeiten. Je nach Bedarf wird der Arbeitnehmer vom Unternehmen eingesetzt (dieses Verfahren wird auch kapazitätsorientierte variable Arbeitszeit, kurz Kapovaz, genannt). Es muss eine Abruffrist von mindestens vier Tagen seitens des Unternehmens eingehalten werden (§ 12 TzBfG). Im Arbeitsvertrag muss eine bestimmte Dauer der wöchentlichen und täglichen Arbeitszeit festgelegt sein, sonst gilt eine Arbeitszeit von zehn Stunden als vereinbart.

Gleitzeit

Bei einer Gleitzeitregelung gibt es Kernzeiten, in denen für alle Arbeitnehmer Anwesenheitspflicht besteht, ansonsten richtet sich die Arbeitszeit nach den persönlichen Bedürfnissen der Arbeitnehmer. Die maximale Arbeitszeit von zehn Stunden pro Tag darf nicht überschritten werden. Am Ende eines Arbeitstags muss der Arbeitnehmer die festgelegte Arbeitszeit (z. B. acht Stunden) ableisten.

Rollierendes System

Bei diesem Modell haben die Arbeitnehmer einen rollierenden freien Tag in der Woche, der freie Tag wechselt wöchentlich, das bedeutet auch jede Woche andere Einsatzpläne.

Schichtarbeit

Wenn die Betriebszeit die persönliche Arbeitszeit überschreitet, werden die Beschäftigten in Schichten, also nacheinander an einem Arbeitsplatz eingeteilt. Bei einer **Wechselschicht** arbeitet ein Beschäftigter abwechselnd in der Früh- und in der Spätschicht. Übernimmt ein Arbeitnehmer ausschließlich eine Schicht (zum Beispiel ein Krankenpfleger den Nachtdienst), so arbeitet er in **Dauerschicht.** Es gibt **Zweischichtmodelle** (die Arbeitszeit liegt zwischen 6 Uhr und 14 Uhr sowie zwischen 14 Uhr und 22 Uhr) und **Dreischichtmodelle** (mit einer zusätzlichen Schicht von 22 Uhr bis 6 Uhr).

Durch Schichtarbeit wird die optimale Auslastung der Betriebsanlagen gewährleistet. Die Anforderungen an den menschlichen Organismus dürfen dabei aber nicht vernachlässigt werden.

Sabbatical

Der jüdische Begriff bedeutet ursprünglich Ruhejahr für das Ackerland, wird heute auch als Auszeit für Erwerbstätige verstanden. Arbeitnehmer nehmen eine Auszeit (zwischen 3 und 12 Monaten). Dazu verwenden sie Guthaben von Arbeitszeitkonten, unbezahlten Urlaub oder sie kündigen. Es besteht kein Rechtsanspruch auf ein Sabbatical. Jedoch kann ein Anspruch aus Tarifverträgen und Betriebsvereinbarungen abgeleitet werden. Gründe für eine Auszeit können eine Weiterbildung oder ein Burnout (eine beruflich bedingte chronische Erschöpfung) sein.

Telearbeit

Telearbeit wird von zu Hause aus erledigt, ohne Anwesenheitspflicht im Betrieb. Die Anbindung an das Unternehmensnetzwerk erfolgt über Datenleitungen (Extranet). Telearbeit erreicht auf diese Weise eine hohe Flexibilität bezüglich des Arbeitsorts.

Vertrauensarbeitszeit

Die Arbeitszeit richtet sich nach der Zeit, die zur Bearbeitung einer Aufgabe benötigt wird. Nach Erledigung kann der Arbeitnehmer seinen Arbeitsplatz verlassen. Bei diesem Modell existiert keine Zeiterfassung.

Zeitwertkonten

Bei einem Zeitwertkonto „spart" der Arbeitnehmer während seines Erwerbslebens Zeit und/oder Geld an und „finanziert" sich hierdurch eine spätere Freistellung. Dabei müssen die Sozialversicherungsbeiträge und die Lohnsteuer auf die „angesparten" Beiträge nicht in der Ansparphase, sondern erst bei Auflösung des Wertguthabens gezahlt werden.

Flexibel in der ...	... durch
Tagesarbeitszeit	■ Gleitzeit ■ Schichtarbeit ■ Telearbeit
Wochenarbeitszeit	■ Sonn- und Feiertagsarbeit ■ rollierendes System ■ kapazitätsorientierte variable Arbeitszeit (Kapovaz)
Monats-/Jahresarbeitszeit	■ Festlegung der Jahresarbeitszeit ■ Ausgleich von Mehrarbeit durch Freizeit

8.4.4 Befristete Arbeitsverträge

Rechte und Pflichten im Arbeitsvertrag Kap. 8.4.1

Befristete Arbeitsverhältnisse sind mittlerweile keine Seltenheit mehr. Für den Arbeitgeber bieten sie den Vorteil, sich ohne Kündigung vom Arbeitnehmer trennen zu können. Für junge Arbeitnehmer kann eine befristete Stelle den Einstieg in ein Unternehmen bieten. Die gesetzliche Grundlage liefert das **Teilzeit- und Befristungsgesetz.**

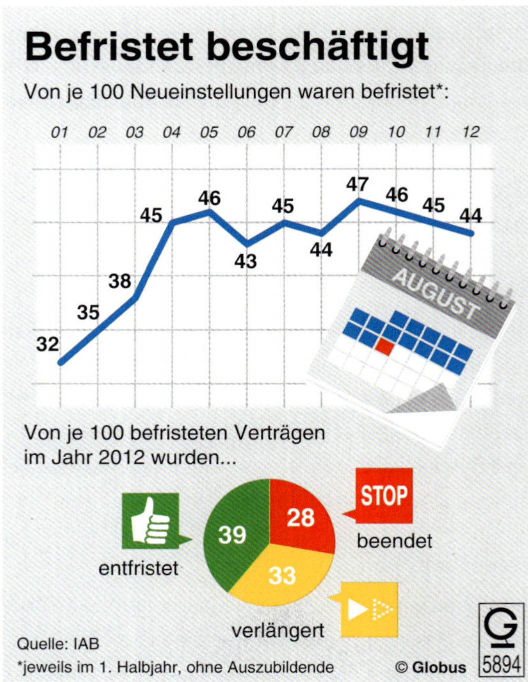

- Wie lange und wie oft darf ein Arbeitsverhältnis befristet werden?
  Zu unterscheiden ist zwischen Befristungen mit und ohne Sachgrund. Befristungen mit Sachgrund sind beispielsweise eine Elternzeitvertretung oder ein nur vorübergehender Bedarf (§ 14 TzBfG). Solche Verträge können, solange der Sachgrund vorliegt, beliebig oft verlängert werden. Anders ist es bei der Befristung ohne Sachgrund. Diese darf maximal zwei Jahre dauern. Innerhalb dieser zwei Jahre kann der Arbeitsvertrag maximal dreimal verlängert werden.

- Wann endet ein befristeter Arbeitsvertrag? Kann er gekündigt werden?
  Ein befristeter Arbeitsvertrag endet automatisch mit Ablauf der Zeit, für die er eingegangen wurde. Er bedarf keiner Kündigung. Eine ordentliche Kündigung ist sogar ausgeschlossen, es sei denn, im Arbeitsvertrag ist diese vereinbart. Das Recht zur außerordentlicher Kündigung besteht davon unabhängig.

- Welche Ausnahmen gibt es?
  Tarifverträge und Betriebsvereinbarungen können längere Befristungen ohne Sachgrund ermöglichen. Ältere Arbeitnehmer (ab 52 Jahre, die vorher arbeitslos waren) können fünf Jahre ohne Sachgrund befristet eingestellt werden (§ 14 Abs. 3 TzBfG). Neu gegründete Unternehmen können vier Jahre ohne Sachgrund befristen (§ 14 Abs. 2 TzBfG).

- Was ist bei befristeten Arbeitsverträgen zu beachten?
  Die Schriftform ist (im Gegensatz zu unbefristeten Verträgen) vorgeschrieben; ohne Schriftform entsteht ein unbefristeter Vertrag.

Drei Monate vor Befristungsende muss sich der Arbeitnehmer bei der Bundesagentur für Arbeit melden.

8.4.5 Allgemeines Gleichbehandlungsgesetz (AGG)

In der in Deutschland geltenden Verfassung (im Grundgesetz) heißt es in Artikel 3:

Artikel 3 GG

(1) Alle Menschen sind vor dem Gesetz gleich.

(2) Männer und Frauen sind gleichberechtigt. [...]

(3) Niemand darf wegen seines Geschlechtes, seiner Abstammung, seiner Rasse, seiner Sprache, seiner Heimat und Herkunft, seines Glaubens, seiner religiösen oder politischen Anschauungen benachteiligt oder bevorzugt werden. Niemand darf wegen seiner Behinderung benachteiligt werden.

§

Das seit 2006 geltende Allgemeine Gleichbehandlungsgesetz (AGG) konkretisiert den Verfassungstext noch weiter. So muss in einem Einstellungsverfahren besonders darauf geachtet werden, dass kein Bewerber und keine Bewerberin unzulässig benachteiligt wird. Andernfalls riskiert der Arbeitgeber Schadensersatzzahlungen an abgelehnte Bewerber.

Unternehmen können zwar nicht zu einer Einstellung gezwungen werden. Das finanzielle Risiko und den Ärger durch unnötige Gerichtsverfahren versuchen die Unternehmen zu vermeiden. Eine nicht geschlechtsneutrale Stellenanzeige ist spätestens seit Inkrafttreten des AGG eine grobe Missachtung.

Das AGG hat Auswirkungen auf Stellenanzeigen. So sind Aussagen zu vermeiden wie „volle Belastbarkeit", „jung, dynamisch"; weder sollte von „Assistentin" oder „Leiter" gesprochen werden noch Altersgrenzen angegeben werden.

Ausnahmen vom Benachteiligungsverbot und somit eine unterschiedliche Behandlung von Personen (positive Diskriminierung) sind möglich, wenn eine bestehende Ungleichheit abgebaut wird oder berufliche Bedingungen es erfordern.

8.4.6 Arbeitsgerichtsverfahren

Arbeitsrechtliche Konflikte, die nicht intern bereinigt werden können, werden vom Arbeitsgericht geklärt. Ankläger und Beklagte können sich von einem Anwalt vertreten lassen oder auch sich selbst vertreten. Es besteht kein Anwaltszwang.

Zuständig ist das **Arbeitsgericht,** in dessen Bezirk der Beklagte seinen (Wohn-)Sitz hat. Das Arbeitsgericht klärt:

- Streitfälle zwischen Arbeitnehmern und Arbeitgebern (zum Beispiel Änderungen im Arbeitszeugnis)
- Streitfälle zwischen Gewerkschaften und Arbeitgebern (zum Beispiel die Zulässigkeit von Streiks bei Tarifverhandlungen)
- Streitfälle, die das Betriebsverfassungsgesetz betreffen (zum Beispiel die Einrichtung eines Betriebsrats)
- Streitfälle, die das Mitbestimmungsgesetz betreffen (zum Beispiel die Zusammensetzung des Aufsichtsrats)

AGG
Kap. 8.4.5
Kündigung
Kap. 8.9

Typische **Streitfälle,** die vor dem Arbeitsgericht landen, sind:

- Streit um Gehalt oder Urlaub
- Wirksamkeit einer Kündigung (Kündigungsschutzklage)
- Erstellung oder Berichtigung von Arbeitszeugnissen
- Diskriminierung von Bewerberinnen und Bewerbern
- Streit um die Gültigkeit von tarifvertraglichen Abmachungen
- Streit um die Auslegungen des Betriebsverfassungsgesetzes

Erhebt eine Partei Klage, so muss das Gericht ein Urteil fällen. Das Gericht ist an die Sachverhalte gebunden, die die Parteien vortragen, es darf keine Nachforschungen betreiben. Die Kosten des Verfahrens trägt der Unterlegene.

Verfahrensablauf eines Arbeitsgerichtsprozesses

Klageschrift

Der Kläger verfasst die **Klageschrift** und reicht sie dem zuständigen Arbeitsgericht ein bzw. gibt die Klage beim Arbeitsgericht zu Protokoll. Zuständig ist das Arbeitsgericht, in dessen Bezirk der Beklagte seinen Wohnsitz hat.

Güteverhandlung

Eine **Güteverhandlung** wird zwei Wochen nach Klageerhebung angesetzt. Die Verhandlung führt der Richter; er versucht zusammen mit Kläger und Beklagtem eine gütliche Einigung zu erzielen. Gelingt dies, wird das Verfahren eingestellt und es entstehen keine Kosten für die Beteiligten.

Verhandlung am Arbeitsgericht

Wird keine Einigung erzielt, wird eine **Verhandlung am Arbeitsgericht** angesetzt, die mit einem Urteil endet.

Berufung

Auf dieses Urteil hin können Kläger wie Beklagter innerhalb von zwei Wochen nach Urteilszustellung in **Berufung** gehen. Voraussetzung: Der Streitwert liegt über 600,00 € und das Verfahren muss zur Berufung zugelassen werden bzw. es handelt sich um ein Verfahren zum Bestehen oder Nichtbestehen eines Arbeitsverhältnisses. Diese Voraussetzungen müssen gemäß dem Arbeitsgerichtsbeschleunigungsgesetz gegeben sein.

Landesarbeits-gericht

In der zweiten Instanz entscheidet das **Landesarbeitsgericht,** ob die Berufung des Urteils oder die Beschwerde über einen Beschluss gerechtfertigt ist. Hier herrscht Anwaltszwang. Das Landesarbeitsgericht bestätigt das vorangegangene Urteil oder fällt ein neues Urteil. Dieses ist dann gültig.

Bundes-arbeitsgericht

Sind Kläger oder Beklagter nicht mit dem Urteil des Landesarbeitsgerichts einverstanden, haben sie die Möglichkeit, das **Bundesarbeitsgericht** anzurufen, das heißt in Revision zu gehen. Diese dritte Instanz behandelt nur besonders wichtige Fälle oder Fälle, die in den vorherigen Instanzen unterschiedlich entschieden wurden.

In der dritten Instanz entscheidet dann das **Bundesarbeitsgericht in Erfurt,** ob die Revision oder Beschwerde hinsichtlich des Urteils des Landesarbeitsgerichts gerechtfertigt ist und hebt eventuell vorangegangene Urteile auf.

Merke Bei der **Berufung** werden die Sachverhalte des ersten Verfahrens noch einmal überprüft. Möglicherweise kommen auch neue Tatbestände während der Verhandlung hinzu. Berufungsverfahren finden gegen Urteile der ersten Instanz statt. Sie überprüfen inhaltlich und formal das vorangegangene Urteil.

Bei einer **Revision** gegen Berufungsurteile wird überprüft, ob das Gesetz richtig angewendet oder der Verfahrensweg richtig eingehalten wurde. Dabei geht es um eine formale Überprüfung des Urteils der zweiten Instanz.

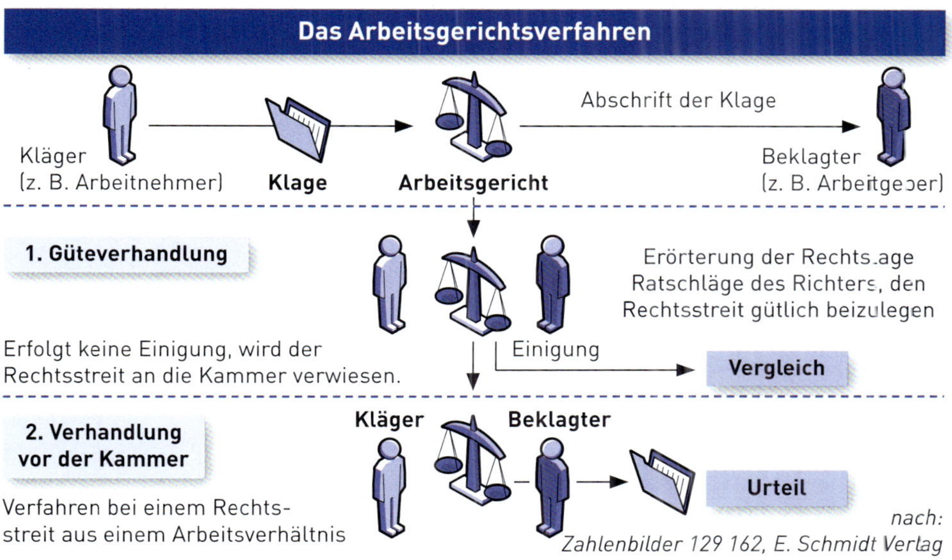

nach: *Zahlenbilder 129 162, E. Schmidt Verlag*

Durch ihre besondere Eilbedürftigkeit sind Klagen bei Arbeitsgerichten bevorzugt zu bearbeiten. So enden rund ein Viertel aller Klagen bereits innerhalb eines Monats. Der Grund hierfür sind positiv verlaufende Güteverhandlungen. Weitere 40 % aller Klagen sind nach drei Monaten abgeschlossen. Selten dauern Verfahren so lange, wie in dem folgenden Beispiel geschildert.

Beispiel **Der Arbeitsgerichtsprozess von „Emmely"**

Nachricht in der Süddeutschen Zeitung vom 15. Dezember 2011:

Gericht kippt Kündigung

Der Kampf durch alle Instanzen hat sich für Kassiererin Emmely gelohnt: Das Bundesarbeitsgericht hat die Kündigung wegen eingelöster Pfandbons im Wert von 1,30 Euro aufgehoben.

Sieg für die Supermarkt-Kassiererin Emmely. Das Bundesarbeitsgericht in Erfurt hat die Bagatell-Kündigung wegen Unterschlagung von zwei Leergutbons aufgehoben. Die Entlassung sei nicht gerechtfertigt, weil nur eine „erhebliche Pflichtwidrigkeit" vorliege, hieß es zur Begründung.

Der Zweite Senat entschied, dass das Vertrauen durch das einmalige Delikt nach der langen Betriebszugehörigkeit nicht vollkommen „aufgezehrt" worden sei. Zudem sei die Schädigung relativ niedrig gewesen. Eine Abmahnung hätte in diesem Fall ausgereicht. Das Bundesarbeitsgericht bleibt jedoch bei seiner Rechtsprechung, wonach Bagatelldelikte auch weiterhin ein Kündigungsgrund sein können. Zuvor hatte es sich bei Kündigungen wegen Kleindiebstählen gegen sogenannte Bagatellgrenzen ausgesprochen. Diese seien problematisch, sagte der Vorsitzende Richter des Zweiten Senats, Burghard Kreft, in der Verhandlung des Falls Emmely.

Der Supermarktkassiererin mit diesem Spitznamen war wegen der Einlösung zweier liegengebliebener Pfandbons im Wert von 1,30 Euro fristlos gekündigt worden. Vor dem obersten deutschen Arbeitsgericht hatte die Berlinerin das Recht auf eine zweite Chance gefordert. „Die Abmahnung als milderes Mittel hätte ausgereicht", erklärte ihr Anwalt, Benedikt Hopmann. [...]

Die Anwältin der Gegenseite, Karin Schindler-Abbes, hatte argumentiert, das Vertrauen, das Emmely als Kassiererin entgegengebracht wurde, sei unwiderruflich zerstört. Würden solche Fälle nicht geahndet, wären die ehrlichen Mitarbeiter die Dummen. Die heute 52-Jährige habe mehrfach gelogen. „Sie hat neun verschiedene Erklärungen zur Einlösung der Pfandbons gegeben, und keine war wahr."

Einem Arbeitnehmer kann fristlos gekündigt werden, wenn ein „wichtiger Grund" vorliegt. Das regelt Paragraph 626 des Bürgerlichen Gesetzbuches (BGB). Wichtige Gründe können zum Beispiel ein Diebstahl im Betrieb oder eine grobe Beleidigung sein. Doch auch Bagatelldelikte können nach gängiger Rechtsprechung eine fristlose Kündigung rechtfertigen, weil sie das Vertrauensverhältnis zum Arbeitgeber beschädigen.

Quelle: Süddeutsche.de (http://sz.de/1.957009)

Arbeitsschutz, Betriebsvereinbarungen, Tarifverträge Kap. 1.9, 1.10, 1.11

Weitere Bestandteile arbeitsrechtlicher Grundlagen, die in der Personalwirtschaft berücksichtigt werden müssen, sind die jeweiligen **Tarifverträge, Betriebsvereinbarungen** der Unternehmen und **Arbeitsschutzmaßnahmen**. Diese Themen wurden in Lernfeld 1 behandelt.

8.5 Personalsachbearbeitung und Schutz personenbezogener Daten

Die **Personalsachbearbeitung** (auch als **Personalverwaltung** bezeichnet) umfasst alle routinemäßigen Aufgaben, die im Personalbereich eines Unternehmens anfallen. Dazu gehören zum Beispiel:

- das Anlegen und Führen von Personalakten
- die Pflege von Mitarbeiterdaten in Personalinformationssystemen
- die Erfassung von Arbeits- und Fehlzeiten von Mitarbeitern (Arbeitszeitkonten führen)
- die Erfassung und Analyse von Mitarbeiterdaten im Rahmen der Personalstatistik
- die Durchführung von gesetzlichen Meldepflichten
- die Erstellung der Entgeltabrechnungen
- die Erstellung von Arbeitszeugnissen

Die **Ziele** der Personalsachbearbeitung umfassen:

- Wirtschaftlichkeit → Die Erledigung der Aufgaben soll möglichst wenig kosten.
- Aktualität → Benötigte Daten sollen schnell und fehlerfrei zur Verfügung stehen.
- Vertraulichkeit → Die personenbezogenen Daten unterliegen dem Schutz des Bundesdatenschutzgesetzes; der Umgang mit ihnen erfordert besondere Sorgfalt.

8.5.1 Personalakten

Der Begriff der **Personalakte** ist weit gefasst. Weder die Form einer Personalakte, noch ihr Inhalt sind gesetzlich vorgeschrieben. Die Personalakte ist eine Zusammenstellung von schriftlichen Unterlagen über eine Arbeitnehmerin bzw. einen Arbeitnehmer.

Beispiel Personalakte

Personalakten enthalten Unterlagen über Bewerbungen, Kontoverbindungen, Entgeltabrechnungen, Zertifikate über erhaltene Qualifizierungen usw.

Gesetzlich vorgeschrieben sind Dokumentationen über Lohnkonten (§ 41 Abs. 1 EStG) und über Arbeitsverträge (§ 2 Nachweisgesetz). Daneben müssen die Sozialversicherungsbeiträge nachgewiesen (und an die Krankenkasse überwiesen) werden.

Die Aufbewahrungsfristen für Personalakten sind im Handelsgesetzbuch (§ 238 und § 257 HGB) und in der Abgabenordnung (§ 147 AO) geregelt. Personalakten sollten mindestens zehn Jahre lang aufbewahrt werden. Danach muss laut Bundesdatenschutzgesetz aber auch für die Vernichtung der Unterlagen gesorgt werden, da die Personalakten zu keinem Zeitpunkt allgemein zugänglich sein dürfen. Die Vertraulichkeit muss daher bis zur Vernichtung der Unterlagen gewährleistet sein.

Personalakten können in Papierform in Mappen oder Ordnern oder auch elektronisch geführt werden. Bei der **elektronischen Personalakte** ersetzt ein Dokumentenmanagementsystem mithilfe der elektronischen Archivierung die traditionelle Papierakte. Die digitale Personalakte beinhaltet sowohl eingescannte Dokumente als auch Informationen, die aus anderen IT-Systemen (z. B.

Dokumentenmanagementsystem Kap. 2.4.5

Entgeltabrechnung oder Zeiterfassung) gewonnen wurden. Gründe für die Einführung von elektronischen Personalakten sind der standortunabhängige Zugriff auf die Akten und die schnellere Verfügbarkeit. In der Praxis werden Personalakten meist parallel in Papier- und elektronischer Form geführt.

Der **Aufbau** der Personalakten kann sich von Unternehmen zu Unternehmen unterscheiden. Welche Dokumente und Einträge in die Personalakte aufgenommen werden, bestimmt der Arbeitgeber selbstständig. Folgende Einteilung ist jedoch typisch:

Personalbelege	Vertragsbelege	Tätigkeitsbelege	Entgeltabrechnungsbelege
■ Fragebogen ■ Zeugnisse, erteilte Arbeitszeugnisse ■ ärztliche Untersuchungsergebnisse ■ polizeiliches Führungszeugnis ■ Abmahnungen ■ Bewerbung ■ Kopie der Sozialversicherungsnachweise	■ Arbeitsvertrag ■ Kündigung ■ Änderungskündigungen ■ Beförderungen	■ Versetzungsmeldungen ■ Beurteilungsergebnisse ■ Zielvereinbarungen ■ Qualifikationsnachweise ■ Stellenbeschreibung ■ Arbeitszeitnachweis	■ Eingruppierung ■ Zuschläge ■ Meldungen zur Sozialversicherung

Was muss der Arbeitgeber bei der Aufbewahrung von Personalakten beachten?

Der Arbeitgeber muss das Persönlichkeitsrecht des Mitarbeiters (Art. 1 und 2 GG) beachten und für den Datenschutz der personenbezogenen Daten sorgen (Bundesdatenschutzgesetz). Der Arbeitgeber ist dafür verantwortlich, dass niemand unbefugt Einsicht in die Personalakte nimmt. Nur Vorgesetzte und unmittelbar mit der Bearbeitung beauftragte Mitarbeiter haben Zugriff auf die Personalakten. Zuvor ist eine entsprechende Sicherheitsbelehrung für die Mitarbeiter durchzuführen.

Welche Rechte hat ein betroffener Arbeitnehmer?

Jeder Mitarbeiter hat das Recht, seine Personalakte mit allen Unterlagen vollständig einzusehen. Er kann dazu eine betriebsfremde Person (zum Beispiel einen Rechtsanwalt oder einen sachkundigen Verwandten) oder den Betriebsrat (§§ 82, 83 BetrVG) als Begleitung mitbringen. Der Mitarbeiter kann nicht verlangen, dass für ihn ungünstige Unterlagen wie Abmahnungen entfernt werden. Dieses Recht hat er erst, wenn er sich eine bestimmte Zeit nach Erteilen der Abmahnung (in Deutschland wird in der Regel von zweieinhalb Jahren ausgegangen) fehlerfrei verhalten hat. Dazu muss er einen Antrag auf Entfernung der Unterlagen stellen.

Wer darf Einsicht in die Personalakte nehmen?

Neben dem betroffenen Arbeitnehmer haben nur die Unternehmensinhaber, die Geschäftsführung und die direkten Vorgesetzten ein Recht, die Personalakte einzusehen.

8.5.2 Schutz personenbezogener Daten (Datenschutz)

Bundesdatenschutzgesetz (BDSG)

Datenschutz Kap. 2.4.6

Das Bundesdatenschutzgesetz (BDSG) regelt zusammen mit den Datenschutzgesetzen der Länder den Umgang mit personenbezogenen Daten, die in IT-Systemen oder manuell verarbeitet werden. Zweck dieses Gesetzes ist es, den Einzelnen davor zu schützen, dass er durch den Umgang mit seinen Daten in seinem Persönlichkeitsrecht nicht beeinträchtigt wird.

Personenbezogene Daten sind „Einzelangaben über persönliche oder sachliche Verhältnisse einer bestimmten oder bestimmbaren natürlichen Person" (§ 3 Abs. 1 BDSG). Das können persönliche oder sachliche Informationen einer natürlichen Person sein, wie die Telefonnummer, die Personalnummer oder die IP-Adresse, die Adresse, das Geburtsdatum, die Blutgruppe oder die Vergütungsgruppe.

Beispiel Personenbezogene Daten

Der Schließplan eines Bürohauses, das heißt die Liste, mit welchem Schlüssel welches Schloss geöffnet werden kann, weist keinen Bezug zu einer Person auf. Das Schlüsselverzeichnis, das heißt die Liste, wer welchen Schlüssel besitzt, enthält hingegen personenbezogene Daten und muss gemäß den Vorschriften des Bundesdatenschutzgesetzes behandelt werden.

Im **Bundesdatenschutzgesetz** sind folgende Tätigkeiten geregelt:

Datenerhebung	Datenverarbeitung	Datennutzung
= Beschaffung	= speichern, verändern, übermitteln, sperren, löschen	= jede Verwendung außerhalb der Verarbeitung

Pflichten der verantwortlichen Stellen (Geschäftsführung)

Jedes Unternehmen ist verpflichtet, Folgendes zu beachten:

- die Betroffenenrechte gewährleisten (Benachrichtigung, Auskunft, Korrektur, Sperrung, Löschung)
- das Verfahrensverzeichnis erstellen und melden (Zweckbestimmung der Daten, Beschreibung der Daten, zugriffsberechtigte Personen und anderes)
- den Schutz der EDV und der Daten im Sinne der IT-Sicherheit sicherstellen (§ 9 BDSG und Anhang)
- Zugriffe, Änderungen und die Weitergabe an Dritte nachvollziehbar gestalten

Jedes Unternehmen muss einen **Datenschutzbeauftragten** bestellen, wenn

- mindestens **zehn Personen** ständig mit der elektronischen Verarbeitung personenbezogener Daten beschäftigt sind oder Zugriff auf sie haben oder
- mindestens **zwanzig Personen** ständig mit der manuellen Verarbeitung personenbezogener Daten beschäftigt sind oder Zugriff auf sie haben (zum Beispiel mit Karteikarten).

Der Datenschutzbeauftragte ist direkt der Geschäftsleitung unterstellt. Er kann aus dem eigenen Unternehmen zu dieser Funktion bestimmt werden oder die Geschäftsleitung beauftragt einen externen Datenschutzbeauftragten. Seine Aufgaben umfassen die Kontrolle und die Überwachung der ordnungsgemäßen Anwendung von Datenverarbeitungsprogrammen. Die Mitarbeiter, die mit dem Umgang von personenbezogenen Daten beschäftigt sind, werden durch den Datenschutzbeauftragten geschult.

Die Rechte der betroffenen Personen

Betroffenen stehen gemäß § 6 Abs. 1 BDSG die folgenden Rechte zu:

- das Recht, Auskunft darüber zu erhalten, welche personenbezogenen Daten über sie gespeichert sind, woher diese stammen und weshalb sie gespeichert sind.
- das Recht, falsche personenbezogene Daten berichtigen zu lassen.
- das Recht, die Übermittlung ihrer persönlichen Daten an Dritte zu untersagen.
- das Recht, ihre Datensätze sperren oder löschen zu lassen. Bei einer Sperrung der Datensätze bleiben die Daten vorhanden, dürfen aber nicht verwendet werden. Ein Löschen der Datensätze erfolgt bei unzulässiger Speicherung.
- das Recht, Beschwerde bei der zuständigen Aufsichtsbehörde des jeweiligen Bundeslandes für den Datenschutz einzulegen.

Beispiel **Aldi-Skandal: Mitarbeiter ausspioniert!**

Nun also auch Aldi: nach Medienberichten soll Aldi Süd einen Detektiv angeheuert haben, der Details über das Privatleben und die finanzielle Situation der Mitarbeiter herausfinden sollte – unter anderem mit Hilfe von Überwachungskameras. Dabei hat sich der Detektiv laut Spiegel verschiedenster Mittel bedient; beispielsweise wurden Kameras eingesetzt, die die Mitarbeiter bei der Arbeit überwachen sollten. Insbesondere soll es sich um Kameras gehandelt haben, die in den Umkleidekabinen der Mitarbeiter installiert wurden. Was mit den Aufnahmen geschah und ob sie darüber hinaus vielleicht sogar im Rahmen des Arbeitsverhältnisses verwendet wurden, ist (noch) nicht klar.

Die Anweisung zu der Überwachung soll von den Führungskräften von Aldi Süd gekommen sein. Laut Spiegel sagte der angeheuerte Detektiv hierzu: „Ich hatte weiterhin den Auftrag, alle Auffälligkeiten zu melden. Also auch, wenn ein Mitarbeiter zu langsam arbeitete, ich von einem Verhältnis der Mitarbeiter untereinander erfahren habe oder ich andere Details aus dem Privatleben mitbekam, zum Beispiel im Hinblick auf die finanzielle Situation des Mitarbeiters."

Dass Mitarbeiter überwacht werden, ist in der Discounter-Branche keine Seltenheit: Im Frühjahr 2008 machte der Aldi-Konkurrent Lidl mit Mitarbeiterüberwachung in schlimmster Form Schlagzeilen. Auch hier wurden Kameras eingesetzt, um die Mitarbeiter während der Arbeit zu überwachen. Dabei ging die Bespitzelung soweit, dass sogar die Toilettengänge der Mitarbeiter notiert wurden. Aber auch in anderen Branchen wird es mit dem Datenschutz in dieser Hinsicht manchmal nicht so genau genommen; der Textildiscounter KiK holte Informationen über die finanziellen Verhältnisse der Mitarbeiter ein, die Deutsche Bahn spähte ebenfalls ihre Mitarbeiter aus. Dabei ist gerade die Videoüberwachung am Arbeitsplatz ein datenschutzrechtlich besonders sensibles Thema; nur in strengen Grenzen ist es erlaubt, Kameras zu installieren und dabei Mitarbeiter oder auch Kunden zu filmen. Dabei stellt die verdeckte Videoüberwachung das letzte Mittel dar, da hier die Eingriffsintensität besonders hoch ist.

Aldi Süd bestreitet die erhobenen Vorwürfe der Mitarbeiterüberwachung bislang. Sollte sich der Verdacht allerdings bewahrheiten, wird es für die Verantwortlichen unangenehm. Taten wie diese, in denen der Arbeitnehmerdatenschutz absolut keine Beachtung mehr findet, müssen streng geahndet werden. In der Vergangenheit hat sich dies beispielsweise am Abhör-Skandal der Deutschen Telekom gezeigt: ein Abteilungsleiter, der eine Firma mit der Auswertung von Verbindungsdaten beauftragte, wurde zu einer Haftstrafe verurteilt. Eins steht auf jeden Fall fest: das Image leidet in solchen Fällen enorm – und als Kunde wird man sich jetzt beim Einkaufen häufiger mal nach einer Kamera umsehen ...

Quelle: www.datenschutzbeauftragter-info.de/aldi-skandal-mitarbeiter-ausspioniert/ (Abruf: 30.9.2013)

8.5.3 Personalinformationssysteme

Wenn die Personalverwaltung computerunterstützt arbeitet, nutzt sie in der Regel ein Personalinformationssystem. Ein **Personalinformationssystem (PIS)** dient der Erfassung, Verarbeitung und Analyse von Informationen, die die Personalverwaltung betreffen. Dazu gehören:

- Arbeitszeiterfassung
- Stammdatenverwaltung (mit Mitarbeiterselbstverwaltung)
- Bewerbermanagement
- Reisekostenabrechnung
- Personalberichterstattung
- Personalplanung
- Personalabrechnung

Während die elektronische Personalakte ein Dokumentenmanagementsystem darstellt, hat das Personalinformationssystem eher Datenbankcharakter. Man kann mit ihnen auch elektronische Personalakten führen. Mithilfe von Personalinformationssystemen kann man schnell

Dokumenten-management-system Kap. 2.4.5

- informieren,
- kontrollieren,
- Entscheidungshilfen bieten und
- dokumentieren.

Dazu stehen verschiedene Abfragen für Berichte, Statistiken und Reports zur Verfügung.

Gründe für die **Einführung (Implementierung) von Personalinformationssystemen** sind die immer komplexer werdenden Probleme, zu deren Lösung immer weniger Zeit zur Verfügung steht. Mithilfe eines Personalinformationssystems können die Leistungsfähigkeit einer Abteilung und auch der Service für die Mitarbeiter gesteigert werden. Die Anwender greifen auf einen einheitlichen, aktuellen Datenbestand zu; die Qualität von Entscheidungen erhöht sich durch eine schnelle Auswertung aller relevanten Informationen. Ein solches System ist sehr anpassungsfähig an veränderte Rahmenbedingungen.

Beispiel Personalinformationssystem

Ein bekanntes PIS ist das Modul SAP ERP Human Capital Management (SAP ERP HCM).

Ein Personalinformationssystem kann im jeweiligen Unternehmen sehr unterschiedlich gestaltet sein. Die einzelnen **Aufgabenbereiche** werden dabei speziell auf das Unternehmen zugeschnitten (Customizing). Neben immer wiederkehrenden Aufgaben in der Personalverwaltung werden auch Aufgaben zur Vorbereitung von Entscheidungen übernommen.

Aufgaben in der Personalverwaltung	Aufgaben zur Entscheidungsvorbereitung
■ monatliche Lohn- und Gehaltsabrechnung ■ Personalstammdatenverwaltung ■ Personalstatistiken	■ Bewerberauswahl ■ Personalplanung ■ Personalentwicklung ■ Vergleich von Anforderungs- und Fähigkeitsprofilen

Exkurs Stammdaten

Informationen, die verarbeitet werden, sind zu unterscheiden in Stammdaten (auch Grunddaten) und Bewegungsdaten.

Stammdaten	Bewegungsdaten
■ bleiben meist unverändert ■ sind ohne Zeitbezug ■ weisen oft gleichzeitig Auswertungskriterien auf	■ sind veränderlich ■ haben einen Zeitbezug ■ werden meist nur zeitlich begrenzt benötigt und deshalb nur mittelfristig vorgehalten
Beispiele: Name, Geburtstag, Steuerklasse, Abteilung, Personalnummer	Beispiele: Arbeitszeit im Monat, Entgelt des Monats, Fehlzeiten

Mitbestimmung, Betriebsvereinbarung Kap. 1.10

Soll ein solches Personalinformationssystem eingeführt werden, ist unbedingt das **Mitbestimmungsrecht des Betriebsrats** (§ 87 Abs. 6 BetrVG) zu beachten. In der Praxis werden dazu meist **Betriebsvereinbarungen** geschlossen mit sogenannten **Negativlisten** (das sind Informationen, die nicht gespeichert werden dürfen, wie z. B. Angaben zu einer Parteizugehörigkeit oder über erhaltene Kredite). Das, was auf den sogenannten **Positivlisten** festgehalten wird, darf gespeichert werden.

8.5.4 Arbeitszeiterfassung

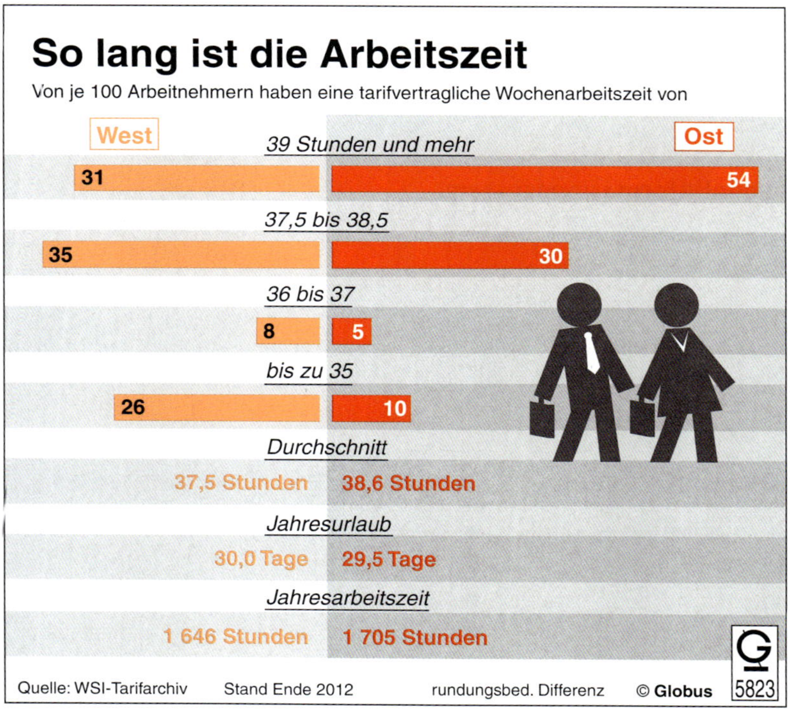

Neben der Stammdatenpflege ist die **Erfassung von Arbeits-, Fehl- und Urlaubszeiten** eine wichtige Aufgabe der Personalsachbearbeitung. Die Arbeitszeit ist Teil des Arbeitsvertrags zwischen Arbeitgeber und Arbeitnehmer. Neben dem Arbeitsvertrag ist die Arbeitszeit durch das Arbeitszeitgesetz, die Tarifverträge oder die Betriebsvereinbarungen geregelt.

ArbZG
Kap. 8.4.3

2012 arbeiteten ostdeutsche Arbeitnehmer durchschnittlich 38,6 Stunden pro Wochen (1 705 Stunden Jahresarbeitszeit) und hatten 29,5 Tage Urlaub. Westdeutsche Arbeitnehmer arbeiteten im Durchschnitt 37,5 Wochenstunden (1 646 Stunden Jahresarbeitszeit) und hatten dabei 30 Tage Urlaub. Pro Arbeitnehmer fielen 2011 durchschnittlich 48,8 (bezahlte) Überstunden an (nach Globus Grafiken 5823 und 4837).

Arbeitszeiterfassung auf Arbeitszeitkonten

Arbeitszeitkonten enthalten neben dem Namen und der Personalnummer folgende Angaben:

- die jährliche/monatliche Soll-Arbeitszeit,
- die tatsächlich geleistete Arbeitszeit,
- die Krankheits-, Urlaubs- und Weiterbildungszeiten.

Der Kontostand am Monatsende gibt den aktuellen Saldo an. Dabei kann es positive und negative Abweichungen von der Soll-Arbeitszeit geben. Dafür können Höchstwerte im Arbeitsvertrag oder in den Tarifverträgen vorgegeben werden.

Beispiel Arbeitszeitkonto

Beispielhaft eine der vielen druckbaren Auswertungslisten, hier das Arbeitszeitkonto eines Mitarbeiters:

Nachname, Vorname	Vertrag gültig bis	Pers.-Nr. (Gehaltsabr.)	Monat
[redacted]	20..-12-31	10574	20..-01

Vereinbarte Arbeitszeit			Arbeitstage je Woche	Urlaubsanspruch		
Jährlich	Wöchentlich	Soll-AZ		Erhol.-Urlaub	SchwbG	Zusatzurlaub
1040:00	20:00	120:00	5	25	0	0

Datum	Plan-AZ	Anwesend von	Anwesend bis	Pause(n) von	Pause(n) bis	Pausenzeit	Tats. AZ	Davon Nachtarbeit	Von JAK abzuz.	N	B	R	Kr	Ku	U	A	D	T	M
20..-01-02	04:30	07:00	11:44	00:00	00:00	00:00	04:44	00:00	04:44	X								X	
20..-01-03	04:30	07:00	11:42	00:00	00:00	00:00	04:42	00:00	04:42	X								X	
20..-01-04	07:00	06:45	19:01	11:30	16:29	04:59	07:17	00:00	07:17	X								X	
20..-01-07	05:30	07:00	12:32	00:00	00:00	00:00	05:32	00:00	05:32	X								X	
20..-01-08	05:30	07:00	12:17	00:00	00:00	00:00	05:17	00:00	05:17	X								X	
20..-01-09	05:30	07:00	12:25	00:00	00:00	00:00	05:25	00:00	05:25	X								X	
20..-01-10	04:00	00:00	00:00	00:00	00:00	00:00	00:00	00:00	04:00						X				X
20..-01-11	04:00	00:00	00:00	00:00	00:00	00:00	00:00	00:00	04:00						X				X
20..-01-14	06:00	07:00	18:34	08:46	14:29	05:43	05:51	00:00	05:51	X								X	
[illegible]	[illegible]	[illegible]	[illegible]	[illegible]	[illegible]	[illegible]	[illegible]	[illegible]	[illegible]	X								X	X
20..-01-29	00:00	00:00	00:00	12:00	12:39	00:39	00:00	00:00	00:00										
20..-01-30	03:30	07:00	10:28	00:00	00:00	00:00	03:28	00:00	03:28	X								X	
20..-01-31	03:30	07:00	10:31	00:00	00:00	00:00	03:31	00:00	03:31	X								X	
Für diesen Monat vom Jahresarbeitszeitkonto abzuziehen:									96:55										
Für diesen Monat vom Urlaubsanspruch abzuziehen:									2 Tage										

Jahresarbeitszeitentwicklung

JAZ	Abzuz. aus Vormonaten	Abzuz. aus akt. Monat	Rest Jahr-AZ	Rest Anz. Mon.	Rest AZ pro Monat
996:00	00:00	96:55	899:05	11	81:44

Entwicklung des Urlaubsanspruchs

Urlaub gesamt	Abzuz. aus Vormonaten	Abzuz. aus akt. Monat	Nachtarbeit	Anspr. aus Nachtarb.	Rest Urlaubsanspruch
25 Tage	0 Tage	2 Tage	0:00	0 Tage	23 Tage

Legende:	N: Normaldienst; B: Bereitschaftsdienst; R: Rufbereitschaft; Kr: Krankheit; Ku: Kur; U: Urlaub; A: Auszahlung; D: Dienstplan; T: Terminal; M: Manuell erfasst/geändert

Quelle: AB-Soft GmbH, http://www.ab-soft.de/de/software/ab-arbeitszeit/screenshots/, Abruf 12.02.2014

8.5.5 Meldepflichten der Arbeitgeber zur Sozialversicherung

Alle Arbeitgeber in Deutschland sind verpflichtet, ihre Mitarbeiterinnen und Mitarbeiter bei der Sozialversicherung anzumelden und regelmäßig alle sozialversicherungsrelevanten Angaben der entsprechenden Einzugsstelle (= der vom Arbeitnehmer gewählten Krankenkasse) zu melden. Rechtsgrundlage für die Arbeitgebermeldungen ist das Sozialgesetzbuch (§ 28 a SGB IV).

Zweck dieser Meldepflicht ist es, die Sozialversicherungsträger von der Sozialversicherungspflicht einzelner Arbeitnehmer zu informieren, sodass die abgeführten Beiträge den einzelnen Versicherten zugeordnet werden können bzw. auch die Beitragsabführung durch den Arbeitgeber überwacht werden kann. Die Meldungen erfolgen stets an die vom Mitarbeiter gewählte Krankenkasse (Ausnahme: Minijobs). Die Anmeldung hat binnen zwei Wochen nach Beginn der Beschäftigung zu erfolgen. Der Arbeitnehmer ist zur Auskunft über seine aktuelle Krankenkasse verpflichtet. Die Meldung an die Krankenkasse darf nur über gesicherte und verschlüsselte Datenübertragung aus systemgeprüften Programmen oder mittels maschinell erstellter Ausfüllhilfen abgegeben werden. Die bisher möglichen Meldungen in Papierform gehören der Vergangenheit an.

Erläuterungen zur Verschlüsselung einiger sozialversicherungsrelevanter Daten

Grund der Abgabe:

- Anmeldung zu Beginn einer Beschäftigung, Grund der Abgabe: 10
- Abmeldung bei Ende einer Beschäftigung, Grund der Abgabe: 30
- Jahresmeldung für die am 31. Dezember eines Jahres beschäftigten Personen, Grund der Abgabe: 50
- gleichzeitige An- und Abmeldung, Grund der Abgabe: 40

Tätigkeitsschlüssel: Der Tätigkeitsschlüssel enthält verschlüsselte Angaben zur Tätigkeit, zur Person und zum Arbeitsvertrag der Arbeitnehmerinnen und Arbeitnehmer

1 2 3 4 5	6	7	8	9
ausgeübte Tätigkeit	**Schulabschluss**	**Ausbildungsabschluss**	**Arbeitnehmerüberlassung**	**Vertragsform**
Beispiele: 32142 Dachdecker/-in 71402 Kauffrau/-mann für Büromanagement 71402 Sekretär/-in 71403 Sekretär/-in (gepr.)	1 ohne Schulabschluss 2 Haupt-/Volksschulabschluss 3 Mittlere Reife oder gleichwertiger Abschluss 4 Abitur/Fachabitur 9 Abschluss unbekannt	1 ohne beruflichen Ausbildungsabschluss 2 Abschluss einer anerkannten Berufsausbildung 3 Meister-/Techniker- oder gleichwertiger Fachschulabschluss 4 Bachelor 5 Diplom/Magister/Master/Staatsexamen 6 Promotion 9 Abschluss unbekannt	1 nein 2 ja	1 unbefristeter Arbeitsvertrag Vollzeit 2 unbefristeter Arbeitsvertrag Teilzeit 3 befristeter Arbeitsvertrag Vollzeit 4 befristeter Arbeitsvertrag Teilzeit

Beispiel

Hinter der Nummer „71402 3 2 1 1" verbergen sich die Angaben: Kauffrau/-mann für Büromanagement, mittlere Reife oder gleichwertiger Abschluss, Abschluss einer anerkannten Berufsausbildung, kein Zeitarbeitsverhältnis, unbefristeter Arbeitsvertrag = Vollzeit.

Beitragsgruppenschlüssel

Der Beitragsgruppenschlüssel kennzeichnet die Beitragspflicht in den Versicherungszweigen. Auf allen Meldungen zur Sozialversicherung ist ein numerischer Schlüssel anzugeben.

Krankenversicherung	Rentenversicherung	Arbeitslosenversicherung	Pflegeversicherung
0 = kein Beitrag	0 = kein Beitrag	0 = kein Beitrag	0 = kein Beitrag
1 = allgemeiner Beitrag	1 = voller Beitrag	1 = voller Beitrag	1 = voller Beitrag
3 = ermäßigter Beitrag	3 = halber Beitrag	2 = halber Beitrag	2 = halber Beitrag
6 = Pauschalbeitrag für geringfügig Beschäftigte	5 = Pauschalbeitrag für geringfügig Beschäftigte		

Besonderheiten bei der Meldung für geringfügig Beschäftigte

Bei der Meldung zur Sozialversicherung für geringfügig Beschäftigte gelten besondere Meldepflichten. Das Sozialgesetzbuch unterscheidet zwei Arten von Minijobs:

- Minijobs mit geringfügig entlohnter Beschäftigung (= monatlicher Verdienst zurzeit maximal 450,00 €)
- Minijobs mit kurzfristiger Beschäftigung (= maximal zwei Monate oder 50 Arbeitstage pro Kalenderjahr)

Minijobs sind sozialversicherungsfrei, das heißt, sie begründen keinen eigenen Sozialversicherungsschutz. So haben beispielsweise Minijobber keine Rechte gegenüber der Rentenversicherung. Das ist aber nicht gleichbedeutend mit Beitragsfreiheit: Während die 450-Euro-Jobs der Beitragspflicht in der Kranken- und Rentenversicherung unterliegen (pauschal 28 %, vom Arbeitgeber zu tragen), sind die kurzfristigen Minijobs unabhängig von der Höhe des Entgelts beitragsfrei. Für die Bereiche der Pflege- und Arbeitslosenversicherung fallen bei Minijobs generell keine Beiträge an. Allerdings unterliegen beide Beschäftigungsarten der Steuerpflicht (pauschal 2 % bei 450-Euro-Jobs bzw. 25 % bei kurzfristigen Beschäftigungen). Die Meldungen für Minijobs erfolgen an die Minijob-Zentrale der Deutschen Rentenversicherung Knappschaft-Bahn-See als zentraler Einzugs- und Meldestelle (www.minijob-zentrale.de).

Pauschale Abgaben bei Minijobs

2013	450-Euro-Minijobs (gewerblich)	Minijobs in Privathaushalten	Kurzfristige Minijobs
Beiträge zur Krankenversicherung	13 % durch Arbeitgeber	5 % durch Arbeitgeber	kein
Beiträge zur Rentenversicherung	15 % durch Arbeitgeber 3,9 % Eigenanteil Minijobber	5 % durch Arbeitgeber 13,9 % Eigenanteil Minijobber	kein
Beiträge zur Pflegeversicherung	–	–	–
Beiträge zur Arbeitslosenversicherung	–	–	–
Beiträge zur Unfallversicherung	individuelle Beiträge an den zuständigen Unfallversicherungsträger	1,6 %	individuelle Beiträge an den zuständigen Unfallversicherungsträger
Einheitliche Pauschsteuer	2 %	2 %	keine

Quelle: www.minijob-zentrale.de (Abruf: 30.09.2013)

Meldepflichten im Zusammenhang mit dem Sozialversicherungsausweis

Jeder Beschäftigte ist verpflichtet, den Sozialversicherungsausweis bei Beginn der Beschäftigung dem Arbeitgeber vorzulegen. Für den Arbeitgeber besteht die Verpflichtung, sich den Sozialversicherungsausweis vorlegen zu lassen. Der Sozialversicherungsausweis wird für jeden Arbeitnehmer ohne besonderen Antrag vom Rentenversicherungsträger ausgestellt.

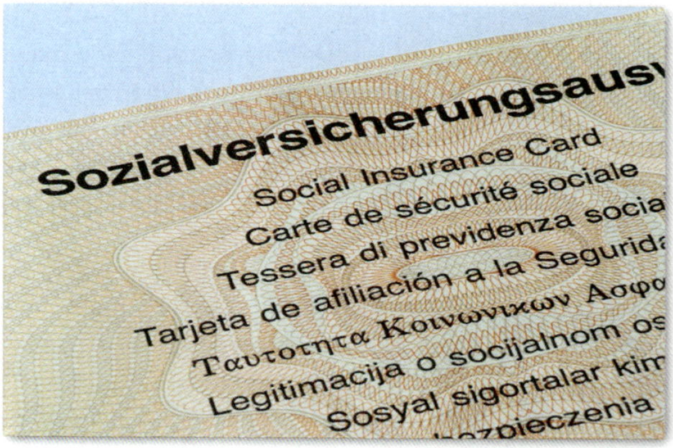

Beitragsentrichtung zur Unfallversicherung

Beiträge zur Unfallversicherung sind vom Arbeitgeber direkt an die zuständige Berufsgenossenschaft zu zahlen. Die Beiträge sind allein vom Arbeitgeber aufzubringen und bemessen sich nach den Entgelten und nach der Einteilung in eine bestimmte Gefährdungsklasse. Mithilfe von Nachweisformularen (diese werden um die Jahreswende verschickt) erstellen die Berufsgenossenschaften den Beitragsbescheid.

8.5.6 Personalstatistik und Personalcontrolling

Eine weitere Aufgabe im Rahmen der Personalsachbearbeitung ist die **Personalstatistik.** Ziel dieser Aufgabe ist es, den Sinn verschiedener Maßnahmen zu überprüfen. Gefragt wird etwa nach der Effektivität von Maßnahmen (Ist die Maßnahme effektiv?) oder ob Aufwand und Nutzen einer Maßnahme in einem ausgewogenen Verhältnis zueinander stehen (Ist die Maßnahme effizient?).

Merke Effektiv arbeiten bedeutet, das Ziel zu erreichen. Effizient arbeiten bedeutet, wirtschaftlich zu arbeiten, das Ziel mit möglichst geringen Kosten zu erreichen.

Beispiel Personalcontrolling

Nach Einführung eines leistungsorientierten Entgeltsystems werden im Personalcontrolling folgende Fragen gestellt:

1. Ist das neue System sinnvoll?
2. Was kostet es (Aufwand)?
3. Was bringt es uns (Nutzen)?
4. Wie effizient ist es?

Dabei werden personalwirtschaftliche Daten wie der Personalbestand, die Fehlzeiten oder die Personalkosten als **Statistiken** in unterschiedlicher Form aufbereitet – als **Diagramm, Tabelle,** in einer Grafik oder als **Kennzahl.** Der Vorteil von Statistiken in Tabellen- oder Grafikform besteht darin, dass die Entwicklungen leichter erkennbar werden. Bei den Kennzahlen ist ein Vergleich mit früheren Perioden oder Mitbewerbern möglich. Bei beiden Arten werden die vorhandenen Personaldaten nach verschiedenen Gesichtspunkten ausgewertet.

Kennzahlenmethode Kap. 8.1

Kriterien für die Auswertung der Personaldaten

Personalstruktur	Personalleistung
■ Alter ■ Geschlecht ■ Status (Angestellter, Arbeiter, Auszubildender) ■ Schulbildung	■ Arbeitsproduktivität ■ Ausfallzeiten ■ Mehrarbeitszeiten
Kosten	**Personalbewegung**
■ Summe Bruttoentgelte ■ Summe Überstundenentgelte ■ Kosten für Personalentwicklung ■ Kosten für soziale Einrichtungen (z. B. Kantine)	■ Personalfluktuation ■ Versetzungen ■ Fehlzeiten (krankheits- oder weiterbildungsbedingt)

Merke Wichtige **Personalkennzahlen:**

$$\textbf{Fluktuationsquote} = \frac{\text{Kündigungen}}{\text{Ø Personalbestand}} \cdot 100$$

$$\textbf{Fehlzeitenquote} = \frac{\text{Fehlzeiten (in Tagen/Stunden)}}{\text{Soll-Arbeitszeit (in Tagen/Stunden)}} \cdot 100$$

$$\textbf{Arbeitsproduktivität} = \frac{\text{Absatz (als Mengenangabe)}}{\text{Ø Personalbestand}}$$

$$\textbf{Männer-/Frauenquote} = \frac{\text{Anzahl Männer bzw. Frauen}}{\text{Ø Personalbestand}} \cdot 100$$

8.6 Personalentwicklung – mehr als nur Weiterbildung

Die Mitarbeiterinnen und Mitarbeiter eines Unternehmens müssen ihr Wissen und ihre beruflichen Fertigkeiten ständig anpassen. Zu schnell ändern sich die Arbeitsbedingungen aufgrund neuer Produktionsabläufe und technischer Umwälzungen. Von den Unternehmen wird erwartet, dass sie ihren Mitarbeitern entsprechende Qualifizierungsmaßnahmen anbieten. Denn nur wer sich rechtzeitig um die Erhaltung und die Förderung seines Mitarbeiterpotenzials kümmert, kann auf Dauer über qualifizierte Fachkräfte verfügen. Durch eine gezielte und systematische **Personalentwicklung** wird eine bedarfsgerechte **Förderung** der Mitarbeiter sichergestellt. Kurz: Es geht um die Qualifizierung der Mitarbeiter zur Bewältigung der gestiegenen Anforderungen.

Personal fördern – eine ständige Unternehmensaufgabe

Ziel einer kontinuierlichen Personalentwicklung ist es, die Mitarbeiter zu motivieren und ihre Verbundenheit (Identifikation) mit dem Unternehmen zu stärken. Dann macht auch das Arbeiten im Betrieb mehr Spaß und regt alle an, mit den Anforderungen zu wachsen. Für das Unternehmen ergeben sich folgende, aufeinander aufbauende **Aufgaben im Bereich Personalentwicklung:**

- die vorhandenen Fähigkeiten der Mitarbeiter erfassen und mit den jeweiligen Erfordernissen der Arbeitsplätze in Übereinstimmung bringen (Stellenanforderungen, Leistungs- und Entwicklungsbeurteilungen);
- prüfen, welche Mitarbeiter wie zu fördern sind – unter Berücksichtigung der individuellen Erwartungen;
- notwendige Maßnahmen anbieten (zum Beispiel Seminare) und in Abstimmung mit den Betroffenen festlegen, welche Maßnahmen für die einzelnen Mitarbeiter infrage kommen;
- schließlich müssen die beschlossenen Maßnahmen geplant, durchgeführt und deren Erfolg kontrolliert werden.

Im Interesse eines Unternehmens liegt es nicht nur, die Mitarbeiter bestmöglich im Betrieb einzusetzen, es gibt auch noch eine Reihe weiterer Einzelziele:

- Sicherung des notwendigen Bestands an Fach- und Führungskräften (Führungskräfteentwicklung)
- Gewinnung von Nachwuchskräften aus den eigenen Reihen
- größere Unabhängigkeit vom externen Arbeitsmarkt

Die Mitarbeiter haben durch eine gezielte Personalentwicklung den Vorteil, dass ihr berufliches Weiterkommen gefördert wird; sie können mithalten und sind den Anforderungen besser gewachsen. Personalentwicklung bildet die Grundlage für eine Karriereplanung (Erhaltung der eigenen Wettbewerbschancen), bietet größere Chancen für die eigene Selbstverwirklichung und die Arbeitszufriedenheit. Und sie verhilft zu größerer Arbeitsplatzsicherheit.

Ansatzpunkte für Personalentwicklung

Personalentwicklung hat verschiedene Ansatzpunkte:

- bestehende Fähigkeitslücken in Bezug auf aktuelle Tätigkeiten auszugleichen,

- voraussehbare Fähigkeitslücken zukünftig zu schließen,
- lebenslanges Lernen als stetigen Arbeitsbestandteil zu verinnerlichen.

Hierbei kommen Verfahren zum Einsatz, die nicht nur der Personalauswahl, sondern auch der Erforschung des Personalentwicklungsbedarfs dienen. Maßstäbe sind die derzeitigen oder die zukünftigen Aufgaben.

Beispiel **Assessment-Center**

Zur Unternehmensphilosophie gehört es, den Führungsnachwuchs möglichst aus den eigenen Reihen zu rekrutieren. Das Unternehmen nutzt hierfür ein Assessment-Center, in dem vor allem das Führungsverhalten potenzieller Kandidaten und deren Problemlösefähigkeit getestet werden.

Assessment-Center Kap. 8.3.3

Die aufgrund der Ziele festgelegten konkreten Fördermaßnahmen (= Instrumente) sind sehr vielfältig. Zwei davon werden hier genannt:

Training off the job = Maßnahmen außerhalb des betrieblichen Arbeitsplatzes	**Training on the job** = Maßnahmen am Arbeitsplatz
■ Seminare (oder Schulungen oder Trainings) mit verschiedenen Methoden wie z. B. Rollenspielen, Referaten ■ moderierte Workshops (Erfahrungsaustausch) zu einem konkreten Problem ■ E-Learning (computergestütztes Selbstlernen mithilfe von Lernprogrammen, Lernplattformen, Expertenchats) ■ Blended Learning (auch Mixed Learning) als Kombination aus E-Learning und klassischen Lehrer-Lerner-Maßnahmen (Präsenzlernen) Die Maßnahmen können intern (inhouse) durchgeführt werden. Vorteile dieser Variante sind die spezielle Ausrichtung auf das eigene Unternehmen und die damit verbundene leichtere Umsetzbarkeit am Arbeitsplatz, die bessere Kontrolle durch die Personalentwicklungs-Verantwortlichen sowie die geringeren Kosten bei vielen Teilnehmern. Eine andere Variante ist die externe Durchführung, das heißt, die Mitarbeiter nehmen gemeinsam mit Beschäftigten aus anderen Unternehmen an den Maßnahmen teil. Diese Variante ermöglicht einen „Blick über den Tellerrand“, ist günstiger (sofern nur wenige eigene Mitarbeiter teilnehmen), hat jedoch den Nachteil, dass mögliche betriebliche Probleme zu wenig berücksichtigt werden.	Beratung in Form von: ■ Coaching (Anleitung und Beratung durch Vorgesetzte oder Fachkräfte, um ein bestimmtes Ziel zu erreichen) ■ Supervision (Anleitung und Beratung durch Vorgesetzte oder Fachkräfte, um die eigene allgemeine Handlungskompetenz zu verbessern = Anleitung zur Selbstbeobachtung) ■ Mentoring (Beratung und Begleitung während einer Einarbeitungsphase durch ausgebildete Fach- oder Führungskräfte) ■ Unterweisung ■ systematischer Arbeitsplatzwechsel (Job Rotation) zur Vermeidung von Monotonie und um zusätzliche Qualifikationen zu erwerben ■ Arbeitsbereicherung (Job Enrichment) ■ Arbeitserweiterung (Job Enlargement)

Letztendlich muss der Lernerfolg der Personalentwicklungsmaßnahmen kontrolliert werden. Im fachlichen Bereich ist dies zum Beispiel möglich, indem die Ausschussquote in der Produktion oder die Anzahl von Reklamationen ermittelt werden. Schwieriger wird die Erfolgsmessung bei Sozialkompetenzen, hier könnten Befragungen durchgeführt werden. Üblich sind auch Einschätzungen durch die Teilnehmenden selbst.

Beispiel Personalentwicklungsmaßnahme

Ein Selbstlernprogramm „Richtige Gesprächsführung" ist ein computergestütztes Training (= Lernmethode), das Sozialkompetenz (= Lerninhalt) vermittelt und vom Betroffenen (= Vermittler) selbst durchgeführt wird.

Zusammenfassung

Personalentwicklungsmaßnahmen – on the job oder off the job		
Lernmethode WIE?	■ Computer Based Training (CBT) ■ Unterweisung	■ Rollenspiel ■ Referat
Lerninhalte WAS?	■ Fachkompetenz (z. B. SAP-Kenntnisse) ■ Sozialkompetenz (z. B. Teamfähigkeit) ■ Methodenkompetenz (z. B. Arbeitstechniken)	
Vermittler WER?	■ Vorgesetzte ■ Betroffene	■ interne Coachs ■ externe Trainer

8.7 Personalführung und -beurteilung

Aufgabe der Personalführung ist es, die Fähigkeiten der Mitarbeiterinnen und Mitarbeiter zu erkennen und zu nutzen. Der Führungsstil kann einen erheblichen Einfluss auf den Erfolg einer Organisation haben. Gut geführte Mitarbeiter sind in der Regel zufrieden, motiviert und engagiert. Als **Führungsstil** bezeichnet man das persönliche Verhalten einer Führungskraft zu seinen Mitarbeitern. Als **Führungstechnik** werden allgemeine Vorgehensweisen zur Personalführung bezeichnet, die für alle Führungskräfte eines Unternehmens gelten. Es haben sich drei Techniken entwickelt, die auf dem kooperativen Führungsstil beruhen. Die Führungstechniken werden auch als **Führungsmethoden** oder **Management-by**-Ansätze bezeichnet.

Merke Der **Führungsstil** entspricht dem persönlichen Verhalten einer Führungskraft. **Führungstechniken** sind vorgegebene Verhaltensweisen, die für alle Führungskräfte eines Unternehmens gelten.

8.7.1 Führungsstile

In den Stellenbeschreibungen von Führungskräften werden häufig folgende Schlüsselqualifikationen (Soft Skills) genannt: Entscheidungsfähigkeit, Problemlösefähigkeit, Durchsetzungsfähigkeit, Empathie (Einfühlungsvermögen), Motivationsfähigkeit, Autorität.

Schlüsselqualifikationen Kap. 1.6.3

Diese Anforderungen werden je nach Führungsstil in unterschiedlicher Ausprägung benötigt. Es gibt verschiedene theoretische Ansätze, um Führungsstile zu klassifizieren:

- Führungsstiltypologie nach Robert Tannenbaum und Warren Schmidt (beide Forscher der Harvard University, USA). Sie unterlegten 1973 die beiden Führungsstilelemente autoritär und kooperativ mit verschiedenen Abstufungen.
- Situationsorientierter Ansatz nach Paul Hersey und Ken Blanchard. Ihre Theorie geht davon aus, dass jeder Mitarbeiter nach seinem Reifegrad geführt werden muss, um seine Potenziale für das Unternehmen freizusetzen.
- Verhaltensgitter nach Robert R. Blake und Jane Mouton. Sie entwickelten 1964 im Rahmen eines Führungstrainings diesen Ansatz für das Unternehmen Exxon Mobile.

Autoritärer Führungsstil – kooperativer Führungsstil

Entscheidungsspielraum des Vorgesetzten						
autoritär	**patriarchalisch**	**informierend**	**beratend**	**partizipativ**	**delegativ**	**demokratisch**
Vorgesetzter entscheidet und ordnet an.	Vorgesetzter entscheidet; er ist aber bestrebt, die Untergebenen von seinen Entscheidungen zu überzeugen, bevor er sie anordnet.	Vorgesetzter entscheidet; er gestattet jedoch Fragen zu seinen Entscheidungen, um durch die Beantwortung zu erreichen, dass seine Entscheidungen akzeptiert werden.	Vorgesetzter informiert seine Untergebenen über seine beabsichtigten Entscheidungen. Die Untergebenen haben die Möglichkeit, ihre Meinung zu äußern, bevor der Vorgesetzte die endgültige Entscheidung trifft.	Die Gruppe entwickelt und schlägt verschiedene Problemlösungen vor. Der Vorgesetzte entscheidet sich für die von ihm bevorzugte Lösung.	Die Gruppe entscheidet, nachdem der Vorgesetzte zuvor das Problem aufgezeigt und die Grenzen des Entscheidungsspielraums festgelegt hat.	Die Gruppe entscheidet; der Vorgesetzte tritt als Koordinator nach innen und außen auf.
						Entscheidungsspielraum der Gruppe

Führungsstile nach Tannenbaum und Schmidt

Beispiel **Autoritärer Führungsstil**

Der Geschäftsführer X hat den Betrieb souverän durch mehrere Krisen geführt. Probleme werden von ihm systematisch analysiert und rational gelöst. Seinen Mitarbeitern gegenüber verhält er sich überwiegend distanziert, wird jedoch aufgrund seiner fachlichen Kompetenz und seines charismatischen Auftretens geschätzt und respektiert. Bei Sitzungen mit den Abteilungsleitern gibt er den Ton an und erteilt klare Anweisungen.

Beispiel **Kooperativer/demokratischer Führungsstil**

Der Produktionsleiter Y ist als Ausbilder immer erster Ansprechpartner für seine Auszubildenden und ihre Belange. Er kennt die betrieblichen Abläufe in- und auswendig und findet oft pragmatische Lösungen bei Problemen. Für das Verständnis komplexer Zusammenhänge hat er anschauliche Erklärungen parat und steht allen Fragen offen gegenüber. Er ist Initiator jährlicher Radtouren und von Betriebsfesten.

Autoritärer Führungsstil	Kooperativer/demokratischer Führungsstil
■ Die Führungskraft entscheidet allein und ordnet an. Die Mitarbeiter sind „Befehlsempfänger". ■ Mitsprache, Ideen, Widerspruch von Seiten der Mitarbeiter sind nicht zugelassen. ■ Es gibt eine starke Kontrolle bei den Ausführungen. ■ Verantwortung wird nicht delegiert.	■ Die Führungskraft entscheidet gemeinsam mit den Mitarbeitern im Rahmen des festgelegten Entscheidungsspielraums. ■ Mitsprache, Ideen und Widerspruch von Seiten der Mitarbeiter sind ausdrücklich erwünscht. ■ Verantwortung wird an die Mitarbeiter delegiert. ■ Eigenschaften, die ein kooperativ geführter Mitarbeiter haben sollte, sind: Selbstständigkeit, Verantwortungsbewusstsein, Kommunikationsfähigkeit, Kompromissbereitschaft, Loyalität.
Welcher Führungsstil ist der beste? Es kommt darauf an ...	
Bei einfachen Tätigkeiten ist ein autoritärer Führungsstil eher angebracht. Der autoritäre Stil kommt den Bedürfnissen nach Geld und Sicherheit entgegen. **Vorteile** des autoritären Führungsstils: ■ klare Anweisungen ■ geringe Fehlerquellen ■ Zeitersparnis **Nachteile** des autoritären Führungsstils: ■ demotivierte Mitarbeiter ■ ungenutzte Mitarbeiterpotenziale ■ überlastete Führungskräfte	Bei komplexen, schwierigen oder kreativen Tätigkeiten ist eher der kooperative Führungsstil angebracht. Dieser Stil kommt den Bedürfnissen nach Selbstverwirklichung und Verantwortung entgegen. **Vorteile** des kooperativen Führungsstils: ■ Nutzung der Mitarbeiterideen ■ motivierte Mitarbeiter ■ Identifikation der Mitarbeiter mit dem Unternehmen ■ keine überlasteten Führungskräfte **Nachteile** des kooperativen Führungsstils: ■ längere Entscheidungsprozesse ■ Probleme mit charakterlich nicht geeigneten Mitarbeitern

Bedürfnispyramide Kap. 1.2.2

Situativer Führungsstil

Das Konzept des Situational Leadership (situative Führung) wurde in den 1970er Jahren von Paul Hersey und Ken Blanchard entwickelt. Der theoretische Ansatz geht davon aus, dass der Führungserfolg wesentlich von den Rahmenbedingungen (dem Selbstständigkeitsgrad der Mitarbeiter und deren Aufgaben) abhängig ist. Das bedeutet, je nach Rahmenbedingungen muss ein anderer Führungsstil angewendet werden, um erfolgreich zu sein.

Situatives Führen

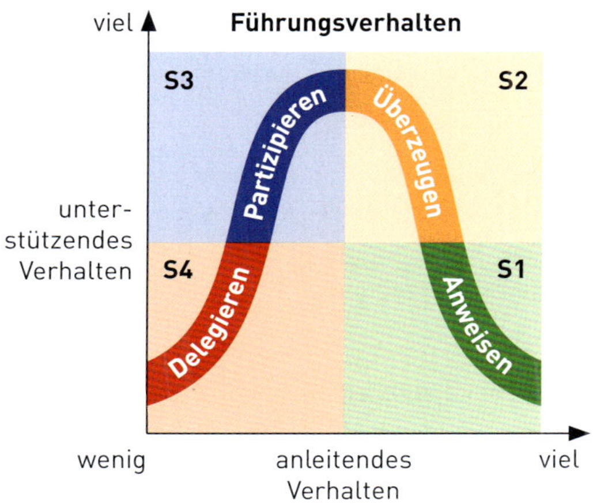

Selbstständigkeitgrad Mitarbeiter

hoch	mittel		tief
R4	R3	R2	R1
fähig und bereit	fähig, aber nicht bereit	noch nicht fähig, aber bereit	noch nicht fähig, nicht bereit
Steuerung durch Mitarbeiter		Steuerung durch Vorgesetzten	

Quelle: www.akademiedialog.de

8.7.2 Führungstechniken

Schlüssel-
qualifikationen
Kap. 1.6.3

Während die Führungsstile sich mit dem Verhalten einer Führungskraft beschäftigen, geht es bei den Führungstechniken um Vorgaben der Geschäftsleitung, die für alle Führungskräfte einheitlich gelten. Führungstechniken ergeben sich aus der Unternehmenskultur, das heißt der informellen (nicht festgelegten, aber dennoch vorhandenen) Struktur eines Unternehmens in Form von Denkweisen oder Verhaltensregeln und/oder aus dem Unternehmensleitbild.

Beispiel Auszug aus einem Unternehmensleitbild

„Wir kommunizieren offen miteinander und geben alle wichtigen Informationen weiter. Wir pflegen einen kooperativen Führungsstil."

Führungstechniken gelten für alle Führungskräfte in allen Situationen und sind somit verhaltensbestimmend. Führungstechniken/Führungsgrundsätze wurden in den 1960er Jahren in den **Managementtechniken** konkretisiert. Die zwei bekanntesten Managementtechniken sind: **Management by Objectives (MbO)** und **Management by Exception (MbE).**

Erwähnt sei auch das **Management by Delegation (MbD),** auf das hier aber nicht näher eingegangen wird, denn die Delegation von Aufgaben und Verantwortungen ist Gegenstand jeder Managementtechnik. Insofern ist Management by Delegation im engeren Sinn keine eigenständige Managementtechnik. Die Grundaussage von Management by Delegation ist, dass durch die Unternehmensführung nicht alle unternehmensrelevanten Entscheidungen getroffen werden. Die Mitarbeiter werden an Führungsaufgaben beteiligt (sie müssen Entscheidungen treffen). Die Führungskraft kontrolliert, greift aber nur ein, um Fehler zu verhindern. Basis der MbD-Technik ist der kooperative Führungsstil.

Management by Objectives (MbO) – Führen durch Zielvereinbarung

Die Führung erfolgt durch Zielvereinbarung zwischen Führungskraft und Mitarbeiter. Der Mitarbeiter wird bei der Zielformulierung mit beteiligt und führt die Zielerreichung selbstständig durch. Die MbO-Technik wird inzwischen häufig angewendet. Zielvereinbarungen gelten als Instrument zur Leistungs- und Motivationssteigerung sowie als Grundlage einer Beurteilung.

Ziele von Management by Objectives:
- Entlastung des Vorgesetzten (Vorgesetzter bei der Zielerreichung nicht mehr beteiligt)
- Freiraum für die Mitarbeiter bei der Zielerreichung, dadurch starke Identifikation mit dem Unternehmen
- leichtere Umsetzung einer gerechten Beförderung und Vergütung

Vorgehen bei Management by Objectives:
- Vorgesetzte und Mitarbeiter arbeiten gemeinsam ein Zielsystem aus und legen den Entscheidungsspielraum fest.
- Aufbau eines Kontrollsystems
- regelmäßige Zielüberprüfung und Zielneufestlegung (z. B. bei Jahresgesprächen)

Probleme von Management by Objectives:
- Eine exakte Zielplanung ist notwendig. Ungenaue Zielformulierungen führen zu Konflikten.
- Möglicherweise fehlen Voraussetzungen wie eine Delegationsfähigkeit beim Vorgesetzten, Verantwortungsbereitschaft und Selbstständigkeit beim Mitarbeiter.

Management by Exception (MbE) – Führen nach Ausnahmeprinzip

Alle Entscheidungen werden von den Mitarbeitern getroffen. Die Führungskraft übernimmt Entscheidungen nur in Ausnahmefällen.

Ziele von Management by Exception:
- Entlastung der Vorgesetzten von Routineaufgaben, indem Entscheidungen und Verantwortung auf die jeweils nachfolgende Ebene delegiert werden.
- Erhöhung der Motivation und des Leistungswillens bei den Mitarbeitern

Vorgehen bei Management by Exception:
- exakte Definition der Verantwortungs- und Entscheidungskompetenz und des Informationswegs
- Festlegung des Leistungssolls, mit denen Abweichungen festgestellt werden. Die Vorgesetzten greifen nur ein, wenn starke Abweichungen vom angestrebten Ziel auftreten.

Probleme von Management by Exception:
- Vorgesetzte greifen ausschließlich bei negativen Abweichungen von der Norm ein; das demotiviert die Mitarbeiter.

- „Unangenehme" Informationen werden unterdrückt, um das Eingreifen des Vorgesetzten zu vermeiden.

Beispiel Harzburger Modell

Das Harzburger Modell, das von Richard Höhn entwickelt wurde, hat in Deutschland weite Verbreitung erfahren. Es beinhaltet eine konsequente Delegation von Aufgaben, Kompetenzen und Verantwortung. Dabei besitzt der Mitarbeiter die volle Handlungsverantwortung, während die Führungsverantwortung beim Vorgesetzten liegt. Der Mitarbeiter hat darüber hinaus die Pflicht, gewisse auftretende Abweichungen an den Vorgesetzten zu melden. Damit wird beim Harzburger Modell das Prinzip der Delegation sowie die Führung im Ausnahmefall verwirklicht.

8.7.3 Personalbeurteilung

Personalbeurteilung gehört zu den wichtigsten Aufgaben von Führungskräften. Beurteilt wird, inwieweit die Mitarbeiterleistung den Anforderungen entspricht. Eine Personalbeurteilung kann als Grundlage dienen für

- die Entgeltfindung,
- die Auswahlentscheidung bei Beförderungen oder Entlassungen,
- die Personalentwicklung.

Sowohl das Unternehmen als auch der beurteilte Mitarbeiter stellt unterschiedliche Ansprüche an eine Personalbeurteilung.

Ansprüche des Unternehmens an eine Personalbeurteilung	Ansprüche des Beurteilten an eine Personalbeurteilung
■ Sie muss leicht zu handhaben sein. ■ Vergleiche müssen möglich sein. ■ Die Kriterien von Personalbeurteilungen (nicht aber der einzelne Ausprägungsgrad der unterschiedlichen Kriterien) müssen einheitlich für alle Mitarbeiter sein. ■ Die Beurteilung muss zuverlässig sein.	■ Sie muss objektiv sein. ■ Sie muss motivierend sein. ■ Sie muss verständlich sein. ■ Die Beurteilung muss regelmäßig erfolgen.

Eine klare Trennung verschiedener Beurteilungsdimensionen erleichtert die Umsetzung der Beurteilung.

Leistungsbeurteilung	Verhaltensbeurteilung	Potenzialbeurteilung
Welche Ergebnisse hat der Mitarbeiter vorzuweisen?	Welche Fähigkeiten hat der Mitarbeiter entwickelt?	Welche möglichen Fähigkeiten kann der Mitarbeiter noch entwickeln?

Für eine erfolgreiche Mitarbeiterbeurteilung sind folgende **Voraussetzungen** wichtig:

- Beurteiler schulen (Ziele, Verfahren)
- Hilfsmittel (Formulare) bereitstellen
- Mitarbeiter hinsichtlich der Beurteilung informieren

Ein guter Beurteiler kennt die Anforderungen, die an den Mitarbeiter gestellt werden (Stellenbeschreibung), ist sich über die jeweiligen Beurteilungskriterien im Klaren, macht sich fortlaufend schriftliche Notizen als Basis für die spätere Beurteilung, kennt für Vergleiche auch die Leistung anderer Mitarbeiter, ist sich seiner Subjektivität bewusst und kennt typische Beurteilungsfehler.

Typische Beurteilungskriterien

- Arbeitsmenge
- Arbeitsqualität
- Durchsetzungsfähigkeit
- Engagement
- Flexibilität
- Kollegialität
- Kommunikationsfähigkeit
- Kooperationsfähigkeit
- Kostenbewusstsein
- Lernbereitschaft
- Organisation
- Sorgfalt
- Verantwortungsbewusstsein
- Zuverlässigkeit

Zusätzliche Kriterien für Führungskräfte:

Delegationsbereitschaft, Entscheidungsfreude, Anleitung, Kontrolle, Mitarbeiterförderung, Überzeugungsfähigkeit

Phasen der Personalbeurteilung

- Beobachtung
- Beschreibung
- Bewertung
- Beurteilungsgespräch

Typische Beurteilungsfehler

Kein Mensch kann objektive Urteile fällen. Das ist ein allgemeiner Grundsatz. Urteile und Verhalten sind durch persönliche Einstellungen und Erfahrungen geprägt. („Meine Meinung steht fest. Verwirren Sie mich nicht mit Tatsachen.") Bei den Beurteilungsfehlern geht es darum, sich diese immer wieder zu verdeutlichen und die Beurteilungen daraufhin zu überprüfen.

Beispiele Beurteilungsfehler

- Sympathie: Die Informationsverarbeitung verleitet die Menschen dazu, zu kategorisieren. Sie bilden Stereotype und Vorurteile aus – mehr oder weniger unbewusst.
- Selektive Wahrnehmung: Das, was gut zu den eigenen Einstellungen passt, wird eher wahrgenommen als umgekehrt.
- Milde- bzw. Strenge-Effekt: Personen neigen dazu, die eigenen Maßstäbe auch an andere anzulegen.
- Projektion: Der Beurteiler projiziert die eigenen Stärken und Schwächen auf den Beurteilten.
- Haloeffekt: Die Einschätzung einer einzelnen Eigenschaft beeinflusst die nachfolgenden Einschätzungen anderer Eigenschaften („blendet sie").
- Klebeeffekt: Mitarbeiter, die längere Zeit nicht befördert wurden, werden leicht unterschätzt und entsprechend zu schlecht eingestuft. Der Beurteiler „klebt" an alten Beurteilungen.
- Tendenz zur Mitte: Beurteilende neigen „zur Mitte" oder sogar zu Gefälligkeitsbeurteilungen, um sich nicht entscheiden zu müssen und vielleicht auch um sich den Konsequenzen zu entziehen. Hinzu kommt eine Scheu, eine extreme Beurteilung abzugeben.
- Hierarchie-/Statuseffekt: Personen in höheren Positionen oder mit Titeln werden oft besser bewertet.

Leitfaden zur Mitarbeiter- und Auszubildendenbeurteilung

1. Mit jedem Mitarbeiter ein individuelles Vier-Augen-Gespräch führen, bei dem sich der Mitarbeiter selbst einschätzt und durch den Vorgesetzten eingeschätzt wird.
2. Die Einschätzung erfolgt mithilfe des Beurteilungsprotokolls.
3. Den Mitarbeitern den Gesprächstermin vorher mitteilen, damit sie sich vorbereiten können. Selbsteinschätzungsprotokoll mitgeben.
4. Beobachtungen über den gesamten Zeitraum sammeln (mit besonders positiven und negativen Leistungen) und die Bewertung durchführen (mit Vergleich vorangegangener Beurteilungen und/oder Vergleich mit anderen Mitarbeitern).
5. Beurteilungskriterien, die unklar sind oder nicht eingeschätzt werden können, bleiben frei.
6. Während der Selbsteinschätzung erfolgt ein Abgleich der Selbst- und Fremdeinschätzung. Abweichende oder hervorzuhebende Einschätzungen sollen gemeinsam diskutiert werden.
7. Die Ergebnisse dienen der Geschäftsleitung als Informationsbasis für den personellen Entwicklungsbedarf.
8. Die Ergebnisse zur Ablage in der Personalakte an die Personalabteilung geben.

Portfolio Personalcontrolling

Mit den Ergebnissen der Personalbeurteilungen lässt sich ein langfristiges Personalcontrolling betreiben. Dabei werden die Mitarbeiter in Bezug auf Leistung und Potenzial in ein **Portfolio** eingeordnet:

Portfoliomatrix Kap. 3.3.3

- Leistungsschwache Mitarbeiter werden gefördert, auf unbedeutende Stellen versetzt oder freigesetzt.
- „Arbeitstiere“ müssen zum eigenen Schutz individuell geführt werden.
- Problemfälle arbeiten unter ihren Möglichkeiten und müssen nachhaltig gefördert werden.
- „Stars“ erbringen hohe Leistungen und haben Potenzial – sie sind besonders zu fördern.

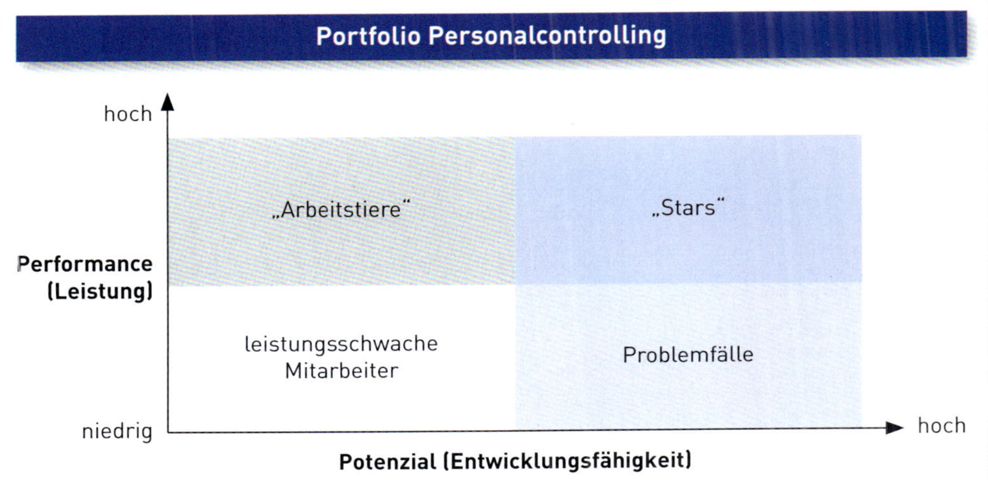

Muster eines Beurteilungsbogens zur Leistungsbewertung

Name, Vorname ______	PSN ______
Bereich ______	Tätigkeitsbezeichnug ______
Beurteilt von ______	Datum der letzten Beurteilung ______

Wichtiger Hinweis
Der Beurteilungsbogen zur Leistungsbewertung ist ein Instrument zur Personalentwicklung und der Potenzialanalyse. Damit sind keine entgeltrelevanten Veränderungen verbunden. Die Vereinbarung und Bewertung konkreter Ziele erfolgt nicht mit diesem Beurteilungsbogen, sondern auf einem gesonderten Blatt.

Qualifikationsmerkmale	**Fähigkeiten/Leistungen**				
	Fähigkeiten/Leistungen liegen unter den Anforderungen 80 % Leistung	Fähigkeiten/Leistungen entsprechen im Wesentlichen den Anforderungen 90 % Leistung	Fähigkeiten/Leistungen entsprechen voll den Anforderungen (entsprechen der Arbeitsbeschreibung) 100 % Leistung	Fähigkeiten/Leistungen liegen klar erkennbar über den Anforderungen 110 % Leistung	Fähigkeiten/Leistungen liegen weit über den Anforderungen 120 % Leistung
1. Arbeitsqualität	❑	❑	❑	❑	❑
Der Mitarbeiter erfüllt die Aufgaben sorgfältig, zuverlässig und in einer entsprechenden Güte.					
2. Arbeitsquantität	❑	❑	❑	❑	❑
Der Mitarbeiter organisiert wirksam, setzt Zeit und andere Ressourcen effektiv, effizient und ggf. kostenbewusst ein (Umfang der Arbeitsergebnisse)					
3. Arbeitsverhalten	❑	❑	❑	❑	❑
Der Mitarbeiter stellt hohen Anspruch an die eigene Arbeitsleistung. Er zeigt systematische Arbeitsweise und erfüllt Aufgaben professionell, gründlich und rechtzeitig. Übernimmt Verantwortung für seine Arbeitsergebnisse.					
4. Einsatzbereitschaft/ Innovation	❑	❑	❑	❑	❑
Der Mitarbeiter zeigt Eigeninitiative, entwickelt Ideen und konstruktive Vorschläge, arbeitet an der Optimierung seiner Arbeitsergebnisse und bemüht sich um ständige Erweiterung seiner Kenntnisse.					
5. Kommunikation/Teamarbeit	❑	❑	❑	❑	❑
Der Mitarbeiter kommuniziert klar und bereichsübergreifend, stellt seine Kenntnisse der Gruppe zur Verfügung, gewährt fachliche Unterstützung, verhält sich bei Konflikten sachlich und konstruktiv, übt und akzeptiert sachliche Kritik.					

Qualifikationsmerkmale	Fähigkeiten/Leistungen				
	Fähigkeiten/ Leistungen liegen unter den Anforderungen 80 % Leistung	Fähigkeiten/ Leistungen entsprechen im Wesentlichen den Anforderungen 90 % Leistung	Fähigkeiten/Leistungen entsprechen voll den Anforderungen (entsprechen der Arbeitsbeschreibung) 100 % Leistung	Fähigkeiten/Leistungen liegen klar erkennbar über den Anforderungen 110 % Leistung	Fähigkeiten/ Leistungen liegen weit über den Anforderungen 120 % Leistung
6. Flexibilität	❑	❑	❑	❑	❑
Der Mitarbeiter ist vielseitig einsetzbar und ist fähig, sich auf wechselnde Situationen einzustellen.					
7. Kundenorientierung	❑	❑	❑	❑	❑
(Verhalten nach innen und außen) Der Mitarbeiter tritt dem Kunden stets freundlich und mit nötigem Fingerspitzengefühl gegenüber. Dabei steht der Dienstleistungsgedanke im Vordergrund. Maßnahmen zur Verbesserung der Kundenzufriedenheit werden initiiert und aktiv mitgetragen.					
8. und 9. nur beurteilen, wenn die Führung von Mitarbeitern zur derzeitigen Aufgabenstellung gehört.					
8. Führungsverhalten	❑	❑	❑	❑	❑
Die Führungskraft – motiviert und unterstützt Mitarbeiter bei der Erreichung gemeinsamer Ziele – führt durch Persönlichkeit und Vorbild – fördert die Eigenentwicklung der Mitarbeiter im Hinblick auf Leistungssteigerung – erkennt Leistungen an – bezieht Mitarbeiter in relevante Entscheidungen ein – informiert die Mitarbeiter rechtzeitig und umfassend					
9. Führungsverhalten in Bezug auf Planung und Organisation	❑	❑	❑	❑	❑
Die Führungskraft – zeichnet sich durch gesamtunternehmerisches Denken und einen hohen Grad an Aufgabenorientierung aus – koordiniert, delegiert und kontrolliert – gibt den Mitarbeitern Entscheidungsspielraum entsprechend ihrer Kompetenz					
Spezielle Beurteilungskriterien frei wählbar	❑	❑	❑	❑	❑

8.8 Personalentlohnung

Jedes Unternehmen muss seine Mitarbeiterinnen und Mitarbeiter entlohnen. Die Höhe des jeweiligen Arbeitsentgelts richtet sich in der Regel nach den Fähigkeiten des einzelnen Mitarbeiters und dem Anteil seiner Arbeit am gesamten Output – das heißt, Mitarbeiter, die sehr spezielle Kenntnisse haben oder große Teile des Gewinns erwirtschaften, werden mehr verdienen als solche, die einfache und damit austauschbare Tätigkeiten verrichten.

8.8.1 Kriterien für die Arbeitsbewertung

Die Bezahlung ist eine individuelle Vereinbarung zwischen dem einzelnen Arbeitnehmer bzw. einer Gruppe von Arbeitnehmern (zum Beispiel den Gewerkschaften) mit dem Arbeitgeber. Ein Ziel des Arbeitgebers ist es, die Motivation seiner Mitarbeiter über eine angemessene und gerechte Entlohnung zu beeinflussen. Doch kann dies für ihn zum Problem werden: Einerseits muss der Arbeitgeber die Leistungen und Fähigkeiten seiner Mitarbeiter richtig einschätzen (und entsprechend entlohnen), andererseits empfinden die Mitarbeiter selbst diese Einschätzungen wohl nur dann als angemessen, wenn sie diese akzeptieren.

In den meisten Tarifverträgen wurde versucht, diesem Problem methodisch zu begegnen. So werden die unterschiedlichen Tätigkeiten anhand bestimmter Kriterien bewertet und einer Lohngruppe zugeordnet. Dafür sind eine genaue Beschreibung der Arbeitsaufgaben und eine Analyse der Stellenanforderungen notwendig. Die daraus gewonnenen Ergebnisse werden nun mit einem für den Betrieb bzw. die Branche einheitlichen **Kriterienkatalog** (zum Beispiel dem häufig angewandten sogenannten Genfer-Schema) bewertet. Grundlage dieses Schemas sind die Aspekte „Können" und „Belastung". Anhand dieser Bewertungen von Tätigkeiten resultiert letztendlich die Entlohnung.

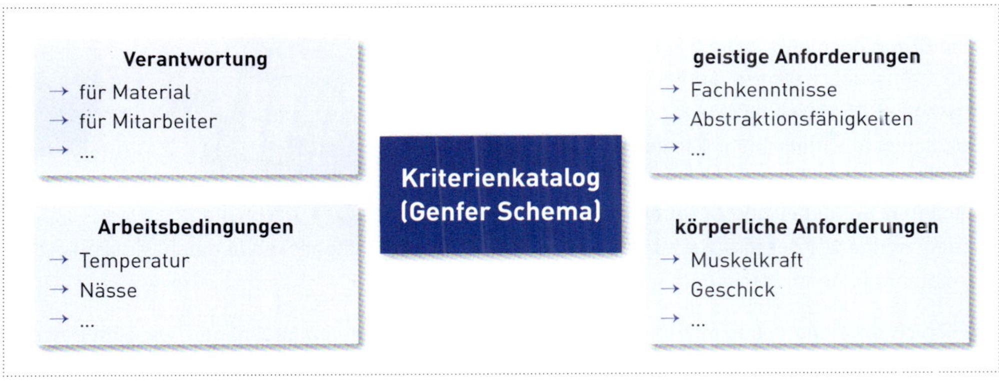

8.8.2 Formen der Entlohnung

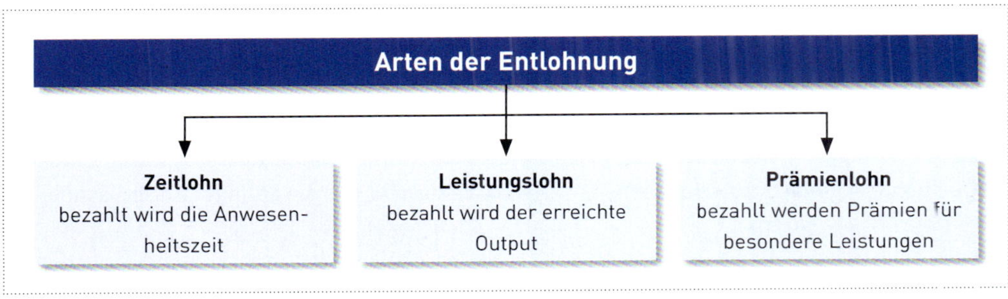

Beim Zeitlohn wird der Mitarbeiter nach seiner Anwesenheit (Arbeitsstunden) bezahlt. Beim Leistungslohn kommt es auf die geleistete Menge an, die er während seiner Arbeitszeit erbracht hat. Der Prämienlohn ist eine Mischform aus Zeitlohn und Leistungslohn.

Andere Formen der Entlohnung, wie zum Beispiel Vertrauensarbeitszeiten oder Honorartätigkeiten, sind der Managementebene zuzurechnen und nicht Gegenstand des Lehrplans.

Zeitlohn

Der Zeitlohn wird im Arbeitsvertrag vereinbart: Der Mitarbeiter wird für eine bestimmte Arbeitszeit entlohnt. Bei Handwerkern, Produktionshelfern oder anderen Arbeitern sind Zeitlöhne pro Stunde oder pro Woche üblich; sie werden monatlich ausbezahlt. Bei Angestellten werden im Allgemeinen eine Wochensollarbeitszeit (zum Beispiel 40 Stunden) und ein Monatsentgelt vereinbart.

ArbZG Kap. 8.4.3

Die Arbeitszeit wird entweder manuell oder elektronisch erfasst. Bei Mehrarbeit fallen Überstunden an. Diese können entweder ausbezahlt oder auf einem Zeitkonto angespart und später als Überstundenausgleich mit freien Tagen abgegolten werden. Im Bereich der Überstunden existieren zahlreiche unterschiedliche Modelle. Die genauen Konditionen werden von dem Arbeitgeber mit dem Betriebsrat bzw. im Rahmen der Tarifverhandlungen mit den Gewerkschaften ausgehandelt.

Die Rahmenbedingungen sind durch Gesetze wie dem **Arbeitszeitgesetz (ArbZG)** und dem **Jugendarbeitsschutzgesetz (JArbSchG)** festgelegt.

JArSchG Kap. 1.8.1

In einigen Branchen fallen auch Arbeitsstunden außerhalb der normalen Arbeitszeiten an. So könnte ein Produktionsunternehmen aufgrund einer guten Auftragslage Sonderschichten (z. B. Wochenend- oder Nachtschichten) anordnen. Die jeweiligen Konditionen dazu sind wiederum Bestandteil von Verhandlungen zwischen Arbeitgeber und Arbeitnehmer. Üblicherweise werden solche Sonderschichten zusätzlich mit Vergünstigen belohnt, etwa einem Zuschlag zum Normalstundenlohn oder einem verbesserten Freizeitausgleich.

Bei Schichtarbeit kann das monatliche Entgelt stark schwanken. Einige Zulagen, wie zum Beispiel der Zuschlag für Nacht- und Sonntagsarbeit, sind zurzeit steuerfrei. Diese Zulagen müssen gesondert auf der Gehaltsabrechnung ausgewiesen werden.

Zeitlohn ist geeignet zum Beispiel für
- Einarbeitungsphasen
- Tätigkeiten, bei denen kein direkter Output gemessen werden kann (z. B. Büroarbeiten)
- „Denkarbeiten" und kreative Arbeiten

Für die Unternehmen ergeben sich beim Zeitlohn Vor- und Nachteile.

Vorteile von Zeitlohn	Nachteile von Zeitlohn
■ Zeitlohn ist einfach zu handhaben. ■ Hast wird vermieden. ■ Bei schwierigen Tätigkeiten kann mit höherer Qualität gerechnet werden.	■ Es besteht nur ein geringer Anreiz, schnell zu arbeiten. ■ Der Arbeitseinsatz muss kontrolliert werden. ■ Das Risiko der „Faulheit" trägt das Unternehmen.

Leistungslohn

Beim Leistungslohn wird die Menge als Grundlage der Entlohnung herangezogen, die tatsächlich hergestellt (geleistet) wurde. Ein erhöhter Output schlägt sich beim Leistungslohn (im Gegensatz zum Zeitlohn) automatisch auf das Bruttoentgelt nieder.

Basis des Leistungslohns ist ein vereinbarter Stundenlohn für die Akkordarbeit (= Akkordrichtsatz). Mithilfe von Arbeitszeitstudien oder Versuchen wird außerdem die „normale" Leistung in einer Stunde festgelegt.

Beispiel Akkordrichtsatz

Der Akkordstundenlohn beträgt 30,00 € bei einer normalen (durchschnittlichen) Leistung von 10 Stück. Der Arbeitnehmer erhält den Leistungslohn entweder berechnet nach dem Geldakkord oder nach dem Zeitakkord.

Geldakkord = Lohn pro Stück	Zeitakkord = Lohn pro Zeiteinheit
→ 30,00 €/Stunde : 10 Stück = 3,00 €/Stück → Bezahlt werden 3,00 € pro Stück.	→ 6 Minuten : 10 Stück = 6 Minuten/Stück → Bezahlt werden 6 Minuten Arbeitszeit, die für die Produktion eines Stücks zur Verfügung steht.

Bei beiden Rechenarten kommt dasselbe Bruttoentgelt für den Arbeitnehmer heraus.

Nehmen wir an, er produziert in einer 8-Stunden-Schicht 100 Stück. Die Normalleistung wäre 8 · 10 Stück = 80 Stück.

Geldakkord	Zeitakkord
→ 3,00 €/Stück · 100 Stück = 300,00 €	→ 6 Minuten/Stück · 100 Stück = 600 Minuten 600 Minuten : 60 Minuten = 10 Stunden 10 Stunden · 30,00 € = 300,00 €

Zum Vergleich: Würde der Arbeitnehmer **Zeitlohn** in gleicher Höhe beziehen, hätte er in obigem Beispiel nur 8 · 30,00 € = 240,00 € erhalten. Hätte er jedoch nur 60 Stück produzieren können, dann wäre der Zeitlohn für ihn vorteilhafter gewesen.

Bei jeder Verhandlung über die Tarifbedingungen ändern sich die Stundensätze. Aus verwaltungstechnischen Gründen ist daher der Zeitakkord vorzuziehen, da hier bei Stundensatzänderungen die einzelnen Akkorde nicht angepasst werden müssen. Die Arbeitszeit, die für ein Produkt benötigt wird, ist schließlich von den Verhandlungen nicht betroffen.

Üblicherweise erhalten die Arbeitnehmer bei Akkordarbeit einen höheren Akkordrichtsatz pro Stunde, um Schwankungen und vor allem die psychischen Belastungen des Zeitdrucks auszugleichen. Schwangere dürfen aus diesen Gründen keine Akkordarbeiten verrichten.

MuSchG
Kap. 1.8.2

Bei Akkordarbeit ist es üblich, einen Grund- oder Mindestlohn zu bezahlen. Die Höhe dieses Mindestlohns richtet sich unter anderem nach dem Berufsabschluss – Facharbeiter erhalten einen höheren Mindestlohn als ungelernte Arbeitnehmer.

Leistungslohn ist unter folgenden Bedingungen geeignet:

- Die Produkte sind genormt.
- Die Arbeitsabläufe wiederholen sich fortlaufend.
- Der Normaloutput muss bekannt sein.

Daraus folgt:

- Der Arbeitsoutput ist messbar.
- Die Arbeitszeit ist messbar.
- Die Anzahl der Produkte ist messbar.
- Der Arbeitnehmer kann sein Arbeitstempo selbst bestimmen.
- Weder Fließband noch Abhängigkeiten im Produktionsprozess kommen zum Einsatz.

Probleme ergeben sich im unterschiedlichen Bedarf von Zeit und Aufwand bei den verschiedenen Produktionsstufen. Dies führt dazu, dass ein Arbeitnehmer auf vorgelagerte Arbeiten angewiesen ist und seinen Output nicht zwangsläufig selbst durch Fleiß und Schnelligkeit bestimmen kann.

Um dieses Problem zu umgehen, werden Gruppen aus den verschiedenen Produktionsstufen gebildet; die Gruppe wird nach einem **Gruppenakkord** entlohnt. Allerdings kann es bei dieser Akkordart leicht zu Streitigkeiten innerhalb der Gruppe kommen, wenn der „gefühlte" Arbeitseinsatz der Arbeitnehmer differiert.

Die Vor- und Nachteile des Leistungslohns aus Sicht der Unternehmen:

Vorteile von Leistungslohn	Nachteile von Leistungslohn
■ Mehrleistung wird „automatisch" entlohnt. ■ Die Kalkulation ist einfacher; die Stückkosten bleiben konstanter. ■ Der Arbeitnehmer trägt teilweise das Risiko für seine Leistungsfähigkeit.	■ Leistungslohn ist für den einzelnen Arbeitnehmer psychisch sehr belastend. ■ Das Einkommen der Arbeitnehmer schwankt. ■ Die Qualität der Produkte kann sich durch die Akkordarbeit verschlechtern (Zeitmangel, Hektik, ...). ■ Die Lohnberechnung ist komplexer. ■ Die eigene Arbeitsleistung ist abhängig von vorgelagerten Arbeitsstufen.

Prämienlohn

Prämienlohn ist eine Mischform von Zeit- und Leistungslohn. Prämienlohn ist ein Zeitlohn, bei dem Leistungsprämien gezahlt werden, sobald die festgesetzten Produktionsziele erreicht werden. Prämienlohn vereinigt die Vorteile der beiden anderen Entgeltarten und gibt dem Unternehmen erhöhte Planungssicherheit. Vorgesetzte erhalten in der Regel ein Budget, das sie auf ihre Mitarbeiter verteilen können. Doch auch bei dieser Form der Entlohnung kann es zu Unstimmigkeiten kommen, zum Beispiel wenn die Arbeitnehmer dem Vorgesetzten Willkür oder Bevorzugung unterstellen.

Die Vorteile des Prämienlohns überwiegen und Prämienlohn ist in den Abteilungen weit verbreitet, die nicht selbst im produktiven Betrieb stehen.

8.8.3 Weitere Bestandteile der Entlohnung – Zusatzleistungen

Neben dem Entgelt (Löhnen und Gehältern) gibt es weitere Leistungen, die Arbeitnehmer erhalten können. Die Ausgestaltung und der Umfang dieser Leistungen ist meist tarifvertraglich oder innerbetrieblich geregelt. Einen gesetzlichen Anspruch auf diese (Zusatz-)Leistungen gibt es nicht.

Weitere Zusatzleistungen und Bestandteile der Entlohnung sind u. a.:

- Betriebliche Altersvorsorge
- Vermögenswirksame Leistungen
- Geldwertvorteile
- Weihnachtsgeld
- Urlaubsgeld

Grundsätzlich werden auf alle zusätzlichen Leistungen Steuern und Sozialversicherungsbeiträge erhoben. Sie werden auf das Bruttoentgelt aufgerechnet und erhöhen so das steuer- und sozialversicherungspflichtige Entgelt.

Betriebliche Altersvorsorge

Größere Unternehmen bieten ihren Mitarbeiterinnen und Mitarbeitern häufig eine Betriebsrente an. Diese wird vom Arbeitgeber während der Betriebszugehörigkeit angespart und später zusätzlich zur gesetzlichen Rente ausbezahlt. Die betriebliche Altersvorsorge bietet eine gute und notwendige Ergänzung zur gesetzlichen Rentenversicherung. Teile der Zahlungen für die Betriebsrente sind in der Ansparphase steuerbegünstigt oder sogar steuerfrei.

Vermögenswirksame Leistungen

Tarifverträge Kap. 1.11

Vermögenswirksame Leistungen sind in den meisten Tarifverträgen festgeschrieben. Diejenigen Arbeitnehmer, die unter dieses Tarifvertragsrecht fallen, haben Anspruch auf vermögenswirksame Leistungen. Diese werden dem Bruttoentgelt hinzugerechnet und nach Abzug von Steuer und Sozialversicherungsbeiträgen direkt vom Arbeitgeber auf ein Anlagekonto des Arbeitnehmers überwiesen. Benennt der Arbeitnehmer kein solches Konto, verfallen die vermögenswirksamen Leistungen. Mögliche Vertragskonten sind Wertpapierspar-, Kontenspar- oder Bausparverträge. Für die Arbeitnehmer empfiehlt es sich, bei der Einrichtung eines entsprechenden Kontos einen Beratungstermin bei seinem Kreditinstitut zu vereinbaren.

Die bekannteste Anlageart für vermögenswirksame Leistungen ist der **Bausparvertrag**. Der Anleger spart einen gewissen Prozentsatz der Bausparsumme an und erhält den kompletten Betrag ausbezahlt, sobald das Ziel der Mindestansparung erreicht ist.

Beispiel Bausparvertrag

Ein Arbeitnehmer hat einen Bausparvertrag mit einer Bausparsumme über 9.000,00 € abgeschlossen. Über einen Zeitraum von sieben Jahren werden die vermögenswirksamen Leistungen in Höhe von 40,00 € monatlich auf den Vertrag eingezahlt. Daraus ergibt sich einschließlich Zinsen ein Guthaben von 3.655,00 €. Der Sparer erhält die kompletten 9.000,00 € ausbezahlt, muss aber den Kreditanteil von 5.345,00 € (9.000,00 € – 3.655,00 €) wieder zurückzahlen.

Eine Bedingung für die Ausreichung des Kredits ist allerdings die „wohnwirtschaftliche Verwendung", das heißt, der Sparer muss mit dem Geld eine Wohnung renovieren oder eine Immobilie kaufen. Die Kreditzinsen stehen schon bei Vertragsschluss fest und sind sehr günstig. Wenn der Sparer das Geld anderweitig verwenden will, kann er sich sein Guthaben auszahlen lassen, bekommt aber keinen Kredit.

Je nach dem Einkommen des Sparers wird das Bausparen über eine **Wohnungsbauprämie** und die **Arbeitnehmersparzulage** staatlich gefördert. Ein Bausparvertrag kann bei jeder Bank oder Bausparkasse abgeschlossen werden. Die Arbeitnehmersparzulage gewährt der Staat auch auf **Wertpapiersparverträge.** Bei diesen werden von den Überweisungen des Arbeitgebers auf das Anlagekonto des Arbeitnehmers Fondsanteile gekauft. Über diese Fondsanteile kann der Arbeitnehmer nach einer Sperrfrist verfügen und erhält möglicherweise einen Zuschuss vom Staat.

Eine weitere Anlageart für vermögenswirksame Leistungen ist der Abschluss eines **Kontensparplans,** bei dem das Geld vom Arbeitergeber auf ein Sparkonto des Arbeitnehmers überwiesen wird. Dieses ist in der Regel niedrig verzinst und auch hier kann der Sparer erst nach einer Sperrfrist über das Guthaben verfügen.

Geldwerte Vorteile

Alle Leistungen, die ein Arbeitnehmer erhält, die aber nicht mit Geld entlohnt werden, stellen geldwerte Vorteile dar und müssen eventuell versteuert werden.

Beispiel

Geldwerte Vorteile – steuerfrei

- ein verbilligtes Mittagessen in der eigenen Betriebskantine
- Einkauf betriebseigener Produkte zu günstigeren Preisen
- unentgeltliche Nutzung eines Betriebskindergartens

Bei diesen drei genannten Beispielen geldwerter Vorteile gibt es hohe steuerliche Freigrenzen, das heißt, der Arbeitnehmer erhält die Leistungen, muss sie aber nicht versteuern. Ein gern gesehener Bestandteil der Entlohnung sind die geldwerten Vorteile in jedem Fall.

Geldwerte Vorteile, die versteuert werden müssen, sind zum Beispiel die Nutzung eines Firmenwagens, Mitarbeiteraktien und die Leistungen, die über den Steuerfreigrenzen liegen.

Beispiel **Geldwerte Vorteile – steuerpflichtig**

Die Geschäftsführung beschließt, allen Mitarbeitern Aktien günstiger anzubieten. Die Ersparnis im Vergleich zum Marktpreis der Aktien beträgt 1.000,00 €. Jeder Mitarbeiter, der das Angebot annimmt, bekommt die verbilligten Aktien, muss aber auf die 1.000,00 € Ersparnis Steuern und Sozialversicherungsabgaben bezahlen.

8.8.4 Vom Brutto zum Netto – Entgeltabrechnung

Das **Bruttoentgelt** umfasst alle Entgelte (Gehalt, Lohn, Überstunden) und geldwerte Vorteile und bildet die Grundlage für Steuer- und Sozialversicherungsabzüge. Das **Nettoentgelt** ist der vom Brutto verbleibende Rest nach Abzug der Abgaben. Das Nettoentgelt ist nicht immer identisch mit dem **Überweisungsbetrag,** da an dieser Stelle bereits gewährte Vorschüsse oder die vermögenswirksamen Sparleistungen wieder abgezogen werden

	Bruttoentgelt
+	Vermögenswirksame Leistung des Arbeitgebers
+	Sonstige (geldliche) Bezüge, z. B. Weihnachtsgeld, Überstunden
+	Sachbezüge (geldwerter Vorteil), z. B. private Firmenwagennutzung
=	**Steuer- und sozialpflichtiges Bruttoentgelt**
–	Lohnsteuer
–	Kirchensteuer
–	Solidaritätszuschlag
–	Sozialversicherungsbeiträge Krankenversicherung Rentenversicherung Arbeitslosenversicherung Pflegeversicherung
=	**Nettoentgelt**
–	Vermögenswirksame Leistungen (Arbeitgeber- und Arbeitnehmeranteil)
–	Vorschuss
–	Sachbezug
=	**Überweisungsbetrag**

Arbeitnehmer müssen in Deutschland jeden Monat abhängig von ihrer persönlichen Situation und der Einkommenshöhe **Einkommensteuer** und den **Solidaritätszuschlag** an den Staat entrichten. Der Staat erhebt diese direkten Steuern aus allen Einkünften nicht selbstständiger Arbeit. Von den Mitgliedern der Kirchen wird darüber hinaus die **Kirchensteuer** zusammen mit der Einkommensteuer sowie dem Solidaritätszuschlag an das Finanzamt abgeführt. Diese Steuerabzüge werden vom Bruttolohn bzw. -gehalt abgezogen. Die Höhe der Lohnsteuer kann in den **Lohnsteuertabellen** abgelesen oder über einen interaktiven Abgabenrechner (zum Beispiel www.abgabenrechner.de des Bundesministeriums der Finanzen) abgelesen werden. Die Lohnsteuertabellen ändern sich mit jeder gesetzlichen Änderung des Steuersystems und werden laufend aktualisiert. Die daraus resultierende Steuerlast ist eine Abschlagszahlung der insgesamt zu entrichtenden Steuern. Diese werden im Rahmen der jährlichen Einkommensteuererklärung im Nachhinein berechnet und dann mit den Vorauszahlungen abgeglichen.

Grundlage der Berechnung von **Solidaritätszuschlag** und **Kirchensteuer** ist die ermittelte Lohnsteuer. In der Steuerklasse I fallen je nach Bundesland 8 % oder 9 % Kirchensteuer an. Der Solidaritätszuschlag beträgt 5,5 %. Andere Lohnsteuerklassen und Kinderfreibeträge führen zu abweichenden Steuerabzügen.

2 936,99* **MONAT**

Abzüge an Lohnsteuer, Solidaritätszuschlag (SolZ) und Kirchensteuer (8%, 9%) in den Steuerklassen

Lohn/ Gehalt bis €*	I – VI		ohne Kinderfreibeträge			I, II, III, IV mit Zahl der Kinderfreibeträge . . .		0,5			1			1,5			2			2,5			3**		
		LSt	SolZ	8%	9%		LSt	SolZ	8%	9%	SolZ	8%	9%	SolZ	8%	9%	SolZ	8%	9%	SolZ	8%	9%	SolZ	8%	9%
2 891,99	I,IV	430,16	23,65	34,41	38,71	I	430,16	18,81	27,37	30,79	14,23	20,70	23,28	9,90	14,40	16,20	5,01	8,48	9,54	—	3,19	3,59	—	—	—
	II	396,75	21,82	31,74	35,70	II	396,75	17,07	24,84	27,94	12,58	18,30	20,59	8,35	12,15	13,67	—	6,37	7,16	—	1,60	1,80	—	—	—
	III	197,83	7,16	15,82	17,80	III	197,83	—	10,30	11,59	—	5,49	6,17	—	1,48	1,66	—	—	—	—	—	—	—	—	—
	V	739,16	40,65	59,13	66,52	IV	430,16	21,20	30,84	34,70	18,81	27,37	30,79	16,49	23,99	26,99	14,23	20,70	23,28	12,03	17,50	19,69	9,90	14,40	16,20
	VI	775,41	42,64	62,03	69,78																				
2 894,99	I,IV	431,—	23,70	34,48	38,79	I	431,—	18,86	27,43	30,86	14,27	20,76	23,35	9,94	14,46	16,26	5,15	8,54	9,60	—	3,23	3,63	—	—	—
	II	397,58	21,86	31,80	35,78	II	397,58	17,11	24,90	28,01	12,62	18,36	20,66	8,39	12,20	13,73	—	6,42	7,22	—	1,63	1,83	—	—	—
	III	198,50	7,30	15,88	17,86	III	198,50	—	10,34	11,63	—	5,53	6,22	—	1,50	1,69	—	—	—	—	—	—	—	—	—
	V	740,25	40,71	59,22	66,62	IV	431,—	21,24	30,90	34,76	18,86	27,43	30,86	16,53	24,04	27,05	14,27	20,76	23,35	12,07	17,56	19,76	9,94	14,46	16,26
	VI	776,50	42,70	62,12	69,88																				
2 897,99	I,IV	431,75	23,74	34,54	38,85	I	431,75	18,90	27,49	30,92	14,30	20,81	23,41	9,97	14,51	16,32	5,26	8,58	9,65	—	3,27	3,68	—	—	—
	II	398,33	21,90	31,86	35,84	II	398,33	17,15	24,95	28,07	12,66	18,42	20,72	8,42	12,26	13,79	—	6,47	7,28	—	1,67	1,88	—	—	—
	III	199,16	7,43	15,93	17,92	III	199,16	—	10,40	11,70	—	5,57	6,26	—	1,54	1,73	—	—	—	—	—	—	—	—	—
	V	741,33	40,77	59,30	66,71	IV	431,75	21,28	30,96	34,83	18,90	27,49	30,92	16,57	24,10	27,11	14,30	20,81	23,41	12,11	17,62	19,82	9,97	14,51	16,32
	VI	777,58	42,76	62,20	69,98																				
2 900,99	I,IV	432,58	23,79	34,60	38,93	I	432,58	18,94	27,55	30,99	14,35	20,87	23,48	10,01	14,56	16,38	5,40	8,64	9,72	—	3,32	3,73	—	—	—
	II	399,08	21,94	31,92	35,91	II	399,08	17,19	25,01	28,13	12,70	18,47	20,78	8,46	12,31	13,85	0,10	6,52	7,33	—	1,70	1,91	—	—	—
	III	199,83	7,56	15,98	17,98	III	199,83	—	10,44	11,74	—	5,61	6,31	—	1,57	1,76	—	—	—	—	—	—	—	—	—
	V	742,41	40,83	59,39	66,81	IV	432,58	21,33	31,03	34,91	18,94	27,55	30,99	16,61	24,16	27,18	14,35	20,87	23,48	12,15	17,67	19,88	10,01	14,56	16,38
	VI	778,66	42,82	62,29	70,07																				
2 903,99	I,IV	433,33	23,83	34,66	38,99	I	433,33	18,98	27,61	31,06	14,39	20,93	23,54	10,05	14,62	16,44	5,51	8,68	9,77	—	3,36	3,78	—	—	—
	II	399,91	21,99	31,99	35,99	II	399,91	17,23	25,07	28,20	12,74	18,53	20,84	8,50	12,36	13,91	0,23	6,57	7,39	—	1,74	1,95	—	—	—
	III	200,33	7,66	16,02	18,02	III	200,33	—	10,49	11,80	—	5,65	6,35	—	1,61	1,81	—	—	—	—	—	—	—	—	—
	V	743,50	40,89	59,48	66,91	IV	433,33	21,37	31,09	34,97	18,98	27,61	31,06	16,65	24,22	27,25	14,39	20,93	23,54	12,18	17,72	19,94	10,05	14,62	16,44
	VI	779,75	42,88	62,38	70,17																				
2 906,99	I,IV	434,16	23,87	34,73	39,07	I	434,16	19,02	27,67	31,13	14,42	20,98	23,60	10,09	14,68	16,51	5,65	8,74	9,83	—	3,40	3,82	—	—	—
	II	400,66	22,03	32,05	36,05	II	400,66	17,27	25,13	28,27	12,77	18,58	20,90	8,53	12,42	13,97	0,35	6,62	7,44	—	1,78	2,—	—	—	—
	III	201,—	7,80	16,08	18,09	III	201,—	—	10,53	11,84	—	5,69	6,40	—	1,64	1,84	—	—	—	—	—	—	—	—	—
	V	744,58	40,95	59,56	67,01	IV	434,16	21,41	31,15	35,04	19,02	27,67	31,13	16,69	24,28	27,32	14,42	20,98	23,60	12,22	17,78	20,—	10,09	14,68	16,51
	VI	780,83	42,94	62,46	70,27																				
2 909,99	I,IV	435,—	23,92	34,80	39,15	I	435,—	19,06	27,73	31,19	14,46	21,04	23,67	10,12	14,73	16,57	5,78	8,79	9,89	—	3,44	3,87	—	—	—
	II	401,50	22,08	32,12	36,13	II	401,50	17,32	25,19	28,34	12,81	18,64	20,97	8,57	12,46	14,02	0,46	6,66	7,49	—	1,81	2,03	—	—	—
	III	201,66	7,93	16,13	18,14	III	201,66	—	10,58	11,90	—	5,73	6,44	—	1,66	1,87	—	—	—	—	—	—	—	—	—
	V	745,66	41,01	59,65	67,10	IV	435,—	21,46	31,22	35,12	19,06	27,73	31,19	16,73	24,34	27,38	14,46	21,04	23,67	12,26	17,84	20,07	10,12	14,73	16,57
	VI	781,91	43,—	62,55	70,37																				
2 912,99	I,IV	435,75	23,96	34,86	39,21	I	435,75	19,10	27,79	31,26	14,50	21,10	23,73	10,16	14,78	16,63	5,90	8,84	9,94	—	3,48	3,91	—	—	—
	II	402,25	22,12	32,18	36,20	II	402,25	17,36	25,25	28,40	12,85	18,70	21,03	8,60	12,52	14,08	0,60	6,72	7,56	—	1,84	2,07	—	—	—
	III	202,33	8,06	16,18	18,20	III	202,33	—	10,62	11,95	—	5,76	6,48	—	1,70	1,91	—	—	—	—	—	—	—	—	—
	V	746,75	41,07	59,74	67,20	IV	435,75	21,50	31,28	35,19	19,10	27,79	31,26	16,77	24,40	27,45	14,50	21,10	23,73	12,30	17,90	20,13	10,16	14,78	16,63
	VI	783,—	43,06	62,64	70,47																				
2 915,99	I,IV	436,58	24,01	34,92	39,29	I	436,58	19,14	27,85	31,33	14,54	21,16	23,80	10,20	14,84	16,69	6,03	8,89	10,—	—	3,52	3,96	—	—	—
	II	403,—	22,16	32,24	36,27	II	403,—	17,40	25,31	28,47	12,89	18,76	21,10	8,64	12,57	14,14	0,71	6,76	7,61	—	1,88	2,12	—	—	—
	III	203,—	8,20	16,24	18,27	III	203,—	—	10,68	12,01	—	5,80	6,52	—	1,73	1,94	—	—	—	—	—	—	—	—	—
	V	747,83	41,13	59,82	67,30	IV	436,58	21,55	31,34	35,26	19,14	27,85	31,33	16,81	24,46	27,51	14,54	21,16	23,80	12,34	17,95	20,19	10,20	14,84	16,69
	VI	784,08	43,12	62,72	70,56																				
2 918,99	I,IV	437,33	24,05	34,98	39,35	I	437,33	19,19	27,91	31,40	14,58	21,22	23,87	10,23	14,89	16,75	6,15	8,94	10,06	—	3,56	4,01	—	—	—
	II	403,83	22,21	32,30	36,34	II	403,83	17,44	25,37	28,54	12,93	18,81	21,16	8,68	12,62	14,20	0,85	6,82	7,67	—	1,92	2,16	—	—	—
	III	203,50	8,30	16,28	18,31	III	203,50	—	10,72	12,06	—	5,84	6,57	—	1,77	1,99	—	—	—	—	—	—	—	—	—
	V	748,91	41,19	59,91	67,40	IV	437,33	21,59	31,40	35,33	19,19	27,91	31,40	16,85	24,52	27,58	14,58	21,22	23,87	12,37	18,—	20,25	10,23	14,89	16,75
	VI	785,16	43,18	62,81	70,66																				
2 921,99	I,IV	438,16	24,09	35,05	39,43	I	438,16	19,23	27,97	31,46	14,62	21,27	23,93	10,27	14,94	16,81	6,18	8,99	10,11	—	3,60	4,05	—	—	—
	II	404,58	22,25	32,36	36,41	II	404,58	17,48	25,43	28,61	12,97	18,86	21,22	8,71	12,68	14,26	0,96	6,86	7,72	—	1,95	2,19	—	—	—
	III	204,16	8,43	16,33	18,37	III	204,16	—	10,76	12,10	—	5,88	6,61	—	1,80	2,02	—	—	—	—	—	—	—	—	—
	V	750,—	41,25	60,—	67,50	IV	438,16	21,63	31,46	35,39	19,23	27,97	31,46	16,89	24,58	27,65	14,62	21,27	23,93	12,41	18,06	20,31	10,27	14,94	16,81
	VI	786,25	43,24	62,90	70,76																				
2 924,99	I,IV	438,91	24,14	35,11	39,50	I	438,91	19,27	28,03	31,53	14,66	21,33	23,99	10,31	15,—	16,87	6,21	9,04	10,17	—	3,64	4,10	—	—	—
	II	405,33	22,29	32,42	36,47	II	405,33	17,52	25,48	28,67	13,01	18,92	21,29	8,75	12,73	14,32	1,10	6,92	7,78	—	1,99	2,24	—	—	—
	III	204,83	8,56	16,38	18,43	III	204,83	—	10,81	12,16	—	5,92	6,66	—	1,82	2,05	—	—	—	—	—	—	—	—	—
	V	751,08	41,30	60,08	67,59	IV	438,91	21,67	31,52	35,46	19,27	28,03	31,53	16,94	24,64	27,72	14,66	21,33	23,99	12,45	18,12	20,38	10,31	15,—	16,87
	VI	787,33	43,30	62,98	70,85																				
2 927,99	I,IV	439,75	24,18	35,18	39,57	I	439,75	19,31	28,10	31,61	14,70	21,38	24,05	10,34	15,05	16,93	6,25	9,09	10,22	—	3,68	4,14	—	—	—
	II	406,16	22,33	32,49	36,55	II	406,16	17,56	25,54	28,73	13,04	18,98	21,35	8,79	12,78	14,38	1,21	6,96	7,83	—	2,02	2,27	—	—	—
	III	205,50	8,70	16,44	18,49	III	205,50	—	10,85	12,20	—	5,96	6,70	—	1,86	2,09	—	—	—	—	—	—	—	—	—
	V	752,16	41,36	60,17	67,69	IV	439,75	21,72	31,59	35,54	19,31	28,10	31,61	16,97	24,69	27,77	14,70	21,38	24,05	12,49	18,17	20,44	10,34	15,05	16,93
	VI	788,41	43,36	63,07	70,95																				
2 930,99	I,IV	440,58	24,23	35,24	39,65	I	440,58	19,36	28,16	31,68	14,74	21,44	24,12	10,38	15,10	16,99	6,28	9,14	10,28	—	3,72	4,19	—	—	—
	II	406,91	22,38	32,55	36,62	II	406,91	17,60	25,60	28,80	13,09	19,04	21,42	8,82	12,84	14,44	1,35	7,02	7,89	—	2,06	2,32	—	—	—
	III	206,—	8,80	16,48	18,54	III	206,—	—	10,90	12,26	—	6,—	6,75	—	1,89	2,12	—	—	—	—	—	—	—	—	—
	V	753,25	41,42	60,26	67,79	IV	440,58	21,76	31,65	35,60	19,36	28,16	31,68	17,01	24,75	27,84	14,74	21,44	24,12	12,53	18,23	20,51	10,38	15,10	16,99
	VI	789,50	43,42	63,16	71,05																				
2 933,99	I,IV	441,33	24,27	35,30	39,71	I	441,33	19,40	28,22	31,74	14,78	21,50	24,19	10,42	15,16	17,06	6,32	9,20	10,35	—	3,77	4,24	—	—	—
	II	407,75	22,42	32,62	36,69	II	407,75	17,64	25,66	28,87	13,12	19,09	21,47	8,86	12,89	14,50	1,46	7,06	7,94	—	2,10	2,36	—	—	—
	III	206,66	8,93	16,53	18,59	III	206,66	—	10,94	12,31	—	6,04	6,79	—	1,93	2,17	—	—	—	—	—	—	—	—	—
	V	754,33	41,48	60,34	67,88	IV	441,33	21,80	31,72	35,68	19,40	28,22	31,74	17,05	24,81	27,91	14,78	21,50	24,19	12,57	18,28	20,57	10,42	15,16	17,06
	VI	790,58	43,48	63,24	71,15																				
2 936,99	I,IV	442,16	24,31	35,37	39,79	I	442,16	19,44	28,28	31,81	14,82	21,56	24,25	10,46	15,22	17,12	6,35	9,24	10,40	—	3,81	4,28	—	—	—
	II	408,50	22,46	32,68	36,76	II	408,50	17,68	25,72	28,94	13,16	19,15	21,54	8,90	12,94	14,56	1,58	7,11	8,—	—	2,14	2,40	—	—	—
	III	207,33	9,06	16,58	18,65	III	207,33	—	11,—	12,37	—	6,08	6,84	—	1,96	2,20	—	—	—	—	—	—	—	—	—
	V	755,41	41,54	60,43	67,98	IV	442,16	21,84	31,78	35,75	19,44	28,28	31,81	17,10	24,87	27,98	14,82	21,56	24,25	12,61	18,34	20,63	10,46	15,22	17,12
	VI	791,66	43,54	63,33	71,24																				

Steuerklassen

Die Steuerbelastung hängt von der Höhe des Bruttoentgelts, den Lohnsteuerklassen und den Freibeträgen ab. Die Einordnung der Steuerpflichtigen in die sechs **Steuerklassen** erfolgt nach ihren persönlichen Verhältnissen. Verheiratete können entscheiden, ob beide Eheleute in Klasse IV veranlagt werden oder einer der beiden der Steuerklasse III und der andere der Steuerklasse V zugeordnet wird. Nur bei sehr unterschiedlich hohen Entgelten von Ehepartnern ist diese Steuerklassenkombination sinnvoll; die Lohnsteuervorauszahlungen fallen insgesamt geringer aus als in Steuerklasse IV. Statt dieser Steuerklassenkombination (III/V) können steuerpflichtige Eheleute auch das Faktorverfahren wählen. Der Faktor ermittelt sich aus der voraussichtlich gemeinsam nach dem Splittingverfahren zu zahlenden Einkommensteuer im Verhältnis zur rechnerischen Summe der Lohnsteuer jeweils nach Steuerklasse IV.

Steuerklassen	Steuerpflichtiger Personenkreis (vereinfachte Angaben)
I	ledige, geschiedene und verwitwete Arbeitnehmer; verheiratete Arbeitnehmer, deren Ehegatte im Ausland wohnt, oder dauernd getrennt lebende Ehepartner
II	ledige, geschiedene und verwitwete Arbeitnehmer mit mindestens einem Kind, das auf der Lohnsteuerkarte eingetragen ist
III	verheiratete Arbeitnehmer, von denen nur ein Ehepartner Arbeitsentgelt bezieht, oder wenn der andere Ehepartner die Steuerklasse V wählt. Seit 2010 können Ehepartner alternativ das Faktorverfahren wählen.
IV	verheiratete Arbeitnehmer, wenn beide Arbeitsentgelt beziehen
V	verheiratete Arbeitnehmer, die beide Arbeitsentgelt beziehen, deren Einkünfte jedoch stark voneinander abweichen. Der deutlich mehr verdienende Ehegatte wählt die günstigere Steuerklasse III, der andere Ehepartner Steuerklasse V. Seit 2010 können Ehepartner alternativ das Faktorverfahren wählen.
VI	Arbeitnehmer, die von mehreren Arbeitgebern gleichzeitig Arbeitsentgelt beziehen. Die zusätzlichen Arbeitsentgelte werden auf der Steuerkarte mit Steuerklasse IV eingruppiert.

Berechnung der Sozialversicherungsbeiträge

Die Beitragssätze für die einzelnen gesetzlichen Sozialversicherungen werden in unregelmäßigen Abständen gesetzlich festgelegt und sind nicht verhandelbar. Grundsätzlich bezahlen Arbeitgeber und Arbeitnehmer 50 % des Beitragssatzes. Abweichungen gibt es bei der gesetzlichen Krankenversicherung und bei der gesetzlichen Pflegeversicherung.

Bei der Berechnung gibt es **Beitragsbemessungsgrenzen.** Dabei wird der Sozialversicherungsbeitrag nur bis zu dieser Grenze berechnet. Liegt das Entgelt höher, wird der Beitrag nicht vom vollen Entgelt berechnet, sondern nur bis zur Bemessungsgrenze.

Beispiel

Frank Mustermann verdient monatlich 6.500,00 € brutto. Beiträge zur Rentenversicherung werden nur auf den Betrag von 5.950,00 € berechnet.

Daneben gibt es die **Jahresarbeitsentgeltgrenze** (früher: **Versicherungspflichtgrenze**). Übersteigt das Einkommen diese für ein Jahr, endet die gesetzliche Krankenversicherungspflicht und der Arbeitnehmer kann sich zwischen freiwilliger, gesetzlicher oder privater Krankenversicherung entscheiden.

Beispiel

Marc Stiller verdient 4.800,00 € monatlich und kann sich entscheiden, ob er freiwillig Mitglied in einer gesetzlichen Krankenkasse bleiben oder in eine private Krankenkasse wechseln will.

Daten der gesetzlichen Sozialversicherungen (Stand 2014)			
Kranken-versicherung	**Renten-versicherung**	**Arbeitslosen-versicherung**	**Pflege-versicherung**
Beitragssatz			
15,5 % → 8,2 % Arbeitnehmeranteil (0,9 Prozentpunkte Zuschlag nur für den Arbeitnehmer) → 7,3 % Arbeitgeberanteil	18,9 % → 9,45 % Arbeitnehmeranteil → 9,45 % Arbeitgeberanteil	3,0 % → 1,5 % Arbeitnehmeranteil → 1,5 % Arbeitgeberanteil	2,05 % → 1,025 % Arbeitnehmeranteil (+ 0,25 Prozentpunkte Kinderlosenzuschlag ab 23 Jahre) → 1,025 % Arbeitgeberanteil
Beitragsbemessungsgrenzen (im Monat)			
4.050,00 € (West/Ost)	5.950,00 € (West) 5.000,00 € (Ost)	5.950,00 € (West) 5.000,00 € (Ost)	4.050,00 €
Jahresarbeitsentgeltgrenze (früher: Versicherungspflichtgrenze)			
4.462,50 € (West/Ost)			4.462,50 € (West/Ost)

Beispiel Entgeltabrechnung

Karolin Krömer, 23 Jahre, ledig, Mitarbeiterin der Beschaffung der Blum Music4You KG, Lohnsteuerklasse I, Grundgehalt 1.970,00 €, Arbeitgeberzuschuss zur vermögenswirksamen Leistung 30,00 €, Sparbetrag vermögenswirksame Leistungen gesamt 40,00 €.

	Bruttoentgelt			**1.970,00 €**
+	Vermögenswirksame Leistung des Arbeitgebers			30,00 €
+	sonstige (geldliche) Bezüge			–
+	Sachbezüge (geldwerter Vorteil)			–
=	**Steuer- und sozialpflichtiges Bruttoentgelt**			**2.000,00 €**
–	Lohnsteuer			209,66 €
–	Kirchensteuer			18,87 €
–	Solidaritätszuschlag			11,53 €
–	Sozialversicherungsbeiträge			
	Krankenversicherung	8,20 %	von 2.000,00 €	164,00 €
	Rentenversicherung	9,45 %	von 2.000,00 €	189,00 €
	Arbeitslosenversicherung	1,025 %	von 2.000,00 €	20,50 €
	Pflegeversicherung	1,275 %	von 2.000,00 €	25,50 €
=	**Nettoentgelt**			**1.360,94 €**
–	Vermögenswirksame Leistungen (Arbeitgeber- und Arbeitnehmeranteil)			40,00 €
–	Vorschuss			–
–	Sachbezug			–
=	**Überweisungsbetrag**			**1.320,94 €**

8.9 Beendigung von Arbeitsverhältnissen

Einstiegsfall Kündigung bei der Blum Music4You KG

Ein Mitarbeiter der Blum Music4You KG, Ioanni Staro, hatte sich in den letzten Wochen mehrmals Ärger mit seinem Vorgesetzten, Alexander Striege – dem Leiter der Abteilung Konzerte bei der Blum Music4You KG, eingehandelt. Ioanni Staro kam häufig zu spät und zu einem wichtigen Konzert gar nicht, obwohl er mit seinem Kollegen Hilil Akim diese Veranstaltung vor Ort organisieren sollte. Wegen Unpünktlichkeit erhielt Ioanni Staro bereits mehrere schriftliche Abmahnungen. Alexander Striege ist mit der Arbeitsleistung des Mitarbeiters unzufrieden und möchte ihn ersetzen; er braucht engagierte und zupackende Leute für die Konzertvorbereitungen. So sucht er das Gespräch mit der Personalleiterin Iris Thule, um die Möglichkeiten für einen Mitarbeiterwechsel herauszufinden. Was ist zu beachten? Welche Gründe rechtfertigen eine Kündigung und welche Fristen müssen eingehalten werden?

Verträge Kap. 4.12

Arbeitsverträge können gekündigt werden – und zwar von beiden Vertragspartnern, also dem Arbeitgeber wie dem Arbeitnehmer. Eine **Kündigung des Arbeitsverhältnisses** ist ein einseitiges, empfangsbedürftiges Rechtsgeschäft; sie muss schriftlich erfolgen, eine mündlich ausgesprochene Kündigung ist nichtig, da sie den Formvorschriften nicht genügt.

Es gibt zwei Arten von Kündigungen:

fristgerechte Kündigung (ordentliche Kündigung)
↓
Beendigung mit Kündigungsfrist

fristlose Kündigung (außerordentliche Kündigung)
↓
sofortige Beendigung

Bei einer fristgerechten, ordentlichen Kündigung müssen gesetzliche und tarifvertragliche Kündigungsfristen eingehalten werden. Eine fristlose, außerordentliche Kündigung ist nur möglich, wenn wichtige Gründe vorliegen.

Neben der Kündigung besteht auch die Möglichkeit, ein Arbeitsverhältnis über einen **Aufhebungsvertrag** zu beenden.

8.9.1 Kündigungsgründe

Gründe für die Beendigung eines Arbeitsverhältnisses gibt es genug, das ist in der nachstehenden Grafik dargestellt. Die Gründe, die ein Arbeitgeber für eine Kündigung angeben kann und die nach dem Gesetz „gerechtfertigt" sind, werden nachfolgend genauer betrachtet.

Das Kündigungsschutzgesetz (KSchG) nennt drei Gründe für eine fristgerechte, ordentliche Kündigung eines Arbeitnehmers, der länger als sechs Monate im Unternehmen beschäftigt ist. Diese Kündigungsgründe liegen in der Person oder dem Verhalten des Arbeitnehmers oder können betriebsbedingt sein; sie führen entsprechend zu einer

- personenbedingten oder
- verhaltensbedingten oder
- betriebsbedingten Kündigung.

Wenn keiner der drei Gründe vorliegt, gilt eine Kündigung als sozial ungerechtfertigt und ist unwirksam.

§

§ 1 KSchG Sozial ungerechtfertigte Kündigungen

(1) Die Kündigung des Arbeitsverhältnisses gegenüber einem Arbeitnehmer, dessen Arbeitsverhältnis in demselben Betrieb oder Unternehmen ohne Unterbrechung länger als sechs Monate bestanden hat, ist rechtsunwirksam, wenn sie sozial ungerechtfertigt ist.

(2) Sozial ungerechtfertigt ist die Kündigung, wenn sie nicht durch Gründe, die in der Person oder in dem Verhalten des Arbeitnehmers liegen, oder durch dringende betriebliche Erfordernisse, die einer Weiterbeschäftigung des Arbeitnehmers in diesem Betrieb entgegenstehen, bedingt ist. [...]

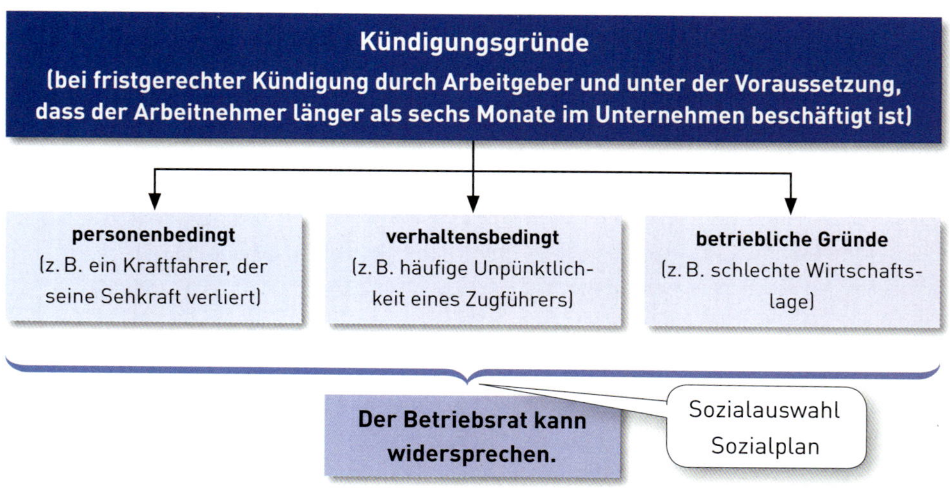

Eine außerordentliche, fristlose Kündigung kann nur dann ausgesprochen werden, wenn ein so wichtiger Grund (nach § 626 BGB) vorliegt, dass es den Vertragspartnern (Arbeitgeber und/oder Arbeitnehmer) nicht zuzumuten ist, das Ende einer ordentlichen Kündigung abzuwarten. In vielen

Fällen ist das Vorliegen eines wichtigen Grunds durch ein Arbeitsgericht zu bestätigen. Die Beweislast trägt der Arbeitgeber.

Beispiele **Wichtige Gründe für eine fristlose Kündigung**

- sexuelle Übergriffe (von Seiten des Arbeitgebers oder des Arbeitnehmers)
- Diebstahl
- unberechtigtes Krankmelden
- andauernde Arbeitsverweigerung
- Verschweigen wichtiger Tatsachen bei der Einstellung

8.9.2 Kündigungsfristen

Im Allgemeinen kann das Arbeitsverhältnis vom Arbeitgeber oder auch dem Arbeitnehmer mit einer Frist von vier Wochen zum 15. des Monats oder zum Monatsende gekündigt werden (§ 622 Abs. 1 BGB). Für Kündigungen von Arbeitnehmern, die schon länger im Betrieb sind, gelten längere Fristen.

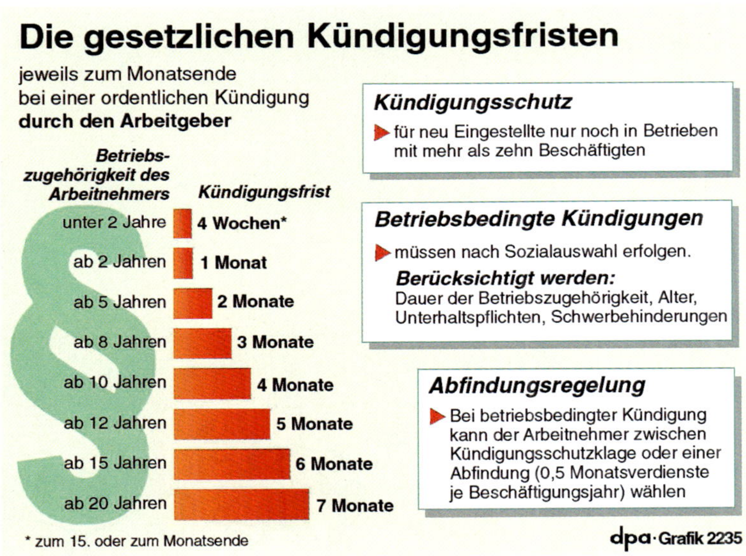

Die „alte" Regelung des § 622 II 2 BGB, wonach Beschäftigungszeiten eines Arbeitnehmers vor Vollendung des 25. Lebensjahres für die Berechnung der Länge der Kündigungsfrist nicht berücksichtigt werden, ist mit dem Recht der EU nicht vereinbar. Die Regelung ist deshalb nicht anzuwenden (Bundesarbeitsgericht, Urteile vom 09.09.2010, 2 AZR 714/08 sowie vom 30.09.2010, 2 AZR 456/09). Eine entsprechende Änderung des BGB-Paragrafen wird vom Gesetzgeber vorbereitet.

Beispiel **Kündigungsfrist eines 45-jährigen Mitarbeiters**

Ein 45-jähriger Mitarbeiter, der über 20 Jahre im Unternehmen arbeitet, könnte mit einer Frist von sieben Monaten zum Ende eines Kalendermonats gekündigt werden. Bei 10-jähriger Betriebszugehörigkeit beträgt die Kündigungsfrist vier Monate.

Während der **Probezeit eines Arbeitnehmers** kann nach § 622 Abs. 3 BGB mit einer Frist von zwei Wochen gekündigt werden.

Die Tarifpartner können in Tarifverträgen auch andere, zum Beispiel kürzere Fristen vereinbaren. In individuellen Arbeitsverträgen hingegen ist es Arbeitgeber wie Arbeitnehmer nur erlaubt, günstigere Regelungen, als es das BGB vorsieht, festzuschreiben.

Kündigungsfristen ...

nach gesetzlicher Regelung	nach Tarifvertrag	nach Einzelarbeitsvertrag	in der Probezeit
4 Wochen zum 15. oder zum Monatsende (§ 622 Abs. 1 BGB) Ausnahme: Arbeitnehmer mit mehrjähriger Beschäftigungsdauer (§ 622 Abs. 2 BGB)	Abweichungen gegenüber dem Gesetz sind in beide Richtungen möglich. (§ 622 Abs. 4 BGB)	Im Einzelarbeitsvertrag ist nur eine längere Kündigungsfrist, als im Gesetz vorgesehen, möglich. (§ 622 Abs. 5 BGB)	2 Wochen (§ 622 Abs. 3 BGB)

8.9.3 Kündigungsschutz

Der Kündigungsschutz ist in Deutschland strenger geregelt als in anderen Industrieländern. Allerdings gilt der Kündigungsschutz nicht für alle Arbeitnehmer gleichermaßen, sondern ist abhängig von der Größe des Betriebs (mindestens zehn Beschäftigte), vom Beginn und von der Dauer des Arbeitsverhältnisses. Nur wer sechs Monate vor der Kündigung ununterbrochen in dem Unternehmen beschäftigt war, hat Anspruch auf einen Kündigungsschutz (§ 1 KSchG).

Die Gerichte sehen eine Entlassung als letzten Schritt in einem betrieblichen Konflikt. So ist ein Arbeitgeber beispielsweise verpflichtet, einen Mitarbeiter, der mit seiner Stelle überfordert ist, nach besten Kräften zu unterstützen, zum Beispiel ihn einzulernen oder ihn zu einem Lehrgang zu schicken. Er muss prüfen, ob der Mitarbeiter nicht an einer anderen Stelle im Unternehmen eingesetzt werden könnte.

Auch bei chronisch kranken Mitarbeitern muss der Arbeitgeber alles tun, um die Arbeitsfähigkeit wiederherzustellen. Dies kann im Einzelfall zum Beispiel ein Kuraufenthalt oder das Umrüsten des Arbeitsplatzes sein. Erst wenn nachgewiesen ist, dass der Mitarbeiter aufgrund seines gesundheitlichen Zustands seinen Verpflichtungen aus dem Arbeitsvertrag nicht mehr nachkommen kann, darf eine Kündigung ausgesprochen werden.

In Betrieben mit einer Arbeitnehmervertretung ist der **Betriebsrat** die erste Anlaufstelle für die Gekündigten.

Merke Der Betriebsrat kann einer Kündigung begründet widersprechen. Ist der Betriebsrat nicht vom Arbeitgeber über die Kündigung informiert worden, ist diese ungültig.

Wenn der Betriebsrat einer ordentlichen Kündigung widerspricht, hat er eine Woche Zeit, dies zu begründen

Im **Betriebsverfassungsgesetz (BetrVG)** heißt es dazu:

§ 102 BetrVG Mitbestimmung bei Kündigungen

(1) Der Betriebsrat ist vor jeder Kündigung zu hören. Der Arbeitgeber hat ihm die Gründe für die Kündigung mitzuteilen. Eine ohne Anhörung des Betriebsrats ausgesprochene Kündigung ist unwirksam. [...]

(3) Der Betriebsrat kann [...] der ordentlichen Kündigung widersprechen, wenn

1. der Arbeitgeber bei der Auswahl des zu kündigenden Arbeitnehmers soziale Gesichtspunkte nicht oder nicht ausreichend berücksichtigt hat, [...]

3. der zu kündigende Arbeitnehmer an einem anderen Arbeitsplatz im selben Betrieb oder in einem anderen Betrieb des Unternehmens weiterbeschäftigt werden kann,

4. die Weiterbeschäftigung des Arbeitnehmers nach zumutbaren Umschulungs- oder Fortbildungsmaßnahmen möglich ist oder

5. eine Weiterbeschäftigung des Arbeitnehmers unter geänderten Vertragsbedingungen möglich ist und der Arbeitnehmer sein Einverständnis hiermit erklärt hat.

Der Arbeitgeber kann aber trotzdem kündigen. Sollte der Mitarbeiter mit der Kündigung nicht einverstanden sein, muss ein Gericht im Einzelfall entscheiden, ob die Kündigung sozial gerechtfertigt war oder nicht.

Kündigungsschutzklage

Jeder Arbeitnehmer, der mit einer Kündigung nicht einverstanden ist, kann bei dem zuständigen Arbeitsgericht eine Kündigungsschutzklage einreichen. Dazu hat er drei Wochen nach Zugang der schriftlichen Kündigung Zeit. Es empfiehlt sich für den Arbeitnehmer, diese Klage über einen Anwalt und/oder mithilfe der Gewerkschaft einzureichen. Diese helfen dabei, die Klage zu formulieren und zu begründen. Gründe für eine Kündigungsschutzklage können z. B. eine fehlerhafte Sozialauswahl, Formfehler in der Kündigung selbst oder nicht beachtete Kündigungsfristen sein.

Sozialauswahl Kap. 8.9.5

Der Gekündigte wird im Allgemeinen eine Weiterbeschäftigung fordern. Dies muss als Antrag in der Kündigungsschutzklage formuliert werden. Die Chancen auf einen Erfolg vor Gericht sind bei begründeten Klagen hoch. Häufig schlägt der Richter den Kontrahenten einen Vergleich vor. Dieser beinhaltet die Beendigung des Arbeitsverhältnisses, dafür die Bezahlung einer Abfindung sowie eventuell weitere Auflagen. Stimmen beide Parteien dem Vergleich zu, endet das Verfahren. Andernfalls wird das Arbeitsgericht eine Entscheidung treffen.

Besonderer Kündigungsschutz

Eine Kündigung kann für einen Arbeitnehmer unter Umständen den Verlust seines Arbeitsplatzes bedeuten; seine Lebenssituation und die seiner Familie ändert sich dadurch entscheidend. Der Gesetzgeber hat deshalb für bestimmte Personengruppen einen besonders starken Kündigungsschutz erlassen.

Zu den Personengruppen mit besonderem Kündigungsschutz gehören:

- **Auszubildende:** Die Ausbildung von jungen Menschen ist eine wichtige Stütze unserer Gesellschaft. Der Gesetzgeber stellt diese Arbeitnehmer daher unter einen besonderen Schutz. Im Ausbildungsvertrag ist in der Regel eine Probezeit vorgesehen. Innerhalb dieser Probezeit kann dem Auszubildenden ohne Einhaltung einer Frist gekündigt werden. Nach Ablauf der Probezeit ist eine Entlassung nur noch bei schwerwiegenden Verfehlungen möglich.
- **Schwerbehinderte:** Die Kündigung eines schwerbehinderten Arbeitnehmers, der mindestens sechs Monate im Unternehmen beschäftigt war, ist nur wirksam, wenn der Arbeitgeber vorher die Zustimmung des Integrationsamts erhalten hat. Eine Entlassung ohne die Zustimmung dieser staatlichen Stelle ist unwirksam.

- **Werdende Mütter und Mütter im Mutterschutz:** Eine werdende Mutter ist während der Schwangerschaft und in den vier Monaten nach der Entbindung unkündbar (§ 9 Mutterschutzgesetz). Dies gilt allerdings nur, wenn der Arbeitgeber von der Schwangerschaft wusste oder spätestens zwei Wochen nach Zugang der Kündigung über die Schwangerschaft informiert wird. Sollte die Frau selbst nichts von der Schwangerschaft gewusst haben, muss sie ihren Arbeitgeber sofort nach ihrer Kenntnisnahme darüber informieren. In solch einem Fall ist das Überschreiten der Kündigungsfrist unschädlich.
- **Eltern in Elternzeit:** Auch Eltern genießen ab dem Zeitpunkt, an dem Sie Elternzeit beantragen, (höchstens jedoch acht Wochen vor Beginn der Elternzeit) sowie während ihrer Elternzeit einen Sonderkündigungsschutz. Dies ist festgelegt in § 18 BEEG (Bundeselterngeld- und Elternzeitgesetz).

Betriebsrat Jugend- und Auszubildendenvertreter Kap. 1.10

- **Betriebsrat, Jugend- und Auszubildendenvertreter, Schwerbehindertenvertreter:** Gewählte Arbeitnehmervertreter geraten aufgrund ihrer Tätigkeiten immer wieder in Konflikte mit dem Arbeitgeber. Damit sie ihre Rolle in solchen Situationen auch ausüben können, ohne Gefahr zu laufen, ihren Arbeitsplatz zu verlieren, sind sie während ihrer Amtszeit und ein Jahr danach unkündbar. Selbst bei schweren Vergehen ist eine Zustimmung des Betriebsrats oder eines Arbeitsgerichts notwendig. Gleiches gilt auch für die Mitglieder der Jugend- und Auszubildendenvertretung bzw. der Schwerbehindertenvertreter.

Bis Ende 2010 unterlagen auch **Wehr- und Zivildienstleistende** einem besonderen Kündigungsschutz. Junge Männer wurden verpflichtet, entweder Wehrpflicht oder Zivildienst ableisten. Seit Anfang 2011 sind Wehrpflicht und Zivildienst ausgesetzt und ab Juli 2011 in einen freiwilligen Wehrdienst bzw. (zivilen) Bundesfreiwilligendienst umgewandelt worden. Für diese Freiwilligendienste besteht kein besonderer Kündigungsschutz.

8.9.4 Abmahnung

Bevor ein Arbeitgeber einem Mitarbeiter kündigt, wird er ihn in der Regel abmahnen und ihn auf sein Fehlverhalten hinweisen. Eine bestimmte Form ist dabei nicht vorgeschrieben, eine Abmahnung kann also mündlich oder schriftlich erfolgen. In der Regel wird der Arbeitgeber dem Arbeitnehmer aus Beweisgründen ein Schriftstück überreichen, das

- einen konkreten Abmahnungsgrund enthält,
- formal auf das Vergehen des Arbeitnehmers hinweist,
- dem Arbeitnehmer aufzeigt, wie er sich richtig verhalten sollte,
- bei weiteren Vergehen als Folge die Kündigung androht.

Abmahnungen werden bei Verletzungen der Arbeitspflicht, bei Störungen im Betriebsablauf oder bei Vertrauensbruch erteilt. Es gibt keine konkreten Regelungen, wie oft ein Mitarbeiter abgemahnt werden sollte, bevor eine Kündigung ausgesprochen werden kann. Hier ist nur eine Entscheidung im Einzelfall möglich. So kann ein Gericht eine Kündigung für gültig erklären, auch wenn der Gekündigte vorher nicht abgemahnt wurde.

Der Arbeitgeber muss die Abmahnung zeitnah zum Fehlverhalten des Arbeitnehmers erteilen. Abmahnungen werden in der Personalakte des Mitarbeiters abgelegt, ebenso dessen Stellungnahme dazu. Ungerechtfertigte Verweise müssen auf Verlangen des Betroffenen wieder aus der Akte entfernt werden. Der Mitarbeiter hat das Recht, seine Personalakte regelmäßig einzusehen.

8.9.5 Sozialauswahl bei betrieblich bedingten Kündigungen

Ein Arbeitgeber ist verpflichtet, soziale Gesichtspunkte bei einer betrieblich bedingten Kündigung zu berücksichtigen, denn in der Regel kündigt er ja nicht allen Arbeitnehmern, sondern nur einigen. Er muss also eine Auswahl treffen und zwar immer dann, wenn für eine betriebsbedingte Kündigung mehrere Arbeitnehmer infrage kämen, die nach ihrer Qualifikation und nach dem Inhalt ihres Arbeitsvertrags vergleichbar und damit austauschbar sind. Sinn der Sozialauswahl ist, demjenigen Arbeitnehmer zu kündigen, den aufgrund seiner sozialen Lage der Verlust seines Arbeitsplatzes weniger hart treffen würde als seine vergleichbaren Arbeitskollegen. Eine fehlerhafte Sozialauswahl führt zur Unwirksamkeit der Kündigung.

Der Gesetzgeber schreibt einige Punkte vor, die bei der Sozialauswahl beachtet werden müssen, lässt aber auch die Möglichkeit offen, weitere Kriterien aufzunehmen.

Die folgenden **sozialen Kriterien** sind nach § 1 Abs. 3 Satz 1 KSchG zu berücksichtigen:

Die vier Auswahlkriterien stehen in keiner Rangfolge. Der Arbeitgeber muss sie jedoch gewichten. Dabei berücksichtigt er die zu ermittelnden Daten nicht allein aus den Personalunterlagen, sondern ist darüber hinaus verpflichtet, die Arbeitnehmer selbst zu befragen. Im Anschluss nimmt er eine Bewertung der Kriterien für jeden Mitarbeiter vor und teilt ihm Punkte aufgrund seiner Lebenssituation zu. So erhält beispielsweise ein Familienvater mit drei Kindern mehr Punkte als ein Alleinstehender ohne Kinder. Die Arbeitnehmer mit den wenigsten Punkten erhalten voraussichtlich die Kündigung. Dem Arbeitgeber steht ein gewisser Bewertungsspielraum bei der Sozialauswahl zu, sodass er entscheiden kann zwischen Mitarbeitern, denen die gleiche Schutzbedürftigkeit zusteht.

Sogenannte Leistungsträger im Betrieb können aus der Sozialauswahl herausgenommen werden, sofern ein „berechtigtes betriebliches Interesse" die Weiterbeschäftigung solcher Arbeitnehmer erfordert. Das können beispielsweise Arbeitnehmer mit besonderen Qualifikationen sein oder solche, die Spezialarbeiten auszuführen haben.

Sozialplan

Die Sozialauswahl ist nicht mit dem Sozialplan zu verwechseln. Ein Sozialplan wird erstellt, wenn Unternehmen sehr viele Mitarbeiter entlassen müssen (Massenentlassungen). Er enthält Regelungen, wie der Arbeitgeber die zu Entlassenden bei der Suche nach neuen Arbeitsstellen unterstützt und wie sich unter Umständen eine Abfindung zusammensetzt.

Die gesetzliche Grundlage für einen **Sozialplan** bilden §§ 112, 112a Betriebsverfassungsgesetz (BetrVG). Der Sozialplan hat die rechtliche Wirkung einer frei verhandelbaren Betriebsvereinbarung und kann darüber hinaus Einkommen, Arbeitszeiten oder Kündigungsschutzbestimmungen regeln, die normalerweise Bestandteil eines Tarifvertrags sind.

8.9.6 Aufhebungsvertrag

Im Gegensatz zu einer einseitigen Kündigung wird ein Aufhebungsvertrag einvernehmlich zwischen Arbeitgeber und Arbeitnehmer geschlossen. Ein Aufhebungsvertrag muss schriftlich abgefasst werden, eine mündliche Absprache reicht nicht aus. Kündigungsfristen spielen hierbei keine Rolle; das Arbeitsverhältnis kann zu jedem Zeitpunkt beendet werden.

Gründe für einen Aufhebungsvertrag gibt es genug: So möchte vielleicht ein Arbeitgeber einen unliebsamen Mitarbeiter gerne loswerden und scheut einen langwierigen Kündigungsprozess oder ein Arbeitnehmer sieht bessere Karrierechancen bei einem anderen Unternehmen und möchte so schnell wie möglich dorthin wechseln.

Im Rahmen eines Aufhebungsvertrags verzichtet der Arbeitnehmer darauf, eine Kündigungsschutzklage einzureichen. Dafür erhält er vom Arbeitgeber einen Geldbetrag ausbezahlt. Die Höhe des Betrags ist nicht geregelt und Verhandlungssache zwischen den Vertragspartnern. Bei betriebsbedingten Kündigungen gilt als Faustregel: ein halber Bruttomonatsverdienst pro Jahr der Betriebszugehörigkeit (§ 1 a KSchG). Dieser Betrag ist nach oben hin nicht begrenzt.

Aufhebungsverträge haben Vor- und Nachteile; sie bergen für die Arbeitnehmer einige Fallstricke, die diese kennen sollten, bevor sie einem solchen Vertrag zustimmen. In jedem Fall wäre der Betriebsrat eine erste Anlaufstelle für eine Rücksprache. Denn wenn der Arbeitnehmer nicht gleich eine neue Stelle findet, ist er auf Arbeitslosengeld angewiesen. Doch eine Abfindung führt in der Regel dazu, dass die Auszahlung des Arbeitslosengeldes bis zu drei Monaten durch die Agentur für Arbeit gesperrt wird, das heißt: Der Betroffene bekommt in den ersten drei Monaten seiner Arbeitslosigkeit keine Leistungen und die Dauer des Bezugs von Arbeitslosengeld verkürzt sich um diese drei Monate. Deshalb sollte eine Beratung durch die Agentur für Arbeit vor Abschluss eines Aufhebungsvertrags erfolgen.

Beispiel **Aufhebungsvertrag**

Ein 47-jähriger Angestellter unterschreibt im Januar einen Aufhebungsvertrag und erhält dafür von seinem Arbeitgeber 10.000,00 €. Aufgrund seines Alters hätte er Anspruch auf zwölf Monate Arbeitslosengeld. Sein Betreuer bei der Agentur für Arbeit verhängt eine Sperrzeit von drei Monaten. Der ehemalige Angestellte erhält also von Januar bis März keine finanzielle Unterstützung, die Zahlung des Arbeitslosengeldes endet im Dezember (nach 12 Monaten).

Anteile einer Abfindung werden besteuert. Die Höhe der Steuer hängt von der Abfindungssumme und den persönlichen Umständen ab. Bedacht werden sollte die **Steuer auf Abfindungen** bei Abschluss eines Aufhebungsvertrags in jedem Fall.

Bei Beendigung eines Arbeitsverhältnisses hat jeder Mitarbeiter das Recht auf ein **Arbeitszeugnis.** Dabei ist es unerheblich, ob er selbst oder der Arbeitgeber gekündigt hat. Was bei einem Arbeitszeugnis zu beachten ist und wie es „gelesen" (das heißt interpretiert) werden kann, wurde in Kapitel 8.3.2 näher erläutert.

Arbeitszeugnis
Kap. 8.3.2

Lösung des Einstiegsfalls **Kündigung bei der Blum Music4You KG**

Der Mitarbeiter der Blum Music4You KG, Ioanni Staro, ist 32 Jahre alt und seit drei Jahren im Unternehmen beschäftigt. Eine außerordentliche Kündigung wäre aufgrund der wiederholten Verfehlungen denkbar, aber vor Gericht wahrscheinlich nicht durchsetzbar. Die Kündigungsfrist würde also fristgerecht einen Monat zum Monatsende betragen.

Ioanni Staro arbeitet länger als sechs Monate im Betrieb. Die Kündigung kann mit seinem Verhalten begründet werden. Er war mehrmals ermahnt worden, pünktlich zu sein und seine Aufgaben gründlicher zu erledigen, dennoch verpasste er einen wichtigen Konzerttermin. Die Personalleiterin Iris Thule beurteilt die Möglichkeit, Ioanni Staro kündigen zu können, als aussichtsreich.

Einen Aufhebungsvertrag abzuschließen empfiehlt Iris Thule in dem konkreten Fall nicht. Ein wohlwollend verfasstes Zeugnis steht Ioanni Staro bei einer Kündigung zu.

9

Liquidität sichern und Finanzierung vorbereiten

18.959,46
0,24
18.959,70
(akt. Jahr)

Lernlandkarte 9.1 bis 9.4

9.1 Wirtschaftliche Entscheidungen bei Unternehmensgründung

9.1.1 Unternehmensgründung

- Gründer
- Idee
- Marktanalyse
- Planung
- Finanzierung
- Standort
- Personal
- Rechtsform
- Führung
- Organisation

9.1.2 Handelsrechtliche Grundlagen

- HGB
- Kaufmann
- Firma
- Handelsregister
- Kapital
- Gesellschafter
- Geschäftsführung
- Haftung

Business-plan

Der Weg in die Selbstständigkeit

9.4 Leitfaden Unternehmensgründung

9.2 Rechtsformen von Unternehmen nach HGB

9.2.1 Einzelunternehmen

9.2.2 Personengesellschaften

- OHG
- KG

9.2.3 Kapitalgesellschaften

- GmbH
- AG
- UG (haftungsbeschränkt)

9.2.4 Sonder- und Mischformen

- Verein
- Genossenschaft

9.3 Handlungsvollmacht und Prokura

- Vertretung
- Prokura
- Handlungs-vollmacht

9.1 Wirtschaftliche Entscheidungen bei Unternehmensgründung

Was ist ein Unternehmen? Diese Frage scheint recht einfach; doch steckt mehr dahinter. Unternehmen bilden neben dem Staat und den privaten Haushalten wichtige Akteure innerhalb einer Volkswirtschaft. Unternehmen werden den unterschiedlichen Wirtschaftszweigen zugeordnet (Industrie, Handel, Handwerk, Banken usw.); sie unterscheiden sich in der Art ihrer Leistungserstellung (Konsumgüter, Produktionsgüter, Dienstleistungen), weisen eine entsprechende Rechtsform auf und können nach Anzahl der Beschäftigten oder Produktionsfaktoren eingeteilt werden. Alle diese Faktoren sind bei einer Unternehmensgründung zu berücksichtigen, denn sie spielen in den betrieblichen Geschäftsprozessen später eine wichtige Rolle.

Der Begriff Unternehmen wird in der Fachsprache abgegrenzt von dem eines Betriebs. Umgangssprachlich werden aber beide Begriffe häufig gleich verwandt.

Merke Ein **Unternehmen** ist eine rechtliche Wirtschaftseinheit; die den gesamten wirtschaftlichen und rechtlichen Aufbau umfasst. Die Unternehmenstätigkeit kann sich dabei auf die Herstellung von Gütern oder auf die Erbringung von Dienstleistungen erstrecken. Ein **Betrieb** ist die Produktionsstätte, die technische und organisatorische Einheit eines Unternehmens. Die **Firma** hingegen ist der Name des Unternehmens.

9.1.1 Unternehmensgründung

In Deutschland wurden im Zeitraum von Januar bis Oktober 2009 rund 130 000 Unternehmen neu gegründet. Ein Jahr zuvor waren es noch rund 295 000 Unternehmen. Der Rückgang ist auf die schlechte Wirtschaftssituation aufgrund der Finanzkrise 2008 zurückzuführen.

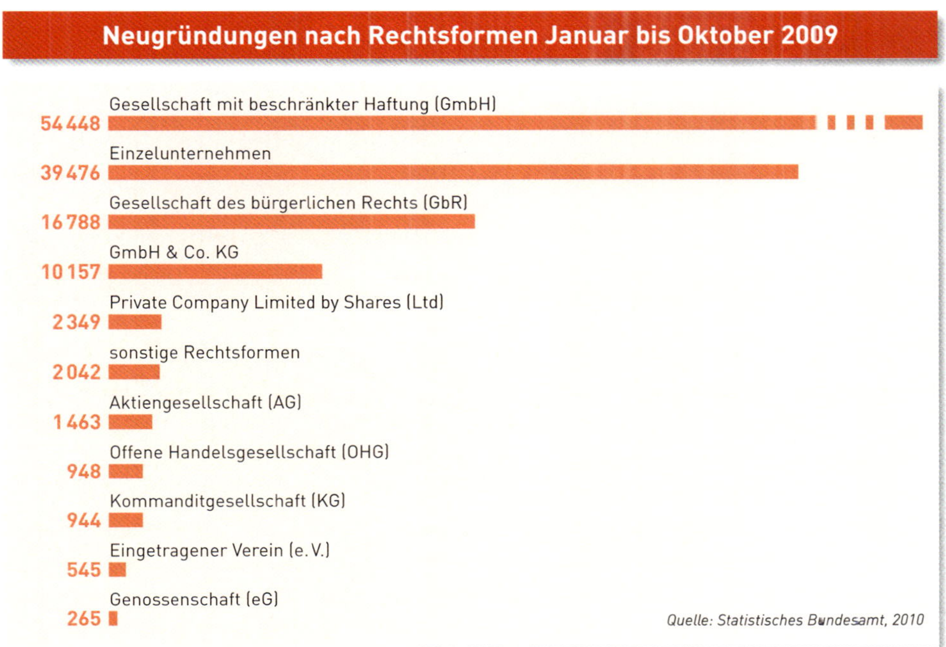

Jeder geschäftsfähige Erwachsene hat in Deutschland grundsätzlich das Recht, sich eine eigene Existenz aufzubauen und ein Unternehmen zu gründen. Die Motive jedes Einzelnen zur Gründung eines Unternehmens können sehr unterschiedlich sein, beispielsweise:

- die Aussicht auf unternehmerische Unabhängigkeit,
- das Bestreben, das eigene Einkommen zu erhöhen,
- der Wunsch, auf eigene Rechnung zu handeln,
- alle Rechte und Pflichten eines Unternehmers zu beanspruchen,
- sich ein gutes Image aufzubauen,
- die Chance für einen Neubeginn zu nutzen zum Beispiel nach einem Arbeitsplatzverlust.

Handelsrecht
Kap. 9.1.2

Die Gründung eines Unternehmens ist ein Rechtsgeschäft, das beispielsweise durch die Erstellung eines Gesellschaftervertrags zustande kommt. Die gesetzlichen Grundlagen für Unternehmensgründungen sind im Bürgerlichen Gesetzbuch (BGB) und im Handelsgesetzbuch (HGB) geregelt. Manche Rechtsformen unterliegen weiteren Gesetzen, zum Beispiel dem GmbH-Gesetz oder dem Aktiengesetz. Die Wahl der Rechtsform ist von verschiedenen Kriterien abhängig, wobei aber nur die Rechtsformen zulässig sind, die der Gesetzesgeber vorgibt.

Rechtsformen
Kap. 9.2

Die verschiedenen Unternehmens- oder Gesellschaftsformen lassen sich nach ihren jeweiligen Eigentumsverhältnissen einteilen.

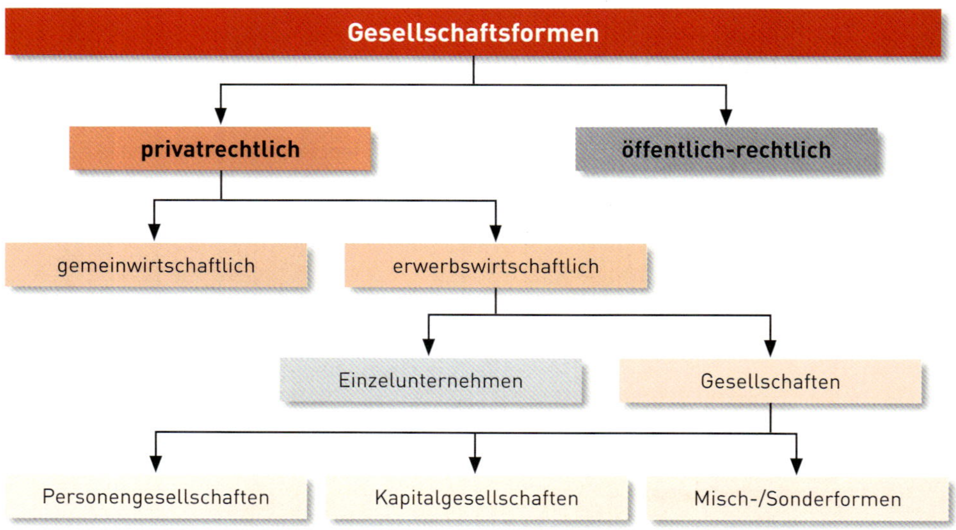

- **Privatrechtliche Unternehmen** werden in gemeinwirtschaftliche und erwerbswirtschaftliche Unternehmen gegliedert, mit jeweils unterschiedlichen Zielen.
  - **Gemeinwirtschaftliche Betriebe** verfolgen das Ziel, die Bevölkerung mit Waren oder Dienstleistungen kostendeckend und mit angemessenem Gewinn zu versorgen. Typische gemeinwirtschaftliche Unternehmen sind öffentliche Nahverkehrsbetriebe, Stadtwerke, Wasserwerke usw. Diese gemeinwirtschaftlichen Unternehmen erhalten teilweise Zuschüsse vom Staat.
  - **Erwerbswirtschaftliche Betriebe** sind Unternehmen in privater Hand mit dem obersten Ziel der Gewinnmaximierung. Sie wollen vor allem ihren Marktanteil stetig erweitern sowie ihre Umsätze erhöhen.

- **Öffentlich-rechtliche Unternehmen** werden von staatlicher Seite, vom Bund, den Ländern oder den Kommunen geleitet.

Die Gründung eines Unternehmens ist mitunter eine komplizierte Angelegenheit, zahlreiche Formalitäten müssen beachtet werden. Deshalb ist es sehr wichtig, im Vorfeld die Konsequenzen und wirtschaftlichen Aspekte einzubeziehen und diese im Voraus zu planen.

Leitfaden Unternehmensgründung Kap. 9.4

Ein Existenzgründer sollte sich die folgenden Kriterien sehr genau überlegen:

- betriebliche Ziele
- geplante Investitionen
- Standortwahl und Standortkosten
- Finanzplanung
- Publizitätspflicht
- Gründungskosten
- steuerliche Aspekte
- Personalplanung

9.1.2 Handelsrechtliche Grundlagen

Ziele des Handelsrechts

Das Handelsrecht ist eine Vereinfachung des Rechtsverkehrs unter Kaufleuten, es dient dem Rechtsschutz nach außen und bedeutet einen erhöhten Vertrauensschutz.

Das HGB beinhaltet die Sonderrechte für Kaufleute.

Das **HGB** ist nicht unabhängig, sondern als **Ergänzung** zum **BGB** zu betrachten.

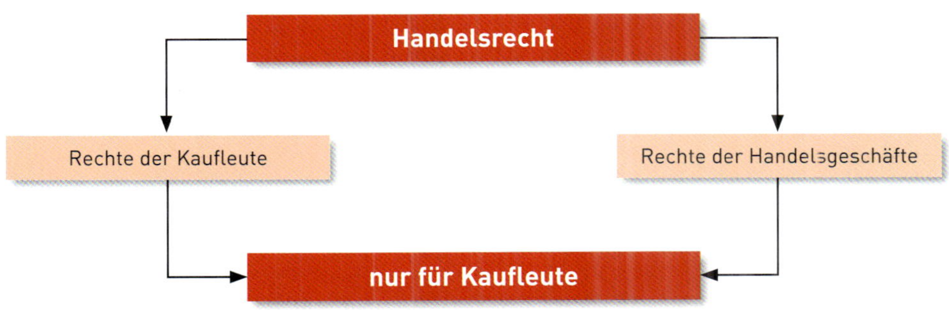

Der zivilrechtliche Begriff des Unternehmers ist vom handelsrechtlichen Begriff des Kaufmanns bzw. der Kauffrau zu unterscheiden.

Kaufmann Kap. 4.12.2

Kaufmannseigenschaft

§ 1 Abs. 1 HGB
Kaufmann im Sinne dieses Gesetzbuchs ist, wer ein Handelsgewerbe betreibt.

Ein Kaufmann nach HGB ist immer auch ein Unternehmer nach BGB und betreibt ein Gewerbe.

Merke Ein **Gewerbe** betreibt, wer **selbstständig, dauerhaft** auf **Gewinnerzielung** gerichtet tätig ist und keinen freien Beruf (Rechtsanwalt, Steuerberater, Architekt) ausübt. Ein **Handelsgewerbe** ist jeder Gewerbebetrieb, der nach Art oder Umfang einen in kaufmännischer Weise eingerichteten Geschäftsbetrieb erfordert.

Ein in kaufmännischer Weise eingerichteter Gewerbebetrieb liegt vor, wenn das Unternehmen eine entsprechende Größenordnung aufweist: Umsatz, Ertrag, Beschäftigtenzahl, Anzahl der Betriebsstätten, Höhe des Kapitals, Vielfalt der Erzeugnisse, Anzahl der Geschäftsverbindungen, Umfang der Lagerhaltung usw.

Eine kaufmännische Einrichtung liegt insbesondere dann vor, wenn das Unternehmen zur **kaufmännischen doppelten Buchführung** verpflichtet ist, in der die abgeschlossenen Geschäfte und die Vermögenslage ersichtlich gemacht werden.

Gewerbetreibende Land- und Forstwirte sind zur Buchführung verpflichtet, wenn der Umsatz höher ist als 500.000,00 € im Kalenderjahr oder der Gewinn höher ist als 50.000,00 € im Kalender- bzw. Wirtschaftsjahr.

Das HGB unterscheidet folgende Kaufleute:

- **Kaufmann (Istkaufmann)** – nach § 1 HGB
  Der Istkaufmann ist nach Handelsgesetzbuch derjenige, der ein Handelsgewerbe betreibt. Ein Handelsgewerbe ist jeder Gewerbebetrieb, der nach Art und Umfang einen in kaufmännischer Weise eingerichteten Geschäftsbetrieb erfordert. Kleingewerbetreibende sind somit keine Istkaufleute.
- **Kannkaufmann** – nach § 2 HGB
  Ein Kannkaufmann ist dies erst kraft seiner Eintragung ins Handelsregister. Dies gilt für alle, die nach § 1 HGB keine Kaufleute sind. Für sie besteht die Möglichkeit einer Eintragung ins Handelsregister auf freiwilliger Grundlage. Dies betrifft unter anderem Kleingewerbetreibende wie zum Beispiel Kioskbesitzer. Alle Kaufleute, die sich freiwillig in das Handelsregister eintragen lassen, müssen lt. § 5 HGB nach den Vorschriften für Kaufleute handeln.
- **Formkaufmann** – nach § 6 HGB
  Hierbei handelt es sich um Unternehmen mit der Rechtsform einer Kapitalgesellschaft, zum Beispiel eine GmbH, AG, KGaA oder eG. Sie werden mit dem Eintrag ins Handelsregister Kaufleute.

Istkaufmann	Kannkaufmann	Formkaufmann
■ Als Istkaufmann werden alle Kaufleute bezeichnet, die ein Handelsgewerbe nach § 1 HGB betreiben. ■ Der Eintrag ins Handelsregister hat rechtsbezeugende (deklaratorische oder klarstellende) Wirkung.	■ Kannkaufmann ist ein Kaufmann kraft freiwilliger Eintragung ins Handelsregister nach § 2 HGB. ■ Der Eintrag ins Handelsregister hat rechtserzeugende (konstitutive) Wirkung.	■ Formkaufmann ist ein Kaufmann kraft Rechtsform nach § 6 HGB. ■ Der Eintrag ins Handelsregister ist Pflicht. ■ Der Eintrag ins Handelsregister hat rechtserzeugende (konstitutive) Wirkung.

Firma

Merke Die **Firma** ist der Name des Kaufmanns, unter dem er seine Handelsgeschäfte betreibt, seine Unterschrift leistet, klagen und verklagt werden kann. Die Firma muss ins Handelsregister eingetragen werden.

Die Firma setzt sich zusammen aus einem Firmenkern und einem Rechtsformzusatz.

Jeder Kaufmann kann den Namen seines Unternehmens frei wählen. Die Vielfalt bei der Namensgebung spiegelt sich in der Bezeichnung der Firma wieder, je nachdem, welche Bestandteile verwendet werden: Personenfirma, Sachfirma, gemischte Firma oder Fantasiefirma.

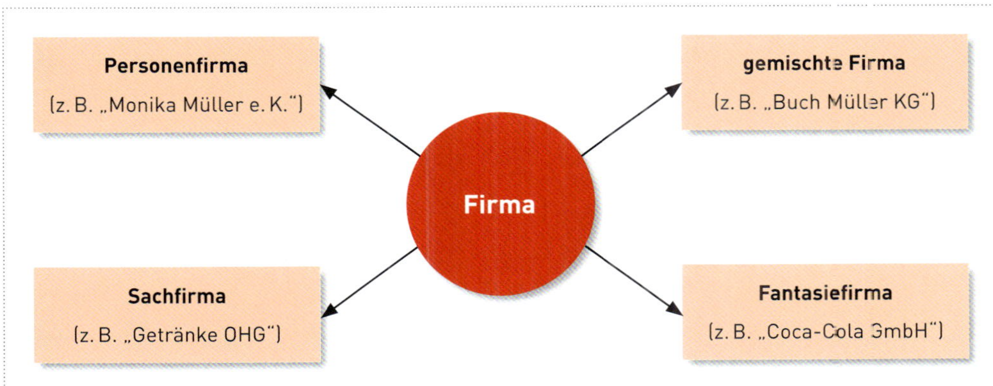

Firmengrundsätze (§§ 18 ff. HGB)

Die Firma muss das Unternehmen eindeutig bezeichnen und klar von anderen Unternehmen abgrenzen. Der Firmenname dient dem rechtlichen Schutz des Unternehmens. Das Handelsgesetzbuch gibt zu diesem Zweck **Firmengrundsätze** vor. Deren Durchsetzung wird vom zuständigen Registergericht geprüft.

- **Firmenwahrheit,** § 18 Abs. 2 HGB
  Der Firmenname darf keine irreführenden Angaben enthalten, zum Beispiel „Bäcker Maier" für einen Fliesenleger.
- **Firmenausschließlichkeit** (Firmenunterscheidbarkeit), § 30 HGB
  Jede neu gegründete Firma muss sich von bereits bestehenden Firmen am Ort durch ihren Namen unterscheiden. Eine Abgrenzung gegenüber anderen Firmen muss eindeutig erkennbar sein.

- **Firmenklarheit** (Rechtsformzusatz), § 19 HGB
  Der Rechtsformzusatz ist eine zusätzliche Pflichtangabe zur Firma, zum Beispiel GmbH, OHG, e. Kffr.

- **Firmenbeständigkeit,** § 21 HGB
  Der Firmenname darf beibehalten werden, sollte das Unternehmen veräußert oder auch vererbt werden.

- **Firmeneinheit**
  Grundsätzlich ist nur ein Name pro Firma erlaubt.

- **Firmenöffentlichkeit/Publizität,** §§ 29, 37 a HGB
  Ein Unternehmen hat die Pflicht, die Firma im Handelsregister einzutragen, wenn das Handelsgesetzbuch dies vorschreibt. Es ist verpflichtet, mit der Firma nach außen aufzutreten, zum Beispiel den Namen auf allen Geschäftsbriefen zu führen.

- **Veräußerungsgebot,** § 23 HGB
  Die Firma kann nicht ohne das Handelsgeschäft, unter dem es seine Geschäfte betreibt, veräußert werden.

Handelsregister und Unternehmensregister

Das Handelsregister ist ein öffentliches Verzeichnis, das Informationen zu Firmenneugründungen, Firmenauflösungen, Umfirmierungen, Verschmelzungen oder Insolvenzen führt. Jeder angemeldete Kaufmann wird beim zuständigen örtlichen Amtsgericht in das Handelsregister eingetragen. Das Handelsregister wird von den Gerichten elektronisch geführt.

Der Handelsregistereintrag enthält Informationen über
- die Rechtsform,
- die Firma,
- den Sitz,
- die Inhaber bzw. die Gesellschafter,
- die Vertretungsberechtigten (Geschäftsführer, Komplementäre, Prokuristen),
- die Kommanditisten bei einer KG,
- den Gegenstand des Unternehmens,
- das Stamm- oder Grundkapital

der jeweiligen Gesellschaft.

Das Handelsregister ist in zwei Abteilungen gegliedert. In Abteilung A werden alle Einzelunternehmen und Personengesellschaften, in Abteilung B alle Kapitalgesellschaften eingetragen.

Beispiel Handelsregisterauszug

Firma/Name	Sitz
Hessen Amtsgericht Fulda **HRB 6490** **Müller Spezialitäten GmbH**	Fulda

Anmeldungen zur Eintragung in das Handelsregister sind elektronisch in öffentlich beglaubigter Form einzureichen, das heißt, die Anmeldung zum Handelsregister erfolgt beim Notar, der die Unterlagen öffentlich beglaubigt. Öffentliche Beglaubigung heißt, dass die Echtheit der Unterschrift(en) vom Notar bestätigt werden muss. Der Notar reicht das Dokument mittels E-Mail mit qualifizierter elektronischer Signatur an das Amtsgericht weiter.

Über das Unternehmensregister www.unternehmensregister.de hat man Zugriff auf:

- Veröffentlichungen und Bekanntmachungen im elektronischen Bundesanzeiger;
- Eintragungen im elektronischen Handels-, Genossenschafts- und Partnerschaftsregister sowie deren Bekanntmachungen;
- zum Handels-, Genossenschafts- und Partnerschaftsregister eingereichte Dokumente.

Recherchieren kann man im gesamten Datenbestand des Unternehmensregisters unentgeltlich.

Handelsregister

Amtsgericht

Handelsregister
amtliches Verzeichnis aller Kaufleute
beim zuständigen Amtsgericht

Abteilung A
Einzelunternehmen und
Personengesellschaften

Abteilung B
Kapitalgesellschaften

Anmeldung zur Eintragung ins Handelsregister
in öffentlich beglaubigter Form

eingetragen werden

Neuanmeldungen | **Veränderungen** | **Löschungen**

konstitutive Wirkung
= rechtserzeugend

deklaratorische Wirkung
= rechtsbezeugend

Handelsregistereintrag
wird im elektronischen Bundesanzeiger veröffentlicht

9.2 Rechtsformen von Unternehmen nach HGB

Bei allen Entscheidungen für eine Unternehmensgründung spielt die Wahl der Rechtsform eine wichtige Rolle. Vor- und Nachteile der Rechtsform müssen eingehend geprüft werden.

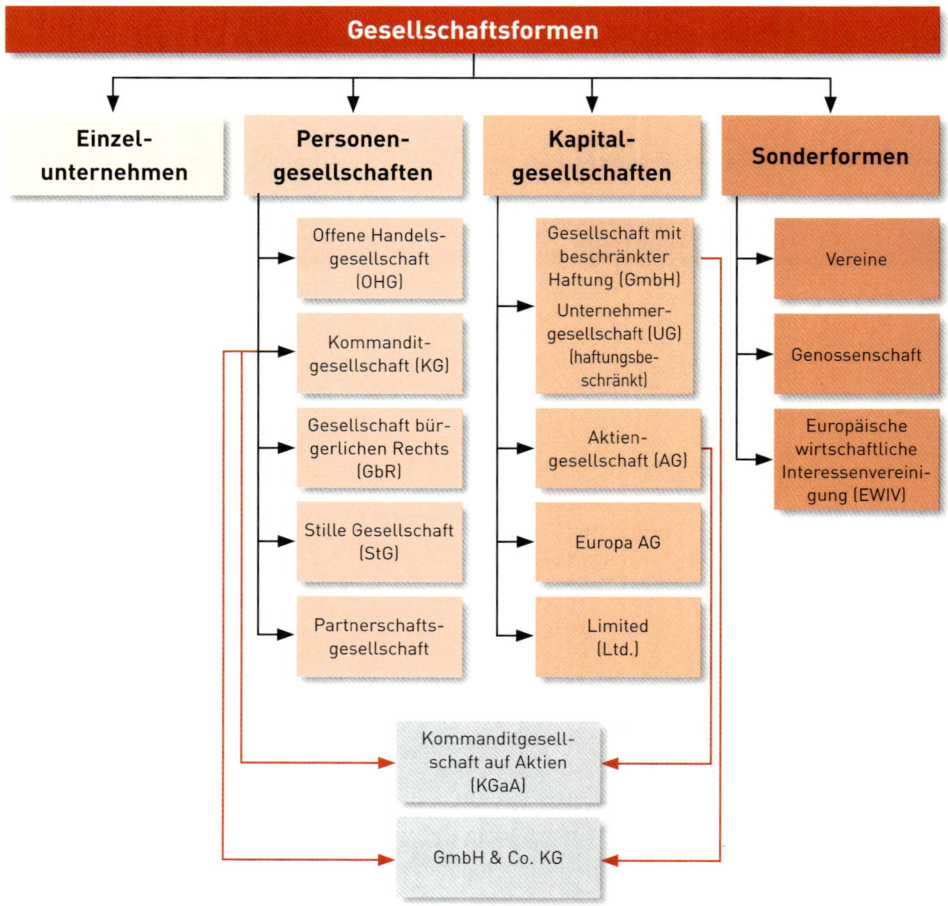

Die Wahl der „richtigen" Rechtsform stellt den künftigen Unternehmer vor eine schwierige Entscheidung, denn er kann grundsätzlich frei wählen. Die Rechtsform regelt die Rechtsbeziehungen des Unternehmens im Innen- wie im Außenverhältnis. Zur Auswahl stehen Einzelunternehmen, Personengesellschaften oder Kapitalgesellschaften.

Die Festlegung der Rechtsform kann weitreichende Folgen haben. Der Unternehmer muss bereits bei der Gründung das äußere Erscheinungsbild sowie die rechtlichen, die strukturellen und die finanziellen Auswirkungen auf seine späteren Geschäftstätigkeiten beachten. Die **Größe** des künftigen Unternehmens, die **Beschaffung des Kapitals** und die **Anzahl der beteiligten Personen** sind wichtige Kriterien, die eine Entscheidung für oder gegen eine bestimmte Rechtsform beeinflussen.

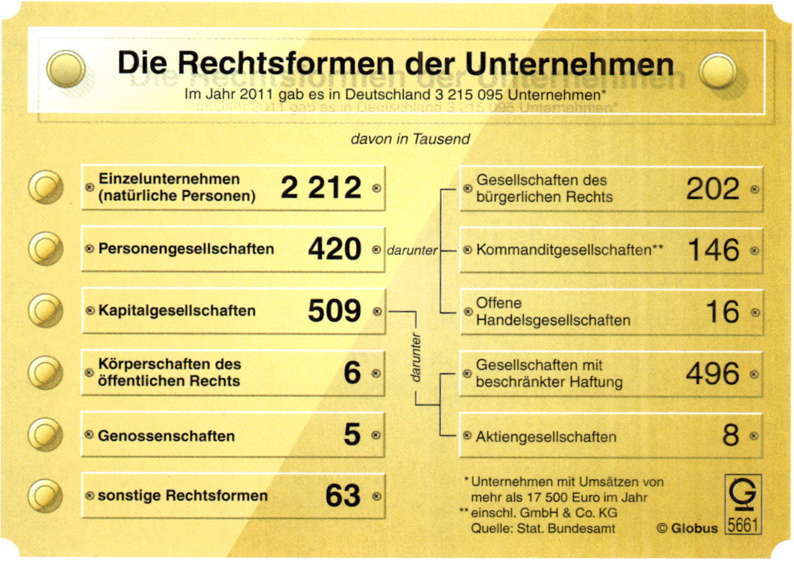

Beispiel Rechtsformen und ihre Auswirkungen

Ein Existenzgründer, der die Rechtsform Einzelunternehmen wählt, hat zwar die alleinige Entscheidungsfreiheit über sein Unternehmen, aber er ist auch der einzige Kapitalbeschaffer. Dagegen können die Gründer von Personengesellschaften sowohl die Kapitalanlage als auch das Haftungs- und Verlustrisiko auf mehrere Gesellschafter verteilen.

Welche Kriterien bei der Entscheidung für eine Rechtsform eine Rolle spielen, zeigt die folgende Grafik.

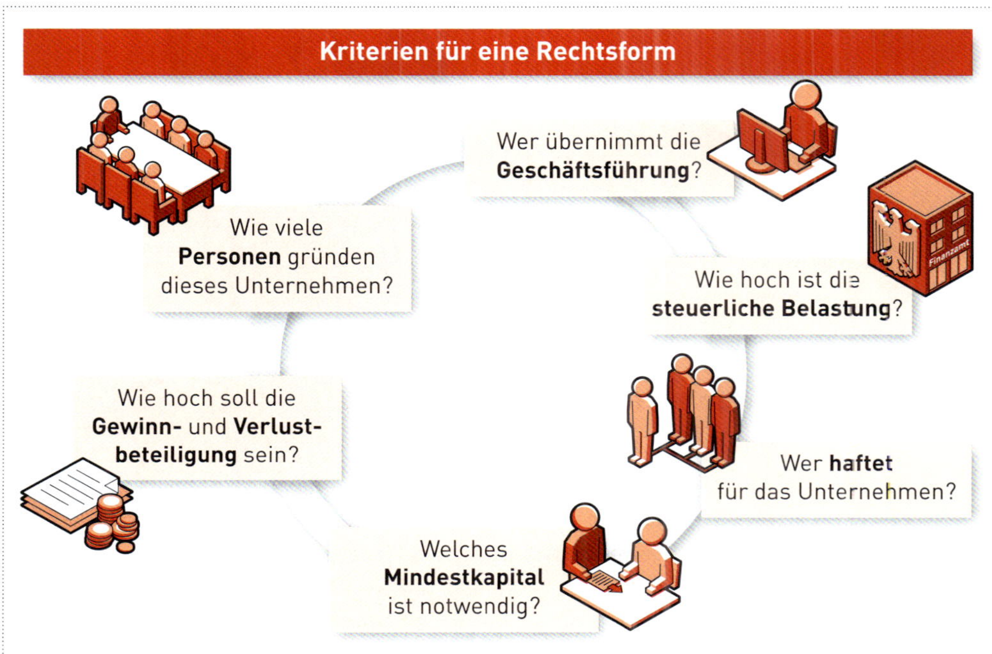

Die gesetzliche Grundlage für die künftige Arbeit ist abhängig von der Wahl der Rechtsform. Dem Existenzgründer stehen hierbei verschiedene gesetzliche Regelungen zur Verfügung. Eine allgemeingültige Vorgabe bei der Wahl der Rechtsform kann nicht gegeben werden, da jede persönliche Situation mit ihren spezifischen Voraussetzungen sich von anderen unterscheidet. Alle Rechtsformen haben Vor- und Nachteile.

Geschäftsführung und Vertretung des Unternehmens

Die Geschäftsführung eines Unternehmens und die Vertretung haben unterschiedliche Tätigkeitsfelder. Die **Geschäftsführung** betrifft das Innenverhältnis einer Gesellschaft, sie umfasst also alle Geschäftshandlungen innerhalb eines Unternehmens. Die **Vertretung nach außen** hingegen unterhält die Geschäftsbeziehungen zu den Geschäftspartnern wie zum Beispiel zu Kunden, Lieferanten oder den Banken.

Die Geschäftsführungsbefugnis (nach innen) und die Vertretungsbefugnis (nach außen) können also unterschiedlich gestaltet werden.

9.2.1 Einzelunternehmen

Einzelunternehmen haben nur einen Inhaber. Der Einzelunternehmer ist alleiniger Eigentümer. Die Rechtsform Einzelunternehmen ist einfach und formlos zu gründen. Sie entsteht durch einen Gewerbeeintrag. Hat der Unternehmer nach Art und Umfang einen in kaufmännischer Weise eingerichteten Geschäftsbetrieb, so ist er Kaufmann und die Firma wird in das Handelsregister eingetragen. Davon ausgenommen sind Kleingewerbetreibende, die nicht zur Handelsregistereintragung verpflichtet sind.

Einzelunternehmen

Gesetzliche Grundlage

- Handelsgesetzbuch (HGB)
- § 1 HGB

Firma

- Personen-, Sach-, Misch- oder Fantasiefirma = Firmenkern + Rechtsformzusatz e. K., e. Kfm., e. Kffr.
- z. B. *„Spezialitäten Monika Müller e. Kffr.“*

Kapitalhöhe

- Zur Gründung des Einzelunternehmens ist gesetzlich kein Mindestkapital vorgeschrieben.

Geschäftsführung, Vertretung

- Der Inhaber leitet das Einzelunternehmen sowohl im Innenverhältnis als auch im Außenverhältnis allein.
- Er kann Tätigkeiten der Geschäftsführung an durch ihn ermächtigte Personen (Handlungsbevollmächtigte oder Prokuristen) übertragen.

Haftung

- Der Einzelunternehmer haftet persönlich und unbeschränkt mit seinem Geschäfts- und seinem Privatvermögen.
- Er entscheidet allein über die Gewinnverwendung und trägt daher auch den Verlust.

Auflösung

Eine Auflösung erfolgt bei:

- Insolvenz
- Liquidation
- Tod des Inhabers

Vorteile Einzelunternehmen

- Die Entscheidungsbefugnis über alle Geschäfte hat der Unternehmer selbst.
- Der Einzelunternehmer ist sehr flexibel in seiner Entscheidungsfindung.
- Er entscheidet allein über die Verwendung des Gewinns.

Nachteile Einzelunternehmen

- Der Einzelunternehmer muss das Kapital allein aufbringen.
- Das Verlustrisiko trägt ebenfalls allein der Unternehmer.
- Er haftet unbeschränkt mit seinem Privat- und seinem Geschäftsvermögen.
- Er hat bei Kreditinstituten eine begrenzte Kreditwürdigkeit.

9.2.2 Personengesellschaften

Personengesellschaften sind Unternehmen, bei denen im Gegensatz zu Kapitalgesellschaften nicht die Kapitalbeteiligung, sondern die Mitarbeit der Gesellschafter im Vordergrund steht. Insofern stellt sich bei Neugründung eines Unternehmens die Frage, welcher Unternehmensform der Vorzug gegeben werden soll.

Worin besteht der Unterschied?

Personengesellschaft	Kapitalgesellschaft
▪ Gründung durch mindestens zwei natürliche Personen ▪ Geschäftsführung durch Gesellschafter ▪ Haftung mit Privat- und Gesellschaftsvermögen (außer bei der KG: hier haften die Kommanditisten) ▪ Die Gesellschafter können klagen oder verklagt werden.	▪ Gründung durch mindestens eine oder mehrere natürliche Personen ▪ Geschäftsführung durch bestimmte Leitungsorgane (Geschäftsführer, Vorstand) ▪ Haftung mit dem Gesellschaftsvermögen ▪ Die Gesellschaft kann klagen und verklagt werden.

Personengesellschaften bestehen aus **mindestens zwei Personen,** die in dem Unternehmen als Gesellschafter oder Inhaber auftreten. Die Rechtsvorschriften sind im **Handelsgesetzbuch** geregelt. Ein Vorteil von Personengesellschaften ist, dass mehrere Personen an der Kapitalaufbringung beteiligt sind, so werden auch die Haftung und das Risiko von mehreren Personen getragen. Außerdem wird das Unternehmen kreditwürdiger, wenn mehrere Personen haften. Ein weiterer Vorteil: Verschiedene Gesellschafter bringen ihre Kompetenzen und ihr Fachwissen in das Unternehmen ein. Der Begriff der Personengesellschaft leitet sich aus dem Inhalt der Gesellschaft ab, mehrere Personen führen ein Handelsgeschäft und haften persönlich mit ihrem gesamten Vermögen.

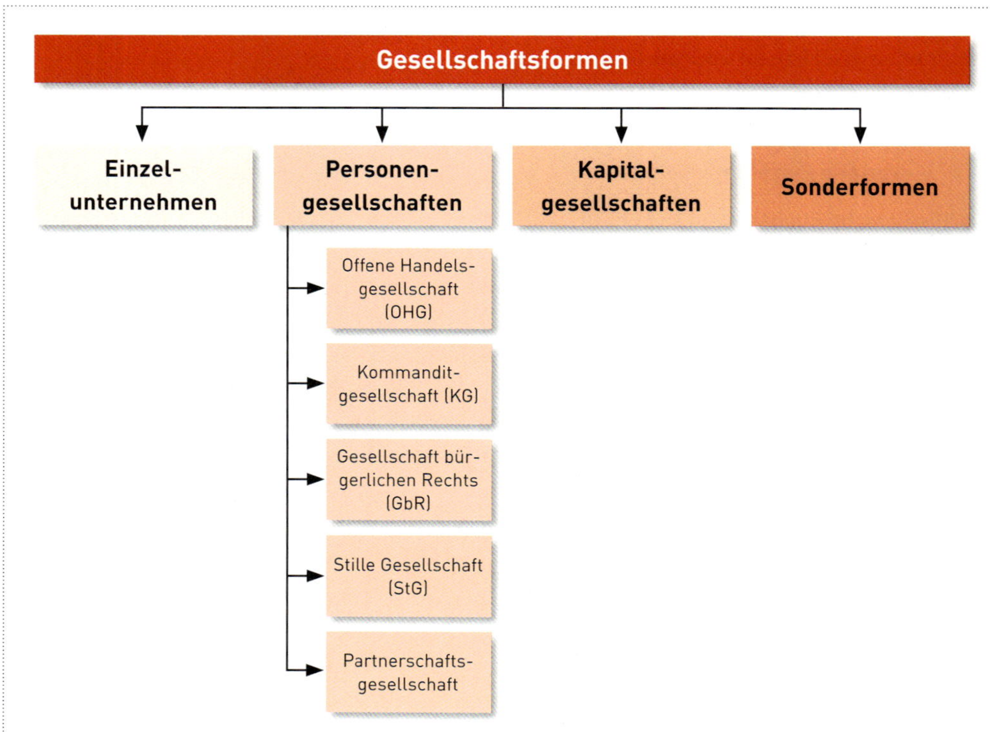

Offene Handelsgesellschaft (OHG)

Eine offene Handelsgesellschaft (OHG) wird meist dann gegründet, wenn die Kapitalgrundlage eines Einzelunternehmens zu gering ist. Oftmals entsteht eine OHG aus einem Einzelunternehmen. **Mindestens zwei Personen** schließen eine vertragliche Vereinbarung, um ihr Eigenkapital der OHG zur Verfügung zu stellen. Sie eignet sich besonders für klein- und mittelständische Unternehmen.

Offene Handelsgesellschaft (OHG)

Gesetzliche Grundlage

- Handelsgesetzbuch (HGB)
- §§ 105 ff. HGB
- Bürgerliches Gesetzbuch (BGB)

Firma

- beliebiger Firmenkern + Rechtsformzusatz OHG
- z. B. *„Monika Müller OHG"*

Gründung

- formfreier Gesellschaftervertrag
- mindestens zwei Personen
- Eintragung ins Handelsregister

Kapitalhöhe

- Gesetzlich ist kein Mindestkapital vorgeschrieben.
- Die Kapitaleinlage kann auch in Form von Sachwerten (Grundstücke, Maschinen) erfolgen.

Geschäftsführung, Vertretung

- Die Gesellschafter leiten die OHG gemeinsam; gesetzlich sind alle Gesellschafter zur Führung berechtigt und verpflichtet.
- Handlungen der gewöhnlichen Art dürfen die Gesellschafter allein entscheiden.
- Jeder Gesellschafter besitzt eine Einzelvertretungsbefugnis, d. h. die Vertretung nach außen (gegenüber Dritten) kann durch jeden Gesellschafter allein erfolgen.

Gewinnverteilung

- Jeder Gesellschafter hat nach HGB Anspruch auf 4 % Verzinsung seines Kapitalanteils, der restliche Gewinn wird nach „Köpfen" der Gesellschafter verteilt.
- Über das Vermögen der OHG können die Gesellschafter nur gemeinschaftlich verfügen.
- Abweichende Regelungen sind möglich.

Haftung

Haftung erfolgt

- **unbeschränkt** mit Privat- und Gesellschaftsvermögen.
- **solidarisch** (gesamtschuldnerisch), d. h. jeder haftet für die gesamten Schulden der OHG.
- **unmittelbar**, d. h. jeder kann persönlich in Anspruch genommen werden.

Auflösung

Gründe für eine Auflösung können sein:

- Eröffnung eines Insolvenzverfahrens
- Beschluss der Gesellschafter
- gerichtlicher Beschluss

Möchte ein Gesellschafter das Unternehmen verlassen, muss eine Kündigungsfrist von sechs Monaten zum Geschäftsjahresende eingehalten werden, allerdings haftet der Gesellschafter noch fünf Jahre für Verbindlichkeiten, die vor seinem Ausscheiden begründet worden sind.

Vorteile OHG	Nachteile OHG
■ Das Risiko ist auf mehrere Personen verteilt. ■ Es gibt kein vorgeschriebenes Mindestkapital. ■ Die Kapitalbeschaffung durch mehrere Gesellschafter ist möglich. ■ Das Unternehmen hat eine hohe Kreditwürdigkeit aufgrund der Vollhaftung mehrerer Gesellschafter. ■ Jeder Gesellschafter kann die Gesellschaft allein vertreten.	■ Es besteht eine unmittelbare, gesamtschuldnerische Haftung aller Gesellschafter. ■ Je größer die Zahl der Gesellschafter, umso langwieriger sind die Entscheidungsfindungen.

Beispiel Gewinnverteilung OHG

Frau Müller, Frau Rosenkranz, Frau Schiller und Frau Weber haben vor einem Jahr die „Spezialitäten OHG" gegründet und im Geschäftsjahr 02 einen Gewinn von 200.000,00 € erwirtschaftet. Die Kapitaleinlagen bei Gründung der OHG der Gesellschafterinnen betrugen:

Frau Müller 40.000,00 €
Frau Rosenkranz 20.000,00 €
Frau Schiller 5.000,00 €
Frau Weber 2.000,00 €

Die Gewinnverteilung erfolgt lt. HGB mit 4 % Verzinsung auf ihre Kapitaleinlagen, der Rest wird nach „Köpfen" verteilt.

1. Schritt: Berechnung 4 % auf die Kapitaleinlage (lt. HGB)

	Kapitaleinlage	4 % auf die Kapitaleinlage	Restgewinn
Müller	40.000,00 €	**1.600,00 €**	
Rosenkranz	20.000,00 €	**800,00 €**	
Schiller	5.000,00 €	**200,00 €**	
Weber	2.000,00 €	**80,00 €**	
Summe	67.000,00 €	**2.680,00 €**	**197.320,00 €**

2. Schritt: Berechnung des Restgewinns

Die Summe „4 % auf die Kapitaleinlage" muss vom Gesamtgewinn abgezogen und als Restgewinn verteilt werden.

Gesamtgewinn 200.000,00 € – 2.680,00 € = 197.320,00 €

Der Restgewinn wird anschließend durch die „Köpfe" geteilt, in diesem Fall durch die vier Gesellschafterinnen.

	Kapitaleinlage	4 % auf die Kapitaleinlage	Restgewinn
Müller	40.000,00 €	1.600,00 €	**49.330,00 €**
Rosenkranz	20.000,00 €	800,00 €	**49.330,00 €**
Schiller	5.000,00 €	200,00 €	**49.330,00 €**
Weber	2.000,00 €	80,00 €	**49.330,00 €**
Summe	67.000,00 €	2.680,00 €	**197.320,00 €**

3. Schritt: Berechnung des Gewinnanteils der einzelnen Gesellschafter

Die Ermittlung des jeweiligen Gesamtgewinns der einzelnen Gesellschafterinnen erfolgt nun durch Addition der Position „4 % auf die Kapitaleinlage" sowie des „Restgewinns".

	Kapitaleinlage	4 % auf die Kapitaleinlage	Restgewinn	Gesamtanteil am Gewinn
Müller	40.000,00 €	1.600,00 €	49.330,00 €	**50.930,00 €**
Rosenkranz	20.000,00 €	800,00 €	49.330,00 €	**50.130,00 €**
Schiller	5.000,00 €	200,00 €	49.330,00 €	**49.530,00 €**
Weber	2.000,00 €	80,00 €	49.330,00 €	**49.410,00 €**
Summe	67.000,00 €	2.680,00 €	197.320,00 €	**200.000,00 €**

4. Schritt: Berechnung der neuen Kapitaleinlagen für das Geschäftsjahr 03

Wenn die Gesellschafterinnen ihren Gewinnanteil im Unternehmen belassen wollen, dann erhöht sich entsprechend ihre Kapitaleinlage. Die Kapitaleinlage zu Beginn des Geschäftsjahres 02 sowie der im Unternehmen belassene Gewinnanteil bilden die Kapitaleinlagenhöhe zum 31. Dezember Geschäftsjahr 02.

	Kapitaleinlage	4 % auf die Kapitaleinlage	Restgewinn	Gesamtanteil am Gewinn	neue Kapitaleinlage am 31. Dez. im Jahr 02
Müller	40.000,00 €	1.600,00 €	49.330,00 €	50.930,00 €	**90.930,00 €**
Rosenkranz	20.000,00 €	800,00 €	49.330,00 €	50.130,00 €	**70.130,00 €**
Schiller	5.000,00 €	200,00 €	49.330,00 €	49.530,00 €	**54.530,00 €**
Weber	2.000,00 €	80,00 €	49.330,00 €	49.410,00 €	**51.410,00 €**
Summe	67.000,00 €	2.680,00 €	197.320,00 €	200.000,00 €	**267.000,00 €**

Kommanditgesellschaft (KG)

Die Kommanditgesellschaft ist ebenfalls eine Personengesellschaft, die Gründung erfolgt wie bei der OHG durch **mindestens zwei Personen** und eine **Eintragung ins Handelsregister.** Dabei muss ein Gesellschafter als **Vollhafter (Komplementär)** und ein Gesellschafter als **Teilhafter (Kommanditist)** auftreten. Teilhafter können in die Kommanditgesellschaft jederzeit aufgenommen werden, um der KG weiteres Kapital zuzuführen. Die **Höhe der Kapitaleinlagen** der Kommanditisten wird ins **Handelsregister** eingetragen, die Gewinne der Kommanditisten werden regelmäßig ausgeschüttet. Hat der Kommanditist seine Kapitaleinlage noch nicht voll geleistet, haftet er trotzdem mit der im Handelsregister eingetragenen Haftungssumme.

Beispiel

Die Kapitaleinlage eines Kommanditisten beträgt laut Gesellschaftervertrag 25.000,00 €. Am 30. September muss das Unternehmen Insolvenz anmelden, bis dahin hat der Kommanditist nur 18.000,00 € als Kapitaleinlage eingezahlt. Seine Haftungssumme beträgt dennoch 25.000,00 €; die Differenz von 7.000,00 € muss er noch leisten.

Die **Geschäftsführung** erfolgt ausschließlich durch den **Komplementär,** der Kommanditist hat ein Widerspruchsrecht bei außergewöhnlichen Geschäften und kann am Ende des Geschäftsjahres Einsicht in die Bilanz nehmen. Die Kündigungsfrist zum Ausscheiden aus der Kommanditgesellschaft beträgt sechs Monate zum Geschäftsjahresende.

Kommanditgesellschaften werden oft aus Familienunternehmen heraus gegründet. Eine mögliche Konstellation wäre beispielsweise: Vater als Komplementär und Sohn/Tochter als Kommanditist.

Kommanditgesellschaft (KG)

Gesetzliche Grundlage

- Handelsgesetzbuch (HGB)
- §§ 161 ff. HGB
- Bürgerliches Gesetzbuch (BGB)

Firma

- beliebiger Firmenkern + Rechtsformzusatz KG
- z. B. *„Monika Müller KG“*

Gründung

- Gesellschaftervertrag
- mindestens zwei Personen
- Vollhafter = Komplementär
- Teilhafter = Kommanditist
- Eintragung in das Handelsregister

Kapitalhöhe

- Gesetzlich ist kein Mindestkapital vorgeschrieben.

Geschäftsführung, Vertretung

- Ein Komplementär leitet die Gesellschaft, mehrere Komplementäre sind möglich.
- Kommanditisten haben ein Informationsrecht und ein Widerspruchsrecht bei außergewöhnlichen Geschäften.
- Der Kommanditist hat weder eine Geschäftsführungs- noch eine Vertretungsbefugnis. Er kann jedoch Prokura erhalten.

Gewinnverteilung

- Laut HGB hat jeder Gesellschafter Anspruch auf 4 % Verzinsung seines Kapitalanteils, der restliche Gewinn wird nach Anteilen verteilt, die im Gesellschaftervertrag festgelegt sind.
- Der Kommanditist hat keinen Gewinnanspruch, solange die Einlage noch nicht voll geleistet ist.

Haftung

- Der Komplementär haftet voll und unmittelbar mit seinem Privat- und Gesellschaftsvermögen.
- Der Kommanditist haftet beschränkt und begrenzt auf seine Kapitaleinlage.
- Hat der Kommanditist seine Einlage noch nicht voll geleistet, haftet er mit seinem Privatvermögen bis zur Höhe der im Handelsregister eingetragenen Kapitaleinlage.

Auflösung

Gründe für eine Auflösung können sein:

- Eröffnung eines Insolvenzverfahrens
- Beschluss der Gesellschafter
- gerichtlicher Beschluss

Rechte und Pflichten der Gesellschafter einer KG	
Rechte des **Komplementärs**	Pflichten des **Komplementärs**
■ Geschäftsführungsbefugnis ■ Vertretungsbefugnis ■ Der jährliche Gewinn darf im Unternehmen verbleiben.	■ persönliche Vollhaftung mit Privat- und Gesellschaftsvermögen ■ Leitung des Unternehmens
Rechte des **Kommanditisten**	Pflichten des **Kommanditisten**
■ Informations- und Widerspruchsrecht bei außergewöhnlichen Geschäften ■ Einsicht und Prüfung der Bilanz ■ Gewinnanspruch ■ Der jährliche Gewinn muss entnommen werden.	■ Zahlung der Kapitaleinlage ■ Beteiligung am Verlust ■ Haftung bis zur Kapitaleinlagenhöhe

Beispiel Gewinnverteilung KG

Frau Müller, Frau Rosenkranz, Frau Schiller und Frau Weber haben vor fünf Jahren die „Müller Spezialitäten KG" gegründet und haben im Geschäftsjahr 06 einen Gewinn von 200.000,00 € erwirtschaftet. Frau Müller ist die Komplementärin des Unternehmens. Die Kapitaleinlagen der Gesellschafterinnen betrugen im Gründungsjahr:

Frau Müller	80.000,00 €
Frau Rosenkranz	20.000,00 €
Frau Schiller	10.000,00 €
Frau Weber	15.000,00 €

Da im Gesellschaftervertrag nichts anderes vereinbart ist, erfolgt die Gewinnverteilung nach Handelsgesetzbuch mit 4 % Verzinsung auf die Kapitaleinlagen der Gesellschafterinnen. Der Rest wird nach angemessenen Anteilen entsprechend der Kapitaleinlagen verteilt.

1. Schritt: Berechnung 4 % auf die Kapitaleinlage (lt. HGB)

	Kapitaleinlage	4 % auf die Kapitaleinlage	Restgewinn
Müller	80.000,00 €	**3.200,00 €**	
Rosenkranz	20.000,00 €	**800,00 €**	
Schiller	10.000,00 €	**400,00 €**	
Weber	15.000,00 €	**600,00 €**	
Summe	125.000,00 €	**5.000,00 €**	**195.000,00 €**

2. Schritt: Berechnung des Restgewinns

Die Summe „4 % auf die Kapitaleinlage" muss vom Gesamtgewinn abgezogen und als Restgewinn verteilt werden.

Gesamtgewinn 200.000,00 € – 5.000,00 € = 195.000,00 €

Der Restgewinn wird anschließend angemessen nach den Kapitaleinlagen verteilt, in diesem Fall folgendermaßen:

Fortsetzung Beispiel siehe nächste Seite

	Kapitaleinlage	4 % auf die Kapitaleinlage	Prozentualer Anteil an der Kapitaleinlage	Restgewinn (prozentualer Anteil am Gesamtrestgewinn)
Müller	80.000,00 €	3.200,00 €	64 %	**124.800,00 €**
Rosenkranz	20.000,00 €	800,00 €	16 %	**31.200,00 €**
Schiller	10.000,00 €	400,00 €	8 %	**15.600,00 €**
Weber	15.000,00 €	600,00 €	12 %	**23.400,00 €**
Summe	125.000,00 €	5.000,00 €	100 %	**195.000,00 €**

3. Schritt: Berechnung des Gewinnanteils für jede Gesellschafterin

	Kapitaleinlage	4 % auf die Kapitaleinlage	Restgewinn	Gesamtanteil am Gewinn
Müller	80.000,00 €	3.200,00 €	124.800,00 €	**128.000,00 €**
Rosenkranz	20.000,00 €	800,00 €	31.200,00 €	**32.000,00 €**
Schiller	10.000,00 €	400,00 €	15.600,00 €	**16.000,00 €**
Weber	15.000,00 €	600,00 €	23.400,00 €	**24.000,00 €**
Summe	125.000,00 €	5.000,00 €	195.000,00 €	**200.000,00 €**

4. Schritt: Berechnung der neuen Kapitaleinlagenhöhe

Die Komplementärin kann lt. HGB ihre Kapitaleinlage am Geschäftsjahresende im Unternehmen belassen und damit ihre Kapitaleinlage erhöhen. Die Kommanditistinnen dagegen müssen ihre Gewinne jährlich entnehmen. Die Gewinnverteilung kann im Gesellschaftervertrag anders festgelegt werden, ebenso die Gewinnentnahme.

	Kapitaleinlage	4 % auf die Kapitaleinlage	Restgewinn	Gesamtanteil am Gewinn	neue Kapitaleinlage am 31. Dez. im Jahr 06
Müller	80.000,00 €	3.200,00 €	124.800,00 €	128.000,00 €	**208.000,00 €**
Rosenkranz	20.000,00 €	800,00 €	31.200,00 €	32.000,00 €	**20.000,00 €**
Schiller	10.000,00 €	400,00 €	15.600,00 €	16.000,00 €	**10.000,00 €**
Weber	15.000,00 €	600,00 €	23.400,00 €	24.000,00 €	**15.000,00 €**
Summe	125.000,00 €	5.000,00 €	195.000,00 €	200.000,00 €	**253.000,00 €**

Gesellschaft bürgerlichen Rechts (GbR)

Die Gesellschaft bürgerlichen Rechts führt **keine Firma,** sie wird **nicht** ins **Handelsregister** eingetragen, sie ist kein Kaufmann im Sinne des Handelsgesetzbuchs. Die GbR entsteht durch **Abschluss eines Vertrags,** in dem die Gesellschafter sich verpflichten, die vereinbarten Beiträge zu leisten und die Erreichung eines gemeinsamen Ziels zu fördern. Die Gesellschafter können persönliche oder juristische Personen sein. Meist ist dieses Vertragsverhältnis zeitlich begrenzt.

Bei Ausscheiden eines Gesellschafters erfolgt die Auflösung der GbR, in Einzelfällen (bei Tod, Kündigung) ist eine Fortführung der Gesellschaft unter den übrigen Gesellschaftern möglich.

Die GbR ist in der Praxis sehr oft im Baugewerbe zu finden. Verschiedene Bauunternehmen bilden Arbeitsgemeinschaften, um beispielsweise ein Wohngebiet zu errichten oder eine Autobahn zu bauen.

Gesellschaft bürgerlichen Rechts (GbR)

Gesetzliche Grundlage

- Bürgerliches Gesetzbuch (BGB)
- §§ 705 ff. BGB

Firma

- keine Handelsgesellschaft
- keine Firma, kein Kaufmann
- Namen der Gesellschafter + Rechtsformzusatz GbR
- z. B. „*Müller & Rosenkranz GbR*“

Gründung

- Zur Gründung sind mindestens zwei natürliche oder juristische Personen nötig.
- Der Gesellschaftervertrag ist formfrei.

Kapitalhöhe

- Ein Mindestkapital ist nicht erforderlich.

Geschäftsführung, Vertretung

- Alle Gesellschafter führen die Gesellschaft gemeinsam.
- Für jedes Geschäft ist die Zustimmung aller Gesellschafter notwendig.

Gewinnverteilung

- Die Gewinnverteilung kann im Gesellschaftervertrag geregelt werden.
- Sie erfolgt in der Praxis oftmals nach „Köpfen“, wie in der OHG.

Haftung

- Alle Gesellschafter haften mit ihrem Privatvermögen gesamtschuldnerisch.

Auflösung

Eine Auflösung erfolgt:

- nach Zielerreichung,
- bei Kündigung der Gesellschafter,
- bei Insolvenz.

Stille Gesellschaft

Die stille Gesellschaft ist eine Rechtsform, die nach außen nicht in Erscheinung tritt. Bei der stillen Gesellschaft beteiligt sich eine natürliche oder eine juristische Person mit einer Kapitaleinlage an einem Unternehmen (Einzelunternehmen oder Personengesellschaft).

Diese Rechtsform bietet eine ideale Möglichkeit der Kapitalzuführung für Unternehmen. Der stille Gesellschafter muss keine kaufmännischen Kompetenzen vorweisen, er hat keine Beteiligungsrechte an den Geschäften des Unternehmens. Der stille Gesellschafter kann sein Kapital anlegen und ist am Gewinn beteiligt. Stille Gesellschafter sind einfach und formlos aufzunehmen, im Gesellschaftervertrag werden meist Kontrollrechte des stillen Gesellschafters vereinbart.

Die Kapitaleinlagen des stillen Gesellschafters gehen in das Vermögen der Gesellschaft über. Das nur im Innenverhältnis bekannte Gesellschaftsverhältnis wird nicht in das Handelsregister eingetragen, der stille Gesellschafter ist lediglich am Gewinn beteiligt.

Der Inhaber des Unternehmens hat weiterhin die Geschäftsführung, jedoch wächst das Eigenkapital der Gesellschaft.

Stille Gesellschaft (StG)	
Gesetzliche Grundlage	**Firma**
■ Handelsgesetzbuch (HGB) ■ §§ 230 ff. HGB	■ keine Firma ■ Die stille Beteiligung tritt nicht nach außen in Erscheinung.
Gründung	**Kapitalhöhe**
■ formfreie Gründung ■ Es kann ein Gesellschaftervertrag geschlossen werden.	■ Mindestkapital ist nicht erforderlich. ■ Eine Kapitaleinlage kann in Geld- und Sachwerten erfolgen.
Geschäftsführung, Vertretung	**Gewinnverteilung**
■ Stille Gesellschafter haben keine Geschäftsführungs- und Vertretungsbefugnis. ■ Sie üben das Kontrollrecht über die Jahresbilanz aus.	■ Die Gewinnverteilung erfolgt nach Gesellschaftervertrag.
Haftung	**Auflösung**
■ Die Haftung erfolgt nach Gesellschaftervertrag.	Gründe für eine Auflösung können sein: ■ Kündigung des Gesellschafters ■ Tod des stillen Gesellschafters

Partnerschaftsgesellschaft

Seit 1995 existiert das Partnerschaftsgesellschaftsgesetz (PartGG), das die Grundlage bildet für die Partnerschaftsgesellschaften, in denen sich Angehörige freier Berufe zusammenschließen können. Zu den freien Berufen gehören beispielsweise Ärzte, Steuerberater, Wirtschaftsprüfer, Rechtsanwälte, Dozenten, Erzieher. Diese Berufe unterliegen nicht der Gewerbeordnung, sie sind selbstständige Personen mit künstlerischen, erzieherischen oder lehrenden Tätigkeiten. Somit können Freiberufler ihre Dienstleistungen gemeinsam im Rahmen einer Personengesellschaft anbieten. Typisch sind Partnerschaftsgesellschaften für die Berufe Ärzte, Rechtsanwälte und Wirtschaftsprüfer. Die Partnerschaftsgesellschaft erlangt ihre Rechtsfähigkeit durch Eintragung in das Partnerschaftsregister.

Partnerschaftsgesellschaft

Gesetzliche Grundlage

- Partnerschaftsgesellschaftsgesetz (PartGG)
- Bürgerliches Gesetzbuch (BGB)
- Handelsgesetzbuch (HGB)

Firma

- kein Handelsgewerbe
- Name eines Gesellschafters + Rechtsformzusatz „und Partner" + Berufsbezeichnungen aller vertretenen Berufe
- z. B. *„Monika Müller und Partner, Wirtschaftsprüfer und Steuerberater"*

Gründung

- Partnerschaftsvertrag
- natürliche Personen

Kapitalhöhe

- Ein Mindestkapital ist gesetzlich nicht vorgeschrieben.

Geschäftsführung, Vertretung

- Alle Partner vertreten die Gesellschaft.
- Die Partner haben eine Einzelgeschäftsführungsbefugnis.
- Bei außergewöhnlichen Geschäften wird die Zustimmung aller Gesellschafter benötigt.

Gewinnverteilung

- Die Verteilung der Gewinne regelt der Partnerschaftsvertrag.

Haftung

- Alle Partner haften für die Gesellschaft persönlich und gesamtschuldnerisch.

Auflösung

Gründe für eine Auflösung können sein:

- Zeitablauf
- Beschluss der Partner
- Insolvenz

9.2.3 Kapitalgesellschaften

Kapitalgesellschaften besitzen eine **eigene Rechtspersönlichkeit,** als **juristische Personen** können sie Verträge abschließen, Eigentum erwerben, vor Gericht klagen und verklagt werden. Kapitalgesellschaften haften nur mit dem Geschäftsvermögen; Gläubiger haben lediglich die Möglichkeit, auf das Vermögen des Unternehmens zurückzugreifen. Eine Kapitalgesellschaft entsteht mit der Eintragung ins Handelsregister und muss bei Auflösung der Gesellschaft wieder gelöscht werden.

Neben den wichtigsten Kapitalgesellschaften (GmbH, UG, AG), die im Folgenden erläutert werden, nutzen kleinere und mittlere Unternehmen die Möglichkeit, ihre Geschäfte unter der Rechtsform einer englischen **Limited (Ltd.)** zu betreiben, die EU-weit anerkannt ist. Die Limited (Private Company Limited by Shares) ist eine der GmbH ähnliche Kapitalgesellschaft und unterliegt dem englischen Recht. Ein gesetzlich vorgeschriebenes Mindest- oder Höchstkapital gibt es nicht.

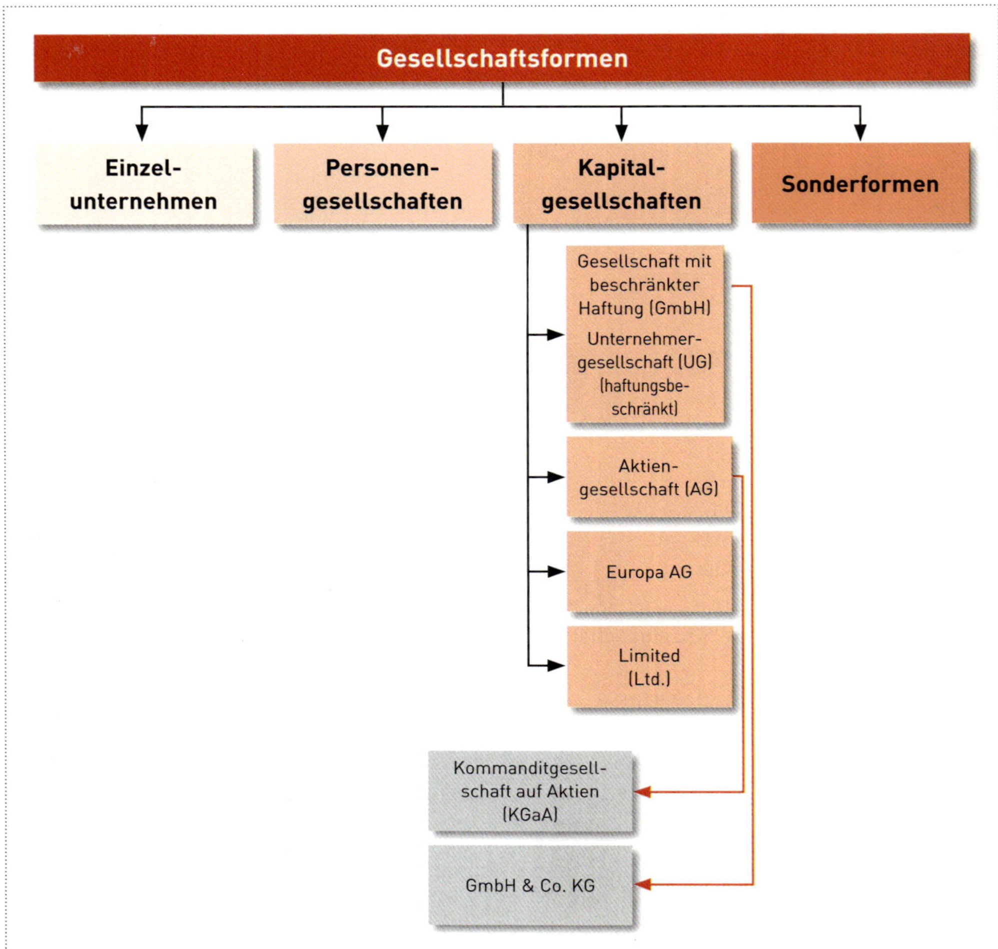

Gesellschaft mit beschränkter Haftung (GmbH)

Die GmbH ist eine Kapitalgesellschaft, die nicht nur als Handelsgewerbe, sondern zu jedem gesetzlich erlaubten Zweck gegründet werden kann. Dazu gehören zum Beispiel kulturelle, sportliche und gemeinnützige Zwecke. Zur **Gründung** einer GmbH bedarf es **mindestens einer Person.** Durch ihre Eigenschaft als **juristische Persönlichkeit** hat sie selbstständige Rechte und Pflichten. Mittels Abschluss von Verträgen kann sie Eigentümerin werden, sie kann Eigentum und Rechte zum Beispiel an Grundstücken erwerben, aber auch vor Gericht klagen und verklagt werden.

Die **Rechtsfähigkeit** einer GmbH beginnt erst mit der **Eintragung ins Handelsregister.** Bei Geschäften, die vor einem Handelsregistereintrag getätigt werden, haften alle Gesellschafter mit ihrem Privatvermögen gesamtschuldnerisch. Zur Gründung einer GmbH ist ein **Mindestkapital** von **25.000,00 €** erforderlich. Die Mindesteinzahlung auf jede Stammeinlage beträgt 25 %, insgesamt muss jedoch 50 % des Stammkapitals (12.500,00 €) bei der Gründung geleistet werden. Die GmbH hat ab einer bestimmten Größe eine **Publizitätspflicht,** das bedeutet, sie muss am Geschäftsjahresende ihre Ergebnisse veröffentlichen.

Gesellschaft mit beschränkter Haftung (GmbH)

Gesetzliche Grundlage

- Handelsgesetzbuch (HGB)
- GmbHG
- Vorschriften über die Rechnungslegung im Publizitätsgesetz (PublG)

Firma

- Personen-, Sach-, Misch- oder Fantasienamen = Firmenkern + Rechtsformzusatz GmbH
- z. B. *„Spezialitäten Monika Müller GmbH"*

Gründung

- Zur Gründung ist mindestens eine Person nötig. Dies kann eine natürliche oder eine juristische Person sein.
- Die Zahl der Gesellschafter ist unbegrenzt.
- Für den Gesellschaftervertrag wird eine notarielle Beurkundung verlangt.
- Die Eintragung ins Handelsregister ist vorgeschrieben.

Kapitalhöhe

- 25.000,00 € Stammkapital

Geschäftsführung, Vertretung

- Die GmbH wird durch einen oder mehrere Geschäftsführer geleitet.
- Organe der GmbH sind:
  - Geschäftsführer
  - Gesellschafterversammlung
  - Aufsichtsrat (zulässig, aber nicht notwendig)

Gewinnverteilung

- Die Gewinnverteilung wird laut Gesellschaftervertrag vorgenommen
- und nach Geschäftsanteilen.

Haftung

- Die Haftung ist beschränkt auf das Geschäftsvermögen je nach Geschäftsanteilen.

Auflösung

Gründe für eine Auflösung können sein:

- Beschluss der Gesellschafter
- Insolvenz

Organe der GmbH

Geschäftsführer/-in
= Leitungsorgan

- Ein Geschäftsführer vertritt das Unternehmen allein oder mehrere Geschäftsführer vertreten das Unternehmen gemeinsam.
- Der Geschäftsführer muss nicht Inhaber sein.
- Die Art der Vertretungsbefugnis muss im Handelsregister eingetragen werden.

Aufsichtsrat
= Überwachungsorgan

- Bei Gesellschaften mit mehr als 500 Arbeitnehmern muss ein Aufsichtsrat gebildet werden.
- Der Aufsichtsrat hat die Aufgabe, die Geschäftsführung zu überwachen.

Gesellschafterversammlung
= Beschlussorgan

- Die Gesellschafterversammlung ist das beschlussfassende Organ.
- Ihre Aufgabe ist die Bestellung, die Entlastung und die Abberufung von Geschäftsführern, Prokuristen und Handlungsbevollmächtigten.
- Sie kann Weisungen erteilen.
- Die Gesellschafter üben ihr Stimmrecht aus.

Geschäftsführer/-in	Aufsichtsrat	Gesellschafter
Rechte		
■ Die Geschäftsführung vertritt die GmbH gegenüber Dritten im Außenverhältnis. ■ Sie erteilt Weisungen im Innenverhältnis gegenüber leitenden Angestellten und Arbeitnehmern.	■ Der Aufsichtsrat überwacht die Geschäftsführung.	■ Die Gesellschafter bestellen die Geschäftsführer und berufen sie auch wieder ab. ■ Sie wählen den Aufsichtsrat. ■ Sie überwachen die Geschäftsführung. ■ Sie haben ein Informationsrecht. Die Gesellschafter können jederzeit die Bücher einsehen. ■ Sie haben ein Stimmrecht in der Gesellschafterversammlung. Die Abstimmung erfolgt nach Geschäftsanteilen; je 50,00 € Kapitaleinlage wird eine Stimme gewährt.
Pflichten		
■ Die Aufgabe der Geschäftsführung ist die Führung, die Leitung und die Überwachung der GmbH. ■ Die Geschäftsführer handeln im Sinne des HGB und des GmbHG. ■ Sie berufen die Gesellschafterversammlung ein.	■ Der Aufsichtsrat muss bei Nichteinhaltung der Vorschriften durch die Geschäftsführung sofort reagieren und handeln.	■ Die Gesellschafter müssen ihre vereinbarte Stammeinlage zahlen. ■ Bei vertraglicher Vereinbarung haben sie eine sogenannte Nachschusspflicht. ■ Sie unterliegen dem vertraglichen Wettbewerbsverbot. ■ Sie vertreten die GmbH vor Gericht.

▼ Beispiel **Gewinnverteilung GmbH**

Frau Müller, Frau Rosenkranz, Frau Schiller und Frau Weber haben vor zwei Jahren die „Müller Spezialitäten GmbH" gegründet und im Geschäftsjahr 03 einen Gewinn von 120.000,00 € erwirtschaftet. Frau Müller ist die Geschäftsführerin des Unternehmens. Die Einlagen des Stammkapitals betrugen im Gründungsjahr:

Frau Müller	60.000,00 €
Frau Rosenkranz	40.000,00 €
Frau Schiller	20.000,00 €
Frau Weber	15.000,00 €

Laut Gesellschaftervertrag erfolgt die Gewinnverteilung nach den Kapitaleinlagen der jeweiligen Gesellschafterinnen.

1. Schritt: Berechnung der Kapitalanteile der einzelnen Gesellschafterinnen

	Kapitaleinlage	Kapitalanteile	Gewinn im Geschäftsjahr 03
Müller	60.000,00 €	**44,5 %**	
Rosenkranz	40.000,00 €	**29,6 %**	
Schiller	20.000,00 €	**14,8 %**	
Weber	15.000,00 €	**11,1 %**	
Summe	135.000,00 €	**100,0 %**	**120.000,00 €**

2. Schritt: Berechnung der Gewinnanteile der einzelnen Gesellschafterinnen entsprechend der berechneten Kapitalanteile

Nach den berechneten prozentualen Kapitalanteilen (siehe Schritt 1) wird nun der prozentuale Gewinnanteil vom Gesamtgewinn ermittelt.

	Kapitaleinlage	Kapitalanteile	Gewinn im Geschäftsjahr 03
Müller	60.000,00 €	44,5 %	**53.400,00 €**
Rosenkranz	40.000,00 €	29,6 %	**35.520,00 €**
Schiller	20.000,00 €	14,8 %	**17.760,00 €**
Weber	15.000,00 €	11,1 %	**13.320,00 €**
Summe	135.000,00 €	100,0 %	**120.000,00 €**

3. Schritt: Ermittlung der neuen Kapitaleinlage am 31. Dezember Geschäftsjahr 03

Die Gewinne werden entweder entsprechend der Festlegung im Gesellschaftervertrag ausgezahlt oder die Gesellschafterinnen erhöhen ihre Kapitaleinlage.

	Kapitaleinlage	Kapitalanteile	Gewinn im Geschäftsjahr 03	neue Kapitaleinlage am 31. Dez. im Jahr 03
Müller	60.000,00 €	44,5 %	53.400,00 €	**113.400,00 €**
Rosenkranz	40.000,00 €	29,6 %	35.520,00 €	**75.520,00 €**
Schiller	20.000,00 €	14,8 %	17.760,00 €	**37.760,00 €**
Weber	15.000,00 €	11,1 %	13.320,00 €	**28.320,00 €**
Summe	135.000,00 €	100,0 %	120.000,00 €	**255.00,00 €**

Die Gewinnverteilung kann im Gesellschaftervertrag auch anders festgelegt werden.

GmbH & Co. KG

Die GmbH & Co. KG ist eine Kommanditgesellschaft, bei der die GmbH als persönlich haftende Gesellschafterin und Komplementärin auftritt. Die Haftung ist wie bei der GmbH beschränkt.

Die Höhe der Kapitaleinlagen der GmbH (der Komplementärin der GmbH & Co. KG) und der jeweiligen Kommanditisten legen diese selbst fest. Davon sind die Gewinn- und die Verlustbeteiligung abhängig.

Rechtsgrundlage für diese Rechtsform ist für die Komplementäre (die Vollhafter) das GmbH-Gesetz und für die Kommanditisten (die Teilhafter) das Handelsgesetzbuch. Die Kommanditisten sind die Gesellschafter der GmbH.

Die GmbH & Co. KG ist gesetzlich nicht geregelt, steuerrechtlich ist sie jedoch anerkannt.

Vorteile der **GmbH & Co. KG**

- Es besteht eine Haftungsbeschränkung aufgrund der GmbH als Vollhafter.
- Neue Kommanditisten können zur Kapitalbeschaffung aufgenommen werden.
- Die Kommanditisten haben kein Mitspracherecht in der laufenden Geschäftsführung, sondern nur bei außergewöhnlichen Geschäften.

Aktiengesellschaft (AG)

Die Aktiengesellschaft ist eine Gesellschaft mit eigener Rechtspersönlichkeit. Sie ist eine **juristische Person,** kann als diese **klagen** und **verklagt werden.** Dabei haftet die Aktiengesellschaft wie die GmbH nur mit dem **Gesellschaftsvermögen** gegenüber den Gläubigern. Die **Gründung** einer Aktiengesellschaft kann durch einen oder mehrere Gründeraktionäre erfolgen. Die Aktionäre sind die Kapitalgeber. Als **Grundkapital** sind 50.000,00 € erforderlich, dieses Kapital ist in Aktien zerlegt.

Merke **Aktien** sind Urkunden über Anteilsrechte an einer Aktiengesellschaft.

Die Aktionäre sind Inhaber ihrer Aktien und damit Miteigentümer der Aktiengesellschaft, sie haben damit ein Recht auf einen Gewinnanteil.

Der **Nennwert einer Aktie** ist der Wert, den der Aktionär in die Gesellschaft einbringt. Der geringste Nennwert einer Aktie beträgt nach dem Aktiengesetz 1,00 €.

Der **Börsenkurs einer Aktie** ist der Wert, zu dem die Aktie zu einem bestimmten Zeitpunkt am Börsenmarkt gehandelt wird.

Die Aktiengesellschaft entsteht durch einen Eintrag in das Handelsregister. Der Gesellschaftervertrag – bei der Aktiengesellschaft ist dies die Satzung – muss notariell beurkundet werden. Die Rechtsgrundlage bilden das **Handelsgesetzbuch** und das **Aktiengesetz.**

Aktiengesellschaft (AG)

Gesetzliche Grundlage	Firma
■ Handelsgesetzbuch (HGB) ■ Aktiengesetz (AktG)	■ Firmenkern + Rechtsformzusatz AG ■ z. B. *„Spezialitäten AG“*
Gründung	**Kapitalhöhe**
■ Eine oder mehrere natürliche Personen können eine AG gründen. ■ Die Zahl der Aktionäre ist unbegrenzt. ■ Die Satzung muss notariell beurkundet werden. ■ Die Gründung erfolgt durch Eintragung ins Handelsregister.	■ Das Grundkapital beträgt mindestens 50.000,00 €. ■ Das Grundkapital ist in Aktien zerlegt.

Geschäftsführung, Vertretung

- Die Vorstandsmitglieder sind befugt, die Geschäfte gemeinsam zu führen.
- Organe der AG sind:
  - Vorstand
  - Hauptversammlung
  - Aufsichtsrat

Gewinnverteilung

- Die Gewinnverteilung wird auf Vorschlag des Vorstands von der Hauptversammlung beschlossen und anteilig pro Aktie ausgeschüttet.

Haftung

- Die Haftung ist beschränkt auf das Geschäftsvermögen nach Aktienanteilen.

Auflösung

Gründe für eine Auflösung können sein:

- Beschluss der Hauptversammlung
- Insolvenz

Organe der AG		
Vorstand = Leitungsorgan	**Aufsichtsrat** = Überwachungsorgan	**Hauptversammlung** = Beschlussorgan
■ Der Vorstand hat geschäftsführende Funktion. ■ Er wird durch den Aufsichtsrat für maximal fünf Jahre gewählt, wobei eine wiederholte Bestellung möglich ist.	■ Der Aufsichtsrat wird durch die Hauptversammlung und die Arbeitnehmer für vier Jahre gewählt. ■ Ein Aufsichtsratsmitglied darf nicht zugleich Vorstandsmitglied, Prokurist oder Generalbevollmächtigter sein. ■ Der Aufsichtsrat muss mindestens aus drei Personen bestehen.	■ Die Hauptversammlung muss jährlich stattfinden. ■ Sie ist das beschlussfassende Organ.
Aufgaben		
■ Der Vorstand beruft die Hauptversammlung ein. ■ Er erstellt den Jahresabschluss. ■ Er berichtet regelmäßig an den Aufsichtsrat.	■ Der Aufsichtsrat bestellt den Vorstand und beruft ihn wieder ab. ■ Er überwacht die Geschäftsführung. ■ Er prüft den Jahresabschluss. ■ Er berichtet an die Hauptversammlung.	■ Die Hauptversammlung bestellt den Aufsichtsrat. ■ Sie entlastet den Aufsichtsrat und den Vorstand. ■ Sie beschließt Satzungsänderungen. ■ Sie beschließt die Gewinnverwendung.

Die **Aktie** beurkundet dem **Aktionär** das **Anteilsrecht am Kapital** einer Aktiengesellschaft. Der Erwerb von Aktien ist von großem Interesse. Das hat unter anderem folgende Gründe:

- Aktionäre gehen ein geringes Risiko ein, sich an dem Unternehmen zu beteiligen.
- Der Aktienerwerb ist die einfachste Form einer Beteiligung an einem Unternehmen; bei Unternehmen mit anderen Rechtsformen ist dies nicht möglich.
- Aktienanteile können schon zu einem geringen Wert erworben werden.

- Aktionäre müssen keine kaufmännischen Fähigkeiten zum Führen eines Unternehmens aufweisen.
- Aktionäre können einen regelmäßigen Gewinnanspruch entsprechend ihrer Aktienanteile geltend machen.
- Aktionäre haben ein Stimmrecht in der Hauptversammlung.

Unternehmergesellschaft (haftungsbeschränkt)

Um eine Unternehmensgründung in Deutschland zu erleichtern, wurde 2008 eine GmbH-Variante, die Unternehmergesellschaft (haftungsbeschränkt), gesetzlich zugelassen. Diese zusätzliche Möglichkeit der Unternehmensgründung ist besonders interessant aufgrund ihrer minimalen Kapitaleinanlage. Die Rechtsgrundlage für diese Rechtsform bildet das GmbH-Gesetz; die Sondervorschriften sind in § 5 a GmbHG geregelt.

Mit der Einführung der UG (haftungsbeschränkt) wurde dem Wunsch von Kleinunternehmern entsprochen. Die Kapitalaufbringung wurde erheblich vereinfacht und die Gesellschaft ist weiterhin haftungsbeschränkt.

Jeder Gesellschafter muss mindestens 1,00 € in die Gesellschaft einbringen. Insofern ist die UG (haftungsbeschränkt) eine Gesellschaft mit geringer Kapitalausstattung. Allerdings muss das Mindeststammkapital in bar sowie vor der Handelsregistereintragung eingebracht werden. Sacheinlagen sind nicht möglich. Die Sonderregelung nach § 5 a GmbHG schreibt vor, dass 25 % des Gewinns in die gesetzlichen Rücklagen eingezahlt werden müssen, bis das Mindeststammkapital von 25.000,00 € erreicht ist. Nach Erreichung des Stammkapitals können die Gewinne wie bei der GmbH ausgeschüttet werden. Außerdem kann zu diesem Zeitpunkt die UG in eine GmbH umgewandelt werden; dies ist aber nicht zwingend erforderlich.

Unternehmergesellschaft (haftungsbeschränkt) (UG)	
Gesetzliche Grundlage	**Firma**
■ Handelsgesetzbuch (HGB) ■ GmbHG ■ insbesondere § 5 a GmbHG	■ Personen-, Sach-, Misch- oder Fantasienamen = Firmenkern + Rechtsformzusatz „UG (haftungsbeschränkt)" ■ z. B. *„Spezialitäten Monika Müller UG (haftungsbeschränkt)"*
Gründung	**Kapitalhöhe**
■ Zur Gründung ist mindestens eine Person erforderlich. ■ Die Zahl der Gesellschafter ist unbegrenzt. ■ Der Gesellschaftervertrag oder ein Musterprotokoll muss notariell beurkundet werden. ■ Die Mindeststammeinlage pro Gesellschafter beträgt 1,00 €. ■ Die UG (haftungsbeschränkt) wird ins Handelsregister eingetragen.	■ Die Höhe des Stammkapitals ist nicht vorgeschrieben.

Geschäftsführung, Vertretung	Gewinnverteilung
■ Die UG (haftungsbeschränkt) wird durch einen Geschäftsführer geleitet. Geschäftsführer können auch Gesellschafter sein.	■ Der Gewinn wird laut Gesellschaftervertrag oder Musterprotokoll verteilt. ■ Ansparpflicht 25 % des Gewinns fließen in die gesetzlichen Rücklagen bis zur Erreichung von 25.000,00 €, dann ist eine Umwandlung in eine GmbH möglich.
Haftung	**Auflösung**
■ Die Haftung ist beschränkt auf die Höhe der Stammeinlage bzw. die Höhe des Gesellschaftsvermögens.	Gründe für eine Auflösung können sein: ■ Beschluss der Gesellschafter ■ Insolvenz

Europa AG – Europäische Gesellschaft oder Societas Europaea (SE)

Die Gründung einer Europa AG (der offizielle Name lautet: Europäische Gesellschaft *oder* Societas Europaea – SE) ist seit dem Jahr 2004 möglich, die rechtliche Grundlage bildet das deutsche Einführungsgesetz (SEEG). Um die grenzüberschreitende Kooperation zu vereinfachen und die rechtlichen Rahmenbedingungen innerhalb eines Unternehmens trotz verschiedener Standorte zu vereinheitlichen, wurde diese Rechtsform gewählt.

Europa AG – Societas Europaea (SE)	
Gesetzliche Grundlage	**Firma**
■ EU-Verordnung über das Statut der Europäischen Gesellschaft ■ nationales Gesetz zur Einführung der Europäischen Gesellschaft (SEEG) ■ Aktiengesetz (AktG) ■ Handelsgesetzbuch (HGB)	■ Firmenkern + Rechtsformzusatz SE ■ z. B. *„Spezialitäten Europa SE"*
Gründung	**Kapitalhöhe**
■ Gründer können Aktiengesellschaften oder (mit Einschränkungen) GmbHs sein. ■ Eine Gründung kann nur durch juristische Personen erfolgen. ■ Der Sitz der Europa AG muss in der EU liegen. ■ Die Europa AG muss mindestens eine geschäftliche Verbindung innerhalb der EU vorweisen. ■ Die Europa AG wird ins Handelsregister eingetragen, wenn der Standort der Hauptverwaltung in Deutschland liegt, ansonsten in das Register des jeweiligen Mitgliedstaates. ■ Die Eintragung wird im Amtsblatt der Europäischen Gemeinschaften veröffentlicht.	■ Ein Mindestkapital von 120.000,00 € ist erforderlich.

Fortsetzung Tabelle siehe nächste Seite.

Europa AG – Societas Europaea (SE)

Geschäftsführung, Vertretung

- Die Geschäftsführung obliegt dem Verwaltungsrat oder dem Leitungs- und Aufsichtsorgan.

Gewinnverteilung

- Die Gewinnverteilung erfolgt nach nationalem Recht, in der die Gesellschaft ihren Sitz hat.

Haftung

- Die Haftung ist beschränkt auf die Höhe der Stammeinlage.

Auflösung

Gründe für eine Auflösung können sein:

- Beschluss der Gesellschafter
- Insolvenz
- Rückumwandlung in eine AG

Kommanditgesellschaft auf Aktien (KGaA)

Die Kommanditgesellschaft auf Aktien (KGaA) ist eine Gesellschaft mit eigener Rechtspersönlichkeit. Sie hat mindestens einen **Komplementär** (einen vollhaftenden Gesellschafter). Eine KGaA wird meist gegründet, wenn der Inhaber das Geschäftskapital erheblich vermehren möchte, ohne seine grundlegenden Rechte aufgeben zu müssen.

Zur Gründung sind mindestens fünf Gründungsmitglieder erforderlich. Wie die Aktiengesellschaft hat auch die KGaA eine Satzung, die notariell beurkundet sein muss. Der Komplementär haftet unbeschränkt mit seinem gesamten Vermögen. Das Kapital der Gesellschafter, die als **Kommanditaktionäre** auftreten, ist in Aktien zerlegt. Sie haften nur mit ihren Aktienanteilen.

Rechtsgrundlage für die KGaA sind das Handelsgesetzbuch (HGB) für die Komplementäre, das Aktiengesetz (AktG) für die Kommanditaktionäre.

Organe der KGaA		
Gesellschafter = Leitungsorgan	**Aufsichtsrat** = Überwachungsorgan	**Hauptversammlung** = Beschlussorgan
■ Die persönlich haftenden Gesellschafter bilden den Vorstand der KGaA.	■ Der Aufsichtsrat wird durch die Hauptversammlung gewählt.	■ Die Hauptversammlung umfasst alle Kommanditaktionäre und alle Vollhafter. ■ Das Stimmrecht der Vollhafter entfällt bei: – Wahl und Abwahl des Aufsichtsrats, – Entlastung des Vorstands, – Wahl von Abschlussprüfern.

Vorteile einer KGaA

- Die Geschäftsführung und die Vertretung sind auf den Komplementär beschränkt.
- Der Einfluss der Kommanditaktionäre ist minimal.
- Die Kapitalbeschaffung ist leichter möglich durch den Erwerb von Aktien mit geringem Nennwert.

9.2.4 Sonder- und Mischformen

Vereine (e. V.)

Ein **Verein** ist eine Vereinigung von natürlichen oder juristischen Personen, die sich unter einem eigenen Namen zusammenschließen, um ein gemeinsames Ziel zu verfolgen. Dieses Ziel kann gemeinnützige, aber auch wirtschaftliche Interessen verfolgen.

Nach der Gründung eines Vereins wird dieser in das **Vereinsregister** eingetragen. Unter diesem Namen und dem Rechtsformzusatz „e. V." (eingetragener Verein) werden die Geschäfte geführt.

In Deutschland gab es im Januar 2011 etwa 580 300 eingetragene Vereine.

Genossenschaft (eG)

Die Gesellschaftsform der Genossenschaft (eG) gibt mittelständischen Unternehmern und wirtschaftlich Schwächeren die Gelegenheit, sich zu einem leistungsfähigen Geschäftsbetrieb zusammenzuschließen. Die Genossenschaft dient vor allem dem Ziel, die Wirtschaftlichkeit der Mitglieder zu fördern. Zur Gründung einer Genossenschaft sind mindestens drei Personen notwendig. Genossenschaften mit weniger als 20 Mitgliedern brauchen keinen mehrköpfigen Vorstand und dürfen auf einen Aufsichtsrat verzichten. Die Gründungsmitglieder können natürliche als auch juristische Personen sein, die gemeinsam eine Satzung aufstellen – in der Genossenschaft ist dies das Statut. Das Statut muss schriftlich dargelegt sein.

Die Genossenschaft ist eine Gesellschaft mit nicht geschlossener Mitgliederzahl, es können stetig neue Genossen aufgenommen werden. Mit der Eintragung in das Genossenschaftsregister beim zuständigen Registergericht entsteht die Genossenschaft als juristische Person.

Genossenschaft (eG)

Gesetzliche Grundlage

- Genossenschaftsgesetz (GenG)

Firma

- Sach-, Personen-, Fantasienamen + Rechtsformzusatz eG
- z. B. *„Spezialitäten eG."*

Gründung

- Zur Gründung sind mindestens drei Personen, natürliche oder juristische, erforderlich.
- Die Zahl der Genossen ist unbegrenzt.
- Das Statut (= Genossenschaftsvertrag) bedarf der Schriftform.
- Eintragung ins Genossenschaftsregister

Kapitalhöhe

- Die Genossen haben den Geschäftsanteil einzuzahlen, der im Statut festgelegt ist.

Geschäftsführung, Vertretung

- Organe der Genossenschaft sind:
  - Vorstand
  - Aufsichtsrat
  - Generalversammlung

Gewinnverteilung

- Die Verteilung des Gewinns erfolgt nach den Genossenschaftsanteilen.

Haftung

- Die Haftung ist beschränkt auf das Geschäftsvermögen nach Genossenschaftsanteilen.

Auflösung

Gründe für eine Auflösung können sein:

- Beschluss der Generalversammlung
- Beschluss des Gerichts
- Insolvenz

Organe der Genossenschaft (eG)

Vorstand
= Leitungsorgan

- Der Vorstand besteht aus mindestens zwei Mitgliedern.
- Er wird gewählt durch die Generalversammlung oder den Aufsichtsrat.
- Der Vorstand hat eine Gesamtbefugnis für die Geschäftsführung und die Vertretung.

Aufsichtsrat
= Überwachungsorgan

- Der Aufsichtsrat umfasst mindestens drei Mitglieder.
- Er wird gewählt durch die Generalversammlung.
- Die Aufgaben des Aufsichtsrats bestehen in:
  - der Überwachung der Geschäftsführung des Vorstands,
  - der Durchführung von Kontrollen und Revisionen,
  - der Berichterstattung in der Generalversammlung.

Generalversammlung
= Beschlussorgan

- In der Generalversammlung hat jedes Mitglied eine Stimme.
- Die Aufgaben der Generalversammlung sind:
  - Satzungsänderungen,
  - die Genehmigung des Jahresabschlusses sowie die Verteilung von Gewinn und Verlust,
  - die Amtsenthebung von Mitgliedern des Vorstands und des Aufsichtsrats,
  - die Entlastung von Vorstand und Aufsichtsrat,
  - die Entscheidung über die Auflösung oder Verschmelzung der Genossenschaft.

Europäische wirtschaftliche Interessenvereinigung (EWIV)

Eine Europäische wirtschaftliche Interessenvereinigung (EWIV) wird mit dem Ziel gegründet, die Zusammenarbeit der Unternehmen innerhalb der Europäischen Union zu fördern. Sie besteht aus mindestens zwei Mitgliedern von zwei verschiedenen EU-Mitgliedstaaten. Sie ist einfach, formlos und flexibel zu gründen. Es besteht kein zwingendes Grundkapital. Die Arbeitnehmeranzahl darf 500 Beschäftigte nicht übersteigen. Rechtsgrundlage ist die Verordnung der Europäischen Union.

Die Mitglieder müssen jeweils rechtlich selbstständig sein, hierbei kann es sich um natürliche Personen als auch um juristische Personen handeln.

Der Gründungsvertrag, das EWIV-Statut, wird schriftlich dargelegt und in das Handelsregister des jeweiligen Staates eingetragen. Alle Mitglieder einer EWIV haften gesamtschuldnerisch und unbeschränkt. Die Vereinigung darf keine Gewinne erwirtschaften, diese müssen auf die Mitglieder aufgeteilt werden. Außerdem zahlt sie keine Unternehmenssteuern in Deutschland, zum Beispiel keine Körperschaftsteuer oder Gewerbeertragsteuer.

9.3 Handlungsvollmacht und Prokura

Um den Handelsverkehr zu erleichtern, gibt das Gesetz vor, **handelsrechtliche Vertretungen** zu benennen. Das Handelsgesetzbuch unterscheidet bei den handelsrechtlichen Vertretungen oder Vollmachten grundsätzlich zwei Arten nach dem Umfang und der Art der Vollmachtserteilung:

- die Handlungsvollmacht und
- die Prokura.

Ein Unternehmer kann Vollmachten erteilen, wenn die geschäftsführenden Gesellschafter nicht alle Tätigkeiten selbst wahrnehmen wollen oder können. Vollmachten sind formfrei wirksam.

Merke Eine **Vollmacht** ist eine **empfangsbedürftige, formfreie Willenserklärung** (§ 167 BGB).

9.3.1 Handlungsvollmacht

Die Handlungsvollmacht wird übertragen, wenn die bevollmächtigte Person Handelsgeschäfte übernehmen soll, die das Handelsgewerbe gewöhnlich mit sich bringt. Diese Vollmacht berechtigt nur zur Ausübung von Tätigkeiten im Rahmen des Handelsgewerbes. Der Handlungsbevollmächtigte darf keine Darlehen aufnehmen, das Unternehmen vor Gericht nicht vertreten sowie keine Wechselverbindlichkeiten eingehen.

Drei **Arten von Handlungsvollmachten** werden je nach Umfang unterschieden:

- Die **allgemeine Handlungsvollmacht** (auch Generalvollmacht oder Gesamtvollmacht genannt) ist die umfassendste Vollmacht. Sie ermächtigt zu allen Geschäften, die zum Betrieb eines Handelsgewerbes gewöhnlich gehören.
- Die **Artvollmacht** (auch Teil- oder Gattungsvollmacht genannt) gilt für eine bestimmte Art von Rechtsgeschäften (zum Beispiel nur im Einkauf).

- Die **Spezialvollmacht** (auch Einzel- oder Sondervollmacht genannt) wird erteilt nur für ein einzelnes Rechtsgeschäft; sie erlischt, sobald das Geschäft getätigt wurde (zum Beispiel nach der Beschaffung einer EDV-Anlage).

Ein Handlungsbevollmächtigter zeichnet, wenn er für die Firma unterschreibt, mit seinem Namen und dem Kürzel „i. V." (in Vertretung); der Spezialhandlungsbevollmächtigte fügt seinem Namen den Zusatz „i. A." (im Auftrag) an.

Die Handlungsvollmacht erlischt durch
- Widerruf der Handlungsvollmacht,
- Beendigung des Rechtsverhältnisses,
- Auflösung des Unternehmens,
- Erfüllung des Auftrags bei Spezial- oder Einzelvollmachten,
- Tod des Handlungsbevollmächtigten.

9.3.2 Prokura

Merke Eine **Prokura** ist eine **spezielle Vollmacht** mit **gesetzlich** festgelegtem Inhalt (§§ 48 bis 58 HGB).

Die Prokura ermächtigt zu Handlungen, die über die normale Geschäftstätigkeit hinausgehen. Sie muss ausdrücklich schriftlich oder mündlich erteilt werden. Die Prokura muss in das Handelsregister eingetragen werden. Im Innenverhältnis sind Beschränkungen jeder Art möglich, die der Prokurist im Rahmen seiner Pflichten aus seinem Arbeitsverhältnis zu befolgen hat. Im Außenverhältnis hingegen ist keine Beschränkung möglich, da die Prokura im Handelsregister eingetragen ist.

Dem Prokuristen ist es laut Handelsgesetzbuch **nicht** erlaubt:
- Prokura zu erteilen oder zu entziehen
- Eintragungen in das Handelsregister vornehmen zu lassen
- Bilanzen und Steuererklärungen zu unterschreiben
- Unternehmen zu veräußern
- Insolvenz anzumelden
- Gesellschafter aufzunehmen oder zu entlassen
- Grundstücke zu belasten oder zu verkaufen

Im Handelsrecht werden drei **Arten von Prokura** unterschieden:
- **Einzelprokura:** Ein Prokurist vertritt das Unternehmen allein.
- **Gesamtprokura:** Mehrere Personen vertreten das Unternehmen nur gemeinsam.
- **Filialprokura:** Prokura für eine Zweigniederlassung (Filiale) eines Unternehmens.

Prokuristen zeichnen mit dem Kürzel „ppa." (per Prokura) und ihrem Namen.

Die Prokura erlischt nach § 52 HGB durch
- Beendigung des Arbeitsverhältnisses des Prokuristen,
- Auflösung oder Verkauf des Unternehmens,
- Widerruf der Prokura,
- Tod des Prokuristen.

Die Prokura erlischt nicht mit dem Tod des Inhabers der Firma, sondern erst dann, wenn das Erlöschen der Prokura im Handelsregister veröffentlicht worden ist.

9.4 Leitfaden Unternehmensgründung

Eine gute Vorbereitung zur Existenzgründung ist unerlässlich, um die Geschäftsidee auch zum Erfolg zu führen. Ein **Businessplan** kann dem künftigen Unternehmer bzw. der künftigen Unternehmerin hilfreich sein, alle einzuleitenden Maßnahmen, Anmeldungen und Arbeitsschritte genau zu planen und ihre Durchführung zu kontrollieren. Ein Existenzgründer sollte die Geschäftsidee so präzise wie möglich darstellen und konkret beschreiben, wo er Erfolgschancen für sein Unternehmen sieht.

Der Geschäfts- oder Businessplan enthält einerseits Ideen und Ziele des künftigen Unternehmens, andererseits aber auch Konkretisierungen über das zu beschaffende Kapital und über die Marktsituation. Ein detaillierter Finanzierungsplan gehört ebenso dazu.

Zur Erstellung eines Geschäftsplans gibt es verschiedene Hilfsangebote:

- Existenzgründerinitiativen
- Existenzgründerseminare
- Existenzgründerberater
- Gründerzentren
- Industrie- und Handelskammern
- ...

Beispiel Existenzgründerportal

Das Bundesministerium für Wirtschaft und Technologie bietet auf seinem Existenzgründerportal im Internet (www.existenzgruender.de) umfangreiche Informationen an mit Checklisten, Publikationen, Berateradressen und einem Behörden- und Formularwegweiser.

Der Weg in die Selbstständigkeit – von der Idee bis zur Umsetzung

Checkliste zur Vorbereitung einer Unternehmensgründung

Durchführung einer Marktanalyse
- Wie ist die wirtschaftliche Entwicklung?
- Passt das Produkt oder die Dienstleistung in die Branchenentwicklung?
- Ist die Geschäftsidee bereits am Markt vertreten?
- Gibt es Konkurrenz?
- Sind potenzielle Kunden vorhanden?

Erstellung eines Unternehmenskonzepts
- Wie hoch muss der künftige Umsatz sein?
- Wie hoch ist die Gewinnerwartung?
- In welcher Höhe bewegen sich die Kosten?
- Welche Werbekosten sind zu erwarten?
- Welche Chancen und Risiken hat die Gründung?
- Wie viele Mitarbeiter sind eingeplant?

Standort festlegen
- Welcher Standort kommt für das Vorhaben infrage?
- Wie hoch sind die Mietkosten?
- Welche zusätzlichen Kosten (Strom usw.) sind zu erwarten?
- Sind Telefon-, Fax-, Internetanschluss vorhanden?
- Welche Art der Einrichtung, welche Geräte und Materialien sind notwendig?
- Mietvertragsklauseln beachten!
- Welche Versicherungen werden benötigt?
- Ist eine Risikovorsorge im Unternehmen notwendig?

Finanzierungsmöglichkeiten
- Gibt es Fördermöglichkeiten seitens der Banken oder von staatlicher Seite?
- Welche Finanzen stehen persönlich zur Verfügung oder sind weitere Beteiligte an dem Unternehmen erforderlich?
- Wo soll das Geschäftskonto eröffnet werden?
- Ist ein Kontokorrentkredit notwendig?

Rechtliche Anforderungen
- Wann und wo kann die Gewerbeanmeldung durchgeführt werden?
- Welche öffentlichen Genehmigungen sind erforderlich?
- Welche Rechtsform eignet sich für das Unternehmen?
- Ist die Eintragung in das Handelsregister unerlässlich?
- Wie viele Gründerpersonen stehen zur Verfügung?
- Wer soll die Leitungsbefugnis und Vertretungsbefugnis erhalten?
- Wird ein Notar benötigt?
- Welcher Steuerberater steht zur Verfügung?

Lieferantenauswahl
- Welche Lieferanten kommen infrage?
- Angebote einholen und vergleichen
- Lieferanten auswählen

Geschäftseröffnung
- Datum der Aufnahme der Geschäftstätigkeit festlegen
- Werbemaßnahmen planen

Die **Anmeldung einer Unternehmensgründung** muss bei folgenden Behörden und Institutionen vorgenommen werden:
- Gemeinde, in der das Unternehmen eröffnet wird
- Gewerbeamt
- Amtsgericht (Handelsregister)
- Finanzamt
- zuständige Kammer (Industrie- und Handelskammer, Handwerkskammer)
- Krankenkasse
- Berufsgenossenschaft

Lernlandkarte 9.5

9.5 Geld und Zahlungsverkehr – Geltendmachung offener Forderungen

9.5.1 Mahnverfahren

- kaufmännische Mahnungen → Beginn gerichtliches Mahnverfahren → Mahnbescheid beantragen → Mahnbescheid zustellen → binnen sechs Monaten → Vollstreckungsbescheid beantragen → Vollstreckungsbescheid zustellen → Ende Mahnverfahren → Vollstreckung

9.5.2 Verjährung bei offenen Forderungen

Einrede der Verjährung

- Verjährungsfristen
- Hemmung und Neubeginn

9.5.3 Geldfunktionen und -arten

Natural-/Warengeld → Münzgeld → Papiergeld → Buchgeld

9.5.4 Zahlungsarten

- bar
- halbbar
- bargeldlos

9.5.5 Bargeldlose Zahlungsformen

- SEPA-Überweisung
- SEPA-Lastschrift
- Verrechnungsscheck

9.5.6 Zahlungskarten

9.5.7 Onlinebanking

PayPal

giropay

clickandbuy

9.5.8 Zahlungsformen im Electronic Commerce

9.5 Geld und Zahlungsverkehr – Geltendmachung offener Forderungen

9.5.1 Mahnverfahren

Kaufmännisches Mahnverfahren

Wenn ein Schuldner nicht zahlt, obwohl der Gläubiger seine Leistung ordnungsgemäß erbracht hat, wird der Gläubiger den Schuldner zunächst auf die ausstehende Zahlung hinweisen. Meist erhält der säumige Schuldner zwei bis drei Mahnungen. Die erste Mahnung erfolgt in höflicher Form als bloße Zahlungserinnerung, die zweite wird häufig mit der Aufforderung verbunden, binnen einer bestimmten Frist zu zahlen. Die dritte Mahnung setzt in unmissverständlicher Weise eine letzte Frist und wird die gerichtliche Verfolgung der Forderung in Aussicht stellen.

Merke Eine **Mahnung** ist eine bestimmte und eindeutige Aufforderung des Gläubigers an den Schuldner, die ausstehende Leistung zu erbringen.

Offene Geldforderungen schränken die Zahlungsfähigkeit des Gläubigers ein. Gleichzeitig müssen unter Umständen für nicht termingerecht erfolgte Zahlungen Kredite aufgenommen werden, was zusätzliche Kosten verursacht.

Schuldnerverzug
Kap. 4.14.2

Rechtlich ist grundsätzlich eine Mahnung erforderlich, damit der Schuldner in Verzug gerät (§ 286 Abs. 1 BGB). Sofern der Verzug eingetreten ist, hat der säumige Schuldner den **Verzugsschaden** (Schadensersatz neben der Leistung, § 280 Abs. 1 BGB) zu ersetzen. Dies sind bei Geldforderungen die gesetzlichen oder vertraglich vereinbarten Verzugszinsen, die Mahnkosten ab der zweiten Mahnung und gegebenenfalls die Kosten für die Rechtsverfolgung.

Gerichtliches Mahnverfahren

Wenn der Schuldner weiterhin nicht zahlt, kann der Gläubiger beim zuständigen Gericht **Klage erheben** oder ein **gerichtliches Mahnverfahren** beim Mahngericht betreiben, damit er einen vollstreckbaren Titel erlangt. Ein vollstreckbarer Titel ist eine öffentliche Urkunde, die ermöglicht, dass ein Gerichtsvollzieher die ausstehende Summe eintreibt. Diese Urkunden können ein Vollstreckungsbescheid, ein Urteil oder ein gerichtlicher Vergleich sein. Die gerichtlichen Mahn- und Klageverfahren sind in der Zivilprozessordnung (ZPO) geregelt.

Für das gerichtliche Mahnverfahren sind **Amtsgerichte** zuständig. Den Ablauf zeigt die nebenstehende Übersicht. Jeder Gläubiger kann sich einen Antrag auf Erlass eines Mahnbescheids im Schreibwarenhandel kaufen, ausfüllen oder online ausfüllen und ausdrucken. Der Antrag ist sodann dem **Mahngericht** seines Wohnsitzes zu übersenden. In den meisten Bundesländern existiert ein zentrales Mahngericht.

Nach der Überweisung der entsprechenden Gerichtsgebühren durch den Antragsteller prüft der Rechtspfleger, ob die formellen Voraussetzungen für einen Mahnbescheid gegeben sind. Ob der Anspruch dem Gläubiger tatsächlich zusteht und die Forderung der Höhe nach berechtigt ist, wird nicht geprüft. Das Amtsgericht stellt dem Schuldner den **Mahnbescheid** zu. Zahlt dieser, ist das Mahnverfahren beendet.

Erhebt der Gläubiger binnen einer Frist von zwei Wochen Widerspruch, geht das Verfahren vom Mahngericht an das für die Streitigkeit zuständige Gericht über. Das Gericht fordert den Gläubiger auf, seinen Anspruch in einer Klageschrift zu begründen. Liegt der streitige Betrag über 5.000,00 €, ist das Landgericht zuständig und damit herrscht Anwaltszwang.

Reagiert der Schuldner auf den Mahnbescheid gar nicht, kann der Gläubiger einen Antrag auf Erlass eines **Vollstreckungsbescheids** stellen. Der Antrag wird dem Gläubiger mit der Mitteilung der Zustellung an den Schuldner vom Amtsgericht zugesandt. Der Vollstreckungsbescheid kann frühestens nach Ablauf der Widerspruchsfrist von zwei Wochen und spätestens sechs Monate nach Zustellung des Mahnbescheids beantragt werden. Verstreicht die Sechsmonatsfrist, ohne dass der Gläubiger den Vollstreckungsbescheid beantragt hat, läuft das Verfahren neu an: Er muss einen neuen Mahnbescheid beantragen.

Legt der Schuldner gegen den Vollstreckungsbescheid binnen zwei Wochen **Einspruch** ein, geht das Verfahren in das streitige Verfahren über. Dasselbe gilt für einen verspätet eingelegten Widerspruch gegen den Mahnbescheid: Dieser wird als Einspruch behandelt.

Wenn der Schuldner nach Zustellung des Vollstreckungsbescheids jedoch nicht reagiert, wird der Vollstreckungsbescheid rechtskräftig und der Gläubiger kann die **Zwangsvollstreckung** betreiben, das heißt, einen Gerichtsvollzieher zur Lohnpfändung oder Pfändung von Sachen beauftragen. Wenn die Summe beim Schuldner nicht eingetrieben werden kann, die Pfändung zum Beispiel fruchtlos verläuft, kann der Gläubiger veranlassen, dass der Schuldner ein Vermögensverzeichnis erstellt und dies durch eine eidesstattliche Versicherung bekräftigt. Die eidesstattliche Versicherung (früher umgangssprachlich „Offenbarungseid" genannt), wird beim Amtsgericht in ein öffentliches Schuldnerverzeichnis eingetragen.

Onlinemahnverfahren

Über www.online-mahnantrag.de wird die Möglichkeit geboten, einen Antrag auf einen Mahnbescheid im Internet auszufüllen. Antragstellern wird ein interaktives Antragsformular auf Erlass eines Mahnbescheids zur Verfügung gestellt, das ausgefüllte Formular kann nach Fertigstellung ausgedruckt werden. Ein spezielles Verfahren können Unternehmen einsetzen, die das elektronische Gerichts- und Verwaltungspostfach (EGVP) nutzen. Sie wickeln die gesamte Kommunikation mit dem Amtsgericht in elektronischer Form über das Internet ab. Die Bearbeitung kann mit einer qualifizierten digitalen Signatur (elektronische Form, § 126 a BGB) über eine Signaturkarte online rechtsverbindlich abgeschlossen werden.

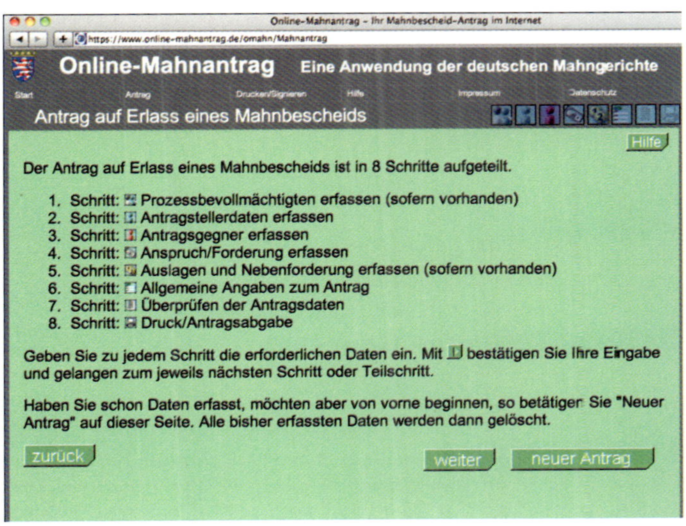

Ablauf des gerichtlichen Mahnverfahrens

1. Gläubiger beantragt den Erlass eines Mahnbescheids beim zuständigen Amtsgericht („Mahngericht", § 688 ZPO).

↓

2. Amtsgericht prüft die formellen Voraussetzungen, erlässt den Mahnbescheid, stellt ihn dem Schuldner zu und benachrichtigt den Gläubiger über das Zustellungsdatum (§ 689 ff. ZPO).

↓

3. Schuldner …

- zahlt → **Mahnverfahren beendet**
- reagiert nicht → **4. Gläubiger beantragt den Erlass eines Vollstreckungsbescheids (frühestens zwei Wochen, spätestens sechs Monate nach Zustellung des Mahnbescheids [§§ 699, 701 ZPO])**
- erhebt Widerspruch binnen zwei Wochen (§ 694 ZPO) → Mahngericht gibt den Rechtsstreit an das für die Streitigkeit zuständige Gericht ab, **Mahnverfahren beendet**

↓

5. Schuldner …

- zahlt → Mahnverfahren beendet
- reagiert nicht → **6. Vollstreckungsbescheid wird rechtskräftig, Mahnverfahren beendet**
- erhebt Einspruch binnen zwei Wochen (§ 700 ZPO) → Mahngericht gibt den Rechtsstreit an das für die Streitigkeit zuständige Gericht ab, Mahnverfahren beendet

↓

Zwangsvollstreckung möglich

- in das bewegliche Vermögen (z. B. Sachen: Pfändung, Forderungen: Pfändungs- und Überweisungsbeschluss/Lohnpfändung)
- in das unbewegliche Vermögen (z. B. Zwangsversteigerung eines Grundstücks)

sofern Zwangsvollstreckung erfolglos:
eidesstattliche Versicherung, Eintragung in das Schuldnerverzeichnis

9.5.2 Verjährung bei offenen Forderungen

Einstiegsfall Fanartikel ohne Rechnung

Am 15. Juni 2011 bestellt Klaus Berger telefonisch bei der Blum Music4You KG Fanartikel zum Gesamtpreis von 135,00 € inklusive Versandkosten. Der Vertriebsmitarbeiter macht Klaus Berger darauf aufmerksam, dass die Zahlung bei Lieferung fällig sei. Zwei Tage später kommt die Ware bei Klaus Berger an. Der Lieferung ist jedoch versehentlich nur ein Lieferschein, aber keine Rechnung beigefügt; Berger vergisst deshalb die 135,00 € zu überweisen. Bei der Blum Music4You KG wird der Betrag irrtümlich als bezahlt gebucht, erst anlässlich einer Steuerprüfung wird der Buchungsfehler erkannt. Die Rechnung wird abgeschickt, Klaus Berger erhält sie am 30. Juni 2014. Er kann sich an den Vorgang nicht mehr erinnern und hat sämtliche Kontoauszüge des Jahres 2011 weggeworfen. Klaus Berger schreibt der Blum Music4You KG, dass er sich weigere, nach so langer Zeit noch Zahlungen zu leisten.

Muss er zahlen?

Leistungsverweigerungsrecht bei Verjährung

Nicht nur vertragliche, sondern auch andere zivilrechtliche Ansprüche (zum Beispiel aus dem Sachen-, dem Familien- und dem Erbrecht) verjähren. Dementsprechend sind wesentliche Bestimmungen zur Verjährung im „vor die Klammer gezogenen" Allgemeinen Teil des BGB für alle Bücher des BGB geregelt.

Wenn der Schuldner seine Verpflichtungen auch nach längerer Zeit nicht erfüllt, weil er nicht leisten kann oder will, kann es zur Verjährung des Leistungsanspruchs kommen. Nach Ablauf bestimmter Fristen kann der Schuldner dem Gläubiger die geschuldete Leistung verweigern (§ 214 Abs. 1 BGB). Obwohl der Gläubiger also gegenüber dem Schuldner einen Anspruch hat, kann dieser nicht mehr durchgesetzt werden, wenn sich der Schuldner auf Verjährung beruft. Wenn der Schuldner die **Einrede der Verjährung** erhebt, hat er ein **Leistungsverweigerungsrecht.**

Einrede der Verjährung

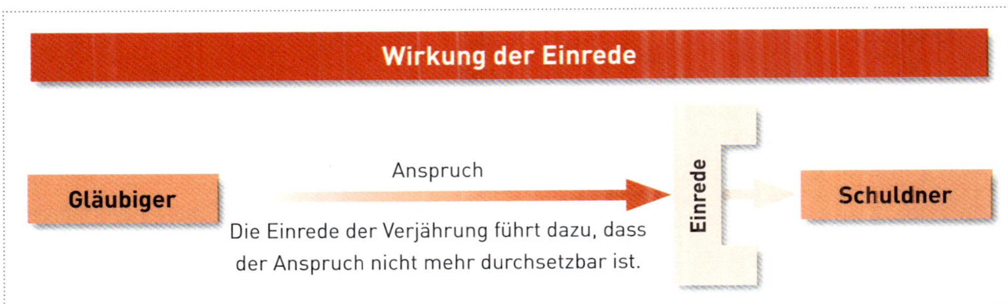

Der Schuldner muss dem Gläubiger gegenüber tätig werden: Erhebt er die Einrede, ist der Anspruch nicht mehr durchsetzbar, erhebt er sie nicht, bleibt die Durchsetzbarkeit des Anspruchs bestehen. Einreden werden also nur beachtet, wenn sie erhoben werden.

Merke Die Einrede muss vom Schuldner geltend gemacht werden (einseitige Erklärung).

Der Schuldner kann selbst bestimmen, ob er sich auf Verjährung beruft. Die Verjährungseinrede führt nicht zum Erlöschen des Anspruchs, das heißt, wenn der Schuldner trotz Ablauf der Verjährungsfrist geleistet hat, tritt die Erfüllung des Schuldverhältnisses ein. Vergisst der Schuldner, sich auf die Verjährung zu berufen oder kennt er die Verjährungsfristen nicht, muss er leisten. Wenn der Schuldner bewusst oder unbewusst trotz Verjährung geleistet hat, kann er die Leistung nicht mehr zurückfordern (§ 214 Abs. 2 BGB).

Merke Verjährung führt **nicht** zum Erlöschen des Anspruchs!

Zweck der Verjährung

Der Gesetzgeber hat entschieden, dass Ansprüche nicht in alle Ewigkeit geltend gemacht werden können, weil nach gewisser Zeit Rechtsfrieden und Rechtssicherheit herrschen sollen. Je länger der Anspruch zurückliegt, desto schwieriger wird auch die Beweislage für den Schuldner: Die „verdunkelnde Macht der Zeit" verschlechtert seine Möglichkeiten, den Anspruch zurückzuweisen. Durch die Verjährung wird der Gläubiger gezwungen, seine Ansprüche zügig durchzusetzen; der Schuldner muss seine Belege (Kontoauszüge, Quittungen) nur eine begrenzte Zeit aufheben; die Gerichte werden von Streitigkeiten über veraltete Ansprüche entlastet. In der Abwägung zwischen Gläubigerschutz einerseits und Schuldnerschutz sowie Rechtsfrieden andererseits legt das Gesetz also dem Letzteren mehr Gewicht bei. Allerdings sind die Verjährungsfristen so bemessen, dass der Gläubiger eine faire Chance hat, seine Ansprüche rechtzeitig geltend zu machen.

Verjährungsfristen

Neben den Verjährungsvorschriften im Allgemeinen Teil des BGB gibt es in den anderen Büchern zahlreiche abweichende Spezialvorschriften zur Verjährung. Ein Beispiel ist die Gewährleistungsfrist für den Kauf beweglicher Sachen, die am Tag der Übergabe beginnt und in der Regel nach zwei Jahren endet (§ 438 BGB). Sofern keine Sonderregelungen existieren, gelten die Verjährungsfristen des Allgemeinen Teils.

Wichtige Verjährungsfristen im Allgemeinen Teil des BGB

Anspruch / Frist	Anspruch ohne Sonderregelung: regelmäßige Verjährung (§§ 195, 199 BGB)	Anspruch aus Recht an einem Grundstück oder Grundstückskaufpreis (§§ 196, 200 BGB)	Herausgabeansprüche aus Eigentum (§§ 197 Abs. 1 Nr. 1, 200 BGB)	rechtskräftig festgestellte Ansprüche (z. B. aus Vollstreckungsbescheid, Urteil, Insolvenzverfahren) (§§ 197 Abs. 1 Nr. 3–6, 201 BGB)
Dauer	3 Jahre	10 Jahre	30 Jahre	30 Jahre
Beginn	ab Jahresschluss, in dem der Anspruch entstanden ist (Fälligkeit)	taggenau ab Entstehung des Anspruchs (Fälligkeit)	taggenau ab Entstehung des Anspruchs (Fälligkeit)	taggenau ab Rechtskraft (nach Ablauf der Rechtsmittelfrist)

Die meisten Ansprüche aus Schuldverhältnissen (wie Kaufpreisansprüche für bewegliche Sachen oder Schadensersatzansprüche) verjähren in der **regelmäßigen Verjährungsfrist von drei Jahren.** Diese beginnt am Ende des Jahres, in dem der Anspruch entstanden ist und der Gläubiger die anspruchsbegründenden Umstände sowie die Person des Schuldners kennt. Da der Gläubiger bei Ansprüchen aus Verträgen über die Umstände (Leistung, Entgelt) und seinen Vertragspartner (Name, Adresse) in der Regel Bescheid weiß, kommt es meist allein auf die Fälligkeit des Anspruchs an.

Beispiel **Regelmäßige Verjährung von Ansprüchen aus dem Kaufvertrag – Geländewagenfall 1**

Matthias Kramer kauft von seinem Geschäftsfreund Claus Blum am 20. September 2013 per Handschlag einen gebrauchten Geländewagen für 12.000,00 €. Über Zahlung und Lieferung wird nichts vereinbart.

a) Wann endet die Verjährungsfrist für den Kaufpreis und die Lieferung des Geländewagens?

b) Wann sind die Ansprüche verjährt bzw. wann kann vom Schuldner die Einrede der Verjährung erhoben werden?

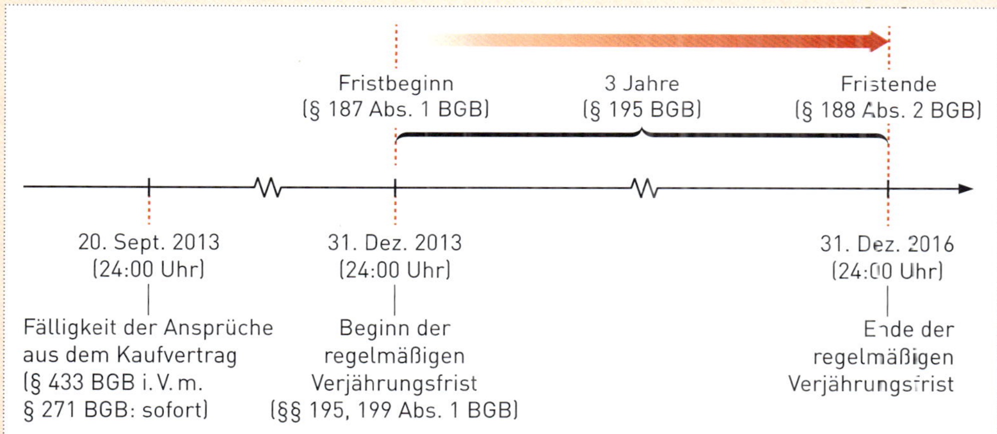

Ergebnis:

a) Die Verjährungsfrist für beide Ansprüche endet am 31. Dezember 2016 (24:00 Uhr).

b) Lieferung und Kaufpreis sind ab 1. Januar 2017 (00:00 Uhr) verjährt.

Neubeginn und Hemmung der Verjährung

Bestimmte, im Gesetz aufgezählte Vorkommnisse beeinflussen den Ablauf der Verjährungsfrist: Es kommt zur Hemmung oder zum Neubeginn der Verjährung. Die Ereignisse können von der Gläubiger- oder der Schuldnerseite stammen. Beispielsweise lässt die Anerkennung des Anspruchs durch den Schuldner die Verjährung neu beginnen, Verhandlungen zwischen Gläubiger und Schuldner hemmen die Verjährung, eine Klage des Gläubigers hemmt die Verjährung ebenfalls, einfache Mahnungen des Gläubigers haben jedoch keinerlei Einfluss auf die Verjährung.

Neubeginn bedeutet, dass die Verjährungsfrist von Neuem zu laufen beginnt. Bei einem Vergleich mit einer Stoppuhr kann man den Neubeginn der Verjährung wie folgt beschreiben: Die Stoppuhr wird zunächst angehalten (der Lauf der ursprünglichen Verjährungsfrist wird abgebrochen), auf null gestellt und schließlich läuft sie wieder von vorn (die Verjährungsfrist beginnt erneut in voller Länge). Dabei beginnt auch die „neue" regelmäßige Verjährungsfrist nicht am Jahresende, sondern taggenau.

Beispiel Neubeginn der Verjährung – Geländewagenfall 2

Matthias Kramer kauft von seinem Geschäftsfreund Claus Blum am 20. September 2013 per Handschlag einen gebrauchten Geländewagen für 12.000,00 €. Matthias Kramer transportiert den Geländewagen gleich ab. Claus Blum wartet auf den Eingang des Kaufpreises. Er erinnert Matthias Kramer mehrmals telefonisch an den noch ausstehenden Betrag, schließlich schreibt er ihm einige Mahnungen. Auf die letzte Mahnung reagiert Matthias Kramer mit der Bitte um Verständnis für seine derzeit schwierige Finanzlage und überweist eine Abschlagszahlung von 6.000,00 €, die am 15. Mai 2014 auf dem Konto von Claus Blum eingeht. Wann verjährt die Restzahlung zuzüglich Verzugszinsen?

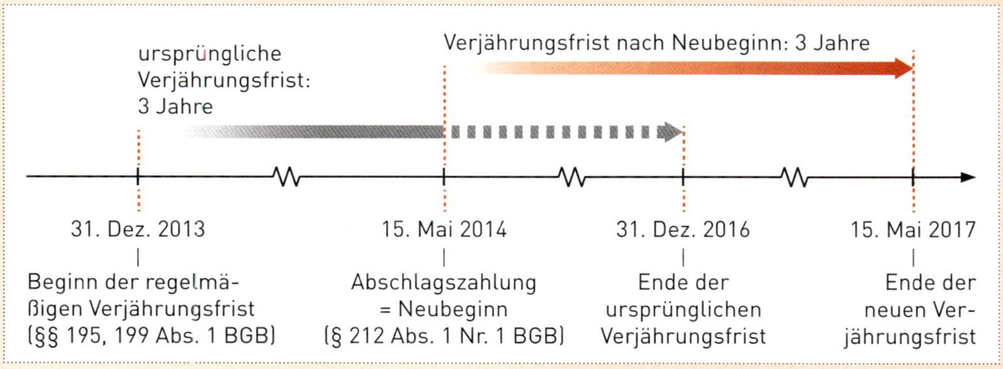

Bei der **Hemmung** wird die Verjährungsfrist um einen bestimmten Zeitraum verlängert, das heißt, die Zeit der Hemmung wird an die Verjährungsfrist „angehängt". Im Stoppuhr-Beispiel: Die Stoppuhr wird für eine gewisse Zeit angehalten (die Verjährung wird aufgrund eines Hemmungsgrundes ausgesetzt) und läuft danach weiter (die Verjährungsfrist wird um die Zeit der Hemmung verlängert).

Beispiel Hemmung der Verjährung – Geländewagenfall 3

Matthias Kramer kauft von seinem Geschäftsfreund Claus Blum am 20. September 2013 per Handschlag einen gebrauchten Geländewagen für 12.000,00 €. Matthias Kramer transportiert den Geländewagen gleich ab. Claus Blum wartet auf den Eingang des Kaufpreises. Er erinnert Matthias Kramer mehrmals telefonisch an den noch ausstehenden Betrag, schließlich schreibt er ihm einige Mahnungen. Nach der letzten Mahnung ruft Matthias Kramer am 1. März 2014 an und teilt mit, dass der Geländewagen defekt und zurzeit in Reparatur sei. Er schlägt vor, den Kaufpreis um die entstehenden Reparaturkosten herabzusetzen. Claus Blum will sich die Angelegenheit überlegen. Am 31. März 2014 geht bei Claus Blum eine Kopie der Reparaturrechnung von 6.500,00 € ein. Claus Blum ruft seinen Geschäftsfreund sofort an und verweigert die Kaufpreisminderung in dieser Höhe. Matthias Kramer besteht darauf. Wann verjährt die Zahlung zuzüglich Verzugszinsen?

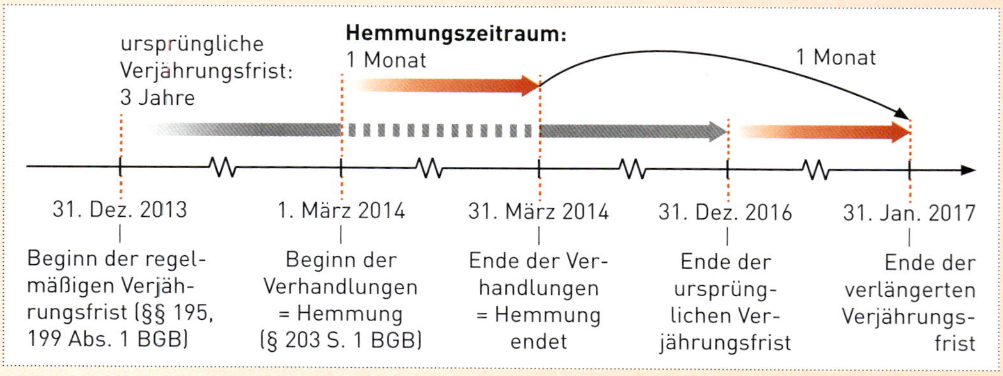

Ein Sonderfall der Hemmung ist die **Ablaufhemmung.** Diese schiebt das Ende der Verjährungsfrist hinaus. Dies ist zum Beispiel bei Verhandlungen der Fall. Damit Verhandlungen kurz vor Ablauf der Verjährungsfrist nicht unter dem zeitlichen Druck des drohenden Endes der Verjährungsfrist stehen und der Anspruch noch rechtzeitig geltend gemacht werden kann, läuft die Verjährungsfrist frühestens drei Monate nach dem Ende der Verhandlungen ab.

§ 203 BGB Hemmung der Verjährung bei Verhandlungen

Schweben zwischen dem Schuldner und dem Gläubiger **Verhandlungen** über den Anspruch oder die den Anspruch begründenden Umstände, so ist die **Verjährung gehemmt,** bis der eine oder der andere Teil die Fortsetzung der Verhandlungen verweigert **(= Hemmung). Die Verjährung tritt frühestens drei Monate nach dem Ende der Hemmung ein (= Ablaufhemmung).**

(Hervorhebungen und Klammerausdrücke nicht im Original)

Beispiel Ablaufhemmung der Verjährung – Geländewagenfall 4

Matthias Kramer kauft von seinem Geschäftsfreund Claus Blum am 20. September 2013 per Handschlag einen gebrauchten Geländewagen für 12.000,00 €. Matthias Kramer transportiert den Geländewagen gleich ab. Claus Blum wartet auf den Eingang des Kaufpreises. Er schreibt ihm einige Mahnungen. Matthias Kramer reagiert nicht und Claus Blum verdrängt die ärgerliche Angelegenheit schließlich. Im November 2016 fällt Claus Blum die noch ausstehende Zahlung ein. Er ruft am 5. November 2016 bei Matthias Kramer an. Dieser teilt mit, dass er den Geländewagen schon längst bezahlt habe. Er würde noch einmal in seinen Unterlagen nachforschen, Claus Blum ist unsicher und sagt ebenfalls Prüfung zu. Claus Blum prüft sämtliche Zahlungseingänge der letzten Jahre und fordert Matthias Kramer am 5. Dezember 2016 telefonisch endgültig zur sofortigen Zahlung auf. Wann verjährt die Zahlung zuzüglich Verzugszinsen?

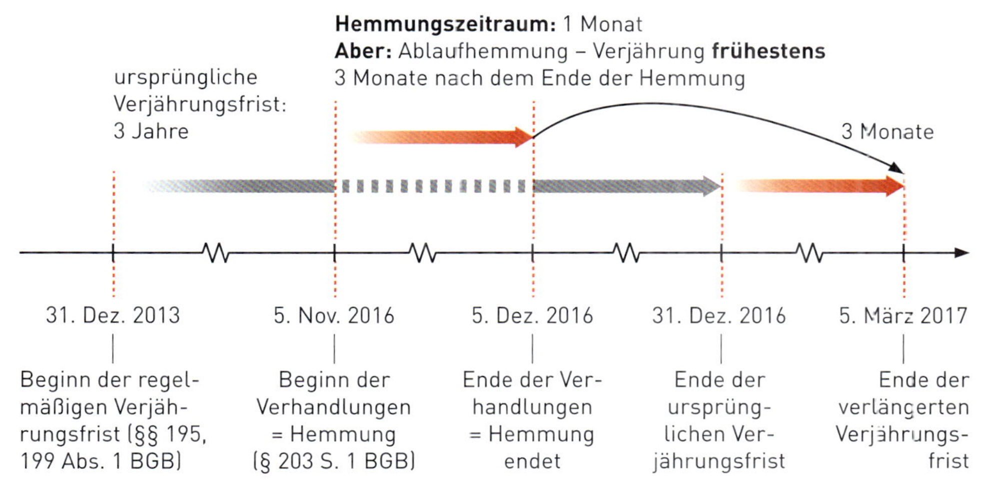

Zusammenfassung

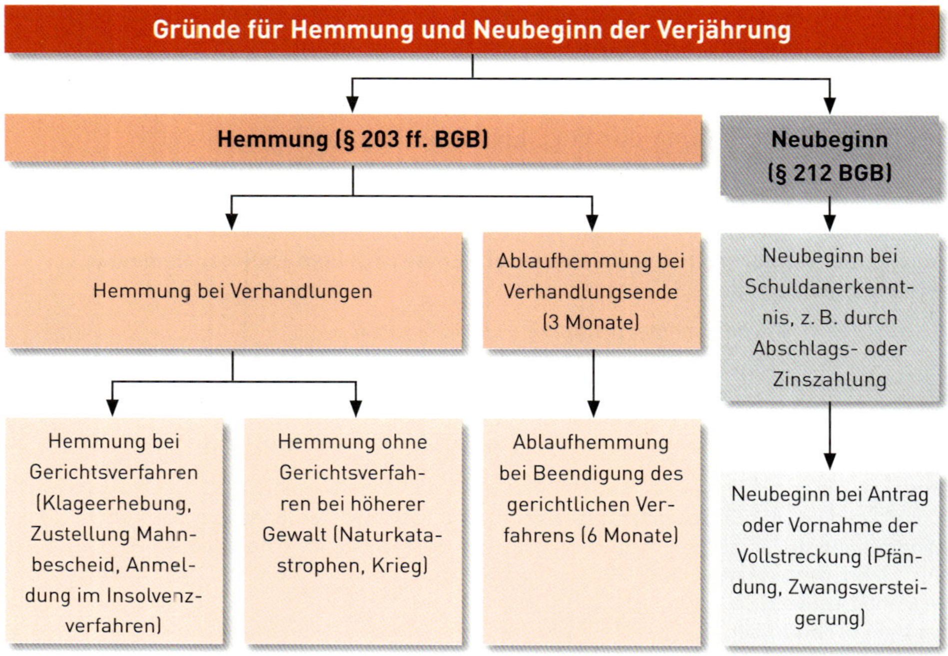

Verjährung bei gerichtlichen Mahnverfahren

Normalerweise bewirkt erst die Zustellung eines Mahnbescheids beim Schuldner die Hemmung der Verjährung (§ 204 Abs. 1 Nr. 3 BGB). Manchmal wird der Mahnbescheid erst sehr kurz vor Ende der Verjährungsfrist beim zuständigen Amtsgericht beantragt, zum Beispiel am 24. Dezember eines Jahres. Doch der Antragsteller kann beruhigt sein: Wenn die Verjährung droht, tritt die Hemmung bereits bei Einreichung des korrekt ausgefüllten Antrags beim Amtsgericht ein.

§

§ 693 Zivilprozessordnung Zustellung des Mahnbescheids

(1) Der Mahnbescheid wird dem Antragsgegner zugestellt.

(2) Soll durch die Zustellung eine Frist gewahrt oder die **Verjährung** neu beginnen oder **nach § 204 BGB gehemmt werden,** so tritt die Wirkung, wenn die **Zustellung demnächst erfolgt, bereits mit der Einreichung oder Anbringung des Antrages auf Erlass des Mahnbescheids** ein.

(3) Die Geschäftsstelle setzt den Antragsteller von der Zustellung des Mahnbescheids in Kenntnis.

(Hervorhebungen nicht im Original)

Die Wirkung der Hemmung gilt für die Dauer des Verfahrens zuzüglich einer sechsmonatigen Ablaufhemmung nach Beendigung des Verfahrens (§ 204 Abs. 1 Nr. 3 und Abs. 2 BGB).

Das **Mahnverfahren** kann auf unterschiedliche Weise **enden:**

- **Begleichung der Schuld:** Wenn der Schuldner gezahlt hat, ist das Schuldverhältnis erloschen (§ 362 BGB).
- **Weitergabe an das für den Rechtsstreit zuständige Gericht:** Sofern die Sache nach Widerspruch oder Einspruch des Schuldners an das Streitgericht weitergeleitet und die Klageschrift des Gläubigers an den Schuldner zugestellt wird, dauert die Hemmung wegen Erhebung der Klage fort (§ 204 Abs. 1 Nr. 1 BGB).
- **Antrag auf Vollstreckungsbescheid wird nicht gestellt oder Mahnbescheid wird zurückgenommen:** Die Zivilprozessordnung (ZPO) sieht vor, dass die Wirkung des Mahnbescheids wegfällt, wenn der Gläubiger nicht innerhalb von sechs Monaten nach Zustellung des Mahnbescheids den Erlass des Vollstreckungsbescheids beantragt hat. Dies bedeutet, dass zur sechsmonatigen Verfahrenshemmung während des Mahnverfahrens nach der ZPO noch die Ablaufhemmung (§ 204 Abs. 1 S. 1 BGB) hinzuaddiert werden muss. Also läuft die Verjährungsfrist erst ein Jahr nach Zustellung des Mahnbescheids weiter. Sollte der Mahnbescheid zurückgenommen werden, sind nur die sechs Monate Ablaufhemmung zu berücksichtigen.
- **Rechtskraft des Vollstreckungsbescheids:** Ist der Vollstreckungsbescheid zugestellt und vom Schuldner nicht innerhalb von zwei Wochen Einspruch erhoben worden, wird der Vollstreckungsbescheid wirksam. Der Anspruch ist damit rechtskräftig festgestellt und unterliegt der dreißigjährigen Verjährungsfrist (§ 197 Abs. 1 Nr. 3 BGB).

Lösung des Einstiegsfalls Fanartikel ohne Rechnung

Klaus Berger kann die Einrede der Verjährung im Juni 2014 nicht erheben, denn die Verjährung des Kaufpreisanspruchs tritt erst am 31. Dezember 2014 um 24:00 Uhr ein. Der Anspruch kann von der Blum Music4You KG bis zum Jahresende durch Mahnbescheid oder Klage gerichtlich durchgesetzt werden. Die Zustellung von Mahnbescheid oder Klageschrift bewirken eine Hemmung der Verjährung.

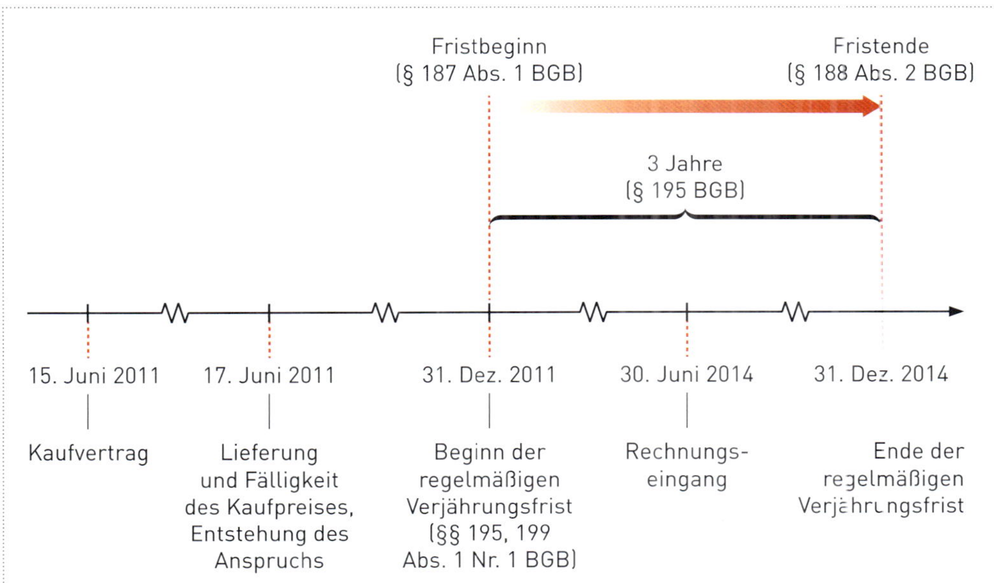

9.5.3 Geldfunktionen und -arten

Geldbegriff und Geldfunktionen

„Money is what money does. Money is defined by its function."
(John Richard Hicks, britischer Wirtschaftswissenschaftler und Nobelpreisträger)

Eine einheitliche Gelddefinition gibt es nicht. Geld ist jedes vom Staat als Wertträger und zum Umlauf im Geschäftsverkehr bestimmtes Zahlungsmittel. Es muss teilbar, haltbar, einheitlich und knapp sein, wenn es seine Funktionen erfüllen soll.

Geldfunktionen

1. Tauschmittel

Geld erleichtert den Austausch von Gütern und Faktorleistungen

Naturaltausch:

Tausch in der Geldwirtschaft:

2. Recheneinheit

Geld dient der Bewertung von Gütern (Preis) und Faktorleistungen (Lohn, Miete, Zins).

= 1,00 €

1 Std. = 10,00 €

3. Wertaufbewahrung oder -übertragung

Geld dient dem Sparen, Kredit geben oder Verschenken.

4. gesetzliches Zahlungsmittel

Bargeld dient dem Ausgleich von Verbindlichkeiten mit gesetzlichem Annahmezwang.

Euro-Banknoten: unbegrenzter Annahmezwang

Euro-Münzen: max. 50 Stück und 200,00 € je Zahlung

Bei erheblicher **Inflation** (= Geldentwertung, lateinisch inflare = aufblasen) verliert das Geld weitgehend seine Funktionen, bis auf die des gesetzlichen Zahlungsmittels. Da das Geld seine Wertaufbewahrungsfunktion nicht mehr erfüllt, wird es möglichst umgehend ausgegeben. Die Wertaufbewahrungsfunktion geht auf andere Güter über (Flucht in die

Sachwerte: Gold, Immobilien). Im täglichen Leben fungieren als Tausch- und Rechenmittel reale Güter (zum Beispiel Zigaretten) oder ausländische Währungen. In der **Hyperinflation** (hyper, griechisch = übermäßig, übertrieben) in den Jahren 1922 bis 1923 war dies in Deutschland der Fall. Hyperinflationen enden meist mit einer Währungsreform, in der die Inflationswährung durch eine neue Währung ersetzt wird. (Währung = Geldverfassung, Summe der Regelungen über das Geld)

Entwicklung der Geldarten

Das Geld hat in seiner Geschichte verschiedene Wandlungen durchlaufen. Beginnend vom Natural- bzw. Warengeld (pecunia, lat.: Vieh), über das Münzgeld, Papiergeld bis zum Buchgeld.

Geschichte des Geldes

1. Natural-/Warengeld

Vieh

Salz

Steingeld der Südsee-insel Yap

2. Münzgeld, Athen, 6. Jh. v. Chr.

3. Papiergeld

4. Buchgeld

Kölner Kreditanstalt AG Kontoauszug Nr. 111 vom 20.09.20.. **Blatt** 1

Datum	Wert	Buchungstext	Soll	Haben
		Alter Kontostand am 19.09.20.. in EUR		45.301,02
			Umsätze	
20.09.	20.09.	Miete 09/20.. Meier		1.400,00
		Neuer Kontostand am 20.09.20.. in EUR		46.701,02

Blum Music4You KG
Veilchenweg 19
50677 Köln

Kontonummer: 2 333 444 200
Bankleitzahl: 370 100 99
BIC: KOEKDEKN280
IBAN: DE98 3701 0099 2333 4442 00

Man unterscheidet heute Bar- und Buchgeld. **Bargeld** sind Münzen und Noten, im Euroraum der EU Euro und Eurocent. Bargeld wird von der Zentralbank in der Regel über Geschäftsbanken emittiert (lateinisch = entsenden). Dies geschieht zum Beispiel, indem ein Kreditinstitut der Zentralbank Wertpapiere verkauft oder vorübergehend verpfändet und als Gegenleistung Bargeld als Kaufpreis oder als Kredit erhält. In der Eurozone sind die Europäische Zentralbank und die nationalen Zentralbanken für die Organisation der Bargeldausgabe zuständig.

Buchgeld stellt eine Forderung gegenüber Kreditinstituten bzw. Zahlungsdienstleistern dar. Die Institute sind verpflichtet, Sichtguthaben jederzeit („auf Sicht" = sofort, bei Vorlage) in Bargeld umzutauschen. Da Buchgeld sich überwiegend auf sogenannten Girokonten befindet, wird es auch Giralgeld genannt (giro, italienisch = Drehung, Umlauf). Buchgeld ist jedoch im Unterschied zu Bargeld kein gesetzliches Zahlungsmittel, das heißt, der Gläubiger einer Schuld (zum Beispiel der Verkäufer einer Ware) kann dieses Zahlungsmittel zur Tilgung der Verbindlichkeit annehmen, muss es aber nicht.

Elektronisches Geld (E-Geld) ist eine Sonderform des Buchgelds: Es stellt eine Forderung gegen die ausgebende Stelle dar, die auf elektronischen Datenträgern gespeichert ist. Es kann entweder auf einer Zahlungskarte gespeichert sein (zum Beispiel Geldkarte) oder auf einem Server, auf den der Nutzer zugreifen kann (sogenanntes Netzgeld, zum Beispiel PayPal, Click & Buy). Der Kunde kann jederzeit den Rücktausch des noch auf der Karte oder dem Konto gespeicherten E-Geldes verlangen.

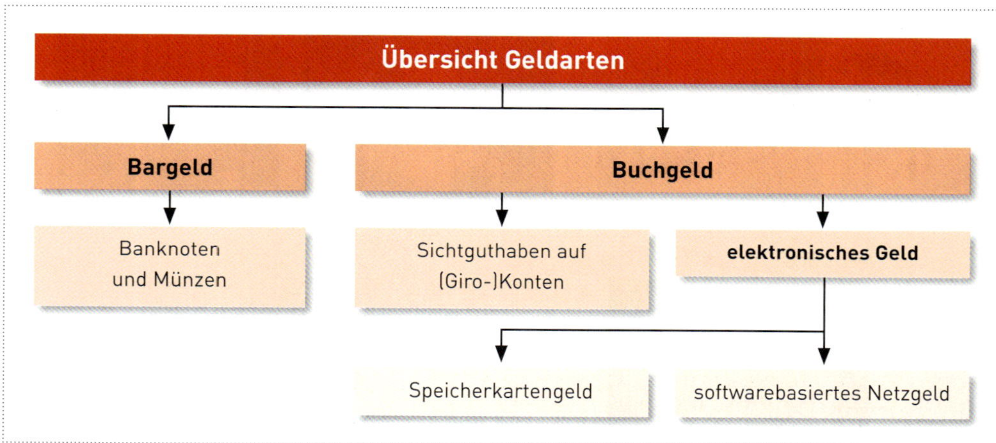

9.5.4 Zahlungsarten

Den **Geldschuldner** nennt man im Zahlungsverkehr **Zahler,** den **Geldgläubiger Zahlungsempfänger.** Zur Begleichung von Geldschulden stehen dem Zahler verschiedene Möglichkeiten zur Verfügung. Man unterscheidet die **Barzahlung,** die **halbbare** und die **bargeldlose Zahlung.** Barzahlung erfolgt mit Bargeld. Bei der bargeldlosen Zahlung wird ausschließlich Buchgeld eingesetzt. Bei der halbbaren Zahlung wird ein Teil des Zahlungsvorgangs über Bargeld, der andere Teil über Buchung auf einem Konto abgewickelt.

<table>
<tr><th colspan="5">Zahlungsarten</th></tr>
<tr><th colspan="2">Barzahlung</th><th colspan="2">halbbare Zahlung („gemischter Zahlungsverkehr“)</th><th>bargeldlose Zahlung</th></tr>
<tr><td colspan="2">Der Zahlungsvorgang erfolgt ausschließlich durch Übereignung von Bargeld, d. h. Banknoten und Münzen.</td><td colspan="2">Der Zahler oder der Zahlungsempfänger verfügen über ein Konto. Der Zahlungsvorgang erfolgt zum Teil über Bargeld, zum Teil durch Buchung auf einem Konto. Es erfolgt eine Bareinzahlung auf einem Konto oder eine Barauszahlung von einem Konto.</td><td>Zahler und Zahlungsempfänger verfügen über ein Konto. Der Zahlungsvorgang erfolgt ausschließlich durch Übermittlung von Buchgeld.</td></tr>
<tr><th>unmittelbar</th><th>mittelbar</th><td></td><td></td><td></td></tr>
<tr><td>
</td><td>
</td><td>
</td><td>
</td><td>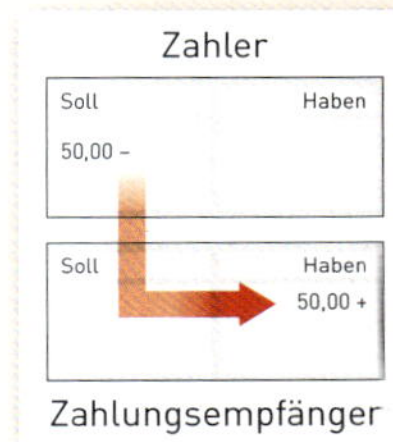
</td></tr>
<tr><td>Zahler übereignet dem Zahlungsempfänger Bargeld. Zahler hat Anspruch auf eine Quittung.</td><td>Nutzung des Geldtransfers über Western Union, MoneyGram oder Wertbrief (bis 100,00 €)</td><td>Barzahlung und Gutschrift auf einem Konto durch Zahlschein oder Nachnahme</td><td>Barauszahlung und Lastschrift auf einem Konto durch Barscheck</td><td>Buchungen von Konto zu Konto durch verschiedene Zahlungsformen (per Überweisung, Lastschrift, im Onlinebanking, Kartenzahlung, E-Geld-Einsatz usw.)</td></tr>
</table>

Formen der Barzahlung

Bei Geschäften des täglichen Lebens ist häufig noch die Begleichung der Geldschuld durch **unmittelbare Barzahlung** üblich. Zahlt der Zahler (Schuldner) bar, muss der Zahlungsempfänger (Gläubiger) ihm auf seinen Wunsch ein schriftliches Empfangsbekenntnis über den Erhalt der Leistung ausstellen: eine **Quittung** (§ 368 BGB). Hierzu existieren Quittungsformulare, die nur auszufüllen sind. Man kann jedoch auch auf einer Rechnung den Erhalt der Zahlung mit Unterschrift quittieren. Für den Beweis, dass der Zahler geleistet hat, genügt meist auch ein Beleg ohne eigenhändige Unterschrift, wie zum Beispiel Kassenbons.

Mittelbare Barzahlung durch **Bargeldtransfer** – insbesondere ins Ausland – bieten Unternehmen wie Western Union oder MoneyGram an: Der Zahler begibt sich in eine Filiale, zeigt seinen Ausweis und füllt ein Formular aus, übergibt den zu transferierenden Bargeldbetrag plus Gebühren, erhält eine Transaktionsnummer, benachrichtigt den Zahlungsempfänger, dieser holt den Betrag in der dortigen Filiale unter Vorlage seines Ausweises und Angabe der Transaktionsnummer ab.

Formen der halbbaren Zahlung

Voraussetzung ist ein **Zahlungskonto** bzw. **Girokonto.** Zur Abwicklung halbbarer oder bargeldloser Zahlungen müssen Zahler bzw. Zahlungsempfänger ein Zahlungskonto bei einem Zahlungsdienstleister haben. Zahlungsdienstleister werden von der Bundesanstalt für Finanzdienstleistungsaufsicht (BaFin) überwacht.

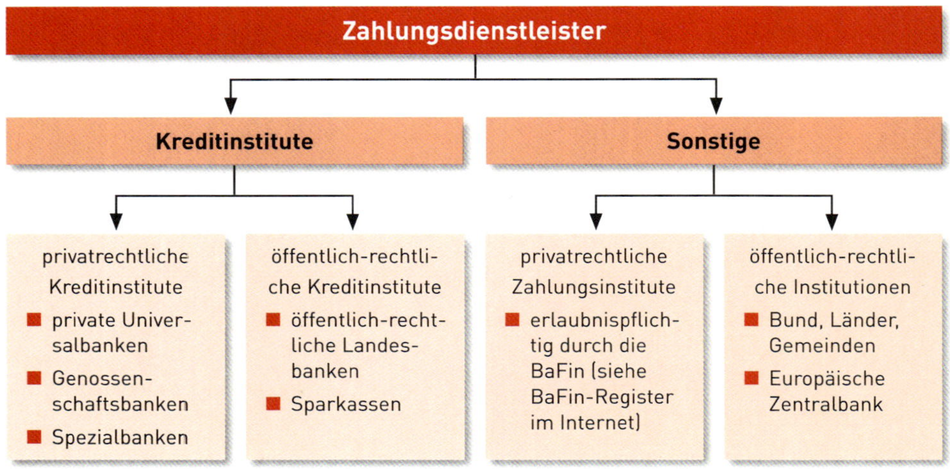

Unternehmen, die Bankgeschäfte betreiben, werden vom Gesetzgeber als **Kreditinstitut** bezeichnet, obwohl die Bankgeschäfte mehr als nur Kreditgewährung umfassen. Bankgeschäfte sind zum Beispiel Zahlungsdienste, Einlagengeschäfte, Wertpapiergeschäfte. Kreditinstitute, die die wichtigsten Bankgeschäfte „unter einem Dach" anbieten, nennt man **Universalbanken.** Daneben gibt es Spezialkreditinstitute, die nur bestimmte Bankgeschäfte anbieten, beispielsweise Hypothekenbanken, Bausparkassen oder E-Geld-Institute.

Der halbbare oder unbare Zahlungsverkehr wird über ein **Zahlungskonto** abgewickelt. Das **Girokonto** bei einem Kreditinstitut ist eine besondere Form des Zahlungskontos und meist mit Zusatzleistungen verbunden (zum Beispiel Nutzung von Schecks, Kreditkarten, Einräumung eines Überziehungskredits). Zugrunde liegt ein auf Dauer angelegter Rahmenvertrag zwischen Kreditinstitut und Kunde. Der Vertrag wird üblicherweise schriftlich niedergelegt. Die Institute halten dazu Vertragsvordrucke und Allgemeine Geschäftsbedingungen bereit. Bei der Kontoeröffnung muss der Nutzer versichern, dass er das Konto für sich selbst eröffnet, und er hat sich auszuweisen. Außerdem verlangt das Kreditinstitut, dass der Nutzer mit einer Anfrage über seine **Bonität** (= Kreditwürdigkeit, von lat. bonitas = Vortrefflichkeit, Rechtschaffenheit) bei der **SCHUFA** (Schufa-Holding AG, Schutzgemeinschaft für allgemeine Kreditsicherung) einverstanden ist.

Merke Jedermann hat das Recht, sich über die gespeicherten Daten zur eigenen Person bei der SCHUFA unentgeltlich zu informieren und eine Datenübersicht nach § 34 Bundesdatenschutzgesetz anzufordern. (www.meineschufa.de)

Der Umfang der Leistungen im Rahmen des **Girokontovertrags** richtet sich nach den getroffenen Vereinbarungen. Inbegriffen sind die Kontoführung, die Buchung von Gutschriften und Belastungen sowie meist die Einziehung der von Kunden eingereichten Schecks (Scheckinkasso). Die Entgegennahme von Bareinzahlungen kann jedoch ausgeschlossen werden, beispielsweise bei Direktbanken, die über kein Filialnetz verfügen. Zusätzliche Vereinbarungen werden meist für die Verwendung von Zahlungskarten, Onlinebanking oder die Einrichtung eines Kontokorrentkredits – des sogenannten Dispositionskredits – abgeschlossen. Zu den Pflichten des Instituts gehören Auskunftspflichten gegenüber den Kunden und Verschwiegenheit gegenüber Dritten.

Das Konto kann für eine Person (Einzelkonto) oder mehrere Personen (Gemeinschaftskonto) geführt werden. Beim **Gemeinschaftskonto** kann jeder Inhaber allein verfügungsberechtigt sein (Oder-Konto) oder die Inhaber sind nur gemeinschaftlich verfügungsberechtigt (Und-Konto). Die Unterschriften werden bei Vertragsabschluss beim Institut hinterlegt, damit die Verfügungsberechtigung überprüft werden kann. Girokonten werden als Kontokorrent geführt, das heißt, Forderungen und Verbindlichkeiten werden laufend verrechnet; zu bestimmten Zeitpunkten – meist am Quartalsschluss – wird der jeweilige Saldo festgestellt. Man spricht von **Kontodeckung,** wenn Zahlungsaufträge des Kunden sich im Rahmen des Guthabens oder eines vereinbarten Dispositionskredits halten.

Änderungen des Vertrags, zum Beispiel der AGB, sind zwei Monate vorher anzukündigen, dabei gilt Schweigen als Zustimmung. Die **Kündigung** ist bei Vertragsänderungen fristlos, sonst für den Nutzer mit einer Frist von einem Monat, für das Kreditinstitut von zwei Monaten möglich (§ 675 g, h BGB).

Zahlschein oder Nachnahme

Merke Der Zahler zahlt bar, der Zahlungsempfänger erhält Buchgeld.

Der Zahler zahlt den geschuldeten Betrag bar bei einem Kreditinstitut ein. Dazu benutzt er einen **Zahlschein.** Der Betrag wird dem angegebenen Konto des Zahlungsempfängers gutgeschrieben. Die Höhe des zu entrichtenden Entgelts richtet sich nach dem eingezahlten Betrag und danach, ob der Zahlungsempfänger beim gleichen oder einem anderen Institut sein Konto hat.

Bei der **Nachnahme** wird ein Post- oder Logistikunternehmen vom Zahlungsempfänger mit dem Einzug eines bestimmten Geldbetrags (Inkasso) anlässlich einer Sendung beauftragt. Der Zusteller überbringt den Brief oder das Paket, der Zahler zahlt dafür bar. Das Geld wird dem Konto des Absenders und Zahlungsempfängers für die Nachnahme überwiesen.

Barscheck

Merke Der Zahler zahlt mit Buchgeld, der Zahlungsempfänger erhält Bargeld.
Der **Scheck** ist eine Urkunde, die die Anweisung des Zahlers (Scheckaussteller) an sein Kreditinstitut (Bezogener) enthält, an den Zahlungsempfänger (Schecknehmer) die im Scheck genannte Geldsumme zu zahlen.

Man kann nach der Form der Eigentumsübertragung am Scheck zunächst den **Orderscheck** und **Inhaberscheck** unterscheiden. Ein Orderscheck ist an eine bestimmte Person zahlbar, ein Inhaberscheck an den jeweiligen Inhaber des Papiers. Der Orderscheck unterliegt bei der Weitergabe den strengen Formvorschriften des Scheckrechts: Der Scheck wird durch ein **Indossament** (= Übertragungsvermerk auf der Scheckrückseite; in dorso = ital.: auf dem Rücken) übertragen.

Der Inhaberscheck wird wie eine normale bewegliche Sache lediglich durch **Einigung** und **Übergabe** nach § 929 BGB übereignet.

§

Artikel 5 Scheckgesetz (ScheckG)

(1) Der Scheck kann zahlbar gestellt werden:
an eine bestimmte Person, mit oder ohne den ausdrücklichen Vermerk **„an Order"; [...]**

(2) Ist im Scheck eine bestimmte Person mit dem Zusatz **„oder Überbringer"** oder mit einem gleichbedeutenden Vermerk als Zahlungsempfänger bezeichnet, so gilt der Scheck als auf den Inhaber gestellt.

(3) Ein Scheck ohne Angabe des Nehmers gilt als zahlbar an den Inhaber. [...]

Artikel 14 Scheckgesetz (ScheckG)

(1) **Der auf eine bestimmte Person zahlbar gestellte Scheck** mit oder ohne den ausdrücklichen Vermerk „an Order" **kann durch Indossament übertragen** werden.

(Hervorhebungen nicht im Original)

Schecks nach der Form der Eigentumsübertragung		
Art / Merkmal	**Inhaberscheck**	**Orderscheck**
Klausel auf dem Scheckvordruck	„Zahlen Sie gegen diesen Scheck an ... oder Überbringer."	„Zahlen Sie gegen diesen Scheck an ... oder Order."
Begebung = Eigentumsübergang am Scheck	formlos durch Einigung und Übergabe (§ 929 BGB)	formgebunden durch Einigung und Übergabe eines indossierten Schecks
häufigste Anwendung	Scheckverkehr im Inland	Scheckverkehr mit dem Ausland

Nach dem Scheckgesetz muss ein Papier bestimmte **Bestandteile** enthalten, um als Scheck zu gelten. Die Banken erkennen aus Sicherheitsgründen nur die von ihnen ausgegebenen Vordrucke an. Diese enthalten neben den gesetzlich vorgeschriebenen noch weitere Bestandteile, die die Abwicklung des Scheckverkehrs im Bankbetrieb erleichtern, die kaufmännischen Bestandteile.

Der Scheck ist grundsätzlich ein „geborenes" Orderpapier, das heißt ein Wertpapier, das an eine bestimmte Person zahlbar ist und nur durch Indossament weitergegeben werden kann. Durch den Aufdruck der sogenannten **Überbringerklausel,** die ein kaufmännischer Bestandteil des Schecks ist, wird das ursprüngliche Orderpapier jedoch zum Inhaberpapier. Durch die Klausel wird das Kreditinstitut ermächtigt, an den angegebenen Zahlungsempfänger „oder an den Überbringer" zu zahlen. Das heißt, dass jeder Inhaber des Wertpapiers den Scheck einlösen kann, die Banken sind nicht zur Überprüfung der Berechtigung des Inhabers verpflichtet. Die Streichung der Überbringerklausel auf den Vordrucken ist nicht zulässig, wird sie gestrichen, gilt sie als nicht erfolgt.

Bestandteile des Schecks	
gesetzliche (Artikel 1 ScheckG)	**kaufmännische**
1. Bezeichnung als Scheck	1. Wiederholung der Schecksumme in Ziffern
2. unbedingte Anweisung, eine bestimmte Geldsumme zu zahlen	2. Schecknummer
3. Name des Bezogenen (Kreditinstitut des Zahlers)	3. Kontonummer des Ausstellers (Zahler)
4. Angabe des Zahlungsorts	4. Bankleitzahl bzw. BIC/IBAN
5. Tag und Ort der Ausstellung	5. Angabe des Schecknehmers (Zahlungsempfänger), jedoch beim Inhaberscheck mit Überbringerklausel
6. Unterschrift des Ausstellers (Zahler)	6. Codierzeile für die EDV

Der **Scheckvertrag** zwischen Scheckaussteller und Kreditinstitut beinhaltet das Recht des Ausstellers, das Kreditinstitut mittels Scheck zur Zahlung anzuweisen, und die Verpflichtung des Kreditinstituts, bei Kontodeckung alle auf die Bank gezogenen Schecks einzulösen. Der **Scheckbegebungsvertrag** zwischen Scheckaussteller und Schecknehmer ist abstrakt, also unabhängig vom Grundgeschäft, das heißt, die Bank löst den Scheck auch dann ein, wenn der zugrunde liegende Kaufvertrag nichtig, die Ware mangelhaft ist oder der Scheckaussteller vom Kaufvertrag zurücktritt. Die vorsätzliche Begebung ungedeckter Schecks, das heißt die Ausstellung von Schecks im Wissen, dass das eigene Konto nicht die erforderliche Deckung aufweist, ist strafbar: Derartig „geplatzte" Schecks erfüllen den Straftatbestand des Betrugs.

Vertragsbeziehungen und Vorgänge bei der Zahlung mit Barscheck

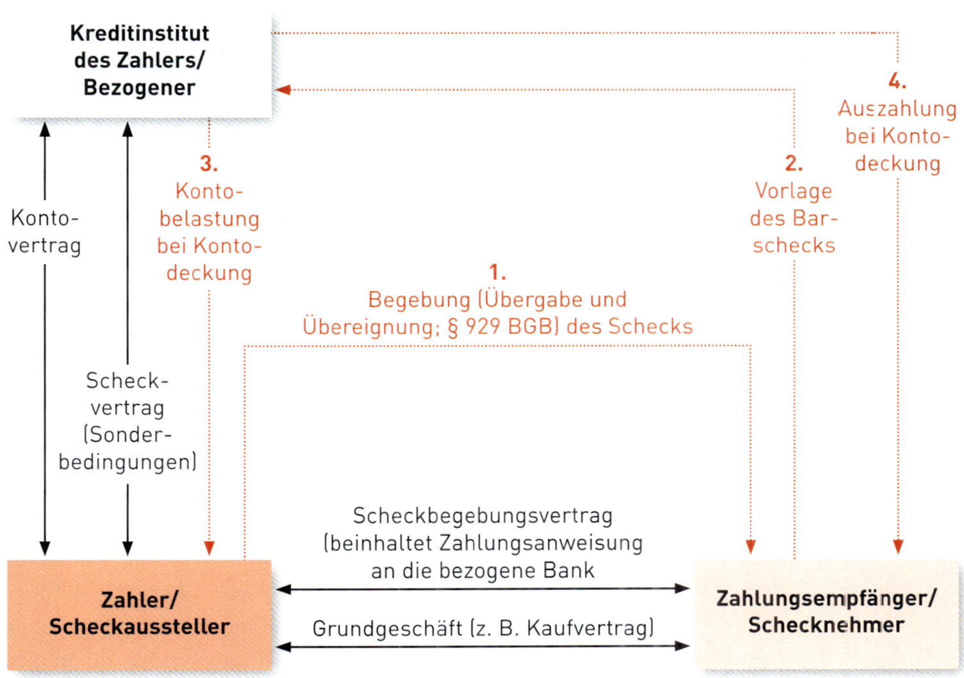

Wenn der Schecknehmer den Barscheck beim bezogenen Kreditinstitut vorlegt, wird die Schecksumme ausgezahlt, sofern Kontodeckung vorhanden ist. Allerdings schreibt das Scheckgesetz kurze **Vorlegungsfristen** vor. Das heißt, dass das Kreditinstitut nur innerhalb dieser Fristen gegenüber dem Schecknehmer zur Zahlung verpflichtet ist. Im Inland sind das acht Kalendertage, innerhalb Europas zwanzig und im sonstigen Ausland siebzig Kalendertage.

§

Artikel 29 Scheckgesetz (ScheckG)

(1) Ein Scheck, der **in dem Land der Ausstellung** zahlbar ist, muss binnen **acht Tagen** zur Zahlung vorgelegt werden.

(2) Ein Scheck, der in einem anderen Land als dem der Ausstellung zahlbar ist, muss binnen **zwanzig Tagen** vorgelegt werden, wenn Ausstellungsort und Zahlungsort sich in demselben Erdteil befinden, und binnen **siebzig Tagen,** wenn Ausstellungsort und Zahlungsort sich in verschiedenen Erdteilen befinden.

(Hervorhebungen nicht im Original)

Da Banken und Sparkassen nicht jeden eingereichten Barscheck einlösen müssen, akzeptieren die meisten Einzelhandels- und Dienstleistungsunternehmen keine Schecks von Verbrauchern. Sie wollen das Risiko nicht eingehen, dass auf dem Konto des Scheckausstellers keine Kontodeckung vorhanden oder die Vorlegungsfrist abgelaufen ist. Deshalb wird der Scheck bei Verbraucherverträgen im In- und Ausland häufig nicht akzeptiert. Im Geschäftsverkehr zwischen Unternehmen ist der Scheck jedoch gebräuchlich.

9.5.5 Bargeldlose Zahlungsformen

Bargeldlose Zahlung in Europa

Merke Bei der bargeldlosen Zahlung wird Buchgeld vom Konto des Zahlers auf das Konto des Zahlungsempfängers übertragen.

In Europa gibt es eine **Vielfalt bargeldloser Zahlungsformen.** Die bargeldlose Zahlung kann zum Beispiel per Überweisung, Lastschrift, Verrechnungsscheck, mittels des Einsatzes von Zahlungskarten oder E-Geld erfolgen.

Der Schaffung eines einheitlichen **Euro-Zahlungsverkehrsraums – SEPA** (= **S**ingle **E**uro **P**ayments **A**rea) – liegt eine freiwillige Vereinbarung der europäischen Kreditwirtschaft zugrunde. SEPA ist die Abkürzung für den Euro-Zahlungsverkehrsraum von 33 europäischen Staaten. Im Zahlungsverkehr dieser Staaten werden die drei Instrumente **SEPA-Überweisung, SEPA-Lastschrift** und **SEPA-Kartenzahlung** für Euro-Zahlungen genutzt.

Die **EU-Zahlungsdiensterichtlinie** (PSD = Payment Services Directive) stellt die Rechtsgrundlage für die Vereinheitlichung bargeldloser Euro-Zahlungen innerhalb der Europäischen Union dar. Die Richtlinie war in den EU-Mitgliedstaaten in nationales Recht umzusetzen; in Deutschland finden sich die wichtigsten Vorschriften im BGB (§§ 675 c bis 676 c). Diese EU-weit gleichen Regelungen zu Überweisungsfristen, zur Haftung bei Kartenverlust, zum Widerruf bei Lastschriftbuchungen usw. schaffen den notwendigen Rahmen für den Einsatz der drei SEPA-Zahlungsinstrumente und sorgen für Rechtssicherheit bei Kreditinstituten und Kunden.

SEPA-Teilnehmerländer

Belgien	Malta
Bulgarien	Monaco
Dänemark	Niederlande
Deutschland	Norwegen
Estland	Österreich
Finnland	Polen
Frankreich	Portugal
Griechenland	Rumänien
Großbritannien	Schweden
Irland	Schweiz
Island	Slowakei
Italien	Slowenien
Kroatien	Spanien
Lettland	Tschechien
Liechtenstein	Ungarn
Litauen	Zypern
Luxemburg	

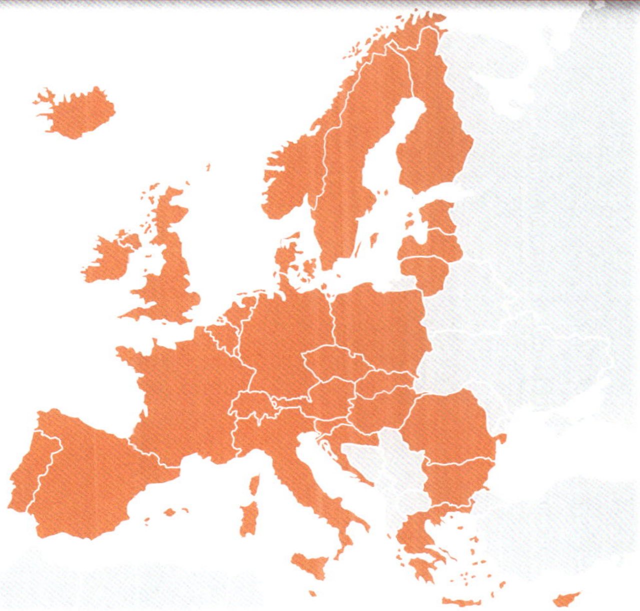

Stand: 2014

Für alle SEPA-Zahlungsformen nutzt man die internationale Kontonummer des Zahlungsempfängers, die sogenannte **IBAN** (= **I**nternational **B**ank **A**ccount **N**umber), sowie die internationale Bankleitzahl **BIC** (= **B**ank **I**dentifier **C**ode). Diese Daten sind auf den Kontoauszügen der Bankkunden abgedruckt.

BIC ist ein internationaler Code für Bankadressen und wird von der SWIFT vergeben (SWIFT = Society for Worldwide Interbank Financial Telecommunications; Sitz in Belgien).

Die Länge der Kontonummer **IBAN** wurde für Deutschland auf eine einheitliche Länge von 22 Zeichen festgelegt: zweistelliger Ländercode (DE), variable zweistellige Prüfziffer, achtstellige Bankleitzahl, zehnstellige Kontonummer, wobei kürzere Kontonummern durch die entsprechende Anzahl von Nullen auf zehn Stellen aufgefüllt werden.

SEPA-Überweisung

Merke Bei der Überweisung geht die Initiative vom Zahler aus.

Zur bargeldlosen Zahlung durch Überweisung ist der Zahler (Schuldner) berechtigt, wenn der Zahlungsempfänger (Gläubiger) seine Kontoverbindung bekannt gegeben hat. Die Initiative geht vom Zahler aus, das heißt, der Zahlungsvorgang wird vom Zahler durch eine Weisung an sein Kreditinstitut ausgelöst. Die Überweisung ist formlos wirksam und kann daher durch Formular, telefonisch oder elektronisch im Onlinebanking abgewickelt werden.

Rechtlich handelt es sich bei einem **Zahlungsauftrag** um eine empfangsbedürftige Willenserklärung des Zahlers gegenüber seinem Kreditinstitut (§ 675 f Abs. 3 S. 2 BGB). Die korrekte Angabe von IBAN/BIC ist besonders wichtig, da der Zahlungsauftrag lediglich mithilfe der Kundenkennung durchgeführt wird; ein Abgleich von Namen und Konto des Zahlungsempfängers findet nicht statt (§ 675 r BGB).

Merke Ein Verschreiben bei der Kundenkennung kann zur Überweisung auf ein falsches Konto und damit zum Verlust des überwiesenen Betrags führen!

Das Kreditinstitut soll sich allerdings im Rahmen seiner Möglichkeiten bemühen, den verlorenen Zahlungsbetrag wieder zu erlangen. Für diese Nachforschungen kann ein Entgelt verlangt werden (§ 675 y Abs. 3 BGB).

Vertragsbeziehungen und Vorgänge bei der Zahlung mit Überweisung

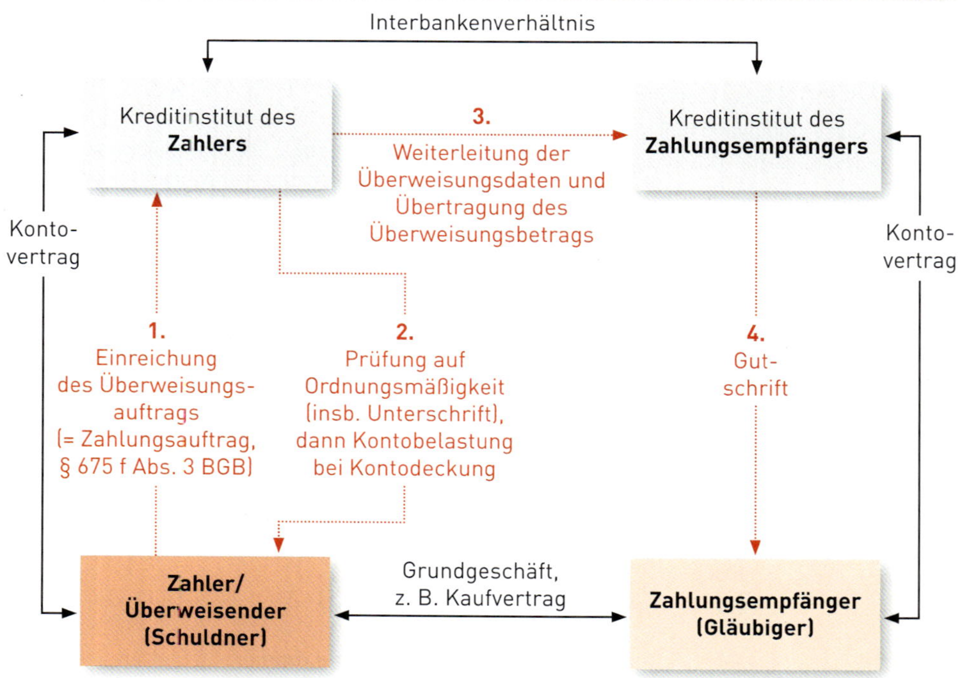

Bei Überweisungen sind die Kreditinstitute verpflichtet, die Zahlung innerhalb eines Geschäftstags auszuführen; bei Überweisung mit Papierbeleg gilt eine Ausführungsfrist von zwei Geschäftstagen (§ 675 s Abs. 1 BGB). Ein Widerruf der Überweisung ist nach der Übermittlung an das Kreditinstitut nicht mehr möglich (§ 675 p Abs. 1 BGB).

SEPA-Überweisungen können innerhalb des Euro-Zahlungsverkehrsraums im In-und Ausland, für Euro-Transfers in unbegrenzter Höhe genutzt werden. Zahler und Zahlungsempfänger sowie die Kreditinstitute werden durch IBAN und BIC identifiziert. Der Zahlungsauftrag kann mit Beleg, am Kundenterminal oder per Onlinebanking erteilt werden. Überweisungen mit deutscher Bankleitzahl und Kontonummer können Kreditinstitute für den Zahlungsverkehr mit Verbrauchern noch bis 31.01.2016 freiwillig anbieten.

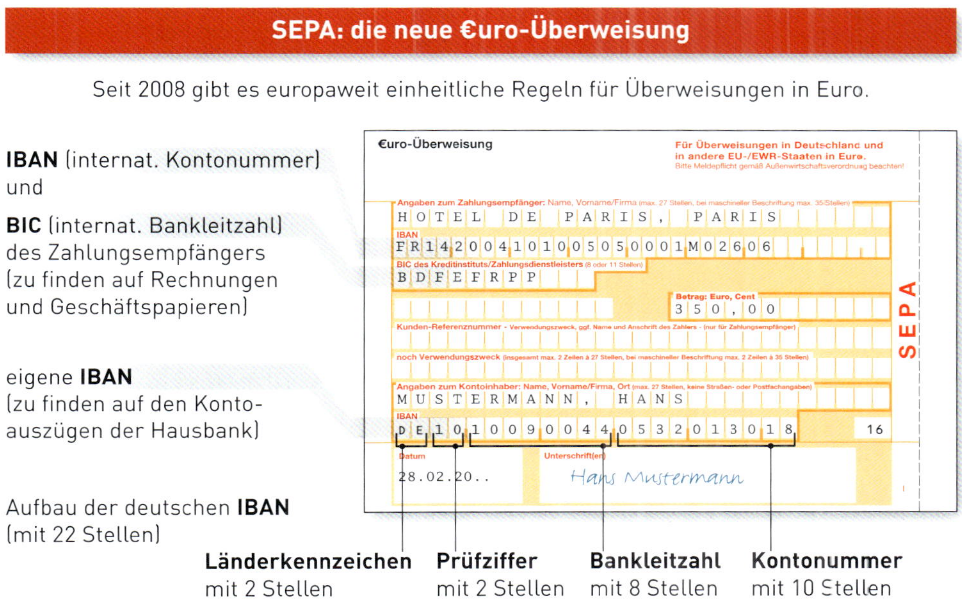

Quelle: Bundesverband der Deutschen Volksbanken und Raiffeisenbanken (BVR)

Sonderformen der Überweisung

Beim **Dauerauftrag** erteilt der Zahler seinem Institut im Voraus einen Zahlungsauftrag, zu bestimmten festgelegten Terminen einen gleichbleibenden Betrag an das angegebene Konto des Zahlungsempfängers zu überweisen. Die Ausführung der Überweisung am jeweiligen Zahlungstermin hängt von der vorhandenen Kontodeckung ab. Da der jeweilige Überweisungsbetrag festgelegt wird, eignet sich der Dauerauftrag vor allem für Zahlungen, die für eine bestimmte Zeit in gleicher Höhe anfallen, wie zum Beispiel die Miete oder Versicherungsbeiträge. Der Widerruf eines Dauerauftrags wirkt nur für die Zukunft (§ 675 j Abs. 2 S. 2, § 675 p Abs. 3 BGB).

Vom Dauerauftrag ist der **Sammelauftrag** zu unterscheiden. Hier handelt es sich um einen Zahlungsauftrag, der aus mehreren Einzelüberweisungen an mehrere Zahlungsempfänger besteht. Für mehr als fünf Überweisungen ist ein Sammelauftrag zu erteilen. Unterschrieben wird nicht jede einzelne Überweisung, sondern der Sammelauftrag auf einem Formular. Die Endsumme des Sammelauftrags wird als ein Posten vom Konto des Zahlers abgebucht.

SEPA-Lastschriftverfahren

Merke Bei der Lastschrift geht die Initiative vom Zahlungsempfänger aus.

Beim Lastschriftverfahren wird auch von „rückläufiger Überweisung" gesprochen, weil hier die Initiative nicht vom Zahler, sondern vom Zahlungsempfänger ausgeht. Durch die Lastschriftvereinbarung verwandelt sich die gesetzliche Geldschuld, die der Zahler auf seine Kosten und Gefahr zu versenden hat, in eine **vertragliche Holschuld.** Der Zahlungsempfänger kann den Zeitpunkt und die Höhe des einzuziehenden Betrags festlegen und selbst dafür sorgen, dass die fällige Zahlung rechtzeitig bei ihm eingeht. Der Zahler wird entlastet: Er muss nur für die nötige **Kontodeckung** sorgen. Das Verfahren bietet sich bei regelmäßigen Zahlungen an, die in unterschiedlicher Höhe ausfallen, wie zum Beispiel für Telefonkosten.

Die Lastschrift scheitert, wenn das Konto des Zahlers keine Deckung aufweist. Nicht eingelöste Lastschriften werden dem Zahlungsempfänger mit dem Einreichungstag zurückbelastet. Hierfür wird ein Entgelt erhoben.

Das SEPA-Lastschriftverfahren (engl.: SEPA Direct Debit) in seinen Formen SEPA-Basislastschrift und SEPA-Firmenlastschrift wird im europäischen Zahlungsverkehrsraum für Euro-Zahlungen eingesetzt.

Die **SEPA-Basislastschrift** entspricht ungefähr der früheren Einzugsermächtigung. Der Zahler unterschreibt dem Zahlungsempfänger das Lastschriftmandat, in dem er einwilligt, dass Zahlungseinzüge von seinem Konto erfolgen. Der Widerspruch gegen die Lastschrift ist innerhalb von acht Wochen nach dem Belastungstag ohne Angabe von Gründen möglich (§ 675 x Abs. 4 BGB). Ist keine Autorisierung erfolgt, ist der Widerruf bis zu 13 Monaten nach der Buchung zulässig (§ 676 b Abs. 2 BGB).

Vertragsbeziehungen beim SEPA-Basislastschriftverfahren

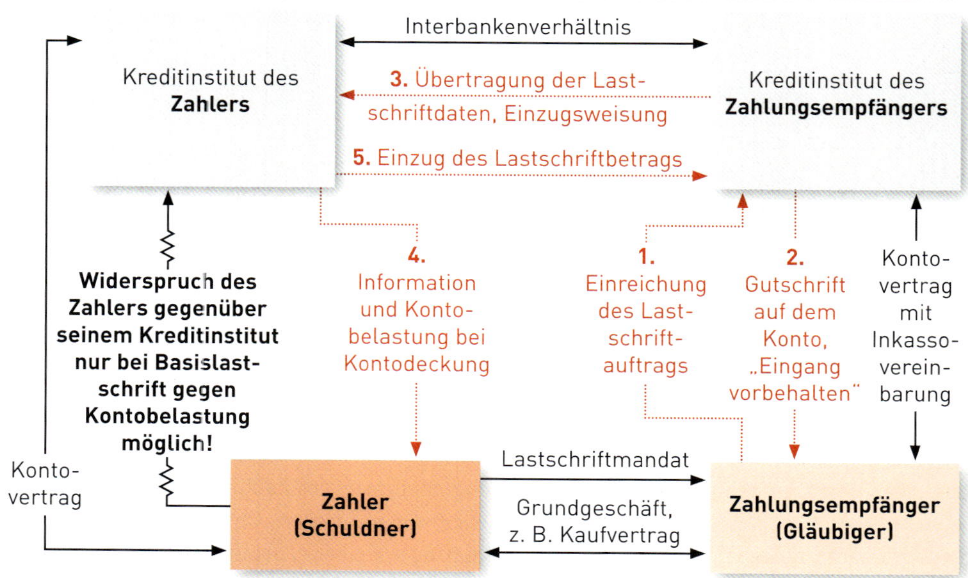

Die **SEPA-Firmenlastschrift** ähnelt dem früheren Abbuchungsauftrag. Der Zahler muss Unternehmer sein. Einer erfolgten Kontobelastung kann nicht mehr widersprochen werden. Unternehmen können als Zahler sowohl die SEPA-Firmenlastschrift als auch die SEPA-Basislastschrift nutzen.

Voraussetzung für den Einzug einer SEPA-Lastschrift ist das **SEPA-Lastschriftmandat.** Es ermächtigt das Unternehmen als Zahlungsempfänger, den fälligen Betrag vom Konto des Kunden (Zahler) einzuziehen. Zusätzlich wird das Kreditinstitut des Zahlungspflichtigen zur Einlösung der Lastschrift angewiesen. Das Mandat und der Zahlungsempfänger sind jeweils über eine Nummer zu identifizieren. Der Zahlungsempfänger erhält die Gläubiger-Identifikationsnummer (CI-Code) bei der Deutschen Bundesbank.

Muster: „SEPA-Lastschriftmandat" für das SEPA-Basislastschriftverfahren

1 eindeutige Bezeichnung als **„SEPA-Lastschriftmandat"**

2 Verwendung des fest vorgegebenen **Mandatstextes**

Muster GmbH, Rosenweg 2, 00000 Nirgendwo

Gläubiger-Identifikations-Nr. DE99ZZZ05678901234
Mandatsreferenz 987 543 CB2

SEPA-Lastschriftmandat

Ich ermächtige die Muster GmbH, Zahlungen von meinem Konto mittels Lastschrift einzuziehen. Zugleich weise ich mein Kreditinstitut an, die von der Muster GmbH auf mein Konto gezogenen Lastschriften einzulösen.

Hinweis: Ich kann innerhalb von acht Wochen, beginnend mit dem Belastungsdatum, die Erstattung des belasteten Betrages verlangen. Es gelten dabei die mit meinem Kreditinstitut vereinbarten Bedingungen.

Vorname und Name (Kontoinhaber)

Straße und Hausnummer

Postleitzahl und Ort

Kreditinstitut (Name und BIC)

DE __ | ____ | ____ | ____ | ____ | __
IBAN

Datum, Ort und Unterschrift

3 Daten des **Lastschrifteinreichers (Gläubigers)**

- Name und Anschrift
- Gläubiger-Identifikations-Nr. („CI")
- optional: Mandatsreferenz-Nr. (z. B. Vertragsnummer)

4 Daten des **Zahlungspflichtigen (Schuldners)**

- Name und Anschrift
- Kontoverbindung (IBAN, BIC, Name des Kreditinstituts)
- Ort, Datum und Unterschrift

Quelle: BVR

Quelle: BVR Bundesverband der Deutschen Volksbanken und Raiffeisenbanken (Abruf 07.11.2013))

Bei der Lastschrifteinreichung bestimmt der Zahlungsempfänger den Fälligkeitstermin. An diesem Tag erfolgt die Belastung auf dem Konto des Zahlers.

Verrechnungsscheck

Nach der Art der Einlösung kann man grundsätzlich **Barscheck** und **Verrechnungsscheck** unterscheiden. Während der Barscheck ein selten eingesetztes Mittel der halbbaren Zahlung darstellt, dient der Verrechnungsscheck der bargeldlosen Zahlung und ist aufgrund seiner Vorteile gegenüber dem Barscheck häufiger.

Merke Beim Verrechnungsscheck zahlt der Zahler mit Buchgeld, der Zahlungsempfänger erhält Buchgeld.

Inhaberschecks nach Art der Einlösung	
Barscheck	**Verrechnungsscheck**
Der Barscheck wird vom bezogenen Kreditinstitut grundsätzlich ohne Legitimationsprüfung an den Vorlegenden bar ausgezahlt.	Der Barscheck wird durch den auf der Vorderseite angebrachten Vermerk „Nur zur Verrechnung" zum Verrechnungsscheck. Das bezogene Kreditinstitut darf den Scheck nur im Weg der Kontogutschrift einlösen.
Bemerkungen	
Es besteht eine erhebliche Gefahr des Missbrauchs durch Unberechtigte, z. B. bei Verlust, Diebstahl.	Die Gefahr der missbräuchlichen Verwendung ist geringer, da der Vorlegende ein Konto haben muss und die Lastschrift zurückverfolgt werden kann.

Vertragsbeziehungen und Ablauf des Zahlungsvorgangs beim Verrechnungsscheck ähneln dem SEPA-Firmenlastschriftverfahren. Durch die Scheckausstellung entsteht aufgrund des Scheck- und Scheckbegebungsvertrags eine unbedingte Anweisung an die bezogene Bank des Zahlers, den Betrag zur Verrechnung auf ein Konto des Zahlungsempfängers/Schecknehmers zu übertragen. Unbedingte Anweisung heißt, dass die Zahlungsanweisung an keine Bedingungen geknüpft werden darf.

Ist die Summe in Buchstaben und Ziffern angegeben, gilt bei Abweichungen die in Buchstaben angegebene Summe. Ein Widerspruch gegen die Kontobelastung ist ausgeschlossen.

Vertragsbeziehungen und Vorgänge bei der Zahlung mit Verrechnungsscheck

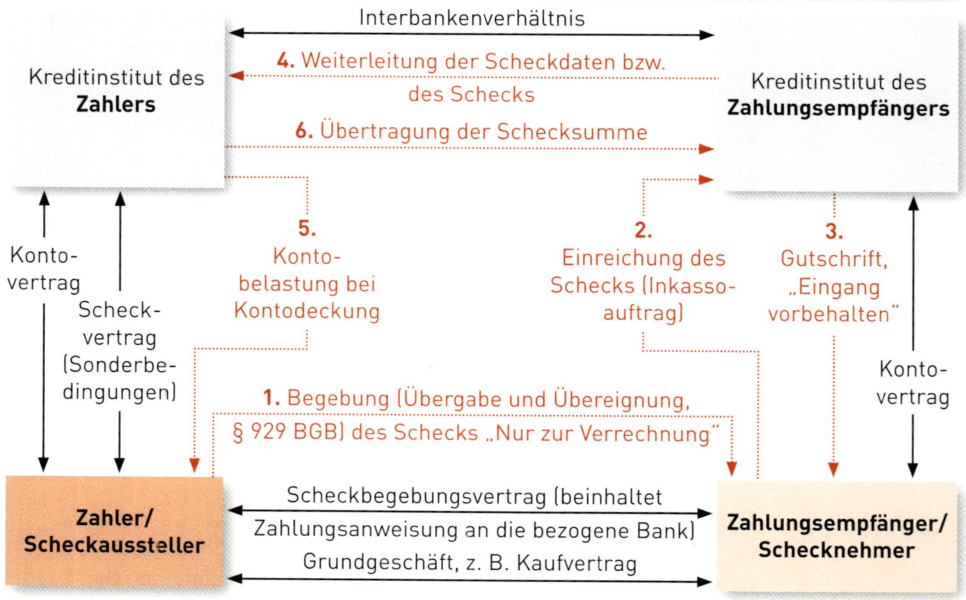

Der Schecknehmer reicht den Verrechnungsscheck seinem Kreditinstitut zur Einlösung ein, das Scheckinkasso ist in der Regel Bestandteil des Girokontovertrags.

9.5.6 Zahlungskarten – eine weitere Form des bargeldlosen Zahlens

Aussteller von Zahlungskarten

Heute ist das Bezahlen mit einer Zahlungskarte kaum noch aus dem täglichen Leben wegzudenken. Die Zahlungskarte dient dabei als Bargeldersatz.

Zahlungskarten werden von unterschiedlichen Unternehmen ausgestellt:

- Girocards von Kreditinstituten (Volks- und Raiffeisenbanken, Postbank, Sparkassen usw.)
- Universalkreditkarten von Kreditinstituten in Zusammenarbeit mit Kreditkartenorganisationen (Visa International, MasterCard)
- Universalkreditkarten direkt von Kreditkartenorganisationen (American Express, Diners Club)
- Kundenkreditkarten in Kooperation von Unternehmen mit Kreditkartenorganisationen (sogenanntes Co-Branding, zum Beispiel Lufthansa Miles and More mit MasterCard)

Merkmale von Zahlungskarten

Auf den Karten sind unterschiedliche **Symbole** für bestimmte Funktionen abgedruckt. Ein **Hologramm** soll vor Fälschungen schützen. Auf den Karten befindet sich ein integrierter Mikroprozessor – ein Chip – mit Informationen über den Karteninhaber und die Geldkartenfunktion. Der **EMV-Chip** schützt gegen das Kopieren oder Verfälschen der Kartendaten und somit gegen Kartenmissbrauch. (Die Abkürzung EMV = Europay/MasterCard/Visa steht für einen internationalen Standard zur Vereinheitlichung der Zahlungskarten.) Die auf den Karten aufgeprägten oder eingestanzten **Nummern** sind die Kreditkartennummer oder Kontonummer bzw. IBAN und Kartennummer bei der Girocard. Schließlich befindet sich auf der Karte noch das **Ablaufdatum,** aufgedruckt oder aufgeprägt. Auf der Rückseite sind ein Feld für die eigenhändige **Unterschrift** des Karteninhabers und der **Magnetstreifen** mit wesentlichen Daten zur Kontoverbindung. Das Ablaufdatum ist auch im Magnetstreifen bzw. Chip gespeichert. Nach diesem Zeitpunkt kann die Karte nicht mehr an Kassen oder Bargeldautomaten eingesetzt werden.

Vorderseite einer Kreditkarte

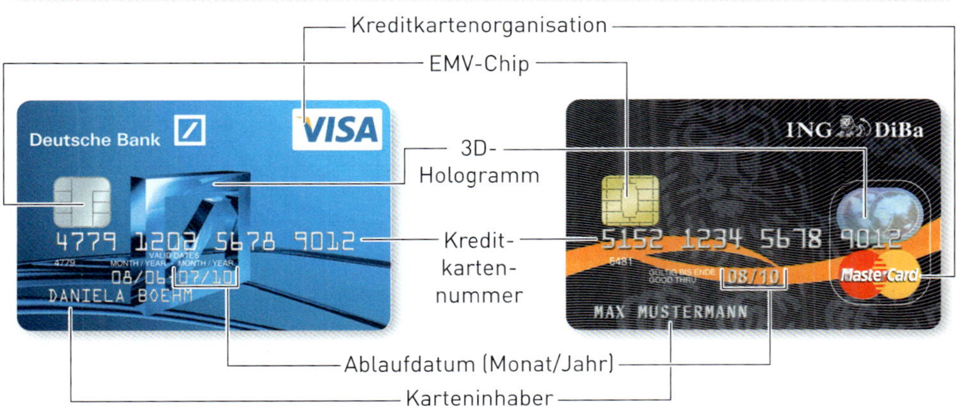

Funktion von Zahlungskarten

Die Vorlage einer Zahlungskarte durch den Karteninhaber verpflichtet den **Kartenaussteller,** an einen Dritten – meist ein **Vertragsunternehmen** des Kartenausstellers, die sogenannte Akzeptanzstelle – eine Geldleistung zu erbringen. Vertragsunternehmen sind Einzelhandelsunternehmen, Hotels, Tankstellen, Reisebüros, Autovermietungen, Restaurants usw. Dabei ist die Zahlung grundsätzlich unabhängig von dem zugrunde liegenden Rechtsverhältnis des Karteninhabers und des Dritten, also dem Grundgeschäft Kaufvertrag, Beherbergungsvertrag, Mietvertrag o. Ä.

Girocard

Girocards (auch Maestro-Karten genannt, früher: EC-Karten) werden im Zusammenhang mit dem Girokonto ausgegeben. Sie haben sich aufgrund ihrer vielseitigen Verwendungsmöglichkeiten zu **Multifunktionskarten** entwickelt.

Sie können im **inländischen Zahlungsverkehr** genutzt werden

- an Kontoauszugsdruckern und Selbstbedienungsterminals der Kreditinstitute,
- für die Bargeldbeschaffung an Geldautomaten,
- zur bargeldlosen Zahlung an automatisierten Kassen.

Girocards, die mit einem Chip und dem Geldkartensymbol ausgestattet sind, können außerdem als Geldkarte verwendet werden. Für die Bargeldabhebung an Automaten, die nicht dem Gironetz des jeweiligen Kreditinstituts angeschlossen sind, erheben die Banken und Sparkassen Entgelte.

Das **Maestro-Zeichen** steht für den **ausländischen Zahlungsverkehr** mit der Girocard. Maestro ist ein von der MasterCard Inc. angebotener Zahlungsdienst. Er ermöglicht die Benutzung von Geldautomaten oder die bargeldlose Zahlung in über 100 Ländern. Überall, wo dieses Zeichen zu finden ist, kann mit der Karte und der Geheimnummer (PIN) bezahlt oder Geld abgehoben werden.

Mit Girocards sind zwei **Zahlungsverfahren** möglich: Electronic-Cash-/Point-of-Sale-Banking (POS) und das elektronische Lastschriftverfahren (ELV).

Electronic-Cash-/Point-of-Sale-Banking (POS)

Der **Point of Sale** ist der Ort der Leistungserbringung, also zum Beispiel ein Ladengeschäft oder ein Hotel. Der Karteninhaber zahlt am Point of Sale an automatisierten Kassen der Vertragsunternehmen in Handel und Dienstleistung zu Lasten seines Girokontos bargeldlos. Die Genehmigung für den Kartenumsatz, die sogenannte **Autorisierung,** wird online abgefragt. Die Legitimationsprüfung erfolgt durch Vorlage der Girocard und Eingabe der persönlichen Geheimnummer (**PIN** = **P**ersonal **I**dentification **N**umber). Das Kartenterminal des Vertragsunternehmens baut über einen Netzbetreiber eine Onlineverbindung zur Autorisierungszentrale des Kreditinstituts auf. Der Netzbetreiber ist für den technischen Service zuständig: Er sorgt für Datenerfassung und -übermittlung vom Händlerterminal zu den Autorisierungszentralen, er ermittelt und verrechnet die geschuldeten Gebühren, er stellt die Voraussetzungen für das POS-Banking bereit (Programme, Rechner, Kartenterminals). Die notwendige Ausstattung wird in der Regel vom Netzbetreiber gemietet. Die Miete beinhaltet Netzbetrieb, Hotline und Austauschservice.

Nach der Bestätigung des geschuldeten Betrags durch den Zahler prüft die Autorisierungszentrale des Kreditinstituts, ob

- die **PIN** richtig eingegeben wurde,
- die Karte **gesperrt** ist,
- die Karte **gültig** ist,
- **Kontodeckung** vorhanden ist und
- der festgelegte **Verfügungsrahmen** der Karte (zum Beispiel 1.000,00 € pro Tag) nicht überschritten wurde.

Zurzeit bestehen vier Autorisierungszentralen: die der Sparkassen, Genossenschaftsbanken, Privatbanken und der Postbank. Daneben betreiben die Zentralen der Kreditkartenorganisationen jeweils eigene Autorisierungszentralen.

Erfolgt die Freigabe der Zahlung auf dem Kartenterminal durch die Mitteilung „Zahlung erfolgt", ist dem Vertragsunternehmen die **Zahlung garantiert.** Der Karteninhaber erhält einen Beleg. Für das Electronic-Cash-Verfahren hat das Vertragsunternehmen an das Kreditinstitut ein Entgelt zu entrichten (Stand 2013: 0,3 % des Electronic-Cash-Umsatzes, mindestens jedoch 0,08 €) und dem Netzbetreiber Transaktionskosten zu ersetzen.

Ablauf des Online-EC-Verfahrens (mit Zahlungsgarantie)

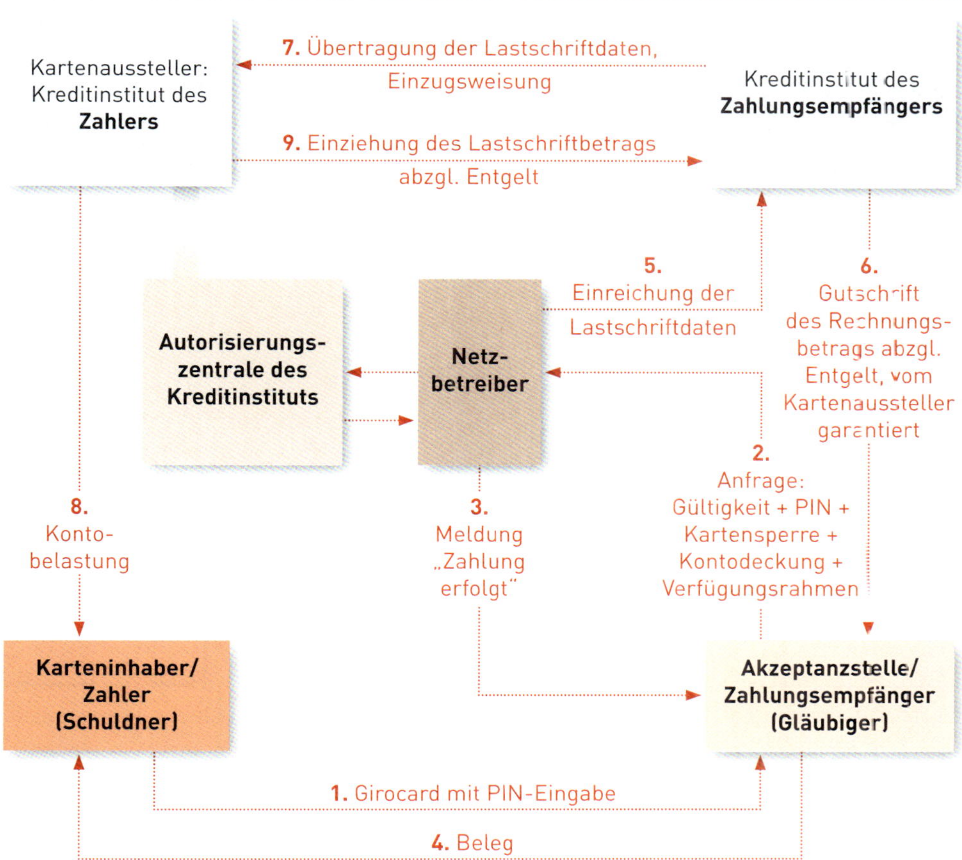

Im sogenannten **Offline- bzw. Chip-Verfahren** wird auf dem Chip der Karte ein bestimmter Verfügungsrahmen für einen bestimmten Zeitraum geladen (zum Beispiel 500,00 € innerhalb einer Woche). Ist noch ein ausreichender Betrag auf der Karte gespeichert, wird die Transaktion (beispielsweise Zahlung von 50,00 € = Rest 450,00 €) nur zwischen Karte und Lesegerät abgewickelt, Transaktionskosten fallen nicht an. Ist der Verfügungsrahmen aufgebraucht oder der bestimmte Zeitraum seit der letzten Verbindung zur Autorisierungszentrale überschritten worden (zum Beispiel eine Woche), so wird eine Onlineverbindung hergestellt. Die Zahlung wird nach positiver Autorisierung ausgeführt und der Verfügungsrahmen wird im Chip wieder gespeichert. Der Vorteil des Offlineverfahrens liegt in einer schnelleren Zahlungsabwicklung.

Elektronisches Lastschriftverfahren (ELV)

Beim elektronischen Lastschriftverfahren werden durch das Kartenterminal oder die elektronische Kasse aus dem Chip oder Magnetstreifen der Karte Bankleitzahl und Kontonummer bzw. BIC/IBAN gelesen und ein **Lastschriftbeleg** erstellt, der vom Kunden **zu unterschreiben** ist. Die Unterschrift wird mit der Unterschrift auf der Karte verglichen, gegebenenfalls unter Vorlage des Personalausweises. Weitere Überprüfungen erfolgen in der Regel nicht. Eine Abfrage an die Autorisierungszentrale des Kreditinstituts wird nicht veranlasst. Das Kreditinstitut übernimmt damit **keine Zahlungsgarantie.** Manchmal wird beim Netzbetreiber eine interne Sperrdatei abgefragt, in der zum Beispiel säumige Kunden eingetragen oder in der die Kartensperren aus dem KUNO-Projekt der Polizei aufgenommen sind. (KUNO ist ein freiwilliges System der Polizeibehörden und der Wirtschaft, mit dem Ziel, Betrugsfälle im kartengestützten Zahlungsverkehr zu reduzieren.)

Die Kosten des Zahlungsempfängers beschränken sich auf die an den Netzbetreiber für die Ausstattung zu entrichtenden Kosten. Dafür trägt der Zahlungsempfänger das Risiko, gestohlene oder verlorene Karten anzunehmen. Der Zahlungsempfänger hat einen Anspruch gegenüber dem Kreditinstitut, die Daten des Zahlers übermittelt zu bekommen. Dies gilt für den Fall der Rückbuchung der Lastschrift wegen mangelnder Kontodeckung oder wegen Widerspruchs des Kunden. Das ELV-Verfahren kann trotz der Umstellung auf die SEPA-Lastschriftverfahren bis 31.01.2016 weiter praktiziert werden.

Geldkarte

Die Geldkarte ist eine **Prepaid Card.** Sie wird vom Karteninhaber mit dem gewünschten Betrag an einem entsprechenden Terminal oder im Internet über einen Rechner mit Kartenlesegerät aufgeladen. Vor dem Ladevorgang ist die PIN einzugeben. Der gewünschte Betrag bis **maximal 200,00 €** wird im Chip gespeichert und das Konto des Karteninhabers wird sofort belastet. Der Chip der Geldkarte stellt quasi eine Börse mit elektronischem Geld dar: Ist die Karte aufgeladen, ist die Börse voll. Die Geldkarte ist ein geeignetes Zahlungsmittel für Kleinbeträge, die meist an Automaten (Fahrscheine, Parkscheine, Getränke) entrichtet werden. Die Zahler zahlen an diesen Akzeptanzstellen von ihrem Chipguthaben. Die Zahlung erfolgt **offline;** Unterschrift oder PIN-Eingabe sind nicht erforderlich. Das Kreditinstitut übernimmt eine **Zahlungsgarantie.** Der Zahlungsempfänger zahlt dem Kreditinstitut dafür ein Entgelt. Bei Verlust wird das elektronische Geld quasi wie Bargeld behandelt – eine Sperre des Guthabens bzw. der Karte ist nicht möglich.

Ablauf des Zahlungsverfahrens bei der Geldkarte

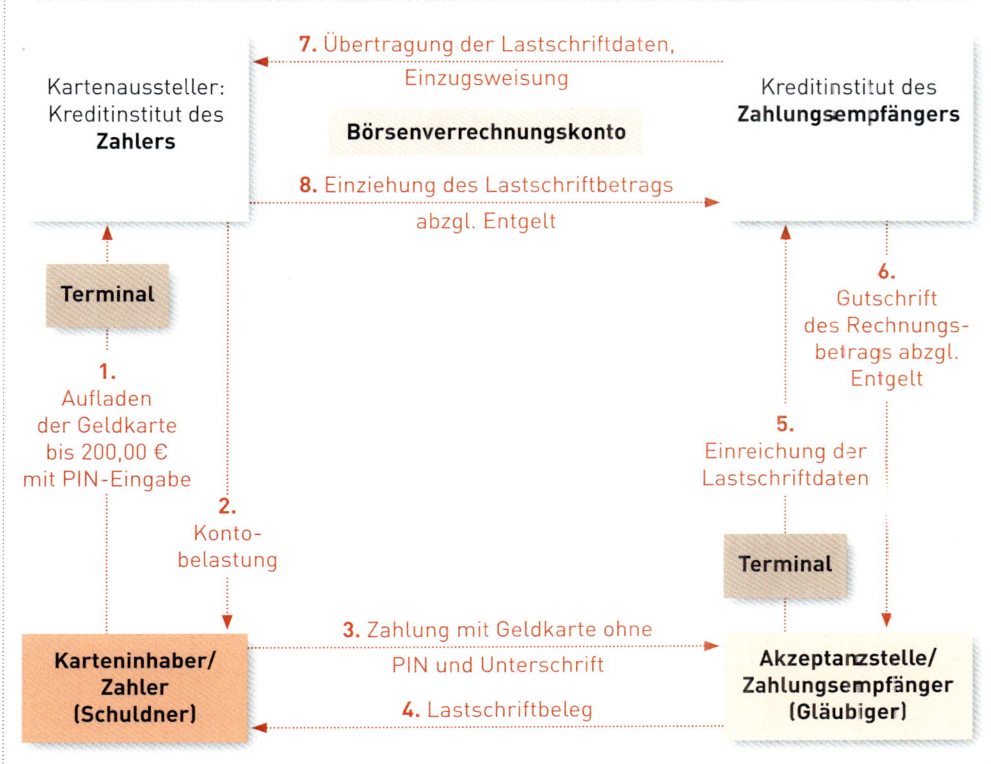

Eine Zusatzfunktion der Geldkarte ist der **Jugendschutz:** Auf Geldkarten ist ein Volljährigkeitsmerkmal gespeichert, sofern der Karteninhaber zum Ausstellungszeitpunkt 18 Jahre alt war. Damit kann zum Beispiel an Zigarettenautomaten das Alter überprüft werden.

Universalkreditkarten

Die Vorläufer der Kreditkarten waren **Kundenkarten,** die bereits in den 1920er Jahren von Handels- und Dienstleistungsunternehmen in den USA ausgegeben wurden, um ihre Kunden stärker an sich zu binden. Daraus entwickelten sich auf das Kartenausstellungsgeschäft spezialisierte Kreditkartenunternehmen, die seit Anfang der 1950er Jahre Karten an Unternehmen und an eine gehobene Privatkundenschicht ausgaben.

Bei den Unternehmen **American Express** und **Diners Club** werden die Kreditkarten direkt vertrieben und von der eigenen Organisation verwaltet, **Visa** und **MasterCard** (bis 2003: Eurocard) stellen ihre Kreditkarten in Zusammenarbeit mit Kreditinstituten aus.

3550597

Beim Einsatz von Universalkreditkarten unterzeichnet der Karteninhaber beim Vertragsunternehmen einen **Belastungsbeleg,** der entweder durch einen Handdrucker gezogen oder mittels eines Kartenlesegeräts oder einer elektronischen Kasse erzeugt wird. Die Unterschrift wird zuweilen durch die Eingabe einer **PIN** ersetzt. Der Karteninhaber erteilt damit dem Kartenaussteller eine verbindliche Weisung, die Zahlung gegenüber dem Vertragsunternehmen zu veranlassen. Er kann die Zahlung grundsätzlich nicht widerrufen.

E-Commerce Kap. 9.5.8

Auch für die **Zahlung beim E-Commerce** (Geschäfte im Internet) werden Kreditkarten verwendet. Kreditkarten können auch zur **Bargeldabhebung an Geldautomaten** genutzt werden. Hierzu ist eine PIN-Eingabe erforderlich.

Ablauf bei elektronischer Zahlung per Kreditkarte (z. B. VISA)

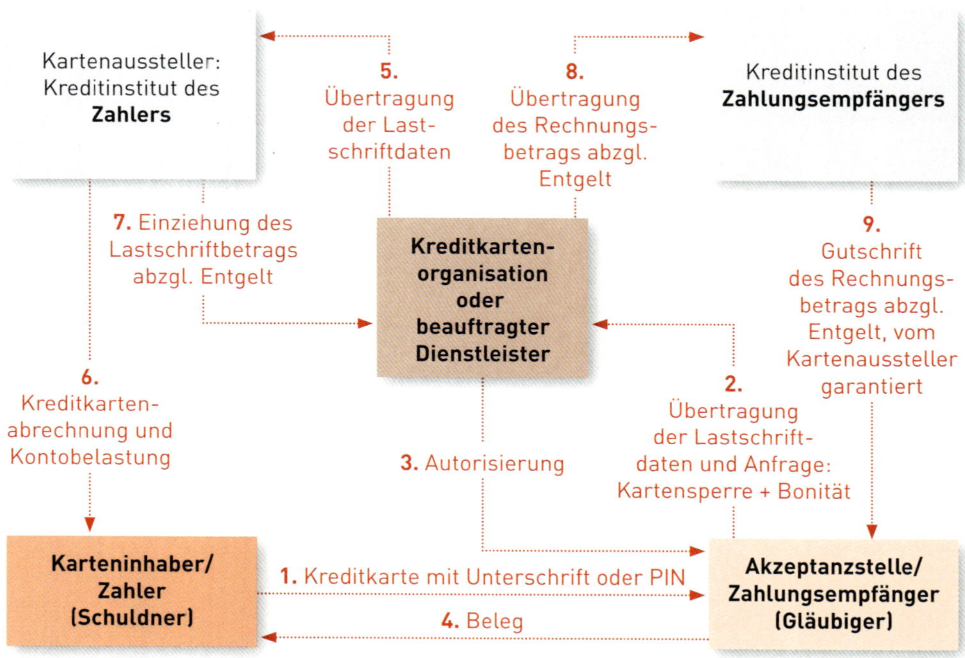

In der Regel ist der **Verfügungsrahmen** einer Kreditkarte wesentlich höher als der einer Girocard. Der Verfügungsrahmen ist der Betrag, mit dem das Konto eines Karteninhabers in einem bestimmten Zeitraum maximal belastet werden darf. Die Höhe des Betrags wird nach der Bonität, also der Kreditwürdigkeit des Karteninhabers bemessen. Gängige Kreditkarten werden im Gegensatz zur Girocard weltweit akzeptiert. Im EU-Euroraum entstehen dem Karteninhaber beim bargeldlosen Zahlen keine zusätzlichen Kosten. Im übrigen Ausland wird vom Kartenaussteller jedoch ein Entgelt von 1 % bis 2 % vom Umsatz berechnet. Die Vertragsunternehmen zahlen je nach Umsatzhöhe und Branche ein Entgelt von 2 % bis 7 %. Dafür wird ihnen der Zahlungseingang garantiert.

Kreditkarten werden in verschiedenen **Ausstattungen** (zum Beispiel Standardkarten oder Gold-, Platinkarten) herausgegeben. Mit Premiumkarten sind ein höherer Preis und je nach Kreditkartenunternehmen verschiedene Zusatzangebote verbunden (Autoschutzbriefe, diverse Reiseversicherungen und Serviceleistungen).

Nach den **Abrechnungsverfahren** unterscheidet man unterschiedliche Arten von Kreditkarten.

- **Prepaid Card:** Die Prepaid-Kreditkarten haben keinen Kreditrahmen, jeder Kartenumsatz wird sofort belastet. Aufgrund der fehlenden Kreditfunktion werden sie auch als Kreditkarten auf Guthabenbasis bezeichnet. Um die Karte zu nutzen, muss man das Guthaben auf dem Kartenkonto auffüllen, die Karte „aufladen". Das Verfahren ähnelt dem Prepaid-Prinzip bei Handys. Diese Karten können auch von Minderjährigen oder Erwachsenen mit geringer Bonität verwendet werden.
- **Debit Card:** Zahlungen werden sofort vom Konto (entweder Girokonto oder Kreditkartenkonto für die Karte) abgebucht, wenn die Karte eingesetzt wird. Zu den Debitkarten zählen neben einigen Karten der Kreditkartengesellschaften VISA und MasterCard auch die Girocard. Die Maestro-Funktion ist nur auf Debitkarten zu finden.
- **Charge Card:** Die Umsätze werden auf dem Kreditkartenkonto gesammelt und meist einmal pro Monat vom Girokonto per Lastschrift eingezogen. Bis dahin werden keine Zinsen fällig. Die meisten deutschen Kreditkarten sind Charge Cards.
- **Credit Card:** Die Karte kann als Kreditmittel benutzt werden. Getätigte Umsätze sind meist ab der monatlichen Rechnung zu verzinsen und ganz oder in Raten auf dem Kreditkartenkonto auszugleichen.

Wenn das **Kreditinstitut** des Karteninhabers selbst als Kreditkartenaussteller fungiert (wie bei VISA, MasterCard), bucht das Kreditinstitut jeden einzelnen Umsatz sofort auf dem von ihm geführten Girokonto (Debit Card) oder monatlich den Saldo der Umsätze auf dem Girokonto (Charge Card). Wenn die **Kreditkartenorganisation** die Karte ausstellt (bei American Express, Diners Club), führt sie selbst ein Kreditkartenkonto für den Karteninhaber und zieht ihre Forderungen beim Kreditinstitut des Karteninhabers in bestimmten Zeiträumen (zum Beispiel monatlich) per Einzugsermächtigung ein (Charge Card). Sofern ein Kreditrahmen eingeräumt wird (Credit Card), sind Rückzahlungsmodalitäten und Zinshöhe mitzuteilen.

Bedeutung der Symbole auf Zahlungskarten/bei Akzeptanzstellen

Die Symbole, die auf einer Giro- oder Kreditkarte auf der Vorder- oder Rückseite angegeben sind, verraten ihre Einsatzmöglichkeiten. Bei Händlern und Dienstleistern sind diese Bilder am Eingang oder an den Kassen angebracht, außerdem findet man sie an Geldautomaten.

Das Maestro-Symbol steht für den ausländischen Zahlungsverkehr mit der Girocard.

Links ist das bisherige Zeichen für Electronic Cash, das heißt bargeldloses Zahlen an entsprechenden Kassen mit Girocard und PIN. Das Girocard-Zeichen ist das neue, gemeinsame Logo für Electronic Cash und den deutschen Geldautomatenverbund.

Das Zeichen bedeutet, dass eine Akzeptanzstelle das elektronische Lastschriftverfahren ohne Zahlungsgarantie anbietet.

Das Zeichen steht für die deutsche elektronische Geldbörse. Auf dem Chip können maximal 200,00 € Bargeld aufgeladen werden.

EAPS (= Euro Alliance of Payment Schemes) bedeutet Europäische Allianz der Zahlungssysteme. Innerhalb der EAPS wird die wechselseitige Kartenakzeptanz im europäischen Zahlungsraum SEPA (= Single Euro Payments Area) gewährleistet.

SEPA-Kartenzahlung

Die Einführung von SEPA vereinheitlicht auch Kartenzahlungen mit Giro- und Kreditkarten. Das Ziel der SEPA heißt „any card at any terminal". In den Teilnehmerländern kann grundsätzlich mit jeder europäischen Debitkarte (zum Beispiel der deutschen Girocard) und an jedem Geldautomaten Geld abgehoben bzw. an jedem Händlerterminal bezahlt werden. Erreicht wird das durch Vereinheitlichung der Technikstandards (EMV-Chip) und der Sicherheitsstandards (Eingabe der PIN bei Zahlungen).

Sicherheit von Zahlungskarten

Ein etwaiger Verlust einer Zahlungskarte muss unverzüglich dem zentralen Sperrnotruf gemeldet werden (§ 675 l BGB). Der Notruf ist rund um die Uhr erreichbar und in Deutschland gebührenfrei. Bei Kartenverlust haftet der Inhaber für maximal 150,00 €, es sei denn, er hat seine Pflichten grob fahrlässig oder vorsätzlich verletzt (§ 675 v BGB).

9.5.7 Onlinebanking

Browserbasiertes PIN-TAN-Verfahren

Beim Onlinebanking greift der private Nutzer mithilfe seines Internetbrowsers auf die Website seines Kreditinstituts zu. Zur Anmeldung im eigenen Girokonto wird die **PIN** (= Personal Identification Number) benötigt. Dabei werden die Daten über ein gesichertes Verfahren übertragen (https = Hypertext Transfer Protocol Secure).

Die Zahlungsvorgänge wie Überweisungen oder Daueraufträge werden jeweils über Eingabe einer **TAN (= Transaktionsnummer,** „Einmal-Passwort") autorisiert. Die TAN wird vom Kreditinstitut in der Regel gezielt angefordert: Der Nutzer erhält dabei eine Papierliste zugeschickt, die beispielsweise 100 TAN enthält, die durchlaufend nummeriert sind. Dies ist die sogenannte **iTAN** (= indexierte TAN). Nach korrekter Eingabe der angefragten iTAN wird zum Beispiel die gewünschte Überweisung veranlasst. Eine weitere Möglichkeit ist die **mTAN** (= mobile TAN), die der Nutzer per SMS auf sein Mobiltelefon erhält. Diese TAN ist nur für die jeweilige Transaktion gültig und verfällt, wenn sie nicht genutzt wird. Einige Kreditinstitute bieten ihren Kunden ein kleines Gerät, den sogenannten TAN-Generator. Bei einem Zahlungsvorgang blendet das Kreditinstitut ein blinkendes Feld auf der Internetseite ein. An dieses hält man den Generator, in dem die Girokarte steckt. Der TAN-Generator erzeugt sodann automatisch die **chipTAN** oder smartTAN.

Sicherheit beim PIN-TAN-Verfahren

Betrügerische „Phishing"-Attacken (von **P**assword-F**ish**ing) erfolgen per E-Mail. Unter einem Vorwand – zum Beispiel Daten oder PIN würden aktualisiert – werden die Kontoinhaber meist auf eine gefälschte Internetseite ihres Kreditinstituts gelenkt (sogenanntes Pharming) und Kontendaten, Geheimnummer und Transaktionsnummern werden abgefragt. In E-Mail und Website wird das Design des Kreditinstituts oft täuschend echt nachgeahmt.

Beispiel **Gefälschte Website**

Beispiel für eine gefälschte Website

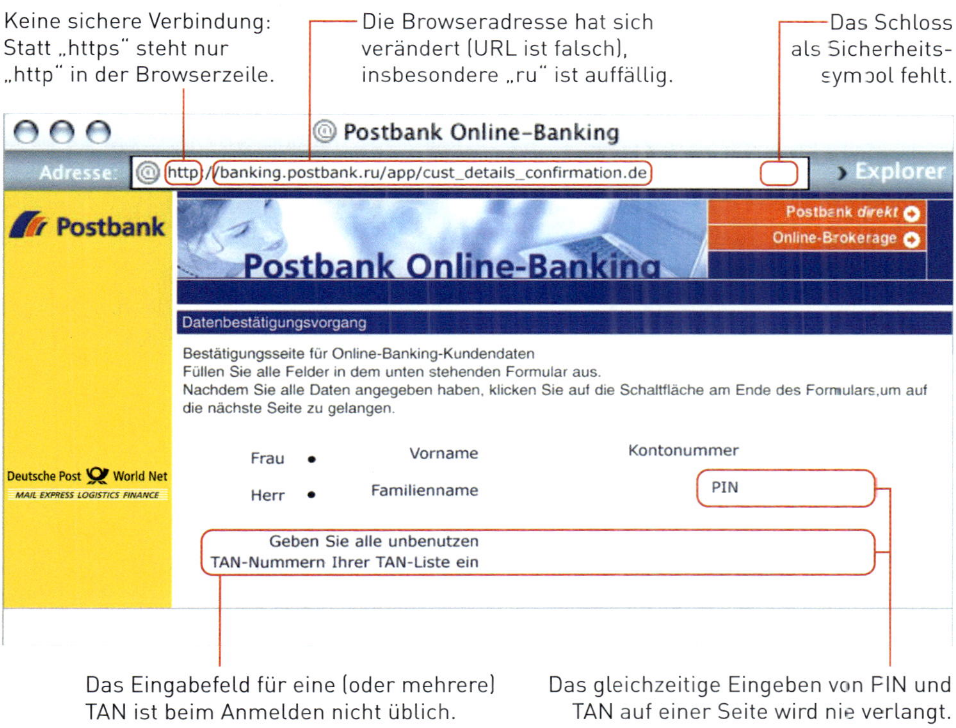

nach: Deutsche Postbank AG

FinTS/HBCI-Verfahren

Financial **T**ransaction **S**ervices (= FinTS)/**H**omebanking **C**omputer Interface **(= HBCI)** ist ein weiteres Verfahren im Onlinebanking. Um es nutzen zu können, muss der Kunde über eine Chipkarte mit Kartenlesegeräte sowie spezielle Bankingsoftware auf seinem häuslichen Rechner verfügen. Die Karte dient der Erzeugung einer digitalen Signatur – einer rechtsverbindlichen elektronischen „Unterschrift" – und der Verschlüsselung der Transaktion, die zwischen dem Rechner des Kunden und dem Kreditinstitut stattfindet. Da der digitale Signierschlüssel auf dem Chip der Karte gespeichert ist und dieser nur über einen externen Kartenleser, nicht über den Computer, aktiviert werden kann, gilt das HBCI/FinTS-Verfahren als sicheres Onlinebanking-Verfahren. Wegen der dafür notwendigen Ausstattung und der damit verbundenen Kosten hat es sich im Privatkundenverkehr noch nicht durchgesetzt.

9.5.8 Zahlungsformen im Electronic Commerce

Zahlungsvorgänge für den Kauf von Waren und Dienstleistungen im Internet erfolgen über vielfältige Zahlungsformen: Nachnahme, Lastschrift, Kreditkarte, aber auch Onlineüberweisung oder Übertragung von E-Geld. Einige Möglichkeiten werden nachfolgend dargestellt.

SEPA-Lastschrift
Kap. 9.5.5

Lastschrift

Zuweilen bieten Onlineshops Kunden die Möglichkeit, den Rechnungsbetrag per Lastschrift zu begleichen. Auf der Webseite müssen Nutzer, die per Lastschrift bezahlen wollen, ihre Kontodaten eingeben und den Shop dazu ermächtigen, die fällige Zahlung einzuziehen. Da der Zahlungsempfänger keine Originalunterschrift als Autorisierung vorweisen kann, ist die Lastschrift durch den Zahler bis zu 13 Monaten nach der Belastungsbuchung widerrufbar (§ 676 b Abs. 2 BGB).

Kreditkartenzahlung im Internet

Die Zahlung mit Kreditkarte erfolgte bisher durch die Angabe der **Kartendaten** und der dreistelligen **Prüfziffer,** die auf der Rückseite der Karte aufgedruckt ist. Um den Kartenmissbrauch zu verhindern, wird meist eine selbstgewählte **PIN** oder ein persönliches **Passwort** verlangt, das der Zahler über die Kreditkartenorganisation bzw. sein Kreditinstitut erhält. Onlineshops, die das Verfahren bereits unterstützen, kennzeichnen ihre Website mit „MasterCard SecureCode" (PIN-System) oder „Verified by Visa" (Passwort-Verfahren).

Online-Überweisung durch giropay

Wenn in einem Onlineshop **giropay** als Bezahlverfahren angegeben ist, wird der Nutzer nach der Eingabe der Bankleitzahl/IBAN von der Website des Shops zum eigenen Onlinebanking-Girokonto eines Kreditinstituts (Postbank, Volks- und Raiffeisenbanken, Sparkasse) geleitet. Der Zahler meldet sich wie gewohnt mit Kontonummer und PIN bei seinem Kreditinstitut an, das System erzeugt eine bereits ausgefüllte Überweisung, die durch Eingabe der TAN autorisiert wird. Der Händler erhält die Zahlungsgarantie.

E-Geld-Transfer durch PayPal

PayPal Europe ist ein Zahlungsdienstleister mit luxemburgischer Banklizenz und ein Tochterunternehmen von eBay®. Über PayPal können Verbraucher und Unternehmer Netzgeldzahlungen senden und empfangen. Zahler und Zahlungsempfänger benötigen dazu ein PayPal-Konto, die Kontonummer entspricht der hinterlegten E-Mail-Adresse. Die Eröffnung des Kontos erfolgt auf der PayPal-Website, die E-Mail-Adresse des Nutzers mit dem festgelegten Passwort fungiert als Kundenkennung. Das Guthaben auf einem PayPal-Konto wird durch Geldbeträge aufgefüllt, die von einem Girokonto bei einem Kreditinstitut stammen. Diese werden durch Einzugsermächtigung, Kreditkarte, giropay oder Überweisung auf das PayPal-Konto transferiert. Umgekehrt können PayPal-Guthaben auch auf Girokonten rückübertragen werden, dies stellt eine Einlösung des E-Gelds in Euro dar.

Der Netzgeldzahlungsvorgang ähnelt einer normalen Überweisung: Der Zahler meldet sich bei seinem PayPal-Konto an und übersendet den entsprechenden Betrag auf das Konto des Zahlungsempfängers. Der Zahlungsempfänger wird per E-Mail benachrichtigt, dass die Zahlung auf seinem PayPal-Konto gutgeschrieben wurde. Vorteile des Systems sind, dass das Netzgeld in viele Länder transferiert werden kann, die Zahlung schnell erfolgt und dem Zahlungsempfänger dabei keine Girokonto- oder Kreditkartendaten des Zahlers bekannt werden. Ein Risiko ist, dass PayPal nicht den Einlagensicherungssystemen der deutschen oder luxemburgischen Kreditinstitute unterliegt: PayPal-Guthaben sind im Fall der Insolvenz des Unternehmens nicht abgesichert.

Neben der Zahlungsdienstfunktion gewährt PayPal Käuferschutz, wenn die mit PayPal gekaufte Ware nicht ankommt oder nicht der Beschreibung entspricht. Für die Nutzung von PayPal fallen mindestens für den Zahlungsempfänger Entgelte an. Die Allgemeinen Geschäftsbedingungen für den Käuferschutz und die aktuelle Höhe der Entgelte sind der Website von PayPal zu entnehmen.

Weitere Zahlungsdienstleister

Nach einer Registrierung bei **ClickandBuy** erhält der Kunde einen Benutzernamen und ein Passwort. Angefallene Zahlungsvorgänge werden gesammelt und monatlich per Überweisung oder Lastschrift vom Girokonto beglichen.

Paysafecard ist eine Prepaid Card und ist im Wert von bis zu 100,00 € erhältlich. Nach dem Kauf einer paysafecard kann die 16-stellige PIN auf der Website des Onlineshops eingegeben werden. Der jeweilige Stand des Guthabens der paysafecard und die Umsätze sind online mit der PIN abrufbar.

Lernlandkarte 9.6

9.6 Finanzierungsentscheidungen treffen

9.6.1 Investition und Finanzierung
- Anschaffen von Produktionsmitteln
- Beschaffung von Kapital

9.6.2 Liquidität

9.6.3 Finanzierungsarten
- Eigen-/Fremdfinanzierung
- Innen-/Außenfinanzierung

9.6.4 Kreditfinanzierung
- Zinssatz
- Disagio
- Effektivzinssatz

9.6.5 Kreditarten
- endfällige Darlehen
- Ratendarlehen
- Annuitätendarlehen
- Kontokorrentkredit

9.6.6 Lieferantenkredit
- Skonto

9.6.7 Kreditsicherheiten
- Grundschuld
- Sicherungsübereignung
- Zession
- Bürgschaft

9.6.8 Leasing
- nicht kaufen, sondern mieten

9.6.9 Factoring – Verkauf von Forderungen

9.6.10 Not leidende Unternehmen – Insolvenz
- Insolvenzverfahren
- Verbraucherinsolvenz

9.6 Finanzierungsentscheidungen treffen

9.6.1 Investition und Finanzierung

Jedes Unternehmen benötigt je nach Branche mehr oder weniger Maschinen, Gebäude, Autos, Computer usw. Diese Gegenstände werden in der Bilanz im **Anlagevermögen** erfasst. Auch die Bilanz der Blum Music4You KG weist etliche solcher Vermögensgegenstände aus. Der Geschäftsführer Claus Blum hat sie angeschafft, um die Geschäftszwecke der Blum Music erfüllen zu können: Herstellung und Wartung von Gitarren, Organisation und Ausrichtung von Musikveranstaltungen und Vertrieb von Fanartikeln.

Beispiel Anlagevermögen Blum Music

Die Blum Music4You KG besitzt ein professionelles Tonstudio, um CDs in der marktüblichen Qualität aufnehmen zu können.

Merke Die Anschaffung von Produktionsmitteln wird **Investition** genannt.

Jede einzelne Investition muss genau überdacht und berechnet werden. Nur wenn aufgrund der Investition mehr verdient werden kann, lohnt sich die Investition. Die Anschaffungskosten müssen „sich rechnen".

Beispiel Tonstudio Blum Music

Die Blum Music4You KG vermietet ihr Tonstudio an Nachwuchskünstler. Das Geschäft läuft gut und die Anschaffungskosten für das Tonstudio haben sich nach einiger Zeit amortisiert.

Investitionsanlässe

Gründungsinvestitionen
Anschaffungen bei der Gründung eines Unternehmens

Ersatzinvestitionen
Ersatz defekter Gegenstände

Rationalisierungsinvestitionen
z. B. Anschaffung einer Maschine, die in kürzerer Zeit mehr produziert

Neuinvestitionen
z. B. Anschaffungen beim Aufbau eines weiteren Geschäftszweigs

Für jede Investition oder Anschaffung müssen finanzielle Mittel bereitgestellt werden.

Merke Der betriebliche Prozess zur Beschaffung und Rückzahlung des benötigten Kapitals wird **Finanzierung** genannt.

Investitionen und Finanzierung sind eng miteinander verknüpft.

Merke **Finanzierung** (Mittelherkunft) umfasst alle Maßnahmen, die der Beschaffung von Geldmitteln (Kapital) dienen, um unternehmerische Vorhaben realisieren zu können. Die Verwendung der Geldmittel wird als **Investition** (Mittelverwendung) bezeichnet.

Kennzahlen, die Aussagen über die finanzielle Situation des Unternehmens ermöglichen, lassen sich direkt aus den Werten der aufbereiteten Bilanz ermitteln.

Kennzahlen der Finanzierung

x=a+b

$$\textbf{Eigenkapitalquote} = \frac{\text{Eigenkapital}}{\text{Gesamtkapital}} \cdot 100$$

$$\textbf{Verschuldungsgrad} = \frac{\text{Fremdkapital}}{\text{Gesamtkapital}} \cdot 100$$

$$\textbf{Anteil des langfristigen Fremdkapitals} = \frac{\text{langfristiges Fremdkapital}}{\text{Gesamtkapital}} \cdot 100$$

$$\textbf{Anteil des kurzfristigen Fremdkapitals} = \frac{\text{kurzfristiges Fremdkapital}}{\text{Gesamtkapital}} \cdot 100$$

Die **Eigenkapitalquote** stellt den Anteil des Eigenkapitals am Gesamtkapital als Prozentsatz dar. Sie ist ein Gradmesser für die finanzielle Unabhängigkeit. Das Eigenkapital muss schließlich (unter normalen Umständen) an niemanden zurückgezahlt werden. Eine Eigenkapitalquote von 30 % gilt durchaus als solide finanziert. Allerdings hängt die Bewertung auch von der Anlagenintensität ab. Anlagenintensive Unternehmen benötigen eine deutlich höhere Eigenkapitalquote als zum Beispiel Dienstleistungsunternehmen.

Der **Verschuldungsgrad** ist die gegenteilige Kennzahl. Eigenkapitalquote + Verschuldungsgrad = 100 %. Dargestellt wird der Anteil des Fremdkapitals am Gesamtkapital. Je niedriger der Verschuldungsgrad ist, desto weniger Schulden – im Verhältnis zum Gesamtkapital – müssen an Kreditgeber zurückgezahlt werden.

Der Anteil des **langfristigen** und des **kurzfristigen Fremdkapitals** verdeutlichen, in welchen Zeiträumen die Schulden zurückzuzahlen sind. Unternehmen sind in der Regel bestrebt, insbesondere den Anteil des kurzfristigen Fremdkapitals möglichst klein zu halten.

Kennzahlen der Investition

x=a+b

$$\textbf{Deckungsgrad I} = \frac{\text{Eigenkapital}}{\text{Anlagevermögen}} \cdot 100$$

$$\textbf{Deckungsgrad II} = \frac{\text{Eigenkapital + langfristiges Fremdkapital}}{\text{Anlagevermögen}} \cdot 100$$

Der **Deckungsgrad I** stellt dar, in welchem Umfang das Anlagevermögen durch Eigenkapital gedeckt ist. Das Anlagevermögen ist auf Dauer angelegt. Es muss auch langfristig finanziert sein. Ist das Anlagevermögen zu 100 % vom Eigenkapital gedeckt, liegt eine sehr sichere Finanzierung vor, schließlich kann das Eigenkapital nicht von Gläubigern zurückgefordert werden.

Neben dem Eigenkapital steht das langfristige Fremdkapital dem Unternehmen für längere Zeit zur Verfügung. Der **Deckungsgrad II** zeigt, in welchem Umfang das Anlagevermögen durch langfristiges Kapital gedeckt ist. Der Deckungsgrad II sollte mindestens 100 % betragen, also das gesamte Anlagevermögen langfristig finanziert sein.

9.6.2 Liquidität

Mit der **Liquidität** (= Flüssigkeit) wird die Zahlungsfähigkeit eines Unternehmens bezeichnet. Die Liquiditätskennzahlen stellen Positionen des Umlaufvermögens dem kurzfristigen Fremdkapital gegenüber. Die Bewertung der Liquidität erfolgt mithilfe der folgenden Kennzahlen.

Kennzahlen der Liquidität

x=a+b

Liquidität I $= \frac{\text{flüssige Mittel}}{\text{kurzfristiges Fremdkapital}} \cdot 100$

Liquidität II $= \frac{\text{flüssige Mittel + Forderungen}}{\text{kurzfristiges Fremdkapital}} \cdot 100$

Liquidität III $= \frac{\text{Umlaufvermögen}}{\text{kurzfristiges Fremdkapital}} \cdot 100$

Die **Liquidität I** wird auch Barliquidität genannt. Die Zahlungsmittel, die als Guthaben auf Bankkonten oder seltener als Bargeld im Kassenbestand vorhanden sind, können sofort für die Zahlung fälliger Schulden herangezogen werden. Die Kennzahl sagt allerdings wenig aus, da die flüssigen Mittel eines Unternehmens schwanken können. Grundsätzlich gilt: Für erforderliche Zahlungen (fällige Eingangsrechnungen, Tilgungen, Löhne, ...) müssen die notwendigen flüssigen Mittel vorhanden sein. Eine darüber hinaus gehende Barliquidität ist unwirtschaftlich, weil für Guthaben auf Girokonten in der Regel keine Zinserträge anfallen.

Nimmt man zu den flüssigen Mitteln die Forderungen hinzu, wird die **Liquidität II** ermittelt. Es handelt sich um eine einzugsbedingte Liquidität. Sind die Zeiträume bis zur Fälligkeit der Verbindlichkeiten mit denen der Forderungen ungefähr gleich, wäre ein Wert von 100 % für die Liquidität II ideal. Allerdings gilt auch für die Liquidität II, dass die Werte an den Bilanzstichtagen stark schwanken können. Die Buchung einer einzelnen, über einen hohen Betrag lautenden Eingangsrechnung kann die Kennzahl senken (wegen der höheren kurzfristigen Verbindlichkeiten). Entsprechend kann die Buchung einer einzelnen Ausgangsrechnung die Liquidität II kräftig anheben (wegen der höheren Forderungen).

Werden die flüssigen Mittel und die Forderungen noch um die Vorräte ergänzt, lässt sich die **Liquidität III** berechnen. Diese Kennzahl wird auch als umsatzbedingte Liquidität bezeichnet. Für sie gilt ein Wert von 200 % als ideal.

9.6.3 Finanzierungsarten

Wenn Sie sich zum Beispiel ein Auto kaufen wollen, so müssen Sie über die Finanzierung nachdenken. Entweder haben Sie dafür genug Geld gespart oder Sie müssen es sich leihen.

Unternehmen stehen vor derselben Situation. Bei jedem Kauf muss Kapital zur Verfügung gestellt werden. Die Herkunft der Gelder findet sich auf der Passivseite der Bilanz wieder.

Aktiva	**Bilanz**	**Passiva**
Anlagevermögen Umlaufvermögen		Eigenkapital Fremdkapital

Finanzierungen können danach unterschieden werden, welche **Rechtsstellung** die Kapitalgeber im Hinblick auf das Unternehmen haben:

Eigenfinanzierung	Fremdfinanzierung
Das Kapital ist Eigenkapital. Die Unternehmer beschaffen das Geld selbst, indem sie z. B. eine Summe aus ihrem Privatvermögen einbringen oder einen weiteren Eigentümer aufnehmen.	Das Kapital ist Fremdkapital. Die Geschäftsleitung nimmt einen Kredit zum Beispiel bei einer Bank auf, um das nötige Kapital zu beschaffen.

Diese Unterscheidung in Eigen- und Fremdfinanzierung gilt auch, wenn eine Anschaffung aus schon vorhandenen Bankguthaben bezahlt wird. In diesem Fall wird das Geld schon früher von den Eigentümern oder von Gläubigern (meistens Banken) bereitgestellt.

Eine weitere Art der Unterscheidung ist die Frage, **woher** das Kapital kommt, welche **Herkunft** es hat:

Innenfinanzierung	Außenfinanzierung
Das Kapital kommt aus dem Unternehmen; es wird selbst erwirtschaftet.	Das Kapital fließt von außen dem Unternehmen zu, z. B. durch einen neuen Miteigentümer oder die Aufnahme eines Bankkredits.

Bei der **Innenfinanzierung** sind zwei Fälle relevant:

1. Die Eigentümer verzichten auf eine Auszahlung ihres Gewinns und belassen es im Unternehmen. Die Anteile der Eigentümer erhöhen sich und der Gewinn wird in Geschäftsanteile umgewandelt.
2. Die Geschäftsführung finanziert eine Anschaffung durch die verbuchten Abschreibungen des vorhandenen Anlagevermögens. Abschreibungen schmälern den Gewinn, sind aber keine Auszahlung. Das Geld ist noch im Unternehmen vorhanden und kann für Investitionen verwendet werden.

Abschreibungen Rechnungswesen Kap. 6.10

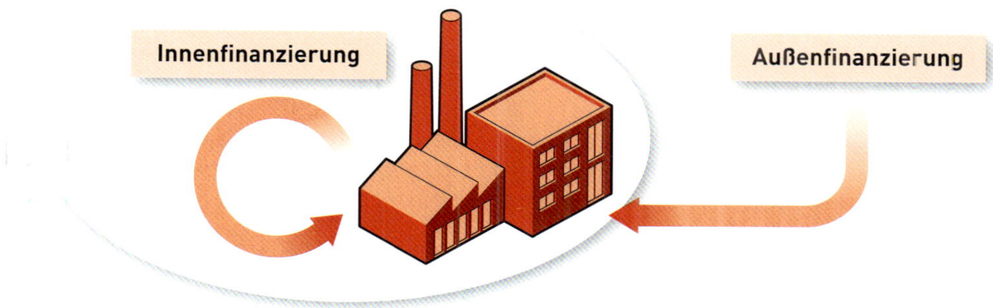

Jede Finanzierung ist also durch zwei Merkmale gekennzeichnet:

Eigen- oder Fremdfinanzierung + **Außen- oder Innenfinanzierung**

Besonders wichtig ist die Außenfinanzierung durch Fremdkapital. Die Möglichkeiten dieser Kapitalbeschaffung werden im folgenden Kapitel beschrieben.

9.6.4 Kreditfinanzierung

Einstiegsfall Kredit für einen Transporter

Die Blum Music4You KG braucht einen neuen Transporter für die Auslieferung der Artikel und die Fahrten zu den Konzerten. Der Transporter wird etwa 30.000,00 € kosten.

Der Geschäftsführer Claus Blum hat für diese Anschaffung eigentlich genügend Geld auf den Firmenkonten, da dieses Geld aber als Liquiditätsreserve dient und der Transporter langfristig im Unternehmen eingesetzt werden soll, beschließt Claus Blum, diese Gelder nicht zu verwenden. Die Blum Music4You KG wird daher einen Kredit aufnehmen müssen. Claus Blum erkundigt sich bei seiner Hausbank, der Kölner Kreditanstalt AG, nach einem Bankkredit.

Kreditgeber für Unternehmen sind in der Regel die **Kreditinstitute,** also Banken und Sparkassen. **Bankkredite** sind für Unternehmen die am häufigsten genutzte Art, sich Kapital zur Finanzierung ihrer Investitionen zu verschaffen. Darüber hinaus gibt es weitere Kreditgeber, die aber für Unternehmen eine geringere Rolle spielen.

Wie verläuft eine Kreditvergabe? Die Bank gibt dem Unternehmen einen **Kredit** in bestimmter Höhe für einen vorher festgelegten Zeitraum und bekommt dafür Zinsen. Der Zinssatz kann sich während der Laufzeit verändern, ist in aller Regel aber im Kreditvertrag festgelegt. Der Kredit, den die Bank vergibt, wird als Fremdkapital auf der Passivseite der Bilanz ausgewiesen.

Merke **Kredit:** Ein Kreditgeber (Gläubiger), zum Beispiel eine Bank, verleiht Geld an einen Kreditnehmer (Schuldner) für einen bestimmten Zeitraum und erhält dafür Zinsen. Ein Kredit hat eine festgelegte Laufzeit und muss vom Kreditnehmer in der Regel einschließlich Zinsen zurückbezahlt werden.

Zinssatz

Die Zinsen eines Kredits werden als **Jahreszinssatz p.a.** (lat. per annum = pro Jahr) angegeben. Der Kreditgeber erhält den Zins als eine Art Miete für das verliehene Geld. Der Zins berechnet sich aus der jeweils verliehenen Kreditsumme, das heißt, je mehr und je schneller zurückbezahlt wird, desto geringer fällt der Zins aus. Ist die Laufzeit des Kredits kürzer als ein Jahr, dann ist ein anteiliger Zins zu entrichten.

Bei den folgenden Berechnungen wird davon ausgegangen, dass ein Monat genau 30 Tage und das Jahr 360 Tage hat. Mit diesen Angaben und mithilfe der Zinsformel kann der **anteilige Zins** berechnet werden.

x=a+b

Zinsformel

$$\frac{\text{Tage} \cdot \text{Zinssatz} \cdot \text{Kreditsumme}}{360 \cdot 100}$$

Oder:

$$\frac{\text{Tage} \cdot \text{Zinssatz in \%} \cdot \text{Kreditsumme}}{360}$$

Beispiel Berechnung anteiliger Zins

Die Harty GmbH nimmt ein Darlehen über 1.000,00 € für 30 Tage bei 15 % Zins in Anspruch.

$$\frac{30 \cdot 15 \cdot 1.000{,}00}{360 \cdot 100} = 12{,}50\ €$$

Die Harty GmbH muss also 12,50 € Zins für den Kredit bezahlen.

Disagio – vorausbezahlte Zinsen

Ein Kreditvertrag kann aus steuerlichen Gründen mit einem sogenannten Disagio (einem Abschlag) versehen werden. Der Kreditgeber verlangt in diesem Fall einen geringeren Zinssatz, da die einbehaltene Summe eine Zinsvorauszahlung darstellt.

Beispiel Disagio

Die Harty GmbH benötigt einen Kredit über 10.000,00 € mit einer Laufzeit von einem Jahr. Die Bank bietet ihr zwei Alternativen an:

Alternative 1: Die Bank bezahlt den Kredit zu 100 % aus.	**Alternative 2:** Die Bank gewährt ein Disagio von 6 % und bezahlt dafür nur 94 % des Kredits aus.
Die Harty GmbH erhält 10.000,00 €. Dafür verlangt die Bank einen Zinssatz von **10 %.** Zahlungen am Laufzeitende (nach einem Jahr): ■ 10.000,00 € Rückzahlung der Kreditsumme ■ 1.000,00 € Zinsen	Die Harty GmbH erhält 9.400,00 € und muss trotzdem Zinsen auf die gesamte Kreditsumme von 10.000,00 € bezahlen. Das von der Bank einbehaltene Disagio von 600,00 € gilt als vorausbezahlter Zins; deshalb verlangt die Bank nur noch eine Verzinsung von **4 %.** Zahlungen am Laufzeitende (nach einem Jahr): ■ 10.000,00 € Rückzahlung der Kreditsumme ■ 400,00 € Zinsen

In beiden Fällen bezahlt die Harty GmbH die gleiche Summe an die Bank, obwohl im einen Fall 10 % Zinsen und im anderen nur 4 % Zinsen berechnet wurden. Der Zinssatz sagt also nichts darüber aus, welcher Kredit günstigere Konditionen hat.

Effektivzinssatz

Sehr oft fallen neben den Zinsen noch weitere Kosten für einen Kredit an, zum Beispiel Bankgebühren, Bearbeitungsgebühren, Kontoführungsgebühren, Servicepauschalen. Diese werden im Kreditvertrag vereinbart. Die Bank könnte also einen niedrigeren Zinssatz verlangen, indem sie die Kostenbestandteile als Gebühren kennzeichnet (siehe das Beispiel Disagio).

Der **nominale Zinssatz** eines Kredits ist daher nur bedingt aussagekräftig. Um Kreditangebote vergleichen zu können, müssen alle über die Laufzeit hinweg entstehenden Kosten eingerechnet werden. Diese Kosten werden ins Verhältnis zur Kreditsumme gestellt und ergeben den **Effektivzinssatz:**

$$\frac{\text{Zinszahlungen} + \text{Disagio} + \text{Bearbeitungsgebühr} + \text{Kontoführungsgebühr} + \text{sonstige Kosten}}{\text{Kreditbetrag} \cdot \text{Laufzeit}} \cdot 100$$

x=a+b

9.6.5 Kreditarten

Kredite können nach unterschiedlichen Kriterien verschiedenen **Kreditarten** zugeordnet werden: nach der Laufzeit der Kredite (zum Beispiel lang- oder kurzfristige Kredite), nach dem Verwendungszweck (zum Beispiel Investitionskredite), nach der Sicherheit (zum Beispiel durch die Ausstellung einer Sicherungsübereignung) und nach dem Kreditgeber (Bank- oder Lieferantenkredit).

Die wichtigsten **Bankkredite** werden im Folgenden erläutert.

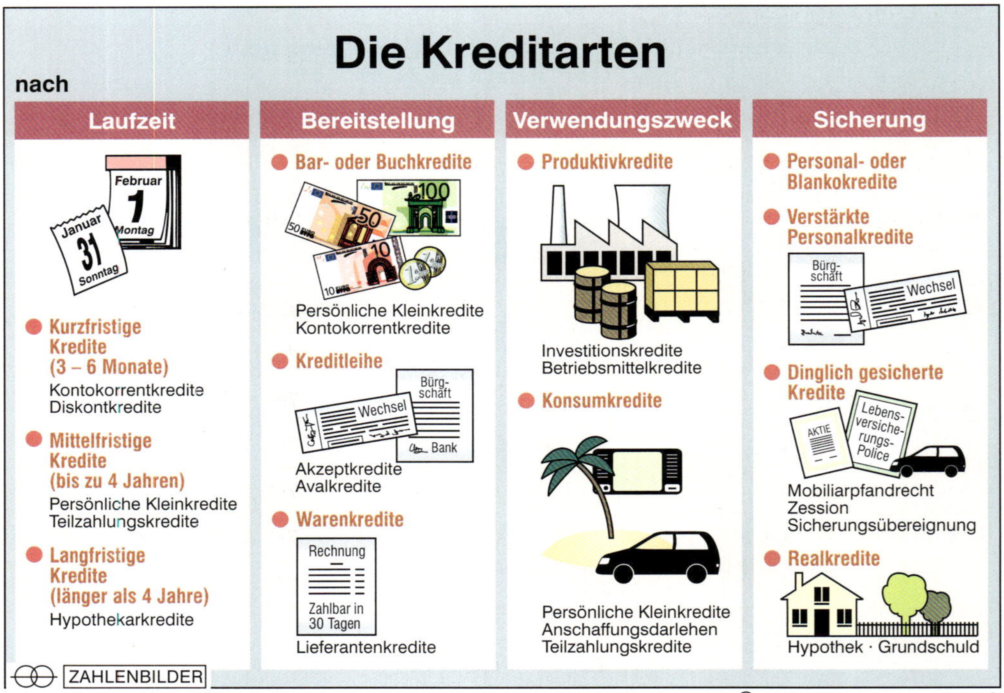

463 810 © Bergmoser + Höller Verlag AG

Rückzahlung und Darlehen

Das Geld aus einem Kredit steht dem Kreditnehmer nur während der Laufzeit zur Verfügung. Der Schuldner muss dem Gläubiger das Geld also zurückzahlen. Die Rückzahlung eines Kredits wird **Tilgung** genannt. Der Gläubiger erhält regelmäßig zwei Zahlungen vom Schuldner:

- Zinsen
- Tilgung

Der Kreditgeber wird in der Regel beides zusammen in einer Summe vom Konto des Kreditnehmers abbuchen. Diese Summe heißt **Rate.** Die Zahlung kann monatlich, jährlich oder in anderen Abständen erfolgen – so, wie es im Kreditvertrag geregelt ist.

Bezüglich des Zeitpunkts der Rückzahlung werden vier Fälle unterschieden:

Rückzahlung am Ende der Laufzeit in einer Summe	Rückzahlung in gleichen Teilen mit jeder Rate	zunehmender Rückzahlungsanteil bei gleicher Rate	kein Rückzahlungszeitpunkt vereinbart
↓	↓	↓	↓
endfälliges Darlehen	**Ratendarlehen/ Abzahlungsdarlehen**	**Annuitätendarlehen**	**Kontokorrentkredit/ Kündigungsdarlehen**

Fall 1: Endfälliges Darlehen

Während der Laufzeit des Kredits werden nur die Zinsen bezahlt. Die Tilgung erfolgt komplett im letzten Jahr.

Beispiel Fälligkeitsdarlehen

Bei einer Kreditsumme von 12.000,00 €, sechs Jahren Laufzeit zu einem Zinssatz von 6,5 % ergibt sich folgender Zins- und Tilgungsplan:

Jahr	Schuld Anfang	Tilgung	Zins	Belastung	Schuld Ende
1	12.000,00 €	–	780,00 €	780,00 €	12.000,00 €
2	12.000,00 €	–	780,00 €	780,00 €	12.000,00 €
3	12.000,00 €	–	780,00 €	780,00 €	12.000,00 €
4	12.000,00 €	–	780,00 €	780,00 €	12.000,00 €
5	12.000,00 €	–	780,00 €	780,00 €	12.000,00 €
6	12.000,00 €	12.000,00 €	780,00 €	12.780,00 €	–

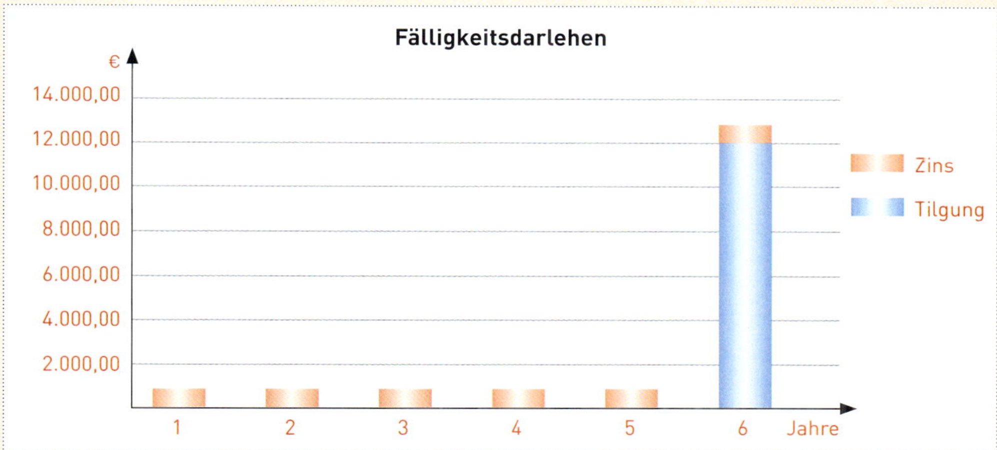

Vorteile endfälliges Darlehen	Nachteile endfälliges Darlehen
■ geringe Belastung des Bankkontos während der Laufzeit	■ hohe Rate am Ende, die während der Laufzeit nicht vergessen werden darf

Der Kreditnehmer bezahlt bei einem endfälligen Darlehen insgesamt am meisten Zinsen. Dieser Kredit ist also teuer. Entscheidend ist die geringe Belastung während der Laufzeit. Außerdem sind Zinsen Aufwendungen, die den Gewinn reduzieren. Aus steuerlichen Gesichtspunkten könnte sich zum Beispiel bei vermieteten Immobilien ein endfälliges Darlehen als vorteilhaft erweisen.

Fall 2: Ratendarlehen/Abzahlungsdarlehen

Der Kreditbetrag wird mit jeder Rate in gleichen Teilen getilgt. Die Zinsen fallen jeweils nur auf den Restkredit an. Die Belastung des Bankkontos wird geringer.

Beispiel Ratendarlehen

Bei einer Kreditsumme von 12.000,00 €, sechs Jahren Laufzeit und 6,5 % Zinsen ergibt sich folgender Zins- und Tilgungsplan:

Jahr	Schuld Anfang	Tilgung	Zins	Belastung	Schuld Ende
1	12.000,00 €	2.000,00 €	780,00 €	2.780,00 €	10.000,00 €
2	10.000,00 €	2.000,00 €	650,00 €	2.650,00 €	8.000,00 €
3	8.000,00 €	2.000,00 €	520,00 €	2.520,00 €	6.000,00 €
4	6.000,00 €	2.000,00 €	390,00 €	2.390,00 €	4.000,00 €
5	4.000,00 €	2.000,00 €	260,00 €	2.260,00 €	2.000,00 €
6	2.000,00 €	2.000,00 €	130,00 €	2.130,00 €	–

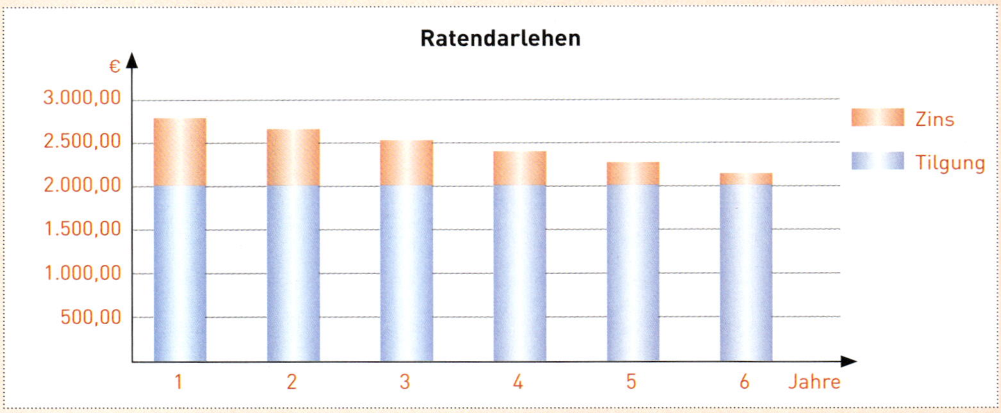

Vorteile Ratendarlehen	Nachteile Ratendarlehen
■ zunehmend geringere Belastung des Kontos (der Liquidität) ■ keine hohe Rate am Ende der Laufzeit	■ hohe Belastung am Anfang der Laufzeit

Fall 3: Annuitätendarlehen

Im Gegensatz zum Ratendarlehen bleibt die Belastung beim Annuitätendarlehen über die Laufzeit gleich. Es wird immer die „Annuität" (= jährliche Zahlung) abgebucht. Eine Annuität ist eine besondere Rate. Sie ist immer gleich hoch.

Diese Annuität splittet sich in einen Zins- und einen Tilgungsanteil auf. Das Verhältnis der beiden zueinander ändert sich mit jeder Zahlung und muss jeweils neu berechnet werden. Der Kreditgeber wird dem Kreditnehmer die Höhe der Annuität nennen, die er bezahlen muss, damit er den

Kredit in einer bestimmten Zeit zurückbezahlt hat. Die Höhe der Annuität kann auch mit einem Tabellenkalkulationsprogramm[1] selbst errechnet werden.

Beispiel Annuitätendarlehen

Bei einer Kreditsumme von 12.000,00 €, sechs Jahren Laufzeit zu einem Zinssatz von 6,5 % ergibt sich folgender Zins- und Tilgungsplan (die Annuität von 2.478,82 € wurde vom Kreditgeber mitgeteilt):

Jahr	Schuld Anfang	Tilgung	Zins	Belastung Annuität	Schuld Ende
1	12.000,00 €	1.698,82 €	780,00 €	2.478,82 €	10.301,18 €
2	10.301,18 €	1.809,24 €	669,58 €	2.478,82 €	8.491,94 €
3	8.491,94 €	1.926,84 €	551,98 €	2.478,82 €	6.565,09 €
4	6.565,09 €	2.052,09 €	426,73 €	2.478,82 €	4.513,00 €
5	4.513,00 €	2.185,47 €	293,35 €	2.478,82 €	2.327,53 €
6	2.327,53 €	2.327,53 €	151,29 €	2.478,82 €	0,00 €

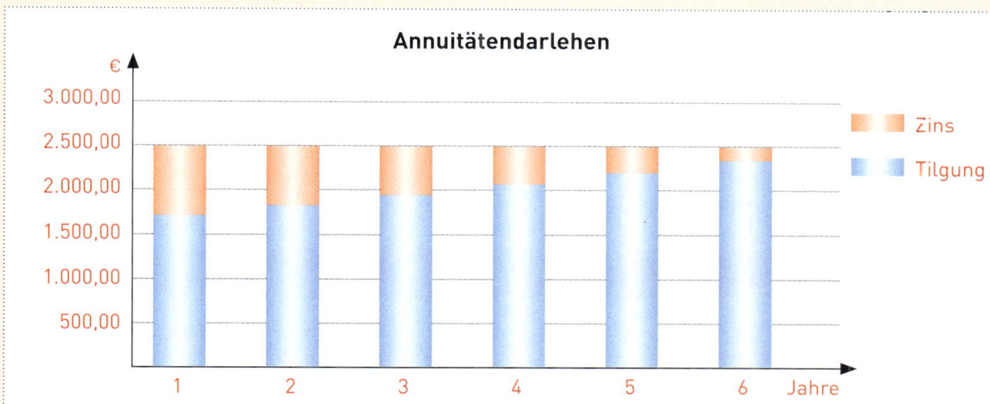

Die Vorgehensweise, um obige Tabelle zu erstellen, erfolgt in drei Schritten:

- Schritt 1: Ermitteln der Kredithöhe am Anfang der Periode (Monat, Jahr, ...).
- Schritt 2: Errechnen der Zinsen, die für diesen Kredit für die Periode bezahlt werden müssen. Zu beachten ist, dass in einem Monat nur anteilige Zinsen, nicht die gesamten Jahreszinsen anfallen. Die Höhe der Annuität muss mit der Zinsformel anteilig berechnet werden.
- Schritt 3: Der Zinsanteil der Annuität wird ermittelt. Der Rest ist die Tilgung.

Dieses Vorgehen muss für jede Zahlungsperiode neu durchlaufen werden.

1 Vgl. „Tabellenkalkulation mit Excel", Informationsverarbeitung (Best.-Nr. 3568), Kapitel 5.

Vorteile Annuitätendarlehen	Nachteile Annuitätendarlehen
■ gleichbleibende Kontobelastung über die ganze Laufzeit ■ gut zu kalkulieren	■ monatliche Berechnung von Zins und Tilgung für die Verbuchung nötig

Das Annuitätendarlehen wird sehr oft bei privaten Kreditnehmern, die eine gleichbleibende Belastung bevorzugen, angewendet (zum Beispiel für einen Wohnungs- oder Autokauf).

Fall 4: Kontokorrentkredit/Kündigungsdarlehen

Kreditinstitute räumen ihren kontoführenden Kunden eine sogenannte Kontokorrentlinie ein. Eine **Kontokorrentlinie** ist ein Limit, bis zu dem das Konto überzogen werden kann. Der Kreditnehmer bezahlt nur die tatsächliche Ausnutzung der Kontokorrentlinie. Für diesen Service der Banken müssen allerdings sehr hohe Zinsen in Kauf genommen werden.

Einen Rückzahlungsplan wie bei den anderen Kreditarten gibt es nicht. Die Kontokorrentlinie kann ausgenutzt, zurückgezahlt und wieder neu genutzt werden.

Auch eine Laufzeit ist üblicherweise nicht vereinbart. Daher hat das Kreditinstitut die Möglichkeit, das Geld sofort zurückzufordern. In diesem Fall muss der Schuldner einen neuen Kredit aufnehmen, um die alte Schuld zu begleichen. Sollte er keinen neuen Kredit bekommen, fehlt ihm das Geld und der Schuldner kann unter Umständen die Rechnungen nicht mehr bezahlen.

Daher sind solche Kreditlinien nur für kurzfristige finanzielle Engpässe oder einen kurzfristigen Finanzierungsbedarf geeignet. Für diese Zwecke werden sie zum Beispiel auch sehr stark von den Unternehmen in Anspruch genommen.

Vorteile Kontokorrentkredit	Nachteile Kontokorrentkredit
■ leicht verfügbar ■ Rückzahlung immer möglich	■ sehr kurze Laufzeit ■ Verhandlungssache ■ begrenzt verfügbar

9.6.6 Lieferantenkredit

Wenn die Blum Music4You KG ihren Kunden eine Ware oder Dienstleistung in Rechnung stellt, gibt sie die zuvor vereinbarten Zahlungsbedingungen an. Ein Kunde muss die Rechnung innerhalb des vorgegebenen Zahlungsziels, beispielsweise innerhalb von 30 Tagen, begleichen. Solche Bedingungen sind nicht gesetzlich geregelt, sondern Verhandlungssache zwischen den Vertragspartnern.

Auch Lieferanten gewähren möglicherweise einen Zahlungsaufschub. Dieser Aufschub wird **Lieferantenkredit** genannt. Der Kreditgeber ist in diesen Fällen kein Kreditinstitut (wie in den obigen Beispielen), sondern ein Lieferant. Im Unterschied zu den Bankkrediten, kostet ein Zahlungsaufschub keine Zinsen und ist damit die günstigste Möglichkeit der Finanzierung. Allerdings ist ein solcher Kredit nur sehr kurzfristig und vor allem begrenzt verfügbar.

Merke Ein **Lieferantenkredit** ist eine vom Lieferanten gesetzte Zahlungsfrist (Zahlungsziel), bis zu der die gelieferten Waren oder Güter zu bezahlen sind.

Vorteile Lieferantenkredit	Nachteile Lieferantenkredit
■ ohne Kosten, da keine Zinsen anfallen	■ sehr kurze Laufzeit ■ Verhandlungssache ■ begrenzt verfügbar

Beispiel Lieferantenkredit

Unterhaltungstechnik **HARKAN** GmbH

HARKAN GmbH • Im Industriegebiet 11 • 72336 Balingen

Blum Music4You KG
Veilchenweg 19
50677 Köln

Telefon: 07433 491221-0
Telefax: 07433 491221-1
E-Mail: info@harkan-gmbh-wvd.de
Internet: www.harkan-gmbh-wvd.de

Bank: Sparkasse Zollernalb
BLZ: 653 512 60
Konto: 24 999 111
IBAN: DE47 6535 1260 0024 9991 11

Kunden-Nr.: 24001
Bestell-Nr.:
Datum: 02.01.20..

Auftragsbestätigung Nr. 22012

Sehr geehrte Damen und Herren,

wir bestätigen Ihren Auftrag über folgende Artikel:

Art.-Nr.	Bezeichnung	Menge	Einheit	Einzelpreis €	USt %	Eetrag €
200 002	Stativfuß	1	Stück	1.500,00	19	1.500,00
	Nettobetrag					1.500,00
	19 % USt.					285,00
	Bruttobetrag					**1.785,00**

Zahlungsbedingungen: 14 Tage mit 3 % Skonto oder 60 Tage Ziel
Lieberbedingung: frei Haus
Liefertermin: 05.01.20..

Ihren Auftrag werden wir sorgfältig ausführen.

Mit freundlichen Grüßen

HARKAN GmbH

Die Zahlungsbedingung, die die HARKAN GmbH der Blum Music4You KG in obiger Auftragsbestätigung gewährt, lautet: 14 Tage mit 3 % Skonto oder 60 Tage auf Ziel. Dies bedeutet, dass die Zahlung erst 60 Tage nach Rechnungseingang fällig ist. Begleicht die Blum Music die Rechnung innerhalb von 14 Tagen, so kann sie 3 % Skonto abziehen. Wartet sie ab und zahlt erst nach 60 Tagen, so hat sie das Geld 60 Tage länger zur Verfügung; sie müsste sich das Geld unter Umständen nicht bei ihrer Bank leihen. Der Lieferantenkredit der HARKAN GmbH kostet der Blum Music nichts; der Zahlungsaufschub wird zwischen den Geschäftspartnern mit dem Kaufvertrag vereinbart.

Lieferantenskonti Rechnungswesen Kap. 6.5

Eine schnelle Zahlung ist für die Lieferanten natürlich günstiger. Deshalb gewähren sie Skonto, wenn die Rechnung innerhalb einer kurzen Zeitspanne (im Beispiel oben sind es 3 % innerhalb von 14 Tagen) bezahlt und die Zahlungsfrist nicht ausgenutzt wird.

Lohnt sich eine Ausnutzung von Skonto?

Die Vorteile einer Ausnutzung des Lieferantenskontos liegen auf der Hand, für eine genauere Berechnung sind jedoch die konkreten Voraussetzungen zu prüfen.

Beispiel Skontoausnutzung

- Die Blum Music4You KG hat zum Zeitpunkt des Rechnungseingangs zu wenig Geld auf ihrem Konto, um die Rechnung zu begleichen, erwartet aber zum Ende des Zahlungsziels (60 Tage) eine größere Summe auf ihr Konto.
- Die Blum Music wird die Rechnung so spät wie möglich, aber innerhalb der Skontofrist, bezahlen (am 14. Tag).
- Die Blum Music hat den Kontokorrentkredit bei ihrer Hausbank, der Kölner Kreditanstalt AG, noch nicht ausgeschöpft (Zinsen 10 % p. a.).

Lohnt sich nun für die Blum Music die Ausnutzung des Lieferantenskontos der HARKAN GmbH? Um dies beantworten zu können, bietet es sich an, einen Zeitstrahl zu zeichnen und die jeweiligen Zahlungen zu kennzeichnen.

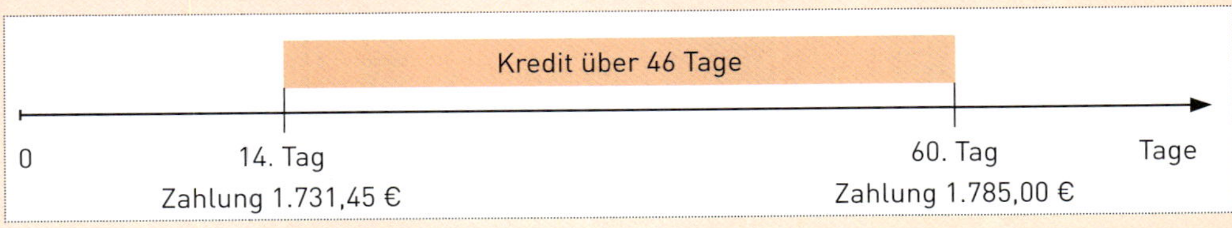

Falls die Blum Music Skonto in Anspruch nehmen will, muss sie die Kreditlinie mit dem um den Skonto reduzierten Betrag belasten (1.785,00 € – 3 % = 1.731,45 €). Sinnvoll ist es, so spät wie möglich zu bezahlen, denn jeder Kredittag kostet Zinsen. Die Blum Music müsste also Geld für 46 Tage (60 Tage – 14 Tage) leihen. Für diesen Kontokorrentkredit würde sie der Kölner Kreditanstalt AG Zinsen von 22,12 € bezahlen:

$$\frac{46 \text{ Tage} \cdot 10\,\% \cdot 1.731{,}45\text{ €}}{360} = 22{,}12\text{ €}$$

Im Gegenzug spart die Blum Music 3 % aus der Rechnungssumme:

$3\,\% \cdot 1.785{,}00\text{ €} = 53{,}55\text{ €}$

Es lohnt sich also für die Blum Music, den Skonto auszunutzen; sie bezahlt dadurch 31,43 € (Skonto 53,55 € – Zinsaufwand 22,12 €) weniger.

In der Regel ist es günstiger, Skonto in Anspruch zu nehmen und dafür gegebenenfalls Geld bei der Bank zu leihen.

Bis zu welchem Zinssatz lohnt sich der Skontoabzug?

Beispiel Kreditzinsen

Die Blum Music4You KG spart 53,55 €, wenn sie die Rechnung der HARKAN GmbH mit Skontoabzug bezahlt. Der Kredit, den ihr die Kölner Kreditanstalt zur Verfügung stellt, dürfte also für 46 Tage maximal 53,55 € kosten. Daraus ergibt sich der folgende Ansatz:

$$\frac{46 \text{ Tage} \cdot \text{Zinssatz} \cdot 1.731{,}45\text{ €}}{360} = 53{,}33\text{ €}$$

Diese Formel ist mathematisch nach dem Zinssatz aufzulösen. Daraus ergibt sich:

$$\frac{53{,}55\ € \cdot 360\ \text{Tage}}{1.731{,}45\ € \cdot 46\ \text{Tage}} = 0{,}24$$

Bis zu einem Zinssatz von 24 % lohnt sich die Skontoausnutzung für die Blum Music.

9.6.7 Kreditsicherheiten

Einstiegsfall Kreditsicherheit für Transporterkauf

Der Geschäftsführer Claus Blum hatte wegen der Anschaffung des Transporters einen Termin bei der Kölner Kreditanstalt AG. Der Bankberater hatte im Gespräch die Bilanzen der Blum Music4You KG geprüft und ein Abzahlungsdarlehen über 15.000,00 € genehmigt. Als Zinssatz nannte er 6 % p.a., verlangt von Claus Blum aber Sicherheiten.

Das Gewähren eines Kredits bedeutet für den Kreditgeber, dem Kreditnehmer Geld zu leihen und dafür Zinsen zu bekommen. Wesentlicher Bestandteil dieses Vertrags ist neben der Zinszahlung auch die Rückzahlung des Kredits durch den Schuldner.

Die Tilgung stellt für den Kreditgeber ein Risiko dar. Er kann nicht sicher sein, dass der Kreditnehmer das geliehene Geld auch wieder zurückzahlen wird. Um dieses Risiko zu verringern, verlangt der Kreditgeber eine Sicherheit als Gegenwert für den Kredit.

Sollte der Schuldner nicht mehr zahlen können, weil zum Beispiel seine Geschäfte schlecht laufen, wird der Gläubiger die Sicherheit verwerten (das heißt, zu Geld machen) und den Kredit aus dem Erlös bezahlen.

Alle Vermögensgegenstände, die ein Unternehmen besitzt, sind auf der Aktivseite der Bilanz aufgelistet.

Bilanz
Rechnungswesen
Kap. 6.2.2

Aktiva	Bilanz Passiva
Anlagevermögen	Eigenkapital
Grundstücke	
Gebäude	Fremdkapital
Technische Anlagen und Maschinen	
Fuhrpark	
Betriebs- und Geschäftsausstattung	
Umlaufvermögen	
Waren	
Forderungen	
Bankguthaben	
Kasse	

Vermögen

Der Kreditgeber erhält für einen Kredit die Rückgriffsrechte auf einen oder mehrere Vermögensgegenstände als Sicherheit, um sein Risiko zu verkleinern.

Nicht alle Aktivpositionen sind für eine Kreditsicherung geeignet. Die wichtigsten sind hier genannt, hinzu kommen Personalsicherheiten, die schuldrechtliche Ansprüche gegen Personen begründen (zum Beispiel Bürgschaften):

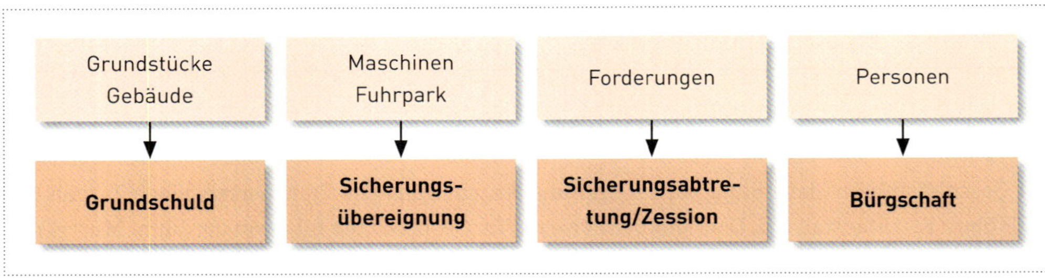

Beleihungswert der Sicherheiten

Sollte der Kreditgeber eine Sicherheit verkaufen müssen, kann er den Verkaufspreis vorher nicht wissen. Bei Zwangsversteigerungen werden beispielsweise nur sehr niedrige Preise erzielt. Aus diesem Grund bewerten die Kreditgeber ihre Sicherheiten mit einem Abschlag und errechnen den Beleihungswert der jeweiligen Sicherheit.

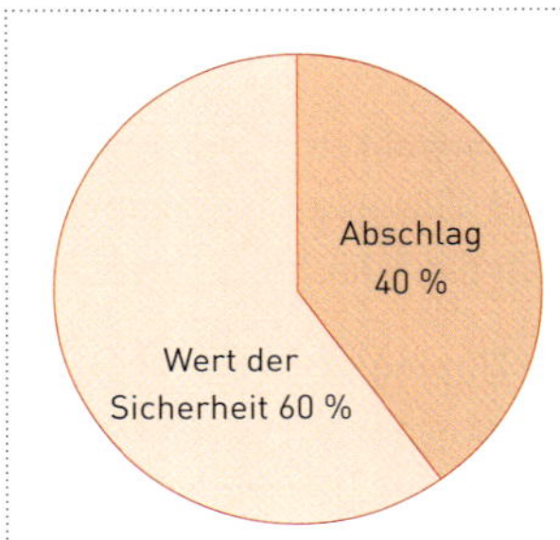

Beispiel Beleihungswert

Ein Kredit über 100.000,00 € soll mit einem Grundstück, das einen geschätzten Wert von 100.000,00 € hat, abgesichert werden. Der Kreditgeber weiß aus Erfahrung, dass bei Zwangsversteigerungen oft nur etwa 60 % des Schätzwerts bezahlt werden. Daher wird er eine Grundschuld über 100.000,00 € nur mit 60 % als Sicherheit akzeptieren. Die restlichen 40 % des Kredits müssen eventuell mit anderen Sicherheiten hinterlegt werden oder werden als „Blankokredit", das heißt ohne Besicherung, ausgegeben.

Die Kreditgeber unterliegen bei der Berechnung des Beleihungswerts keinen gesetzlichen Bestimmungen. Die Höhe des abzuziehenden Prozentsatzes variiert daher und ist oft Verhandlungssache.

Grundschuld – Kreditsicherung über Grundstücke und Gebäude

Grundstücke und Gebäude sind im **Grundbuch** verzeichnet. Jedes einzelne Anwesen hat eine Nummer, unter der alle Informationen aufgelistet sind. Das Grundbuch wird vom Amtsgericht geführt und ist mittlerweile sehr oft kein Buch im eigentlichen Sinne mehr, sondern liegt in elektronischer Form vor. Dennoch werden der Aufbau und die Form der Grundbücher beibehalten:

Abteilung 1	Abteilung 2	Abteilung 3
Eigentümer mit Ihren jeweiligen Anteilen (auch die alten Eigentümer sind hier nachvollziehbar)	Beschränkungen, die auf dem Grundstück/Gebäude liegen, z. B. Vorkaufsrechte, Wohnrechte, Nutzungsrechte	Grundpfandrechte: Hypotheken und Grundschulden

Der Gesetzgeber hat festgelegt, dass nur die Eintragungen gültig sind, die im Grundbuch stehen. Davon abweichende Abmachungen können nicht eingeklagt werden. Außerdem kann nur ein Notar Eintragungen im Grundbuch vornehmen oder ändern lassen.

Für den Bereich der Kreditsicherung ist Abteilung III des Grundbuchs relevant. Hier können eine Grundschuld oder eine Hypothek eingetragen werden. Derjenige, für den die Eintragung vorgenommen wurde, bekommt bestätigt, dass er beim Verkauf des betreffenden Grundstücks einen Betrag aus dem Verkaufserlös erhält.

Beispiel **Grundschuld**

Im Grundbuch von Köln, Blatt Nr. 1786, Abteilung III, ist folgende Grundschuld eingetragen:

Lfd. Nr. der Eintragungen	Lfd. Nr. der belasteten Grundstücke im Bestandsverzeichnis	Betrag	Hypotheken, Grundschulden, Rentenschulden
1	2	3	4
6	7	203.000,00 EUR	Zweihundertdreitausend Euro **Grundschuld ohne Brief** mit 15 % Jahreszinsen für **Baden-Württembergische Bank, unselbstständige Anstalt der Landesbank Baden-Württemberg mit Sitz in Stuttgart.** Sofort vollstreckbar nach § 800 ZPO. Rang vor Abteilung II Nr. 4. Bezug: Bewilligung vom 27.04.20.. (Notar Käppeler in Heidenheim, UR Nr. 444/20..). Eingetragen (GA 1786/57) am 02.06.20.. . **Vaas**

In diesem abgedruckten Auszug hat die Landesbank Baden-Württemberg eine Grundschuld von 203.000,00 € eintragen lassen. Der Eigentümer musste dies im Vorfeld genehmigen und der Notar Käppeler hatte die Eintragung vornehmen lassen.
Sollte das Grundstück Nr. 1786 verkauft werden, kann die Landesbank bis zu 203.000,00 € aus dem Verkaufserlös fordern. Dies gilt selbstverständlich nur, wenn entsprechende Kredite in dieser Höhe ausstehen.

Wenn mehrere Gläubiger im Grundbuch eingetragen sind, entscheidet der Rang ihrer Grundbucheintragung über den Wert und die Reihenfolge der Sicherheit. Der Gläubiger, der an erster Stelle (Rang 1) steht, wird auch zuerst befriedigt.

Auf diese Weise können Grundstücke und Gebäude einem Gläubiger als Sicherheit hinterlegt werden. Sollte der Schuldner nicht bezahlen, kann der Gläubiger den Verkauf des Grundstücks verlangen oder im Rahmen einer Zwangsversteigerung durchsetzen.

Die Eintragung einer Grundschuld im Grundbuch ist nur bei höheren oder langfristigen Krediten sinnvoll. Jede Änderung ist schließlich mit Gebühren (Grundbuchamt) und einem Notarhonorar verbunden.

Lösung (1) des Einstiegsfalls **Grundschuld als Kreditsicherheit**

Eine Grundschuld ist immer als Sicherheit geeignet. Doch im konkreten Fall - Kreditsicherheit für den Kauf eines Transporters - handelt es sich um eine eher geringe Kreditsumme, die die Kosten einer Eintragung kaum rechtfertigt. Außerdem würde das Verwerten der Sicherheit zu einem Verkauf des Betriebsgeländes führen - das könnte das Ende des Geschäftsbetriebs für die Blum Music4You KG bedeuten. Es gibt in diesem Fall bessere Möglichkeiten für eine Absicherung, zum Beispiel die Sicherungsübereignung.

Sicherungsübereignung – Kreditsicherung über Maschinen und Fuhrpark

Die Maschinen eines Unternehmens sind je nach Branche sehr teuer und stellen einen großen Anteil am Gesamtvermögen dar. Dieser Wert kann über einen **Sicherungsübereignungsvertrag** als Sicherheit für einen Kredit verwendet werden. Der Vertrag besteht aus zwei Teilen:

1. Einigung über den Eigentumsübergang (§ 929 BGB)
   Der Kreditgeber wird Eigentümer der Maschine.

2. Abschluss eines Besitzkonstituts (§ 930 BGB)
   Der Kreditnehmer bleibt weiterhin Besitzer der Maschine und kann diese nutzen.

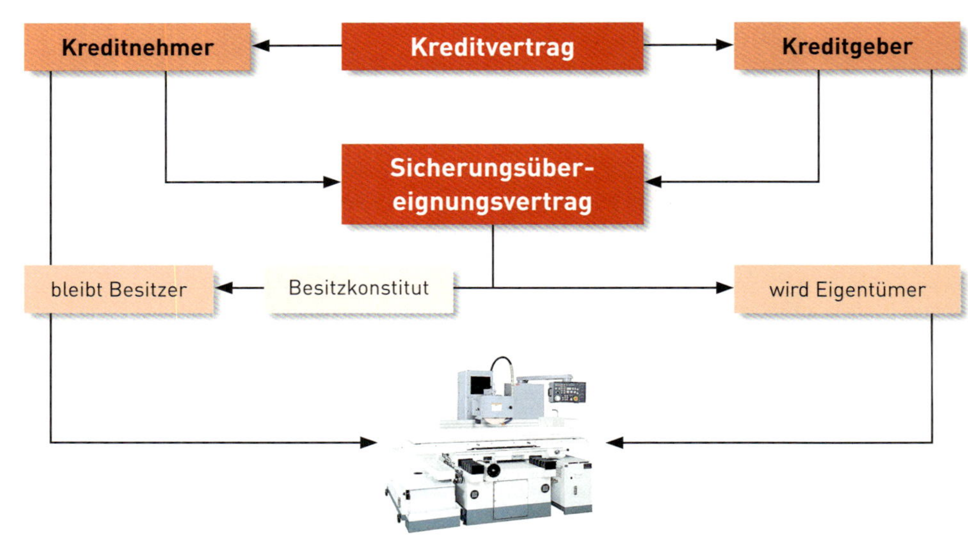

Sollte der Kredit nicht mehr bedient werden (das heißt, die Zahlungen ausbleiben), kann der Kreditgeber auf das Recht des Eigentümers pochen und die Herausgabe der Maschine per Gericht verlangen.

Da der Sicherungsübereignungsvertrag an den Kredit gekoppelt ist, wird der Vertrag mit vollständiger Rückzahlung der Schulden rückgängig gemacht. Dann ist der ehemalige Kreditnehmer wieder Besitzer und Eigentümer.

Der **Beleihungswert** einer Maschine hängt stark vom Marktpreis ab. Handelt es sich um eine Spezialanfertigung, wird ein Verkauf kaum möglich sein. Der Beleihungssatz wird in diesem Fall gegen 0 % gehen. Gibt es hingegen einen Markt für die Maschine, sind Beleihungssätze zwischen 40 % bis 60 % üblich.

Es gibt weitere Risiken, die in die Überlegungen einfließen:
- Verkauf des Sicherungsguts und gutgläubiger Erwerb durch einen Dritten
- starker Preisverfall auf den Märkten
- Sicherungsübereignung der Maschine an zwei Erwerber gleichzeitig

Lösung (2) des Einstiegsfalls Sicherungsübereignung als Kreditsicherheit

Die Sicherungsübereignung ist zur Absicherung des Abzahlungsdarlehens von 30.000,00 € für den Transporterkauf gut geeignet. Die Kölner Kreditanstalt AG wird den Fahrzeugbrief erhalten und eine Vollkaskoversicherung des Fahrzeugs verlangen. Ein Verkauf ohne den Fahrzeugbrief ist nicht möglich. Die Kölner Kreditanstalt AG ist Eigentümer und die Blum Music4You KG hat als Besitzer das Nutzungsrecht.

Verpfändung – Kreditsicherung über Waren

Die Bestände im Lager eines Unternehmens stellen einen nicht unerheblichen Wert dar. Grundsätzlich ist dieser Wert zur Sicherung von Krediten geeignet; die Waren können verpfändet werden. Wenn der Lagerbestand durchschnittlich einen annähernd konstanten Wert behält, auch bei schwankendem Lagerbestand, ist eine solche Kreditabsicherung möglich.

Eine Verpfändung ist aber aufgrund der Umschlagshäufigkeit der Waren und des damit verbundenen Risikos nur mit einem sehr geringen Beleihungswert anzusetzen. Der Kreditgeber kann schließlich nicht verhindern, dass die Waren verkauft oder verbraucht werden und letztendlich nicht mehr als Sicherheit verwertet werden können.

Aus diesem Grund wird die Verpfändung (zum Beispiel eines Lagers) als Kreditsicherung an dieser Stelle nicht näher betrachtet.

Sicherungsabtretung/Zession – Kreditsicherung über die Forderungen

Jeder Verkauf führt zumindest kurzfristig zu einer Steigerung der Forderungen eines Unternehmens. Diese Schulden der Kunden können im Rahmen einer **Zession** (= Forderungsabtretung) als Kreditsicherheit verwendet werden.

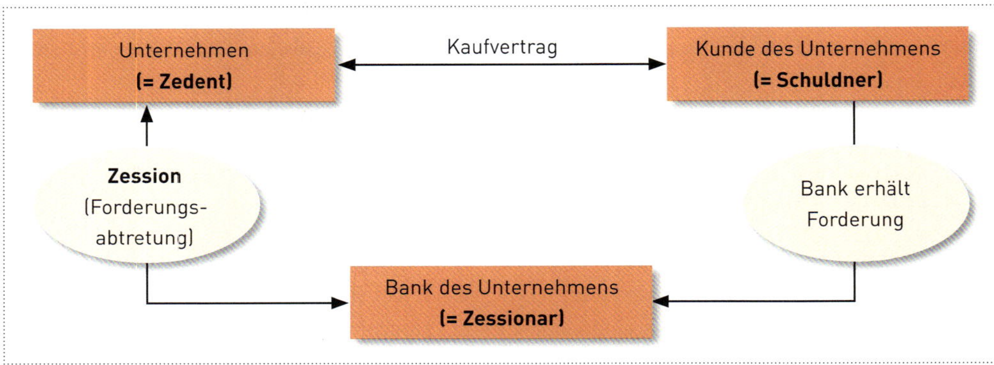

Die Bank des Unternehmens (der Zessionar) und das Unternehmen selbst (der Zedent) schließen im Rahmen eines Kreditvertrags eine Zession als Kreditsicherung ab. Damit erhält die Bank die Forderung gegenüber dem Schuldner.

Je nachdem, ob der Schuldner von der Forderungsabtretung erfährt oder nicht, spricht man von einer offenen oder einer stillen Zession.

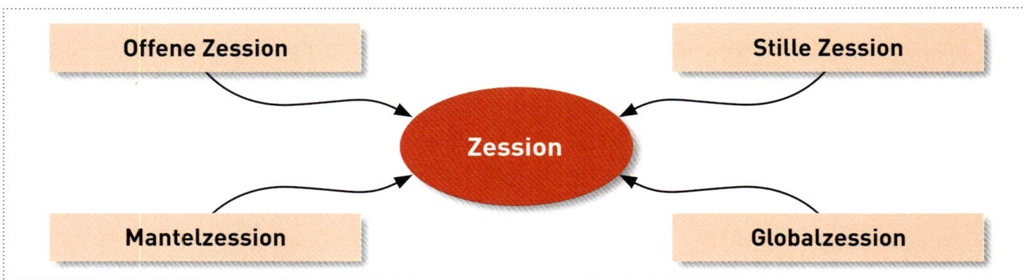

Offene Zession	Stille Zession
Der Schuldner ist darüber informiert, dass die Forderung abgetreten wurde. Er kann nur an den Zessionar bezahlen. Der Zedent wird aus Prestigegründen versuchen, eine offene Zession zu vermeiden.	Der Schuldner weiß nicht, dass die Forderung abgetreten wurde. Er kann weiterhin an den Zedenten bezahlen. Dieser muss den Zessionar von der Zahlung unterrichten.

Da ein Unternehmen eine Vielzahl an Forderungen gegenüber verschiedenen Kunden hat, steht der Aufwand, für jede Position einen Abtretungsvertrag zu schließen, in keinem Verhältnis. Daher gibt es die Möglichkeit der **Gesamtheitsübertragung.**

Mantelzession	Globalzession
Bei einer Mantelzession werden Forderungen übertragen, die bereits bestehen. Die Forderungen werden in einem Verzeichnis gelistet und im Block abgetreten. **Beispiel:** alle Forderungen aus den bestehenden Rechnungen 2000 bis 2100	Bei einer Globalzession werden nicht nur bestehende, sondern auch zukünftige Forderungen abgetreten. Dabei ist eine genaue Beschreibung wichtig, welche Forderungen der Sicherungsabtretung unterliegen. **Beispiel:** alle Forderungen aus dem Verkauf von Handelswaren mit einem Volumen von mehr als 500,00 € im Zeitraum Mai bis Juli

Für die Bank bedeuten alle Fälle der Sicherungsabtretung von Forderungen einen erhöhten Kontrollaufwand. Insbesondere bei der Gesamtheitsübertragung wird eine große Datenmenge entstehen, die die Bank kontrollieren muss. Letztendlich ist die Bank auf die Mitarbeit und die Vertrauenswürdigkeit des Zedenten angewiesen. Schließlich weiß nur der Zedent, welche Forderungen schon bezahlt wurden und welche noch offen sind.

Lösung (3) des Einstiegsfalls Zession als Kreditsicherheit

Der Aufwand, der mit einer Sicherungsabtretung von Forderungen betrieben werden muss, steht in keinem Verhältnis zur Kredithöhe. Möglicherweise könnte der neue Kreditvertrag aber an eine bestehende Globalzession angeknüpft werden. Auch eine Abtretung einer einzelnen, größeren und längerfristig laufenden Forderung wäre für die Absicherung des Transporterkaufs denkbar.

Kreditsicherung über das Bankguthaben bzw. die Kasse

Selbstverständlich wäre ein Bankguthaben eine hundertprozentige Absicherung eines Kredits in gleicher Höhe. Die Bank würde das Geld auf einem Sperrkonto buchen und dem Schuldner wiederum Geld leihen. Allerdings könnte das Geld auch gleich für die Finanzierung verwendet und weniger Kredit (oder auch gar keiner) beantragt werden. Aus diesem Grund werden auch diese Vermögensgegenstände nicht näher betrachtet werden.

Bürgschaft – Kreditsicherung durch eine Person

Abhängig von der Rechtsform eines Unternehmens haften die Inhaber für die Schulden. Diese Sicherheit besteht aufgrund der Unternehmensform (etwa KG oder OHG) automatisch. Es gibt jedoch auch die Möglichkeit, weitere Personenkreise durch eine Bürgschaft in die Kredithaftung einzubeziehen. Der **Bürgschaftsvertrag** bedarf laut § 766 BGB der Schriftform.

§ 765 BGB
Durch den Bürgschaftsvertrag verpflichtet sich der Bürge gegenüber dem Gläubiger eines Dritten, für die Erfüllung der Verbindlichkeit des Dritten einzustehen.

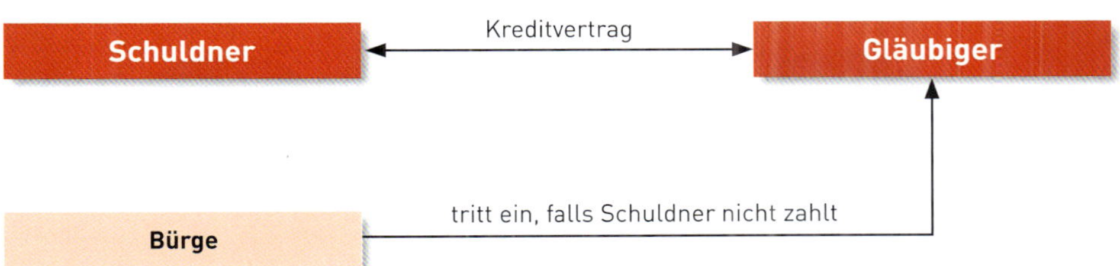

Beispiel Bürgschaft

Die Mutter von Claus Blum (Komplementär der Blum Music4You KG) könnte eine Bürgschaft unterschreiben. Damit würde sie der Bank bestätigen, dass sie für Kreditverbindlichkeiten der Blum Music4You KG haftet. Sollte die Blum Music zahlungsunfähig werden, kann die Bank an Frau Blum herantreten und von ihr die Zahlung verlangen. Sie würde in dem Fall haften, als wäre es ihr eigener Kredit.

Eine Bürgschaft ist nur nach sorgfältiger Überlegung zu unterschreiben. Es besteht ein sehr hohes Risiko, als Bürge für die Schulden herangezogen zu werden. Auch sollte die Bürgschaft auf einen bestimmten Kredit oder zumindest auf einen bestimmten Höchstbetrag begrenzt werden.

Lösung (4) des Einstiegsfalls Bürgschaft als Kreditsicherheit

Je nach Vermögen des Bürgen stellt eine Bürgschaft eine mehr oder weniger gute Sicherheit dar. Ein Kreditinstitut wird eine Bürgschaft in aller Regel gerne akzeptieren. Für die Kreditsicherung des Transporters ist sie aufgrund des geringen Verwaltungsaufwands gut geeignet. Das Problem dürfte eher die Suche nach einem Bürgen darstellen.

9.6.8 Leasing

Jede Investition und die zugehörige Finanzierung ist für ein Unternehmen bzw. die Geschäftsleitung mit Zeitaufwand verbunden. Angebote müssen eingeholt und gesichtet, Bankgespräche geführt und Kredit- sowie Kaufverträge geschlossen werden. Alternativ kann das entsprechende Investitionsgut, wie der Lieferwagen aus dem Beispiel der vorigen Kapitel, über eine Leasinggesellschaft geleast werden.

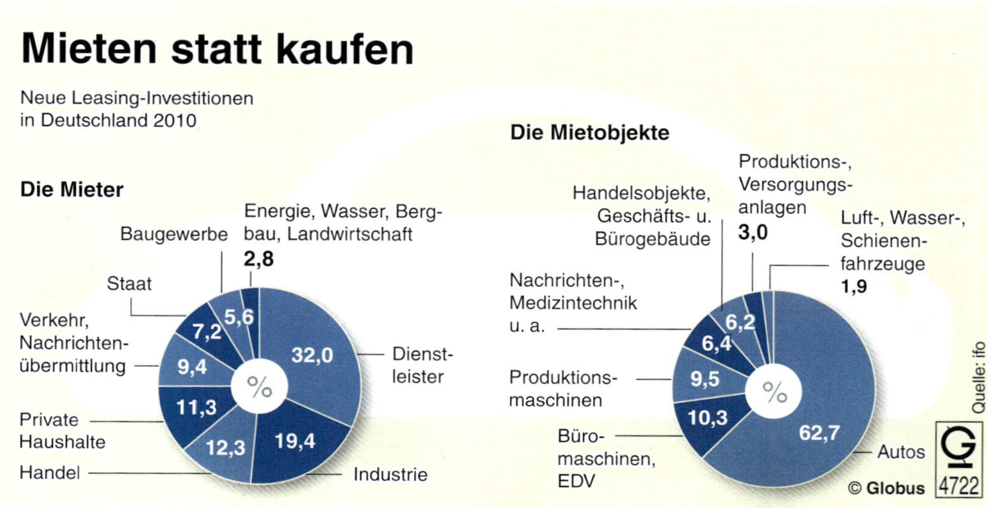

Die Ausgestaltung des **Leasingvertrags** ist nicht an besondere gesetzliche Bestimmungen gebunden und daher Sache der Vertragspartner. Die Ausgestaltungsmöglichkeiten sind sehr vielfältig.

Leasinggeber ← Leasingvertrag → **Leasingnehmer**

Leasinggeber	Leasingnehmer
■ kauft Leasinggut → Eigentümer	■ nutzt Leasinggut → Besitzer
■ Bilanzierung und Abschreibung	■ keine Bilanzierung nötig
■ erhält Leasingrate	■ Zahlung der Leasingrate (Aufwand)

Folgende **Arten von Leasing** lassen sich unterscheiden hinsichtlich ...

... Leasinggeber

Direktes Leasing
- ■ Leasinggeber ist Hersteller des Leasingguts.

Indirektes Leasing
- ■ Leasinggeber ist ein Händler.

... Leasinggegenstand

Mobilienleasing
- ■ Leasinggegenstand ist ein bewegliches Gut (z. B. Lkw).

Immobilienleasing
- ■ Leasinggut ist unbeweglich (z. B. Grundstück oder Gebäude)

... Leasingdauer

Operate Leasing
- ■ kurze Leasingdauer (bis max. einem Jahr)
- ■ Kündigung möglich
- ■ Leasinggeber trägt Risiko bei Defekten.
- ■ Leasinggut geht nach Vertragsdauer zurück an Leasinggeber bzw. Anschlussverträge folgen.

Financial Leasing
- ■ Laufzeit 40 % bis 90 % der Nutzungsdauer
- ■ keine Kündigung während der Grundmietzeit
- ■ Leasingnehmer ist für die Maschine verantwortlich.
- ■ Leasinggut kann entweder zurückgegeben oder gekauft werden.

Operate Leasing → ist sehr oft → Teilamortisation

Financial Leasing → ist sehr oft → Vollamortisation

... Restwert

Teilamortisation
- ■ Nur ein Teil der Anschaffungskosten wird während der Vertragsdauer bezahlt.

Vollamortisation
- ■ Die Anschaffungskosten des Leasinggebers werden während der Vertragslaufzeit komplett bezahlt.

▼ Exkurs Unterscheidung Leasing- und Kaufvertrag

In der Praxis ist eine Unterscheidung zwischen Kauf- und Leasingverträgen oft sehr problematisch. Sobald ein Leasingvertrag den Charakter eines Kaufvertrags hat (zum Beispiel bei einer Vollamortisation mit einer Leasingzeit von 100 % der Nutzungsdauer), muss der Leasingnehmer das Leasinggut bilanzieren. Die Rechtsprechung hat genaue, sehr komplexe Regelungen festgelegt, die bestimmen, wer von den beiden Vertragspartnern das Gut letztendlich bilanzieren muss. Auf den Konten der Buchhaltung müssen die Umsatzerlöse aus Leasingverträgen und die Höhe der gebuchten Umsatzsteuer das ganze Jahr über ersichtlich sein.

Grundsätzlich wird bei einem Leasingvertrag eine weitere Partei (die Leasinggesellschaft) mitverdienen, sodass der Leasingvertrag teurer ist als der Kauf des Leasingguts. Trotzdem sind Leasingverträge sehr beliebt und üblich.

Vorteile von Leasingverträgen:

- Der Leasingvertrag benötigt keine Sicherheiten. Diese können für weitere Kredite genutzt werden.
  → Vergrößerung des Kreditspielraums eines Unternehmens
- Das Leasinggut kann sehr schnell ausgetauscht werden, gerade bei kurzen Leasingverträgen.
  → schnellere Anpassung an den Stand der Technik
- Nach Laufzeitende kann das Leasinggut wieder zurückgegeben werden. Sollte das Unternehmen das Leasinggut nicht mehr benötigen (beispielsweise bei einer Produktionseinstellung), muss es nicht verkauft oder entsorgt werden.
  → kein Verkauf, keine Entsorgung alter Maschinen/Anlagen
- Der Leasingnehmer muss das Leasinggut nicht bilanzieren, sondern verbucht die Leasingrate als Leasingaufwand.
  → geringerer Buchungs- und Verwaltungsaufwand
- Der Leasinggeber übernimmt je nach Vertragsgestaltung die Wartungen und Reparaturen am Leasinggut bzw. garantiert die Nutzbarkeit.
  → evtl. keine Reparaturaufwendungen

Nachteile von Leasingverträgen:

- Das Leasinggut gehört nicht dem Leasingnehmer. Gerade bei einer langen Nutzungsdauer bezahlt er es vollständig, wird dadurch aber noch nicht zum Eigentümer. Der Leasingnehmer kann das Gut nach einer kompletten Abschreibung weder nutzen noch es verkaufen oder als Sicherheit verwenden.
  → Leasingnehmer erwirbt kein Eigentum.
- Die Summe der Leasingraten muss über die ganze Laufzeit hinweg die Summe der Anschaffung inklusive aller Nebenkosten erreichen. Der Gewinn wird der Leasinggesellschaft zugeschlagen.
  → Leasing ist im Allgemeinen teurer als der Kauf des Leasingguts.

9.6.9 Factoring – Verkauf von Forderungen

Ein Unternehmen muss immer genug Geldmittel zur Verfügung haben, um fällige Verbindlichkeiten bezahlen zu können. Diese Geldmittel müssen nicht unbedingt als Bank- oder Kassenguthaben vorhanden sein. Auch die Möglichkeit, kurzfristig Kredite in Anspruch zu nehmen, also das Bankkonto zu überziehen, reicht aus.

Die Liquidität eines Unternehmens, also die Fähigkeit, seinen Zahlungsverpflichtungen termingerecht nachzukommen, ist sehr wichtig, denn sonst könnte ein Unternehmen sehr schnell in die Insolvenz rutschen.

Gefahr droht insbesondere dann, wenn sehr hohe, kurzfristige Forderungen gegenüber Kunden bestehen. Die Zahlungsmoral ist je nach Branche unterschiedlich gut bzw. schlecht. Zahlen die Kunden aber ihre Rechnungen nicht oder nur spät, kann auch der Gläubiger unter Umständen seine eigenen Gläubiger nicht fristgerecht bezahlen. Außerdem sind es viele Unternehmen leid, offene Forderungen durch Mahnungen einzutreiben, denn dies ist mit viel Zeitaufwand verbunden. Auch fehlt gerade in kleineren Betrieben das rechtliche Know-how, um ein professionelles Mahnwesen zu betreiben.

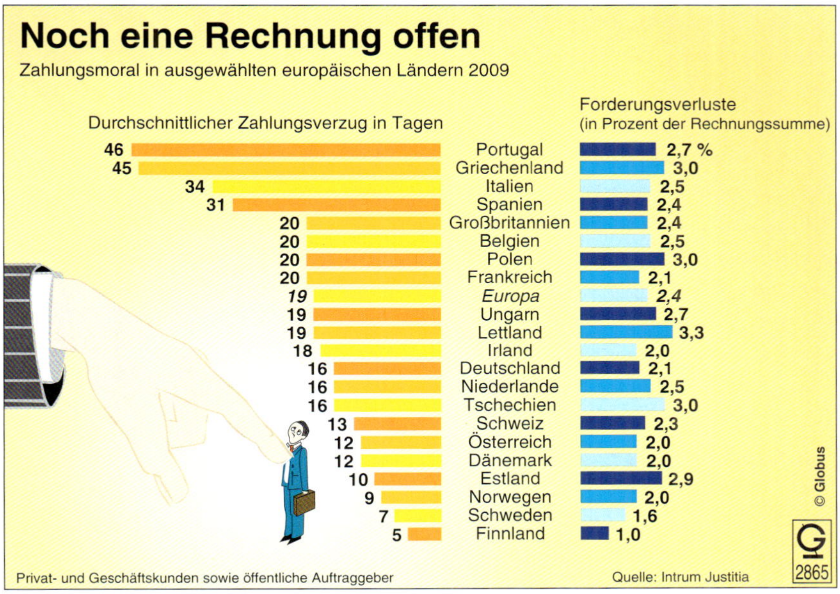

Aus diesen Gründen hat sich ein Finanzierungsgeschäft entwickelt, bei dem ein Unternehmen seine Forderungen verkauft: das **Factoring.** Der Gläubiger verkauft dabei seine Forderungen aus dem Verkauf von Waren und Dienstleistungen an eine Factoringgesellschaft.

Dieses Factoringunternehmen (der **Factor**) bietet in der Regel folgende drei Dienstleistungen an, für die der Gläubiger bezahlen muss (das heißt, der Gläubiger erhält vom Factor nicht die gesamte Summe aus allen verkauften Forderungen, sondern den um die Kosten reduzierten Betrag):

Vorfinanzierung	Mahnwesen	Ausfallrisiko
Der ursprüngliche Gläubiger erhält sofort Geld und damit liquide Mittel. Hierfür verlangt der Factor eine Gebühr in einer Höhe, die den üblichen Kreditkosten entspricht.	Der Factor kümmert sich um das Mahnwesen und wird die Forderung ggf. gerichtlich eintreiben. Hierfür wird er eine individuell verhandelbare Gebühr von etwa 3 % verlangen.	In den meisten Verträgen trägt der Factor auch das Risiko, eine Forderung nicht realisieren zu können. Die Gebühren hierfür richten sich nach der Zusammensetzung der übernommenen Forderungen.
Der Gläubiger erhält schnell **Liquidität** zur Bezahlung der eigenen Verbindlichkeiten.	Der Gläubiger **spart Zeit** und Aufwand durch den Wegfall des Mahnwesens und kann sich auf sein eigentliches Kerngeschäft konzentrieren.	Die Kosten des Ausfallrisikos sind dem Gläubiger schon im **Vorfeld bekannt.** Er kann diese einfacher und sicherer in seine Preise einkalkulieren.

9.6.10 Not leidende Unternehmen – Insolvenz

Einstiegsfall Fußballverein Rot-Weiss Essen in der Insolvenz

Über 100 Jahre lang blieb der traditionsreiche Fußballklub Rot-Weiss Essen erfolgreich. Doch im Juni 2010 musste der überschuldete Verein Insolvenz anmelden. Ihm fehlten rund 2,2 Mio. € für die Lizenzerteilung. Mit der Insolvenz musste Rot-Weiss Essen zwangsweise in die fünfte Liga absteigen. Der Insolvenzverwalter versuchte, den Fußballverein über ein Insolvenzplanverfahren zu sanieren; dafür benötigte er verbindliche Zusagen der Sponsoren. Eine gesunde finanzielle Basis sei die wesentliche Voraussetzung für den sportlichen Wiederaufstieg, so der Insolvenzverwalter. Für die Beschäftigten des Vereins hatte er eine Vorfinanzierung des Insolvenzgeldes beantragt. Die Entgelte waren also zunächst gesichert. Im Mai 2011 hatte die Gläubigerversammlung dem Insolvenzplan zugestimmt. Damit konnte der Verein gesunden; er wurde saniert und startete ohne Schulden in die Zukunft. Das Amtsgericht hat nach Ablauf der üblichen Fristen das Insolvenzverfahren aufgehoben.

Nach: H. Voskuhl: Rot-Weiss Essen in der Insolvenz. Internet: http://www.insolvenz-ratgeber.de/rot-weiss-essen-in-der-insolvenz/2011/05/19/, abgerufen am 30.05.2011.

Ursachen für Unternehmenskrisen

Die Insolvenz des traditionsreichen Fußballklubs Rot-Weiss Essen ist nur ein Beispiel von vielen, in denen Unternehmen in Zahlungsschwierigkeiten geraten. Dabei spielt es keine Rolle, in welcher Branche ein Unternehmen angesiedelt ist – es kann jedes Unternehmen treffen, auch einen Fußballverein. Sobald ein Unternehmen seine Verbindlichkeiten nicht mehr begleichen kann, droht eine Zahlungsunfähigkeit und somit eine nachhaltige Störung des betrieblichen Leistungsprozesses.

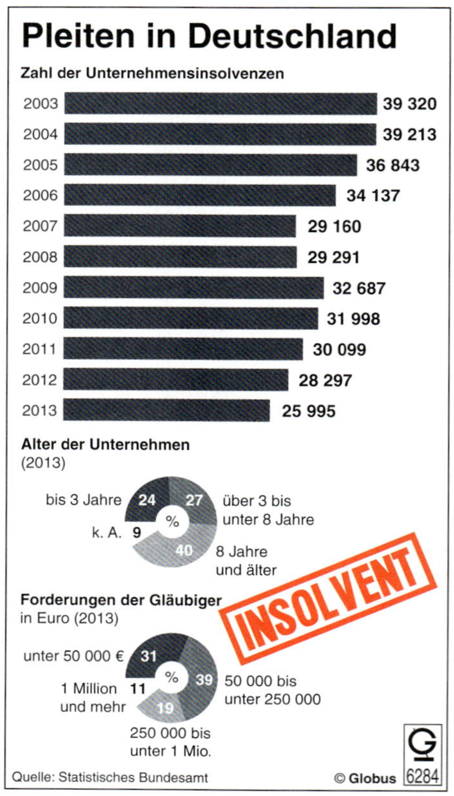

Die Gründe dafür sind vielfältig und von Unternehmen zu Unternehmen unterschiedlich. Fehler bei Finanzierungs- und Investitionsvorhaben können zu wirtschaftlichen Schwierigkeiten führen, aber auch starke Umsatzrückgänge mit rückläufigen Gewinnen und infolgedessen anhaltende Verluste. Gerade in wirtschaftlich schwierigen Zeiten nimmt die Anzahl der Insolvenzen zu; die Umsätze brechen ein. Allen insolventen Unternehmen gemein ist, dass sie nicht mehr liquide sind, nicht genug flüssiges Kapital (Bankguthaben, Bargeld) besitzen, um ausstehende Zahlungen an Geschäftspartner, Banken und die Mitarbeiter begleichen zu können.

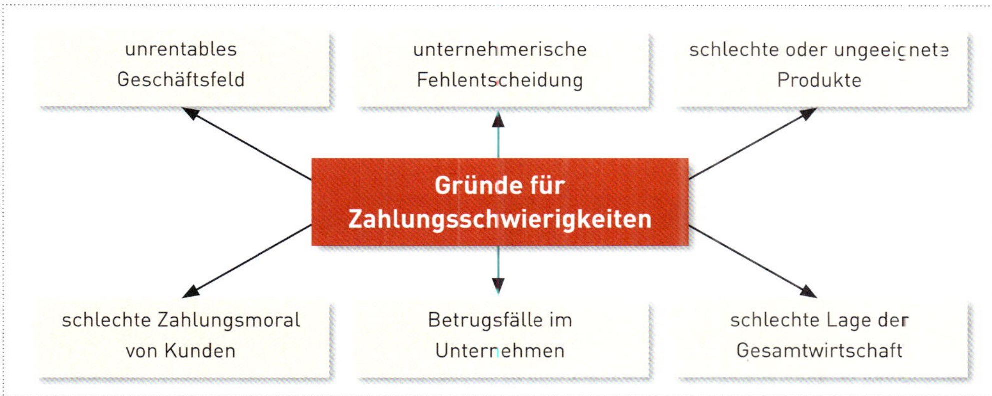

Bei einer Liquidität ist die Unternehmensleitung gesetzlich verpflichtet, dem zuständigen Amtsgericht die Zahlungsunfähigkeit zu melden und einen Insolvenzantrag zu stellen. Um ein Insolvenzverfahren beantragen zu können, müssen **triftige Gründe** vorliegen. Bei einer drohenden Zahlungsunfähigkeit können geeignete Maßnahmen, wie beispielsweise eine Sanierung oder eine Liquidation, ergriffen werden.

Maßnahmen bei Unternehmenskrisen

Bei einer Sanierung wird versucht, das Unternehmen zu erhalten. Voraussetzung dafür ist eine Analyse des Unternehmens, der sich entsprechende Sanierungsmaßnahmen anschließen. Im Personalbereich kann es dabei zu Entlassungen oder Umbesetzungen kommen. Eine Neugestaltung des Sortiments oder auch der Unternehmensorganisation kann Verbesserungen bringen. Die Erschließung neuen Finanzkapitals wie auch die Regelungen mit den Gläubigern können die Sanierung schließlich zum Erfolg führen.

Eine weitere Möglichkeit der Genesung eines insolventen Unternehmens ist der **Vergleich.** Über einen teilweisen Forderungsverzicht der Gläubiger oder durch einen Zahlungsaufschub wird versucht, das Unternehmen zu erhalten.

Zu einer **Liquidation** (Auflösung) kommt es nur, wenn ein Unternehmen freiwillig aufgegeben wird. Dies könnte zum Beispiel geschehen, wenn der Inhaber aus Altersgründen das Unternehmen schließt und keinen Nachfolger findet. Das gesamte Anlage- und Umlaufvermögen wird veräußert und zu Geld gemacht, sodass die Verbindlichkeiten bezahlt werden können. Der Rest des Vermögens geht an den Unternehmer bzw. die Gesellschafter. Abschließend sind die Liquidation und die Löschung der Firma im Handelsregister einzutragen.

Insolvenzverfahren

Das Insolvenzverfahren verläuft in vier Schritten.

Schritt 1: Insolvenzantrag beim zuständigen Amtsgericht

Der Unternehmer selbst oder ein Gläubiger stellt beim zuständigen Amtsgericht einen Insolvenzantrag (§§ 2, 3 InsO). Zuständig ist das Amtsgericht, in dessen Bezirk das Unternehmen seinen Geschäftssitz hat.

Schritt 2: Eröffnung des Insolvenzverfahrens

Die Eröffnung des Insolvenzverfahrens ist an die Eröffnungsgründe gebunden (§§ 17–19 InsO). Das Amtsgericht wird nach Eingang des Insolvenzantrags durch einen Gutachter prüfen lassen, ob der Antrag begründet und genügend Insolvenzmasse vorhanden ist, um mindestens die Verfahrenskosten zu decken.

Gründe für die Eröffnung eines Insolvenzverfahrens		
Zahlungsunfähigkeit (§ 17 Insolvenzordnung)	**drohende Zahlungsunfähigkeit** (§ 18 Insolvenzordnung)	**Überschuldung** (Passiva > Aktiva) (§ 19 Insolvenzordnung)

Sollte das Vermögen bereits vollständig aufgebraucht sein, wird das Insolvenzverfahren mangels Masse eingestellt und das Unternehmen geschlossen. In der Regel jedoch wird ein Insolvenzverfahren eröffnet mit dem Ziel, das Unternehmen und die Arbeitsplätze zu erhalten.

Das Amtsgericht bestellt einen Insolvenzverwalter, der ab diesem Zeitpunkt die Geschäfte führt und die Verfügungsmacht über das Vermögen erhält. Das Verfahren wird im Bundesanzeiger veröffentlicht und die Gläubiger werden benachrichtigt. Die Gläubiger müssen ihre Forderungen innerhalb einer Frist gegenüber dem Insolvenzverwalter geltend machen und gegebenenfalls Sicherheiten (Grundschulden, Eigentumsvorbehalte und Ähnliches) anmelden.

Insolvenzantrag beim zuständigen Amtsgericht

↓

Eröffnung des Insolvenzverfahrens

- Bekanntmachung im Bundesanzeiger/Amtsblatt und Zustellung an Gläubiger des Unternehmens
- Aufforderung an potenzielle Gläubiger, Forderungen zu melden
- Bestellung eines Insolvenzverwalters
- Sicherung des noch vorhandenen Vermögens
  - Verfügung nur über Insolvenzverwalter möglich
  - keine Zwangsvollstreckungen mehr möglich

Schritt 3: Arbeit und Aufgaben des Insolvenzverwalters

Der Insolvenzverwalter beginnt seine Arbeit, die nach § 148 ff. Insolvenzordnung folgende Aufgaben enthält:

- die Insolvenzmasse zu verwalten,
- die laufenden Geschäfte abzuwickeln,
- die Vermögensmasse und das Verzeichnis der Gläubiger aufzustellen,
- eine „Insolvenzbilanz" zu erstellen,
- eventuell bestehende Verträge zu kündigen,
- einen Bericht über das Unternehmen zu verfassen.

Ziel des Insolvenzverwalters in dieser Phase ist es, sich einen Überblick über das Unternehmen zu verschaffen, das Restvermögen zu sichern und die weitere Strategie festzulegen.

Die Gläubiger werden vom Insolvenzverwalter zu **Versammlungen** eingeladen:

Prüfungstermin
Die angemeldeten Forderungen werden auf ihre Rechtmäßigkeit hin geprüft und gegebenenfalls in eine Forderungstabelle eingetragen. Die Gläubiger werden über die bestehenden Verbindlichkeiten des Schuldners unterrichtet und können Einsprüche geltend machen. Jede Forderung wird erfasst und in eine Rangordnung gruppiert. Diese Aufstellung bildet die Grundlage dafür, wie später die Forderungen berücksichtigt werden.

Berichtstermin
Der Insolvenzverwalter unterrichtet die Gläubiger über das Vermögen und die wirtschaftlichen Aussichten des Schuldners. Er zeigt Möglichkeiten auf, wie das notleidende Unternehmen fortbestehen könnte. Dabei könnte es zum Verkauf des Unternehmens oder zur Weiterführung im Rahmen eines Insolvenzplanverfahrens kommen.

Schritt 4: Entscheidung der Gläubigerversammlung für oder gegen Fortführung

Auf der Grundlage des Berichts des Insolvenzverwalters entscheidet sich die Gläubigerversammlung für oder gegen die Fortführung des Unternehmens.

- Möglichkeit 1: Das Unternehmen wird **aufgelöst** oder **zerschlagen.** Unternehmensteile können im Rahmen einer Zwangsversteigerung verkauft werden. Die Arbeitsplätze gehen verloren. Die Gläubiger erhalten dabei in der Regel nur einen geringen Teil ihrer Forderungen aus den Verkaufserlösen.
- Möglichkeit 2: Das Unternehmen wird **verkauft.** Ein Käufer übernimmt das Unternehmen ohne die Schulden. Die Arbeitsplätze bleiben vorerst erhalten und das Unternehmen insgesamt besteht mit neuen Eigentümern weiter. Der Insolvenzverwalter verteilt den Verkaufserlös unter den Gläubigern. Die Quoten können unter Umständen höher sein als bei einer Zerschlagung.
- Möglichkeit 3: Das Unternehmen wird **fortgeführt** → Insolvenzplanverfahren. Die Gläubiger verzichten auf einen Teil ihrer Forderungen. Das Unternehmen kann den Betrieb fortsetzen. Das formale Insolvenzverfahren ist damit beendet.

In allen Fällen müssen die Gläubiger mit Verlusten rechnen, da die noch ausstehenden Forderungen nicht vollständig beglichen werden können.

Bei der **Verteilung des Vermögens** hält der Insolvenzverwalter eine Rangfolge ein. Zuerst werden Gegenstände ausgesondert bzw. zurückgegeben, bei denen der Schuldner nicht Eigentümer ist. Dann werden besicherte Forderungen abgesondert, beispielsweise durch Grundschulden abgesicherte Kredite. Anschließend werden die Gerichtskosten und die Auslagen des Insolvenzverwalters bezahlt. Die Restsumme verteilt sich auf die übrigen Insolvenzgläubiger, deren Forderungen schon vor der Insolvenz bestanden. Wenn dann noch ein Restvermögen übrig ist, werden die Gläubiger anteilmäßig bedient, deren Forderungen nach Eröffnung des Insolvenzverfahrens entstanden sind.

Wenn alle Erlöse aus der Insolvenzmasse verteilt sind, ist das Insolvenzverfahren beendet. In vielen Fällen besteht die Chance eines Neubeginns für die Unternehmen. Die wichtigste Voraussetzung ist das frühzeitige Erkennen (und Erkennenwollen) erster Anzeichen einer Zahlungsunfähigkeit. Möglicherweise gibt es bereits im Vorfeld Wege, mit den Gläubigern außergerichtliche Einigungen oder Stundungen von Zahlungen zu erreichen und so das für alle Beteiligte kostspielige Insolvenzverfahren zu vermeiden.

Rangordnung der Berücksichtigung der Gläubiger nach der Insolvenzordnung („Gläubigerklassen")

1 Aussonderung Gläubiger, die dem Insolvenzschuldner Gegenstände überlassen haben, die zu dessen Besitz, aber nicht zu dessen Eigentum zählen, können diese Gegenstände zurückverlangen, da diese nicht zur Insolvenzmasse gehören.	vermietete oder verpachtete Gegenstände, unter Eigentumsvorbehalt gelieferte Vermögensteile usw.	
2 Absonderung Gläubiger, die dem Insolvenzschuldner Gegenstände überlassen haben, die mit einem Pfandrecht belastet bzw. sicherungsübereignet sind, werden vorrangig befriedigt.	Zwangsversteigerung eines mit einer Hypothek belasteten Grundstücks, Verwertung des Pfandrechts an einer beweglichen Sache durch freihändigen Verkauf	
3 Befriedigung der Massegläubiger Befriedigung der folgenden Masseverbindlichkeiten: Gerichtskosten sowie sonstige Kosten des Insolvenzverfahrens.	Vergütung und Auslagen des Insolvenzverwalters, Organisationskosten für die Gläubigerversammlungen usw.	
4 Befriedigung der Insolvenzgläubiger Hierzu gehören alle Gläubiger, die zur Zeit der Eröffnung des Insolvenzverfahrens eine begründete Forderung gegenüber dem Insolvenzschuldner haben.	Lohnforderungen der Mitarbeiter, Lieferantenforderungen usw.	
5 Befriedigung der nachrangigen Insolvenzgläubiger Hierzu zählen alle Forderungen, die nach Eröffnung des Insolvenzverfahrens entstanden sind.	Kosten, die den Insolvenzgläubigern durch die Teilnahme am Verfahren entstanden sind, Zinsen aus Forderungen nach der Verfahrenseröffnung usw.	

Quelle: Handbuch Bürokaufleute. Winklers 2011, Seite 163.

Lösung des Einstiegsfalls **Fußballverein Rot-Weiss Essen in der Insolvenz**

Die Gläubiger des Fußballvereins Rot-Weiss Essen erhielten auf ihre Forderungen Auszahlungsquoten zwischen 6 % und 13 %. Insgesamt wurden Forderungen von 20 Mio. € beim Insolvenzverwalter angemeldet. Davon wurden 2,1 Mio. € anerkannt, die restlichen Forderungen konnten aus juristischen und inhaltlichen Gründen nicht anerkannt werden.

Rot-Weiss Essen spielte die gesamte Saison 2010/2011 im eröffneten Insolvenzverfahren und hatte frühzeitig den direkten Wiederaufstieg in die Regionalliga geschafft. Mit der Zustimmung der Gläubiger zum Insolvenzplan konnte der Verein eine wesentliche Bedingung des DFB für die Regionalligalizenz erfülllen.

Nach: H. Voskuhl: Rot-Weiss Essen über Insolvenzplan saniert und schuldenfrei. Internet: http://www.insolvenz-ratgeber.de/rot-weiss-essen-ueber-insolvenzplan-saniert-und-sch/2011/05/19/, abgerufen 30.05.2011.

Verbraucherinsolvenz

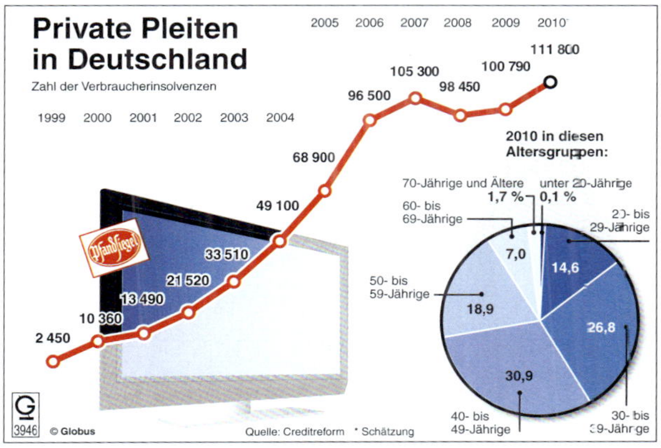

Anfang 2011 drohte jedem zehnten Erwachsenen in Deutschland die Zahlungsunfähigkeit. Die Verbraucherinsolvenzen im Jahr davor stiegen bereits auf eine Rekordhöhe von 111 800 (vgl. Schaubild).

Für Privatpersonen ist es leicht, eine Wohnungseinrichtung oder ein Auto mithilfe eines Kredits zu finanzieren. Doch wenn die verbleibenden finanziellen Spielräume sehr eng sind, können Veränderungen der Lebensumstände (Arbeitslosigkeit, Berufsunfähigkeit, Krankheit, Scheidung u. a.) sehr schnell zu einer Überschuldung führen.

Um den betroffenen privaten Schuldnern eine Entschuldung zu ermöglichen, hat der Gesetzgeber die Verbraucherinsolvenz geschaffen. Das **private Insolvenzverfahren** unterscheidet sich nur wenig von dem einer Unternehmensinsolvenz. Verbraucher müssen zuerst mithilfe einer staatlichen Schuldnerberatungsstelle oder eines Anwalts versuchen, eine **außergerichtliche Einigung** mit ihren Gläubigern zu finden. Dem Amtsgericht ist eine Bescheinigung über diesen Versuch einer außergerichtlichen Einigung vorzulegen. Ohne diese Bescheinigung wird kein privates Insolvenzverfahren eröffnet. Bei einem solchen Vergleich könnten die Gläubiger einen Teil der Schulden erlassen oder die Zinsen stunden. Der Schuldnerberater analysiert die Situation des Schuldners und steht ihm bei der Erstellung eines Schuldenbereinigungsplans und in Verhandlungen mit den Gläubigern zur Seite.

Sollte ein Vergleich scheitern, kommt es zum **Verbraucherinsolvenzverfahren.** Der Schuldner muss seine Vermögens- und Einkommensverhältnisse gegenüber dem Amtsgericht offenlegen. Das Amtsgericht strebt nochmals eine gütliche Einigung mit den Gläubigern an, doch wenn dies wiederum scheitert, dann ist das Insolvenzverfahren eröffnet.

Ein vom Amtsgericht bestellter **Treuhänder** übernimmt die Verfügung über das Vermögen des Schuldners und versucht, Teile des Vermögens zu verwerten und dadurch die Verbindlichkeiten zurückzuführen. Anschließend stellt das Amtsgericht eine Befreiung von der Restschuld in Aussicht. Voraussetzung dafür ist, dass der Schuldner eine **Wohlverhaltensphase** von sechs Jahren durchsteht. In diesen sechs Jahren muss der Schuldner den pfändbaren Anteil seines Einkommens an den Treuhänder abgeben. Der verteilt diesen Anteil unter den Gläubigern. Zudem besteht für den Schuldner die Pflicht, eine zumutbare Arbeit anzunehmen. Verstößt der Schuldner gegen diese Regelungen (zum Beispiel wenn er schwarzarbeitet oder Teile seines Vermögens verschweigt), gilt das Verfahren als gescheitert und die bisherigen Bemühungen des Schuldners waren umsonst. Die restlichen Schulden bleiben.

Nach erfolgreichem Abschluss der Wohlverhaltensphase kann der Schuldner beim Amtsgericht die **Restschuldbefreiung** beantragen. Wird ihm diese gewährt, ist er von allen Verbindlichkeiten, die vor Beginn des Insolvenzverfahrens bestanden haben, befreit. Die Gläubiger können keine alten Forderungen mehr gegenüber dem Schuldner geltend machen. Einem wirtschaftlichen Neubeginn steht nichts mehr im Wege.

11

Geschäftsprozesse darstellen und optimieren

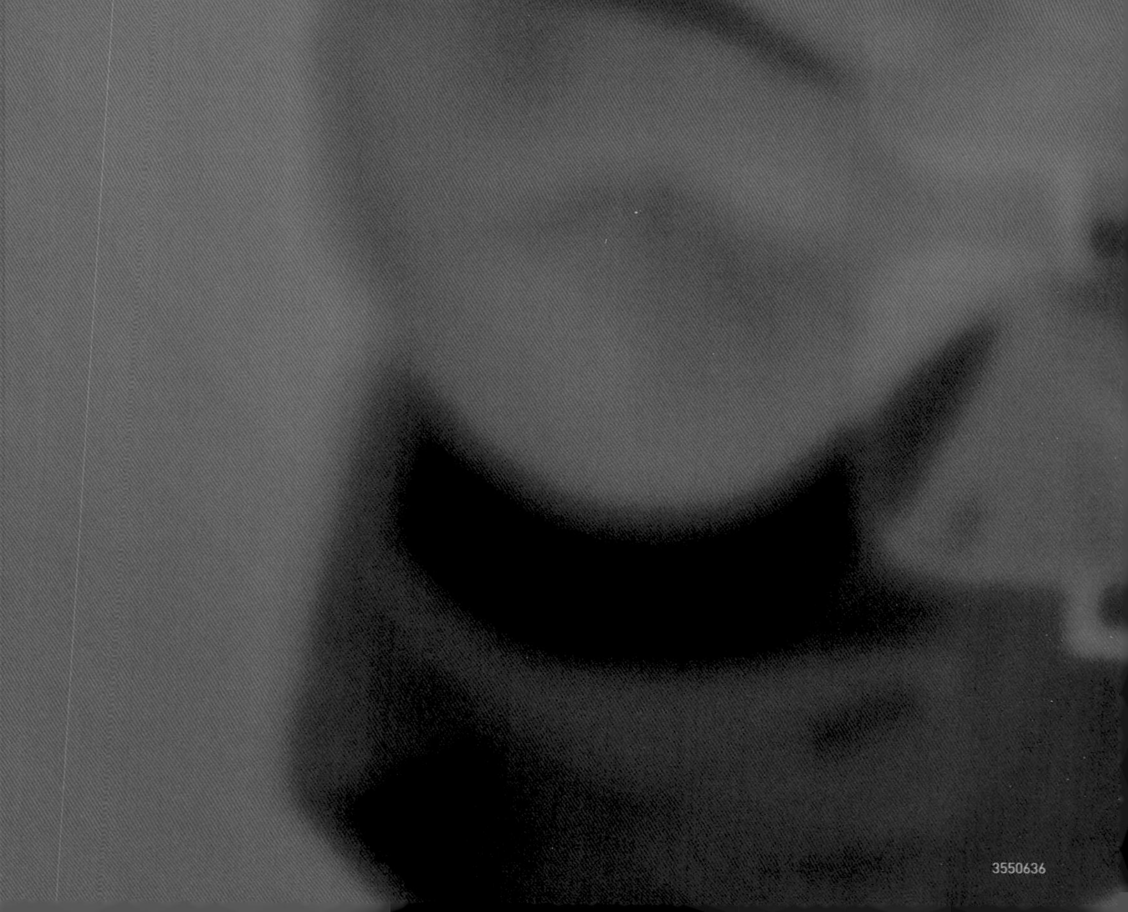

Lernlandkarte 11.1 bis 11.4

11.1 Betriebliche Organisation

- Grundlagen der Betriebsorganisation

- Aufbauorganisation und Leitungssysteme

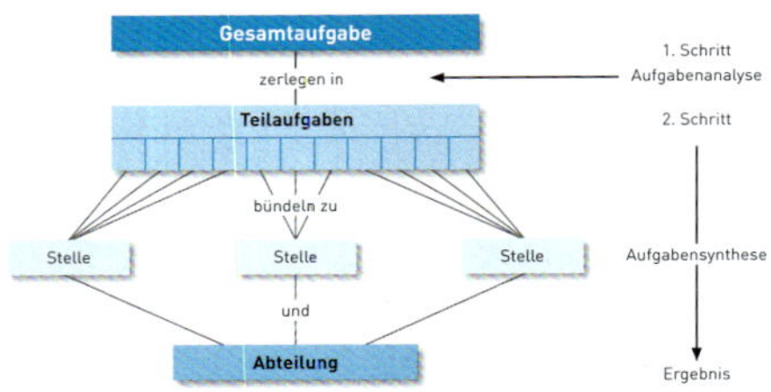

- Darstellung betrieblicher Abläufe

Arbeitsablaufdiagramm „Bearbeiten von Eingangsrechnungen" Ist-Zustand

Teilaufgaben	Symbole ○ ⇨ □ D ▽	Zeit in Minuten
Postmitarbeiter bringt die ER zur Sekretärin	⇨	5
ER bei der Sachbearbeiterin	D	2 Tage
Lieferschein wird zur Sachbearbeiterin gebracht	⇨	20
Sachbearbeiterin vergleicht die ER mit der Bestellung und dem Lieferschein auf sachliche Richtigkeit	□	10
geprüfte ER wird in den Postausgangskorb gelegt	D	300
geprüfte ER wird vom Postboten in die Abteilung Rechnungswesen zur Bezahlung gebracht	⇨	20
Summe		2 Tage + 355 Min.

11.2 Geschäftsprozesse

- Definition und Arten von Geschäftsprozessen

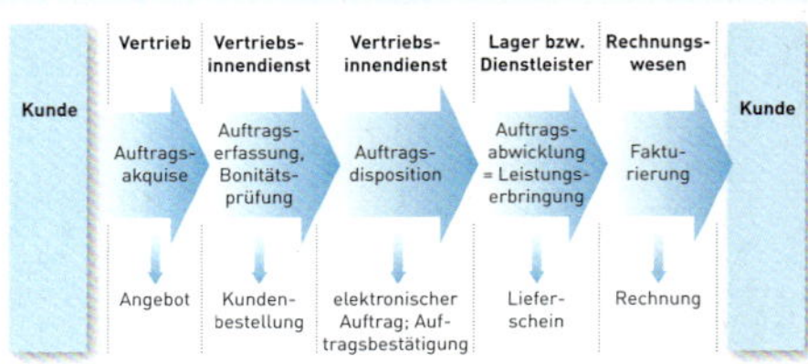

- Darstellung von Geschäftsprozessen mit der EPK

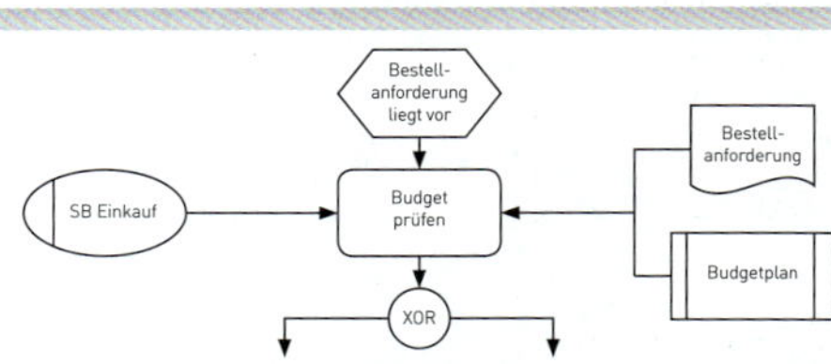

11.3 Geschäfts-prozessoptimierung

- Methoden der Ist-Aufnahme
- Methoden der kontinuierlichen Verbesserung

11.4 Qualitäts-management

- Qualitätskontrolle
- Qualitätssicherung
- Qualitätsmanagement
- Zertifizierung
- Exkurs: Ökologischer Fußabdruck

11.1 Betriebliche Organisation

11.1.1 Grundlagen der Betriebsorganisation

In einem Unternehmen arbeiten Menschen und Betriebsmittel (zum Beispiel Maschinen) an Werkstoffen (zum Beispiel Rohstoffen) zusammen, um ein Ziel zu erreichen (zum Beispiel die Fertigung eines Produkts). Dabei muss jeder Mitarbeiter und jede Maschine eine vorgegebene Teilaufgabe erfüllen. Ohne Vorgaben ist dies nicht möglich. Diese Vorgaben werden durch die betriebliche Organisation festgelegt.

Merke **Betriebliche Organisation** ist ein System von geplanten Regelungen, das den Unternehmensaufbau und die betrieblichen Arbeitsabläufe beschreibt.

Der Begriff Organisation wird mehrdeutig verwendet. Ein Unternehmen *ist* eine Organisation (eine Institution); es hat eine betriebliche Organisation (als Regelwerk, um Ordnung zu schaffen) und es *organisiert* eine Produktion oder Dienstleistung (es tut etwas) bzw. *wird organisiert* (mittels einer Unternehmensstruktur).

Betriebliche Aufgaben werden in Teilaufgaben zerlegt und an Mitarbeiter/-innen übertragen. Den Mitarbeiterinnen und Mitarbeitern werden bestimmte Maschinen und Arbeitsmittel zugeordnet. Außerdem wird festgelegt, wer wem Anweisungen erteilen darf und wie bestimmte Arbeitsprozesse ablaufen.

Die betriebliche Organisation wird in zwei Bereiche aufgeteilt:

Aufbauorganisation = Verteilung von Aufgaben

Aufbau-organisation Kap. 11.1.2

Die Aufbauorganisation legt die Aufgaben und Kompetenzen von Mitarbeitern und Mitarbeiterinnen sowie die Über- bzw. Unterordnung fest.

Beispiel **Aufbauorganisation**

Mitarbeiterin A ist für den Einkauf der Rohstoffe zuständig und muss von ihrer Vorgesetzten B Weisungen entgegennehmen.

Als Hilfsmittel werden eingesetzt:

Organigramme

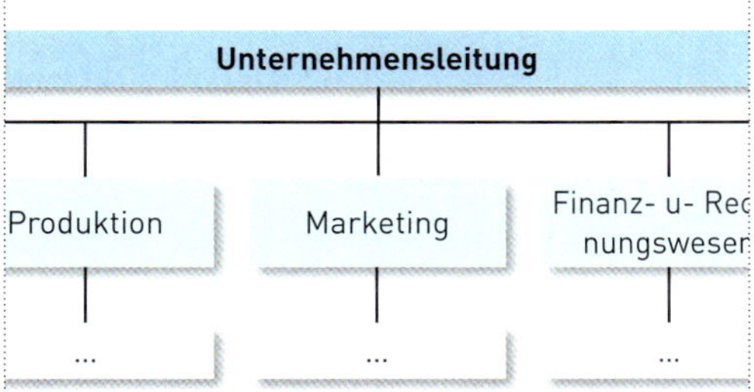

Stellenbeschreibungen

Stellenbeschr	
Stellenbezeichnung: Sachbearbeiterin Einkauf Hilfsstoffe/ Handelswaren	*Stelle* Sachb
Abteilung: Einkauf	*Stelle* Leite
Anzahl der Stellen: 1	
Anforderungen: ■ kaufmännische Ausbildung ■ Branchenkenntnisse	*Aufga* ■ Er ■ Ei

Ablauforganisation = Reihenfolge von Aufgaben

Die Ablauforganisation legt die zeitliche und räumliche Abfolge von Arbeitsprozessen fest.

Beispiel Ablauforganisation

Einkaufsmitarbeiterin A muss bei der Lieferantenauswahl nach einer festgelegten Arbeitsabfolge vorgehen.

Hilfsmittel hierbei sind:

Arbeitsablaufpläne

Arbeitsablaufdiagramm „Bearbeiten von Eingangsrechnungen" Ist-Zustand

Teilaufgaben	Symbole ○ ⇨ □ D ▽	Zeit in Minuten
Postmitarbeiter bringt die ER zur Sekretärin	⇨	5
Post liegt im Postfach der Sekretärin	D	10
Sekretärin sortiert die Post	○	5
Sekretärin bringt die ER zur Einkaufsleiterin	⇨	1
Post liegt im Postfach der Einkaufsleiterin	D	120
Einkaufsleiterin prüft und verteilt die ER an die Sachbearbeiterin	⇨ □	10
Sachbearbeiterin sucht die Bestellung dazu und prüft die ER	□	10
ER und Bestellschein bei der Sachbearbeiterin	D	2 Tage
Lieferschein wird zur Einkaufsleiterin gebracht	⇨	20
Einkaufsleiterin leitet den Lieferschein an die Sachbearbeiterin weiter	⇨	5
Sachbearbeiterin vergleicht die ER mit dem Lieferschein auf sachliche Richtigkeit	□	10
geprüfte ER wird in den Postausgangskorb gelegt	D	300
geprüfte ER wird vom Postboten in die Abteilung Rechnungswesen zur Bezahlung gebracht	⇨	20
Summe		3 Tage + 536 Min.

Balkendiagramme

		Dauer	Zeitachse (in Stunden) 0,5	1,0	1,5	2,0	2,5	3,0	3,5	4,0	4,5	5,0	5,5
A	Leute einladen	0,5											
B	Raum organisieren	2,0											
C	Getränke einkaufen	3,0											
D	Essen einkaufen	3,0											
E	Essen zubereiten	2,0											
F	Getränke kaltstellen	0,5											
G	Musikanlage aufbauen	0,5											
H	Raum dekorieren	2,0											
I	Musik aussuchen	2,0											
J	duschen und sich freuen	1,0											

Datenflusspläne

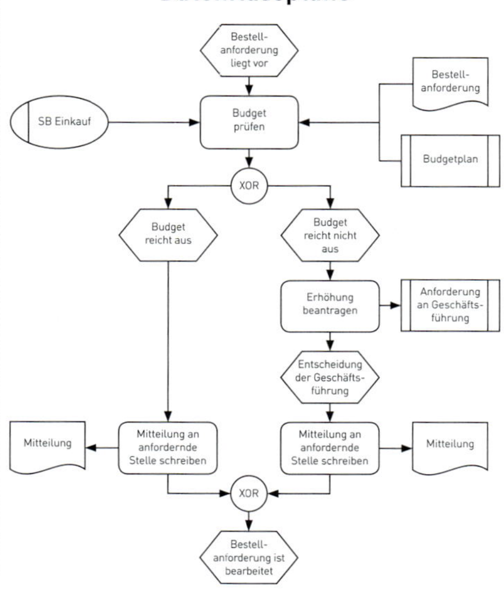

Netzpläne

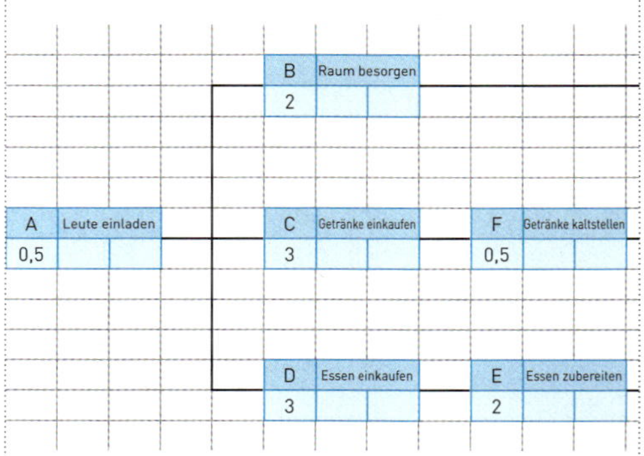

Betriebliche Regelungen

Betriebliche Regelungen werden in drei Varianten unterschieden:

■ geplante Dauerregelungen	■ fallweise Regelung im Rahmen einer Dauerregelung	■ ungeplante, überraschend aufgetretene Situation
= Organisation (Dauerregelung)	**= Disposition**	**= Improvisation**
Beispiel: Ein Verkäufer darf Ware nur gegen einen Gutschein zurücknehmen.	Beispiel: Ein Verkäufer darf entscheiden, ob er bei einer Warenrückgabe den Kaufpreis erstattet oder einen Gutschein ausstellt.	Beispiel: Bei Stromausfall kann der Verkäufer dem Kunden zunächst ein Getränk anbieten, bis das Kassensystem wieder funktioniert.
Stabilität		**Flexibilität**

Viele Dauerregelungen (Organisation) führen zu **Stabilität.** Sie gewährleisten einen reibungslosen Arbeitsablauf. Andererseits verursacht eine solche Überorganisation hohe Kosten und wird von den Mitarbeiterinnen und Mitarbeitern als einengend empfunden. Trotz aller Dauerregelungen kann ein Unternehmen nicht auf alle Eventualitäten vorbereitet sein. Je weniger Regelungen es in einem Unternehmen gibt, desto größer ist die **Flexibilität** (Reaktionsfähigkeit). Im Hinblick auf eine schnelle Befriedigung auch ausgefallener Kundenwünsche ist ein flexibles Herangehen an die Aufgaben positiv zu werten. Andererseits wächst aber die Gefahr von Fehlentscheidungen und einige Mitarbeiter/-innen könnten mit diesem Entscheidungsspielraum überfordert sein.

Es gibt keine allgemeine Aussage, welcher der drei Regelungen der Vorrang gegeben werden sollte, dies ist immer eine individuelle Entscheidung des Unternehmens.

Faktoren, die die betriebliche Organisation beeinflussen, sind zum Beispiel:

- **Größe des Unternehmens:** In kleinen Unternehmen sind oft weniger organisatorische Vorgaben notwendig, da die Mitarbeiter sich und ihre Aufgaben kennen. In Großbetrieben (> 500 Mitarbeiter) sind solche Regelungen jedoch unerlässlich, um überhaupt arbeitsfähig zu sein.
- **Branchenzughörigkeit:** In einer Werbeagentur wird mehr improvisiert als bei einer Fließbandfertigung mit genau definierten Arbeitsschritten in Form von Dauerregelungen (Organisation).
- **Unternehmensphilosophie:** Kundenorientierung als oberster Leitgedanke steht an erster Stelle (früher waren es die eigenen Produkte). Dazu müssen Unternehmen schnell und flexibel reagieren können. Das ist nicht möglich, wenn ausschließlich Dauerregeln befolgt werden müssen.

Eine betriebliche Organisation ist ein dynamischer, fortwährender Prozess. Dies erfordert von den Unternehmen, die bestehenden Organisationsstrukturen immer wieder zu überdenken und zu verbessern **(Reorganisation).**

Das Ergebnis einer überarbeiteten betrieblichen Organisation sollte folgenden **Grundsätzen** entsprechen:

ökonomisches Prinzip Kap. 1.2.4

- Die Organisation muss **wirtschaftlich** sein: Durch die organisatorischen Neuregelungen müssen die Aufgaben kostengünstiger erledigt werden können. Es gilt das Wirtschaftlichkeitsprinzip (ökonomisches Prinzip).
- Die Organisation muss **klar** sein: Organisatorische Regelungen müssen klar und eindeutig formuliert sein, sodass es nicht zu Verständnisproblemen und Kompetenzstreitigkeiten kommt.
- Die Organisation muss sowohl **stabil** als auch **flexibel** sein: Stabilität als Garant für einen beständigen Ablauf, aber auch Flexibilität, um sich an Veränderungen anpassen zu können.
- Die Organisation muss **zweckmäßig** sein: Dazu ist eine realistische Einschätzung der betrieblichen Bedürfnisse notwendig. Sonst könnte eine Überorganisation (zu viele Regelungen) oder eine Unterorganisation (zu wenig Regelungen) entstehen.

Voraussetzungen für eine betriebliche Organisation

Eine betriebliche Organisation als System von Regelungen setzt Aufgaben voraus, die
- regelmäßig anfallen **(Wiederholbarkeit)**,
- gleich erledigt werden müssen **(Gleichartigkeit)**,
- auf mehrere Mitarbeiterinnen und Mitarbeiter verteilt werden können **(Teilbarkeit)**.

11.1.2 Aufbauorganisation und Leitungssysteme

Die Aufbauorganisation setzt sich aus folgenden Schritten zusammen:

1. Welche Aufgaben fallen an? → **Aufgabenanalyse**
2. Wer soll diese Aufgabe erledigen? → **Aufgabensynthese**
3. Wer hat wem etwas zu sagen? → **Leitungssysteme**

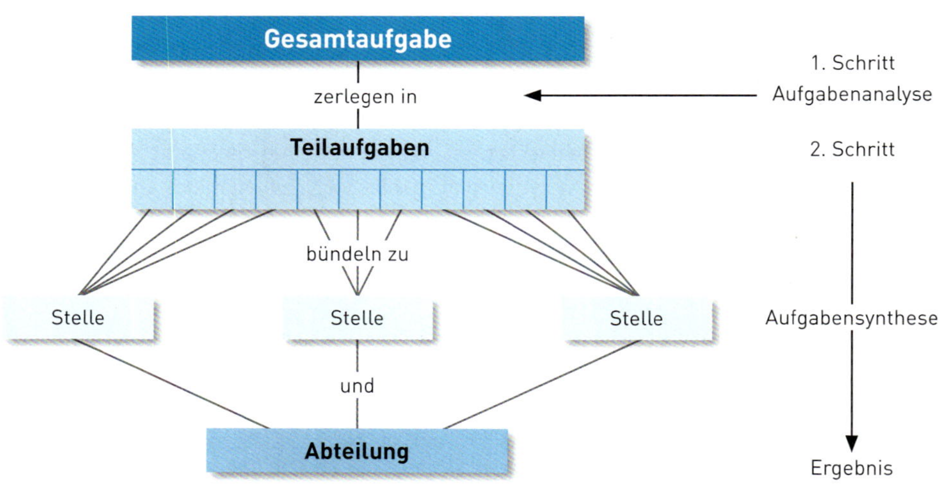

1. Welche Aufgaben fallen an? (Aufgabenanalyse)

Im ersten Schritt wird die Gesamtaufgabe (zum Beispiel die Herstellung und der Vertrieb von Tischen) in Teilaufgaben (Rohstoffe einkaufen, Tische montieren, Tische verkaufen, Zahlungseingänge prüfen usw.) zerlegt. Dies nennt man **Aufgabenanalyse.** Wie detailliert die Gesamtaufgabe zerlegt wird, hängt von ihrer Komplexität ab. Die Teilung kann nach folgenden Kriterien erfolgen:

Aufgabenanalyse = Zerlegung einer Gesamtaufgabe nach

Funktionen (Aufgaben/ Verrichtungen)	Objekten	Phasen	Rängen
Gliederung nach den betrieblichen Aufgaben	Gliederung nach Kundengruppen, Produkten, Regionen usw.	Gliederung nach Planung, Druchführung	Gliederung nach Leitungs- oder Ausführungsaufgaben
z. B. Einkauf Fertigung Absatz Finanzierung ...	z. B. Vertrieb Region Nord Vertrieb Region Süd ...	z. B. Rechnungsdaten vorbereiten Rechnung erstellen ...	z. B. Lieferanten auswählen Bestellung aufgeben ..

Diese Kriterien werden bei der Aufgabenanalyse in den unterschiedlichen Ebenen meistens gemischt. Es gibt keine Vorschrift, dass nur ein Kriterium angewendet werden darf.

2. Wer soll die Aufgaben ausführen? (Aufgabensynthese)

Im zweiten Schritt der Aufbauorganisation werden die Einzelaufgaben wieder so zusammengefasst, dass die Einzelaufgaben von einem Mitarbeiter oder einer Mitarbeiterin bei normaler Arbeitsleistung erledigt werden können. Dieser Vorgang ist die **Aufgabensynthese** oder die **Stellenbildung.** Eine Zusammenfassung der Teilaufgaben kann nach den gleichen Kriterien wie bei der Zerlegung der Gesamtaufgabe erfolgen.

Stellenbildung

Merke Eine **Stelle** ist die kleinste organisatorische Einheit im Unternehmen und kann nach den gleichen Kriterien der Aufgabenzerlegung gebildet werden. Aufgaben können **zentral** oder **dezentral** verteilt werden. Es werden Teilaufgaben zusammengefasst, die eine Mitarbeiterin oder ein Mitarbeiter bewältigen kann.

Eine Stellenbildung kann nach dem **Objektprinzip** erfolgen.

Beispiel **Objektprinzip bei der Stellenbildung**

Mitarbeiterin A übernimmt die Teilaufgaben eins bis fünf für den Kunden XY, während Mitarbeiterin B dieselben Aufgaben für den Kunden YZ übernimmt.

Ebenso ist eine Stellenbildung nach dem **Funktionsprinzip** möglich.

Beispiel **Funktionsprinzip bei der Stellenbildung**

Mitarbeiterin A übernimmt alle Teilaufgaben der Fertigung, Mitarbeiterin B alle Teilaufgaben des Einkaufs.

Stellen können **zentral** gebildet werden, das heißt, gleiche Teilaufgaben werden zu einer Stelle zusammengefasst.

Beispiel **Zentrale Stellenbildung**

In der Zentrale eines Unternehmens gibt es eine Personalabteilung, die für alle Niederlassungen zuständig ist und deren Personalaufgaben übernimmt.

Stellen können aber auch **dezentral** gebildet werden, dies ist dann der Fall, wenn gleiche Teilaufgaben auf mehrere Stellen aufgeteilt werden.

Beispiel **Dezentrale Stellenbildung**

20 Vertriebsniederlassungen führen die gleiche Teilaufgabe „Verkaufen" durch.

Stellenarten

Instanzen	Ausführende Stellen	Stabsstellen
■ dürfen Anweisungen erteilen ■ haben Entscheidungsbefugnis	■ haben keine Leitungs- und keine Entscheidungsbefugnis	■ sind Hilfsstellen für die Instanzen ■ bereiten Entscheidungen der Instanzen vor
Beispiel: Abteilungsleiterin Personal	Beispiel: Sachbearbeiterin Personal	Beispiel: Justiziar (Rechtsabteilung)

Stellenbeschreibung

Die Zuordnung von Teilaufgaben als Ergebnis der Aufgabensynthese auf einzelne Stellen bildet die Grundlage für die Stellenbeschreibung – einem wichtigen Hilfsmittel der Aufbauorganisation. Neben der genauen Aufgabenbeschreibung gehören noch weitere Inhalte zu einer Stellenbeschreibung.

Beispiel **Stellenbeschreibung Sachbearbeiterin Einkauf**

Stellenbeschreibung	
Stellenbezeichnung: Sachbearbeiterin Einkauf Hilfsstoffe/Handelswaren	*Stelleninhaber/-in wird vertreten durch:* Sachbearbeiterin Einkauf Betriebsmittel
Abteilung: Einkauf *Anzahl der Stellen:* 1	*Stelleninhaber/-in ist untergeordnet:* Leiterin Einkauf
Anforderungen: ■ kaufmännische Ausbildung ■ Branchenkenntnisse ■ gute Englischkenntnisse ■ Kenntnisse im Warenwirtschaftssystem ■ sorgfältige und selbstständige Arbeitsweise ■ Verhandlungsgeschick	*Aufgaben:* ■ Ermittlung geeigneter Lieferanten ■ Einholen und Auswerten von Angeboten ■ Führen von Einkaufsverhandlungen bis 10.000,00 €, darüber hinaus Beratung der Einkaufsleiterin ■ Überwachung der Liefertermine ■ Bearbeitung von Reklamationen durch Lieferverzug ■ sachliche Freigabe der Eingangsrechnungen
Vollmachten/Berechtigungen: Artvollmacht Einkauf bis 10.000,00 €	

Artvollmacht Kap. 9.3.1

Die Stellenbeschreibung enthält die Aufgaben der Stelleninhaberin, die Anforderungen an sie sowie die Einordnung der Stelle im Unternehmen.

Die Stellenbeschreibung ist auch für die Personalbeschaffung eine wichtige Grundlage für **Stellenausschreibungen.** Insbesondere die Anforderungen werden inhaltlich in die Stellenanzeigen übernommen.

Personalbeschaffung Kap. 8.2

3. Wer hat wem etwas zu sagen? (Leitungssysteme)

Alle geschaffenen Stellen werden im dritten Schritt der Aufbauorganisation in ein System eingebunden, mehrere Stellen werden zu einer Abteilung mit einheitlicher Leitung zusammengefasst. Werden alle Stellen und Abteilungen in einem Gesamtplan abgebildet, entsteht ein **Organigramm** – neben der Stellenbeschreibung ein weiteres Hilfsmittel für die Aufbauorganisation. Mögliche Formen, wie Unternehmen aufgebaut sein können, werden im Folgenden vorgestellt.

Einliniensystem

Beispiel

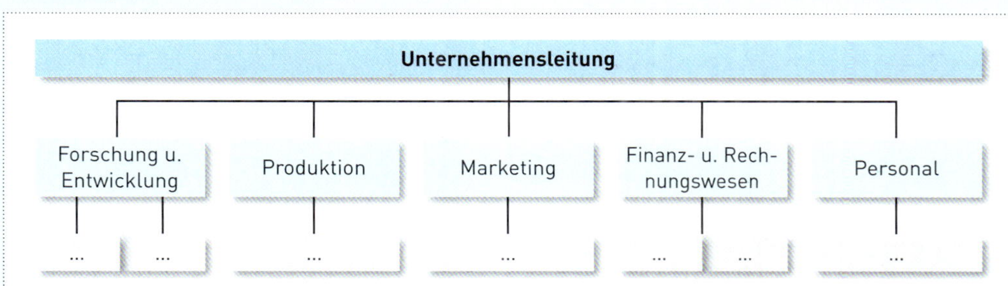

Jeder Mitarbeiter bekommt seine Anweisungen nur von einem Vorgesetzten. Der Weisungsweg ist einheitlich von oben nach unten, der Berichtsweg hingegen verläuft von unten nach oben.

Vorteile	Nachteile
■ übersichtlicher Aufbau ■ eindeutige Arbeitsaufträge ■ einfache Kontrolle	■ Überlastung der Instanzen ■ langsamer Entscheidungsweg

Mehrliniensystem

Beispiel

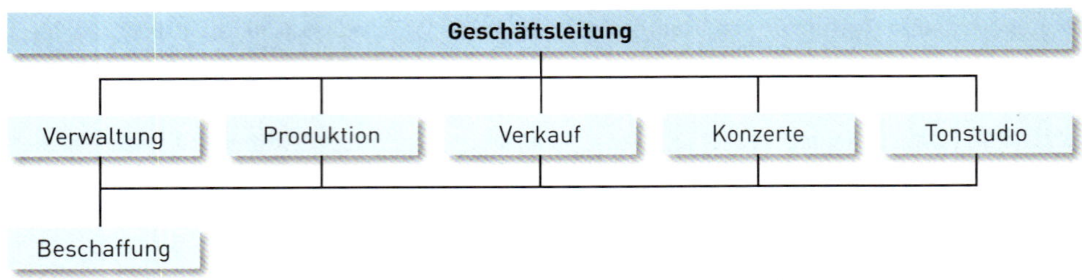

Die ausführenden Stellen erhalten von mehreren Vorgesetzten Anweisungen. Die Überlastung der Instanzen (ein Nachteil des Einliniensystems) wird ausgeglichen.

Vorteile	Nachteile
■ Entlastung der Unternehmensleitung ■ schnellere Entscheidungswege	■ keine einheitliche Leitung, dadurch widersprüchliche Anweisungen an ausführende Stellen ■ „Kompetenzgerangel" der Instanzen

Stabliniensystem

Beispiel

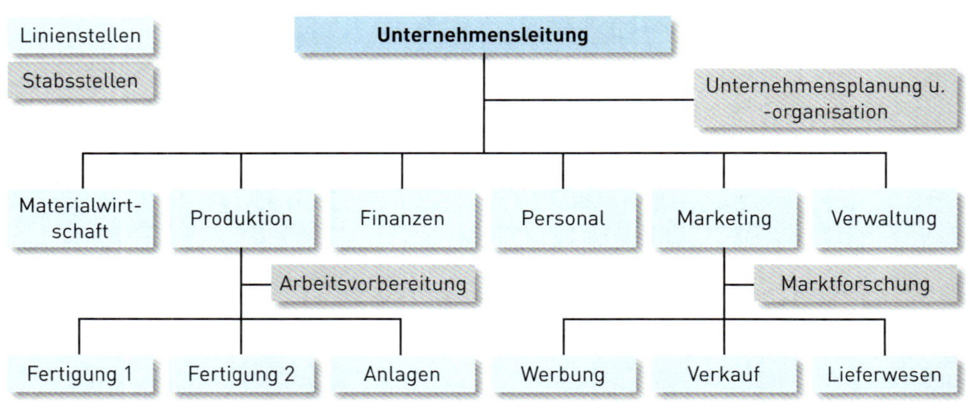

Der einheitliche Befehlsweg wird beibehalten. Die Instanzen bekommen Hilfsstellen (Stäbe) zugewiesen; diese liefern Informationen und bereiten die Entscheidungen vor. Die Stäbe haben keine Weisungsbefugnis.

Vorteile	Nachteile
■ Entlastung der Unternehmensleitung ■ bessere Entscheidungsvorbereitung durch den Stab ■ größere Entscheidungssicherheit	■ „Macht der Stäbe": Vorschläge ohne Verantwortung ■ fehlende Anerkennung der Stäbe durch Linienmitarbeiter

Spartensystem

Beispiel

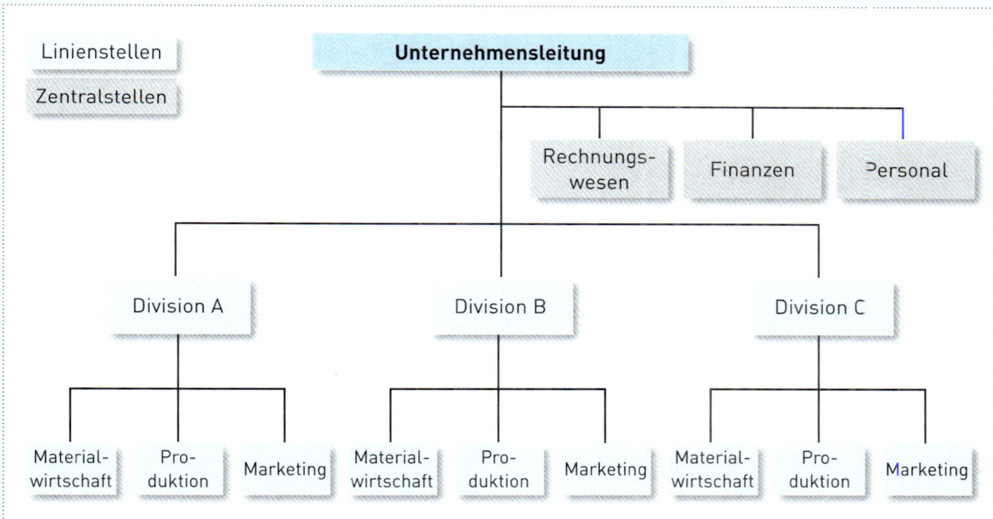

Das Unternehmen ist nach dem Objektprinzip in Sparten (Divisionen) aufgeteilt. Neben den Sparten gibt es Zentralabteilungen, die nach dem Funktionsprinzip gegliedert sind. Die Sparten nennt man auch **Profitcenter.** Diese arbeiten wie kleine Unternehmen und können intern an ihrem Erfolg gemessen werden. Dieses System stellt sicher, dass marktnahe, an den Notwendigkeiten der jeweiligen Branchen orientierte Entscheidungen dezentral getroffen werden und gleichzeitig Ressourcen zentral gebündelt werden.

Vorteile	Nachteile
■ bessere Anpassung an Marktvorgaben ■ Selbstständigkeit der Sparten fördert Kostenbewusstsein bei einzelnen Spartenmitarbeitern.	■ unübersichtliches Gesamtsystem ■ Gefahr von Doppelverrichtungen in den Sparten

Matrixsystem

Beispiel

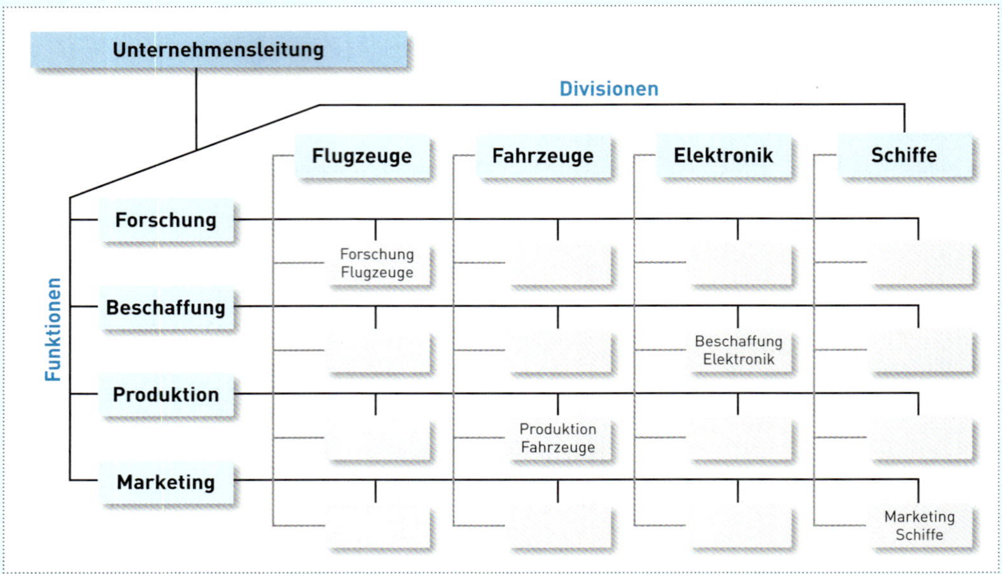

Jede ausführende Stelle hat zwei Vorgesetzte: Ein Vorgesetzter wird nach dem Funktionsprinzip bestimmt (Beispiel: Leiter Einkauf), ein anderer nach dem Objektprinzip (Beispiel: Produktmanager Produkt A). Beim Matrixsystem geht es darum, die Vorteile des Mehrliniensystems in große Unternehmen zu übertragen.

Vorteile	Nachteile
■ bessere Problemlösungsmöglichkeiten durch den Einsatz verschiedener Spezialisten (Vorgesetzte) ■ siehe Mehrliniensystem	■ hoher Abspracheaufwand, zeitaufwendig ■ Gefahr von zu vielen Kompromissen ■ keine einheitliche Leitung, dadurch widersprüchliche Anweisungen

11.1.3 Darstellung betrieblicher Abläufe

Während die Aufbauorganisation den betrieblichen Rahmen darstellt, befasst sich die **Ablauforganisation** mit den betrieblichen Abläufen. Ziele sind die Minimierung von Durchlaufzeiten vom Auftragseingang bis zur Auslieferung und die optimale Auslastung von Kapazitäten. Folgende Fragen sind für eine optimale Gestaltung der Abläufe wichtig:

- Was ist zu tun? → Arbeitsinhalt (= Einzelaufgaben)
- Wo sind die Einzelaufgaben zu erledigen? → Arbeitsort (z. B. Maschine)
- In welcher Reihenfolge sind die Aufgaben zu erledigen? → Arbeitszeit
- Welche Mitarbeiter sollen eingesetzt werden? → Arbeitszuordnung

Um die Ziele zu erreichen, ist es notwendig, die bekannten wie die neuen Arbeitsabläufe zu erfassen, also den **Ist-Zustand** aufzunehmen. Als Methode hierfür eignen sich die Befragung, die Beobachtung oder der Bericht. Die Erkenntnisse werden dann mit folgenden **Hilfsmitteln** visualisiert:

- verbale Beschreibungen
- Arbeitsablaufdiagramme (funktionsorientierte Arbeitsabläufe)
- Balkendiagramme (zeitorientierte Arbeitsabläufe)
- Netzpläne

Als nächstes wird ein **Soll-Zustand** festgelegt und überlegt, mit welchen organisatorischen Änderungen man diesen Zustand erreichen kann, bevor der neue Vorschlag in der Realität getestet und eventuell erneut verändert wird.

Verbale Beschreibungen

Als Ergebnis der Ist-Aufnahme kann die Aufgabe „Bearbeiten von Eingangsrechnungen" beispielsweise so dargestellt werden:

Beispiel Beschreibung der Aufgabe „Bearbeiten von Eingangsrechnungen"

Die überbrachten Eingangsrechnungen (ER) werden bei der Sekretärin der Abteilung Einkauf mit der übrigen Post in den Eingangskorb gelegt. Die Sekretärin bringt daraufhin auf der Eingangsrechnung einen Eingangsvermerk an und legt sie zusammen mit der anderen Post der Einkaufsleiterin auf den Schreibtisch. Diese leitet die Post nach kurzer Durchsicht an ihre Sachbearbeiterin weiter. Die Sachbearbeiterin legt die Eingangsrechnung zu den anderen Eingangsrechnungen und sucht die dazugehörige Bestellung oder Auftragsbestätigung heraus und gleicht diesen mit der Eingangsrechnung ab. Danach bleibt die Eingangsrechnung liegen, bis der Lieferschein (bzw. die Wareneingangsmeldung) eintrifft. Die Lieferscheine werden ebenfalls zuerst der Einkaufsleiterin vorgelegt und dann von ihr weitergereicht. Die jeweilige Sachbearbeiterin prüft die sachliche Richtigkeit und legt die Eingangsrechnung bei der Abteilungssekretärin in den Ausgangskorb. Von dort werden die Eingangsrechnungen einmal am Tag zur Abteilung Rechnungswesen gebracht.

Als Vorschläge zur Reorganisation dieser Aufgabe könnten genannt werden:

Beispiel (Fortsetzung)

- Sekretärin/Poststelle übergibt Eingangsrechnungen sofort an die Sachbearbeiterinnen.
- Sekretärin/Poststelle übergibt Lieferscheine sofort an die Sachbearbeiterinnen.
- Sachbearbeiterinnen bearbeiten Eingangsrechnungen erst, wenn Lieferscheine vorliegen.

Der Nachteil der verbalen Beschreibung liegt in der fehlenden Klarheit. Sachverhalte können besser erfasst werden, wenn sie kurz und übersichtlich dargestellt sind. Deshalb sind die folgenden grafischen Hilfsmittel besser geeignet.

Arbeitsablaufdiagramme (funktionsorientierte Arbeitsabläufe)

In einem Arbeitsablaufdiagramm werden alle Teilaufgaben zeitlich angeordnet. Dann wird festgelegt, um welche Art von Tätigkeit es sich handelt. Dafür gibt es einheitliche Symbole:

bearbeiten	transportieren	prüfen	verzögern	lagern
○	⇨	□	D	▽

Die Ist-Aufnahme des vorherigen Beispiels würde als Arbeitsablaufdiagramm folgendermaßen aussehen:

Beispiel **Arbeitsablaufdiagramm (Ist-Zustand)**

Arbeitsablaufdiagramm „Bearbeiten von Eingangsrechnungen" Ist-Zustand

Teilaufgaben	Symbole					Zeit in Minuten
	○	⇨	□	D	▽	
Postmitarbeiter bringt die ER zur Sekretärin		⇨				5
Post liegt im Postfach der Sekretärin				D		10
Sekretärin sortiert die Post	○					5
Sekretärin bringt die ER zur Einkaufsleiterin		⇨				1
Post liegt im Postfach der Einkaufsleiterin				D		120
Einkaufsleiterin prüft und verteilt die ER an die Sachbearbeiterin		⇨	□			10
Sachbearbeiterin sucht die Bestellung dazu und prüft die ER			□			10
ER und Bestellschein bei der Sachbearbeiterin				D		2 Tage
Lieferschein wird zur Einkaufsleiterin gebracht		⇨				20
Einkaufsleiterin leitet den Lieferschein an die Sachbearbeiterin weiter		⇨				5
Sachbearbeiterin vergleicht die ER mit dem Lieferschein auf sachliche Richtigkeit			□			10
geprüfte ER wird in den Postausgangskorb gelegt				D		300
geprüfte ER wird vom Postboten in die Abteilung Rechnungswesen zur Bezahlung gebracht		⇨				20
Summe						3 Tage + 36 Min.

Mithilfe von Arbeitsablaufdiagrammen werden Schwachstellen der derzeitigen Abläufe deutlich: zu lange Wartezeiten, häufige Transportwege. Werden die Vorschläge aus dem vorherigen Beispiel eingearbeitet, ergibt sich folgender Soll-Vorschlag:

Beispiel Arbeitsablaufdiagramm (Soll-Vorschlag)

Arbeitsablaufdiagramm „Bearbeiten von Eingangsrechnungen" Soll-Vorschlag						
Teilaufgaben	**Symbole**					**Zeit in Minuten**
	○	⇨	□	D	▽	
Postmitarbeiter bringt die ER zur Sachbearbeiterin		⇨				5
ER bei der Sachbearbeiterin				D		2 Tage
Lieferschein wird zur Sachbearbeiterin gebracht		⇨				20
Sachbearbeiterin vergleicht die ER mit der Bestellung und dem Lieferschein auf sachliche Richtigkeit			□			10
geprüfte ER wird in den Postausgangskorb gelegt				D		300
geprüfte ER wird vom Postboten in die Abteilung Rechnungswesen zur Bezahlung gebracht		⇨				20
Summe						2 Tage + 355 Min.

Die Reorganisation dieses Ablaufs bringt eine Zeitersparnis von 161 Minuten (10,9 %) und eine Entlastung der Einkaufsleitung.

Balkendiagramme (zeitorientierte Arbeitsabläufe)

In einem Balkendiagramm werden alle Teilaufgaben in einer Vorgangsliste zusammengefasst (mit Angabe der Dauer und der vorher abgeschlossenen Tätigkeiten). Das Balkendiagramm enthält außerdem eine Zeitachse, auf der die Dauer aller Teilaufgaben angegeben wird. Mithilfe des Balkendiagramms kann berechnet werden, zu welchem Zeitpunkt der Arbeitsablauf abgeschlossen ist. Dies hilft, zu überprüfen, ob man „im Plan" liegt.

Beispiel Arbeitsablauf „Party organisieren" als Balkendiagramm

Vorgangsliste „Party organisieren"			
	Teilaufgabe	**Dauer**	**Vorgänger**
A	Leute einladen	0,5 Stunden	–
B	Raum organisieren	2,0 Stunden	A
C	Getränke einkaufen	3,0 Stunden	A
D	Essen einkaufen	3,0 Stunden	A
E	Essen zubereiten	2,0 Stunden	D
F	Getränke kaltstellen	0,5 Stunden	C
G	Musikanlage aufbauen	0,5 Stunden	B
H	Raum dekorieren	2,0 Stunden	E, F
I	Musik aussuchen	2,0 Stunden	G
J	duschen und sich freuen	1,0 Stunde	H, I

		Dauer	Zeitachse (in Stunden)																
			0,5	1,0	1,5	2,0	2,5	3,0	3,5	4,0	4,5	5,0	5,5	6,0	6,5	7,0	7,5	8,0	8,5
A	Leute einladen	0,5																	
B	Raum organisieren	2,0																	
C	Getränke einkaufen	3,0																	
D	Essen einkaufen	3,0																	
E	Essen zubereiten	2,0																	
F	Getränke kaltstellen	0,5																	
G	Musikanlage aufbauen	0,5																	
H	Raum dekorieren	2,0																	
I	Musik aussuchen	2,0																	
J	duschen und sich freuen	1,0																	

Gesamtdauer des Projekts: 8,5 Stunden

Das Balkendiagramm gibt Auskunft über:

- die Gesamtdauer
- die Anfangs- und Endzeitpunkte aller Teilaufgaben
- die Vorgänge, die parallel laufen

Das Balkendiagramm wird eingesetzt bei:

- der Terminplanung
- der Urlaubsplanung
- den Maschinenbelegungsplänen
- den Auftragsplänen

Netzpläne

Im Arbeitsablaufdiagramm werden die Teilaufgaben (Funktionen) betrachtet, beim Balkendiagramm stehen die Zeiten im Mittelpunkt, der Netzplan ist ein Hilfsmittel, das die Funktions- und Zeitorientierung miteinander verknüpft. Außerdem können gegenseitige Abhängigkeiten der Teilaufgaben grafisch sichtbar gemacht werden.

Merke Der **Netzplan** ist eine grafische Darstellung der zeitlichen Reihenfolge von Arbeitsschritten und deren gegenseitigen Abhängigkeiten.

Schritte zur Erstellung eines Netzplans:

1. Alle Teilaufgaben in einer **Vorgangsliste** chronologisch ordnen und mit Dauer und Vorgänger versehen.
2. Den Netzplan zeichnen (jede Teilaufgabe ist ein **Knoten**).
3. Die Gesamtdauer des Projekts ermitteln. Dazu sind **Regeln** zu beachten!
4. Den **kritischen Weg** ermitteln, das heißt, die Teilaufgaben ermitteln, bei denen eine Verzögerung auch eine Verzögerung des Gesamtprojekts bedeutet.

Beispiel Arbeitsablauf „Party organisieren“ mit Netzplantechnik

1. Schritt: Vorgangsliste erstellen

	Teilaufgabe (Knoten)	Vorgänger	Stunden
A	Leute einladen	–	0,5
B	Raum organisieren	A	2,0
C	Getränke einkaufen	A	3,0
D	Essen einkaufen	A	3,0
E	Essen zubereiten	D	2,0
F	Getränke kaltstellen	C	0,5
G	Musikanlage aufbauen	B	0,5
H	Raum dekorieren	E, F	2,0
I	Musik aussuchen	G	2,0
J	duschen und sich freuen	H, I	1,0

Knoten:

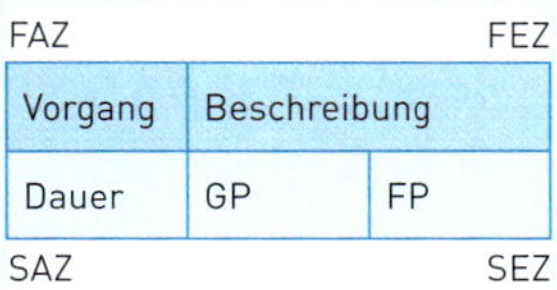

Erläuterungen: FAZ = frühester Anfangszeitpunkt, FEZ = frühester Endzeitpunkt, SAZ = spätester Anfangszeitpunkt, SEZ = spätester Endzeitpunkt, GP = Gesamtpuffer, FP = freier Puffer

2. Schritt: Netzplan zeichnen

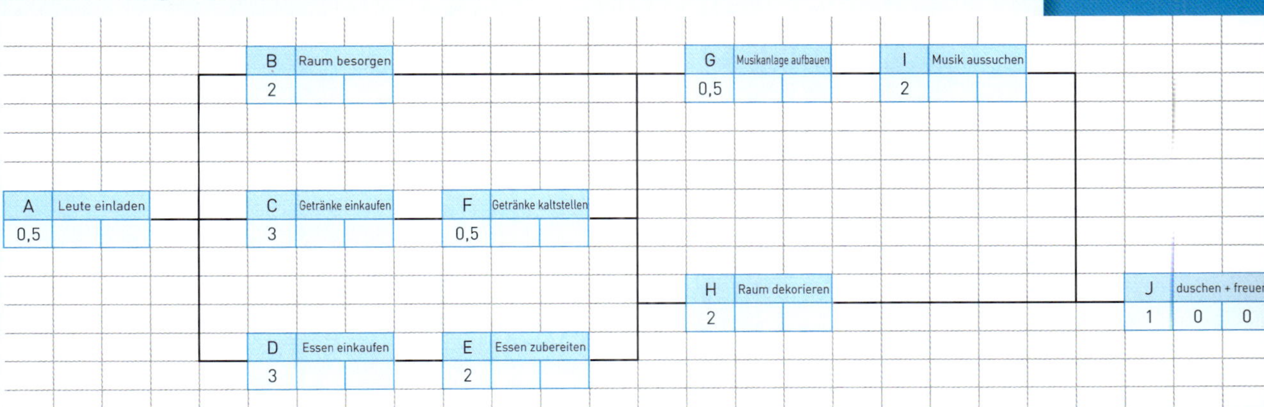

3. Schritt: Gesamtdauer errechnen

- Vorwärtsrechnung:
  FAZ = frühester Anfangszeitpunkt + Dauer = FEZ = frühester Endzeitpunkt

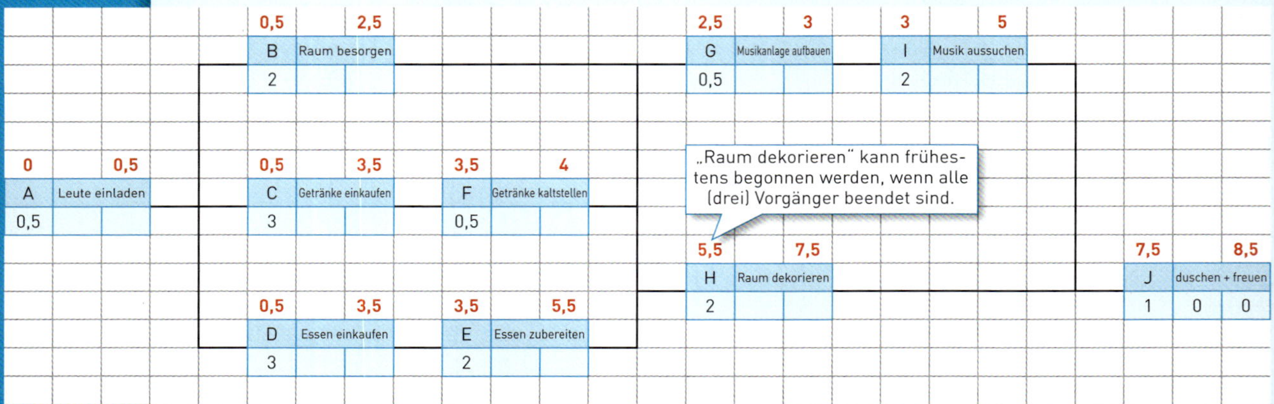

- Rückwärtsrechnung:
  SAZ = spätester Anfangszeitpunkt = SEZ = spätester Endzeitpunkt – Dauer

- Gesamtpuffer ermitteln:
  GP = SEZ – FEZ oder SAZ – FAZ

- Freien Puffer ermitteln:
  FP = FAZ Nachfolger – FEZ aktueller Vorgang

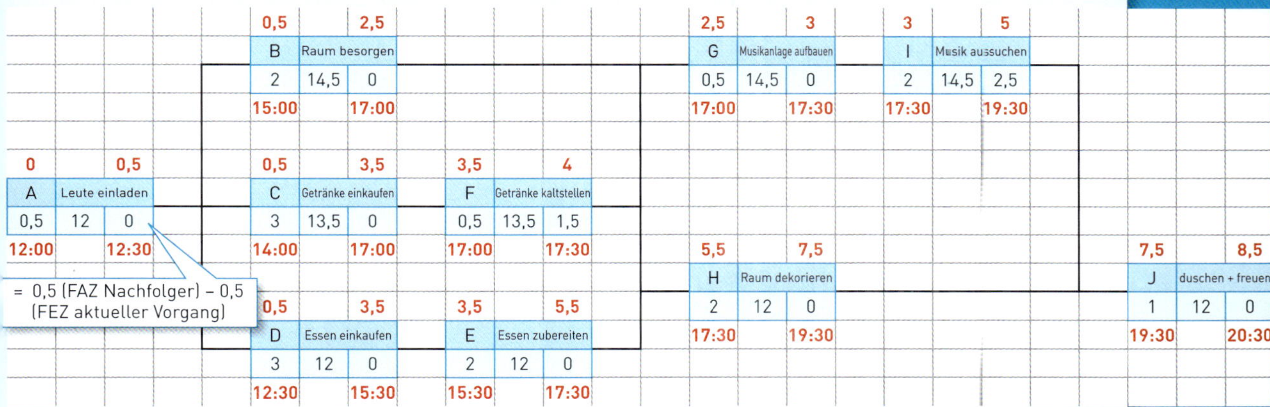

4. Schritt: Kritischen Weg ermitteln

Der kritische Weg kennzeichnet jene Vorgänge, bei denen der freie Puffer gleich null ist, bei denen also jede Verzögerung zu einer Verzögerung des Gesamtprojekts führt. Im Netzplan sind die Vorgänge, bei denen genau auf die Zeiteinhaltung zu achten ist, hervorgehoben (hier rot umrandet).

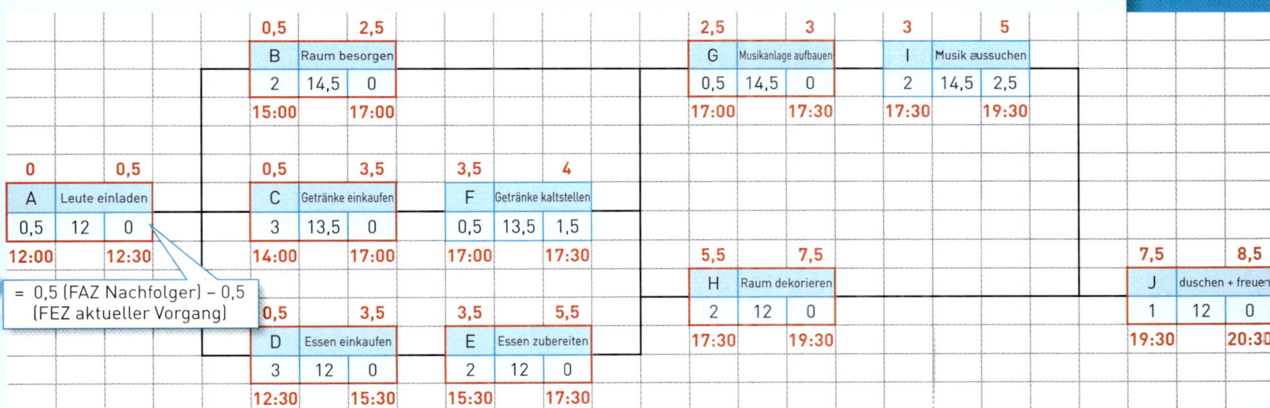

Der Netzplan gibt Auskunft über:	Der Netzplan wird eingesetzt bei:
■ die Gesamtdauer ■ die Anfangs- und Endzeitpunkte aller Teilaufgaben ■ die Vorgänge, die voneinander abhängig sind ■ die kritischen Vorgänge	■ der Planung von Großprojekten

11.2 Geschäftsprozesse und Prozessorientierung

11.2.1 Definition und Arten von Geschäftsprozessen

Merke Ein **Geschäftsprozess** ist eine zusammenhängende und abgeschlossene Folge von Tätigkeiten, die zur Erfüllung betrieblicher Aufgaben notwendig sind.

Ablauforganisation Kap. 11.1.3

Unternehmen orientieren sich im Rahmen ihrer Ablauforganisationen immer häufiger an ihren Geschäftsprozessen, weniger an den betrieblichen Funktionen innerhalb einer Abteilung. Diese **Geschäftsprozessorientierung** bringt den Unternehmen Vorteile aufgrund einer bereichsübergreifenden Sichtweise und des „Durchlaufprinzips“ (= einzelne Prozessschritte durchlaufen die gesamte Prozesskette).

Auftragsbearbeitung Kap. 3.1.1

Beispiel Prozesskette Auftragsbearbeitung

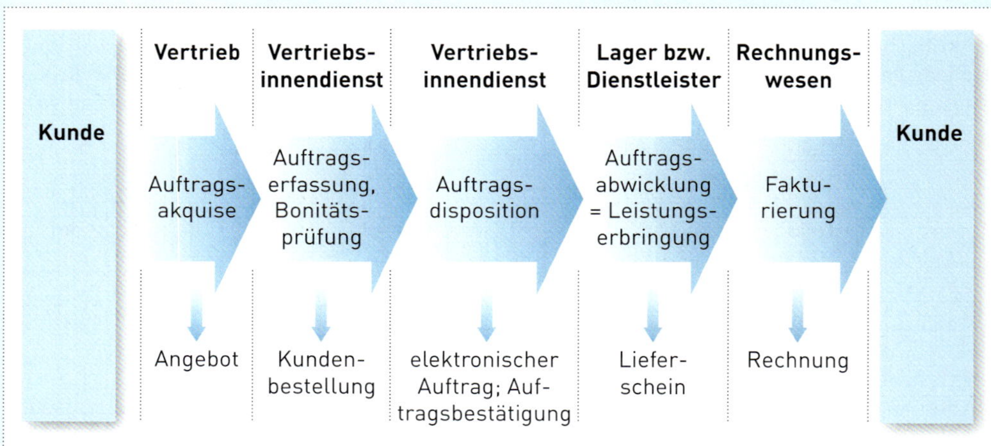

Merkmale von Geschäftsprozessen:

- Ein Prozess ist gleichbedeutend mit einem Ablauf, das heißt einer Abfolge von Tätigkeiten.
- Ein Prozess verläuft regelmäßig, sich wiederholend.
- Die Kundenzufriedenheit steht im Mittelpunkt eines Geschäftsprozesses. Der Geschäftsprozess ist darauf gerichtet, Leistungen für externe oder interne Kunden zu bringen.
- Diese Leistungen müssen messbar sein bzw. kontrolliert werden.
- Ein Prozess hat einen Input als Auslöser (etwa eine Kundenbestellung) und einen Output als Ergebnis (zum Beispiel die Lieferung).

Grundlagen der Prozessorientierung

Das **Prozessdenken** ist geprägt von einer bereichsübergreifenden Betrachtungsweise und der Ausrichtung der Prozesse am Kunden.

Ziel einer **Geschäftsprozessorientierung** ist es, die steigenden Kundenwünsche zu erfüllen. Damit versucht das Unternehmen, dem zunehmenden Wettbewerb auf den globalisierten Märkten standhalten zu können.

Die hier abgebildete Sichtweise eines Geschäftsprozesses richtet sich nach den „quer" durch die Unternehmen verlaufenden Vorgängen (den Prozessen).

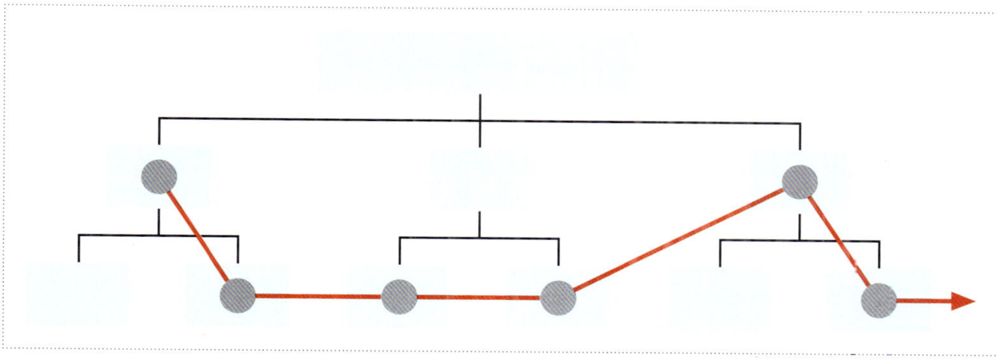

Die Prozessorientierung steht damit in Konkurrenz zur **Funktions- bzw. Abteilungsgliederung,** bei der einzelne Tätigkeiten, oft in Abteilungen zusammengefasst, im Vordergrund stehen. Die Funktionsorientierung ist jedoch problematisch zu sehen:

- Es fehlt der Gesamtüberblick, der oft auf die eigene Abteilung beschränkt bleibt.
- Häufig mangelt es an einer klaren Abstimmung bei den Tätigkeiten, sodass manches doppelt gemacht wird.
- Informationen werden ab und an unvollständig weitergegeben.
- Die genannten Probleme verzögern insgesamt den Ablauf im Betrieb.

Hier setzt die Geschäftsprozessorganisation an, indem sie wichtige Prozesse bereichsübergreifend betrachtet.

Im Hinblick auf die Bedeutung der Betriebe werden **Kernprozesse** und **Unterstützungsprozesse** (auch **Supportprozesse**) unterschieden. Mit den Kernprozessen verdient das Unternehmen Geld (zum Beispiel mit der Produktion und dem Absatz von Waren). Kernprozesse sind Wert schöpfend. Supportprozesse unterstützen die Kernprozesse (zum Beispiel durch eine effiziente Lagerlogistik).

Kernprozesse haben als Ziel die Verbesserung von Kundenbeziehungen (Customer Relationship Management), Produkten/Dienstleistungen (Product Lifecycle Management) und Betriebsabläufen (Supply Chain Management).

Wichtige Kernprozesse:

- Auftragsbearbeitungsprozess: Anfrage, Angebotsbearbeitung, Auftragsabwicklung, Einkauf, Fertigung, Lieferung und Retouren der Produkte
- Produktentwicklungsprozess: Kundenanforderungen ermitteln und Produkte entwickeln
- Vertriebsprozess: Vermarktung der Produkte

Wichtige Supportprozesse:

- Personalprozesse: Personalplanung, -beschaffung, -entwicklung
- Finanzprozesse: Bereitstellung von Finanzmitteln, Buchhaltung, Kosten-/Leistungsrechnung
- IT-Prozesse: Bereitstellung von Informationen

In der Praxis wird die Einführung einer Geschäftsprozessorientierung durch den Einsatz betriebswirtschaftlicher Software unterstützt (zum Beispiel SAP R/3 oder dem ARIS-Toolset). Die Software modelliert die Geschäftsprozesse mithilfe genormter Symbole. Eine dabei häufig verwendete Technik ist die **ereignisgesteuerte Prozesskette,** kurz **EPK** genannt.

11.2.2 Darstellung von Geschäftsprozessen mit der EPK

Auftrags-bearbeitung als Geschäfts-prozess Kap. 3.1.1

Die Darstellung von Geschäftsprozessen mit der **ereignisgesteuerten Prozesskette** soll die Komplexität von Prozessen verdeutlichen. Zur Darstellung werden festgelegte Symbole verwendet.

Symbol	Beschreibung	Beachte:
Ereignis	Ein **Ereignis** beschreibt das Eintreten eines Zustands. Ein Geschäftsprozess beginnt und endet mit einem Ereignis.	Ein Ereignis ist passiv und kann kein anderes Ereignis auslösen.
Funktion	Eine **Funktion** beschreibt, was nach einem Ereignis gemacht werden soll – es ist eine ausgelöste Aktivität.	Die Funktionen sollten immer durch Verben beschrieben werden.
Organisations-einheit	Die **Organisationseinheit** gibt an, welche Person (Stelle) die Funktion ausführt.	Die Organisationseinheit ist immer mit einer Funktion verbunden.
Dokument	Schriftliche **Dokumente** werden zur Bearbeitung von Funktionen gebraucht, dem Unternehmen zugesendet (Eingangsrechnung) oder im Prozess erstellt (Ausgangsrechnung).	Schriftliche Dokumente sind immer mit einer Funktion verbunden.
Informations-objekt	**Informationsobjekte** sind die für die Durchführung der Funktion benötigten Daten aus dem betrieblichen EDV-/ERP-System. Es gibt auch Informationsobjekte als Ergebnis einer Funktion, z. B. geänderte Datenbestände.	Informationsobjekte sind immer mit einer Funktion verbunden.
	Mit den drei **Verknüpfungsoperatoren** (Konnektoren) können Verzweigungen in den Prozessen dargestellt werden:	
$\wedge$	Die UND-Verknüpfung bedeutet, dass **alle** Ereignisse eingetreten sein müssen, bevor die nachfolgende Funktion angestoßen wird.	Die UND-Verknüpfung bedeutet, dass **alle** Funktionen ausgeführt sein müssen, bevor das nachfolgende Ereignis eintreffen kann.
$\vee$	Die ODER-Verknüpfung bedeutet, dass **mindestens eine** (es können aber auch zwei oder alle Möglichkeiten sein) ausgeführt sein muss, damit das nachfolgende Ereignis/die nachfolgende Funktion eintreffen kann.	

Symbol	Beschreibung	Beachte:
XOR	Die XODER-Verknüpfung bedeutet, dass **genau nur eine** der Möglichkeiten eintreten darf, damit die nachfolgende Funktion ausgeführt werden/das Ereignis eintreffen kann.	
↓	Der **Funktionsfluss** gibt die Durchlaufrichtung der EPK an. Er kann durch Operatoren aufgespalten werden.	Die Elemente sollten so angeordnet sein, dass der Fluss von oben nach unten verläuft.
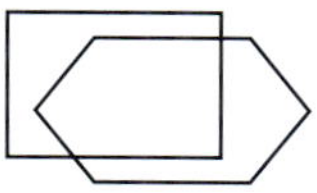	Mit der **Prozessschnittstelle** (oder Prozesswegweiser) können einzelne Geschäftsprozesse miteinander verbunden werden.	

Neben der Festlegung der Symbole gibt es **Modellierungsregeln:**
- Am Anfang und am Ende jeder EPK steht immer ein Ereignis.
- Ereignis und Funktion wechseln sich immer ab.
- Modelliert wird immer von oben links nach unten rechts.
- Jedes Objekt ist durch eine Linie verbunden (Funktionsfluss).
- Verzweigungen werden immer durch den gleichen Konnektor geschlossen, mit dem sie eröffnet wurden.

Beispiel **Teilprozess Budgetüberprüfung anlässlich einer Bestellanforderung**

Alle Abteilungen verfügen über ein Budget. Das ist ein zugeteilter Betrag, der für Einkäufe der Abteilung verwendet werden darf. Die Abteilung Rechnungswesen benötigt einen neuen Drucker. Der Abteilungsleiter richtet eine Bestellanforderung an den Einkauf. Der Einkaufssachbearbeiter überprüft anhand des Budgetplans, ob das Rechnungswesenbudget dafür ausreicht. Reicht es nicht aus, wird eine spezielle Genehmigung durch die Geschäftsleitung benötigt.

1. Schritt: Definition bestimmter Informationen

Ermittlung des Anfangsereignisses	Bestellanforderung liegt vor
↓	↓
Ermittlung des Endereignisses	Bestellanforderung ist bearbeitet
↓	↓
Ziel des Prozesses	Sicherung der Liquidität
↓	↓
Ermittlung der Einflussfaktoren	Zugriff auf Budgetdaten (Datenbank)
↓	↓
Ermittlung einzelner Funktionen (Tätigkeiten)	– Budget prüfen – ggf. Genehmigung beantragen – Mitteilung des Prüfergebnisses
↓	↓
Bestimmung des Prozessverantwortlichen	Sachbearbeiter Einkauf

Fortsetzung Beispiel siehe nächste Seite.

2. Schritt: Darstellung der Prozesskette

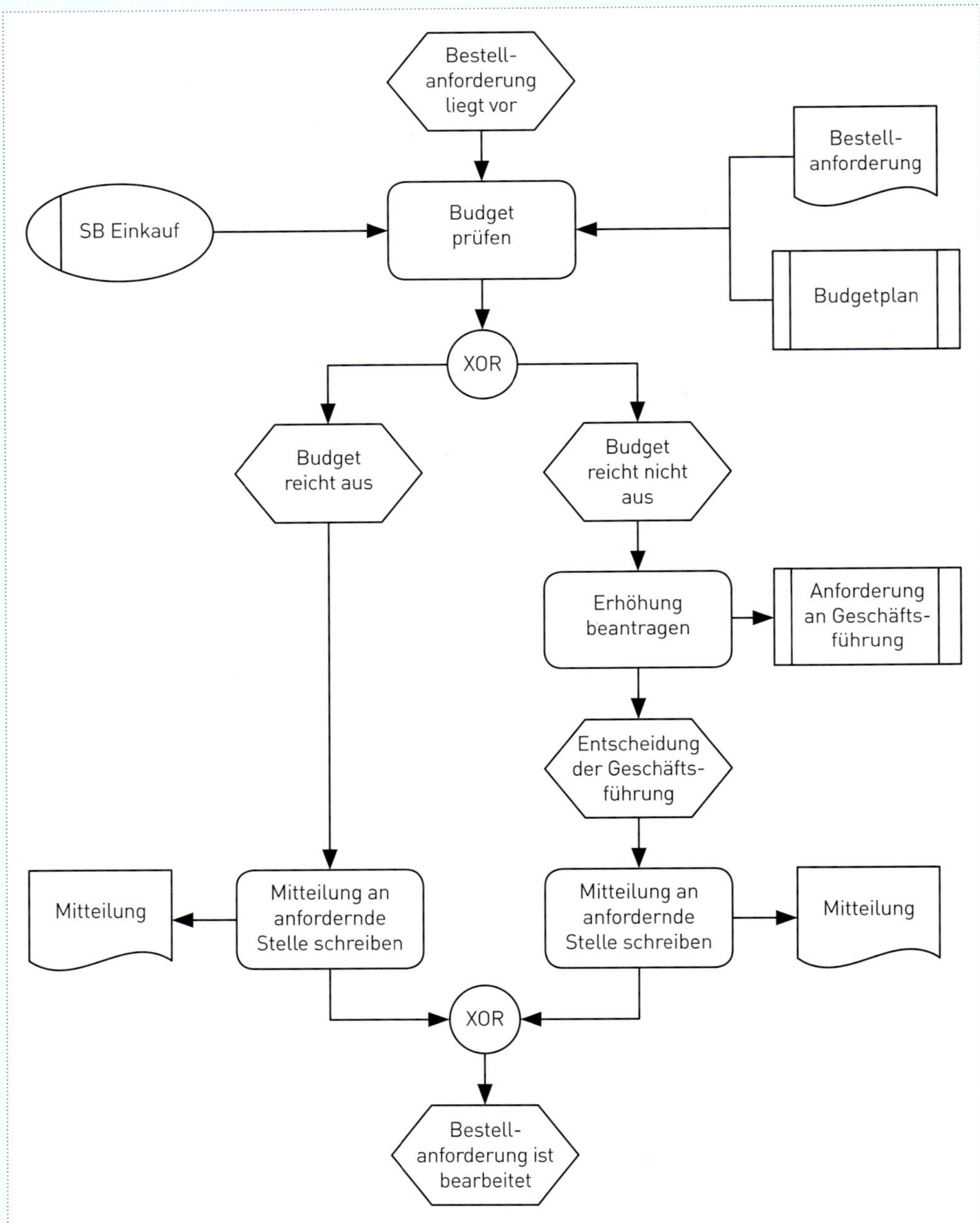

Die Vorteile dieser Darstellung sind:

- schnelle Darstellung von Prozessen mithilfe der Software
- einfache Umwandlung in Arbeitsanweisungen, Ablaufdiagramme mithilfe der Software
- Prozesswiederholungen, Prozessbrüche werden erkennbar.
- Die Prozesskette kann durch Hinzufügen von Terminen und Zeiten auch zur Terminplanung genutzt werden.

11.3 Geschäftsprozessoptimierung

11.3.1 Methoden der Ist-Aufnahme

Um die Daten zu sammeln, werden unterschiedliche Methoden angewandt:

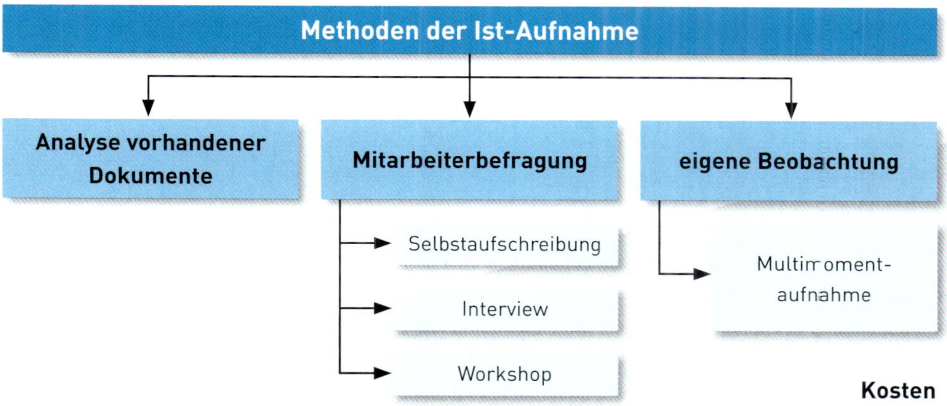

Bei der Dokumentenanalyse wird vorhandenes Material (Prozessketten, Ablaufdiagramme, Arbeitsanweisungen) analysiert. Bei der Selbstaufschreibung werden die erforderlichen Informationen über einen längeren Zeitraum von den betroffenen Mitarbeitern selbst in vorgefertigte Formulare eingetragen. Die beteiligten Mitarbeiter können auch mit einem Interview befragt werden. In der Workshopvariante werden alle beteiligten Mitarbeiter gemeinsam befragt und es können auch Lösungsansätze besprochen werden. Die kostenintensivste Möglichkeit ist die Beobachtung: Dabei macht sich eine andere Person ein Bild vom Prozess. Bei der Multimomentaufnahme werden mit stichprobenmäßig durchgeführten Kurzzeitbeobachtungen Aussagen über Gesamtprozesse gezogen.

Vor- und Nachteile der einzelnen Methoden der Ist-Aufnahme

	Vorteile	Nachteile
Analyse bereits vorhandener Dokumente	geringer Zeitbedarf teilweise aufbereitetes Material	Gefahr von veraltetem, unvollständigem Material
Selbstaufschreibung durch Mitarbeiter	Daten liegen schriftlich vor	mangelhafter Rücklauf zu ungenaue Daten
Interview mit Mitarbeiter	realitätsnahe, exakte Angaben	zeitaufwendig evtl. Interviewereinfluss
Workshop mit Mitarbeitern	schneller als Einzelinterviews Diskussion von Lösungsansätzen möglich	zeitaufwendig mehrere Mitarbeiter werden gleichzeitig bei der Arbeit gestört
Beobachtung	realitätsnahe Aufnahme keine Störung der Mitarbeiter bei der Arbeit	zeitaufwendig Fehlinterpretation durch mangelnde Kenntnisse betriebsinterner Abläufe

11.3.2 Methoden der kontinuierlichen Verbesserung der Geschäftsprozesse

Qualitätsmanagement Kap. 11.4

Lernsituationen & Übungen Kap. 11.3

Die Prozesse im Unternehmen müssen hohe Anforderungen bezüglich Qualität, Zeit und Kosten erfüllen. Außerdem sollen sie sich flexibel in das Gesamtkonzept einfügen und möglichst einfach zu handhaben sein. Diese Anforderungen wie die Verbesserung bestehender Prozesse werden auch in den externen Überprüfungen des Qualitätsmanagements in den Audits überprüft. Um diese Anforderungen zu erfüllen, gibt es verschiedene Herangehensweisen. Es existieren viele verschiedene Begriffe zum Qualitätsmanagement (z. B. Six Sigma, TQM, 5 S, 8 D, FMEA, Lean Management). Eine Übung zur Systematisierung und Erläuterung dieser Begriffe liegt im Band „Lernsituationen & Übungen" vor.

Benchmarking

Benchmark (englisch) ist die Messlatte. Unternehmen sollen sich an den Leistungen des Marktführers, des Branchenbesten, orientieren mit dem Ziel, ebenso gut zu werden.

Reengineering

Im Gegensatz zum Benchmarking wird bei dieser Methode der Blick nicht auf den Besten, sondern auf das eigene Unternehmen gerichtet. Dabei sollen die Führungskräfte die Unternehmensziele und die Unternehmensorganisation neu überdenken.

Kaizen (japanisch) = Kontinuierlicher Verbesserungsprozess (KVP, deutsch)

Diese Methode ist als Bündel von Maßnahmen zu verstehen, um Produkte und betriebliche Prozesse zu verbessern. Das soll nicht in einem oder einigen Schritten erfolgen, sondern in vielen kleinen, täglichen Schritten. Die Botschaft von Kaizen lautet: Kein Tag soll vergehen, ohne irgendeine Verbesserung. Diese asiatische Denkweise der kleinen, alltäglichen Verbesserungen steht im Gegensatz zur Denkweise westlicher Industrienationen, bei der große Fortschritte (Innovationen) im Vordergrund stehen.

	Kaizen (japanische Denkweise)	**Innovation (westliche Denkweise)**
Wann? (zeitliche Rahmen)	stetig und ununterbrochen	festgelegte Dauer
Was? (Basis)	bestehende Produkte und Prozesse	Neuanschaffung
Durch wen? (Personaleinsatz)	alle Mitarbeiter/-innen	Forschung und Entwicklung

Kaizen-Methoden (Ausschnitt)

Die 6-S-Methode:

- *Seiri* (Strukturieren)
- *Seiton* (Systematisierung)
- *Seisô* (Sauberkeit)
- *Seiketsu* (Standardisierung)
- *Shitsuke* (Selbstdisziplin)
- *Shukan* (Gewöhnung)

Die 3-Mu-Checkliste:

- *Muda* (Verschwendung)
- *Muri* (Überlastung)
- *Mura* (Unregelmäßigkeit)

Die 7 Verschwendungsarten:

- *Überproduktion*
- *Bestände*
- *Transport*
- *Wartezeiten*
- *zu aufwendige Prozesse*
- *Bewegung*
- *Fehler*

11.4 Qualitätsmanagement

Nach der Erstellung von Produkten und Dienstleistungen sollte kontrolliert werden, ob die geforderte Qualität gegeben ist. Dies ist schwierig, da es von Qualität keine allgemeingültige Vorstellung gibt. Qualität wird oft als subjektiv (persönlich) wahrgenommen.

Merke Ein Produkt oder eine Dienstleistung hat **Qualität,** wenn es/sie die geforderten Merkmale besitzt.

Qualitätsmerkmale (= Anforderungen) können sich auf Produkte, Dienstleistungen oder Verfahren beziehen. Es gibt keine allgemeingültige Liste.

Beispiel **Qualitätsmerkmale**

Gebrauchsnutzen, Ausstattung, Zuverlässigkeit, Haltbarkeit, Umweltverträglichkeit, Ästhetik

Die folgenden drei Stufen kennzeichnen einzelne Phasen, um auf Qualität einzugehen. Auf der untersten Stufe geht es darum, Fehler im erstellten Produkt oder in der Dienstleistung zu erkennen **(Qualitätskontrolle).** Im zweiten Schritt sollen bestimmte Fehler bereits vorher vermieden werden **(Qualitätssicherung).** Der letzte und umfassendste Schritt sieht die Ausrichtung von Prozessen auf Qualität im Unternehmen vor **(Qualitätsmanagement).** Werden alle Prozesse im Unternehmen, zum Beispiel auch Personalprozesse, auf Qualität ausgerichtet, spricht man von **Totalem Qualitätsmanagement (TQM).**

Qualitätskontrolle fehlerhafte Teile erkennen und aussortieren	**Qualitätssicherung** Fehler vermeiden Qualitätsanforderungen einhalten	**Qualitätsmanagement** Prozesse und Organisationseinheiten im Unternehmen auf Qualität ausrichten

11.4.1 Qualitätskontrolle

Wie wird Qualität gemessen?

	Die Kennzahl gibt an ...	Formel
Fehlerquote (%)	... wie viel Prozent der Prozesse zu fehlerhaften Ergebnissen bzw. wie viel Prozent aller Teile fehlerhaft sind.	$\frac{\text{fehlerhafte Prozesse}}{\text{Gesamtzahl Prozesse}} \cdot 100$
Ausschussquote (%)	... wie hoch der Ausschuss an der gesamten Produktionsmenge (Gutstücke) ist.	$\frac{\text{Ausschussmenge}}{\text{Produktionsmenge}} \cdot 100$
Reklamationsquote (%)	... wie viel Prozent der Bestellungen wegen Fehlerhaftigkeit reklamiert wurde. Achtung: Nicht jede Reklamation hat Qualitätsgründe.	$\frac{\text{Reklamationen}}{\text{Gesamtbestellungen}} \cdot 100$

Ein **Fehler** ist die Nichterfüllung eines Qualitätsmerkmals.

Fehlerarten nach DIN 55350-31		
Kritischer Fehler	**Hauptfehler**	**Nebenfehler**
Fehler, der eine unsichere oder gefährliche Situation schafft und die Funktionserfüllung verhindert *Beispiel:* Bei einem Wasserkocher kommen Strom und Wasser zusammen.	nicht kritischer Fehler, der aber zu einem Ausfall führt und die Verwendung stark einschränkt *Beispiel:* Ein Wasserkocher kann das Wasser nicht erhitzen.	Fehler, der den Verwendungszweck nur geringfügig herabsetzt und den Gebrauch nur wenig einschränkt *Beispiel:* Ein Wasserkocher weist Kratzer auf.

Unterschied Mangel – Fehler

mangelhafte Lieferung Kap. 4.14.4

Bei der mangelhaften Lieferung (Kaufvertragsstörung) wird von **Mangel** (gemäß BGB) gesprochen. Ein Mangel in diesem Sinne schränkt den vertraglich vereinbarten Gebrauch ein, er ist also ein kritischer Fehler oder Hauptfehler. Der vom Kunden entdeckte Mangel muss vom Verkäufer behoben werden (Gewährleistungsfrist).

Ein **Fehler** (gemäß DIN) liegt bereits dann vor, wenn eine Anforderung (Qualitätsmerkmal) nicht erfüllt ist – unabhängig von einer Gebrauchsbeeinträchtigung. Also nicht jeder Fehler ist auch ein Mangel.

Produkthaftung (product liability) heißt, dass ein Hersteller, Händler oder auch Vertreiber haftet, wenn ein durch sein fehlerhaftes Produkt entstandener Schaden beglichen werden muss. Die gesetzliche Grundlage hierzu ist das Produkthaftungsgesetz (ProdHaftG).

11.4.2 Qualitätssicherung

Zur Qualitätssicherung gehören alle Maßnahmen zur Sicherstellung eines bestimmten Qualitätsniveaus. Dabei geht es nicht darum, das Qualitätsniveau zu erhöhen, sondern ein vorgegebenes (auch niedriges) Niveau konstant zu halten. Der Unterschied zur Qualitätskontrolle liegt darin, dass neben der Qualitätskontrolle auch Maßnahmen zur Fehlervermeidung durchgeführt werden. Dabei geht man von folgenden Grundgedanken aus:

- Fehlerursachen werden am besten dort erkannt, wo sie entstehen.
- Fehler werden am besten dort beseitigt, wo sie entstehen.
- Ausführende Mitarbeiter sind am besten geeignet, Lösungen zu erarbeiten.
- Die Suche nach Fehlern und deren Lösung ist ein immerwährender Prozess.

Methoden der Qualitätssicherung

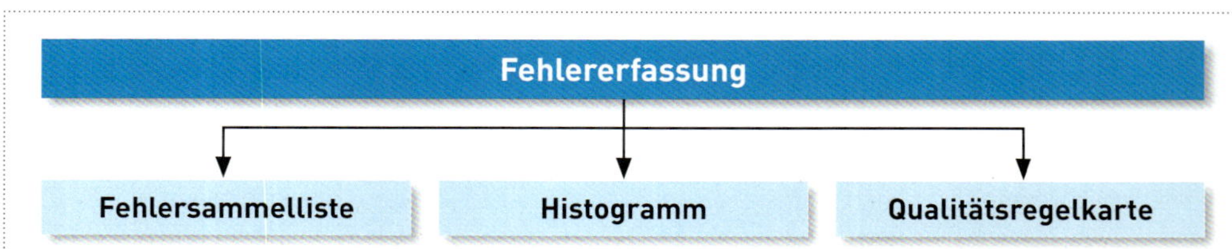

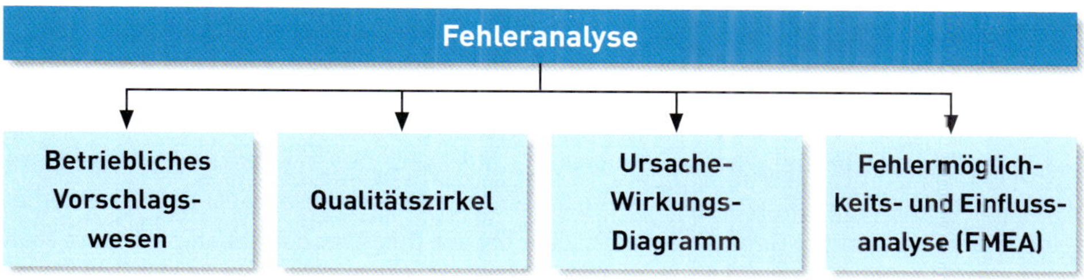

Nach der **Fehlererfassung** mittels Fehlersammelliste, Histogramm (Häufigkeitsverteilung in Diagrammform), Qualitätsregelkarte (mit verschiedenen Warngrenzen und entsprechenden Maßnahmen) erfolgt die **Fehleranalyse.** Es kommen verschiedene Instrumente zum Einsatz.

- **FMEA (Fehlermöglichkeits- und Einflussanalyse)**
  Bereits während der Produktentwicklung werden mögliche Fehlerursachen identifiziert; denn je später die Fehler entdeckt werden, umso schwieriger und teurer wird die Korrektur.

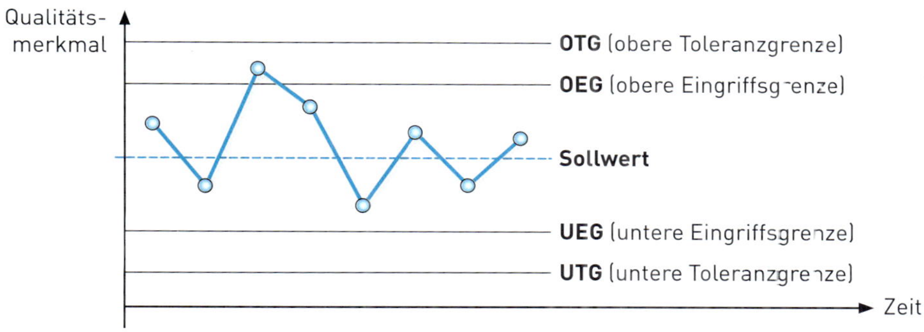

- **Ursache-Wirkungs-Diagramm**
  Das Ursache-Wirkungs-Diagramm (Ishikawa-Diagramm) zeigt die Ursachen von Fehlern in den sechs Kategorien (sechs „M"): Mensch, Maschine, Methode, Material, Management und Mitwelt. Die sechs Kategorien werden als „Gräten" angeordnet, das Problem ist der „Kopf". Man nennt dieses Instrument der Qualitätssicherung auch Fischgrätdiagramm.

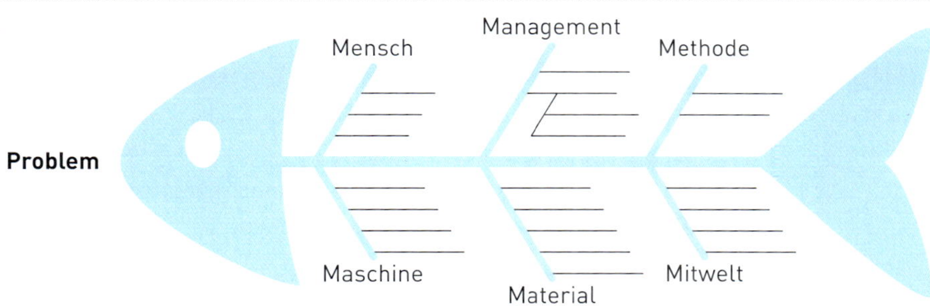

- **Qualitätszirkel**
  Eine kleine Gruppe von Mitarbeitern aus verschiedenen Abteilungen trifft sich regelmäßig und analysiert selbstgewählte Schwachstellen ihrer Arbeitsbereiche. So werden das Qualitätsinte-

resse und das Qualitätsbewusstsein geweckt. Ausgearbeitete Verbesserungsvorschläge werden häufig mit einer Prämie honoriert.

- **Betriebliches Vorschlagswesen**
  Mitarbeiter können zu allen betrieblichen Prozessen Verbesserungsvorschläge machen, da sie nach den Qualitätsgrundgedanken am besten in der Lage sind, entsprechende Lösungen „vor Ort" abzuleiten. Bei erfolgter Realisierung bekommen die Mitarbeiter eine Prämie. Es entsteht eine Win-win-Situation: Unternehmen erzielen höhere Qualität oder haben niedrigere Kosten, der Mitarbeiter bekommt Anerkennung und möglicherweise ein höheres Einkommen.

11.4.3 Qualitätsmanagement

Das **Qualitätsmanagement** umfasst alle Tätigkeiten zur Erfassung, Steuerung, Dokumentation und Verbesserung von Qualität strategisch und auch operativ. Es kann auch als unternehmensweite Qualitätssicherung bezeichnet werden.

Das zugrunde liegende **Qualitätsmanagementsystem** enthält ein Konzept zur Sicherung der Qualitätsfähigkeit bei Produkten und auch Prozessen. Dabei werden die Kernprozesse abgebildet. Der Aufbau solcher Qualitätsmanagementsysteme ist unternehmensindividuell, je nach verfolgten Qualitätszielen und der Branche. Dieses System wird durch das zunehmende Qualitätsbewusstsein der Kunden immer bedeutsamer; für einige Unternehmen ist ein Qualitätsmanagementsystem sogar zwingend vorgeschrieben.

In einem **Qualitätsmanagementhandbuch** werden Qualitätsziele und Qualitätsplanungen als auch die Verfahrens- und Prozessanweisungen dokumentiert. Es ist ein öffentliches Dokument, steht Mitarbeitern, Lieferanten und Kunden zur Verfügung.

Ein Qualitätsmanagementhandbuch enthält diese Dokumente:
- Unternehmensstrategie mit Zielen
- Organigramm
- Prozesslandkarte
- Prozessabläufe mit Zuständigkeiten
- (Prüf-)Anweisungen, Checklisten
- Qualitätsaufzeichnungen (Protokolle, Berichte, Nachweise)

Zielgruppe	Ziel der QM-Dokumentation
Mitarbeiter	■ Kenntnisse über die Zusammenhänge zwischen Bereichen vermitteln ■ Transparenz der Abläufe mit Zielen und Ergebnissen herstellen ■ Einarbeitungshilfe für neue Mitarbeiter
Kunden	■ Vertrauen in Kompetenz und Qualitätsfähigkeit schaffen ■ Umsetzung der Kundenanforderungen erläutern ■ Vorgehen bei Reklamationen festlegen
Zertifizierungsstelle	■ Nachweis für die Normerfüllung ■ Zuordnung der Abläufe zu Normerfordernissen

11.4.4 Zertifizierung

Um als Kunde auf die angegebene Qualität vertrauen zu können, gibt es **Zertifikate**, die nachweisen, dass das Unternehmen international anerkannte Qualitätsstandards einhält. Die Einhaltung dieser Standards wird mit einem **Audit** überprüft. Das ist eine systematische und unabhängige Untersuchung des Qualitätsmanagementsystems, um festzustellen, ob die Qualitätstätigkeiten den Anforderungen entsprechen und umgesetzt werden. Es gibt interne und externe Audits. Die Zertifizierungsstelle (z. B. TÜV) prüft, ob alle Regeln der Qualitätsmanagementnorm erfüllt sind und bestätigt die Erfüllung.

Der Zertifizierungsvorgang ist eine Maßnahme durch einen unparteiischen Dritten, dem Auditoren. Sie zeigt das Bestehen angemessenen Vertrauens auf, dass das Unternehmen die Qualitätsanforderungen erfüllt. Voraussetzung ist die Dokumentation im Qualitätsmanagementhandbuch und die Umsetzung des Qualitätsmanagementsystems.

Das Unternehmen wählt eine Zertifizierungsgesellschaft aus und beauftragt sie mit der Durchführung der Zertifizierung. Das Ergebnis ist das Zertifikat. Jedes Qualitätszertifikat nach DIN EN ISO 9001 ist eine international anerkannte „Bescheinigung für die Befähigung des Unternehmens, effektiv und langfristig Qualität zu produzieren", und damit ist es ein ansprechendes Marktargument.

ZERTIFIKAT ◆ CERTIFICATE ◆ 認証書 ◆ СЕРТИФИКАТ ◆ CERTIFICADO ◆ CERTIFICAT

Management Service

ZERTIFIKAT

Die Zertifizierungsstelle
der TÜV SÜD Management Service GmbH
bescheinigt, dass das Unternehmen

BLUM Music4You KG
Veilchenweg 19
50677 Köln

für den Geltungsbereich

Entwicklung und Fertigung von
Gitarren und deren Vertrieb

ein Qualitätsmanagementsystem
eingeführt hat und anwendet.
Durch ein Audit, Bericht-Nr. 22659812
wurde der Nachweis erbracht, dass die Forderungen der

ISO 9001: 2008

erfüllt sind. Dieses Zertifikat ist gültig bis 2017-11-09
Zertifikat-Registrier-Nr. **17 100 25143 TMS**

K. Beberich

München, 2014-11-09

QMS-TGA-ZM-07-92

TÜV SÜD Management Service GmbH • Zertifizierstelle • Ridlerstraße 65 • 80339 München • Germany

QM-Zertifikate gelten drei Jahre. Nach der Erstzertifizierung erfolgen in zwei darauffolgenden Jahren jeweils Überwachungsaudits. Nach drei Jahren entscheidet das Unternehmen über die Weiterführung des QM-Systems. Es wird eine Wiederholungszertifizierung durchgeführt. Der beschriebene Rhythmus bleibt bestehen. Jährlich werden interne Audits durchgeführt.

Zertifizierung schafft somit beim Kunden und Lieferanten Vertrauen in die Qualitätsleistung des Unternehmens. Das Zertifikat ist Wettbewerbsfaktor oder zwingender Kundenwunsch oder ist gesetzlich notwendig.

Unternehmen streben ein Zertifikat an. Dennoch ist der Weg dorthin für sie oft wichtiger, da sie den Aufbau eines QM-Systems als Innovations- und Rationalisierungsstrategie nutzen können. Die erzielten Vorteile liegen unter anderem in einer effektiveren Gestaltung der Betriebsabläufe, auch unter Nutzung moderner Kommunikationstechnologien, sowie im besseren Reagieren auf Kundenwünsche und Auftragsanforderungen.

Die im Rahmen des Qualitätsmanagements anzuwendenden Vorschriften (Normen) finden sich in der **DIN EN ISO 9000.** Zertifikate aus dieser DIN-Familie sind ein anerkannter Nachweis, dass ein entsprechendes Qualitätsmanagementsystem besteht. Diese Norm wurde von der International Organization for Standardization (ISO) entwickelt, nach Zustimmung europäischer Normengremien und der Europäischen Kommission als europäische Norm (EN) übernommen und vom Deutschen Institut für Normung (DIN) als deutsche Vorschrift eingeführt. Mit dieser Zertifizierung ist sichergestellt, dass das unternehmensindividuelle Qualitätsmanagement mindestens diesen weltweit geltenden Normen entspricht.

Die Familie der **ISO-9000-Normen** umfasst fünf Kernnormen:
- DIN EN ISO 9000: allgemeine Zielsetzungen und Begriffe für Qualitätsmanagementsysteme sowie Anleitungen zu deren Darstellung
- DIN EN ISO 9001: Qualitätssicherungskonzepte und Nachweise bezogen auf alle Leistungsbereiche: Entwicklung, Produktion, Service.
- DIN EN ISO 9004: Anleitung zur Verbesserung der Leistung und des Qualitätsmanagementsystems
- DIN EN ISO 19011: Anleitung zum Auditieren von Qualitätsmanagementsystemen

Prüfsiegel im Büro Kap. 2.1.5

Eine weitere Normenfamilie bezieht sich auf das **Umweltmanagement:**
- DIN EN ISO 14001: festgelegte Anforderungen an ein Umweltmanagementsystem (z. B. Ökobilanzen, Ökokennziffern); Anwendung für produzierende und dienstleistende Unternehmen mit dem Schwerpunkt der kontinuierlichen Verbesserung des umweltrelevanten Prozesses (weltweite Geltung)
- EMAS (Eco Management and Audit Scheme): Integration der Anforderungen der ISO-14001-Norm mit zusätzlicher Umwelterklärung des Unternehmens bezüglich der Umweltleistung und Umweltziele (europaweite Geltung)

Arbeitsschutz Kap. 1.9

Ein nach ISO 9001 zertifiziertes Qualitätsmanagementsystem legt fest, wer für welche Teilaufgaben der Qualitätssicherung verantwortlich ist und welche Vorgehensweisen dabei einzuhalten sind. Außerdem ist eine ständige Weiterentwicklung des Qualitätsmanagements angedacht. Oft ist ein QM-System nach ISO 9001 der erste Schritt zu einem ganzheitlichen Normensystem. Erweitert werden kann das Qualitätsmanagement mit branchenspezifischen Standards wie TL 9000 (Telekommunikation) oder mit Zertifizierungen zum Arbeitsschutz (OHSAS 18001).

Bei den Normen gibt es Aktualisierungen, die durch Hinzufügen des Aktualisierungsjahres (zum Beispiel DIN EN ISO 14001:2009) kenntlich gemacht werden. Bei der bekannten ISO-9001-Norm ist die nächste Aktualisierung 2015 geplant (DIN EN ISO 9001:2015).

Bei einer Zertifizierung müssen die Unternehmen Pro und Kontra gegeneinander abwägen.

Argumente für Zertifizierung	Argumente gegen Zertifizierung
■ Zertifizierung führt dazu, die Prozesse und deren Verbesserung (zu transparenten, einheitlichen Prozessen) zu überdenken. ■ Zertifizierung spart Kosten durch effiziente Strukturen und Prozesse. ■ Kundeneinbindung führt zu Kundenzufriedenheit. ■ Kunden verlangen Zertifikate, das ist ein Wettbewerbsvorteil. ■ Zertifizierung beugt gegen Produkthaftungsklagen (insbesondere bei Beweislastumkehr) durch eine genaue Dokumentation der Erstellung vor.	■ Zertifizierung verursacht erheblichen Kosten- und Zeitaufwand (z. B. Ist-Aufnahme, Optimierung, Audits, Schulungen). ■ Zu viele Regelungen können zu Überreglementierung/Bürokratisierung führen (Folge: Kreativität/Flexibilität werden gehemmt). ■ Eine gesetzlich geforderte Zertifizierung kann zu erschwerten Marktzutrittschancen für (neue) Unternehmen führen.

Exkurs Der „ökologische Fußabdruck" – ein Umweltindikator

Der Schweizer Mathis Wackernagel und der kanadische Professor William Rees haben die Probleme unserer Umwelt in anschaulicher Art und Weise in einem **Umweltindikator** und Berechnungsmodell, dem „ökologischen Fußabdruck", erfasst. Mit dieser Grundlage ist eine Berechnung möglich, inwieweit die produktiven Flächen der Erde durch die Menschen in Anspruch genommen werden. Er beziffert den **Verbrauch der Ressourcen** durch die Menschen und die **Verfügbarkeit der Ressourcen** auf der Erde. Der Verbrauch beschränkt sich keineswegs nur auf die Grundnahrungsmittel, die Wohnung und die Kleidung, sondern auch auf den ständig steigenden Energie- und Wärmeverbrauch sowie den erhöhten Wasserbedarf. Auch die Entsorgungsprobleme von Abfällen gehen in den Verbrauch mit ein. Wackernagel und Rees verdeutlichen in ihrer Arbeit die Notwendigkeit des schonenden Umgangs mit den Ressourcen unserer Natur, den Land- und Wasserflächen als Lebens- und Wohlstandsgrundlage der Menschen. Ihr Appell richtet sich an die gesamte Menschheit, sie fordern auf, unbedingt nachhaltig zu handeln und unser Umweltbewusstsein zu stärken.

Der **„ökologische Fußabdruck"** beschreibt die Fläche der Erde, die notwendig ist, den Lebensstandard der Menschen aufrechtzuerhalten. Dies schließt das Land zur Rohstoffgewinnung als auch die Fläche zur Produktion von Gütern ein. Zahlreiche Umweltdaten und Zusammenhänge werden mit dem „ökologischen Fußabdruck" erfasst und als Messinstrumente eingesetzt. Aus diesen Ergebnissen können Rückschlüsse auf die Auswirkungen auf die Natur gezogen und ökologische Maßnahmen in Angriff genommen werden, die die Entwicklung der Erde positiv beeinflussen. Die produktiven Naturflächen werden auch als Biokapazitäten bezeichnet, diese stehen nur begrenzt zur Verfügung

12

Veranstaltungen und Geschäftsreisen organisieren

Lernlandkarte 12.1 bis 12.3

12.1 Veranstaltungsmanagement

- Veranstaltungsarten
- Vorbereitungen von Veranstaltungen
- Raumanordnungen
- Durchführung und Nachbereitung von Veranstaltungen

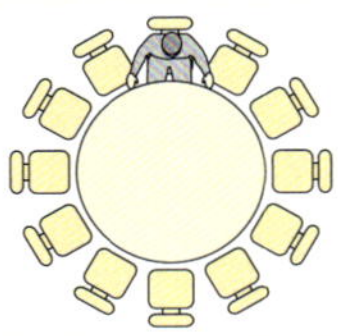
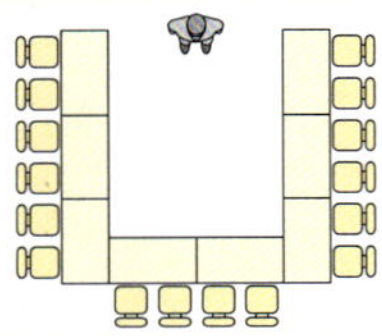
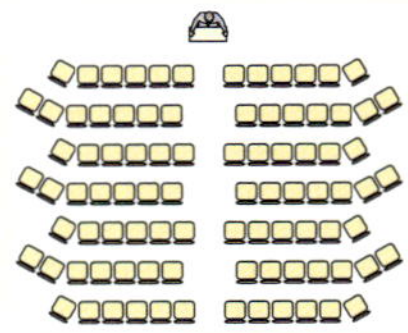

12.2 Koordination von Geschäftsreisen

- Wahl geeigneter Verkehrsmittel
- Suche und Buchung der Unterkunft

12.3 Reisekostenabrechnung

- Angaben auf einer Reisekosten-abrechnung
- Belege als Nachweis

Reisekostenabrechnung

Name und Adresse des Reisenden Claus Blum, Veilchenweg 19, 50677 Köln

Inlandsreise ☒ Auslandsreise ☐

Anlass/Zielort: Reise München (siehe Auflistung)

(Zusammenstellung mehrerer Orte in beigefügter Aufstellung)

Beginn der Reise: 26.07.20.. / 06:00 Uhr **Ende:** 27.07.20.. / 23:00 Uhr

Bei Auslandsreise:

Ankunft Flughafen Abreise: ___:___ Uhr Ankunft Einreise: ___:___ Uhr

Grenzübertritt Ausreise: ___:___ Uhr Grenzübertritt Einreise: ___:___ Uhr

Reisemittel: Dienstwagen ☐ privater Pkw ☐ Bahn ☒ Flugzeug ☐

12.1 Veranstaltungsmanagement

Einstiegsfall

Im Posteingang der Blum Music4You KG liegen fast täglich Einladungen für Seminare, Fortbildungen, Kongresse usw. Die Auszubildende Franceska Klein wundert sich darüber, dass die Blum Music selbst noch keinen eigenen Kongress veranstaltet hat. Warum eigentlich, wo die Blum Music doch Musikveranstaltungen und Events für andere ausrichtet? Wie werden solche Projekte organisiert? Und – worin bestehen die Unterschiede zwischen den diversen Veranstaltungstypen?

Je nachdem, welche Ziele ein Veranstalter verfolgt und welche Zielgruppe er ansprechen möchte, wird er seine Veranstaltung ausrichten und gestalten – zum Beispiel als Konferenz, als Fachtagung, Kongress, Seminar oder schlicht als einfache Besprechung. Neben der Vermittlung von Fachwissen können Veranstaltungen dazu dienen, Erfahrungen auszutauschen und neue Ideen zu entwickeln.

Veranstaltungsarten

Bei den im Folgenden gelisteten Veranstaltungen stehen der Erfahrungsaustausch sowie die Entwicklung neuer Ideen im Vordergrund:

Besprechung	
Definition	kurzfristige Zusammenkunft eines kleineren Personenkreises
Ziel	Gedankenaustausch für ein arbeitsbezogenes Problem
Notwendige Vorbereitungen	telefonische oder mündliche Einladung
Medien	Magnetwand, Pinnwand, Flipchart, Whiteboard zum Festhalten von Ergebnissen, Papier, Stifte, Magnete, Pins, Stellwand oder Ähnliches für Informationen, Beamer, Notebook
Raumbedarf	Büro im Unternehmen
Sitzung	
Definition	geplante Zusammenkunft eines kleineren Personenkreises
Ziel	Entwurf einer gemeinsamen Strategie zur Lösung eines arbeitsbezogenen Problems
Notwendige Vorbereitungen	schriftliche Einladung; Tagesordnung festlegen; Getränke bereitstellen
Medien	Magnetwand, Pinnwand, Flipchart, Whiteboard zum Festhalten von Ergebnissen, Papier, Stifte, Magnete, Pins, Stellwand oder Ähnliches für Informationen, Beamer, Notebook
Raumbedarf	Besprechungsraum

	Konferenz
Definition	Zusammenkunft eines größeren Personenkreises mit festgelegter Zielsetzung
Ziel	Entwurf einer gemeinsamen Strategie zur Lösung eines arbeitsbezogenen Problems
Notwendige Vorbereitungen	schriftliche Einladung; Tagesordnung festlegen; Tische und Stühle anordnen; Getränke bereitstellen; Namensschilder verteilen
Medien	Magnetwand, Pinnwand, Flipchart, Whiteboard zum Festhalten von Ergebnissen, Papier, Stifte, Magnete, Pins, Stellwand oder Ähnliches für Informationen, Beamer, Notebook, Mikrofon
Raumbedarf	Besprechungsraum im eigenen Unternehmen oder auswärts
	Telefonkonferenz
Definition	Konferenz, bei der die Teilnehmer in (speziellen) Räumen am Telefon mittels eines besonderen Leistungsmerkmals des Telefonanbieters über das Telefon miteinander kommunizieren
Ziel	Entwurf einer gemeinsamen Strategie zur Lösung eines arbeitsbezogenen Problems
Notwendige Vorbereitungen	Einladung, Tagesordnung, Einwahlmodalitäten klären, Zugangs-PIN für Telefonkonferenz verteilen
Medien	Telefon, Einwahldaten
Raumbedarf	Büroraum
	Videokonferenz
Definition	Konferenz, bei der die Teilnehmer in (speziellen) Räumen am Telefon mittels eines besonderen Leistungsmerkmals des Telefonanbieters über Telefon mit Bild und Tonübertragung miteinander kommunizieren
Ziel	Entwurf einer gemeinsamen Strategie zur Lösung eines arbeitsbezogenen Problems
Notwendige Vorbereitungen	Einladung, Tagesordnung, Einwahlmodalitäten klären, Zugangs-PIN für Telefonkonferenz verteilen
Medien	Telefon, Bildschirm, Mikrofon, Kamera
Raumbedarf	Büro-/Besprechungsraum
	Tagung
Definition	Zusammenkunft eines größeren Personenkreises (in der Regel fachinteressiertes Publikum aus unterschiedlichen Betrieben oder Organisationen); eintägige Veranstaltung
Ziel	Informationsaustausch über einen speziellen Themenbereich
Notwendige Vorbereitungen	schriftliche Einladung; Tagesordnung festlegen; Tische und Stühle anordnen; Getränke, Imbiss bereitstellen; Namensschilder verteilen
Medien	Stellwand oder Ähnliches für Informationen, Beamer, Notebook, Mikrofon
Raumbedarf	ein Raum oder mehrere Räume in der Regel auswärts, evtl. Räume anmieten
	Kongress
Definition	wie Tagung, allerdings mehrtägig, in der Regel nationaler oder internationaler Teilnehmerkreis
Ziel	Informationsaustausch über einen speziellen Themenbereich
Notwendige Vorbereitungen	schriftliche Einladung; Tagesordnung festlegen; Tische und Stühle anordnen; Getränke, Imbiss bereitstellen; Namensschilder verteilen
Medien	Stellwand oder Ähnliches für Informationen, Beamer, Notebook, Mikrofon
Raumbedarf	ein Raum oder mehrere Räume in der Regel auswärts, evtl. Räume anmieten

Bei den folgenden Veranstaltungsarten geht es vor allem um die Vermittlung, Vertiefung oder Aktualisierung von Fachwissen:

Seminar	
Definition	intensive Auseinandersetzung in kleiner Gruppe mit einem Thema; Interaktivität zwischen Teilnehmenden und Seminarleitung; in der Regel eintägige oder zweitägige Veranstaltung
Ziel	Erarbeitung von neuem Wissen; Aktualisierung von Fachwissen
Notwendige Vorbereitungen	schriftliche Einladung; Tagesprogramm und -ablauf festlegen; Unterlagen kopieren; Getränke bereitstellen; Teilnahmebescheinigungen ausstellen
Medien	Magnetwand, Pinnwand, Flipchart, Whiteboard zum Festhalten von Ergebnissen, Papier, Stifte, Magnete, Pins, Stellwand oder Ähnliches für Informationen, Beamer, Notebook, Schulungsunterlagen bzw. Handout
Raumbedarf	Seminarraum im eigenen Unternehmen oder auswärts (evtl. anmieten)
Webinar	
Definition	Seminar, das über das Internet abgehalten wird
Ziel	Erarbeitung von neuem Wissen; Aktualisierung von Fachwissen
Notwendige Vorbereitungen	Einladung; Tagesprogramm und -ablauf; Vorbereitung von Videos usw.; Abstimmung der Technik/Software und Webinar-Plattform
Medien	PC mit Headset o. Ä., Internetzugang
Raumbedarf	eigener Arbeitsplatz
Sitzung/Lehrgang	
Definition	intensive Auseinandersetzung mit einem Thema, Trainingseinheiten; in der Regel über einen längeren Zeitraum
Ziel	Erarbeitung von neuem Wissen; Weiterbildung auf einem bestimmten Themengebiet; evtl. mit Abschlussprüfung und Zertifizierung
Notwendige Vorbereitungen	schriftliche Einladung; Tagesprogramm und -ablauf festlegen; Unterlagen kopieren; Getränke bereitstellen; Teilnahmebescheinigungen ausstellen
Medien	Magnetwand, Pinnwand, Flipchart, Whiteboard zum Festhalten von Ergebnissen, Papier, Stifte, Magnete, Pins, Stellwand oder Ähnliches für Informationen, Beamer, Notebook, detaillierte Schulungsunterlagen bzw. Handout
Raumbedarf	Besprechungsraum im eigenen Unternehmen

Für den Erfolg einer Veranstaltung ist neben einer gelungenen Durchführung eine genaue und gute Vorbereitung erforderlich. Außerdem muss eine Veranstaltung nachbereitet werden, um die Ergebnisse zu sichern sowie Rückschlüsse und Konsequenzen für nachfolgende Veranstaltungen ziehen zu können. Während der gesamten Zeit ist eine gute Dokumentation sehr wichtig.

Vorbereitung von Veranstaltungen

Schon im Vorfeld einer Veranstaltung sind **langfristige Vorbereitungen** zu treffen:

- Termin festgelegen: Abhängig vom Ziel der Veranstaltung und der Intensität der Vorbereitung kann der Termin zeitnah (Besprechung) oder in einigen Wochen oder Monaten (Kongress) liegen.
- Termin und Programm abstimmen: Wenn externe Referenten hinzugezogen werden, müssen der Termin sowie das Programm mit ihnen abgestimmt werden.

- Teilnehmerkreis bestimmen: interne Adressaten (bei Besprechung, Sitzung, Konferenz) oder externe Adressaten (bei Tagung, Kongress, Seminar, Lehrgang)
- Inhalte und Ablauf des Programms festlegen
- Einladungsschreiben mit allen Anlagen (Tagesordnung, Programm, Anfahrtsbeschreibung, sonstige Unterlagen)[1] allen Teilnehmern zustellen
- Räumlichkeiten bereitstellen: je nach Veranstaltung unter Umständen auswärts mieten
- gesetzliche Anforderungen/Genehmigungen beachten und einholen, z. B. GEMA, Lizenzen, Brandschutzvorschriften, Lärmschutz, zusätzliche Versicherungen

Sobald die Veranstaltung naht, beginnen die **zeitnahen Vorbereitungen:**

- Namensschilder, Tischkarten drucken und verteilen
- Sitzordnung festlegen: je nach Teilnehmerkreis und Veranstaltungsziel Tische und Stühle anordnen, Sitzordnung festlegen
- notwendige Unterlagen wie Ablaufpläne, Handouts, Prospekte erstellen und vervielfältigen
- Zuständigkeiten des im Hintergrund wirkenden Personals festlegen und dokumentieren
- alle Medien und benötigten Materialien zusammenstellen

Medien	Einsatz	benötigte Materialien/Geräte
Magnetwand	Sammlung von Ideen, die auf Karten festgehalten werden; die Karten können beliebig umsortiert werden Informationswand	Magnetwand mit Magneten, Papier, Stifte
Pinnwand	Sammlung von Ideen, die auf Karten festgehalten werden; die Karten können beliebig umsortiert werden Informationswand	Stellwand, Pins, Papier, Stifte
Flipchart	Entwicklung von Gedanken, Festhalten von Notizen als Arbeitsgrundlage für spätere Auswertungen	Ständer, Flipchart-Papierbögen, verschiedenfarbige Stifte
Whiteboard	Entwicklung von Gedanken, Festhalten von Notizen	Whiteboard, verschiedenfarbige Stifte
Overheadprojektor	Präsentation von Grafiken usw.	Overheadprojektor, Folien
PC oder Notebook	Präsentation von Grafiken usw. Nutzung von Präsentationsprogrammen Zugriff auf andere Daten jederzeit möglich Webinar	PC oder Notebook mit Zubehör, Stromanschluss und Stromkabel, Mikrofon, Kamera, Bildschirm, Software, Laserpointer
Beamer	Projektion von Film oder Präsentationen	Beamer, PC oder Notebook mit Zubehör, Stromanschluss und Stromkabel
Activeboard	„interaktive Tafel" Wiedergabe von Ton-, Bild und Textmaterial auf einer elektronischen Tafel Mithilfe eines elektronischen Stifts können die von einem Computerbildschirm via Beamer auf das Activeboard projizierten Texte oder Zeichnungen verändert oder (im Flipchart-Modus) auf der Tafel geschrieben werden.	Activeboard mit elektronischem Stift, PC oder Notebook mit Internetanschluss, Beamer, Stromanschluss und Stromkabel

1 Vgl. Business English for the Office (Best.-Nr. 3568), unit 3, 4.

Raumanordnungen

Je nach Veranstaltungsart eignen sich bestimmte Raumanordnungen.

Wenn ein **gemeinsames Arbeiten** im Vordergrund steht, sind Sitzordnungen geeignet, bei denen alle Teilnehmenden mit dem Referenten bzw. der Gesprächsleiterin sowie untereinander Blickkontakt halten können. Dies fördert die Gespräche. Eine kreisförmige Anordnung, aber auch eine u-förmige Anordnung von Tischen und Stühlen ist sinnvoll. Die Teilnehmenden benötigen für ihre Schreibunterlagen ausreichend Arbeitsfläche auf den Tischen.

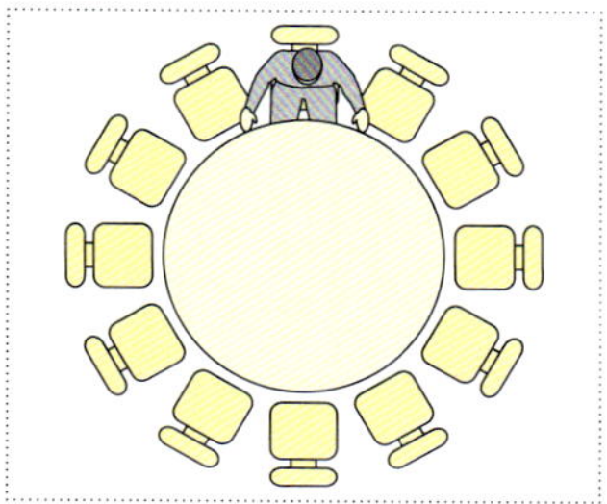

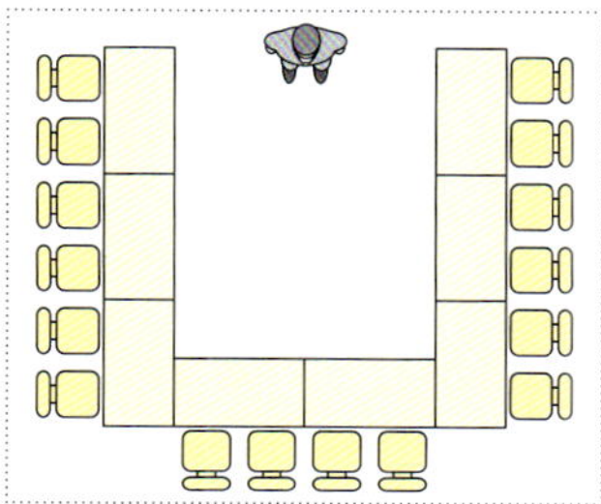

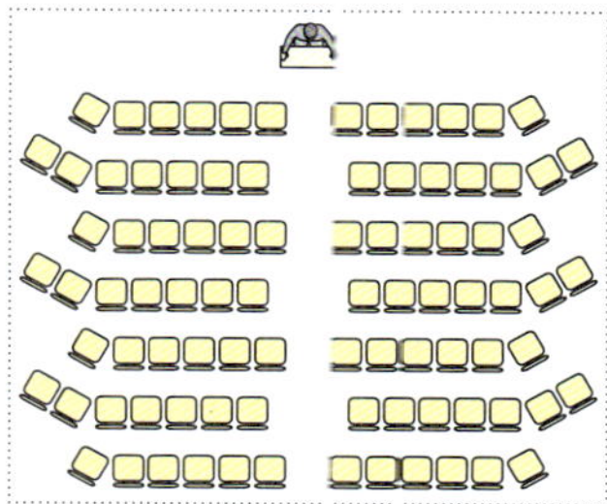

Bei einem Vortrag werden lediglich Stühle benötigt. In jedem Fall brauchen die Teilnehmenden Sichtkontakt zum Vortragenden, auch, damit sie im Anschluss an den Vortrag Fragen an den Referenten bzw. die Referentin stellen können.

Was ist bei der Durchführung von Veranstaltungen zu beachten?

- Während der Veranstaltung hat das Personal für einen reibungslosen Ablauf zu sorgen. Eine zentrale Ansprechperson sollte bestimmt werden, die bei Schwierigkeiten einspringen kann.
- Die Betreuung der Teilnehmenden (Garderobe, Räumlichkeiten usw.) hat oberste Priorität.
- Im Vorfeld empfiehlt es sich, einen Ansprechpartner für die Presse zu bestimmen.
- Kulturelle Unterschiede (Sitten und Gebräuche) und Sprachhindernisse[1] sind zu berücksichtigen.

Welche Tätigkeiten fallen bei der Nachbereitung von Veranstaltungen an?

- Die Räumlichkeiten müssen aufgeräumt, mitgebrachtes Equipment wieder in das Unternehmen zurückgebracht werden.
- Eine Reflexion der Beteiligten (Teilnehmende und Verantwortliche) bietet Gelegenheit, die Eindrücke aller zu sammeln und Rückschlüsse für mögliche Änderungen im nächsten Durchlauf zu ziehen.
- Bei größeren Veranstaltungen, insbesondere wenn externe Beteiligte zum Erfolg beigetragen haben, sollte ein Dankschreiben an alle Beteiligten verfasst und versendet werden.
- Je nach Anlass der Veranstaltung sollte eine Pressemitteilung geschrieben werden, sofern keine Journalisten anwesend waren.
- Wurden andere Unternehmen (wie Catering oder Ähnliche) in die Veranstaltung eingebunden, hat eine Abrechnung über deren Leistungen zu erfolgen.
- Je nach Veranstaltung müssen die Ergebnisse in Form eines Protokolls mit allen Unterlagen an die Teilnehmenden versandt werden.

1 Vgl. Business English for the Office (Best.-Nr. 3568), unit 3, 4.

12.2 Koordination von Geschäftsreisen

Einstiegsfall Claus Blum reist geschäftlich nach München

Claus Blum, Geschäftsführer der Blum Music4You KG, plant eine Reise nach München, um sich mögliche Ladenlokale für einen weiteren Fanshop anzuschauen. Katja Schlüssel aus der Abteilung Verwaltung/Beschaffung bittet Franceska Klein um Hilfe. „Der Chef hat mir eine Liste mit den Adressen der Ladenlokale gegeben. Sie befinden sich alle in der Münchener Innenstadt. Er möchte Montag und Dienstag übernächster Woche nach München fahren. Die erste Besichtigung ist am Montag um 11:30 Uhr. Franceska, können Sie bitte schon mal mit der Planung anfangen?"

Eine Geschäftsreise bedarf neben einer inhaltlichen Vorbereitung auch einer guten Koordination, damit sich der Reisende ganz auf die geschäftlichen Dinge konzentrieren kann. Zu beachten ist bei der Planung auch die Wahl geeigneter Verkehrsmittel und der Unterkunft.

Bei der Wahl des geeigneten Verkehrsmittels sollte darauf geachtet werden, die Aufwendungen für den Betrieb möglichst gering zu halten. Neben dem Kostenfaktor sind die jeweiligen Belastungen für den Reisenden und die Umwelt angemessen zu berücksichtigen. Ökologie und Ökonomie stehen auch bei Geschäftsreisen nicht im Widerspruch zueinander. Zu prüfen sind auch, ob folgende Unterlagen benötigt werden: gültiger Personalausweis bzw. Reisepass, Visum, aktuelle Impfbescheinigung, Auslandskrankenschein, Auslandsreiseversicherung, Gepäckversicherung. Denken Sie an eine gute Dokumentation Ihrer Anfragen und Buchungen; stellen Sie für den Reisenden eine in zeitlicher Abfolge sortierte Reiseplanung und Reisemappe zusammen.

Was ist bei der Wahl geeigneter Verkehrsmittel zu beachten?

1. Bahnreisen

Strecken innerhalb Deutschlands und der angrenzenden Nachbarländer lassen sich bequem und relativ schnell mit der Bahn zurücklegen.

Vorteile Bahnreise	Nachteile Bahnreise
▪ Der Reisende kann während der Fahrt arbeiten. ▪ entspanntes Reisen ▪ sicheres Reisen ▪ in der Regel kostengünstig bei Nutzung von Spartarifen oder Bahncard (für Vielfahrer)	▪ unter Umständen Umstiege ▪ lange Wartezeiten, schlechte Anschlusszeiten ▪ Verspätungen der Bahn ▪ Das Ziel ist mit der Bahn nicht oder nur unter großem Zeitaufwand erreichbar. ▪ Mitnahme vieler Unterlagen ist umständlich.

Bei der Buchung ist in jedem Fall eine Sitzplatzreservierung empfehlenswert. Dabei kann zwischen einem Sitzplatz (mit oder ohne Tisch) in einem Großraumwagen oder in einem Abteil gewählt werden. Zusätzlich bietet die Bahn PC-Arbeitsplätze in Abteilen mit Internetanschluss.

Zur Vervollständigung der Reiseunterlagen gehört neben dem Bahnticket ein **Reiseplan** mit Ankunfts- und Abfahrtszeiten, den Zugnummern, den Sitzplatznummern sowie den Bahnsteigen, an denen der Zug abfährt bzw. ankommt.

2. Flugreisen

Weiter entfernte Ziele sind oft nur mit dem Flugzeug in angemessener Zeit zu erreichen. Das Flugzeug ist immer dann eine Alternative für Geschäftsreisen, wenn die Fahrtzeit mit Bahn oder Auto länger dauern würde als ein Flug (einschließlich Hin- und Rückfahrt zum Flughafen).

Vorteile Flugreise	Nachteile Flugreise
■ schnelle Anreise für weit entfernte Ziele ■ Der Reisende kann während des Flugs arbeiten. ■ entspanntes Reisen ■ sicheres Reisen ■ teilweise preiswerte Flüge möglich	■ unter Umständen längere Anfahrtswege bis zum Flughafen ■ Anschlusstransport vom Flughafen zum Zielort ■ feste Abflugzeiten ■ zeitaufwendiges Ein- und Auschecken ■ Mitnahme vieler Unterlagen nicht möglich ■ hohe Umweltschädlichkeit ■ Gepäckverlust möglich ■ Gepäck- und Handgepäckvorschriften ■ lästige Kontrollen

Bei der Zeitplanung müssen die Anfahrtszeit zum Flughafen, die Eincheckzeit und die Abholung und Weiterfahrt vom Flughafen zum Zielort einkalkuliert und organisiert werden.

3. Reisen mit firmeneigenem Pkw/Mietwagen

Für kurze Strecken oder die Fahrt zu mehreren Geschäftsterminen, die zeitlich nacheinander liegen, eignet sich die Nutzung des firmeneigenen Pkws oder eines Mietwagens.

Der Wagen sollte rechtzeitig reserviert werden. Auch das Tanken, die Reinigung und mögliche Werkstattbesuche müssen vorab eingeplant werden.

Vorteile Reise mit firmeneigenem Pkw/Mietwagen	Nachteile Reise mit firmeneigenem Pkw/Mietwagen
■ Flexibilität ■ schnell bei kurzen Strecken ■ Mitnahme vieler Unterlagen problemlos	■ Der Reisende kann während der Fahrt nicht arbeiten. ■ rasche Ermüdung bei längerer Fahrt ■ Verspätungen wegen Staus, Unfällen etc.

4. Reisen mit privatem Pkw

Wenn kein Firmenwagen zur Verfügung steht, kann der Reisende auch mit seinem privaten Auto fahren – sofern betriebliche Anordnungen dazu nichts Gegenteiliges festschreiben.

Vorteile Reise mit privatem Pkw	Nachteile Reise mit privatem Pkw
■ Pkw ist verfügbar ■ Abfahrt vom Wohnort ist möglich ■ Mitnahme vieler Unterlagen problemlos ■ vertrautes Fahrzeug	■ haftungsrechtliche und versicherungstechnische Probleme bei Schäden am Fahrzeug ■ Kostenabrechnung zwischen Reisendem und Unternehmen nötig

Lösung (1) des Einstiegsfalls **Claus Blum reist per Bahn**

Claus Blum muss von Köln nach München reisen. Diese relativ weite Entfernung (ca. 450 km) lässt sich kostengünstig mit der Bahn zurücklegen. Während der Fahrt kann Claus Blum seine Treffen in München vorbereiten und so die Zeit optimal nutzen. Zudem liegen alle Besichtigungen in der Münchener Innenstadt, zu der ihn der beauftragte Makler fahren wird. Herr Blum muss lediglich zum Büro des Maklers fahren, das gut mit dem Taxi erreichbar ist.

Was ist bei der Suche und der Buchung der Unterkunft zu beachten?

Die Entfernung zwischen dem Zielort und dem Hotel sollte recht gering sein; auch die Nähe zum Bahnhof oder zum Flughafen spielt bei der Wahl der Unterkunft eine Rolle. Der Geschäftspartner vor Ort kann bei der Suche sicher behilflich sein.

Bei der Hotelbuchung ist neben der Dauer des Aufenthalts, der Zimmerart (Raucher-/Nichtraucherzimmer, Doppel- oder Einzelzimmer), den Zahlungsmodalitäten, der Verpflegungsart, der Buchung eines Stellplatzes für den Pkw und anderem auch zu klären, bis wann der Reisende bei später Anreise am Abend einchecken kann.

Wichtig ist, sich eine Buchungsbestätigung zusenden zu lassen, am besten mit einer genauen Wegbeschreibung zum Hotel.

Lösung (2) des Einstiegsfalls **Hotelbuchung**

Franceska Klein bucht für Claus Blum ein Hotel in der Nähe des Münchener Hauptbahnhofs. Von dort kann er schnell und bequem das Hotel erreichen, einchecken und zu den Geschäftsterminen in der Innenstadt gelangen.

12.3 Reisekostenabrechnung

Einstiegsfall Belege und Abrechnung der Geschäftsreise

Claus Blum kommt von seiner Reise aus München zurück. Er hat sich dort verschiedene Räumlichkeiten für die Eröffnung eines Fanartikelgeschäfts angeschaut. Franceska Klein bekommt am nächsten Tag diverse Belege in die Hand gedrückt mit der Bitte, die Reisekosten abzurechnen. Bei der Durchsicht fällt ihr auf, dass neben dem bereits bezahlten Bahnticket und mehreren Taxiquittungen ein handschriftlicher Zettel dabei liegt, auf dem notiert ist: „Abfahrt 06:00 Uhr ab Köln, Ankunft 23:00 Uhr in Köln", ebenso eine Notiz über die besuchten Ladenlokale.

Im Anschluss an eine Geschäftsreise ist neben den inhaltlichen Nachbereitungen die zeitnahe Abrechnung erforderlich. Diese Reisekostenabrechnung muss gesetzlichen Vorgaben entsprechen, damit sie vom Finanzamt akzeptiert wird. Außerdem hat jedes Unternehmen in der Regel eigene Vorgaben, wie eine solche Abrechnung zu erfolgen hat.

Welche Angaben muss die Reisekostenabrechnung enthalten?

Aufgrund (lohn)steuerrechtlicher Vorgaben sind folgende Angaben nötig:

- Name und Adresse des Abrechnenden
- Beginn und Ende der Dienstreise (Datum, Uhrzeit)
- bei Auslandsreisen mit dem Zug oder dem Pkw: Angabe des Grenzübertritts, bei Auslandsreisen mit dem Flugzeug: Ankunft am Flughafen
- Anlass und Ziel der Dienst- bzw. Geschäftsreise

Was kann abgerechnet werden?

1. Fahrtkosten

Bei der Fahrtkostenabrechnung wird unterschieden, mit welchem Verkehrsmittel die Reise vorgenommen wurde.

- Bei Nutzung eines Firmenwagens erfolgt keine separate Abrechnung, da alle damit verbundenen Aufwendungen bereits als Betriebsausgabe berücksichtigt werden.
- Bei Fahrten mit einem privaten Pkw kann der Reisende entweder in einer separaten Aufstellung die tatsächlich angefallen Einzelkosten (Benzin, Öl, Versicherung usw.) abrechnen oder er erhält pauschal 0,30 € je Fahrtkilometer erstattet (Motorrad, -roller 0,13 €, Moped/Mofa 0,08 €, Fahrrad 0,05 € je Fahrtkilometer). Bei der Mitnahme weiterer Personen erhöht sich die Pauschale um 0,02 € je Mitfahrendem. (Auf die rechtlichen Besonderheiten des Einkommensteuergesetzes bei mehreren Tätigkeitsstätten und der sich daraus ergebenden Konsequenz für den Ansatz der Pauschalen wird hier nicht eingegangen.)
- Bahnkosten werden laut Beleg abgerechnet.
- Flugkosten werden laut Beleg abgerechnet.

2. Verpflegungskosten

Geschäftsreisende können nicht die tatsächlichen Ausgaben für ihre Verpflegung während der Reise geltend machen. Dafür hat das Bundesministerium der Finanzen Pauschalen festgelegt. Mit diesen Pauschalen sind alle Ausgaben, die einem Reisenden für die Verpflegung normalerweise entstehen, abgedeckt. Hat der Reisende höhere Ausgaben, so muss er die Differenz selbst tragen. Diese höheren Kosten kann er im Rahmen der Einkommensteuererklärung als Werbungskosten ansetzen und bekommt sie teilweise erstattet.

Gestaffelt nach der Dauer der Reise und dem Reiseziel werden unterschiedliche **Spesensätze** für eine Reise angerechnet.

Übersicht über die ab 1. Januar 2014 geltenden Pauschbeträge für Verpflegungsmehraufwendungen und Übernachtungen (in Auszügen)

Land	Pauschbeträge für Verpflegungsmehraufwendungen bei einer Abwesenheitsdauer je Kalendertag von		
	mindestens 24 Stunden	mehr als 8 Stunden sowie für An- und Abreisetag	Übernachtungspauschale
	€	€	€
Deutschland	24,00	12,00	20,00
Frankreich			
■ Paris	58,00	39,00	135,00
■ Straßburg	48,00	32,00	89,00
Italien			
■ Rom	52,00	35,00	160,00
Vereinigte Staaten von Amerika			
■ San Franzisco	48,00	32,00	110,00
■ Boston	48,00	32,00	206,00
■ Houston Miami	57,00	38,00	136,00
■ ...			

Quelle: Bundesministerium der Finanzen, Reisekosten (in Auszügen), www.bundesfinanzministerium.de; Abrufdatum: 28.11.2013

Bewirtungskosten bei Geschäftsessen bleiben von diesen Pauschalbeträgen unberührt. Hier gelten die entsprechenden steuerrechtlichen Vorschriften.

3. Übernachtungskosten

Übernachtungskosten für Reisen innerhalb Deutschlands können durch Einzelbeleg oder mit einer Pauschale von 20,00 € je Übernachtung abgerechnet werden. Bei Auslandsreisen werden analog zu den Verpflegungsmehraufwendungen höhere Pauschalen angesetzt.

Enthält die Rechnung neben der Unterkunft auch Verpflegung (Frühstück, Mittag- oder Abendessen) darf diese nicht berücksichtigt werden. Ist ein separater Betrag ausgewiesen, wird die Rechnung um diesen Betrag gekürzt. Lässt sich der Einzelpreis für das Essen nicht nachweisen, wird die Rechnung pauschal um 20 % für Frühstück und 40 % für Mittag- bzw. Abendessen gekürzt.

Reine Übernachtungskosten werden mit 7 %, alle übrigen Hotelleistungen (Frühstück, Garage, Telefon usw.) mit 19 % besteuert.

4. Reisenebenkosten

Alle sonstigen Kosten, die während und durch die Reise entstanden sind, können ebenfalls abgerechnet werden. Darunter fallen: Parkgebühren, Nutzung öffentlicher Verkehrsmittel, Taxigebühren, Straßenbenutzungsgebühren („Maut"), Telefonkosten, Gepäckaufbewahrung, Trinkgelder, Schadensersatzleistungen infolge von Verkehrsunfällen, Sonstiges.

Welche Belege sind nachzuweisen?

Alle Belege, die während der Reise anfallen, sind der Reisekostenabrechnung beizufügen. Dazu gehören Bahnticket, Flugticket, Taxiquittungen, Tankbelege, Hotelrechnungen usw. Bei der Abrechnung privater Auslagen muss ein Eigenbeleg, aus dem alle Einzelkosten hervorgehen, erstellt werden.

Viele Unternehmen verwenden aufgrund der Fülle möglicher Angaben einen Vordruck für die Reisekostenabrechnung, der alle steuerrechtlichen Vorgaben berücksichtigt. Alternativ gibt es auch kostenpflichtige oder kostenfreie PC-Software, die die Abrechnung per Computer erleichtert.

Lösung des Einstiegsfalls Belege und Abrechnung der Geschäftsreise

Franceska Klein stellt für die Reisekostenabrechnung ihres Chefs folgende Angaben und Belege zusammen:

1. Allgemeine Angaben

Geschäftsreise

- Claus Blum
- Beginn der Reise: 26. Juli 20.. um 06:00 Uhr
- Ende der Reise: 27. Juli 20.. um 23:00 Uhr
- Anlass/Ziel der Reise: München (siehe Auflistung)
- Inlandsreise
- Reisemittel: Bahn

2. Fahrtkosten

- Bahnkosten laut Ticket: 258,00 € (wurden vom betrieblichen Bankkonto bezahlt)
- Hinfahrt: 26.07.20.., Rückfahrt: 27.07.20..

DB BAHN

Startseite | Angebotsberatung | Fahrplan & Buchung | Services | BahnCard | Urlaub

Suche · Auswahl · Ticket&Reservierung · Zahlung · Buchung · Bestätigung

	Bahnhof/Haltestelle	Datum	Uhrzeit	Produkte	Reservierungswunsch
Hinfahrt	Köln Hbf	Mo, 26.07.20..	06:31	S 12	Reservierung nicht möglich
	Köln MesseDeutz 9-10		06:33		
	Köln MesseDeutz 11-12	Mo, 26.07.20..	06:44	ICE 525	1 Platz in der 2. Klasse, Abteilart beliebig, Platzlage beliebig, Bereich beliebig
	München Hbf		11:06		
Rückfahrt	München Hbf	Di, 27.07.20..	17:55	ICE 526	1 Platz in der 2. Klasse, Abteilart beliebig, Platzlage beliebig, Bereich beliebig
	Köln Hbf		22:19		
Ihr Ticket	HIN- UND RÜCKFAHRT, 1 Erw., 2. Klasse, Köln - München Normalpreis				258,00 EUR

3. Verpflegungskosten

- Zeit der Abwesenheit: Montag 18 Stunden, Dienstag 17 Stunden; jeweils Pauschale für Deutschland: 12,00 €

4. Übernachtungskosten

- Hotel Stern (laut Rechnung): 107,00 €

Hotel Stern * Goethestraße 62 * 80336 München

Hotel
Stern
Goethestraße 62
80336 München
Tel. 089 62515-2055

Blum Music4You KG
Herr Claus Blum
Veilchenweg 19
50677 Köln

Rechnungsdatum 27.07.20.. Rechnungsnummer 3467

Leistung	Datum	USt	Betrag
1 Übernachtung	26.07.20..	7 %	107,00 €

Einzelzimmer, Nichtraucher; o. Frühstück

In der Rechnung enthaltene Umsatzsteuer:

Steuersatz	USt-Betrag	Nettowert
7 %	7,00	100,00 €
19 %	0,00 €	0,00 €

5. Reisenebenkosten

- Taxikosten (laut Quittung): 20,00 €

Netto € ct
€ ct
+ % USt
Gesamt € 20, ct 00

Quittung
2078 56
Nr.

Gesamtbetrag € in Worten
Cent wie oben

(Im Gesamtbetrag sind 7 % Umsatzsteuer enthalten)

von Blum KG, Herr Claus Blum

für Taxi-Müller, Kistlerhofstr. 43, München
Stadtfahrt Hbf - Liebigstraße

richtig erhalten zu haben, bestätigt

Ort München Datum 26.07.20..

Buchungsvermerke	Stempel/Unterschrift des Empfängers
Ord.-Nr. 4711	Schmidt

Reisekostenabrechnung

Name und Adresse des Reisenden Claus Blum, Veilchenweg 19, 50677 Köln

Inlandsreise ☒ Auslandsreise ❑

Anlass/Zielort: Reise München (siehe Auflistung)

(Zusammenstellung mehrerer Orte in beigefügter Aufstellung)

Beginn der Reise: 26.07.20.. / 06:00 Uhr **Ende:** 27.07.20.. / 23:00 Uhr

Bei Auslandsreise:

Ankunft Flughafen Abreise: ____:____ Uhr Ankunft Einreise: ____:____ Uhr

Grenzübertritt Ausreise: ____:____ Uhr Grenzübertritt Einreise: ____:____ Uhr

Reisemittel: Dienstwagen ❑ privater Pkw ❑ Bahn ☒ Flugzeug ❑

	€		brutto	Vorsteuer	netto
1. Fahrtkosten					
– Bahnfahrkarten lt. Anlage	€	258,00			
– Flugkarten lt. Anlage	€				
– Dienstwagen Kosten (Benzin, Öl usw.)	€				
– privater Pkw					
Einzelkosten lt. Anlage	€				
Pauschale					
0,30 €/km + 0,02 €/Mitfahrer					
______ km x ______€	€				
2. Verpflegungskosten					
____ Tage (mind. 24 Stunden) zu ____	€				
2 Tage (mind. 8 Stunden) zu 12,00	€	24,00			
3. Übernachtungskosten					
lt. Belege ohne Frühstück	€	107,00			
lt. Belege mit Frühstück	€				
Kürzung					
____ Tage x 4,80 €/Tag	./.€				
bei Auslandsübernachtung					
____ Tage x 20 % von ____/Tag	./.€				
Pauschale					
____ Tage x ____ €/Tag	€				
4. Reisenebenkosten					
lt. Anlage	€	20,00			
Summe	€	409,00			
Vorschüsse	./.€	258,00			
Restzahlung	€	151,00			

(wird von der Finanzbuchhaltung ausgefüllt)

28.07.20.. Claus Blum

(Datum, Unterschrift)

(Buchungsvermerk)

13

Ein Projekt planen und durchführen

management

Lernlandkarte 13.1 und 13.2

13.1 Projektbegriff und Projektmanagement

13.2 Phasen des Projekts

13.2.1 Definition

- Problemanalyse
- Projektziele
- Projektvertrag
- Projektorganisation
- Kick-off-Meeting

Dokumentation

→ Problembeschreibung
Projektauftrag
Lastenheft
Pflichtenheft

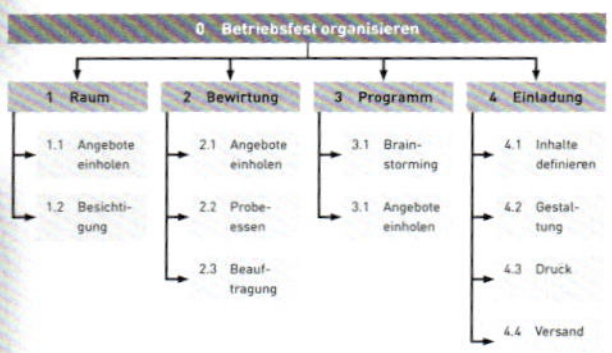

13.2.2 Planung

- Arbeitspakete
- Projektstrukturplan
- Projektablaufplan
- Kapazitätsplan
- Kostenplan

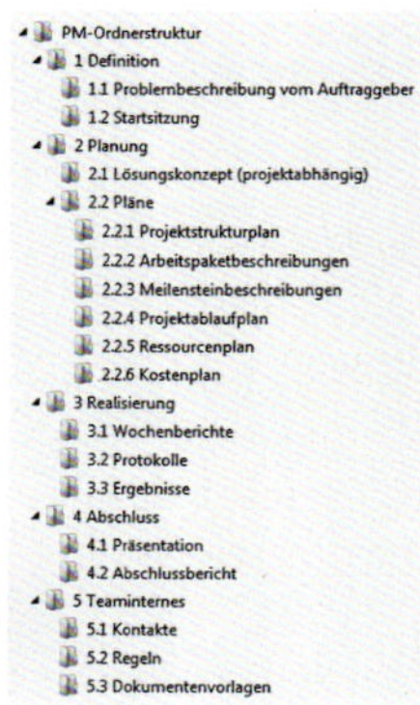

→ Projekt-strukturplan
Projekt-ablaufplan

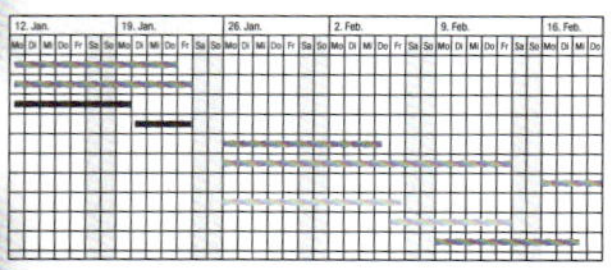

13.2.3 Durchführung

Umsetzung der Pläne
→ Meilensteine setzen

→ Sitzungsprotokolle
Statusberichte

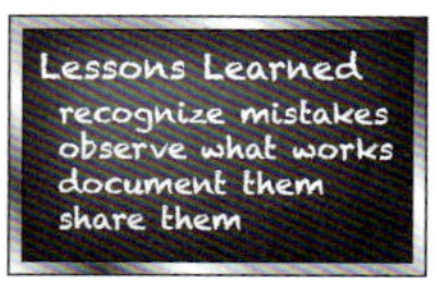

13.2.4 Abschluss

- Abnahme
- Abschlussbericht

→ Präsentation
Abschlussprotokoll
bzw. Abschlussbericht

13.1 Projektbegriff und Projektmanagement

In diesem Lernfeld werden die theoretischen Grundlagen für die Arbeit in Projekten im Überblick vermittelt. Der Schwerpunkt liegt in der selbstständigen Durchführung eines Projekts, um die berufliche Handlungskompetenz zu stärken. „Ein Gramm Erfahrung ist besser als eine Tonne Theorie" (John Dewey) – aus diesem Grund ist die Theorie minimal gehalten.

Der Begriff **Projekt** wird oft und nicht immer eindeutig verwendet. Im Projektmanagement wird unter einem Projekt gemäß DIN 69901 Folgendes verstanden: „... ein zielgerichtetes, einmaliges Vorhaben, das aus abgestimmten [...] Tätigkeiten mit Anfangs- und Endtermin besteht und durchgeführt wird, um unter Berücksichtigung von Zwängen bezüglich Zeit, Ressourcen (zum Beispiel Kosten oder Personal) und Qualität ein Ziel zu erreichen."

Merkmale Projekt (DIN 69901):

- Zielvorgabe: Die Ziele sind genau vorgegeben (Lastenheft), wobei der Weg zum Ziel nicht immer klar ist.
- Einmalig: Ein Projekt hat immer einen eindeutigen Anfang und ein eindeutiges Ende; es wird immer zum ersten und zum letzten Mal durchgeführt.
- Zeit-, Kosten-, Personalbegrenzung: Ein Projekt hat einen festgelegten Rahmen (Start, Ende, Anzahl Mitarbeiter, Geld).
- Komplex: Ein Projekt umfasst viele und anspruchsvolle Aufgaben, die unterschiedlich zusammenhängen.
- Interdisziplinär: Spezialisten verschiedener Fachrichtungen arbeiten in Teamarbeit im Projekt zusammen.
- Projektorganisation: Spezielle Rahmenbedingungen (z. B. MA-Freistellungen) müssen eingerichtet werden.

In dieser DIN-Norm wird das Projektmanagement so definiert:

Merke **Projektmanagement** ist die zielgerichtete Planung, Steuerung, Dokumentation von Projekten mit Projektmanagementinstrumenten.

Projektmanagementinstrumente sind Methoden (z. B. Entwicklung spezieller Pläne) und Werkzeuge (z. B. Software, Formulare) für die Anwendung im Projektmanagement.

Die Methoden und Werkzeuge unterscheiden sich je nach den verschiedenen Phasen eines Projekts.

13.2 Phasen des Projekts

Ein Projekt durchläuft vier Phasen, in denen unterschiedliche Methoden und Werkzeuge angewandt werden. Die Ergebnisse werden in Dokumentationen festgehalten.

Phase	Anwendung folgender Methoden und Werkzeuge	Dokumentation
1 Definition	■ Problemanalyse ■ Klärung der Projektziele ■ Projektvertrag ■ Projektorganisation ■ Kick-off-Meeting	■ Problembeschreibung, -analyse ■ Projektauftrag (mit entsprechendem Schriftverkehr) ■ Lastenheft
2 Planung	■ Arbeitspakete erstellen ■ Struktur-, Ablauf-, Kapazitäts-, Kostenpläne	■ Projektstrukturplan ■ Projektablaufplan
3 Durchführung	■ Umsetzung der Pläne	■ Sitzungsprotokolle ■ Statusberichte
4 Abschluss	■ Abnahme ■ Abschlussbericht	■ Präsentation ■ Abschlussprotokoll bzw. Abschlussbericht

13.2.1 Projektphase Definition

Die Abbildung zeigt einige Probleme in der Projektphase Definition.

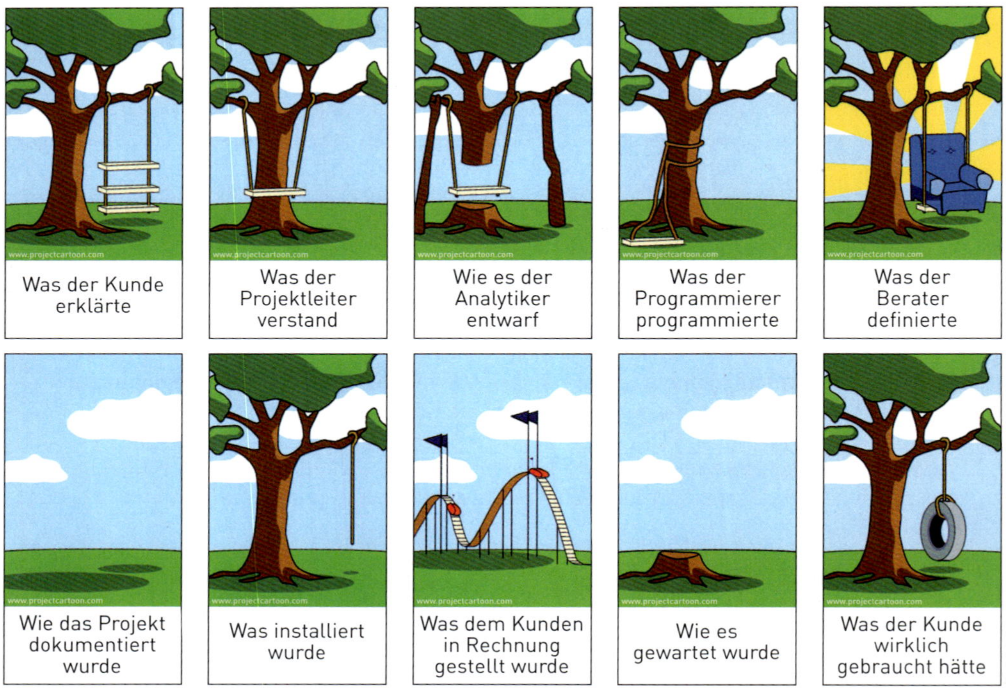

Bei der Definition eines Projekts ist die Problemanalyse besonders wichtig. Dazu gehört eine detaillierte Problembeschreibung, eine Ursachenanalyse und die Darstellung der Projektziele. Der Auftraggeber hat in der Regel einen Anforderungskatalog (ein **Lastenheft**) formuliert, der vom Projektteam auf Realisierbarkeit überprüft werden muss. Das Projektteam formuliert machbare Projektziele und entwirft ein Lösungskonzept **(Projektskizze).** Dies wird auch als **Pflichtenheft** bezeichnet.

Merke Der Auftragnehmer erarbeitet ein Lösungskonzept (Pflichtenheft) auf der Grundlage der Anforderungen, die der Auftraggeber vorgibt (Lastenheft).

In der Definitionsphase wird der **Projektvertrag** geschlossen. Zwei Varianten sind möglich:

- Der Auftraggeber erteilt einen Projektauftrag; der Auftragnehmer nimmt diesen an. (Anwendung bei Kleinprojekten durch Ausfüllen eines standardisierten Formulars)
- Der Auftragnehmer erstellt ein Pflichtenheft (Angebot); der Auftraggeber nimmt dieses Angebot an. (Anwendung bei Großprojekten mit Ausschreibungspflicht)

Beispiel Projektauftrag

Projektauftrag		
Projektname	Planung einer zweitägigen Einführung für neue Auszubildende bei der Blum Music4You KG	
Projektgruppenleiter/-in		
Projektbeginn:		**Projektende:**
Kurzbeschreibung Ausgangssituation und Herausforderungen	Für zukünftige Auszubildende soll ein Einführungstag geschaffen werden (vier neue Auszubildende am 01.08.20..). Die einzelnen Veranstaltungen sollen flexibel und für mehrere Jahre verwendet werden können (unterschiedliche Einstellungsquoten) und entsprechend übersichtlich dokumentiert sein. Die positiven und negativen Erfahrungen des Ausbildungsbeginns sind zu nutzen. Außerdem soll ein Videoclip entstehen, indem ein (bisheriger) Auszubildender seine Motivation für diesen Beruf erklärt. Das diesjährige (fiktive) Budget beträgt: 500,00 €.	
Projektziele Was genau soll im Rahmen des Projekts erreicht werden?	Nach der Veranstaltung sollen die neuen Auszubildenden ... 1. alle Abteilungen, die EDV-Anlage, die Datenschutzbestimmungen kennen; 2. wichtige Aufgabengebiete für Kaufleute für Büromanagement überblicken; 3. über die Rechte und Pflichten von Auszubildenden Bescheid wissen; 4. sich gegenseitig kennen gelernt haben; 5. den Abschlusstest (Thema: vermittelte Inhalte aus 1.–3.) absolviert und ausgewertet haben.	
Ergebnisse Was genau wird der Auftragnehmer liefern/leisten?	■ inhaltliche und zeitliche Planung der Auszubildenden-Einführungstage mit entsprechenden Dokumenten bzw. externen Angeboten ■ Abschlusstest inklusive Lösung ■ Videoclip	
Projektgruppe Namen		
Abzuliefernde PM-Dokumente Projektskizze oder PSP, PAP mit Arbeitspaketen Zwischenbericht Abschlusspräsentation Abschlussbericht Dokumentation durch Protokolle	Empfänger	Verantwortlicher
Unterschriften	Claus Blum Auftraggeber	Auftragnehmer

Projektbeteiligte

Auftraggeber: Man unterscheidet interne Auftraggeber (Unternehmensleitung) oder externe Auftraggeber (Kunden). Der Auftraggeber gibt das Ziel und die Rahmenbedingungen vor und trägt das finanzielle Risiko. Er entscheidet über die Projektabnahme (Ende) oder einen Projektabbruch (vorzeitiges Ende).

Projektleitung: Der Projektleiter ist verantwortlich für das Erreichen der Projektziele. Er ist weisungsbefugt gegenüber den anderen Projektmitarbeitern. An ihn werden hohe fachliche, aber auch soziale Anforderungen gestellt. Die Aufgaben der Projektleitung sind:

- Zusammenstellung des Projektteams
- Führung und Motivation der Projektmitarbeiter
- Planung, Steuerung und Kontrolle des Projektverlaufs
- Kontakt zum Auftraggeber
- Sicherstellung des Informationsflusses und der Dokumentation
- gelegentliche Mitarbeit in Teilbereichen
- Organisation der Rahmenbedingungen (Räumlichkeiten, Arbeitsmittel)

Projektmitarbeiter: Die Projektmitarbeiter müssen selbstständig und eigenverantwortlich (oft unbekannte) Aufgaben bearbeiten, regelmäßig den jeweiligen Status rückmelden und notwendige Berichte, Protokolle oder andere Dokumentationen anfertigen.

Lenkungsausschuss (auch **Steuerungsgruppe**): Eine Steuerungsgruppe wird bei mehreren parallel durchgeführten Projekten in einem Unternehmen eingerichtet. Sie soll die verschiedenen Projekte koordinieren, Dopplungen vermeiden und vor allem die Unternehmensleitung in wichtigen Entscheidungen (Freigabe, Abbruch, Auswahl Projektleiter) entlasten. Der Lenkungsausschuss ist mit Führungskräften besetzt.

Kick-off-Meeting

Ein Kick-off-Meeting ist die erste gemeinsame Besprechung aller Projektmitglieder nach Erteilung des Projektauftrags. Zweck des Meetings ist es, alle Beteiligten mit den Zielen und Bedingungen vertraut zu machen sowie Spielregeln (etwa zum Ablauf von Besprechungen und zur Informationsweitergabe) festzulegen.

13.2.2 Projektphase Planung

Ohne systematische Planung haben Projekte geringe Erfolgschancen. In dieser Phase wird oft auf das „Whiscy"-Syndrom im Projektmanagement hingewiesen. Benannt ist das „Whiscy"-Syndrom nach dem englischen Ausspruch „Why isn't Sam coding yet?" (Warum programmiert Sam nicht längst?). Übertragen auf das Projektmanagement heißt dies: Warum wurde nicht mit der eigentlichen Arbeit begonnen? Projekte ohne genaue Planung werden häufig verspätet realisiert, die Kosten übersteigen die Vorgabe oder das Projekt wird abgebrochen. Das führt bei den Projektmitarbeitern zu Frust. Durch genaue Planung soll dies verhindert werden. Pläne können im Gegensatz zum „Draufloswerkeln" eine klare Richtung vorgeben. Durch Pläne können auch Abweichungen festgestellt werden und die Projektleitung kann rechtzeitig gegensteuern.

Projektplanung ist nicht einfach, da zu Planungsbeginn oft nur wenige, ungenaue Informationen vorliegen. Eine genaue Planung kostet zunächst Zeit, bringt dann jedoch eine vielfache Zeit- und Kostenersparnis. Bei der Projektplanung werden verschiedene Teilpläne erstellt. Wichtig ist die **Anpassung der Pläne** im Verlauf des Projekts durch genauere Informationen oder neue Rahmenbedingungen. Spezielle Software unterstützt die Planung, die Korrektur und später auch die Kontrolle in der Projektdurchführung.

	Der Projektplan gibt Antwort auf Fragen wie ...
Projektstrukturplan (PSP)	■ Welche Aktivitäten sind nötig? ■ Welche Zusammenhänge bestehen zwischen den einzelnen Aufgaben (zwingende Vorgängeraufgaben)? Der PSP als **Baumdiagramm** dient der übersichtlichen und hierarchisch geordneten Darstellung des Projekts.
Projektablaufplan (PAP)	■ In welcher Reihenfolge sind die Aufgaben zu erledigen? Gibt es logische Abhängigkeiten? ■ Welche Aufgaben können parallel ausgeführt werden? ■ Wie hoch ist der jeweilige Zeitaufwand? ■ Bis wann ist was zu erledigen? Der PAP als **Balkendiagramm** oder **Netzplan** dient der zeitlichen Darstellung des Projekts.
Kapazitätsplan	■ Wie viel Personal wird für die einzelnen Aufgaben benötigt? ■ Welche Kapazitäten sind verfügbar? ■ Muss eventuell ein Ausgleich (durch Verschiebung, Aufgabenteilung) vorgenommen werden?
Kostenplan	■ Welche Kosten(-arten) fallen bei welchen Aufgaben an? ■ Wie hoch sind die Personalkosten? ■ Wie hoch sind die Gesamtkosten? Aufgrund der Einmaligkeit von Projekten erfolgt eine Kostenschätzung anhand von Faustformeln, die für die jeweilige Branche gelten, mittels vergleichbaren vergangenen Projekten oder durch die Aufsummierung der geschätzten Kosten aller Arbeitspakete. Hier werden **Verrechnungssätze** angewandt. Der Kostenplan wird zur Angebotskalkulation sowie zur Überwachung der Kosten benötigt.

Verrechnungssätze
▸ Glossar

Arbeitspakete

Bevor der Projektstrukturplan erstellt wird, werden alle anfallenden Aufgaben in einer Liste gesammelt und zu **Arbeitspaketen** zusammengefasst. Arbeitspakete sind die kleinste Einheit der Projektplanung. Ein Arbeitspaket umfasst alle Aufgaben, die sachlich zusammengehören und von einer Person ausgeführt werden können. Bei der Erstellung sind folgende Regeln zu beachten:

- Für jedes Arbeitspaket gibt es nur einen Verantwortlichen.
- Ein Arbeitspaket kann mehrere Tätigkeiten umfassen.
- Ein Arbeitspaket hat ein konkretes (beschreibbares) Ergebnis.
- Jede Tätigkeit im Projekt kann genau einem Arbeitspaket zugeordnet werden.
- Eine exakte Abgrenzung und keine Überschneidungen zu anderen Arbeitspaketen sind zu beachten.

Arbeitspaketbeschreibung		
Projektname: Einführungsveranstaltung neue Auszubildende		Projektleitung: Iris Thule
Arbeitsplatznummer: 2.2	Arbeitspaketname: Catering	Arbeitspaketverantwortliche(r): Franceska Klein
Arbeitspaketvoraussetzungen: Welche Informationen, Unterlagen, Genehmigungen, Hard-/Software, Personen müssen bereitstehen, um das Arbeitspaket ausführen zu können? Kostenübernahmeerklärung der Blum Music4You KG Internetanschluss Ort, Termin und Uhrzeit Anzahl der Personen		
Arbeitspaketergebnis: Was liegt nach Fertigstellung des Arbeitspakets an welchem Ort vor? verbindliches Angebot bzw. Bestellung eines Caterings		
Arbeitspaketaktivitäten: Welche Aufgaben fallen in diesem Arbeitspaket an? verschiedene Caterer auswählen und kontaktieren Angebote anfordern Angebote vergleichen und auswählen Angebot nachverhandeln Bestellung abgeben		
Unterschrift Projektleitung: Iris Thule	Unterschrift Arbeitspaketverantwortliche(r): Franceska Klein	

Der Zeitschätzwert bildet die Grundlage für den Ablauf-, den Ressourcen- und den Kostenplan. Diese Schätzung ist in der Praxis sehr schwierig.

Eine genaue Arbeitspaketplanung ist notwendig für ...

- die genaue Erfassung der Einzelaufgaben und Aufgabenverteilung.
- die Detailterminplanung.
- die Kostenplanung.
- die Schnittstellenfestlegung (Zwischenergebnisse, die eine wichtige Voraussetzung für andere Arbeitspakete sind).

Projektstrukturplan (PSP)

Wenn alle anfallenden Tätigkeiten in Arbeitspaketen festgehalten sind, werden die Arbeitspakete in eine logische Struktur gebracht. Dazu wird ein Baumdiagramm mit mindestens drei Ebenen erstellt. Die oberste Ebene ist das Gesamtprojekt (Projektname), die zweite Ebene bilden Oberbegriffe (Teilprojekte bzw. Teilaufgaben) und in der dritten Ebene finden sich die zugeordneten Arbeitspakete.

Erstellungshinweise

- 5 bis 10 Teilaufgaben
- jeweils 5 bis 10 Arbeitspakete
- mit Moderationskärtchen und Pinnwand strukturieren und konkretisieren
- Erstversion in kleinem Team (2 bis 3 Leute) erstellen

Zwei Gliederungsprinzipien sind möglich:

- die objektorientierte Gliederung: Die Arbeitspakete/Oberbegriffe benennen konkrete Produkte/Ergebnisse. Diese Gliederungsart wird häufig beim Bau einer Immobilie oder Maschine angewandt.

- die funktionsorientierte Gliederung: Die Arbeitspakete/Oberbegriffe werden als Aufgabe beschrieben. Diese Gliederungsart wird häufig bei abstrakten Projekten (Entwicklung Software) benutzt.

Beispiel **Baumdiagramm für Projekt „Betriebsfest organisieren"**

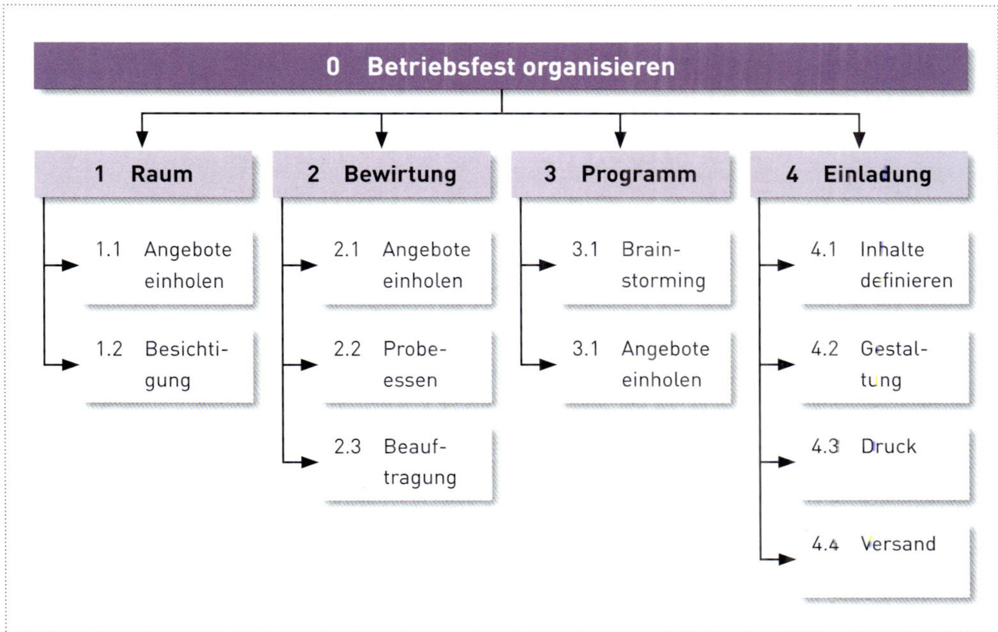

Projektablaufplan (PAP)

Ein Projektablaufplan wird als Balkendiagramm dargestellt, in dem die Arbeitspakete in logische Abhängigkeiten gebracht und die Zeitdauer erfasst werden.

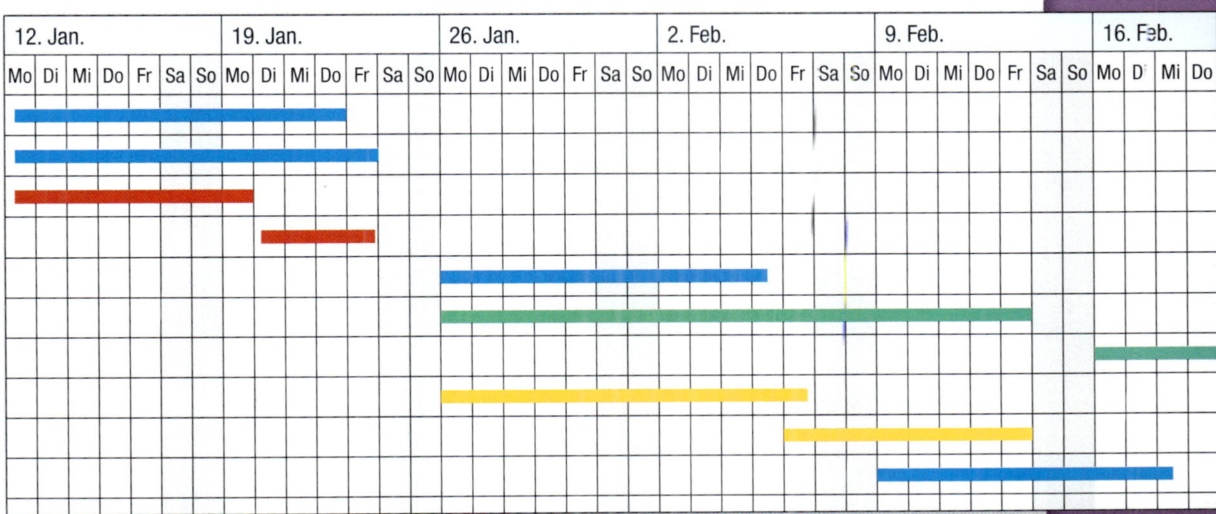

13.2.3 Projektphase Durchführung (mit Dokumentation)

Eine gute Definition und sorgfältige Planung sind wichtig, sie reichen aber für eine erfolgreiche Projektdurchführung nicht aus. Wichtigste Aufgabe während der Durchführung ist die **Steuerung.** Steuerung ist vergleichbar mit dem Steuern eines Schiffs: Der Kapitän verfolgt seinen theoretisch ermittelten Kurs anhand der Karten und muss aber täglich mit unerwarteten Schwierigkeiten rechnen (Unwetter, Strömungen). Ein Kapitän ist dann ein guter Kapitän, wenn sein Schiff termingerecht und ohne größere Probleme den Zielhafen erreicht.

Maßnahmen der Projektsteuerung sind:
- Teambesprechungen
- Förderung der Motivation
- Korrektur von Planabweichungen
- Terminkontrolle der Arbeitspakete und **Meilensteine**

Voraussetzungen für eine **erfolgreiche Besprechung** sind eine gute Vorbereitung sowie ein Verhalten aller Teilnehmerinnen und Teilnehmer, das die Gespräche sinnvoll erscheinen lässt und zum Gelingen beiträgt.

Wie Besprechungen auch misslingen können, verdeutlichen die folgenden Beispiele:

Negatives Verhalten bei Besprechungen	... äußert sich so:	Beispiele
sich in Details verlieren	nicht zielführende, irrelevante Beiträge, oft Monologe	„Gestern haben sie auch im Fernsehen über die Kosten diskutiert ..."
andere tadeln/abwerten	Andere werden beschimpft; über sie wird gelästert; ihnen werden „Spitzen" gegeben.	„.... das kann der ja nicht mal buchstabieren."
Gesprächspartner unterbrechen	Dem Gesprächspartner wird das Wort abgeschnitten.	A: „Also, ich finde wichtig, dass ..." B (unterbricht A): „Das Problem sind die Kennzahlen."
Seitengespräche führen	mit einem Einzelnen ein (Seiten-) Gespräch beginnen oder sich in eines verwickeln lassen	–
auf Reputation abheben	auf die eigene Kompetenz, Erfahrung verweisen	„Ich stecke da gedanklich viel tiefer drin als ihr ..."
jammern	über den Istzustand klagen, „Killerphrasen" äußern	„Bei uns funktioniert gar nichts richtig."
Phrasen dreschen	inhaltloses Gerede; Worthülsen äußern; zusammenhanglos plaudern	„Das kann man so oder so sehen." „Freunde sind wir doch alle."

Weitere **Störfaktoren** in Besprechungen sind:
- falsche Prioritätensetzungen bei der Themenbehandlung
- „optimistisches" Herumgerede
- Profilierungszwang

- Unklarheit über die Ziele
- Rechtfertigungszwang
- Verspätungen und vorzeitiges Verlassen der Besprechung

Die folgenden **typischen Probleme im Projektverlauf** sollten vermieden werden:

- Die Projektmitarbeiter sitzen untätig herum.
- Der Projektleiter ist desorientiert.
- Die Rückläufe sind unbrauchbar.
- Einer verlässt sich auf den anderen.
- Absprachen werden vergessen.
- Planungsfehler (siehe unten)

Ursachen für Soll-Ist-Abweichungen im Projektverlauf		
Planungsfehler	**Ausführungsfehler**	**Änderung der Rahmenbedingungen**
Tätigkeiten vergessen fehlerhafte Schätzung Termin nicht überprüft Verfügbarkeit nicht abgestimmt	falscher Bearbeiter für die Aufgabe mangelnde Einweisung mangelnde Aufsicht unsachgemäße Lagerung	geänderte Anforderungen durch Auftraggeber Krankheit Ausfall IT

Eine wichtige Aufgabe, die sich durch das gesamte Projekt zieht, ist die **Dokumentation.** Sie dient der Information aller Projektbeteiligten. Wichtig ist, dass alle Beteiligten die Informationen auch bekommen oder wissen, wo diese zu finden sind. Dazu sollten standardisierte Verteilersysteme eingerichtet werden und alle Projektmitglieder den elektronischen Projektordner kennen und selbst erstellte Dokumente richtig ablegen. Dokumente, die in der Durchführungsphase erstellt werden, sind insbesondere Besprechungsprotokolle und Statusberichte.

Beispiel **Projektordnerstruktur**

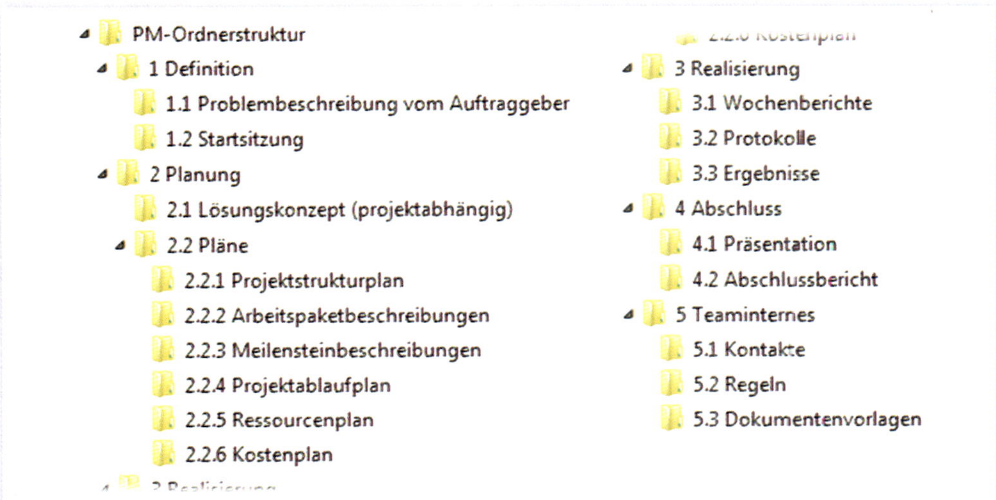

In der Übersicht zu Beginn von Kapitel 3.2 wurden bereits die **Dokumentationen des Gesamtprojekts** genannt:

- In der Definitionsphase erfolgen die Problembeschreibung und Problemanalyse, der Projektauftrag (mit entsprechendem Schriftverkehr) und das Lastenheft.
- Die Planungsphase enthält den Projektstrukturplan sowie den Projektablaufplan.
- Während der Durchführungsphase entstehen die Sitzungsprotokolle und Statusberichte.
- Die Abschlussphase beendet das Projekt mit einer Präsentation und einem Abschlussprotokoll bzw. Abschlussbericht.

Berichte im Projektmanagement

Der Bericht schildert einen Sachverhalt objektiv (sachlich) und ohne Wertungen des Verfassers. Leitfragen sind: „Wozu berichtet wer, wem, was und wann?" Diese Informationen müssen in einem Bericht enthalten sein. Es empfiehlt sich, standardisierte Berichtvorlagen zu verwenden.

Berichte im Projektmanagement werden erstellt, um einen Status oder Meilenstein zu dokumentieren und – ganz wichtig – zum Abschluss des Projekt als Abschlussbericht. Aus diesen Berichten kann man den Stand der Leistungen, den Soll-Ist-Vergleich, die Probleme und Auswirkungen entnehmen. Ein Bericht besteht aus einem strukturierten Kopfteil mit Projektname, Verfasser, Datum, Anlass, Empfänger. Danach kommen die eigentlichen Inhaltsteile.

Beispiel Projektfortschrittsbericht

Projektfortschrittsbericht		
Projektname:		Projektleitung:
Berichtszeitraum (KW):	Datum:	Protokollant(in):
1 Was wurde im Berichtszeitraum (diese Woche) erledigt?		
2 Welche Probleme sind aufgetreten?		
3 Wie wurden die Probleme gelöst?		
4 Wie steht das Team im Zeitplan?		
5 Was wird in der nächsten Woche erledigt?		

Berichtsregeln:

- So knapp wie möglich mit kurzen Sätzen schreiben.
- Nur Kerninformationen wiedergeben; Details kann der Empfänger sich bei Bedarf abrufen.
- Den Bericht klar gliedern, eventuell mit Visualisierungen veranschaulichen.
- Den Verfasser des Berichts nennen.

13.2.4 Projektphase Abschluss

Der Auftraggeber erwartet eine Leistung, die beim Projektabschluss vorgestellt und übergeben wird. Dazu sind vorher folgende Aufgaben zu erledigen:

Abschlussbesprechung mit einer Rückschau des Projektverlaufs (Aufgabenbearbeitung, Qualität der Arbeitsergebnisse, Teambewertung)

Abschlussbericht mit allen wichtigen Informationen über Verlauf und Projektergebnis

Abschlusspräsentation für den Auftraggeber mit Projektergebnis und Projektverlauf

Abschlussbesprechung

In der Sitzung sollten folgende Dinge besprochen werden:
- Rückschau auf das Projekt (Auswertung der Projektarbeit)
- Planung Abschlussbericht
- Planung Abschlussfeier
- ausstehende Arbeiten

Besonders wichtig ist die Auswertung der Projektarbeit mit allen Projektmitgliedern – als mündliche Feedbackrunde oder mit schriftlichen Fragebögen. Zur Auswertung gehört auch eine Nachkalkulation. Sie ist wichtig zur Berechnung der Wirtschaftlichkeit, um zukünftige Projekte besser zu kalkulieren.

Der Abschlussbericht enthält die erreichten Projektergebnisse, Abweichungen und deren Gründe sowie aktuelle Termin- und Kostenpläne. Abweichungen von der ursprünglichen Planung sind vollständig dokumentiert.

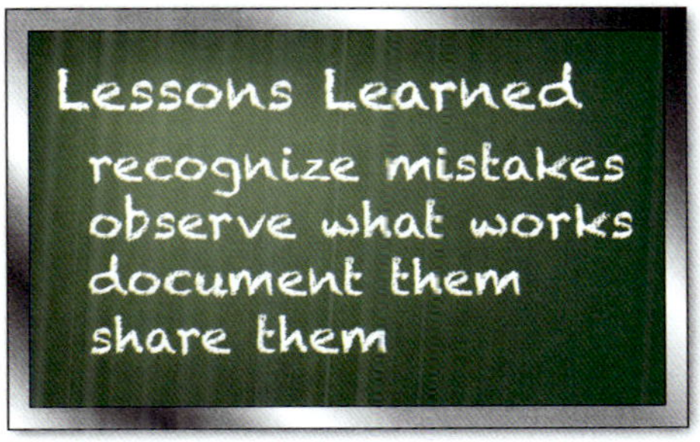

Projektteams können Fehler unterlaufen. Wichtig ist, aus diesen Fehlern zu lernen, sie nicht noch einmal zu begehen. Für ein Unternehmen ist es wertvoll, zu erkennen, was erfolgreich war und welche Fehler gemacht wurden. Wichtig ist es, diese Erfahrungen so aufzubereiten, dass sie bei neuen Projekten beachtet und Fehler vermieden werden. Die Erfahrungen aus der Projektarbeit sollten nicht in den Köpfen einzelner Projektmitarbeiter verkümmern, sondern als Lessons Learned – als gewonnene Erfahrung – allen zur Verfügung gestellt werden. Einige Fragen dazu können lauten:
- Was hat jeder für sich gelernt?
- Welche positiven Erfahrungen können weiter genutzt werden?
- Was soll anders gemacht werden?

Typische Erfahrungen, die aus der Projektarbeit gewonnen werden können, sind beispielsweise klarere Aufgabenverteilungen, eindeutigere Zuständigkeitsverteilungen, genauer formulierte Arbeitsaufträge für den Einzelnen, die Zuverlässigkeit einzelner Projektmitarbeiter. Negative Erfahrungen wären etwa die Unpünktlichkeit von Projektmitarbeitern, gereizte Reaktionen im Team bei unvorhergesehenen Ereignissen oder zu spät angesprochene Probleme (wie überfällige Termine, Datenverlust).

Beispiel **Reflexion eines Unterrichtsprojekts**

Reflexion des Unterrichtsprojekts = Lessons Learned

Bitte ergänzen Sie die folgenden Aussagen zu Ihrem Projekt im Abschlussbericht.

1. Durch das Projekt konnten wir unsere Fachkenntnisse in folgenden Bereichen verbessern: ...
2. Wir haben weitere Fähigkeiten und Kompetenzen entwickeln/verbessern können: ...
3. Die Arbeit im Team hat uns gefallen, weil ...
4. Besondere Erfolgserlebnisse oder Erfahrungen sammelten wir während ...
5. Wir bedauern, dass wir nicht mehr Zeit hatten für ...
6. Als schwierig empfanden wir ...
7. Wir haben folgende Verbesserungsvorschläge zum Projektverlauf: ...

Abschlussbericht

Die oben beschriebene Rückschau (Reflexion) ist auch Teil des Abschlussberichts. Darüber hinaus enthält der Abschlussbericht folgende Inhalte:

1. **Projektskizze** (Projektziel) als Lastenheft
2. **Pläne** (insbesondere Projektstrukturplan, Projektablaufplan, Kapazitätsplan, Kostenplan)
3. **Soll-Ist-Vergleich** zur Erreichung der Ziele hinsichtlich Qualität, Zeit und Kosten
4. **Gründe für Soll-Ist-Abweichungen** (hier sind die Ergebnisse der Abschlussbesprechung wichtig)
5. **Empfehlungen für zukünftige Projekte** = Lessons Learned: Wichtig ist es, die Erfahrungen zu verschriftlichen und bestmöglich allen zukünftigen Projektteams im Sinne eines **Wissensmanagements** zugänglich zu machen.
6. **Nachkalkulation:** Für jedes Arbeitspaket muss nachgewiesen werden, welche Kosten und Mitarbeiterstunden (Personalkosten) angefallen sind. Dies dient als Basis für künftige Kostenschätzungen.

Wissensmanagement
▸ Glossar

Abschlusspräsentation

Bei der Abschlusspräsentation werden die Zuhörer in kurzer Zeit über das Projektergebnis und den Projektverlauf informiert. Dabei gelten die allgemeinen Empfehlungen für Präsentationen[1]. Hier im Überblick die Grundregeln:

Grundsätzliche Vorab-Fragen: Welchen Wissensstand haben die Zuhörer? Was soll präsentiert werden, was nicht? Wie viel Zeit steht zur Verfügung? Welche Visualisierungsmedien will ich nutzen?

Einleitung: Bei der Einleitung sollte man sich an den Fragen orientieren, die sich ein Zuhörer gewöhnlich zu Beginn stellt. Worum wird es gehen (Thema)? Wie lange wird es dauern? Wer redet da, welche Position hat er? Muss ich mitschreiben oder gibt es ein Handout?

Hauptteil: Hier sollte es wenige übersichtliche Teile geben, die die geforderten Informationen geben, ohne die Zuhörer mit nicht relevanten Details zu ermüden.

Schluss: An dieser Stelle sollten keine neuen Informationen gegeben werden. Die Hauptaussagen werden zusammengefasst und ein Fazit (eine Schlussfolgerung) gezogen. Danach besteht die Möglichkeit für Fragen.

Visualisierung: Passend zu den Inhalten sind die Visualisierungen zu wählen (die Inhalte werden in Bilder „übersetzt"). Symbole erzeugen Wiedererkennungseffekte, Hervorhebungen verbessern die Verständlichkeit. Wichtig ist, die Darstellungen nicht zu überfrachten. Eine Visualisierung darf nie ausführlicher sein als der Vortrag des Präsentierenden. Zur Auswahl für eine Nutzung **technischer Medien** stehen Tafel oder Whiteboard, Overheadprojektor, Flipchart, Metaplanwand/Pinnwand, Plakate, PC und Beamer zur Verfügung. Zu prüfen wäre, ob ein Hörspiel, eine Videoaufzeichnung oder Modelle/Muster/Proben für die Präsentation infrage kommen.

Einsatz von Medien Kap. 12.1

Folgende Fragen sollten bei der Auswahl bzw. Kombination der Medien bedacht werden:
- Wo wird präsentiert? Wie sind Raumgröße und -schnitt (Sitzordnung)?
- Wie sind die Lichtverhältnisse?
- Welche Medien beherrschen die Vortragenden?
- Vor welchen und wie vielen Personen wird präsentiert?

Berücksichtigen Sie auch die folgenden Anregungen:
- Bereiten Sie den Raum und die Technik optimal vor (z. B. Raum abdunkeln, Stromversorgung sicherstellen, Projektorbild scharfstellen).
- Weniger ist mehr: Überfordern Sie nicht das Gedächtnis Ihrer Zuhörer.
- Beschränken Sie sich auf wenige Darstellungen/Folien.
- Lassen Sie allen genug Zeit zum Lesen.
- Vermeiden Sie Füllwörter wie „äh", „wie gesagt", „so".
- Die Arme sollten nicht herunterhängen, sondern in Bauchhöhe verbleiben. Hilfreich kann das Halten eines Stifts oder von Karteikarten sein.

1 Ergänzend finden Sie im Band „Business English for the Office" (Best.-Nr. 3556) englisches Vokabular für Präsentationen; siehe dort: unit 4, 1.2 Presentation.

Tipps und Stolpersteine

Was den Zuhörern gefällt	Was die Zuhörer ärgert
+ große, lesbare Schrift	– kleine Schrift
+ langsame Sprechweise, Sprechpausen	– schnelle, monotone Sprechweise
+ kurze, einfache Sätze	– unverständliche, komplizierte Sprache
+ Erklärung von Fachausdrücken	– unverständliche Fremdwörter
+ Blickkontakt aufbauen	– Redner blickt zur Projektionsfläche
+ nachvollziehbare Beispiele	– abstrakte Aussagen
+ klare Struktur (roter Faden)	– keine erkennbare Struktur
+ Lächeln	– genervter Blick

Richtlinien für die Gestaltung von Powerpoint-Präsentationen[1] und Overheadfolien

Layout allgemein:
- einheitliche Foliengestaltung (heller Hintergrund, klare Kontraste, Fußzeilenangaben)
- maximal drei Schriftgrößen, drei Schriftarten und drei Farben (durchgängig)
- Farben/Visualisierungen müssen Funktionen haben.

Layout einer Folie:
- eine Überschrift pro Folie
- sieben Stichpunkte pro Folie
- sieben Worte pro Stichpunkt
- Schlüsselwörter statt ganzer Sätze benutzen
- doppelter Zeilenabstand bei Overhead-Folien
- nicht mehr als drei Visualisierungen pro Folie benutzen (Bilder, Symbole, Strukturbilder, Diagramme)

1 Vgl. hierzu „Präsentationen mit PowerPoint" in dem Band „Informationsverarbeitung" (Best.-Nr. 3568), Kapitel 4.

Präsentieren bedeutet ...

... in der Vorbereitung

Visualisierung vorbereiten

Medien auswählen

Selbstdarstellung prüfen

Projektziele formulieren

Raumverhältnisse berücksichtigen

Zielgruppe beachten

Lampenfieber überwinden

Informationen auswerten

... in der Durchführung

Inhalte visualisieren:
- Medien angemessen einsetzen
- Bilder und Texte in lesbarer Größe darstellen

Präsentationszeit einteilen:
- Zeit stoppen
- evtl. Inhalte kürzen oder erweitern

deutlich sprechen:
- frei sprechen
- langsam sprechen
- laut, artikuliert sprechen

Inhalte präsentieren:
- Thema begründen
- Vortrag klar gliedern
- verständlich erklären
- Überschriften nutzen

Körpersprache einsetzen:
- Blickkontakt halten
- Körperhaltung
- Gesichtsausdruck

an die Zuhörer wenden:
- Spannung aufbauen
- Fragen zulassen
- interessante Einstiege wählen

Anhang

Das Modellunternehmen: Blum Music4You KG

- Bilanz
- Gewinn- und Verlustrechnung
- Kunden (Debitoren)
- Lieferanten (Kreditoren)
- Artikelliste
- Gitarrenfertigung
- Ausstattung der Studio- und Livetechnik

Glossar

Sachwortverzeichnis

Das Modellunternehmen: Blum Music4You KG

Zu Beginn dieses Lehrbuchs hat sich die Blum Music4You KG vorgestellt – mit einem Organigramm und ihren Geschäftsdaten. Hier finden Sie ergänzend die wesentlichen Informationen zum Rechnungswesen (Bilanz, Gewinn- und Verlustrechnung des Geschäftsjahres 00) sowie weitere Dokumente, die den Geschäftsbetrieb der Blum Music4You KG näher darstellen.

Bilanz der Blum Music4You KG

Aktiva		Bilanz Blum Music4You KG zum 31. Dezember Geschäftsjahr 00	Passiva
A. Anlagevermögen		**A. Eigenkapital**	**500.000,00**
1. Grundstücke und Bauten	400.000,00		
2. Technische Anlagen und Maschinen	50.000,00	**B. Rückstellungen**	**10.000,00**
3. Andere Anlagen, Betriebs- u. Geschäftsausstattung	530.000,00	**C. Verbindlichkeiten**	
Summe A. Anlagevermögen	**980.000,00**	1. Verbindlichkeiten gegenüber Kreditinstituten	533.800,00
B. Umlaufvermögen		2. Verbindlichkeiten a. LL	60.000,00
I. Vorräte		3. Sonstige Verbindlichkeiten	15.000,00
1. Roh-, Hilfs- und Betriebsstoffe	5.000,00	**Summe C. Verbindlichkeiten**	**608.800,00**
2. Unfertige Erzeugnisse	2.800,00		
3. Fertige Erzeugnisse und Waren	100.000,00		
II. Forderungen		**D. Rechnungsabgrenzungsposten**	**5.000,00**
1. Forderungen a. LL	15.000,00		
2. Sonstige Vermögensgegenstände	0,00		
III. Kassenbestand, Guthaben bei Kreditinstituten	14.000,00		
Summe B. Umlaufvermögen	**136.800,00**		
C. Rechnungsabgrenzungsposten	**7.000,00**		
Summe Aktiva	**1.123.800,00**	**Summe Passiva**	**1.123.800,00**

Erläuterungen zur Bilanz der Blum Music4You KG

Grundstücke und Bauten	Veilchenweg 19, 50677 Köln
Technische Anlagen und Maschinen	Maschinen für die Fertigung der Gitarren
Andere Anlagen, Betriebs- und Geschäftsausstattung	▪ Fuhrpark: ein Transportfahrzeug für die Ausrüstung bei Konzertveranstaltungen ▪ Büroausstattung ▪ Studiotechnik ▪ Livetechnik ▪ Studiobühne
Roh-, Hilfs- und Betriebsstoffe	▪ Rohstoffe: Hölzer für die Gitarrenfertigung, aber auch die bezogenen Fremdbauteile ▪ Hilfsstoffe: Schrauben, Leim, Lacke für die Gitarrenfertigung ▪ Betriebsstoffe: Schmieröl
Unfertige Erzeugnisse	Gitarren im Bau
Fertige Erzeugnisse	fertiggestellte, noch nicht ausgelieferte Gitarren

Fortsetzung Tabelle siehe nächste Seite

Waren	■ alle Artikel des Fanshops ■ CDs, DVDs ■ Raritäten
Forderungen a. LL	
Sonstige Vermögensgegenstände	Vorsteuerüberhang
Aktive Rechnungsabgrenzung	Versicherungen, Leasing, Kfz-Steuer
Eigenkapital	Anteil Komplementär Claus Blum .... 300.000,00 € Anteil Kommanditistin Franziska Neuroth .... 150.000,00 € Anteil Kommanditist Alan Cooper .... 50.000,00 €
Rückstellungen	Pensionen, Steuern, Gewährleistungen
Sonstige Verbindlichkeiten	Umsatzsteuerzahllast, Lohnsteuer, Sozialversicherungsbeiträge
Passive Rechnungsabgrenzung	Mieten, Zinsen

Gewinn- und Verlustrechnung der Blum Music4You KG

im Geschäftsjahr 00

Umsatzerlöse	1.350.000,00 €
Bestandsveränderungen fertige/unfertige Erzeugnisse	0,00 €
Sonstige betriebliche Erträge	0,00 €
Materialaufwand	190.000,00 €
Personalaufwand	800.000,00 €
Abschreibungen	115.000,00 €
Sonstige betriebliche Aufwendungen	60.000,00 €
Zinsen und ähnliche Erträge	0,00 €
Zinsen und ähnliche Aufwendungen	30.000,00 €
Steuern vom Einkommen und Ertrag	10.000,00 €
Jahresüberschuss/-fehlbetrag	**145.000,00 €**

Erläuterungen zur Gewinn- und Verlustrechnung der Blum Music4You KG

Umsatzerlöse	■ Erlöse aus Dienstleistungen, im Wesentlichen Organisation von Konzertveranstaltungen und Aufnahmen im Tonstudio ■ Erlöse aus dem Verkauf von Fanartikeln, CDs, DVDs und Raritäten ■ Erlöse aus dem Verkauf selbstgefertigter Gitarren
Materialaufwand	■ Aufwendungen für bezogene Waren, im Wesentlichen Fanartikel ■ Aufwendungen für Rohstoffe und bezogene Fertigteile für die Gitarrenproduktion
Personalaufwand	■ Aufwendungen für 25 Mitarbeiterinnen und Mitarbeiter, darunter 5 Auszubildende
Abschreibungen	■ Abschreibungen auf Maschinen und BGA .... 105.000,00 € ■ Abschreibungen auf Gebäude .... 10.000,00 €
Sonstige betriebliche Aufwendungen	■ Reisekosten bei Konzertveranstaltungen ■ Druckaufträge für T-Shirts, Becher usw.

Kunden (Debitoren) der Blum Music4You KG (Auszug)

Kundennummer 24001			
Name 1	Ikabo GmbH	**Ansprechp.**	Herr Fritz Baum
Name 2	Verwaltung Elbe-Hallen	**E-Mail 1**	info@ikabo-wvb.de
Straße	Karl-Peters-Straße 7	**E-Mail 2**	F-Baum@ikabo-wvb.de
PLZ, Ort	22455 Hamburg	**Telefon**	040 111222333

Kundennummer 24002			
Name 1	Elke Jung	**Ansprechp.**	Frau Elke Jung
Name 2	AC/BC Coverband	**E-Mail 1**	info@ac_bc-dresden-wvb.de
Straße	Rosa-Luxemburg-Straße 2	**E-Mail 2**	
PLZ, Ort	01099 Dresden	**Telefon**	0351 8807611

Kundennummer 24003			
Name 1	Josef Huber KG	**Ansprechp.**	Herr Josef Huber
Name 2		**E-Mail 1**	josef.huber@huber-wvb.de
Straße	Berliner Straße 2	**E-Mail 2**	
PLZ, Ort	80805 München	**Telefon**	089 3362099

Kundennummer 24082			
Name 1	Event 3000 GmbH	**Ansprechp.**	Frau Elina Bergk
Name 2		**E-Mail 1**	info@event3000-wvb.de
Straße	Adolf-Grimme-Allee 70	**E-Mail 2**	
PLZ, Ort	50829 Köln	**Telefon**	0221 973465-0

Kundennummer 24097			
Name 1	Karl Habben GmbH	**Ansprechp.**	Frau Sabine Thalmann
Name 2	Musikeinzelhandel	**E-Mail 1**	info@habben-wvd.de
Straße	Felsweg 13	**E-Mail 2**	
PLZ, Ort	26123 Oldenburg	**Telefon**	0441 221111-0

Lieferanten (Kreditoren) der Blum Music4You KG (Auszug)

Lieferantennummer 44001			
Name 1	2020 Sound AG	**Ansprechp.**	Herr Malte Schmidt
Name 2	Großhandel CDs, DVDs	**E-Mail 1**	info@soundag-wvb.com
Straße	Weserdeich 2	**E-Mail 2**	m.schmidt@soundag-wvb.com
PLZ, Ort	28777 Bremen	**Telefon**	0421 22233-0

Lieferantennummer 44002			
Name 1	F & S GmbH	**Ansprechp.**	Frau Antje Geber
Name 2	Instrumentenhandel	**E-Mail 1**	Antje.Geber@f-und-s-wvb.de
Straße	Südweg 8	**E-Mail 2**	info@f-und-s-wvb.de
PLZ, Ort	91060 Erlangen	**Telefon**	09131 343434

Lieferantennummer 44003			
Name 1	Elektro-Jakowski e. K.	**Ansprechp.**	Herr Karl Flau
Name 2		**E-Mail 1**	Info@jakowski-wvb.de
Straße	John-Lennon-Straße 4	**E-Mail 2**	flau@jakowski-wvb.de
PLZ, Ort	26135 Oldenburg	**Telefon**	0441 507734

Lieferantennummer 44004			
Name 1	Mühlenbach OHG	**Ansprechp.**	Frau Anke Roth
Name 2	Bürobedarf	**E-Mail 1**	service@muehlenbach-wvb.de
Straße	Blinke 39a	**E-Mail 2**	a.roth@muehlenbach-wvb.de
PLZ, Ort	26789 Leer	**Telefon**	0491 663731-0

Lieferantennummer 44005			
Name 1	Gerd Euting GmbH	**Ansprechp.**	Frau Sabine Geber
Name 2	Holzhandel	**E-Mail 1**	info@euting-wvb.de
Straße	Forstweg 3	**E-Mail 2**	sg@euting-wvb.de
PLZ, Ort	12279 Berlin	**Telefon**	030 7114532

Lieferantennummer 44006			
Name 1	Jann Bruns e. K.	**Ansprechp.**	Herr Jann Bruns
Name 2	Spezialhölzer	**E-Mail 1**	info@jann-bruns-wvb.de
Straße	Westerstraße 44	**E-Mail 2**	bruns@jann-bruns-wvb.de
PLZ, Ort	38104 Braunschweig	**Telefon**	0531 985537-0

Lieferantennummer 44007			
Name 1	Fan & Fun Shop UG	**Ansprechp.**	Herr Christian Schattke
Name 2	Fanartikel	**E-Mail 1**	info@fan-and-fun-shop-wvb.de
Straße	Wrangelstraße 98	**E-Mail 2**	cs@fan-and-fun-shop-wvb.de
PLZ, Ort	10997 Berlin	**Telefon**	030 65096844

Lieferantennummer 44008			
Name 1	Schadow GmbH	**Ansprechp.**	Frau Marianne Genske
Name 2	Eventbedarf	**E-Mail 1**	genske@schadow_wvb.de
Straße	Zabelweg 9	**E-Mail 2**	info@schadow_wvb.de
PLZ, Ort	90751 Fürth	**Telefon**	0911 8835107

Lieferantennummer 44009			
Name 1	Tonmeister GmbH	**Ansprechp.**	Herr Eberhard Meister
Name 2		**E-Mail 1**	info@tonmeister-wvb.de
Straße	Lambertiweg 34	**E-Mail 2**	meister@tonmeister-wvb.de
PLZ, Ort	48151 Münster	**Telefon**	0251 2150

Lieferantennummer 44010			
Name 1	Kaiserkino GmbH	**Ansprechp.**	Frau Sabine Jung
Name 2	Großhandel	**E-Mail 1**	jung@kaiserkino-wvb.de
Straße	Mühlhäuser Str. 12	**E-Mail 2**	info@kaiserkino-wvb.de
PLZ, Ort	99867 Gotha	**Telefon**	03621 394790-0

Lieferantennummer 44011			
Name 1	Freizeit Müller & Co. KG	**Ansprechp.**	Frau Magdalene Peter
Name 2	Großhandel	**E-Mail 1**	peter@freizeit-mueller-wvb.de
Straße	Winterallee 3	**E-Mail 2**	info@freizeit-mueller-wvb.de
PLZ, Ort	40474 Düsseldorf	**Telefon**	02102 44719-0

Lieferantennummer 44012			
Name 1	HARKAN GmbH	**Ansprechp.**	Herr Süleyman Gülec
Name 2		**E-Mail 1**	info@harkan-gmbh-wvd.de
Straße	Im Industriegebiet 11	**E-Mail 2**	guelec@harkan-gmbh-wvd.de
PLZ, Ort	72336 Balingen	**Telefon**	07433 491221-0

Artikelliste der Blum Music4You KG (Auszug)

Artikelnummer	Bezeichnung	VK in €
Warengruppe Konzertveranstaltungen		
10001	Veranstaltung ...	
10002	...	
Warengruppe Fanartikel		
20001	Becher 0,3 l, unbedruckt	0,35
20002	Becher 0,5 l, unbedruckt	0,45
20003	T-shirt, bedruckt	12,50
20004	Fanschal, unbedruckt	8,00
Warengruppe CDs und DVDs		
20101	Who: TOMMY, 1969	9,00
20102	Who: QUADROPHENIA, 1973	9,00
20103	Rolling Stones: Beggars Banquet, 1968	12,00
20104	Beatles: Sgt. Pepper's Lonely Hearts Club Band, 1967	11,00
20105	Westernhagen: LIVE, 1990	8,50
20106	Werbe-CD Jazz and Blues	3,00
Warengruppe Raritäten		
20201	Peking Motel, Live in Berlin, 14. Aug. 1987, 4 CDs	92,00
20202	Combo Flaschenpost: Flaschenpostbox, 4 CDs + DVD	110,00
20236	Konzertreihe „Bayreuth", 24 DVDs	80,00
Warengruppe E-Gitarren		
30001	Modell „Keith"	3.400,00
30002	Modell „Special Edition"	3.000,00
30003	Modell „Jackson"	1.189,00
30004	Modell „Jimmy"	1.450,00
Warengruppe Tonstudio		
40001	Vermietung Stundensatz	140,00
40002	...	

Materialien zur Fertigung der E-Gitarren (Auszug)

Material-Nr.	Bezeichnung	Lieferer 1	EK 1 in €	Lieferer 2	EK 2 in €
50001	Ahornblock 0,9	Euting GmbH	6,40	Jann Bruns	7,10
50002	Ahornblock 7,5	Euting GmbH	53,00	Jann Bruns	61,00
50010	Klangregler (Set)	Tonmeister GmbH	29,00		
50011	Kippschalter	Elektro-Jakowski	4,00		
50020	Saiten (Paket à 100 St.)	2020 Sound AG	100,00		
60000	Schraubenset	Elektro-Jakowski	0,50		
60010	Polyesterlack (100 ml)	Jann Bruns	3,00		

Die Gitarrenfertigung der Blum Music4You KG

Die Blum Music4You KG baut E-Gitarren ausschließlich in **Einzelfertigung** und in Handarbeit. Sie verwendet dazu Ahornhölzer aus heimischem Anbau. Gitarrenhals und Gitarrenkorpus werden aus abgelagerten Ahornhölzern ausgesägt, geschliffen und lackiert. Die Verbindung von Gitarrenhals und Gitarrenkorpus erfolgt durch Verschrauben. Alle anderen Teile (die Elektronik, die Saiten) werden angeschraubt.

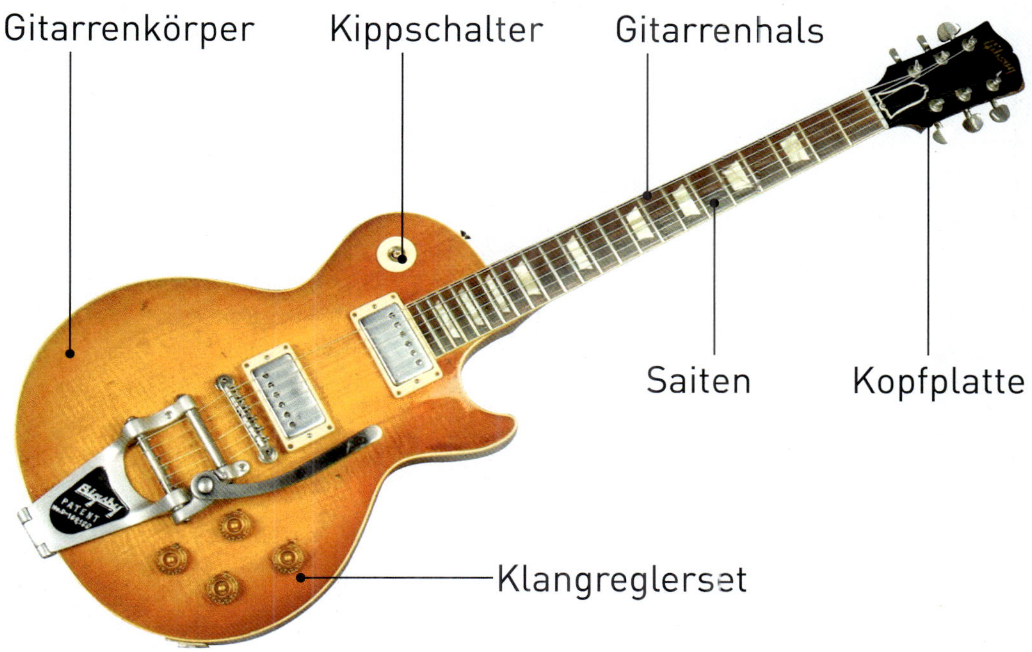

Fertigung E-Gitarren	Werkstattfertigung, Einzelfertigung
Rohstoffe	abgelagerte Ahornholzblöcke, geliefert in den Größen 5 cm x 50 cm x 30 cm (7,5 dm^3) und 3 cm x 5 cm x 60 cm (0,9 dm^3)
bezogene Fremdbauteile	Elektronik: Kippschalter, Bassregler, Höhenregler, Lautstärkeregler, ... Gitarrensaiten

Ausstattung der Studio- und Livetechnik

In den letzten Jahren hat sich Claus Blum vor allem den Nachwuchskünstlern verschrieben. Er möchte ihnen die Möglichkeit geben, bekannter zu werden und stellt daher Solokünstlern, Musikern und Bands das Tonstudio der Blum Music zu günstigen Konditionen zur Verfügung. Daneben unterstützt er sie beim Produzieren ihrer Alben und im Bereich der internationalen Vermarktung.

Ausstattung Aufnahmeraum					
Beschreibung	**Anwendung**	**Anzahl**	**Einzelpreis in €**	**Gesamtpreis in €**	**Nettopreis in €**
Sanar Delite Stage 1 Shell Set	Schlagzeug	1	2.699,00	2.699,00	2.268,07
Software	Schlagzeug	1	1.000,00	1.000,00	840,34
Sanar AS071406BRB Artist Sanar 14 x 6" Bronze	Schlagzeug	1	1.499,00	1.499,00	1.259,66
Audio DP8 Elite Pack Drumkoffer	Mikro-Schlagzeug	1	2.639,00	2.639,00	2.217,65
Lane 5 Vetta II Head 2 x 150 Watt Stereohead	Gitarren-verstärker	1	1.799,00	1.799,00	1.511,76
Lane 5 Spider Valve 412 T	Gitarrenbox	2	689,00	1.378,00	1.157,98
Fender Am. Deluxe SRS Strat	Gitarre	1	1.269,00	1.269,00	1.066,39
Sannhauser E 906 Evolution Instrumentenmikrofon	Mikro-Saiteninstrument	5	168,00	840,00	705,88
Silberschelle Soul II Top	Bassverstärker	1	1.239,00	1.239,00	1.041,18
Silberschelle Bugatti 120 Endstufe 2 x 120 Watt	Bassendstufe	1	1.235,00	1.235,00	1.037,82
Silberschelle Uno Rock Deluxe 8 Ohm	Bassbox	1	765,00	765,00	642,86
Silberschelle Take Five 4 Ohm	Bassbox	1	1.444,00	1.444,00	1.213,45
Rock Man Stingray 5 HH MN WH	Bassgitarre	1	2.399,00	2.399,00	2.015,97
Muug Voyager Fire Mahagoni	Synthesizer	1	2.890,00	2.890,00	2.428,57
Muug Etherwave Theremin Cherry	Synthesizer	1	399,00	399,00	335,29
Hemmand XK-3C	Orgel	1	2.399,00	2.399,00	2.015,97
Astoria Q + Phoenix Edition	Synthesizer	1	2.990,00	2.990,00	2.512,61
Kowoe GM 10 MEP Flügel	Flügel	1	7.790,00	7.790,00	6.546,22
Kabel		1	1.500,00	1.500,00	1.260,50
Naumann U89 I MT	Gesangsmikrofon	2	2.890,00	5.780,00	4.857,14
Rosiol Engineering JDI Duplex MK4	Mikro-Direktbox	2	355,00	710,00	596,64
CSS AR133	Mikro-Direktbox	3	111,00	333,00	279,83
L&O 21430	Mikro-Stativ	3	209,00	627,00	526,89
L&O 25960	Mikro-Stativ	5	49,00	245,00	205,88
Naumann M214/1	Mikro-Stativ	2	172,00	344,00	289,08
Naumann PS15	Mikro-Stativ	1	79,00	79,00	66,39
Einrichtung und Material		1	4.000,00	4.000,00	3.361,34
Summe Aufnahmeraum				**50.291,00**	**42.261,36**

Ausstattung Regieraum					
Beschreibung	**Anwendung**	**Anzahl**	**Einzelpreis in €**	**Gesamtpreis in €**	**Nettopreis in €**
Trennwand		1	1.500,00	1.500,00	1.260,50
Regiescheibe		1	400,00	400,00	336,13
Anschlussfeld		1	400,00	400,00	336,13
Ledercouch	Möbel	1	1.199,00	1.199,00	1.007,56
Bürostuhl	Möbel	2	319,00	638,00	536,13
Musicbox BIG-Station Buche, lackiert 2 x 1 m	Möbel	1	1.069,00	1.069,00	898,32
SQ Audio VTC 40 Valve Mixing Console	Studiomischpult	1	34.995,00	34.995,00	29.407,56
Isasis HD 24XR 24-Spur HD-Rekorder, 24 bit/96 k	Aufnahmegerät	2	2.059,00	4.118,00	3.460,50
SQ Audio Classic EQ-2	Aufnahmeeffekt	1	1.295,00	1.295,00	1.088,24
SQ Audio Classic C-1	Aufnahmeeffekt	1	1.295,00	1.295,00	1.088,24
Music PCM 96 Digital Reverb.	Aufnahmeeffekt	1	2.890,00	2.890,00	2.428,57
Hipe Eclipse Harmonizer	Aufnahmeeffekt	1	1.999,00	1.999,00	1.679,83
CSS FCS 960 2 x 30 Band Graphic EQ	Aufnahmeeffekt	1	1.375,00	1.375,00	1.155,46
Isasis Masterlink ML 9600 Highend HD/ CD Master-Rekorder	CD-Rekorder		859,00	859,00	721,85
KPR Electronics Transducer Speaker Simulator, analog	Aufnahme-medium	1	795,00	795,00	668,07
L&O 26740	Abhörbox-Stativ	2	85,00	170,00	142,86
MARC+BEAN O 410	Abhörbox	2	3.699,00	7.398,00	6.216,81
Kabel			500,00	500,00	420,17
Meyerpower DT 660 Studiokopfhörer geschlossen, 32 Ohm			199,00	199,00	167,23
NDO Absorber Room Kit	Akustikmöbel	1	599,00	599,00	503,36
Summe Regie				**63.693,00**	**53.523,52**
Summe Aufnahmeraum				**50.291,00**	**42.261,36**
Gesamtkosten Studio				**113.984,00**	**95.784,88**

Ausstattung Livetechnik					
Beschreibung	**Anwendung**	**Anzahl**	**Einzelpreis in €**	**Gesamtpreis in €**	**Nettopreis in €**
marshall&steam ML5000-48	Livemischpult	1	19.999,00	19.999,00	16.805,88
Roadkit The Box	Kisten	4	4.700,00	9.400,00	7.899,16
marshall&steam ML3000-832B	Monitor-Mischpult	1	5.390,00	5.390,00	4.529,41
Flop	Untergestell Pulte	2	1.200,00	2.400,00	2.016,81
pro duck nrt 40/8M-40 Multicore	Bühnenkabel	1	1.149,00	1.149,00	965,55
pro duck nrt 24/8M-40 Multicore	Bühnenkabel	1	669,00	669,00	562,18
CSS FDS 366 T Omnidrive	Boxencontroller	2	2.990,00	5.980,00	5.025,21
Highmoon Delta 14.4	Verstärker	3	7.000,00	21.000,00	17.647,06
CSS FCS 960	Liveeffekte	2	1.375,00	2.750,00	2.310,92
Right ULX/Gitarrenset/R4	Mikrofone	4	1.098,00	4.392,00	3.690,76
Right ULX P4/Beta 87A SET/R4	Mikrofone	3	1.219,00	3.657,00	3.073,11
Audio DP7 Drumkoffer	Mikrofone	1	1.279,00	1.279,00	1.074,79
Mott Speedi Vario Stage 40–60 cm	Bühnenpodest	2	1.349,00	2.698,00	2.267,23
Sannhauser EW 300 IEM G2/D-Band	Bühnenmonitor	8	598,00	4.784,00	4.020,17
TC Electronic Digital Broadcast Delay	Liveeffekte	1	2.150,00	2.150,00	1.806,72
CSS DPR 402	Liveeffekte	2	1.298,00	2.596,00	2.181,51
View DTC Dual Tube Channel	Liveeffekte	1	2.199,00	2.199,00	1.847,90
The Box FOH Effekte	Kisten	1	700,00	700,00	588,24
The Box Sendeeinheiten	Kisten	4	1.000,00	2.000,00	1.680,67
Meyerpower DT-297-PV/80	Bühnenfunk	2	219,00	438,00	368,07
DINA DN-D4500	CD-Player	1	649,00	649,00	545,38
Boxensystem PG Audit	Boxen	1	25.000,00	25.000,00	21.008,40
world truss Traverse	Alu-Arbeitsbühne	1	5.500,00	5.500,00	4.621,85
Look Viper 2,6 Nebelmaschine	Nebeleffekt	1	1.050,00	1.050,00	882,35
KL-Lighting Licon CX Tourpack	Lichtmischpult	1	3.599,00	3.599,00	3.024,37
Light Moving Head 200RGY	Laserlicht	2	1.699,00	3.398,00	2.855,46
KL-Lighting KLLED A4	bewegl. Lampen	8	2.175,00	17.400,00	14.621,85
Pro Line DMX Kabeltrommel 50M 3 POL	Lichtkabel	10	149,00	1.490,00	1.252,10
The Box Material	Kisten	1	4.500,00	4.500,00	3.781,51
Kabelmaterial		1	4.000,00	4.000,00	3.361,34
Kof 65 CF 250 AS-Tronic		1	76.000,00	76.000,00	63.865,55
Gesamtkosten Livetechnik				**238.216,00**	**200.181,51**

Gesamtinvestitionen in €		
Studio (Aufnahme und Regieraum)	113.984,00	95.784,88
Livetechnik	238.216,00	200.181.51
transportable Bühne inkl. Konstruktionshandbuch, Arbeitskosten und Materialkosten	150.000,00	126.050,42
Transportfahrzeug	100.000,00	84.033,61
Summe	**602.200,00**	**506.050,42**

Glossar

- **Andlersche Formel:** Methode zur Ermittlung der optimalen Losgröße im Rahmen der Fertigung bzw. der optimalen Bestellmenge im Rahmen der Beschaffung.
- **Audit** bezeichnet eine systematische und unabhängige Untersuchung des Qualitätsmanagementsystems; die externe Untersuchung findet alle drei Jahre, die interne Untersuchung jedes Jahr statt.
- **Betriebs- und Geschäftsausstattung (BGA):** alle Ausstattungsgegenstände der Verwaltung und der Büros wie zum Beispiel Mobiliar, EDV-Anlagen.
- **Betriebsmittel** umfassen die technischen Einrichtungen, die das Unternehmen benötigt, um den Leistungsprozess aufrechtzuerhalten. Sie werden in der Buchführung als Anlagevermögen bezeichnet und stehen dem Unternehmen mittel-/langfristig zur Verfügung.
- **Betriebsstoffe** werden für die Produktion benötigt und verbraucht (z. B. Schmierstoffe). Sie dienen der Aufrechterhaltung der Leistungsprozesse sowie der Energieversorgung, gehen aber nicht direkt in das Endprodukt ein.
- **Bruttonationaleinkommen (BNE):** Das Bruttonationaleinkommen ist ein Indikator für die wirtschaftliche Leistung einer Volkswirtschaft innerhalb z. B. eines Kalenderjahres, gemessen an den Erwerbs- und Vermögenseinkommen. Im Gegensatz zum Volkseinkommen berücksichtigt das BNE Steuern, Subventionen, Abschreibungen, Abgaben u. a. Der Begriff Bruttonationaleinkommen ist also eine Rechengröße aus der volkswirtschaftlichen Gesamtrechnung; früher nannte man diesen Indikator auch Bruttosozialprodukt (BSP).
- **Bürgschaft:** einseitig verpflichtender Vertrag, durch den sich der Bürge gegenüber dem Gläubiger des Hauptschuldners verpflichtet, für die Erfüllung seiner Verbindlichkeiten einzustehen.
- **Disagio** (Abgeld) ist der Betrag, der bei Auszahlung der Hypothek vom Kreditgeber einbehalten wird. Er wird zunächst aktiviert und mit der Laufzeit der Hypothek abgeschrieben.
- **E-Business:** elektronischer Handel, Onlinehandel, Internethandel, E-Commerce = Abschluss eines Vertrags mittels Tele- oder Mediendiensten.
- **Eigenkapital** ist das Kapital, das von den Eigentümern bereitgestellt wird und dem Unternehmen unbefristet zur Verfügung steht.
- **EPK** siehe ereignisgesteuerte Prozessketten
- **ereignisgesteuerte Prozessketten (EPK):** → Geschäftsprozesse können mithilfe von ereignisgesteuerten Prozessketten (EPK) dargestellt werden. Hinweise zu den Symbolen der EPK:

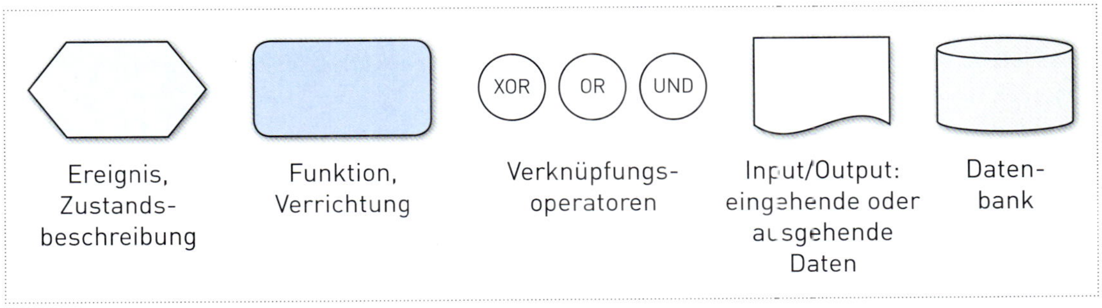

- **fakturieren** (abgeleitet aus dem Lateinischen factura = das Machbare, die Bearbeitung) bedeutet, Waren ausrechnen und Rechnungen schreiben z. B. auf der Grundlage vorliegender Lieferscheine. In der betrieblichen Praxis erfolgt die Fakturierung mit einem Warenwirtschaftssystem.

- **Fernabsatzvertrag (§ 312 b BGB):** Verbrauchervertrag (= Vertrag zwischen Unternehmer/Anbieter und Verbraucher/Nachfrager), der ausschließlich mittels Brief, Katalog, Telefon, E-Mail, Internet, Teleshopping, Videotext, Fax abgeschlossen wird.

- **Formalziele** sind übergeordnete → Unternehmensziele, die für das Überleben des Unternehmens wichtig sind (wie zum Beispiel die Gewinnerzielung, das Umsatzwachstum und die Qualitätsverbesserung).

- **Fremdbauteile** (bezogene Fertigteile) werden dazugekauft (z. B. Gitarrensaiten). Sie gehen zwar wie die Roh- und Hilfsstoffe in das Produkt ein, werden aber nicht be- oder verarbeitet, sondern in unveränderter Form eingebaut bzw. eingearbeitet.

- **Fristigkeit** gibt an, innerhalb welcher Zeiträume die Schulden zurückgezahlt werden müssen. Langfristige Schulden haben in der Regel eine Laufzeit von mehr als zwei Jahren, kurzfristige Schulden sind dagegen innerhalb weniger Tage oder Wochen fällig.

- **Fuhrpark:** Fahrzeuge, in der Regel solche, die für den Straßenverkehr zugelassen sind.

- **Gebäude:** Lagerhallen, Verwaltungsgebäude, Produktionshallen.

- **Geldmenge:** Die Geldmenge ist der gesamte Bestand an Geld in einer Volkswirtschaft. Sie setzt sich zusammen aus dem Bargeld und den Sichteinlagen bei Banken, über die umgehend verfügt werden kann.

- **Geschäftsprozesse:** Beschreibung der Regeln, nach denen sich wiederholende Vorgänge im Betrieb ablaufen. Geschäftsprozesse lassen sich unter anderem für Beschaffungs-, Absatz- oder Fertigungsprozesse beschreiben. Zum Beispiel erfolgt die Abwicklung von Kundenaufträgen in den Betrieben unterschiedlich – je nach Branche, der Größe des Betriebs oder der verwendeten Software. Die Festlegung des Betriebs, wie die Abwicklung grundsätzlich erfolgen soll, ist der Geschäftsprozess. Geschäftsprozesse können mithilfe von → ereignisgesteuerten Prozessketten (EPK) dargestellt werden.

- **Gläubiger** ist in einem Schuldverhältnis diejenige natürliche oder juristische Person, die berechtigt ist, von einem → Schuldner eine zuvor vereinbarte Leistung zu fordern.

- **Grundstücke:** unbebaute Flächen.

- **Gutschrift:** Bis 2013 wurde der Begriff im Rechnungswesen verwendet für einen Beleg, der eine erstellte Rechnung vollständig oder teilweise korrigiert. Inzwischen wird dieser Begriff nicht mehr verwendet für Belege, die vom Leistungsersteller geschrieben werden (vgl. → Rechnungskorrektur). Der Begriff Gutschrift ist zwingend vorgeschrieben für Abrechnungen des Leistungsempfängers, also zum Beispiel für Provisionsabrechnungen des Handelsvertreters.

- **Handelswaren** ergänzen das Sortiment eines Industrie- oder Handwerksbetriebs. Waren werden nicht bearbeitet, sondern gekauft, gelagert und verkauft.

- **Hilfsstoffe** sind Nebenbestandteile der Fertigerzeugnisse, die in vielen Fällen das Endprodukt „zusammenhalten" und in das Produkt eingehen (z. B. Schrauben).

- **harmonisierter Verbraucherpreisindex (HVPI):** Der HVPI ist ein Indikator für die Konsumgewohnheiten der Bevölkerung. Er erfasst die Ausgaben für den Konsum der privaten Haushalte im Wirtschaftsgebiet der Europäischen Union. Ihm liegt ein EU-einheitlicher Warenkorb zugrunde.

- **juristische Person:** Die juristische Person ist eine Schöpfung des Gesetzgebers. Sie entsteht durch den Zusammenschluss von Personen oder die Bildung eines Stiftungsvermögens. Eine juristische Person ist stets rechts- und geschäftsfähig. Sie wird durch ihre Organe vertreten.

- **Kaizen:** Kai (japanisch) = Veränderung, Wandel; Zen = zum Besseren; Kaizen = Veränderung zum Besseren. Kaizen bezeichnet eine japanische Arbeitsphilosophie, in deren Zentrum das Streben nach ständiger Verbesserung in kleinen Schritten steht. In der Praxis wird der Begriff → KVP (kontinuierlicher Verbesserungsprozess) gleichbedeutend verwendet.

- **Kommissionierung:** Zusammenstellen von Artikeln für eine Auslieferung.

- **KVP** = Kontinuierlicher Verbesserungsprozess; bezeichnet eine Denkweise, die mit stetigen Verbesserungen in kleinen Schritten das Unternehmen stärken will – im Gegensatz zur Innovation, die eine große, tiefgreifende Neuerung anstrebt. KVP ist ein Grundprinzip des → Qualitätsmanagements und unverzichtbarer Bestandteil der ISO 9001.

- **Liquidität** (= Flüssigkeit) bezeichnet die Zahlungsfähigkeit eines Unternehmens. Zu den liquiden Mitteln zählen Kassenbestand, Bankguthaben und Schecks, im weiteren Sinne auch Wechsel und Forderungen sowie leicht veräußerbare Vermögensgegenstände. Die Sicherung der Liquidität ist Aufgabe der betrieblichen Finanzierung. Liquiditätsgrade sind Kennzahlen der Bilanzanalyse zur Beurteilung der Liquidität eines Unternehmens. Es werden drei verschiedene Liquiditätsgrade unterschieden: Liquidität I (Barliquidität), II und III.

- **Materialien** umfassen → Werkstoffe und → Handelswaren. Sie gehören zusammen mit den fertigen und unfertigen Erzeugnissen zu den → Vorräten. Die Materialaufwendungen erscheinen in der Gewinn- und Verlustrechnung, die Materialbestände werden in der Bilanz aufgeführt.

- **Ordoliberalismus:** Aus dem Konzept des klassischen Liberalismus (Ablehnung jeder Staatsintervention sowie jeder Form von Planwirtschaft) entwickelten sich im 20. Jahrhundert die Theorien des Neoliberalismus und die des Ordoliberalismus. Neoliberale Konzepte fordern eine Wirtschaftsordnung, die durch Steuerung aller ökonomischen Prozesse über den Markt, also durch eine möglichst freie Marktwirtschaft, gekennzeichnet ist. In der Theorie des Ordoliberalismus kommt dem Staat auch die Aufgabe zu, Einfluss auf die Geldwertstabilität und auf Konjunkturschwankungen zu nehmen sowie soziale Sicherheit und Chancengleichheit zu gewährleisten.

- **Preissteigerungsrate:** Die Preissteigerungs- oder Inflationsrate gibt den prozentualen Anstieg des Preisniveaus innerhalb eines bestimmten Zeitraums an. Gemessen wird sie an den Veränderungen des Preisindex (siehe → harmonisierter Verbraucherpreisindex [HVPI]).

- **Qualitätsmanagement:** aufeinander abgestimmte Tätigkeiten zur Erfassung, Steuerung, Dokumentation und Verbesserung von Qualität.

- **Qualitätsmanagementhandbuch:** Dokumentation eines → Qualitätsmanagementsystems mit Qualitätszielen und Qualitätsplanungen sowie Verfahrens- und Prozessanweisungen. Es ist ein öffentliches Dokument.

- **Qualitätsmanagementsystem:** Festlegung der Qualitätspolitik und der Qualitätsziele zum Erreichen dieser Ziele.

- **Qualitätskontrolle:** fortlaufende Überwachung der Qualität von produzierten Gütern und erbrachten Dienstleistungen. Die Qualitätskontrolle ist eine wesentliche Maßnahme zur Qualitätssicherung. Im englischen Sprachraum umfasst der Begriff control neben der Überwachung auch Maßnahmen zur Sicherung und Verbesserung der Qualität.

- **Qualitätssicherung:** Maßnahmen zur Sicherstellung eines bestimmten Qualitätsniveaus.

- **Rechnungskorrektur:** Mit diesem Begriff werden Belege für Rücksendungen und Preisnachlässe, die vom Leistungsersteller angefertigt werden, bezeichnet. Der für diese Belege bis 2013 übliche Begriff „Gutschrift" darf nach dem „Amtshilferichtlinie-Umsetzungsgesetz" vom 29.06.2013 für diese Art Belege nicht mehr verwendet werden. (Vgl. → Gutschrift.)

- **Rechtsobjekte:** Sachen, sonstige Gegenstände, Tiere und Rechte sind Rechtsobjekte. Sie haben keine Rechte und Pflichten.
- **Rechtssubjekte:** natürliche und juristische Personen. Rechtssubjekte sind Träger von Rechten und Pflichten; sie sind rechtsfähig.
- **Rohstoffe** bilden den Hauptbestandteil der Fertigerzeugnisse und bestimmen somit deren Eigenschaften sowie Funktions- und Belastungsmöglichkeiten. Sie gehen unmittelbar in das Produkt ein (z. B. Holz).
- **Rückstellungen** sind Zahlungsverpflichtungen eines Unternehmens – ähnlich wie die → Verbindlichkeiten. Sie sind jedoch hinsichtlich der Höhe und/oder des Zeitpunkts noch nicht genau bestimmt (z. B. Rückstellungen für Pensionen oder Steuerzahlungen).
- **Sachziele:** Untergeordnete → Unternehmensziele, die der Realisierung der → Formalziele dienen und sich auf das konkrete Handeln, auf die Produkte und Dienstleistungen des Unternehmens beziehen.
- **Schuldner** ist in einem Schuldverhältnis diejenige natürliche oder juristische Person, die dem → Gläubiger gegenüber zur Erbringung einer Leistung (Geld-, Sach- oder Dienstleistung) verpflichtet ist.
- **Technische Anlagen und Maschinen:** alle Maschinen der Produktion, Transportbänder, Gabelstapler u. a.
- **Umsatzrentabilität** gibt an, wie viel Prozent des Umsatzes dem Unternehmen als Gewinn verbleiben.
- **Unternehmensziele** leiten sich von der Unternehmensphilosophie ab und manifestieren sich in den Unternehmensleitbildern (oder -grundsätzen). Die Einzelziele (wirtschaftliche, soziale, ökologische, gesellschaftliche Ziele) werden in eine Zielhierarchie gebracht. Unterscheidungskriterien können die Priorität (strategische oder operative Ziele), der Formalisierungsgrad (→ Formalziele, → Sachziele) oder eine hierarchische Einordnung sein.
- **Verbindlichkeiten** sind Schulden, die das Unternehmen bei anderen hat (z. B. Kreditschulden bei einer Bank, Steuerschulden beim Finanzamt, noch nicht bezahlte Rechnungen bei Lieferanten). Verbindlichkeiten sind hinsichtlich der Höhe und des Zeitpunkts genau bestimmt.
- **Verrechnungssatz:** Im Verrechnungssatz werden alle Kosten, die mit der Arbeit eines Mitarbeiters verbunden sind, erfasst (z. B. Entgelt, Lohnnebenkosten, Arbeitsplatz [Miete und Abschreibungen], Schulungskosten, aber auch Gemeinkosten) und auf eine Leistungseinheit (z. B. Stunde) berechnet.
- **Vorräte** umfassen → Rohstoffe, → Hilfsstoffe, → Betriebsstoffe, → Fremdbauteile, fertige und unfertige Erzeugnisse, → Handelswaren.
- **Werkstoffe** umfassen → Rohstoffe (= Hauptbestandteile der fertigen Erzeugnisse), → Hilfsstoffe (= Nebenbestandteile der fertigen Erzeugnisse) und → Betriebsstoffe (= Stoffe zur Aufrechterhaltung der Produktion, Energie) sowie die Vorprodukte/→ Fremdbauteile (= fremdbezogene Ein-/Anbauteile). Werkstoffe gehören zum Umlaufvermögen des Unternehmens.
- **Warenwirtschaftssysteme:** Anwendungsprogramme, die die Beschaffung, die Lagerhaltung und den Absatz eines Betriebs unterstützen. Sie können Bestandteil einer „integrierten Unternehmenssoftware" sein. Warenwirtschaftssysteme sind in der Regel Mehrplatzsysteme.
- **Wissensmanagement:** systematische Sammlung und Nutzung von vorhandenem Wissen.
- **Zertifizierung:** Bestätigung der Erfüllung aller Anforderungen der Qualitätsmanagementnorm durch eine Zertifizierungsstelle.

Sachwortverzeichnis

A

B

C

D

E

H

I

J

K

L

M

N

O

P

Q

R

S

Bildquellenverzeichnis

adpic Bildagentur, Bonn: 513.1 (M. Dietrich)
akg-images GmbH, Berlin: 579.4 (CDA/Guillemot)
Autorenteam Kraftfahrzeugtechnik: 149.1, 149.2, 150.1
Baaske Cartoons, Müllheim: 462.2 (Reinhard Alff)
Bergmoser + Höller Verlag AG, Aachen: 54.1, 60.1, 229.1, 612.1
BilderBox Bildagentur GmbH, Breitbrunn/Hörsching: 49.1
Canon Deutschland GmbH, Krefeld: 108.1, 112.1
Corbis, Berlin: 31.1 (Sullivan)
Deutscher Sparkassen Verlag GmbH, Stuttgart: 596.1
die bildstelle, Hamburg: 579.3 (McPhoto)
Diners Club® Deutschland GmbH, Konstanz: 597.2
Druwe & Polastri, Cremlingen/Weddel: 594.2
Filser, Wolfgang , Hiltenfingen: 579.5
FOTODESIGN - HEINZ HEFELE , Darmstadt: 166.1
fotolia.com, New York: 23.1, 23.2 (Cornelia Pithart), 24.1 (Gina Sanders), 34.1 (Picturetime), 34.2 (Picture-Factory), 35.1 (Robert Kneschke), 65.1, 76.1 (meerisusi), 99.1 (SyB), 104.2, 106.1 (Marius Graf), 116.1 (Picture-Factory), 152.1 (Pekchar), 155.2 (S. MacLeay), 163.1 (Digitalpress), 164.1 (contrastwerkstatt), 165.1 (Bernd_Leitner), 179.1, 201.1 (shocky), 308.1, 318.1 (Marco Drux), 379.1, 429.1, 433.1, 433.2, 434.1, 436.1 (Kamaga), 449.1, 494.1 (mik ivan), 519.1 (FM2), 524.1 (Gina Sanders), 529.1, 578.1, 579.1 (Eric Isselée), 637.1, 671.1 (Franz Pflugl), 687.1
Fujitsu Siemens Computers GmbH, München: 148.1
Helga Lade Fotoagenturen GmbH, Frankfurt/M.: 579.2
Image & Design - Agentur für Kommunikation, Braunschweig: 198.1
Industrie- und Handelskammer, München: 39.1
Intro, Berlin: 678.3 (Stefan Kiefer)
iStockphoto.com, Calgary: 114.1 (MiquelMunill)
Keystone Pressedienst, Hamburg: 165.2 (Volkmar Schulz)
Klingsiek, Georg, Petershagen: 98.1
photothek.net GbR, Radevormwald: 13.1 (Thomas Imo)
Picture-Alliance GmbH, Frankfurt/M.: 32.1, 62.1, 63.1, 72.1, 91.1, 121.1, 122.1, 142.1, 142.2 (picturedesk.com), 223.1, 264.1 (Zentralbild), 387.1, 390.1, 391.1, 391.2, 457.1, 462.1, 473.1 (Themendienst/J.Schiernbeck), 480.1, 490.1, 508.1, 514.1 (Stefan Puchner), 521.1, 539.1, 579.1, 593.1 (K. Lenz), 626.1, 629.1, 630.2, 635.1
Pitopia, Karlsruhe: 165.3 (Rüdiger Rebmann)
plainpicture, Hamburg: 524.2 (Normal)
RICOH DEUTSCHLAND GmbH, Hannover: 109.1
SERVODATA GmbH, Frankfurt am Main: 600.3
Stiftung Warentest, Berlin: 119.2
Stollfuß Medien GmbH & Co. KG, Bonn: 516.1
vario images, Bonn: 510.1
Werbefotografie Weiss GmbH, Gersthofen: 120.1
wikipedia.org: 119.1, 155.1.

3550728